國家古籍整理出版專項經費資助項目

詁；歙金氏、程氏習鄭氏《禮》，顧其所箸書，往往自立新義，顯違鄭説。先舅氏愨然憂之，慨然發憤。其於《公羊》也，思别爲義疏，章比句櫛，以補徐氏所未逮；其於《禮》也，思舉後儒之背鄭氏者一一駁正之。惜晚年病風，精力不逮，僅成《公羊禮疏》十一卷、《禮論》百餘篇。」凌曙是書依《公羊》何氏注分卷（以閔公附莊公），堅守鄭氏《禮》説，博采《白虎通》《五經異義》《五經駁異》《通典》等書，疏通證明《春秋公羊傳》，序而不斷，不雜讖緯，不宣究微言大義，開實事求是、以禮説經風氣，其於禮制論説精覈，可補舊疏闕漏，實爲凌曙代表性著作。是書有嘉慶二十四年《蜚雲閣叢書》本（簡稱「蜚雲閣本」），首有凌曙嘉慶二十四年閏四月《春秋公羊禮疏序》、同年秋八月《序》及《凡例》。每卷首行上署「春秋公羊禮疏卷某」，下署「江都凌曙學」，卷末行上署「春秋公羊禮疏卷某終」，下署「某某校」。其中受業儀徵阮福校者爲卷一、卷六、卷九、卷十一，受業儀徵阮祜校者爲卷二、卷三、卷五、卷七、卷八、卷十，卷四無校者姓名。又收入南菁書院《皇清經解續編》卷八百五十二至八百六十二（簡稱「續經解本」），無凌曙序，其文字有所校正，卷末有「仁和葉維幹、上海范本禮校」。又有光緒九年（一八八三）歸安姚氏《咫進齋叢書》據凌氏蜚雲閣本重刻本（簡稱「咫進齋本」），内容與蜚雲閣本相同，而卷首凌曙兩序次序與蜚雲閣本互易，卷末有「歸安姚覲元校刊」。今以《續修四庫全書》第一二九册影印北京大學藏蜚雲閣爲底本，以續經解本、咫進齋本參校。

（三）《春秋公羊禮説》一卷

是書凡三十條，以鄭氏《禮》説爲據，駁諸家異説。其書成於《春秋公羊禮疏》之後，論題雖多見於《禮疏》，然以駁論出之，更爲精審。是書有嘉慶二十四年《蜚雲閣叢書》本（簡稱「蜚雲閣本」），封面有「嘉慶己卯夏刊」及「蜚雲閣藏，受笙題」，首有嘉慶己卯夏五月端陽日凌曙自序，後有目録。又刻入學海堂《皇清經解》卷一千三百五十五（簡稱「清經解本」），書名作「公羊禮説」，無凌氏自序，内容則同。今以蜚雲閣本爲底本，以清經解本對校。

（四）《春秋公羊問答》二卷

此乃凌氏論述《春秋公羊傳》中不涉於禮者，自爲問答，凡論一百一十五事，其中卷上四十九事，卷下六十六事，一本漢儒之説，不爲《三傳》調停之論。此書有道光元年《蜚雲閣叢書》（簡稱「蜚雲閣本」），封面題「道光辛巳夏刊」，首有道光元年二月受業甥儀徵劉文淇序（《續修四庫全書》影印本下有嘉慶己卯秋八月既望凌曙自序，考諸家藏本，多無此序，當爲誤裝）及目録，分上、下卷，半頁十一行，行二十二字。卷下末行有雙行注字「維揚碑街青蓮巷柏華昇董刊」。又收入南菁書院《皇清經解續編》卷八百六十三至八百六十四（簡稱「續經解本」），無序言及目録，分一、二兩卷。又有歸安姚氏《咫進齋叢書》本（簡稱「咫進齋本」），有劉文淇序，無凌曙自序，有目録，半頁十三行，行二十二字。卷末行上題「公羊問答卷上終」，下題「歸安姚覲元校刊」。今以蜚雲閣本爲底

江南文脉
jiangnan wenmai

凌曙集

（上）

（清）凌曙 著
萬仕國 輯校

鳳凰出版社

圖書在版編目（CIP）數據

凌曙集 / (清) 凌曙著 ; 萬仕國輯校. -- 南京 : 鳳凰出版社, 2022.12
ISBN 978-7-5506-3817-4

Ⅰ. ①凌… Ⅱ. ①凌… ②萬… Ⅲ. ①凌曙一文集 Ⅳ. ①B249.9-53

中國版本圖書館CIP數據核字(2022)第243982號

書　　名　凌曙集
著　　者　(清)凌　曙
輯　　校　萬仕國
責任編輯　徐珊珊
裝幀設計　姜　嵩
出版發行　鳳凰出版社(原江蘇古籍出版社)
　　　　　發行部電話025-83223462
出版社地址　江蘇省南京市中央路165號,郵編:210009
照　　排　南京凱建文化發展有限公司
印　　刷　蘇州市越洋印刷有限公司
　　　　　江蘇省蘇州市吴中區南官渡路20號,郵編:215104
開　　本　880毫米×1230毫米　1/32
印　　張　56.875
字　　數　1269千字
版　　次　2022年12月第1版
印　　次　2022年12月第1次印刷
標準書號　ISBN 978-7-5506-3817-4
定　　價　498.00圓(全三册)
(本書凡印裝錯誤可向承印廠調換,電話:0512-68180638)

前言

萬仕國

一

凌曙（一七七五—一八二九），字曉樓，一字子昇，江蘇江都人，清代經學家。先世居泰州。曾祖凌襄，康熙乙卯科武舉人，官古琅所千總。祖父國鸞，國子生，工詩文。屢試不第，授生徒於揚州，遂家焉。父士駿（一七二三—一八〇六），字禹臣，兄弟八人。幼孤貧，以力養母。以幼年失學，遂教凌曙讀書。

凌曙生於如此貧困之家，幼就塾，讀書五載。年十歲，即至香作店做傭保，改習賈。得暇，輒默誦已讀之書，不能通解。鄰有富人爲子弟延師者，乘夜隱軒外聽講。數月，師始覺而斥之。憤甚，乃購求已句點之舊籍，讀之達旦，日中仍傭作如故。然居市十年，不能經營以贍其家。乃復理儒業。年二十，集童子爲塾師，制舉文雖無尺度，而童子從遊者，書必熟，字必正楷，因而信從漸衆，脩脯入稍多，益市書。嘉慶九年（一八〇四），識包世臣於揚州，「過從請益，極承勸誘」。問所當治業，包世臣謂：「治經必守家法。專治一家，以立其基，即諸家可漸通。」於是授以張惠言所輯《四書》漢説數十事，及包世臣、李兆洛（一七六九—一八四一，字申耆）等增綴之稿，以爲治經之式。從包世臣言，遂精意於鄭氏《禮》。嘉慶十一年（一八〇六）春，隨包世臣至陽湖李兆洛家，登門求教。承其指授，筆記其略。歸而紬繹，漸能錯綜，推廣其意。是年秋，洪梧爲揚州梅花書院山長，凌曙又從之問業。明年春，李兆洛赴京，途經揚州，凌曙以所著《四書典故覈》就正。嘉慶十三年，洪梧、貴徵爲之序而刊行。

凌曙既得爲學門徑，嗣聞劉逢禄論《公羊》何氏學而好之，遂師事之，專攻《公羊》。又從莊存與遊，學乃大進。得洪梧指點，乃粹力於董仲舒《春秋繁露》，以武英殿翻刊臺本爲底本，兼取張臯聞、盧文弨校本，重加校勘。又取《公羊》家言，采列代之舊聞，集先儒之成説，爲之作注，成書十七卷，刻行於世。阮元任兩廣總督，聘其課子，助輯經籍，兼事著述，先後撰成《春秋公羊禮疏》《公羊問答》等，與江藩、許珩刪訂王豫輯《江蘇詩徵》[二]。嘉慶二十五年冬，凌曙自廣州返里，家居授徒，丹徒陳立等從之學。道光元年（一八二一），彙刻所著爲《蜚雲閣凌氏叢書》，計收《四書典故覈》

[二] 阮元《江蘇詩徵序》。又見張鑑等編《雷塘庵主弟子記》卷五，鄭曉霞、吴平點校《揚州學派年譜合刊》（下），廣陵書社，二〇〇八年，頁四六一—四六二。

（一）《四書典故覈》八卷

是書爲凌曙第一部著作。嘉慶九年，凌曙初識包世臣於揚州，詢以治學門徑。鑒於凌曙熟於《禮》，包世臣遂勸其攻鄭氏，謂：「吾人爲學自治經始，治經自《三禮》始。《三禮》書甚完具，二鄭、孔、賈發明其義甚明且密。推人情之所安，以求當于古先聖王制作之源，則莫不有合焉者。然其文深出，其説散見，非細心沈慮，則莫能總其條理，要其指歸。制義一事，于學甚微末，然能使人束其心，静其氣，鋭其思，審其識。故欲治《三禮》者，當先精制義之法。制義依《四子書》以立言，而四子之説有涉于制度、文物者，非詳考而慎擇之，則不能以措詞。」乃出張惠言所輯《四書》漢説數十事，及包世臣、李兆洛等增綴之稿，以爲治經之式。凌曙遂就張惠言、包世臣、李兆洛等稿，稽典禮，考故訓，補其不備，推而廣之，成稿八卷。嘉慶十二年春，李兆洛過揚州，凌曙遂以書稿呈請删正。夏，録出清本，又就質於洪梧（字桐生）、貴徵（字仲符），得蒙嘉許，并爲之作序。嘉慶十三年二月，凌曙作《四書典故覈自序》，刊刻行世。此書八卷，計一百八十條。其中卷一至卷二論《大學》（八條）、《中庸》（三十四條），卷三至卷六論《論語》（一百一十條），卷七至卷八論《孟子》（二十八條）。今以嘉慶十三年《蜚雲閣叢書》本爲底本點校。

（二）《春秋公羊禮疏》十一卷

劉文淇《句溪雜箸序》云：「近人如曲阜孔氏、武進劉氏，謹守何氏之説，詳義例而略典禮訓

《公羊禮疏》《公羊禮説》《公羊問答》《春秋繁露注》《禮論》，其甥劉文淇爲之序〔一〕。道光間，凌曙又著《儀禮禮服通釋》《禮説》《禮論略鈔》等，又倡修揚州董子祠，專祠董仲舒。道光九年，凌曙卒於揚州，年五十五。

凌曙生當揚州學派崛起之時，雖受常州學派影響，致力《公羊》之學，然以經説經，不雜讖緯；引《禮》入《公羊》，不求微言大義；疏通全經，以經、傳、注相互推闡；注重經例研究，頗能以例解經；堅持實事求是，不迷信名家成説。這些治學特點，對揚州學派兼收并蓄、融會貫通學風的形成，起到了積極的推動作用。包世臣謂「凡君所著書，三十八卷，五十餘萬言，皆有顯證，遠雷同附會之陋，足爲來學先路」，誠非虚譽。而他貧而力學的行動，成爲揚州許多貧困學子刻苦自勵的榜樣。其弟子承其衣鉢，劉文淇致力於《春秋左氏傳》，陳立致力於《春秋公羊傳》，都卓有成就。

時至今日，除梁啓超《清代學術概論》盛贊凌曙《春秋繁露注》外，其學術成就大都被忽視，即有所論，亦是貶多褒少，與其學術貢獻殊不相稱。

二

凌曙傳世著作，所知凡十七種。今考其書，分述如次。

〔一〕 劉文淇《凌氏叢書序》，《青谿舊屋文集》卷五。然《蜚雲閣凌氏叢書》此篇題作「公羊問答序」，置諸《春秋公羊問答》卷首。

本，以續經解本、凥進齋本參校。

（五）《春秋繁露注》十七卷

董仲舒《春秋繁露》，原天以尊禮，援比以貫類，洞天人之本原，明陰陽之五行，「正其誼，不謀其利；明其道，不計其功」（《漢書·董仲舒傳》），博極閎深，旨奥詞賾。不熟《公羊》者，則不能讀。故《春秋繁露》行世以來，時隱時現，學者未予關注。宋計臺本刊行後，學界雖有研究，但成果不多，且有疑其爲僞書者。凌曙乃構求善本，以王道焜本、張惠言讀本爲主，兼采武英殿聚珍版本、盧文弨抱經堂校本之長，重加釐正。又秉承《公羊》家法，復采列代之舊聞，集先儒之成説，爲之注釋。隋唐以後諸書之引《繁露》者，一并考其異同，校其詳略。所引各家書目、姓氏，臚列下方。後之研究者，均以凌氏注本爲基礎。今《春秋繁露注》版本有：（一）上海圖書館藏凌曙稿本（簡稱「稿本」）。此本十七卷，缺卷十四，爲凌曙手抄，且有校改。其卷十七之末有附注兩條，其一云：「自秋徂冬，四閱月而後抄成，尚須從各書對校一過也。」據書中頗多校改處，則此條當作於抄成之後，修改之前。其二云：「十九年秋七月，校于朱文[正]之知足齋。時寓吴門，教讀甘霖、香霖二生，文正公之曾孫也。」此「十九年」即嘉慶十九年。朱文正指朱珪（一七三一—一八〇七），字石君，號南崖。原籍浙江蕭山，隨父僑居順天府大興縣，遂入籍。乾隆十二年（一七四七）進士，歷官福建糧道、福建按察使、湖北按察使、山西布政使、兩廣總督、安徽巡撫，任太子少保、吏部尚書、體仁閣大學士。嘉慶十一年卒，贈太傅，謚文正。此本末有《題跋附録》，收《崇文書目》、《中興館閣書目》、晁公武《郡齋讀書志》、歐陽修《六一先生書後》、新安程大昌泰之《秘書省書繁露後》、胡榘《跋春秋繁露》，頁首標注「頂格寫」字樣，且與《蜚雲閣叢書》本文字相近，似爲刊刻時所據者。（二）嘉慶二十年《蜚雲閣叢書》本（簡稱「蜚雲閣本」）。此本爲《繁露注》最初刊本，半頁十一行，行二十二字。封面題「嘉慶乙亥年鐫，春秋繁露，蜚雲閣藏版」，每卷末有「金陵洪萬盈鋟」一行。卷首有嘉慶二十年五月初十日洪梧序，次爲樓郁《春秋繁露序》，次爲嘉慶二十年四月既望凌曙自序，次《董仲舒傳》，次《尺牘附》（收吴鼒、秦恩復、阮元、鄧立誠四家，爲他本所無），次《凡例》，次《題跋附録》（與稿本同），次《目録》。（三）同治十二年（一八七三）粤東書局刻《古經解彙函》本（簡稱「彙函本」）。此本爲《古經解彙函》第十六，封面署「江都凌氏注本」。半頁十行，行二十一字。書末有《題跋附録》。卷首有洪梧序、樓郁《春秋繁露序》、凌曙自序，次爲《凡例》《目録》及《董仲舒傳》。（四）光緒間南菁書院《皇清經解續編》本（簡稱「續經解本」）。此本爲《皇清經解續編》卷八百六十五至八百八十一，僅有正文，無目録、序跋、附録，多取盧氏抱經堂本《春秋繁露》改正蜚雲閣本，凌注顯誤處亦略有校改，并無校記。（五）光緒五年《畿輔叢書》本（簡稱「畿輔本」）。首有趙州張駒賢叙録，無目録、序跋、附録，其正文取蜚雲閣本，每卷末有張駒賢撰《凌注校正》。（六）民國潮州鄭氏《龍谿精舍叢書》本（簡稱「龍谿本」）。此本牌記題「潮陽鄭氏用凌氏蜚雲閣本刊」，即取蜚雲閣本爲底本，卷首增《欽定四庫全書提要》一篇，次以洪梧序、樓郁《春秋繁露序》、《凡例》、《董仲舒傳》、《尺牘附》、《目録》。半頁十一行，行二十二字。卷十七末有「廣陵邱義卿、邱紹周監刻」「揚州趙明德鐫刻」一行，末附《題跋附録》。其文字亦與蜚雲閣本同。此外有一九七五年中華書局據蜚雲閣刻本重排鉛印大字本，有標點，於顯誤之處，徑爲改易而無校語。今以蜚雲閣本爲底本，以稿本、彙函本、續經解本、畿輔本、龍谿本校勘，《春秋繁露》正文兼取宋計臺本、武英殿聚珍版本及盧氏抱經堂本，詳爲校勘。

（六）《禮説》四卷

此書通論諸禮，取漢以下至清代諸家異説，以漢儒之説爲準的，條分縷析，明其指歸，成《禮論》百餘篇。阮元取其中七十三條，分爲四卷，題作《禮説》，刻入《皇清經解》卷一千三百五十六至一千三百五十九中。其中卷一論《儀禮》、《禮記》、諸史、《唐會要》、《通典》等十七條，卷二論《通典》、《御覽》、《册府元龜》、陳氏《禮書》、敖繼公《集説》及郝敬、盛世佐諸説二十四條，卷三駁萬斯大、萬斯同、汪琬、顧炎武、閻若璩、吴廷華、徐乾學等説十九條，卷四駁徐乾學、秦蕙田、金榜、程瑶田諸家十三條。此書有學海堂《皇清經解》本，無序跋，卷一千三百五十九末有「工部都水司郎中臨川李秉綬刊」和「杭州姚禮對字」各一行。今以此本爲底本，仿《禮論略鈔》之例，增擬各條目録，以便檢尋，詳見書前「分册目録」。

（七）《禮論略鈔》一卷

是書所論三十九條，乃凌曙晚年所作。以鄭氏《禮》説爲本，摭拾漢魏、六朝及近代諸名家言，凡與《禮經》有稍背者，必條舉而縷剖之，成《禮論》百餘篇，洵足以羽翼康成之學。此書稿成後，阮元摘其要者，名爲《禮説》，刻入《皇清經解》中。然部分論述未能刻入，凌氏深以爲念。其弟子毛生甫等請於曾燠，乃刻成此書。此書僅有道光六年《蜚雲閣叢書》本，今以之爲底本。

（八）《儀禮禮服通釋》一卷

是書針對徐乾學《讀禮通考》而作，凌曙以爲徐氏之書，綜覈數千年之言，彙爲一編，古代制度燦然大備，使讀者了然於沿革，有功於《禮》學。然持論稍偏，不能慎選，往往取後世之臆説而駁先儒之傳注，實有所短。此書專取《讀禮通考》關於《喪期》者二十九卷，以禮服爲經，以傳記、群説爲緯，以經傳爲準的，合則存之，不拘時代，成書六卷。書成於道光元年，至光緒間刻入德化李氏《木犀軒叢書》（簡稱「木犀軒本」）中，今以之爲底本。

（九）《群書答問》二卷附補遺

此書彙輯凌氏雜答諸生所問之稿，凡一百零四條（其中卷上六一條，卷下三十八條，補遺五條），無序跋、目録，作年待考。有光緒十四年德化李氏《木犀軒叢書》本（簡稱「木犀軒本」），今以之爲底本。爲方便檢尋，擬各條目録，詳見書前「分册目録」。

（十）《説文考正》二卷

此書爲抄本，二卷，藏中國國家圖書館。其首行題「説文考正弟一上」，次行上題「江都凌曙學」，下題「男毓瑞手録」，乃凌曙子凌鏞所抄録者。卷首有「馮雄之印」「彊齋」「南通馮氏景岫樓藏書」「北京圖書館臧」四印。馮雄（一九〇〇—一九六八），字翰飛，號彊齋，自稱扶海馮氏，著名水利學家、藏書家。畢業於唐山交通大學，曾在商務印書館任編輯十餘年。中華人民共和國成立後，任中國科學院水利研究員，郭沫若秘書。此書比較《説文》大、小徐本異同，間引時人之説，駁正段玉裁《説文解字注》之失。今存者凡十五頁，依《説文》段注本分卷一、卷二，各爲上、下，至《説文・艸部》而止，計四十五條。其末頁有「抄畢」二字，則凌曙所著者僅此。書中引鈕樹玉《段氏説文注訂》，則其成書應不早於道光二年。今以國家圖書館藏抄本爲底本。

（十一）《禮説服制考》一卷

此書收入焦廷琥（一七八二—一八二一，字虎玉，焦循之子）所抄《仲軒群書雜著》中，藏湖北省社會科學院圖書館，總目題作「服制考一卷」，正文題作「凌曙禮説服制考」。今檢此書所録凡三十九條，其中三十八條與學海堂刻清經解本《禮説》全同，另《喪以閏數》一條則録自凌曙《公羊禮説》。今以其全同，故於《禮説》各條校記中説明，不單獨收録。

（十二）《蜚英閣經解》不分卷

是書稿本一册，不分卷，北京大學圖書館藏。封面頁左題楷書「經解秘本」，右側隸書別題「蜚英閣經解」。全書八十二頁，其中前半部二十六頁爲紅格紙，每半頁九行，行二十五字，上空二字，實二十三字；後半部五十六頁則爲無格紙，每半頁八行，行二十三字。書中鈐有「廖嘉館印」「北京大學藏」藏書印及「凌」「曙」「曉樓父」私印，與《蜚英閣經説》《蜚英閣史論》《蜚英閣文集》等同式，有朱筆圈改。全書收文三十四篇，内容涉及《詩》《書》《易》《禮》《春秋》，書前有目録，然與正文順序不盡相同，正文亦多連書而無標題。本書《消息旁通》篇附注云：「閏六月初十日課。」考凌曙生平所歷閏六月者，有乾隆四十三年（一七七八，四歲）、嘉慶二年（一七九七，二十三歲）、嘉慶二十一年（一八一六，四十二歲），然嘉慶二年時，凌曙學術尚不能及此。若果爲凌曙所著，則此文或作於嘉慶二十一年前後。今列爲附編，以備參考。

（十三）《蜚英閣經説》

《蜚英閣經説》稿本，一册，不分卷，臺灣「中央研究院」歷史語言研究所傅斯年圖書館藏，封面題「蜚英閣經説」「凌曉樓先生手稿」，計五十七頁，每半頁十六行，行二十四字，部分頁則二十九字至三十四字不等。其筆跡與《春秋繁露注》稿本不類，當爲他人所抄。書内鈐「凌」「曙」及「曉樓父」私印，與北京大學圖書館藏《蜚英閣經解》《蜚英閣史論》《蜚英閣文集》同式，有朱、墨筆圈改。今據林聖智主編《傅斯年圖書館藏未刊稿鈔本·經部》第三十三册收録。全書凡八十七篇，涉《春秋》者十七篇，涉三《禮》者十七篇，涉《詩》者五十三篇。其中《豳風改歲解》兩題，内容小異，而首篇標題上無點，次篇則有「、」記號，似以後篇爲定稿；又有《一之日觱發二之日栗烈》一篇，内容亦與《豳風改歲解》相近。其他篇目亦有與他書近似者，如《五祀七祀》《月令之中星與堯典不同》

《子之還兮》《西南其户》《不顯亦臨無射亦保》《三星在天》《昊天有成命》等篇，與北京大學圖書館藏《蜚英閣經解》同，《亥有二首六身》與北京大學圖書館藏《蜚雲閣文集》之《亥有二首六身解》相近。今列爲附編，以備參校。

（十四）《四書集説》一册

是書清稿本一册，不分卷，北京大學圖書館藏，封面題「四書集説稿本」。正文每半頁九行，行二十五字，計六十八頁。首行頂格，次行低一格，紅格紙抄，鈐有「廖嘉館印」「北京大學藏」藏書印及「凌」「曙」「曉樓父」私印，與《蜚英閣經解》《蜚英閣史論》《蜚雲閣文集》同式。是書以朱熹《四書集注》爲範圍，以《學》《庸》《論》《孟》爲序，重在疏通文字、剖析語詞，要言不煩，不涉義理，頗便蒙童初學。書中部分條目與《四書典故覈》觀點一致，先後次第偶與《四書集注》相異。今列爲附編，以備參校。

（十五）《金石録》一卷

此書鈔本二册，爲凌氏考訂金石之作，南京圖書館藏。全書共收録碑拓、器物之屬一百七十七通，或考其文字，或述其書法，亦有無考釋者，蓋隨手所記。封底一行，上書「金石録（終）」，下題「男毓瑞校畢」，似亦指凌鏞所抄。今考其書，頗有與凌曙生平不能相合者。如，《漢永元刻石殘文》跋云：「庚寅，曙見汪孟慈家有臧本。」庚寅爲道光十年，凌曙上年已去世。《漢祀三公山碑》引王念孫《漢隸拾遺》、梁章鉅《退庵題跋》兩家之説。《漢隸拾遺》見王氏《讀書雜志》之十，首有道光十一年三月二十一日王念孫自序，是年九月所作《武梁石室畫象三石》跋文亦云：「余年亦八十有八矣。」此前是書并無刻本，則其書刻成之日，凌曙已經去世兩年。梁氏有《退庵題跋》二卷本，其版原爲梁氏所刻，後歸杭縣鄭氏小琳琅館，其中未論及《漢祀三公山碑》；而《退庵所藏金石書畫跋尾》二十卷本之卷二雖有此碑，其刻印則在道光二十五年，書前梁章鉅自序即是明證，凌曙何以得見死後十六年始刻之書？《漢校官碑》《漢關聖帝君西湖照膽臺玉印》等篇屢引朱銓甫《金石記》説，朱銓甫即寶應朱士端（一七八六—一八七二），所著《宜禄堂收藏金石記》六卷，同治二年始刻入寶應朱氏《春雨樓叢書》中，未聞有其他刻本，凌曙何以見之？《吴天發神讖碑》云：「道光壬午年，寶應朱銓甫先生入都，遍訪此碑未獲。」又云「延至丙申年，仍未獲。先生亦南歸。逮戊戌年先生復入都，遇賈友」云云。道光壬午，即一八二二年，時凌曙尚在世；然丙申爲道光十六年，距凌曙去世已有七年；戊戌爲道光十八年，距凌曙去世已有九年，凌曙何以能知此且能述此也？《後齊乾明元年造象殘碑》云：「此碑新出，蘭山伏明經廷相臧。下段，道光廿四年訪得。」道光二十四年爲一八八四年（甲辰），距凌曙去世已有十五年。《後齊孫旿廿人等造象碑》云：「此碑某氏於道光十八年二月始訪得，移置沂郡學宫。」考道光十八年爲一八三八年（戊戌），時距凌曙去世已經七年，凌曙必無由知此後之事矣。今疑此書或爲僞作，爲謹慎起見，以南京圖書館藏本爲底本（簡稱『原本』），以復旦大學藏民國王欣夫學禮齋鈔本（簡稱『王本』）校，列爲附編，以供方家明辨。

（十六）《蜚英閣史論》不分卷

是書清鈔本一册，不分卷，北京大學圖書館藏，封面上題「蜚英閣史論」，下小字題「凌曉樓先生手稿」。内頁爲紅格連史紙二種，凡四十三頁，每半頁六行，行二十字，書口或題「藤華館」，另或題「倫仙館」，無作「蜚雲閣」或「蜚英閣」者。收文十五篇，均論春秋時事。書内鈐有「凌」「曙」及「曉樓父」私印，與《春秋繁露注》各印不同；又有「北京大學藏」「麐嘉館印」藏書印，似經李盛鐸收藏。此書末頁有「以上拾伍篇，丁酉年作」一行，今考凌曙生平，乾隆四十二年爲丁酉，凌曙時僅三歲，自不能作文；而道光十七年丁酉，距凌曙去世已八年，故凌曙不當有此文。疑此書或非凌曙所作，今列爲附編。

（十七）《蜚雲閣文集》不分卷

是書清鈔本一册，不分卷，北京大學圖書館藏，著録爲「蜚英閣文集」稿本，題凌曙著。《清代詩文集彙編》第五一四册據以影印。查北京大學圖書館藏本，是書封面題「蜚英閣文集」，無署名，抄於格子稿紙，魚口下題「蜚雲閣」，今據魚口訂正。全書凡五十九頁，每半頁六行，行二十字，注文爲雙行小字，收文十四篇，無序跋、目録。首篇《兩漢儒林傳論》有「曉樓父」白文印，卷首及卷末有「麐嘉館印」「北京大學藏」印，與該館藏《蜚英閣經解》《蜚英閣史論》同式，與上海圖書館藏《春秋繁露注》稿本卷一「曉樓印」及「凌曙之印」、卷八之「凌曙私印」及「曉樓印」、卷十七之末「凌」「曙」印均不同。今考《題羅茗香先生人日挑菜圖》，其本事在道光二十八年，距凌曙時已去世十九年，無由知此事并爲題圖。又，《春秋無達例》引《春秋繁露·精華篇》凌曙説而稱「先君注曰」，《題羅茗香先生人日挑菜圖》自稱「鏞因之竊有感焉」，則此書必不出凌曙之手，疑爲凌曙之子凌鏞（毓瑞）所作。此書未見刻本，今以北京大學圖書館藏本爲底本，列入附編。

三

通觀凌曙著述，非惟同情其生活之苦，感佩其用功之勤，更欽羡其鉆研之深、成果之豐。凌氏生活於揚州學派興起之際，受包世臣影響，由《公羊》學入門，以鄭學爲宗，實事求是，秉公持論，注重家法，不立門户，其學術頗有可稱道者，體現在以下數端。

（一）考鏡源流，注重家法

凌曙學術淵源於常州學派，畢生致力於《公羊春秋》研究，十分重視考鏡源流，强調「注書者，於經師家法，不可以不知也」（《春秋公羊問答》卷上「國氏」條）。其述漢代經學變遷云：「昔哀帝令劉歆與五經博士講論其義，諸儒博士或不肯置對。漢之經師，株守家法，牢不可破。雖以劉歆移書責讓太常，無益也。許慎集《五經異義》，別黑白以定一尊，而又爲鄭君之所駁正。甚矣！折衷之難也。設非《異義》散見他書，則諸儒之異同，何由而知乎？然不若《白虎通》之全書具在也。

方諸儒承制，會白虎觀，講議《五經》異同。于時，成封、桓郁、丁鴻習《歐陽尚書》，魯恭、魏應習《魯詩》，李育習《公羊春秋》，樓望習《嚴氏春秋》，故書中《春秋》多引今文，而間及于《左》《穀》；《書》則今文，而于古文則略備一説；《詩》則魯、韓并列，而兼收毛《故》焉。漢初，《書》惟有歐陽，《禮》后、《易》楊、《春秋》公羊而已。至孝宣世，復立大小夏侯《尚書》，大小戴《禮》，施、孟、梁丘《易》，《穀梁春秋》；至元帝世，復立京氏《易》；平帝時，又立《左氏春秋》、《毛詩》、逸《禮》、古文《尚書》。至章帝會議之時，師説不一，故其書亦不名一家。今書不無殘缺失次，然大端尚在，猶可從而釐正之。蓋雜引諸書，可以證明其説者，十得五六焉。自漢儒之家法既失，雖縱横博辨，大有可觀，然互相牴牾，自亂其例者多矣，豈非説經者之一弊乎？」（《群書答問》卷下「白虎通」條）其注《春秋繁露》，「所引《春秋》，皆《公羊》家言，故兩《傳》不敢羼入。惟書中引《穀梁》之文僅一條，故引《穀梁》以注之。至於土地、人名，間有引杜注者，以無關義例故也」（《春秋繁露注·凡例》）。《春秋·文公二年》：「冬，公子遂如齊納幣。」陳祥道《禮書》云：「僖公之喪，至文公二年冬，適二十六月。《左氏》曰：『納幣，禮也。』而《公羊》譏其喪娶，則《公羊》亦以三年之喪，二十七月而除，與鄭氏之説合矣。」凌曙駁之云：「陳祥道之説經，多不可據。其率臆而言者，如謂《公羊》亦以二十七月而除是也。」據何氏注，「自僖公十二月而薨，至此冬十二月，僅得二十四月，故何云『未滿二十五月』也，又不知陳氏何以云『適二十六月』也。依杜氏《長曆》推之，乙巳，公薨于小寢。杜以爲：乙巳，十一月十二日，經書『十二月』，誤。無論儒者不信經而信注已非，況又以杜預之注以例《公羊》，是全不知經師之家法矣。」（《禮説》卷二）正是基於這種認識，凌曙或辨明古今文家異説源流，如《白虎通》

論「九族」，本有二説。凌氏指出「前一説，『族者何也』至『故謂之族』，據《通典》引《白虎通》，『湊也』之下，有『上湊高祖，下至玄孫，一家有吉，百家聚之，合而爲親』二十字。馬融《尚書》注『以親九族』：『上自高祖，下至玄孫，凡九族。』鄭康成注《喪服小記》『親親，以三爲五』主之，此古《尚書》之説也。《白虎通》『《尚書》曰以親九族』至『義同也』，此又一説也。夏侯、歐陽、何琦、如淳之徒主之。《五經異義》曰：『今《禮》戴、《尚書》歐陽説，九族乃異姓有屬者。』據此，是今文《尚書》之説，與古文《尚書》之説截然不同。程［瑶田］未見《通典》引此有二十字，於是只知《白虎通》爲今文《尚書》之説，而不知前一説本古文《尚書》，列之於前，今文《尚書》列之於後，以備一説，今合而爲一也」(《禮説》卷四)。或指陳後儒經説淵源所自。如《春秋・桓二年經》：「秋七月，紀侯來朝。」何休注云：「稱侯者，天子將娶於紀，與其奉宗廟，傳之無窮，重莫大焉，故封之百里。」凌氏指出，「《白虎通》《恩澤侯表》皆有此説，何氏本之」。(《春秋公羊禮説》「紀侯來朝」條)

（二）引禮入《公羊》，不求微言大義

不明禮，無以明《春秋》。將禮學引入《公羊》研究，是凌曙對《公羊》學研究乃至經學研究的重要貢獻所在。凌氏指出：《公羊》「至漢始著竹帛。鄒、夾無《傳》，嚴、顔最盛，然是非不明，句讀亦失。於是任城何君，起而修之，探東國之微言，闡西河之至教，依經立注，厥功偉矣。觀其《解詁》，言禮亦詳。徐氏之《疏》，乃詳於例而略於禮，未能如孔、賈之該洽也」。《春秋公羊禮疏》十一卷正爲此而作，「取徐氏之《疏》而補疏之。義若隱略，則更表明。如有不同，便徵他議。自鄭氏三《禮》

注，晉、宋諸《志》，《通典》，《唐·志》，苟有合於何義者，罔不甄綜。凡以疏通證明，而詳其論説」。（《春秋公羊禮疏·序》）其説禮，雜引四代之禮，不盡守周制，而以鄭氏爲準繩，不孜孜於微言大義之闡釋。凌曙注《春秋繁露》，致力於「構求善本，重加釐正；又復采列代之舊聞，集先儒之成説，爲之注釋。及隋唐以後諸書之引《繁露》者，莫不考其異同，校其詳略」，本非以闡述微言大義、宣究三科九旨爲幟志者。蘇輿乃謂：「凌之學出於劉氏逢禄，而大體平實，絶無牽傅。惟於董義，少所發揮，疏漏繁碎，時所不免。」（《春秋繁露義證·例言》）譏凌氏書「稱引繁博，義藴未究」（《春秋繁露義證·自序》），然觀凌氏《自序》所云「事跡既明，義例斯得。輔翼經傳，舍此何從」，則其意趣所在，自能明之。蘇輿之説，實非確論。

（三）旁通全經，合勘傳注

凌曙非常重視旁通全經，合勘傳注，相互推勘，反對「不融會全文，只就一字一句而解之。及舉通篇文義以證之，而後先牴牾，弗顧也」[一]的固鄙之習。他反復强調：「凡經之未明者，求之于注；注有未明者，求之于疏；疏有未明者，當廣引他書以證明之。如仍未詳，闕疑可也。」（《群書

[一] 凌曙《春秋公羊禮説》「先謁宗廟」條。其《禮論略鈔》「論萬斯同士虞禮謂饗未必有詞」條亦云：「夫不旁通全經，此陋儒之習見，而萬氏亦坐此失，何哉？」

答問》卷下「純四只」條）其著《春秋公羊禮疏》，即「雜引四代之禮，不盡周制也。可證者證之，無則闕疑」（《春秋公羊禮疏・凡例》）。其論敖繼公《儀禮集説》對《喪服傳》「公卿大夫室老士貴臣」的論述，亦云：「凡經所不見者，當以意求之。傳、注所以與經相表裏者，以能足成其義耳。經不具，故待傳、注以補之也。若經所不言，傳亦不言，尚何需于傳、注耶？如經但言『衆臣』，則必有不在衆臣之列者矣，故補之曰『室老與士皆貴臣，其餘衆臣也』。不然，則不知經之所謂『衆臣』何所指也。鄭注：『天子、諸侯及卿大夫有地者，皆曰君。』鄭知此者，以《傳》云『君，謂有地者也』。《傳》必以爲『有地者』，以貴臣之中有士也。有采地者，有邑宰，復有家相；無地者，直有家相而已。今既有士，則其爲有地之君，可知矣。士不得以『凡士之爲家臣』目之者，以其貴于衆臣也。貴于衆臣，故鄭以士爲邑宰也。必邑宰，而後可以爲貴臣，而不同于衆臣者。子路使子羔爲費宰，曰：『有民人焉，有社稷焉。』故知異于衆臣也。室老得爲貴臣者，賈疏：『《曲禮》曰：「大夫不名家相長妾。」』按，賈疏兩引皆作『大夫不名家相長妾』，與今《曲禮》異。賈必知大夫者，以大夫稱『家』也，故知其貴也。如魯三家皆有地，則公山弗狃爲季氏費宰，子羔爲孟氏成宰，冉有、季路之爲季氏家相，皆是也。且有地與無地之君，其禮不同。無地公卿大夫卑，家臣皆以杖，與嗣君同即阼階下朝夕哭位；若有地公卿大夫，其君尊，衆臣雖杖，不得與嗣君同即阼階下朝夕哭位，下君故也。必分别貴臣、衆臣者，公卿大夫厭于天子諸侯，故降衆臣，布帶繩屨；貴，得伸，不奪其正也。且經亦有爲貴臣服緦者，馬融曰：『天子貴公，諸侯貴卿，大夫貴室老也。』鄭氏曰：『貴臣，室老、士也。』若敖氏，乃漫無分别，然則君亦爲衆臣服緦耶？何其舛也。貴臣之制，至戰國而後亡矣。譙周曰：『大夫受畿内之采邑，有家臣。雖又别典鄉遂之事，其下屬皆止相屬其吏，非臣也。秦、漢無復采邑之家臣，郡縣吏權假斬衰，代至則除之。』按，秦并天下而爲郡縣，不復有貴臣之服，其禮殆與封建相終始者矣。」（《禮説》卷二）《士冠禮》云「若殺，則特豚，載合升」，敖繼公《儀禮集説》以「載」字爲衍。凌曙以爲，「此雖一字之微，而于全經之例不孚矣」，且「據《儀禮》全經以證之」，駁敖説之誤（《群書答問》卷下「載合升」條）。

（四）抽繹經例，以例解經

凌曙認爲，《易》《禮》《春秋》皆有義例可言。「其中有正例，有變例，且有變例中之正例，有正例中之變例，更有變例中之變例也。參伍錯綜，非比而同之，不能知也。即如『斬衰』章『子爲父』『臣爲君』，此正例也。設有祖爲君，祖死而父應繼立，或以廢疾不立，或以早死不立。是祖死，父不得立而孫立，則今君受國於祖，不受國於父，將以常例服祖期乎，抑不服祖期也？受宗廟社稷之重，不得以輕服服之。恐人致疑焉，故傳以爲：『父卒，然後爲祖後者服斬。』此變例也。然凡父卒，傳重於祖者，莫不服斬，是變例中之正例也。此指祖爲君，父卒而孫爲君，則今君之臣，祖之臣也。孫爲祖服斬，臣爲君服斬，固也。乃有始封之君，其父與祖未嘗爲君，是今君之臣，於君之父、祖，無君臣之分，此不可從服斬也，故君爲父、祖斬，而臣從服期也。此變例中之變例也。不獨始封之君爲然也，繼體之君亦有之。曾祖爲君，曾祖卒，祖應受國。祖或以廢疾不立，則父當立。父又以早卒不立，則今君之立，爲受國於曾祖也。傳云『父卒，然後爲祖後者服斬』，今注言『曾祖』，何也？若是受國於祖，則祖薨，群臣爲之從服斬，不當期也。言君受國於曾祖，則是祖未嘗立也；祖未嘗立，則今君之祖於群臣，無君臣之分，不當服斬，故孫爲祖斬，而群臣爲君祖期也。」（《禮論略鈔》）其於《春秋》義例，凌曙以爲：「春秋之世，功有小大，罪有淺深，非例不明。」（《公羊問答》卷上「例」條）故「不通《春秋》之例者，不足與言《春秋》之禮」（《春秋公羊禮説》「譏不親迎也」條）。并率先提出「《公羊》之義，不絶異説；一事兩義，往往并載」（《春秋公羊禮説》「不蓑城」條）的條例。關於親迎之禮，凌曙指出：《公羊》家本有「外逆女不書，失禮書」明文。親迎爲正例，親迎於渭，文王行之。周衰禮廢，乃不行焉。雖三代異制，而親迎則同。所以，《公羊・隱二年傳》譏不親迎。然而諸侯、大夫雖親迎，不得出境。《春秋・莊二十四年經》書「公如齊逆女」爲變例，乃「公淫於齊女，内大惡，不可言」，《傳》從《經》爲諱辭，故變例書「如齊逆女」（《春秋公羊禮説》「譏不親迎也」條）。「王猛入於王城」條云：「《春秋》有不待貶絶而自見者，從省文例也。若於王猛之篡不明，一年之中，書『王』，見其已立也；書『入』，明其爲篡也；書『子』，見其未逾年也。難者曰：天王入於成周，何以亦書『入』也？曰：美惡不嫌同號也。俗儒不察，往往執此類以相難，而不知小辯之破道也。」

凌氏義例研究方法，直接爲其外甥劉文淇傳承，并得以發揚光大。重視諸經凡例研究，成爲儀徵劉氏家學的顯著特徵之一。特别是劉氏第四代傳人劉師培，進一步深化了《春秋》凡例研究，不僅有《春秋左氏傳時月日古例考》《春秋左氏傳古例詮微》《春秋左氏傳傳例解略》《春秋左氏傳傳注例略》《春秋左氏傳例略》等《左傳》凡例著作，而且推廣至先秦辭例研究，寫成了《毛詩詞例舉要詳本》、《毛詩詞例舉要略本》[一]、《荀子詞例舉要》、《古書疑義舉例補》等，成果豐碩。

（五）實事求是，不囿成説

「疏不破注」，爲歷來疏家不二法門。凌曙《春秋公羊禮疏》則不爲之束縛，其於《凡例》宣言：「疏不破注，向例如此。今間有未安者，引先儒之説以正之，實事求是，非敢難詰也。」其《公羊禮説自序》云：「考群儒之説，綜列史之文，學尋墜緒，業守顓門，撰《公羊禮説》一卷，屈彼空言，伸兹孔見。議必徵諸古人，論不離於師法，要使禮歸至當，不越三百、三千。如或義有未安，寧憚十詰、十難？匪擄豪以逞辭，懼違經而惑衆。」正是這種實事求是精神的真實寫照。在凌曙著作中，批駁前代學者之語，俯拾皆是。其批評啖助則云：「棄經傳之舊文，廢先儒之成説，一掃而空之，摭拾膚淺之言，以立新義，啓自啖助。故史臣以爲：『徒令後生穿鑿詭辨，詬前人，捨成説，助所階已。』然則後世之見異思遷、懼然顧化者，無怪乎其比比然也。」（《春秋公羊禮説》「不郊而望」條）《禮論略鈔》「論萬斯同雜記附於大夫之昆弟從孫無配食從祖之禮」條云：「百餘年間，問言禮者，則必以萬氏爲對，而孰意其説之謬，一至於此乎！吾懼其有以惑後進之士，故詳論其失耳，非好議先哲也。」

[一] 劉師培《毛詩詞例舉要略本》實自其在北京大學時所編講義《中國文學講義概略》裁出，參見拙編《劉申叔遺書補遺》下册，廣陵書社，二〇〇八年，頁一三七九。

又「論閻若璩答女子無杖」條云：「經、傳女子杖者甚多，而閻何以云『無杖』也？舉此以告世之治經者，毋振驚其名而不實事求是也，故駁正之。」《禮説》卷四「論程瑶田喪服經傳無失誤述」云：「儒者治經，門户之見不可有，豈是非之心亦不可有邪？實事求是，據經、傳以證之，可乎？」凌曙學由自悟，其中甘苦，誠非他人能知。惟有不懾於名家，不囿於成説，實事求是，方能明白真是非，求得真學問。此既爲夫子自道，亦爲開示後學經驗之談。得益於科學求實學風，凌曙於婦女守節，頗不同於時論，以爲「聖人非不欲舉世爲《柏舟》之誓，然而未能者，其勢然也。蓋禮緣義起。幼子無大功之親，則此子無人爲之衣食。設一旦展轉溝壑，先人之祀不幾斬乎？」「夫死子穉，無大功之親而適人，此亦王法之所不能禁者耳。爲之制服，又何疑焉？」（《群書答問》卷下）

四

《凌曙集》分正編、附編、附録三部分。其正編所收，乃確認爲凌曙所著者，凡十種：（一）《四書典故覈》；（二）《春秋公羊禮疏》；（三）《春秋公羊禮説》；（四）《春秋公羊問答》；（五）《春秋繁露注》；（六）《禮説》；（七）《禮論略鈔》；（八）《儀禮禮服通釋》；（九）《群書答問》；（十）《説文考正》。諸家著録爲凌曙著，然考其書，疑爲僞托，或不能遽定其必爲凌曙所著者，列入附編，凡六種，即：（一）《蜚英閣經解》；（二）《蜚英閣經説》；（三）《四書集説》；（四）《金石録》；（五）《蜚英閣史論》；（六）《蜚雲閣文集》。附録五種：（一）凌曙年表；（二）生平傳記；（三）題跋提要；（四）函札題贈；（五）校勘引書版本舉要。焦廷琥《仲軒群書雜著》所抄《禮説服制考》一卷，均已見於正編，故不重收。

本集所收諸書，以内容完整、刊刻較早者爲底本，無刊本者以稿本或鈔本爲底本，其餘刊本爲參校本。每書首擬《解題》一篇，簡介各書版本情況及所用底本，以便讀者參考。

底本文字，原則上不作改動。惟確有版本依據且影響文義理解者，偶有增删改易，均出校記。「玄」「丘」「弘」「胤」等諱改字，依例回改，不出校記；常見誤刻之字如「己」「已」「巳」及「戊」「戍」「戌」之類，根據内容徑改，不出校記。

作者所引，盡可能查核原文。節引、意引者，凡與原著觀點一致而文字有所删節者，或改用異體字者，均不出校；引文確有訛衍、脱倒，或恐有歧義甚至誤會原義者，則出校記。《纖輔叢書》本《春秋繁露注》有張駒賢校語，今一并録入校記中；其誤校者，亦於校記中説明。校記中所注原文，除關涉標點者保留原文標點，他則不予標點。

本集所收各書，均加新式標點，不用專名號。《春秋繁露注》舊有分節，關涉原書義理，今仍其舊，未敢罔改，以免淆亂；其餘各篇，文字簡短，未便分節。

凌曙集目録

分冊目録

上冊

四書典故覈卷二……三四

四書典故覈卷七……一五四

孟子……一五四

中册

春秋公羊問答……五二五

禮論略鈔

下册

附録……一六八三

正編

四書典故覈

解題

是書爲凌曙第一部著作，其由此而得經學門徑，且明確以《公羊》學爲研究範圍。嘉慶九年（一八〇四），凌曙初識包世臣於揚州，詢以治學門徑。以其熟於《禮》，包世臣遂勸其攻鄭氏，謂：「吾人爲學自治經始，治經自《三禮》始。《三禮》書甚完具，二鄭、孔、賈發明其義甚明且密。推人情之所安，以求當于古先聖王制作之源，則莫不有合焉者。然其文深出，其説散見，非細心沈慮，則莫能總其條理，要其指歸。制義一事，于學甚微末，然能使人束其心，静其氣，鋭其思，審其識。故欲治《三禮》者，當先精制義之法。制義依《四子書》以立言，而四子之説有涉于制度、文物者，非詳考而慎擇之，則不能以措詞。」乃出張惠言所輯《四書》漢説數十事，及包世臣、李兆洛等增綴之稿，以爲治經之式。凌曙遂就張惠言、包世臣、李兆洛等稿，稽典禮，考故訓，補其不備，推而廣之，成稿八卷。嘉慶十二年春，李兆洛過揚州，凌曙遂以書稿呈請删正。夏，録出清本，又就質于洪梧（字桐生）、貴徵（字仲符），得蒙嘉許，并爲之作序。嘉慶十三年二月，凌曙作《四書典故覈自序》，刊刻行世。此書八卷，計一百八十條。其中卷一至卷二論《大學》（八條）、《中庸》（三十四條），卷三至卷六論《論語》（一百一十條），卷七至卷八論《孟子》（二十八條）。是書雖僅有《蜚雲閣叢書》

本（簡稱「蜚雲閣本」），然有初印本、後印本之別，後印本多所挖改。如卷三「自行束脩以上」條引《尚書大傳》，初印本引「十五入小學，十八入大學」，乃指諸子而言；後印本改引「十三入小學，二十入大學」，與所云「公卿大夫元士之適子」相合。《續修四庫全書》第一百六十九册影印中華書局圖書館藏《蜚雲閣叢書》本，即爲後印本，然將洪梧序誤裝於貴徵序、凌曙自叙之後。今依蜚雲閣後印本點校，初印本與後印本相異者，不作校記。

序

予昨歲主講梅花，則欲與諸生爲通經之學，首令纂《公羊通禮》《周官六聯表説》及《論孟水地通釋》《儀禮十七篇節目詳考》《左傳五十凡論》《詩經通禮》，皆日有程，月有課，灑灑乎可觀矣。凌生曙執所業進，予覽其書，於《四子書》制度典物，能博采經説傳疏及古今人論議之諦當者，皆明之於心而後注之于手，與徑書經文疏義者迥辨。非通明各經及本書，安能如是之燭照而數計也？生之書，如「旅酬」，則知及燕飲諸禮；如「射飲」，則知及旅酬，以至鄉黨朝位，不韙《圖考》。「端章甫」「黄衣狐裘」，皆自有説。「日月星辰」及「天之高也」二條，備采十三家説，于西法尤精。《孟子》之于《周禮》不合者，又能廣引諸家，調停其説。宋儒惟陳氏《禮書》、王氏《困學紀聞》，折衷該洽。我朝經學昌明，若閻氏、毛氏、惠氏，於《四書》多所考定。近時之江氏、戴氏、金氏、阮氏所著書，皆足補紫陽之不逮。曩嘗欲爲《論》《孟》箋，如毛、鄭《詩》，固不相妨。以生心力，當可成此。吾又重生以屢空之家，無師之學，不啻昔人之牧豕聽經、偷光照字者。其學有條貫，如此，則其所至，固未可量也。吾鄉慎修先生，幼時家貧無書，借人《周禮注疏》一帙，由此尋誦，遂成大儒。東原先生嘗一月斷炊，注《離騷》成，乃得食。貧者，士之常也。生勉矣！以吾與諸生治各經之法，一一爲之，來者可畏，不其然乎？抑吾有進於生者：《四子書》，固道之所在也。學顔子之所學，其何以博文約禮而不遠復耶？《論語》半部，可致治平，亦爲之而已矣。

嘉慶丁卯中秋前二日，新安洪梧力疾書於講院西偏之群玉堂

序

《四子書》列在學官，與《五經》并重，以之發題試士，固當發明聖賢意指。然典章名物，古聖人所以治天下之具。但言義理，不論典章，則治天下之具蕩焉泯焉，故漢儒專從事於此。典章備，而古聖人治天下之理亦備矣。宋以後，專講義理而忽於名物，於聖賢心性，究極精微，然如紫陽爲直接孔孟之人，其《集注》則顯與列經相背，訓「山節藻梲」，若不知有《明堂位》諸篇。此等雖豪釐之失，不足爲先賢纇；後之學者，究不可不知。且前乎此者，四子注疏，何晏已尚清談，猶賴兼取孔、包、周、馬、鄭、王諸家；邢氏爲疏，亦略能綜覈典物。趙岐、孫奭之於《孟子》，更涉簡漏。《大學》《中庸》向以同編曲臺，鄭、孔注疏，已於諸篇備斯典贍，至此多涉重文，不復留意。今之讀《四子書》者，亦當以經解經，徵引訓詁，借以羽翼程、朱，庶幾義理、典章兩無遺闕。曩爲諸生時，操此從事，屬藁未就，旋以薄宦輟業。今返初服，日與桐生先生相過從。春間，於講堂見有《四書考典》一書，桐生先生曰：「此凌生曉樓所纂集也。」未幾，曉樓以此書來見。不數日讀竟，深慚向日之有志未成，而喜吾郡讀書明經之士日益多也。曉樓雖貧苦，而績學不倦如古人。其爲文俱有經術。至此書之善，則桐生先生言之詳矣，茲不具言，特言義理、典章不可偏廢，以間執世之輕視掌故者之口。

嘉慶十有二年十月朔日，儀真貴徵

自叙

曙幼小就塾，五載即改習賈。性拙于治生，居市十年，不能裨其家。乃復理舊業，然苦無師友課程。讀經五六年，稍熟其本文，始求漢宋諸儒論説，披閱之略盡，然不能貫串意旨，旁見側出，以通其不備；即句讀之淺，音訓之粗，時多舛誤，無所質正。又以訓蒙就食他氏，不能懇習。至甲子之秋，曙齒且及壯，得識安吴包君慎伯，過從請益，極承勸誘。嘗言：「吾人爲學自治經始，治經自《三禮》始。《三禮》書甚完具，二鄭、孔、賈發明其義甚明且密。推人情之所安，以求當于古先聖王制作之源，則莫不有合焉者。然其文深出，其説散見，非細心沈慮，則莫能總其條理，要其指歸。制義一事，于學甚微末，然能使人束其心，静其氣，鋭其思，審其識。故欲治《三禮》者，當先精制義之法。制義依《四子書》以立言，而四子之説有涉于制度、文物者，非詳考而慎擇之，則不能以措詞。武進故編修張臯文先生，儒宗也。其事舉子業時，嘗辨《四子書》中漢説之當從者數十事，手書成帙。今以授吾子，吾子反復之，以得讀書之法而增擴之，則爲學之術莫近于此矣。」曙謹受之，不敢忘，不敢怠。少間，時自書所得者，以質于包君。其所指摘，若振槁發翳。又爲論制禮之源，約謂：「禮本人情，以即于安。故禮者，治人之律，而《春秋》則其例也。《春秋》之旨，僅存于

《公羊》。得何氏闡其説，然後知禮之不可頃刻使離于吾身。故不通鄭氏書者，不知何氏之平允；不通何氏書者，不知鄭氏之精當也。武進庶常李申耆先生，吾黨之冠也。吾子能相從至常州，當介于庶常，以別其緒，疏其流，不似吾荒落，僅舉大略而已。」丙寅春，曙遂隨包君至申耆先生家，親承指授，筆記其略。歸，按之于籍，始知其言之有旨，辨之非夸。紬繹既久，漸能錯綜推廣其意，乃就《四子書》之舊次，編輯爲《典故覈》若干卷。丁卯春，申耆先生入都，過揚州。曙以藁本呈閲，重荷奬借，以爲能卒編修之業。爲留數日，加以删正。是夏，曙録出清本，以質于吾師洪桐生、貴仲符兩先生，咸蒙許可。友人時有假鈔者，爲出貲以板行之。曙不敢辭，故書其始末，以告觀者。

嘉慶十三年，歲在戊辰，春二月下旬，江都凌曙曉樓氏謹記

凡例

漢儒説典禮，必引會數經，勘契密合，不第時代近古，多得遺聞。晉、唐諸儒，漸滋鑿空。孔、賈《正義》，可謂特立不隨者矣。汔乎宋人，半出憑臆，藉口義理，蔑彼考證，而又時作鹵莽，强附解人，昧闕疑之義，啓師心之習。後儒紛紛，自此始矣。至于明代，此風益扇。兹遇大典禮所存聚訟紛紜者，概不與致辨，惟疏通漢人舊解，存其餼羊。

此書辨難處少，援據處多。凡所稱引，欲令應有盡有，故攟摭經傳處，時苦繁蕪，似蹈《典林》諸書之轍。然采拾處頗有别擇，較榛楛弗剪者固是殊科。用饋貧粮，亦無不可。

肆賈所刊《人物備考》《人物典林》等書，濫繆極矣。惟明代陳禹謨《四書人物概》稍有條理，故書中概不及。

辨核輿地，亦典故之要。以本朝閻百詩《四書釋地》頗稱辨晰，間有疏失，不足爲累，故不復爲重儓。

引用本朝諸人之説，皆載姓氏，或著書名。成書之後，頗見鄙意所及，前賢已有先得之者。其文略相似者，仍補注前賢之名；意同而文異者，則不復注。覽者當諒其非剿説。

書中所引用姓氏，或名，或字，或謚。以非義例所存，故聽其參差，無他意也。

四書典故覈卷一[一]

大學

邦畿千里

鄭氏《王制》注曰：「縣内，夏時天子所居州界名也。殷曰畿，周亦曰畿。」疏云：「殷、周稱畿，唐、虞稱服，無云縣者，故鄭云『夏時天子所居州界名』。」又云：「禹會諸侯于塗山，執玉帛者萬國。要服之内，地方七千里。七七四十九，得方千里者四十九。其一以爲圻[二]内，餘四十八，八州分之，而各得方千里者六。其制：特置牧，以諸侯賢者爲之師，每師領百國。州十有二師，則每州千二百國也。計一州，方百里之國二百，七十里之國四百，五十之國八百，凡一千四百國。以二百國爲名山大川不封之地，餘一千二百國，八州凡九千六百國，其餘四百國在圻内。夏末既衰，夷狄内侵，諸侯相并，土地減，國數少。殷湯承之，更制中國方三千里，《王制》：「四海之内，斷長補短，方三千里。」亦分爲九州，建千[三]七百七十三國焉。畿内千里，凡封九十三國。百里之國[四]九者，三公之田三，爲有致仕者副之，爲六；其餘三，待封王之子弟。七十里之國〔五〕二十一者，卿之田六，亦爲有致仕者副之，爲十二；又三，爲三孤之田；其餘六，亦待封王之子弟。五十里之國〔六〕六十三者，大夫之田二十七，亦爲有致仕者副之，爲五十四；其餘九，亦待封王之子弟。三孤之田不副者，以其無職，佐公論道耳。雖有致仕，猶可即而謀焉。周武王初定天下，更立五等之爵，增以子、男，猶因殷之地，以九州之界尚狹也。周公攝政，致太平，斥大九州之界。惟天子畿內不增，以禄群臣，不主爲治民也。」畿內亦九十三國。《小司徒》注云：「其制三等。疏云：「謂家邑、小都、大都。」百里之國凡四都，疏：「謂大都。」五十里之國凡四縣，疏：「謂小都。」二十五里之國凡四甸。」疏：「謂家邑。」又，《王制》注云：「方千里者，象日月之大，亦取晷同也。」疏：「《元命包》云：『日〔七〕圓，望之廣尺，以應千里。』《考靈耀》云：『地與星辰四遊升降于三萬里之中。夏至之影尺有五寸，是半三萬里，得萬五千里。』故鄭注《司徒》云：『凡日影于地，千里而差一寸。』是千里同一寸也。」

綿蠻

毛傳：「綿蠻，小鳥貌。」《文選·景福殿賦》注引薛君云：「綿蠻，文貌。」案，《詩》咏黄鳥，當狀其色，薛義是也。

菉竹

「菉竹」，毛傳作「緑竹」，《韓詩》及漢石經作「緑藩」。《爾雅》「菉，王芻；竹，萹蓄」，毛傳作

「緑，王芻；竹，萹竹」，《釋文》引《韓詩》作「薄，萹筑」。《説文》：「薄，水萹筑也。」則「菉竹」本當作「薄」，非竹箭之「竹」，明甚。正義又云：「陸璣〔八〕《草木疏》云：『緑竹，一草名，其莖葉似竹，青緑色，高數尺。今淇隩旁生此，人謂此爲緑竹。』此亦非也。《詩》有『終朝采緑』，則緑與竹别草。」按，《漢・志下》：「淇園之竹以爲楗。」又，《後漢・寇恂傳》：「伐淇園之竹，爲矢百餘萬。」班彪《志》：「淇園，衛地，殷紂竹箭園也。」此皆朱子據以改毛傳者。然酈善長《水經注》云：「今通望淇川，都無此竹〔九〕。惟王芻、萹草，不異毛興。」則酈氏亦欲駁毛傳之説，而以目驗知其不可也。「籊籊竹竿，以釣于淇。」淇上固多竹箭，以釋《淇隩》之詩則不可。

切磋琢磨

《爾雅》：「骨謂之切，象謂之磋，玉謂之琢，石謂之磨。」何楷《詩經世本古義》曰：「《爾雅》注〔一〇〕以鵠、鬻、剒、剫、雕爲治樸之名，鏤、刻、切、磋、琢、磨爲治器之名，則切磋琢磨，皆物已成而復治之也。朱子謂，既切復磋，既琢復磨，似無據。武公之學脩，如楚倚相所云『在輿有旅賁之規，位宁有官師之典，倚几有誦訓之諫，居處有暬御之箴，臨事有瞽史之道，宴居有師工之誦』，皆切磋琢磨之實。此就成德後叙述，故以四如列〔一一〕，狀其有匪之象如此耳。」

又，鄭司農注《天官・太宰》云「珠曰切」，則切不專言骨。《詩》「白圭之玷，尚可磨也」，則玉亦可曰「磨」。

聽訟

《小司寇》：「以五聲聽獄訟，求民情：一曰辭聽，二曰色聽，三曰氣聽，四曰耳聽，五曰目聽。」晉張裴〔一二〕《上注律表》曰：「夫刑者，司理之官；理者，求情之機；情者，心神之使。心感，則情動于中而形于言，暢于四肢〔一三〕，發于事業。是故奸人心愧而面赤，内怖而色奪。論罪者，務本其心，審其情，精其事，近取諸身，遠取諸物，然後乃可以正刑。仰手似乞，俯手似奪，捧手似謝，擬手似訴，拱臂似自首，攘臂似格鬥。矜莊似威，怡悦似福。喜怒憂懼〔一四〕，貌在聲色；奸貞〔一五〕猛弱，候在視息。出口有言當爲告，下手有禁當爲賊；喜子殺怒子當爲戲，怒子殺喜子當爲賊。自非至精，不能極其理也。」

絜矩

《周髀算經》商高曰：「數之法，出于方圓〔一六〕。圓出于方，方出于矩，矩出于九九八十一。故折矩，以爲勾廣三，股修四，徑隅五。既方其〔一七〕外，半其一矩，環而共盤，得成三、四、五。兩矩共長二十有五，是謂積矩。禹之所以治天下者，此數之所由生也。用矩之道，平矩以正繩，偃矩以望高，覆矩以測深，卧矩以知遠，環矩以爲圓，合矩以爲方。方屬地，圓屬天。知地者智，知天者聖。智出于勾，勾出于矩。夫矩之于數，其裁制萬物，惟所爲耳。」《大學》「絜矩」，義當取此。鄭氏云：「矩，法也。」《章句》曰：「矩，所以爲方之器。」俱未盡。

畜乘馬

凡仕者，一命而受爵，再命而受衣服，三命而受車馬。賜車馬，而身所以尊者備矣。《曲禮》鄭注。上士三命，得賜車馬，副車隨命；中士乘棧車，無副車。「以車數對」孔疏。《尚書大傳》云：「古之帝王必有命。民于其君得命，然後得飾車駢馬。庶人木車單馬。」

伐冰之家

《左氏傳》：「大夫命婦喪，浴用冰。」《喪大記》：「君設大盤，造冰焉；大夫設夷盤，造冰焉；士并瓦盤，無冰。」士若恩賜，亦有之，但非其常。《士喪禮》曰：「賜冰，則夷盤可也〔一八〕。」「食肉之禄，冰皆與焉。」杜注：「食肉之禄，謂在朝廷治其職事，就官食者。」疏云：「士亦食肉，但彼是在家之禮，非公朝常食也。明惟在官之食有冰耳。」

中庸

柯

車人之事，半矩謂之宣，一宣有半謂之欘，一欘有半謂之柯，一柯有半謂之磬折。車人爲車，柯長三尺，博三寸，厚一寸有半。五分其長，以其一爲之首。凡造作，皆用斧，因以量物，故《爾雅》

曰：「柯，法也。」

正鵠

《周官·司裘》：「于王，共虎侯、熊侯、豹侯，設其鵠。諸侯共熊侯、豹侯，卿大夫共麋侯，皆設其鵠。」此大射之侯也，《梓人》所謂「張皮侯而棲鵠，則春以功」是也。《射人》：「以射法治射儀：王射三侯，五正；諸侯二侯，三正；孤卿大夫射一侯，二正；士射豻侯，二正。」此賓射之侯也，《梓人》所謂「張五采之侯，則遠國屬」是也。《鄉射禮記》曰：「凡侯，天子熊侯，白質；諸侯麋侯，赤質；大夫布侯，畫以虎豹；士布侯，畫以鹿豕。」此燕射之侯也，《梓人》所謂「張獸侯以息燕」是也。大射之侯，用虎、熊、豹、麋之皮飾其側，而中又制皮以爲鵠；賓射之侯，亦虎、熊、豹、麋之皮飾其側，而中畫五采朱、白、蒼、黄、玄。以爲正；燕射之侯，則畫熊、麋、虎、豹、鹿、豕之形以象鵠。此三射之别也。《大射儀》：「量人張三侯，大侯之崇，見鵠于參；「大侯」即熊侯。「參」讀爲「糝」，雜也。謂豹鵠而麋飾。參見鵠于干，「干」讀爲「豻」。豻侯，豹鵠豻飾也。干不及地武。」此畿外諸侯之禮也。《司裘》不言參侯，以畿外非所共也；畿内諸侯，二侯。不言豻侯，士無大射也。三侯，五正、三正、二正之侯；二侯，三正、二正之侯；一侯，二正而已。鄭氏説。鵠取名于鳱鵠，正取名于題肩，皆鳥之黠捷難中者。其義，則鵠者直也，正者正也。直己正志，然後能中，故曰：「不失正鵠者，其惟賢者乎？」

《考工記》：「梓人爲侯，廣與崇方，三分其廣而鵠居一焉。」則賓射之侯，亦三分其廣而正居一，弓二寸以爲侯中。虎侯九十弓，侯中丈八尺，則鵠方六尺；熊侯七十弓，侯中丈四尺，則鵠方四尺六寸有奇，豹侯、麋侯五十弓，侯中一丈，則鵠方三尺三寸有奇。

宗廟饗之「大孝」章

《春秋命曆序》：「炎帝號曰大庭氏，傳八世，合五百二十歲。黄帝，一曰軒轅氏，傳十世，二千五百二十歲；大昊〔一九〕，一曰金天氏，即窮桑氏，傳八世，五百歲；顓頊，一曰高陽氏，傳二十世，三百五十歲；帝嚳，即高辛氏，傳十世，四百歲。」此康成所據。見賈疏。凡謂堯爲帝嚳之子、黄帝之玄孫，舜爲黄帝八世孫者，皆虚妄不足據。《國語》史伯曰：「成天地之大功者，其子孫未嘗不章，虞、夏、商、周是也。虞幕，能聽協風，以成樂物生者也；夏禹，能平水土，以處庶類〔二〇〕者也；商契，能和合五教，以保于百姓者也；周弃，能殖百穀百疏〔二一〕，以衣食民人者也，其後皆爲王公侯伯。」又，展禽曰：「幕，能帥顓頊者也，有虞氏報焉。」《左傳》史趙曰：「自幕至于瞽瞍，無違命。舜重之以明德。」又曰：「陳，顓頊之族也。」又，《尚書》曰：「有鰥在下，曰虞舜。」曰：「嬪于虞。」則虞爲有國之號，舜非帝嚳之胄，明矣。

《書》：「祖考來格，虞賓在位。」鄭云：「虞賓，謂舜以爲賓，即二王後丹朱也。」馬融曰：「言祖考。此是舜除瞽瞍之喪，祭宗廟之樂。」蓋舜既爲天子，必當自立祖廟。堯祖廟，當遷于丹朱之國。此「祖考」，即舜之祖考也。《白虎通》曰：「王者不臣二王後者，尊先王，通天下之三統也。《尚書》：『虞賓在位。』不臣丹朱也。」《祭法》：「有虞氏禘黄帝而郊嚳，祖顓頊而宗堯。」此四者，是配天之祭，非宗廟之祭。

宗廟饗之「無憂」章

《禮》：「王者始受命、諸侯始封之君，皆爲太祖。以下，五廟而迭毁。」《祭義》曰：「王者禘其祖之所自出，以其祖配之，而立四廟。」案，今係《喪服小記》文。言始受命而王，祭天，以其祖配，而不爲立廟，親盡也。立親廟四，親親也。親盡而迭毁，親疏之殺，示有終也。周之所以有七廟者，以后稷始封，文王、武王受命而王，是以三廟不毁，與親廟四而七。非有后稷始封、文武受命之功者，皆當親盡而毁。成王成二聖之業，制禮作樂，功德茂盛，廟猶不世，以行爲謚而已。《韋玄成傳》。殷則六廟，契及湯，與二昭二穆；夏則五廟，無太祖，禹與二昭二穆也。鄭氏《王制》注。

《周禮・大司樂》：「乃奏夷則，歌小吕，舞《大濩》，以享先妣。」鄭云：「先妣，姜嫄也。姜嫄履大人跡，感神靈而生后稷，是周之先母也。周立廟，自后稷爲始祖。姜嫄無所妃，是以特立廟而祭之，謂之閟宫。」案，周爲姜嫄立廟而不及帝嚳，且《詩》《書》中無一語及嚳，則姜嫄非嚳妃甚明，亦可證鄭氏感生帝之説。

《春秋》昭七年《左氏傳》：「余敢忘高圉、亞圉？」杜注云：「周人不毁其廟，報祭之。」孔穎〔一二〕達《王制》疏曰：「馬融説云：『周人所報而不立廟。』」

《春官・守祧〔一三〕》：「掌守先王、先公之廟祧。」鄭云：「謂太祖之廟及三昭三穆。遷主所藏曰祧。先公之遷主，藏于后稷之廟；先王之遷主，藏于文、武之廟。」疏云：「當周公制禮時，文、武在親廟四之内，未毁，不得爲祧。然雖未爲祧，已立其廟。至後子孫，文、武應遷而不遷，乃爲祧也。守祧有奄八人，蓋守七廟并姜嫄廟。」

武王未受命

文王年十五，生武王，九十七而終。終時，武王年八十三矣。于文王，受命爲七年。後六年，伐紂；後二年，有疾。疾瘳後，二年崩。崩時，年九十三矣。文王崩後，明年生成王，則武王崩時，成王年十歲。鄭氏《金縢》注。

追王太王王季

鄭云：「追王太王、王季者，以王跡起焉。言大夫葬以大夫，士葬以士，則『追王』者，改葬之矣。」疏曰：「《大傳》云『武王追王太王、王季』，此云『周公』者，武王既伐紂，追王，布告天下。周公追而改葬，故不同也。」「不改葬文王者，先以王禮葬故也。《周語》云：『先王不窋。』《武成》云：『先王建邦啓土。』謂后稷。皆稱『先王』者，以王者之先祖，故通稱先王也。契稱元王，與此同。」

上祀先公以天子之禮

《司服》：「享先公，則鷩冕。」鷩冕七章，公之服。先公尊矣，所服止于此者，非卑之于先王，以爲祭，則各以其服授尸，尸服如是。而王服衮以臨之，非所以爲敬，故弗敢也。陳氏《禮書》說。大祫〔二四〕于大祖廟中，則尸服衮冕，王服亦衮冕也。《周禮》疏。

《周本紀》：「后稷卒，子不窋立。不窋卒，子鞠立。鞠卒，子公劉立。公劉卒，子慶節立。慶節卒，子皇僕立。皇僕卒，子差弗〔二五〕立。差弗卒，子毁隃〔二六〕立。毁隃卒，子公非立。公非卒，子高圉立。高圉卒，子亞圉立。亞圉卒，子公祖類立。祖類卒，子古公亶父立。」公祖類即紺，亦曰諸盩。

葬以大夫祭以士葬以士祭以大夫

《王制》：「喪從死者，祭從生者。」從生者，謂除服之後，吉祭之時，以子孫官禄祭其父祖，故云「從生者」。若喪中之祭，虞、祔〔二七〕、練、祥仍從死者之爵，故《小記》云：「士祔于大夫，則易牲。」又云：「其妻爲大夫而卒，而后其夫不爲大夫而祔于其妻，則不易牲。」又，《雜記》云：「上大夫之虞也，少牢；卒哭成事、祔，皆太牢。下大夫之虞也，犆牲；卒哭成事、祔，皆少牢。」是喪中之祭，仍從死者之禮。盧植解。

祖廟

天子七廟，三昭三穆，與太祖之廟而七；諸侯五廟，二昭二穆，與太祖之廟而五；大夫三廟，一昭一穆，與太祖之廟而三；士一廟。天子四親廟之外，有文、武世室，爲二祧，故七；諸侯無祧廟，故五。《王制》疏。其制：太祖之廟在中央，當昭者處東，當穆者處西，皆别爲宫院者也。《守祧》疏。祖廟、親廟皆有寢，祧廟則無寢。《隸僕》注。有其人則七，無其人則五。韋玄成説。諸侯廟制：王之子孫封爲諸侯，爲後世之太祖者，當此君之身不得立出王之廟，則全無廟也。若有大功德，王特命立之，若魯有文王之廟、鄭祖厲王，則此始封君之子得立一廟；始封六世之孫，始備五廟也。若異姓始封，如太公之屬，初封得立四廟，無太祖廟。諸侯不得祀得姓之祖也，孔疏以爲得立五廟，誤。四廟迭遷，至始封之君，始爲太祖。若王者之後，則不得爲始封君之廟，以始封之君非有功德，惟因先代之後封之，不得爲後世太祖。惟立此君所出王者之廟，若杞祖禹、宋祖帝乙是也。大夫，則別子爲祖。若別子初雖身爲大夫，中間廢退，至其子孫始得爵命者，則以爲太祖，別子不得爲太祖。若其別子及子孫不得爵命者，後世始得爵命之人，自得爲太祖。其非諸侯子孫，異姓爲大夫，及他國之臣初來爲大夫，亦得爲太祖。

《守祧》：「掌守先王先公之廟祧，其廟則有司脩除之，其祧則守祧黝堊之。」鄭注：「脩除、黝堊，互言之。有司恒主修除，守祧恒主黝堊。」

《穀梁傳》：「作主、壞廟有時日，于練焉壞廟。壞廟之道，易檐可也，改塗可也。」范甯曰：「禮：親過高祖，則毁其廟，以次而遷，將納新神，故示有所加。」

鄭注：「脩，謂掃糞也。」《周禮·隸僕》：「掌五寢之掃除糞洒之事。注：「五寢，五廟之寢。」凡祭祀，修寢。」

宗器

鄭注：「宗器，祭器也。」《左傳》「重之以宗器」，《國語》「其官不備其宗器」是也。通謂之彝器，《左傳》「官司彝器」指宗彝俎豆之屬是也。《周禮·天府》：「掌祖廟之守藏，凡國之玉鎮、大寶器藏焉。大祭〔二八〕，則出而陳之。」注云：「玉鎮，天球、弘璧之屬；寶器，兑戈、和弓之屬。」《典庸器》：「掌藏樂器、庸器。及祭祀，陳庸器。」注云：「庸器，征伐〔二九〕所獲之器，若崇鼎、貫鼎，及以其兵物所鑄銘也。陳功器，以華國也。」則宗器兼彝器、寶器、庸器言。

裳衣

天子斂衣，百有二十稱。大斂所餘，守祧藏之。若將祭祀，則各以其服授尸；既祭，則藏之。鄭云：「尸服卒者之上服，以象生時也。」《司服》：「大喪，共其奠衣服。」鄭云：「今座上魂衣也。」賈疏：「大斂之餘。至祭祀之時，則出而陳于坐上，則此奠衣服也。」按，經文惟言大喪，不及祭祀。且祭祀亦止有以服授尸，無陳于座上之禮，疏恐誤也。然以此解「設」字，甚合。

時食

犧牲粢盛及籩豆之實，皆是時食，又與《月令》薦新不同。「春行羔豚，膳膏香」之屬，生人之食，非祭物也。江慎修説。

序昭穆

宗廟之有昭穆也，以世次之長幼，而等胄之親疏也。夫祀，昭孝也。各致齊敬于其皇祖，昭孝之至也。故工史書世，宗祝書昭穆。《國語》。父南面，故曰昭。昭，明也。子北面，故曰穆。穆，順也。《決疑要注》。孫居王父之處，正昭穆，則與祖相代。此遷廟之殺也。劉歆説。故昭常爲昭，穆常爲穆。祔昭，則群昭皆動而穆不移；祔穆，則群穆皆移而昭不動。昭穆之次既定，則子孫亦以爲序，雖遠不易，所謂太王之昭、王季之穆，文王之昭、武王之穆也。朱子説。

兄弟相代，則不異昭穆。徐邈云：「若兄弟爲昭穆者，設兄弟六人爲君，其後世當祀，不及祖禰。」謂若殷祖丁、南庚、陽甲、盤庚、小辛、小乙。南庚，祖丁兄子。陽甲、盤庚、小辛、小乙，皆祖丁子。晉武帝時，景、文同廟，廟雖六世，其實七主。至元帝、明帝，廟有十室。賀循議曰：「廟以容主爲限，而無常數也。」

孫承祖統，若平王太子洩父卒，立其子林，是爲桓王。其廟制，于經、傳亦無明文。漢宣帝以兄孫繼統，有司奏議：「《禮》：爲人後者爲之子，故降其父母，不得祭，尊祖之義也。」平帝時，平晏等亦以爲兩統二父，違于禮制。如此，則昭或爲穆，穆或爲昭矣。然孝宣亦非嫡孫，嫡孫承祖，更恐未可以此例。

一是序祖宗之昭穆。《小宗伯》：「辨廟祧之昭穆。」《小史》：「掌奠繫世，辨昭穆。大祭祀，以書叙昭穆之俎簋。」張純曰：「禘之爲言諦。審諟昭穆，尊卑之義。」

一是序子孫之昭穆。祭太廟，則衆廟尸主皆來，及助祭之人、同宗父子皆至，所謂「有事于太廟，則群昭群穆咸在，而不失其倫焉」。若時祭、分祭餘廟之時，則惟有當廟尸主及所出之子孫。若祭文王，則文王之昭咸在；祭武王，則武王之穆咸在也。及賜爵，呼昭穆而進之，昭爲一，穆爲一；昭與昭齒，穆與穆齒，尊者在前，卑者在後；同班列，則長者在前，幼者在後，所謂「見長幼之序」也。孔疏説。

序爵

《特牲饋食禮》：「公有司門西，北面東上；私臣門東，北面西上。」賈疏曰：「天子、諸侯祭祀，其位無文。依此位推之，同姓無爵者在阼階前，西面北上；卿西階前，東面北上；大夫在門東，北面；士門西，北面，旅食在其後。《少牢》下篇云：『衆賓位在門東，北面。既獻，在西階西南。衆賓繼上賓而南。』天子諸侯之賓，其位或依此與〔三〇〕？」《文王世子》云：「公族在外朝，則以官；在宗廟，如外朝之位。」以此差之，知同姓無爵，則在阼階下，序昭穆；有爵者，以官，則在西階下，與衆姓序爵矣。孔疏説如此。任啓運謂：宗盟，異姓爲後，有爵者入，異姓嫌于後，之東階之下；無一有爵者，則宗盟太無色，又混同姓于異姓，非類族辨物之道。意阼階世次，自北而南，以北爲上，以序昭穆；爵位，則于一世中，自西而東，以尊卑爲序。觀下文于「燕毛」言「序齒」，則昭穆不序齒可知。余按，任説非是。經明言昭與昭齒、穆與穆齒，安得云「昭穆不序齒」？且阼階下，自以序昭穆爲重，無庸復以序爵參差其間。本支百世，豈以有爵、無爵爲榮辱？何云「宗盟無色」？外朝以官體異姓也，此正類族辨物之道，自當以疏説爲正。

尸飲五，君洗玉爵，獻卿；尸飲七，以瑶爵獻大夫；尸飲九，以散爵獻士。尸謖，君與卿四人餕；君起，大夫六人餕；大夫起，士八人餕。凡爲俎者，以骨爲主。骨有貴賤：殷人貴髀，周人貴肩。凡前貴于後，貴者取貴骨，賤者取賤骨。此皆序爵之事。

序事

鄭注：「『事』，謂薦羞也。『以辨賢』者，以其事別所能也。若司徒奉牛、宗伯共鷄牲矣。《文王世子》曰：『宗人授事以官，尊賢也。』」案，《卷阿》箋：「王之祭祀，擇賢者爲之〔三一〕尸。」孔穎達曰：「佐食，賓客〔三二〕佐尸食者。」大夫、士于私人中擇賢者爲之，天子當于來聘卿、大夫擇之。《射義》曰：「天子將祭，必先習射于澤。澤者，所以擇士也。既〔三三〕射于澤，而後射于射宮。射中者得與于祭，不中者不得與于祭。」此是祭祀時辨賢實事，司徒奉牛、宗伯共鷄，尚是以爵序事也。

旅酬下爲上

《特牲饋食禮》：尸入，九飯。主人初獻，主婦亞獻，賓三獻。于是主人獻賓及衆賓畢，乃尊兩壺〔三四〕于阼階東，加勺，南枋。西方亦如之。此堂下旅酌之酒也。主人洗觶酬賓，賓以奠于薦南。俟主人獻兄弟。主人又獻長兄弟、衆兄弟、內兄弟，辨長兄弟及衆賓，爲加爵。嗣舉奠獻尸卒，兄弟弟子洗酌于東方之尊，阼階前北面，舉觶于長兄弟，如主人酬賓儀。長兄弟以奠于薦北。此時，長賓有奠觶，主不酬長兄弟；長兄弟無奠觶，無以相酬，故弟子舉觶，然後行旅。賓乃坐，取薦南之觶，阼階前北面，酬長兄弟；長兄弟取賓觶，西階前酬衆賓，衆賓以酬次兄弟。長兄弟取薦北之觶以報酬賓，賓以酬次兄弟，次兄弟以酬衆賓，皆如初儀。交錯以辨〔三五〕，卒受者實觶于篚。此旅酬正禮也。賓弟子及兄弟弟子洗各酌于其尊，中庭，北面西上，舉觶于其長，長皆奠觶于薦右，賓取觶酬兄弟之黨，長兄弟取觶酬賓之黨，爵皆無算〔三六〕。此無算爵之禮。

《少牢饋食禮》：既祭，乃儐尸。主人既獻，衆賓乃升。長賓酢于西階上，畢，宰夫洗觶以升，主人受酌，降，酬長賓于西階南，賓奠爵于薦左。此爵至旅酬後與兄弟之長交酬，爲無算爵。主人又洗，升，酌獻；兄弟獻，内賓獻，私人辨尸，作三獻之爵，酌，酢，乃以爵實于篚。二人洗觶，升，實爵酬尸侑，侑奠觶于右。奠于右者，不舉也。尸執觶以酬主人，主人以酬侑，侑酬長賓，至于衆賓，遂及兄弟及私人。卒飲者，實爵于篚。此弟一番旅酬。兄弟之後生者，舉觶于其長，亦奠而未舉，待次番旅酬畢，乃與賓所奠爵交錯，爲無算爵也。于是賓長獻尸，尸酢如初。賓一人舉爵于尸，如二人舉觶之禮。尸酬主人，主人酬侑，亦遂之于下。遂及衆賓，下至私人也。此是弟二番旅酬。賓及兄弟交錯其酬，皆遂及私人，爵無算。此無算爵。

若不儐尸，謂下大夫也。則無旅酬，直行無算爵。

賈疏曰：「《少牢》尸與旅酬，《特牲》不與者，《特牲》尸在室中，《少牢》儐尸，尸在堂，禮殺也。下大夫無旅酬者，辟國君，堂下不設尊，堂上與神靈共尊，尸在室中，不得與尸行旅酬，故闕〔三七〕之也。《特牲》得旅酬、無算爵并行者，堂下與神靈别尊，故禮尸，酌上尊；旅酬行神惠，酌下尊。士賤，不嫌與君同，故得禮備也。」按，天子、諸侯祭禮，經無可考。以賈氏此疏推之，則天子、諸侯之儐尸如《少牢》，其設尊如《特牲》，其旅酬如《少牢》，有兩番。其無算爵如《特牲》。賓弟子、兄弟弟子洗酌。

凡燕飲，皆有旅酬。附考燕禮、鄉飲禮旅酬于後。

燕禮：宰夫爲主人，主人獻賓，賓酢主人。主人獻君，更爵自酢。于是主人洗觚以酬賓，賓受觚，坐奠于薦東。此觚不舉。訖，小臣請媵爵者二人，皆北面，媵爵于公。媵爵者先自飲，畢，洗象觶，酌，奠于公席之前。公坐，取所媵之觶以酬賓。公立，卒觶；賓受公虚爵，酌之，酬大夫于西階上。衆大夫相酬畢，奠虚觶于篚，所謂「獻君，君舉旅行酬」也。主人洗，升，實散，獻卿于西階上。獻卿畢，小臣又請媵爵者二人，媵爵奠于公前。公又行一爵，若賓，若長，惟公所酬，以旅于西階上，大夫徧而止，所謂「獻卿，卿舉旅行酬」也。主人又洗，獻大夫于西階上，大夫辯受獻，乃納。工獻衆工畢，公又舉奠觶，惟公所賜，以旅于西階上，所謂「獻大夫，大夫舉旅行酬」也。脱屨升坐之後，主人獻士于西階上。獻士徧，又獻旅食。賓媵觚于公，公坐，取賓所媵觶，興，惟公所賜，乃就席坐，行之，終于大夫。終受者興，以酬士。士舉旅于西階上，所謂「獻士，士舉旅行酬」也。主人又獻庶子及左右正、内小臣于阼階上，乃行無算爵。執膳爵者，酌以進公；執散爵者，公命所賜。受賜者卒爵，授執散爵者酌行之。予其所勸者。卒受者，以酬士于西階上，無算樂。

鄉飲酒禮：主人獻賓，賓酢主人。主人酬賓，賓奠觶于薦東。此觶不舉。主人獻介，介酢主人。主人獻衆賓，乃皆升，即席。一人洗，升，舉觶于賓，賓坐，奠觶于薦西。立司正後，賓所取以酬主人者。于是工入，升歌三終；笙入，三終；間歌，合樂備，乃立司正。賓坐，取俎西之觶酬主人，主人以酬介，介以旅酬于西階上。卒受者降，奠觶于篚。此旅酬正禮。使二人舉觶于賓與大夫，賓以奠于薦西，大夫以奠于薦南。此二觶，升坐後，賓、介各舉以酬，爲無算爵者。徹俎，升，坐，乃行無算爵。使二人舉觶，賓與大夫取奠觶，飲。執觶者受觶，實之賓觶，以授主人。大夫之觶，賓長受而錯，卒受者以旅在下者于西階上。卒受者奠觶于篚，執觶者洗，升，實觶，反奠于賓、介，無算樂。

按，燕禮行酬，與《少牢》《饋食》意相似。以此推天子、諸侯祭禮，當亦有四次舉酬。

《禮器》：「周旅酬六尸。」鄭注：「后稷尸發爵，不受旅。」孔疏：「旅酬六尸，謂祫祭時，聚群廟之主于太祖后稷廟中。后稷爲發爵之主，尊，不與子孫爲酬酢；餘自文、武二尸，就親廟。尸凡六，更相次序以酬也。」

《周禮·司士》：「凡賜爵，呼昭穆而進之。」孔疏：「賜爵者，謂祭末旅酬無算爵之時，皆有酒爵賜及之。」《禮記·祭統》：「凡賜爵，昭爲一，穆爲一。」鄭注：「君賜之爵，謂若酬之。」疏曰：「知賜爵爲酬者，以獻時不以昭穆爲次。此列昭穆，故知此爲酬也。」

按，經、傳言天子宗廟之酬者，止此三條。旅酬六尸，可知儐尸與《少牢》同。燕禮，公又行一爵，惟公所賜，與《司士》言賜爵同。可知祭禮與燕禮略相似，亦當有四次旅酬也。

旅酬時，使卑者舉觶于其長，卑下者先飲。是下者爲上，賤者在先。又制受爵，是逮賤也。疏說。胡應麟曰：「賓主獻酬之後，凡與飲之人皆得行酬，謂之旅酬。獻酬之酬，舉觶起于主人；旅酬之酬，舉觶起于賤者。以賤者行主人之事，故謂之『下爲上』。」按，孔意，「爲」讀如字；胡氏說，「爲」讀去聲，義兼得通。又，孔意以卑幼見答于長者爲「逮賤」，《朱子語類》曰：「旅酬，遞遞相承，及于沃盥者而止，《祭統》所謂逮下之道。」二義亦相兼乃備。

《詩》：「酌彼康爵，以奏爾時。」鄭箋：「康，虚也；時，謂心所尊者也。加爵之間，賓與兄弟交錯相酬。卒爵者酌以獻其所尊，亦交錯而已，又無次也。」疏云：「《特牲禮》：加爵之前，賓酬長兄弟；加爵之後，長兄弟酬賓。是加爵之間，賓與兄弟交錯其酬也。酬賓之下，云『卒爵者實觶于篚』，是卒爵也；于是以後，爵乃虚矣。又曰：『賓弟子、兄弟弟子各酌于其尊，中庭北面，舉觶于其長。』是奏所尊之事也，故曰『酌以獻其所尊，交錯而已』。」如《箋》說，「奏爾時」即「下爲上」之事。

燕毛

先王之與同姓，有時燕焉，有因祭而燕焉。《國語》曰：「時燕〔三八〕不淫。」此時燕也。《詩》曰：「諸宰君婦，廢徹不遲。諸父兄弟，備言燕私。」《坊記》曰：「因其酒肉，聚其宗族，以教民睦。」此因祭而燕也。《書大傳》曰：「宗室有事，族人皆侍終日。大宗已侍于賓，奠，然後燕私。燕私者，何也？祭已而與族人飲也。不醉而出，是不親也；醉而不出，是渫宗也；出而不止，是不忠也。親而甚敬，忠而不倦，若是，則兄弟之道備。備者，成也。成者，成于宗室也。故曰：飲而醉者，宗室之意也；德將無醉，族人之志也。是故祀禮有讓，德施有復，義之至也。」公與族人燕，則異姓爲賓，膳宰爲主人。族食，世降一等。若齊衰之親，一年四會食；大功，則一年三會食；小功，則一年二會食；緦麻，則一年一會食也。公與父兄齒，《詩》曰：「戚戚兄弟，莫遠具邇。或肆之筵，或授之几。」王與族燕，兄弟之親皆揖而進之。年穉者爲設筵而已，老者加之以几也。宵則庶子執燭于阼階上，甸人執大燭于庭，閽人爲大燭于門外。《詩》曰：「厭厭夜飲，在宗載考。」箋曰：「考，成也。夜飲之禮，在宗室，同姓諸侯則成之；于庶姓，其讓之則止。」《詩》曰：「曾孫惟主，酒醴維醹，酌以大斗，以祈黄耇。」此賓讓而止之後也。燕賓，則膳宰爲主。此曾孫爲主，則以尊事黄耇，所以爲厚也。陸佃說。

踐其位

鄭注：「踐，或爲『纘』。」則「位」不必専指廟中之位。

奏其樂

尸入室，乃作樂。孔疏。作樂，乃下神；下神，乃薦獻；薦獻訖，乃合樂，至敬。不樂，不敢散其志也。賈疏。《特牲》《少牢禮》皆不言樂，大夫無樂也。賜，乃得用之。

《大司樂》：「乃奏夷則，歌小吕，舞《大濩》，以享先妣。乃奏無射，歌夾鍾，舞《大武》，以享先祖。凡樂，黄鍾爲宫，大吕爲角，太簇〔三九〕爲徵，應鍾爲羽。路鼓、路鼗，陰竹之管，龍門之琴瑟，《九德》之歌，《九磬》之舞，于宗廟之中奏之。若樂九變，則人鬼可得而禮矣。」鄭氏曰：「夷則，陽聲弟五，小吕爲之合；巳與申合。無射，陽聲之下也，夾鍾爲之合。」卯與戌合。又曰：「黄鍾生于虚危之氣，黄鍾在子，子上有虚、危。虚危爲宗廟，故爲人宫。黄鍾下生林鍾，林鍾，地宫，避〔四〇〕之。林鍾上生太簇，太簇下生南吕，南吕與天宫之陽同位，又避之。南吕上生姑洗，姑洗，南宫之合，又避之。姑洗下生應鍾，應鍾上生蕤賓，蕤賓，地宫，林鍾之陽也，又避之。蕤賓上生大吕。」

校勘記

〔一〕「卷一」，蜚雲閣本無。蜚雲閣本各卷首行標「四書典故覈」書名，次行標「江都凌曙輯」，次行低一格標四書書名，然後標各條題號，首尾均不標卷號，不便檢尋。今依蜚雲閣本分卷，於每卷首行增標卷號。

〔二〕「圻」，《禮記正義》卷十一、《毛詩正義》卷十之一《蓼蕭》疏引并作「畿」。

〔三〕「千」，蜚雲閣本奪，據《禮記正義》卷十一補。

〔四〕「之國」，《禮記正義》卷十一作「大國」。

〔五〕「七十里之國」，《禮記正義》卷十一作「次國」。

〔六〕「五十里之國」，《禮記正義》卷十一作「小國」。

〔七〕「日」，蜚雲閣本作「曰」，據《儀禮正義》卷十一改。

〔八〕「陸璣」，閩本、明監本《毛詩正義》作「陸機」，阮元《校勘記》謂：毛本「機」作「璣」，其實與士衡同姓名耳。

〔九〕「都無此竹」，《水經注》卷九作「無復此物」。

〔一〇〕「注」，《詩經世本古義》卷十九上作「疏」。

〔一一〕「列」,《詩經世本古義》卷十九上作「言」,下有「亦」字。

〔一二〕「裴」,《通典》卷一百六十四、《通考》卷一百六十四、《御覽》卷六百三十八、六百四十二并作「斐」,《晉書·刑法志》作「裴」。

〔一三〕「四肢」,《通典》卷一百六十四、《通考》卷一百六十四、《晉書·刑法志》并作「四支」。

〔一四〕「懽」,《通典》卷一百六十四、《通考》卷一百六十四同,《晉書·刑法志》作「懽」。

〔一五〕「貞」,《通典》卷一百六十四、《通考》卷一百六十四同,《晉書·刑法志》作「真」。

〔一六〕「方圓」,《周髀算經》卷上作「圓方」。

〔一七〕「其」,《周髀算經》卷上作「之」。

〔一八〕「賜冰,則夷盤可也」,《儀禮注疏》卷三十六作「士有冰,用夷槃可也」。

〔一九〕「大昊」,《禮記正義》卷四十六作「少昊」。

〔二〇〕「能平水土,以處庶類」,《國語·鄭語》作「能單平水土,以品處庶類」。

〔二一〕「殖百穀百疏」,《國語·鄭語》作「播殖百穀蔬」。

〔二二〕「潁」,蜚雲閣本作「潁」,據文義改。

〔二三〕「祧」,蜚雲閣本作「祧」,據《周禮注疏》卷二十一改。下并同。

〔二四〕「袷」,蜚雲閣本作「袷」,據文義改。下同。

〔二五〕「差弗」,蜚雲閣本作「羌弗」,據《史記·周本紀》《周禮·司服》疏改。下「差弗」同。

〔二六〕「隃」,蜚雲閣本、《周禮·司服》疏作「榆」,據下文及《史記·周本紀》改。集解云:「《世本》作『榆』。」索隱云:「《系本》作『僞榆』。」

〔二七〕「祔」，蜚雲閣本作「祔」，據《禮記正義》卷三十三改。下同。

〔二八〕「大祭」，《周禮注疏》卷二十作「若有大祭、大喪」。

〔二九〕「征伐」，《周禮注疏》卷二十四作「伐國」。

〔三〇〕「與」，蜚雲閣本作空格，據《儀禮注疏》卷四十六補。

〔三一〕「爲之」，《毛詩正義》卷十七之四作「以爲」。

〔三二〕「賓客」，《毛詩正義》卷十七之四引《特牲》注作「賓」。

〔三三〕「既」，《禮記正義》卷六十二作「已」。

〔三四〕「壺」，蜚雲閣本作「壺」，據《儀禮注疏》卷四十五改。下同。

〔三五〕「辨」，《儀禮注疏》卷四十六作「辯」。

〔三六〕「無算」，《儀禮注疏》卷四十六作「無筭」。下同，注「無算」同。

〔三七〕「闕」，《儀禮注疏》卷四十六作「屈」。

〔三八〕「時燕」，衛湜《禮記集説》卷五十二引同，今《國語·周語中》作「時宴」。

〔三九〕「太簇」，《周禮注疏》卷二十二作「太蔟」。下并同。

〔四〇〕「避」，《周禮注疏》卷二十二作「辟」，字通。下并同。

四書典故覈卷二

郊

天神有六：昊天上帝，一也；四時五行之帝爲五帝，六也。鄭注：「昊天上帝曰天皇大帝。在北極者，又曰北辰耀魄寶。」賈疏云：「《元命包》云：『紫微宮爲大帝。』又云：『天生大列爲中宮太極星，星其一明者，太乙帝居；傍兩星巨辰子位，故謂〔一〕北辰，以起節度，亦爲紫微宮。紫之言此，宮之言中。天神圖法，陰陽開閉，皆在此中。』又，《文耀鈎》云：『中宮大帝，其北極星，下一明者，爲太乙〔二〕之先，含元氣以布斗〔三〕，常是天皇大帝之號也。』又，《爾雅》云：『北極謂之北辰。』鄭云：『天皇，北辰耀魄寶。』又云〔四〕：『皇天大帝，又名太乙帝君，以其尊大，故有數名也。』」鄭注「五帝」曰：「蒼曰靈威仰，太昊食焉；赤曰赤熛怒，炎帝食焉；黄曰含樞紐，黄帝食焉；白曰白招拒，少昊食焉；黑曰汁光紀，顓頊食焉。」賈疏曰：「案，《春秋緯・運斗樞》云：『太微宮，有五帝座星。』即《文耀鈎》云：『春起，青受制，其名靈威仰；夏起，赤受制，其名赤熛怒；秋起，白受制，其名白招拒；冬起，黑受制，其名汁光紀；夏季六月，土受制，其名含樞紐。』又，《元命包》云：『太微爲天庭五帝，以合時。』」

此鄭氏六天之説也。

祭天，一歲有九：昊天上帝，冬至祭之于圜丘，一也；王者各稟精氣而王天下，于夏正之月祭于南郊，二也；立春之日，祭蒼帝于東郊，三也；立夏之日，祭赤帝于南郊，四也；季夏土王之日，祭黄帝，亦于南郊，五也；立秋之日，祭白帝于西郊，六也；立冬之日，祭黑帝于北郊，七也；四月龍見而雩，總祭五帝于南郊，八也；季秋，大享五帝于明堂，九也。其處：冬至于圜丘，圜丘所在，無文，當在國南；其夏正祭感生帝，則于南郊，郊去國五十里也；五時迎氣，則各于其郊；雩祭五帝，則于國城南；九月大享五帝于明堂，明堂在國之陽，丙、巳之地，三里之外，七里之内。其玉：圜丘，用蒼璧；夏正郊天，用四圭有邸；五時迎氣，東方用青圭，南方用赤璋，西方用白琥，北方用玄璜；中央無文，先鄭以爲用黄琮，熊氏以爲用赤璋。其配：圜丘以嚳配，感生帝以稷配，五時迎氣及大雩，以五方人帝配；明堂大享五人帝，以文、武配。疏説。《大宗伯》「以禋祀祀昊天上帝」，《掌次》「大旅上帝，則張氈案，設皇邸」，《虞書》「肆類于上帝」，此祭昊天上帝也。《祭法》「燔柴于泰壇」，《大傳》「王者禘其祖之所自出，以其祖配之」，《郊特牲》「兆于南郊，掃地而祭」，《月令》「祈穀于上帝」，《周頌・思文》，后稷配天也；《昊天有成命》，郊祀天地也；《商〔五〕頌・長發》，大禘也。此皆祭感生帝也。《小宗伯》「兆五帝于四郊」，《郊特牲》「因吉土以饗帝于郊」「饗帝于郊，而風雨節、寒暑時」，此四時祭五行帝也。《月令》「大雩帝，用盛樂」，此雩祭五帝也。《曲禮》「大饗不問卜」，《郊特牲》「大饗腥」，《月令》「大饗帝」，《周頌·我將》「祀文王于明堂」，此明堂享帝也。地示二：一爲崑崙，一爲神州。孔穎達曰：「案，《地統書·括地象》云：『地中央曰崑崙。』又云：『其東南萬五千里曰神州。』以此言之，崑崙在西北，別統四方九州。其神州者，乃是崑崙東南一州耳。于神州中更分爲九州，則《禹貢》之九州是也。」

祭郊，一歲有二：夏日至，祭崑崙之神于方丘；三陰之月，祭神州之神于北郊。此賈疏説。孔氏以爲亦用夏正月，非也。方丘所在亦無文，對圜丘言，則當在北郊。其玉：方丘以黄琮，北郊以兩圭有邸。其配，則方丘亦以嚳，北郊亦以后稷，《孝經説》所謂「后稷爲天地主」也。大雩、大享所以不別祭地者，以總祭五帝中有后土，得兼地也。

按，祭天地皆于郊，故通言之，皆得曰「郊」；别言之，則圜丘、方丘謂之「禘」，以其爲祭天地中之最大者也。《爾雅》：「禘，大祭也。」明堂謂之宗祀，龍見之祭謂之雩，皆不得專「郊」名。其得專「郊」名者，惟南、北郊及四郊迎氣耳。然南、北郊亦通謂之禘，以其禘所自出也。王肅以「禘」爲稷配嚳，鄭不從者，《公羊傳》曰：「自外至者，無主不止。」故《孝經》謂「后稷配天，文王配帝」。若合祭稷、嚳，是爲孫從祖食，不得云「配」也。禘、郊皆祭天大祭，故古人多合言之。《國語》「禘郊之事，則有全烝」，又「天子禘郊之事，必自射其牲」，又「禘郊不過繭栗」，又「絜奉禘郊之齊盛」，故知禘郊通言也。

社

祭地大祭，亦通謂之「郊」。陳氏《禮書》謂社即北郊，非也。然「郊」「社」對言，則「社」又不指社稷之「社」。《鼓人》：「以靈鼓鼓社祭。」鄭注：「社祭，祭地示也。」賈疏曰：「《郊特牲》云：『社祭土，神地之道。』《孝經緯》云：『社是五土之總神。』是地之次祀，故舉社以表地示。」《禮運》：「命降于社之謂殺地。」注：「謂教令由社下者也。社，土地之主也。《周禮》土會之法，有五地之物生。」孔疏云：「社即地也。指其神，謂之社；指其形，謂之地。」則社是概指地示言之。《左氏傳》謂：「后土爲社。」案，社與后土亦有别。《大宗伯》：「王大封，則先告后土。」鄭注云：「后土，土神也。黎所食者。」《月令》：「其神后土。」鄭注：「顓頊之子曰黎，兼爲土官。」疏云：「知后土非句龍而爲黎者，以句龍初爲后土，後轉爲社，后土官缺，黎則兼之。故鄭注《大宗伯》云：『黎食于火土。』以《宗伯》别云『社稷』，又云『五祀』。句龍既爲社神，即不得復爲五祀，故云黎兼也。」

禘嘗

《祭統》：「凡祭有四時：春祭曰礿，夏祭曰禘，秋祭曰嘗，冬祭曰烝。礿、禘，陽義也；嘗、烝，陰義也。禘者，陽之盛也；嘗者，陰之盛也，故曰『莫重于禘、嘗』。古者于禘也，發爵賜服，順陽義也；于嘗也，出田邑，發秋政，順陰義也，故曰：『禘、嘗之義大矣，治國之本也。』」按，凡經、傳「禘郊」連言者，皆言祭天之禘；「禘祫」連言者，皆言殷祭之禘；「禘嘗」連言者，皆言時祭之禘。《中庸》言「禘嘗之義」，與《祭統》同，言時禘。《章句》以殷祭之禘釋之，隔别無謂。

方策

方，版也。賈公彦《儀禮》疏：「若今之祝版，不假連編之策。」按，《周禮》：司書掌邦中之版，宫正爲之版以待，大胥掌學士之版，司士掌群臣之版。《管子》有《版法》，蓋即象魏所懸之類。《左氏傳》：「命藏象魏，曰：『舊章不可忘〔六〕也。』」亦此意。

策，簡也。《儀禮·聘禮》：「百名以上書于策，不及百名書于方。」疏云：「簡據一片而言，策是編連之稱。鄭作《論語序》云：『《易》《詩》《書》《禮》《樂》《春秋》，策皆尺二寸；《孝經》謙，半之；《論語》四寸〔七〕策者，三分居一，又謙焉。』是其策之長短。鄭注《尚書》：『三十字，一簡之文。』服虔注《左氏》云：『古文篆書，一簡八字。』是一簡字有多少〔八〕。」《左傳》疏云：「簡、札、牘、畢，同物而異名。單執一札謂之〔九〕簡，連編諸簡謂之〔一〇〕策。故于文，『策』或作『册』，象連共編綴〔一一〕之形。」

蒲盧

《爾雅》：「果蠃，蒲盧。」故鄭此注云：「謂土蜂〔一二〕也。蒲盧取桑蟲之子去而變化之，以成爲己子。政之于百姓，若蒲盧之于桑蟲然。」沈括則以「蒲葦」釋之，以「盧」「蘆」字古通用也。按，陶隱居注《本草》云：「今一種蜂，黑色，腰甚細，銜泥于人屋及器物邊作房如并竹管者，是也。其生子，如粟米大，置中，乃捕取草上青蜘蛛十餘枚，滿中，仍塞口，以待其子大，爲粮也。」以舊説變成己子爲謬。蘇頌云：「物類變化，固不可度。如陶所説，卵如粟者，未必非祝蟲而成之者也。」《莊子》云：「細腰者化。」《法言》云：「螟蛉之子殪，逢[一三]蜾蠃，祝之曰：『類我！類我！』久則肖之矣。」可知周秦以來，經師傳説如此，古訓正不可破。

《夏小正》：「雉入于淮爲蜃。」傳云：「蜃者，蒲盧。」又，《埤雅》：「瓠之細腰者曰蒲盧。」則蒲盧更有兩説。

尊其位重其禄同其好惡

鄭注云：「『同其好惡』，不特有所好惡于同姓，雖恩不同，義必同也。尊重其禄位，所以貴之，不必授以官守，天官不可私也。」按鄭意，謂法無二制，雖宗族，亦與百姓同其刑賞耳。疏云：「同姓既有親疏，恩親雖不同，義必須等。」似于同姓中又生差别，恐是誤會鄭「特」字意也。《文王世子》：「公族之罪，雖親，不以犯有司正術也，所以體百姓也。刑于隱者，不與國人慮兄弟也。弗弔，弗爲服，哭于異姓之廟，爲忝[一四]祖，遠之也。素服居外，不聽樂，私喪之也，骨肉之親無絶也。」此正是「同其好惡」之實。

既稟

《説文》：「既，小食也。《論語》曰：『不使勝食，既。』」又：「氣，饋客芻米也。《春秋傳》曰：『齊人來氣諸侯。』」或作「槩」，或作「餼」。按，「小食」即「稍食」，賓客芻米，亦名「稍禮」，則「既氣」「槩餼」可通言。《國語》「馬餼不過稂莠」，《論語》「告朔之餼羊」，則又從芻米會意轉訓。《醫師》：「歲終，則稽其醫事，以制其食。」《内宰》：「歲終，則會内人之稍食，稽其功事。佐后而受獻功者，比其小大與其麤良而賞罰之。」《占人》：「歲終，則計其占之中否。」《槁人》：「書其等以饗工，鄭司農云：「書工拙、高下之等，以制饗食。」乘其事，試其弓弩，以上下其食而誅賞。」《校人》：「等馭夫之禄，宫中之稍食。」《梓人》：「凡試梓，飲器向衡而實不盡，梓師罪之。」此皆省試稱事之見于經者也。

送往迎來

《掌節》：「門關用符節，貨賄用璽節，道路用旌節。」鄭云：「凡民出遠〔一五〕至于邦國，邦國之民若來入，由門者，司門爲之節；由關者，司關爲之節；其商，則司市爲之節；徙家，則鄉遂大夫爲之節。」《遺人》：「野鄙之委積，以待羈旅。」《委人》：「以甸聚待羈旅。」《懷方氏》：「掌來遠方之民，致方貢，致遠物而送逆之，達之以節，治其委積、館舍、飲食。」鄭云：「遠方之民，四夷之民也。達民以旌節，達貢物以璽節。委積、飲食，續食其往來。」則「節」專指符節、璽節、旌節，「積」專指甸及野鄙也。又，符節、委積，皆兼送迎。

朝

《舜典》：「五載一巡守，群后四朝。」鄭氏曰：「四朝，四季朝京師也。巡狩之年，諸侯朝于方岳之下；其間四年，四方諸侯分來朝于京師，歲徧。」孔穎達曰：「夏、殷諸侯分爲五部，每年一部，來朝天子。」然則舜時四朝，其制亦當略同，但舜時分諸侯爲四部，四歲而徧；合巡守之年，爲五年一朝。

此虞夏制

《周官》：「六年，五服一朝。又六年，王乃時巡。」孔傳曰：「五服，侯、甸、男、采、衛。六年一朝會京師。」《秋官・大行人》：「邦畿方千里。其外，方五百里謂之侯服，歲一見；又其外，方五百里謂之甸服，二歲一見；又其外，方五百里謂之男服，三歲一見；又其外，方五百里謂之采服，四歲一見；又其外，方五百里謂之衛服，五歲一見；又其外，方五百里謂之要服，六歲一見。九州之外，謂之蕃國，世一見。」鄭注云：「六服去王城三千五百里，相距七千里，公、侯、伯、子、男封焉。其朝貢之歲，四方各四分，趨四時而來。」按，如《周官》之文，則每至六年而五服一來朝；《大行人》則分年來朝，數有疏數。《東坡書傳》曰：「一朝，畢朝也。朝以遠近爲疏數，六年而徧，五服畢朝也。」《五禮通考》申之曰：「周分天下爲六服，酌道里遠近，爲朝會之疏數。計六年之内，侯服六朝，甸服三朝，男服再朝，采、衛、要各一朝，而六服之應朝者徧，故曰『六年，五服一朝』。《尚書》舉其綱，《周禮》分其目，實無二法也。至十二年王巡守，諸侯畢朝于方岳之下，則侯服十二朝，甸服六朝，男服四朝，采、衛三朝，要服再朝，而六服之朝期一周。《書》云：『又六年，王乃時巡。』《周禮》：『十二歲，王巡守殷國。』亦一法也。《周禮》言六服，《書》言五服者，不數要服，重内略外也。」此周制。

《王制》：「諸侯之于天子也，五年一朝。」鄭云：「此晉文霸時所制也。」《左傳・昭十三年》[一六]：「先王之制，使諸侯歲聘以志業，間朝以講禮，再朝而會以示威，再會而盟以顯昭明。」崔氏以爲朝伯主之法。賈逵、服虔以爲朝天子之法，康成以爲不知何代之禮。又，昭三年，子大叔曰：「昔文、襄之伯也，令諸侯三歲而聘，五歲而朝。」此朝方伯之制。

《大行人》：「凡諸侯之邦交，世相朝也。」鄭云：「凡君即位，大國朝焉，小國聘焉。此皆所以習禮考義、正刑一德，以尊天子也，必擇有道之國而就脩之。」賈疏：「『諸侯邦交』，謂同方岳者一往一來爲交，謂己是小國，朝大國；己是大國，聘小國；若敵國，則兩君自相往來，《司儀》言『相爲賓』是也。但春秋之世，有越方岳相聘者，是以秦使術來聘，吴使札來聘。時國數少，故然，非正法也。」

《國語・魯語》：「先王制諸侯，使五年四王一相朝也。」注：「賈侍中云：五年之間，四聘于王而一相朝[一七]者，將朝天子，先相朝也。」《左傳・成十二年》：「世之治也，諸侯間于天子之事，則相朝也。」此諸侯相朝之制。

《大宗伯》：「春見曰朝，夏見曰宗，秋見曰覲，冬見曰遇。」鄭云：「六服之内，四方以時分來。名殊禮異，更迭而徧。」《王制》孔疏云：「六服各以其服數來朝，皆當方分爲四部，分隨四時而來。鄭注《大行人》云：『朝貢之歲，四方各四分，趋時〔一八〕而來。』是分別各爲四方〔一九〕也。近東者朝春，近南者宗夏，近西者覲秋，近北者遇冬。故韓侯是北方諸侯而近于西，故稱『韓侯入覲』。又，鄭注《明堂位》云：『魯在東方，朝必以春。』魯于東方，近東故也。以此言之，則侯服朝者，東方以秋，南方以冬，西方以春，北方以夏。以其近京師，舉此一隅，自外可知悉。」

《曲禮》：「天子當依而立，諸侯北面而見天子，曰『覲』；天子當宁而立，諸公東面，諸侯西面，曰『朝』。」鄭注：「春見曰朝，受贄〔二〇〕于朝，受享于廟，生氣，文也；秋見曰覲，一受之于廟，殺氣，質也。朝者，位于内朝而序進；覲者，位于廟門外而序見〔二一〕。王南面，立于依、宁而受焉；夏宗依春，冬遇依秋。《覲禮》今有〔二二〕，朝、宗、遇禮今亡。」孔疏云：「若通言之，悉曰『朝』。《覲禮》曰：『諸侯前朝，皆受舍于朝。』又云：『載龍旂、弧韣，乃朝。』又，《春秋》僖二十八年夏五月經曰：『公朝于王所。』知『朝』通名也，但朝、覲、宗、遇禮異耳。」

聘

《大宗伯》：「時聘曰問，殷頫曰視。」鄭注：「時聘者，亦無常期。天子有事，乃聘之焉。竟外之臣，既非朝歲，不敢瀆爲小禮。殷頫，謂一服朝之歲，以朝者少，諸侯乃使卿以大禮衆聘焉。一服朝，在元年、七年、十一年。」賈疏：「『天子有事』者，諸侯聞天子有征伐之事，則遣大夫來問天子。時聘，遣大夫，不使卿。《聘禮》：『小聘曰問，使大夫。』此經云『問』，明使大夫也。『一服朝之歲』，諸侯既不自朝，使卿〔三〕來聘天子，故稱『殷』。殷，衆也。『一服朝在元年、七年、十一年』者，以侯服年年朝，甸服二年朝、四年朝、六年朝、八年朝、十年朝，十二年從天子巡守，是甸服于元年、七年、十一年無朝法，是使卿殷頫也。男服三年、六年、九年朝，十二年從天子巡守，于元年、七年、十一年亦無朝法；采服四年、八年朝，十二年從天子巡守，元年、七年、十一年亦無朝法；衛服五年、十年朝，元年、七年、十一年亦無朝法；要服六年朝，十二年從天子巡守，元年、七年、十一年亦無朝法，皆使卿以大禮聘也。」《大行人》：「時聘以結諸侯之好，殷頫以除邦國之慝。」注：「此亦王見諸侯之臣來使者。時聘無常期，殷頫謂一服朝之歲。」按，十二年中，卿大聘三，大夫小聘無定數。　此諸侯聘天子制。

《王制》「比年一小聘，三年一大聘」，《左傳・昭三年》「三歲而聘」，又十三年「歲聘以志業」，注皆以爲伯主之制。

《大行人》：「凡諸侯之邦交，歲相問也，殷相聘也。」鄭云：「殷，中也。久無事，又于殷朝者及而相聘也。」《聘禮記》：「久無事，則聘焉。」鄭云：「事，謂會盟之屬。」此諸侯交聘之制。

《大行人》：「間問，以諭諸侯之志。」又，「王之所以撫邦國、諸侯者，歲徧存，三歲徧頫，五歲徧省。」鄭云：「存、頫、省，王使臣于諸侯之禮，所謂間問也。」然則天子于諸侯有問無聘，而《春秋》書王室下聘者七，《穀梁傳》曰：「問諸侯，非正也。」

厚往

《大宗伯》：「以弔禮哀禍災，以禬禮哀圍敗，以恤禮哀寇亂，以脤膰之禮親兄弟之國，以賀慶之禮親異姓之國。」《小行人》：「若國札喪，則令賻補之；若國凶荒，則令賙委之；若國師役，則令槁禬之；若國有福事，則令慶賀之；若國有禍災，則令哀弔之。」此皆是厚往實事，《章句》以爲燕賜。燕是待來之禮，賄贈是報施末節，義未該。

日月星辰繫焉

太陽爲日，太陰爲月，五緯爲星，二十八宿爲辰。日、月、星、辰各有一重天，其行度各有本輪、均輪，而皆宗動天挈之以行，故曰「繫日月星辰」。高卑之距，相差以數萬倍至數百萬倍，故曰「無窮」。

太陽行天，每歲一周，萬古不忒，宜其每日平行而無有盈縮。乃驗之實測，春分至秋分，行天半周而歷日多；秋分至春分，行天半周而歷日少。其在本天所行之度原均，而人居地上所見時日不同，即其不平行之數。求其所以然，則本天高卑之説盡之。蓋天包地外，以地爲心；太陽本天亦包乎地外，而不以地爲心。因其有兩心之差，而高卑判焉，于是有本輪之法。本天之周，有一本輪。輪心循本天周，向東而行；日在本輪之周，向西而行，兩行之度相等。太陽在本輪之下半周，去地近，爲卑，則順輪心行，故見其速于平行；在本輪之上半周，去地遠，爲高，則背輪心行，故見其遲于平行；在本輪之左右，去地不遠不近，爲高卑適中，故名中距，其行與平行等。然此最高卑之點，不定在冬、夏至，而有行分。且最高之高于本天半徑、最卑之卑于本天半徑者，非兩心差之全數，而止及其半，所以用實測節氣，推兩心差及最高所在，皆不相合。乃于本輪半徑即兩心差。分設一均輪，以消息四象限之行分，而後與實測相符。蓋本輪心之行，微速于均輪心之行。本輪心循本天東行已滿一周，而均輪心循本輪西轉尚未滿一周，其本輪心與均輪心兩行之差，即最高之行分也。最高過夏至，最卑過冬至，各七度有奇。

太陰行度，有平行，有自行，有最高行。平行者，白道經度也；每日行十三度有奇，二十七日有餘而行天一周。自行者，實測所得之遲速加減也；最高行者，平行與自行相較之分也。平行之別有三：曰交行。白道出入于黄道之内外，大距五度有餘。每交之終，不能復依原次，而不及一度有餘。逐日計之，退行三分有餘也。曰距日行。于每日平行度内，減去太陽之行，得二十九日，而復與日會，即朔策也。曰距交行。以每日平行度與每日交行相加，得二十七有奇而行交一周，即交周也。自行之測有四：曰本輪，所以推本天之高卑也；曰均輪，所以消息本輪之行度也；曰次輪，所以定朔望兩弦之遠近也；曰次均輪，又所以分别朔望兩弦之加減也。凡輪之設，皆從盈縮生，與日躔同理。月離步法繁密，故約其大旨。

五星行度，有平行，有自行，有距日行，大概與太陰同。五星之行各相似，而細較亦有不同者。以平行言之，土、木、火各有平行，爲一類；而金、水即以太陽之平行爲平行，是爲一類。以自行言之，土、木、火、金之次輪心皆行倍引數，爲一類；而水星之次輪心則行三倍引數，是獨爲一類。以次輪之大小言之，土、木、金、水之次輪，半徑皆有定數，爲一類；而火星之次輪在本天，最高則大、最卑則小，又視太陽，在最高則大，最卑則小，是獨爲一類。以次輪之行度言之，土、木、火皆行距日度，爲一類；而金、水自有行度，又爲一類。以緯行言之，土、木、火皆有本天，與黄道相交，以生緯度，次輪斜交本天，其面又與黄道平行，能加減其緯度，爲一類；而金、水之本天即爲黄道，本無緯度，因次輪斜交黄道以生緯度，又爲一類。以伏見言之，土、木、火皆有合有衝，爲一類；而金、水則有合有退，合而無衝，是又爲一類也。五星之有本輪、次輪，俱與太陰同。太陰之朔望皆在次輪，故五星之衝伏亦在次輪。然太陰止有遲疾，而五星則有留退，何也？蓋太陰之平行甚疾，而輪甚小。太陰平行，每日一十三度餘，合計本輪、次輪之最大均數止七度餘。當其在輪周退行之時，但能稍減其平行之度，故止見其遲而不見其退。若五星之平行甚遲，其本輪雖小而次輪則甚大。五星平行，每日不足一度，而次均之大者至五十餘度。當其在輪之上弧，則見其順行；在輪之下弧，則見其退行；在輪之左右，則見其留而不行也。

恒星之名，見於《春秋》，而四仲中星及斗、牽牛、織女、參、昴、箕、畢、大火、農祥、龍尾、鳥帑、天駟、天黿之屬，散見於《尚書》《易》《詩》《左傳》《國語》。至《周禮·春官》馮相氏掌二十八星之位，而《禮記·月令》《大戴禮·夏小正》稍具諸星見伏之節。蓋古者敬天勤民，因時出政，皆以星爲紀。秦炬之後，羲和舊術無復可稽，其傳者惟《史記·天官書》，而所載簡略。後漢張衡云：「中外之官，常明者百有二十四，可名者三百二十，爲星二千五百。」而其書不傳。至三國時，太史令陳卓始列巫咸、甘、石三家所著星圖，總二百八十三官、一千四百六十四星。隋丹玄子作《步天歌》，叙三垣二十八宿，共一千四百六十七星，爲觀象之津梁，然尚未有各星經緯度數。自唐宋而後，諸歷家以儀象考測，始有各星入宿、去極度數，視古加密矣。新法恒星圖表，共星一千二百六十六，分爲六等。第一等星一十七，第二等星五十七，第三等星一百八十五，第四等星三百八十九，第五等星三百二十三，第六等星二百九十五，外無名不入等者四百五十九。康熙壬子年，欽天監新修《儀象志》，恒星亦分六等，而其數又與新法微異：第一等星一十六，第二等星六十八，第三等星二百零八，第四等星五百一十二，第五等星三百四十二，第六等星七百三十二，總計一千八百七十八。蓋觀星者以目之所能辨，因其形體，聯綴成象而命之名，其微茫昏暗者，多不可考，故各家星官之學，有古少而今多者，亦有古多而今少者，而惟列宿及諸大星，則中外如一轍也。梅慎庵《中西經星同異考》約其大旨，凡有四端：一曰星名之不同，二曰距度屬宿之不同，三曰有無多少之不同，四曰見界之不同。而要之，四者之不同，即中法已有之矣。如室謂之定，氐謂之本，房謂之駟，天田謂之農祥，柳謂之注，畢謂之噣，輔星謂之沬，傅説謂之天策，此經傳之顯著者，是命名之不同也。西國星名，與中大異。若梅氏所注「天阿」作「天河」，「匏瓜」作「瓠瓜」，「上輔」作「上弼」，已見《宋史》，非中西之同異也。一行測諸星經緯，與舊經不合。武密《古今通占》、楊維德《乾象新書》，同此一星，而或以屬角、或以屬亢者，不可勝述，是距度宿之不同也。《靈憲》有名之星，多于陳卓一千有餘；《魏書·張淵傳》有竹林二十五星、鴻沼二十三星及建樹、百果等名，《星經》之上尉、天維、摇光右之弼星、軒轅下之御女，《步天歌》不載。若《史》《漢》與晉、隋《志》，其詳略不待言，是多少有無之不同也。張衡云：「中外之官，爲星二千五百，海人之占尚未存焉。」《漢·藝文志》有《海中星占驗》十二卷。唐開元十二年，使者自交州還，言「八月中望，老人星下，列星燦然明大者甚衆」，則見界以外之星，古亦有及之者矣。恒星行，即古歲差也。古法俱謂恒星不動而黃道西移，今謂黃道不動而恒星東行。蓋使恒星不動而黃道西移，則恒星之黃道經緯度宜每歲不同，而赤道經緯度宜終古不變。今測恒星之黃道經度每歲東行，而緯度不變；至于赤道經度，則逐歲不同，而緯度尤甚。自星紀至鶉首六宫星，在赤道南者，緯度古多而今漸少；在赤道北者，緯度古少而今漸多。自鶉首至星紀六宫星，在赤道南者，緯度古少而今漸多；在赤道北者，緯度古多而今漸少。凡距赤道二十三度半以内之星，在赤道北者，皆可以過赤道南；在赤道南者，亦可以過赤道北，則恒星循黃道東行，而非黃道之西移，明矣。

星謂五緯，辰謂二十八宿。此語千古未發。按，《左傳》：「日月所會，是謂辰。」而日月所會，必以宿度爲紀。「宿」亦名「舍」，日所舍也。言「辰」者，二十八宿分十二辰也。十二辰即十二日，亦曰「十二宫」，亦曰「十二次」，日所次也。「次」與「舍」一義，日之次舍，空虚而無所紀，故以經星紀之，因謂之「辰」，因謂之「宿」。前人乃云無星處爲辰。無星之處，何煩考測而《虞書》云「曆象日月星辰」乎？《中庸》曰：「日月星辰繫焉。」若無星之處即是天也，何所爲繫？

禮儀三百威儀三千

鄭氏《禮器》注曰：「『經禮』，謂《周禮》也。《周禮》六篇，其官三百六十。『曲』猶『事』也。事禮，謂今禮也。《禮》篇多亡，本數未聞，其中事儀三千。」孔氏穎達曰：「《周禮》見于經籍，其名異者，見有七處。案，《孝經説》云『經禮三百』，一也；《禮器》云『經禮三百』，二也；《中庸》云『禮儀三百』，三也；《春秋説》云『禮經三百』，四也；《禮説》云『有正經三百』，五也；《周官外題》謂『爲[二四]《周禮》』，六也；《漢書·藝文志》云『《周官經》六篇』，七也。七者皆云『三百』，故知俱是《周官》。《周官》三百六十，舉其成數[二五]而云『三百』也。其《儀禮》之别，亦有七處，而有五名。一則《孝經説》《春秋》及《中庸》并云『威儀三千』，二則《禮器》云『曲禮三千』，三則《禮記》云『動儀三千』，四則謂『爲《儀禮》』，五則《藝文志》謂《儀禮》爲『古禮經』。凡此七處五名，稱謂并承『三百』之下，故知即《儀禮》也。所以三千者，其履行《周官》五禮之别，其事委曲，條數繁廣，故有三千也。非謂篇有三千，但事之殊别有三千條耳。」《漢書注》臣瓚曰：「《周禮》三百，特官名耳。經禮，謂冠、昏、吉、凶。」按瓚意，以「經禮」爲《儀禮》。此朱子所本。

車同軌

江慎修曰：「『車同軌』，謂車之制度同，則軌廣八尺亦同耳，非謂軌之廣狹有不同，則車梲杌不能行也。兵車、乘車之輪六尺六寸，軌固是廣八尺。若田車之輪六尺三寸，則軌必狹矣；人所若使皆行牽輓之葦輦，則軌又必狹矣。同塗往來，縱横邪出，皆可行，非謂車必同軌而後可行也。若使皆行軌中，則轍深泥高，反梘杌難行矣。」戴東原曰：「古者涂度以軌，軌皆宜八尺。田車之輪卑于兵車、乘車三寸，牛車之制桷于四馬車，車軌八尺則同也，故曰『車同軌』。軌不同，爲不合轍，不可行于涂。《車人》『轍廣六尺』，字之誤也。」戴義爲優。

書同文

鄭注《聘禮》「百名以上」云：「名，書文，今謂之字。」注《周禮》「諭書名」云：「名，書之字也。」《章句》「文，書名」，蓋本之。「文」與「名」皆是專指形體，不言聲音。「同」是同其體制。音虚而無驗，且五方各有風土，無從强同。古人詩四聲通轉，隨乎天籟。此不必同之一證，非如後世有《五音譜》也。《周禮》「諭言語」，乃所謂達其志、通其欲；「聽聲音」，乃是陳詩采風，俱與「書」無涉。當時篆籀、鍾鼎、科斗古文，書體亦甚不同，何以言「書同文」？謂未嘗更姓改物、制異樣之書耳。

屋漏

《爾雅》：「西北隅謂之屋漏。」《太平御覽》引舍人云：「古者撤屋西北扉〔二六〕以炊浴，汲者〔二七〕訖而復之，古謂之屋漏也。」《釋名》云：「西北隅曰屋漏。禮：每有親死者，輒撤屋之西北隅薪，以爨竈煮沐，供諸喪用。時若值雨則漏，遂以名之也。必取是隅者，《禮》：『既祭，改設饌于西北隅。』今撤毁之，示不復用也。」按，《喪大記》云：「甸人取所撤廟之西北扉薪，用爨之。」此劉熙及舍人義所本也。《曾子問》：「陽厭，當室之白。」鄭云：「得户明者也。」《詩》疏引孫炎云：「屋漏者，當室之白，日光所漏入處。」鄭《詩》箋云：「屋，小帳也；漏，隱也。」孔疏云：「《周禮》：『帷、幕、幄、帟。』幄是小帳；帷、幕皆于野張之，以代宮室；幄則屋内亦有之。『屋漏』者，室内處所之名，可以施小帳而漏隱之處，正謂西北隅也。」蓋又與孫炎異義。箋云：「《禮》：祭于奥，既畢，改設饌于西北隅而厞隱之處。此祭之末也。」《詩李黄集解》曰：「所居之室，幽隱不明處，能無愧怍，方可爲君子。」此朱子所本。馮嗣宗〔二八〕《詩名物疏》曰：「屋漏是當室之白，不得爲暗。『不愧屋漏』者，以陽厭，是祭末事。助祭者至此易倦，故以不愧戒之。若取暗室之義，則當〔二九〕云『不愧于奥』矣。『爾室』是宗廟中。若謂獨居一室，不主祭言，亦與下『神之格思』不貫。」余按，鄭于《詩》箋以陽厭言，于《中庸》注則曰：「視女在室獨居者，猶不愧于屋漏。屋漏，非人有也。況有人乎？」則鄭于此，本有二解，箋説正可不泥。

校勘記

〔一〕「謂」，《周禮注疏》卷十八作「爲」，字通。

〔二〕「太乙」，《周禮注疏》卷十八作「大一」。下同。

〔三〕「含元氣以布斗」，《周禮注疏》卷十八作「合元氣以斗布」。

〔四〕「云」，蜚雲閣本作「名」，據《周禮注疏》卷十八改。

〔五〕「商」，蜚雲閣本作「商」，據文義改。下同。

〔六〕「忘」，《左傳正義》卷五十七作「亡」。

〔七〕「四寸」，《儀禮注疏》卷二十四作「八寸」。

〔八〕「字有多少」，《儀禮注疏》卷二十四作「容字多少者」。

〔九〕「謂之」，《左傳正義》卷一作「謂之爲」。

〔一〇〕「謂之」，《左傳正義》卷一作「乃名爲」。

〔一一〕「連共編綴」，《左傳正義》卷一作「連其編簡」。

〔一二〕「蜂」，蜚雲閣本作「蜂」，據《禮記正義》卷五十二改。下同。

〔一三〕「逄」，蜚雲閣本作「逢」，據《法言》卷一改。

〔一四〕「忝」，蜚雲閣本作「忝」，據《禮記正義》卷二十改。

〔一五〕「出遠」，《周禮注疏》卷十五作「遠出」。

〔一六〕「十三」，蜚雲閣本作「十二」，據《左傳正義》卷四十六改。

〔一七〕「相朝」，《國語·魯語上》重之。

〔一八〕「時」，《禮記正義》卷十一、《周禮注疏》卷三十七作「四時」。

〔一九〕「分別各爲四方」，《禮記正義》卷十一作「方別各爲四分」。

〔二〇〕「贄」，《禮記正義》卷五作「摯」。

〔二一〕「見」，《禮記正義》卷五作「入」。

〔二二〕「有」，《禮記正義》卷五作「存」。

〔二三〕「使卿」，《周禮注疏》卷十八作「明使卿」。

〔二四〕「爲」，蜚雲閣本奪，據《禮記序》正義補。

〔二五〕「成數」，《禮記序》正義作「大數」。

〔二六〕「朋」，《太平御覽》一百八十八作「猥」。

〔二七〕「汲者」，《太平御覽》卷一百八十八作「浴者」。

〔二八〕「馮嗣宗」，蜚雲閣本作「馮嗣京」。馮復京（一五七三—一六二二），字嗣宗，明代江蘇常熟人，著有《六家詩名物疏》五十五卷等。

〔二九〕「當」，《六家詩名物考》卷五十作「宜」。

四書典故覈卷三

論語

千乘之國

《周官》之法，以田令賦，以賦出軍。大國三軍、次國二軍、小國一軍者，軍法也；天子萬乘、諸侯千乘、大夫百乘者，賦法也。定賦之法有二：一以人計。九夫爲井，四井爲邑，四邑爲丘。丘十六井，出戎馬一匹、牛三頭，是謂匹馬丘牛。四丘爲甸，甸六十四井，出長轂一乘、戎馬四匹、牛十二頭，甲士三人、步卒七十二人，戈楯備具，謂之乘馬之法。見《司馬法》。一封三百一十六里，提封十萬井，除山川沈斥、城池邑居、園囿術路，三分去一，三萬六千井；定出賦六萬四千井，戎馬四千匹，兵車千乘，《漢書·刑法志》。《小司徒》所謂「上地家七人，可任也者家三人；中地家六人，可任也者二家五人；下地家五人，可任也者家二人」者也。一以家計。畮百爲夫，夫三爲屋，屋三爲井，井十爲通，通爲匹馬。三十家，出士一人，徒二人。通十爲成〔一〕，成百井，三百家，革車一乘，士十人，徒二十人。十成爲終，革車十乘。十終爲同，方百里，革車百乘。亦《司馬法》。積三百一十六里有畸而得千成，十萬井，三十萬家，革車千乘，士萬人，徒二萬人，《魯頌》所謂「公車千乘，公徒三萬」者也。以人計者，爲共賦之法；以家計者，爲出軍之法，其實不殊。周制封國，公五百里，侯四百里，伯三百里，謂之「成國」；子二百里，男一百里，不成國，謂之「則」，《大宗伯》云「七命賜國，五命賜則」是也。千乘之國，自伯而上，雖五百里之公，其軍賦亦不過此。此馬融注説。子則二百里之地，出車四百乘；男則百里，出車百乘而已。

凡人一舉足爲跬，跬，三尺也；兩舉足曰步，步，六尺也。廣一步，長百步爲一畝，畝，母也，有母養之功也。畝百爲夫，是方百步也。謂爲夫者，古者賦田，以百畝地給一農夫也。夫三爲屋，則是方百步者三也。并而言之，則廣一里，一里，三百步也，而猶長百步也。謂爲屋者，一家，有夫、婦、子，三者具，則屋道乃成，故合三夫目爲屋也。屋三爲井，三屋并方之，則方一里也。名爲井者，因夫間有遂，水縱横相通成「井」字也。畝廣六尺，長百步，用耜耕之。耜廣五寸，方兩耜爲耦，是耦伐廣一尺也。畝廣六尺，以一尺耕。伐地爲滀，通水流，水流畝畝然，因名曰「畝」也。而夫田首倍之，廣二尺，深二尺，謂之爲遂；九夫爲井，井間廣、深四尺，謂之爲溝。「遂」取其水始遂也，「溝」取其漸深有溝洫也。《釋名》云：「溝，構也，縱横相交構也。」井十爲通，十井之地，并之則廣十里，長一里也。謂爲「通」者，其地有三十屋，相通共出甲士一人、徒卒二人也。通十爲成，則方十里也。謂爲「成」者，共賦〔二〕法一乘成也。其地有三百屋，出革車一乘，甲士十人，徒卒二十人也。方十里者千，即是千成，則容千乘也。方百里者，有方十里者百。若方三百里，三三爲九，則有方百里者九，合成方十里者九百也。是方三百里，唯有九百乘也。若作千乘，猶少百乘，是方百里者一也。今取方百里者一而六分破之，每分得廣十六里、長百里；引而接之，則長六百里，其廣十六里也。今半斷，各長三百里。設法特埤前三百里南西二邊，是方三百六十里也。然西南角猶缺方十六里者一。方十六里者一，有方十里者二，又方一里者五十六，是少方一里者二百五十六也。然則向割方百里者爲六分，埤方三百里兩邊，猶餘方一里者四百。今以方一里者二百五十六埤西南角，猶餘方一里者一百四十四。又設法破而埤三百十六里兩邊，則每邊不復得半里，故云「方三百十六里有奇」也。皇侃《義疏》。

北辰

天有三垣：太微在南，天市在東，紫微居中，謂之中宫。《爾雅》曰：「北極謂之北辰。」注：「極，中也。」此皇極建中之象，天圜而動，左旋不息。南、北二極爲天之樞，南極常隱不見，北極常見不隱。北極五星：第一星太子，第二星太一之座，第三星庶子，第四星后妃，第五紐星，即極星，天之樞也。見《漢・志》。紐星雖名天樞，其不動處，乃在紐星之末一度餘。見《宋・志》。因其不可辨識，故取紐星以别之。凡天之無星處謂之「辰」，邵子説。故不曰「北極」而曰「北辰」也。天之以辰名者，大火、伐、北辰，謂之三大辰；十二次，日月所會，謂之十二辰。中國于地，不當大中，故成周、洛陽之地，北極出地三十六度，南極入地三十六度。天地陰陽之所交，寒暑和會，四時各正。其他處，則隨方不同而晝夜亦異。北荒戴極之下，其地大寒，半年爲晝，半年爲夜；南方赤道之下，其地大暑，晝夜常均，如春、秋分。此西人説。此亦王道正而天地平成之象。星者，體生于地，精成于天，列居錯峙，各有攸屬。在野象物，在朝象官，在人象事。中外之官，常明者百有六十四，可名者三百有二十，爲星二千五百。微星之數，蓋萬一千五百二十。見《晉·天文志》。《漢·志》則曰：「經星常宿、中外官凡百一十八名，積數七百八十三星，皆有州國官宫物類之象。」北辰爲天帝垣星之環繞，有將相、四輔之象。猶卿士之周衛天子也；五星行于列宿，猶州牧之省察諸侯也；二十八宿布于四方，猶諸侯爲天子守土也。見《書》正義。北辰象京師，太微、天市，帝廷、明堂也；斗運于中央，帝之車也；十有二次，周于四方，九州封域之分野也。

輗軏

凡車所以駕牛馬者，大車謂之轅，小車謂之輈。通名之，亦曰「轅」。大車兩轅而直，牛在中間。兩轅之端横一木，謂之鬲。《考工記·輿人》云：「輪崇、車廣、衡長，三如一。」注：「皆六尺六寸。」鬲與衡皆謂之軛，其上皆爲烏啄，以駕牛之頸，謂之軥。《左傳》「射兩軥」，服虔注：「軥，軛兩邊叉馬頸者。」鬲、衡與轅、輈不相屬，别有木以關之。關鬲者謂之輗，關衡者謂之軏。《説文》：「軏，即「軏」字。車轅端持衡者。」「輗，大車轅端持衡者。」通名之，鬲亦曰「衡」。《韓非子》引墨子曰：「吾不如爲車輗者巧，用咫尺之木而引三十石之任。」則知其制，以木爲之，長咫尺而已。《集注》本于包氏，云：「輗，轅端横木，縛〔三〕軛。」乃誤以鬲爲軛〔四〕，不知鬲即軛也。「軏，轅端上曲，鉤衡。」不知上曲者即輈之身，非别有一物鉤衡也。此戴東原之説。

凡車之關鍵，行則設之、止則脱之者有三：在輪曰「轄」，以鐵爲之，貫軸頭以制轂；去之，則輪與軸離，故《詩》曰「間關車之轄」，又曰「載脂載轄」也。在輿下曰「輹」，即伏兔，銜軸而以革縛之；去之，則輿與軸離，《説文》曰：「輹，車軸縛也。《易》曰：『輿脱輹。』」謂不可行也。在轅則輗軏，去之則鬲衡與轅輈離。三者相似，然車之行，尤重駕牛馬，而輗軏又最在車前，故獨以喻不可行也。

據《考工記》云：大車、柏車、羊車，轅皆同制，則大車中兼此三等。大車，平地任載之車；柏車，山車；羊車，善車，與小車三等相配。《詩》「無將大車」是大車；「大車檻檻」是大夫之車，非大車。

文質三統

《禮·三正記》曰：「質法天，文法地。」帝王一質一文，據天地之道。夏尚黑，殷尚白，周尚赤，此之謂「三統」。「正朔三而改，文質再而復。」「正朔三而改」者，周以十一月爲正，天統之正，始于子半，物萌色赤，故尚赤；殷以十二月爲正，地統，丑初，物芽色黄白，故尚白；夏以十三月爲正，人統，寅初，物蘖成，色黑，故尚黑。以此推之，有虞氏以十一月爲正，尚赤；唐以十二月爲正，尚白；高辛以十三月爲正，尚黑；高陽以十一月爲正，尚赤；少皞以十二月爲正，尚白；黄帝以十三月爲正，尚黑；神農以十一月爲正，尚赤；女媧以十二月爲正，尚白；伏羲以十三月爲正，尚黑。皆鄭氏義。「文質再而復」者，周文，殷質；夏文，舜質；堯文，高辛質；高陽文，少皞質；黄帝文，神農質；女媧文，伏羲質也。一質一文者，帝王法天地之道。至如夏尚忠、商尚質、周尚文者，乃其所尚之教。《史記》曰：「夏之政忠，忠之弊，小人以野，故殷人承之以敬；敬之弊，小人以鬼，故周人承之以文；文之弊，小人以僿，薄也。救僿者，莫若以忠。三王之道若循環，終而復始。」

非其鬼

鄭注云：「人神曰鬼。非其祖考而祭之者，是諂求福。」是「非其鬼」，但據祖考言。凡祭，天曰神，地曰示，人曰鬼。祖考之祭，命于天子，如任宿、須句、顓臾司少皞之祀，蓼、六守臯陶之祀。若鄭伯以璧假許田，請祀周公；衛成夢康叔曰「相奪予享」，乃命祀相，皆非其鬼也。又，尊卑有等，如《王制》《祭法》所云；廟數有定，若魯之不毁〔五〕桓、僖，季氏之以禱而立煬宫，皆非其鬼也。

八佾

《春秋·隱五年》：「考仲子之宫，初獻六羽。」《左傳》：「公問羽數于衆仲，對曰：『天子用八，諸侯用六，大夫四，士二。夫舞，所以節八音而行八風，故自八以下。』公從之，于是初獻六羽，始用六佾。」杜注云：「用八，六十四人；用六，三十六人；用二，四人。魯惟文王、周公廟用八，他公遂因仍僭用。今隱公特立此婦人廟，衆仲因問明大典，故《傳》亦因言『始用六佾』。其後季氏舞八佾，知惟在仲子廟用六。」疏云：「《祭統》曰：『昔者周公旦有勛勞于天下，成王、康王賜之以重祭，朱干玉戚以舞《大武》，八佾以舞《大夏》。《公羊傳》子家駒曰：「朱干玉戚，八佾以舞《大武》。」蓋互言之，《夏》《武》皆八佾也。此天子之樂也。康周公，故以賜魯。』是周公之廟用八。」文王爲天子，自然用八。今隱公惟于仲子之廟用六，他公猶用八也。魯僭八佾，因文王、周公而及群廟；季氏以出自桓公，僭立桓公之廟，亦以八佾舞，因及其祖考廟。大夫士祭，皆不得用樂。有功者，君賜之，乃得以樂祭。季友有功于魯，則用四佾，禮也。《左傳·昭二十五年》：「禘于襄公，萬者二人，其衆萬于季氏。」則季氏用八佾，而魯不備二佾矣。

《穀梁傳》曰：「舞《夏》，天子八佾，諸公六佾，諸侯四佾。初獻六羽，始僭樂矣。《尸子》曰：『舞《夏》，自天子至諸侯，皆用八佾。初獻六羽，始厲樂矣。』」厲，減也。又，服注《左傳》「六佾」「四佾」「二佾」，皆八人爲佾。此皆異說。

雍徹

《詩序》云：「《雍》，禘太祖也。」蓋此詩本爲祭時所歌，兼用爲宗廟之徹歌。《春官·樂師》：「大祭祀，及徹，帥學士而歌徹。」學士，國子也。《小師》云：「徹歌。」鄭注皆云：「歌《雍》也。」又，諸侯饗禮，歌《雍》以送賓，歌《振鷺》以徹俎。《禮記·仲尼燕居》：「兩君相見，客出以《雍》，徹以《振羽》。」是也。

《儀禮》「有司徹」注云：「徹室中之饌〔六〕及祝佐食之俎。」徹兼俎與豆籩。俎，有司徹之；豆籩，婦人徹之。《詩》：「諸宰君婦，廢徹不遲。」諸宰，有司也；君婦，主婦也。鄭箋云：「諸宰徹去諸饌，君婦，豆籩而已。」天子之禮，則《周禮》太祝既祭令徹，小祝贊徹，内宗、外宗佐王后徹豆籩；其徹俎，則仍薦俎之有司也。

「相維辟公」，《詩》箋以「辟」爲卿士，「公」爲諸侯。

射 揖讓而升，下而飲

射禮有四：一爲大射，天子、諸侯、卿大夫將祭而擇士，天子于射宫，諸侯于大學，卿大夫于郊。士無臣，無所擇，故無大射禮。二曰賓射，天子則唯在治朝；諸侯則或在朝，或會盟而在竟；卿大夫、士皆有之，亦射于郊。三曰燕射，天子、諸侯在路寢，卿大夫、士亦在郊。四曰鄉射，州長春、秋屬民而射于州序。孔子射于矍相之圃，則爲州長也。天子、諸侯無此禮。

凡天子、諸侯之射，必先行燕禮；卿大夫、士之射，必先行鄉飲酒之禮。正獻既畢，司正舉觶，司射乃請射。立耦：王六耦，諸侯四耦，卿大夫、士皆三耦。凡射三番：初射，惟司射誘射，然後所立之耦射獲，而未釋獲，不飲；不勝者，再射。賓、主人、君、大夫、衆賓皆射，釋獲，立算飲；不勝者未用樂。三射，乃以樂行之。王以《騶虞》，諸侯以《貍首》，卿大夫以《采蘋》，士以《采蘩》。衆耦盡射，飲；不勝者，如再射之禮。射畢，仍行旅酬，如燕禮、鄉飲酒禮。

大射儀：司射作上耦射，「作」，使也。上耦出次，次在堂下之東。西面揖進。上射在左，并行，當階北面揖；及階，揖。上射先升，三等；下射從之，中等。「中」猶「間」也。上射升堂，少左。下射升，上射揖，并行，當物，北面揖；及物，揖，皆左足履物，還視侯中，乃射。上射既發，挾矢；而後下射射，拾更也。發，以將乘矢。卒射，右挾之，北面揖，揖如升射。上射降三等，下射少右，從之，中等，并行。上射于左，與升射者相左，交于階前，相揖。適次，釋弓，反位。

設豐于西楹西。勝者袒、决、遂，執張弓；不勝者皆襲，説决、拾，卻〔七〕左手，右加弛弓于其上。小射正作，升，飲射爵者，如作射。一耦出，揖如升射。及階，勝者先升，升堂，少右；不勝者進，北面坐，取豐上之觶，興，立卒觶，坐奠于豐下；興，揖；不勝者先降，與升飲者相左，交于階前，相揖，適次，釋弓，反位。揖讓，主、衆耦言不通。司士誘射，説下之後，仍有取矢之揖讓。矢加于楅，楅設中庭。一耦出，西面揖；當楅，北面揖；及楅，揖。既拾取矢，南面揖；左還，北面揖。退者與進者相左，相揖，亦如升射之禮。以其不升堂，故略之也。

繪事後素

《考工記》曰：「畫繢之事，雜五色。東方謂之青，南方謂之赤，西方謂之白，北方謂之黑，天謂之玄，地謂之黄。青與白相次也，赤與黑相次也，玄與黄相次也。注：「此言六色所象及布采次第，繢以爲衣。」青與赤謂之文，赤與白謂之章，白與黑謂之黼，黑與青謂之黻，五采備謂之繡。注：「此言刺繡采所用，繡以爲裳。」土以黄，其象方，天時變；注：「畫天，隨四時色。」山以章，「章」當爲「獐」，畫山兼畫獐。水以龍。畫水兼畫龍。鳥獸蛇，注：「所謂華蟲也。」疏：「鳥翼、獸毛、蛇鱗。」雜四時五色之位以章之，謂之巧。凡畫繢之事，後素功。」注：「素，白采也。後布之，爲其易潰污也。」

《集解》鄭氏注：「凡繢畫〔八〕，先布衆色〔九〕，然後以素分布〔一〇〕其間，以成其文。喻美女雖有倩盼之〔一一〕美質，亦須以禮成之〔一二〕。」蓋子夏疑素不得爲絢，故夫子以繪事五采爲先，布素在後，是以素絢采也。子夏聞而有悟，知凡人雖有美質，又必後之以禮，乃成其文，故曰「禮後乎」。謂禮所以後美質乎。孔子未言禮，而子夏言之，故嘆其「起予」也。此見聖門之教重禮。

禘

《爾疋》曰：「禘，大祭也。」凡祭之大者，皆謂之「禘」。祭天，莫大乎圜丘與南郊。《祭法》曰：「周人禘嚳而郊稷。」「禘嚳」，謂冬至祭天于圜丘而以嚳配，謂之「禘」也。「郊稷」者，即《大傳》云「王者禘其祖之所自出，以其祖配之」。祖之所自出，天也。周公以夏正祭青帝鄭謂之「感生帝」。于南郊而以稷配，亦謂之「禘」也。祭地，莫大于方澤；祭宗廟，莫大于五年之祭，皆曰「禘」。是禘天神二，地示、人鬼各一。天地之禘不灌。灌者，據宗廟言。

宗廟之禘又有三。其一，《王制》曰：「宗廟之祭，春曰禴，夏曰禘。」此殷禮也。周改春曰祠，夏曰禴。其二，則三年之喪畢而吉禘，此諸侯皆得行之。《左傳》晉叔向曰：「以寡君之未禘祀。」謂吉禘也。惟「三年一祫，五年一禘」之「禘」，乃天子之禮。

祫、禘皆宗廟之大祭，然諸侯得祫而不得禘。祫、禘之所以分者，祫則毁廟之主皆陳于太廟，立昭、穆二尸；未毁廟之主皆升，合食于太廟而立尸。周祫祭，七尸。禘則太王、王季以上遷主，祭于后稷之廟；文、武以下，則穆之遷主祭于文王之廟，昭之遷主祭于武王之廟。其尸：后稷廟，稷尸一，昭、穆尸各一；文王廟，文王尸一，穆尸共一；武王廟，武王尸一，昭尸共一；未毁之廟，各于其廟祭，不升合食。祫者，合也；禘者，審諦昭穆也。審諦昭穆，故昭、穆各于其廟也。《周官·大宗伯》：「以肆、獻、灌〔一三〕享先王，以饋食享先王。」注：「肆、獻、灌，祫也；饋食，禘也。凡天子，三年喪畢，而祫于太廟；明年春，禘于群廟。此即吉禘。自爾而後，五年再殷祭，一祫、一禘。」大率二年祫，三年吉禘；六年祫，八年禘；十年祫，十三年禘，故曰「三年一祫，五年一禘」。祫在秋，禘在夏。以上皆鄭義。

《祭統》曰：「昔者周公旦有勛勞于天下，周公既没，成王、康王追念周公之所以勛勞者，而欲尊魯，故賜之以重祭。內祭，則大嘗、禘是也。「大嘗」即祫。夫大嘗、禘，升歌《清廟》，下而管《象》，朱干玉戚，以舞《大武》，八佾以舞《大夏》。此天子之樂也。康周公，故以賜魯也。」《明堂位》曰：「季夏六月，以禘禮祀周公于太廟，牲用白牡，尊用犧、象、山罍，鬱尊用黄目，灌用玉瓚、大圭，薦用玉豆、雕篹，爵用玉琖，仍雕，加以璧散、璧角，俎用梡嶡，升歌《清廟》，下管《象》，朱干玉戚，冕而舞《大武》；皮弁素積，裼〔一四〕而舞《大夏》。《昧》，東夷之樂也；《任》，南蠻之樂也。納夷蠻之樂于太廟，言廣魯于天下也。君卷冕立于阼，夫人副褘立于房中。君肉袒迎牲于門，夫人薦豆籩。卿大夫贊君，命婦贊夫人，各揚其職。百官廢職，服大刑，而天下大服。」成王命魯唯禘于周公之廟，而不及群廟，與天子之禘有殊。其後，僭行于他廟。昭十五年禘于武公，二十五年禘于襄公，定八年禘于僖公，皆行于一廟，而不偏及群廟，但用天子禘禮耳。其始禘，用六月，其後或以七月，僖八年。或以三月，昭十五年。或以十月，定八年。皆非禮。《雜記》：「孟獻子曰：『七月日至，可以有事于祖。』周七月，夏五月。七月而禘，獻子爲之也。」

又，《吕氏春秋》言：魯惠公使宰讓如周，請郊廟之祀。桓王使史角往，止之〔一五〕。據此，則非成、康所賜，始于惠公也。「桓王」當爲「平王」。

既灌而往

天子宗廟禮九獻，魯亦如之。君灌爲一獻，夫人灌爲再獻。禘禮，尸未入，先奏《大韶》之樂九變，以致其神，《大司樂》「黄鍾爲宫」是也。他祭，不先奏樂。然後尸入而行灌禮。《明堂位》云：「灌用玉瓚、大圭，鬱尊用黄目。」是謂君以圭瓚酌黄目之鬱鬯，授尸灌地；夫人以璋瓚酌，亞灌也。既灌之後，則君出迎牲，視殺而薦腥于堂，爲朝踐，是三獻、四獻。乃薦熟于室，爲饋食，是五獻、六獻。尸食畢而酳之，是七獻、八獻。君與夫人各一。賓長酳尸，是九獻。九獻之後，又有加爵。其間有獻祝宗、獻賓、獻卿大夫士及餕，而禮畢焉。

《易》曰：「《觀》：盥而不薦，有孚顒若。」馬融注云：「盥者，進爵灌地以降神也。此是祭祀盛時。及神降薦牲，其禮簡略，不足觀也。祭祀之盛，莫過初盥、降神，故孔子曰：『禘自既灌而往者，吾不欲觀之矣。』」《周易述》疏曰：「『盥』與『灌』通，古文作『祼』。《大宗伯》『以肆、獻、祼享先王』，《典瑞》『祼圭有瓚，以肆先王』，則祼一事有三節：『肆』者，實而陳之；『祼』者，將而行之；『獻』者，奉而進之。實以彝，祼之陳；將以瓚，祼之行；獻以爵，祼之成，故曰『肆、獻、灌〔一六〕』。禘行于春、夏，物未成熟，薦禮獨略，故云『神降薦牲，其禮簡略，不足觀也』。《穀梁傳》曰：『常視曰視，非常曰觀。』灌禮非常，薦爲常禮，故曰『觀盥而不薦〔一七〕』。『吾不欲觀』，非不欲觀，所以明灌禮之特盛，與此經『灌而不薦』同誼〔一八〕。故虞翻、王弼亦皆引以爲證。孔安國謂魯禘亂昭穆，聖人不欲觀，失其誼矣。」

子入太廟

《公羊傳》曰：「周公稱太廟，魯公稱世室，群公稱宫。周公何以稱太廟于魯？封魯公以爲周公也。周公拜乎前，魯公拜乎後，曰：『生以養周公，死以爲周公主。』祭周公，何以爲牲？周公用白牡，魯公用騂剛，群公不毛。」《明堂位》曰：「太廟，天子明堂。山節，藻棁，復廟，重檐，刮楹，達嚮，嚮，牖也。每室四户八窗，窗、户相對也。崇坫康圭，爲高坫以安圭。疏屏，天子之廟飾也。」

孔子年二十爲委吏，二十一爲乘田吏。始入廟助祭，謂此時。委吏，若《周禮》之委人，共祭祀之薪蒸木材；乘田吏，若《周禮》之牛人、羊人。牛人，凡祭祀，共其牛牲之互，互，若屠家縣肉格。與其盆簝，盆以盛血。簝，受肉籠。以待事；羊人，凡祭祀，飾羔，割羊牲，登其首：皆有職于太廟也。然此「每事問」，當是宿齋時。若正祭，雍雍肅肅，無容得每事問也。閻若璩説。

高誘《吕氏春秋》注：「孔子入廟，每事問，是不醜不知，不惡不能。」

射不主皮爲力不同科

舊注：射不主皮，謂取其比禮、比樂。鄭氏説。爲力，力役之事，亦有上、中、下，設三科焉，故曰「不同科」。馬氏説。

《鄉射禮》曰：「禮射不主皮。主皮之射者，不勝者降，勝者又射。」「禮射」者，通謂大射、賓射、燕射、鄉射，以禮樂行之者也。「主皮之射」者，庶人無射。其射，張皮而射之，無侯，謂之「主皮」。

不勝者降，勝者又射，與射禮全别也。射用主皮者有二。其一，四時爲祭祀而田，田畢，取所獲禽獸，陳之于澤，卿大夫相與射而取之，不設侯。《尚書大傳》〔一九〕曰：「中者，雖不中也，取；不中者，雖中也，不取，所以貴揖讓之取而賤勇力之取也。向之取也，于囿中，勇力之取也；今之取也，于射宫，揖讓之取也。」此在大射之前，《禮·射義》曰「已射于澤，而後射于射宫」是也。其二，賓興之明日，鄉大夫以鄉射之禮五物詢衆庶：一曰和，六德之末。二曰容，即孝，六行之首。三曰主皮，六藝之射。四曰和容，六藝之禮。五曰興舞。六藝之樂。蓋以有德行道藝者，已賓興訖，詢其稍能習者，以備後次之賓興，故用庶人之事也。至于習武之射，乃射甲革、椹質，非惟不得爲禮射，并不得爲主皮。凡侯有三種：一曰皮侯，棲皮爲鵠，大射用之；二曰采侯，畫布爲五采以爲正，賓射用之；三曰獸侯，畫布爲獸形以爲正，燕射、鄉射用之。禮射中，唯大射有皮，而「不主皮」之文在《鄉射記》，故朱子之説，于義未通。

力役三科，即《周禮》「上地家七人，可任也者家三人；中地家六人，可任也者二家五人；下地家五人，可任也者家二人」是也。凡起徒役，無過家一人；又于十人中，次用其一。惟田與追胥，竭作羨卒，亦于羨卒中十人用其一。

告朔之餼羊

疏云：「《周禮》：『太史頒告朔于邦國。』注〔二〇〕云：『天子頒朔于諸侯，諸侯藏之祖廟。至朔，朝于廟，告而受行之。』《禮·月令》：「季秋之月，合諸侯，制百縣，爲來歲受朔日。」注：「秦以建亥之月爲歲首，于是歲終，使諸侯及鄉遂之官受此法焉。」則頒朔在歲終，周以建亥之月也。此云『餼羊』，是用生羊告于廟，謂之『告朔』。人君即以此日聽視此朔之政，謂之『視朔』。其日又以禮祭于宗廟，謂之『朝廟』，見《春秋·文六年》。《周禮》謂之『朝享』。見《司尊彝》。《玉藻》曰：『天子玄冕而朝日于東門之外，聽朔于南門之外。諸侯皮弁，聽朔于太廟。』鄭注：『南門之外，謂明堂也。』天子用特牛，告其帝及其神，「帝」謂五天帝、五人帝，「神」謂勾芒、祝融之屬，各隨其時告之。配以文王、武王；諸侯用特羊，告太祖而已。」文六年：「閏月不告朔，猶朝于廟。」《左傳》：「非禮也。閏以正時，時以作事，事以厚生，生民之本于是乎在矣。不告閏朔，棄時政也，何以爲民？」文十六年：「夏五月，公四不視朔。」《穀梁傳》曰：「天子告朔于諸侯，諸侯受乎禰廟，禮也。公四不視朔，公不臣也，以公爲厭政以甚矣。」

社稷

《周禮·大司徒》：「辨邦國都鄙之數，設其社稷之壝而樹之田主，各以其野之所宜木，遂以名其社與其野。」注云：「田主，田神后土，田正之所依也，詩人謂之『田祖』。所宜木，若松、柏、栗也。」疏云：「夏都平陽，宜松；殷都亳，宜柏；周都鎬京，宜栗。」《郊特牲》疏云：「鄭康成之説，以社爲五土總神，稷爲原隰之神。句龍以有平水之功，配社祀之；稷有播種之功，配稷祀之。其制度，《白虎通》云：『天子之社壇方五丈，諸侯半之。』説者又云：天子之社，封五色土爲之。若諸侯受封，各割其方色土與之，則東方青、南方赤之等也。上皆冒以黄土也。」所置之處，則王爲群姓立者，在庫門内之西；自爲立者，在籍田之中。亡國之社，《穀梁》云：「以爲廟屏，戒。」則在庫門内之東。據天子當云皋門，魯則庫門也。其大夫以下所置社者，皆樹以土地之所宜木。其天子大社之等，案《尚書》逸篇曰：「大社惟松，東社惟柏，南社惟梓，西社惟栗，北社惟槐。」據此，則哀公所問，民「成群立社」之「社」。然《周禮·大司徒》「邦國都鄙田主，皆樹所宜木」，則諸侯以下同，當是天子大社樹五木耳。其社之祭，一歲有三：仲春命民社，一也；《詩》「以社以方」，謂秋祭，二也；孟冬，大割，祠于公社，三也。其社主，鄭云「用石」。稷壇在社壇西，俱北向，營并壇共門。或曰，在社壇北。

三歸

《説苑》：「齊桓公立仲父，致大夫曰：『善吾者，入門而右；不善吾者，入門而左。』有中門而立者，桓公問焉。對曰：『管仲之智，可以謀天下；其強，可以取天下。君恃其信乎？內政委焉，外事斷焉。驅民而歸之，是亦可奪也。』桓公曰：『善！』乃謂管仲：『政卒歸子矣。政之所不及，惟子是匡。』仲故築三歸之臺，以自傷于民。」《爾雅》：「闍謂之臺。」注：「積土四方。」又，《管子·山至數〔二一〕》篇：「請散棧臺之錢，散諸城陽；鹿臺之布，散諸濟陰。」是齊固舊有二臺，臺又藏泉布之所也。《韓非子》：「管仲相齊，曰：『臣貴矣，然而臣貧。』桓公曰：『使子有三歸之家。』」又曰：「管仲朱蓋青衣，置鼓而歸。庭有陳鼎，家有三歸。」因貧而使有三歸，則三歸意亦貯藏之所，與棧臺、鹿臺等矣。《泉志》載布文，有「齊歸化」三字者，或三歸所斂之貨歟？

包注：「三歸，取三姓女。」本《戰國策》：「齊桓公宮中七〔二二〕市，女閭七百，國人非之。管仲故爲三歸之家，以掩桓公，非自傷于民也？」鮑彪注：「婦人謂夫家曰歸〔二三〕。仲蓋三取女也。」

《漢書·地里志》：「身在陪臣而取三歸。」

樹　反坫

《郊特牲》曰：「臺門而旅樹，反坫，大夫之僭禮也。」注：「旅，道也。屏謂之樹，所以蔽行道。反坫，反爵之坫也。」《禮》：天子外屏，諸侯内屏，大夫以簾，士以帷。出《禮緯·含文嘉》。外、内，謂路門之外、内。《雜記》曰：「管仲鏤簋而朱紘，旅樹而反坫，山節而藻棁，賢大夫也，而難爲上也。」《明堂位》：「反坫出尊，崇坫康圭，疏屏，天子之廟飾也。」注：「反坫，反爵之坫也。出尊，當尊南也。惟兩君爲好，既獻，反爵于其上。《禮》：君尊于兩楹間。君燕卿大夫，尊于東楹之西；鄉飲酒禮，尊于房户之間。屏謂之樹，刻之爲雲氣蟲獸。」《論語》鄭氏注：「人君别外内，于門樹屏以蔽之。若與鄰國爲好會，其獻禮，更酌，酌畢，則各反爵于坫上。」疏云：「主君獻賓，賓筵前受爵，飲畢，反虚爵于坫上，于西階上拜；主君于東階〔二四〕上答拜。賓取爵，洗，酌，以酢主人。主人飲畢，反虚爵于坫上，于東階上拜；賓于西階上答拜〔二五〕。」

《爾雅》：「屏謂之樹。」李巡云：「垣當門，自蔽。」郭璞云：「小墻當門中。」則築墻爲之。然天子疏屏，刻爲雲氣蟲獸，則當以木爲之坫。孔穎達云：「築土爲之，在兩楹間，近南。」《禮圖》：「以木爲之，高八寸，足高二寸，漆赤中。」案，其字從「土」，則孔氏説爲是。

《禮經》言「坫」有四。其一，《爾雅》：「垝謂之坫。」疏云：「坫者，堂角。堂之東南隅曰東坫，西南隅曰西坫。」是也。「西坫」見《士冠禮》《士喪禮》，「東坫」見《大射儀》。自天子至庶人，皆有之。其二，

《内則》曰：「大夫七十而有閣。天子之閣，左達五，右達五；達，夾室也。公、侯、伯于房中，五；大夫于閣，三；士于坫，一。」疏云：「士卑，不得作閣，但于室作土坫庋食。」此士之老者庋食之坫，大夫以上無之。其三，《明堂位》曰：「崇坫康圭。」注：「爲高坫，亢所受圭，奠于上。」此天子受諸侯朝饗乃有之，諸侯不得用。其四則「反爵之坫」，兩君相享于廟、相燕于寢用之，天子饗諸侯亦用之，《明堂位》「反坫出尊」是也。君燕卿大夫，則膳宰爲主人。主人獻賓，卒爵，洗，酢主人；主人卒爵，奠虚爵于序端。主人復取以獻介，介卒爵，洗，酢主人；主人卒爵，奠虚爵于西楹西。主人復取以獻衆賓，衆賓卒爵，洗，酢主人；主人卒爵，降，奠于篚。

《黄氏日抄》云：「按，《汲冢〔二六〕周書》：『乃立五宫，咸有四阿、反坫。』注云：『反坫，外向室〔二七〕也。』則『反坫』非反爵之坫〔二八〕。豈兩君之好，必欲容其儀衛之衆，而爲此外向之室與？據《郊特牲》以反坫與臺門相聯，《汲冢書》以反坫與四阿相聯，恐均爲宫室僭侈之事。」

木鐸

鄭氏注〔二九〕《周禮》云：「古者將有新令，必奮木鐸以警衆，使明聽也。文事奮木鐸，武事奮金鐸。」《周禮・小宰》：「帥治官之屬而觀治象之法，徇以木鐸，曰：『不用法者，國有常刑。』」《小司徒》「帥其屬，觀教象」，《小司寇》「帥其屬，觀刑象」，皆以木鐸，如小宰。《宫正》：「春秋以木鐸脩火禁。」《司烜氏》：「中春，以木鐸脩火禁于國中。」《鄉師》：「凡四時之徵令有常者，以木鐸徇于市朝。」《士師》：「掌國五禁之法，皆以木鐸徇于朝。」《明堂位》曰：「振木鐸于朝，天子之政也。」

《書·胤征》曰：「每歲孟春，遒人以木鐸徇于路。」《檀弓》：「執木鐸以徇于宮，曰：『舍故而諱新。』」《月令》：「仲春，奮木鐸以令兆民。」

《集注》以木鐸爲「得位設教」，孔安國注則云：「天將命孔子制作法度，以號令于天下。」馬端臨云：「木鐸振文事。在天子，則行而爲政；在玄聖、素王，則言而爲教。天將以夫子爲木鐸，非言而爲教者歟？」皆主夫子不得位說。按，揚子《法言》云：「天之道，不在仲尼乎？仲尼，駕説者也。不在兹儒乎？如將復駕其説，則莫若使諸儒金口而木舌。」又，《春秋緯》云：「聖人不空生，必有所制，以顯天心。某爲木鐸，制天下法。」則以木鐸爲「不得位」，漢儒舊説盡如此。

校勘記

〔一〕「成」，《論語集解義疏》卷一作「城」。下「成百井」「十成」「爲成」「千成」并同。

〔二〕「共賦」，《論語集解義疏》卷一作「兵賦」。

〔三〕「縛」，蜚雲閣本作「縳」，據《論語集注》卷二改。下「車軸縛」同。

〔四〕「鬲爲軛」，據文義，疑當作「鬲縛軛」。

〔五〕「毁」，蜚雲閣本從「皍」。

〔六〕「饌」，《儀禮注疏》卷四十九作「饋」。

〔七〕「郤」，蜚雲閣本作「郄」，據文義改。下同者不注。

〔八〕「繢畫」，《論語集解義疏》卷二作「畫繪」。

〔九〕「衆色」，《論語集解義疏》卷二作「衆采」。
〔一〇〕「分布」，《論語集解義疏》卷二作「分」。
〔一一〕「之」，《論語集解義疏》卷二無。
〔一二〕「以禮成之」，《論語集解義疏》卷二作「禮以成也」。
〔一三〕「灌」，《周禮注疏》卷十八作「祼」，注云：「祼之言灌。」
〔一四〕「禓」，蜚雲閣本作「禓」，據《禮記正義》卷三十一改。下「禓」同。
〔一五〕「止之」，《吕氏春秋·當染篇》上有「惠公」二字。
〔一六〕「獻灌」，《周易述》卷三作「祼獻」。
〔一七〕「不薦」，《周易述》卷三作「不觀薦」。
〔一八〕「灌而不薦同誼」，《周易述》卷三作「觀盥而不觀薦同義」。
〔一九〕「尚書大傳」，《儀禮注疏》卷十三作「尚書傳」。
〔二〇〕「注」，《論語注疏》卷三作「鄭玄」。
〔二一〕「山至數」，蜚雲閣本作「三至」，據《管子》改。
〔二二〕「七」，蜚雲閣本作「女」，據《戰國策》卷一改。
〔二三〕「婦人謂夫家曰歸」，《戰國策》卷一作「婦人謂嫁曰歸，夫家曰家」。
〔二四〕「主君于東階」，《論語注疏》卷三作「主人於阼階」。
〔二五〕「于東階上拜，賓于西階上答拜」，《論語注疏》卷三作「主人阼階上拜，賓答拜」。
〔二六〕「家」，蜚雲閣本作「冡」，據文義改。下同。

〔二七〕「外向室」，葉雲閣本作「向外室」，據《慈溪黄氏日抄分類》卷二改。

〔二八〕「之坫」，《慈溪黄氏日抄分類》卷二作「之地」。

〔二九〕「注」，葉雲閣本奪，據文義補。

四書典故覈卷四

論語

瑚璉

《明堂位》：「有虞氏之兩敦，夏后氏之四璉，殷之六瑚，周之八簋。」注：「皆黍稷器。制之異同，未聞。」《集注》：「夏曰瑚，殷曰璉。」沿舊注之誤。《三禮圖》云：「瑚，受一升，如簋而平下；璉，受一升，漆赤中，蓋亦龜形，飾口以白金，制度如簠而鋭下。」按，鄭氏謂「方曰簠，圓曰簋」，則瑚亦圓，璉亦方。賈公彦謂：「亦以木爲之。」

千室之邑百乘之家

《集注》：「宰，邑長、家臣之通號。」「邑長」對「家臣」，則公邑之長。《周官》之制，天子自六鄉以外，分六遂及稍、家稍、小都、大都；其餘之地，制爲公邑，使大夫治之。在二百里、三百里以上，大夫如州長；在四百里、五百里以下，大夫如縣正，皆屬于遂人。《載師》「以公邑之田任甸地」，亦遂之地。舉甸以該稍、縣、畺也。鄉遂之民，以七萬五千家爲定；其餘夫，皆受田于公邑。故遂人授民夫一廛，田百畝，萊五十畝；餘夫亦如之。餘夫所受，公邑之萊也。《太宰》九賦，邦甸、家稍、都鄙之賦，皆公邑所出。此皆鄭説。諸侯之國亦然。以魯言之，三鄉、三遂之外，除大夫之采邑，皆公邑。孔子爲中都宰，子夏爲莒父宰，子賤爲單父宰，子游爲武城宰，皆公邑也。惟費宰爲季氏邑，成宰爲孟氏邑，郈宰爲叔孫氏邑，非公邑耳。王畿之地，鄉遂以家計，公邑蓋以里計；諸侯之地，皆以家計。故春秋之世，動云書社幾百。蓋二十五家爲社，可知邑之大小，皆論室之多少也。《周禮》：「四井爲邑，四邑爲丘，四丘爲甸，四甸爲縣，四縣爲都。」鄭注：「甸方八里，旁加一里治洫，則方十里，爲一成。四甸爲縣，方二十里。縣二百五十六井，二千三百四十夫之地。」以鄭意推《司馬法》算之，宮室、涂巷，三分去一，通不易、一易、再易計之，爲一室，受二夫之田，實一縣受田出税人爲七百六十九夫；又旁加一里，内受田治洫人四百三十一夫，共千二百夫。云「千室之邑」，舉成數也，或容有餘夫分授。杜氏注《左傳》「築郿」曰：「四縣爲都，四井爲邑。然宗廟所在，則雖邑曰都，尊之也。」孔疏引《釋例》曰：「邑有先君宗廟，雖小曰都。都而無廟，固宜稱城。」案，此則自四井以上至縣，凡有城，皆稱「邑」；至四縣爲都，乃稱「都」，故云「千室之邑」。其宰，則如《周禮》之縣正也。

皇氏《義疏》曰：「天子畿内方千里，三公采地方百里，卿地方五十里，大夫地方二十五里。畿外五等：公方五百里，侯方四百里，伯方三百里，子方二百里，男方百里。舊説：五等之臣，其采地亦爲三等，各依其君國十分爲之。上公地方五百里，其臣大采方五十里，中采方二十五里，小采方十二里半。侯方四百里，其臣大采方四十里，次采方二十里，小采方十里也。伯方三百里，其臣大采方三十里，中采方十五里，小采方七里半。子方二百里，其臣大采方二十里，中采方十里，小采方五里。男方百里，其臣大采方十里，中采方五里，小采方二里半也。凡制地，方一里爲井，井有三家。若方二里半，有方一里者六，又方半里者一，則合十八家有餘，故《論語》有『十室之邑』也。其中大小，各隨其君，故或有三百户，是方十里者一；或有千室，是方十里者三有餘也。」百乘之家，采地方百里，見前。

束帶立朝

「與賓客言」，上擯之事。諸侯及聘，賓、主、介、擯皆皮弁服，皮弁，以白鹿皮爲弁。素積，十五升白布衣，以素爲裳，而辟積要中。素衣麑裘，以素衣裼裘。素韠白屨；大夫則素帶，士則緇帶。凡帶，不因服改。其立位，則接賓時，陳擯于大門外，上擯近君門，東、西面。既入廟門，擯者負東塾，東上；立，則在中庭。至授玉時，上擯進阼階之西，釋辭于賓，遂相君拜。此即孔子爲擯趨進之事。既受玉，退，負東塾而立。此依聘禮言之，在廟。其諸侯朝會、燕饗，或在廟，或在朝，或在寢，擯者之位，大略皆然。

居蔡山節藻棁

諸侯以龜爲寶。家不寶龜。山節、藻棁，天子之廟飾，二者皆僭禮之事。文仲不知禮，不得爲智也。依《集注》解，則爲山節、藻棁之室以居蔡。以大蔡長尺有二寸，鄭注。天子之寶，故亦以天子室居之，是謟瀆鬼神也。

十室之邑

四井爲邑，井有三家。四井，凡十二家。云「十室」，舉成數也。有夫有婦，然後爲室。十二家内，或有餘夫，分授井地，故有「十室之邑」也。

釜　庾　秉

疏云：「昭三年《左傳》晏子曰：『齊舊四量：豆，區，釜，鍾。四升爲豆，各自其四，以登于釜。釜十則鍾。』杜注：『四豆爲區，區十六升；四區爲釜，釜六斗四升。』是也。包曰『十六斛爲秉』。案，《聘禮記》云：『十斗爲斛，十六斗曰籔，十籔曰秉。』鄭注云：『秉，十六斛。今江淮之間量名有爲籔者，今文「籔」爲「逾」，謂《儀禮》今文本「籔」字作「逾」。是庾、逾、籔，其數同也。』又，《考工記·陶人》：『爲庾，實二觳，厚半寸，脣寸。』鄭注云：『豆實三而成觳，則觳實斗二升。』『庾』，讀如『請益與之庾』之『庾』。」疏云：「庾有二法：《小爾疋》云：『匊，二升。二匊爲豆，豆四升。四豆爲區，四區曰釜，二釜半謂之庾。』二釜有半，即十六斗。《聘禮記》：『十六斗曰籔。』『籔』即『庾』也。」如《考工記》之注，鄭注《論語》以「庾」爲二觳也，二觳，二斗四升，較釜更少。蓋釜之外，更益以庾也。注以庾爲十六斗，則易釜以庾，不在釜外。五秉，八十斛，爲釜一百二十三有奇，爲庾五十。以十六斗爲庾筭。若以二斗四升爲庾，則三百三十三庾有奇。

《管子·輕重篇》曰：「齊西之粟，釜百泉，則鏂二泉也。」釜粟百泉而鏂二十，釜粟十泉而區二，泉相差以五倍，則五區爲釜也。《管子》注以斗二升八合爲鏂，則一釜爲六斗四升。

秉亦有二。《聘禮記》：「十籔曰秉。」此米數也。「四秉曰筥，四百秉爲一秅」，注：「謂刈禾盈手之秉。」《詩》「彼有遺秉」，此禾數也。《説文》引《周禮》曰：「二百四十斤爲秉，四秉曰筥。」則一秅凡九萬六千斤。今《周禮》無此文。

九百

孔安國曰：「九百斗也。」蓋一月之禄。

牖

《説文》：「牖，穿壁，以木爲交窗也。」任啓運《宫室考》曰：「室之制，三面皆墉，惟南近東爲户，近西爲牖。或以爲北有牖，非也。惟私室有北出小牖，《詩》所謂『塞向』是也。」江永曰：「《喪大記》：『寢東首于北牖下。』注云：『北牖下，或爲「北墉下」。』《士喪禮》作『北墉下』。此經『牖』『墉』，兩本異文。鄭不破『牖』爲『墉』，則北墉亦有牖。」案，《士虞禮》：「祝闔牖户，如食間，啓户，啓牖，鄉。」注曰：「牖、鄉，一名。」是鄭意，以「鄉」即「牖」也。然北出之向，要是名「向」，不名「牖」。

《郊特牲》：「亳社北牖，使陰明也。」惟亳社有之，則知凡室無此矣。《喪大記》「北牖下」，自是「墉」字之訛，任説是也。朱彝尊云：「齊魯之間，土牀皆築于南牖下，故從牖視之。朱子曲爲之説，不知北俗也。」按，皇侃説已如此，非朱子之創。

出不由户

「出」，謂出室也。凡宫室之制，外爲堂，内爲室。室之南壁，東爲户，西爲牖。凡所以通出入者，堂前則有門，堂後則有闈。入者以向堂爲至，故或可以不由門；出者以室爲始，故不能不由户。

觚

《集解》：「馬曰：『禮器。一升曰爵，三升曰觚。』」疏引《韓詩》説：「一升曰爵。爵，盡也，足也。二升曰觚。觚，寡也，飲當寡少。三升曰觶。觶，適也，飲當自適也。四升曰角。角，觸也，不能自適，觸罪過也。五升曰散。散，訕也，飲不自節，爲人謗訕。總名曰爵，其實曰觴。觴者，餉也。」《考工記》：「梓人爲酒器，勺一升，爵二升，觚三升。」注：「『觚』當爲『觶』，字之誤也。」則謂觚三升者，非。酒器，尊者爵，其次觚，其次角、散。特牲饋食禮，用三爵、二觚、四觶、一角、一散，賓長及長兄弟皆加爵，用觚也。燕禮，獻用觚，獻公用象觚。注：「觚有象骨飾也。」

《集注》「或曰木簡」者，《太平御覽》引此注曰：「孔子削觚而志有所念，觚不時成，故曰：『觚哉！觚哉！』觚，小器耳。心不專一，尚不時成，況于大事乎？」案，史游《急就章》曰：「急就奇觚與衆異。」觚，木簡也。凡所以書者，竹曰簡，木曰方。「觚」蓋即方也。《文選・陸士衡文賦》：「或操觚以率爾。」注：「觚，木之方者。」以其平面言之，謂之「方」；以其稜角言之，謂之「觚」。然「觚」之名，起于秦漢以後。孔子所謂「觚」者，當是飲器。

皇氏《義疏》曰：「『一獻之禮，賓主百拜。』此則明有觚之用也。當于爾時，用觚酌酒，而沉湎無度，故王肅曰：『當時沉湎于酒，故孔子曰「觚不觚」，言不知禮也；「觚哉！觚哉」，言用觚之失道也。』」

自行束脩以上

束脩，童子之贄也。《曲禮》：「童子委贄而退。」正義云：「童子，未成人，不敢與主人抗禮，故委奠其贄于地而自退辟。其贄，悉用束脩也，故《論語》云：『自行束脩以上，吾未嘗無誨焉。』是謂童子也。」古者，公卿大夫、元士之適子，十三入小學，二十入大學。見《尚書大傳》。朱子云「十五而入大學」，用《大戴禮》說。入學，以贄見于先生，故鄭注云：「自行束脩，謂十五以上。」見《後漢書・延篤傳》注。庶人之子，十三入小學，在里塾，故不在束脩之數。束脩，十脡脯，《檀弓》「束脩之問不出竟」，《少儀》「其以乘壺酒、束脩、一犬賜人」，《穀梁傳》「束脩之問不行竟中」，《漢書・朱邑傳》「束脩之饋」是也。韓愈《筆解》引説者謂：「束爲束帛，脩爲脩脯。」《集注》謂：「執贄之至薄者。」非是。古者用贄有定，不得以意爲厚薄也。

《後漢書·鄭均傳》「束脩安貧」，《劉般傳》「束脩至行」，此皆以「檢束脩飾」爲義。

食于有喪者之側

皇疏云：「謂孔子助葬時也。爲應執事，故必食也；必有哀色，故不飽也。故《禮》云：『饑而廢事，非禮也；飽而忘哀，亦非禮也。』」

執鞭之士

《周禮》：條狼氏，下士六人，掌執鞭以趨辟。王出入，則八人夾道；公則六人，侯伯則四人，子男則二人。又，朝士，中士六人，率其屬而以鞭呼趨且辟。

在齊聞韶

《漢書·樂志》云：「樂本性情[一]，浹肌膚而藏骨髓。雖經乎千載，其流風餘烈，尚猶不絕。至春秋時，陳公子完奔齊。陳，舜之後，《韶》樂在焉。故孔子適齊聞《韶》，三月不知肉味，曰：『不圖爲樂之至于斯！』美之甚也。」《史記》[二]云：「孔子至齊郭門之外，遇一嬰兒，挈一壺，相與俱行。其視精，其心正，其行端。孔子謂御曰：『趣驅之！』《韶》樂方作。」

按，《集解》引王肅曰：「爲，作也。不圖作《韶》樂，至于此。此，此齊。」皇侃疏曰：「孔子至齊，聞齊君奏《韶》樂之盛，而心爲痛傷，故口忘味[三]，至于一時乃止也。何以然？齊是無道之君，而濫奏聖王之樂。器存人乖，所以可傷慨也。故郭象曰：『傷器存而道廢，得有聲而無時。』江熙曰：『和璧與瓦礫齊貫，卞子所以惆悵；虞《韶》與鄭衛比響，仲尼所以永嘆。彌時忘味，何遠情之深也！』」按王意，自當如皇氏此疏，邢疏則郢書燕説矣。王氏之説，不如《漢書》可從，然亦可備一解也。

五十以學易

《集解》：「《易》，窮理盡性，以至于命。年五十而知天命。以知命之年，讀至命之書，故可以無過〔四〕。」皇疏云：「是時，孔子年已四十五六，故云『加我數年』。」

禱爾于上下神祇

皇疏引欒肇曰：「説者徒謂無過可謝，故止子路之請，不謂上下神祇非所宜禱也。在《禮》：天子祭天地，諸侯祈山川，大夫奉宗廟。此祀典之常也。然則『禱爾于上下神祇』，乃天子禱天地之辭也。子路以聖人動應天命，欲假禮祈禱二靈。孔子不許，直言絶之也。若以行合神明，無所事禱〔五〕，則典禮之言弃，《金縢》之義廢矣。」

三以天下讓

范甯云：「『三讓』有二釋。一云：泰伯少弟季歷生子文王昌，昌有聖德。泰伯知其必有天下，因太王病，托采藥于吴越，太王薨而季歷立，一讓也；季歷薨而文王立，二讓也；文王薨而武王立，遂有天下，三讓也。又一云：太王病而托采藥出，生不事之以禮，一讓也；太王薨而不反，使季歷主喪，死不葬之以禮，二讓也；斷髮文身，示不可用，使季歷主祭，不祭之以禮，三讓也。」繆協曰：「泰伯三讓之所爲者，季歷、文、武三人而王道成，是三以天下讓也。」《吴越春秋》曰：「季歷讓國于泰伯，而三讓不受。」《論衡》云：「太王薨，泰伯還，王季避世〔六〕；泰伯再遜〔七〕，王季不聽；三遜，曰：『吾，刑餘之人，不可爲宗廟主。』王季乃權受之。」按，此二説皆傅會，不足信。

籩豆

《爾雅》：「木豆謂之豆。」《周禮·旊人》：「爲豆實三而成觳，崇尺。」鄭注：「豆實四升。」《祭統》〔八〕云：「夫人薦豆執校，執醴授之，執鐙。」鄭注：「校，豆中央直者也。鐙，豆下跗也。」《禮圖》云：「口員，徑尺，黑漆飾，朱中。大夫以上畫以雲氣，諸侯以象，天子以玉。」皆謂飾其豆口也。然則豆者，以木爲之，高一尺，口、足徑一尺。其足名鐙，中央直者名校，校徑二寸，其實四升，用薦葅醢，《醢人》「掌四豆之實」是也。瓦豆謂之登。《大雅·生民》云：「于豆于登。」毛傳：「豆薦葅醢，登盛大羹。」《冬官》旊人爲瓦器，而云「豆中縣」，則登亦通謂之「豆」。《少牢饋食》「兩瓦豆，有醢」，亦用瓦豆。又，「夏后氏以楬豆」，鄭云：「楬，無異物之飾。」又，「周獻豆」，鄭云：「獻，疏刻之。」「竹豆謂之籩」，鄭云：「以竹爲之，口有藤緣，形制如豆，亦受四升。」豆宜濕物，籩宜乾物，《籩人》「掌四籩之實」，盛棗、栗之屬是也。《明堂位》：「薦用雕篹。」鄭云：「籩屬也，以竹爲之，雕刻飾其直者也。」疏云：「形似筥。」《儀禮》所用，或一豆一籩，或二豆二籩，或四豆四籩，此士大夫之禮也。《周禮·醢人》朝事之豆八，饋食之豆八，加豆之實八，羞豆之實二，此天子之祭禮也。《禮器》云：「天子之豆二十有六，諸侯十有二。」此天子、諸侯所用之數也。又，《周禮·掌客》上公豆四十，侯伯豆三十有二，子男豆二十有四，此天子待賓客之禮也。《聘禮》歸饔餼二十豆，《公食大夫》下大夫六豆，上大夫八豆，此皆諸侯待聘賓之禮也。《掌客》之豆較多于《禮器》之數者，《禮器》之數，用數也；《掌客》之數，陳數也。又，經中舉豆數者多，而獨不及籩數，蓋豆重而籩輕。觀《特牲禮》厭祭時薦兩豆，及饋食時，佐食羞庶羞四豆，皆未用籩；及主婦亞獻，始設籩，贊籩祭〔九〕。《少牢禮》則至賓尸時，主婦始取四籩于房，設于豆西。觀其先後之序，則豆重籩輕可見。

籩豆數圖

一豆一籩：脯；醢。

士冠；士昏醴賓；鄉飲，鄉射；聘禮醴賓；燕禮、大射禮獻賓、獻公、獻卿；士喪禮始死，小斂，朝夕奠；特牲，主人獻賓。

兩豆兩籩：葵菹，蠃醢；栗，脯。

士冠再醮；大斂，毼〔一〇〕豆，兩籩無縢；士虞；獻祝；特牲；主婦致爵于主人。

四豆四籩：韭菹，醓醢，葵菹，蠃醢；麷，蕡，白，黑。

既夕遣奠；少牢儐尸。

有豆無籩：

士昏禮：夫婦席，醯醬二豆，菹醢四豆；婦饋舅姑，有菹醢。聘禮：歸饔，西夾六豆，東夾如之。公食大夫：下大夫六豆，上大夫八豆。士喪禮：朔月奠，無籩，有黍稷，當籩位。

興于詩立于禮成于樂

王弼曰：「言爲政之次序也。夫喜怒[二二]哀樂，民之自然。應感而動，則發乎聲歌，所以陳詩采謠以知民風。既見其風，則損益基焉，故因俗立制，以達其禮也。矯俗檢刑，民心未化，故又感以聲樂，以和神也。若不采民詩，則無以觀風。風乖俗異，則禮無所立。禮若不設，則樂無所樂。樂非禮，則功無所濟。故三體相扶，而用有先後也。」

師摯之始關雎之亂

凡樂，始升歌三終，次笙入三終，次間歌三終，次合樂三終，亂謂合樂也。鄭氏云：「天子享元侯，升歌《肆夏》，此誤。當云「升歌《清廟》」。合《文王》；諸侯燕享，升歌《文王》，合《鹿鳴》。天子、諸侯燕群臣及聘問之賓及大夫、士之禮，皆歌《鹿鳴》，合鄉樂。」鄉樂即《關雎》也。鄉飲酒禮：工四人，二瑟，升自西階，北面坐。工歌《鹿鳴》《四牡》《皇皇者華》。笙入堂下，磬南，北面立，樂《南陔》《白華》《華黍》，乃間歌《魚麗》，笙《由庚》；歌《南有嘉魚》，笙《崇丘》；歌《南山有臺》，笙《由儀》。乃合樂：《周南·關雎》《葛覃》《卷耳》，《召南·鵲巢》《采蘩》《采蘋》。工告于樂正曰：「正歌備。」鄭注曰：「《周南》《召南》，王后、國君夫人之樂歌也。《關雎》言后妃之德，《葛覃》言后妃之職，《卷耳》言后妃之志，《鵲巢》言國君夫人之德，《采蘩》言國君夫人不失職，《采蘋》言卿大夫妻能循法度。夫婦之道，生民之本，王政之端。此六篇者，其教之原也。」鄉射禮：不歌，不笙，不間。注云：「志在于射，略于樂也。不略合樂者，《周南》《召南》之風，鄉樂也，不可略其正也。」大射禮：有歌有管，而不間、不合。鄉射，止合樂而工告備；大射不合樂，則工不告備。樂必至合始盛也。又，鄭注云：「師摯，魯太師之名。『始』猶『首』也。周道衰微，鄭、衛之音作，正樂廢而失節。魯太師識《關雎》之聲而首理其亂者，洋洋盈耳，聽而美之。」此以「師摯之始，《關雎》之亂」八字爲一句，以「亂」爲「紊亂」之「亂」。又，《史記》：「《關雎》之亂，以爲風始。」此以爲「治亂」之「亂」，故曰：「周道缺，詩人本之衽席，《關雎》作。」此魯、韓之説。漢初諸儒，并相承用。

黻冕

鄭注：「黻是祭服之衣。冕，其冠也。」蓋冕服十二章，黻居其末。凡冕，自十二章以至一章，莫不有黻，故以「黻」該祭服也。邢疏以「黻」爲「蔽膝」，義亦本鄭。按，《明堂位》：「有虞氏服韍，夏后氏山。」鄭注：「韍，祭服之韠也。《玉藻》注曰：「尊祭服，異其名耳。」舜始作之，以尊祭服。『韍』，或作『黻』。」孔疏：「有虞氏直以革爲韍，未有以飾。夏后氏畫之以山。」此致美之證。《世本》：「胡曹作冕。」注：「胡曹，黄帝臣。」蓋衣服起于黄帝，舜始爲十二章之衣裳。《王制》：「有虞氏皇而祭，夏后氏收而祭，殷人冔〔一二〕而祭，周人冕而祭。」則夏之冕名「收」，其制與周冕不殊也。

溝洫

夏之溝洫不可考。《書》曰「浚畎澮距川」，則與周制同。《考工記·匠人爲溝洫》：「耜廣五寸，二耜爲耦。一耦之伐，廣尺、深尺，謂之甽。注：「壟中曰甽，甽上曰伐。」田首倍之，廣二尺、深二尺，謂之遂。注：「遂者，夫間小溝。」九夫爲井，井間廣四尺、深四尺，謂之溝。注：「一井之中，三屋九夫，三三相具，以出賦税，共治溝也。」方十里爲成，成間廣八尺、深八尺，謂之洫。注：「方十里爲成，成中容一甸。甸方八里，出田税；緣邊一里，共治洫。」方百里爲同，同間廣二尋、深二仞，謂之澮。」注：「方百里爲同，同中容四都、六十四成。方八十里，出田税；緣邊十里，治澮。」此井田之制，九夫之法也。《遂人》：「凡治野，夫間有遂，遂上有徑。十夫有溝，溝上有畛。百夫有洫，洫上有涂。千夫有澮，澮上有道。」此十夫之法，不爲井田。蓋地上平衍者，九夫而爲溝；奇零者，十夫而爲溝。相通，皆以十之二治洫、治澮。夏后氏五十而貢，則周之一夫，于夏爲二夫。如《匠人》，則十八夫而爲溝；于《遂人》，則二十夫而爲溝也。《稻人》：「以潴畜水，以防止水，以溝蕩水，以遂均水，以列舍水，以澮瀉水。」《匠人》：「凡溝逆地防，「防」謂脉理。謂之不行；水屬不理孫，水之所注不順理。謂之不行。」

射御

五射：一曰白矢，貫侯而見其鏃之白也；二曰參連，發一矢而二矢連續也；三曰剡注，羽高鏃低，剡然注去也；四曰襄尺，臣與君射，不得并立，讓君一尺也；五曰井儀，四矢貫侯，形如井也。五御：一曰鳴和鸞，馬動則和鸞應也；二曰逐水曲，隨水勢曲折而不墜也；三曰過君表，田獵時，褐纏旃以爲門，裘纏質以爲槸，間容握，驅而入，轚則不得入；四曰舞交衢，在交衢之中，周旋應節也。五曰逐禽左，逐禽使左，當君射也。

麻冕

麻冕，緇布冠，本孔注。此緇布冠，非冠禮始加之緇布冠，乃冕之上覆以木爲幹，而以緇布衣之，故亦謂之「緇布冠」。《周禮・玉藻》謂之「延」，《左傳》謂之「綖」。冕之所以爲冕，取其上覆、前下、後高而名，故《左傳》疏云：「冕，俛也，以其後高、前下，有俛仰之形，故因名焉。蓋以在上位者失于驕矜，欲令位彌高而志彌下，故制此服，令貴者下賤也。」《漢禮器制度》云：「凡冕以板，廣八寸，長尺六寸，以上玄下朱覆之。」上玄，即緇布也。《周官・弁師》：「掌王之五冕，皆玄冕、朱裏，延，紐。」「紐」，小鼻，在武上，以貫笄。《玉藻》：「天子之冕，朱綠藻，十有二旒，前後邃延。」邃，深也。前後深出于武。是也。冕之藻旒有等，而麻冕則一。《顧命》「王麻冕」，卿士、邦君亦皆麻冕也。冕之武，冠卷曰武，周于首者。以黑繒爲之，旒以采絲繩爲藻，紘以組爲之。是皆用絲，唯冕則用布。《白虎通》：「麻冕者，何？周〔一三〕宗廟之冠也。所以用麻爲之，何〔一四〕？女紅〔一五〕之始，示不忘本也。即不忘本，不用皮〔一六〕？皮弁用皮，法上古。皮乃大古未有禮文之服。孔子〔一七〕曰：『麻冕，禮也。』」三十升布爲之，亦孔注。凡布，八十縷爲升。三十升，凡二千四百縷。古者布幅廣二尺二寸，于二尺二寸中有二千四百縷也。朝服布十五升，冠倍之，故三十升也。

拜下

臣拜君之禮，再拜稽首于堂下，君辭之。升堂，復再拜稽首。《覲禮》：「侯氏坐，取圭，升，致命。王受之玉。侯氏降階，再拜稽首。擯者延之，曰：『升！』升，成拜，乃出。」此朝見時之拜也。《禮記·燕義》云：「君舉旅于賓，及君所賜爵，皆降，再拜稽首，升，成拜，明臣禮也。君答拜之，禮無不答，明君上之禮也。」在《儀禮》，則燕禮、大射儀、聘禮、公食大夫禮皆然。此燕飲時之拜也。又非必親見君，凡承君命，皆同。《覲禮》：「天子賜侯氏以車服，諸公奉篋服，加命書于其上，升自西階，太史氏右。侯氏升，西面立。太史述命。侯氏降兩階之間，北面，再拜稽首。升，成拜。」故《左傳》云：「王使宰孔賜齊侯胙，命無下拜。對曰：『天威不違顔咫尺，敢不下拜！』下拜，登，受。」「下拜」，再拜稽首于堂下也；「登」，升，成拜也。拜下者，禮之正。至其殺，則有不下拜，故《燕禮》云：「坐〔一八〕，取大夫所媵觶，興，以酬賓。賓降，西階下再拜稽首。公命小臣辭，賓升，成拜。」此拜下正禮。「公坐，奠觶，答再拜；執觶，興，立卒觶。賓下拜，小臣辭。賓升，再拜稽首。」注云：「不言成拜者，爲拜故，下，實未拜也。下不輒拜，禮殺也。」其後受酬、媵觚于公，皆用此禮。至無算爵，則興，受爵；降，席下奠爵，再拜稽首，不復下堂。疏云：「禮彌殺〔一九〕也。」至公有命，徹冪，則卿大夫皆降，西階下再拜稽首。公命小臣辭，公答再拜，大夫皆辟。注云：「小臣辭，不升，成拜。明雖醉，正臣禮也。」其雖非禮殺，而君親辭之，則未拜而升。故《燕禮》注云：「凡下未拜，有二：或禮殺，或君親辭，則聞命即升，升乃拜。」然聞命即升者，在下亦已拜。《公食大夫禮》：「公拜。至，賓降西階東，北面答拜。擯者辭，拜也。公降一等，辭曰：『寡君從子。雖將拜，興也。』此擯者之辭。賓栗階升，不拜。命之，成拜，階上北面再拜稽首。」注云：「升不拜者，自以已拜也。賓降拜，主君辭之。賓雖終拜，于主君之意，猶以爲不成。」疏云：「主君雖辭，賓猶終拜于下，盡臣之禮。」此亦是拜下正禮。

鳳鳥河圖

《淮南子》：「黄帝治天下，鳳皇翔于庭。」「二皇，伏羲、神農。鳳至于庭。三代，堯、舜、禹。鳳止于門。周室，鳳至于澤。德彌澆，所至彌遠；德彌精，所至彌近。」《韓詩外傳》：「黄帝即位，召天老，問之曰：『鳳象何如？』對曰：『鳳象，鴻前鱗後，蛇頸而魚尾，龍文而龜身，燕頷而鷄喙；戴德負仁，抱忠挾義；小音金，大音鼓；延頸奮翼，五彩備明；舉動八風，氣應時雨；食有質，飲有儀；往即文始，來即嘉成。惟鳳爲能通天祉，應地靈，律五音，覽九德。天下有道，得鳳象之一，則鳳過之；得鳳象之二，則鳳翔之；得鳳象之三，則鳳集之；得鳳象之四，則鳳春秋下之；得鳳象之五，則鳳没身居之。』黄帝乃致齊〔二〇〕于宫，鳳蔽日而至，止帝東園，集帝梧桐，食帝竹實，没身不去。」《帝王世紀》：「黄帝坐于玄扈，有大鳥，體被〔二一〕五色，三文。」蓋鳳也。《左傳》：「少皥摯之立，鳳鳥適至，故紀于鳥。」正義引《運斗樞》云：「天樞德見，則鳳皇翔。」《宋・志》：「少昊登帝位，有鳳皇之瑞。高辛氏使鼓人拊鞞鼓，擊鍾磬，鳳皇鼓翼而舞。」《荀子》：「《詩》曰：『鳳皇啾啾，其翼若干，其聲若簫。有鳳有皇，樂帝之心。』」注：「逸《詩》也。帝，謂堯也。堯時，鳳皇巢于阿閣。」《書大傳》：「舜好生惡殺，鳳皇巢其木。」《國語》：「周之興也，鸑鷟鳴于岐山。」注：「鳳皇別名。《詩》云：『鳳皇鳴矣，于彼高岡。』」

《白虎通》：「王者德至淵泉，則河出龍圖。」《左傳》：「太皞以龍紀。」《漢・百官表》注：「庖犧將興，神龍負圖而至。」《河圖挺佐輔》曰：「黃帝云：『余夢見兩龍挺白圖，授余于河之都。』天老曰：『天其授帝圖乎？』帝至翠嬀之川，大魚拆溜而至，泛白圖，蘭葉朱文，以授黃帝，名曰《綠圖》。」《宋・志》：「堯修壇于河洛，率舜等升首山，遵河渚。有五老遊焉，蓋五星之精也，相謂曰：『《河圖》將來，告帝以期。』二月辛丑昧明，禮備。至于日昃，有龍馬銜甲，赤文綠色，臨壇而止，吐《甲圖》而去。甲似龜，背廣九尺。其圖以白玉爲檢，赤玉爲柙〔二二〕，泥以黃金，約以青繩。帝乃寫其言，藏于東序。舜設壇于河。黃龍負《圖》，長三十二尺，廣九尺，出于壇畔，赤文綠錯。禹觀于河，有長人出，曰：『吾，河精也。』授禹《河圖》，言治水之事。成王觀河，沉璧，榮光并出幕河，青龍臨壇，銜《玄甲之圖》。」鄭康成曰：「文王受《洛書》命，爲天子。」《乾鑿度》曰：「帝王始起，河洛龍馬皆察其首：黑者人正，白者地正，赤者天正，謹其叐異也。生之日，甲乙丙丁戊己庚辛壬癸，各居應其國中，以動靜順逆。若甲爲齊，乙爲東夷，王者起于此國中。此天地神靈佐助之期，吉凶之應。孔子曰：『天之將降嘉瑞，應河水清三日，青四日，青變爲赤，赤變爲黑，黑變爲黃各三日，河中水安井，古通「靜」。天乃清明，《圖》乃見。見必南向，仰天言。』」《坤靈圖》曰：「聖人受命，瑞應先見于河。瑞應之至，聖人殺龍。龍不可得而殺者，皆感〔二三〕氣也。君子得衆人之助，瑞應先見于陸。瑞應之至，君子法地，蛇不如龍，陸不如河。」

雅頌各得其所

《詩序》曰：「言天下之事，形四方之風，謂之『雅』。雅者，正也，言王政之所由廢興也。故有《大雅》焉，有《小雅》焉。頌者，美盛德之形容，以其成功告于神明者也。」《雅》《頌》之所，有體焉，有聲焉，有用焉。《黍離》《揚水》體非雅，則不得不降而爲風；《泮水》《閟〔二四〕宮》體非風，則可以升于頌；《七月》一篇，以其言男女之正，則可爲雅；以其言歲終人功之成，則可爲頌，見《周禮·籥章》「龡《豳》雅，擊土鼓，以樂田畯；龡《豳》頌，擊土鼓，以息老物」注。是皆體也。《九夏》則宜金奏，《周禮·鍾師》：「以鍾鼓奏《九夏》。」注：「《九夏》，皆《詩》篇名，頌之族類也。」《國語》：「金奏《肆夏》《繁遏》《渠》。」注：「《肆夏》，《時邁》也；《繁遏》，《執競》也；《渠》，《思文》也。《繁遏》《渠》，皆《九夏》篇。」《南陔》六篇則宜笙樂；見《儀禮·鄉飲酒禮》。《鹿鳴》之三，或爲工歌，見《鄉飲酒禮》。或爲籥咏，《國語》：「伶籥咏歌，及《鹿鳴》之三。」是聲也。天子享元侯，升歌《頌》，合《大雅》；諸侯燕享，升歌《大雅》，合《小雅》；其燕群臣及大夫、士之禮，皆升歌《小雅》，而合必以《風》，是用也。

匹夫

皇氏疏曰：「言其賤，但夫婦相配匹而已。又云：古人質，衣服短狹。二人衣裳，惟共用一匹，故曰『匹夫匹婦』也。」

校勘記

〔一〕「性情」，《漢書》卷二十二作「情性」。

〔二〕「史記」，疑當作「説苑」。引文見《説苑·修文篇》，《史記》無載。

〔三〕「忘味」，《論語集解義疏》卷四作「忘肉味」。

〔四〕「無過」，《論語集解義疏》卷四作「無大過也」。

〔五〕「事禱」，《論語集解義疏》卷四作「禱請」。

〔六〕「避世」，通津草堂本《論衡·四諱篇》作「辟主」。

〔七〕「遜」，《論衡·四諱篇》作「讓」。下「三遜」同。

〔八〕「祭統」，葉雲閣本作「祭統」，據《禮記正義》卷四十九改。

〔九〕「贊籩祭」，《禮記正義》卷四十五作「祝贊籩祭」。

〔一〇〕「毦」，葉雲閣本作「甒」，據《儀禮注疏》卷三十七改。

〔一一〕「喜怒」，《論語集解義疏》卷四作「喜懼」。

〔一二〕「尋」，葉雲閣本作「𠰌」，據《禮記正義》卷十三改。

〔一三〕「周」，葉雲閣本作「用」，據《白虎通·紼冕篇》改。

〔一四〕「何」，《白虎通·紼冕篇》作「者」。

〔一五〕「紅」，《白虎通·紼冕篇》作「功」，字通。

〔一六〕「皮」，《白虎通·紼冕篇》下有「何」字。

〔一七〕「孔子」，《白虎通疏證》卷十作「故論語」。

〔一八〕「坐」，《儀禮注疏》卷十四作「公坐」。

〔一九〕「禮彌殺」，據《儀禮注疏》卷十四，疑當作「禮漸殺」。

〔二〇〕「齊」，《韓詩外傳》卷八作「齋」，字通。

〔二一〕「被」，《初學記》卷三十、《太平御覽》卷九百一十五作「備」。

〔二二〕「枰」，《宋書·符瑞志上》作「字」。

〔二三〕「慼」，萿雲閣本作「盛」，據《繹史》卷一百五十九上改。

〔二四〕「閟」，萿雲閣本作「閟」。

四書典故覈卷五

論語

宗廟朝廷

宗，尊也；廟，貌也。大宗百世不遷，故曰「宗廟」。魯用天子禮，太廟如天子明堂，魯公之廟如文世室，武公之廟如武世室，亦有七廟。《公羊傳》曰：「周公稱太廟，魯公稱世室，亦曰太室。○案此《傳》，則武公不得稱「世室」。群公稱宮。」

人臣早見于君，曰「朝」。朝者，所以朝也。凡朝，不屋，君臣咸立于廷，故曰「朝廷」。天子、諸侯皆三朝。天子皋門、諸侯庫門之内曰「外朝」，國有大事，詢衆庶之朝也。廷有三槐九棘，小司寇、朝士掌焉。天子應門、諸侯雉門之内曰「治朝」，亦曰「内朝」，對外朝而言；亦曰「外朝」，對燕朝而言。每日視朝之朝也，宰夫、司士掌焉。天子、諸侯路門之内曰「燕朝」，亦曰「内朝」，王與宗人圖嘉事，及每日視朝退而聽政之朝，太僕、小臣掌焉。三朝三門，依戴震《考工記圖》。

朝

《玉藻》云：「天子皮弁，以日視朝；諸侯朝服，以日視朝于内朝。此「内朝」，謂治朝。朝服者，玄冠、玄衣、素裳。凡朝，君臣同服。朝，辨色始入。君日出而視之，退，適路寢聽政，使人視大夫退，然後適小寢，釋服。」《夏官·司士》：「正朝儀之位，辨貴賤之等。王南鄉，三公北面東上，孤東面北上，卿大夫西面北上；王族故士、虎士在路門之右，南面東上；太僕、太右、太僕從者在路門之左，南面西上。司士擯，孤卿特揖，大夫以其等旅揖，士旁三揖。注云：「群士東面。」王還揖門左，揖門右。大僕前，注云：「正王視朝之位。」王入，内朝皆退。」鄭云：「天子、諸侯，其禮同。」《天官·宰夫》：「掌治朝之法，以正王及三公、六卿、大夫、群吏之位；叙群吏之治，以待賓客之令，諸臣之復，萬民之逆。」「復」之言「報」也。反報于王，謂于朝廷奏。「逆」，謂上書。《夏官·大僕》：「掌正王之服位，出入王之大命，掌諸侯之復逆，正王之燕服位。」疏云：「『燕服位』者，謂在路寢聽事訖，適小寢釋服之時。」

江永曰：「古者視朝之儀：臣先君入。與大夫言時是也。君出路門，立于宁，君在時也。徧揖群臣，則朝禮畢。于是君退，適路寢；群臣至官府治事，處治文書。《考工記》「外有九室，九卿居之」是也。諸侯亦然。如議論政事，君有命，臣有進言，則于内朝退，適路寢，則君位虚，故有過位升堂之事。」

上大夫下大夫

《周禮·太宰》：「施典于邦國，設其參，傅其伍。」「參」謂三卿，「伍」謂五大夫。諸侯三卿者，司徒、司馬、司空。司徒下，二大夫，一爲小司徒，一爲小宰；魯謂太宰，《左傳》「羽父請殺桓公，將以求太宰」是也。司空下，二大夫，一爲小司空，一爲小司寇；「孔子爲司寇」，小司寇也。司馬之下，惟一大夫，小司馬也。并疏説。卿與大夫，《春秋》皆謂之大夫。分言之，則卿爲上大夫，其大夫則皆爲下大夫。魯之上大夫，季氏爲司徒，叔孫爲司馬，孟孫爲司空。見昭四年《左傳》杜洩語。孔子爲司寇時，季桓子、叔孫武、叔孟懿子也。其後反魯時，則季康子、孟武伯。然魯自成、襄以來，有四卿，宣公弟叔肸之後爲叔氏，有叔老、叔弓、叔鞅、叔詣、叔還，皆書于經，《春秋》例：非卿不書。則亦上大夫。孔子時，爲叔還也。下大夫，則孔子而外，當爲四人。臧氏世爲大夫，其時則臧會、子服景伯、公父文伯《國策》曰：「文伯母〔一〕曰：『孔子，聖人也，逐于魯。是人不從〔二〕。』」則正與孔子同官。皆爲大夫，與夫子同列者也。

君召使擯

介紹而傳命。君子于所尊，勿敢質，敬之至也。在賓曰介，在主曰擯。《周官·大行人》云：「上公擯者五人，侯、伯四人，子、男三人。」《聘禮》云：「卿爲上擯，大夫爲承擯，士爲紹擯。」上擯惟一人，餘皆承擯、紹擯。凡傳命之禮，諸侯相朝，則交擯。交擯者，主君傳辭於上擯，上擯傳承擯，承擯繼傳，以至末擯，末擯傳末介，末介以次繼傳，上至于賓。賓答辭又從上介而傳，下至末介，末介傳末擯，相次而上，至于主君也。傳命則相揖，下云「揖所與立」是也。若聘，賓則旅擯。「旅」讀爲臚陳也。旅擯者，但陳列擯、介，而不次傳。上擯受命于主君，出至末擯南，賓亦前至末介北，相對而通辭也。此言「揖所與立」，是交擯，而非旅擯。然諸侯相朝，其出，則主君車送，三請三進，再拜；賓三還三辭，告辟，見《周官·司儀》。不得有賓退而擯復命之事，則此仍是聘，而非朝矣。蓋春秋時，大夫强，故聘皆用交擯之禮也。趨進及賓退、復命，皆上擯之事。孔子爲下大夫，揖所與立左右手，是爲承擯。而有此者，《聘禮》疏云：「以孔子有德，君命使攝上擯。若定十年夾谷之會，令孔子爲相也。」然則君召使擯，非特召爲承擯，且使攝上擯也。

揖所與立

此交擯也。主君在大門内中庭，賓在大門外。擯者出，請事，傳命于賓；賓對，反傳至主，謂之一辭。主人辭不敢當，而賓對，謂之再辭；主人又固辭不敢當，而賓又對，謂之三辭。三辭，皆傳命出入。三辭既竟，乃傳命逆賓。公迎賓于大門内，上擯納賓。及廟門，君揖入，立于中庭。几筵既設，擯者出，請命。賓執玉，擯者入告，辭玉。三辭。此時又當傳命。時，孔子尚在承擯中，揖所與立也。既三辭，納賓。賓入門左，介皆入門左，負西塾，北面立；擯皆入門右，負東塾，北面立。惟上擯進，相君。君升堂，上擯退，立于中庭。孔子攝上擯，在入門、進相君時始。

趨進

賓主既升堂，賓致命，主君當拜。擯者進阼階西，而釋辭于賓曰：「子以君命在，寡君拜君命之辱。」遂相公拜。公既受玉，擯者退，負東塾而立。江永云：「擯者從中庭至阼階西，有數十步，不宜行緩，故必當趨。『趨進』，謂此也。俗解不知此義，謂入門時，擯者趨入，君迎賓及門，與賓雁行。擯、介皆隨後雁行，安得有趨？趨，則在君前矣。凡趨，有二法：一曰徐趨。君之徐趨接武，蹈半跡。大夫徐趨繼武，跡相及。士徐趨中武。跡間容跡。其行，皆足不離地，舉前曳踵，謂之圈豚行。《玉藻》曰：『君與尸行接武，大夫繼武，士中武，徐趨皆用是。』又曰：『圈豚行，不舉足，齊如流。』又曰：『執龜玉，舉前曳踵，縮縮如也。』皆是也。後章「足縮縮如，有循」，是徐趨。一曰疾趨。其步不繼武、中武，但身須小折而頭直，手足正。《玉藻》曰：『疾趨則欲發，起也。而手足無移。』不得邪動。又曰：『端行，頤霤如矢。弁行，剡剡起屨。』此『趨進』，是疾趨也。」

賓退復命

凡聘禮，先聘君，次享君；次聘夫人，享夫人；次賓介私覿。畢，擯者出，請事。賓告畢，擯者入告。皆上擯。公出，送賓及大門內。賓北面，將揖而出；介在其右，西上；承擯、紹擯亦門東，北面東上。上擯傳君命，問君，賓對，公再拜；又問大夫，賓對；公勞賓，賓再拜稽首，公答拜；勞介，介皆再拜稽首，公答拜。問、勞，皆上擯傳命。賓出，公再拜，送，賓趨辟。君命上擯送，賓出。賓請有事于大夫，上擯反命。公禮辭，許，上擯反告。賓不顧，君反路寢。皆《聘禮》經、注之文。趨進及賓退復命，非惟將幣時有之，饗食之禮亦然。《公食大夫禮》：食聘賓也，始賓升，擯者在中庭，釋辭相拜。公退于廂，擯者退，負東塾而立。及公將侑幣，擯者進，相幣。是趨進也。賓出，公送于大門內，再拜；賓不顧。注云：「擯者以賓不顧告公，公乃還也。」

入公門

天子、諸侯皆三門：天子曰皋、應、路，諸侯曰庫、雉、路。魯用天子之禮，《明堂位》曰：「庫門，天子皋門；雉門，天子應門。」言其制高大，與天子等也。《考工記・匠人》：「王宫門阿之制五雉，雉高一丈。戴震云：「謂路門、應門之崇也。」宫隅之制七雉。」戴云：「是皋門之崇也。皋門有伉，言高于他門。」又曰：「廟門容大扃七个，注：「扃，鼎鉉。大扃長三尺。七个，二丈一尺。」闈門容小扃三個。注：「小扃長二尺。」路門不容乘車之五个。注：「乘車廣六尺六寸。五个，三丈三尺。不容者，兩門乃容之。此門半之，丈六尺五寸。」應門二徹，三个。」注：「二徹之内〔三〕，八尺。三个，二丈四尺。」此天子之門制，魯公門亦然。《禮記》云：「天子、諸侯臺門。」《郊特牲》疏云：「兩邊起土爲臺，臺上架屋，曰臺門。」《公羊傳》曰：「設兩觀，天子之制。」何休注：「天子外闕，兩觀；諸侯内闕，一觀。」鄭衆《周禮》注以「闕」即象魏。孔以闕與觀、臺門爲一。江慎修云：「當如《公羊》説。」魯之兩觀在雉門，《春秋・定二年》「雉門及兩觀災」「新作雉門及兩觀」是也。宗廟在雉門内，故《禮運》「孔子與于蜡賓，事畢，出，遊于觀之上」也。臺門之制，當唯在雉門。若路門，有内、外塾，不得爲臺制。

立不中門行不履閾

凡門，兩邊立長木，謂之「棖」；中央豎短木，謂之「闑」。門以向堂爲中，東爲闑右，西爲闑左，《曲禮》孔疏説。或謂「入以東爲右、出以西爲右」者，非。東、西各有中。出入之法：賓由闑左，主由闑右。或謂「常掩右扉」，非是。臣統于君，故《禮》曰「大夫、士出入君門，由闑右」也。聘賓公事自闑西，賓禮也；私事自闑東，自比于臣也。此中門，謂闑右之中。謂凡尊者，出入皆中門；非尊者，皆稍偏，近闑。故《玉藻》云：「賓入，不中門，謂聘賓。」注云：「辟尊者所從也。」疏云：「稍東，近闑。」賓公事，自闑西，故曰「稍東，近闑」。由此可見，出入者并不得中門，則立可類推。《曲禮》：「爲人子者，立不中門。」疏云：「棖、闑之間，尊者所行，故不得當之。」然則「不中門」者，辟尊者所行。或曰：「謂人君多立中門而見人，故中門爲君位。」非也。此章言朝儀，以下文「過位」觀之，則此門當爲庫、雉。立者，夫子從大夫後，待三卿至，乃從入耳。《爾雅》：「柣謂之閾。」《説文》「柣」作「榍」，限也。《繫傳》云：「所以爲限閡。」《曲禮》「不踐閾」，士、大夫出入君門之恒禮也。《論語》疏：「不履閾者，一則自高，二則不净，并爲不敬。」閾，闑右之閾。

過位

此君之虛位，謂治朝揖諸臣之位也。朝禮畢，君退，適路寢聽政，故位虛。人臣有所白于君，乃入內朝，《小臣》所謂群臣之復逆是也。由治朝入路門，則必過君之位。此依《鄉黨圖考》。

鄭注《論語》「過位」云：「謂入門右，北面，君揖之位。」則以此位爲內朝廷中之位。燕禮在路寢，卿大夫入門右，同北面。公揖之，卿轉而西面；大夫少，仍北面，故《爾雅》曰：「中庭之左右謂之位。」《曲禮》「下卿位」疏云：「路門內，門東北面位。君出過之而上車〔四〕，入則未至而下車。」皆是也。「過位」如此解，乃與下「復其位」相合。

升堂

三朝，惟路寢有堂。其高，則魯七命，堂高七尺，階七等。凡入内朝之禮，當如燕禮之儀。小臣納卿大夫，卿大夫入門右，北面東上；士立于西方，東面。公降，立于阼階之東南，南鄉，爾卿。爾，近也。揖而近之。卿西面，北上，爾大夫。大夫皆少進，君升，然後命之升。其升，則西階也。此正朝也。若燕見于君，則《士相見禮》云：「君在堂，升見，無方階，辨君所在。」謂君在東，則升東階；在西，則升西階。亦或命坐，孔子侍坐、侍食，對問政，對儒行，皆燕見，在路寢堂也。此章之義，亦得包之。

没階趨進　復其位

入必先居門右北面之位，故出亦必復門右北面之位。俟群臣出，乃出，降由西階；至中庭，乃東向復位。「進」者，進于位也。其時，君在阼階上，東向則面君，故又曰「進而不敢不趨」也。《音義》以「進」爲衍文，未思位及堂塗之所在耳。此「趨進」，是疾趨。

執圭

注云：「圭，諸侯命圭。」誤也。命圭以朝，不以聘。聘圭謂之「瑑圭」，子、男則用瑑璧，但刻爲坼鄂瑑起，而無桓、信、躬、穀、蒲之文，皆降其命圭一等。上公之臣執瑑圭八寸，侯伯之瑑圭六寸，子男瑑璧四寸，皆有繅。「繅」者，以木板如圭，以韋衣之，上玄下纁，以下藉圭，而畫采于其側。畫采于側，戴東原〔五〕説。別有五采組爲繫束之，而垂其繫以爲飾，則曰「垂繅」。屈此繫而執之，則曰「屈繅」。此《儀禮》疏之説。《周禮·春官·典瑞》云：「瑑圭、璋璧、琮繅，皆二采一就，二采，朱、緑也。一匝曰就。以頫聘。」圭以聘君，璋以聘夫人，璧、琮以享。《考工記·玉人》云：「瑑圭、璋八寸，璧、琮八寸，以頫聘。」據上公言。《聘禮記》云：「所以朝天子，圭與繅皆九寸，繅三采六等，朱、白、蒼，朱、白、蒼。一等即一色，六等爲再就。問諸侯，朱緑繅，八寸。亦據上公言，朱、緑二采也。皆玄纁繫，長尺，絢組。」五采曰絢。是也。

《聘禮》：使者受命于朝，北面；「賈人西面坐，啓〔六〕櫝，取圭垂繅，不起而授宰，上卿。宰執圭屈繅授使者，使者受圭，垂繅以受命。既述命，授上介。上介受圭，屈繅，出授賈人。此隨行之賈人。受，享束帛，加璧；受夫人之聘璋，享〔七〕束帛，加琮，皆如初。遂行。入〔八〕竟，乃展。布幕，賓朝服立于幕東，介北面，賈人北面，坐拭圭，遂執展之。上介視之，退，復位；展璧、琮，亦如之。及將幣，賓皮弁，公亦皮弁。擯者納賓，賓入門左。及廟門，公揖入，立于中庭。几筵既設，擯者出，請命。賈人東面坐，啓櫝，取圭，垂繅，不起而授上介。上介不襲，執圭，屈繅，授賓。賓襲，執圭。擯者辭玉，納賓。賓入門左，公事，自闑西。三揖三讓，升西楹西，東面。賓致命，公當楣再拜，側襲，受玉于中堂與東楹之間。側，特也，無贊之者。賓降，公側授宰玉，裼，降立。」《玉藻》曰：「服之襲也，充美也。執玉、龜，襲。」

《聘禮記》曰：「上介執圭如重，授賓。賓入門，皇；自莊盛也。升堂，讓；謂舉手平衡也。將授，志趨。「志」猶念也，謂審行步。授如争承，如與人争接〔九〕取物，恐失墜。下如送；下堂，如君送然。君還，而後退。君迴還，賓退〔一〇〕，出廟門。下階，發氣怡焉，「發氣」，舍〔一一〕息也。再三舉足又趨。自安定，乃復趨。及門，正焉。」容色復改〔一二〕。又曰：「執享后，琮以錦。諸侯相朝，公、侯、伯皆以璧帛享君，琮錦享夫人；子、男則降用琥以繡、璜以黼。」至聘于天子、諸侯，皆用〔一三〕瑑玉，減二寸。然則魯侯爵，聘于天子、諸侯，享用璧以帛，享王后、夫人皆琮以錦，瑑、璧、琮皆六寸也。《聘禮記》曰：「凡庭實，皮、馬相間可也。「間」，代也。多貨則傷于德，幣美則没禮。」注云：「『貨』謂玉也。君子于玉，比德焉。朝聘之禮，以爲瑞節，重禮也。多之，則是主于貨，傷敗其爲德。『幣』謂束帛也。愛〔一四〕之，斯欲衣食之，君子之情也。是以享用幣，所以副忠信。美之，則是主于幣，而禮之本意不見也。」《聘禮記》曰：「及享，發氣焉盈容。衆介北面，蹌焉。」「蹌」，容貌舒揚。

私覿

《聘禮》：「賓覿，奉束錦，總乘馬。馬爲庭實。入門右，私事，自闑東。北面奠幣，再拜稽首。以臣禮見也。擯者辭。賓出，擯者坐取幣，出，有司牽馬以從。將還之。擯者請受，請以客禮受之。賓禮辭，聽馬入設。賓奉幣入門左，以客禮入。公揖讓如初。升，公再拜，賓退。振幣進授，士受馬。賓降階東，拜送，君辭。拜也，君降一等辭。栗階升，再拜稽首，降。出，公側授宰幣。馬出，公降立。」介皆私覿畢，擯者出請事。賓告事畢，公乃送賓。

圭[一五]入門，鞠躬焉，如恐失之。皇，且行；入門主敬，升堂主慎。《曲禮》曰：「執天子之器則上衡，國君則平衡。凡執主器，執輕如不克。執主器，操幣圭璧，則尚左手，行不舉足，車輪曳踵。」《士相見禮》曰：「凡執幣者，不趨，容彌蹙以爲儀；執玉者，則唯舒武，舉前曳踵。」聘之圭璋，禮畢則還之。《聘禮》：「君使卿皮弁還玉于館，賓皮弁襲，堂下聽命。升自西階，南面受玉，降，授上介，又還璋，如初[一六]。使者歸，反命于朝。使者執圭，垂繅；上介執璋，屈繅，北面反命。」

享禮

《聘禮》：「既受圭，賓降，出。擯者出請，賓裼，奉束帛，加璧享。庭實，入設。或以馬，或以皮。賓入門左，揖讓如初。升，致命。公再拜，受幣。賓出，公側授宰幣。聘于夫人用璋，在享君之後，非享禮中事。享用琮，如初禮。擯者出，請事，賓告事畢。」此後，公禮賓畢，乃行私覿。《集注》「用圭璧」，本鄭氏，乃概言享禮所用。其實魯聘諸侯，享用璧、琮，不得用圭。《周禮·小行人》：「合六幣：圭以馬，璋以皮，璧以帛，琮以錦，琥以繡，璜以黼。」注云：「上公及二王後享天子，用圭以馬；享后，璋以皮。圭、璋特達，馬、皮皆庭寔[一七]。侯、伯、子、男享天子，璧以帛。」《記》曰：「私覿，愉愉焉。容貌和敬。出，如舒雁。」舒雁，鵝也。威儀自然，而有行列也。

覿用束錦乘馬，皆公家之幣，對享禮，則爲私耳。《聘禮記》曰：「既[一八]覿，賓若私獻，將命。」可知覿之後，更有私獻，而覿非聘賓之私禮矣。《郊特牲》：「朝覲，大夫之私覿，非禮也。」江曰：

「謂從君朝鄰國而行私覿爲非禮，非謂當時大夫僭于邦君，有庭實、旅百如享禮也。」

紺緅飾

「飾」謂緣之，《禮》謂之「純」，衣、冠、裳皆有之。在冠則純梁之兩邊，見《曲禮》疏。在衣則純領及袂口，深衣緣袂口，知端衣亦然。在裳則純其幅及下，《士喪禮》注：「飾裳在幅曰綼，在下曰緆。」深衣則又純其邊。衣裳之側，外衿之邊。凡衣裳之純，皆廣寸半，表裏共三寸，惟領飾及曲袷廣二寸。《深衣》注。《集注》但言領緣，未備也。《曲禮》曰：「爲人子者，父母存，冠衣不純素；孤子當室，冠衣不純采。」《深衣》曰：「具父母、大父母，衣純以繢；具父母，衣純以青。如孤子，衣純以素。純袂、緣、純邊，廣各寸半，袷二寸。」注：「袷，曲領也。」《士喪禮》「褖衣」注云：「黑衣裳，赤緣。」又，明衣裳縓綼緆，注：「縓，今紅也。」紅是間色，或是斂尸明衣特用之，未必明衣皆然。緇純。此所用之色也。《爾雅》：「一染謂之縓，再染謂之竀，三染謂之纁。」《考工記》：「三入爲纁，五入爲緅，七入爲緇。」鄭云：「四入爲朱，六入爲玄。」賈疏：「以纁入赤汁，則四入爲朱；以纁入黑汁，則四入爲紺；更入黑汁，則爲緅矣。紺、緅，相類之物。」鄭司農注《周禮》「五入爲緅」，引《論語》「君子不以紺、緅飾」。據此，則知紺、緅皆赤黑之間色。不以爲飾者，亦以其非正色耳。齋衣，玄冠、玄端。孔云「紺，齋服」，是誤以紺爲玄矣；練衣縓緣，孔云「緅飾練」，是誤以緅爲縓矣。

红紫　褻服

《玉藻》：「衣正色，裳間色。」注：「謂冕服，玄上纁下。」疏：「玄是天色，故爲正；纁是地色，赤黄之間，故爲間。五方間色，緑、紅、碧、紫、騮黄是也。青是東方正，緑是東方間，木剋土，故緑色，青、黄也。赤是南方正，紅是南方間，火剋金，故紅色，赤、白也。白是西方正，碧是西方間，金剋木，故碧色，青、白也。黑是北方正，紫是北方間，水剋火，故紫色，黑、赤也。黄是中央正，騮黄是中央間，土剋水，故騮黄之色，黄、黑也。」四方各有定位，惟土寄于火，故地之色赤、黄，以五色言之爲間，六色言之則正也。間色皆相剋，所以不正。纁則火生土，非紅、紫之類。《爾雅》注：「縓，今之紅也。」三年之喪，練服之飾用之，所謂「練冠縓緣」也。《詩》「縞衣茹藘」，箋云：「茅蒐染巾也。」茹藘，茅蒐也，可以染絳。此亦近紅，庶人之妻以爲巾。《玉藻》曰：「玄冠紫緌，自魯桓公始也。」注以爲「僭宋王者之後服」。紅、紫所用如此，無以爲服者。惟《春秋傳》衛渾良父〔一九〕紫衣狐裘，太子數以三罪，紫衣居一。杜注：「紫衣，僭君服。」蓋春秋時所尚，非正也。《管子》云：「桓公好服紫，齊人尚之，五素而易一紫。」《國語》云：「齊紫，敗素也，而賈十倍。」〔二〇〕

褻服，私居服，亦公會之服，深衣以下是也。《玉藻》曰：「纊爲繭，緼爲袍，注：「衣有著之異名也。纊，新綿；緼，舊絮。」禪爲絅，帛爲褶。」注：「絅有衣裳而無裏，褶有表裏而無著。」皆褻服也。又，所以表袍者爲褖衣，注：「黑衣裳，表緣。」皆衣裳相連爲之。

袗絺綌必表而出之

《集解》：「必表而出之，加上衣。」《集注》：「先著裏衣。」二説不同，其實皆是，而皆未盡也。古人之服絺綌，與服裘同，皆先著親身之衣。最近身者曰「澤」，《詩》：「與子同澤。」親身衣上，冬則加裘，夏則加絺綌，春秋則加袷褶。又其上，加裼衣，即中衣。裼衣之上加正服。此《聘禮》賈疏之説。袗絺綌者，未有無裏衣，亦未有無上衣者也。然此與下節并是論「裼衣表而出之」者，謂以裼衣表絺綌而著其色。如絺綌黑，則加緇衣；絺綌白，則加素衣。表裏相稱，故曰「出之」。邢疏云：「必加尚表衣，然後出之。」誤以上衣爲正服，「出之」爲出門，是以文義不可通。《玉藻》：「振注：「讀爲『袗』。」絺綌不入公門，表裘不入公門。」可知袗絺綌與表裘一例，皆謂不加裼衣也。

《集注》引「蒙彼縐絺」，《詩》意亦以展衣蒙縐絺之上。古人服，有裼襲。凡裘葛之上加裼衣，裼衣之上加正服。裼者，開正服之前衿，袒出左袖而露其裼衣，以正服之左裏插諸前衿之右也，亦曰「襢裼」，故《聘禮》注〔二〕云：「裼者，免上衣，見裼衣。凡襢裼者，左也。」若掩其正服，裼衣不見，則謂之「襲」也。裼衣即中衣，惟賈氏《儀禮》疏説裼襲爲是。若《曲禮》疏以裼衣之上别有襲衣，《論語》疏謂裘葛之内有中衣，皆誤。凡裼衣，必與裘葛同色，裘葛又與正服同色。江曰：「古人服制，衣與冠同色，欲其上體稱也；屨與裳同色，欲其下體稱也；帶亦象衣，此未著。韠亦象裳，故裼衣必象上服，使内外稱。」

《玉藻》曰：「裘之裼也，見美也。君在則裼，盡飾也。服之襲也，充美也，是故尸襲，執玉，龜襲。無事則裼，謂已致龜玉。弗敢充也。」又曰：「禮：不盛服，不充，故大裘不裼。」又曰：「犬羊之裘不裼，不文飾也不裼。」蓋古人行禮，至盛，則以襲爲敬；不盛，則以裼爲敬。至于燕居，不文飾，則襲而不裼，《内則》「在父母、舅姑之所，非敬事，不敢袒裼」是也。凡經言「裼裘」，主于裘，其實絺綌亦然。

緇衣羔裘

緇衣，緇布衣。緇衣羔裘，則上服朝服及玄端也。朝服者，玄衣素裳。諸侯日視朝，君臣同服之；大夫以爲祭服。玄端者，玄衣玄裳。中士黄裳，下士雜裳。諸侯之臣夕于君及大夫視私朝之服，士以爲祭服。《儀禮》注：「士祭服，玄端。」朝服、玄端，皆以十五升布爲之。《玉藻》：「羔裘豹飾，緇衣以裼之。」飾袖也。凡裘，君用純，臣下之，故袖飾異皮，《詩·羔裘》疏。《詩》「羔裘豹祛」「羔裘豹飾」是也。夫子之裘，當是豹飾。

朝服之上，有爵弁服，大夫則有玄冕服。《玉藻》曰：「君子狐青裘，豹袖，玄綃衣以裼之。」注云：「君子，士、大夫〔二二〕也。蓋玄衣之裘。」玄衣，謂玄冕服及爵弁服，皆玄衣纁裳也。然則夫子宜有玄綃衣，狐青裘。《論語》不言，文不備也。

素衣麑裘

素衣，白布衣。素衣麑裘，上服皮弁也。皮弁服者，十五升布衣，積素以爲裳。諸侯視朔，君臣同服之。天子視朝，皮弁。又，聘禮，君臣皆皮弁服。又，大蜡，皮弁素服而祭。但天子、諸侯皮弁服之裘，狐白，裼以素錦衣；大夫則麑裘，青豻褎，而裼素衣。《玉藻》：「君衣狐白裘，錦衣以裼之。」注以爲上加皮弁服也。又曰：「麑裘，青豻褎，絞衣以裼之。」注：「絞，蒼黄之色。」疏家以爲誤也。《聘禮》疏以爲：視朔，則君臣同素衣；聘，則君素衣，臣絞衣。亦非是。

黄衣狐裘

《玉藻》：「狐裘，黄衣以裼之。」注：「黄衣，大蜡時，臘先祖之服也。」周之禮，以歲十二月合聚萬物而索饗之，謂之蜡。其祭，皮弁素服。《郊特牲》：「皮弁素服而祭，素服以送終也。」既蜡，則臘先祖五祀，勞農以休息之，此《月令》孟冬之文。孟冬，周十二月。其上云：「大割，祠于公社及門閭。」即蜡也。謂之臘，亦謂之息民。其服，黄衣黄冠，故《郊特牲》曰：「黄衣黄冠而祭，息田夫也。野夫黄冠。黄冠，草服也。」注云：「祭以息民，象〔三三〕其時物之色，季秋而草木黄落。」是也。臘祭黄衣，其上更無上服。又，《詩·羔羊》疏云：「兵事韎韋，服則用黄衣狐裘，《春秋傳》『臧之狐裘，敗我於狐駘』是也。」則黄衣狐裘又爲兵事韎韋之裘。韎韋服者，《周官》謂之韋弁服，以韎韋爲弁，韎，赤黄之間色。又以爲衣裳。《春秋傳》爲「韎韋之跗注」，兵事，君臣同服也。黄衣狐裘，必兼二者方備。

短右袂

凡衣之制，袂皆二尺二寸而屬幅，屬幅者，幅廣二尺二寸，屬而連于衣，不去其邊。與身正方，衣身以二幅布，各長二尺二寸，廣亦二尺二寸。又加緣寸半，爲二尺三寸。《深衣》曰：「袂之長短，反詘之，及肘。」謂肘以前反詘之，得尺二寸。《玉藻》曰：「長、中，繼揜尺。」謂長衣、中衣又繼深衣之袂掩一尺。此袂之定制也。「短右袂」者，蓋無反詘之尺二寸。

褻裘　狐貉

江云：「褻裘，即狐貉之裘。《玉藻》：『犬羊之裘不裼。』注：『謂庶人無文飾。』犬羊爲庶人之裘，則君子所服〔二四〕，惟宜狐貉而已。禮服之狐裘，欲其文、其毛，當與褻裘異。褻裘長，則禮服之裘宜短，以其行禮〔二五〕升降、上下，長則不便也。褻裘之外，當服深衣，深衣即所以襲裘者。犬羊之裘不裼，則褻裘亦不裼也。」褻裘之外，服深衣。又，《禮記》：「袍必有表。」褖衣，所以表袍者。既以表袍，則亦得以襲深衣。又云「表裘不入公門」，則褻裘亦必有表之者。表裘，外衣也。古者服裘皆向外，不加裼襲，爲表裘。

寢衣

孔注：「今之被也。」經、傳被皆曰「衾」，無名「寢衣」者。

非帷裳必殺之

冕，弁服、朝服、玄端，皆殊衣裳。其裳，前三幅，後四幅，幅廣二尺二寸。每削一寸以爲縫，則下齊一丈四尺。其要中爲襞積無數，使其長得下齊之半，此帷裳之制也。其非帷裳，則連衣裳爲之。其幅十有二，前後各六；中四幅，各廣九寸，去削幅。兩旁爲衽，使上鋭而下廣，一尺八寸。合十二幅，下齊一丈四尺四寸，而要中七尺二寸，要中，上屬于衣之處。故《深衣》曰「要縫半下」，《玉藻》曰「深衣三袪，袪，袂口。凡袪，尺二寸；圍之，二尺四寸；三之，七尺二寸，是謂要中之數。縫齊倍要」也。「殺」者，殺其當旁之衽，非幅幅殺之。非帷裳之衣，深衣，一也；大夫、士夕時所著之服，中衣，即裼衣，二也；緇衣、素衣之屬，褖衣，三也。黑色而赤緣，所以表袍。又在喪服，則長衣如深衣而純以素，其外則袍繭。袷、褶、絺、綌，皆同深衣之制。《深衣》曰：「古者深衣，短無(二六)見膚，長無被土，續衽，在旁兩衽相連。鉤邊，右旁別爲曲裾，著于後衽，鉤曲而前，以掩裳際也。要縫半下。袼之高下，可以運肘；袼，衣袂當掖之縫也。袼，二尺二寸。袂之長短，反詘之，及肘。袂長二尺二寸，并緣寸半，爲二尺三寸半；通衣半邊二尺二寸，爲四尺五寸半。反詘，尺二寸也。帶，下毋厭髀，上毋厭脅，當無骨者。此深衣帶，下于朝祭服之帶。制十有二幅，以應十有二月。凡裳，前三後四者，法奇陰偶。此應十二月。袂圜以應規，掖中二尺二寸至袪尺二寸，圜殺爲之。曲袷如矩以應方，方，領也。負繩及踝以應直，謂背縫。下齊如權衡以應平。」謂裳邊。深衣，從江說。

吉月必朝服而朝

朝服，視朝之服，玄衣、玄冠、素裳也。諸侯視朔，皮弁服。孔安國注：「朝服，皮弁服。魯自文公不行視朔之禮，孔子惡其禮廢，故每于月朔，必衣此視朔之服而朝君，所謂我愛其禮也。」誤。江云：「告朔之後，當視朝。

孔子致仕後，吉月惟朝服而朝。不從視朔者，異于在位之臣也。是時，魯君未必視朔。即視朔，亦惟從視朔。江以文公以後視朔不盡廢，或行或否耳。致仕老臣可不朝。吉月必朝者，一月更新，不忘君也。」

明衣

《士喪禮記》曰：「明衣裳，用幕布，帷幕之布。袂屬幅，幅二尺二寸。不削兩旁爲縫，謂之「屬幅」。長下膝，注云：「長下膝，又有裳，于蔽下體深也。」有前後裳，亦前三後四。不辟，注：「不辟，質〔二七〕。」疏云：「以其一服不動。」江云：「據疏，則生時明衣有辟積。」長及轂，注云：「轂，足跗〔二八〕也。」疏云：「亦是長毋被土〔二九〕。」縓綼緆，緣裳不及幅，旁以縓。緇純。」緣衣，領、袂以緇。注〔三〇〕云：「象天地也。」此襲尸之明衣，生人之明衣當同制。江慎修云：「他衣在内者，不殊裳，亦無緣。而明衣親身，衣裳殊，上下皆有緣。意者，特爲齊〔三一〕制之歟？」孔云「以布爲沐浴衣」，亦是據《喪禮》。《集注》因孔注也。

凡齊服，玄端；凶荒有所禱請而齊，則素端。《司服》曰「其齊服有玄端、素端」是也。《周禮》注以爲，士齊服，玄端、素端；大夫以上，侈其袂。侈袂者，半而益一。《郊特牲》曰：「齊之玄也，以陰幽思也。」謂服玄端。

齊變食遷坐

注、疏說：「不多食」以上，皆言齊時。其尋常，未必然。

《莊子》曰：不飲酒、不茹葷，此祭祀之齊〔三二〕，非心齊也。《集注》之文出于彼。又，《荀子》云：「端衣玄裳，冕而乘輅者，志不在于食葷。」天子玄冕而齊，故曰「冕而乘輅」。「葷」謂辛菜也。變食不止于此。《周官・膳夫》：「王齊日，三舉。」鄭司農注曰：「齊必變食。」則「變食」者，謂盛饌也。王日一舉太牢，殺牲盛饌曰舉。日中及夕，則餕餘。齊則每食一太牢。君子敬其事，則盛其禮，故不餕餘也。《國語》曰：「大夫舉以特牲，士食魚炙。」然則夫子之變食，或特牲而不餕餘焉。《玉府》：「王齊，則共食玉。」鄭司農云：「王齊，則食玉屑。」康成云：「玉是陽精之純者，食之以禦水氣。」牲、牢爲天產，食之，亦所以作陽德〔三三〕也。《祭義》曰：「致齊于内，散齊于外。」「内」者，内寢；「外」者，外寢。《檀弓》曰：「君子非致齊也、非疾也，不晝夜居于内。」此齊之所居也。凡居于室，尊者恒居奥。爲人子者居不主奥，不敢當尊也。遷坐者，蓋不居奥，如侍親也。

食

凡常食，黍稷，以簠盛之。士以敢。大夫以上加稻粱〔三四〕，天子又加麥苽。《膳夫》「凡王之饋食，用六穀」是也。《禮》：食少牢者四簠，太牢者六簠。見《詩》疏。《公食大夫禮》：諸侯之大夫也，太牢，黍稷六簠，又加二簠稻粱。天子大夫食禮，八簠。《詩・伐木》：「陳饋八簠。」若燕食，則亦不定。《周官・食醫》：「凡會膳食之宜：牛宜稌，即稻。羊宜黍，豕宜稷，犬宜粱，雁宜麥，魚宜苽。凡君子之食，恒放焉。」疏：「君子，大夫以上也。」又，《内則》曰：「飯：黍、稷、稻、粱、白黍、黄粱，稰、穛。」稰熟穫，穛生獲。

《大雅》曰：「彼疏斯粺。」箋云：「疏，糲米也。米之率，糲十，粺九，鑿八，侍御七。」疏云：「《九章・粟米之法〔三五〕》云：『粟五十，糲米三十，粺二十七，鑿二十四，御二十一。』言粟五升，爲糲米三升，以下米精細，故數益少。四種之米，皆以三約之，得此數也。」《説文》以糲米一斛舂九斗曰糳，舂八斗曰概，與此異。《呂氏春秋》云：「飯之美者，玄山之禾，不周之粟，陽山之穄，南海之秬。」

膾

《少儀》：「牛與羊、魚之腥，聶而切之爲膾。麋鹿爲菹，野豕爲軒，皆聶而不切。麕爲辟鷄，兔爲宛脾，皆聶而切之。切葱若薤，實之醯以柔之。」注云：「聶之言牒〔三六〕也。先藿葉切之，復報切之。疏云：「謂先牒爲大臠，而後細切之爲膾也。」此軒、辟鷄、宛脾，皆菹類也。其作之狀，以醯與葷菜淹之，殺肉及腥氣也。」《内則》：「大夫燕食，有膾無脯，有脯無膾。」

不時不食

鄭注：「不時，非朝、夕、日中時。」禮：自天子至士，一日皆三時食。《玉藻》：「天子皮弁以食，日中而餕；諸侯朝服以食，夕祭牢肉。」互舉之，皆朝、夕、日中三食也。

不得其醬

「醬」者，醯醢之總名。《周禮》有五齏、昌本、脾析、蜃、豚拍、深蒲也。七醢、醓、蠃、蠯、蚳、魚、兔、雁也。七菹、菁、韭、茆、葵、芹、菭、筍也。三臡，麋、鹿、麕也。醢人、醢人掌之，皆豆實也。醬，有以和食者，《内則》曰「濡鷄醢醬，濡魚卵醬，濡鼈醢醬」「三牲〔三七〕，和用醯」是也；有以配食者，《内則》曰「服修蚳醢，脯羹兔醢，麋膚魚醢，魚膾芥醬，麋腥醢醬」「膾，春用葱，秋用芥；豚，春用韭，秋用蓼；脂用葱，膏用韰」是也。《周禮》所言，皆配食之醬。

凡食，以醬爲主，故《玉藻》曰：「主人自置其醬，則客自徹之。」《曲禮》曰：「獻熟食者，操醬齊。進食，則醢醬處内。」《公食大夫禮》：「公親設醢醬。」注云：「饌本也。」醬有三種。案《公食禮》，席前設醢醬，是爲食主。食正饌牲牢用之，其左則菹、醢六豆，是謂庶羞；食稻粱用之，其右則加豆，有炙有胾，有膾有醢。胾、膾皆以醢配之，炙則否。《禮記》曰：「凡炙，無醬。」注云：「已有鹹和也。」公食十六豆，芥醬配魚膾，魚皆用醢。　凡禮食，皆略同。

祭肉　饋祭肉

《曲禮》曰：「凡祭于公者，必自徹其俎。」疏云：「此謂士助君祭。若大夫以上，君使人歸俎。」

下大夫祭，少牢，羊、豕各分二十一體。前脛骨三：肩，臂，臑；後脛骨三：髀，膊，骼；左、右體，爲十二。脊三：正脊，脡脊，横脊。左、右脅各三：代脅，長脅，短脅。合二十一。升右胖，去髀，凡十一體；脅、脊皆二骨以并魚，十有五，皆升。腊用麋一純，用全升。分爲十八體；脊三，合爲一；兩髀，屬于尻。髀不升，凡十七。其左胖，以爲主人、主婦以下之俎。尸俎盛于肵俎以歸尸，羊、豕盡盛十一體，惟釋脅脊各一骨；魚盛七个，腊盛右胖，脊九體。所釋羊、豕脅脊六骨及魚三个，腊左脅三骨，爲陽厭之俎。下大夫不賓尸，有陽厭。其魚四个、一腊左，五體，爲祝、主人、主婦之俎。主人魚一、腊臂，主婦魚一、腊臑，祝魚一、腊兩髀，屬于尻。尚有魚一、腊膊骼三體。羊、豕左所用，則主人俎用臂，主婦用羊臑，長賓用羊骼，長兄弟用肩折。祝、主人、主婦皆有脊脅，脊折爲骨。長兄弟有脅，其餘若佐食則折，衆賓及兄弟、内賓、私人皆脅。折者，折正體之骨；脅則升殽，度餘骨可用者用之。此皆祭俎。尸及賓則使人歸之，臣則自徹其俎，不在頒賜之數。其用所餘，則以頒賜，或饋朋友。

饋祭肉之禮，《少儀》：「爲人祭曰致福，爲人祭，而饋祭肉于君子。爲己祭而致膳于君子曰膳，祔練曰告。祔陳之祭。凡膳告于君子，主人展之，以授使者于阼階之南，南面再拜稽首。其禮：太牢，則以牛左肩、臂、臑折九个；少牢，則以羊左肩七个；犆豕，則以豕左肩五个。」

疏食菜羹瓜祭

《周禮・大祝》辨九祭：一曰命祭，注云：「《玉藻》『君賜之食而君客之，則命之祭，然後祭』是也。」二曰衍祭，注云：「『衍』當爲『延』。《曲禮》『主人延客祭』是也。」三曰炮祭，注云：「『炮』當爲『包』，猶兼也。兼取物而祭于一處。《有司徹》曰『宰夫、贊者取白黑以授尸』，白，黑，籩實。尸受兼，祭于豆祭』是也。」四曰周祭，注云：「『周』猶『徧』也。『殽之序〔三八〕，徧祭之』是也。」五曰振祭，六曰擩祭，注曰：「振祭、擩祭本同。不食者，擩則祭之；《特牲》《少牢》未食之前，以菹擩于醢，祭于豆間是也。將食者，既擩，必振，乃祭也。」《特牲》《少牢》尸取肝，擩于鹽，振祭，嚌之是也。振之，振動其手也。七曰絶祭，八曰繚祭，注云：「絶祭、繚祭亦本同。禮多者繚之，以手從肺本循之，至于末乃絶，以祭，見《鄉飲酒禮》。禮略者，絶則祭之。」不循其本，直絶肺祭，見《鄉射禮》。九曰共祭，注云：「『共』猶『授』也。工祭，食宰夫授祭。」《明堂位》：「有虞氏祭首，夏后氏祭心，殷祭肝，周祭肺。」

古人凡食皆祭，餕餘亦然。《曲禮》：「餕餘不祭，父不祭子，夫不祭妻。」謂父餕子餘、夫餕妻餘，乃不祭，其餘皆祭，《玉藻》「夕祭牢肉」是也。賓主之禮，惟水漿不祭；臣于君，則亦祭之。《玉藻》云：「惟水漿不祭。若祭，爲已偞卑。」注謂：食于敵體之人，祭水漿，爲大厭降也。《公食大夫禮》則賓祭觶漿。《玉藻》：「瓜祭上環。」疏曰：「食瓜，亦祭先也。環者，横斷，形如環。斷，則有上下環。上環是疐間，下環是脱華處也。」祭瓜與祭他食不同，又是菜屬，故與「疏食菜羹」連言之，孔注「三物雖薄，祭之必敬」是也。

席

《禮器》：「大夫之席再重。」「再重」者，兩重也。先設者爲筵，加者爲席。依《公食禮》，筵，緇布純；加萑席，玄帛純也。席之廣，皆三尺三寸三分寸之一。《曲禮》曰：「席間函丈。」《文王世子》曰：「侍坐于大司成者，遠近間三席。」「三席」，則函丈也。「函」猶「容」也。其長則有二種：《公食大夫禮》曰：「蒲筵常。」丈六尺。以左、右饌，故用長席。筵，燕坐、群居亦用之。《曲禮》曰：「群居五人，則長者必異席。」疏云：「此以蒲筵常〔三九〕，故得容四人也。」其尋席，皆長八尺，《公食禮》「萑席尋」是也。蒲筵亦有短者，不必皆常。席有首尾，謂之上、下席。南鄉、北鄉以西方爲上，東鄉、西鄉以南方爲上。凡升由下，降由上也。席不正，爲失其面鄉，或錯上下，及食坐而不盡前、講席而不函丈，皆是也。

其將坐而正者，所以爲禮。《曲禮》：主人既迎賓，則請入，爲席。賓既升堂，主人則又跪，正席。

鄉人飲酒

鄉飲酒之禮有四：一則賓興賢能，二則卿大夫飲國中賢者，三則州長習射飲酒，鄉射禮是。四則黨正蜡祭飲酒。《鄉飲酒義》中言「六十者坐，五十者立侍，以聽政役」，「六十者三豆，七十者四豆，八十者五豆，九十者六豆」，是黨正飲酒正齒位之事，皆鄉中禮飲；《鄉黨》所記，則鄉人有時聚會飲酒耳。鄉飲酒之禮，賓出，奏《陔》，主人送于門外，再拜，則賓出而皆出，無容先後。賓興，以賢者爲賓；正齒位，以老者爲賓。此云夫子「杖者出，斯出矣」，則他人有不出者，故知非禮飲。

《禮器》：「周禮其猶醵與？」注：「合錢飲酒爲醵。《王居明堂之禮》：仲秋，乃命國醵。」《周禮・族師》注云：「族長無飲酒之禮，因祭酺族師春秋祭酺，酺爲人災害之神也。而與其民以長幼相獻酬焉。」疏引「醵」爲説，亦醵之類。又，《詩・瓠葉》箋云：「此君子，謂庶人之有賢行者也。其農功畢，乃爲酒漿，以合朋友，習禮、講道義也。酒既成，先與父兄、室人亨瓠葉而飲之，乃依士禮，立賓主，獻酬〔四〇〕。」此鄉人飲酒之屬。

鄉人儺

《月令》：「季春，命國難，九門磔攘，以畢春氣。」注云：「此難，難陰氣也。陰寒至此不止，害將及人。所以及人者，陰氣右行。此月之中，日行歷昴。昴有大陵積尸之氣，氣佚則厲鬼隨而出行。命方相氏帥百隸，索室驅疫以逐之，又磔牲以攘于四方之神，所以畢止其災也。」「仲秋，天子乃難，以達秋氣。」注：「此難，難陽氣也。陽氣[四一]至此不衰，害亦將及人。所以及人者，陽氣左行。此月宿值昴畢，昴畢亦得大陵積尸之氣，氣佚則厲鬼亦隨而出行。」疏云：「難陽氣，是[四二]君象。諸侯以下不得難陽氣。」「季冬，命有司大難，旁磔，出土牛，以送寒氣。」注：「此難，難陰氣者[四三]也。難陰始于此者，陰氣右行，此月之中，日歷虛危。虛危有墳墓四司之氣，爲厲鬼，將隨强陰出害人也。旁磔，于四方之門。」疏云：「言『大』者，以季春惟國家之難，仲秋惟天子之難，此則下及庶人，故曰大難。」「鄉人儺」，即季冬大難。《夏官・方相氏》：「狂夫四人，掌蒙熊皮，黄金四目，玄衣朱裳，執戈揚盾，帥百隸而時儺，以索室毆疫。」《春官・占夢》：「季冬，遂令始儺，毆疫。」《郊特牲》曰：「鄉人裼，注：「裼，强鬼也。謂時儺，索室毆疫，逐强鬼也。」孔子朝服，立于阼，存室神也。」注：「神依人也。」疏：「大夫朝服以祭，故用祭服以依神。」《論語》孔注亦同，此當爲正解。《集注》前一説，則以朝服爲對君之服，重先王之禮也。

君賜食

《天官・膳夫》：「凡肉脩之頒賜，皆掌之。」《内饔》：「凡王之好賜、肉脩，則饔人共之。」「好賜」，王所善而賜之[四四]。此賜食謂「好賜」也。《家語》：「魯昭公以鯉賜孔子。」此賜生也。按，君賜腥，不見于經。《聘禮》：致飧，飪一牢，腥一牢。歸饔餼，飪一牢，腥二牢，餼二牢。飪，熟食也；餼，生牲也。《記》曰：「賜饔，惟羹飪。筮一尸，如饋食之禮。假器于大夫，朌肉及廋、車。」「廋」，廋人，掌馬；「車」，巾車，無不偏[四五]及。注云：「腥[四六]不祭。」與此異。蓋彼爲大禮，三者一時俱致，則薦飪；此尋常小賜禮，熟食，非牢，故不祭腥或牲，故祭不同也。

侍食於君

凡君與臣正禮食，公食大夫禮是也。公退于廂，不共食。其小小禮食，則君賜之食而君客之；其或君不客之，則非禮食：二者皆謂之「侍食」。客之者，臣得祭，須君命之祭，乃敢祭；不客之者，臣不祭。君之客己與不客己，見于膳宰之嘗羞、不嘗羞。膳宰不在，則是君客之；若有膳宰嘗羞，則是非客之。故《玉藻》曰：「若賜之食而君客之，則命之祭，然後祭，先飯，辨〔四七〕嘗羞，飲而俟。」「嘗羞」者，嘗己前之膳，若爲君嘗食然，非如膳宰嘗君食。又曰：「若有嘗羞者，注：「膳宰在〔四八〕也。」則俟君之食，然後食，注：「不祭，不嘗羞。」飯、飲而俟。」《士相見禮》曰：「君若賜之食，則君祭，先飯，注：「食其祭食，示爲君嘗食也。」徧嘗膳，注：「謂庶羞。」飲而俟。君命之食，然後食。」注云：「此謂君與之禮食。」疏：「小小禮食。」疏云：「此即《玉藻》『君客之』。不云客〔四九〕，命之祭，然後祭，文不具也。」以膳宰不在，故知君客之。疏説是也。又曰：「若有將食者，則俟君之食，然後食。」注：「將食，進食，謂膳宰也。膳宰進食，則臣不嘗食。」與《玉藻》正同。《鄉黨》此文與《士相見禮》文合，其爲「君客之」可知。但據《玉藻》，則命祭之後，乃嘗羞；按此鄭注，云於君祭，則先飯矣。蓋君祭之後，乃命臣祭。凡敵客，則先祭；降等之客，則後祭。于君祭之時，則已先飯，不欲當君之客也。君祭辨，則嘗羞亦辨；《士相見禮》注：「食其祭食。」蓋君所祭，則食之。君命之祭，然後祭也。《玉藻》先説祭，故進在前耳。邢疏以此不言祭，爲君不客之，非也。若不客之，則膳宰嘗羞，當俟君之食，然後食，不得先飯矣。

負版

《秋官·小司寇》："及大比，登民數。自生齒以上，男八月生齒，女七月生齒。登于天府，内史、司會、冢宰貳之，以制國用。人數定，而九賦可知，國用亦可制。孟冬，祀司民，星名。獻民數于王。王拜受之，以圖國用而進退之。"《司民》："掌登萬民之數。自生齒以上，皆書于版，辯〔五〇〕其國中與其都鄙，及其郊野，異其男女，歲登以〔五一〕下其生死。三年大比，以萬民之數詔司寇，即小司寇。及孟冬祀司民之日，獻其數于王。王拜受，登于天府。内史、司會、冢宰貳之，以贊王治。"天府，主祖廟之藏者。三官以貳佐王治者，當以民多少，黜陟主民之吏。

綏

君升，有二綏：一曰良綏，君升所用；一曰散綏，亦曰貳綏，僕右升所用，皆繫于車。《少儀》曰："執君之乘車則坐，注："執，執轡，謂守之也。君不在中坐，示不行也。"僕者右，帶劍，注〔五二〕："君在左，故右帶劍。"負良綏，申之面，拖諸幦，注："面，前也。幦，覆苓也。負之，由左肩肩上〔五三〕，入右腋下，申之于前覆苓上。"以散綏升，執轡，然後步。"行也。《曲禮》曰："君車將駕，則僕執策，立于馬前。已駕，僕展軨，效駕。軨，車闌也。展視訖，告已駕。奮衣由右上，取貳綏，跪乘，跪乘，即《少儀》之"坐"也。執策分轡，驅之五步而立。即《少儀》云"乃步"。君出就車，則僕并轡授綏，左右攘辟。"左右，謂群臣倍〔五四〕位侍駕者。此君升車之禮也。王升車，履乘石。《夏官·隸僕》："王行，洗乘石。"注："王所履上車之石。"是也。

大夫以下之車，則惟一綏。升車，則僕人授。《少儀》曰：「僕于君子升、下，則授綏。」《曲禮》曰：「凡僕人之禮，必授人綏。若僕者，降等則授，不然則否。若僕者降等，則撫僕之手。不然，則自下拘之。」由僕手下取之。

車中不内顧

《曲禮》曰：「車上不廣欬，注：「若爲〔五五〕自矜。」疏：「又驚衆也。」不妄指，注：「爲惑衆。」立視五巂，注：「『巂』猶『規』也。」疏：「車輪一周爲一規。乘車之輪，高六尺六寸，徑一圍三。一規爲一丈九尺八寸，五規爲九十九尺，揔十六步半。」式視馬尾，注：「小俛。」顧不過轂。」注：「爲掩在後。」疏：「過轂，則掩後人，私也。」包注云：「不内顧者，前視不過衡軛，旁視不過輢轂。」前視不過衡軛，與《禮》「五巂」不同。疏云：「《禮》言中人之制，此記聖人之行。」

校勘記

〔一〕「母」，蜚雲閣本作「毋」，據《戰國策·趙策三》改。

〔二〕「從」，《戰國策·趙策三》作「隨」。

〔三〕「注二徹之内」，蜚雲閣後印本作「之内注二徹」，據《周禮注疏》卷四十一改。

〔四〕「上車」，蜚雲閣作「下車」，《禮記正義》卷三云：「故出則過卿位而上車，入則未到卿位而下車。」今據改。

〔五〕「戴東原」，蜚雲閣本作「戴東園」。

〔六〕「啓」，蜚雲閣本作「起」，據《儀禮注疏》卷十九改。

〔七〕「享」，《儀禮注疏》卷十九作「享玄纁」。

〔八〕「入」，蜚雲閣本作「人」，據《儀禮注疏》卷十九改。

〔九〕「接」，《儀禮注疏》卷二十四作「承」。

〔一〇〕「退」，蜚英閣本作「迅」，據《儀禮注疏》卷二十四改。

〔一一〕「舍」，蜚雲閣本作「含」，據《儀禮注疏》卷二十四改。

〔一二〕「改」，《儀禮注疏》卷二十四作「故」。

〔一三〕「皆用」，蜚雲閣因行首誤空一字，遂改此作雙行小字，今據文義改。下類此者不注。

〔一四〕「愛」，蜚雲閣本作「受」，據《儀禮注疏》卷二十四改。

〔一五〕「圭」，《儀禮注疏》卷二十四作「執圭」。

〔一六〕「如初」，《儀禮注疏》卷二十三作「如初入」。

〔一七〕「庭寔」，據文義，當作「庭實」。

〔一八〕「既」，蜚雲閣本作「私」，據《儀禮注疏》卷二十四改。

〔一九〕「渾良父」，《左傳・哀十六年》作「渾良夫」。

〔二〇〕「國語」，疑當作「國策」。「素」，蜚雲閣本作「絜」。《戰國策・燕策一》：「齊人紫，敗素也，而賈十倍。」注云：「敗，猶惡也；素，白繒，染爲紫。」《史記・蘇秦列傳》本之，云：「齊紫，敗素也，而賈十倍。」徐廣曰：「取敗素染以爲紫。」索隱云：「謂紫色價貴於帛十倍，而本是敗素。」

〔二一〕「聘禮注」，蜚雲閣本作「聘禮記」，據《儀禮注疏》卷二十鄭注改。

〔二二〕「士大夫」，《禮記正義》卷三十作「大夫士」。

〔二三〕「象」，《禮記正義》卷二十六作「服象」。

〔二四〕「則君子所服」，《鄉黨圖考》卷六《褻衣狐貉考》作「宜非君子所服也」。

〔二五〕「行禮」，《鄉黨圖考》卷六《褻裘狐貉考》作「行禮時有」。

〔二六〕「無」，《禮記正義》卷五十九作「毋」，《釋文》云：「毋，音無。」下「長無被土」同。

〔二七〕「質」，蜚雲閣本作「積」，據《儀禮注疏》卷四十改。

〔二八〕「跗」，蜚雲閣本作「附」，據《儀禮注疏》卷四十改。

〔二九〕「長毋被土」，《儀禮注疏》卷四十作「不被土」。

〔三〇〕「注」，蜚雲閣本作「疏」，據《儀禮注疏》卷四十改。

〔三一〕「齊」，《鄉黨圖考·明衣考》作「齋時」。

〔三二〕「齊」，《莊子·人間世》作「齋」，字通。「心齊」同。

〔三三〕「陽德」，疑當作「陰德」。《周禮注疏》卷十八《大宗伯職》：「以天産作陰德，以中禮防之；以地産作陽德，以和樂防之。」

〔三四〕「粱」，蜚雲閣本作「梁」，據《儀禮注疏》卷二十五改。下同。

〔三五〕「粟米之法」，蜚雲閣本作「米粟法」，據《毛詩正義》卷十八之五改。

〔三六〕「腜」，蜚雲閣本作「牒」，據《禮記正義》卷三十五改。下同。

〔三七〕「三牲」，《禮記·内則》作「三牲用藙」。

〔三八〕「殽之序」，《周禮注疏》卷二十五上有「曲禮曰」三字。

〔三九〕「常」，《禮記正義》卷一作「者」。

〔四〇〕「獻酬」，《毛詩正義》卷十五之三作「爲酌名」。

〔四一〕「陽氣」，《禮記正義》卷十六作「陽暑」。

〔四二〕「是」，《禮記正義》卷十六作「陽是」，疑當據補。

〔四三〕「者」，《禮記正義》卷十七無，疑衍。

〔四四〕「賜之」，《周禮注疏》卷四作「賜也」。

〔四五〕「偏」，蜚雲閣本作「徧」，據文義改。

〔四六〕「腥」，《儀禮注疏》卷二十四作「腥飪」。

〔四七〕「辨」，《禮記正義》卷二十九作「辯」。

〔四八〕「在」，《禮記正義》卷二十九作「存」。

〔四九〕「客」，《儀禮注疏》卷七作「客之」。

〔五〇〕「辯」，《周禮注疏》卷三十五作「辨」。

〔五一〕「以」，《周禮注疏》卷三十五無，疑衍。

〔五二〕「注」，據引文，疑當作「疏」。《禮記·少儀》無此注，疏云：「今御者劍右帶者，御人在中，君在左。若左帶劍，則妨於君，故右帶也。」

〔五三〕「左肩肩上」，《禮記正義》卷三十五作「左肩上」。

〔五四〕「倍」，《禮記正義》卷三作「陪」。

〔五五〕「若爲」，《禮記正義》卷三作「爲若」。

四書典故覈卷六

論語

宗廟之事如會同端章甫

宗廟、會同，皆諸侯之事。相之者，大夫、士。説者或以爲天子宗廟、會同，相之者諸侯，非也。諸侯宗廟之事，春祠、夏禴、秋嘗、冬烝，三年而祫祭，魯則又有五年之禘。及追享、追祭遷廟之主，以事而有所禱請。朝享告朔而朝廟。是也。《春官·大宗伯職》：「以賓禮親邦國：春見曰朝，夏見曰宗，秋見曰覲，冬見曰遇，時見曰會，殷見曰同。」注云：「六服之内，四方以時分來，每方分爲四分。或朝春，或宗夏，或覲秋，或遇冬，名殊禮異，朝、宗受贄于朝，受享于廟；覲、遇，一受之于廟。更遞而徧。時見者，言無常期。諸侯有不順服者，王將有征討之事，則既朝覲，王爲壇于國外，合諸侯而命事焉，將征東方，則東方諸侯皆來朝也。《春秋傳》曰『有事而會，不協而盟』是也。殷同者，十二歲，王如不巡守，則六服盡朝。朝禮既畢，王亦爲壇，合諸侯以命政焉。殷見，四方四時分來，終歲則徧。」又，《大行人職》

曰：「春朝諸侯而圖天子之事，秋覲以比邦國之功，夏宗以陳天下之謨，冬遇以協諸侯之慮，時會以發四方之禁，殷同以施天下之政。」此六者，皆見于王之事。其諸侯相會，則《曲禮》曰「諸侯未及期相見曰遇，相見于郤地曰會」，會即及期相見。及《大行人》曰「凡諸侯之邦交，世相朝也」，注云「凡君即位，大國朝焉，小國聘焉，皆所以習禮考義、正刑一德，以尊天子也。必擇有道之國而就修之」是也。言會同，舉其大者，則其他該之矣。宗廟之相，在天子，則《周禮·大宗伯》「詔相王之大禮」，疏云：「未至之時，詔告之；及其行事，相之。」《小宗伯》「詔相祭祀之小禮」，《肆師》「相治小禮」，則小相者，小宗伯、肆師之屬。諸侯無大宗伯，司馬兼之，小宗伯爲士，則大相宜司馬，小宗伯以下爲小相也。諸侯宗伯名「宗人」，其屬有宗、有司。會同之相，即擯介。邢疏云：「謙，不敢爲上擯、上介之卿，願爲承擯、紹擯、次介、末介之大夫、士耳。」《集注》：「端，玄端服；章甫，禮冠。」非是。宗廟之事，諸侯及卿大夫助祭者皆玄冕，士爵弁；《玉藻》曰：「諸侯玄冕以祭。」又曰：「大夫冕而祭于公，士弁而祭于公。」會同之事，朝于王則裨〔一〕冕，相者亦冕弁；裨冕見王，見《覲禮》；相者無文。古者大事，君臣皆同服，故知冕弁也。諸侯相朝則皮弁，相者亦皮弁；見《禮記》疏。玄端、章甫，豈其服乎？案，鄭注曰：「衣玄端，衣正幅曰端，對深衣有裳言之；以其色玄，故亦曰玄端，非朝玄端之衣。冠章甫，周曰委貌，殷曰章甫，即玄冠也。諸侯日視朝之服。」諸侯視朝，君臣同玄冠、玄衣、素裳，謂之朝服。蓋宗廟，一事也；會同，二事也；端章甫，謂視朝，三事也。三者皆須相禮。或舉地，或舉事，或舉服，古人文法互見如此。視朝之相，依《周禮》，太宰贊聽治，是大相；小司寇擯外朝，司士擯治朝，太僕正服位，皆小相。諸侯略同。

徹

鄭注云：「周法，十一而税謂之徹。徹，通也，爲天下之通法。」鄭注《考工記》云：「周制：畿内用夏之貢法，税夫，無公田；邦國用殷之助法，制公田，不税夫。貢者，自治其所受田，貢其税穀；助者，借民之力，以治公田，又使收斂焉。周之畿内，税有輕重。諸侯謂之徹者，通其率，以什一爲正。《孟子》云：『野九夫而税一，國中什一。』是邦國亦異内外之法耳。」鄭意，「邦國」兼畿内采地言，是王畿内外異法，故云「邦國亦内外異法」。然如此，則邦國亦不盡用助。

按，《周禮》不言徹，故鄭云「諸侯謂之徹」。又，鄭釋「徹」義，以爲通貢、助之法，通内外之地，故曰「通其率，以什一爲正」，又曰「爲天下之通法」，其説足以彌縫《遂人》《匠人》之異，又以傅合《孟子》之語，可謂善于持論。張南軒、袁明善皆本其説，以兼貢、助爲「徹」。然竊意，既别法爲「徹」，當自有制度。假仍用貢、助，何取空立「徹」名？又，《周禮》雖有井授，不聞公田，乃知鄭所謂「通」，是通貢、税兩法之意，非用貢、助兩法之制。《稼人職》曰：「巡野觀稼，以年之上下出斂法。」所謂「斂法」，蓋即徹法矣。貢校數歲之中以爲常，此則通豐凶計之；助分公私，此則通君民計之也。

何休《公羊》注云：「聖人制井田之法而口分之，一夫一婦，受田百畝，以養父母妻子。五口爲一家，公田十畝，即所謂什一而税也；廬舍二畝半，凡爲田一頃十二畝半。八家而九頃，共爲一井，鑿一井也。故曰『井田』。廬舍在内，貴人也；公田次之，重公也；私田在外，賤私也。井田之義：一曰無洩地氣，井多，則洩地氣。二曰無費一家，鑿井于公田中。三曰同風俗，四曰合巧拙，五曰通財貨。因井田以爲市，故俗語曰『市井』。井邊近市。種穀不得種一穀，以備災害。田中不得有樹，以妨五穀。還廬舍種桑荻，荻以爲棺。雜菜，畜五母鷄、二〔二〕母豕，瓜果種疆畔，女上蠶織。老者得食肉焉，衣帛焉〔三〕，死者得葬焉。多于五口，名曰餘夫，以率受田二十五畝。此《孟子》之餘夫，年十六者。《周禮》餘夫亦受田百畝，謂其父兄已受田，則爲餘夫，亦夫婦具者。十井，共出兵車一乘。此非。司空謹別田之高下、善惡，分爲三品：上田一歲一墾，中田二歲一墾，下田三歲一墾。肥饒不得獨樂，墝埆不得獨苦，故三年一换主易居，財均力平，兵車素定，是謂均民力、彊〔四〕國家。在田曰廬，在邑曰里。一里八十户，十井。八家共一巷。中里爲校室，選其耆老有高德者，名爲〔五〕父老；其有辨護伉健者，爲里正，皆受倍田、得乘馬。吏民春夏出田，秋冬入保城郭。田作之時，春，父老及里正旦開門，坐塾上，晏出、後時者不得出；暮，不持樵者不得入。五穀畢入，民皆居宅。里正趨緝績，男女同巷，相從夜績，至于夜中。故女功一月得四十五日作，從十月，盡正月止。男女有所怨恨，相從而歌，飢者歌其食，勞者歌其事。男年六十、女年五十無子者，官衣食之，使之民間求詩，鄉移于邑，邑移于國，國以聞于天子。故王者不出牖户，盡知天下所苦；不下堂，而知四方。十月事訖，父老教于校室。八歲者學小學，十五者學大學。其有秀者，移于鄉學。三年耕，餘一年之畜；九年耕，餘三年之畜；三十年耕，餘十年之儲。雖遇唐堯之水、殷湯之旱，民無近憂。四海之内，莫不樂其業，故曰『頌聲作矣』。」

周自公劉徹田爲糧，始有徹法。《公劉》鄭箋云：「什一而税，謂之徹。」至宣王時，封申伯，《詩》云：

「王命召伯，徹申伯土疆。」平淮夷，《詩》云：「式辟四方，徹我疆土。」是亦用徹法也。

片言章

「片言」，孔注云：「『片』猶『偏』也。聽訟必須兩辭，以定是非。偏信一言以折獄者，唯子路可。」「宿諾」，何注云：「『宿』猶『豫』也。子路篤信，恐臨時多故，不豫諾。」此解勝《集注》。「偏言」即《呂刑》所謂「單辭」。○又一説，合下爲一章。

冉子退朝

卿大夫之家惟一朝，謂之「内朝」。《魯語》：「公父文伯之母如季氏，康子在其朝，與之言，弗應。康子入見，曰：『天子、諸侯合民事于外朝，合神事于内朝；自卿以下，合官職〔六〕于外朝，合家事于内朝；寢門之内，婦人治其業焉。夫外朝，子將業君之官職焉；内朝，子將庀季氏之政焉，皆非吾所敢言也。』」韋昭注：「『合官職于外朝』，君之公朝也；『合家事于内朝』，家朝也。」是大夫無内外朝。陳用之誤會《國語》，謂卿以下有二朝，非也。此《四書釋地》之説。

宗族

《白虎通》云：「宗者，何謂也？宗，尊也，爲先祖主也，宗人之所尊也。《禮》曰：『宗人將有事，族人皆侍。』所以必有宗，何也？所以長和睦也。大宗能率小宗，小宗能率群弟，通于有無，所以紀理族人者也。宗其爲始祖後者爲大宗，此百世之所宗也；宗其爲高祖後者，五世而遷者也。高祖遷于上，宗則易于下。宗其爲曾祖後者爲曾祖宗，宗其爲祖後者爲祖宗，宗其爲父後者爲父宗。以上至高祖，皆爲小宗。小宗有四，大宗有一。諸侯奪宗，大夫不得奪宗，何？諸侯世世傳子孫，故奪宗；大夫不傳子孫，故不奪宗也。族者，凑也，聚也，謂恩愛相流凑也。生相親愛，死相哀痛，有會聚之道，故謂之『族』。」

古《尚書》説，「九族」者，上從高祖，下至玄孫，凡九，皆爲同姓。今文夏侯、歐陽説，父族四：五屬之内爲一族，父女昆弟適人者與其子孫爲一族，己女昆弟適人者與其子爲一族，己之女子子適人者與其子爲一族；母族三：母之父姓爲一族，母之母姓爲一族，母女昆弟適人者與其子爲一族；妻族二：妻之父姓爲一族，妻之母姓爲一族。鄭康成《駁五經異義》從古《尚書》説，《白虎通》從今文説，又略異。

南人

鄭注「不可以作巫醫」云：「巫醫不能治無恒之人。」注「不占而已矣」云：「《易》，所以占吉凶。無恒之人，《易》所不占。」《禮記・緇衣》曰：「南人有言曰：『人而無恒，不可以爲卜筮。』龜筮猶不能知也，而况于人乎？」鄭注正用此義。孔疏云：「南人，殷掌卜之人。」

《周禮・春官》：「司巫，中士二人，男巫無數，女巫無數。其師，中士四人。」《天官》：「醫師，上士二人，下士二人。食醫，中士二人。疾醫，中士八人，瘍[七]醫，下士八人。獸醫，下士四人。」

《男巫職》曰：「春招弭，以除疾病。」「招」，招福也。「弭」讀爲「敉」，安也，安凶禍也。《女巫》：「掌歲時祓除、釁浴。」「祓除」，如三月上巳如水上之類；「釁浴」，謂以香薰、草藥沐浴。是巫之治人疾病之事。《醫師職》云：「十全爲上，十失一次之，十失二次之，十失三次之，十失四爲下。」《疾醫職》云：「以五味、醯、酒、飴蜜、薑、鹽之屬。五穀、麻、黍、稷、麦、豆。五藥草、木、虫、石、穀。養其病，注云：「其治，合之齊，則〔八〕神農、子儀之術。」以五氣、肺氣熱，心氣次之，肝氣涼，脾氣温，腎氣寒。五聲、言語宫、商、角、徵、羽。五色面貌青、黄、赤、白、黑。眡其死生。注云：「審用此者，莫如扁鵲、蒼公〔九〕。」兩之以九竅之變，參之以九藏之動。」謂脉至與不至。能專是者，其唯秦和乎？岐伯、榆柎，則兼彼數術者。

《國語》曰：「古者民神不雜。民之精爽不攜貳者，而又能齊肅中〔一〇〕正，其知能上下比義，其聖能光遠宣朗，其明能光照之，其聰能聽徹之。如是，則明神降之。在男曰覡，在女曰巫。是使制神之處位次主，而爲之牲器時服。」楊泉《物理論》云：「夫醫者，非仁愛不可托，非聰明達理不可任，非廉潔淳良不可信。古之用醫，必選名姓之後。」又云：「其德能仁恕博愛，其智能宣暢曲解，知天地神祇之次，明性命吉凶之數，處虚寔之分，定順逆之理，原疾量藥〔一一〕，貫微達幽。」此二條，于朱注爲合。

《恒》九三爻王弼注云：「處三陽之中，居下體之上，處上體之下，上不全尊，下不全卑，中不在體，體在乎恒，而分無所定，無恒者也。德行無恒，自相違錯，不可究詰，故或承之羞。」「中不在體」，謂三陽似《乾》，而非卦之二體。

桓公九合諸侯

《國語》云：「兵車之屬六，乘車之會三。」《史記》云：「兵車之會三，乘車之會六。」雖與「九合」數同，而與「不以兵車」悖，不可爲據。唯《穀梁傳》曰：「衣裳之會十有一，未嘗有歃血之盟也，信厚也；兵車之會四，未嘗有大戰也，愛民也。」范注云：「衣裳之會，莊十三年會北杏，十四年會鄄，十五年又會鄄，十六年會幽，二十七年又會幽；僖元年會檉，二年會貫，三年會陽穀，五年會首戴，《左》作「首止」。七年會寧母〔一二〕，九年會葵丘。兵車之會，僖八年會洮，十三年會鹹，十五年會牡丘，十六年會淮。」此四會，《傳》皆云「兵車之會也」，故注推其外皆爲衣裳之會。又，《穀梁傳》曰：「貫之盟，管仲曰：『江、黄遠齊而近楚。若伐而不能救，則無以宗諸侯矣。』桓公不聽，遂與之盟。楚伐江、滅黄，在僖公十二年。桓公不能救，故君子閔之。」貫與陽穀，皆有江人、黄人，可知此二會，非管仲意，不得爲管仲之力。除此二會，則衣裳之會九，正合「九合」之數。然范數衣裳，自莊十三年會北杏始。然北杏之會，《經》于諸侯皆稱人，《傳》以爲桓非受命之伯，諸侯將以事授之，故疑之曰「可矣乎」，是此時桓未成伯也。其年冬，公會齊侯，盟于柯，曹劌劫齊侯。《公羊傳》曰：「桓公之信著于天下，自柯之盟始。」其明年，會鄄；三〔一三〕後年，又會鄄，皆謀推齊爲伯。又後年，同盟于幽，《經》書「同」，則成爲伯矣；二十七年，又同盟于幽，《穀梁傳》曰：「于是而〔一四〕授之諸侯，齊侯得衆也。桓會不致，安之也；桓盟不日，信之也。信其信，仁其仁。」鄭康成《釋廢疾》云：「自柯之明年，葵丘以前，去貫與陽穀，固已九合矣。」則九合始莊十四年會鄄，以至葵丘。依范注，止有八。劉炫以爲：兵車之會唯有三，洮亦衣裳之會，《穀梁傳》誤。其説爲是。蓋齊桓之合諸侯，以葵丘爲限。葵丘以前皆衣裳，用管仲也；葵丘以後皆兵車，管仲死也。葵丘爲桓之極盛，于是有驕矜之志。《傳》曰：「震而驚之，叛者九國。」爲桓之始衰。洮之會，在寧母之後、葵丘之前，正九合之數也。依鄭數九合：莊十四年會于鄄，《左傳》：「宋服故也。」十五年會于鄄，二；《左傳》：「齊始伯也。」十六年同盟于幽，三；《左》云：「鄭成也。」《穀》云：「同尊周也。」二十七年同盟于幽，四；《左》：「陳、鄭服也。」《穀》：「齊侯得衆也。」僖元年會檉，五；《左》：「謀救鄭也。」五年會首戴，六；《左》：「謀寧周也。」七年會寧母，七；《左》：「謀鄭故也。」八年會洮，八；《左》：「謀王室也。」九年會葵丘，九。《左》：「尋盟且修好，禮也。」《論語》疏云：「依《穀》，十一會。去北杏與陽穀，爲九。」非也。

作者七人

包注云：「作，爲也。爲之者，凡七人，謂爲避世，以至避言。謂長沮、桀溺、丈人、石門、荷蕢、儀封人、接輿。」疏云：「王弼云〔一五〕：七人，伯夷、叔齊、虞仲、夷逸、朱張、柳下惠、少連。鄭康成云：伯夷、叔齊、虞仲，避世者；荷蓧、長沮、桀溺，辟地者；柳下惠、少連，辟色者；荷蕢、楚狂接輿，辟言者。『七』當作『十』，字之誤也。」宋人有爲新説者，云：「七人，伏羲〔一六〕、神農、黄帝、堯、舜、禹、湯，皆制作而不述乎人也。『作』，如『述而不作』之『作』。」

厲揭

《爾雅》云：「濟有深涉：深則厲，淺則揭。揭者，褰衣也。以衣涉水曰厲，由膝以上爲涉，由帶以上爲厲。」《詩》疏云：「鄭注《論語》及服注《左傳》皆云『由膝以上爲厲』者，明膝以上至由帶以上，揔名『厲』也。此深涉，不可渡，則深于厲矣。『厲』言深者，對『揭』之淺者耳。《爾雅》引《詩》，以由帶以上、由膝以上釋之，明過此不可厲。」《說文》：「砅，履石渡水也。」引《詩》「深則砅」，或作「濿」。然履石而渡，亦水淺方可；由帶以上，不能矣。此毛、鄭所以從《爾雅》也。

杖

《吕氏春秋》云：「孔子之弟子從遠方來者，孔子荷杖而問之曰：『子之公不有恙乎？』搏杖〔一七〕而揖之，問曰：『子之父母不有恙乎？』置杖而問之曰：『子之兄弟不有恙乎？』杙步而信〔一八〕之曰：『子之妻子不有恙乎？』故孔子以六尺之杖，諭貴賤之等，辨親疏〔一九〕之義。」古杖長六尺，于此見之。

陳

《穀梁傳》曰：「善爲國者不師，善師者不陳，善陳者不戰，善戰者不死，善死者不亡。」陳名，鄭有魚麗，又有鸛，有鵝；楚有荆尸，魯有支離，晉有五陳。又，襄二十三年，齊侯伐衛，有先驅、申驅、啓、胠、大殿，與中軍爲六，亦是陳名。文十年，楚子「田孟諸，宋公爲右盂，鄭伯爲左盂」，注云：「田獵陳名也。」

紳帶

《玉藻》曰：「天子素帶，以素爲帶。朱裏，終辟。注：「『辟』讀如『裨』，謂以繒采飾其側。」終，盡也。而素帶，終辟；注：「謂諸侯也，不朱裏，合素爲之。」大夫素帶，辟垂；注：「大夫亦合素，裨其紐及末。」紐，所以束自紐及末紳也。士練帶，注：「裨而不合。」率，以兩條繩置其邊而緘之，注讀如「繂」〔二〇〕。下辟。辟，紳之半以下也。居，士錦帶，弟子縞帶。皆裨而率。并紐約，用組三寸，長齊于帶。「并」，並也。謂天子以至弟子，同用組爲紐約。紳長制：士〔二一〕三尺，有司二尺有五寸。子游曰：『三分帶下，紳居二焉。』中人帶下，四尺五寸。紳、韠、結三齊。「結」即紐約。大夫大帶四寸。注：「大夫以上，皆廣四寸。」雜帶，君朱緑，大夫玄華，注：「雜帶，即上之『裨』也。君裨帶，上以朱，下以緑；大夫裨垂，外以玄，内以華。華，黄色也。」士緇辟二寸，再繚四寸。注：「士裨垂之外内皆以緇，廣二寸。」凡帶，有率，無箴功。」注：「『凡帶』，有司之帶也。」無箴功，不裨之。《曹風》曰：「淑人君子，其帶伊絲。」箋：「謂大帶也。大帶用素絲，有雜色飾焉。」《小雅》曰：「彼都人士，垂帶而厲。」傳：「厲，帶之垂者。」《白虎通》云：「所以必有紳帶，示敬謹，自約整。績繒〔二二〕爲結于前，下垂三分身半，紳居一焉。」「一」當爲「二」。凡大帶之内，又有革帶，廣二寸，以繫佩及韠。

夏時

《白虎通》云：「王者受命必改朔，何？「朔」即正也。明易姓，示不相襲也。明受之于天，不受之于人，所以變易民心，革其耳目，以助化也。是以舜、禹雖處〔二三〕太平，猶宜改以應天。正朔有三，何本？天有三統，謂三微之月也。明王者當奉順而成之，故受命各統一正也，敬始重本也。《禮·三正記》曰：『正朔三而改，文質再而復也。』三微者，何謂也？陽氣始施黄泉，萬物動微而未著也。十一月之時，陽氣始養根株，黄泉之下，萬物皆赤。赤者，盛陽之氣也，故周爲天正，色尚赤也。十二月之時，萬物始牙而白。白者，陰氣，故殷爲地正，色尚白也。十三月之時，萬物始達，孚甲而出，皆黑，人得加功，故夏爲人正，色尚黑。《尚書大傳》曰：『夏以十三月爲正，色尚黑，以平旦爲朔；殷以十二月爲正，色尚白，以鷄鳴爲朔；周以十一月爲正，色尚赤，以夜半爲朔。』三正之相承，若順連環也。孔子承周之弊，行夏之時，知繼十一月正者，當用十三月也。」

凡改正者，皆時、月俱改。殷之春三月，丑、寅、卯；周之春三月，子、丑、寅也。故《左氏春秋傳》曰：「元年春，王周正月。」東漢陳寵〔二四〕云：「十一月，周以爲春；十二月，商以爲春；十三月，夏以爲春。」校之《春秋》，確然無疑。宋人説《春秋》，以爲夏時冠周月，大謬。朱子亦曰：「夫子正爲建子爲春不順，故告顔子，欲改從建寅耳。」

《逸周書·周月解》曰：「萬物春生、夏長、秋收、冬藏，天地之正，四時之極，不易之道。夏數得天，春生、夏長、秋收、冬藏，唯夏正爲然。百王所同。其在商湯，用師于夏，除民之災，順天革命，改正朔，變服殊號。一文一質，示不相沿。以建丑之月爲正，易民之視。亦越我周王，致伐于商，改正異械，以垂三統。至于敬授民時，巡守祭享，猶自夏焉。是謂『周月』，以紀于政。」《周禮》有「正月」，有「正歲」，注云：「正月，周之正月。」「正歲，謂夏之正月。得四時之正，以出教令者，審也。」

春秋時，晉用夏正。《左傳》卜偃曰：「其九月、十月之交乎？丙子旦，日在尾，月在策，鶉火中。」絳縣人曰：「臣生之歲，正月甲子朔。」杜注皆云夏正。絳縣人甲子，于晉七十三年，于周則七十四年。《竹書紀年》，戰國時魏史也。魏出于晉，故其書皆夏正。

《禮運》：「吾得《夏時》焉。」注：「今其〔二五〕存者，有《小正》。」《小正》今見《大戴禮記》，氣候、寒暑、物類之節，王政、民事之略，蓋夏之《月令》也。《集注》云：「取其時之正與令之善。」是據《小正》而言，非特用其時，又用其令也。

邢士登《古今律曆考》云：「朱子謂：《夏時》以斗柄初昏、建寅之月爲歲首。若謂凡正月斗柄皆指寅，而以斗柄所指爲建矣。不知『建寅』者，乃『寅月以寅日爲建，而卯則除辰則滿；二月以卯日爲建，而辰則除巳則滿』之類，非謂斗柄所指爲建也。斗柄初昏建寅〔二六〕爲正月，惟古爲然。如萬曆年正月初昏，斗柄指丑；再千餘年，則指子；久之，指亥、指戌，日漸移而東，天漸移而西。一正月也，斗柄歷十二辰，皆可指，不必寅也。此歲差之數，天道推遷，萬世可知者。」

殷輅古字「輅」「路」通，《禮》文作「路」

虞夏之時，蓋止一路。至殷而有三，周則有五。《明堂位》曰：「鸞車，有虞氏之路也；注：「有鸞和也。」古車未有鸞和，虞始有之。在軾曰和，在鑣曰鸞。鉤車，夏后氏之路也。」注：「有曲輿者也。」疏：「謂曲前闌也。虞質，未有鉤矣。」前闌，謂軾。虞、夏之路，此外無聞。《郊特牲》曰：「大路，繁纓一就，先路三就，次路五就。」注：「《禮器》言『次路七就』，字之誤也。」疏云：「殷則有三路，其世猶質，故以少飾爲先。」《周禮・春官・巾車》：「王之五路：一曰玉路，錫〔二七〕，注：「玉路，以玉〔二八〕飾諸末。錫，馬面當盧，刻金爲之，所謂鏤錫也。」樊纓十有再就，「樊」讀如「鞶」，馬大帶也；「纓」，馬鞅，皆以五采罽飾之。「樊」與《郊特牲》「繁」，皆假借。建太常十有二斿，以祀；金路，注：「以金飾諸末。」鉤，注：「婁頷〔二九〕之鉤也，亦以金爲之，無錫。」樊纓九就，建大旂，以賓，同姓以封；象路，注：「以象飾諸末。」朱，注：「無鉤，以朱飾勒而已。」樊纓七就，建大赤，以朝，異姓以封；革路，注：「鞔之以革而漆之，無他飾。」四路皆鞔革，此無飾，故專名。龍勒，注：「龍，駹也。以白黑飾韋，雜色爲勒。」條，纓五就，注：「『條』讀爲『絛』。其樊及纓，以絛絲飾之。不言『樊』字，蓋脱爾。」建大白，以即戎，以封四衛。木路，注：「不鞔以革，漆之而已。」前樊鵠纓，注：「『前』讀爲『翦』，淺黑也。木路無龍勒，以淺黑飾韋爲樊，鵠色飾韋爲纓。不言就數，與革路同。」建大麾，以田，以封蕃國。」玉路亦曰大路，金路亦曰先路，《顧命》所陳是也。鄭注《尚書》云：「大路，玉路；綴路，玉路之貳；先路，金路；次路，金路之貳。不陳象路、革路、木路，主于朝祀而已。」此周天子之禮。魯之郊天，不得用玉路，故用殷之大路。《明堂位》曰：「是以魯君乘大路，戴弧韣，旂十有二旒，日月之章，祀帝于郊。」又曰：「大路，殷路也；乘路，周路也。」注云：「大路，木路也；乘路，玉路也。」則知周之木路，即殷之大路矣。乘殷之路，當是用殷三路：木路以祀，先路、次路以賓朝之等，不宜專指一路言之。《集注》言「等威已辨」，亦兼先路、次路，乃見等威，非專言木路。

周冕

《世本》云：「黄帝作冕。」《王制》曰：「有虞氏皇而祭，夏后氏收而祭，殷人冔而祭，周人冕而祭。」注云：「皇，冕屬也，畫羽飾焉。」則虞、夏、殷之冕，别名皇、收、冔。《白虎通》云：「十一月之時，陽氣絻〔三〇〕仰黄泉之下，萬物被施，前絻而後仰〔三一〕，故謂之冕。十二月之時，施氣受化，詡張而後得牙，故謂之詡。「冔」〔三二〕、「詡」字通，皆大也。十三月之時，氣收本，舉生萬物而達出之，故謂之收。絻仰不同，故前後乖也。前低一寸。詡張，故萌大，時物亦牙萌大也。冔之狀，張大也。收而達，故前葱，大者在後，前小後大。時物亦前葱也。」物生，皆根大莖小。「葱」謂纖削如葱。此收、冔之形義也。「皇，畫羽飾」者，疏云：「如『皇邸』『皇舞』，皆爲『鳳凰』之字。鳳羽五采，故云畫羽飾之也。」《禮器》曰：「禮有以文爲貴者。天子之冕，朱緑藻，十有二旒；諸侯九，上大夫七，下大夫五，士三。」注云：「朱緑，似夏、殷禮也。周禮，天子五采，藻。」疏云：「天子十有二旒，亦夏、殷制也。諸侯九，上大夫七，下大夫五，士三，亦言夏、殷也。周家旒數隨命數，又士但爵弁，無旒也。」此夏、殷之旒制。《鄉黨圖考》云：「天子用朱緑二采，太卑矣。諸侯有五等，一用九旒，太無別。七旒、五旒用之上、下大夫，士得服三旒之冕，亦太尊。以此觀之，可知周冕之善。」

《周禮·弁師》：「掌王之五冕，注：「冕服有六，而言五冕者，大裘之冕蓋無旒，不聯數也。」皆玄冕，朱裏，延，冕上覆曰延。以玄布衣其上，朱爲裏。紐。小鼻，在武上，以貫笄。武，冠卷也。五采繅十有二就，皆五采玉十有二。疏云：「合五采絲爲藻繩十二道，爲十二旒也。以五色玉貫于藻繩之上，每玉間相去一寸，十二玉則十二寸。就，成也。以一玉爲一成，結之，使不相并也。」此據衮冕十二斿。若鷩冕九斿、毳冕七斿、希冕五斿、玄冕三斿，其玉則斿皆十二，亦注、疏説。玉笄，朱紘。以朱組爲紘。紘一條，屬兩端于武。諸侯注云：「『侯』當爲『公』。」之繅斿九就，九斿，長九寸，九玉。瑉玉三采，朱、白、蒼。其餘如王之事。謂延、紐，玄覆朱裏。繅、斿皆就，皆三采也。玉瑱，疏云：「王亦有之。」玉笄。諸侯及孤卿、大夫之冕，各以其等爲之，而掌其禁令。」注：「繅斿以〔三三〕其命數。侯伯繅七就，子男繅五就，繅玉皆三采；孤繅四就，三命之卿繅三就，再命之大夫繅再就，繅玉〔三四〕皆朱緑。一命之大夫冕而無旒，士變冕爲爵弁。」自諸公以下，冕各兼下，唯玉數各如其命。此孔穎達《禮》疏説。若賈公彦《周禮》疏，則以爲諸公以下，唯有一冕，以冠諸服。

《司服》：「王之吉服，祀昊天上帝，則服大裘而冕；所謂裘冕無旒。祀五帝，亦如之。享先王，則衮冕；享先公，饗，射，則鷩冕；祀四望山川，則毳冕；祭社稷、五祀，則希冕；祭群小祀，則玄冕。」冕旒有二説：前後有旒者，歐陽氏説也，鄭氏從之；有前無後者，大、小夏侯氏説也。江慎修云：「《大戴禮·子張問入官篇》云：『古者冕而前旒，所以蔽明也。』《禮緯》云：『旒垂目，纊塞耳，王者示不聽讒、不視非也。』前旒義取『蔽明』，則無後旒可知，當從夏侯氏説。」

樂舞

《春官·大司樂》：「以樂舞教國子：舞《雲門》《大卷》《大咸》《大磬》《大夏》《大濩》《大武》。」注：「此周所存六代之樂。黄帝曰《雲門》《大卷》，言其德如雲之所出，民得以有族類；「卷」者，「卷聚」之意，故以「族類」解之。《大咸》《咸池》，堯樂也，言其德無所不施；「咸」，皆也；「池」，施也。《大磬》，舜樂也，言其德能紹堯之道也；「磬」與「韶」同。「韶」，繼也。《大夏》，禹樂也，言其德能大中國也；「夏」，大也，亦中夏。《大濩》，湯樂也，言其德能使天下得其所也；「濩」，救護也。《大武》，武王樂也，言其德能成武功。」《樂記》云：「《大章》，章之也；《咸池》，備矣。」注：「《大章》，堯樂名，《周禮》闕之，或作《大卷》。《咸池》，黄帝所作樂名，堯增修而用之，《周禮》曰《大咸》。」二注不同。賈公彦以爲，黄帝樂本名《咸池》。五帝殊時，不相沿樂。堯增修黄帝樂，存其本名曰《咸池》，而以其不增修者改名《大章》，故《大章》《咸池》皆爲堯樂。周公以《咸池》爲堯樂，則以堯之《大章》更名曰《雲門》。《大卷》爲黄帝樂，《大卷》即《雲門》，亦即《大章》也。又，《孝經緯》云：「伏羲之樂曰《立基》，神農之樂曰《下謀》，祝融之樂曰《屬續》〔三五〕。」又，《樂緯》云：「顓頊之樂曰《五莖》，帝嚳之樂曰《六英》。」又，皇甫謐曰：「少昊之樂曰《九淵》。」并《大司樂》疏。《白虎通》云：「受命而作樂。興先王之樂，明有法也；興其所自作，明有制；興四夷之樂，明德廣及之也。以文得之，先以文，謂持羽毛儛也；以武得之，先以武，持干戚儛也。」「儛」即「舞」字。又曰：「歌在堂上，舞在堂下，何？歌者象德，舞者象功，君子上德而下功。」

鄭聲

《周禮》：「凡建國，禁其過聲、淫聲〔三六〕、凶聲、慢聲」，所謂「以六樂防萬民之情而教之和」也。「放」者，流屏之謂，非但禁絶之于朝廷之上而已。師蠲賂晉悼公，伯業遂衰；師慧賂宋，而淫樂之矇，謂宋「無人」；魏文侯聽鄭音，則不知倦；趙烈侯好音，愛鄭歌者。鄭音好濫淫志，自古如此，亦其風土固然歟？

蕭墻

鄭注：「『蕭』之言『肅』也，『墻』謂屏也。君臣相見之禮，至屏而加肅敬焉，故謂之蕭墻。」羅願《爾雅翼》云：「蕭合黍稷，臭陽達于墻屋。墻内乃焫蕭之地，故曰蕭墻。」鄭之意，以君臣之分正之；羅之意，以鬼神之怒煬〔三七〕之。

鑽燧改火

《淮南子》云：「冬至，甲子受制，木用事，火烟青。七十二日，丙子受制，火用事，火烟赤；七十二日，戊子受制，土用事，火烟黄；七十二日，庚子受制，金用事，火烟白；七十二日，壬子受制，水用事，火烟黑；七十二日〔三八〕。」《管子·幼官篇》云：「春以羽獸之火爨，夏以毛獸之火爨，秋以介蟲之火爨，冬以鱗獸之火爨，中央以倮蟲之火爨。」

有明火，有國火。明火以陽燧取之于日，近于天也，故卜與祭用之；國火取之五行之木，近于人也，故烹飪用之。古人用火，必取之于木，而復有四時五行之變。《素問》黄帝言：「壯火散氣，少火生氣。」季春出火，貴其新者，少火之義也。今人一切取之于石，其性猛烈而不宜人，疾疢之多，年壽之減，有自來矣。《日知録》

季孟之間

孔注云：「魯三卿，季氏爲上卿，最貴；孟氏爲下卿，不用事。」按，《春秋·昭四年傳》：季孫爲司徒，叔孫爲司馬，孟孫爲司空；《哀二年經》書季孫斯、叔孫州仇、仲孫何忌帥師伐邾。孔以次第考之，故季爲上卿、孟爲下卿。《國語》則云：「叔孫之位，不若季、孟。」韋昭曰：「叔孫下卿，季、孟上卿。」與孔説異。孔子以昭公二十五年適齊，時季爲平子，孟爲懿子，叔爲昭子也。

亞飯三飯四飯

《白虎通》曰：「王者食所以有樂，何？樂食天下之太平、富積之饒也，明天子至尊，非功不食，非德不飽。四方不平，四時不順，有徹樂之法焉，所以鳴[三九]至尊、著法戒也。王平旦食，少陽之始也；晝食，太陽之始也；晡食，少陰之始也；暮食，太陰之始也。《論語》[四〇]：『亞飯干適楚，三飯繚適蔡，四飯缺適秦。』諸侯三飯，卿大夫再飯，尊卑之差也。」案，《漢書·古今人表》師摯至擊磬襄八人，列第三等，在伯夷、叔齊之後，伯達、伯适之前。顔師古注云：「師摯以下八人，皆紂時奔走分散而去。鄭玄以爲周平王時人，非也。」然則班固以爲殷人，鄭以爲平王時人，孔安國注乃以爲魯哀公時人耳。《白虎通》，班固所作，則其所言，殷禮也。鄭注「不時不食」云：「一日之中，三時食。」則大夫三飯。《周禮·膳夫》「王日一舉」注：「謂朝食。」「王燕食，則奉膳贊祭」注：「謂日中與夕食。」則天子亦三飯，諸侯與天子及大夫同三飯可知。《禮器》曰：「禮有以少爲貴者：天子一食，諸侯再，大夫、士三。」注：「謂告飽也。」案，《儀禮》注：「天子十五飯，諸侯十三飯，大夫十一，士九。」或天子一食即告飽，侑之乃更食，凡三侑而盡十五飯；諸侯再食告飽，三侑而盡十三飯也，其一侑爲亞飯，再侑爲三飯，三侑爲四飯耳。士亦三侑，大夫再侑，避君。

八士

疏云：「鄭玄以爲成王時人，劉向、馬融以爲宣王時。」案，《晉語》胥成曰：「文王之即位也，詢于八虞。」注：「賈、唐云：八士皆在虞官，伯達、伯适等是也。」《逸周書·武寤解》曰：「尹氏八士、太師、三公，咸作有績。」《和寤解》曰：「王乃厲翼于尹氏八士。」注云：「八士，武王賢臣也。」又，《克殷解》云：「乃命南宫忽振鹿臺之粟，命南宫伯達與史佚遷九鼎、三巫。」十亂中，又有南宫适。疑八士皆尹氏，別氏南宫，在文王時，皆爲虞官，佐武王定天下。以爲宣王、成王時人，皆非也。《古今人表》亦以八士當文王時。《白虎通》曰：「質家積于仲，文家積于叔。周有八士，不積于叔，何？蓋以兩兩俱生故也。不積于伯、季，明其無二也。」

百工居肆

古者，百工皆居官府造作，用官物爲器；所作之餘，乃自賣之。故《周禮》九賦，有「幣餘」之賦，先鄭注云：「百工之餘。」唯百工無私造，故不居肆則不成也。

大賚

《集注》引《武成》「大賚四海」，又引《詩序》曰：「《賚》，所以錫予善人。」則「賚」兼二義：一是散財發粟，一是大封功臣也。案，《周頌》：「《賚》，大封于廟也。賚，予也，言所以錫予善人也。」詩曰：「文王既勤止，我應受之。敷時繹思，我徂惟求定。時周之命，於繹思！」箋云：「文王既勞心于政事，以有天下之業。我當而受之。敷是文王之勞心，能陳繹而行之。今我往以此求定，謂安天下也。勞心者，是周所以受天命而王之所[四一]由也。于女諸臣之受封者，陳繹而思行之，以文王之功業敕勸之。」又，何晏《集解》云：「言周家受天大賜，富于善人。」亦可通。

謹權量審法度

《漢書·律曆志》引《論語》此文，顔師古注云：「『權』即[四二]斤兩也，『量』謂斗斛也；『法度』，丈尺。」閻若璩云：「三者，居治天下之大端。昔舜一歲四巡守，皆同律度量衡。《月令》：『日夜分，同度量，正權概。』《周禮·大行人》：『十有一歲，同度量，同數器。』未有舉『權量』而遺『度』者，特以『度』一字未足成句，配以『法』字。《易》曰：『制而用之謂之法。』《秦始皇紀》：『初并天下，一法度、衡石、丈尺。』其證也。」

《律曆志》云：「權者，銖、兩、斤、鈞、石也，所以稱物平施，知輕重也。本起于黄鐘之重。一龠容千二百黍，重十二銖；兩之爲兩，二十四銖爲兩；十六兩爲斤，三十斤爲鈞，四鈞爲石。銖者，物絲〔四三〕忽微始，至于成著，可殊異也。銖，殊也。兩者，兩黄鐘之律之重也。斤者，明也。鈞者，均也，陽施其氣，陰化其物，皆得其成就平均也。石者，大也，權之大者也。始于銖，兩于兩，明于斤，均于鈞，終于石。物終石，大也，五權謹矣。權與物鈞而生衡，而鈞權矣，是爲五則。」又云：「量者，龠、合、升、斗、斛也，所以量多少也。本起于黄鐘之龠，用度數，審其容。以子穀秬黍中者千有二百寔其龠，以井水準其概。合龠爲合，十合爲升，十升爲斗，十斗爲斛，而五量嘉矣。其法：用銅方尺而圜其外，旁有庣焉。注：「庣，不滿之處也。」其上爲斛，其下爲斗，左耳爲升，右耳爲合。龠，其狀似爵，以縻爵禄。即《周禮·考工》之「嘉量」。注：「縻，散也。」龠者，黄鐘律之寔也，躍微動氣而生物也。龠，躍也。合者，合龠之量也。升者，登合之量也。斗者，聚升之量也。斗，聚也。斛者，角斗平多少之量也。斛，角也。夫量者，躍于龠，合于合，登于升，聚于斗，角于斛也。」又云：「度者，分、寸、丈、尺、引也，所以度長短也。本起黄鐘之長。以子穀秬黍中者，一黍之廣，度之九十分，黄鐘之長。一爲一分，十分爲寸，十寸爲尺，十尺爲丈，十丈爲引，而五度審矣。其法：用銅，高一寸，廣二寸，長一丈，而分、寸、尺、丈存焉。用竹爲引，高一分，廣六分，長十丈，其方法矩。分者，自三微而成著，可分别也。寸者，忖也。忖，度也。尺者，蒦也。丈者，張也。引者，信也。夫度者，别于分，忖于寸，蒦于尺，張于丈，信于引。引者，信天下也。」

校勘記

〔一〕「禫」，蜚雲閣本作「禫」，據《禮記正義》卷三十改。下同。

〔二〕「二」，《公羊注疏》卷十六作「兩」。

〔三〕「得食肉焉，衣帛焉」，《公羊注疏》卷十六作「得衣帛焉，得食肉焉」。

〔四〕「彊」，蜚雲閣本作「疆」，字通。

〔五〕「爲」，《公羊注疏》卷十六作「曰」。

〔六〕「職」，蜚雲閣本作「藏」，據《國語注》卷五及下引文改。

〔七〕「殤」，蜚雲閣本作「殤」，據《周禮注疏》卷一改。

〔八〕「則」，《周禮注疏》卷五作「則存乎」。

〔九〕「莫如扁鵲、蒼公」，《周禮注疏》卷五作「莫若扁鵲、倉公」。

〔一〇〕「中」，《國語》卷十九作「衷」，韋昭注云：「衷，中也。」

〔一一〕「原疾量藥」，劉寶楠《論語正義》卷十六引同，《初學記》卷二十引作「原疾疹之輕重，而量藥劑之多少」。

〔一二〕「寧母」，《春秋穀梁傳注疏》卷八作「寧毋」，《釋文》云：「毋，音無，又茂後反。」下同。

〔一三〕「三」，據《春秋》，莊十四年冬，單伯會齊侯、宋公、衛侯、鄭伯于鄄；十五年春，齊侯、宋公、陳侯、衛侯、鄭伯會于鄆，則作「後年」爲是，「三」當爲衍文。

〔一四〕「而」，《穀梁注疏》卷六作「而後」。

〔一五〕「云」，《論語集解義疏》卷七作「曰」。下「鄭康成云」同。

〔一六〕「伏羲」，蜚雲閣本作「伏義」。

〔一七〕「搏杖」，蜚雲閣本作「慱杖」，據《四部叢刊初編》景涵芬樓藏明刊本《吕氏春秋·孟冬紀·異用篇》改。

〔一八〕「信」，《吕氏春秋·孟冬紀·異用篇》作「倍」。

〔一九〕「親疏」，《吕氏春秋·孟冬紀·異用篇》作「疏親」。

〔二〇〕「注讀如綷」，《禮記正義》卷三十注云：「率，綷也。」

〔二一〕「制士」，蜚雲閣本奪，據《禮記正義》卷三十補。

〔二二〕「績繒」，盧校本《白虎通·衣裳篇》作「續繒」。

〔二三〕「處」，盧校本《白虎通·三正篇》作「繼」。

〔二四〕「寵」，蜚雲閣本作「躬」，據《後漢書》卷七十六改。所引爲陳寵奏對語，陳躬乃寵父。

〔二五〕「今其」，《禮記正義》卷二十一作「其書」。

〔二六〕「建寅」，《四庫全書》本《古今律曆考》卷八作「指寅」。

〔二七〕「錫」，蜚雲閣本作「鍚」，據《周禮注疏》卷二十七改。下并同。

〔二八〕「玉」，蜚雲閣本奪，據《周禮注疏》卷二十七補。

〔二九〕「婁頷」，蜚雲閣本作「婁領」，據《周禮注疏》卷二十七改。

〔三〇〕「絻」，《漢魏叢書》本《白虎通·紼冕篇》作「冕」，盧校本從《御覽》改作「俛」。本書初印本作「俛」。下同。

〔三一〕「萬物被施，前絻而後仰」，葉雲本初印作「萬物被施，前俛而後仰」，後印本欲改「俛」爲「絻」，而誤改「施」作「絻」，遂爲「萬物被絻，前俛而後仰」，今訂正。

〔三二〕「尋」，葉雲閣本作「㝷」，據下注改。

〔三三〕「以」，《周禮注疏》卷三十二作「如」。

〔三四〕「繅玉」，《周禮注疏》卷三十二作「藻玉」。

〔三五〕「續」，葉雲閣本作「讀」，據《周禮注疏》卷二十二、《禮記正義》卷三十八改。

〔三六〕「過聲淫聲」，《周禮注疏》卷二十二作「淫聲過聲」。

〔三七〕「惕」，葉雲閣本作「愓」，據文意改。

〔三八〕「七十二日」，《淮南子·天文訓》下有「而歲終，庚子受制」七字，王引之以爲「庚子」當作「庚午」。

〔三九〕「鳴」，《漢魏叢書》本《白虎通·禮樂篇》同，盧校本作「明」。

〔四〇〕「論語」，《漢魏叢書》本《白虎通·禮樂篇》下有「曰」字。

〔四一〕「所」，葉雲閣本奪，據《毛詩正義》卷十九之四補。

〔四二〕「即」，《漢書》卷二十一上作「謂」，「量」下無「謂」字。

〔四三〕「絲」，《漢書》卷二十一上作「繇」。顔師古曰：「繇，讀與『由』同。由，從也。」

四書典故覈卷七

孟子

靈臺辟雝、明堂

古説皆以靈臺、辟雝、明堂、太廟同處，一物異名，在近郊，國之東南，丙巳之地。中爲堂曰明堂，有五室，祭五帝，宗祀文王以配之，故亦名太廟。其外，水周之如辟，謂之辟雝。辟雝爲天子太學，其四面爲四門之學；又爲臺，以望雲物，謂之靈臺。其外，謂之靈囿。辟雍之水，謂之靈沼。《大戴禮·盛德篇》云：「明堂者，自古有之。凡九室，室四户八牖，共三十六户、七十二牖。以茅蓋屋，上圜下方，所以朝諸侯。其外有水，名曰辟雍。」《韓詩》説，辟雍者，天子之學，圜如璧，壅之以水。言「辟」，取辟有德。不言辟水、言辟雍者，取其雍和也，所以教天下春射、秋饗，尊事三老、五更。在南方七里之内，立明堂于中，《五經》之文所藏處。此條見《詩》疏。此以明堂與辟雝爲一也。淳于登説云：明堂在國之陽，三里之外，七里之内，丙巳之地，就陽位。周公祀文王于明堂，以配上帝，五精之神，太微之庭，象天太微垣中有五帝座星。中有五帝坐位。此言五室以祀五帝，與《周禮》合，與《大戴禮》異。古《周禮》《孝經》説，明堂，文王之廟。二説見《明堂位》疏。此以明堂與太廟爲一也。《左氏》説，天子靈臺，在太廟之中，壅之靈沼，謂之辟雍；諸侯有觀臺，亦在廟中，皆以望嘉祥也。見《詩》疏。又，《公羊》説，天子有靈臺，以觀天文；有時臺，以觀四時施化；有囿臺，觀鳥獸魚鼈。諸侯卑，不得觀天文，無靈臺；有時臺、囿臺，皆在國之東南二十五里。東南者，少陽用事，萬物著見。亦見《詩》疏。此以靈臺、辟雍、太廟爲一也，故盧植《禮記》〔一〕注云：「明堂，即太廟也。天子太廟，上可以望氣，故謂之靈臺；中可以序昭穆，故謂之太廟；亦言宗祀之廟，非七廟之太廟。圜之以水，似璧，故謂之辟雍。古法皆同一處，近世殊異，分爲三耳。」漢明帝立三宫，是分爲三。蔡邕《月令論》云：「取其宗廟之貌，則曰清廟；清廟，茅屋是也。取其正室之貌，則曰太廟；取其堂，則曰明堂；取其四門之學，則曰太學；《大戴禮·保傅篇》有「帝入東學」「帝入南學」「帝入西學」「帝入北學」「帝入太學」之文。取其周水圜如璧，則曰辟雍。異名而同耳，其寔一也。」潁子容《春秋釋例》云：「太廟有八名，其體一也。肅然清静，謂之清廟；行禘祫，序昭穆，謂之太廟；以禘祫在明堂，大謬。告朔行政，謂之明堂；行饗射，養國老，謂之辟雍；占雲物，望氛祥，謂之靈臺；其四門之學，謂之太學；其中室，謂之太室；「天子居太廟、太室」是也。揔謂之宫。」「大射于射宫」是也。此三條，皆見《詩》疏。以上皆古説。鄭康成之義，則以明堂在國之陽，其制：東西九筵，南北七筵，堂崇一筵；五室，凡室二筵。《盛德篇》所言「九室，三十六户、七十二牖」，乃吕不韋時説者所益，非古制也。見《明堂位》疏。此爲一事。太廟在治朝之左，别爲一事，非明堂。明堂雖祀文王，不得爲太廟。周制：明堂、太廟、路寢三者同制，故後人誤之。三者同制，見《考工記》注。靈臺、辟雍合爲一處，於臺下爲囿、爲沼。《王制》：「小學在公宫南之左，大學在郊，天子曰辟雍。」在西郊也。《詩》疏。孔穎達《詩》疏云：「《王制》言太學在郊，乃是殷制。其周制，則太學在國。太學雖在國，而辟雍仍在郊，辟雍是學之名耳。周立三代之學，虞庠在國之西郊，則周以虞庠爲辟雍矣。」

毛傳：「神之精明者稱靈。靈囿，言靈道行于囿也；靈沼，言靈道行于沼也。」箋云：「文王之化行，似神之精明，故以名焉。」《括地志》云：「靈臺高二丈，周回一百二十步。」至唐太宗時猶存。

數罟不入洿池

《荀子》曰：「網罟、毒藥不入澤，洿池、淵沼謹其時禁，故魚鱉優多，而百姓有餘用。」

斧斤以時入山林

《山虞》：「掌山林之政令，物爲之厲而爲之守禁。仲冬斬陽木，仲夏斬陰木。凡服、耜，斬季材，以時入之。令萬民時斬材〔二〕，有期日。凡邦工入山林而掄材，不禁；春秋之斬木，不入禁。凡竊木者，有刑罰。」鄭司農曰：「厲，遮列守之。陽木，春、夏生者；陰木，秋、冬生者。」後鄭謂：「陽木生山南，陰木生山北。冬斬陽，夏斬陰，堅濡調。『季』猶『穉』也。服與耜，尚柔忍。『有期日』，出入〔三〕有日數，爲久盡物。『不入禁』，不入所禁中斬木，斬四野之木可。」有因地之時，仲冬斬陽、仲夏斬陰，盡物性也；有因物之時，服、耜斬季材，利民用也；有期限之時，斬材有期日，不盡物也。專指草木黄落，然後入山林。義未盡。

五畝之宅

山陵、川澤、宫室、涂巷，三分去一，一分而三分之，山澤名山大澤不以頒者，不在數計。此不過岡阜陂池之類。居一，五涂去一，城郭、宫室去一。每夫受五畝宅于邑，爲廛里；受二畝半于田首，爲園圃。鄭注《遂人》曰：「廛謂城邑之居。」注《載師》：「廛里，謂民之邑居〔四〕在都城者。」古奠民居之詳不可聞，以意度之，蓋鄉一州而有城，遂一縣而有城。其甸稍之公邑，二百里、三百里視州，四百里、五百里視縣。此皆以民計者。其三等采地，則以四甸之縣爲小城，四縣之都爲大城。此以地計者。以九分之一度之，民一夫，當得宅廬宫室地十一畝十一步，除自受廛廬七畝半，仍餘三畝六十一步。又三分之，以一爲國城、王宫、壇壝，以一爲官治、庠序、壇廟、閭巷，以一爲附城墓地，各得一畝二十步二尺。州城五千家，民廛爲萬二千五百畝，官治三千畝有奇，共萬五千五百畝有奇。王之大夫四命，則城方四里有奇，城外餘墓地亦三千畝有奇，外乃爲郭，負郭乃有田。民雖以冬至後四十五日出田，而桑在城内之宅，蠶時則入城。蓋蠶性惡風濕，不可于田首之廬，故也。田首廬二畝半，樹瓜果、葱韭，築場圃。《孟子》專言「樹桑」，故不及田首之廬也。

刑罰

唐、虞象刑，犯墨者蒙帛〔五〕，犯劓者赭其衣，犯臏者以墨幪臏處而畫之，犯大辟者布衣無領。《書大傳》。《書》曰：「象以典刑，流宥五刑，鞭作官刑，扑作教刑，金作贖刑。眚災肆，赦；怙終賊，刑。」《周禮》：「刑新國，用輕典；刑平國，用中典；刑亂國，用重典。」「墨罪五百，劓罪五百，宫罪五百，刖罪五百，殺罪五百。」穆王命吕侯度作刑，「墨罰之屬千，劓罰之屬千，剕罰之屬三百〔六〕，宫罰之屬三百，大辟之罰其屬二百，五刑之屬三千。」《書序》：「穆王訓夏贖刑，作《吕刑》。」孔傳曰：「更從輕，以布告天下。」疏曰：「《周禮》五刑之屬二千五百，此經五刑之屬三千，刑數乃多于《周禮》，而云『變從輕』者，《周禮》五刑皆有五百，此則輕刑多而重刑少也。」鄭注《堯典》云：「正刑五，加之流、宥、鞭、扑、贖刑，爲九刑。」《周禮》：「以五刑糾萬民：一曰野刑，二曰軍刑，三曰鄉刑，四曰官刑，五曰國刑。」賈疏曰：「此五刑，與墨、劓等正刑别，或一刑之中而含五，或此五刑全不入正刑。」

「罰」，《説文》云：「罪之小者。从刀、从詈。未以刀有所賊，但持刀罵詈，則應罰。」《春秋元命包》：「网言爲詈，刀詈爲罰。罰之言罔陷于害。」《周禮·司救》：「凡民之邪惡者，三讓而罰，三罰而士加明刑。凡民之有過失者，三讓而罰，三罰而歸于圜土。」鄭注：「罰，謂撻辱〔七〕之也。」《吕刑》：「五刑不簡，正于五罰：墨辟疑赦，其罰百鍰；劓辟疑赦，其罰惟倍；剕辟疑赦，其罰倍差；宫辟疑赦，其罰六百鍰；大辟疑赦，其罰千鍰。」《周禮·司金》有金罰、貨罰，《廛人》有罰布，皆罰贖之罰。

税斂

《漢書·刑法志》：「畿方千里，有税有賦。税以足食，賦以足兵。」《食貨志》：「士、工、商家受田，五口乃當農夫一人。若山林、藪澤、原陵、淳鹵之地，各以肥磽多少爲差，有賦有税。税謂公田什一及工、商、衡虞之入也。師古曰：「工、商、衡虞雖不墾殖，亦取其税者，工有技巧之作，商有行販之利，衡虞取山澤之材産也。」賦共車馬、甲兵、士徒之役，充實府庫賜予之用；税給郊社、宗廟、百神之祀，天子奉養、百官禄食、庶事之費。」按，《漢書》以軍賦爲賦，以田宅所征爲税；《周禮》凡税，皆通言「賦」。税有三色：一是田税，《孟子》所謂「粟米之征」、《周禮》所謂「任農以耕事，貢九穀」也，又謂之「鋤粟」。一是丁税，《孟子》所謂「力役之征」、《周禮》所謂「國中自七尺以及六十、野自六尺以及六十有五，皆征之」是也。一是宅税，《孟子》所謂「布縷之征」、《周禮》所謂「任嬪以女事，貢布帛」是也。授田則有田税，成丁則有丁税。一夫一婦爲室，成室則授宅，授宅則有宅税。古者人無不受田，量地之遠近，輕重税之。其不能自耕，閒民代爲之耕者，亦税粟，謂之「屋粟」，所謂「田不耕者，出屋粟」也。人無不授宅，宅無不種桑麻。若商賈之類，廛市湊集，或婦人業他事，不種桑麻者，出泉當賦，謂之「里布」，所謂「宅不毛者，有里布」也。農民則赴役，其工商賈之類不能赴役者，則以其所出當役，若工貢器物、圃貢草木之類是也。閒民無田，不出田税，而爲人執事，不能赴役，故令出布以當丁税，所謂「凡無職者，出夫布」也；或出粟當布，則謂之「閒粟」。若有室而婦亦爲人傭工，則亦出泉以當宅税，謂之「家征」，所謂「無職事者，出夫家之征」也。《掌交》「諭九税之利」，鄭注謂「税民九職」，蓋九職兼此三税矣。

釁

釁者，交神明之道也。《雜記》。雍人釁廟，小子釁社稷、五祀之宫兆，圉師釁廐，司約釁户，此皆釁屋之事；大司馬莅釁主及軍器，小子釁邦器、軍器，龜人釁龜，太史釁龜筴，天府釁寶鎮、寶器，皆釁器之事。趙注云：「涂其釁郄〔八〕。」此是從「鐘」字望文爲解，于義未該。廟社龜筴，當有何釁郄也？《甸人》：「共釁鬯。」《羊人》：「凡刉珥，共羊牲。」《士師》：「凡刉珥，奉犬牲。」《鷄人》：「凡禳釁，共鷄牲。」《雜記》：「凡宗廟之器成，則釁之以豭豚。」凡釁，無用牛者。釁，亦名「刉珥」。用毛牲曰「刉」，羽牲曰「珥」。賈疏〔九〕。

折枝

趙注云：「折枝，案摩，折骨節〔一〇〕，解罷枝也。」「解」音「懈」，「罷」音「皮」。古「枝」「支」字通用，「四肢」之字又用「支」，故趙氏爲此解，理勝朱注。後人又有解者云：「腰亦曰支。折枝，折腰也，蓋言爲長者揖拜耳。」亦通。

文王之囿

《詩·靈臺》毛傳：「囿，所以域養禽獸也。天子百里，諸侯四十里。」《三輔黄圖》：「靈囿在長安西四十二里，靈沼在長安西三十里，靈臺在西北四十里。」王伯厚據此，以爲文王囿七十里之證。

《漢書·地里志》：「文王作酆，有鄠、杜竹林，南山檀柘，號稱陸海，爲九州膏腴。」意當日或蕃遮爲田獵之所，而弛其利與民耳。

巡狩

《白虎通》曰：「王者必制巡狩之禮，何？尊天重民也。所以至四岳者，何？盛德之山，四方之中，能興雲致雨也。以夏之中〔二〕月，同律度，得其中也。」唐、虞之禮：五載一巡守，群后四朝。巡守之年，諸侯朝于方岳之下；其間四年，四方諸侯分來朝于京師，歲徧，是諸侯年年朝。此鄭注《尚書》之説。夏、殷之制：天子六年一巡守，諸侯間而朝天子，此《鄭志》説，見《王制》疏。則五服分年來朝。《周禮·大行人》之制：侯服歲一見，甸服二歲一見，男服三歲一見，采服四歲一見，衛服五歲一見，要服六歲一見，天子十二年一巡守。《白虎通》云：「五歲再閏，天道大備，故五載一巡守。」《王制》疏云：「夏、殷六歲者，取半一歲之律吕也；周十二歲者，象歲星一周也。」崔靈恩《三禮義宗》云：「唐、虞五載巡守一岳，二十年方遍四岳；周則四十八年矣。若一出四岳皆遍，且闕四時祭享。唐、虞衡山爲南岳，周氏霍山爲南岳。吉行五十里。若以二月到東岳，五月到南岳，八月到西岳，十一月到北岳，路程遼遠，固必不及。此知每至一岳即歸，義爲長。」此是異説。《大行人》云：「王之所以撫邦國、諸侯者，歲徧存，三歲徧頫，五歲徧省；注云：「三者，王使臣于諸侯；自五歲之後，遂間歲遍省。」七歲，屬象胥諭言語，協辭命；九歲，屬瞽史諭書名，聽聲音；注云：「因省而召之，聚于天子之宫，教習之。」十有一歲，達瑞節，同度量，成牢禮，同數器，修法則；因省爲之。十有二歲，王巡守，殷國。」「殷國」，殷見也。王若不巡守，則六服盡來朝。《職方氏》：「王將巡守，則戒于四方曰：『各修平乃守，考乃職事，無敢不敬戒。』」

《史記·五帝紀》：「黄帝披山通道，未嘗寧居。東至于海，登丸山，及岱宗；西至于空桐，登鷄頭；南至于江，登熊、湘；北逐葷粥，合符釜山。帝顓頊北至于幽陵，南至于交址，西至于流沙，東至于蟠木，動静之物，小大〔一二〕之神，日月所照，莫不砥礪。」《竹書紀年》：「帝堯五年，初巡守四岳。」《尚書大傳》曰：「惟元祀，舜假于文祖之年。巡守四岳八伯，壇四奥，沈四海，封十有二山，兆十有二州，浚川。樂正定樂名，元祀岱〔一三〕、泰山，貢兩伯之樂焉：陽伯之樂，舞《侏儒》〔一四〕，其歌聲比余謡，名曰《晳陽》〔一五〕；儀伯之樂，舞《鬘哉》〔一六〕，其歌聲比大謡，名曰《南陽》。中祀大交、霍山，貢兩伯之樂焉：夏伯之樂，舞《謾彧》，其歌聲比中謡，名曰《初慮》；羲伯之樂，舞《將陽》，其歌聲比大謡，名曰《朱于》。秋祀柳穀、華山，貢兩伯之樂焉：秋伯之樂，舞《蔡俶》，其歌聲比小謡，名曰《苓落》；和伯之樂，舞《玄鶴》，其歌聲比中謡，名曰《歸來》。幽都、弘山祀，貢兩伯之樂焉：冬伯之樂，舞《齊落》，曰《縵縵》。和伯樂缺。并論八音四會。」

泰山明堂

注〔一七〕以爲即周公朝諸侯之明堂，非也。周公朝諸侯之明堂，在東都洛邑；此周天子東巡守而朝諸侯之處，與「五室以祀五帝」者異寔而同名。《荀子》曰：「築明堂于塞外而朝諸侯。」楊倞注云：「方明壇。」是其義也。凡天子朝諸侯，皆爲壇，祀方明。其壇仿明堂，有四門，又有應門，皆壝土象之，故亦曰明堂。《覲禮》曰：「諸侯覲于天子，爲宫，方三百步，四門，壇十有二尋，深四尺，加方明于其上。方明者，木也，方四尺。設六色：東方青，南方赤，西方白，北方黑，上玄，下黄。設六玉：上圭，下璧，南方璋，西方琥，北方璜，東方圭。」「設玉」者，刻其木而著之。注云：「此謂時會、殷同也。爲宫者，于國外，春會同則于東方，夏會同則于南方，秋會同則于西方，冬會同則于北方。方明者，上下四方神明之象也。王巡守，至于方岳之下，諸侯會之，亦爲此宫以見之，《司儀職》曰『將會諸侯，則命爲壇三成，三重也。宫旁一門，詔王儀，南鄉見諸侯』是也。」

耕者九一

《穀梁傳》曰：「井田者，九百畝，公田居一。私田稼不善，則非吏；公田稼不善，則非民。古者公田爲居，井竈、葱韭盡取焉。」《漢書·食貨志》曰：「井方一里，是爲九夫。八家共之，各受私田百晦、公田十晦，是爲八百八十晦；餘二十晦，以爲廬舍。」按，九一之説，他無所見，與《周禮》田制尤不合。蓋《孟子》以助法約略言之，《穀梁》及《漢·志》則從《孟子》推衍之。其二十晦爲廬舍之説，則又以《詩》「中田有廬」傅合《孟子》「其寔什一」之語也。觀下文「澤梁無禁」數語，皆與《周禮》不合，知是孟子針砭時君，善爲通變之語，不必有寔事。《周禮》園廛二十而一，不指耕者；近郊十一，遠郊二十而三，甸稍、縣都皆無過什二，則皆言田賦輕近重遠者，《國語》所謂「籍田以力，而砥其遠邇」也。

仕者世禄

鄭康成云：「大夫之子免農，士之子不免農。」仕者世禄，蓋以免農，則不授田也。

關市譏而不征

《周禮·司關》：「司貨賄之出入者，掌其治禁，與其征廛。國凶札，則無門關[一八]之征，猶幾。」《廛人》：「掌斂市絘布、總布、質布、罰布、廛布，而入于泉府。」鄭司農云：「絘布，列肆之稅布。」杜子春云：「『總』當爲『儳』，謂無肆，立持者[一九]之稅也。」鄭康成曰：「總布，謂守斗斛銓衡者之稅也。廛布，貨賄諸物邸舍之稅。」《司市》曰：「國凶荒、札喪，則市無征而作布。」

澤梁無禁

《周禮·澤虞》：「掌國澤之政令，爲之厲禁，使其地之人守其財物，以時入之于玉府。」《𠭴人》：「掌以時𠭴爲梁。凡𠭴者，掌其政令；凡𠭴征，入于玉府。」

罪人不孥

《司厲》：「其奴，男子入于罪隸，女子入舂稾。」

萬鎰

《史記·平準書》：「一黄金一斤。」臣瓚曰：「秦以一鎰〔二〇〕爲一金，漢以一斤爲一金。」孟康曰：「二十兩爲鎰。」趙注以二十四兩爲鎰，鄭康成又以三十兩爲鎰。考周制，十六兩爲斤，秦更斤曰鎰，漢又復鎰爲斤，則鎰即十六兩。

雲霓

《爾雅》：「疾雷爲霆霓。」此「霓」字，當是「霆霓」之「霓」。

三鼎五鼎

鼎之制，上有耳，下有足，有鼏以覆之，有鉉以舉之。鼏，茅爲之，長則束其本，短則編其中。扃，木爲之。大者，廟門容七箇；小者，廟門容三箇。《詩》稱「鼐鼎及鼒」，《爾雅》曰：「鼎，絶大謂之鼐，圜弇上謂之鼒，附耳外謂之釴，款足〔二一〕謂之鬲。」《士虞禮》有上鼎、中鼎、下鼎，《有司徹》「司馬舉羊鼎，司士舉豕鼎、魚鼎」，則鼎之體有大小、侈弇之别，而其用有牛、羊、豕、魚之異。天子、諸侯有牛鼎，大夫有羊鼎，士豕鼎、魚鼎而已，上得兼下，下不得兼上，則鼐鼎特王有之也。《舊圖》：天子之鼎飾以黄金，諸侯飾以白金，容一斛；大夫羊鼎，飾以銅，容五斗；士豕鼎，飾以鐵，容三斗；牛、羊、豕鼎，各狀其首于足上。《士喪禮》「陳鼎于寢門外，西面」，《士虞禮》「陳鼎于門外之右，北面。鼎入，設于西階前，東面」，《特牲》「陳鼎于門外，北面。鼎入，當阼階，東面」，則鼎固有面矣，其詳不可得而知。

鼎數圖

一鼎特豚，無配。

特豚

士冠：醮子。特豚，載合升。煮于鑊曰亨，在鼎曰升，在俎曰載。「載合升」者，明亨與載皆合左右胖。士昏：婦饋舅姑。特豚，合升側載。右胖載之舅俎，左胖載之姑俎。小斂之奠：特豚，四鬄去蹄，兩胉、脊、肺。朝禰之奠。既夕，朝廟。有二廟，則饌于禰廟；有小斂，奠尸啓。

三鼎特豚，而以魚、腊配之。

豚，魚、腊

特牲。有上、中、下三鼎，牲上鼎，魚中鼎，腊下鼎。昏禮：共牢。陳三鼎於寢門外。大斂之奠。豚合升，魚鱄鮒九，腊左胖。朔月奠。朔月用特豚、魚、腊，陳三鼎如初。遷祖奠。陳鼎如殯。

五鼎羊、豕曰少牢。凡五鼎，皆用羊、豕，而以魚、腊配之。

羊、豕，魚、腊，膚

少牢。雍人陳鼎五，魚鼎從羊，三鼎，在羊鑊之西；膚從豕，二鼎，在豕鑊之西，倫膚九。魚用鮒十有五，腊一純。聘禮：致飧，衆介皆少牢五鼎。《玉藻》：諸侯朔月，少牢。

少牢五鼎，大夫之常事。又有殺禮而用三鼎者，如《有司徹》乃升羊、豕、魚三鼎，腊爲庶羞，膚從豕，去腊、膚二鼎，陳于門外，如初。以其繹祭，殺于正祭，故用少牢而鼎三也。又，《士禮》特牲三鼎，有以盛葬奠，加一等用少牢者，如《既夕》遣奠「陳鼎五于門外」是也。

七鼎

牛、羊、豕，魚、腊，腸胃膚

公食大夫。甸人陳鼎七。此下大夫之禮。

九鼎

牛、羊、豕，魚、腊，腸胃膚，鮮魚、鮮腊

公食大夫：上大夫九俎。「九俎」即九鼎也。魚、腊皆二俎，明加鮮魚、鮮腊。牛、羊、豕曰大牢，凡七鼎。九鼎者，大牢而以魚、腊、腸胃膚配之者爲七，又加鮮魚、鮮腊者爲九。

十鼎

正鼎七；牛、羊、豕、魚、腊，腸胃膚。

陪鼎三。膷、臐、膮。陪鼎，又曰「羞鼎」。所謂「陪鼎」「羞鼎」，皆鉶鼎也。鉶鼎，所以實羹者也。亨人，祭祀、賓客共鉶鼎、鉶羹，所以具五味也。其菜則藿牛、苦羊、薇豕，其具則膷牛、臐羊、膮豕。自羹言之，曰鉶羹；自鼎言之，曰「鉶鼎」；以其陪正鼎，曰「陪鼎」；以其爲庶羞，曰「羞鼎」，其實一也。

聘禮。設飧：上介飪一，牢鼎七，羞鼎三。羞鼎，則陪鼎也。

十二鼎

正鼎九；牛、羊、豕、魚、腊，腸胃膚，鮮魚、鮮腊。

陪鼎三。膷、臐、膮。

聘禮：宰夫朝服，設飧飪一牢，在西；鼎九，羞鼎三。饔飪一牢，鼎九，設于西階前；陪鼎，當內廉。

《周禮·膳夫》：「王日一舉鼎十有二物，皆有俎。」后與王同庖。

凡十鼎、十二鼎，皆合正鼎、陪鼎，或十，或十二也。《郊特牲》云：「鼎俎奇而籩豆偶，以象陰陽。」鼎有十、有十二者，以其正鼎與陪鼎别數，則爲奇數也。

廛

《集注》云：「廛，市宅也。」以《周禮》考之，廛乃民居區域之揔名。鄭注「廛里」「廛人」皆同。而廛有二種：《載師》「以廛里任國中之地」，又云「園廛二十而一」，皆謂民居之廛。「廛里任國中」，民居在城内者也。民廛，國中及鄉野皆有，《遂人》云「夫一廛」者是也。《廛人》「掌斂廛布」，則是市廛，爲積貯貨物之所，鄭注云「市物邸舍」是也。「市廛而不征」，是爲市廛；「廛無夫里之布」，當爲民廛。朱子一以「市廛」解之，非矣。

廛而不征法而不廛

《周禮·廛人》：「掌斂市絘布、總布、質布、罰布、廛布，而入于泉府。」此四布，皆謂之征布。《王制》云：「市廛而不稅。」注云：「市物邸舍，稅其舍，不稅其物。」則是但有廛布，無餘布也，是謂「廛而不征」。《廛人》又云：「凡珍異之有滯者，斂而入于膳府。」又，《泉府》云：「掌以市之征布，即絘布、總布等也。斂市之不售、貨之滯于民用者，以其賈買之，以待不時而買者。」鄭司農云：「《孟子》曰：『市廛而不征，法而不廛。』謂貨物貯藏于市中而不租稅也，不稅其物，仍稅其廛。故曰『廛而不征』。其有貨物久滯于廛而不售者，官以法爲居取之，故曰『法而不廛』。」「法而不廛」當從此義爲是。

廛無夫里之布

《周官》：「宅不毛者，有里布。」謂在市之工賈也。里，居也。民受宅于城，皆一家五畝；多隙田，以樹桑麻。市爲地狹，祇有廛居，更無空地可毛者，工賈各有其業。其家蚕桑，或非便。是爲「宅不毛」。然工賈利厚，其宅既不毛，則不能責以宅之所出，故使出里布，與農民之廛税相當也。漢法，重工商賦，同此。「田不耕者，出屋粟。」《司馬法》：一井三家，則一屋正一家之所受也。「田不耕者」，謂鄉遂、師長之類，受倍田不耕者也。「出屋粟」者，止出其家當受之田税，以倍受者爲禄，比國宅之無征也。民無職事者，出夫家之征。即轉移職事者，彼不受廛田，職事于人，既無田税，又雜于比閭之中，不自立户，不可别綴，以亂役法，故使出夫布，爲夫征。其壯而娶者，家二人，尚不合受廛田，鄭説：田九等，從二人至十人。恐未然。其妻則出嬪貢，爲家征也。《孟子》所謂「廛無夫里之布」者，蓋民既受廛，則是受田之民，自有力役正征，不當復同無職事者征夫布；受廛以樹桑麻，自有布縷正征，不當復同工賈征里布，使重受困也。舊説相沿，以爲示罰。周公之時，豈容有受廛田而不耕、不毛者乎？且既不能遵周公之法而甘爲惰民矣，罰之出三倍及二十倍之賦，其能供乎？

庠序學校

五帝之太學曰成均。《周禮·大司樂》：「掌成均之法。」《文王世子》：「遠之于成均。」鄭注引董仲舒曰：「五帝名太學曰成均。」周立其學，虞庠近是也。賈疏以爲，成均是揔名，仍當代各有別名，虞則名上庠也。《王制》：「有虞氏上庠、下庠，夏后氏東序、西序，殷人右學、左學，周人東膠、虞庠。虞庠在國之西郊。」此四代之學，皆一爲大學、一爲小學，一在郊、一在國中。質家貴右，大學在西郊，小學在國中、王宮之東，虞、殷是也；文家貴左，大學在王宮之東，小學在西郊，夏、周是也。故《王制》云：「小學在公宮南之左，大學在郊。」注云：「殷制也。」殷之右學，又名「瞽宗」；周之虞庠，又名「辟雍」。《王制》曰：「天子曰辟雍，諸侯曰泮宮。」天子據小學，諸侯據大學也。此皆疏義。周立四代之學：立虞之上庠，在西郊；立殷之右學，則瞽宗，亦在西郊，皆爲小學；立夏后氏之東序，在王宮之東，爲大學，改名爲東膠。東序是夏學，東膠爲周名，故言四代也。此《儀禮》賈疏説。《文王世子》曰：「春夏學干戈，秋冬學羽籥，皆于東序。春誦夏弦，太師詔之瞽宗。禮在瞽宗，書在上庠。」注云：「周立三代之學，學書于有虞氏之學，典謨之教所興也；學舞于夏后氏之學，文武中也；學禮樂于殷之學，功成治定，與己同也。」疏以爲：學干戈羽籥于東序者，升大學者也；未升大學，則在瞽宗。據疏義，則「書在上庠」爲未升大學者；其已升大學者，則讀書亦在東序。虞庠在西郊者爲小學，但一處，又以爲鄉學。天子六鄉，則鄉序有六，《鄉飲酒義》曰「主人拜，迎賓于庠門之外」是也。州黨之學則名爲序，「序」字當作「榭」，與夏后氏之「序」不同。《周禮·州長》「春秋屬民而飲酒于序」，注云：「序，州黨之學。」《儀禮·鄉射禮》「豫則鉤楹内」，注云：「豫，謂州學也，讀如『成周宣榭災』之『榭』，《周禮》作『序』。「周禮」，即謂《州長職》也。凡屋無室曰榭，有堂無室。宜從『榭』。州立榭者，下鄉也。序乃夏后氏之學，亦非也。」是鄭以「序」字當爲「榭」也。《學記》曰：

「古之教者，家有塾，黨有庠，術有序，國有學。」「家有塾」者，疏云：「二十五家爲閭，同共一巷，巷首有門，門邊有塾。《白虎通》云：『古之教民，百里皆有師。里中之老，七十而致仕者。有道德者爲里右師，《書》傳謂之父師。其次爲左師，《書》傳謂之小師。教里中子弟以道藝、孝弟、仁義也。』」「黨有庠」者，疏云：「是鄉所居之黨，既立鄉庠，不別立序。」皇氏云：「黨有序，殷制也。」「術有序」者，鄭云：「『術』當爲『遂』。蓋六遂如鄉之州學，但有序。其秀者，升之鄉庠也。」案，何休《公羊》注：「一里八十户，中里爲校室。十月事畢〔三〕，父老教于校室。」《漢書·食貨志》則云：「餘子在于序室。」是里塾謂之「校」，亦謂之「序」也。《左傳》曰：「鄭人遊于鄉校。」《詩·鄭風》：「《子衿》，刺學校廢也。」箋云：「鄭國謂學爲『校』，言可以校正道藝。」《漢書》公孫弘奏云：「三代之道，鄉里有教：夏曰校，殷曰庠，周曰序。」此皇氏以黨有庠爲殷制，與之合，與《孟子》文違。要之，《孟子》之文，校、庠、序，皆據鄉學；又言設爲庠、序、學、校，四者并設，則周之鄉學爲庠，州黨爲序，閭里爲校，亦兼用三代，可知也。

校勘記

〔一〕「禮記」，蜚雲閣本作「周禮」，據《毛詩正義》卷十六之五改。

〔二〕「材」，蜚雲閣本作「林」，據《周禮注疏》卷十六改。

〔三〕「出入」，《周禮注疏》卷十六作「入出」。

〔四〕「居」，蜚雲閣本作「里」，據《周禮注疏》卷十三改。

〔五〕「帛」，《北堂書鈔》鄭四十三作「帛巾」，陳恭甫本《尚書大傳》作「皂巾」。

〔六〕「三百」，韮雲閣本作「千」，據《尚書·呂刑》改。

〔七〕「辱」，《周禮注疏》卷十四作「擊」。

〔八〕「涂其釁郄」，韮雲閣本作「塗其釁郄」，據《孟子注疏》卷一下改。下「釁郄」同。

〔九〕「賈疏」，疑當作「鄭玄説」。此賈疏實引鄭玄説也。《周禮注疏》卷三十《夏官·小子》注：「玄謂：珥讀爲衈，祈或爲刉。刉衈者，釁禮之事也。用毛牲曰刉，羽牲曰衈。」《禮記正義》卷四十三賈疏云：「而鄭注《周禮》云『毛牲曰刉，羽牲曰衈』者，以此經有羊有鷄，無别刉文，故總以衈包之。《周禮》刉、衈相對，故以毛牲曰刉，羽牲曰衈。」

〔一〇〕「骨節」，《孟子注疏》卷一下作「手節」。

〔一一〕「中」，《白虎通·巡狩》作「仲」。

〔一二〕「小大」，《史記》卷一作「大小」。

〔一三〕「岱」，《漢魏遺書鈔》本《尚書大傳》卷上作「代」，字通。

〔一四〕「侏儺」，《尚書大傳》卷上作「侏離」。

〔一五〕「晢陽」，《尚書大傳》卷上作「晳陽」。

〔一六〕「鬓哉」，《尚書大傳》卷上作「鬟哉」。

〔一七〕「注」，韮雲閣本作「疏」。《孟子·梁惠王下》「人皆謂我毀明堂」，趙注云：「謂泰山下明堂，本周天子東巡狩、朝諸侯之處也。」今據改。

〔一八〕「門關」，《周禮注疏》卷十五作「關門」。

〔一九〕「者」，蜚雲閣本奪，據《周禮注疏》卷十五補。

〔二〇〕「鎰」，《史記》卷三十作「溢」，字通。下「二十兩爲鎰」同。

〔二一〕「欵足」，《爾雅注疏》卷五作「欵足者」。

〔二二〕「畢」，《公羊注疏》卷十六作「訖」。

四書典故覈卷八

孟子

井田

《周禮·小司徒》：「會萬民之卒伍而用之。五人爲伍，五伍爲兩，四兩爲卒，五卒爲旅，五旅爲師，五師爲軍，以起軍旅，以作田役，以比追胥，以令貢賦。」鄭注：「用，謂使民事[一]。此皆先王因農事而定軍令者[二]。鄉之田制，與遂同。」賈疏：「小司徒佐大司徒，以掌六鄉。六軍之士出自六鄉，故預配卒伍。『凡起徒役，無過家一人』，六鄉之内，有比、閭、族、黨、州、鄉，一鄉出一軍。『五人爲伍』者，五家爲比，家出一人，則是一比也。在家爲比，在軍爲伍。伍者，聚也。『五伍爲兩』者，在鄉，五比爲閭，閭，二十五家也；在軍，五伍爲兩，兩，二十五人也。『四兩爲卒』者，在鄉，四閭爲族，族，百家也；在軍，四兩爲卒，卒，百人也。『五卒爲族[三]』者，在鄉，五族爲黨，黨，五百家；在軍，五卒爲旅，旅，五百人也。『五旅爲師』者，在鄉，五黨爲州，州，二千五百家；在軍，亦五旅爲師，師，二千五百人也。『五師爲軍』者，在鄉，五州爲鄉，鄉，萬二千五百家；在軍，五師爲軍，軍亦萬二千五百人也。『六鄉之田制與遂同』者，此經之内不見田制，而遂内唯有田制，不見軍法，故鄭注《遂人》云：『遂之軍法如六鄉。』彼此各舉一義。」

《遂人》：「掌邦之野，以土地之圖，經田野，造縣鄙形體之法。五家爲鄰，五鄰爲里，四里爲酇，五酇爲鄙，五鄙爲縣，五縣爲遂，皆有地域，溝樹之。」鄭注：「郊外曰野。此野爲甸、稍、縣、都。『經』『形體』，皆爲制分界也。鄰、里、酇、鄙、縣、遂，猶郊内比、閭、族、黨、州、鄉也。異其名者，示相變耳。遂之軍法、追胥、起徒役，如六鄉。」賈疏：「遂在遠郊百里之外，即遂人所掌之野。謂『甸、稍、縣、都』，自〔四〕二百里至五百里。皆名野者，見下文『以達于畿』，明遂人雖專掌二百之中，乃兼掌三百以外，溝洫井牧〔五〕之法也。」

「凡治野，夫間有遂，遂上有徑；十夫有溝，溝上有畛；百夫有洫，洫上有涂；千夫有澮，澮上有道；萬夫有川，川上有路，以達于畿。」鄭注：「十夫，二鄰之田；百夫，一酇之田；千夫，二鄙之田；萬夫，四縣之田。遂、溝、洫、澮，皆所以通水于川也。遂，廣、深各二尺；溝倍之，洫倍溝。澮，廣二尋，深二仞。徑、畛、涂、道、路，皆所以通車徒于國都也。徑容牛馬，畛容大車，涂容乘車一軌，道容二軌，路容三軌。萬夫者，方三十三里少半里，九而方一同。以南畝圖之，則遂縱溝横，洫縱澮横。九澮而川，周其外焉。去山陵、林麓、川澤、溝瀆、城郭、宫室、涂巷三分之制，其餘如此。」賈疏：「遂人所掌，即六遂中爲溝洫之法。遂地在郊外，田野之中，故云『凡治野』。『夫間有遂』已下，五溝所以通水入川，五涂所以通道向都及國城也。此溝洫法雖與井田異制，其五溝廣深亦與井田同，故鄭還約《匠人》井田之法而言之〔六〕。其田南北細分者，一行隔爲一夫，十夫，則于首爲横溝；十溝即百夫，于東畔爲南北之洫；十洫，則于南畔爲横澮；九澮，則于四畔爲大川。此川亦人造，雖無丈尺之數，蓋亦倍澮耳，與《匠人》澮水所注大川異。」

《小司徒》：「經土地而井牧其田野。九夫爲井，四井爲邑，四邑爲丘，四丘爲甸，四甸爲縣，四縣爲都，以任地事，而令貢賦。凡税斂之事。」鄭注：「此謂造都鄙也。采地制井田，異于鄉遂，重立國。小司徒爲經之，立其五溝五塗之界，其制似『井』字，因取名焉。井牧者，《春秋傳》所謂『井衍沃、牧隰皋』者也〔七〕。隰皋之地，九夫爲牧，二牧而當一井。今造都鄙，授民田，有不易、一易、再易，通率二而當一，是之謂『井牧』。『九夫爲井』者，方一里，九夫所治之田。此制，小司徒經之，匠人爲之溝洫，相包乃成。邑丘之屬相連比，以出田税；溝洫爲除水害。四井爲邑，方二里。四邑爲丘，方四里。四丘爲甸，方八里；旁加一里，則方十里，爲一成，積百井、九百夫。其中六十四井，五百七十六夫出田税，三十六井、三百二十四夫治洫。四甸爲縣，方二十里。四縣爲都，方四十里。四都，方八十里；旁加十里，乃得方百里，爲一同也，積萬井、九萬夫。其四千九十六井、三萬六千八百六十四夫出田税，二千三百四井、二萬七百三十六夫治洫，三千六百井、三萬二千四百夫治澮。井田之法，備于一同。今止于都者，采地食者皆四之一，其制三等。百里之國凡四都，一都之田税入于王；五十里之國凡四縣，一縣之田税入于王；二十五里之國凡四甸，一甸之田税入于王。《司馬法》曰：『六尺爲步，步百爲畝〔八〕，畝百爲夫，夫三爲屋，屋三爲井，井十爲通。通爲匹馬，三十家，士一人，徒二人。通十爲成，成，百井、三百家，革車一乘，士十人，徒二十人。十成爲終，終，千井，三千家，革車十乘，士百人，徒二百人。十終爲同，同，方百里，萬井，三萬家，革車百乘，士千人，二千人。」賈疏：「鄭知此『爲〔九〕造都鄙』者，鄉遂、公邑之中，皆爲溝洫之法，此經爲井田之法，故知『謂造都鄙』也。云『采地制井田，異於鄉遂』者，案，《遂人》『夫間有遂』之等是溝洫法，鄉田之制與遂同；此經與《匠人》爲井田法，其制與鄉遂不同，故云『采地制井田，異于鄉遂』也。此雖不言異于公邑，公邑亦與遂同，故注《匠人》云『異于鄉遂及公邑』是也。一井之內，地有九夫。假令盡是不易上地〔一〇〕，家有百畝，中一夫入于公；四畔八夫，家治百畝，尚無九夫所治。況其中或有一易，再易，所取數更少。今鄭云『方一里，九夫所治之田』，鄭據『地有九夫』而言，非謂有九家也。《司馬法》云『通爲匹馬』者，十井之內，有〔一一〕九十夫之地，宮室、涂巷三分去一，唯有六十夫地在。不易、一易、再易通率，三夫受六夫之田〔一二〕，故通三十家出馬一匹、士一人、徒二人。此天子畿內采地法。彼革車一乘、甲士三人、步卒七十二人，是畿外邦國法。凡出軍，先六鄉；賦不止，次出六遂；賦猶不止，徵兵於公邑及三等采；賦猶不止，乃徵兵于諸侯，大國三軍，次國二軍，小國一軍，此軍等皆出於鄉遂；賦猶不止，則諸侯有遍境出師之法，則『千乘之賦』是也。」

今案，《司馬法》所謂「夫屋」，只是田數；一井三家，示授田之大凡。鄭氏引其説，推算一同之賦，每邑四井、三十六夫，丘十六井、百四十四夫，甸六十四井、五百七十六夫，縣二百五十六井、二千三百四夫，都千二十四井、九千二百十六夫，同四千九十六井、三萬六千八百六十四夫。內去三百六十五井一屋，爲宫室、涂巷；又通一家二夫，寔授民田千三百六十五井一屋，寔受田出税民萬二千二百八十八夫，寔受田治洫民六千九百十二夫，寔受田治澮民萬八百夫，共三萬夫。君實食十二，税二千四百五十八夫，內輸六百十四夫有奇于王；共治溝洫澮者，不出田税，仍賦匹馬甲徒。賈氏「一夫入于公」之説，非鄭義。

《匠人爲溝洫》：「耜廣五寸。二耜爲耦，一耦之伐，廣尺、深尺，謂之甽。田首倍之，廣二尺、深二尺，謂之遂。九夫爲井，井間廣四尺、深四尺，謂之溝。方十里爲成，成間廣八尺、深八尺，謂之洫；方百里爲同，同間廣二尋、深二仞，謂之澮，專達于川，各載其名。凡天下之地勢，兩山之間，必有川焉；大川之上，必有涂焉。」鄭注：「此采地〔一三〕之制。」賈疏：「此井田法，與《遂人》異。彼夫間，遂從〔一四〕；此云『田首』，則遂横。」

今案，遂上之徑義，互見《遂人》。

《大司徒》：「凡造都鄙，制其地域而封溝之，以其室數制之。不易之地，家百畝〔一五〕；一易之地，家二百畝；再易之地，家三百畝。」鄭注：「都鄙，王子弟、公卿大夫采地。城郭之宅曰室。『以其室數制之』，謂制丘甸之屬。《王制》曰：『凡居民，量地以制邑，度地以居民。』地邑、民居，必參相得也。」

今案，「以其室數制之」，即後世食户之法。蓋量人授地，則制禄未平。若以里數限，則地形有沃隰之異，而地力有上下之殊矣。

《遂人》：「辨其野之土，上地、中地、下地，以頒田里。上地，夫一廛，田百畮，萊五十畮，餘夫亦如之；中地，夫一廛，田百畮，萊百畮，餘夫亦如之；下地，夫一廛，田百畮，萊二百畮，餘夫亦如之。」鄭注：「『萊』，謂休不耕者。『户計一夫一婦而賦之田，其一户有數口者，餘夫亦受此田也。』〔一六〕『廛』，謂城邑之居，《孟子》所謂『五畮之宅，樹之以桑麻』者也。六遂之民，奇受一廛，雖上地，猶有萊，皆所以饒遠也。」賈疏：「『餘夫亦如之』，是餘夫有田、有廛。奇别受廛，以備後離居之法。」

《載師》：「掌任土之法，以廛里任國中之地，以場圃任園地，以宅田、士田、賈田任近郊之地，以官田、牛田、賞田、牧田任遠郊之地，以公邑之田任甸地，以家邑之田任稍地，以小都之田任縣地，以大都之田任畺地。」鄭注：「廛，民居之區域也。里，居也。圃，樹果蓏之屬。季秋，于中爲場。樊圃謂之『園』。王國百里爲郊，五十里爲近郊，百里爲遠郊。宅田，致仕者之家所受田也。『士』讀爲『仕』。仕者亦受田，所謂『圭田』也。賈田，在市賈人所受〔一七〕田也。官田，庶人在官者，其家所受田也。牛田、牧田，畜牧者之家所受田也。公邑，謂六遂餘地，天子使大夫治之。自此以外皆然。二百里、三百里，其大夫如州長；四百里、五百里，其下大夫如縣正，是以或謂二百里爲州，四百里爲縣云。家邑，大夫采地；小都，卿之采地；大都，公之采地，王子弟所食邑也。畺，五百里王畿界也。皆言『任』者，地之形寔不方平如圖，受田邑者遠近不得盡如制，其所生育、賦貢，取正于是爾。王畿内，方千里，積百同，九百萬夫之地也。有山陵、林麓、川澤、溝瀆、城郭、宫室、涂巷，三分去一，餘六百萬夫；又以田不易、一易、再易，上、中、下相通，定受田者三百萬家也。遠郊之内，地居四同，三十六萬夫〔一八〕之地也；三分去一，其餘二十四萬夫，六鄉之民七萬五千家，通不易、一易、再易，一家受二夫，則十五萬夫之地；其餘九萬夫，則廛里以下九者亦通受一夫焉，則半農人也，定受田十二萬家也。《食貨志》云：『農民户一人已受田，其家衆男爲餘夫，亦以口受田如比。士、工、商家受田，五口乃當農夫一人。』今餘夫在遂地之中，如此，則士、工、商以事入在官，而餘夫以力出耕公邑。甸、稍、縣、都合居九十六同、八百六十四萬夫之地；城郭、宫室差少，涂巷又狹，于三分所去六而存一焉，以十八分之十三率之，則其餘六百二十四萬夫之地，通上、中、下，六家而受十三夫，定受田二百八十八萬家也。其在甸七萬五千家爲六遂，餘則公邑。」賈疏：「謂甸之上地有萊五十畝，故三分去一之中，去六存一，以補其數。」

今案，大都百里、小都五十里、家邑二十五里之説，與《孟子》「天子之卿視侯」異。《孟子》之説，蓋沿于《典命》「出封加一等」升，受采于畿，與立國殊，非不百里不足以守宗廟之典籍者也。鄭注似長。凡疆地，爲大都百里者三十六，縣地爲小都五十里者百十二，稍地爲二十五里者三百二十。甸地十二同，寔受田三十六萬夫；除六遂七萬五千夫，仍餘二十八萬五千夫爲公邑。

「凡任地，國宅無征，園廛二十而一，近郊十一，遠郊二十而三，甸、稍、縣、都皆無過十二，唯其漆林之征二十而五。」鄭注：「征，税也。國宅，凡官所有宫室，吏所治者也。周〔一九〕税輕近而重遠，近者多役也。園廛亦輕之者，廛無穀，園少利也。古之宅必樹，而疆場〔二〇〕有瓜。」

今案，鄉遂溝洫之法，即《孟子》所謂「國中十一，使自賦」者也；小司徒造都鄙、匠人治溝洫，即《孟子》所謂「請野九一而助」者也。但《周官》法，一井九夫，又以三等地通率授田而税其夫，《孟子》則以八家養公田而家百畝，授取之制爲異耳。鄭氏曰：「《周官·載師職》田税有重輕，而皆就夫税；《孟子》謂八家皆私百畝，同養公田。魯哀公問有若，對以『盍徹』；宣公税畝，《春秋傳》譏以『非禮』。穀出不過籍，以豐財。此數者，世人謂之錯而疑焉。以《載師職》及《司馬法》論之，周制，畿内用夏之貢法，税夫，無公田。以《詩》、謂《大田》之詩。《春秋》《論語》《孟子》論之，周制，邦國用殷之助法，制公田，不税夫。貢者，自治其所受田，貢其税穀；助者，借民之力，以治公田，又使收斂焉。畿内用貢法者，鄉遂及公邑之吏，旦夕從民事，爲其促之以公，使不得恤其私；邦國用助法者，諸侯專一國之政，爲其貪暴，税民無藝。周之王畿，税有輕重。諸侯謂之徹者，通其率，以什一爲正。」亦善推經意矣。先王之治民之要，在比、閭、族、黨、鄰、里、都、鄙，其法皆始于伍。二伍聯之，五伍聚之。田聯其事，室聯其居。惟溝洫之法，以一爲十，以十爲百，以百爲千，則入室比居，出田合作，出入齊一，常則爲教養，變則爲戰守。田税、軍賦，操簡易行。若以井田行之，則割配紛紜矣。出田時爲九、爲八，入室時爲十、爲五；出軍則長佐不常，心無專屬，是亂政也。何氏《公羊》注習《公羊》助籍之説，知其不能通，故云：「十井爲里，一里八十户，有車一乘。」案，八十户而爲車一乘者，意以七十五家出甲士三人、步卒七十二人；餘五家，一出車，四家各出一馬也。漢復馬之法，蓋似此。《尚書大傳》：「八家爲鄰，三鄰爲朋，三朋爲里」，爲七十二家。是欲以井田合于軍賦，其數可符。然軍法起于伍，八家爲鄰，則無伍長也。又，軍吏取于民外，平時將置何處？故卒不能通也。至「甸出長轂、丘出匹馬」説，雖出《司馬法》，殊不能通。蓋出賦無截法，甸馬合財可也。十六井而出十八人，難乎爲軍政矣。故王六軍，取于六鄉，而六遂之軍副之。大司徒、大司馬所常役者，皆用溝洫法，非以其地奇零而爲之矣。六鄉，合二百里；合六遂，則方四百里，豈皆崎嶇不可井授者乎？其「七十五人戰車一乘，二十五人守車一乘」之説，雖出《曹公新書》，然按之「四閭爲族、四兩爲卒」之説，正合。械、餱必同族自備，乃不棼。此古軍制之所以有節也。至《司馬法》所云步、畝、夫、屋、井、通、成等，只是田數之名，不干井法。其法，每井三家，豈有已劃成井而去三百畝爲宫室塗巷、三百爲萊田之理？故知爲舉名以示九三相乘之例耳。故其法曰：「井十爲通，通爲匹馬，三十家出士一人，徒二人。」其法當以「通」爲「始通」立言。或即甲士。三百家出革車一乘、馬十匹、士十人、徒二十人，車一乘而用十馬，無當，則士十人當爲騎卒。《六韜》多言騎卒，雖其書未必真，亦宜有本。其車或如《大威篇》所云「用人推者」，「徒二十人」則車卒矣。采地起賦，以助王師，爲數少者，亦弱枝之意也。至《孟子》以八家同井，則其法又當變。或以四爲列，二列爲聯而相保恤；四四相乘，由四而八、而十六、而六十四，則諸葛氏八陣之所從出也。武侯以蜀地狹，改九軍爲八陣，去握奇而節更整。是故九夫、十夫之法，斷不能合；甸出乘七十五人、成出乘三十人之説，亦斷不合。謹就其可通者條別之。

孔穎達《左傳》疏：「長轂、馬牛、甲兵、戈楯，皆一甸之民同共此物；若鄉遂所用車馬、甲兵之屬，皆國家所共。知者，以一鄉出一軍，則是家出一人，其物不可私備故也。」案，此準情量力，據《馬質》〔二二〕「受馬于有司，書其齒毛與其賈」，《司兵》「授兵，從司馬之法以頒之」，説雖與《司馬法》殊，然有可采。

士田，先鄭謂大夫之子所受，後鄭以「大夫子免農」破其説，改爲「仕」，謂爲圭田。今案，圭田無征，君之所以優臣，則當在賞田内。圭田，卿以下之祭田，蓋如天子、諸侯之籍田，躬爲粢盛，以明潔。若猶是俸田，則收什一之税，僅五畝耳，較今田，才二畝有奇，不足以見優厚矣。士田者，蓋里民之升入學而未壯者。民八歲就塾，以次升于州、鄉、國學；比至十六，當受餘夫田。今以秀升于學，則不能自耕，故如其田數之税入，給以優之。及二十升太學，九年大成，則三十當有室矣，乃入使長、出使治，制其禄入。凡升在州、鄉學者，學内自有養給，而又優以税給，使繕衣服、琴書等費也。罷出學者，仍從農夫，受田宅。士、工、商家皆五口而當農夫一人者，即農夫給田法。蓋家有五人，則給以田百畝也。若故減三等人之田，豈復成治體乎？士，先王之所優禮，斷無刻薄其家之理。工、商既以業事上，出貢賦，亦不宜更苦其家。則後鄭九等田、二人而當農夫一之説，亦未爲得。庶人在官者，已給以禄。其禄給所不足，如家多兄弟，或子已娶婦之類，自宜同農夫例，加給廛田，又焉有二而當一之事哉？

案，滕地平衍，故田不授萊。以方五十里計之，爲二千五百井。城郭、宅廬、涂巷、溝洫，三分去一，存千六百六十六井二屋。九一爲公田，實百七十井一屋六十六畝，實征田十五萬三千三百六十六畝。又除盧田三萬六百七十三畝二十步而外，無治洫、治澮不税之民。朝聘、燕享、公式，吏采、賓客、世禄，蓋盡出其中矣。

六律正五音

《呂氏春秋》：「昔黄帝令伶倫作爲律，伶倫自大夏之西，乃之阮隃之陰，取竹于嶰谿之谷，以生空竅厚鈞者，斷兩節間，其長三寸九分而吹之，以爲黄鍾之宫，名曰『含少』。次制十二筩，以之阮隃之下，聽鳳皇之鳴，以别十二律〔二二〕。其雄鳴爲六，雌鳴亦六，以比黄鍾之宫，適合。黄鍾之宫，皆可以生之，故曰：『黄鍾之宫，律呂之本。』黄帝又命伶倫與榮將鑄十二鍾，以和五音，以施英韶。黄鍾生林鍾，林鍾生大簇〔二三〕，大簇生南呂，南呂生姑洗，姑洗生應鍾，應鍾生蕤賓，蕤賓生大呂，大呂生夷則，夷則生夾鍾，夾鍾生無射，無射生仲呂。三分所生，益之一分，以上生；三分所生，去其一分，以下生。黄鍾、大呂、大簇、夾鍾、姑洗、仲呂、蕤賓爲上，林鍾、夷則、南呂、無射、應鍾爲下。」《月令章句》曰：「律，率也，聲之管也。上古聖人，本陰陽，别風聲，審清濁，而不可以文載口傳也，于是始鑄金作鍾，以主十二月之聲，然後以仿〔二四〕升降之氣。鍾難分别，故截竹爲管，謂之律。律者，清濁之率法也。聲之清濁，以律長短爲制。」《白虎通》曰：「律，率也，率氣令生者也。」《漢・志》曰：「律以統氣類物，呂以旅陽宣氣。」《周禮》「六呂」作「六同」，鄭注云：「律，述氣者也；同，助陽宣氣，與之同也。」《國語》作「六間」，韋注云：「六呂在陽律之間也。」

《管子》曰：「凡聽徵，如負猪豕，覺而駭；凡聽羽，如鳴馬在野；凡聽宮，如牛鳴窌中；凡聽商，如離群羊；凡聽角，如雉登木。」《淮南子》曰：「黄鍾爲宮，大簇爲商，姑洗爲角，林鍾爲徵，南吕爲羽。徵生宮，宮生商，商生羽，羽生角，角爲姑洗。姑洗生應鍾，比于正音，故爲和。應鍾生蕤賓，不比正音，故爲繆。」賈逵曰：「周有七音，應鍾爲變宮，蕤賓爲變徵。」杜佑曰：「自殷以前，但有五音；自周以來，加文、武二聲，謂之七聲。五聲爲正，二聲爲變。」《律吕新書》曰：「宮與商，商與角，徵與羽，相去各一律；角與徵，羽與宮，相去乃二律。相去一律，則音節和；相去二律，則音節遠。故角、徵之間，近徵收一聲，比徵少下，故謂之變徵；羽、宮之間，近宮收一聲，少高于宮，故謂之變宮。」此亦出于自然。《左氏》所謂「七音」，《漢・志》所謂「七始」是也。

《禮運》：「五聲、六律、十二管，旋〔二五〕相爲宮也。」孔穎達曰：「黄鍾爲第一宮，下生林鍾爲徵，上生大簇爲商，下生南吕爲羽，上生姑洗爲角，餘十一律皆然。是爲〔二六〕十二宮，各有五聲，凡六十聲。」漢《淮南子》曰：「一律而生五音，十二律而爲六十音。因而六之，六六三十六，故三百六十音，以當一歲之日。」《漢・志》：「黄鍾爲宮，則大簇、姑洗、林鍾、南吕以正聲應，無有忽微，不復與他律爲役者，同心一統之義也。非黄鍾而他律，雖當其月自宮者，則其和應之律有空積忽微，不得其正。此黄鍾至尊，無〔二七〕與并也。」杜佑曰：「凖正聲之半，以爲十二子律。以子聲比正聲，則正聲爲倍〔二八〕；以正聲比子聲，則子聲爲半。但先儒釋倍、半聲〔二九〕，自有二義。一云：以十二正律半爲十二子聲〔三〇〕；一云：從仲吕〔三一〕之管寸數，三分益一重〔三二〕，上生黄鍾，以次相生，終于仲吕〔三三〕，以所得管之寸數，然後半之，以爲子聲〔三四〕。」朱子曰：「十二律各有一定之聲，而旋相爲宫，則五聲初無定位，高者[三五]或下，當下者或高，則宫、商失序而聲不和，故取其半律以爲子聲。當上生，而所生者短，則下取此以爲用。然以三分損益之法計之，則亦適合下生之數，而自此律又以其正律下生，則復得其本法，而于半律，又合下生之數。《漢・志》『黄鍾不爲他律役』[三六]者，言黄鍾惟于本宫用正律。若它律爲宫，則黄鍾之爲商、角。徵、羽二變者，皆但用其變律，而正律不用[三七]也。」

案，律吕之説，紛揔錯出，訟無證之廷。今取六律七音旋宫之大旨見于經籍者，條其源流，著其義藴，以合孟氏之意；其上生、下生、隔七、隔八、左旋、右旋、圍徑、黍尺之説，則概置之，以于實理、實事均無當也。蔡氏邕曰：「度量可以文載口傳，與衆共知，然不如耳决之明也。」斯言當矣。

公侯皆方百里伯七十里子男五十里

封地之制，《孟子》《周禮》各異，無從强合。今條各家傅會調停之説辨之。

葉氏《禮經會元》曰：「諸公之地，以封疆言，則五百里；至諸男之地，以封疆言，則百里。是合[三八]封疆所至之地言之，故有五等也。公之封疆雖五百里，而受田、食禄則百里而已；侯伯封疆雖四百里、三百里，而受田、食禄則七十里而已；子、男封疆雖二百里、百里，而受田、食禄則五十里而已。如今之食邑多寡各有數，而實封乃其所食之禄也。以封疆言，則五等；以食禄言，則三等。封疆者，合山林、川澤、宫室、涂巷所占之地言之；食者，合封疆所出之税，而王食其貢。」

案，方五百里者，爲方百里者二十五；方四百里者，爲方百里者十六。古者名山、大澤不以封，安得封疆五百里而實封僅居二十五分之一？山川、里巷所占，不應有若此之多也。

鄭氏《六經奥論》曰：「薛常州開方法：百里之國，開方得百里之國四，是謂侯四百里；七十里之國，開方得七十里之國四，是謂伯三百里，四七二十八，二百八十里，舉成數曰三百里；五十里之國，開方得五十里之國四，是謂子二百里；上公加二十五里，子倍于男。凡周公制，如漢增百官俸法。周惟有一公，餘不曾封。蓋假設言，以是爲建邦[三九]之率耳。」

按，此所謂「開方」者，乃居其中而四面開之，于古無此法也。就其所説，公與男已不能通。且如此，則天子之田方千里，當得方二千里矣。

唐仲友曰：「古之封國〔四〇〕，有軍、有賦。自軍言之，則方百里而具三軍，方七十里而具二軍，方五十里而具一軍。自賦言之，則公之國，方二百一十里而具千乘；伯之國，方一百四十里而具六百乘；男之國，方百里而具三百乘；子下同于男，侯上同于公。自是而外，則山川、土田、附庸皆在封疆之内，然皆非出車制賦之壤。《孟子》言百里、七十里、五十里者，獨舉軍制而言也。《周官》于諸公言五百里、諸侯言四百里、伯言三百里、子言二百里者，包山川、土田、附庸于封疆内也。于諸男言百里者，獨舉其出軍賦之封疆也。凡此，皆省文而互見。」

案，省文互見者，但當他事別出，隨文散見耳，不宜一條之内，等次齊整，忽爾參差。且即以鄉遂二軍之法計之，百里具三軍則有餘，七十里具二軍、五十里具一軍則不足。又，方二百一十里而具千乘，計方百里者四，方十里者二十一耳；方五百里，則爲方百里者二十五，是出賦之外，尚餘方百里者二十有奇，何取寬廓如此？

惠氏《禮説》曰：「諸侯受封，必有采地。百里諸侯，以三十里爲采；七十里諸侯，以二十里爲采；五十里諸侯，以十里爲采。此《韓詩外傳》之説，必有所據。《周禮》方五百里、四百里至百里者，封也；《王制》方百里、七十里、五十里者，采也。其封五百里、四百里者，其采百里；封三百里者，其采七十里；封二百里與百里者，其采五十里。采則全入于其君，而封爲天子之土，故天子得而食之。所謂食者半、食者參之一、四之一也，蓋于其采之外，半之、參之、四之以入貢，留其餘以供軍國之需。」

案，《周禮》言食者半、食者三之一，乃是通五百里、四百里言之，不聞别分出百里、七十里。《韓詩》之説亦不經見，殊未可憑。

任氏《四書約旨》曰：「《周禮》文誤，當云『方百里五』『方百里四』，則可通耳。」

案，《職方氏》曰：「凡邦國千里，封公以方五百里，則四公；方四百里，則六侯。」則此文非誤。

秦氏《五禮通考》曰：「《王制》所述，先儒并目爲夏、殷之制；《孟子》之説，與《王制》略同。或據《王制》《孟子》以駁《周禮》，謂非周公所作。由今考之，《孟子》言班爵禄，與《武成》『列爵惟五，分土惟三』相合，蓋周初沿夏、商之舊，故有百里、七十里、五十里之國。至周公制禮，乃定五等之封，然後因田以制賦，因賦以出軍。不然，則子、男五十里之國，豈能出萬二千五百人之一軍？而《論語》所云『千乘之國』，亦豈方百里者所能給乎？」

此即康成所謂「周公斥大九州之地，以廣諸侯之封」也。陸佃以爲周之幅員不廣于虞、夏，蘇轍以爲并徙煩擾。此皆非也。商奄既誅，滅國五十，廣魯、衛、齊、晉之封。如《左傳》所云殷民「七族」「六族」之説，堪證加封者不過數十大國，無煩并省也。

天之高也星辰之遠也千歲之日至

天體無形，其高本不可以道里計。古言天家，以爲天去地五億萬里者，《淮南·天文訓》也；以爲自地至天，半于八極，而應爲一億一萬六千一百五十里者，張衡《靈憲》也；以天之積度共爲七十三萬里，以周三徑一計之，應得半徑十二萬一千六百六十六里者，王充《論衡》也；以爲徑三十五萬六千九百七十一里，半之，應得一十七萬八千四百八十五里半者，《帝王世紀》也；以爲從地至天，億一萬六千七百八十七里半者，《廣野天圜》也；以天之積度爲一百七萬一千里，以周三徑一計之，應得半徑一十七萬八千五百里者，《洛書甄曜度》《春秋考異郵》，而陸績乃計其全徑爲三十五萬七千里者也；以爲天去地九萬里者，《三五律紀》也；以周天爲八十一萬里，以周三徑一計之，應得半徑十三萬五千里者，《春秋元命包》也；以四正、四隅相去爲九萬里，而天去地四十千萬里者，《關令内傳》也；以爲從上臨下八萬里者，《考靈曜》也；以爲極廣長南北二億三萬一千五百里，東西二億三萬三千里，半之，約應得一億一萬六千里者，《河圖括地象》也；以一十九萬三千五百里爲地去天之數者，《月令》正義、《考靈曜》也。以上凡十三家，其《淮南》《律紀》《元命包》《考靈曜》等約略空言者，無論已，即《論衡》《甄曜度》《考異郵》《帝王世紀》知以周天積度計之，似近理矣。不知天愈高則度愈闊，所言里數，殊難作據。且不知天之去地面與地心，有地半徑之差，與周三之不足徑一也。至《靈憲》《天圜》《括地象》，則四方又有闊狹；《關令内傳》則天地相去之數，與四方之相去，又不合周三徑一之大略；《月令》正義考且妄及恒星、四表之外，則皆鑿之尤甚者也。今法，分天爲九重，宗動天居最上，二十八宿及日月、五星各居一天，層層相裹，而地處其中。地之上爲月天，月天之上爲水星天，又上爲金星天，又上爲日天，又上爲火星天，又上爲木星天，又上爲土星天，又上爲恒星天，又上爲宗動天，則總率諸天以西行者也。其於七政之行，各以法測其高度，較地之半徑若干倍，爲其天去地心之數。月天中距爲五十九倍又百分之七十八，以乘地半徑一萬四千一百三十餘里，已有八十四萬四千六百九十一里一百四十四步之高，減地平徑〔四一〕，則月去地面之數也。日天中距二萬零六百二十六倍，乘地半徑，得日去地心二萬萬九千一百四十四萬五千三百八十餘里之高焉。水星、金星皆一年一周天者也，故中距與日同；火星二年弱一周，較日天之高約一倍半；木星十二年弱一周，較日天之高約五倍；土星二十九年半一周，較日天之高約十倍；恒星二萬五千餘年一周，較日天之高約九千倍。此皆得之寔測。恒星之高，亦以火、木、土三星行天之遲速比擬得之。若恒星以上之天，太虚無跡，則仍非智識之可推矣。此星辰之遠，即天之高也。若日至之説，即步律者必以冬至爲一歲之終始。至者，極也。日極南，景極長，晝極短。日短星昴，始於《虞書》，遂爲千古定冬至之準。兩至相距爲一歲，期三百有六旬有六日，則舉大概言之，後世所謂歲寔也。夏商以來，律法無考。《周髀》之法，分歲周爲三百六十五日四分日之一，即分天周爲三百六十五度四分度之一，以爲：一晝一夜，日行一度；期年，即再至其處。歲周，即天周也。夫「一晝一夜，日行一度」，是未知日有高卑、盈縮也。「歲周即天周」，是未知恒星之天非太虛之天，而尚有東行之度也。「小餘四分之一是歲寔」，失之大强，且未知節會之有平有定也。執是以求，夫安不冬至後于天而日躔西改乎？乃春秋時推步失當，而紀冬至皆先天二三日。裨竈、梓慎之徒，但言占驗，無及知此者。延及于漢，猶執前法，《太初律》之大餘五、小餘八，即四分法也；《三統》小餘爲萬分之二千五百零一六二四四奇，則反强于四一矣。後漢立儀表，校日景，乃復四分之一，所謂「四分律」也。逮靈帝時，會稽東部尉劉洪始悟四分于天疏闊，皆斗分太多之故，作《乾象律》，始減小餘爲二四六一七九九六奇焉。夫自魯僖公五年丙寅正月辛亥朔旦冬至，至靈帝時，八百餘年，以平率較之，冬至當後天六日奇矣。蓋以春秋冬至先天過甚，小餘雖强，然以數百年積漸減除，人自不覺。逮久已後天，而洪乃始能覺之也。魏以後，律凡數改，其小餘又皆强于《乾象》，而《景初律》二四六八八〇〇八奇者爲尤甚，宜元嘉間用之，而所推冬至常在日景最長之後三日有餘也。惟神龜初《正光律》二四三七二九三七奇，其小餘爲弱于《乾象》而近之矣。然何承天知《景初》之誤，而其所造《元嘉律》室分二四六七一零五奇，又不過較《景初》稍弱而已，又安能得冬至之確數哉？溯自堯時至劉宋二千八百餘年，日躔之不及天者幾四十度，蓋自虛八退至南斗十一度奇矣。乃《太初》以後，律凡十改，而皆承襲《三統》舊法，稍變歲餘，以爲補救一時之計。即何承天知以景長爲冬至，而尚不知天周之非歲周也。其後，南徐州從事史祖沖之以大明六年壬寅造《甲子元律》，始分天自爲天，歲自爲歲，而歲差之法出焉；又詳測前後日景，折算取中，以定冬至，其小餘二四二八一四八一奇，則較《正光》又弱，而庶近于真矣。惟其虛分太弱，四十五六年即差一度，爲數過促。且其分天者，以爲日之不及于天，而不知恒星之自有行度也。又曰：景長短之變，時刻相距，亦有不同。其時最卑，在冬至前約十二度。至前，日近最卑，而行應稍疾；至後，日遠最卑，而行應稍遲。折算取中者，仍不免後天數刻，而沖之亦未之明也。乃其時北齊張子信由積候合蝕加時，覺日行有入氣之差，而立損益之率；趙道嚴復準晷景長短，定日行進退，更造盈縮，以求虧食。隋劉焯更立躔度，與四象升降，所造《皇極律》，始用定氣。蓋高卑之理雖未明，而盈縮則已見矣。隋以後造律者，其法多仿祖氏，分天周，立歲差，雖未有精測巧算，密合于天，而究無後天三日如《景初》者。故隋之律三改，唐之律八改，五代迄元凡十四改，雖其歲差，遠以八九十年，近以五六十年，不能相準，而其小餘二四三奇者最多，二四四奇者蓋已少矣。惟元郭守敬之《授時律》，乃仍宋楊忠輔之《統天律》二四二五以爲小餘，爲迴〔四二〕與衆異，而不知則又失之過弱也。古之律法所以甚粗者，其故有三：一由膠守成法，一由測算不精，一由泥古太過。漢四百年，律雖三改，而仍復《四分》，則以《四分》爲不易之法也；自堯至劉宋，日躔自虚退斗，而歲與天猶不敢分也，此膠守成法之過也。不得高卑行度及兩心差之大小，而僅求之于晷景，則不知平冬至、定冬至之别，而執一隨時不同之泛率以爲定率，增改不一，互以爲非，此元以前造律者之通病。即郭守敬創造簡儀、高表，憑所測寔數，考正冬至、歲餘，宜得其寔矣。以今法推之，其時最高已在平冬至後一十餘分，而猶謂盈縮常起于二至，是測之不精也。祖沖之所定大明壬寅冬至在乙酉日辰初三刻，郭守敬所定至元辛巳冬至在己未日丑初一刻，前後相距八百一十九年，共積二十九萬九千一百三十三日九十二刻，以守敬所定歲寔積之，則不及三十二刻，乃云

「自大明壬寅距辛巳，合得此數」，何耶？苟即以所設百年長一之法推之，則又先於沖之所定三十餘刻矣。進退無據，莫適所從，是算之不精也。泥古太過者，律家更造一律，必以近日所測，逆推往古史傳所載，以爲符驗，如《元史》有六律冬至，開載魯獻公戊寅至至元庚辰四十九事，紀《大衍》《宣明》《紀元》《統天》《重修大明》《授時》時刻之異同是也。然古者天學未明，冬至多非實測。以今日之法而必求合古，每反至變改近日之實測，以遷就往古之虛文，故列代之歲實雖減于《四分》，而實皆過于强者多也。若郭守敬踵《統天》距差，躔差之説，而設百年消長一分之法，亦正坐此，而不知其無是情理也。自西法入中國，而律法乃密。一曰天度。回回法分周天爲三百六十整度，是爲用奇零；度以下，分、杪、微、纖，皆遞析以六十。設度于此，而以日月、五星之盈縮進退其間，是爲以整御零之善法。一曰恒星行度。以爲恒星之天，在土、木二星天之上，無盈縮升降之跡，然能出入赤道而循黄道以東行。西人第各定爲每年五十一杪，閲七年有奇而始行一度焉。此二者，即古之天周，而昔之人無是胆，亦無是識者也。若其所論歲周者，一曰平歲實。回回法以春分爲歲首，故其歲實三百六十五日二四二一八七五，乃由累測春分得之。蓋數百年來盈縮之差，尚近二至，而二分朒朓甚微。所定小餘之七八五，應亦無甚參差。故歐羅巴法遂用爲平率，以均度加減之，爲諸定氣，猶月之有平朔、平望，而求定朔、定望也。一曰高卑行度。蓋日之行其本天，本無盈縮，特其高卑、升降成橢圓形，而橢圓之心又與地心不合，於是日在本天爲當某度者，由人目視之，又不當某度。蓋高則離地遠而視行遲，卑則離地近而視行疾，最高爲盈末縮初之端，最卑爲縮末盈初之始，亦如月、五星之有盈有縮也。凡節氣在最高之半周，則兩節氣相距之歲實必少于平率；

在最卑之半周，則兩節氣相距之歲寔必多于平率。故最卑在乎冬至前，則加均度而減時，定冬至在平冬至之前，而兩冬至相距之歲寔長；最卑在乎冬至後，則減均度而加時，定冬至在平冬至後，而兩冬至相距之歲寔消。今法，定最卑行每年一分三秒稍朒。雍正癸卯最卑，離冬至八度零七分奇；元世祖中統年間，大抵適當冬至者也。求冬至者，以平歲寔爲之根，再以最卑之遠近求其均數，變時以加減之，則千歲之日至，固可坐而致矣。一曰兩心差，即日天均輪之半徑也。西法始定千萬分之三十五萬八千四百二十六，均數最大者二度三分有奇。後戴進賢等又減爲三十三萬八千〇〇〇，則均數最大者止一度五十六分十三秒矣。上考祖沖之當年寔測，計其兩心之差，大抵有四十餘萬，則彼時均數更大。古大今小，莫測端倪，正如黄、赤距度之古闊今狹，同爲司天者所不能預定者也。求冬至者，又宜以此消息之。朱子謂「造律者以上古十一月甲子朔夜半冬至爲律元」者，蓋從來造律諸家，必推至上古時歲、月、日、時皆得甲子，而又日月如合璧、五星如連珠，同起冬至之度，然後以爲起算之根也。此自漢《大初》以至金《重修大明》數十家之常套，皆不過即其近時之寔測，遐推往古，以折算求合，而未可信以爲寔。故史傳所載律元，無一同者。況推測未精，所立之法有未數十年即不驗者，又何憑其荒遠無稽之律元，以爲推算之根哉？故元《授時》遂不用此法，直以至元辛巳截算爲元，今則以雍正癸卯爲元，皆但憑寔測，不尚虚詞矣。

《儀象考成》曰：「測歲寔之法，古人皆測冬至，然冬至之時刻難定，不如用春秋分時得數爲真。蓋冬至時，黄道與赤道平行，其緯度所差，一日不過數十秒，儀器無從分别；二分，黄道與赤道斜交，其緯度一日差二十四分，其差易見。且求歲寔須平行，而測量止能得視行。惟二分時，去中距不遠，其平行、寔行之差甚微，可以不計。況冬至時，太陽之地平緯度少，清蒙之氣甚大。古來歲寔難得確準，此其故也。」

案，《周禮》致日，兼冬、夏；《虞典》命羲和，于二分特詳，與今法正合。

李氏光地《尚書解義》曰：「二至者，律[四三]之元也，而二者尤以夏至爲重。故于夏言『敬致』，冬不言『宵永』而云『日短』，蓋亦主于日，以相參驗。不言『敬致』，一蒙前義，一以夏至爲主也。《大司徒》土圭之法，亦云夏至之景，略冬至者，以此。自漢以下，始專論冬至，與聖人意異。及歲分之説起，又但以冬至之日，日行疾度，遂減歲分。豈知若以夏至舒度推之，則歲分之減者反增也。」

案，以歲分爲當參二至，是已；謂古專主夏至，自漢以後，專論冬至，則非也。《逸周書·周月解》：「惟一月，既南至，日短極，基踐長。日月俱起于牽牛之初，終則復始，是謂日月權輿。」蓋造曆之法，是以冬至陽生爲定測之始，無緣轉重夏至。土圭之法，則專以測影，又與造曆異也。

革車三百兩虎賁三千人

《司馬法》：「成出車一乘，甲士十人，步卒二十人。」此所云「虎賁」，蓋即甲士，《韓非子》云「武王將素甲三千領〔四四〕」，與紂戰；《呂氏春秋》云武王「革車三百兩，甲卒三千」〔四五〕是也。合步、卒言之，蓋用九千人矣。《尉繚子》：武王「以二萬二千五百人擊紂」，亦合《司馬法》所謂每車甲士三人、步卒七十二人。七十五人而一乘，故三百乘爲二萬二千五百人也，但與「虎賁三千」不合。又，《書序》作「戎車三百兩，虎賁三百人」，蔡傳云：「戎車，馳車也。古者馳車一乘，則革車一乘。馳車，戰車；革車，載器械、財貨、衣裝者也。《司馬法》曰：『一車，甲士三人，步卒七十二人；炊家子十人，固守衣裝五人，廄養五人，樵汲五人。馳車七十五人，革車二十五人，凡百人。』二車，故謂之『兩』。三百兩，三萬人也。虎賁，勇士，百人之長也。」按，以虎賁爲即百夫長，本僞孔傳，蓋以車一兩，配虎賁一人也。此無論與《孟子》不合，且每車既各有甲士三人，則此虎賁更安所置之？以爲二車爲一兩，于古亦無此説。《史記》言「甲士四萬五千人」，則尤不合，不足憑。

布縷之征粟米之征力役之征

「布縷之征」，宅征也；「粟米之征」，田征也；「力役之征」，丁征也：皆定賦所當出。粟米之征于秋，力役之征于冬，惟布縷之征，經、傳不著其時。朱子以爲夏者，據《月令》收繭税耳。「用其二」「用其三」，所謂急政暴虐，賦斂不時也。趙氏謂：「國有軍旅之事，則横興此三賦。布，軍卒以爲衣；縷，紩鎧甲之縷；粟米，軍糧；力役，民〔四六〕負荷厮養之役。」若然，則所謂「如知非義，斯速已矣」，豈用一緩二，遂足爲君子乎？

校勘記

〔一〕「事」，《周禮注疏》卷十一作「事之」。

〔二〕「先王」，《周禮注疏》卷十一作「先王所」，「者」下有「也」字。

〔三〕「族」，《周禮注疏》卷十一同，前引經文作「旅」。孫氏《校勘記》云：「『旅』誤『族』。」

〔四〕「自」，《周禮注疏》卷十五作「從」。

〔五〕「井牧」，《周禮注疏》卷十五作「井田」。

〔六〕「言之」，《周禮注疏》卷十五作「言也」。

〔七〕「井牧者」至「牧隰臯者也」，據《周禮注疏》卷十一，此爲鄭司農説，其前後則爲鄭玄説，「井牧者」上當有「鄭司農云」，「牧隰臯者也」下當有「玄謂」。

〔八〕「畞」，《周禮注疏》卷十一作「晦」。下「畞百爲夫」同。

〔九〕「爲」，《周禮注疏》卷十一作「謂」。

〔一〇〕「不易上地」，《周禮注疏》卷十一作「上地不易」。

〔一一〕「有」，《周禮注疏》卷十一作「爲」。

〔一二〕「田」，《周禮注疏》卷十一作「地」。

〔一三〕「采地」，《周禮注疏》卷四十二作「畿内采地」。

〔一四〕「從」，《周禮注疏》卷四十二作「縱」，字通。

〔一五〕「畝」，《周禮注疏》卷十作「晦」，下「家二百畝」「家三百畝」同。下引《遂人》及注「五十畝」「百畝」「五畝」亦同。

〔一六〕「户計」至「受此田也」，據《周禮注疏》卷十五，乃引鄭司農説，其前後乃鄭玄注，則「户計」上，當補「鄭司農云」四字，下當補「玄謂」二字。

〔一七〕「所受」，《周禮注疏》卷十三作「其家所受」。

〔一八〕「三十六萬夫」，蜚雲閣本作「五十六萬夫」，據《周禮注疏》卷十三改。

〔一九〕「周」，蜚雲閣本作「國」，據《周禮注疏》卷十三《考證》改。

〔二〇〕「疆場」，《周禮注疏》卷十三阮氏《校勘記》云：「《釋文》：『畺場，音亦』。諸本『場』多誤『塲』。」

〔二一〕「馬質」，蜚雲閣本作「質人」，據《周禮注疏》卷三十改。

〔二二〕「十二律」，蜚雲閣本作「十三律」，據《呂氏春秋·仲夏紀·古樂》改。

〔二三〕「大簇」，《呂氏春秋·季夏紀·音律》作「太蔟」。下同。

〔二四〕「仿」，《太平御覽·時序部一·律》作「效」。

〔二五〕「旋」，《禮記正義》卷二十二作「還」，《釋文》云：「還，音『旋』。」

〔二六〕「爲」，《禮記正義》卷二十二無。

〔二七〕「無」，《漢書》卷二十一上作「亡」，字通。

〔二八〕「以子聲比正聲，則正聲爲倍」，《儀禮經傳通解》卷十三引《通典》同，《通典》卷一百四十三作「比正聲爲倍，則以正聲於子聲爲倍」。
〔二九〕「倍半聲」，《通典》卷一百四十三作「用倍聲」。
〔三〇〕「以十二正律半爲十二子聲」，《通典》卷一百四十三作「半以十二正律，爲十子聲之鐘」。
〔三一〕「從仲吕」，《通典》卷一百四十三作「從於中宫」。
〔三二〕「重」，據《通典》卷一百四十三「五聲十二律相生法」，疑爲衍文。
〔三三〕「仲吕」，《通典》卷一百四十三作「中吕」。
〔三四〕「子聲」，《通典》卷一百四十三作「子聲之鐘」。
〔三五〕「高者」，《儀禮經傳通解》卷十三作「當高者」。
〔三六〕「黄鍾不爲他律役」，《儀禮經傳通解》卷十三作「黄鍾不復與他律爲役」。
〔三七〕「不用」，《儀禮經傳通解》卷十三作「不復與之爲役」。
〔三八〕「是合」，《四庫薈要》本《禮經會元》卷二之下作「是以」，本書初印同。
〔三九〕「建邦」，《六經奥論》卷六作「建國」。
〔四〇〕「封國」，《文獻通考》卷二百六十作「爲國」。
〔四一〕「平徑」，據文義，疑當作「半徑」。
〔四二〕「迴」，蜚雲閣本作「迴」，據文義改。
〔四三〕「律」，《尚書七篇解義》卷一作「曆」。
〔四四〕「三千領」，《國策·秦策一》同，《韓非子·初見秦篇》作「三千」。

〔四五〕「革車三百兩，甲卒三千」，《吕氏春秋》無此語。陸賈《新語·慎微篇》作「革車三百，甲卒三千」，《淮南子·泰族訓》作「革車三百乘，甲卒三千人」。

〔四六〕「民」，蜚雲閣本奪，據《孟子注疏》卷十四下補。

春秋公羊禮疏

解題

劉文淇《句溪雜箸序》云：「近人如曲阜孔氏、武進劉氏，謹守何氏之説，詳義例而略典禮訓詁；歙金氏、程氏習鄭氏《禮》，顧其所箸書，往往自立新義，顯違鄭説。先舅氏愍然憂之，慨然發憤。其於《公羊》也，思别爲義疏，章比句櫛，以補徐氏所未逮；其於《禮》也，思舉後儒之背鄭氏者一一駁正之。惜晚年病風，精力不逮，僅成《公羊禮疏》十一卷、《禮論》百餘篇。」凌曙是書依《公羊》何氏注分卷（以閔公附莊公），堅守鄭氏《禮》説，博采《白虎通》《五經異義》《五經駁異》《通典》等書，疏通證明《春秋公羊傳》，序而不斷，不雜讖緯，不宣究微言大義，開實事求是、以禮説經風氣，其於禮制論説精覈，可補舊疏闕漏，實爲凌曙代表性著作。是書有嘉慶二十四年（一八一九）《蜚雲閣叢書》本（簡稱「蜚雲閣本」），首有凌曙嘉慶二十四年閏四月《春秋公羊禮疏序》、同年秋八月《序》及《凡例》。每卷首行上署「春秋公羊禮疏卷某」，下署「江都凌曙學」，卷末行上署「春秋公羊禮疏卷某終」，下署「某某校」。其中受業儀徵阮福校者爲卷一、卷六、卷九、卷十一，受業儀徵阮祜校者爲卷二、卷三、卷五、卷七、卷八、卷十，卷四無校者姓名。又收入南菁書院《皇清經解續編》卷八百五十二至八百六十二（簡稱「續經解本」），無凌曙序，其文字有所校正，卷末有「仁和葉維幹、上海范本禮校」。又有光緒九年（一八八三）歸安姚氏《咫進齋叢書》據凌氏蜚雲閣本重刻本（簡稱「咫進齋本」），内容與蜚雲閣本相同，而卷首凌曙兩序次序與蜚雲閣本互易，卷末有「歸安姚覲元校刊」。今以《續修四庫全書》第一二九册影印北京大學藏蜚雲閣爲底本，以續經解本、咫進齋本參校。

春秋公羊禮疏序[一]

序曰：禮有三起：禮理起於太乙，禮事起於遂皇，禮名起於黄帝。迨至唐、虞，命秩宗典三禮而祭天、地、宗廟之屬，爰分爲天、地、人，而三禮之名乃立。降至夏、殷，互有損益。商辛不道，彝倫乖舛，治法淪亡。維時西伯，目擊王章，禮壞樂崩，故設禮經三百、威儀三千。官禮萌牙，造端於此。亦越武王，克商反政，當其所重，民食喪祭；文公繼志，經曲粲然。

禮有五經：吉、凶、軍、賓、嘉也。以吉禮敬鬼神，以凶禮哀邦國，以賓禮親賓客，以軍禮討不庭，以嘉禮合昏冠。父作子述，蔑以加矣。東遷而後，九服徒存，一綫未絶；宗邦積弱，盡失侯度。親盡之廟不毁，昭穆之主逆祀，是祠祭不以禮，而吉禮亡矣。亂聖人之制，欲久喪而不能，是喪祭不以禮，而凶禮亡矣。以大夫而會諸侯，以諸侯而召天子，是朝覲不以禮，而賓禮亡矣。作三軍，作丘[二]甲，逾時不蒐而忘武備，是師旅不以禮，而軍禮亡矣。取同姓以爲昏，立妾媵而爲適，是昏姻不以禮，而嘉禮亡矣。觀夫古帝王之經理天下也，得禮治，失禮亂。得失之所關，治亂之所本也，可不慎與？是以淫辟之罪多，昏姻之禮廢也；争鬥之獄蕃，鄉飲之禮廢也；骨肉之恩薄，喪紀之禮廢也；君臣之位失，朝聘之禮廢也。由是觀之，《六經》之道同歸，禮樂之用尤急。周禮在魯，何以視爲具文也？

然道無終晦，聖不虚生。倉帝失權，水精繼王。孔子以有宋之裔，生衰周之末，自衛反魯，道噎不行，乃退考五代之禮，修六藝之文，因魯史而制《春秋》焉。睹東門化鳥之書，創西狩獲麟之制，五始提要，三統參微；承百王而號素王，總千聖而爲玄聖，經立九月，道光奕世。治國之體備矣，生民之紀在焉。

在昔三王之道，一質一文，若順連環。春秋改周之文，從殷之質，救溢扶衰，非故相反，亦所遭之變然也。説者謂，《春秋》爲漢帝制法，故其制度文爲多所采擇。魏晉而後，沿襲相承。元魏景明時，孫惠蔚因禘祫上言，謂：「今之取證，唯有《王制》一簡、《公羊》一册。考此二書，以求厥旨。是以兩漢淵儒，魏晉碩學，咸據斯文，以爲朝典。」原夫《公羊》，至漢始著竹帛。鄒、夾無《傳》，嚴、顔最盛，然是非不明，句讀亦失。於是任城何君，起而修之，探東國之微言，闡西河之至教，依經立注，厥功偉矣。觀其《解詁》，言禮亦詳。徐氏之《疏》，乃詳於例而略於禮，未能如孔、賈之該洽也。今取徐氏之《疏》而補疏之。義若隱略，則更表明。如有不同，便徵他議。自鄭氏三《禮》注，晉、宋諸《志》，《通典》，《唐·志》，苟有合於何義者，罔不甄綜。凡以疏通證明，而詳其論説云爾。

嘉慶歲在己卯，後四月上浣，江都凌曙撰於粤東之節署

校勘記

〔一〕 思進齋本此篇序置於下篇序文後，續經解本無。

〔二〕「丘」，諱作「邱」，今回改。下同，不復注。

序[一]

《公羊》之學，蔽冒久矣。言之失實者，是蕞殘也；議之蹈空者，猶拾瀋也。君子何貴乎譸言？自七十子之後，一卷之書，不勝異説焉。於是奮其私智，創爲流説者有之。師資既無，功力亦薄。世有如仲舒之下帷、邵甫之閉門，知幾藏往而潛心大業者乎？班固以董生爲儒宗，王嘉以何氏爲學海。後有作者，漢儒弗可及矣。

若夫視皮面墻，要眇之論無由而知。雖有日月之光，盲者不能見；雷霆之聲，聾人不能聞。是至明無補於瞭矇，至震無救於聳聹也。欲治《公羊》，而末學膚淺，亦終不能精已。荀卿曰：「《春秋》之微也。」又曰：「《春秋》約而不速。」太史公曰：「約其文辭而旨[二]博。」范甯曰：「君子之於《春秋》，没身而已矣。」由是觀之，口傅[三]耳剽之譚，無怪乎億錯之妄也。

大抵空言無補，惟實事求是，庶幾近之。而事之切實，無有過於禮者。舊疏嫌其闕略，故撰《公羊禮疏》十有一卷，正徐氏解禮之失，破諸儒持論之偏，引據經史，疏通而證明之；復撰《禮論》三十篇，都爲一卷。又有緒論，未著於篇而不盡涉乎禮者，撰《公羊問答》二卷。在昔荀爽有《公羊問答》五卷，荀爽問，魏安平太守徐欽答。今自爲問答，變其例而仍襲其名。其間有與惠定宇先生之《九經古義》、錢竹汀先生之《答問》相同者，諸如此類，一概從删，恐不知者以爲似伯尊之攘善矣。

蓋自隨唐以後，儒者以爲孤經，幾不㫥懷。何氏之學雖盛行于河北，而北方之明《公羊》者，魏梁祚一人而已。漢儒之書，遺佚殆盡，猶幸仲舒之《繁露》十有七卷尚在人間。曩已爲之注釋，固表裏而相資矣。舉凡所著之書，冀成一家之學，不欲掔扯《左》《穀》，爲三《傳》之調人。

先儒爲〔四〕：事莫詳於《左氏》，義莫精於《公羊》。《春秋》乃明義之書，非紀事之書也。若云紀事，一良史之才已足，何至游、夏之徒一辭莫贊？將謂《春秋》非事實不明，孔子不能逆料丘明爲之作傳，世無《左傳》，而聖經亦因之而晦乎？似非通論也。《春秋》，固無傳而明者也。孔子假當日之行事，而王法寄焉爾。其事實不足繫有無之數也，故《公羊》略之。史重事，經重義。未修之《春秋》，魯史也；既修之《春秋》，孔經也。古者人君，動則左史書之，言則右史書之。《春秋》是動作之事，左史，其職也。此指未修之《春秋》而言。若已修之《春秋》，重義而不重事矣。孟子曰：「其事則齊桓、晉文，其文則史。孔子曰：『其義，則丘竊取之矣。』」事與義之辨，豈不彰明較著也哉？若舍《公羊》而求義，是水行而棄舟楫也，陸行而無橇檋也。江、河之惡沱不可知，況滄海乎？衆山之嵂嵲不可知，況東岳乎？然則《公羊》，其治經之梯航也乎？吾以爲，治是經者，由聲音、訓詁，而明乎制度、典章，以進求夫微言大義，猶魯人將有事於泰山，必先有事於頖宫；晉人將有事於河，必先有事於惡池也。

僕以闒茸之資，無摩研編削之才，亦無游博持掩之好，唯篤嗜《公羊春秋》。覃精竭思，力索有年矣，然窮其枝葉，而未及宗原。是知執寸莛以撞鐘，熯一炬而爨鑊，其無益也，明甚。不有賢哲，何足以知《春秋》？管子云：「老馬識途。」予雖駑駘，亦既爲之前驅矣。士有志於《春秋》者，尚或覽焉，不致驚瀇洋而悲歧道也乎？

嘉慶歲在己卯，秋八月既望，江都凌曙撰於粤東之節署

校勘記

〔一〕 咫進齋本此篇置於《春秋公羊禮疏序》前，續經解本無。此序内容與《春秋公羊問答序》全同，以文意觀之，此書當有，而彼書不當有。

〔二〕「旨」，《史記》卷四十七作「指」。

〔三〕「傳」，咫進齋本作「傳」。

〔四〕「爲」，古通「謂」。

凡例

疏不破注，向例如此。今間有未安者，引先儒之説以正之，實事求是，非敢難詰也。

注中雜引四代之禮，不盡周制也。可證者證之，無則闕疑。若舊疏，概以爲時王之禮，殊欠明晰。

注中如郊禘、六宗、明堂、祥禫之制，異議紛如。今但取其合於何義者，引一二説以證之，餘則不敢濫登。

疏中所引，皆序而不斷，然觀其去取，亦可知從違之所在矣。若臚列諸説而上下其議論，是經説，而非疏體。

《漢書·藝文志》：「《公羊》經、傳各十一卷。」宋王儉《七志》、梁阮孝緒《七録》皆云「何注十一卷」，以閔公附莊公也。今疏之卷數，一仍何注之舊。

春秋公羊禮疏卷一

隱公

元年春，王正月。

【注】惟王者，然後改元立號。

【疏】班固《白虎通》：「《春秋》曰：『元年春，王正月，公即位。』改元位也。王者改元年，即事天地。」沈約《宋書·禮志》：魏明帝初，司空王朗議：「古者有年數，無年號，漢初猶然[一]。或有世而改，有中元、後元。元改彌數，中、後之號不足，故更假取美名，非古也。述春秋之事，曰『隱公元年』，簡而易知；載[二]漢世之事，曰『建元元年』，則後不見。宜若古，稱元而已。」樂資《春秋後傳》：「惟王者改元。諸侯改元，自汾王。以前，未有也。晉《竹書》曲沃莊伯十一年十一月，則用夏正爲歲首，而《秦譜》至宣公初志閏月，不惟改元，又改歷矣。」萬氏斯大《學春秋隨筆》：「君曰元首，臣曰股肱。天子爲天下共主。五等諸侯，出作屏藩，入爲卿士，依然臣也。一統天下，咸奉正朔，同軌同文，安有諸侯改元之理？即曰國自有〔三〕史，亦必大書天子之年而分繫其事。何休曰：『必天子，然後改元。』此説是也。」《白虎通》：「所以有夏、殷、周之號，何？以爲王者受命，必立天下之美號，以表功自克，明易姓，爲子孫制也。夏、殷、周者，有天下之大號也。百王同天下，無以相別。改制天下之大禮號，以自別於前，所以表著己之功業也。必改號者，所以明天命已著，欲顯揚己於天下也。己復襲先王之號，與繼體改文之君無以異也，不顯不明，非天意也。」

【注】夏以斗建寅之月爲正，平旦爲朔，法物見，色尚黑。殷以斗建丑之月爲正，鷄鳴爲朔，法物牙，色尚白。周以斗建子之月爲正，夜半爲朔，法物萌，色尚赤。

【疏】伏生《尚書大傳》：「夏以孟春月爲正，殷以季冬月爲正，周以仲冬月爲正。夏以十三月爲正，色尚黑，以平旦爲朔；殷以十二月爲正，色尚白，以鷄鳴爲朔；周以十一月爲正，色尚赤，以夜半爲朔。不以二月後爲正者，萬物不齊，莫適所統，故必以三微之月也。三正之相承，若順連環也。孔子承周之弊，行夏之時。知繼十二月〔四〕爲正者，當用十三月也。」

【注】禮：年二十，見正而冠。

【疏】《荀子》：「天子、諸侯子，十九而冠，冠而聽治，其教至也。」劉向《説苑》：「周召公十九〔五〕，見正而冠，冠則可以爲方伯、諸侯矣。」又，「《冠禮》：十九，見正而冠，古之通禮也。」《白虎通》：「禮所以『十九，見正而冠』者，何？漸二十之人耳。男子，陽也，而成於陰，故二十而冠。《曲禮》曰：『二十弱冠。』言見正。何以知其不謂正月也？以《禮·士冠經》曰『夏葛屨，冬皮屨』，明非歲之正月也。」又，「陽小成於陰，陰〔六〕大成於陽，故二十而冠。」

【注】《士冠禮》曰：「適子冠於阼，以著代也。醮於客位，加有成也。三加彌尊，諭其志也。」

【疏】注〔七〕杜佑《通典》：「後漢何休《冠儀〔八〕約制》云：『將冠子者，具衣冠。冠者父兄若諸父、宗族之尊者一人爲主，主人告所素敬僚友一人爲冠賓。必自告其家，告曰：「某之子某若弟某長矣，將加冠於首。願吾子教之。」賓既許，主人自定吉日。先冠一日，宿，告賓曰：「請以明日行事。」賓曰：「敢不從命！」主人洒掃，内外皆肅。執事者於兩楹間，爲冠者設北鄉筵，又設賓東鄉筵，兩筵相接。授冠以篋器，設於兩筵，又設罇爵於東方。冠者如常服，待命於房。夙興，賓到，迎延，揖讓如常。坐定，執事白：「請行事。」主人跪告賓曰：「請勞吾子。」賓跪答曰：「敬諾。」賓起，立西序，東面〔九〕，聽命之禮賓〔一〇〕。冠者興，西鄉拜賓，賓答拜。訖，命就筵，賓主各還坐，冠者北鄉筵坐，復。賓跪曰：「吾子之使，請將命。」主人跪，答曰：「勞吾子。」賓起，就東鄉筵。執事者執爵，跪，向冠者祝曰：「令月吉日，始加元服，棄爾幼志，順爾成德，壽考維祺，介爾景福。」冠者即坐，賓跪，加冠。訖，冠者執爵酹[一一]地，然後啐酒。訖，賓興，復還本坐；主人亦起，乃俱坐。冠者還房，自整飾，出拜父，父爲起。若諸父、群從父[一二]及兄應答拜者，答拜如常。入拜母，母答拜。其餘兄弟及姑姊妹，皆相拜如常。主人命冠者出，更設酬爲勸，乃罷。異日有祭事白告祖考者，自如舊祭禮常儀。』」

【注】冠而字之，敬其名也。

【疏】《白虎通》：「人所以有字，何？冠德明功，敬成人也。故《禮·士冠經》曰：『賓北面，字之曰伯某甫。仲、叔、季，唯其所當[一三]。』又曰：『冠而字之，敬其名也。』所以五十乃稱伯仲者，五十，知天命，思慮定也，能順四時、長幼之序，故以伯仲號之。《禮·檀弓》曰：『幼名，冠字，五十乃稱伯仲。』」賈公彦曰：「殷質，二十爲字之時，兼伯、仲、叔、季而呼之。周文，爲字之時，未呼伯、仲；至五十，乃加而呼之。故《檀弓》云：『幼名，冠字[一四]，五十以伯、仲，周道也。』」

【注】公侯之有冠禮，夏之末造也。

【疏】《通典》：「《五經要義》云：『冠，嘉禮也。冠，首服也。首服既加，而後人道備，故君子重之，以爲禮之始矣。孔子曰：「正其衣冠，尊其瞻視，儼然人望而畏之。」又曰：「不莊以莅之，則民不敬。」此人君早〔一五〕冠之義也。王教之本，不可以童子之道理焉。』或云：《周禮》雖有服冕之數，而無天子冠文。又，《儀禮》云公侯冠禮者，王肅、鄭玄皆以爲夏末衰亂，篡弑所由生焉，故作公侯冠禮，明天子無冠禮之審〔一六〕。又無大夫冠禮，古者五十而後受爵，何大夫冠禮之有？周人五十而有賢才，則試以大夫之事，猶行士禮。故筮賓於阼〔一七〕以著代，醮於客位，三加彌尊，皆士禮者也。今按，《大戴禮》有《公冠篇》，云：『公冠四加，天子亦四加。』又，《家語·冠頌》云：『王太子之冠，擬諸侯之冠；天子之元子，亦擬諸侯四加；諸侯之子，同於士。』據此，自天子至於諸侯，非無冠禮，但因秦焚書，遂同蕩滅。其周制士冠禮頗備，王者時采行焉。」

【注】天子之元子，猶士也。天下無生而貴者。

【疏】《白虎通》：「王者太子亦稱士，何？舉從下升，以爲人無生得貴者，莫不由士起。是以舜時稱：爲天子，必先試於士。《禮·士冠經》曰：『天子之元子，猶士也。』」

【注】禮：男子年六十，閉房。

【疏】《白虎通》：「男子六十閉房，何？所以輔衰也，故重性命也。又，《禮·內則》曰：『妾雖老，未滿五十，必預〔一八〕五日之御。』滿五十，不御，俱爲助衰也。至七十，大衰，食非肉不飽，寢非人不暖，故七十復開房也。」

【傳】立適以長不以賢，立子以貴不以長。

【疏】《白虎通》：「《曾子問》曰：『立適以長不以賢。』何？以言爲賢、不肖，不可知也。《尚書》曰：『惟帝其難之。』立子以貴不以長，防愛憎也。」范蔚宗《後漢書》光武十九年詔：「《春秋》之義：『立子以貴。』東海王陽，皇后之子，宜承大統。皇太子彊〔一九〕，崇執謙退，願備藩國。父子之情，重久違之。其以彊爲東海王，立陽爲皇太子。」荀悦論：「聖人之〔二〇〕制，必有所定，所以防忿争、一統緒也。《春秋》之義：『立適以長，立子以貴。』是其言適無二也，貴有常也。以弟及兄，則貴有常矣。」

【注】禮：適夫人無子，立右媵；右媵無子，立左媵；左媵無子，立適姪娣；適姪娣無子，立右媵姪娣；右媵姪娣無子，立左媵姪娣。

【疏】劉熙《釋名》：「姪娣曰媵。媵，承也，承事嫡也。」《太卜》疏：「按，昭二十六年《傳》曰：『王后無適，則擇立長。年鈞以德，德鈞以卜。王不立愛，公卿無私，古之制也。』休以爲：《春秋》

之義，三代異。建適媵，别貴賤。有姪娣，以辨親疏。立適以長不以賢，立子以貴不以長。王后無適，明尊之敬之，義無所卜筮。不以賢者，人狀難别，嫌有所私，故絶其怨望，防其覬覦。今如《左氏》言：『年鈞以德，德鈞以卜。』君之所賢，人必從之，豈復有卜？隱、桓之禍，皆由是興。乃曰『古制』，不亦謬〔二一〕哉？」

【注】質家親親，先立娣；文家尊尊，先立姪。適子有孫而死，質家親親，先立弟〔二二〕；文家尊尊，先立孫。其雙生也，質家據見，立先生；文家據本意，立後生，皆所以防愛争。

【疏】許慎《五經異義》：「《公羊》説，質家立世子弟，文家立世子子。」李百藥《北齊書・刁柔傳》：「時議者以爲，立五等爵邑，承襲者無適子，立適孫；無適孫，立適子弟；無適子弟，立適子孫弟。柔以爲，無適孫，應立適曾孫，不應立適子弟。議曰：『柔按《禮》：「立適以長。」故謂長子爲適子。適子死，以適子之子爲適孫。死，則曾、玄亦然。然則適子之名，本爲傳重，故《喪服》曰：「庶子不爲長子三年，不繼祖與禰也。」《禮記》：公儀仲子之喪，檀弓曰：「何居？我未之前聞也。仲子舍其孫而立其弟，何也？」子服伯子曰：「仲子亦猶行古之道也。昔者，文王舍伯邑考〔二三〕而立武王發，微子舍其孫腯而立弟衍。仲子亦猶行古之道也。」鄭注曰：「仲子〔二四〕爲親者諱耳。立子，非也。文王之立武王，權也。微子適子死，立其弟衍，殷禮也。」「子游問諸孔子，孔子曰：『否，立孫。』」注曰：「據周禮。」然則商以適子死，立適子之母弟；周以適子死，立嫡子之子爲適孫。故《春秋公羊》之義，適子有孫而死，質家親親，先立弟；文家尊尊，先立孫。《喪服》云：「爲父後者，爲出母無服。」《小記》云：「祖父卒，而後爲祖母後者三年。」爲出母無服者，喪者不祭故也；爲祖母三年者，大宗傳重故也。今議以適子孫〔二五〕死而立適子母弟，適子母弟者則爲父後矣。適子母弟本非承適，以無適故得爲父後，則適孫之弟理亦應得爲父後，則是「父卒，然後爲祖後者服斬」。既得爲祖服斬，而不得爲傳重者，未之聞也。若用商家親親之誼〔二六〕，本不應適子死而立適孫；若從周家尊尊之文，豈宜舍孫而立其弟？或文或質，愚用惑焉。』」

【傳】子以母貴。

【疏】陳壽《三國志·魏志》注：「《典略》載瓚表紹罪狀曰：『《春秋》之義：子以母貴。紹母親爲婢使，紹實微賤，不可以爲人後。以義不宜，乃據豐隆之重任，忝污王爵，損辱袁宗。紹罪九也。』」

【注】禮：妾子立，則母得爲夫人，夫人成風是也。

【疏】《五經異義》：「今《春秋公羊》説，妾子立爲君，母得稱夫人，故上堂稱妾，屈於適；下堂稱夫人，尊行國家〔二七〕。父母者，子之天也。子不得爵命父母，則士庶起爲人君，母亦不得稱夫人。至於妾子爲君，得爵其母者，以妾本接事尊者，有所因也。《穀梁》説，魯僖公立妾母成風爲夫人，入宗廟，是子而爵母也。以妾爲妻，非禮也。古〔二八〕《春秋左氏》説，成風得〔二九〕立爲夫人，母以子貴，禮也。謹按《尚書》，舜爲天子，瞽瞍爲士。起〔三〇〕於士庶者，子不得爵父母也。至於魯僖公，本妾子，尊母成風爲小君，經無譏文，《公羊》《左氏》義是也。駁曰：『《禮·喪服》：父爲長子三年，以將傳重故也；衆子，則爲之周，明無二嫡也。女君卒，貴妾繼室，攝其事耳，不得復立爲夫人。魯僖公妾母爲夫人者，乃緣莊公夫人哀姜有殺子般、閔公之罪，應貶故也。近漢吕后殺戚夫人及庶子趙王，不仁，廢，不得配食。文帝更尊其母薄后，非其比耶？妾子立者，得尊其母，禮未之有也。』」《晉書·禮志》：「哀帝即位，欲尊崇章皇太妃。桓温議：宜稱太夫人。尚書僕射江霦議曰：當春秋時，庶子承國，其母得爲夫人，不審直子命〔三一〕耶，故當告於宗廟〔三二〕以先君之命命之耶？竊見詔書：『當臨軒拜授貴人爲皇太妃。』今稱皇帝册命命貴人，斯則了爵母也；貴人北面拜受，斯則母臣子也。天尊地卑，名位定矣；母貴子賤，人倫序矣。雖欲加崇貴人，而實卑之；欲顯明國典，而實廢之。且人主舉動，史必書之。如當載之方策，以示後世，毋乃不順乎？」宋庾蔚之謂：「《公羊》母以子貴者，明妾貴賤。若無適子，則妾之子爲先立。又，子既得立，則母隨子貴，豈謂可得與適同耶？成風稱夫人，非禮之正。」

三月，公及邾婁儀父盟于眛。

【注】魯稱「公」者，臣子心所欲尊號其君父。「公」者，五等之爵最尊。王者探臣子心欲尊其君父，使得稱「公」，故《春秋》以臣子書葬者，皆稱「公」。

【疏】《白虎通》：「伯、子、男臣子於其國中褒其君爲『公』，王者臣子獨不得褒其君謂之爲『帝』，何？以爲諸侯有會聚之事、相朝聘之道，或稱『公』而尊，或稱『伯』『子』『男』而卑，爲交接之時，不私其臣子之義，心俱欲尊其君父，故皆令臣子得稱其君爲『公』也。帝、王異時，無會同之義，故無爲同也。何以知諸侯得稱『公』？《春秋》曰：『葬齊桓公。』齊，侯也。《尚書》曰：『公曰：「嗟。」』秦，伯也。《詩》云：『譚公維私。』譚，子也。《春秋》曰：『葬許繆公。』許，男也。《禮·大射經》曰：『公則釋獲。』大射者，諸侯之禮也，伯、子、男皆在也。」

夏五月，鄭伯克段于鄢。

【注】禮：公族有罪，有司讞於公。公曰：「宥之。」及三宥，不對，走出。公又使人赦之，以「不及」反命。公素服不舉，而爲之變，如其倫之喪，無服，親哭之。

【疏】《文王世子》注：「素服，於凶事爲吉，於吉事爲凶，非喪服也。倫，謂親疏之比也。不往弔，爲位哭之而已。」《通典》：「晉劉智《釋疑》：『問曰：「昆弟骨肉以罪惡徒流死者，諸侯有服否？」智答曰：「凡以罪惡徒者，絶之；因〔三三〕君於兄弟有罪者，亦絶也。舊説，諸侯於兄弟有弔服，服繐絰。素服〔三四〕而已，不弔臨其喪也。諸侯之身，體先君，奉祭祀，是以不得盡其情於所絶耳。然則不爲父後者，則服之矣。」』」

秋七月，天王使宰咺來歸惠公、仲子之賵。

【注】生稱「父」，死稱「考」，入廟稱「禰」。

【疏】《釋名》：「父，甫也，始生己也。父死曰『考』，考，成也；亦言槁也，『槁』於義爲『成』。凡五材、膠漆、陶冶、皮革，乾槁乃成也。」《白虎通》：「告於祖禰廟。」

【注】以無謚也。仲，字；子，姓。婦人以姓配字，不忘本也，因示不適同姓。

【疏】《白虎通》：「人所以有姓者，何？所以崇恩愛、厚親親、遠禽獸、别昏姻也。故禮，紀世别類，使生相愛、死相哀，同姓不得相娶，皆爲重人倫也。」又，「《禮記經》〔三五〕曰：『女子十五許嫁，笄。禮之，稱字。』婦人姓以配字，何？明不娶同姓也。」

【注】今仲子無謚，知生時不稱夫人。

【疏】《通典·皇后謚及夫人謚議》：「《白虎通》云：『后、夫人謚，臣子共於廟定之。』《五經通義》云：『婦人以隨從爲義。夫貴於朝，婦貴於室，故得蒙夫之謚。』又云：『夫人無爵，故無謚。或曰，夫人有謚。夫人，一國之母，脩閨門之内則，下以化之，故設謚以彰其善惡。《公羊》曰：「葬宋共〔三六〕姬。」稱其謚，賢之也。』卿大夫妻，命婦也；無謚者，以賤也。妾無謚，亦以卑賤，無所能與，猶士卑小，不得謚也。」

【傳】賵者，何？喪事有賵。賵者，蓋以馬。以乘馬，束帛。【注】此道周制也。「以馬」者，謂士不備四也，《禮·既夕》曰「公賵，玄纁束帛、兩馬」是也。「乘馬」者，謂大夫以上備四也。

【疏】劉向《説苑》：「古者吉行五十里，奔喪百里。贈、賵及事之謂時。時，禮之大者也。《春秋》曰：『天王使宰咺來歸惠公、仲子之賵。』賵者，何？喪事有賵者，蓋以乘馬、束帛。輿馬曰賵，貨財曰賻，衣被曰禭，口實曰含〔三七〕，玩好曰贈。知生者賻、賵，知死者贈、禭。贈、禭，所以送死也；賻、賵，所以佐生也。輿馬、束帛、貨財、衣被、玩好，其數奈何？曰：天子乘馬六匹，諸侯四匹，大夫三匹，元士二匹，下士一匹。天子束帛五匹，玄三、纁二，各五十尺；諸侯玄三、纁二，各三十尺；大夫玄一、纁二，各三十尺；元士玄一、纁一，各二丈；下士緅、縵各一匹，庶人布、帛各一匹。天子之賵，乘馬六匹，乘車；諸侯四匹，乘輿；大夫曰參輿，元士、下士不用輿。天子文、繡衣各一襲到地，諸侯覆跗，大夫到踝，士到髀。天子含實以珠，諸侯以玉，大夫以璣，士以貝，庶人以穀實。位尊德厚及親者，賻、賵、含、襚厚；貧富亦有差。二、三、四、五之數，取之天地而制奇偶，度之人情而出節文，謂之有因，禮之大宗也。」

【注】禮：大夫以上至天子，皆乘四馬，所以通四方也。

【疏】《干旄》〔三八〕疏：「王肅云：『古者，一轅之車駕三馬，則五轡。其大夫，皆一轅車。夏后氏駕兩，謂之麗。殷益以一騑，謂之驂。周人又益一騑，謂之駟；本從一驂而來，亦謂之驂。』經言驂，則三馬之名。又，孔晁云：『作者歷言三王之法。此似述傳，非毛旨也。何則？馬以引重，左右當均。一轅車，以兩馬爲服。傍以一馬驂之，則偏而不調，非人情也。《株林》曰：「乘我乘駒。」傳曰：「大夫乘駒。」則毛以大夫亦駕四也。且殷之制亦駕四，故王基云：「《商頌》曰：『約軝錯衡，八鸞鏘鏘。』是則殷駕四，不駕三也。」』又，《異義》：『天子駕數，《易》孟、京、《春秋公羊》說，天子駕六；《毛詩》說，天子至大夫同駕四，士駕二。《詩》云「四騵彭彭」，武王所乘；「龍旂承祀，六轡耳耳」，魯僖所乘；「四牡騑騑，周道倭〔三九〕遲」，大夫所乘。謹按，《禮·王度記》曰：「天子駕六，諸侯與卿同駕四，大夫駕三，士駕二，庶人駕一。」説與《易》《春秋》同。』玄之聞也，《周禮·校人》：『掌王馬之政，凡頒良馬而養乘之。乘馬，一師四圉。』四馬爲乘，此一圉者養一馬，而一師監之也。《尚書·顧命》：『諸侯入應門，皆布乘黄朱。』言獻四黄馬朱鬣也。既實周天子駕六，《校人》則何不以馬與圉以六爲數？《顧命》諸侯何以不獻六馬？《王度記》曰『大夫駕三』，經、傳無此〔四〇〕言，是自古無駕三之制也。」

【注】天子馬曰龍，高七尺以上；諸侯曰馬，高六尺以上；卿大夫、士曰駒，高五尺以上。

【疏】《廋〔四一〕人》：「馬，八尺以上爲龍，七尺以上爲騋，六尺以上爲馬。」《株林》箋：「馬六尺以下曰駒。」傳：「大夫乘駒。」陸佃《埤雅》曰：「傳曰〔四二〕：『大夫乘駒。』蓋駒血氣未定，有蹄齧之虞，故大夫乘之。《説文》從『句』字，音『拘』，以駒血氣未定，宜拘執之焉爾。」

【注】束帛，謂玄三纁二。玄三法天，纁二法地，因取足以共事。

【疏】《士昏禮》注：「束帛，十端也。」孔鮒《小爾雅》：「五尺謂之墨，倍墨謂之丈，倍丈謂之端，倍端謂之兩，倍兩謂之疋，疋有端〔四三〕謂之束。」《媒氏》疏：「昏禮每端二丈。其〔四四〕餘行禮，則用制幣，丈八尺。」《爾雅》：「三染謂之纁。」《考工記》：「三入爲纁。」鄭注：「六入爲玄。」

【傳】車馬曰賵，貨財曰賻，衣被曰襚。【注】此皆春秋制也。賵猶覆也，賻猶助也，皆助生送死之禮。襚猶遺也，遺是助死之禮。知生者賵、賻，知死者贈、襚。

【疏】《白虎通》：「贈、襚，何謂也？『贈』之爲言『稱』也，玩好曰贈；『襚』之爲言『遺』也，衣衾曰襚。知死者則贈、襚，所以助生送死、追恩重終，副至意也。賻、賵者，何謂也？賻者，助也；賵者，覆也，所以佐助不給〔四五〕也。故弔辭曰：『知生則賻、賵。』貨財曰賻，車馬曰賵。」

【傳】桓未君，則諸侯曷爲來賵之？隱爲桓立，故以桓母之喪告於諸侯。【注】經言「王者賵」，赴告王者可知，故傳但言諸侯。

【疏】《白虎通》：「諸侯薨，赴告鄰國，何？緣鄰國欲有禮也。《春秋傳》曰：『桓母喪，告於諸侯。』桓母賤，尚告於諸侯。諸侯薨，告鄰國，明矣。諸侯夫人薨，告天子者，不敢自廢政事；天子亦欲知之，當有禮也。《春秋》曰：『天王使宰咺來歸惠公、仲子之賵，譏不及事。』仲子者，魯君之貴妾也，何況於夫人乎？」

【傳】其言「來」，何？不及事也。

【疏】《荀子》：「貨財曰賻，輿馬曰賵，衣服曰襚，玩好曰贈，玉貝曰唅。賻、賵，所以佐生也；贈、襚，所以送死也。送死不及柩尸，弔生不及悲哀，非禮也。故吉行五十，犇喪百里，賵、贈及事，禮之大也。禮者，政之輓也。爲政不以禮，政不行矣。」

【注】王者據土，與諸侯分職，俱南面而治，有不純臣之義。

【疏】《詩》：「嗟嗟臣工。」箋：「諸侯來朝，天子有不純臣之義，於其將歸，故於廟中正君臣之禮。」疏：「《異義》：『《公羊》説，諸侯不純臣。《左氏》説，諸侯者，天子藩衛，純臣。謹按《禮》，王者所不純臣者，謂彼人爲臣，皆非己德所及。《易》曰：「利建侯。」侯者，王所親建，純臣也。』玄之聞也，賓者，敵主人之稱。而禮：諸侯見天子，稱之曰「賓」，不純臣諸侯之明文矣。唯鄭據《大行人》之文，以爲不純臣之證也。以賓客之文，明不純臣之義，則謂天子與諸侯對，爲賓主行禮，是爲不純臣。君與朝廷之臣行禮，饗燕則使人爲主。諸侯燕其臣，使宰夫爲獻主，不與臣對行禮，是純臣之也。《大行人》又云：『九州之外，謂之蕃國，世一見。』注云：『謂其君爲小賓，臣爲小客。』《小行人》云：『凡四方之使，大客則擯，小客則受其幣，聽其辭。』見於夷狄君臣，亦稱賓客，則四夷諸侯亦不純臣也。此則天子於諸侯之義耳。若諸侯於天子，皆純臣矣。《北山》云：『率土之濱，莫非王臣。』《皋陶謨》云：『萬邦黎獻，共惟〔四六〕帝臣。』是彼於王者，皆純臣也。《書傳》：周公謂越裳氏之譯曰：『德澤不加焉，則君子不享其質；政令不施焉，則君子不臣。』明政令之所及，盡爲純臣，故此所以正君臣之禮也。」《白虎通》：「王者不純臣諸侯，何？尊重之。以其列土傳子孫，世世稱君，南面而治。與〔四七〕凡不臣者，異於衆臣也。朝則迎之於著，覲則待之於阼階，升降自西階，爲庭燎，設九賓，享禮而後歸，是異於衆臣也。」

公子益師卒。

【注】時恩衰義缺。

【疏】《大戴禮》：「禮之象，五行也；其義，四時也。故以四舉：有恩，有義，有節，有權。恩厚者，其服重，故爲父斬衰三年，以恩制者。門内之治，恩掩義；門外之治，義斷恩。資於事父以事君，而敬同。貴貴尊尊，義之大者也，故爲君亦服斬衰三年，以義制者也。」

【注】禮：爲父母三年。

【疏】《喪服》「斬衰」章《傳》曰：「爲父，何以斬衰也？父，至尊也。」疏：「答云『父，至尊』者，天無二日，家無二尊。父是一家之尊，尊〔四八〕中至極，故爲之斬也。」戴德《喪服變除》：「斬縗，三年之服。始有父之喪，笄纚，徒跣，扱上衽，交手哭踊無數，惻怛痛疾。既襲三稱，服白布深衣，十五升素章甫冠，白麻屨無絇。」

【注】爲祖父母期。

【疏】「齊衰期」章「祖父母」《傳》曰：「何以期也？至尊也。」疏：「不云『祖，至尊』而直云『至尊』者，以是父之至尊，非孫之至尊。」戴德《喪服變除》：「『齊衰不杖周』者，謂始有祖父母之喪，則白布深衣，十五升素冠，吉屨無絇，哭踊無數。既襲，無變。」

【注】爲曾祖父母，齊衰三月。

【疏】「齊衰三月」章「曾祖父母」《傳》曰：「何以齊衰三月也？小功者，兄弟之服也。不敢以兄弟之服服至尊也。」注：「正言『小功』者，服之數，盡於五，則高祖宜緦麻，曾祖宜小功也。據祖期，則曾祖宜大功，高祖宜小功也。高祖、曾祖皆有小功之差，則曾孫、玄孫爲之服同也。重其衰麻，尊尊也；減其日月，恩殺也。」戴德《喪服變除》：「其『齊衰三月』者，始有曾祖父母之喪，白布深衣，十五升素冠，吉屨無絇。」

二年春，公會戎于潛。

【注】古者，諸侯非朝時，不得逾竟。

【疏】《尚書大傳》：「圻者，天子之竟[四九]也。諸侯曰竟。天子游，不出封圻，不告祖廟。諸侯非朝聘，不出竟。」《賈子新書》：「齊桓公之始霸也，翟人伐燕，桓公爲燕北伐翟，乃至於孤竹，反，而使燕君復召公之職。桓公歸，燕君送桓公，入齊地百六十六[五〇]里。桓公問於管仲曰：『禮：諸侯相送，固出竟乎？』管仲曰：『非天子，不出竟。』桓公曰：『然則燕君畏而失禮也。寡人恐後世以寡人爲存燕而欺之也。』乃下車，而令燕君還車，乃割燕君所至而與之，遂溝以爲竟而後去。」

九月，紀履緰來逆女。

【傳】婚禮不稱主人。【注】爲養廉遠耻也。

【疏】《白虎通》：「男不自專娶，女不自專嫁，必由父母、須媒妁，何？遠耻，防淫佚[五一]也。」

【注】禮：有母，母當命諸父兄、師友，稱諸父兄、師友以行。宋公無母，莫使命之，辭窮，

故自命之。自命之，則不得不稱「使」。

【疏】董仲舒《春秋繁露》：「《春秋》有經禮，有變禮。爲如安性平心者，經禮也。至有於性雖不安，於心雖不平，於道無以易之，此變禮也。是故昏禮不稱主人，經禮也；辭窮無稱，稱主人，變禮也。」《白虎通》：「人君及宗子無父母，自定娶者，卑不主尊，賤不主貴，故自定之也。《昏禮經》曰：『親皆没，己躬命之。』《詩》云：『文定厥祥，親迎於渭。』」

【傳】「然則紀有母乎？」曰：「有。」「有則何以不稱母？」「母不通也。」【注】《禮》：「婦人無外事。」但得命諸父兄、師友，稱諸父兄、師以行耳。母命不得達，故不得稱母通使文，所以遠别也。

【疏】班固《漢書・杜鄴傳》：「《春秋》不書紀侯之母，陰義殺也。」師古注：「《公羊傳》曰：『婚禮不稱主人。』主人，謂壻也；『不稱母，母不通也。』」

【傳】譏始不親迎也。

【疏】《詩序〔五二〕》：「《著》，刺時也。時不親迎也。」傳：「時不親迎，故陳親迎之禮以刺之。」司馬遷《史記·外戚世家》：「故《易》基乾、坤，《詩》首〔五三〕《關雎》，《書》美釐降，《春秋》譏不親迎。夫婦之際，人道之大倫也。禮之用，唯昏姻爲兢兢。」《白虎通》：「天子下至士，必親迎授綏者，何？以陽下陰也。欲得其歡心，示親之心也。必親迎，御輪三周，下車曲顧者，防淫佚也。《詩》云：『文定厥祥，親迎於渭，造舟爲梁，不顯其光。』」《曲禮》疏：「《異義》：『《禮》戴説，天子親迎。《春秋公羊》説，自天子至庶人，皆親迎。《左氏》説，天子，至尊無敵，故無親迎之禮；諸侯有故，若疾病，則使上大夫迎，上卿〔五四〕臨之。許氏謹按，高祖時，皇太子納妃，叔孫通制禮，以爲天子無親迎，從《左氏》義也。』駁之云：『太姒之家，在渭之涘。文王親迎於渭，即天子親迎明文也。』引《禮記》『冕而親迎』，『繼先聖之後，以爲天地、宗廟、社稷之主』。非天子，則誰乎？」

【注】禮所以必親迎者，所以示男先女也。於廟者，告本也。

【疏】《荀子》：「《易》之《咸》，見夫婦。夫婦之道，不可不正也，君臣、父子之本也。『咸』，感也。以高下下，以男下女，柔上而剛下。聘士之義，親迎之道，重始也。」《説苑》：「何以書？親迎，禮也。其禮奈何？曰：諸侯以屨二兩，加琮；大夫、士、庶人以屨二兩，加束脩二，曰：『某國寡小君，使寡人奉不珍之琮、不珍之屨，禮夫人貞女。』夫人曰：『有幽室數辱之産，未諭於傅姆之教。得承執衣裳之事，敢不敬拜！』拜〔五五〕祝，祝答拜。夫人受琮，取一兩屨以履女，正笄、衣裳而命之曰：『往矣！善事爾舅姑，以順爲正〔五六〕宫室。無二爾心，無敢回也！』女拜，乃親引其手，授夫於户，夫引手出户。夫行女從，拜，辭父[五七]於堂，拜諸母於大門外。夫先升輿執轡，女乃升輿。轂三轉，然後夫下，先行。大夫、士、庶人稱其父，曰：『某之父，某之師友，使某執不珍之屨、不珍之束脩，敢不敬禮某氏貞女！』母曰：『有草茅之産，未習於織紝紡績之事。得奉執箕帚之事，敢不敬拜！』」

【注】夏后氏逆於庭，殷人逆於堂，周人逆於户。

【疏】許慎《説文》：「逆，迎也。關東曰逆，關西曰迎。」《通典》：「遂皇氏[五八]始有夫婦之道。伏羲氏制嫁娶，以儷皮爲禮。五帝馭時，娶妻必告父母。夏后氏親迎於庭，殷於堂[五九]。周制，限男女之歲，定婚姻之時，親迎於户。」注：「何休曰：『後代漸文，而迎於户，示其親。』」

冬十月，伯姬歸于紀。

【注】禮：男之將取，三日不舉樂，思嗣親也。女之將嫁，三夜不息燭，思相離也。

【疏】《白虎通》：「《禮》曰：『嫁女之家，三日不絶火，思相離也；娶婦之家，三日不舉樂，思嗣親也。』感親之[六〇]衰老代至也。」

十有二月乙卯，夫人子氏薨。

【注】時，隱公卑屈其母，不以夫人禮葬之，以妾禮葬之。

【疏】《雜記》：「主妾之喪，則自祔至於練、祥，皆使其子主之；其殯、祭，不於正室。」疏：「妾既卑賤，得主之者，崔氏云：『謂女君死，攝女君也。』雖攝女君，猶下正適，故殯之與祭，不得在正室。」《喪服》鄭注：「諸侯之妾，貴者視卿，賤者視大夫，皆三月而葬。」

三年春，王正月。

【注】二月、三月皆有「王」者，二月，殷之正月也；三月，夏之正月也。王者存二王之後，使統其正朔，服其服色，行其禮樂，所以尊先聖、通三統。師法之義，恭讓之禮，於是可得而觀之。

【疏】《白虎通》：「王者所以存二王之後，何也？所以尊先王、通天下之三統也。明天下非一家之有，謹敬謙讓之至也。故封之百里，使得服其正色，用其禮樂，永事其先祖。《論語》曰：『夏禮，吾能言之，杞不足徵也。殷禮，吾能言之，宋不足徵也。』《春秋傳》曰：『王者存二王之後，使得服其正色，行其禮樂。』《詩》曰：『厥作祼將，常服黼冔。』言微子服殷之服〔六一〕，助祭於周也。《周頌》曰：『有客有客，亦白其馬。』此微子朝周也。」《郊特牲》疏：「『尊賢不過二代』者，所以尊賢之事，取其法象。但代易時移，今古不一。若皆法象先代，今則不可盡行，故所尊之賢，不過取二代而已。若過之遠，難爲法也。按，《異義》：『《公羊》説，存二王之後，所以通夫三統之義。引此文。古《春秋左氏》説，周家封建夏、殷二王之後，以爲上公；封黄帝、堯、舜之後，謂之三恪。許慎謹按云：治《魯詩》丞相韋玄成、治《易》施犨等説，引《外傳》曰：「三王之樂，可得聞觀乎？」知王者所封，三代而已，不〔六二〕與《左氏》説同。』鄭駁之云：『所存二王之後者，命使郊天，以天子之禮樂，祭其先祖〔六三〕。受命之王，自行其正朔、服色。「恪」者，敬也。敬其先聖而封其後，與諸侯無殊異，何得比夏、殷之後？』如鄭此言，《公羊》自據二王之後，《左傳》兼論三恪，義不乖異也。」《通典》：「三恪、二王之義，有三説焉。一云：『二王之前〔六四〕，更立三代之後爲三恪。』此據《樂記》：武王克商，未及下車，封黄帝、堯、舜之後；及下車，封夏、商之後。通已，用六代之樂。二云：『二王〔六五〕之前，但立一代；通二王之後，爲三恪。』此據《左傳》〔六六〕『封胡公，以備三恪』，明王者所敬，先王有二，更封一代，以備三恪。存三恪者，所敬之道不過於三，以通三正。三云：『二王之後爲一恪，妻之父母爲二恪，夷狄之君爲三恪。』此據『王有不臣者三』而言之。按，梁崔靈恩云：『三義之説，以初爲長。何者？《禮記·郊特牲》云：「存二王之後，尊賢不過二代。」又，《詩序》云：「二王之後來助祭。」又，《春秋公羊傳〔六七〕》説曰：「存二王之後，所以通三正。」以上皆無謂「二王之後爲三恪」之文。若更立一代、通備三恪者，則非「不過二代」之意。《左傳》云「封胡公，以備三恪」者，謂上同黄帝、堯、舜，下同殷、夏，爲三恪也。』」

三月庚戌，天王崩。

【傳】天子記崩不記葬，必其時也。諸侯記卒、記葬，有天子存，不得必其時也。【注】設有王后崩，當越紼而奔喪，不得必其時，故恩録之。

【疏】《白虎通》：「王者崩，諸侯悉奔喪，何？臣子悲哀慟怛，莫不欲覲君父之棺柩，盡悲哀者也；又爲天子守蕃，不可頓空也，故分爲三部：有始死先奔者，有得中來盡其哀者，有得會葬、奉送君者。七月之間，諸侯有在京師親供臣子之事者，有號泣悲哀、奔走道路者，有居其國哭痛思慕、竭盡所供以助喪事者。是四海之内咸悲，臣下若喪考妣之義也。葬有會者，親疏遠近盡至，親親之義也。童子諸侯不朝而來奔喪者，何？明臣子於其君父，非有老少也；亦因喪質，無般旋之禮，但盡悲哀而已。」《王制》疏：「諸侯奔喪，《異義》：『《公羊》説，天王喪，赴者至，諸侯哭。雖有父母之喪，越紼而行事，葬畢乃還。《左氏》説，王喪，赴者至，諸侯既哭，問故，遂服斬衰，使上卿弔、上卿會葬。經書「叔孫得臣如京師，葬襄王」，以爲得禮。許慎謹按，《易下邳傳》共容説，諸侯在千里内，皆奔喪；千里外，不奔喪。若同姓，千里外猶奔喪，親親也。容説爲近禮。』鄭駁之云：『天子於諸侯無服，諸侯爲天子斬衰三年，尊卑有差。按，魯夫人成風薨，王使榮叔歸含且賵，召伯〔六八〕來會葬。《傳》曰：「禮也。」襄王崩，叔孫得臣如周，葬襄王。天子於魯，既含且賵，又會葬，爲得禮，則是魯於天子，一大夫會葬〔六九〕，爲不得禮可知。又，《左傳》云：「鄭游吉云：『靈王之喪，我先君簡公在楚，我先大夫印段實往，敝邑之少卿也。王吏不討，恤所無也。』」豈非《左氏》諸侯奔天子喪及會葬之明文？說《左氏》者云「諸侯不得棄其所守奔喪」，自違其《傳》；「同姓雖千里外，猶〔七〇〕奔喪」，又與禮乖。』鄭之所駁，從《公羊》之義。」

【傳】天子曰崩。【注】大毀壞之辭。

【疏】《白虎通》：「《書》曰：『成王崩。』天子稱崩，何？別尊卑，異生死也。天子曰崩，大尊像。『崩』之爲言憹也〔七一〕，伏僵。天下撫擊失神明，黎庶隕涕，海内悲涼。」

【傳】諸侯曰薨。【注】小毀壞之辭。

【疏】《白虎通》：「諸侯曰薨，國失陽。『薨』之言『奄』也，奄然亡也。」

【傳】大夫曰卒。【注】卒，猶終也。

【疏】《白虎通》：「大夫曰卒，精熠[七二]終也。『卒』之爲言，終於國也。」

【傳】士曰不禄。【注】不禄，無禄也。皆所以別尊卑也。

【疏】《白虎通》：「士曰不禄，不終君之禄也。『禄』之爲言『消』也，身消名彰。」漢戴聖《石渠禮議》：「聞人通漢問云：『《記》曰：「君赴於他國之君曰不禄，夫人曰寡小君不禄。大夫、士，或曰卒、死。」皆不能明。』戴聖對曰：『君死未葬曰不禄，既葬曰薨。』又問：『尸服卒者之上服。士曰不禄，言卒，何也？』聖又曰：『夫尸者，所以象神也。其言卒而不言不禄者，通貴賤[七三]之義也。』通漢對曰：『尸，象神也，故服其服。士曰不禄者，諱辭也。孝子諱死曰卒。』」

夏四月辛卯，尹氏卒。

【傳】世卿，非禮也。【注】禮：公卿大夫、士，皆選賢而用之。卿大夫任重職大，不當世。爲其秉政久，恩德廣大，小人居之，必奪君之威權。故尹氏世，立王子朝；齊崔氏世，弑其君光。君子疾其末，則正其本。

【疏】《白虎通》：「大夫不世位，何？股肱之臣，任事者也。爲其專權擅勢，傾覆國家。又曰：

孫首也庸，不任輔政，妨塞賢[七四]，故不世位。故[七五]《春秋公羊傳》曰：『譏世卿。』世卿，非禮也。」《異義》：「《公羊》《穀梁》説，卿士、大夫世，則權并一姓，妨塞賢路，專政犯君，故《經》譏周尹氏、齊崔氏也。古《春秋左氏》説，卿大夫得世禄，不得世位。父爲大夫，死，子得食其故采地；而有賢才，則復升父故位。」《後漢書・樂恢傳》：「夫政在大夫，孔子所疾；世卿持禄[七六]，《春秋》以戒。聖人懇惻，不虚言也。」注：「《公羊傳》：『譏世卿也。』」

【傳】外大夫不卒，此何以卒？天王崩，諸侯之主也。【注】時天王崩，魯隱往奔喪，尹氏主儐贊諸侯，與隱交接而卒，恩隆於王者，則加禮録之。

【疏】《喪大記》：「喪有無後，無無主。」疏：「『喪有無後，無無主』者，釋所以必使人攝及其衰抱幼之義。無後，則已自絶嗣，無關於人，故可無後也。若無主，則相對賓有闕，故四鄰[七七]、里尹主之，無得[七八]無主也。」《穀梁傳》：「外大夫不卒，此何以卒[七九]？於天子之崩，爲魯主，故隱而卒之。」

秋，武氏子來求賻。

【傳】喪事無求。求賻，非禮也。【注】禮本爲有財者制，有則送之，無則致哀而已，不當求。求，則皇皇傷孝子之心。

【疏】《孟子》：「不得，不可以爲悦；無財，不可以爲悦。」趙岐注：「悦者，孝子之欲厚送親，得之則悦也。王制所禁，不得用之，不可以悦心也。無財以供，則度而用之。禮：喪事不外求。不可稱貸而爲悦也。」

八月庚辰，宋公和卒。

【注】不言「薨」者，《春秋》王魯，死當有「王」文。聖人之爲文辭孫順，不可言「崩」，故貶外言「卒」，所以褒内也。

【疏】《越絶書》：「『卒』者，闔廬死也。天子稱『崩』，諸侯稱『薨』，大夫稱『卒』，士稱『不禄』。闔廬，諸侯也。不稱『薨』而稱『卒』者，何也？當此之時，上無明天子，下無賢方伯，諸侯力政，彊者爲君，南夷與北夷交争，中國不絶如綫矣。臣弑君，子弑父，天下莫能禁止。於是孔子作《春秋》，方據魯以王，故諸侯死皆稱『卒』，不稱『薨』，避魯之謚也。」《雜記》疏：「按《異義》：『今《春秋公羊》説〔八〇〕，諸侯曰薨。赴於鄰國，亦當稱「薨」。《經》書諸侯言「卒」者，《春秋》之文，王魯，故稱「卒」以下魯。』」

癸未，葬宋繆公。

【注】禮：天子七月而葬，同軌畢至；諸侯五月而葬，同盟至；大夫三月而葬，同位至；士逾月，外姻至。孔子曰：「葬於北方，北首，三代之達禮也，之幽之故也。」

【疏】注「禮天子」至「外姻至」。《白虎通》：「天子七月而葬，諸侯五月而葬，何？尊卑有差也。天子七月而葬，同軌必至；諸侯五月而葬，同會必至，所以慎終重喪也。」《左傳》注：「言『同軌』，以別四夷之國。『同盟』，同在方岳之盟。『三月』者，古者行役不逾時。」疏：「諸侯以下不言『畢至』者，有來有否〔八一〕，不必盡來。」《王制》注：「尊者舒〔八二〕，卑者速。」疏：「大夫三月者，除死月，爲三月。士三月者，數死月，爲三月，正是逾越一月，故言『逾月』耳。」

【疏】注「孔子曰」至「故也」。《白虎通》：「所以於北方，何？就陰也。《檀弓》曰：『葬於北方，北首，三代之達禮也。』孔子卒，以所受魯君之璜玉〔八三〕，葬魯城北。」

夏，公及宋公遇于清。四年

【傳】遇者，何？不期也。一君出，一君要之也。【注】古者有遇禮，爲朝天子，若朝罷朝，卒相遇於塗，近者爲主，遠者爲賓，稱先君以相接，所以崇禮讓、絶慢易也。當春秋時，出入無度，禍亂奸宄，多在不虞。無故卒然相要，小人將以生心，故重而書之，所以防禍原也。

【疏】《王制》疏：「故《異義》云：『《公羊》説，諸侯比年一小聘，三年一大聘，五年一朝天子。《左氏》説，十二年之間，八聘、四朝、再會、一盟。許慎謹按，《公羊》説，虞、夏制。』《異義》：『朝名，《公羊》説，諸侯四時見天子及相聘，皆曰「朝」，以朝時行禮；卒而相逢於路，曰「遇」。古《周禮》説，春曰朝，夏曰宗，秋曰覲，冬曰遇。許慎按，《禮》有《覲經》，《詩》曰「韓侯入覲」，《書》曰「江、漢朝宗於海」，知有〔八四〕朝、覲、宗、遇之禮，從《周禮》説。』鄭駁之云：『此皆有似，不爲古昔。按，《覲禮》曰：「諸侯前朝，皆受舍於朝。」朝，通名。』」《曲禮》：「天子當依而立。」注：「夏宗依春，冬遇依秋。春秋時，齊侯唁魯昭公，以遇禮相見，取易略也。《覲禮》今存，朝、宗、遇禮今亡。」疏：「按，《宗伯》：『冬曰遇。』鄭注：『遇，猶偶也，欲其若不期而俱至。』」又，「諸侯未及期相見曰遇」疏：「若今未至前所期之日及非所期之地而忽相見，則并用遇禮相接，故曰『遇』也。所以爾者，遇禮易略，既期未至，故用簡易禮也。」

秋，翬帥師會宋公、陳侯、蔡人、衛人伐鄭。

【傳】弑隱公，於鍾巫之祭焉。【注】：巫者，事鬼神，禱解以治病請福者也。男曰覡，女曰巫。《傳》道此者，以起淫祀之無福。

【疏】注「男曰覡，女曰巫」。《周禮·男巫》：「春招弭，以除疾病。」注：「招，招福也。」《女巫》：「凡邦之大災，歌哭而請。」《神仕》〔八五〕疏：「男子，陽，有兩稱：名『巫』，名『覡』；女子，陰也，不變，直名『巫』，無『覡』稱。」

【疏】注「起淫祀之無福」。《白虎通》：「《禮》曰：『天子祭天地，諸侯祭山川，卿大夫祭五祀，士祭其先祖〔八六〕。』《曲禮》曰：『天地、四時〔八七〕、山川、五祀，歲徧。諸侯方祀、山川、五祀，歲徧；卿大夫祭五祀，士祭其先。非所當祭而祭之，名曰淫祀。淫祀，無福。』」

秋，衛師入盛。五年

【注】二千五百人稱師。禮：天子六師，方伯二師，諸侯一師。

【疏】《白虎通》：「國有三軍，何？所以戒非常、伐無道、尊宗廟、重社稷，安不忘危也。何以言有三軍也？《論語》曰：『子行，三軍則誰與？』《詩》云：『周王于邁，六師及之。』三軍者，何法？法天、地、人也。以爲五人爲伍，五伍爲兩，四兩爲卒，五卒爲旅，五旅爲師。師，二千五百人爲師。師爲一軍，六師，萬五千人也〔八八〕。《傳》曰：『一人必死，十人不能當；十人必死，百人不能當；百人必死，千人不能當；千人必死，萬人不能當；萬人必死，横行天下。』雖有萬人，猶謙讓，自以爲不足，故復加五千〔八九〕人，因法月數。月者，群陰之長也。十二月，足以窮盡陰陽，備物成功；

萬二千人，亦足以征伐不義，致天下太平也。」《夏官·大司馬》疏：「故春秋之兵，雖有累萬之衆，皆稱師。《詩》云『六師』，即六軍也。然軍、旅、卒、兩皆衆名，獨舉『師』者，故《易·師》彖云：『師，貞，丈人吉，无咎。』軍二千五百人爲師。『丈』之言『長』也，以法度爲人之長，故『吉，无咎』。謂天子、諸侯而主軍，軍將皆命卿。天子六軍，兵衆之名移矣。正言『師』者，出兵而多，以『軍』爲名；次以『師』名；少，『旅』爲名。言『師』，舉中言之也。由此言之，故以『師』爲大名。」

九月，考仲子之宫。

【傳】「考宫」者，何？「考」猶入室也，始祭仲子也。【注】考，成也。成仲子之宫廟而祭之，所以居其鬼神，猶生人入宫室，必有飲食之事。不就惠公廟者，妾母，卑，故雖爲夫人，猶特廟而祭之。禮：妾廟，子死則廢矣。不言「立」者，得變禮也。

【疏】注「考，成也」。服虔《左氏傳解誼》：「宫廟初成，祭之，名爲『考』。將納仲子之主，故考成以致其五祀之神以堅之。」孫毓《毛詩異同評》：「《斯干》，宣王考室也。箋：『宣王築宫廟群寢，既成而釁之，歌《斯干》之詩以落之，此之謂成室。宗廟成，則又祭祀先祖。』」《大戴禮》：「成廟，釁之以羊。君玄服立於寢門内，南向，祝、宗人、宰夫、雍人皆玄服。宗人曰：『請令以釁某廟。』君曰：『諾。』遂入。雍人拭羊。乃行，入廟門，碑南，北面東上。雍人舉羊，升屋自中，中屋南面，刲羊，血流於前，乃降。門以鷄，有司當門，北面；雍人割鷄屋下，當門。郟室，割鷄於室中，有司亦北面也。既事，宗人告事畢，皆退，反命於君。君寢門中，南向。宗人曰：『釁某廟事畢。』君曰：『諾。』宗人請就燕，君揖之，乃退。」

【疏】注「不就惠公」至「祭之」。《漢書·韋玄成傳》元帝永光五年，韋玄成言：「古者制禮，别尊卑貴賤。國君之母非適，不得配食，則薦於寢，身没而已。」《册府元龜》：「宋臧燾初仕晋，孝武太元中，爲國學助教。孝武追崇庶祖母宣太后，議者或爲宜配食中宗。燾議曰：『《陽秋》之義：「母以子貴。」故仲子、成風咸稱夫人，《經》言「考仲子之宫」。若配食惠廟，則宫無緣别築。前漢孝文、孝昭太后，并繫子爲號，祭於寢園，不配於高祖、孝武之廟也。後漢和帝之母曰恭懷皇后，安帝祖母曰敬隱皇后，順帝之母曰恭愍皇后，雖不繫子爲號，亦祭於陵寢，不配章、安二帝。此則二漢雖有太后、皇后之異，至於并不配食，義同《陽秋》。此非『母以子貴』之例，直以高、武〔九〇〕二廟無配故耳。既廢，霍光追尊李夫人爲皇后，配孝武廟。惟光武追廢吕后，故以薄后配高廟；又，衛后又，漢世立寢於陵，自是晋制所異。謂宜遠準《陽秋》「考宫」之義，近摹〔九一〕二漢不配之典，尊號既正，則罔極之情申；别建寢廟，則嚴稱之義顯；繫子爲稱，兼明母貴之所由。一舉而允三義，固哲王之高致也。』議者從之。」《宋書·禮志》：「虞龢〔九二〕議以爲，《春秋》之義，庶母雖名同崇號，而實異正適。是以猶考别宫，而公子主其祀。」

【疏】注「禮妾廟」至「禮也」。《喪服小記》：「妾祔於妾祖姑，亡則中一以上而祔，祔必以其昭穆。」疏：「『妾祔於妾祖姑』者，言妾死，亦祔夫祖之妾也。『亡則中一以上而祔』者，亡，無也；中，間也。若夫祖無妾，則又間曾祖而祔高祖之妾也。『祔必以其昭穆』者，解所以祖無妾，不祔曾祖而祔高祖之義也。凡祔，必使昭穆同。曾祖，非夫同列也。然此下云『妾母不世祭，於孫否』，則妾無廟。今乃云祔及高祖者，當爲壇祔之耳。」匡衡告〔九三〕毁廟曰：「孝莫大於嚴父，故父之所尊，子不可以不承；父之所異，子不敢同。禮：公子不得爲母信。爲後，則於子祭，於孫止：尊祖嚴父之義。」

初獻六羽。

【注】佾者，列也。八人爲列，八八六十四人，法八風；六人爲列，六六三十六人，法六律；四人爲列，四四十六人，法四時。

【疏】《白虎通》：「天子八佾，諸侯四佾，所以别尊卑也。樂者，陽也，故以陰數，法八風、六律、四時也。八風、六律者，天氣也，助天地成萬物者也，亦猶樂所以順氣變化萬民，成其性命也。故《春秋公羊傳》曰：『天子八佾，諸公六佾，諸侯四佾。』《詩傳》曰：『大夫、士，琴瑟御。』八佾者，何謂也？『佾』者，列也，以八人爲行列，八八六十四人也。諸公六六爲行，諸侯四四爲行。」蔡邕《月令章句》：「天子省風，以作樂舞，所以節八音而行八風。天子八佾，諸侯六佾，大夫四佾。佾，列也。每佾八人，每服冕而執戚。」

【傳】自陜[九四]而東者，周公主之；自陜而西者，召公主之。一相，處乎内。

【疏】《五經異義[九五]》：「王者已有州伯，所以復設二伯，何？欲使絀職[九六]也。三歲一閏，天道小備，故二伯絀職也。何以爲二伯乎？曰：以三公在外，稱『伯』，東、西分爲二。所以稱伯，何？欲抑之也。三公，臣之最尊者也；又以王命行天下，爲其威，故抑之也，明有所屈伯[九七]也。」《曲禮》：「五官之長曰伯，是職方。」注：「職，主也。是伯分主東、西者。」

【注】禮：司馬主兵，司徒主教，司空主土。

【疏】《白虎通》：「《别名記》曰：『司徒典民，司空主地，司馬順天。』天者施生，所以主兵，何？兵者，爲謀除害也，所以全其生、衛其養也，故兵稱天。寇賊猛獸，皆爲除害者所主也。《論語》曰：『天下有道，則禮樂征伐自天子出。』司馬主兵，不言『兵』言『馬』者，馬，陽物，《乾》之所爲，行兵用焉。不以傷害爲文，故言馬也。司徒主人，不言『人』言『徒』者，徒，衆也，重民衆。司空主土，不言『土』言『空』者，空尚主之，何況於實？以微見著。」

【注】不言「六佾」者，言「佾」，則干舞在其中。明婦人無武事，獨奏文樂。羽者，鴻羽也，所以象文德之風化疾也。

【疏】注「不言」至「文樂」。劉向《五經通義》：「王者之樂有先後者，各尚其德也。以文得之，先文樂，持羽旄而舞；以武得之，先武樂，持朱干玉戚而舞，所以增威武也。戚，斧；干，楯也。玉取其德，干取其仁，明當尚德行仁，以斷斬也。」

【疏】注「羽者」至「疾也」。《樂師》：「有羽舞。」鄭司農云：「『羽舞』者，析羽。宗廟以羽。」《樂記》：「德莫如文，羽籥象焉。」《五經異義》：「《公羊》說，樂《萬》舞，以鴻羽，取其勁輕，一舉千里。《毛詩》說〔九八〕，《萬》以翟羽。《韓詩》說，以〔九九〕大鳥羽。」

【注】凡人之從上教也，皆始於音。音正，則行正。

【疏】黄佐《樂典》：「《河間獻王樂記》：『古之爲樂也，本於詩；今之爲詩也，沿乎樂。夔〔一〇〇〕之典教，不可復已，故禮慝而樂淫。樂節則禮，禮和則樂。樂節則禮，是以容得其正焉；禮和則樂，是以心得其平焉。斯須不違正樂，則夷、鄭之音無自入也。以此修德、學道，音正而行正矣。』」

【注】故聞宫聲，則使人温雅而廣大；聞商聲，則使人方正而好義；聞角聲，則使人惻隱而好仁；聞徵聲，則使人整齊而好禮；聞羽聲，則使人樂養而好施：所以感蕩血脉，通流精神，存寧正性。

【疏】《五經通義》:「湯作《護》,聞其宫聲,使人温良而寬大;聞其商聲,使人方廉而好義;聞其角聲,使人惻隱而愛人;聞其徵聲,使人樂養而好施;聞其羽聲,使人恭儉而好禮。」邯鄲綽《五經析疑》:「聞角聲,無不惻隱而慈者;聞商聲,無不斷割而無事者。」

【注】《魯詩傳》曰:「天子食,日舉樂;諸侯,不釋縣;大夫、士,日琴瑟。」王者治定制禮,功成作樂。未制作之時,取先王之禮樂宜於今者用之。堯曰《大章》,舜曰《簫韶》,夏曰《大夏》,殷曰《大護》,周曰《大武》,各取其時民所樂者名之。堯時,民樂其道章明也;舜時,民樂其脩紹堯道也;夏時,民樂大其三聖相承也;殷時,民樂大其護己也;周時,民樂其伐紂也。蓋異號而同意,異歌而同歸。

【疏】注「魯詩」至「琴瑟」。《白虎通》:「王者食所以有樂,何?樂食天下之太平,富積之饒也。明天子至尊,非功不食,非德不飽,故《傳》曰:『天子食時舉樂。』王者所以日四食者,何?明有四方之物,食四時之功也。四方不平,四時不順,有徹樂之法焉,所以明至尊、著法戒也。」又,「《詩傳》曰:『大夫、士,琴瑟御。』」

【疏】注「王者」至「同歸」。《春秋元命包》:「王者不空作樂。樂者,和盈於内,動發於外。應其發時,制禮作樂以成之。是故作樂者,必反天下之始樂於己爲本。舜之時,民樂其紹堯業,故樂名《韶》。『韶』者,紹也。禹之時,民大樂其駢三聖相繼,故樂名《夏》。『夏』者,大也。湯之時,民大樂其救之於患害，故樂名《大護》。『護』者，救也。武王〔一〇一〕之時，民樂其興師征伐，故樂名《武》。『武』者，伐也。四者，天下所同樂一也，其所同樂之端不可一也。」

七年春，王三月，叔姬歸于紀。

【注】叔姬者，伯姬之媵也。至是乃歸者，待年父母國也。婦人八歲備數，十五從嫡，二十承事君子。

【疏】注「叔姬者」至「國也」。《白虎通》：「男三十而娶，女二十而嫁，何？陽數奇，陰數偶也。男長女幼者，何？陽道舒，陰道促。男三十，筋骨堅强，任爲人父；女二十，肌膚充盈，任爲人母。合爲五十，應大衍之數，生萬物也。故《禮·内則》曰：『男三十，壯有室；女二十，壯而嫁。』七，歲之陽也；八，歲之陰也。七八十五，陰陽之數備，有相偶之志，故《禮記》曰：『女子十五許嫁，笄而字。』《禮》之稱字，陰繫於陽，所以專一之節也。陽尊，無所繫。二十五繫者，就陰節也。陽舒而陰促。三十，數三終，奇，陽節也；二十，數再終，偶，陰節也。陽小成於陰，大成於陽，故二十而冠，三十而娶；陰小成於陽，大成於陰，故十五而笄，二十而嫁也。」又，「姪娣年雖少，猶從適人者，明人君無再娶之義也。還，待年於父母之國，未任答君子也。《詩》云：『諸〔一〇二〕娣從之，祁祁如雲。韓侯顧之，爛其盈門。』《公羊傳》曰：『叔姬歸於紀。』明待年也。」

【疏】注「婦人」至「君子」。《尚書大傳》文。

齊侯使其弟年來聘。

【注】古者，諸侯朝罷朝聘，爲慕賢考禮，一法度，尊天子。不言聘公者，禮：聘，受之於太廟。孝子謙，不敢以己當之，歸美於先君，且重賓也。

【疏】《白虎通》：「諸侯相朝聘，何？爲相尊敬也。故諸侯朝聘，天子無恙，法度得無變更，所以考禮、正刑、一德，以尊天子也。」《聘禮》：「至於朝，主人曰：『不夈〔一〇三〕先君之祧，既拚以俟矣。』」注：「遷主所在曰祧。《周禮》：『天子七廟，文、武爲祧；諸侯五廟。』則祧，始祖也，是亦廟也。祧尊而廟親。待賓客者，上尊者。」

冬，天王使凡伯來聘。

【注】古者，諸侯有較德、殊風、異行，天子聘問之，當北面稱臣，受之於太廟，所以尊王命，歸美於先君，不敢以己當之。

【疏】《王制》疏：「其天子亦有使大夫聘諸侯之禮，故《大行人》云：『間問以諭諸侯之志。歲偏存，三歲徧頫，五歲徧省。』間年一聘，以至十一歲。《異義》：『天子聘諸侯，《公羊》說，天子無下聘義；《周禮》說，間問以諭諸侯之志。許慎謹按，禮：臣疾，君親問之。天子有下聘之義，從《周禮》說。』鄭無駁，與許慎同也。」

【傳】凡伯者，何？天子之大夫也。

【疏】[一〇四]《小序》：「《瞻卬》，凡伯刺幽王[一〇五]也。」箋云：「凡伯，天子大夫也。」正義曰：「凡國，伯爵。禮：侯伯[一〇六]入王朝，則爲卿，故《板》箋以凡伯爲卿士。此言『大夫』者，大夫，卿之總稱也。」

三月，鄭伯使宛來歸邴。 八年

【傳】邴者，何？鄭湯沐之邑也。天子有事於泰山，諸侯皆從。泰山之下，諸侯皆有湯沐之邑焉。【注】「有事」者，巡守、祭天告至之禮也。當沐浴潔齋，以致其敬，故謂之湯沐邑也，所以尊待諸侯而共其費也。《禮》：「四井爲邑，邑方二里。」東方二州，四百二十國，凡爲邑，廣四十里，袤四十二里，取足舍止、共稿穀而已。王者所以必巡守者，天下雖平，自不親見，猶恐遠方獨有不得其所，故三年一使三公絀陟，五年親自巡守。「巡」猶「循」也，「守」猶「守」也，循行守視之辭。亦不可國至、人見爲煩擾，故至四岳，足以知四方之政而已。《尚書》曰：「歲二月，東巡守，至於岱宗，柴，望秩於山川，遂覲東后，協時月，正日，同律度量衡，修五禮，五玉、三帛，二生、一死贄，如五器，卒乃復。五月，南巡守，至於南岳，如岱禮。八月，西巡守，至於西岳，如初。十有一月，朔巡守，至於北岳，如西禮。還至嵩，如初禮。歸，格於禰祖，用特。」是也。

【疏】注「有事」至「禮也」。《王制》：「歲二月，東巡守，至於岱宗，柴而望祀山川。」注：「柴，祭天告至也。」疏：「謂燔柴以祭上天而告至。其祭天之後，乃望祀山川。所祭之天，則蒼帝靈威仰。」

【疏】注「故謂」至「邑也」。《五經異義》：「《公羊》說，諸侯朝天子，天子之郊，皆有朝宿之邑；從泰山之下，皆有湯沐之邑。《左氏》說，諸侯有功德於王室，京師有朝宿之邑，泰山有湯沐之邑。魯，周公之後；鄭，宣王母弟。此皆有湯沐邑，其餘則否。」

【疏】注「禮四井」至「二里」。《小司徒》：「四井爲邑。」注：「四井爲邑，方二里。」《白虎通》：「所以〔一〇七〕分陝者，是國中也。若言面，八百四十國矣。」

【疏】注「王者所以」至「紬陟」〔一〇八〕。《白虎通》：「王者所以巡狩者，何？巡者，循也；狩者，牧也。爲天下循行守牧民也。道德太平，恐遠近不同化，幽隱有不得所者，故必親自行之，敬謹〔一〇九〕重民之至也。考禮義，正法度，同律歷，叶時月，皆爲民也。《尚書》曰：『遂覲東后，叶時月，正日，同律度量衡，修五禮。』《尚書大傳》曰：『見諸侯，問百年，太師陳詩，以觀民風俗。命市納賈，以觀民好惡。山川神祇有不舉者爲不敬，不敬者，削以地；宗廟有不順者爲不孝，不孝者，黜以爵；變禮易樂爲不從，不從者，君流；改衣服制度爲畔，畔者，君討。有功者，賞之。』《尚書》曰：『明試以功，車服以庸。』」又，「所以不歲巡守〔一一〇〕，何？爲太煩也。過五年，爲太疏也。因天道，時有所生，歲有所成。三歲一閏，天道小備；五歲再閏，天道大備。故五年一巡狩；三年，二伯出，述職黜陟；一年，物有終始，歲有所成，方伯行國；時有所生，諸侯行邑。《傳》曰：『周公入爲三公，出爲二伯，中分天下，主〔一一一〕黜陟。』」

【疏】注「五年」至「而已」。《王制》：「天子五年一〔一一二〕巡守。」注：「五年者，虞、夏之制也。」

【疏】注「歲二月」至「岱宗」。馬傳：「舜受終後五年之二月。」《詩含神霧》：「五岳視三公，岱宗爲之長。」《五經通義》：「泰山，五岳之東岳也，爲兖州鎮。一曰岱宗，言王者受命易姓，報功告成，必於岱宗也。東方，萬物始交代之處。宗，長也，言爲群岳之長也。一名天孫，言爲天帝孫也。」

【疏】注「協時月，正日」。《書》鄭注：「協正四時之月數及日名，備有缺誤。其節氣晦朔，恐諸侯有不同，故因巡守而合正之。」

【疏】注「同律度量衡」。《漢書·律志》云〔一一三〕：「《虞書》曰：『同〔一一四〕律度量衡。』所以齊遠近、立民信也。律有十二〔一一五〕，陽六爲律，陰六爲呂。律〔一一六〕以統氣類物，一曰黄鍾，二曰太簇，三曰姑洗，四曰蕤賓，五曰夷則，六曰無射；呂以旅陽宣氣，一曰林鍾，二曰南呂，三曰應鍾，四曰大吕，五曰夾鍾，六曰仲吕。度者，分、寸、尺、丈、引也，所以度長短也。本起黄鍾之長，以子穀秬黍中者，一黍之廣，度之九十分，黄鍾之長。一爲一分，十分爲寸，十寸爲尺，十尺爲丈，十丈爲引，而五度審矣。量者，龠、合、升、斗、斛也，所以量多少也。本起黄鍾之龠，用度數審其容。以子穀秬黍中者千有二百實其龠，以井水準其概，十龠〔一一七〕爲合，十合爲升，十升爲斗，十斗爲斛，而五量嘉矣。衡權者，衡，平也；權，重也。衡，所以任權而均物，平輕重也。其道如底，以見準之正、繩之直，左旋見規，右折見矩。其在天也，佐助旋璣，斟酌建指，以齊七政，故曰玉衡。《論語》云：『立則見其參於前也，在車則見其倚於衡也。』」

【疏】注「歸，格於禰祖，用特」。《王制》：「歸，假〔一一八〕於祖禰，用特。」注：「假，至也；特，特牛也。祖下及禰，皆一牛。」《孔叢子·巡守》：「歸反，舍於外次，三日齋，親告〔一一九〕於祖禰，用特；命有司告群廟、社稷及圻内名山大川，而後入，聽朝。」《白虎通》：「王者出必告廟，何？孝子出辭、反面也，事死如事生。」《尚書》「歸，格於祖禰」，《十三經校勘記》：「段氏玉裁按，作『藝』，乃淺人用古文《尚書》改之也。何所據者，今文《尚書》。」按，馬傳作「藝祖」，「藝」訓作「禰」；何注竟作「禰」，從今文也。

八月，葬蔡宣公。

【傳】卒何以名而葬不名？卒從正，而葬從主人。卒何以日而葬不日？卒赴，而葬不告。

【注】卒當赴告天子，君前臣名，故從君臣之正義言也。至葬者，有常月可知。不赴告天子，故自從蔡臣子辭，稱「公」。

【疏】《白虎通》：「臣死亦赴告於君，何？此君哀痛於臣子也，欲聞之，加賻賵之禮，故《春秋》〔二〇〕曰：『蔡侯考父卒。』《傳》曰：『卒赴，而葬不告。』」

十有一年春，滕侯、薛侯來朝。

【傳】其言「朝」，何？諸侯來曰朝，大夫來曰聘。【注】《春秋》王魯，王者無朝諸侯之義。故內適外，言「如」；外適內，言「朝聘」，所以別外尊內也。不言朝公者，禮：朝受之於太廟，與聘同義。

【疏】《春秋繁露》：「內出言『如』，諸侯來曰『朝』，大夫來曰『聘』，王道之義〔二一〕也。」

校勘記

〔一〕「然」，韮雲閣本、咫進齋本、續經解本并奪，據《宋書》卷十四補。

〔二〕「載」，韮雲閣本、咫進齋本、續經解本并奪，據《宋書》卷十四補。

〔三〕「有」，《學春秋隨筆》卷一「隱公元年」作「爲」。

〔四〕「十二月」，盧校本《白虎通・三正》作「十一月」。下引《白虎通義》均爲盧氏抱經堂校本，不復注。

〔五〕「十九」，《説苑・建本》作「年十九」。

〔六〕「陰」，《通典》卷五十九引、本卷「叔姬歸于紀」疏引《白虎通・嫁娶》均無，疑衍。

〔七〕「注」，疑衍。

〔八〕「冠儀」，蜚雲閣本、咫進齋本、續經解本作「冠義」，據《通典》卷五十六改。

〔九〕「東面」，蜚雲閣本作「東西」，據咫進齋本、續經解本、《通典》卷五十六改。

〔一〇〕「之禮賓」，《通典》卷五十六作「行禮」。

〔一一〕「酳」，《通典》卷五十六作「醑」。

〔一二〕「諸父群從父」，蜚雲閣本、咫進齋本作「諸父昆弟群從」，續經解本作「諸父群從」，據《通典》卷五十六改

〔一三〕「仲叔季唯其所當」，蜚雲閣本、咫進齋本作「叔仲季聽其所當」，據續經解本、《儀禮注疏》卷三改。

〔一四〕「幼名冠字」，《儀禮集編・卷首下》引《通解》節本同，《儀禮注疏》卷三無。

〔一五〕「早」，續經解本作「重」，與《四庫全書》本《通典》卷五十六同。

〔一六〕「明天子無冠禮之審」，《晉書・禮志下》、《通典》卷五十六作「則明無天子冠禮之審也」。

〔一七〕「故筮賓於阼」，《通典》卷五十六同，《禮記・冠義》作「故筮日筮賓，冠於阼」。

〔一八〕「預」，《白虎通・嫁娶》《禮記・内則》并作「與」。

〔一九〕「彊」，韮雲閣本、咫進齋本、續經解本作「疆」，據《後漢書》卷一下改。下「以彊」同。

〔二〇〕「之」，《漢紀・孝成皇帝紀四》作「立」。

〔二一〕「繆」，《周禮注疏》卷二十四作「謬」。

〔二二〕「弟」，韮雲閣本、咫進齋本作「娣」，據《公羊注疏》卷一、續經解本改。

〔二三〕「伯邑考」，韮雲閣本作「百邑考」，據咫進齋本、續經解本、《北齊書》卷四十四改。

〔二四〕「仲子」，與《北齊書》卷四十四同，據《禮記・檀弓上》鄭注及《册府元龜》卷五百八十三引，當作「伯子」。

〔二五〕「適子孫」，與《北齊書》卷四十四同，《北史》卷二十六作「嫡孫」，與文義合，「子」疑衍。

〔二六〕「誼」，《北齊書》卷四十四作「義」。

〔二七〕「行國家」，與《通典》卷七十二同，《禮記正義》卷五十七作「於國也」。

〔二八〕「古」，《禮記正義》卷五十七、《通典》卷七十二并作「故」。

〔二九〕「得」，《禮記正義》卷五十七、《通典》卷七十二同，續經解本奪。又，《禮記正義》卷五十七「得」上有「妾」字。

〔三〇〕「起」，與《禮記正義》卷五十七同，《通典》卷七十二上有「明」字。

〔三一〕「命」，《晉書》卷二十一下有「母」字。

〔三二〕「廟」，《晉書》卷二十一作「祧」。

〔三三〕「因」，《通典》卷一百一作「國」。

〔三四〕「素服」，《通典》卷一百一上有「此不服，則無縗絰」七字。

〔三五〕「禮記經」，續經解本、《白虎通・姓名》并作「禮經」。
〔三六〕「共」，《通典》一百四作「恭」。
〔三七〕「含」，《説苑・修文》作「唅」。下并同。
〔三八〕「干旄」，蜚雲閣本、咫進齋本、續經解本并作「干旌」，據《毛詩正義》卷三之二改。
〔三九〕「倭」，《毛詩正義》卷三之二作「委」。
〔四〇〕「無此」，《毛詩正義》卷三之二作「無所」。
〔四一〕「庾」，蜚雲閣本、咫進齋本、續經解本并作「庾」，據《周禮注疏》卷三十三改。
〔四二〕「傳曰」，蜚雲閣本作「傳云」，據咫進齋本、續經解本、《埤雅》卷十四改。
〔四三〕「端」，抱經堂本《孔叢子》作「五」，《指海》本作「半」，《漢魏叢書》本無。
〔四四〕「其」，《周禮注疏》卷十四作「若」。
〔四五〕「佐助不給」，《白虎通・崩薨》作「相佐給不足」。
〔四六〕「惟」，蜚雲閣本、咫進齋本作「爲」，據續經解本、《尚書・益稷》、《毛詩正義》卷十九之二改。
〔四七〕「與」，《白虎通》無，疑衍。
〔四八〕「尊」，蜚雲閣本、咫進齋本、續經解本并奪，據《禮記正義》卷二十九補。
〔四九〕「竟」，《路史・國名紀八》作「境」，義同。下同。
〔五〇〕「百六十六」，蜚雲閣本、咫進齋本、續經解本并作「百六十」，據盧校本《賈子新書・春秋篇》改。
〔五一〕「佚」，續經解本、《白虎通・嫁娶》并作「泆」。
〔五二〕「序」，續經解本作「云」。

〔五三〕「首」，《漢書》卷九十七上同，《史記》卷四十九作「始」。
〔五四〕「上卿」，《禮記正義》卷五十作「上公」。
〔五五〕「拜」，蜚雲閣本、思進齋本、續經解本并奪，據《説苑·修文》補。
〔五六〕「正」，《説苑·修文》無，疑衍。
〔五七〕「父」，蜚雲閣本、思進齋本、續經解本并作「婦」，據《説苑·修文》改。
〔五八〕「氏」，蜚雲閣本、思進齋本、續經解本并奪，據《通典》卷五十八補。
〔五九〕「於堂」，《通堂》卷五十八作「迎於堂」。
〔六〇〕「之」，《白虎通·嫁娶》作「年」。
〔六一〕「服殷之服」，《白虎通·三正》作「服殷之冠」。
〔六二〕「不」，蜚雲閣本、思進齋本、續經解本并奪，據《禮記正義》卷二十五補。
〔六三〕「先祖」，《禮記正義》卷二十五作「始祖」。
〔六四〕「之前」，蜚雲閣本、思進齋本、續經解本并作「之後」，據《通典》卷七十四改。
〔六五〕「二王」，蜚雲閣本、思進齋本、續經解本并作「三王」，據《通典》卷七十四改。
〔六六〕「左傳」，《通典》卷七十四下有「但云」二字。
〔六七〕「公羊傳」，《通典》卷七十四無「傳」字。
〔六八〕「召伯」，蜚雲閣本、思進齋本、續經解本并作「毛伯」，據《禮記正義》卷十二改。文公五年《左傳》、《公羊傳》并作「召伯」，《穀梁傳》作「毛伯」。
〔六九〕「葬」，《禮記正義》卷十二無。

〔七〇〕「猶」，蜚雲閣本、咫進齋本、續經解本并奪，據《禮記正義》卷十二補。
〔七一〕「也」，《白虎通·崩薨》作「然」。
〔七二〕「熠」，續經解本作「耀」，與盧校本同。
〔七三〕「貴賤」，《通典》卷八十三下有「尸」字。
〔七四〕「妨塞賢」，與《白虎通·封公侯》同，續經解本作「妨塞賢路」。
〔七五〕「故」，與《白虎通·封公侯》同，續經解本無。
〔七六〕「持禄」，殿本《後漢書》卷四十三作「持權」。
〔七七〕「四鄰」，蜚雲閣本、咫進齋本、續經解本并作「曰鄰」，據《禮記正義》卷四十四改。
〔七八〕「無得」，《禮記正義》卷四十四上有「是」字。
〔七九〕「卒」，《穀梁注疏》卷一下有「之也」二字。
〔八〇〕「説」，蜚雲閣本、咫進齋本、續經解本并作「傳」，據《禮記正義》卷四十改。
〔八一〕「有來有否」，《左傳正義》卷二作「或來或否」。
〔八二〕「舒」，蜚雲閣本、咫進齋本、續經解本并作「疏」，據《禮記正義》卷十二改。
〔八三〕「以所受魯君之璜玉」，與《白虎通·崩薨》同，續經解本無。
〔八四〕「有」，蜚雲閣本、咫進齋本、續經解本并作「其」，據《禮記正義》卷十一改。
〔八五〕「神仕」，蜚雲閣本、咫進齋本、續經解本并作「冢人」，據《周禮注疏》卷二十七改。
〔八六〕「其先祖」，《白虎通·五祀》作「其祖」。
〔八七〕「曲禮曰天地四時」，《白虎通·五祀》作「《曲禮下記》曰：天子祭天地、四方」。

〔八八〕「師，二千五百人爲師。師爲一軍，六師，萬五千人也」，《白虎通·三軍》作「五師爲軍，二千五百人爲師，萬二千五百人爲一軍，三軍，三萬七千五百人也」，盧校云：「舊本誤，據《太平御覽》卷二百九十八改正。」

〔八九〕「五千」，《白虎通·三軍》作「二千」。盧校云：「舊本與《御覽》皆作『五』，訛，今據下文改正。」

〔九〇〕「武」，蜚雲閣本、咫進齋本并作「祖」，據續經解本、《册府元龜》卷五百七十六改。

〔九一〕「摹」，蜚雲閣本、咫進齋本、續經解本并作「慕」，據《宋書》卷五十五、《册府元龜》卷五百七十六改。

〔九二〕「龢」，蜚雲閣本、咫進齋本作「龡」，據《宋書》卷十七、續經解本改。

〔九三〕「告」，《漢書》卷七十三作「告謝」。

〔九四〕「陜」，蜚雲閣本、咫進齋作「陝」，據文義改。下同，不復注。

〔九五〕「異義」，與《北堂書鈔》卷五十同，續經解本作「通義」。

〔九六〕「職」，與《北堂書鈔》卷五十同，續經解本作「陟」。下「黜職」同。

〔九七〕「伯」，與《北堂書鈔》卷五十同，續經解本無。

〔九八〕「毛詩説」，《毛詩正義》卷二之三作「詩毛説」。

〔九九〕「以」，《毛詩正義》卷二之三作「以夷狄」。

〔一〇〇〕「夔」，蜚雲閣本、咫進齋本、續經解本并作「樂」，據《樂典》卷二十一改。

〔一〇一〕「武王」，《太平御覽》卷五百六十六作「文王」。

〔一〇二〕「諸」，《白虎通·嫁娶》作「姪」。

〔一〇三〕「忝」，《儀禮注疏》卷二十作「腆」。

〔一〇四〕「疏」，蜚雲閣本、咫進齋本作「注」，據續經解本改。此書以「傳」標者，指《公羊傳》；以「注」

標者，指《公羊傳》何休注，作者所疏，以「疏」標示，不得作「注」。

〔一〇五〕「幽王」，《毛詩正義》卷十八之五下有「大壞」二字。

〔一〇六〕「侯伯」，《毛詩正義》卷十八之五下有「之」字。

〔一〇七〕「所以」，《白虎通·封公侯》無「以」字，疑衍。

〔一〇八〕「絀陟」，蜚雲閣本、咫進齋本、續經解本作「黜陟」，據注文改。

〔一〇九〕「敬謹」，《白虎通·巡狩》作「謹敬」。

〔一一〇〕「巡守」，《白虎通·巡狩》作「巡狩」。

〔一一一〕「主」，《白虎通·巡狩》作「出」。

〔一一二〕「一」，蜚雲閣本、咫進齋本、續經解本并奪，據《禮記正義》卷十一補。

〔一一三〕「云」，續經解本無。

〔一一四〕「同」，《漢書》卷二十一上作「乃同」。

〔一一五〕「律有十二」，《漢書》卷二十一上作「律十有二」。

〔一一六〕「律」，蜚雲閣本、咫進齋本奪，據《漢書》卷二十一上、續經解本補。

〔一一七〕「十龠」，殿本《漢書》卷二十一上作「合龠」。

〔一一八〕「假」，蜚雲閣本、咫進齋本、續經解本作「格」，據《禮記正義》卷十一改。注「假，至也」同。

〔一一九〕「告」，蜚雲閣本、咫進齋本、續經解本并奪，據《孔叢子·巡狩》補。

〔一二〇〕「春秋」，蜚雲閣本、咫進齋本、續經解本作「春秋傳」，據《白虎通·崩薨》删。

〔一二一〕「義」，凌注本《春秋繁露·王道》作「意」。

春秋公羊禮疏卷二

桓公

元年春，王正月，公即位。

【注】即者，就也。先謁宗廟，明繼祖也；還之朝，正君臣之位也。事畢，而反凶服焉。

【疏】《顧命》：「王麻冕黼裳，由賓階隮；卿士、邦君麻冕蟻裳，入即位。」傳：「王及群臣皆吉服，用西階升，不敢當主。公卿、大夫及諸侯皆同服，亦廟中之禮。」《康王之誥》：「王釋冕，反喪服。」《白虎通》：「天子大斂之後稱王者，明民臣不可一日無君也。故《尚書》曰：『王麻冕黼裳。』此大斂之後也。何以知不從死後加王也？以上言『迎子釗』，不言『迎王』也。王者既殯而即繼體之位，何？緣民臣之心不可一日無君也，故先君不可得見，則後君繼體矣。故《尚書》曰：『王再拜，興，對，乃授銅瑁。』明爲繼體君也。緣終始之義，一年不可有二君，故《尚書》曰：『王釋冕，反喪服。』吉冕服受銅，稱王以接諸侯，明已繼體爲君也；釋冕藏銅，反喪服，明未稱王以統事也。」李延壽《南史・沈文阿傳》：「及文帝即位，剋日謁廟。尚書左丞庾持奉詔，遣博士議其禮。文阿議曰：『人物推移，質文殊軌。聖賢因機而立教，王公隨時以適宜。夫千人無君，不敗則亂；萬乘無主，不危則亡。當隆周之日，公旦叔父，吕、召爪牙。成王在喪，禍幾覆國。是以既葬便有公冠之儀，始殯受麻冕之策，斯蓋示天下以有主，慮社稷之艱難。逮乎末業〔一〕縱横，漢承其弊，雖文、景刑厝，而七國連兵，或逾月即尊，或崩日稱詔。此皆有爲而爲之，非無心於禮制也。今國諱之日，雖抑哀〔二〕於璽紱之重，猶未序於君臣之儀。古禮：朝廟退，坐正寢，聽群臣之政。今皇帝拜廟還，宜〔三〕御太極前殿，以正南面之尊。此即周康王在朝，一二臣衛者也。』」蕭子顯《南齊書・禮志》：「永泰元年，有司議應廟見否。尚書令徐孝嗣議：『嗣君即位，并無廟見之文；蕃支纂業，乃有虔謁之禮。』左丞蕭琛議：『竊見「祗見厥祖」，義著《商書》；「朝於武宫」，事光晉策〔四〕。豈有正位居尊，繼業承天，而不虔覲祖宗，格於太室？《毛詩・周頌篇》曰：「《烈文》，成王〔五〕即政，諸侯助祭也。」鄭注云：「新王即政，必以朝享之禮，祭於祖考，告嗣位也。」又篇曰：「《閔予小子》，嗣王朝廟也。」鄭注云：「嗣王者，謂成王也。除武王之喪，將始即政，朝於廟也。」則隆周令典，焕炳經、記；體適〔六〕居正，莫若成王。又二漢由太子而嗣位者，西京七主，東都四帝，其昭、成、哀、和、順五君并皆謁廟，文存〔七〕漢史；其惠、景、武、元、明、章六君，前史不載謁事，或是偶有闕文，理無異説。』」馬端臨《文獻通考》：「按，古者宗廟之祭，有正祭，有告祭，皆人主親行其禮。正祭，則時享、禘祫是也；告祭，則國有大事，告於宗廟是也。如即位而告廟，則自舜、禹受終，以至太甲之見祖，成王之見廟，皆是也。雖西漢時，人主嗣位〔八〕，亦必有見高廟之禮。而自唐以來，則人主未嘗躬謁宗廟致祭〔九〕，以告嗣位。宋朝唯孝、光宗以親受禪〔一〇〕，特行此禮，而其他則皆以『喪，三年不祭』之説爲拘，不復舉行此禮〔一一〕。然自『以日易月』之説〔一二〕既定，諒闇之禮廢久矣，何獨於告祭〔一三〕一事以爲不可行乎？」

鄭伯以璧假許田。

【傳】魯朝宿之邑也。諸侯時朝乎天子，天子之郊，諸侯皆有朝宿之邑焉。【注】「時朝」者，順四時而朝也。緣臣子之心，莫不欲朝朝莫夕。王者與諸侯别治，勢不得自專朝，故即位比年，使大夫小聘；三年，使上卿大聘；四年，又使大夫小聘；五年，一朝。王者亦貴得天下之歡心，以事其先王，因助祭以述其職，故分四方諸侯爲五部，部有四輩，輩主一時。

【疏】「魯朝宿」至「邑焉」。《王制》：「方伯爲朝天子，皆有湯沐之邑於天子之縣内，視元士。」注：「給齋戒、自潔清之用。浴用湯，沐用潘。」疏：「《異義》：『《公羊》説，諸侯朝天子，天子之郊，皆有朝宿之邑；從泰山之下，皆有湯沐之邑。』」

【疏】注「時朝」至「一時」。《異義》云：「《公羊》説，諸侯比年一小聘，三年一大聘，五年一朝天子。《左氏》説，十二年之間，八聘、四朝、再會、一盟。許慎謹按，《公羊》説，虞、夏制；《左氏》説，周制[一四]。《傳》曰：『三代不同物。』明古今異説。」

二年春，王正月，戊申，宋督弑其君與夷，及其大夫孔父。

【注】「父」者，字也。禮：臣死，君字之。

【疏】《曲禮》疏：「《異義》：『《公羊》説，臣子先死，君父猶名之。孔子曰「鯉也死」，是已死而稱名。《左氏》説，既没，稱字而不名。桓二年：「宋督弑其君與夷，及其大夫孔父。」先君死，故稱其字。《穀梁》同《左氏》説。』」謹按，此文《左氏》説同於《公羊》注，而許氏以爲《公羊》説「臣子先死，君父猶名之」，未詳所據。

夏四月，取郜大鼎于宋。

【注】郜本所以有大鼎者，周家以世孝，天瑞之鼎，以助享祭。諸侯有世孝者，天子亦作鼎以賜之。

【疏】《漢書·郊祀志》：「是時，美陽得鼎，獻之。張敞好古文字，按鼎銘勒而上議曰：『臣聞：周祖始乎〔一五〕后稷，后稷封於斄〔一六〕，公劉發跡於豳，大王建國於郊梁，文、武興於酆鎬。由此言之，則郊梁、酆鎬之間，周舊居也，固宜有宗廟壇場祭祀之藏〔一七〕。今鼎出於郊東，中有刻書曰：『王命尸臣：「官此栒邑，賜爾旂鸞〔一八〕黼黻琱戈。」尸臣拜手稽首曰：「敢對揚天子，丕顯休命！」』臣愚，不足以跡古文，竊以傳、記言之，此鼎殆周之所以褒賜大臣。子孫〔一九〕刻銘其先功，藏之於宫廟也。』」

【注】禮：祭，天子九鼎，諸侯七，卿大夫五，元士三也。

【疏】《孟子》：「前以士，後以大夫；前以三鼎，而後以五鼎與？」荀爽《九家易解》：「牛鼎受一斛，天子飾以黄金，諸侯白金。三足以象三台，足上皆作鼻目〔二〇〕爲飾也。羊鼎五斗，天子飾以黄金，諸侯白金，大夫以銅。豕鼎三斗，天子飾以黄金，諸侯以白金，大夫銅，士鐵。三鼎形同。」

戊申，納于太廟。

【注】周公稱太廟。所以必有廟者，緣生時有宫室也。孝子三年喪畢，思念其親，故爲之立宗廟，以鬼享之。「廟」之爲言「貌」也，思想儀貌而事之，故曰：齋之日，思其居處，思其笑語，思其志意，思其所樂，思其所嗜。祭之日，入室，僾然必有見乎其位；周旋出户，肅然必有

聞乎其容聲；出户而聽，慨然必有聞乎其嘆息之聲，孝子之至也。質家右宗廟，尚親親；文家右社稷，尚尊尊。

【疏】注「周公稱太廟」。《明堂位》：「季夏六月，以禘禮祀周公於太廟。」注：「周公曰太廟，魯公曰世室，群公稱宫。」

【疏】注「廟之爲言貌也」。《白虎通》：「王者所立宗廟，何？曰：生死殊路，故敬鬼神而遠之。緣生以事死，敬亡若事存，故欲立宗廟而祭之。此孝子之心所以追孝繼養也。『宗』者，尊也；『廟』者，貌也，象先祖之尊貌也。所以有室，何？所以象生之居也。」

【疏】注「質家」至「尊尊」。《五經通義》：「王社籍田，中爲千畝，報功也。文家右社稷、左宗廟，何？文家據地而王，地道長久，得事宗廟，以有社稷，故右之。質家左社稷、右宗廟，社皆有壇者，飾也。」《通典》注：「《小宗伯》云：『左宗廟，右社稷。』鄭玄曰：『庫門内，雉門外也。』周代文，尚尊尊，故在右也。按《公羊》：魯桓公二年，取郜大鼎，納於太廟，何休云『質家右宗廟，尚親親；文家右社稷，尚尊尊』是。」

秋七月，紀侯來朝。

【注】稱「侯」者，天子將娶〔二〕於紀，與之奉宗廟，傳之無窮，重莫大焉，故封之百里。月

者，明當尊而不臣，所以廣孝敬。蓋以爲天子得娶庶人女，以其得專封也。

【疏】《白虎通》：「王者之取[二二]，必先選於大國之女，禮儀備，所見多。《詩》云：『大邦有子，俔天之妹。文定厥祥，親迎於渭。』明王者必取大國也。《春秋》曰：『紀侯來朝。』紀子以嫁女於天子，故增爵稱侯。至數十年之間，紀侯無他功，但以子爲天王后，故爵稱侯。知雖小國者，必封以大國，明其尊所不臣也。王者娶及庶邦[二三]者，何？開天下之善，示不遺賢也。故《春秋》曰：『紀侯來朝。』文加爲侯，明封之也。先封之，明不與庶邦交禮也。」《漢書·王莽傳》：「信鄉侯佟上言：『《春秋》：天子將娶於紀，則褒紀子，稱侯。安漢公國未稱古制。』事下有司，皆曰[二四]：『古者，天子封后父百里，尊而不臣，以重宗廟，孝之至也。佟言應禮，可許。』」

夏，齊侯、衛侯胥命于蒲。三年

【傳】胥命者，何？相命也。何言乎相命？近正也。此其爲近正，奈何？古者不盟，結言而退。【注】胥，相也。時盟不歃血，但以命相誓。善其近正，似於古而不相背，故書以撥亂也。

【疏】《爾雅》曰：「胥，相也。」注：「《公羊傳》曰：『胥盟者，何？相盟也。』」《荀子》：「不足於行者，説過；不足於信者，誠言。故《春秋》善胥命，而《詩》非屢盟，其心一也。」《春秋繁露》：「《春秋》紀纖芥之失，反之王道。追古貴信，結言而已，不至用牲盟而後成約，故曰：『齊侯、衛侯胥命於蒲。』《傳》曰：『古者不盟，結言而退。』」《曲禮》：「約信曰誓，莅牲曰盟。」注：「莅，臨也。坎用牲，臨而讀其盟書。《聘禮》今存，遇、會、誓、盟禮亡。誓之辭，《尚書》見有六篇。」疏：「『約信曰誓』者，亦諸侯事也。約信，以其不能自和好，故用言辭共相約束，以爲信也〔二五〕。若用言相約束以相見，則用誓禮，故曰『誓』也。鄭注《司寇》云：『約，言語之約束也。』『莅牲曰盟』者，亦諸侯事也。莅，臨也。臨牲者，盟所用也。盟者，殺牲歃血，誓於神也。若約束而臨牲，則用盟禮，故云『莅牲曰盟』也。《異義》云：『禮，約盟不？今《春秋公羊》説，古者不盟，結言而退，故《穀梁傳》曰：「誥誓不及五帝，盟詛不及三王，交質子不及二伯。」詛盟，非禮。古《春秋左氏》云：「《周禮》有司盟之官，殺牲歃血，所以盟事神明。」又云：「凡國有疑，盟詛其不信者。」是知於禮得盟。許君謹按，從《左氏》説，以太平之時，有盟詛之禮。』鄭氏不駁，從許慎義也。」

九月，齊侯送姜氏于讙。

【傳】諸侯越竟送女，非禮也。【注】禮：送女，父母不下堂，姑姊妹不出門。

【疏】《穀梁傳》：「禮：送女，父不下堂，母不出祭門，諸母、兄弟不出闕門。」注：「祭門，廟門也。闕，兩觀也，在祭門之外。」《白虎通》：「父誡於阼階，母誡於西階。庶母及門内施鞶，申之以父母之命，命之曰：『敬恭聽爾父母之言，夙夜無愆，視諸衿鞶。』去不辭、誡不諾者，蓋耻之，重去也。」

四年春正月，公狩于郎。

【傳】冬曰狩。【注】狩，猶獸也。

【疏】惠氏棟《九經古義》：「『搏獸於敖』，《水經注》引云『薄狩於敖』，《東京賦》同，徐堅《初學記》引作『搏狩』。按，『狩』本古『獸』字，故鄭箋云：『田獵，搏獸也。』何休《公羊》注云：『狩，猶獸也。』」

【注】不以夏田者，春秋制也。

【疏】《王制》疏：「何休云：『《運斗樞》曰：「夏不田。」《穀梁》有夏田，於義爲短。』鄭玄釋之云：『四時皆田，夏、殷之禮。《詩》云：「之子於苗，選徒囂囂。」夏田，明矣。孔子雖有聖德，不敢顯然改先王之法，以教授於世。若其所欲改，具陰書於緯，藏之，以傳後王。《穀梁》四時田者，近孔子故也。《公羊》正當六國之亡，讖緯見，讀而傳爲三時田。作《傳》有先後，雖異，不足以斷《穀梁》也。」」《王制》：「天子、諸侯無事，則歲三田。」注：「『三田』者，夏不田。蓋夏時也。」《説苑》：「故苗者，毛取之；蒐者，搜索之；狩者，守留之。夏不田，何也？曰：天地陰陽盛長之時，猛獸不攫，鷙鳥不搏，蝮蠆不螫。鳥獸〔二六〕蟲蛇且知應天，而況人乎哉？是以古者必有豢牢。」

【傳】諸侯曷爲必田狩？一曰乾豆，二曰賓客，三曰充君之庖。【注】「一」者，第一之殺也。自左膘射之，達於右䯚，中心，死疾，鮮潔，故乾而豆之，中薦於宗廟。豆，祭器名，狀如鐙。天子二十有六，諸侯十有二，卿、上大夫八，下大夫六，士二。「二」者，第二之殺也。自左膘射之，達於右髀，遠心，死難，故以爲賓客。充，備也；庖，厨也。「三」者，第三之殺也。自左膘射之，達於右䯚，中腸胃污泡，死遲，故以充君之庖厨。已有三牲，必田狩者，孝子之意，以爲己之所養，不如天地自然之牲逸豫肥美。禽獸多，則傷五穀。因習兵事，又不空設，故因以捕禽獸，所以共承宗廟，示不忘武備，又因以爲田除害。

【疏】「諸侯」至「之庖」。《周易》：「王用三驅。」馬融曰：「三驅者，一曰乾豆，二曰賓客，三曰充君之庖。」《王制》：「天子、諸侯無事，則歲三田。」

【疏】注「豆，祭器名，狀如鐙」。《爾雅》：「木豆謂之豆，竹豆謂之籩，瓦豆謂之登。」注：「豆，禮器也。鐙，即膏登也。」疏：「《周禮》：『旊人爲豆，實三而成觳，崇尺。』鄭注云：『崇，高也。豆實四升。』又，《祭統》云：『夫人〔二七〕薦豆執校，執醴授之，執鐙。』鄭注云：『校，豆中央直者也。鐙，豆下跗也。』又，《禮圖》云：『口圓，徑尺，黑漆飾，中朱。大夫以上，畫以雲氣；諸侯以象，天子以玉。』皆謂飾其豆口也。」史游《急就章》注〔二八〕：「鐙，所以盛膏，夜然燎者也。其形若杅，而中施釭。有柎者曰鐙，無柎者曰錠。柎，謂下施足也。」

【疏】注「已有」至「除害」。《尚書大傳》文。

夏，天王使宰渠伯糾來聘。

【注】天子下大夫，繫官氏，名且字。繫官者，卑，不得專官事也。稱「伯」者，上敬老也。上敬老，則民益孝；上尊齒，則民益弟。是以王者以父事三老，兄事五更，食之於辟雍。天子親袒而割牲，執醬而饋，執爵而酳，冕而總干〔二九〕，率民之至也。先王之所以治天下者有五：貴有德，爲其近於道也；貴臣，爲其近於君也；貴老，爲其近於父也；敬長，爲其近於兄也；慈幼，爲其近於子弟也。禮：君於臣而不名者有五：諸父兄不名，《經》曰「王札子」是也，《詩》曰「王謂叔父」是也；上大夫不名，祭伯是也；盛德之士不名，叔肸是也；老臣不名，宰渠伯糾是也。

【疏】注「天子」至「且字」。《說文》：「且，所以薦也。」張揖《廣雅》：「且，借也。」《曲禮》：「有天王某甫。」鄭注：「某甫，且字也。」疏：「《音義隱》云：『且假借此字也。』」《雜記》疏：「《檀弓》云『五十以伯仲』，是正字；二十之時曰某甫，是且字，言且爲之立字。」

【疏】注「是以王者」至「五更」。《白虎通》：「王者父事三老，兄事五更者，何？欲陳孝弟之德，以示天下也。故雖天子，必有尊也，言有父也；必有先也，言有兄也。天子臨辟廱，親袒割牲，以養三老。尊三老者，父象也。謁者奉几杖，授安車輭輪，供綏執授。兄事五更，寵接禮交加客，謙敬順貇也。《禮記·祭義》云：『祀於明堂，所以教諸侯之孝也；享三老、五更於太學，所以教諸侯之弟也。』不正言父兄，言老、更者，何？老者，壽考也，欲言其所令者多也；更者，更也，所更歷者衆也。即如是，不但言『老』，言『三』，何？欲言其明於天、地、人之道而老也。『五更』者，欲言其明於五行之道而更事也。三老、五更，幾人乎？曰：各一人。何以知之？既已父事，父，一而已，不宜有三。」

【疏】注「禮君」至「是也」。《白虎通》：「王者臣有不名者五：先王老臣不名，親與先王戮力共治國，同功於天下，故尊而不名也。《尚書》曰『咨，爾伯』，不言名也。不名者，貴賢者而已，共成先祖功德之〔三〇〕加於百姓者也。《春秋》單伯不言名，《傳》曰：『吾大夫之命於天子者也。』盛德之士不名，尊賢也。《春秋》曰：『公弟叔肸。』諸父、諸兄不名。諸父、諸兄者親，與己父、兄有敵體之義也。《詩》云：『王曰叔父。』《春秋傳》曰：『王札子何？長庶之稱也。』不名盛德之士者，不可屈以爵禄也。」

天王使仍叔之子來聘。五年

【注】禮：七十，懸〔三二〕車致仕。

【疏】《白虎通》：「臣年七十，懸車致仕者，臣以執事趨走爲職。七十，陽道極，耳目不聰明，跂踦之屬。是以退老去，避賢者，所以長廉遠耻也。懸車，示不用也。」

秋，蔡人、衛人、陳人從王伐鄭。

【傳】其言從王伐鄭，何？從王，正也。

【疏】《伯兮》箋：「衛宣公之時，蔡人、衛人、陳人從王伐鄭。」正義曰：「《公羊傳》曰：『其言從王伐鄭，何？從王，正也。』鄭答臨碩，引《公羊》之文，言諸侯不得專征伐，有從天子及霸〔三三〕者之禮。」

大雩。

【傳】大雩者，何？旱祭也。【注】雩，旱請雨祭名。不解「大」者，祭言「大雩」，大旱可知也。君親之南郊，以六事謝過自責，曰：「政不一與？民失職與？宫室榮[三三]與？婦謁盛與？苞苴行與？讒夫倡與？」使童男女各八人，舞而呼雩，故謂之「雩」。不地者，常地也。

【疏】注「雩，旱請雨祭名」。《爾雅》曰：「舞號，雩也。」陸德明《釋文》：「音『于』，祭名。」《周禮·司巫》：「掌群巫之政令。若國大旱，則帥巫而舞雩。」注：「雩，旱祭也。天子於上帝，諸侯於上公之神。」《女巫》：「旱暵則舞雩。」注：「使女巫舞。旱祭，崇陰也。」疏：「董仲舒曰：『雩，求雨之術，呼嗟之，歌《國風·周南》、《小雅·鹿鳴》、燕禮、鄉飲酒、大射之歌焉。』然則《雲漢》之篇，亦大旱之歌。」《祭法》：「雩宗，祭水旱也。」《月令》：「命有司爲民祈祀山川百源。大雩帝，用盛樂，乃命百縣雩祀百辟卿士之有益於民者，以祈穀實。」注：「陽氣盛而常旱。山川百源，能興雲雨者也。衆水始所出，爲百源。必先祭其本，乃雩。雩，吁[三四]嗟求雨之祭也。『雩帝』，謂爲壇於[三五]南郊之旁，雩五精之帝，配以先帝也。自鞀、鞞[三六]至柷、敔皆作，曰『盛樂』。凡它雩，用歌舞而已。」

【疏】注「君親」至「倡與」。《尸子》：「湯之救旱也，素車、白馬、布衣，身嬰[三七]白茅，以身代〔三八〕牲，禱曰：『政不節與？民失職與？苞苴行與？讒夫倡與？女謁盛與？宮室崇與？』」

【疏】注「使童」至「之雩」。王充〔三九〕《論衡》：「曾晳對孔子，言其志曰：『暮春者，春服既成，冠者五六人，童子六七人，浴乎沂，風乎舞雩，咏而饋。』孔子曰：『吾與點也。』魯設雩，祭於沂水之上。『暮』者，晚也；『春』，謂四月也。『春服既成』，謂四月之服成也。『冠者』『童子』，雩祭樂人也。『浴乎沂』，涉沂水也，象龍之從水中出也。『風乎舞雩』，歌也；『咏而饋』，咏歌、饋祭也，歌咏而祭也。」

【疏】注「不地」至「地也」。酈道元《水經注》：「雩門南，隔水有壇，曾點所謂『風乎舞雩』，即其處也。」《通典》注：「阮諶云：『壇在巳地。』按得衛宏《漢儀》稱：『魯人爲雩壇，在城東南。』諸儒所説，皆云『壇』，而今〔四〇〕作『墠』。又，《論語》樊遲從遊於舞雩之下，衛宏所説魯城東南，舊跡猶存〔四一〕焉。」

【注】日食獨不省文者，與大水同禮。

【疏】《白虎通》：「日食必鼓〔四二〕之，何？陰侵陽也。鼓，用牲於社。社者，衆陰之主，以朱絲縈〔四三〕之，鳴鼓攻之，以陽責陰也。故《春秋》曰：『日食，鼓，用牲於社。』」《春秋繁露》：「大水〔四四〕者，陰滅陽也。陰滅陽者，卑勝尊也。日食亦然，皆下犯上、賤傷貴，逆節也。故鳴鼓而攻之，朱絲〔四五〕脅之，爲其不義也。」

六年春正月，寔來。

【注】諸侯相過，至竟必假塗，入都必朝，所以崇禮讓、絶慢易、戒不虞也。

【疏】《聘禮》：「若過邦，至於竟，使次介假道，束帛將命於朝，曰：『請帥。』奠幣。」注：「至竟而假道，諸侯以國爲家，不敢直[四六]徑也。『將』猶『奉』也，『帥』猶『道』也。請道己道路所當由。」

秋八月壬午，大閱。

【傳】大閱者，何？簡車徒也。何以書？蓋以罕書也。【注】大簡閱兵車，使可任用而習之。罕，希也。孔子曰：「以不教民戰，是謂棄之。」故比年簡徒，謂之「蒐」；三年簡車，謂之「大閱」；五年大簡車徒，謂之「大蒐」。存不忘亡，安不忘危。不地者，常地也。

【疏】注「大閱」至「希[四七]也」。《大宗伯》：「大田之禮，簡衆也。」注：「古者因田[四八]習兵，簡其車徒之數。」

【疏】注「孔子」至「棄之」。《漢書・刑法志》：「魯成公作丘甲，哀公用田賦，搜狩[四九]、治兵、大閱之事，皆失其正。《春秋》書而譏之，以存王道。於是師旅亟動，百姓罷敝[五〇]，無伏節死難之誼。孔子傷焉〔五一〕，曰：『以不教民戰，是謂棄之。』」師古曰：「非其不素習也。」

【疏】注「不地者，常地也」。《周禮・大司馬》注：「天子、諸侯蒐狩有常，至其常處。」

九月丁卯，子同生。

【注】禮：生與來日，死與往日，各取其所見日也。禮：世子生三日，卜士負之寢門外，以桑弧蓬矢射天地四方，明當有天地四方之事；三月，君名之，大夫負朝於廟，以名徧告之。

【疏】《内則》：「國君世子生，告於君，接以太牢，宰掌具。三日，卜士負之，吉者宿齋，朝服寢門外，詩負之。射人以桑弧蓬矢六，射天地、四方。」注：「桑弧蓬矢，本太古也。天地、四方，男子所有事也。」疏：「蓬是禦亂之草；桑，衆木之本。」《新書》：「太卜曰：『命云某。』然後爲王太子懸弧之禮義。東方之弧以梧，梧者，東方之草，春木也；其牲以鷄，鷄者，東方之牲也。南方之弧以柳，柳者，南方之草，夏木也；其牲以狗，狗者，南方之牲也。中央之弧以桑，桑者，中央之木也；其牲以牛，牛者，中央之牲也。西方之弧以棘，棘者，西方之草也，秋木也；其牲以羊，羊者，西方之牲也。北方之弧以棗，棗者，北方之草，冬木也；其牲以彘，彘者，北方之牲也。五弧五分矢，東方射東方，南方射南方，中央高射，西方射西方，北方射北方，皆三射。其四弧具，其餘各二分矢，懸諸國四通門之左；中央之弧亦具，餘二分矢，懸諸社稷門之左。」《説苑》：「『弧』之爲言『豫』也，豫〔五二〕吾意也。故古者子生三日，桑弧蓬矢六，射天地、四方。」《白虎通》：「人必有名，何？所以吐情自紀，尊事人者也。《論語》曰：『名不正，則言不順。』三月名之，何？天道一時，物有其變；人生三月，目煦，亦能咳笑，與人相更答，故因其始有知而名之。故《禮·服傳》曰：『子生三月，則父名之於祖廟。』於祖廟者，謂子之親廟也，明當爲宗廟〔五三〕主也。一説，名之於燕寢。名者，幼小卑賤之稱也，質略，故於燕寢。《禮·内則》曰：『子生，君沐浴朝服，夫人亦如之。立於阼階西南，世婦抱子，升自西階。君命之。適子執其右手，庶子撫其首，君曰：「欽有帥。」夫人曰：「記有成。」告於四竟。』四竟者，所以遏絶萌芽，禁備未然。故《曾子問》曰：『世子生三月，以名告於祖禰。』《内則記》曰：『以名告於山川、社稷、四竟。天子太子，使士負之於南郊。』以桑弧蓬矢六射者，何也？此男子之事也，故先表其事，然後食其禄。必桑弧，何？桑者，相逢接之道也。《保傅》曰：『太子生，舉之以禮，使士負之，有司齋肅端委〔五四〕，之郊，見於天。』《韓詩内傳》曰：『太子生，以桑弧蓬矢六，射上下四方，明當有事於天地四方也。』」

七年春，二月己亥，焚咸丘。

【注】征伐之道，不過用兵。服則可以退，不服則可以進。火之盛炎，水之盛衝，雖欲服罪，不可復禁，故疾其暴而不仁也。

【疏】《司馬法》：「冢宰與百官布令於軍曰：『入罪人之地，無暴神祇，無行田獵，無毁土功，無燔墻屋。』」《淮南子》：「故聞敵國之君有加虐於民[五五]，則舉兵而臨其竟，責之以不義，刺之以過行。兵至其郊，乃令軍師曰：『毋伐樹木[五六]，毋抉墳墓，毋刈[五七]五穀，毋焚積聚，毋捕民虜，毋收六畜。』」

八年春，正月己卯，烝。

【傳】春曰祠。【注】薦尚[五八]韭、卵。「祠」猶食也，猶繼嗣也。春物始生，孝子思親，繼嗣而食之，故曰祠，因以别死生。

【疏】《爾雅》：「春祭曰祠。」《春秋繁露》：「祠者，以正月始食韭也。」又，「豆實，韭也，春之所始生也。始生，故曰祠，善其司[五九]也」。

【傳】夏曰礿。【注】薦尚麥、魚。麥始熟，可礿，故曰礿。

【疏】《爾雅》：「夏祭曰礿。」《春秋繁露》：「礿者，以四月食麥也。」又，「尊實，麷[六〇]也，夏之所受[六一]初也。夏約，故曰礿，貴所初礿[六二]也」。

【傳】秋曰嘗。【注】薦尚黍、肫。嘗者，先辭也。秋穀成者非一，黍先熟，可得薦，故曰嘗。

【疏】《爾雅》：「秋祭曰嘗。」《春秋繁露》：「嘗者，以七月嘗黍稷也。」又，「杌〔六三〕實，黍也，秋之所先成也。先成，故曰嘗，嘗言甘也」。

【傳】冬曰烝。【注】薦尚稻、雁。烝，衆也，氣盛貌。冬，萬物畢成，所薦衆多，芬芳備具，故曰烝〔六四〕。

【疏】《爾雅》：「冬祭曰烝。」《春秋繁露》：「烝者，以十月進初稻也。」又，「敦實，稻也，冬之所畢熟也。畢熟，故曰烝，『烝』之言衆也。冬之物，成者衆〔六五〕」。

【注】無牲而祭，謂之「薦」。

【疏】范甯《穀梁》注：「無牲而祭曰薦，薦而加牲曰祭，禮各異也。」蔡邕《獨斷》：「薦考妣於適寢之所。祭，春薦韭、卵，夏薦麥、魚，秋薦黍、豚，冬薦稻、雁。制無常牲，取與新物相宜而已。」《通典》：「魏初，高堂隆云：『按舊典，天子、諸侯，月有祭事。其孟，則四時之祭也，三牲、黍稷，時物咸備。其仲月、季月，皆薦新之祭也。大夫以上，將之以羔，或加以犬而已，不備三牲也；士以豚，庶人則唯其時宜，魚、雁可也；皆有黍稷。《禮器》曰：「羔、豚而祭，百官皆足；太牢而祭，不必有餘。」羔、豚，則薦新之禮也；太牢，則時祭之禮也。《詩》云：「四之日，其蚤獻羔祭韭。」周之四月，則夏之二月也。《月令》：「仲春，天子乃獻羔，開冰；季春之月，天子始乘舟，薦鮪；仲夏之月，天子乃嘗魚；咸薦之寢廟。」此則仲月、季月薦新之禮也。」注：「蜀譙周《禮祭集志》曰：『天子之廟，始祖及高、曾、祖、考，皆月朔加薦，以象平生之朔食也，謂之月祭。祧之廟，無月祭也。凡五穀成熟〔六六〕、珍物新成，天子以薦宗廟。禮：未薦，不敢食新，孝敬之道也。其月朔薦及臘薦、薦新，皆奠，無尸，故群廟皆一朝之間祭〔六七〕畢。』」

【注】天子四祭四薦，諸侯三祭三薦，大夫、士再祭再薦。祭於室，求之於幽；祭於堂，求之於明；祭於祊，求之於遠：皆孝子博求之意也。大夫求諸明，士求諸幽，尊卑之差也。

【疏】注「天子」至「再薦」。《王制》：「天子犆礿，祫禘，祫嘗，祫烝。諸侯礿則不禘，禘則不嘗，嘗則不烝，烝則不礿。諸侯礿，犆；禘，一犆一祫；嘗，祫；烝，祫。」又，「大夫、士宗廟之祭，有田則祭，無田則薦」。注：「有田者，既祭又薦新。」

【疏】注「祭於室」至「差也」。《爾雅》：「廟門謂之祊。」《禮器》：「設祭於堂，爲祊乎外。」注：「祊祭，明日之繹祭也。謂之『祊』者，於廟門之旁，因名焉。其祭之禮：既設祭於室，而事尸於堂。孝子求神，非一處也。」《郊特牲》：「直祭，祝於主；索祭，祝於祊。不知神之所在，於彼〔六八〕乎？

於此乎？或諸遠人乎？祭於祊，尚曰求諸遠者與？『祊』之爲言『倞』也。」疏：「凡祊，有二種。一是正祭之時，既設祭〔六九〕於廟，又求神於廟門之内。《詩·楚茨》云：『祝祭於祊。』注云：『祊，門内，平生待賓客之處。』與祭同日也。一是明日繹祭之時，設饌於廟門外西室，亦謂之祊。祊是求神之名，繹是接尸之稱。求神在室，接尸在堂。《有司徹》：上大夫賓尸、坐尸、侑於堂，酌而獻尸；卿大夫賓尸禮略，不設祭於室，又不在廟門，異於君也。」

【注】殷人先求諸明，周人先求諸幽，質、文之義也。

【疏】《大宗伯》注：「『殷人先求諸陽，周人先求諸陰』，灌是也。祭必先灌，乃後薦腥熟。」疏：「『殷人先求諸陽』，謂未灌，先合樂；『周人先求諸陰』，謂未合樂，先灌。」

【注】禮：天子、諸侯、卿大夫，牛、羊、豕凡三牲，曰「太牢」。

【疏】《禮器》：「是故君子太牢而祭，謂之禮。」正義：「君子，大夫以上。大夫常祭，少牢；遣奠及卒哭、祔，用太牢，故祭用太牢而謂之禮也。」《曾子》：「諸侯之祭，牲牛，曰太牢；大夫之祭，牲羊，曰少牢；士之祭，特牲豕，曰饋食。」阮尚書元《注釋》：「此諸侯、大夫、士宗廟之祭也。太牢者，牛、羊、豕三牲，舉牛以該羊、豕；少牢者，羊、豕二牲，舉羊以該豕；士祭惟豕，故曰特牲也。

饋食者，饋孰也。大夫少牢，亦饋食。兹徒言士『饋食』者，大夫既舉少牢，略言饋食也。天子之大夫，祭如諸侯，用太牢；天子之士，祭如大夫，用少牢。」

【注】天子元士、諸侯之卿大夫，羊、豕，凡二牲，曰少牢；諸侯之士，特豕。天子之牲角握，諸侯角尺，卿大夫索牛。

【疏】《儀禮·少牢饋食禮》鄭注《目録》：「諸侯之卿大夫祭其祖禰於廟之禮。羊、豕曰少牢。」《特牲饋食禮》注《目録》：「《特牲饋食之禮》，謂諸侯之士，以歲時祭其祖禰之禮〔七〇〕。」疏：「《曲禮》云：『大夫以索牛，士以羊、豕。』彼天子大夫、士，此《儀禮》特牲、少牢，故知是諸侯大夫、士也。」

【注】夫婦齋戒、沐浴，盛服，君牽牲，夫人奠酒；君親獻尸，夫人薦豆。卿大夫相君，命婦相夫人〔七一〕。洞洞乎、屬屬乎，如弗勝，如將失之；濟濟乎致其敬也，愉愉乎盡其忠也，勿勿乎其欲其饗之也。文王之祭，事死如事生，孝子之至也。

【疏】《禮運》疏：「祭日之旦，王服衮冕而入，尸亦衮冕，祝在後侑之。王不出迎尸，故《祭統》云：『君不迎尸，所以別嫌也。』尸入室，乃作樂降神，故《大司樂》云『凡樂，圜鍾爲宫，九變而致人鬼』是也。乃灌，故《書》云：『王入太室，祼。』當灌之時，衆尸皆同在太廟中，依次而灌。所灌，鬱鬯。《小宰》注云：『尸祭之，啐之，奠之。』是爲一獻也。王乃出迎牲，后從灌，二獻也。迎牲而入，至於庭，故《禮器》云：『納牲詔於庭。』王親執鸞刀，啓其毛，而祝以血毛告於室，故《禮器》云：『血毛詔於室。』凡牲，則廟各別牢，故《公羊傳》云：『周公白牡，魯公騂犅。』按，《逸禮》云：『毁廟之主，昭共一牢，穆共一牢。』於是行朝踐之事。尸出於室，太祖之尸坐於户西，南面，其主在右；昭在東，穆在西，相對坐，主各在其右。故鄭注《祭統》云：『天子、諸侯之祭，朝事延尸於户外，是以有北面事尸之禮。』祝乃取牲膟膋，燎於爐炭，入以詔神於室，又出以薦〔七二〕於主前，《郊特牲》云『詔祝於室，坐尸於堂』是也。王乃洗肝於鬱鬯而燔之，以制於主前，所謂『制祭』。次乃升牲首於室中，置於北墉下；后薦朝事之豆籩，乃薦腥於尸主之前，謂之『朝踐』，即此《禮運》『薦其血毛，腥其俎』是也。王乃以玉爵酌著尊，泛齊以獻尸，三獻也。后又以玉爵酌著尊，醴齊以亞獻，四獻也。乃退而合亨，至薦熟之時陳於堂，故《禮器》云：『設饌於堂。』乃後延主入室，太祖東面，昭在南面，穆在北面，徙堂上之饌於室内坐前，祝以斝爵酌，奠於饌南，故《郊特牲》注云『天子奠斝，諸侯奠角』，即此之謂也。既奠之後，又取腸間脂，焫〔七三〕蕭合馨薌，《郊〔七四〕特牲》注云：『奠，謂薦熟時。』當此大合樂也。自此以前，謂之『接祭』。乃迎尸入室，舉此奠斝，主人拜以妥尸，故《郊特牲》云『舉斝角，拜，妥尸』是也。后薦饌〔七五〕獻之豆籩，王乃以玉爵酌壺尊〔七六〕，盎齊以獻尸，爲五獻也。后又以玉爵酌壺尊，醴齊以獻尸，是六獻也。於是尸食十五飯訖，王以玉爵，因朝踐之尊，泛齊以酳尸，爲七獻也，故鄭云：『變朝踐，云朝獻，尊相因也。』朝獻，謂此王酳尸，因朝踐之尊也。

后乃薦，加豆籩。尸酌，酢主人，主人受嘏，王所以獻諸侯。於是后以瑶爵，因酌饋食壺尊，醍齊以酳尸，爲八獻也。鄭注《司尊〔七七〕彝》云：『變再獻爲饋獻者，亦尊相因也。』再獻，謂后酳尸；饋獻，謂饋食時后之獻也。於是〔七八〕王乃以瑶爵獻卿也；諸侯爲賓者，以瑶爵酌壺尊，醍齊以獻尸，爲九獻。九獻之後，謂之加爵。」

【注】「四者」，四時祭也。疏數之節，靡所折中，是故君子合諸天道，感四時〔七九〕物而思親也。

【疏】《祭義》：「祭不欲數，數則煩，煩則不敬；祭不欲疏，疏則怠，怠則忘。是故君子合諸天道。」注：「合於天道，因四時之變化。孝子感時念親，則以此祭之也。」

【注】祭必於夏之孟月者，取其見新物之月也。

【疏】《晏子春秋》：「天子以下至士，祭〔八〇〕以首時。」《王制》注：「祭以首時，薦以仲月。」

【注】士有公事，不得及此四時祭者，則不敢美其衣服，蓋思念親之至也。故孔子曰：「吾不與祭，如不祭。」

【疏】《特牲饋食》注：「士賤職褻。時至事暇，可以祭，則筮其日矣。」疏：「鄭云『時至事暇，可以祭』者，若祭時至，有事，不得暇，則不可以私廢公故也。若大夫以上，尊，時至，唯有喪，故不祭；自餘吉事，皆不廢祭。若有公事及病，使人攝祭。故《論語》孔子云：『吾不與祭〔八一〕。』注云：『孔子或出或病，不自親祭，使攝者爲之。不致肅敬，於心與不祭同。』」

九年春，紀季姜歸于京師。

【傳】其辭成矣，則其稱「紀季姜」，何？自我言「紀」。父母之於子，雖爲天王后，猶曰「吾季姜」。【注】明子尊不加於父母。

【疏】《白虎通》：「《春秋》曰〔八二〕：『紀季姜歸於京師。』父母之於子，雖爲王后，尊不加於父母。」《通典》：「後漢獻帝皇后父、屯騎校尉、不其亭侯伏完朝賀公庭，完拜如衆臣。及皇后往離宫，后拜如子禮。三公大臣〔八三〕議：『或以爲：皇后，天下之母也。完雖后父，不可令后獨拜私朝。或以爲：當交拜也，令后存人子之道，完不廢人臣之儀。又，子尊不加於父母，「雖曰天王后，猶曰吾季姜」，欲令完猶行父法，后專奉子禮，公、私之朝，后當獨拜。或以爲：皇后至尊，父亦至親，交拜則父子無别，完拜則傷子道，后拜則損至尊。欲令公朝者，完拜如衆臣；於公宫，后拜如子。不知四者，何是正禮？』鄭玄議曰：『四者不同，抑有由焉。天子所不臣者三：其一，后之父母也。天子尚不臣者〔八四〕，况於后乎？《春秋》魯隱公二年，紀履緰〔八五〕來逆女；冬，伯姬歸於紀。又，桓公八年，祭公來，遂逆王后於紀；九年，紀季姜歸於京師。或言逆女〔八六〕，或言逆王后，蓋義有所見也。女雖嫁爲〔八七〕鄰國夫人，其尊無以加於父母。嫁於天子者，此雖紀女，或言〔八八〕曰王后，明當時之尊得加父母也。「紀季姜歸於京師」，更稱其字者，得行禮而戒之，其尊安可加父母耳？今不其亭侯在京師，禮事出入，宜從臣禮。若后適〔八九〕離宫及歸寧父母，宜從子禮。』丞相徵事邴原駁曰：『《孝經》云：「父子之道，天性也。」「明王」之章，先陳事父之孝。女子子出，一〔九〇〕降其父母。婦人外成，不能二統耳。《春秋左氏傳》曰：「紀履緰來逆女。」列國尊同，逆者謙不敢自成，故以在父母之辭言之，禮敵必三讓之義也。祭公逆王后於紀者，至尊以無外，辭無所屈，成言曰「王后」。紀季姜歸於京師，尊已成，稱「紀姜」，從《禮》〔九一〕「子尊不加於父母」之明文也。如皇后於公庭官僚之中，令父獨拜，違古之道，斯義何施？漢高五日一朝太上皇，家令譏子道不盡，欲微感之，令太上皇擁彗却行稱臣。雖去聖久遠，禮文闕然，然父子之義，五品之常，不易之道，寧爲公私易節？公庭則爲臣，在家則爲父，是違禮而無常也。《禮》〔九二〕言「子事父，無貴賤」，又云「子不爵父」。』」晉殷融爲太常，穆帝即位幼沖，褚太后臨朝，時議后父褚裒〔九三〕進見之典。蔡謨、王彪之并以虞舜、漢高祖猶執子道，况后乎？王者父，無拜禮。尚書八座議，以爲：純子則王道缺，純臣則孝道虧，謂公庭如臣、私覿則嚴父爲允。融議：「依鄭玄〔九四〕，衛將軍裒在公庭，則盡〔九五〕臣敬；太后歸寧之日，自如家人之禮。」太后詔曰：「典禮誠所未詳。如所〔九六〕奏，是情所不能安也。更詳之。」征西將軍翼、南中郎尚議爲〔九七〕：「父尊盡〔九八〕於一家，君敬重於天下。鄭玄議〔九九〕，合情禮之中。」太后從之。

冬，曹伯使其世子射姑來朝。

【注】時曹伯年老有疾，使世子行聘禮，恐卑，故使自代朝。雖非禮，有尊厚魯之心。

【疏】《周禮·典命》：「凡諸侯之適子誓於天子，攝其君，則下其君之禮一等；未誓，則以皮帛繼子男。」注：「《春秋·桓九年》曹伯使其世子射姑來朝，行國君之禮是也。公之子，如侯伯而執圭；侯伯之子，如子男而執璧；子男之子與未誓者，皆次小國之君，執皮帛而朝會焉。其賓之，皆以上卿之禮焉。」

鄭忽出奔衛。十一年

【注】名者，緣「君薨，有降；既葬，名」義也。

【疏】《白虎通》：「父没，稱子某者，何？屈於尸柩也。既葬稱子者，即尊之漸也。」

秋八月，壬申，御廩災。十四年

【傳】御廩者，何？粢盛委之所藏也。【注】黍稷曰粢，在器曰盛。委，積也。御者，謂御用於宗廟。廩者，釋治穀名。禮：天子親耕東田千畝，諸侯百畝；后、夫人親西郊采桑，以共粢盛祭服，躬行孝道，以先天下。

【疏】「御廩者何」至「藏也」。《明堂位》：「米廩，有虞氏之庠也。」注：「魯謂之米廩。虞帝上孝，今藏粢盛之委焉。」疏：「委，謂委積。言魯家於此學中，藏此粢盛委積。」

【疏】注「黍稷」至「曰盛」。《周禮·甸師》注：「齍盛，祭祀所用穀也。粢，稷也。穀者，稷爲長，是〔一〇〇〕以名云。」

【疏】注「廩者，釋治穀名」。《廣雅》：「廩，治也。」

【疏】注「禮天子」至「百畝」。雷次宗《五經要義》：「天子藉田，以供上帝之粢盛，所以先百姓而致孝敬也。藉，蹈也，言親自蹈履於田而耕之。」《漢舊儀》曰：「春，始東耕於藉田，官祀先農。」《白虎通》：「耕於東郊，何？東方，少陽，農事始起。」《新唐書·禮志》：「給事中孔穎達議曰：『禮：天子藉田於南郊，諸侯於東郊。晉武帝猶於東南。今帝社乃東壇，未合於古。』太宗曰：『《書》稱「平秩東作」，而青輅、黛耜，順春氣也。吾方位少陽，田宜於東郊。』乃耕於東郊。」

【疏】注「后夫人」至「天下」。《白虎通》：「桑於西郊，何？西方，少陰，女功所成。」《祭統》〔一〇一〕疏：「后，太陰，故北；夫人，少陰，故合西郊。」《晉書·禮志》：「於是蠶於西郊，蓋與藉田對其方也。」《隋書·禮志》：「《周禮》：王后蠶於北郊。而漢法，皇后蠶於東郊。魏遵《周禮》，蠶於北郊。吴韋昭制《西蠶頌》，則孫氏亦有其禮矣。晉太康六年，武帝楊皇后蠶於西郊，依漢故事。江左至宋孝武大明四年，始於臺城西白石里爲西蠶設兆域，置大殿七間，又立蠶觀。自是，有其禮。」

乙亥，嘗。

【注】當廢一時祭，自責以奉天災也。

【疏】服虔《解誼》〔一〇二〕：「魯以壬申天災〔一〇三〕，至乙亥而嘗，不以災害爲恐。」《晉書·禮志》蔡謨議：「魯桓公壬申有災，而以乙亥嘗祭，《春秋》譏之。災事既退〔一〇四〕，尤〔一〇五〕追懼不已，故廢宗廟之祭。」

十有一月，衛侯朔出奔齊。十六年

【傳】見使守衛朔。【注】朔，十二月朔政事也。月，所以朝廟告朔是也。

【疏】《周禮·太史》："頒告〔一〇六〕朔於邦國。"注："天子頒朔於諸侯，諸侯藏之祖廟。至朔，朝於廟，告而受行之。"《玉藻》："玄端而朝日於東門之外，聽朔於南門之外。"又，"以皮弁聽朔於大廟"。注："皮弁，下天子也。"《三禮義宗》："天子視朔之服，諸侯受朔於天子，於祖廟告而行〔一〇七〕之。天子受朔於天，宜於明堂告帝〔一〇八〕而配以祖考。"

【注】天子有疾，稱不豫；諸侯稱負茲，大夫稱犬馬，士稱負薪。

【疏】《爾雅》："蓐謂之茲。"郭注："《公羊傳》曰：『屬負茲。』『茲』者，蓐席也。"《周本紀》："衛康叔封布茲。"注："徐廣曰：『茲者，藉席之名。諸侯病，曰負茲。』"《白虎通》："天子疾，稱不豫；諸侯稱負子，大夫稱負薪，士稱犬馬。不豫者，不復豫政也。負子者，諸侯子民，今不復子之也。負薪、犬馬，皆謙也。"

冬十有二月，己丑，葬我君桓公。 十八年

【注】"桓"者，謚。禮：生有爵，死有謚，所以勸善懲惡也。禮：諸侯薨，天子謚之。卿大夫受謚於君。唯天子，稱天以誄之，蓋以爲祖祭乃謚。"丁酉，公之喪至自齊。丁巳，葬我君桓公；雨，不克葬。戊午日下昃，乃克葬"是也。以公配謚者，終有臣子之辭。上葬日者，起

生者之事也，且明王者當遣使者，與諸侯共會之。

【疏】注「桓者」至「惡也」。《大戴禮》：「周公旦、太師望相嗣王，作《謚法》。謚者，行之跡也；號者，功之狀也；服者，位之彰也。是以大行受大名，細行受細名。行出於己，名出於人。謚，慎也。以人行之始終，悉慎録之以爲名也。」《白虎通》：「謚者，何也？『謚』之爲言『引』也，引列行之跡也，所以進勸成德，使上務節也。故《禮・特牲〔一〇九〕》曰：『古者，生無爵，死無謚。』此言生有爵，死當有謚也。」譙周《古史考》：「禮〔一一〇〕：待葬而謚，所以尊名也。其行善惡惡爲謚，所以勉爲善也。」

【疏】注「禮：諸侯薨，天子謚之」。《白虎通》：「諸侯薨，世子赴告於天子，天子遣大夫會其葬而謚之，何？幼不誄長，賤不誄貴。諸侯相誄，非禮也。臣當受謚於君也。」《釋名》〔一一一〕：「古者諸侯薨時〔一一二〕，天子論行以謚之。唯王者無上，故於南郊，稱天以誄〔一一三〕之。當春秋時，周室卑微，臣謚其君，子謚其父，故諸侯之謚多不以實也。」

【疏】注「卿大夫受謚於君」。《周禮》：「小喪，賜謚。」注：「小喪，卿大夫也。」《白虎通》：「卿大夫老歸，死者有謚，何？謚者，别尊卑、彰有德也。卿大夫歸，無過，猶有禄位，故有謚也。」

【疏】注「唯天子，稱天以誄之」。《白虎通》：「天子崩，大臣至南郊謚之者，何？以爲人臣之義，莫不欲褒稱其君，掩惡揚善者也。故之南郊，明不得欺天也。故《曾子問》孔子曰：『天子崩，臣下之南郊告，謚之。』」《五經通義》：「大臣吉服，之南郊，告天；還，素服，稱天而謚之。」《曾子問》注：「《春秋公羊》説，以爲讀誄制謚，之〔一一四〕南郊，若云『受之於天』然。」

【疏】注「蓋以」至「是也」。《白虎通》：「《士冠經》曰：『死而謚之。』今也所以臨葬而謚之，何？因衆會，欲顯揚之也。故《春秋》曰：『公之喪至自乾侯。』昭公死於晉乾侯之地，數月歸，至急，當未有謚也。」又，「祖於庭，何？盡孝子之恩也。《春秋》曰：『丁巳，葬。戊午日下昃，乃克葬。』明祖載而有謚也。《禮》曰：『祖於庭，葬於墓。』又曰：『適祖，升自西階。』」《檀弓》疏：「按《既夕禮》，啓殯之後，『柩遷於祖，重先，奠從柩，從升自西階。正柩於兩楹間，用夷牀。』鄭注云：『是時柩北首。』設奠於柩西，此『奠』謂啓殯之奠也。質明，徹去啓奠，乃設遷祖之奠於柩西。至〔一一五〕日側，乃却下柩，載於階間，乘蜃車。載訖，降下。遷祖之奠，設於柩車西，當前束。時，柩猶北首，前束近北。『前束』者，謂棺於車束有前後，故云『前束』。乃飾柩，設披，屬引，徹〔一一六〕去遷祖之奠，遷柩向外而爲行始，謂之『祖』也。」

校勘記

〔一〕「末業」，《南史》卷七十一作「末葉」。

〔二〕「抑哀」，咫進齋本、續經解本作「仰哀」，據《南史》卷七十一改。

〔三〕「宜」，咫進齋本、續經解本作「而」，據《南史》卷七十一改。

〔四〕「策」，《南齊書》卷九作「册」。

〔五〕「成王」，蜚雲閣本、咫進齋本作「成文」，據續經解本、《南齊書》卷九改。

〔六〕「適」，《南齊書》卷九作「嫡」。

〔七〕「存」，蜚雲閣本、咫進齋本作「在」，據續經解本、《南齊書》卷九改。

〔八〕「嗣位」，《文獻通考》卷九十九作「每嗣位」。

〔九〕「致祭」，蜚雲閣本、咫進齋本、續經解本并作「致祭祭」，據《文獻通考》卷九十九刪。

〔一〇〕「孝、光宗以親受禪」，《文獻通考》卷九十九作「孝宗、光宗以親受内禪」。

〔一一〕「此禮」，《文獻通考》卷九十九無。

〔一二〕「説」，《文獻通考》卷九十九作「制」。

〔一三〕「告祭」，《文獻通考》卷九十九作「嗣位告祭」。

〔一四〕「周制」，《禮記正義》卷十一作「周禮」。

〔一五〕「始乎」，與《漢書》卷二十五下同，咫進齋本、續經解本并作「始於」。

〔一六〕「鞶」，蜚雲閣本、咫進齋本作「氅」，據續經解本、《漢書》卷二十五下改。

〔一七〕「藏」，《漢書》卷二十五下作「臧」。下「藏之於宫廟」同。

〔一八〕「旂鸞」，蜚雲閣本、咫進齋本、續經解本并作「鸞旂」，據《漢書》卷二十五下改。

〔一九〕「子孫」，《漢書》卷二十五下作「大臣子孫」。

〔二〇〕「目」，蜚雲閣本、咫進齋本、續經解本作「以」，據《周易集解》卷十改。

〔二一〕「娶」，與《公羊注疏》卷四同，續經解本作「取」，字通。

〔二二〕「取」，盧校本《白虎通・嫁娶》作「娶」。下「必取」同。

〔二三〕「庶邦」，與盧校本《白虎通・嫁娶》同，續經解本作「庶人」。下「不與庶邦交禮也」同。盧校云：「庶邦，舊作『庶人』，下又作『聖人』，并訛。」

〔二四〕「皆曰」，《漢書》卷九十九上作「皆白」。

〔二五〕「也」，與《禮記正義》卷五同，續經解本無。

〔二六〕「猒」，蜚雲閣本、咫進齋本、續經解本奪，據《説苑・修文》補。

〔二七〕「夫人」，蜚雲閣本、咫進齋本作「大人」，據續經解本、《爾雅注疏》卷五改。

〔二八〕「注」，蜚雲閣本、咫進齋本、續經解本并奪，據引文補。

〔二九〕「總干」，《公羊注疏》卷四作「揔干」。

〔三〇〕「之」，盧校本《白虎通・王者不臣》作「德」，屬下讀爲句。

〔三一〕「懸」，續經解本、《公羊注疏》卷四作「縣」，字通。

〔三二〕「霸」，《毛詩正義》卷三之三作「伯」，義同。

〔三三〕「滎」，蜚雲閣本、咫進齋本、續經解本作「縈」，據《公羊注疏》卷四改。

〔三四〕「吁」，與《禮記正義》卷十六同，續經解本作「呼」。

〔三五〕「於」，《禮記正義》卷十六無。

〔三六〕「韠」，蜚雲閣本、咫進齋本并作「韡」，據續經解本、《禮記正義》卷十六改。

〔三七〕「纓」，續經解本作「嬰」，與《初學記》卷九、《太平御覽》卷三十五、卷八十三、卷八百七十九同。

〔三八〕「代」，《初學記》卷九、《太平御覽》卷三十五、卷八十三、卷八百七十九并作「爲」。

〔三九〕「王充」，蜚雲閣本作「王寵」，據咫進齋本、續經解本改。所引見《論衡・明雩篇》。

〔四〇〕「今」，蜚雲閣本、㔾進齋本、續經解本并作「又」，據《通典》卷四十三改。

〔四一〕「存」，《通典》卷四十三作「在」。

〔四二〕「鼓」，《後漢書・禮儀志上》注、盧校本《白虎通・災變》并作「救」。

〔四三〕「縈」，蜚雲閣本、㔾進齋本作「營」，據續經解本、盧校本《白虎通・災變》改。

〔四四〕「水」，蜚雲閣本、㔾進齋本、續經解本并作「雨」，據凌注本《春秋繁露・精華》改。

〔四五〕「絲」，凌注本《春秋繁露・精華》下有「而」字，疑當據補。

〔四六〕「直」，蜚雲閣本、㔾進齋本、續經解本并作「質」，據《儀禮注疏》卷十九改。

〔四七〕「希」，蜚雲閣本、㔾進齋本作「稀」，據前引文及續經解本改。

〔四八〕「田」，蜚雲閣本、㔾進齋本、續經解本并奪，據《周禮注疏》卷十八補。

〔四九〕「搜狩」，蜚雲閣本、㔾進齋本作「搜村」，據《漢書》卷二十三、續經解本改。

〔五〇〕「敝」，蜚雲閣本、㔾進齋本作「弊」，據《漢書》卷二十三、續經解本改。

〔五一〕「焉」，蜚雲閣本、㔾進齋本作「之」，據《漢書》卷二十三、續經解本改。

〔五二〕「豫」，《説苑・修文》上有「豫者」二字。

〔五三〕「宗廟」，蜚雲閣本、㔾進齋本作「宗祖」，據《白虎通・姓名》、續經解本改。

〔五四〕「委」，《白虎通・姓名》作「綏」。

〔五五〕「民」，《淮南子・兵略訓》下有「者」字。

〔五六〕「樹木」，蜚雲閣本作「樹本」，據㔾進齋本、續經解本、《淮南子・兵略訓》改。

〔五七〕「刈」，《淮南子・兵略訓》作「䕃」。

〔五八〕「尚」，與《公羊注疏》卷五同，呬進齋本作「上」，據凌注本《春秋繁露·祭義》、續經解本改。

〔五九〕「司」，蜚雲閣本、呬進齋本作「可」，據凌注本《春秋繁露·祭義》、續經解本改。

〔六〇〕「麵」，與凌注本《春秋繁露·祭義》同，續經解本作「麷」，與武英殿聚珍版本《繁露》同。

〔六一〕「所受」，蜚雲閣本、呬進齋本作「受」，據續經解本、凌注本《春秋繁露·祭義》改。

〔六二〕「礿」，蜚雲閣本、呬進齋本作「汋」，據續經解本、凌注本《春秋繁露·祭義》改。

〔六三〕「杌」，蜚雲閣本、呬進齋本作「机」，據續經解本、凌注本《春秋繁露·祭義》改。

〔六四〕「烝」，蜚雲閣本、呬進齋本作「蒸」，據續經解本、《公羊注疏》卷五改。

〔六五〕「冬之物，成者衆」，凌注本《春秋繁露》無，《白虎通·宗廟》有此語。

〔六六〕「成熟」，《通典》卷四十九或本作「新熟」。

〔六七〕「祭」，《通典》卷四十九作「盡」。

〔六八〕「彼」，蜚雲閣本、呬進齋本作「被」，據續經解本、《禮記正義》卷二十六改。

〔六九〕「設祭」，蜚雲閣本、呬進齋本作「祭設」，據續經解本、《禮記正義》卷二十六改。

〔七〇〕「以歲時祭其祖禰之禮」，《儀禮注疏》卷四十四作「祭祖禰，非天子之士，而於五禮屬吉禮」。

〔七一〕「夫人」，蜚雲閣本作「大夫」，據呬進齋本、續經解本、《公羊注疏》卷五改。

〔七二〕「薦」，《禮記正義》卷二十一作「隋」。

〔七三〕「炳」，蜚雲閣本、呬進齋本作「炳」，據續經解本、《禮記正義》卷二十一改。

〔七四〕「郊」，蜚雲閣本、呬進齋本、續經解本并奪，據《禮記正義》卷二十一補。

〔七五〕「饌」，蜚雲閣本、呬進齋本、續經解本并作「饋」，據《禮記正義》卷二十一改。

〔七六〕「尊」，與《禮記正義》卷二十一同，咫進齋本、續經解本并作「奠」。
〔七七〕「尊」，蜚雲閣本、咫進齋本作「奠」，據續經解本、《禮記正義》卷二十一改。
〔七八〕「於是」，《禮記正義》卷二十一作「於時」。
〔七九〕「時」，蜚雲閣本、咫進齋本奪，據續經解本、《公羊注疏》卷五補。
〔八〇〕「祭」，《禮記正義》卷十二引，上有「皆」字。
〔八一〕「吾不與祭」，《儀禮注疏》卷四十五下有「如不祭」三字。
〔八二〕「曰」，蜚雲閣本、咫進齋本、續經解本并作「世」，據《白虎通·王者不臣》改。
〔八三〕「大臣」，《通典》卷六十七作「八座」。
〔八四〕「者」，續經解本無，與《通典》卷六十七同。
〔八五〕「紀履緰」，或本《通典》卷六十七、《左傳正義》卷二并作「紀裂繻」，下同。
〔八六〕「或言逆女」，蜚雲閣本奪，據咫進齋本、續經解本、《通典》卷六十七補。
〔八七〕「爲」，蜚雲閣本、咫進齋本誤作「於」，據續經解本、《通典》卷六十七改。
〔八八〕「紀女，或言」，《通典》卷六十七作「己女，成言」。
〔八九〕「適」，或本《通典》卷六十七作「息」。
〔九〇〕「一」，續經解本作「嫁」，屬上讀，與或本《通典》卷六十七同，别本《通典》無。
〔九一〕「從《禮》」，《通典》卷六十七作「從紀」，自爲句。
〔九二〕「禮」，《通典》卷六十七無。
〔九三〕「褚裒」，蜚雲閣本、咫進齋本作「褚褒」，據《晉書》卷二十一、《册府元龜》卷五百七十五改。下

「衛將軍裒」同。

〔九四〕「依鄭玄」，《晉書》卷三十二作「依鄭玄義」，《册府元龜》卷五百七十五作「依鄭玄議」。

〔九五〕「盡」，蜚雲閣本、咫進齋本、續經解本并作「書」，據《晉書》卷三十二、《册府元龜》卷五百七十五改。

〔九六〕「所」，蜚雲閣本、咫進齋本、續經解本并作「新」，據《晉書》卷三十二、《册府元龜》卷五百七十五改。

〔九七〕「南中郎尚議」，蜚雲閣本、咫進齋本、續經解本并作「南仲謝尚義」，據《晉書》卷三十二、《册府元龜》卷五百七十五改。「爲」，與《册府元龜》同，《晉書》作「謂」，字通。

〔九八〕「盡」，蜚雲閣本、咫進齋本、續經解本并奪，據《晉書》卷三十二、《册府元龜》卷五百七十五補。

〔九九〕「議」，與《册府元龜》卷五百七十五同，咫進齋本、續經解本作「義」，與《晉書》卷三十二同。

〔一〇〇〕「是」，蜚雲閣本、咫進齋本、續經解本并奪，據《周禮注疏》卷四補。

〔一〇一〕「祭統」，蜚雲閣本、咫進齋本、續經解本并作「祭義」，據《禮記正義》卷四十九改。

〔一〇二〕「服虔」，蜚雲閣本、咫進齋本作「伏虔」，據續經解本、《左傳正義》卷七改。《左傳正義》下無「解誼」二字。

〔一〇三〕「天災」，《左傳正義》卷七作「被災」。

〔一〇四〕「退」，《晉書》卷十九作「過」。

〔一〇五〕「尤」，《晉書》作「猶」，字通。

〔一〇六〕「告」，蜚雲閣本、咫進齋本、續經解本并作「國」，據《周禮注疏》卷二十六改。

〔一〇七〕「行」，《玉海》卷十二作「受行」。

〔一〇八〕「告帝」，蜚雲閣本、咫進齋本、續經解本奪，據《玉海》卷十二補。

〔一〇九〕「特牲」，《白虎通·謚》作「郊特牲」。

〔一一〇〕「禮」，《藝文類聚》卷四十作「謚禮」。

〔一一一〕「釋名」，咫進齋本、續經解本、《太平御覽》卷五百六十二同，《藝文類聚》卷四十作「韋昭辨釋名」，疑當據補。

〔一一二〕「時」，咫進齋本、續經解本、《太平御覽》卷五百六十二同，《藝文類聚》卷四十作「則」，屬下讀。

〔一一三〕「誄」，《藝文類聚》卷四十、《太平御覽》五百六十二并作「謚」。

〔一一四〕「之」，《禮記正義》卷十九作「於」。

〔一一五〕「至」，蜚雲閣本、咫進齋本、續經解本作「自」，據《禮記正義》卷七改。

〔一一六〕「徹」，蜚雲閣本、咫進齋本作「設」，據續經解本、《禮記正義》卷七改。

春秋公羊禮疏卷三

莊公

三月，夫人孫于齊。元年

【注】禮：練祭取法存君，夫人當首祭事。

【疏】《喪服小記》：「故期而祭，禮也。」注：「此謂練祭也。禮：正月存親。親亡，至今而期，期則宜祭。」疏：「孝子之喪親，應歲時之氣。歲序改易，隨時傷感，故一期而爲練祭。是孝子存親之心，故云『禮也』。」

【注】禮：飲[一]不過三爵。

【疏】《玉藻》：「君子之飲酒也，受一爵，而色洒如也；二爵，而言言斯；禮已三爵而油油，以退。」注：「禮：飲過三爵，則敬殺，可以去矣。」《異義》：「《韓詩》説，金罍，大夫器也。天子以玉，諸侯、大夫皆以金，士以梓。一升曰爵。爵，盡也，足也。二升曰觚。觚，寡也，飲當寡少。三升曰觶。觶，適也，飲當自適也。四升曰角。角，觸也。飲不能自適，觸罪過也。五升曰散。散，訕也。飲不能自節，爲人所謗訕也。總名曰爵，其實曰觴。」

夏，單伯逆王姬。

【注】禮：諸侯三年一貢士於天子，天子命與諸侯輔助爲政，所以通賢共治，示不獨專，重民之至。大國舉三人，次國舉二人，小國舉一人。

【疏】《白虎通》：「三年一貢士者，治道，三年有成也。諸侯所以貢士於天子者，進賢勸善者也。天子聘求之者，貪[二]義也。治國之道，本在得賢：得賢則治，失賢則亂。故《月令》：『季春三月[三]，開府庫，出幣帛，周天下，勉諸侯，聘名士，禮賢者。』有貢者，復有聘者，何？以爲諸侯貢士，庸才者貢其身，盛德者貢其名。及其幽隱，諸侯所遺失，天子之所昭，故聘之也。」

【傳】天子嫁女乎諸侯，必使諸侯同姓者主之。【注】諸侯與天子同姓者。

【疏】《白虎通》：「王者嫁女，必使同姓諸侯主之，何？昏禮貴和，不可相答，爲傷君臣之義，亦欲使女不以天子尊乘諸侯也。」

秋，築王姬之館于外。

【注】禮：同姓本有主嫁女之道，必闕地於夫人之下、群公子之上也。時魯以將嫁女於讎國，故築於外。

【疏】《詩》：「殆及公子同歸。」正義曰：「莊元年《公羊傳》説築王姬之館，云：『於群公子之〔四〕舍，則以卑矣。』是諸侯之女稱『公子』也。」《白虎通》：「《春秋傳》曰：『築王姬館於外。』明不往京師也。所以必更築館者〔五〕，尊之。不於路寢，路寢，本所以行政處，非婦人之居也；小寢，則嫌；群公子之舍，則已卑矣，故必改築於城郭之内。」

王使榮叔來錫桓公命。

【注】禮有九錫：一曰車馬，二曰衣服，三曰樂則，四曰朱户，五曰納陛，六曰虎賁，七曰弓矢，八曰鈇鉞，九曰秬鬯，皆所以勸善、扶不能。言命，不言服者，重命，不重其財物。

【疏】《曲禮》疏：「《公羊》説九賜之次，與《含文嘉》不同：一曰加服，二曰朱户，三曰納陛，四曰輿馬，五曰樂則，六曰虎賁，七曰斧鉞，八曰弓矢，九曰秬鬯。異人之説，故文有參差，大略同也。」桉〔六〕，何休注與孔疏不同。此《公羊》説，當是章句家言。

【注】舉謚，明知追命死者。禮：生有善行，死當加善謚，不當復加錫。

【疏】《五經異義》：「《春秋公羊》《穀梁》説，王使榮叔錫魯桓公命，追錫死者，非禮也。死者功可追而錫，如有罪，又可追而刑耶？《春秋左氏》譏其錫篡弒之君，無譏錫死者之文也。」

冬十有二月，夫人姜氏會齊侯于郜。二年〔七〕

【注】婦人無外事，外則近淫。不致者，本無出道。有出道乃致，奔喪致是也。

【疏】《雜記》：「婦人非三年之喪，不逾封而弔。如三年之喪，則君夫人歸。夫人其歸也，以諸侯之弔禮；其待之也，若待諸侯然。」注：「奔父母之喪也。」《白虎通》：「婦人不出竟弔者，婦人無外事，防淫佚也。」

五月，葬桓王。 三年

【傳】蓋改葬也。【注】改，更也。改葬服輕，不當月。月者，時無非常之變，榮奢改葬爾。

【疏】《喪服》：「改葬，緦。」注：「謂墳墓以他故崩壞，將亡失尸柩者也。言改葬者，明棺物毀敗，改〔八〕設之，如葬時也。其奠，如大斂。從廟之廟，從墓之墓，禮宜同也。服緦者，臣爲君也，子爲父也，妻爲夫也。必服緦者，親見尸柩，不可以無服。緦，三月而除之。」

四年春，王二月，夫人〔九〕**姜氏饗齊侯于祝丘。**

【注】牛酒曰犒，加飯羹曰饗。

【疏】《牛人》：「軍事，供其犒牛。」《春人》注：「饗有食米，則饗禮兼燕與食。」疏：「燕禮無食米，食禮無飲酒。若饗禮，有飲酒，有食米，故云『饗禮兼燕與食』也。」《淮南子》高誘注：「酒肉曰餉〔一〇〕，牛羊曰犒。」

三月，紀伯姬卒。

【注】禮：天子、諸侯絶期，大夫絶緦。天子唯女之適二王後者，諸侯唯女之爲諸侯夫人者，恩得申，故卒之。

【疏】「大功」章：「爲姑姊妹、女子子〔一〕之嫁於國君者。《傳》曰：何以大功也？尊同也。尊同，則得服其親服。」疏：「國君絶期以下。今爲尊同，故亦不降，依嫁服大功。」《檀弓》：「悼公之母死，哀公爲之齊衰。有若曰：『爲妾齊衰，禮與？』公曰：『吾得已乎哉？魯人以妻我。』」疏：「天子、諸侯絶旁期，於妾無服。」《檀弓》：「齊穀王姬之喪，魯莊公爲之大功。或曰：『由魯嫁，故爲之服姊妹之服。』或曰：『外祖母也，故爲之服。』」注：「王姬，周女，齊襄公之夫人。《春秋》：周女由魯嫁，卒，服之如内女服姊妹，是也。天子爲之無服，嫁於王者之後，乃服之。」

六月乙丑，齊侯葬紀伯姬。

【注】以大斂而徙棺曰殯。

【疏】《釋名》：「衣尸棺曰斂。斂者，斂也，斂藏不復見也。棺，關也，關閉也。於西壁之下塗之，曰殯。殯，賓也，賓客遇之，言稍遠也。」

【注】夏后氏殯於阼階之上，若存；殷人殯於兩楹之間，賓主夾之；周人殯於西階之上，賓之也。

【疏】《白虎通》：「天子七日而殯，諸侯五日而殯。事有大小，所供者不等也。故《王制》云：『天子七日而殯，諸侯五日而殯，卿大夫三日而殯。』夏后氏殯於阼階，殷人殯於兩楹之間，周人殯於西階之上，何？夏后氏教以忠，忠者，厚也，曰：『生，吾親也；死，亦吾親也。主人，宜在阼階。』殷人教以敬，曰：『死者將去，又不敢客也，故置之兩楹之間，賓主共夾而敬之。』周人教以文，曰：『死者將去，不可又得，故賓客之也。』《檀弓記》曰：『夏后氏殯於阼階，殷人殯於兩楹之間，周人殯於西階。』」

冬，公及齊人狩于郜。

【注】禮：父母之讎不同戴天，兄弟之讎不同國，九族之讎不同鄉黨，朋友之讎不同市朝。

【疏】《白虎通》：「子得爲父報讎者，臣子於君父，其義一也。忠臣孝子所以不能已，以恩義不可奪也。故曰：『父之讎不與共天下，兄弟之讎不與共國，朋友之讎不與同朝，族人之讎不共鄰。』故《春秋傳》曰：『子不復讎，非子。』」

甲午，祠兵。八年

【注】禮：兵不徒使。故將出兵，必祠於近郊，陳兵習戰，殺牲饗士卒。

【疏】宋忠《世本》：「蚩尤作兵，一弓，二殳，三矛，四戈，五戟。」《漢書・郊祀志》：「三曰兵，主祠蚩尤。蚩尤在東平陸監〔一二〕鄉，齊之西竟也。」又，「祠黄帝、祭蚩尤於沛庭〔一三〕而釁鼓」。應劭〔一四〕曰：「蚩尤，古天子，好五兵，故祭之〔一五〕。」

【注】祠兵，壯者在前；難在前。振旅，壯者在後；復長幼，且衛後也。

【疏】《爾雅》：「出爲治兵，尚威武也；入爲振旅，反尊卑也。」注：「幼賤在前，貴勇力也；尊老在前，復常儀也。」

秋，公子結媵陳人之婦于鄄，遂及齊侯、宋公盟。 十九年

【注】禮：君不求媵。二國自往媵夫人，所以一夫人之尊。必以姪娣從之者，欲使一人有子，二人喜也，所以防嫉妒、令重繼嗣也，因以備尊尊親親也。

【疏】《儀禮》疏：「『古者嫁女，必以姪娣從，謂之媵』者，媵有二種。若諸侯，有二媵外，別有姪娣。是以莊公十九年《經》書『秋，公子結媵陳人之婦於鄄』，《公羊傳》曰：『媵者，何？諸侯娶一國，則二國往媵之，以姪娣從。姪者，何？兄之子也。娣者，何？女弟也。』諸侯夫人自有姪娣，并二媵各有姪娣，則九女。是媵與姪娣別也。若大夫、士，無二媵，即以姪娣爲媵。」

【傳】《聘禮》：大夫受命，不受辭。【注】以外事不素制，不預設，故云爾。

【疏】《聘禮》：「辭無常，孫而說。」注：「孫，順也。大夫使，受命，不受辭，必〔一六〕順且說。」

二十有二年春，王正月，肆大省。

【注】時魯有夫人喪，忌省日，不哭。省日本以忌吉事，不以忌凶事，故《禮》：哭，不避子、

卯日，所以專孝子之思也。

【疏】《士喪禮》：「朝夕哭，不辟子、卯。」注：「既殯之後〔一七〕，朝夕及哀至乃哭，不代哭也。子、卯，桀、紂亡日，凶事不避，吉事闕焉。」

冬，公如齊納幣。

【注】納幣，即納徵，《禮》曰「主人受幣，士受儷皮」是也。《禮》言納徵，《春秋》言納幣者，《春秋》質也。

【疏】《昏禮》：「納徵，玄纁束帛、儷皮。」注：「徵，成也。使使者納幣，以成昏禮。用玄纁者，象陰陽備也。束帛，十端也。《周禮》曰：『凡嫁子娶妻，入幣，純帛無過五兩。』儷，兩也。執束帛以致命，兩皮爲庭實。皮，鹿皮。」疏：「此納徵無雁者，以有束帛爲贄故也。是以《孝經鈎命決》云：『五禮用雁。』是也。按，《春秋左氏·莊公二十二年》：『冬，公如齊納幣。』不言納徵者，孔子制《春秋》，變周之文，從殷之質，故指幣禮而言。周文，故以義言之。徵，成也。納此，則昏禮成，故云『徵』也。」

【注】凡婚禮〔一八〕，皆用雁，取其知時候。唯納徵，用玄纁束帛、儷皮。玄纁，取其順天地也；儷皮者，鹿皮，所以重古也。

【疏】《白虎通》：「《禮》曰：『女子十五許嫁，納采、問名、納吉、請期、親迎，以雁爲贄。』納徵用玄纁，故不用雁也。贄用雁者，取其隨時而南北，不失其節，明不奪女子之時也；又是隨陽之鳥，妻從夫之義也；又取飛成行、止成列也，明嫁娶之禮，長幼有序，不相逾越也。又，昏禮贄不用死雉，故用雁也。納徵，玄纁束帛、儷皮。玄三，法天；纁二，法地也。陽奇陰偶，明陽道之大也。儷皮者，兩皮也，以爲庭實。庭實，偶也。」

夏，公如齊觀社。二十三年

【注】社者，土地之主。祭者，報德也。生萬物，居人民，德至厚，功至大，故感春秋而祭之。天子用三牲，諸侯用羊、豕。

【疏】《白虎通》：「不謂之土，何？封土爲社，故變名謂之『社』，别於衆土也。」又，「歲再祭之，何？春求秋報之義也。故《月令》：『仲春之月，擇元日，命民社。仲秋之月，擇元日，命民社。』《援神契》曰：『仲春祈穀，仲秋獲禾，報社祭稷。』祭社稷以三牲，何？重功故也。《尚書》曰：『乃社於新邑，牛一、羊一、豕一』。《王制》曰：『天子社稷皆太牢，諸侯社稷皆少牢。』」

秋，丹桓宫楹。

【注】楹，柱也。丹之者，爲將娶齊女，欲以誇大示之。《傳》言「丹桓宫」者，欲道天子、諸侯各有制也。禮：天子斲而礱之，加密石焉；諸侯斲而礱之，不加密石；大夫斲之，士首、本。

【疏】《尚書大傳》：天子之堂，「其桷：天子斲其材而礱之，加密石焉；大夫達稜，士首、本。」注：「礱，礪之也。密石，砥之也。」《禮器》疏：「《禮緯·含文嘉》云：『士首、本者，士斲去木之首、本，令細，與尾、頭相應。』」

秋，公至自齊。八月丁丑，夫人姜氏入。二十四年〔一九〕

【注】妻事夫，有四義：鷄鳴，縰笄而朝，君臣之禮也；三年惻隱，父子之恩也；圖安危可否，兄弟之義也；樞機之内、寢席之上，朋友之道，不可純以君臣之義責之。

【疏】《鷄鳴》傳：「東方明，則夫人纚笄而朝。」正義：「《列女傳》：『魯師氏之母齊姜戒其女云：「平旦，纚笄而朝，則有君臣之嚴。」』莊二十四年《公羊傳》何休注，其言與《列女傳》亦同，然則古之書傳有言『夫人纚笄而朝君』者。」又，「《士昏禮》注：『纚，縚髮。纚，廣充幅，長六尺。笄，今時簪。』《傳》言『夫人纚笄而朝』，首服纚笄以朝君」。《白虎通》：「婦事夫，有四禮焉：鷄初鳴，咸盥漱，櫛縰笄總而朝，君臣之道也；惻隱之恩，父子之道也；會計有無，兄弟之道也；閨閫之内、衽席之上，朋友之道也。」

戊寅，大夫宗婦覿，用幣。

【注】腶〔二〇〕脩者，脯也。禮：婦人見舅姑，以棗、栗爲贄；見女姑，以腶脩爲贄；見夫人，至尊，兼而用之。「云乎」，辭也。棗、栗，取其早自謹敬。腶脩，取其斷斷自脩正。

【疏】《白虎通》：「婦人之贄以棗栗、腶脩者，婦人無專制之義，御衆之任，交接、辭讓之禮，職在供養、饋食之間，其義一也。故后、夫人以棗栗、腶脩者，凡肉〔二一〕脩，陰也。又取其朝早起；栗，戰栗自正也。腶脩者，脯也。故《春秋傳》曰：『宗婦覿用幣，非禮也。』然則曷用？棗栗云乎？腶脩云乎？」《曲禮》疏：「脯，始也；脩，治也；棗，早也；栗，肅也。婦人有法，始至，修身早起，肅敬也。按《昏禮》：婦見舅以棗栗，見姑以脯〔二二〕脩。」

【注】大夫妻言「宗婦」者，大夫爲宗子者也。族所以有宗者，爲調族、理親疏，令昭穆親疏各得其序也。故始統世世繼重者大宗，旁統者爲小宗。小宗無子則絶，大宗無子則不絶，重本也。天子、諸侯世，以三牲養，禮有代宗之義；大夫不世，不得專宗。著言「宗婦」者，重教化，自本始也。

【疏】《白虎通》：「宗者，何謂也？宗者，尊也，爲先祖主者，宗人之所尊也。《禮》曰：『宗人將有事，族人皆侍。』古者所以必有宗，何也？所以長和睦也。大宗能率小宗，小宗能率群弟，通其有無，所以紀理族人者也。宗其爲始祖後者爲大宗，此百世之所宗也；宗其爲高祖後者爲小宗，五世而遷者也。故曰：『祖遷於上，宗易於下。』宗其爲曾祖後者爲曾祖宗，宗其爲祖後者爲祖宗，宗其爲父後者爲父宗。以上〔三〕至高祖宗，皆爲小宗，以其轉遷，別於大宗也。別子者，自爲其子孫祖；繼別者，各自爲宗，所謂『小宗有四，大宗有一』，凡有五，宗人之親所以備矣。諸侯奪宗，明尊者宜之。大夫不得奪宗，何？曰：諸侯世世傳子孫，故奪宗；大夫不傳子孫，故不奪宗也。《喪服經》曰『大夫爲宗子』，不言諸侯爲宗子也。族者，何也？族者，湊也，聚也，謂恩愛相流湊也。上湊高祖，下至玄孫，一家有吉，百家聚之，合而爲親，生相親愛，死相哀痛，有會聚之道，故謂之『族』。」

冬，戎侵曹，曹羈出奔陳。

【注】禮：兵敵則戰，不敵則守。君師少，不如守，且使臣下往。

【疏】《孫武子》云：「故用兵之法，十則圍之，五則攻之，倍則分之，敵則能戰之，少則能逃之。」注：「與敵勢力均停，則設伏奇計以勝之。彼衆我少，則逃於險隘之處，堅以待其隙擊之。」

秋，大水，鼓，用牲于社、于門。 二十五年〔二四〕

【注】大水與日食同禮者，水亦土地所爲。雲實出於地，而施於上乃雨，歸功於天，猶臣歸美於君。

【疏】《春秋元命包》：「地者，易也。言養物懷任，交易變化，含吐應節。故其立字，『土』『力』於『乙』者爲『地』。土無位而道在，故太乙不興化，人主不任部。地出雲，起雨以從。天下勤動，勞出於地，功歸於天〔二五〕。」

秋，公子友如陳，葬原仲。二十七年

【傳】君子辟内難，而不辟外難。

【疏】《雜記》：「内亂不與焉，外患弗辟也。」注：「謂卿大夫也。同僚將爲亂，己力不能討，不與而已。至於鄰國爲寇，則當死之也。《春秋》：『魯公子友如陳，葬原仲。』《傳》曰：『君子辟内難，而不辟外難。』」

冬，杞伯姬來。

【注】諸侯夫人尊重，既嫁，非有大故，不得反。唯自大夫妻，雖無事，歲一歸寧。

【疏】《昏禮》疏：「婦人謂嫁曰歸，明無大故，不反於家。」《鄭志》答趙商云：「婦人有歸宗，謂自其家之爲宗者。大夫稱『家』，言大夫如此耳，夫人、王后則不然也。天子、諸侯位高，恐其專恣淫亂，故父母既没，禁其歸寧；大夫以下，位卑畏威，故許之耳。」

莒慶來逆叔姬。

【注】禮：大夫任重，爲越竟逆女，於政事有所損曠，故竟内乃得親迎，所以屈私赴公也。

【疏】《穀梁》注：「董仲舒曰：『大夫無束脩之饋，無諸侯之交。越竟逆女，紀，罪之。』」

三十有一年春，築臺于郎。

【注】禮：天子外屏，諸侯内屏，大夫帷，士簾，所以防泄慢之漸也。

【疏】《郊特牲》疏：「『禮：天子外屏，諸侯内屏，大夫以簾，士以帷』，《禮緯》文。」《爾雅》：「屏謂之樹。」注：「小墻，當門中。」疏：「按，天子外屏，屏在路門之外。」是屏之内、門以外，其間謂之宁。諸侯未集，天子佇立於此，設屏以蔽内外也。諸侯既集，則出，至屏外，負屏而立。《荀子》：「天子外屏，諸侯内屏，禮也。外屏，不欲見外也；内屏，不欲見内也。」《白虎通》：「所以設屏，何？所以自障也，示不極臣下之敬也。天子德大，故外屏；諸侯德小，所照見近，故内屏。」

【注】禮：天子有靈臺，以候天地；諸侯有時臺，以候四時。登高遠望，人情所樂。動而

無益於民者，雖樂，不爲也。四方而高曰臺。

【疏】《異義》：「《公羊》說，天子三臺，諸侯二。天子有靈臺，以觀天文；有時臺，以觀四時施化；有囿臺，觀鳥獸魚鼈。諸侯當有時臺、囿臺；諸侯卑，不得觀天文，無靈臺。皆在國之東南二十五里。東南，少陽用事，萬物著見。用二十五里者，吉行五十里，朝行暮反也。《韓詩》說，辟雍〔二六〕者，天子之學，圓如璧，壅之以水，示圓；言『辟』，取辟有德。不言辟水，言辟雍者，取其雍和也，所以教天下春射秋饗、尊事三老五更。在南方七里之内，立明堂於中，《五經》之文所藏處。蓋以茅葺，取其絜清也。《左氏》說，天子靈臺在太廟之中，壅之靈沼，謂之辟雍；諸侯有觀臺，亦在廟中，皆以望嘉祥也。《毛詩》說，靈臺不足以鑒〔二七〕視。『靈』者，精也。神之精明稱『靈』，故稱臺曰『靈臺』，稱囿曰『靈囿』，稱沼曰『靈沼』。謹按，《公羊傳》《左氏》說皆無明文，說各無以正之。」

六月，齊侯來獻戎捷。

【注】旗，軍幟名，各有色，與金鼓俱舉，使士卒望而爲陳者。

【疏】注「旗，軍幟名，各有色」。《禮含文嘉》：「牙旗者，將軍所建也。旗有九名，日月爲常，交龍爲旂〔二八〕，通帛爲旜，雜帛爲物，熊虎爲旗，鳥隼爲旟，龜蛇爲旐，全羽爲旞，析羽爲旌。」《黄帝出軍決》曰：「有所攻伐，作五采牙幢。青牙旗引往東方〔二九〕，赤牙旗引往南，白牙旗引往西，黑牙旗引往北，黄牙旗引往中。」《墨子》：「守城之法：木爲蒼旗，火爲赤旂〔三〇〕，薪樵爲黄旂，石爲白旂，水爲黑旂。」陳氏《禮書》：「《兵法》：『行則持五旂〔三一〕，溝坑揭黄，衢路揭白，水澗揭黑，林木揭青，野火揭赤。』」

【疏】注「與金鼓俱舉」。《管子》：「三官：一曰鼓。鼓，所以任也，所以起也，所以進也。二曰金。金〔三二〕，所以坐也，所以退也，所以免也。三曰旗。旗，所以立兵也，所以利兵也，所以偃兵也。此之謂三官。九章：一曰舉日章，則晝行；二曰舉月章，則夜行；三曰舉龍章，則行水；四曰舉虎章，則行林；五曰舉鳥章，則行陂；六曰舉蛇章，則行澤；七曰舉鵲章，則行陸；八曰舉狼章，則行山；九曰舉韓章，則載〔三三〕而駕。」

秋七月，癸巳，公子牙卒。三十二年

【注】有攻守之器曰械。

【疏】《淮南子》：「古之兵，弓劍而已矣，槽矛無擊，修戟無刺；晚世之兵，隆衝以攻，渠幨以守，連弩以射，銷車以鬥。古之伐國，不殺黄口，不獲二毛。於古爲義，於今爲笑。古之所以爲

榮者，今之所以爲辱也；古之所以爲治者，今之所以爲亂也。夫神農、伏羲不施賞罰而民不爲非，然而立政者不能廢法而治民；舜執干戚而服有苗，然而征伐者不能釋兵甲而治强暴。由此觀之，法度者，所以論民俗而節緩急也；器械者，因時變而制宜適也。夫聖人作法，而萬物制焉；賢者立禮，而不肖者拘焉。」

冬十月，乙未，子般卒。

【注】未逾年之君，禮：臣下無服，故無子不廟。不廟，則不書葬，示一年不二君也。

【疏】《通典》：「《五經異義》：『《公羊》説云：未逾年君，有子則書葬、立廟；無子，則不書葬，恩無所録也。《左氏》説，臣之奉君，悉心盡恩，不得緣君父有子則爲立廟，無子則廢也。或議曰。許君按，《禮》云：「臣不殤君，子不殤父。」君無子而不爲立廟，是背義棄禮，罪之大者也。』駁曰：『未逾年君者，魯子般、子惡是也，皆不稱「公」，書卒，不謚，不成於君也。廟者，當序於昭穆。不成於君，則何廟之立？凡無廟者，爲壇祭之。近漢諸幼少之帝，尚皆不廟祭而祭於陵，云罪之重者。此何故不罪？殤者，十九向下。未逾年之君，未必未冠。引殤，欲以何明也？』」

閔公

夏五月，乙酉，吉禘于莊公。二年

【注】都未可以吉祭。

【疏】《廣雅》：「都，凡也。」《小宗伯》疏：「若喪中對二十八月，復平常爲吉祭，則禫祭以前皆爲喪祭也。」《宋書·禮志》：「宋孝武帝孝建元年十二月戊子，有司奏：『依舊：今元年十月，是殷祠之月。』領曹郎范泰參議：『依永初三年例，須再周之外殷祭。尋祭再周，來二年三月。若以四月殷，則猶在禫內。』下禮官議正。國子助教蘇瑋生議：『按《禮》：「三年喪畢，然後祫於太祖。」又云：「三年不祭，唯天地、社稷越紼行事。」且不禫即祭，見譏《春秋》。求之古禮，喪服未終，固無裸享之義。自漢文以來，一從權制，宗廟、朝聘，莫不皆吉。雖祥、禫空存，無綅縞之變；烝〔三四〕嘗、薦祀，不異平日。殷祀禮既弗殊，豈獨以心憂爲礙？』太學博士徐宏議：『三年之喪，雖從權制；再周祥變〔三五〕，猶服縞素，未爲純吉，無容以祭。謂來四月，未宜便殷。十月則允。』太常丞臣朱膺之議：『《虞禮》云：「中月而禫。是月也吉祭，猶未配。」謂二十七月既禫祭，當四時之祭日，則未以其妃配，哀未忘也。推此而言，未禫，不得祭也。又，《春秋·閔公二年》「吉禘於莊公」，鄭玄云：「閔公心懼於難，務自尊成，以厭其禍，凡二十二月而除喪，又不禫。」云「又不禫」，明禫內不得禘也。按，王肅等言於魏朝，云：「今權宜存古禮，俟畢三年。」舊說：「三年喪畢，遇禘則禘，遇祫則祫。」鄭玄云：「禘以孟夏，祫以孟秋。」今相承用〔三六〕。如宏之所上，《公羊》之文如爲有疑，亦以魯閔設服，因言喪之紀制耳，何必全許素冠可吉禘？縱《公羊》異説，官以禮爲正，亦求量宜。』郎中周景遠參議：『永初三年九月十日奏傅亮議：「權制即吉，御世宜爾〔三七〕。宗廟大禮，宜依古典。」則是皇宋開代成準，謂博士徐宏、大常丞朱膺之議，用來年十月殷祠爲允。』詔可。」

【注】禮：禘祫，從先君數；朝聘，從今君數。三年喪畢，遭禘則禘，遭祫則祫。

【疏】《舊唐書·禮志》：「以爲三年一閏，天道小備；五年再閏，天道大備故也。此則五年再殷，通計其數，一祫一禘，迭相乘矣。韋縚奏曰：『禮有禘、祫，俱稱殷祭。二法更用，鱗次相乘。或云五年〔三八〕再殷，一禘一祫；或云三年一祫，五年一禘。法天象閏，大趣皆同，皆以太廟禘、祫，計年有差。請以今年夏禘，便爲殷祭之源。自此以後〔三九〕，禘、祫相代，五年再殷，周而復始。』」

【傳】三年之喪，實以二十五月。【注】時莊公薨至是，適二十二月。所以必二十五月〔四〇〕者，取期、再期，恩倍，漸三年也。孔子曰：「子生三年，然後免於父母之懷。」夫三年之喪，天下之通喪。

【疏】《白虎通》：「三年之喪，何以〔四一〕二十五月？以爲古民質，痛於死者，不封不樹，喪期無數，亡之則除。後代聖人，因天地萬物有終始而爲之制，以期斷之。父至尊，母至親，故爲加隆，以盡孝子之恩。恩愛至深，加之則倍，故再期，二十五月也。禮有取於三，故謂之三年，緣其漸三年之氣也。故《春秋傳》曰：『三年之喪，其實二十五月也。』」

中月而禫。【注】《禮・士虞記》曰：「期而小祥，曰『薦此祥〔四二〕事』；又期而大祥，曰『薦此祥事』。是月也吉祭，猶未配。」

【疏】《檀弓》疏：「其祥、禫之月，先儒不同。王肅以二十五月大祥，其月爲禫，二十六月作樂。所以然者，以下云『祥而縞。是月禫，徙〔四三〕月樂』，又與上文『魯人朝祥而莫歌』，孔子云『逾月則其善』，是皆祥之後月作樂也。又，《間傳》云：『三年之喪，二十五月而畢。』又，《士虞禮》：『中月而禫。』是祥月之中也，與《尚書》『文王中身享國』謂身之中間同。又，文公二年冬，『公子遂如齊納幣』。是僖公之喪，至此二十六月。《左氏》云：『納幣，禮也。』故王肅以二十五月禫除喪畢，而鄭康成則二十五月大祥，二十七月而禫，二十八月而作樂，復平常。鄭必以爲二十七月禫者，以《雜記》云：『父在爲母、爲妻，十三月而祥，十五月而禫〔四四〕。』爲母、爲妻尚祥、禫異月，豈容三年之喪乃祥、禫同月？若以父在爲母，屈而不伸，故延禫月；其爲妻，當亦不伸〔四五〕，祥、禫異月乎？若以『中月爲禫』爲月之中間，應云『月中而禫』，何以言『中月』乎？按，《喪服小記》云：『妾祔於妾祖姑，亡則中一以上而祔。」又，《學記》云「中年考校」，皆以「中」爲「間」，謂間隔一年，故以「中月」爲間隔一月也，下云「祥而縞，是月禫，徙月樂」是也，謂大祥者縞冠。「是月禫」，謂是此禫月而禫。二者各自爲義，事不相干。故《論語》云：「子於是日哭，則不歌。」文無所繼，亦云「是月」〔四六〕。文公二年「公子遂如齊納幣」者，鄭《箴膏肓〔四七〕》：「僖公母成風主婚，得權時之禮。」若《公羊》，猶譏其喪娶。其「魯人朝祥而莫歌」，及《喪服四制》云「祥之日，鼓素琴」，及「夫子五日彈琴不成聲，十日成笙歌」，并此「獻子禫縣」之屬，皆據省樂忘哀，非正樂也。其八音之樂，工人所奏，必待二十八月也，即此下文「是月禫，徙月樂」是也。其「朝祥莫歌」，非正樂歌，是樂之細別，亦得稱「樂」，故鄭云：「笑其爲樂速也。」其《三年問》云「三年之喪，二十五月而畢」，據喪事終、除哀去杖，其餘哀未盡，故更延兩月，非喪之正也。王肅難鄭云：「若以二十七月禫，其歲末遭喪，則出入四年，《喪服小記》何以云「再期之喪，三年」？」如王肅此難，則爲母十五月而禫，出入三年，《小記》何以云「期之喪，二年」？明《小記》所云，據喪之大斷也。又，肅以月中而禫。按《曲禮》「喪事先遠日」，則大祥當在下旬，禫祭又在祥後，何得云「中月〔四八〕而禫」？又禫後何以容吉祭？故鄭云二十七月〔四九〕也。戴德《喪服變除禮》：「二十五月大祥，二十七月而禫。」故鄭依而用焉。鄭以二十八月樂作，《喪大記》何以云「禫而内無哭者，樂作矣」？似禫後許作樂者，《大記》所謂「禫後方將作樂」，釋其「内無哭者」之意，非謂即作樂。《大記》又云：「禫而從御，吉祭而復寢。」《間傳》何以云「大祥居復寢」？《間傳》所云者，去堊室，復殯宫之寢。《大記》云「禫而後御」，謂禫後得御婦人，必待吉祭，然後復寢。其吉祭者，是禫月值四時而吉祭，外而爲之。其祝辭，猶不稱以某妃配，故《士虞禮》云：

『吉祭，猶未配。』」

校勘記

〔一〕「飲」，《公羊注疏》卷六何注作「飲酒」，疏引何注無「酒」字。

〔二〕「貪」，與盧校本《白虎通・闕文》、《初學記》卷二十、《太平御覽》卷六百三十二同，續經解本、盧校本《白虎通・闕文》引別本作「貴」。

〔三〕「三月」，續經解本作「之月」，與盧校本《白虎通・闕文》、《初學記》卷二十同。

〔四〕「館云於群公子之」，蜚雲閣本、咫進齋本、續經解本并奪，據《毛詩正義》卷八之一補。

〔五〕「者」，《白虎通・嫁娶》下有「何」字。

〔六〕「桉」，與「案」同，咫進齋本、續經解本作「按」，義同。下此類并同，不復注。

〔七〕「二年」，蜚雲閣本、咫進齋本奪，據續經解本補。

〔八〕「改」，蜚雲閣本、咫進齋本作「故」，據續經解本、《儀禮注疏》卷三十四改。

〔九〕「夫人」，蜚雲閣本、咫進齋本作「大夫」，據續經解本、《公羊注疏》卷六改。

〔一〇〕「餉」，與段玉裁《説文解字注》引同，《淮南子・氾論訓》高注作「享」。

〔一一〕「女子子」，蜚雲閣本、咫進齋本作「女子」，據續經解本、《儀禮注疏》卷三十二改。

〔一二〕「監」，蜚雲閣本、咫進齋本、續經解本奪，據《漢書》卷二十五上補。《史記・封禪書》亦作「監鄉」。

〔一三〕「庭」，與《史記·高祖本紀》同，《漢書·高帝紀上》作「廷」。

〔一四〕「應劭」，續經解本作「應劭」。

〔一五〕「古天子，好五兵，故祭之」，《漢書·高帝紀上》注作「亦古天子，好五兵，故祠祭之，求福祥也」，《史記·高祖本紀》集解引應劭曰：「蚩尤好五兵，故祠祭之，求福祥也。」

〔一六〕「必」，《儀禮注疏》卷二十四作「辭必」。

〔一七〕「之後」，蜚雲閣本、咫進齋本、續經解本并作「殯後」，據《儀禮注疏》卷三十七改。

〔一八〕「婚禮」，與《公羊注疏》卷八同，咫進齋本、續經解本并作「昏禮」。

〔一九〕「二十四年」，蜚雲閣本、咫進齋本奪，據續經解本補。

〔二〇〕「腵」，蜚雲閣本、咫進齋本作「叚」，據續經解本、《公羊注疏》卷八改。下「腵脩」并同。

〔二一〕「肉」，續經解本、《白虎通·質文》作「内」。

〔二二〕「脯」，《禮記正義》卷五作「腵」，疑當據改。

〔二三〕「以上」，《白虎通·宗族》、《通典》卷七十三并作「父宗以上」。

〔二四〕「二十五年」，蜚雲閣本、咫進齋本奪，據續經解本補。

〔二五〕「以從」至「於天」，《太平御覽》卷三十六引作「以令從。天下勤勞出於地，功名歸於主」。

〔二六〕「雍」，《毛詩正義》卷十六之五作「廱」。下「辟雍」「雍和」同。

〔二七〕「鑒」，《毛詩正義》卷十六之五作「監」。

〔二八〕「旂」，蜚雲閣本、咫進齋本作「旗」，據續經解本、《後漢書·輿服志上》注改。又，《輿服志》注引「旗有九名」云云，以爲《禮含文嘉》鄭玄注文，非本文。馬國翰《玉函山房輯佚書》輯入本文之中，疑誤。

〔二九〕「東方」，《初學記》卷二十二作「東」。
〔三〇〕「旂」，續經解本、《墨子·旗幟》作「旗」。下「黄旂」「白旂」「黑旂」并同。
〔三一〕「五旂」，續經解本作「五旗」，《四庫全書》本《禮書》卷一百三十四作「五斾」。
〔三二〕「金」，蜚雲閣本、咫進齋本、續經解本奪，據《管子·兵法篇》補。
〔三三〕「載」，《管子·兵法篇》作「載食」。
〔三四〕「蒸」，《宋書》卷十六作「烝」。
〔三五〕「再周祥變」，咫進齋本、續經解本作「再祥周變」，據《宋書》卷十六改。
〔三六〕「承用」，《宋書》卷十六下有「十月」二字。
〔三七〕「爾」，蜚雲閣本、咫進齋本、續經解本并作「用」，據《宋書》卷十六改。
〔三八〕「年」，《舊唐書》卷二十六作「歲」。
〔三九〕「以後」，《舊唐書》卷二十六作「之後」。
〔四〇〕「月」，蜚雲閣本、咫進齋本、續經解本并奪，據《公羊注疏》卷九補。
〔四一〕「以」，《白虎通·喪服》無。
〔四二〕「祥」，《公羊注疏》卷九作「常」。
〔四三〕「徙」，蜚雲閣本、咫進齋本作「徒」，據續經解本、《禮記正義》卷六改。下「徙月樂」同。
〔四四〕「十三月而祥，十五月而禫」，《禮記正義》卷六作「十三月大祥，十五月禫」。
〔四五〕「伸」，蜚雲閣本、咫進齋本作「申」，據續經解本、《禮記正義》卷六改。
〔四六〕「是月」，《禮記正義》卷六作「是日」。

〔四七〕「肓」，蜚雲閣本、咫進齋本作「盲」，據續經解本、《禮記正義》卷六改。

〔四八〕「中月」，蜚雲閣本、咫進齋本、續經解本作「月中」，《禮記正義》卷六改。

〔四九〕「二十七月」，蜚雲閣本、咫進齋本、續經解本并作「二十六月」，據《禮記正義》卷六改。

春秋公羊禮疏卷四

僖公

元年春，王正月。

【傳】此非子也，其稱「子」，何？臣、子，一例也。【注】僖公者，閔公庶兄。據閔公繼子般，《傳》不言「子」。僖公繼成君，閔公繼未逾年君。禮：諸侯臣諸父、兄弟。以臣之繼君，猶子之繼父也，其服皆斬衰，故《傳》稱「臣、子，一例」。

【疏】《白虎通》：「繼世諸侯無子，又無弟，但有諸父、庶兄，當誰與？與庶兄，推親之序也。」又，「始封之君不臣諸父、兄弟，何？不忍以己一日之功德加於諸父、兄弟也，故《禮・服傳》曰：『封君之子不臣諸父，封君之孫盡臣之。』」又，「諸侯爲天子斬衰三年，何？普天之下，莫非王土；

率土之濱，莫非王臣。臣之於君，猶子之於父。明至尊，臣子之義也。」《後漢·宋意傳》：「《春秋》之義，諸父、昆弟無所不臣，所以尊尊卑卑，彊幹弱枝者也。」《通典》：「晉武帝咸寧二年，安平穆王薨，無嗣，以母弟敦上繼獻王後，移太常，問應何服。博士張靖答：『宜依魯僖服閔三年例。』」《宋書·禮志》：「孫盛《晉春秋》曰：『《陽秋傳》云：「臣、子，一例也。」雖繼君位，不以後尊降廢前敬。昔魯僖上嗣莊公，以友于長幼而升〔一〕之，爲逆。準之古義，明詔是也。』」

虞師、晉師滅夏陽。二年

【傳】荀息曰：「請以屈産之乘與垂棘之白璧往，必可得也。」

【疏】家仲子《禮經釋例》：「廷堪按，《吕氏春秋·慎大覽·權勛篇》：『晉獻公乃使荀息以屈産之乘爲庭實，而加以垂棘之璧，以假道於虞而伐虢。』是晉人聘〔二〕虞，享時，束帛所加之璧爲垂棘之璧，所設之馬爲屈産之乘，言其良也。三《傳》及《孟子》皆有此文，而何休、杜預、范甯、趙岐不知引享禮以釋之，疏矣。」

夏四月，不雨。三年

【注】時僖公得立，欣喜，不恤庶衆。比致三年〔三〕，即能退辟正殿，飭過求己，循省百官，放

佞臣郭都等，理冤獄四百餘人。精誠感天，不雩而得澍雨。

【疏】《春秋考異郵》：「僖公三年，春、夏不雨。於是僖公憂閔，玄服避舍，率群臣禱山川，以六過自責；絀女謁，放下讒佞郭都等十三人，誅傾人之吏、受貨賂趙祝等九人，釋更繇之逋，罷軍寇之誅，去苛刻峻文慘毒之教，所蠲浮令四十五事，曰：『方今天旱，野無生稼。寡人當死，百姓何罪？不敢煩民請命。願撫萬民，以身塞無狀。』禱已，舍齋南郊，雨大澍也。」《後漢書·黃瓊傳》：「昔魯僖遇旱，以六事自讓，躬節儉，閉女謁，放讒佞者十三人，誅税民受貨者九人。退舍南郊，天立大雨。」《郎顗傳》：「《易内傳》曰：『人君奢侈，多飾宫室，其時旱，其災火。』是故魯僖遭旱，修政自敕，下鐘鼓之縣，休繕治之官，雖則不寧，而時雨自降。由此言之，天之應人，敏於影響。」《晉書·袁甫傳》：「志盈心滿，用長歡娱。《公羊》有言：魯僖甚悦，故致旱〔四〕。」

公及齊侯、宋公、陳侯、衛侯、鄭伯、許男、曹伯會王世子于首戴。五年

【注】解「貴」意也，言當世父位。

【疏】《白虎通》：「《韓詩内傳》曰：『諸侯世子三年喪畢，上受爵命於天子。』所以名之爲世子，何？言欲其世世不絶也。何以知天子之子亦稱世子也？《春秋傳》曰：『公會王世子於首止。』」

夏，公會宰周公、齊侯、宋子、衛侯、鄭伯、許男、曹伯于葵丘。 九年

【注】宋未葬，不稱「子某」者，出會諸侯，非尸柩之前，故不名。

【疏】《通典》：「《五經異義》：『《春秋公羊》説云：諸侯未逾年，不出境，在國中，稱子；以王事出，亦稱子；非王事，而出會同，安父位，不稱子。鄭伯伐許，未逾年，以本爵，譏不子也。《左氏》説，諸侯未逾年，在國内，稱子；以王事出，則稱爵。詘於王事，不敢申〔五〕其私恩，鄭伯伐許是也。《春秋》：「不得以家事辭王事。」諸侯，蕃衛之臣，雖未逾年，以王事，稱爵是也。』駁曰：昔武王卒父，業既除喪，出至孟津之上，猶稱太子者，是爲孝也。今未除喪而出，稱爵，是與武王義反矣。《春秋》：『僖九年春，三月，丁丑，宋公禦説卒。夏，公會宰周公、齊侯、宋子、衛侯、鄭伯、許男、曹伯於葵丘。』宋子即未逾年君也，出與天子大夫會，是非王事而稱子耶？」鄭《駁異義》從《公羊》義，以鄭伯伐許爲非禮，及《公羊》「未逾年，爲王事，皆稱子」，即宋襄公稱子、陳共公稱子是也。《左氏》「未逾年，爲王事，皆稱爵」，鄭《駁異義》引宋襄公稱子，從《公羊》説，以爲稱子，禮也。

秋七月，乙酉，伯姬卒。

【傳】此未適人，何以卒？許嫁矣。婦人許嫁，字而笄之；死，則以成人之喪治之。【注】

「字」者，尊而不泄，所以遠别也。「笄」者，簪也，所以繫持髮，象男子飾也。服此者，明繫屬於人，所以養貞一也。《婚禮》曰：「女子許嫁，笄而醴之，稱字。」不以殤禮降也。許嫁卒者，當爲諸侯夫人，有即貴之漸。

【疏】注「笄者」至「飾也」。《士冠禮》注：「笄，今之簪。」魏收《北魏書·劉芳傳》：「高祖宴群臣於華林，肅語次云：『古者，唯婦人有笄，男子則無。』芳曰：『推《經禮》正文，古者男子、婦人俱有笄。』肅曰：『《喪服》稱男子免而婦人髽，男子冠而婦人笄。如此，則男子不應有笄。』芳曰：『此專謂凶事也。禮：初遭喪，男子免時則婦人髽，男子冠時則婦人笄。言俱時變，而男子、婦人免髽、冠笄之不同也。又，冠尊，故奪其笄稱，且互言也，非謂男子無笄。又，《禮·内則》稱：「子事父母，鷄初鳴，櫛纚笄總。」以兹而言，男子有笄，明矣。』」《士冠》疏：「凡諸設笄，有二種：一是紒内安髮之笄，一是皮弁、爵弁及六冕固冠之笄。」《特牲》疏云：「冠冕之笄，男子有，婦人無；安髮之笄，男子、婦人俱有。」

【疏】注「不以殤禮降也」。《喪服》「大功」章：「年十九至十六爲長殤，十五至十二爲中殤，十一至八歲爲下殤，不滿八歲以下皆爲無服之殤。無服之殤，以日易月。以日易月之殤，殤而無服。故子生三月，則父名之，死則哭之；未名，則不哭也。」「緦麻」章：「長殤、中殤，降一等；下殤，降二等；齊衰之殤，中從上；大功之殤，中從下。」《喪服小記》：「丈夫〔六〕冠而不爲殤，女子笄而不爲殤。」射慈《喪服變除》：「未許嫁，十九猶爲殤。」

晉里克弑其君卓子，及其大夫荀息。十年

【注】禮：諸侯之子，八歲受之少傅，教之以小學，業小道焉，履小節焉；十五受大傅，教之以大學，業大道焉，履大節焉。

【疏】《大戴禮》：「古者，年八歲而出就外舍，學小藝焉，履小節焉；束髮而就大學，學大藝焉，履大節焉。」注：「小學，謂庠門〔七〕，師保之學也；大學，王宮之東者。束髮，謂成童。《白虎通》曰：『八歲入小學，十五入大學。』是也。此太子之禮。」

夏六月，季姬及鄫子遇于防，使鄫子來朝。十四年

【注】禮：男不親求，女不親許。魯不防正其女，乃使要遮鄫子淫泆〔八〕，使來請己，與禽獸無異，故卑鄫子使乎季姬，以絶賤之也。

【疏】《白虎通》：「聘適未往而死，媵當往否乎？人君不再娶之義也，天命不可保，故一娶九女。以《春秋》伯姬卒，時娣季姬更嫁鄫，《春秋》譏之。」

冬十有一月，己巳朔，宋公及楚人戰于泓，宋師敗績。二十二年

【傳】宋公曰：「不可。吾聞之也：君子不鼓不成列。」【注】軍法：以鼓戰，以金止。不鼓，不戰。「不成列」，未成陳也。君子不戰未成陳之師。

【疏】《春秋繁露》：「故善宋襄公不厄人。不由其道而勝，不如由其道而敗。《春秋》貴之，將以變習俗而成王化也。」《史記·宋世家贊》：「襄公既敗於泓，而君子或以爲多，傷中國缺禮義，褒之也。宋襄之有禮讓也。」《淮南子》：「泓之戰，軍敗，君獲，而《春秋》大之，取其『不鼓不成列』也。」

二十有五年春，王正月，丙午，衛侯毀滅邢。

【注】絶先祖支體，尤重，故名，甚之也。

【疏】《春秋繁露》：「滅人者，不〔九〕絶。衛侯毀滅同姓，獨絶，賤其本祖而忘先也。」

宋殺其大夫。

【傳】宋三世無大夫，三世内娶也。【注】「三世」，謂慈父、王臣、處臼也，内娶大夫女也。言「無大夫」者，《禮》：「不臣妻之父母。」國内皆臣，無娶道，故絶，去大夫名，正其義也。

【疏】《白虎通》：「不臣妻父母，何？妻者，與己一體，恭承宗廟。欲得其歡心，上承先祖，下繼萬世，傳於無窮，故不臣也。又譏宋三世内娶〔一〇〕於國中，謂無臣也。」又，「諸侯所以不得自娶國中，何？諸侯不得專封，義不可臣其父母。《春秋傳》曰：『宋三世無大夫。』惡其内娶也」。

天王狩于河陽。二十八年

【注】一失禮，尚愈；再失禮，重。故深正其義，使若天子自狩，非致也。

【疏】《史記·孔子世家》：「踐土之會，實召周天子，而《春秋》諱之曰：『天王狩于河陽。』推此類以繩當世。貶損之義，後有王者，舉而開之。《春秋》之義行，則天下亂臣賊子懼焉。」王肅《家語》：「子貢問曰：『晉文召天子而使諸侯朝焉，《春秋》云「天王狩於河陽」，何也？』孔子曰：『臣召君，不可以訓，亦書其率諸侯、事天子而已。』」

夏四月，四卜郊，不從，乃免牲，猶三望。三十一年

【傳】曷爲或言「三卜」，或言「四卜」？三卜，禮也；四卜，非禮也。

【疏】董仲舒曰：「魯曷爲郊？周公故也。不於日之至，避王室也。比旬而卜之，遠怠慢也。必更三旬，禮盡於三也。」

【傳】求吉之道三。【注】三卜，吉凶必有相奇者，可以決疑，故求吉必三卜。

【疏】《曲禮》：「卜筮不過三。」注：「求吉不過三。魯四卜郊，《春秋》譏之。」疏：「若《公羊》之義，所云『卜』者，皆爲卜日。故僖三十一年《公羊傳》云：『三卜，禮也；四卜，非禮也。』又，成十七年《公羊傳》云：『郊用正月上辛。』何休云：『魯郊，博卜三正；三王之郊，一用夏正。』又，定十五年《傳》：『三卜〔一二〕之，運也。』何休云：『運，轉也。已卜春三正，不吉；復轉卜夏三月、周五月，得二吉〔一三〕，故五月郊。』如休之意，魯郊轉卜三正。假令春正月卜，不吉，又卜殷正；殷正不吉，則用夏正郊天。若此三正之内有凶，不從，則得卜夏三月。但滿三吉日，則得爲郊。此《公羊》及何休之義也。」

【傳】禘、嘗不卜，郊何以卜？【注】禘比祫爲大，嘗比四時祭爲大，故據之〔一三〕。

【疏】《五經異義》：「今《春秋公羊》説，祀宗廟，筮而不卜。《傳》曰：『禘、祫不卜。』古〔一四〕《周禮》説，《大宗伯》曰：『凡祀大神、享大鬼、祭大示，率執事而卜日。』大鬼，謂先王也。」《王制》疏：「其禘、祫大小，鄭以《公羊傳》云『大事者何？大祫也』，『毁廟之主皆升，合食於太祖』，故爲大事。若王肅、張融、孔晁，皆以禘爲大、祫爲小。故王肅《論》引賈逵説『吉禘於莊公』：『禘者，遞也，審遞昭穆，遷主遞位，孫居王父之處。』又引《禘於太廟逸禮》『其昭尸、穆尸，其祝辭總稱孝子、孝孫』，則是父子并列。《逸禮》又云：『皆升，合於其祖。』所以劉歆、賈逵、鄭衆、馬融等皆以爲然。」

【傳】卜郊，非禮也。卜郊何以非禮？魯郊，非禮也。【注】禮：天子不卜郊。以魯郊非禮，故卜爾。

【疏】《五經異義》：「古《周禮》説，《大宗伯》曰：『凡禮天神、享人鬼、祭地祇，率執事而卜〔一五〕。』古《春秋左氏》説〔一六〕，郊及日皆不卜，常以正月上丁也。今《春秋公羊》説，祀宗廟，筮而不卜。《傳》曰：『禘、祫不卜。』魯於〔一七〕天子，并事變禮。今成王命魯使卜郊，從乃郊，不從即已，下天子也。魯以上辛郊，不敢與天子同郊。」

【注】〔一八〕天子所祭，莫重於郊。居南郊者，就陽位也。

【疏】《通典》注：「丞相匡衡、御史大夫張譚〔一九〕奏言：『帝王之事，莫大乎承天之序；承天之序，莫重郊祀。祭天南郊，就陽之義也。』」

【傳】諸侯祭土。【注】土，謂社也。諸侯所祭，莫重於社。卿大夫祭五祀，士祭其先祖。

【疏】注「土謂社也」至「於社」。《郊特牲》：「祭土而主陰氣也。君南鄉，於北牖下，答陰之義也。日用甲，用日之始也。」《王制》：「諸侯祭社稷。」《風俗通》：「《孝經》說，社者，土地之主。土地廣博，不可偏敬，故封土以爲社而祀之，報功也。」《白虎通》：「《尚書》曰：『乃社於新邑。』《孝經》曰：『保其社稷而和其民人，蓋諸侯之孝也。』」《荀子》：「郊止乎天子，而社止於諸侯，道及士大夫，所以別尊卑。尊者事尊，卑者事卑；宜大者鉅，宜小者小。」

【疏】注「卿大夫」至「先祖」。《尸子》：「先王之祀〔二〇〕禮也，天子祭四極，諸侯祭山川，大夫祭五祀，士祭其廟〔二一〕也。」《白虎通》：「五祀者，何謂也？謂門、户、井、灶、中霤也。所以祭，何？人之所處、出入、所飲食，故爲神而祭之。何以知五祀謂門、户、井、灶、中霤也？《月令》曰『其祀户』，又曰『其祀灶』『其祀中霤』『其祀門』『其祀井』。獨大夫以上得祭之，何？士者，位卑禄薄，但祭其先祖耳。」

【傳】天子有方望之事，無所不通。【注】方望，謂郊時所望祭四方群神、日月星辰、風伯雨師、五岳四瀆及餘山川，凡三十六所。

【疏】陳氏《禮書》：「望雖以名山大川爲主，而其實兼上下之神，故《詩》於柴望，言『懷柔百神，及河喬岳』；《周禮》於望，皆言『祀』而不言『祭』。又，《典瑞》四望，與山川異樂。《左傳》〔一二〕曰：『望，郊之細也。』又曰：『望，郊之屬也。』《公羊》曰：『方望之事，無所不通。』則望兼上下之神，可知矣。」

【傳】諸侯山川有不在其封内者，則不祭也。【注】故魯郊，非禮也。

【疏】《説苑》：「楚昭王有疾，卜之，曰：『河爲祟。』大夫請用三牲焉。王曰：『止！古者先王割地制土，祭不過望。江、漢、睢、漳，楚之望也。禍福之至，不是過也。不穀雖不德，河，非所獲罪也。』遂不祭焉。仲尼聞之，曰：『昭王可謂知天道矣。其不失國，宜哉！』」

【注】魯卜郊，不吉，免之。禮：卜郊不吉，則爲牲作玄衣纁裳，使有司玄端，放之於南郊，明本爲天，不敢留天牲。

【疏】《穀梁傳》：「免牲者，爲之緇衣熏裳，有司玄端，奉送至於南郊。免牛亦然。」《淮南子》：「譬若芻狗、土龍之始成，文以青黄，絹以綺繡，纏以朱絲，尸祝袀袨、大夫端冕以送〔二三〕。」

【傳】「三望」者，何？望，祭也。然則曷祭？祭大山、河、海。

【疏】師古曰：「望，謂在遠者，望而祭之也。」陳氏《禮書》曰：「天子四望，達於四方。魯三望，泰山、河、海而已。《書》曰：『海、岱及淮，惟徐州。』諸侯之望，皆其境内之名山大川也。」

【傳】山川有能潤於百里者，天子秩而祭之。【注】此皆助天宣氣布功，故祭天及之。秩者，隨其大小、尊卑、高下所宜。

【疏】《説苑》：「五岳者，何謂也？泰山，東嶽也；霍山，南嶽也；華山，西嶽也；常山，北嶽也；嵩高山，中嶽也。五嶽何以視三公？能大布雲雨焉，能大斂雲雨焉。雲觸石而出，膚寸而合，不崇朝而雨天下，施德博大，故視三公也。四瀆者，何謂也？江、河、淮、濟也。四瀆何以視諸侯？能蕩滌垢濁焉，能通百川於海焉，能出雲雨千里焉，爲施甚大，故視諸侯也。山川何以視子男也？能出物焉，能潤澤物焉，能生雲雨，爲恩多，然品類以百數，故視子男也。《書》曰：『禋於六宗，望秩於山川，徧於群神矣。』」

【注】禮：祭天牲，角繭栗；社稷、宗廟，角握；六宗、五嶽、四瀆，角尺；其餘山川，視卿大夫。天燎地瘞，日月星辰布，山縣水沈，風磔雨升。燎者，取俎上七體，與其珪寶，在辨中，置於柴上燒之。

【疏】注「禮祭天」至「角握」。《王制》：「祭天地之牛，角繭栗〔二四〕；宗廟之牛，角握。」注：「握，謂長不出膚。」《禮緯》：「社稷牛，角握。」

【疏】注「六宗」。《大宗伯》疏：「按，《尚書·堯典》：『禋於六宗。』但六宗之義，有其名，無其數，故先儒各以意説。鄭君則以此星也、辰也、司中也、司命也、風師也、雨師也六者爲宗。按《異義》：『今歐陽、夏侯説，六宗者，上不及天，下不及地，傍不及四時，居中央，恍惚無有，神助陰陽變化，有益於人，故郊祭之。古《尚書》説，六宗，天、地神之尊者，謂天宗三、地宗三。天宗，日、月、星辰；地宗，岱山、河、海。日、月屬陰、陽宗，北辰爲星宗，岱爲山宗，河爲水宗，海爲澤宗。祀天，則天文從祀；祀地，則地理從祀。謹按，夏侯、歐陽説，云宗實一而有六，名實不相應。《春秋》「魯郊祭，三望」，言郊天，日、月、星、河、海、山，凡六宗。魯下天子，不祭日、月、星，但祭其分野星、其國〔二五〕山、川，故言三望；六宗，與古《尚書》説同。』玄之聞也，《書》曰：『肆類於上帝，禋於六宗，望於山川，徧於群神。』此四物之類也、禋也、望也、徧也，所祭之神各異。六宗言『禋』，山川言『望』，則六宗無山川，明矣。《周禮·大宗伯》曰：『以禋祀祀昊天上帝，以實柴祀日月、星辰，以槱燎祀司中、司命、風師、雨師。』凡此所祭，皆天神也。《禮記·郊特牲》曰：『郊之祭也，迎長日之至也，大報天而主日也。兆於南郊，就陽位也；埽地而祭，於其質也。』《祭義》曰：『郊之祭，大報天而主日，配以月。』則郊祭并祭日月，可知；其餘星也、辰也、司中、司命、風師、雨師，此之謂六宗，亦自明矣。《禮論》：『王莽時，劉歆、孔昭以爲，《易·震》《巽》等六子之卦爲六宗。光武〔二六〕即位，依虞喜〔二七〕「禋於六宗」，禮同大社。至魏明帝時，詔〔二八〕令王肅議六宗，取《家語》宰我問六宗，孔子曰：「所宗者六，埋少牢於大昭，祭時；相迎〔二九〕於坎壇，祭寒暑；王宮，祭日；夜明，祭月；幽禜，祭星；雩禜，祭水旱。」孔安國注《尚書》與此同。張融評：從鄭君，於義爲允。』」

【疏】注「雨升」。《釋名》：「祭雨曰升，祭星曰布。升，取其氣之升也；布，取其象之布也。」

【疏】注「取俎」至「燒之」。崔靈恩《三禮義宗》：「凡祭天神，有二玉：禮神者，訖事即收；祀神者，與牲俱燎。」今國家郊祀天地，祀神之玉常用，禮神之玉則無。請下有司，求良玉，造蒼璧、黄琮等九器，訖則藏之。其燎玉，依常制。從之〔三〇〕。又，「祭天，以燔柴爲〔三一〕始，然後行正祭。」

【傳】河、海潤於千里。【注】亦能通氣致雨，潤澤及於千里。

【疏】《淮南子》：「赤地三年而不絶流，澤及百里而潤草木者，唯江、河也。是以天子秩而祭之。」

【傳】譏不郊而望祭也。【注】譏尊者不食而卑者獨食。書者，惡失禮也。

【疏】《春秋繁露》：「故《春秋》凡譏〔三三〕郊，未嘗譏君德不成於郊也。乃不郊而祭山川〔三三〕，失祭之序〔三四〕，逆於禮，故必譏之。」

夏四月辛巳，晉人及姜戎敗秦于殽。三十三年

【傳】宰上之木拱矣。【注】宰，冢〔三五〕也。

【疏】《含文嘉》：「天子墳高三仞，樹以松；諸侯半之，樹以柏；大夫八尺，樹以欒〔三六〕；士四尺，樹以槐；庶人無墳，樹以楊柳。」《列子》：「孔子曰：『望其壙，宰如也，墳如也。』」注：「宰，冢也。」

【注】揖其父於師中，介冑不拜，謂〔三七〕其拜如蹲。

【疏】《賈子》：「《禮》：『介者不拜。』」《孔叢子》：「介冑在身，執鋭在列，雖君父〔三八〕，不拜。」

校勘記

〔一〕「升」，蜚雲閣本、甾進齋本、續經解本作「外」，據《宋書》卷十六改。

〔二〕「聘」，蜚雲閣本、咫進齋本、續經解本作「平」，據《禮經釋例》卷六改。

〔三〕「三年」，蜚雲閣本、咫進齋本、續經解本作「三旱」，據《公羊注疏》卷十改。

〔四〕「致旱」，《晉書》卷五十二下有「京師」二字。

〔五〕「申」，《通典》卷九十三作「伸」。

〔六〕「丈夫」，蜚雲閣本、咫進齋本、續經解本作「大夫」，據《禮記正義》卷三十三改。

〔七〕「庠門」，《大戴禮記·保傅》盧注作「虎闈」。

〔八〕「淫泆」，續經解本同，與《公羊注疏》卷十一同，咫進齋本作「淫佚」。

〔九〕「不」，凌注本《春秋繁露·觀德》作「莫」。

〔一〇〕「娶」，蜚雲閣本、咫進齋本重，據續經解本、《白虎通·王者不臣》删。

〔一一〕「三卜」，《禮記正義》卷三上有「禮」字。

〔一二〕「三吉」，蜚雲閣本、咫進齋本、續經解本作「一吉」，據《公羊注疏》卷二十六、《禮記正義》卷三改。

〔一三〕「故據之」，蜚雲閣本、咫進齋本作「據故之」，據續經解本、《公羊注疏》卷十二改。

〔一四〕「古」，與《太平御覽》卷五百二十五同，續經解本作「吉」。

〔一五〕「禮天神、享人鬼、祭地祇，率執事而卜」，前疏引、《太平御覽》卷五百二十八并作「祀大神、享大鬼、祭大示，率執事而卜日」。

〔一六〕「古《春秋左氏》説」，與《漢魏遺書鈔》本《五經異義》同，陳壽祺《五經異義疏證》卷上引《太平御覽》卷五百二十七作「春秋公羊説，禮」，無下「今春秋公羊説」至「禘祫不卜」十九字。

〔一七〕「於」，與《五經異義疏證》同，《太平御覽》卷五百二十七作「與」。

〔一八〕「注」，蜚雲閣本、咫進齋本并作「傳」，據續經解本、《公羊注疏》卷十二改。

〔一九〕「張鐔」，《通典》卷四十二、《漢書》卷二十五下并作「張譚」。

〔二〇〕「祀」，《北堂書鈔》卷八十八、《太平御覽》卷五百二十六并作「祠」。

〔二一〕「廟」，與《北堂書鈔》卷八十八同，《太平御覽》卷五百二十六作「親」。

〔二二〕「左傳」，《禮書》卷九十一作「左氏」。

〔二三〕「以送」，《淮南子·齊俗訓》下有「迎之」二字。

〔二四〕「栗」，蜚雲閣本、咫進齋本奪，據續經解本、《禮記正義》卷十二補。

〔二五〕「其國」，《周禮注疏》卷十八作「其中」。孫詒讓《校勘記》引陳氏云：「『其中』當作『國中』。」

〔二六〕「光武」，《周禮注疏》卷十八作「漢武」，孫詒讓《校勘記》謂當作「漢安」。

〔二七〕「虞喜」，阮刻本《周禮注疏》卷十八作「虞書」，疑當據改。

〔二八〕「詔」，蜚雲閣本、咫進齋本、續經解本作「召」，據《周禮注疏》卷十八改。

〔二九〕「迎」，《周禮注疏》卷十八作「相近」。

〔三〇〕「崔靈恩」至「從之」，此節引《舊唐書》卷一百六十四《王起傳》之文，爲起奏唐文宗之語，「崔靈恩」上應標注「舊唐書王起傳」。《册府元龜》卷五百九十二、《唐會要》卷二十三、《全唐文》卷六百四十三引并同，「即收」均作「却收」。

〔三一〕「爲」，蜚雲閣本、咫進齋本、續經解本并作「而」，據《舊唐書》卷二十三引《三禮義宗》改。

〔三二〕「議」，與凌注本《春秋繁露·郊祀》同，續經解本作「譏」。

〔三三〕「乃不郊而祭山川」，蜚雲閣本、咫進齋本作「及不郊而祭」，據續經解本、凌注本《春秋繁露·郊祀》改補。

〔三四〕「序」，凌注本《春秋繁露·郊祀》作「叙」。

〔三五〕「冡」，蜚雲閣本、咫進齋本作「家」，據續經解本、《公羊注疏》卷十二改。下「冡」同。

〔三六〕「欒」，蜚雲閣本、咫進齋本作「藥草」，據續經解本、《白虎通·崩薨》改。

〔三七〕「謂」，續經解本、《公羊注疏》卷十二并作「爲」，義同。

〔三八〕「君父」，《孔叢子·問軍禮》作「君王」。

春秋公羊禮疏卷五

凌曙 集

文公

元年春，王正月，公即位。

【疏】《通典》：「博士徐禪議曰：『桉，魯文公之書即位也，僖公未葬。蓋改元之道，宜其親告，不以喪闕。昔代祖受終，亦在諒陰〔一〕。既正其位於天郊，必告成命於父祖。事〔二〕莫大於正位，禮莫盛於改元。《傳》曰：「元，始也，首也，善之長也。」故君道重焉。』」

丁丑，作僖公主。二年

【注】爲僖公廟作主也。主狀正方，穿中央，達四方。天子長尺二寸，諸侯長一尺。

【疏】《五經異義》：「或曰：卿大夫、士有主否〔三〕？答曰：按《公羊》説，卿大夫非有土之君，不得祫享昭穆，故無主。大夫束帛依神，士結茅爲叢。今山陽民俗，祀石主。」駁曰：「少牢饋食，大夫祭禮也，束帛依神；特牲饋食，士祭禮也，結茅爲叢。大夫以石爲主，禮無明文。孔悝之反祏有主者，其祭所出公之主爾。」又，「主者，神象也。孝子既葬，心無所依，所以虞而立主以事之。唯天子、諸侯有主，卿大夫無主，尊卑之差也。卿大夫無主者，依神以几筵，故少牢之祭，但有尸，無主。三王之代，小祥以前，主用桑者，始死，尚質，故不相變；既練，易之，遂藏于廟，以爲祭主。凡虞主，用桑〔四〕。練主，夏后氏以松，殷人以栢，周人以栗。《春秋左氏傳》曰：『凡君薨，卒哭而祔，祔而作主。特祀於主，烝〔五〕、嘗、禘於廟。』主之制，正方〔六〕，穿中央，達四方。天子長尺二寸，諸侯一尺，皆刻謚於背。」

【注】禮：平明而葬，日中而反虞，以陽求陰。謂之「虞」者，親喪，已下壙，皇皇無所見，求而虞事之。「虞」，猶安神也。虞主用桑者，「桑」猶「喪」也，取其名與其麤觕，所以副孝子之心。

【疏】注「禮平明」至「安神也」。《問喪》：「送形而往，迎精而反也。」注：「謂反哭及〔七〕日中而虞也。」《釋名》：「既葬，還祭於殯宮曰虞。謂虞樂安神，使還此也。」射慈《喪服變除》：「爲父既葬，日中反哭。諸侯於太祖廟。別子爲卿大夫，亦於太祖廟；其非別子爲卿大夫，於皇考廟。上士於皇考廟，中士、下士於王考廟。皆升自西階，東面哭踊，虞祭於殯宮。」

【疏】注「用桑者」至「之心」。《白虎通》：「所以虞而作主，何？孝子既葬，日中反虞，念親已没，棺柩已去，悵然失望，彷徨哀痛，故設喪〔八〕主以虞，所以慰孝子之心。虞，安其神也，所以用桑。」《五經要義》：「主者，神象也。凡虞主用桑，桑猶喪也，喪〔九〕禮取其名。」

【注】禮：虞祭，天子九，諸侯七，卿大夫五，士三。其奠處，猶吉祭。

【疏】注「禮虞」至「士三」。《異義》：「《公羊》說，虞而作主。古《春秋左氏》説，既葬反虞。天子九虞。九虞者，以柔日。九虞，十六日也。諸侯七虞，十二日也；大夫五虞，八日也；士三虞，四日也。既虞，然後祔死者於先死者。祔而作主，謂桑主也。期年，然後作栗主。」

【疏】注「其奠處，猶吉祭」。《檀弓》：「葬日虞，弗忍一日離也。是日也，以虞易奠。是日也，以吉祭易喪祭。」注：「虞，喪祭也。既虞之後，卒哭而祭。卒哭，吉祭。」《士虞禮》疏：「卒哭對〔一〇〕虞爲吉祭，卒哭比祔爲喪祭。」《釋名》：「喪祭曰奠。奠，停也，言停久也；亦言樸奠，合體用之也。」

【注】謂期年練祭也，埋虞主於兩階之間，易用栗也。

【疏】《穀梁傳》：「立主：喪〔一一〕主於虞，吉主於練。」《白虎通》：「練主用栗，主祏納〔一二〕之西壁。」《曲禮》疏〔一三〕：「至小祥，作栗主，入廟，乃埋桑主於祖廟門〔一四〕左埋重處，故鄭云：『虞而作主，至祔，奉以祔祖廟。既事畢，反之殯宮。』」《檀弓》疏〔一五〕：「按《異義》：『戴《禮》及《公羊》說，虞主埋於壁兩楹之間，一説埋之於廟北墉下。《左氏》說，虞主所藏，無明文。』鄭駁之云：『按《士喪禮》重與柩相隨之禮，柩將出，則重倚於道左；柩將入於廟，則重止於門西。虞主與神相隨之禮，亦當然。練時既特作栗主，則入廟之時，祝奉虞主於道左。練祭訖，乃出就虞主而埋之，如既虞埋重於道左。』是鄭既練埋虞主於廟門之道左也。」

【注】夏后氏以松，殷人以栢，周人以栗。「松」猶「容」也，想見其容貌而事之，主人正之意也；「栢」猶「迫」也，親而不遠，主地正之意也；「栗」猶「戰栗」，謹敬貌，主天正之意也。

【疏】《白虎通》：「祭所以有主者，何？言神無所依據，孝子以主繼〔一六〕心焉。《論語》曰：『哀公問主於宰我，宰我對曰：「夏后氏以松，松者，所以自竦動；殷人以栢，栢者，所以自迫促〔一七〕；周人以栗，栗者，所以自戰栗，示不相襲。」』」《異義》：「今《春秋公羊》說，祭有主者，孝子之主繫心。夏后氏以松，殷人以栢，周人以栗。古《周禮》說，虞主用桑，練主以栗，無夏后氏以松爲主之事。」按，漢安昌侯《齊論》本「問社」，「社」字是「主」字。

【注】《禮·士虞記》曰：「桑主不文，吉主皆刻而謚之。」

【疏】《後漢書·禮志》：「桑木主，尺二寸，不書謚。」《五經要義》：「練主用栗。栗者，敬也。祭禮取其恭。木主之狀，四方，穿中央，以達四方。天子長尺二寸，諸侯長尺，皆刻謚於其背。」姚氏鼐曰：「此是《禮》之逸篇。題云『士虞記』，而中廣言天子、諸侯之禮。」

【傳】用栗者，藏主也。【注】藏於廟室中，常所當奉事也。質家藏於室。

【疏】《穀梁》疏：「其藏之也，《白虎通》亦云：『藏之西壁。』」《左傳》疏：「每廟木主，皆以石函盛之。當祭，則出之；事畢，則納於函，藏於廟〔一八〕北壁之内，所以避火災也。」魏代，或問高堂隆曰：「昔受訓云：『馮君八萬言章句，説正廟之主，各藏太室西壁之中；遷廟之主，於太祖太室北壁之中。』按《逸禮》，藏主之處，似在堂上壁中。」答曰：「章句但言藏太祖北壁中，不言〔一九〕堂室。愚意以堂上無藏主，當室之中也。」《漢舊儀》：「已葬，收主，爲木函，藏廟太室中西墻壁埳中，望内，外不出堂室之上。」賀循引《漢儀》云：「去地六尺一寸，當祠，則設坐於墻〔二〇〕下。」

【注】禮：作練主，當以十三月。文公亂聖人制，欲服喪三十六月，十九月作練主，又不能卒竟，故以二十五月也。

【疏】《春秋繁露》：「亂聖人之制，欲久喪而不能〔二一〕。」

八月丁卯，大事于太廟，躋僖公。

【傳】大事者，何？大祫也。【注】以言「大」，與「有事」異。又從僖八年禘數之，知爲大祫。

【疏】《玄鳥》箋：「古者，君喪三年既畢，禘於其廟，而後祫祭於太祖。明年春，禘於群廟。自此之後，五年而再殷祭。一禘一祫，《春秋》謂之『大事』。」疏：「《大宗伯》及《王制》之注皆云：『魯禮：三年喪畢，祫於太廟〔二二〕；明年春，禘於群廟。自此之後，五年而再殷祭。一禘一祫，《春秋》謂之「大事」。』」

【注】毁廟，謂親過高祖，毁其廟，藏其主於太祖廟中。

【疏】「守祧」疏：「鄭知周之二祧是文、武者，鄭義：二祧，則祖、宗是也。故《祭法》云『祖文王而宗武王』，鄭云：『祖、宗，通言爾。』是祖其有德，宗其有功，其廟不毁，故云『祧』也。知『遷主藏焉』者，以其顯、考以下，其廟毁，不可以藏遷主。文、武既不毁，明當昭者藏於武王廟，當穆者藏於文王廟可知，故云『遷主藏焉』。若文、武已上，父、祖不可入下子孫之廟，宜藏於后稷之廟。但文、武既爲二祧，后稷爲太祖廟，不可復稱祧，故不變本名，稱『太祖』也。諸侯既不可與天子同有二祧，其遷主則總藏於太祖廟。」

【注】禮：取其廟室笮，以爲死者炊沐。

【疏】《喪大記》：「甸人取所徹廟之西北厞薪，用爨之。管人授御者沐。」疏：「示主人已死，此堂無復用，故取之也。煮汁孰，而管人又取以升階，授堂上御者，使沐也。」《爾雅》：「屋上薄，謂之筄。」注：「屋笮。」正義：「在椽上而傅於瓦者，名筄〔二三〕。《玉篇》：『筄，危也。』以其當屋之高處也。今南方多以竹爲之。亦有用木者，則謂之軒板。」

【注】太祖，周公之廟。陳者，就〔二四〕陳列太祖前。太祖東鄉，昭南鄉，穆北鄉，其餘孫從王父。父曰昭，子曰穆。昭，取其鄉明；穆，取其北面，尚敬。

【疏】《漢書·韋玄成傳》：「祫祭者，毀廟與未毀廟之主皆合食於大祖，父爲昭，子爲穆，孫復爲昭，古之正禮也。」鄭《禘祫志》：「此祫，謂祭於始祖之廟。毀廟之主〔二五〕，皆在始祖廟中。始祖之主〔二六〕於西方，東面；始祖之子爲昭，北方，南面；始祖之孫爲穆，南方，北面。自此〔二七〕以下皆然，從西爲上。」《決疑要注》：「父南面，故曰昭。昭，明也。子北面，故曰穆。穆，順也。」

【注】殷，盛也。謂三年祫，五年禘。

【疏】《禮緯》：「三年一祫，五年一禘。」鄭注：「百王通義。」《五經通義》：「王者、諸侯，所以三年以[二八]祫、五年以禘，何？三年一閏，天道小備，故三年一祫。祫者，取未遷廟主，合食太祖廟中。五歲再閏，天道大備，故五歲一禘。禘者[二九]，取已遷廟主，合食太祖廟中。」

【注】禘所以異於祫者，功臣皆祭也。

【疏】《春秋説》：「禘所以異於祫者，功臣皆祭也。」《書·盤庚》：「兹予大享於先王，爾祖其從與[三〇]享之。」傳：「古者[三一]録功臣，配食於廟。」《周禮·司勳》：「凡有功者，銘書於王之太常，祭於大烝。司勳詔之。」注：「『銘』之言『名』也。生，則書於王旌，以識其人與其功也；死，則於烝先王祭之。『詔』謂告其神以辭也，盤庚告其卿大夫曰『兹予大享於先王[三二]，爾祖其從與享之』是也。今漢祭功臣於廟庭。」

【注】祫，猶「合」也；禘，猶「諦」也，審諦，無所遺失。禮：天子特禘，特祫；諸侯禘則不礿，祫則不嘗；大夫有賜於君，然後祫其高祖。

【疏】注「祫合也」至「遺失」。《玄鳥》箋：「祫，合也。」張純曰：「『禘』之爲言『諦』，審諦〔三三〕昭穆尊卑之義也。」

【疏】注「大夫」至「高祖」。《大傳》：「大夫、士有大事，省於其君，干祫，及其高祖。」疏：「若此大夫、士有勛勞大事，爲君所善者，則此是識深，故君許其祫祭，至於高祖。但無始祖廟，雖得行祫，唯至於高祖，并在〔三四〕壇，空而祫之。」

【傳】躋者，何？升也。何言乎升僖公？譏。何譏爾？逆祀也。其逆祀，奈何？先禰而後祖也。【注】「升」謂西上。《禮》昭穆指父子。近取法《春秋》，惠公與莊公當同南面西上，隱、桓與閔、僖亦當同北面西上，繼閔者在下。文公緣僖公於閔公爲庶兄，置僖公於閔公上，失先後之義，故譏之。《傳》曰「後祖」者，僖公以臣繼閔公，猶子繼父，故閔公於文公亦猶祖也。自先君言之，隱、桓及閔、僖各當爲兄弟，顧有貴賤耳；自繼代言之，有父子、君臣之道。此恩義、逆順，各有所施也。

【疏】《左傳正義》：「《公羊傳》曰：『躋者，何？升也。』禘祭之禮，審諦〔三五〕昭穆。諸廟已毁、未毁之主，皆於太祖廟中，以昭穆爲次序：父爲昭，子爲穆。太祖東向，昭南向，穆北向。孫從王父，以次而下。祭畢，則復其廟。其兄弟相代，則昭穆同班。近據春秋以來，惠公與莊公當同南面西上，隱、桓與閔、僖亦同北面西上。僖是閔之庶兄，繼閔而立，昭穆雖同，位次閔下。今升在閔上，故書而譏之。」又，「禮：父子異昭穆，兄弟昭穆同。故閔、僖不得爲父子，同爲穆耳，當閔在僖上。今升僖先閔，故云『逆祀』。二公位次之逆，非昭穆亂也」。

公子遂如齊納幣。

【注】僖公以十二月薨，至此未滿二十五月。又，禮：先納采、問名、納吉，乃納幣。此四者，皆在三年之内，故云爾。

【疏】《春秋繁露》：「《春秋》譏文公以喪娶。難者曰：喪之法，不過三年。三年之喪，二十五月。今按《經》，文公〔三六〕乃四十一月方娶。娶時無喪，出其法也矣，何以謂之喪娶？曰：《春秋》之論事，莫重乎志。今娶必納幣，納幣之月在喪分，故謂之『喪娶』也。且文公以秋祫祭，以冬納幣，皆失於太蚤。《春秋》不譏其前而顧譏其後，必以三年之喪，肌膚之情也。雖從俗而不能終，猶宜未平於心。今全無悼遠之志，反思念娶事，是《春秋》之所甚疾也。故譏不出三年，於首而已，譏以喪娶也；不別先後，賤其無人心也。緣此以論禮，禮之所重者，在其志：志敬而節具，則君子予之知禮；志和而音雅，則君子予之知樂；志哀〔三七〕而居約，則君子予之知〔三八〕喪。故曰『非虚加之』，重志之謂也。」

夏，逆婦姜于齊。四年

【傳】高子曰：「娶乎大夫者，略之也。」【注】賤，非所以奉宗廟，故略之。

【疏】《春秋繁露》：「娶於大夫，以卑宗廟。」

五年春，王正月，王使榮叔歸含且賵。

【傳】含者，何？口實也。【注】孝子所以實親口也，緣生以事死，不忍虛其口。天子以珠，諸侯以玉，大夫以碧，士以貝，春秋之制也。文家加飯以稻米。

【疏】《白虎通》：「故天子飯以玉，諸侯以珠，大夫以米[三九]，士以貝。」《雜記》疏：「桉，《禮》戴說：『天子飯以珠，含以玉；諸侯飯以珠，含以璧；大夫、士飯以珠，含以貝。』此等皆非周禮，并夏、殷之法。」《荀子》：「飯以生稻。」注：「生稻，米也。」

三月辛亥，葬我小君成風。

【傳】成風者，何？僖公之母也。

【疏】《服問》疏曰：「『妾，先君所不服也』者，天子、諸侯爲妾無服，唯大夫爲貴妾服緦，故知『妾，先君所不服』。云『《禮》：庶子爲後，爲其母緦』者，按，《喪服》『緦麻』章云：『庶子爲父後者，爲其母。』是也。云『言唯君所服，伸君也』者，若其不爲後，則爲母無服，故《喪服記》云：『公子爲其母，練冠，麻衣，縓緣。』今以爲君得著緦麻服，是伸君之尊也。君既服緦，是近臣得從君服也。此謂禮之正法。云『《春秋》之義，有以小君服之者』，鄭既以正禮言之，又引春秋之時不依正禮者，有以爲小君之服服其妾母者，是文公四年『夫人風氏薨』，是僖公之母成風也。又，昭十一年『夫人歸氏薨』，是昭公之母齊歸也，皆亂世之法，非正禮也。」《喪服》疏：「向來經傳所云者，據大夫、士之庶子承後法。若天子、諸侯庶子承後，爲其母所服云何？按，《曾子問》云：『古者，天子練冠以燕居。』鄭云：『謂庶子王，爲其母無服。』按，《服問》云：『君之母非夫人，則群臣無服，唯近臣及僕、驂乘從服，爲〔四〇〕君所服服也。』注云：『妾，先君所不服也。《禮》：「庶子爲後，爲其母緦。」言爲君所服，伸君也。《春秋》之義，有以小君服之者。時若小君在，則益不可。』據彼二文而言，《曾子問》所云，據小君在，則練冠五服外；《服問》所云，據小君没後，其庶子爲得伸，故鄭云『伸君』，是以引『《春秋》之義，母以子貴』。若然，天子、諸侯禮同，與大夫、士禮有異也。」

冬十月，公子遂如晉，葬晉襄公。六年

【注】禮：諸侯薨，使大夫弔，自會葬。

【疏】《王制》疏：「其諸侯自相奔喪禮，桉，《公羊》説，遣大夫弔，君會其葬。《左氏》説，諸侯之喪，士弔，大夫會葬。文、襄之霸，令大夫弔，卿共葬事。」

閏月不告月，猶朝于廟。

【注】禮：諸侯受十二月朔政〔四一〕於天子，藏於太祖廟。每月朔，朝廟，使大夫南面奉天子命，君北面而受之。比時，使有司先告朔，謹之至也。受於廟者，孝子歸美先君，不敢自專也。言「朝」者，緣生以事死。親在，朝朝莫夕；已死，不敢渫鬼神。故事必於朔者，感月始生而朝。

【疏】《大史》〔四二〕：「頒告朔於邦國。」注：「天子頒朔於諸侯，諸侯藏之祖廟。至朔，朝於廟，告而受行之。鄭司農云：『「頒」讀爲「班」，班，布也。以十二月朔，布告天下諸侯。』」《穀梁》疏：

「凡告朔之禮，因聽視此月之政，故謂之視朔，謂之聽朔也。其朝廟之禮，孝子緣生以事死，因告朔在廟，故感月始而亦享祭宗廟，故亦謂之朔享〔四三〕。其歲首，謂之朝正也。」

【注】朝者，因視朔政爾。無政而朝，故加「猶」；不言「朔」者，閏月無告朔禮也。

【疏】《玉藻》疏：「《異義》：『《公羊》説，每月告朔，朝廟。至於閏月不以朝者，閏月，殘聚餘分之月，無正〔四四〕，故不以朝。《經》書「閏月猶朝廟」，譏之。』」《御覽》：「《異義》：『古《春秋左氏》説，閏以正時，時以作事，事以厚生，生民之道〔四五〕於是乎在。不告閏朔，棄時政也。棄時政，則不知其所行。故閏月不以朝者，諸侯歲遣大臣之京師，受十二月之政，還，藏於太廟。月旦，朝廟存神，有司因告曰：「今月當行某政。」至於閏月，蘽殘餘分之月，無正，故不以朝，《經》書「閏月猶朝」譏之者是也。』」

九年春，毛伯來求金。

【注】故君薨稱子某，既葬稱子，明繼體以繫民臣之心〔四六〕。

【疏】《白虎通》：「父没稱子某，屈於尸柩也；既葬稱子者，即尊之漸也。」

【注】孝子三年，志在思慕，不忍當父位，故雖即位，猶於其封内三年稱子。子張曰：「《書》云：『高宗諒闇，三年不言。』何謂也？」孔子曰：「何必高宗！古之人皆然。君薨，百官總己，以聽冢宰三年。」

【疏】「孝子」至「稱子」。《白虎通》：「《春秋傳》曰『天子三年，然後稱王』者，謂稱王統事，發號令也，《尚書》曰『高宗諒陰〔四七〕三年』是也。《論語》〔四八〕：『君薨，百官總己，聽〔四九〕於冢宰三年。』緣孝子之心，則三年不忍〔五〇〕當也，故三年除喪，乃即位統事。即位，踐阼爲主，南面朝臣下，稱王，以發號令也。故天子、諸侯，凡三年即位，終始之義乃備。所以諒陰三年，卒孝子之道，故《論語》曰：『古之人皆然。君薨，百官總己，以〔五一〕聽於冢宰三年。』」

【疏】注「子張曰《書》云高宗諒闇」。鄭注：「諒闇，謂凶廬也。」葛洪《喪服變除》：「子爲父，三月既葬，草屨内納，廬則柱楣剪屏。屏者，廬前屏也。其廬所爲之屏也，而更作外障以爲之。作廬：先横一木，長槊著地，因立細木於上，以曲就東墉，以草被之。既葬，則剪去此草之拍地。以短柱柱起此横梁之著地，謂之柱楣。楣，一名梁。既舉此梁，乃得於廬外作障，但下〔五二〕用泥之。諸侯始作廬者便有屏，而未泥之；既葬，乃泥之。既柱起梁，又立小障以辟風，凶事轉輕。」《詩》正義：「『諒闇』轉作『梁闇』。『楣』謂之梁；『闇』，廬也。小乙崩，武丁立，憂喪三年之禮。」

【注】引文王者，文王始受命，制法度。

【疏】《史記·周本紀》：「詩人道西伯，蓋受命三年〔五三〕稱王，乃斷虞、芮之訟。後十年〔五四〕而崩，謚爲文王。改法度，制正朔矣。」

夫人姜氏如齊。

【注】奔父母之喪也。

【疏】《雜記》：「婦人非三年之喪，不逾封而弔。」《春秋繁露》：「婦人無出竟之事，經禮也；母爲子娶婦，奔喪父母，變禮也。」

秦人來歸僖公、成風之襚。

【傳】曷爲不言「及成風」？成風尊也。【注】不可使卑及尊也。母尊，序在下者，明婦人有三從之義：少繫父，既嫁繫夫，夫死繫子。

【疏】《前漢·杜鄴傳》：「臣聞：陽尊陰卑，卑者隨尊，尊者兼卑，天之道也。是以男雖賤，各爲其家陽；女雖貴，猶爲其國陰。故《禮》明三從之義，雖有文母之德，必繫於子。」《册府元龜》：「梁何佟之議：夫婦人之道，義無自專。若不仰繫於夫，則當俯繫於子。」

世室屋壞。十三年

【傳】世室者，何？魯公之廟也。周公稱太廟，魯公稱世室，群公稱宫。【注】少差異其下者，所以上尊周公。

【疏】《穀梁傳》：「大室屋壞者，有壞道也，譏不修也。大室，猶世室也。周公曰太廟，伯禽曰大室，群公曰宫。」

【傳】此魯公之廟也，曷爲謂之世室？「世室」，猶世室也，世世不毁也。【注】魯公，始封之君，故不毁也。

【疏】《明堂位》：「魯公之廟，文世室也；武公之廟，武世室也。」注：「此二廟，象周有文王、武王之廟也。『世室』者，不毁之名也。『魯公』，伯禽也。」《考工》：「夏后氏世室，堂修二七，廣四修一。」注：「『世室』者，宗廟也。魯廟有世室，牲有白牡，此用先王之禮。」

【傳】封魯公以爲周公也。周公拜乎前，魯公拜乎後，曰：「生以養周公，死以爲周公主。」

【注】始受封時，拜於文王廟也，《尚書》曰「用命賞於祖」是也。父子俱拜者，明以周公之功封魯公也。生，以魯國供養周公；如周公死，當以魯公爲祭祀主。

【疏】《洛誥》：「王命周公後，作册，逸誥。」傳：「王爲册書，使史逸誥伯禽封命之書，皆因〔五五〕在烝祭日，周公拜前，魯公拜後。」《王莽傳》：「王曰：『叔父，建爾元子。』子父俱延拜而受之。」注：「師古曰：『謂周公拜前，魯公拜後。』」

【傳】封魯公以爲周公主，然則周公曷爲不之魯？欲天下之一乎周也。【注】周公，聖人，德至重，功至大，東征則西國怨，西征則東國怨。嫌之魯，恐天下迴心趣鄉之。故封伯禽，命使遥供養，死則奔喪爲主，所以一天下之心於周室。

【疏】《白虎通》：「周公不之魯，何？爲周公繼武王之業也。《春秋傳》曰：『周公曷爲不之魯？欲天下一於周也。』」《荀子》：「周公南征而北國怨，曰：『何獨不來也？』東征而西國怨，曰：『何獨後我也？』」

【傳】魯祭周公，何以爲牲？周公用白牡，魯公用騂犅，群公不毛。【注】白牡，殷牲也。周公死，有王禮，謙，不敢與文、武同也。不以夏黑牡者，謙，改周之文，當以夏辟嫌也。騂犅，赤脊，周牲也。魯公以諸侯，不嫌，故從周制，以脊爲差。不毛，不純色，所以降於尊祖。

【疏】《春秋繁露》：「臣湯問曰：『天子用騂剛，群公不毛。周公，諸公也，何以得用純牲？』臣仲舒對曰：『武王崩，成王幼，而在襁褓之中。周公繼文、武之業，成二聖之功，德漸天地，澤被四海，故成王賢而貴之。《詩》云：「無德不報。」故成王使祭周公以白牡，上不得與天子同色，下有異於諸侯。仲舒愚，以爲報德之禮。』」

【傳】群公廩。【注】廩者，連新於陳上，財令半相連爾。

【疏】孫侍御志祖《讀書脞録》：「《釋言》：『廩，廯也。』郭注：『或説云，即倉廩。所未詳。』按，《釋文》引舍人云：『廩，少，鮮也。』蓋『廯』與『鮮』通，『廩』有『鮮』義。《公羊・文十三年傳》：『群公廩。』何休注云：『廩者，連新穀於陳上，財令半相連爾。』疏：『謂全是故穀，但在上少有新穀，財得相連而已，故謂之廩。』廩者，希少之名。此其證。」

晉人納接菑于邾婁，弗克納。十四年

【注】時邾婁再娶。二子，母尊同，體敵。

【疏】《白虎通》:「必一娶,何?防淫佚〔五六〕也。爲其棄德嗜色,故一娶而已。人君無再娶之義也。」

校勘記

〔一〕「諒陰」,《通典》卷五十五作「諒闇」。

〔二〕「事」,蜚雲閣本、咫進齋本、續經解本并作「子」,據《通典》卷五十五改。

〔三〕「否」,與《五經異義疏證》同,《通典》卷四十八作「不」,字通。

〔四〕「用桑」,與《通典》卷四十八同,咫進齋本、續經解本并作「有桑」。

〔五〕「烝」,與《通典》卷四十八、《五經異義疏證》同,咫進齋本、續經解本作「蒸」。

〔六〕「正方」,與《五經異義疏證》同,續經解本、《通典》卷四十八并作「四方」。

〔七〕「及」,與《禮記正義》卷五十六同,咫進齋本、續經解本并作「即」。

〔八〕「喪」,續經解本作「桑」,與《白虎通·宗廟》同。

〔九〕「喪」,蜚雲閣本、咫進齋本作「桑」,據續經解本、《太平御覽》卷五百三十一改。

〔一〇〕「對」,蜚雲閣本、咫進齋本、續經解本并作「時」,據《儀禮注疏》卷四十二改。

〔一一〕「喪」,蜚雲閣本、咫進齋本、續經解本并作「桑」,據《穀梁注疏》卷十改。

〔一二〕「納」,蜚雲閣本、咫進齋本、續經解本并奪,據《白虎通·宗廟》補。

〔一三〕「《曲禮》疏」,蜚雲閣本、咫進齋本、續經解本并作「《檀弓》疏」,據《禮記正義》卷四改。

〔一四〕「門」，蜚雲閣本、思進齋本、續經解本并奪，據《禮記正義》卷四補。

〔一五〕「《檀弓》疏」，蜚雲閣本、思進齋本、續經解本并無，據引文補。

〔一六〕「繼」，與《白虎通·宗廟》同，續經解本作「係」。盧校云：「繼，一本作『係』，二字通。」

〔一七〕「促」，蜚雲閣本、思進齋本作「從」，據續經解本、《白虎通·宗廟》改。

〔一八〕「廟」，《左傳正義》卷四十八下有「之」字。

〔一九〕「言」，《通典》卷四十八作「別」。

〔二〇〕「墻」，《通典》卷四十八作「垥」。

〔二一〕「亂聖人之制，欲久喪而不能」，凌注本《春秋繁露》無此語。

〔二二〕「太廟」，《毛詩正義》卷二十之三作「太祖」，疑當據改。

〔二三〕「笵」，蜚雲閣本、思進齋本、續經解本并作「笮」，據邵晉涵《爾雅正義》卷六改。下「笵，危也」同。

〔二四〕「就」，蜚雲閣本、思進齋本、續經解本并作「既」，據《公羊注疏》卷十三改。

〔二五〕「毁廟之主」，《禮記正義》卷十二下有「及未毁廟之主」六字，疑當據補。

〔二六〕「之主」，蜚雲閣本、思進齋本、續經解本并作「之祖」，據《禮記正義》卷十二改。

〔二七〕「自此」，蜚雲閣本、思進齋本、續經解本并作「至此」，據《禮記正義》卷十二改。

〔二八〕「以」，與《漢魏遺書鈔》本《五經通義》同，《太平御覽》卷五百二十八作「一」。下「五年以禘」同。

〔二九〕「禘者」，與《漢魏遺書鈔》本《五經通義》同，《太平御覽》卷五百二十八下有「諦也」二字。

〔三〇〕「與」，蜚雲閣本、思進齋本、續經解本作「予」，據《尚書正義》卷九改。

〔三一〕「古者」，《尚書正義》卷九下有「天子」二字。

〔三二〕「先王」，咫進齋本作「先生」。

〔三三〕「審諦」，《後漢書》卷六十五、《北堂書鈔》卷九十并作「諦定」。

〔三四〕「在」，《禮記正義》卷三十四下有「於」字。

〔三五〕「諦」，蜚雲閣本作「禘」，據咫進齋本、續經解本、《左傳正義》卷十八改。

〔三六〕「公」，蜚雲閣本、咫進齋本、續經解本并奪，據淩注本《春秋繁露·玉杯》補。

〔三七〕「哀」，蜚雲閣本、咫進齋本作「約」，據續經解本、淩注本《春秋繁露·玉杯》改。

〔三八〕「知」，蜚雲閣本、咫進齋本作「居」，據續經解本、淩注本《春秋繁露·玉杯》改。

〔三九〕「米」，續經解本作「璧」，與《白虎通·崩薨》同。盧校云：「璧，舊作『米』。」

〔四〇〕「爲」，《儀禮注疏》卷三十三作「唯」，下「爲君所服」同。

〔四一〕「政」，蜚雲閣本、咫進齋本、續經解本并作「正」，據《公羊注疏》卷十三改。

〔四二〕「大史」，蜚雲閣本、咫進齋本、續經解本并作「太史」，據《周禮注疏》卷二十六改。

〔四三〕「朔享」，《穀梁注疏》卷十作「朝享」。

〔四四〕「正」，《禮記正義》卷二十九作「政」。

〔四五〕「道」，與《禮記正義》卷二十九引同，《太平御覽》卷五百三十八作「本」。

〔四六〕「之心」，蜚雲閣本、咫進齋本奪，據續經解本、《公羊注疏》卷十三補。

〔四七〕「諒陰」，《白虎通·爵》作「諒闇」。下「諒陰三年」同。

〔四八〕「論語」，《白虎通·爵》下有「曰」字。

〔四九〕「聽」,《白虎通·爵》上有「以」字。

〔五〇〕「忍」,蜚雲閣本、思進齋本奪,據續經解本、《白虎通·爵》補。

〔五一〕「以」,續經解本、《白虎通·爵》并無。

〔五二〕「下」,《通典》卷八十七作「不」,疑當據改。

〔五三〕「三年」,殿本《史記》卷四作「之年」。

〔五四〕「十年」,殿本《史記》卷四作「七年」,正義云:「『七』當爲『九』。」

〔五五〕「因」,《尚書正義》卷十五作「同」。

〔五六〕「佚」,續經解本、盧校本《白虎通·嫁娶》并作「泆」。

春秋公羊禮疏卷六

宣公

三月，遂以夫人婦姜至自齊。元年

【傳】夫人何以不稱姜氏？貶。曷爲貶？譏喪娶也。喪娶者，公也，則曷爲貶夫人？内無貶於公之道也。内無貶於公之道，則曷爲貶夫人？夫人與公，一體也。

【疏】《白虎通》：「婦人學事舅姑，不學事己父母〔一〕者，示婦與夫一體也。」

晉放其大夫胥甲父于衛。

【傳】古者大夫已去，三年待放。君放之，非也；大夫待放，正也。

【疏】《喪服》「齊衰三月」章曰：「爲舊君。《傳》曰：大夫以道去君，而猶未絶。」《羔裘》箋：「以道去其君者，三諫不從，待放於郊，得玦乃去。」《白虎通》：「凡待放者，冀君用其言爾。事已行，災咎將至，無爲留之。《易》曰：『介如石，不終日，貞吉。』《論語》曰：『三日不朝，孔子行。』臣待放於郊，君不絶其禄者，示不欲其去也，道不合耳。以其禄參分之二與之，一留與其妻、長子，使得祭其宗廟。賜之環則反，賜之玦則去，明君子重耻也。《王度記》曰：『反之以玦。』其不待放者，亦與之物，明有分土、無分民也。』《詩》曰：『逝將去汝，適彼樂土。』」

【注】古者，刑不上大夫。

【疏】《五經異義》：「戴説〔二〕，刑不上大夫。古《周禮》説，士尸肆諸市，大夫尸肆諸朝，是大夫有刑。謹按，《易》曰：『鼎折足，覆公餗，其刑渥，凶。』無刑不上大夫之事，從《周禮》之説。」駁之曰：「凡有爵者，與王同〔三〕族。大夫以下〔四〕適甸師氏，令人不見，是以云『刑不上大夫』。」《白虎通》：「刑不上大夫者，據禮，無大夫刑。或曰：答撻之刑也。」

【傳】古者，臣有大喪，則君三年不呼其門。【注】重奪孝子之恩也。

【疏】《白虎通》：「臣下有大喪，不呼其門者，使得終其孝道，成其大禮。」《説苑》：「古者，有親喪者，不呼其門。」桓寬《鹽鐵論》：「古有大喪者，居三年，不呼其門，通其孝道，遂其哀戚之心。君子之所重而自盡者，其惟親之喪乎？」《後漢·陳忠傳》：「臣聞之：《孝經》始於愛親，終於哀戚。上自天子，下至庶人，尊卑、貴賤，其義一也。夫父母於子，同氣異息，一體而分，三年乃免於懷抱。先聖緣人情而著其節，制服二十五月。是以《春秋》：『臣有大喪，君三年不呼其門。』閔子雖要絰服事，以赴公難，退而致位，以究私恩，故稱『君〔五〕使之，非也；臣行之，禮也』。」《荀爽傳》對策曰：「昔翟方進以身〔六〕備宰相，而不敢逾制。至遭母憂，三十六日而除。夫失禮之源，自上而始。古者大喪，三年不呼其門，所以崇國厚俗，篤化之道也。」

【注】禮：父母之喪，三年不從政；齊衰、大功之喪，三月不從政。故孔子曰：「夏后氏三年之喪，既殯而致事；殷人既葬而致事，周人卒哭而致事。君子不奪人之親，亦不可奪親也。」

【疏】《曾子問》：「子夏問曰：『三年之喪，卒哭，金革之事無辟也者，禮與？初有司與？』孔子曰：『夏后氏三年之喪，既殯而致事；殷人既葬而致事。《記》曰：「君子不奪人之親，亦不可奪親也。」此之謂乎？』」注：「致事，還其職位於君，則〔七〕卒哭而致事。」《雜記》曰：「士三月而葬，是月而卒哭；大夫三月而葬，五月而卒哭。」又案，鄭康成注《既夕禮》：「卒哭，三虞之後祭名。始朝夕之間，哀至則哭。至此祭，止也，朝夕哭而已。」

【傳】已練，可以弁冕，服金革之事。君使之，非也；臣行之，禮也。【注】此説時衰正〔八〕失，非謂禮當然。

【疏】《檀弓》：「父母之喪，哭無時，使必知其反也。」注：「謂既練，或時爲君服金革之事，反，必有祭。」疏：「《禮運》云『三年之喪，期不使』，《公羊傳》亦期不使，是知期内不使，則期外可使也。而《曾子問》云：『卒哭，服金革之事，無辟。』此魯侯有爲爲之也。《喪大記》云：『卒哭而服金革之事。』鄭云：『權禮也。』是知卒哭而使，非正禮也。」

【注】弁，《禮》所謂皮弁、爵弁也。皮弁，武冠；爵弁，文冠。夏曰收，殷曰冔，周曰弁。加旒曰冕，主所以入宗廟。

【疏】《儀禮》：「周弁，殷冔，夏收。」《釋名》：「冔，亦殷冠名也。冔，幠也，『幠』之言『覆』，言以覆首也。收，夏后冠名也，言收斂髮也。」《儀禮》疏：「凡冕，以木爲體，長尺六寸〔九〕，績麻三十升布，上以玄，下以纁，前後有旒。其爵弁制大同，唯無旒，又爲爵色爲異。」

【傳】閔子要絰而服事，既而曰：「若此乎，古之道不即人心？」退而致仕。孔子蓋善之也。【注】禮：已練，男子除乎首，婦人除乎帶。

【疏】《間傳》：「期而小祥，練冠、縓緣，要絰不除。男子除乎首，婦人除乎帶。男子何爲除乎首也？婦人何爲除乎帶也？男子重首，婦人重帶。除服者，先重者；易服者，易輕者。」《喪服》注：「麻在首、在要，皆曰絰。『絰』之言『實』也，明孝子有忠實之心也。首絰，象緇布冠之缺項；要絰，象大帶。」

三年春，王正月，郊牛之口傷，改卜牛。牛死，乃不郊，猶三望。

【注】帝，皇天大帝，在北辰之中，主總領天地五帝、群神也。

【疏】《五經通義》：「神之大者曰昊天上帝、天皇大帝，亦曰太乙，其佐曰五帝。」《春秋元命包》：「太微爲天庭，五帝以合時。紫微宫爲大帝，中有五帝座，座五帝，合明。天生大列，爲中宫天極星。其一明者，太乙常居也；傍兩星巨〔一〇〕辰、子位，故爲北辰；以起節度，亦爲紫微宫。」王光禄鳴盛按：《乾鑿度》有太乙九宫法，鄭注云：『太乙，北辰之神。』則太乙即北辰耀魄寶，亦即天皇大帝在北辰者。其下行九宫，則爲青、黄、赤、白、黑五帝；其返而歸於太微，則仍爲太乙。」

【注】不吉者，有災。先卜帝牲，養之。有災，更引稷牲卜之，以爲天牲，養之。凡當二卜爾。復不吉，不復郊。滌，宫名，養帝牲三牢之處也。謂之「滌」者，取其蕩滌絜清。三牢者，

各主一月。取三月，一時足，以充其天牲。

【疏】《郊特牲》：「帝牛不吉，以爲稷牛。帝牛必在滌三月，稷牛唯具，所以別事天神與人鬼也。」注：「養牲，必養二也。滌，牢中所搜除處也。」疏：「若『帝牛不吉』，或死喪。『以爲稷牛』者，『爲』猶『用』也，謂用稷牛而爲帝牛。其祭稷之牛，臨時別取牛用之。」《充人》：「掌繫祭祀之牲牷。祀五帝，則繫於牢，芻之三月。享先王，亦如之。」《獨斷》：「帝牲牢三月：在外牢一月，在中牢一月，在明牢一月，謂近明堂也。三月，一時已足，肥矣，徙之。三月，示其潔也。」

【注】「祖」謂后稷，周之始祖，姜嫄履大人跡所生。

【疏】《序》：「《生民》，尊祖也。后稷生於姜嫄，文、武之功起於后稷，故推以配天焉。」《異義》：「《詩》齊、魯、韓，《春秋公羊》説，聖人皆無父，感天而生。《左氏》説，聖人皆有父。謹按，《堯典》『以親九族』，即堯母慶都感赤龍而生堯，堯安得九族而親之？《讖》〔一〕云『唐五廟』，知不感天而生。」駁曰：「玄之聞也，諸言感生得無父，有父則不感生。此皆偏見之説也。《商頌》曰：『天命玄鳥，降而生商。』謂娀簡吞鳦子生契，是聖人感生，見於經之明文。劉媪是漢太上皇之妻，感赤龍而生高祖，是非有父、感神而生者耶？且夫蒲盧之氣，嫗煦桑蟲，成爲己子，況乎天氣因人之精，就而神之，反不使子賢聖乎？是則然矣，又何多怪？」

【注】配，配食也。

【疏】《荀子》：「故禮：上事天，下事地，尊先祖而隆君師。是禮之三本也，故王者天太祖。」楊倞注：「謂以配天也。太祖，若周之后稷。」《禮記》注：「上帝，周所郊祀之帝，謂蒼帝靈威仰也。魯以周公之故，得郊祀上帝，與周同。先有事於頖宮，告后稷也。告之者，將以配天，先仁也。」

【注】必得主人乃止者，天道闇昧，故推人道以接之。

【疏】《喪服小記》：「王者禘其祖之所自出，以其祖配之。」注：「禘，大祭也。始祖感天神靈而生，祭天，則以祖配之。自外至者，無主不止。」疏：「『外至』者，大神〔一三〕也。『主』者，人祖也。故祭，以人祖配天神也。」《白虎通》：「王者所以祭天，何？緣事父以事天也。祭天必以祖配，何？自內出者，無匹不行；自外至者，無主不止。故推其始祖，配以賓主，順天意也。」

【注】不以文王配者，重本尊始之義也，故《孝經》曰：「郊祀后稷以配天，宗祀文王於明堂，以配上帝。」上帝，五帝，在太微之中，迭生子孫，更王天下。

【疏】《大傳》注：「凡大祭曰禘。自，由也。大祭其先祖所由生，謂郊祀天也。王者之先祖，皆感太微五帝之精以生，蒼則靈威仰，赤則赤熛怒，黄則含樞紐，白則白招拒，黑則汁光紀。皆用正歲之正月郊祭之，蓋特尊焉。《孝經》曰『郊祀后稷以配天』，配靈威仰也；『宗祀文王於明堂，以配上帝』，泛配五帝也。」《三輔黄圖》：「周明堂。明堂所以正四時，出教化，天子布政之宫也。黄帝曰合宫，堯曰衢室，舜曰總章，夏后氏曰世室，殷人曰陽館，周人曰明堂。先儒舊説，其制不同。或曰：明堂在國之陽。《大戴禮》云：『明堂九室，一室有四户八牖，凡三十六户、七十二牖。以茅蓋屋，上圓下方。』《援神契》曰：『明堂上圓下方，八牕、四牖。』《考工記》云：『明堂五室。稱九室者，取象陽數也。八牖者，陰數也，取象八風。三十六户牖，取六甲之爻〔一三〕，六六三十六也。上圓，象天；下方，法地；八牕，即八牖也。四闥者，象四時、四方也。五室者，象五行也。』皆無明文，先儒以意釋之耳。《禮記·明堂位》曰：『諸侯朝於明堂之位，天子負斧扆，南鄉而立。明堂也者，明諸侯之尊卑也。制禮作樂，頒度量，而天下服。』知明堂是布政之宫也。又，《孝經》曰：『宗祀文王於明堂，以配上帝。』則周有明堂也，明矣。」

冬，齊高固及子叔姬來。五年

【注】禮：大夫妻，歲一歸宗。

【疏】「齊衰三月」章注：「古者，大夫不外娶。婦人歸宗往來，猶民也。」「齊衰期」章疏〔一四〕：

「天子、諸侯夫人父母[一五]卒，不得歸宗，以其人君絶宗。」

【傳】子公羊子曰：「其諸爲其雙雙而俱至者與？」

【疏】《士昏禮》疏：「何休以爲《禮》無反馬，而《左氏》以爲得禮。禮：婦人謂嫁曰歸。明無大故，不反於家。《經》書『高固及子叔姬來』，故譏乘行匹至也。」

六年春，晉趙盾、衛孫免侵陳。

【注】喪紀以服之精粗爲序，不奪人之親也。

【疏】《荀子》：「吉事尚尊，喪事尚親。」楊倞注：「吉事，朝廷列位也。喪事，以親者爲主。《禮記》曰：『以服之精麤爲序也。』」皇侃疏：「喪服以麤爲精，故鄭注《雜記》云：『臣爲君，三升半，微細焉，則屬於麤。』是知斬爲精，齊爲麤。」

【注】禮：臣拜，然後君答拜。

【疏】《士相見禮》：「士、大夫則奠摯，再拜稽首，君答一拜。」疏：「君答一拜[一六]，當作空首，九拜中奇拜是也。」《大射儀》疏：「三曰空首，君答臣下。」

【注】禮：天子爲三公，下階；卿，前席；大夫，興席；士，式几。

【疏】惠氏士奇[一七]《禮説》：「此坐朝之禮，燕饗行之。王饗諸侯，乘車送逆。《燕禮》『賓入及庭，公降一等而揖之』，則有下階之禮。凡大朝覲、大饗射及封國、命諸侯，皆設席。大朝覲者，諸侯因會同而行朝覲之禮也。若夫路門視朝，君臣皆立，未聞設席，亦不下階。孔子見哀公，公問儒行，蓋燕朝也。路門内之朝，太僕掌之，故曰『更僕』。更僕者，久立將倦，太僕二人相代而更，於是爲孔子布席於堂，而與之坐焉。此古禮也，及秦而亡。」

【傳】趙盾逡巡，北面再拜稽首。【注】頭至地曰稽首，頭至手曰拜手。

【疏】《大祝》：「一曰稽首，三曰空首。」注：「稽首拜，頭至地也。空手拜，頭至手，所謂拜手也。」疏：「稽首，拜中最重，臣拜君之拜。三曰空手拜者，答臣下拜。《郊特牲》曰：『大夫之臣不稽首，非尊家臣，以避君也。』如是相禮，諸侯於天子，臣於君，稽首，禮之正。」

【傳】方食魚飧。【注】孔子曰：「禮，與其奢也，寧儉。」此之謂也。

【疏】《詩》：「彼君子兮，不素飧兮。」箋云：『飧』讀如『魚飧』之『飧』。」正義：「《説文》云：『飧，水澆飯也。從夕、食。』言人旦則食飯，飯不可停，故夕則食飧。是『飧』爲飯之别名。」

【注】禮：大夫驂乘，有車右，有御者。

【疏】《曲禮》注：「車右，勇力之士，備制非常者。君行，則陪乘；君式則下，步行。」疏：「車行，則有三人：君在左，僕人中央，勇士在右也。又，《詩》云：『左旋右抽。』鄭箋云：『左，左人，謂御者；右，車右也。』《太僕》云：『王出入，則自左馭而前驅。』注：『前驅〔一八〕，如今道引也。道而居左自御〔一九〕，不參乘，辟王也，亦有車右焉。』」

【注】《禮器記》曰：「天子堂高九尺，諸侯七尺，大夫五尺，士三尺。」

【疏】《禮器》疏：「『天子之堂九尺』，此周法也。」《白虎通》：「天子之堂高九尺。天子尊，故極陽之數，九尺也。『堂』之爲言『明』也，所以明禮義也。《禮記》曰：『天子之堂九尺，諸侯七尺，大夫五尺，士三尺。』」

【傳】躇階而走。【注】躇猶超遽，不暇以次。

【疏】《燕禮記》疏：「凡升階之法，有四等：連步，一也；栗階，二也；歷階，三也。歷階，謂從下至上皆越等，無連步，若《禮記·檀弓》云『杜蕢入寢，歷階而升』是也。越階，四也。越階，謂左右足越三等，若《公羊傳》云『趙盾避靈公，躇階而走』是也。」

夏六月，公子遂如齊，至黃乃復。八年

【注】「聞喪」者，聞父母之喪；「徐行」者，不忍急行，又爲君當使人追代之。以喪喻疾者，喪尚不當反，況於疾乎？

【疏】《白虎通》：「大夫使，受命而出，聞父母之喪，非君命不反者，蓋重君也。故《春秋傳》曰：『大夫以君命出，聞喪，徐行，不反。』」《聘禮》：「若有私喪，則哭於館，衰而居，不饗食。歸，使衆介先，衰而從之。」注：「私喪，謂其父母。哭於館，衰而居，不敢以私喪自聞於主國、服凶〔二〇〕於君之吉使。《春秋傳》曰：『大夫以君命出，聞喪，徐行而不反。』」

辛巳，有事于太廟。

仲遂卒于垂。

【注】貶加字者，起嬰齊所氏，明爲歸父後，大宗不得絶也。

【疏】《石渠禮議》：「大宗無後，族無庶子，已有一適子，當絶父祀以後大宗否？戴聖云：『大宗不可絶，言適子不爲後者，不得先庶耳。族無庶子，則當絶父，以後大宗。』聞人通漢云：『大宗有絶，子不絶其父。』宣帝制曰：『聖議是也。』」

壬午，猶繹，《萬》入，去《籥》。

【傳】繹者，何？祭之明日也。【注】禮：繹繼昨日事，但不灌地降神爾。天子、諸侯曰繹，大夫曰賓尸，士曰宴尸，去事之殺也。必繹者，尸屬昨日配先祖食，不忍輒忘，故因以復祭，禮則無有誤，敬慎之至。殷曰肜〔二一〕，周曰繹。繹者，據今日，道昨日，不敢斥尊言之，文意也；肜者，肜肜不絶，據昨日，道今日，斥尊言之，質意也。

【疏】《周頌〔二二〕序》云：「《絲衣》，繹，賓尸也。」鄭箋：「繹，又祭也。天子、諸侯曰繹，以祭之明日；大夫〔二三〕曰賓尸，與祭同日。周曰繹，商謂之肜。」疏：「繹祭之禮，主爲賓事此尸。但天子、諸侯禮大，異日爲之，别爲立名，謂之爲『繹』，言其尋繹昨日；卿大夫禮小，同日爲之，不别爲立名，直指其事，謂曰『賓尸』耳。」《牛人》〔二四〕注：「宗廟有繹者，孝子求神非一處。」疏：「今日正〔二五〕祭，於廟；明日繹祭，在廟之西室。」《郊特牲》疏：「『祊』是求神之名，『繹』是接尸之稱。求神在室，繹尸在堂。」《祭義》注：「此時君牽牲，將薦毛血。君獻尸，而夫人薦豆，謂繹日也。儐尸，主人獻尸，主婦自東房薦韭、菹〔二六〕、醢。」疏：「證儐尸之時，先獻後薦。上大夫儐尸，即天子、諸侯之繹也。」

【注】祭必有尸者，節神也。禮：天子以卿爲尸，諸侯以大夫爲尸，卿大夫以下，以孫爲尸。

【疏】《曲禮》疏：「天子至士皆有尸，故《祭統》云：『祭之道，孫爲王父尸。所使爲尸者，於祭者爲子行，父北面而事之。』注云：『子行，猶子列也。祭祖則用孫列，皆取於同姓之適孫也。天子、諸侯之祭，朝事，延尸於户外，是以有北面事尸之禮也。』雖取孫列，用卿大夫爲之，故《既醉》注云：『天子以卿。』鄭箋云：『諸侯入爲天子卿大夫，故云「公尸」。』天子既然，明諸侯亦爾，故大夫、士亦用同姓適者。《曾子問》云：『無孫，取於同姓，可也。』」

【注】夏立尸，殷坐尸，周旅酬六尸。

【疏】《禮器》：「周坐尸，詔侑武方，其禮亦然，其道一也。夏立尸而卒祭，殷坐尸，周旅酬六尸。」疏：「『旅酬六尸』，謂祫祭時，聚群廟之主於太祖后稷廟中。后稷在室西壁，東嚮，爲發爵之主，尊，不與子孫爲酬酢。餘自文、武二尸，就親廟中〔二七〕，凡六，在后稷之東，南北對，爲昭穆，更相次序以酬也。殷但坐尸，未有旅酬之禮，而周益之也。然大祫多主，而唯云『六尸』者，先儒與王肅并云：『毁廟無尸，但有主也。』」

【注】干，謂楯也，能爲人扞難，而不使害人，故聖王貴之，以爲武樂。《萬》者，其篇名。武王以萬人服天下，民樂之，故名之云爾。

【疏】《文王世子》：「春、夏學干戈。」注：「干，盾也。干戈，《萬》舞，象武也。」《樂典》：「《河間獻王樂記》：『德莫如文，羽籥象焉；刑莫如武，干戚象焉。故樂者，出，所以征誅也；入，所以揖讓也。征誅、揖讓，其義一也。出則民莫不聽從，入則民莫不誠服，是故五帝用羽，三王用《萬》。』」

【注】籥，所吹以節舞也。吹籥而舞，文樂之長。

【疏】《文王世子》：「秋、冬學羽籥。」注：「羽籥，《籥》舞，象文也。」《籥師》：「掌教國子舞羽吹籥。」《左傳》疏：「鄭玄云：『籥，如管，六孔。』何休云：『吹之以節舞也。』故吹籥而舞，謂之文舞。」

【傳】去其有聲者，廢其無聲者。【注】廢，置也。置者，不去也，齊人語。

【疏】《莊子》：「廢於一堂。」《釋文》：「廢，置也。」《鄭志》答張逸云：「廢，置也。於去聲者爲『廢』，謂廢留不去也。」《九經古義》：「『令去樂』，注云：『去樂，藏之也。《春秋傳》曰：「壬午，猶繹，《萬》入，去樂。」《萬》言入，則去者不入，藏之可知。』案，古人皆謂『藏』爲『去』，《春秋傳》云『去樂，卒事』，又云『紡焉以度而去之』，《公羊傳》云『去其有聲者』，皆訓爲『藏』。顧炎武云：《漢書・蘇武傳》：『掘野鼠去中實而食之。』師古曰：『去，謂藏之也。』《陳遵傳》：『皆藏去以爲榮。』師古曰：『「去」亦藏也。』《魏志・華陀傳》：『去藥以待不祥。』臣松之按：『古語以「藏」爲「去」。』」

【注】禮：大夫死，爲廢一時之祭。有事於廟而聞之者，去樂，卒事；卒事而聞之者，廢繹。

【疏】《漢書・王嘉傳》：「聖王之於大臣，在輿爲下，御坐則起；疾病，視之無數；死，則臨弔之，廢宗廟之祭。進之以禮，退之以義，誅之以行。」《通典》：「東晉元帝姨廣昌君喪，未葬，中丞熊遠表云：『《禮》：「大夫死，廢一時之祭。」祭猶可廢，而况餘事？』」《穀梁傳》：「聞大夫之喪，則去樂，卒事。」

【注】凡祭，自三年喪已下，各以日月廢時祭。唯郊社，越紼而行事，可。

【疏】《鄭志》答田瓊云：「天地郊社，至尊，不可廢，故越紼祭之。六宗、山川之神，則否。」又云：「宫中五祀，在喪内，亦祀之。」《漢書·郊祀志》李奇注：「引棺車謂之紼。當祭天地、五祀，則越紼而行事，不以私喪廢公祀。」

冬十月己丑，葬我小君頃熊。雨，不克葬。庚寅，日中而克葬。

【注】「雨，不克葬」者，爲不得行葬禮。孔子曰：「生，事之以禮；死，葬之以禮，祭之以禮。」故不得行禮，則不葬也。

【疏】《王制》疏：「《異義》：『《公羊》説，「雨，不克葬」，謂天子、諸侯也。卿大夫，臣，賤，不得以雨止。《穀梁》説，葬既有日，不爲雨止。《左氏》説，卜葬，先遠日，辟不懷也，言不汲汲葬其親。

不可行事，廢禮不行。庶人不爲雨止。許慎謹按，《論語》云：「死，葬之以禮。」以雨而葬，是不行禮。《穀梁》説非也，從《公羊氏》《左氏》之説。』鄭氏無駁，與許同。」

九年春，王正月，公如齊。

【注】月者，善宣公事齊合古禮。

【疏】《五經異義》云：「諸侯有妾母喪，得出朝會否？《春秋公羊》説，妾子爲諸侯，不敢以妾母之喪，廢事天子、大國。出朝會，禮也。魯宣公如齊，有妾母之喪，《經》書，善之。《左氏》説云：妾子爲君，當尊其母。有三年之喪而出朝會，非禮也，故譏魯宣公。謹按，《禮》：『妾母無服。』貴妾子不立，而他妾之子立者也。不敢以卑廢事尊者，禮也。即妾子爲君，義如《左氏》。」鄭玄駁云：「《喪服》『緦麻』：『庶子爲後，爲其母。』此義自天子下至庶人同，不得三年。魯宣公所以得尊其妾母敬嬴爲夫人者，以夫人姜氏大歸齊，不返故也。因是言『妾子立，母卒，得爲之三年』，於禮爲通乎？其服之間，其〔二八〕出朝會，無王事，與鄭伯伐許何異？」

夏六月乙卯，晉荀林父帥師及楚子戰于邲，晉師敗績。十二年

【傳】鄭伯肉袒。

【疏】《爾雅》：「襢裼，肉袒也。」注：「脱衣見體曰肉袒〔二九〕。」

【傳】左執茅旌。【注】茅旌，祀宗廟所用，迎道神，指護祭者。

【疏】任徵君兆麟云：「茅旌，祀宗廟所用，迎道神。道，道祭，謂祭行也。《月令》：『孟冬之月，其祀行。』注：『行，在廟門外之西。』《夏官·大馭》注：『犯之者，封土爲山象，以菩芻棘栢爲神主。』按，《男巫》：『旁招以茅。』『招』即『迎』之義也。古者用茅招神表位，亦以爲主。《士虞記》：『祭於苴。』注：『苴，所以藉祭也。孝子始將納尸，以事其親，爲神疑於其位，設苴以定之耳。』《楚語》：『屏攝之位。』注：『昭謂：屏，屏風也；攝，形如今要扇，皆所以明尊卑，爲祭祀之位。近漢亦然。』此指表神位之所在，非爲神主也。若《五經異義》云：『大夫束帛依神，士結茅爲菆。』此直以茅爲主矣。今者用茅旌以迎道神，或即以茅旌爲道主也。」

【注】斷曰藉。

【疏】《司巫》：「及葅館。」注：「『葅』之言『藉』也，祭食有當藉者。館，所以承葅，若今筐也。」《士虞禮》：「苴，刌茅長五寸，束之，實於篚〔三〇〕。」注：「『苴』猶『藉』也。」疏：「《易》云：『藉用白茅，无咎。』」《埤雅》：「孔子曰：『茅之爲物薄，而用可重也。』茅體柔而理直，又潔白，故先王用之以藉，亦以縮酒。」

【注】不斷曰旌。

【疏】《左傳·宣十二年》：「前茅慮無。」注：「或曰：時楚以茅爲旌識。」《史記·宋世家》：「武王伐殷，微子肉袒面縛，左牽羊，右把茅。」陳氏《禮書》：「茅之爲物，柔順潔白，可以施於禮者也。後世祭，有翟蓋、茅旌。」

【注】鸞刀，宗廟割切之刀，環有和，鋒有鸞。

【疏】《郊特牲》：「割刀之用，鸞刀之貴，貴其義也：聲和而後斷也。」《釋名》：「刀，到也，以斬伐到其所以擊之也。其末曰鋒，言若蜂刺之毒利也。其本曰環，形似環也。」

【注】諸侯自稱曰寡人，天子自稱曰朕。

【疏】《爾雅·釋詁》：「朕，我也。」《白虎通》：「或稱朕，何？亦王者之謙也。朕，我也。」《獨斷》：「朕，我也。古者尊卑共之，貴賤不嫌，則可同號之義也。堯曰『朕在位七十載』，臯陶與帝舜言曰『朕言惠可底行』，屈原曰『朕皇考』，此其義也。至秦，天子獨以爲稱，漢因而不改也。」

【傳】使帥一二耆老而綏焉。【注】六十稱耆，七十稱老。

【疏】錢少詹大昕《答問》：「《曲禮》『七十曰老』，《公羊》疏乃云『今《曲禮》七十曰耆』，豈徐彦所見本特異乎？」曰：陸德明《釋文》云：『本或作「八十曰耆，九十曰耄」。』徐所見者，蓋即此本，故引以證何氏『六十稱耆』之異同。後人轉寫，訛『八』爲『七』耳。『八十曰耆』，見於《毛詩故訓傳》，又見於許氏《説文》。厥後，劉熙《釋名》、王肅注《易》、郭璞注《爾雅》，皆主此義。《易》『大耋之嗟』，鄭氏注謂『年逾七十』，亦與毛、許義不遠。《曲禮》有『曰耆』二字者，當是古本，而陸以爲後人妄加，蓋失之矣。何氏『六十以上稱耆』之説，與犍爲舍人注《爾雅》相同。服虔注《左傳》又云：『七十曰耆。』蓋漢人説『耆』，義各不同，要當以八十爲正也。」

【注】自以手持旌也。緇，廣充幅，長尋，曰旐；繼旐如燕尾，曰旆；加文章，曰旗；錯革鳥，曰旟；注旄首，曰旌。

【疏】《釋名》：「龜蛇爲旐，旐，兆也。龜知氣兆之吉凶，建之於後，察度事宜之形兆也。白旆，殷旌也，以帛繼旐末也。雜帛爲旆，以雜色綴其邊，爲翅尾也。將帥所建，象物雜也。交龍爲旗，旗，倚也，畫作兩龍相依倚也。鳥隼爲旟，旟，譽也。軍吏所建，急疾趨事，則有稱譽也。緌，有虞氏之旌也。注旄竿首，其形桑桑然也。」

【傳】左右撝軍，退舍七里。

【疏】《淮南子》：「武王於是〔三二〕左操黄鉞，右秉白旄，瞋目而撝之。」注：「撝，揮也。舍，次宿也。」

【注】艾草爲防者曰厮，汲水漿者曰役，養馬者曰扈，炊烹者曰養。

【疏】《韓策》：「卒不過三十萬，而厮徒負養在其中。」《漢書·陳餘傳》：「有厮養卒。」注：「厮，取薪者也。」《廣雅》：「厮、扈、養，役使也。」《孫子》魏武帝注：「養二人，主炊。」《司馬法》：「炊家子十人，廐養五人，樵汲五人。」

【注】禮：天子造舟，諸侯維舟，卿大夫方舟，士特舟。

【疏】《詩》：「造舟爲梁。」傳：「天子造舟，諸侯維舟，大夫方舟，士特舟。」箋：「天子造舟，周制也。殷時，未有等制。」疏：「故王基云：『自殷以前，質略，未有造、維、方、特之差。周公制禮，因文王，敬太姒，重初昏[三二]，行造舟，遂即制之以爲天子禮，著尊卑之差，記以爲後世法。』是也。」王侍郎引之《述聞》：「家大人曰：『造』之言『曹』也，相比次之名也。故薛綜注《東京賦》曰：『造舟，以舟相比次爲橋也。』李巡、孫炎皆言『比舟』，正釋『造』字之義。沖遠不得其解，而轉訓爲『至』；《爾雅釋文》訓『造』爲『作』；宣十二年《公羊傳》疏引舊説，訓『造』爲『詣』，又轉訓爲『成』，皆由不知『造』爲『比次』之義，故望文生訓，而卒無一當矣。」

王札子殺召伯、毛伯。十五年

【注】禮：天子庶兄，冠而不名，所以尊之。「子」者，王子也。天子不言子弟，故變文，上[三三]「札」，繫先王以明之。不稱伯、仲者，辟同母兄弟，起其爲庶兄也。

【疏】《白虎通》：「諸父、諸兄，不名。諸父、諸兄者，親，與己父、兄有敵體之義也。《詩》云『王曰叔父』，《春秋傳》曰『王札子』，何？長庶之稱也。」

初稅畝。

【注】「頌聲」者，太平歌頌之聲，帝王之高致也。

【疏】《詩譜》：「『頌』之言『容』。天子之德，光被四表，格於上下，無不覆燾，無不持載，此之謂『容』。於是和樂興焉，頌聲乃作。」

【注】夫飢寒并至，雖堯、舜躬化，不能使野無寇盜；貧富兼并，雖臯陶制法，不能使彊不陵弱。是故，聖人制井田之法而口分之：一夫一婦，受田百畝，以養父母妻子。五口爲一家，公田十畝，即所謂十一而稅也。

【疏】《尚書大傳》云：「古者十稅一。多於十稅一，謂之大桀、小桀；少於十稅一，謂之大貊、小貊。王者十一而稅，而頌聲作矣。故《書》曰：『越維有胥賦，小大多政。』」《五經異義》：「今《春秋公羊》説，十一而稅。過於十一，大桀、小桀；減於十一，大貉、小貉。十一稅，天下之正。十一行而頌聲作。故《周禮》：國中園廛之賦，二十而稅一；近郊，十而稅一；遠郊，二十而稅三。有軍旅之歲，一井九夫，百畝之賦，出禾二百四十斛，芻秉二百四十觔，釜米十六斗。謹按，《公羊》十一稅，遠近無差。漢制收租，田有上、中、下，與《周禮》同義。」

【注】廬舍二畝半。凡爲田一頃，十二畝半。八家而九頃，共爲一井，故曰「井田」。廬舍在内，貴人也；公田次之，重公也；私田在外，賤私也。井田之義：一曰無泄地氣，二曰無費一家，三曰同風俗，四曰合巧拙，五曰通財貨。因井田以爲市，故俗語曰「市井」。

【疏】《韓詩外傳》：「古者八家而井田。方里而爲井，廣三百步，長三百步，一里〔三四〕，其田九百畝。廣一步，長一步，爲一畝。廣百步，長百步，爲百畝。八家爲鄰，家得百畝，餘夫各得二十五畝。家爲公田十畝，餘二十畝，共爲廬舍，各得二畝半。八家相保，出入更守，疾病相憂，患難相救，有無相貸〔三五〕，飲食相召，嫁娶相謀，漁獵分得，仁恩施行，是以其民和親而相好。《詩》曰：『中田有廬，疆場〔三六〕有瓜。』」《後漢書·劉寵傳》注：「謹按《春秋井田記》：人年三十，受田百畝，以食五口。五口爲一户，父母、妻子也。公田十畝，廬舍五畝，成田一頃十五畝。八家而九頃二十畝，共爲一井。廬舍在内，貴人也；公田次之，重公也；私田在外，賤私也。井田之義：一曰無洩地氣，二曰無費一家，三曰同風俗，四曰合巧拙，五曰通貨財。因井爲市，交易而退，故稱市井也。」《風俗通》：「謹按，古者二十畝爲一井，因爲市交易，故稱市井。」

【注】種穀不得種一穀，以備災害。田中不得有樹，以妨五穀。還廬舍，種桑荻雜菜，畜五母鷄、兩母豕，瓜果種疆畔。女工蠶織，老者得衣帛焉，得〔三七〕食肉焉，死者得葬焉。

【疏】《穀梁傳》：「古者公田爲居，井竈、葱韭盡取焉。」注：「損其廬舍，家作一園，以種五菜；外種楸桑，以備養生送死。」《食貨志》：「種穀必雜五種，以備災害。田中不得有樹，用妨五穀。力耕數耘，收穫如寇盜之至。還廬樹桑，菜茹有畦。瓜瓠果蓏，殖於疆場。鷄豚狗彘，無失其時。女修蠶織，則五十可以衣帛，七十可以食肉。」按，《食貨志》不言種荻，「荻」當依《穀梁》注作「楸」。

【注】多於五口，名曰餘夫。餘夫以率受田二十五畝。

【疏】《穀梁》注：「一夫一婦，佃田百畝，以共五口，父母、妻子也。」《食貨志》：「農民户人已受田，其家衆男爲餘夫，亦以口受田如比。士工商家受田，五口乃當農夫一人。」

【注】十井，共出兵車一乘。

【疏】何休《墨守》：「公侯方百里，按諸典籍，每有千乘之義。若不十井爲一乘，則不合。」《論語》注：「包氏曰：古者井田，方里爲井，井十爲乘。」鄭樵曰：「古者十井，出車一乘；千井，出百乘。《孟子》曰千乘、百乘之家，謂萬取千焉、千取百焉是也。此古者封國之制也。」

【注】司空謹别田之高下、善惡，分爲三品：上田，一歲一墾；中田，二歲一墾；下田，三歲一墾。肥饒不得獨樂，墝埆不得獨苦，故三年一换土易居，財均力平，兵車〔三八〕素定，是謂均民力、彊國家。

【疏】《食貨志》：「井方一里，是爲九夫。八家共之，各受私田百畝、公田十畝，是爲八百八十畝；餘二十畝，以爲廬舍。出入相友，守望相助，疾病相救，民是以和睦而教化齊同，力役生産，可得而平也。民受田：上田，夫百畝；中田，夫二百畝；下田，夫三百畝。歲耕種者，爲不易上田；休一歲者，爲一易中田；休二歲者，爲再易下田。三歲更耕之，自爰其處。」

【注】在田曰廬，在邑曰里。一里，八十户。

【疏】《食貨志》：「在壄曰廬，在邑曰里。五家爲鄰，五鄰爲里，四里爲族，五族爲黨，五黨爲州，五州爲鄉。鄉，萬二千五百户也。」

【注】八家共一巷。中里爲校室，選其耆老〔三九〕有高德者，名曰父老；其有辯護〔四〇〕伉健者，爲里正，皆受倍田，得乘馬。父老比三老、孝弟官屬，里正比庶人在官之吏。民春夏出田，秋冬入保城郭。田作之時，春，父老及里正旦開門，坐塾上，晏出後時者不得出；莫，不持樵者不得入。五穀畢入，民皆居宅，里正趨緝績。男女同巷，相從夜績，至於夜中，故女功一月，得四十五日作。從十月，盡正月止。男女有所怨恨，相從而歌，飢者歌其食，勞者歌其事。男年六十、女年五十無子者，官衣食之，使之民間求詩。鄉移於邑，邑移於國，國以聞於天子。故王者不出牖户，盡知天下所苦；不下堂，而知四方。十月事訖，父老教於校室。八歲者學小學，十五者學大學。其有秀者，移於鄉學；鄉學之秀者，移於庠；庠之秀者，移於國學，學於小學；諸侯歲貢小學之秀者於天子，學於大學；其有秀者，命曰造士。行同而能偶，别之

以射，然後爵之。士以才能進取，君以考功授官。三年耕，餘一年之畜；九年耕，餘三年之積；三十年耕，有十年之儲。雖遇唐堯之水、殷湯之旱，民無近憂，四海之內，莫不樂其業，故曰「頌聲作矣」。

【疏】《食貨志》：「鄰長，位下士。自此以上，稍登一級，至鄉而爲卿也。於里有序，而鄉有庠。序以明教，庠則行禮而視化焉。春，令民畢出在壄；冬，則畢入於邑。其《詩》曰：『四之日舉趾，同我婦子，饁彼南畝[四一]。』又曰：『十月，蟋蟀入我牀下。嗟我婦子，聿爲改歲，入此室處。』所以順陰陽、備寇賊、習禮文也。春，將出民，里胥平旦坐於右塾，鄰長坐於左塾，畢出，然後歸；夕亦如之，入者必持薪樵，輕重相分，班白不提挈。冬，民既入，婦人同巷，相從夜績。女工一月，得四十五日。必相從者，所以省費燎火、同巧拙而合習俗也。男女有不得其所者，因相與歌咏，各言其傷。是月，餘子亦在於序室。八歲入小學，學六甲五方、書計之事，始知室家長幼之節；十五入太學，學先聖禮樂，而知朝廷君臣之禮。其有秀異者，移鄉，學於庠序；庠序之異者，移國，學於少學。諸侯歲貢少學之異者於天子，學於大學，命曰造士。行同能偶，則別之以射，然後爵命焉。孟春之月，群居者將散，行人振木鐸，徇於路以采詩，獻之太師，比其音律，以聞於天子，故曰：『王者不窺牖户而知天下。』此先王制土處民、富而教之之大略也。故孔子曰：『道千乘之國，敬事而信，節用而愛人，使民以時。』故民皆勸公樂業，先公而後私。其《詩》曰：『有渰萋萋[四二]，興雨祁祁，雨我公田，遂及我私。』民三年耕，則餘一年之畜，衣食足而知榮辱，廉讓生而争訟息，故三載考績。

孔子曰：『苟有用我者，期月而已可也，三年有成。』成此功也。三考[四三]黜陟，餘三年食，進業曰登；再登曰平，餘六年食；三登曰泰平，二十七歲，遺九年食，然後王[四四]德流洽，禮樂成焉。故曰：『如有王者，必世而後仁。』繇此道也。」

夏，成周宣謝災。 十六年

【注】宣宫，周宣王之廟也。至此不毁者，有中興之功。

【疏】《五經異義》：「《魯詩》説、丞相匡衡以爲，殷中宗、周成宣王皆以時毁。古文《尚書》説，經稱中宗，明其廟宗而不毁。謹按，《春秋公羊》、御史大夫貢禹説，王者宗有德，廟不毁。宗而復毁，非尊德之義。」鄭從而不駁。

【注】室有東西廂，曰廟；無東西廂，有室曰寢，無室曰謝。

【疏】《月令》注：「凡廟，前曰廟，後曰寢。」疏：「廟是接神之處，其處尊，故在前；寢，衣冠所藏之處，對廟而言爲卑，故在後。但廟制有東西廂，有序墻；寢制，惟室而已。故《釋宫》云：『室有東西廂，曰廟；無東西廂，有室曰寢。』是也。」《爾雅》云：「闍[四五]謂之臺，有木者謂之榭。」《鄉射禮》注：「凡屋，無室曰榭。」《漢書・五行志》：「榭者，所以藏樂器。宣，其名也。」

冬十有一月壬午，公弟叔肸卒。十七年

【注】禮：盛德之士不名，天子上大夫不名。

【疏】《白虎通》：「盛德之士不名，尊賢也。《春秋》曰：『公弟叔肸。』」

甲戌，楚子旅卒。十八年

【注】旅，即莊王也。葬，從臣子辭，當稱「王」。故絶其葬，明當誅之。

【疏】《坊記》：「《春秋》不稱楚、越之王喪。」注：「楚、越之君，僭號稱王。不稱其喪，謂不書葬也。《春秋傳》曰：『吴、楚之君不書葬，辟其僭號也。』」

歸父還自晉，至檉，遂奔齊。

【注】掃地曰墠，今齊俗名之云爾。將袒踊，故設帷，重形。踊，辟踊也。禮必踊者，如嬰

兒之慕母矣。成踊，成三日五哭踊之禮。禮：臣爲君，本服斬衰，故成踊。比二日朝莫哭踊，三日朝哭踊、莫不復哭踊，去事之殺也。

【疏】《士喪禮》注：「成踊，三者三。」疏：「凡九踊也。」《檀弓》：「辟〔四六〕踊，哀之至也。有算〔四七〕，爲之節文也。」注：「算，數也。」疏：「撫心爲辟，跳躍爲踊。孝子喪親，哀慕至懣〔四八〕，男踊女辟，是哀痛之至極也。若不裁限，恐傷其性，故辟踊有算，爲準節文章。準節之數，其事不一。每一踊，三跳。三踊，九跳，都爲一節。士舍死日，三日而殯，凡有三踊：初死日襲，襲而踊；明日小斂，小斂而踊；又明日大斂，大斂又踊。凡三日，爲三踊也。大夫五踊，舍死日，四日而殯：初死日，一踊；明日襲，又一踊；至三日小斂，朝一踊，至小斂時又一踊；至四日大斂，朝不踊，當大殯時又一踊。凡四日，爲五踊。諸侯七踊，舍死日，六日而殯：初死日，一踊；明日襲，又一；至三日小斂，朝一，當小斂時又一；四日無事，一；五日，又一；至六日，朝不踊，亦當大斂時又一。凡六日，七踊。《周禮》王九踊，舍死日，八日而殯：死日，一；明日襲，一；其間二日，爲二；至五日小斂，爲二；其間二日，又二；至八日大斂，則其朝不踊也，大斂時又一。凡八日，九踊。故云『爲之節文』也。」《奔喪》注：「三日五哭者，始聞喪，訖夕，爲位，乃出就次，一哭也；與明日、又明日之朝、夕而五哭。不五朝哭，而數朝、夕，備五哭而止，亦爲急奔喪，己私事當畢。亦明日乃成服。凡云『五哭』者，其後有賓，亦與之哭而拜之。」疏：「『三日五哭』者，謂初聞喪一哭，明日朝、夕二哭，又明日朝、夕二哭，總爲五哭。」

校勘記

〔一〕「事己父母」，續經解本作「事父母」，《白虎通·嫁娶》作「事夫」，盧校云：「事夫，舊作『事己父母』，訛。」

〔二〕「戴説」，《禮記正義》上有「禮」字，疑當補。

〔三〕「同」，蜚雲閣本、咫進齋本、續經解本并作「國」，據《禮記正義》卷三改。

〔四〕「以下」，阮校本《禮記正義》卷三作「以上」。

〔五〕「君」，續經解本、《後漢書》卷七十六同，咫進齋本作「不」。

〔六〕「身」，《後漢書》卷九十二作「自」。

〔七〕「則」，阮校本《禮記正義》卷十九作「周」。

〔八〕「正」，與《公羊注疏》卷十五同，續經解本作「政」，與阮氏《校勘記》同。

〔九〕「長尺六寸」，《儀禮注疏》卷二下有「廣八寸」三字。

〔一〇〕「巨」，與《周禮注疏》卷十八同，阮氏《校勘記》引浦鏜云：「巨，疑『距』字誤。」續經解本作「居」。

〔一一〕「讖」，《毛詩正義》卷十七之一作「禮讖」。

〔一二〕「大神」，續經解本作「天神」，與阮校本《禮記正義》卷三十二同。阮氏《校勘記》謂：監本、毛本誤作「大神」。

〔一三〕「爻」，蜚雲閣本、咫進齋本、續經解本作「文」，據《三輔黄圖》卷五改。

〔一四〕「疏」，蜚雲閣本、咫進齋本、續經解本奪，據《儀禮注疏》卷三十補。

〔一五〕「父母」，蜚雲閣本、咫進齋本、續經解本奪，據《儀禮注疏》卷三十補。

〔一六〕「一拜」，《儀禮注疏》卷七下有「者」字。

〔一七〕「士奇」，蜚雲閣本、咫進齋本、續經解本作「棟」，據引文改。引文見惠士奇《禮説》卷十四。

〔一八〕「注前驅」，蜚雲閣本、咫進齋本、續經解本并奪，據《禮記正義》卷三補。

〔一九〕「御」，《禮記正義》卷三作「馭」。

〔二〇〕「服凶」，《儀禮注疏》卷二十三作「凶服」。

〔二一〕「彤」，蜚雲閣本、咫進齋本作「彤」，據續經解本、《公羊注疏》卷十五改。下同。

〔二二〕「周頌」，蜚雲閣本、咫進齋本、續經解本并作「商頌」，據《毛詩正義》卷十九之四改。

〔二三〕「大夫」，《毛詩正義》卷十九之四作「卿大夫」。

〔二四〕「牛人」，蜚雲閣本、咫進齋本、續經解本并作「牧人」，據《周禮注疏》卷十三改。

〔二五〕「正」，蜚雲閣本、咫進齋本、續經解本并作「之」，據《周禮注疏》卷十三改。

〔二六〕「葅」，蜚雲閣本、咫進齋本作「菹」，據續經解本、《禮記正義》卷四十七改。

〔二七〕「中」，蜚雲閣本、咫進齋本、續經解本并作「尸」，據《禮記正義》卷二十四改。

〔二八〕「其」，《通典》卷九十三無，疑衍。

〔二九〕「脱衣見體曰肉袒」，此《爾雅·釋訓》邢疏引李巡説，郭璞注云：「脱衣而見體。」

〔三〇〕「篚」，蜚雲閣本、咫進齋本、續經解本作「筐」，據《儀禮注疏》卷四十二改。

〔三一〕「武王於是」，《淮南子·覽冥訓》作「於是武王」。

〔三二〕「初昏」，與《毛詩正義》卷十六之二同，咫進齋本、續經解本并作「初婚」。

〔三三〕「上」，續經解本作「王」，與《公羊注疏》卷十六同。阮氏《校勘記》云：「此本『上』作『王』，誤。」

解云：『謂以札於子上，以札近先王。』」

〔三四〕「一里」，與《漢魏遺書鈔》本《韓詩外傳》同，抱經堂本《韓詩外傳》卷四作「爲一里」。

〔三五〕「貸」，蜚雲閣本、咫進齋本、續經解本并作「貨」，據《韓詩外傳》卷四改。

〔三六〕「疆場」，蜚雲閣本、咫進齋本作「彊埸」，據續經解本、《韓詩外傳》卷四改。下同。

〔三七〕「得」，蜚雲閣本、咫進齋本作「後」，據續經解本、《公羊注疏》卷十六改。

〔三八〕「兵車」，蜚雲閣本、咫進齋本作「兵革」，據續經解本、《公羊注疏》卷十六改。

〔三九〕「老」，蜚雲閣本、咫進齋本作「好」，據續經解本、《公羊注疏》卷十六改。

〔四〇〕「護」，蜚雲閣本、咫進齋本、續經解本作「獲」，據《公羊注疏》卷十六改。阮氏《校勘記》云：「『辯』當作『辨』，『辨』即今人所用之『辦』字。辦護，謂能幹辦護衛也。」

〔四一〕「畝」，續經解本、《漢書》卷二十四上并作「晦」。

〔四二〕「萋萋」，續經解本、《漢書》卷二十四上并作「凄凄」。

〔四三〕「三考」，蜚雲閣本、咫進齋本作「三載」，據續經解本、《漢書》卷二十四上改。

〔四四〕「王」，續經解本、《漢書》卷二十四上并作「曰」。

〔四五〕「闇」，與《爾雅・釋宫》同，咫進齋本作「門」。

〔四六〕「辟」，蜚雲閣本、咫進齋本作「僻」，據續經解本、《禮記正義》卷九改。下「撫心爲辟」同。

〔四七〕「算」，阮刻本《禮記正義》卷九作「筭」，《校勘記》云：「毛本作『算』，注同，疏同。」

〔四八〕「憓」，蜚雲閣本、咫進齋本、續經解本并作「僡」，據《禮記正義》卷九改。

春秋公羊禮疏卷七

成公

三月，作丘甲。元年

【傳】何以書？譏。何譏爾？譏始丘使也。【注】四井爲邑，四邑爲丘。甲，鎧也。譏始使丘民作鎧也。古者有四民：一曰德能居位，曰士；二曰辟土殖穀，曰農；三曰巧心勞手，以成器物，曰工；四曰通財粥貨，曰商。四民不相兼，然後財用足。

【疏】《穀梁傳》：「作，爲也。丘爲甲也。丘甲，國之事也。丘作甲，非正也。丘作甲之爲非正，何也？古者立國家，百官具，農工皆有職以事上。古者有四民：有士民，有商民，有農民，有工民。夫甲，非人人之所能爲也。丘作甲，非正也。」《司甲》注：「甲，今之鎧也。」疏：「今古用物不同，其名亦異。古用皮，謂之甲；今用金，謂之鎧。」

秋七月，齊侯使國佐如師。己酉，及國佐盟于袁婁。二年

【傳】晉郤克投戟，逡巡，再拜稽首馬前。

【疏】《大祝》疏：「軍中得拜者，《公羊》之義，將軍不介胄，故得有拜法。」《白虎通》：「人所以相拜者，何？所以表情見意，屈節卑體，尊事人者也。『拜』之言『服』也。所以必再拜，何？法陰陽也。《尚書》曰『再拜稽首』也，必稽首，何？敬之至也。頭至地，何以言『首』？謂頭也。《禮》曰：『首有瘍則沐。』所以先拜手，後稽首，何？名順其文質也。《尚書》曰：『周公拜手稽首。』」

【傳】逢丑父者，頃公之車右也，面目與頃公相似，衣服與頃公相似。

【疏】《坊記》注：「僕、右恒朝服，君則各以時事，唯在軍同服爾。」疏：「《公羊・成二年》鞌之戰，逢丑父爲齊頃公車右也，衣服與頃公相似，是『在軍同服』。」師古曰：「乘車之法，尊者居左，御者居中；又有一人，處車之右，以備傾側〔一〕。是以戎事則稱車右，其餘則曰驂乘。『驂』者，『三』也，蓋取三人爲名義耳。」

【注】禮：皮弁以征。

【疏】《白虎通》：「王者征伐，所以必皮弁素幘，何？伐者，凶事。素服，示有悽愴也。伐者質，故依古服。《禮》曰：『三王共皮弁素幘。』服亦皮弁素幘，又招虞人以皮弁，知伐亦皮弁。」

【注】迓，迎。卿，主迎者也。《聘禮》：「賓至，大夫率至於館，卿致館，宰夫朝服致飧餘。厥明，至於館。」

【疏】《聘禮》：「大夫帥至於館，卿致館。」又，「宰夫朝服設飧」。注：「食不備禮曰飧。」又，「厥明，訝賓於館」。注：「以君命迎賓，謂之訝。訝，迎也。」疏：「《周禮·掌訝》云：『凡賓客，諸侯有卿訝，卿有大夫訝，大夫有士訝，士皆有訝。』」

甲子，新宮災，三日哭。三年

【傳】新宮者，何？宣公之宮也。宣宮，則曷爲謂之新宮？不忍言也。其言三日哭，何？廟災，三日哭，禮也。【注】以無新宮，知宣公之宮。廟，親之精神所依。而災，孝子隱痛，不忍正言也。謂之新宮者，因新入宮，易其西北角，示昭穆相繼代，有所改更也。善得禮，痛傷鬼神無所依歸，故君臣素縞哭之。

【疏】注「謂之」至「改更也」。邵學士晉涵《爾雅正義》：「《太平御覽》引舍人云：『古者徹室西北扉以炊沐〔一〕，汲者訖而復之，古謂之屋漏也。』《釋名》曰：『西北隅曰屋漏。禮：每有親死者，輒撤屋之西北隅薪，以爨灶煮沐，供諸喪用。時若值雨則漏，遂以名之也。必取是隅者，禮：既祭，改設饌於西北隅。今撤毀之，示不復用也。』按，《士虞禮》云：『祝反入，徹，設於西北隅。』《喪大記》云：『甸人取所徹廟之西北扉薪，用爨之。』是劉熙所引之禮也，劉與舍人同義，唯以〔三〕『雨漏』訓『屋漏』，爲增成其義爾〔四〕。《詩》疏引孫炎云：『屋漏者，當室之所白，日光所漏入。』案，《有司徹》云：『有司官徹饋〔五〕，饌於室〔六〕中西北隅。』鄭注云：『此於〔七〕尸謖改饌，當室之白。』《曾子問》説〔八〕陽厭之事云：『當室之白。』鄭注云：『得户明者也。』蓋西北隅爲幽隱之地，漏見日光，故爲『當室之白』。孫炎義，本康成也。」

【疏】注「善得禮」至「哭之」。《穀梁傳》：「新宫者，禰宫也。三日哭，哀也。其哀，禮也。迫近，不敢稱謚，恭也。其辭恭且哀，以成公爲無譏矣。」注：「宫，廟，親之神靈所憑居，而遇災，故以哀哭爲禮。」《白虎通》：「何以言『災有哭』也？《春秋》曰：『新宫火，三日哭。』《傳》曰：『必三日哭，何也？禮也。』災，三日哭。所以然者，宗廟，先祖所處，鬼神無形體，曰今忽得天火，得無爲災所中？故哭也。」

鄭伯伐許。四年

【注】未逾年君稱伯者，時樂成君位，親自伐許，故如其意，以著其惡。

【疏】《春秋繁露》：「《春秋》曰：『鄭伐許。』奚惡於鄭而夷狄之也？曰：衛侯速〔九〕卒，鄭師侵之，是伐喪也。鄭與諸侯盟於蜀，以盟而歸。諸侯於是伐許〔一〇〕，是叛盟也。伐喪無義，叛盟無信。無信、無義，故大惡之。問者曰：是君死，其子未逾年，有稱伯不子法辭，其罪何？曰：先王之制，有大喪者，三年不呼其門，順其志之不在事也。《詩》〔一一〕云：『高宗諒闇，三年不言。』居喪之義也。今縱不能如是，奈何其父卒未逾年，即以喪舉兵也？《春秋》以薄恩，且施失其子心，故不復得稱子，謂之『鄭伯』，以辱之也。」

二月辛巳，立武宮。六年

【傳】武宮者，何？武公之宮也。立者，何？立者，不宜立也。立武宮，非禮也。【注】禮：天子諸侯立五廟，受命始封之君立一廟，至於子孫。過高祖，不得復立廟。周家祖有功，尊有德，立后稷、文、武廟，至於子孫；自高祖已下而七廟。天子卿大夫三廟，元士二廟。諸侯之卿大夫比元士，二廟；諸侯之士，一廟。立武宮者，蓋時衰，多廢人事，而好求福於鬼神，故重而書之〔一二〕。臧孫許伐齊有功，故立武宫。

【疏】注「禮天子」至「一廟」。《王制》：「天子七廟，三昭、三穆，與太祖之廟而七。」注：「此周制。七者，太祖及文王、武王之祧，與親廟四。太祖，后稷。殷則六廟，契及湯與二昭、二穆；夏則五廟，無太祖，禹與二昭、二穆而已。」疏：「按，《禮緯・稽命徵》云：『唐、虞五廟，親廟四，始祖廟一；夏四廟，至子孫五。殷五廟，至子孫六。』《鈎命訣》云：『唐堯五廟，親廟四，與始祖五；禹四廟，至子孫五；殷五廟，至子孫六；周六廟，至子孫七。』鄭據此爲説，故謂七廟『周制』也。周所以七者，以文王、武王受命，其廟不毁，以爲二祧；并始祖后稷及高祖以下親廟四，故爲七也。」

【疏】注「臧孫許」至「武宫」。《左傳》：「季文子以鞌之功，立武宫，非禮也。」疏：「服虔云：『鞌之戰，禱武宫以求勝，故立其宫。』」

衛人來媵。八年

【注】禮：君不求媵，諸侯自媵夫人。

【疏】《白虎通》：「所以不聘妾，何？人有子孫，欲尊之，義不可求人以爲賤也。《春秋傳》曰：『二國來媵。』可求人爲士，不可求人爲妾，何？士，即尊之漸，賢，不止於士。妾雖賢，不得爲適。」

夏，季孫行父如宋致女。 九年

【注】古者，婦人三月而後廟見，稱婦；擇日而祭於禰，成婦之義也。父母使大夫操禮而致之。必三月者，取一時足，以別貞信。貞信著，然後成婦禮。書者，與上「納幣」同義，所以彰其潔，且爲父母安榮之。言「女」者，謙，不敢自成。禮：婦人未廟見而死，歸葬於女氏之黨。

【疏】注「古者」至「之義也」。《白虎通》：「娶妻不先告廟者，示不必安也。昏禮請期，不敢必也。婦入三月，然後祭行。舅姑既没，亦婦入三月，奠采於廟。三月一時，物有成者，人之善惡可得知也，然後可得事宗廟之禮。曾子曰：『女未廟見而死，歸葬於女氏之黨，示未成婦也。』」

【疏】注「父母使大夫操禮而致之」。《坊記》：「子云：『昏禮，壻親迎，見於舅姑。舅姑承子以授壻，恐事之違也。以此坊民婦，猶有不至者。』」注：「《春秋·成公九年》：『春二月，伯姬歸〔一三〕於宋。夏五月，季孫行父如宋致女。』是時，宋共公不親迎，恐其有違而致之也。」《曲禮》：「納女〔一四〕於天子，曰備百姓；於國君，曰備酒漿；於大夫，曰備埽灑。」注：「納女，猶致女也。壻不親迎，則女之家遣人致之。此其辭也。」疏：「時宋公不親迎，故魯季孫行父如宋致女是也。」

【疏】注「必三月」至「成婦禮」。《昏禮》：「若舅姑既没，則婦入三月，乃奠菜。」疏：「必三月者，三月一時，天氣變，婦道可以成之故也。此言舅姑俱没者。若舅没姑存，則當時見姑，三月亦廟見舅；若舅存姑没，婦人無廟可見；或更有繼姑，自然如常禮也。」《曾子問》疏：「熊氏云：『如鄭義，則從天子以下至於士，皆當夕成昏。』舅姑没者，三月廟見。是〔一五〕故成九年季文子如宋致女，鄭云『致之使孝』，非是始致於夫婦也。又，隱八年，鄭公子忽先配而後祖，鄭以『祖』爲『祖道之祭』，應先爲祖道，然後配合。今乃先爲配合，而後乃爲祖道之祭。如鄭此言，是皆當夕成昏也。若賈、服之義，大夫以上，無問舅姑在否，皆三月見祖廟之後，乃始成昏，故譏鄭公子忽先爲配匹，乃見祖廟。故服虔注云：『季文子如宋致女，謂成昏。』是三月始成昏，與鄭義異〔一六〕也。」

齊人來媵。十年

【傳】三國來媵，非禮也。曷爲皆以録伯姬之辭言之？婦人以衆多爲侈也。【注】伯姬以至賢，爲三國所争媵，故侈大其能容之。唯天子娶十二女。

【疏】《白虎通》：「或曰，天子娶十二女，法天有十二月，萬物必生也。」《後漢・荀爽傳》：「衆禮之中，昏禮爲首。故天子娶十二，天之數也；諸侯以下，各有等差，事之降也。陽性純而能施，陰體順而能化。以禮濟樂，節宣其氣，故能豐子孫之祥，致老壽之福。」《獨斷》：「帝嚳有四妃，以象后妃四星：其一明者爲正妃，三者爲次妃也。九嬪，夏后氏增以三三而九，合十二人。《春秋》：『天子一娶十二。』夏制也。」

三月乙巳，仲嬰齊卒。 十五年

【傳】爲人後者，爲之子也。

【疏】《後漢·安帝紀》：「《禮》：『昆弟之子，猶己子。』《春秋》之義：爲人後者，爲之子。」注：「爲人後者，謂出繼於人也。」

【注】弟無後兄之義，爲亂昭穆之序，失父子之親，故不言仲孫，明不與子爲父孫。

【疏】徐氏《讀禮通考》：「按，卿大夫以下繼世，與天子不同。天下不可一日無天子，國不可一日無君，是故繼世〔一七〕不立，則取於旁支，以弟後兄可也，以兄後弟可也，甚至以叔後姪，古亦爲之。君之生存，既已盡臣其諸父、昆弟；身没，而旁支入繼，必爲之服斬衰。既爲之服斬衰，即以〔一八〕祖禰事之可也。大夫則不然，以別子爲祖，亦不能臣其宗族；繼世相傳，以宗法齊之而已。《春秋》之法：大夫以罪廢逐，不得入宗廟。即思其先世而爲之立後，亦直以廢逐者之兄弟，代主大宗之祀。世及相傳，而不及於廢逐者之子姪者，正所以嚴昭穆之序也。魯於叔孫氏，嘗逐僑如而立其弟豹矣；於臧氏，嘗逐紇而立其兄爲矣；於東門氏，則逐歸父而立嬰齊，其事正同，不聞豹彌僑如、爲彌紇，而顧必以嬰齊禰歸父，此魯人之創舉也。其意若謂：吾逐歸父，以其父故。父之罪大，不可後，寧後其子爾。乃不自知其已悖典制矣，故何氏以爲『亂昭穆之序，失父子之親』。」

九月辛丑，用郊。十七年

【傳】郊用正月上辛。【注】周之九月，夏之七月，天氣上升，地氣下降，又非郊時，故加「用」之。魯郊博卜春三月，言「正月」者，因見百王正所當用也。三王之郊，一用夏正。言「正月」者，春秋之制也。正月者，歲首；上辛，尤始新，皆取其首先之意。

【疏】注「三王之郊，一用夏正」。《白虎通》：「五帝、三王祭天，一用夏正，何？夏正，得天之數也。天地交，萬物通，始終之正，故《易乾鑿度》云『三王之郊，一用夏正』也。」

【疏】注「正月」至「之意」。《春秋繁露·郊義》：「《春秋》之法，王者歲一祭天於郊，四祭於宗廟。宗廟因於四時之易，郊因於新歲之初。聖人有以起之，其以祭不可不親也。天者，百神之君也，王者之所最尊也。以最尊天之故，故易始歲更紀，即以其初郊。郊必以正月上辛者，言以所最尊，首一歲之事。每更紀者以郊，郊祭首之，先貴之義，尊天之道也。」

【傳】或曰：用，然後郊。【注】「或曰用」者，先有事，存后稷神名也。晉人將有事於河，必先有事於惡池；齊人將有事於泰山，必先有事於蜚林；魯人將有事於天，必先有事於泮宮。九月郊，尤悖禮，故言「用」，小大盡譏之。以不郊乃譏三望，知郊不得譏小也。又，夕牲告牷后稷，當在日上，不當在日下。

【疏】注「齊人」至「蜚林」。盧植《小戴禮》注：「配林，小山林麓，配泰山者也。謂諸侯不郊天。泰山，巡省所考，五岳之宗。故有事，將祀〔一九〕之，先即其漸。天子則否。」

【疏】注「又夕牲」至「日下」。《周禮·充人》：「展牲，則告牷。」注：「鄭司農云：『展，具也。具牲，若今時選牲也。充人，主以牲牷告展牲者也。』玄謂，展牲，若今夕牲也。《特牲饋食之禮》曰：『宗人視牲，告充；舉獸尾，告備。』近之。」《後漢書·禮志》：「正月，天郊，夕牲。晝漏未盡十八刻初納，夜漏未盡八刻初納，進熟獻。太祝送，旋，皆就燎位。宰祝舉火燔柴，火然，天子再拜，興，有司告事畢也。明堂、五郊、宗廟、太社稷、六宗夕牲，皆以晝漏十四刻初納，夜漏未盡七刻初納，進熟獻。送神，還，有司告事畢。六宗燔燎，火大然，有司告事畢。」注：「《周禮》『展牲』，干寶曰：『若今夕牲。』又，郊儀：先郊日未晡五刻夕牲，公卿、京尹、衆官悉至壇東就位，太祝吏牽牲入，到榜，稟犧令跪曰：『請省牲。』舉手曰：『腯。』太祝令繞牲，舉手曰：『充。』太史令牽牲就庖，豆酌毛血，其一奠天神坐前，一〔二〇〕奠太祖坐前。今之郊祀然也。」《北魏書·禮志》：「帝曰：『夕牲之禮，無可依準。近在代都，已立其議。殺牲裸神，誠是一日之事，終無夕而殺牲、待明而祭。』

員外散騎常侍劉芳對曰：『臣謹按《周官・牧人職》，正有夕展牲之禮，實無殺牲之事。』秘書令李彪曰：『夕不殺牲，誠如聖旨，未審告廟以否〔二〕。臣聞：「魯人將有事於上帝，必先有事於泮宮」，注曰「先人」。以此推之，應有告廟。』帝曰：『卿言有理〔三〕，但朕先以郊配，意欲廢告。而卿引證有據，當從卿議。』」

壬申，公孫嬰齊卒于貍軫。

【傳】非此月日也，曷爲以此月日卒之？待君命，然後卒大夫。曷爲待君命，然後卒大夫？前此者，嬰齊走之晉。公會晉侯，將執公。嬰齊爲公請，公許之反爲大夫。歸，至於貍軫而卒。無君命，不敢卒大夫。公至，曰：「吾固許之反爲大夫。」然後卒之。【注】國人未被君命，不敢使從大夫禮。

【疏】《王制》：「大夫廢其事，終身不仕；死，以士禮葬之。」《雜記》：「大夫、士死於道，則升其乘車之左轂，以其綏復。如於館死，則其復如於家。大夫以布爲輤而行，至於家而説輤，載以輲車，入自門，至於阼階下而説車，舉自阼階，升，適所殯。士輤，葦席以爲屋，蒲席以爲裳帷。」

校勘記

〔一〕「傾側」，蜚雲閣本作「頃側」，據咫進齋本、續經解本、《漢書》卷四改。

〔二〕「沐」，邵晉涵《爾雅正義》卷六、《太平御覽》卷一百八十八并作「浴」，疑當據改。

〔三〕「以」，蜚雲閣本、咫進齋本、續經解本并作「曰」，據《爾雅正義》卷六改。

〔四〕「爾」，《爾雅正義》卷六作「耳」。

〔五〕「饋」，蜚雲閣本、咫進齋本、續經解本并奪，據《儀禮注疏》卷五十、《爾雅正義》卷六補。

〔六〕「室」，蜚雲閣本、咫進齋本、續經解本并作「宫」，據《儀禮注疏》卷五十、《爾雅正義》卷六改。

〔七〕「此於」，蜚雲閣本、咫進齋本、續經解本并倒，據《儀禮注疏》卷五十、《爾雅正義》卷六乙正。

〔八〕「説」，蜚雲閣本、咫進齋本、續經解本并奪，據《爾雅正義》卷六補。

〔九〕「速」，與凌注本《春秋繁露·竹林》同，續經解本、《公羊注疏》卷十七并作「遫」。

〔一〇〕「伐許」，蜚雲閣本、咫進齋本作「鄭伐」，據續經解本、凌注本《春秋繁露·竹林》改。盧本《繁露》校云：「『伐許』，舊本作『伐鄭』，訛。」

〔一一〕「詩」，續經解本作「書」。凌注本《繁露》亦作「詩」，注云：「『詩』當作『書』。」

〔一二〕「重而書之」，蜚雲閣本、咫進齋本、續經解本并作「書而重之」，據《公羊注疏》卷十七改。

〔一三〕「歸」，蜚雲閣本作「婦」，據咫進齋本、續經解本、《禮記正義》卷五十一改。

〔一四〕「納女」，蜚雲閣本作「納禮」，據咫進齋本、續經解本、《禮記正義》卷五改。

〔一五〕「是」，《禮記正義》卷十八無。

〔一六〕「義異」，蜚雲閣本、咫進齋本、續經解本作「異義」，據《禮記正義》卷十八乙正。

〔一七〕「繼世」，徐乾學《讀禮通考》卷五作「繼嗣」。

〔一八〕「以」，蜚雲閣本、咫進齋本、續經解本并作「立」，據徐乾學《讀禮通考》卷五改。

〔一九〕「祀」，蜚雲閣本、咫進齋本、續經解本并作「事」，據《後漢書·祭祀志上》注改。

〔二〇〕「一」，《後漢書·祭祀志上》注作「其一」。

〔二一〕「否」，《魏書》卷一百〇八之一作「不」。

〔二二〕「理」，蜚雲閣本、咫進齋本、續經解本并作「禮」，據《魏書》卷一百〇八之一改。

春秋公羊禮疏卷八

襄公

己丑，葬我小君齊姜。 二年

【注】齊姜者，宣公夫人。九年繆姜者，成公夫人也。《傳》家依違者，襄公服繆姜喪未逾年，親自伐鄭，有惡，故《傳》從内義，不正言也。

【疏】劉智《喪服釋疑答問》云：「高、曾祖母與祖母〔一〕俱存，其卑者先亡，則當厭屈不？昔魯穆姜在而成公夫人薨，《春秋》書曰：『葬我小君齊姜。』舊説云：妻隨夫而成尊，姑不厭婦。婦人不主祭，已承先君之正體，無疑於服重也。」

莒人滅鄫。六年

【注】莒稱「人」者，莒公子，鄫外孫。稱「人」者，從莒無大夫也。言「滅」者，以異姓爲後，莒人當坐滅也。

【疏】《通典》：「後漢吴商《異姓爲後議》曰：『或問：以異姓爲後，然當還服本親。及其子，當又從其父而服耶，將以異姓而不服也？答曰：神不歆非族，明非異姓所應祭也。雖世人無後，并取異姓以自繼，然本親之服，骨血之恩，無絶道也。異姓之義，可同於女子出適，還服本親，皆降一等。至於其子應從服者，亦當同於女子之子〔二〕從於母而服其外親。今出爲異姓作後之子〔三〕，其子亦當從於父母服之也。父爲所生父母周，子宜如外祖父母之加也。其昆弟之子，父雖服之大功，於子尤無尊可加。及其姊妹爲父小功，則子皆宜降於異姓之服，不得過緦麻也。』范甯《與謝安書》曰：『無子〔四〕而養人子者，自謂同族之親，豈施於異姓？今世行之甚衆，是謂逆人倫、亂〔五〕昭穆之序，違經典紹繼之義也。』」《晉書·賈充傳》：「及薨，槐輒以外孫韓謐爲黎民子，奉充後。郎中令韓咸、中尉曹軫諫槐曰：『禮：大宗無後，以小宗支子後之，無異姓爲後之文。無令先公懷腆后土，良史書過，豈不痛心？』槐不從。」《秦秀傳》：「及充薨，秀議曰：『充舍宗族弗授，而以異姓爲後，悖禮溺情，以亂大倫。昔鄫養外孫莒公子爲後，《春秋》書「莒人滅鄫」。聖人豈不知外孫親耶？但以義推之，則無父子耳。』」

十有二月，齊侯滅萊。

【傳】曷爲不言萊君出奔？國滅，君死之，正也。

【疏】《曲禮》：「國君去其國，止之[六]，曰：『奈何去社稷也？』」注：「死其所受於天子也。」疏：「《異義》：『《公羊》説，國滅，君死，正也。故《禮運》云「君死社稷」，無去國之義。《左氏》説，昔太王居豳，狄人攻之，乃逾梁山，邑於岐山，故知[七]有去國之義也。許慎謹按，《易》曰：「係[八]遁，有疾厲。畜臣妾，吉。」知諸侯無去國之義也。』鄭不駁之，明從許君，用《公羊》義也。然則《公羊》之説，正《禮》《左氏》之説權法。」

襄[九]十有一年春，王正月，作三軍。

【傳】三軍者，何？三卿也。【注】爲軍置三卿官也。

【疏】《明堂位》疏：「魯是諸侯，唯有三卿、五大夫，故《公羊傳》司徒、司空之下各有二小卿，司馬之下一小卿，是三卿、五大夫。」

十六年三月，公會晉侯、宋公、衛侯、鄭伯、曹伯、莒子、邾婁子、薛伯、杞伯、小邾婁子于溴〔一〇〕梁。

【傳】君若贅旒然。【注】旒，旂旒。贅，繫屬之辭。若今俗名〔一一〕就壻爲贅壻矣。以旂旒喻者，爲下所執持東西。旒者，其數名。《禮記・玉藻》曰：「天子旂十有二旒，諸侯九，卿大夫七，士五。」

【疏】注「若今俗，名就壻爲贅壻矣」。賈誼《治安策》：「故秦人家富，子壯則出分；家貧，子壯則出贅。」注：「應劭曰：『出作贅壻也。』師古曰：『謂之贅壻者，言其不當出在妻家，亦猶人身體之有疣贅，非應所有也。』」

【疏】注「以旂旒爲喻者，爲下所執持東西。旒者，其數名」。《詩・商頌》：「爲下國綴旒。」箋云：「綴，猶結也。旒，旌旗之垂者也。」正義曰：「又襄十六年《公羊》云：『君若贅旒然。』言諸侯反繫屬於大夫也。此言『綴旒』，文與彼同，明以旌旗爲喻，故易《傳》以『綴猶結』也、『旒』爲『旌旗之垂』也。《秋官・大行人》及《考工記》説旌旗之事，皆云『九旒』『七旒』，《爾雅》説旌旗云『練旒九』，是旌旗垂者名爲『旒』也。」

晉士匄帥師侵齊，至穀，聞齊侯卒，乃還。 十九年

【傳】還者，何？善辭也。何善爾？大其不伐喪也。此受命乎君而伐齊，則何大乎其不伐喪？大夫以君命出，進退在大夫也。【注】禮：兵不從中御外。臨事制宜，當敵爲師，唯義所在。士匄聞齊侯卒，引師而去，恩動孝子之心，義服諸侯之君。是後兵寢數年，故起時善之。言「乃」者，士匄有難重廢君命之心，故見之。言「至穀」者，未侵齊也。

【疏】注「禮兵」至「所在」。《淮南子》：「凡國有難，君自宮召將，詔之曰：『社稷之命在將軍。即今國有難，願請子將而應之。』將軍受命，乃令祝史、太卜齋宿三日，之太廟，鑽靈龜，卜吉日，以受鼓旗。君入廟門，西面而立；將入廟門，趨至堂下，北面而立。主親操鉞，持頭，授將軍其柄，曰：『從此上至天者，將軍制之。』復操斧，持頭，授將軍其柄，曰：『從此下至淵者，將軍制之。』將已受斧鉞，答曰：『國不可從外制〔一二〕也，軍不可從中御也。二心不可以事君，疑志不可應敵。臣既已受制於前矣，鼓旗斧鉞之威，臣無還請，願君亦以垂一言之命於臣也。君若不許，臣不敢將。君若許之，臣辭而行。』乃爪鬋，設明衣也，鑿凶門而出。乘將軍車，載旌旗斧鉞。」《白虎通》：「不臣將帥用兵者，重士衆爲敵國。國不可從外治，兵不可從内御，欲成其威、一其令。《春秋》之義：兵不稱使，明不可臣也。」又，「大夫將兵出，必不〔一三〕御者，欲盛其威，使士卒一意繫心也。故但聞

將軍[一四]令，不聞君命也[一五]，明進退在大夫也」。

【疏】注「士匄」至「善之」。《蕭望之傳》：「《春秋》：晉士匄帥師侵齊，聞齊侯卒，引師而還。君子大其不伐喪，以爲恩足以服孝子，誼足以動諸侯。」《白虎通》：「諸侯有三年之喪，有罪且不誅，何？君子恕己，哀孝子之思慕，不忍加刑罰。《春秋》曰：『晉士匄帥師侵齊，至穀，聞齊侯卒，乃旋。』《傳》曰：『大其不伐喪也。』」

十有二月甲寅，天王崩。二十八年

乙未，楚子昭卒。

【注】乙未與甲寅，相去四十二日，蓋閏月也。葬以閏數，卒不書閏者，正取期月。明期、三年之喪，始死，得以閏數；非死月，不得數閏。

【疏】《通典》：「簡文帝崩，再周而遇閏。博士謝攸、孔粲議：『案，《左氏春秋經》：魯襄公二十八年十二月甲寅，天王崩；乙未，楚子卒。其間相去四十二日，是則乙未，閏月之日也。經不書閏月而書十二月，明閏非正，宜附正之文。其不曰二十九年正月，是附前月之證。又，《禮記》曰「喪事，先遠日」，則祥、除應在閏月。』尚書左丞劉遵議：『喪紀之制，歲數者没閏。而三年之喪，閏在始末者，用舍之論，時有不同。惟當本乎閏之所繫，可以明折衷。經、傳具四時以編年，一時無事，經書首月；及其有事，隨月而載。初不書閏者，以〔一六〕閏附正月，不應時見〔一七〕。唯魯文公六年書「閏月不告朔」，指見告朔之餘無事也。又，文公元年閏三月後〔一八〕，故《傳》曰「於是閏三月」，欲審所附，此明證。設此閏遭喪者，取其周忌，應用來年三月，既合喪期大數，得周忌定日。何休亦以爲然，朝論同之，不嫌。原其所由，在乎閏月附前月而不屬後故也。始喪在閏月，以附前；祥、除遇之，豈得屬後？立閏有定所，而施用有彼此。求之理例，殊不經通。且喪疑從重，不貳之道；祥用遠日，禮之正典。愚謂：周忌故當〔一九〕七月二十八日，大祥應用閏月晦，既得周忌之正，不失遠日之義。禮之遠日，誠非出月遇閏而然，蓋隨時之變耳。』劉遵用閏月祥。散騎常侍鄭襲議云：『中宗、肅祖皆以閏崩，祥、除之變皆用閏之後月。先朝尚爾，閏附七月，用之何疑？荀司徒亦以閏薨，荀家祥亦用閏之後月。諸荀名德相繼，習於禮學，故號爲名宗。議者引《周官》《左氏》，而非《公羊》《穀梁》。今桉《周官》《左氏傳》所書，自書閏月中事。閏月，長三十日。三十日中，何得無事？不明閏月非附月之理也。議者稱，三年之喪，二十五月；遇閏之年，便二十六月。三年之喪，不應以閏爲月。議者稱，《禮》傳：「終身之哀，忌日之謂。」不惟周年子卯之謂，代不用子卯。閏月及大月三十日亡，至於無閏之年及與小盡，都是無忌，所以古人用子卯也。簡文皇帝七月二十八日崩，己未之日；今年己未，在閏月十日。時不用子卯而用二十八日，久矣。若己未在他月，今者不能變改。閏附七月，己未在閏。今者用閏，益合遠日之情也。』吏部郎中劉耽議，以爲：『喪禮之制，周年沒閏者，議以閏非正月，故略而不數，是以丘明謂之閏三月，《公羊》則曰『天無是月』。由此言之，閏無定所，隨節而立，其名稱則在上月。是以卒於閏者，則以所附之月爲周；至於祥變，理不得異。豈有始喪則附之於前、祥變則別之於後？以例推之，情所未安。且夫禮雖制情，亦復因情制禮。若情因事申，則古人順而不奪，是以每於祥、葬，咸用遠日。斯所以即順物情，因可申之。故數年則没閏，喪禮所不嫌；附於前月，《春秋》之明義。愚謂：國祥用閏月晦，既合經傳附前之義，又得遠日申情之旨。且喪宜〔二〇〕從重，古今所同。詳尋理例，謂此爲允。』太常丞殷合議謂：『忌不可遷，存終月也；祥不必本月，尚遠日也。謂宜以七月二十八日爲忌，閏月晦而祥。』尚書右丞戴謐議：『尋博士所上祥事，是專用吴商議也。商之所言，依《公羊》何氏注及《禮》之「遠日」也。《禮》稱：「三年之喪，十三月而小祥，二十五月而畢。」《春秋傳》曰：「三年之喪，其實二十五月。」此喪服之大數，周月之正文也。又云：「喪以月者數閏，以歲者不數閏。」是爲有閏則十四月而祥，二十六月而除，不用喪月之常數，所以重周忌之正也。夫練、除之節，喪禮之大；終身之哀，忌日之謂。喪中遇閏，禮不可略；周忌之月，不可而移，故緣情以立制，變文而示義也。至閏在喪表，三年之限已全，周忌之正已得，何故於此而復延月耶？議者據《左氏》之閏三月，《公羊》無是月，《穀梁》附月餘日，以明閏非月數，皆應屬前之證。按，推考分度，隨以置閏。閏月之所在，年中無常，要當有繫，以名其所在。三月後，謂之閏三月，非三月也。天無是月，非常月也；非無此月，所在無常也。《穀梁》亦云：「積分以成月。」經傳之文，先儒舊説，并不謂閏是餘日，不別月數，而以六十日爲一月也。三年之喪，禮之所重；其爲節文，不專一制。亡在於閏，喪者之變。祥、除之事，無復本月，應有所附，以正所周。閏在三月後，附於三月，喪紀無違，順序有節，合三《傳》、三《禮》意也。若閏非月數，皆屬以前，功服葬月，何以數之？於葬則數，於祥則否，用舍二義，未安以十二月祥，於時則未及周年，於忌則時尚平吉。若由天無是月，故略而不計，則凡在五服，應皆爲不安，又十三月而祥、二十五月而畢，明文焕然。而閏在周内，舍而不數者，則閏正月遭艱，便應允。』會稽内史郗愔書云：『省〔二三〕別書并諸議，具三《禮》證據，誠所未詳，然恐祥、忌異月，於理既斷，失周忌之正典，出於祥月，非卜遠日之謂。二三無據，義實致疑。愚謂：正周而除，於禮爲始魄？以兹言之，可不爲兩月耶？天無是月正數耳，非無此月也。若用閏祥，則虧二十五月之大月爲稱。至於月也，豈得爲一？臣請以宿度論之。閏所附月盡之夕，寧猶見乎？又閏之初，豈不乙卯。誠如是，自宜以日辰爲忌，遇之而感耳。』御史中丞、譙王臣恬議云：『夫閏非正數，故附前不離一日。今須後閏，則三年之忌，不亦遠乎？《傳》稱：「子卯不樂，謂之疾日。」先儒以爲甲子、耶？當以後歲閏月五日爲忌，是五年再有忌日也。』難曰：『忌日之感〔二二〕，終身之戚，罔極之恩，月小祥，明年四月大祥也。所謂「忌日」者，死者之日月耳。今以閏月，來年無閏月，安得有忌日以告朔，而喪者不數。以閏月死，既不數之，《禮》「十三月小祥，二十五月大祥」，自然當以來年四答曰：『謂之閏月者，以餘分之日閏益月耳，非正月也。非正月，則吉凶大事皆不可用，故天子不序不悖，合禮變也。』鄭襲難范甯曰：『以閏三月五日死者，當以來年〔二一〕何月祥？何月爲忌日？』乎？閏在喪中，略而不計；祥、除值閏，外而不取，重周忌也。閏亡無正，推以附前，喪期不闕，順數，大較蠃同。但其年無閏，而以乙未爲閏之日，考較經傳，未之詳耳。尚采尋便爲正義，不亦謬之遠，而乃包閏。卜同遠異，復非所宜也。按，何休云：「閏死者，數閏以正周月。」非死月，不得也。凶事遠日，言月中之遠耳。若遷一月，當是遠月，豈遠日之義耶？卜葬之遠，不出於月；卜祥包閏，具如足下所論。若云情重則宜包，情輕故宜數，是爲制之由情，而未本乎曆數。苟本乎曆數〔二四〕，必天無是月，則雖情有輕重，而舍閏宜一。且齊衰之制，遇閏而包；降爲大功，則數而除。天性攸同，而包數異制：以月爲斷者數閏，以年爲斷者除閏。推此而言，則除、數所由，蓋以所遇爲分斷，非情本之所以。以後月爲周者，故是上之所論，以吉爲忌，於理不通故耳。云閏在周後，將非其喻。至於凶事尚遠，蓋施於卜日、祥葬，制無定期，故不得即申物情，務從其遠耳。若理例坦然，義無疑昧，豈得不循成制而以過限爲重？或謂，閏者蓋年中餘分，故宜計其正限，以補不足。今再周無閏，則不補小月之限。閏在周後，便欲以六十日爲一月者，當以既已遇閏，便宜在盡其月節故也。月節之難，足下釋之。且節必在閏月之中，則合〔二五〕月從節，即復進退致闕。』尚書僕射謝安等參詳：『宜準經典：三年之喪，十三月而練，二十五月而畢，《禮》之明文也。祥、除必正周月。請依《禮》，用七月晦，至尊釋除縞素，俯就即吉。』詔可。」

二十有九年春，王正月，公在楚。

【傳】何言乎「公在楚」？正月以存君也。【注】正月，歲終而復始。臣子喜其君父與歲終而復始，執贄存之，故言「在」。

【疏】《鹽鐵論》：「《春秋》存君在楚。」《白虎通》：「《書》曰：『五玉、三帛、二生、一死贄。』至正月朔日，乃執〔二六〕而朝賀其君。朝賀以正月，何？歲首，意氣改新，欲長相保，重本正始也，故群臣執贄而朝賀其君。」《後漢書・禮儀志》：「每月朔、歲首，爲大朝，受賀。其儀：夜漏未盡七刻，鐘鳴，受賀。及贄，公、侯璧，中二千石、二千石羔，千石、六百石雁，四百石以下雉，百官賀正月。」注：「《決疑要注》曰：『古者朝會皆執贄：侯、伯執圭，子、男執璧，孤執皮帛，卿執羔，大夫執雁，士執雉。漢、魏粗依其制，正旦大會，諸侯執玉璧，薦以鹿皮；公卿以下所執，如古禮。古者衣皮，故用皮帛爲幣。玉以象德，璧以稱事，不以貨没禮。庶羞不逾牲，宴衣不逾祭服，輕重之宜也。』」

閽弒吴子餘祭。

【傳】君子不近刑人。近刑人，則輕死之道也。【注】刑人不自賴，而用作閽，由之出入，卒爲所殺，故以爲戒。不言「其君」者，公家不畜，士庶不友，放之遠地，欲去，聽所之，故不繫國。不繫國，故不言「其君」。

【疏】「君子」至「道也」。《穀梁傳》：「禮：君不使無耻，不近刑人。」《曲禮》：「刑人不在君側。」注：「爲怨恨爲害也。《春秋傳》曰：『近刑人，則輕死之道也。』」《祭統》曰：「閽者，守門之賤者也。古者不使刑人守門。」注：「『古者不使刑人守門』，謂夏、殷時。」

【疏】注「刑人」至「所之」。《白虎通》：「古者刑殘之人，公家不畜，大夫不養，士遇之路，不與語。放諸墝埆不毛之地，與禽獸爲伍。」

秋七月，叔弓如宋，葬宋共姬。三十年

【傳】外夫人，不書葬。此何以書？隱之也。何隱爾？宋災，伯姬卒焉。其稱謚，何？賢也。何賢爾？宋災，伯姬存焉。有司復曰：「火至矣！請出。」伯姬曰：「不可。吾聞之也：婦人夜出，不見傅、母，不下堂。傅至矣，母未至也。」逮乎火而死。【注】禮：后、夫人必有傅、母，所以輔正其行，衛其身也。選老大夫爲傅，選老大夫妻爲母。

【疏】「宋災」至「賢也」。《白虎通》：「夫人無謚者，何？無爵，故無謚。或曰：夫人有謚。夫人，一國之母，修閨門之内則，群下亦化之，故設謚以彰其善惡。《春秋傳》曰：『葬宋恭姬。』《傳》曰：『其稱謚，何？賢也。』」

【疏】注「禮后」至「身也」。《漢書·張敞傳》：「禮：君母出門，則乘輜軿；下堂，則從傅、母。」荀爽《女誡》：「聖人制禮，以隔陰陽。七歲之男，王母不抱；七歲之女，王父〔二七〕不持。親非父母，不與同車；親非兄弟，不與同筵。非禮不動，非義不行。是故宋伯姬遭火不下堂，知必爲災，傅、母不來，遂成於灰。《春秋》書之，以爲高也。」

【疏】注「選老」至「爲母」。《白虎通》：「國君取大夫之妾、士之妻老而無子而明於婦道者，禄

之，使教宗室五屬之女。大夫、士皆有宗族，自[二八]於宗子之室，學事人也。女必有傅、姆，何？尊之也。《春秋傳》曰：『傅至矣，姆未至。』」

晉人、齊人、宋人、衛人、鄭人、曹人、莒人、邾婁人、滕人、薛人、杞人、小邾婁人會于澶淵，宋災故。

【傳】諸侯相聚，而更宋之所喪。【注】聚，斂也，相聚斂財物。

【疏】《大宗伯》：「以禬禮哀圍敗。」注：「同盟者會合財貨，以更其所喪。《春秋》襄三十年冬，『會於澶淵，宋災故』，是其類。」《大行人》：「致禬，以補諸侯之災。」注：「『致禬』，凶禮之弔禮禬禮也。『補諸侯災』者，若《春秋》澶淵之會，謀歸宋財。」

秋九月癸巳，子野卒。 三十一年

【疏】《通典》：「後漢安帝崩，立北鄉侯，未逾年薨，以王禮葬。於《春秋》，何義也？何休答曰：『《春秋》：未逾年，魯君子野卒，降成君，稱子[二九]，從大夫禮，可也。』」《後漢·周舉傳》：「永和元年，災異數見。省内惡之，詔召公卿、中二千石、尚書詣顯親殿，問曰：『言事者多云：昔周公攝天子事，及薨，成王欲以禮[三〇]葬之，天爲動變。及更以天子之禮，天[三一]即有反風之應。北鄉侯親爲天子，而葬以王禮，故數有災異。宜加尊謚，列於昭穆。』群臣議者多謂宜如詔旨，舉獨對曰：『昔周公有請命之應，隆〔一二〕太平之功，故皇天動威，以章聖德。北鄉侯本非正統，奸臣所立；立不逾歲，年號未改，皇天不祐，大命夭昏。《春秋》王子猛不稱崩，魯子野不書葬。今北鄉侯無他功德，以王禮葬之，於事已崇，不宜稱謚。災眚之來，弗由此也。』」

校勘記

〔一〕「與祖母」，蜚雲閣本、咫進齋本、續經解本并奪，據《通典》卷八十九補。

〔二〕「之子」，蜚雲閣本、咫進齋本奪，據續經解本、《通典》卷六十九補。

〔三〕「之子」，《通典》卷六十九無，疑衍。

〔四〕「無子」，《通典》卷六十九上有「稱」字。

〔五〕「亂」，續經解本無，與《通典》卷六十九同。

〔六〕「止之」，蜚雲閣本、咫進齋本上衍「其國」二字，據續經解本、《禮記正義》卷四删。

〔七〕「知」，蜚雲閣本、咫進齋本下衍「是」字，據續經解本、《禮記正義》卷四删。

〔八〕「係」，蜚雲閣本、咫進齋本作「孫」，據續經解本、《禮記正義》卷四改。

〔九〕「褎」，續經解本無，據文例，疑衍。

〔一〇〕「溴」，蜚雲閣本、咫進齋本作「溴」，據續經解本、《公羊注疏》卷二十改。

〔一一〕「名」，蜚雲閣本、咫進齋本作「民」，據續經解本、《公羊注疏》卷二十改。阮氏《校勘記》云：「『名』，鄂本誤『民』。」疏引同。

〔一二〕「制」，《淮南子·兵略訓》作「治」。

〔一三〕「必不」，與《漢魏叢書》本《白虎通·三軍》同，續經解本作「不從中」，與盧校本同。

〔一四〕「將軍」，《漢魏叢書》本、盧校本同，續經解本作「軍」。

〔一五〕「也」，《漢魏叢書》本同，續經解本無，與盧校本同。

〔一六〕「以」，蜚雲閣本、咫進齋本并誤重，據續經解本删。

〔一七〕「時見」，續經解本作「時見也」，與《讀禮通考》卷二十四同，《通典》卷一百作「特見也」。

〔一八〕「後」，蜚雲閣本、咫進齋本奪，據續經解本、《通典》卷一百補。

〔一九〕「故當」，《通典》卷一百作「故當用」。

〔二〇〕「宜」，《通典》卷一百、徐乾學《讀禮通考》卷二十四并作「疑」。

〔二一〕「來年」，蜚雲閣本、咫進齋本作「來月」，據續經解本、《通典》卷一百改。

〔二二〕「感」，蜚雲閣本、咫進齋本作「歲」，據續經解本、《通典》卷一百、《讀禮通考》卷二十四改。

〔二三〕「省」，蜚雲閣本、咫進齋本作「有」，據續經解本、《通典》卷一百、《讀禮通考》卷二十四改。

〔二四〕「苟本乎曆數」，蜚雲閣本、咫進齋本、續經解本并奪，據《通典》一百、《讀禮通考》卷二十四補。

〔二五〕「合」，《通典》卷一百作「含」。

〔二六〕「執」，與《白虎通·闕文》同，《太平御覽》卷五百三十九作「執贄」。

〔二七〕「王父」，蜚雲閣本、咫進齋本作「王母」，據續經解本、《藝文類聚》卷二十三改。

〔二八〕「大夫士皆有宗族自」，「自」蜚雲閣本、咫進齋本作「至」，其餘數字據續經解本、《白虎通·嫁娶》改補。

〔二九〕「子」，《通典》卷八十作「卒」。

〔三〇〕「禮」，《後漢書》卷九十一作「公禮」。

〔三一〕「天」，續經解本、《後漢書》卷九十一無，疑衍。

〔三二〕「隆」，蜚雲閣本、思進齋本作「降」，據續經解本、《後漢書》卷九十一改。

春秋公羊禮疏卷九

昭公

夏，秦伯之弟鍼出奔晉。元年

【傳】曷爲仕諸晉？有千乘之國，而不能容其母弟。**【注】**十井爲一乘。公侯封方百里，凡千乘；伯四百九十乘，子、男二百五十乘。時秦侵伐，自廣大，故曰「千乘」。

【疏】《禮運》：「故天子有田以處其子孫，諸侯有國以處其子孫，大夫有采以處其子孫，是謂制度。」注：「言今不然也。《春秋》昭元年，『秦伯之弟鍼出奔晉』，刺其有千乘之國，而不能容其母弟。」

叔弓帥師疆運田。

【傳】疆運田者，何？與莒爲竟也。【注】疆，竟也。與莒是正竟界。

【疏】《大宗伯》：「大封之禮，合衆也。」注：「正封疆溝途之固，所以合聚〔一〕其民。」《太卜》注：「大封，謂竟界侵削，卜以兵征之，若『叔弓帥師疆運〔二〕田』是也。」

二月癸酉，有事于武宫。籥入，叔弓卒，去樂，卒事。十五年

【傳】其言「去樂，卒事」，何？禮也。君有事於廟，聞大夫之喪，去樂，卒事。【注】恩痛，不忍舉。畢竟祭事。

【疏】《穀梁傳》：「君在祭樂之中，聞大夫之喪，則去樂，卒事，禮也。君在祭樂之中，大夫有變，以聞，可乎？大夫，國體也。古之人重死，君命無所不通。」《宋書・禮志》：「永嘉中，散騎常侍江統議曰：『《陽秋》之義：「去樂，卒事。」是爲吉祭有廢樂也。』」

【傳】大夫聞君之喪，攝主而往。【注】主，謂己主祭者。臣聞君之喪，義不可以不即行，故

使兄弟若宗人攝行主事而往。不廢祭者，古禮也。古有分土，無分民。大夫不世，己父未必爲今君臣也。

【疏】《曾子問》曰：「『大夫之祭，鼎俎既陳，籩豆既設，不得成禮，廢者幾？』孔子曰：『九。』『請問之。』曰：『天子崩，后之喪，君薨，夫人之喪，君之太廟火，日食，三年之喪，齊衰，大功，皆廢。』」按，此與《傳》異義。

夏，曹公孫會自鄸出奔宋。二十年

【注】古者諸侯師出，世子率輿守國，次宜爲君者持棺絮從，所以備不虞。

【疏】《曾子問》曰：「君出疆，以三年之戒，以椑從。」注：「親身棺曰椑。」《文王世子》：「其在軍，則守於公禰。」疏：「在軍，謂庶子之官從公出行。」

秋，盜殺衛侯之兄輒。

【傳】母兄稱兄。兄何以不立？有疾也。何疾爾？惡疾也。【注】據立適以長。惡疾，謂瘖、聾、盲、癘、禿、跛、傴，不逮人倫之屬也。

【疏】《穀梁傳》曰：「有天疾者，不得入乎宗廟。輒者，何也？曰：兩足不能相過。」《喪服小記》：「王者禘其祖之所自出，以其祖配之，而立四廟。庶子王，亦如之。」注：「世子有廢疾，不可立，而庶子立，其祭天、立廟，亦如世子之立也。春秋時，衛侯元有兄縶。」《白虎通》：「世子有惡疾廢者，何？以其不可承先祖也，故《春秋傳》曰：『兄何以不立？有疾也。何疾爾？惡疾也。』〔三〕」

【注】公子不言「之」，兄弟言「之」者，敵體辭，嫌於尊卑不明，故加「之」以絶之，所以正名也。

【疏】《坊記》：「子云：『君不與同姓同車，與異姓同車不同服，示民不嫌也。』」注：「同姓者，謂先王、先公子孫，有繼及之道者也。其非此，則無嫌也。」疏：「明彰疑別嫌，恐尊卑相僭，使人疑惑之事。」

戊辰，吴敗頓、胡、沈、蔡、陳、許之師于鷄父。胡子髡、沈子楹滅，獲陳夏齧。二十三年

【傳】其言「滅」「獲」，何？別君臣也。君死於位曰滅，生得曰獲；大夫生、死皆曰獲。

【注】大夫不世，故不別死位。

【疏】《載馳》箋：「滅者，懿公死也。君死於位曰滅。」正義曰：「若本國雖存，君與敵戰而死，亦謂之滅，故云『君死於位曰滅』，即昭二十三年『胡子髡、沈子逞滅』之類是也。」

天王居于狄泉。

【傳】此未三年，其稱天王，何？著有天子也。【注】時庶孽并篡，天王失位徙居，微弱甚，故急著，正其號，明天下當救其難而事之。

【疏】《白虎通》：「王者有三年之喪，夷狄有内侵，伐之者，重天誅，爲宗廟社稷也。《春秋傳》曰：『天王居於狄泉。』《傳》曰：『此未三年，其稱天王，何？著有天子也。』」

齊侯唁公于野井。二十五年

【傳】子家駒曰：「諸侯僭於天子。」

【疏】《考工記》：「土以黄，其象方，天時變。」注：「古人之象，無天地也。爲此《記》者，見時有之耳。子家駒曰：『天子僭天。』意亦是也。」疏：「子家駒曰：『天子僭天，諸侯僭天子。』彼云『僭天』者，未知僭天何事，要在古人衣服之外，别加此天地之意，亦是僭天，故云『意亦是也』。」《後漢書·五行志》注：「《春秋考異郵》：『天子僭天，大夫僭人主，諸侯僭上。』」《貢禹傳》：「魯昭公曰：『吾何僭矣？』今大夫僭諸侯，諸侯僭天子，天子過天道，其日久矣。」

【注】禮：天子、諸侯臺門，天子外闕兩觀，諸侯内闕一觀。

【疏】洪州判頤煊《禮經宮室答問》：「問：庫門之制。曰：《禮器》：『天子、諸侯臺門，家不臺門。』是天子、諸侯庫、雉、路三門皆有臺也。《爾雅》：『闍者謂之臺。』《禮器》孔疏：『兩邊築闍爲基，基上起屋，曰臺門。』《郊特牲》：『繹之於庫門内。』庫門既可繹祭，則其門堂之制，當亦與廟門同。《考工記》唯言路門、應門容數，而不及雉門、庫門，明雉門、庫門之大，與路門同也。問：雉門謂之觀，又謂之象魏，又謂之闕，其制可考否？曰：《禮運》：『仲尼與於蜡賓，事畢，出遊於觀之上。』鄭注：『觀，闕也。』孔疏云：『「出遊於觀之上」者，謂出廟門，往雉門。雉門有兩觀。』《左氏·定公二年〔四〕》：『夏五月壬辰，雉門及兩觀災。冬十月，新作雉門及兩觀。』明雉門與兩觀連也。《大宰》：『正月之吉，乃縣治象之法於象魏。』鄭司農云：『象魏，闕也。故魯災，季桓子御公立於象魏之外，命藏象魏，曰：「舊章不可忘也。」』《左氏》孔疏云：『闕在門兩旁，中央闕然爲道也。其上縣治象，其狀巍巍然高大，謂之「象魏」；使人觀之，謂之「觀」。是觀與象魏、闕，一物而三名也。』」

【傳】乘大路。【注】禮：天子大路，諸侯路車，大夫大車，士飾車。

【疏】《白虎通》：「路者，何謂也？路，大也，道也，正也。君至尊，制度大，所以行道德之正也。路者，君車也。天子大路，諸侯路車，大夫軒車，士飾車。玉路，大路也。名〔五〕車爲輅者，何？言所以步之於路也。」

【傳】朱干、玉戚，以舞《大夏》。【注】干，楯也。以朱飾楯。戚，斧也。以玉飾斧。《大夏》，夏樂也。周所以舞夏樂者，王者始起，未制作之時，取先王之樂與己同者，假以風化天下。天下大同，乃自作樂。取夏樂者，與周俱文也。王者舞六樂於宗廟之中：舞先王之樂，明有法也；舞己之樂，明有則也；舞四夷之樂，大德廣及之也。東夷之樂曰《株離》，南夷之樂曰《任》，西夷之樂曰《禁》，北夷之樂曰《昧》。

【疏】注「干楯也」至「樂也」。《明堂位》注：「朱干，赤大盾也。戚，斧也。《大武》，周舞也；《大夏》，夏舞也。」《五經通義》：「戚，斧；干，盾也。玉取其德，干取其仁，明當尚德行仁，以斷斬也。」

【疏】注「王者舞六樂於宗廟之中」。《五經通義》：「樂者，所以象德表功，因事之宜。受命而王者，六樂焉：以《太乙》樂天，以《咸池》樂地，以《肆夏》樂人，以《大夏》樂四時，以《大護》樂五行神明，以《大武》樂六律。各象其性而爲之制，以樂其先祖。」崔靈恩《三禮義宗》：「周公制禮，用六代之樂。四時祭祀，分而用之。祭之尊卑，凡有六等，故用六代之樂。以六代之樂〔六〕，配十二調而作之，一代之樂則用二調。遠取黄帝者，以舞樂之始，興於黄帝。奏者，謂堂下四垂鐘聲之調；歌者，謂堂上琴瑟之音。但一祭之中，皆自爲二調：庭奏者常以陽聲爲調，升歌者常以陰禮爲聲。周人用六代之樂，祭天《雲門》，地以《咸池》，宗廟以《大磬》，不用時王之樂。以三樂其道最美，故三祭用之。宗廟加《九德》之歌，彰明先祖之德也。大蜡，盡天地、四方之神而祭之，其樂亦盡用四時之調。凡四方十二辰，則有十二律；陰陽相配，二道共作一代之樂，故爲六樂。大蜡之祭，則盡用之，合天地、四方之神，合六代之樂，故終不過六。」

【疏】注「東夷」至「曰昧」。《明堂位》：「《昧》，東夷〔七〕之樂也；《任》，南蠻之樂也。」疏：「《白虎通》云：『《樂元語》曰：「東夷之樂曰《朝離》，萬物微，離地而生；樂持矛舞，助時生也。南夷樂曰《南》，南，任也，任養萬物；樂持羽舞，助時養也。西夷樂曰《昧》，昧，昧也，萬物衰老，取晦昧之義也；樂持戟舞，助時殺也。北夷樂曰《禁》，言萬物禁藏；樂持干舞，助時藏也。」』《白虎通》云『《朝離》』，則《株離》也。《鉤命決》亦云：『東夷之樂曰《昧》，南夷之樂曰《南》。』」《魯詩傳》：「以《雅》以《南》，《韎》《任》《朱離》。」

【傳】八佾以舞《大武》，此皆天子之禮也。

【疏】《郊特牲》〔八〕：「擊玉磬，朱干設錫〔九〕，冕而舞《大武》，乘大路，諸侯之僭禮也。」注：「言此皆天子之禮也。」

【注】弔亡國曰唁，弔死國曰弔，弔喪主曰傷，弔所執紼曰綍。

【疏】《詩》：「載馳載驅，歸唁衛侯。」傳：「弔失國曰唁。」梁賀述《禮統》：「弔生曰唁，弔死曰弔。生謂之唁，何？非爲喪之位、哭泣之事，但嗟嘆以言，故謂之唁。弔死謂之弔，何？素有厚恩，禮無服屬，但致傷哀痛毒，故謂之弔。」

【傳】再拜顙。【注】顙者，猶今叩頭矣。謝見唁也。

【疏】《檀弓》：「拜稽顙，哀戚之至隱〔一〇〕也。」

【注】簞，葦器也。圓曰簞，方曰笥。

【疏】《曲禮》注：「簞、笥，盛飯食者。圓曰簞，方曰笥。」釋文〔一一〕：「簞、笥，竹器也。」

【傳】與四脡脯。【注】屈曰朐，伸曰脡。

【疏】《説文》：「朐，脯挺也。」段大令玉裁注：「許書無『脡』字，『挺』即『脡』也。何注《公羊》曰：『屈曰朐，申曰脡。』朐、脡，就一脡析言之，非謂脡有曲、直二種也。《曲禮》曰：『左朐右末。』鄭云：『屈中曰朐。』『屈中』猶言屈處，『末』即申者也。《士虞禮》曰：『設俎於薦東，朐在南。』鄭云：『朐，脯及乾肉之屈也。』曰『左朐』，曰『朐在南』，則朐在脯端，明矣。《鄉飲酒記》曰：『薦脯五挺，横祭於其上。』注引《曲禮》『左朐右末』。《鄉射記》：『薦脯五膱。膱，長尺二寸。』注：『膱，猶挺也。』然則每一脯爲一膱，謂之一挺。每膱必有屈處，故亦可謂之一朐。」

【注】壺，禮器。腹方、口圓曰壺，反之曰方。壺有爵飾。

【疏】《大戴禮》：「壺脰脩七寸，口徑二寸半；壺高尺二寸，受斗五升；壺腹脩五寸。」《急就章》注〔一二〕：「壺，圓器也，腹大而有頸。」阮諶《三禮圖》：「方壺，受一斛，腹圓，足、口皆方。圓壺受一斛，腹方，口、足皆圓，畫雲氣。」

【注】餕，熟食；饔，熟肉〔一三〕；未就，未成也。解所以致糗意。

【疏】《廣雅》：「熟食謂之餕饔。」《詩》箋：「飧者，客始至，主人所致之禮也。」桉，「餕」讀若「飧」。

【注】糗，糒也。

【疏】《費誓》：「峙乃糗糧。」《後漢・隗囂傳》：「囂病且餓，出城餐糗糒。」鄭衆《周禮》注：「糗，熬大豆及〔一四〕米也。」《説文》：「糒，乾飯也。」

【傳】昭公曰：「君不忘吾先君，延及喪人，錫之以大禮。」再拜稽首，以衽受。

【疏】《問喪》疏：「按〔一五〕，《深衣篇》云『續衽鉤邊』，故知此衽，深衣之衽。按，深衣衽當旁。此云『深衣之裳前』者，既扱之，恐踐履爲妨，故解爲『裳前』也。其實衽象小要，屬裳處皆狹，旁與在前，俱得『衽』名，但所扱之處當衽也。按，《公羊傳》云昭公以衽受於齊之唁禮，亦謂裳當前者也。」

【傳】昭公蓋祭而不嘗。【注】食必祭者，謙，不敢便嘗，示有所先。不嘗者，待禮讓也。

【疏】《膳夫》疏：「凡祭，皆祭先造食者，《曲禮》云：『殽之序，徧祭之。』」《論語》疏：「若敵客，則得先自祭；降等之客，則後祭。若臣侍君而賜之食，則不祭；若賜食而君以客禮待之，則得祭。」

【傳】景公曰：「寡人有不腆先君之服，未之敢服。」【注】腆，厚也。禮：天子朝皮弁，夕玄端。朝服以聽朝，玄端以燕，皮弁以征不義，取禽獸，行射。

【疏】注「禮天子朝皮弁」。《司服》：「眡〔一六〕朝，則皮弁服。」注：「視朝，視內外朝之事。皮弁之服，十五升白布衣，積素爲〔一七〕裳。」《士冠禮》注：「皮弁者，以白鹿皮爲冠，象上古也。皮弁之衣，用布亦十五升，其色象焉。」

【疏】注「夕玄端」。《玉藻》：「卒食，玄端而居。」注：「天子服玄端燕居也。」《左氏解詁》：「禮衣端正無殺，曰〔一八〕端。」

【疏】注「皮弁以征不義，取禽獸，行射」。《司服》：「凡甸，冠弁服。」注：「甸，田獵也。」《白虎通》：「皮弁者，何謂也？所以法古至質冠之名也。『弁』之爲言『攀』也，所以攀持其髮也。上古之時質，先加服。皮以鹿皮者，取其文章也。《禮》曰：『三王共皮弁素積。』素積者，積素以爲裳也。言要中辟積，至質不易之服，反古不忘本也。戰伐、田獵，此皆服之。」又，「王者征伐所以必皮弁素積〔一九〕，何？伐者，凶事。素服，示有悽愴也。伐者質，故衣古服。《禮》曰：『三王共皮弁素積。』」

【注】諸侯朝朝服，夕深衣，玄端以燕；裨冕以朝天子，以祭其祖禰。

【疏】注「諸侯朝朝服」。《玉藻》：「朝服以日視朝於内朝。」注：「朝服，冠，玄端素裳也。」

【疏】注「夕深衣」。《玉藻》：「夕深衣。深衣三袪，縫齊，倍要，衽當旁，袂可以回肘，長、中繼掩尺。袷二寸，袪尺二寸，緣廣寸半。」《深衣》疏：「凡深衣，皆用諸侯、大夫、士夕時所著之服。庶人吉服亦深衣，皆著之在表也。」鄭注《目録》：「名曰『深衣』者，謂連衣、裳而純之以采也。有表則謂之中衣，以素純則曰長衣也。」疏又云：「所以稱『深衣』者，以餘服則上衣下裳，不相連；此深衣，衣〔二〇〕、裳相連，被體深邃，故謂之『深衣』。」

【疏】注：「裨冕以朝天子，以祭其祖禰」。《玉藻》：「裨冕以朝。」注：「朝天子也。裨冕，公衮，侯、伯鷩，子、男毳也。」《覲禮》：「侯氏裨冕，釋幣於禰。」注：「裨冕者，衣裨衣而冠冕也。『裨』之爲言『埤』也。天子六服，大裘爲上，其餘爲裨，以事尊卑服之，而諸侯亦服焉。」疏：「今云諸侯告禰用裨冕者，將入天子之廟，故服以告禰。」

【注】卿大夫冕服而助君祭，朝服祭其祖禰。

【疏】《雜記》：「大夫冕而祭於公，弁而祭於己。」注：「祭於公，助君祭也。」《典命》疏：「少牢是上大夫祭，用玄冠朝服。」《玉藻》疏：「三命以下大夫，則朝服以祭。」

【注】士爵弁、韍衣裳以助公祭，玄端以祭其祖禰。

【疏】注「士爵弁」。《雜記》：「士弁而祭於公，冠而祭於己。」注：「弁，爵弁也；冠，玄冠也。」疏：「士以爵弁爲上，故用助祭也。」《弁師》注：「士變冕而〔二一〕爵弁。」疏：「制如冕，但無旒爲異。」《士冠禮》注：「爵弁者，冕之次。其色赤而微黑，如爵頭然。或謂之緅。其布三十升。」疏〔二二〕：「凡冕，以木爲體，長尺六寸，廣八寸，績麻三十升布，上以玄，下以纁，前後有旒。其爵弁制大同，唯無旒，又爲爵色爲異。又，名『冕』者，俛也，低前一寸二分，故得『冕』稱；其爵〔二三〕弁則前後平，故不得『冕』名。」《大宗伯》疏：「凡言士者，無問天子、諸侯士，例皆爵弁以助祭也。」

【疏】注「韍衣裳」。《五經要義》：「韠者，舜所制也。太古之時，未有布綿〔二四〕，人食禽獸肉而衣其皮，知蔽前，未知蔽後。至舜，冕服既備，故復制之，示不忘古。韠名有三：朝廷則謂之韍韠，宗廟謂之韠韐。韍者，大帶之飾，非韠也〔二五〕。天子朱韠，諸侯赤韠。赤，盛色也。」

【疏】注「玄端以祭其祖禰」。《士冠禮》注：「玄端，即朝服之衣，易其裳耳。上士玄裳，中士黄裳，下士雜裳。雜裳者，前玄後黄。」又注：「玄端，士入廟之服也。」疏：「按《特牲》〔二六〕，士禮，祭服用玄端。」《三禮圖》：「諸侯朝服之玄冠，士之玄端之玄冠，諸侯之冠弁。此三冠，與周天子委貌形制相同。」

【傳】昭公曰：「喪人其何稱？」【注】行禮，賓主當各有所稱。時齊侯以諸侯遇禮接昭公，昭公自嫌失國，不敢以故稱自稱，故執謙問之。

【疏】《檀弓》：「有子問於曾子曰：『問喪於夫子乎？』」注：「喪，謂仕失位也。魯昭公孫〔二七〕於齊曰：『喪人其何稱？』」疏：「引《公羊》，證失位者稱『喪』也。」《表記》：「無辭不相見也，無禮不相親也〔二八〕。」

【傳】既哭，以人爲菑。【注】菑，周埒垣也，所以分别内外，衛威儀。

【疏】《考工》注：「泰山、平原所樹立物爲菑。」《掌舍》注：「陳列周衛，則立長大之人以表門也。」《中庸》注：「築墻立板亦曰『栽』。」

冬，黑弓以濫來奔。三十一年

【傳】賢者子孫，宜有地也。

【疏】《王莽傳》：「《春秋》善善，及子孫。賢者之後，宜有土地。」《孟子》注：「古者諸侯、卿大夫、士有功德，則世禄賜族者也；官有世功也，其子雖未任居官，得世食其父禄，『賢者子孫必有士』之義也。」

【傳】何賢乎叔術？讓國也。

【疏】《蜀志·秦宓傳》：「夫能制禮造樂，移風易俗，非禮所秩有益於世者乎！雖有王孫之累，猶孔子大齊桓之霸，《公羊》賢叔術之讓。」

【傳】君幼，則宜有養者。大夫之妾，士之妻。【注】禮也。

【疏】《喪服》注：「國君世子生，卜士之妻、大夫之妾，使食子。」疏：「三母之外，別有食子者。二者之中，先取士妻；無堪者，乃取大夫妾。不并取之。」

校勘記

〔一〕「聚」，蜚雲閣本、咫進齋本作「衆」，據續經解本、《周禮注疏》卷十八改。

〔二〕「運」，《周禮注疏》卷二十四作「鄆」。又，「若」下，《周禮注疏》有「魯昭元年秋」五字。

〔三〕「故《春秋傳》曰」云云，續經解本無。

〔四〕「二年」，蜚雲閣本、咫進齋本、續經解本、《禮經宮室答問》卷下并作「三年」，據引文改。

〔五〕「名」，蜚雲閣本、思進齋本作「爲」，據續經解本、《白虎通·闕文·車旂》改。

〔六〕「以六代之樂」，蜚雲閣本、思進齋本、續經解本并奪，據《漢魏遺書鈔》本《三禮義宗》補。

〔七〕「東夷」，蜚雲閣本、思進齋本、續經解本并作「南夷」，據《禮記正義》卷三十一改。

〔八〕「郊特牲」，蜚雲閣本、思進齋本、續經解本并作「禮器」，據《禮記正義》卷二十五改。

〔九〕「錫」，蜚雲閣本、思進齋本作「鍚」，據續經解本、阮校本《禮記正義》卷二十改。阮氏《校勘記》云：「毛本『錫』作『鍚』，嘉靖本同。《釋文》出『設鍚』，云：『音陽，注同。』」

〔一〇〕「隱」，蜚雲閣本、思進齋本、續經解本奪，據《禮記正義》卷九補。

〔一一〕「釋文」，蜚雲閣本、思進齋本、續經解本并作「疏」，據《禮記正義》卷二改。

〔一二〕「注」，蜚雲閣本、思進齋本、續經解本并奪，據引文補。

〔一三〕「肉」，思進齋本奪，據《公羊注疏》卷二十四補。

〔一四〕「及」，《周禮注疏》卷五作「與」。

〔一五〕「按」，《禮記正義》卷五十六作「案」。下「按」字并同。

〔一六〕「眎」，《周禮注疏》卷二十一作「眡」，義同。

〔一七〕「爲」，《周禮注疏》卷二十一作「以爲」。

〔一八〕「曰」，《左傳正義》卷四十一作「故曰」。

〔一九〕「積」，《白虎通·三軍》作「幘」，本書卷七引亦作「幘」。下同。

〔二〇〕「衣」，蜚雲閣本、思進齋本、續經解本并奪，據《禮記正義》卷五十九補。

〔二一〕「而」，《周禮注疏》卷三十二作「爲」。

〔二二〕「疏」，蜚雲閣本、咫進齋本、續經解本并奪，據引文補。此上所引爲《周禮注疏》卷二鄭玄注文，下所引乃賈公彦疏文。

〔二三〕「爵」，蜚雲閣本、咫進齋本、續經解本并奪，據《儀禮注疏》卷二補。

〔二四〕「絻」，與《漢魏遺書鈔》本《五經要義》同，續經解本、《太平御覽》六百九十一作「帛」。

〔二五〕「韍者，大帶之飾，非韠也」，與《漢魏遺書鈔》本《五經要義》同，《太平御覽》六百九十一引作《五經異義》文。

〔二六〕「特牲」，蜚雲閣本、咫進齋本、續經解本并作「持牲」，據《儀禮注疏》卷二改。

〔二七〕「孫」，蜚雲閣本、咫進齋本、續經解本并作「稱」，據《禮記正義》卷八改。

〔二八〕「無辭不相見也，無禮不相親也」，《禮記正義》卷五十四作「無辭不相接也，無禮不相見也」。

春秋公羊禮疏卷十

定公

三月，晉人執宋仲幾于京師。元年

【傳】不蓑城也。【注】若今以草衣城是也。禮：諸侯爲天子治城，各有分丈尺。宋仲幾不治所主。

【疏】注「若今以草衣城是也」。《魏志》：揚州刺史劉馥「高爲城壘，多積木石，編作草苫數千萬枚」爲備。及吴圍合肥，天連雨，城欲崩，於是以苫蓑覆之。

【疏】注「禮諸侯」至「所主」。《漢書·五行志》：「宋中幾[一]亡尊天子之心，而不衰城。」注：「師古曰：『中幾，宋大夫；衰城，謂以差次受功賦也。「衰」，音初爲反。一曰，「衰」讀曰「蓑」。蓑城，謂以草覆城。「蓑」，音先和反。』」《大司馬》：「大役，與慮事，屬其植。」注：「植，築城植〔二〕也。屬賦丈尺與其用人數。」

戊辰，公即位。

【傳】癸亥，公之喪至自乾侯，則曷爲以戊辰之日然後即位？正棺於兩楹之間，然後即位。

【注】正棺者，象既小斂，夷於堂。昭公死於外，不得以君臣禮治其喪，故示盡始死之禮。禮：始死於北牖下，浴於中霤，飯含於牖下，小斂於户内，夷於兩楹之間，大斂於阼階，殯於西階〔三〕之上，祖於庭，葬於墓，奪孝子之恩，動以遠也。禮：天子五日小斂，七日大斂；諸侯三日小斂，五日大斂；卿大夫二日小斂，三日大斂。夷而絰，殯而成服，故戊辰然後即位。凡喪，三日授子杖，五日授大夫杖，七日授士杖。童子、婦人不杖，不能病故也。

【疏】「正棺於兩楹之間，然後即位」。《後漢書·禮儀志》：「三公奏：『《尚書·顧命》：太子即日即天子位於柩前。請太子即皇帝位，皇后爲皇太后。』奏可。群臣皆出，吉服入會如儀。太尉升自阼階，當柩御坐，北面稽首，讀策畢，以傳國玉璽綬東面跪授皇太子，即皇帝位。」

【疏】注「正棺」至「之禮」。《雜記》：「諸侯行而死於館，則其復如於其國。如於道，則升其乘車之左轂，以其綏復。其輤有裧，緇布裳帷，素錦以爲屋而行。至於廟門，不毁墻，遂入。適所殯，唯輤爲説於廟門[四]外。」注：「廟，所殯宫。墻，裳帷也。適所殯，謂兩楹之間。去輤乃[五]入廟門，以其入自有宫室也。『毁』，或爲『徹』。凡柩自外來者，正棺於兩楹之間，尸亦倲之於此，皆因殯焉。異者，柩入自闕，升自西階；尸入自門，升至阼階。其殯必於兩楹之間者，以其死不於室而自外來，留之於中，不忍遠也。」

【疏】注「禮始死」至「以遠」。《白虎通》：「人死，必沐浴於中霤，何？示潔浄反本也。《禮·檀弓》曰：『死於牖下，沐浴於中霤，飯[六]含於牖下，小斂於户内，大斂於阼階，殯於客位，祖於庭，葬於墓，所以即遠。』奪孝子之恩以漸也。」

【疏】注「童子」至「故也」。《問喪》：「或問曰：『杖者，何也？』曰：『竹、桐，一也。故爲父苴杖，苴杖，竹也；爲母削杖，削杖，桐也。』或問曰：『杖者，以何爲也？』曰：『孝子喪親，哭泣無數，服勤三年，身病體羸，以杖扶病也。』」《白虎通》：「所以必杖者，孝子失親，悲哀哭泣，三日不食，身體羸病，故以杖扶身，明不以死傷生也。《禮》：童子、婦人不杖者，以其不能病也。」

夏五月，壬辰，雉門及兩觀災。二年

【傳】其言「雉門及兩觀災」，何？兩觀，微也。【注】雉門、兩觀，皆天子之制。門爲其主，觀爲其飾，故微也。

【疏】「其言」至「微也」。《穀梁》注：「雉門尊，兩觀卑。卑不可以及尊，故不得不先言『雉門』而後言『兩觀』。欲令兩觀始災，故『災』在『兩觀』下爾。」

【疏】注「雉門」至「其飾」。《閽人》注：「鄭司農云：『王有五門：外曰皋門，二曰雉門，三曰庫門，四曰應門，五曰路門。路門，一曰畢門。』玄謂：雉門，三門也。《春秋傳》曰：『雉門災，及兩觀。』」疏：「『玄謂雉門爲三門』者，破先鄭雉門爲二門。必知雉門爲中門者，凡平常諸侯三門，有皋、應、路，《詩》云『乃立皋門，皋門有亢。乃立應門，應門將將』者是也。若魯三門，則有庫、雉、路，故《明堂位》説魯制三兼四，云『庫門，天子皋門』，則庫門向外，兼皋門矣。又云『雉門，天子應門』，則雉門向内，兼應門矣。既言庫門向外兼皋門、雉門向内兼應門，則天子五門，庫門在雉門外，明矣。」《明堂位》：「雉門，天子應門。」疏：「言魯之雉門，制似天子應門。」《爾雅》：「觀謂之闕。」注：「宫門雙闕。」《説文》：「闕，門觀也。」《釋名》云：「闕，在門〔七〕兩旁，中間闕然爲道也。」《禮記》疏引《白虎通》云：「闕者，何？闕疑也〔八〕。闕者，所以飾門〔九〕、別尊卑也。」《三禮義宗》：「雉門，雉，施也。其上有觀闕，以藏法象，故以施政教爲名也。《周禮》曰：『乃縣治象之法於象魏闕也。』」崔豹《中華古今注》：「闕者，觀也。古每門樹兩觀於其前，所以標表宫門也。其上可居，登之則可遠觀，故謂之『觀』。人臣將朝，至此則思其所闕，故謂之『闕』。其上皆丹堊，其下皆畫雲氣仙靈、奇禽怪獸，以昭示萬民焉。蒼龍闕畫蒼龍，白虎闕畫白虎，玄武闕畫玄武，朱雀闕畫朱雀，二枚。」李吉甫《元和郡縣志》：「兩觀，在縣東南五十步。定公二年，雉門及兩觀災，即《家語》孔子戮少正卯之處也。」

葬劉文公。

【注】舉采者，禮：諸侯入爲天子大夫，更受采地於京師。天子使大夫爲治其國，有功而卒者，當益封其子。時劉卷以功益封，故不以故國而以采地書葬起其事，因恩以廣義也。稱「公」者，明本諸侯也。

【疏】《尚書大傳》：「古者諸侯始受封，則有采地：百里諸侯以三十里，七十里諸侯以二十里，五十里諸侯以十五里。其後子孫雖有罪黜，其采地不黜，使其子弟賢者守之，世世以祠其始受封之人。此之謂『興滅國、繼絶世』。」《白虎通》：「諸侯入爲公卿大夫，得食兩家采不？曰：有能，然後居其位；德加於人，然後食其禄，所以尊賢、重有德也。今以盛德入輔佐，得兩食之，故《王制》曰：『天子之縣内諸侯，禄也；外諸侯，嗣也。』」蔡邕《議》：「按，古之以子配者，魯之季文子、孟懿子，衛之孫文子、公叔文子，皆諸侯之臣也。至於王室之卿大夫，其尊與諸侯并，故以公配。《春秋》曰：『劉卷卒，葬劉文公。』《公羊》曰：『劉卷者，何？天子之大夫也。』」

冬十有一月庚午，蔡侯以吴子及楚人戰于伯莒，楚師敗績。

【注】禮：天子雕弓，諸侯彤弓，大夫嬰弓，士盧弓。

【疏】《荀子》：「天子雕弓，諸侯彤弓，大夫墨弓〔一〇〕，禮也。」《行葦》疏：「雕是畫飾。」《彤弓》注：「彤弓〔一一〕，朱弓也。」

從祀先公。 八年

【傳】從祀者，何？順祀也。文公逆祀，去者三人；定公順祀，叛者五人。

【疏】後漢質帝詔曰：「孝殤皇帝雖不永休祚，而即位逾年，君臣禮成。孝安皇帝承襲統業，而前世遂令恭陵在康陵之上，先後相逾，失其次序，非所以奉宗廟之重、垂無窮之制。昔定公追正順祀，《春秋》善之。其令恭陵次康陵、憲陵次恭陵，以序親秩，爲萬世法。」

盜竊寶玉、大弓。

【傳】寶者，何？璋判白。【注】判，半也。半珪曰璋。白藏天子，青藏諸侯。魯得郊天，故錫以白。不言「璋」，言「玉」者，起珪、璧、琮、璜、璋五玉盡亡之也。《傳》獨言「璋」者，所以郊事天，尤重，《詩》云「奉璋莪莪〔一二〕，髦士攸宜」是也。禮：珪以朝，璧以聘，琮以發兵，璜以發衆，璋以徵召。

【疏】注「半珪曰璋」。《春官》疏：「按，《典瑞》云：『四圭有邸以祀天，兩圭有邸以祀地。』兩圭，半四圭。又云：『圭璧以祀日月。』是一圭，半兩圭。又云：『璋邸射，以祀山川。』是璋又半一圭，故云『半圭曰璋』。」

【疏】注「傳獨言璋」至「是也」。《春秋繁露》：「已受命而王，必先祭天，乃行王事，文王之伐崇是也。《詩》曰：『濟濟辟王，左右奉璋。奉璋峩峩[一三]，髦士攸宜。』此文王之郊也。」

【疏】注「禮珪」至「徵召」。《白虎通》：「何謂五瑞？謂珪、璧、琮、璜、璋也。《禮》曰：『天子珪，尺有二寸。』又曰：『博三寸，剡上，左、右各寸半，厚半寸。半珪爲璋，方中圓外曰璧，半璧曰璜，圓中牙外曰琮。』《禮·王度記》曰：『玉者，有象君子之德：燥不輕，濕不重，薄不撓，廉不傷，疵不掩，是以人君寶之。』天子之純玉，尺有二寸；公、侯九寸，四玉一石也；伯、子、男，俱三玉二石也。五玉者，各何施？蓋以爲璜以徵召，璧以聘問，璋以發兵，珪以質信，琮以起土功之事也。珪以爲信者，何？珪者兑上，象物始生見於上也。信莫著於作見，故以珪爲信，而見萬物之始莫不自潔。『珪』之爲言『圭』也。上兑，陽也；下方，陰也。陽尊，故其禮[一四]順備也。位在東方，陽見義於上也。璧以聘問，何？璧者，方中圓外，象地。地道安寧而出財物，故以璧聘問也。方中，陰德方也；圓外，陰繫於陽也。陰德盛於內，故見象於內，位在中央。『璧』之爲言『積』也。中央，故有天地之象，所以據用也。內方，象地；外圓，象天也。璜所以徵召，何？璜者半璧，位在北方。北方，陰極而陽始起，故象半陰。陽氣始施，徵召萬物，故以徵召也。不象陽，何？陽始物微，未可見也。『璜』者，『横』也，質尊之命也。陽氣横於黄泉，故曰璜。『璜』之爲言『光』也。陽光所及，莫不動也，象君之威命所加，莫敢不從。陽之所施，無不節也。璋以發兵，何？璋，半珪，位在南方。南方，陽極而陰始起；兵亦陰也，故以發兵也。不象其陰，何？陰始起，物尚凝，未可象也。『璋』之爲言『明』也。賞罰之道、使臣之禮，當章明也。南方之時，萬物莫不章，故謂之璋。琮以起土功、發衆，何？『琮』之爲言『宗』也，象萬物之宗衆〔一五〕也。功之所成，故以起土功、發衆也。位在西方。西方，陽收功於内，陰出成於外。内圓象陽，外直爲陰；外牙而内凑，象聚會也，故謂之『琮』。后、夫人之財也。五玉所施非一，不可勝條，略舉大者也。」

【傳】龜青純。【注】純，緣也，謂緣甲頓也。千歲之龜，青髯。

【疏】《樂記》曰：「青黑緣者，天子之寶龜。」《尚書中候》：「有玄龜，青純蒼光，背甲刻書，上躋於壇，赤文成字，周公寫之。」《漢書·食貨志》曰：「玄龜岠冉，長尺二寸。」孟康曰：「冉，龜甲緣也。岠，至也。度背兩邊緣，尺二寸也。」《説文》：「𪚔〔一六〕，龜甲連也。从龜，冄聲〔一七〕。天子巨𪚔尺有二寸，諸侯尺，大夫八寸，士六寸。」《論衡》：「龜生三百歲，大如錢，游於蓮葉之上；三千歲，青邊緣，巨尺二寸。蓍生七十歲，生一莖；七百歲，生十莖。神靈之物也，故生遲留；歷歲久長，故能明審。」

季孫斯、仲孫何忌帥師墮費。十二年

【傳】孔子行乎季孫，三月不違，曰：「家不藏甲，邑無百雉之城。」於是帥師墮郈，帥師墮費。雉者，何？五板而堵，五堵而雉，百雉而城。【注】八尺曰板。堵，凡四十尺。禮：天子千雉，蓋受百雉之城十；伯七十雉，子、男五十雉。天子周城，諸侯軒城〔一八〕。軒城者，缺南面，以受過也。

【疏】「家不藏甲」。《禮運》：「冕弁兵革藏於私家，非禮也。是謂脅君。」《漢書·母將隆傳》：「《春秋》之誼：『家不藏甲』，所以抑臣威、損私力也。」

【疏】「邑無百雉之城」。《坊記》：「都城不過百雉。」注：「雉，度名也，高一丈〔一九〕、長三丈爲雉。百雉，爲長三百丈，方五百步。」疏：「《異義》：古《春秋左氏》説，云『百雉，爲長三百丈，方五百步』者，六尺爲步，五六三十，故三百丈，爲五百步。」《詩》疏：「王愆期注《公羊》云：『諸儒皆以爲雉長三丈，堵長一丈。疑「五」誤，當爲「三」。』如是，大通諸儒，唯與鄭『板六尺』不合耳。」

【疏】注「天子」至「過也」。《水經注》：「叔孫氏墮郈。今其城無南面。」蓋缺之，以象軒城矣。

天王使石尚來歸脤。十四年

【傳】脤者，何？俎實也。腥曰脤，熟曰燔。【注】實，俎肉也。禮：諸侯朝天子，助祭於宗廟，然後受俎實。

【疏】《穀梁傳》：「脤者，何也？俎實也，祭肉也。生曰脤，熟曰膰。」《白虎通》：「朝用何月？皆以夏之孟四月，因留助祭。」《宗伯》疏：「按《異義》：『《左氏》説，脤，社祭之肉，盛之以蜃。』宗廟之肉曰燔，社稷之肉曰脤之驗也。而《公羊》《穀梁》皆云：『生居俎上曰脤，熟居俎上曰燔。』」

壬申，公薨于高寢。十五年

【疏】《説苑》：「《春秋》曰：『壬申，公薨於高寢。』《傳》曰：『高寢者，何？正寢也。曷爲或言高寢，或言路寢？曰：諸侯正寢三：一曰高寢，二曰左路寢，三曰右路寢。高寢者，始封君之寢也；二路寢者，繼體之君寢也。其二，何？曰：子不居父之寢，故二寢。繼體君世世不可居高祖之寢，故有高寢，名曰「高」也。路寢，其立奈何？高寢立中，路寢左右。』《春秋》曰：『天王入於成周。』《傳》曰：『成周者，何？東周也。』然則天子之寢奈何？曰：亦三承明。繼體守文之君之寢，曰左、右之路寢。謂之承明，何？曰：承〔二〇〕明堂之後者也。故天子、諸侯三寢立而名實正，父子之義章，尊卑之事別，小大之德異矣。」

邾婁子來奔喪。

【注】禮有不弔者三：兵死，壓死，溺死。

【疏】《白虎通》：「有不弔三，何？爲人臣子，常懷恐懼，深思遠慮，志在全身。今乃畏、厭、溺死，用爲不義，故不弔也。《檀弓》曰：『不弔三：畏、壓、溺也。』畏者，兵死也。《禮·曾子記》曰：『大辱加於身，支體毀傷，即君不臣，士不交，祭不得爲昭穆之尸，食不得昭穆之牲，死不得葬昭穆之域也。』」鄭注：「畏者，謂人以非罪攻己，不能有以説之，死之者也。厭者，行止危險之下。溺者，不乘橋船者也。」

辛巳，葬定姒。

【注】曾子問曰：「并有喪，則如之何？何先何後？」孔子曰：「葬，先輕而後重；其奠也，其虞也，先重而後輕，禮也。」

【疏】《喪服小記》：「父母之喪偕，先葬者不虞、祔，待後事。其葬，服斬衰。」注：「偕，俱也。

謂同月若同日死也。先葬者，母也。《曾子問》曰：『葬，先輕而後重。』」疏：「葬母既竟，不即虞、祔，而更修葬父之禮也。所以不即虞、祔者，虞、祔，稍飾。父喪在殯，故未忍爲虞、祔也。『待後事』者，『後事』，謂葬父也。葬母竟，不即虞、祔；待葬父竟，先虞父，乃虞母，所謂『祭，先重而後輕』也。」《曾子問》疏：「皇氏云：『葬是奪情，故從輕者爲首；奠是奉養，故令重者居先也。』」周續之《喪服答問》：「葬奠之禮，何先何後？答曰：父母之喪偕，其葬也，先輕而後重；其虞也，先重而後輕。葬〔一二〕，服斬衰。」

校勘記

〔一〕「中幾」，蜚雲閣本、咫進齋本作「仲幾」，據續經解本、《漢書》卷二十七下之下改。

〔二〕「植」，阮校本《周禮注疏》卷二十九作「槙」，《校勘記》云：「閩、監、毛本同，誤也。余本、嘉靖本『槙』作『楨』，葉鈔、《釋文》及余本載《音義》同，當據正。此本疏及《音義》不誤，閩本疏中誤『植』。」

〔三〕「西階」，與《公羊注疏》卷二十五同，咫進齋本作「兩階」。

〔四〕「門」，蜚雲閣本、咫進齋本、續經解本并奪，據《禮記正義》卷四十補。

〔五〕「乃」，蜚雲閣本、咫進齋本、續經解本并作「及」，據《禮記正義》卷四十改。

〔六〕「飯」，與《白虎通・崩薨》同，續經解本作「反」。

〔七〕「門」，蜚雲閣本、咫進齋本、續經解本并奪，據本書卷九引及《釋名・釋宮室》補。

〔八〕「闕者，何？闕疑也」，與《白虎通・雜録》同，《禮記・禮運》正義、《爾雅・釋宮》疏引《白虎通》并作「闕是闕疑」。

〔九〕「飾門」，蜚雲閣本、咫進齋本、續經解本并作「飾明」，據《白虎通·雜録》《水經注》卷十六改。

〔一〇〕「墨弓」，《四部叢刊初編》本《荀子·大略篇》作「黑弓」。

〔一一〕「彤弓」，蜚雲閣本、咫進齋本、續經解本并奪「弓」字，據《毛詩正義》卷十之一補。

〔一二〕「莪莪」，續經解本、《公羊注疏》卷二十六并作「峨峨」。

〔一三〕「莪莪」，續經解本作「峨峨」，凌注本《春秋繁露·郊祭》作「峨峨」。

〔一四〕「禮」，與《白虎通·瑞贄》同，續經解本作「理」。

〔一五〕「衆」，《白虎通·瑞贄》作「聚」。

〔一六〕「鼅」，蜚雲閣本、咫進齋本、續經解本并作「鼅」，據《説文·黽部》改。下同。

〔一七〕「丹聲」，蜚雲閣本、咫進齋本、續經解本并作「丹聲」，據《説文》改。

〔一八〕「軒城」，蜚雲閣本、咫進齋本奪，據續經解本、《公羊注疏》卷二十六補。

〔一九〕「一丈」，蜚雲閣本、咫進齋本、續經解本作「一尺」，據《禮記正義》卷五十一改。

〔二〇〕「承」，《説苑·修文》作「承乎」。

〔二一〕「葬」，《通典》卷九十七作「其葬」。

春秋公羊禮疏卷十一

哀公

五月辛卯，桓宮、僖宮災。三年

【傳】此皆毁廟也。其言災，何？復立也。【注】據禮，親過高祖，則毁其廟。

【疏】《左傳》：魯廟災，孔子在陳，曰：「其桓、僖乎？」服虔[一]《解誼》曰：「季氏出桓公，又爲僖公所立，故不毁其廟。俱在迭毁，故不言『及』。桓、僖當毁，而魯事非禮之廟，故孔子聞有火災，知其加桓、僖也。」《穀梁傳》：「作主、壞廟，有時日。」注：「親過高祖，則毁其廟。」

六月辛丑，蒲社災。 四年

【注】掩柴之者，絶，不得使通天地四方，以爲有國者戒。

【疏】《白虎通》：「王者、諸侯必有誡社者，何？示有存亡也，明爲善者得之，惡者失之，故《春秋公羊傳》曰：『亡國之社，奄其上，柴其下。』《郊特牲記》曰：『喪國之社，屋之。』示與天地絶也。在門東，明自下之無事處也。或曰，皆當著明誡，當近君，置宗廟之墻南。《禮》曰：『亡國之社稷，必以爲宗廟之屏。』示賤之也。」

閏月，葬齊景公。 五年

【傳】喪曷爲以閏數？喪數，略也。【注】「略」，猶「殺」也。以月數，恩殺，故并閏數。

【疏】《白虎通》：「三年之喪，不以閏月數，何？以其言期也。期者，復其時也。大功以下月數，故以閏月除。《禮·士虞經》曰：『言期而小祥，又期而大祥。』」射慈《喪服變除》：「三年、周喪，歲數，没閏；三〔二〕、九月以下，數閏也。」

齊陳乞弑其君舍。六年

【傳】與之玉節而走之。【注】節，信也。析玉與陽生，留其半，爲後當迎之，合以爲信，防稱矯也。

【疏】《掌節》：「守邦國者用玉節。」注：「謂諸侯於其國中，公卿大夫、王子弟於其采邑有命者，亦自有節以輔之。玉節之制，如王爲之，以命數爲小大。」陳祥道曰：「漢竹使符、銅虎符，各分其半，右留京師，左付郡守。唐符璽郎〔三〕掌璽節，班右而藏左。先王之節，蓋亦如此。」

【注】期而小祥，服期者除。

【疏】《釋名》：「期而小祥，亦祭名也。孝子除首絰，服練冠也。祥，善也，加小善之飾也。」

【注】齊俗：婦人首祭事。言魚、豆者，示薄陋無所有。

【疏】《鹽鐵論》：「古者，庶人魚、菽之祭。」

十有二年春，用田賦。

【注】田，謂一井之田；賦者，斂取其財物也。言「用田賦」者，若今漢家斂民錢，以田爲率矣。不言「井」者，城郭里巷亦有井，嫌悉賦之。禮：稅民，公田不過什一；軍賦，十井不過一乘。哀公外慕强吴，空盡國儲，故復用田賦，過什一。

【疏】《太宰》注：「玄謂，賦，口率出泉也。今之算泉〔四〕，民或謂之賦，此其舊名與？」疏：「鄭君引漢法，民年二十五已上至六十，出口賦錢，人百二十以爲算。」《載師》注：「且以制貢賦也。」疏：「但地之所出，唯貢而已。口率出錢及軍法，乃名『賦』。鄭并言『賦』者，以民有地貢，即有錢賦及軍賦，故鄭兼言賦也。」又，《異義》第五《田稅》：「今《春秋公羊》說，十一而稅。過於十一，大桀、小桀；減於十一，大貉、小貉。十一而稅，天子之正，十一行而頌聲作。故《周禮》：國中園廛之賦，二十而稅一；近郊十而稅一，遠郊二十而稅三。有軍旅之歲，一井九夫，百畝之賦，出禾二百四十斛，芻秉二百四十六〔五〕，釜米十六斗。按《公羊》，十一而稅，遠近無差。漢制收租，田〔六〕有上、中、下，與《周禮》同義。」

夏五月甲辰，孟子卒。

【注】禮：不娶〔七〕同姓。買妾不知其姓，則卜之。爲同宗共祖，亂人倫，與禽獸無別。

【疏】《五經異義》：「今《春秋公羊》説，魯昭公娶於吴，爲同姓也，謂之吴孟子。《春秋左氏》説，孟子非小君也，不成其喪，不當譏。謹按，《易》曰：『同人於宗，吝。』言同姓相娶，吝道也，即犯誅絶之罪。言五屬之内，禽獸行，乃當絶。」

晉魏多帥師侵衛。十三年

【傳】二名，非禮也。

【疏】《越絶書》：「賜見《春秋》改文尚質，譏二名，興素王，亦發憤記吴、越，章句其篇，以喻後賢。」《五經異義》：「《公羊》説〔八〕，譏二名，謂二字作名，若魏曼多也。」

十有四年春，西狩獲麟。

【傳】然則孰狩之？薪采者也。薪采者，則微者也，曷爲以「狩」言之？【注】據天子、諸侯乃言「狩」，「天王狩於河陽」「公狩於郎」是也。河陽冬言「狩」，獲麟春言「狩」者，蓋據魯，變周之春以爲冬，去周之正而行夏之時。

【疏】《大戴禮·夏小正》：「十有一月，王狩。」傳：「狩者，言王之時田也。冬獵爲狩。」《孔叢子》：「縣子問子思曰：『顏淵問爲邦，夫子曰：「行夏之時。」若是，殷、周異正爲非乎？』子思曰：『夏數得天，堯、舜之所同也。殷、周之王，征伐革命，以應乎天，因改正朔，若云天時之改耳，故不相因也。夫受禪於人者，則襲其統；受命於天者，則革之，所以神其事，如天道之變然也。三統之義，夏得其正，是以夫子云。』」《淮南子》：「夫殷變夏，周變殷，春秋變周。三代之禮不同，何古之從？」《宋書·禮志》：「黄初〔九〕元年詔曰：『孔子稱：「行夏之時，乘殷之輅，服周之冕，樂則《韶》舞。」此聖人集群代之美事，爲後王制法也。』」

【傳】麟者，仁獸也。有王者則至，無王者則不至。【注】上有聖帝明王，天下太平，然後乃至。

【疏】《五經異義》：「《公羊》説，哀十四年獲麟，此受命之瑞，周亡失天下之異。《左氏》説，麟生於火而遊於土，麟是中央軒轅大角獸。孔子作《春秋》，《春秋》者，禮也。脩火德以致其子，故麟來，爲孔子瑞。陳欽説，麟，西方毛蟲，金精也。孔子作《春秋》，有立言。西方兑，兑爲口，故麟來。謹按，《公羊》、議郎尹更始、待詔劉更生等議石渠，以爲吉凶不并，瑞災不兼。今麟爲周亡天下之異，則不得爲瑞以應孔子至。」駁曰：「玄之聞也，《洪範》五事，二曰言，言曰從，從作乂。乂，治也。言，於五行屬金。孔子時，周道衰亡，已有聖德，無所施用，作《春秋》以見志。其言少從，以爲天下法，故應以金獸。性仁之瑞，賤者獲之，則知將有庶人受命而行〔一〇〕之。受命之徵已見，則於周將亡，事勢然也。興者爲瑞，亡者爲災，其道則然，何『吉凶不并，瑞災不兼』之有乎？如此，修母致子，不若『立言』之説密也。」何法盛《徵祥記》曰：「麒麟者，毛蟲之長也，仁獸也。牡曰麒，牝曰麟。」《開元占經》「麒麟」引《禮記》曰：「王者之嘉〔一一〕。」

【注】《尚書》曰：「《簫》《韶》九成。」

【疏】《樂典》：「《河間獻王樂記》：『凡樂，有本、有文，惟《招》大備。六府三事，本也；《簫》《韶》九成，文也。金石之縣，十有六聲。咏九歌焉，清角以幬之，流徵以載之，變羽以叙之，三才之道也。宮往而必反，商分而實合。臣之承君，猶地之承天也。故曰：樂者，象也；《韶》者，繼也。宮唱商和，是謂善本，非徒美其聲容也。祭祀、大饗，歆然後薦，薦然後獻，獻則大合樂，肅肅如也，雍雍如也，一唱三嘆，使人繼其聲，斯善歌者已。故天有九野，地有九州，歌有九德，舞有九韶。擊石、拊石，以歌籥舞，和以鐘鼓，自夔始。氣形於聲謂之變，變形於舞謂之成。究於九而反乎一，則大樂與天地同和矣。一變，羽合角而徵動，水火之府也，舞人自南徂西爲一成；二變，角合徵而宮動，水土之府也，舞人自西徂東爲二成；三變，商合羽而角動，金木之府也，舞人自東徂北爲三成；四變，徵合宮而商動，火金之府也，舞人自北回旋，從南至西爲四成；五變，宮合商而羽動，水土之府也，舞人自西循中而東爲五成；六變，清角唱流徵，天氣下降而民德正矣，舞人自東徂南爲六成；七變，宮、徵相交，五材并用而百穀昌矣，舞人自南向西爲七成；八變，流徵承清角，地氣上齊而民用利矣，舞人自西循中而東爲八成；九變，宮、角、徵、羽各復其初，天地欣合而民生厚矣，舞人自東側向北爲九成。』」

校勘記

〔一〕「服虔」，韮雲閣本作「伏虔」，據凥進齋本、續經解本、《左傳正義》卷五十七改。

〔二〕「三」，韮雲閣本、凥進齋本、續經解本并奪，據《通典》卷一百注補。

〔三〕「符璽郎」，韮雲閣本、凥進齋本、續經解本作「唐符書郎」，據《文獻通考》一百一十五陳祥道《禮書》卷五十七改。

〔四〕「泉」，韮雲閣本、凥進齋本、續經解本并奪，據《周禮注疏》卷二補。

〔五〕「二百四十六」，與《周禮注疏》卷十三同，本書卷六「初税畝」疏引作「二百四十勳」，疑當據改。

〔六〕「田」，蜚雲閣本、咫進齋本、續經解本并奪，據《周禮注疏》卷十三、本書卷六引補。

〔七〕「娶」，與《公羊注疏》卷二十八同，咫進齋本作「聚」。疏「魯昭公娶於吴」同。

〔八〕「説」，蜚雲閣本、咫進齋本、續經解本并奪，據《禮記正義》卷三補。

〔九〕「黄初」，蜚雲閣本、咫進齋本、續經解本并作「黄武」，據《宋書》卷十四改。

〔一〇〕「行」，蜚雲閣本、咫進齋本、續經解本作「得」，據《禮記正義》卷二十二改。

〔一一〕「嘉」，續經解本下有一「□」字。

春秋公羊禮説

解題

是書凡三十條，以鄭氏《禮》説爲據，駁諸家異説。其書成於《春秋公羊禮疏》之後，論題雖多見於《禮疏》，然以駁論出之，更爲精審。是書有嘉慶二十四年（一八一九）《蜚雲閣叢書》本（簡稱「蜚雲閣本」），封面有「嘉慶己卯夏刊」及「蜚雲閣藏，受笙題」，首有嘉慶己卯夏五月端陽日凌曙自序，後有目録。又收入學海堂《皇清經解》卷一千三百五十五（簡稱「清經解本」），書名作「公羊禮説」，無凌氏自序，内容則同。今以蜚雲閣本爲底本，以清經解本對校。

公羊禮説自序〔一〕

戴宏不作，誰著《解疑》？劉炫難逢，詎知《規過》？況乎詞異懷蛟，學同刻鵠，而欲祛老生之常譚，破迂儒之臆説，豈易言乎？然韓愈作序，甚稱殷侑之書；劉兆預經，手寫何休之注。設非博士，未必傾心；儻遇解人，定當把臂。僕雖不敏，從事有年。慨自李唐之世，趙匡争鳴；趙宋之朝，劉敞横議，是以禘制全乖，廟義未允。綿蕞不習，誰從稷嗣之君？芻豢未勝，孰訪膠西之相？屬辭比事，經生惡其煩苛；厭故喜新，學者趨於簡易。未析全經之旨，已誇獨得之奇。檢式蕩然，藩籬決矣。嗟夫！燕石非席上之珍，郢書豈枕中之秘？鉛刀無一割之銛，敝帚有千金之享。不自慚惶，深堪閔笑。譬之明堂雅頌，不容鄭衛之音；夾谷冠裳，必黜侏儒之舞。於是考群儒之説，綜列史之文，學尋墜緒，業守顓門，撰《公羊禮説》一卷，屈彼空言，伸兹孔見。議必徵諸古人，論不離於師法，要使禮歸至當，不越三百、三千。如或義有未安，寧憚十詰、十難？匪攄豪以逞辭，懼違經而惑衆。

嘉慶己卯夏五月端陽日，江都凌曙撰於粤之羊城

校勘記

〔一〕此序文，學海堂《皇清經解》初刻本（以下簡稱「學海堂初刻本」）、學海堂《皇清經解》庚申補刊本（以下簡稱「庚申補刊本」）無。

公羊禮説目録

校勘記

〔一〕「大夫宗婦覿用幣」，與正文不同，正文作「大夫宗婦」。

〔二〕「天子雕弓」，正文在「更受采地於京師」後。

公羊禮説

譏不親迎也隱二年傳

不通《春秋》之例者，不足與言《春秋》之禮。《經》書「紀履緰來逆女」「伯姬歸於紀」，則卿爲君逆，可知矣。《春秋》之例，外逆女不書，失禮書，故《傳》以爲「譏不親迎也」。何以知不親迎之當譏乎？親迎於渭，文王行之。周衰禮廢，乃不行焉。故《詩序》：「《著》，刺時也。時不親迎也。」《士昏禮》：「主人爵弁、纁裳、緇袘，從者畢玄端，乘墨車。」此則周公之儀禮也；「冕而親迎」，孔子對哀公之言也，故傳以不親迎爲當譏。何注引《書傳》曰：「夏后氏逆於庭，殷人逆於堂，周人逆於户。」雖三代異制，而親迎則同。

問者曰：莊二十四年《經》書「公如齊逆女」，《傳》：「何以書？親迎，禮也。」此非諸侯越國親迎之明文乎？曰：此變例也，非此之謂也。公淫於齊女，内大惡，不可言。然諸侯之禮，非朝時，不逾竟，然則公何爲而至齊乎？故變例書「如齊」者，逆女故耳。《傳》從《經》爲諱辭，故曰「禮也」。而即於二十七年正之，「莒慶來逆叔姬」，《傳》：「何譏爾？大夫越竟逆女，非禮也。」言大夫越竟逆女爲非禮，則公之如齊爲非禮，灼然可知。何注：「大夫任重，爲越竟逆女，於政事有所損曠，故竟内乃得親迎，所以屈私赴公也。」據此，則諸侯重於大夫，亦更無有越竟之事矣。後儒不察，顧氏楝高議之曰：「自《公羊》爲此説，而史遷主之，後世遂成鐵案之不可易。拔本塞原，自《公羊》始，而後是非之説乃定。」嗚呼！不揣其本而齊其末。人之好異，亦至此乎！奈何以文王之所行，周、孔之所言，而視同弁髦乎？

考仲子之宫 隱五年經

漢魏、六朝諸儒之説不可誣也，矧經傳乎！《傳》曰：「隱爲桓立，故爲桓祭其母也。」何注：「不就惠公廟者，妾母卑，故雖爲夫人，猶特廟而祭之。禮：妾廟，子死則廢矣。」按，將立其子爲君，而可使其母不廟食乎？妾不得配食，非特立廟，將祭於何所乎？《喪服小記》謂「慈母不世祭」，非不祭也。《穀梁》謂「於子祭，於孫止」，蓋子在，則立廟祭之；至孫，則毁其廟而祔於妾祖姑，爲壇以祭之。爲桓母立廟，求之經傳，未爲過也，故何氏以爲得變禮。汪克寬曰：「隱公立宫以祭庶弟之母，啓後世追尊妾母，皆援《春秋》考宫之義。」桉〔一〕，汪説非也。後世洪儒援此以正名定分者，具詳於方策，豈未之見耶？目不涉書史，無怪乎其持論之紕謬也。韋玄成曰：「古者制禮，别尊卑貴賤。國君之母非適，不得配食，則薦於寢，身没而已。孝文太后、孝昭太后寢祠園，宜如禮。」匡衡曰：「禮：公子不得爲母信。爲後，則於子祭，於孫止。」鄭康成《駁五經異義》曰：「近漢吕氏〔二〕殺戚夫人及庶子趙王，不仁，庶〔三〕不得配食。文帝更追尊其母薄后，非其比耶？」晉孝武追崇庶祖母宣太后，議者或爲宜配食中宗。臧壽議曰：「《陽秋》之義：母以子貴。故仲子、成風稱〔四〕夫人，經言『考仲子之宫』。若配食惠廟，則宫無緣别築。前漢孝文、孝昭太后，并繫子爲號，祭於寢園，不配食於高祖、孝武之廟；後漢和帝之母曰恭懷皇后，安帝祖母曰敬隱皇后，順帝之母曰恭愍皇后，雖不繫子爲號，亦祭於陵寢，不配章、安二帝。此則二漢雖有太后、皇后之異，至於義不配食，義同《陽秋》。惟光武追廢吕后，故以薄后配高祖廟。又，衛后既廢，光武〔五〕追尊李夫人爲皇后，配孝武廟。此非母以子貴之例，直以高、祖〔六〕二廟無配故耳。謂宜遠準《陽秋》考宫之義，近慕〔七〕二漢不配之典。」議者從之。又，元帝鄭夫人生簡文帝，孝武追尊簡文太后。時群臣希旨，多謂鄭太后宜配食。徐邈曰：「臣桉《陽秋》之義，母以子貴。魯隱尊桓母，别考仲子之宫，而不配食於惠廟。若乃祔葬、配食，則義所不可。」從之。虞和〔八〕曰：「《春秋》之義，庶母雖名同崇號，而實異正適，是以猶考别宫，而公子主其祀。」歷觀以來，有引此以追崇妾母者乎？顛倒是非，變亂黑白，莫此爲甚矣。

先謁宗廟桓元年注

嗟乎！儒者説經之弊，可勝言乎？不融會全文，只就一字一句而解之。及舉通篇文義以證之，而後先牴牾，弗顧也。《周書・顧命》云：「王麻冕黼裳。」傳：「王及群臣皆吉服。」説者疑甫遭喪而吉服，指爲失禮。孫覺倡議於前，蘇軾著論於後，顧炎武又以爲中有脱簡。伏生本以《康王之誥》合於《顧命》，脱簡與否，姑不具論，第就顧氏之説而桉之。「《記》曰『未没喪，不稱君』，而今

《書》曰『王麻冕黼裳』，是逾年之君也。」顧説如此。桉，《康王之誥》末句曰：「群公既皆聽命，相揖趨出。王釋冕，反喪服。」顧言逾年稱王，是没喪之後矣。逾年即没喪，可乎？况既已没喪稱王，又何故釋冕而反喪服耶？不獨謂前有脱簡，而此處當云「群公」以下十六字必是衍文，而後其説乃可通也。何注：「先謁宗廟，事畢後，反喪服。」吾引諸儒之説以申之，有八證焉。《白虎通》曰：「天子大斂之後稱王者，緣臣子〔九〕不可一日無君也。故《尚書》曰：『王麻冕黼裳。』此大斂之後也。何以知不從死後加王也？以上言迎子釗，不言迎王也。釋冕藏銅，反喪，明未稱王以統事也。」此一證也。杜預《釋例》曰：「譬周康王麻冕黼裳以行事，事畢然後反喪服。」《通考》：「桉，《釋例》曰：『《尚書·顧命》，天子在殯之遺制。』推此，亦是準諸侯之禮矣。」此二證也。《晉書》孫毓曰：「《尚書·顧命》：成王新崩，傳遺命，文物權用吉禮。」此三證也。《南齊書》蕭琛議曰：「《毛詩·周頌篇》曰：『《烈文》，成王即政，諸侯助祭也。』鄭注云：『新王即位〔一〇〕，必以〔一一〕朝享之禮，祭於祖考，告嗣位也。』又，二漢由太子而嗣位者，西京七主，東都四帝。其昭、成、哀、和、順五君并皆謁廟，文在〔一二〕漢史。」此四證也。《南史》沈文阿議曰：「成王在喪，禍幾覆國。是以既葬便有公冠之儀，始殯受麻冕之策。」此五證也。《唐書》張柬之曰：「《顧命》云：『四月哉生魄，王不懌』，是四月十六日也。『翌日乙丑〔一三〕』，是十七日也。『丁卯，命作册度』，是十九日也。『越七日癸酉，伯相命士須材』，是四月二十五日也。則成王崩〔一四〕至康王麻冕黼裳，中間有十日，康王方始見廟；十二月，祇〔一五〕見其祖。《顧命》見廟訖，諸侯出廟門俟，《伊訓》〔一六〕言『祇見厥祖，侯甸及群后咸在』，則崩及見廟，殷、周之禮并同。此周因〔一七〕殷禮，損益可知也。」此六證也。王應麟《困學紀聞》朱文公答潘時舉曰：「天子、諸侯之禮，與士、庶人不同，故孟子有『吾未之學也』之語。如伊尹〔一八〕元祀十二月朔，奉嗣王祗見厥祖，固不可用凶服矣。漢、唐即位行册禮，君臣亦皆吉服，追述先帝之命，以告嗣君。蓋易世傳授，國之大事，當嚴其禮也。」此七證也。馬端臨《文獻通考》：「古者宗廟之祭，有正祭，有告祭，皆人主親行其禮。正祭，則時享、禘祫是也；告祭，則國有大事，告於宗廟是也。如即位而告廟，則自舜、禹受終，以至太甲之見祖，成王之見廟，皆是也。雖西漢時，人主〔一九〕亦必有見高廟之禮。而自唐以來，則人主未嘗躬謁宗廟致祭，祭〔二〇〕以告嗣位。宋朝唯孝〔二一〕、光宗以親受禪〔二二〕，特行此禮，而其他則皆以『喪，三年不祭』之説爲拘，不復舉行此禮〔二三〕。」此八證也。觀此八證，而倍經任意者，其亦可以息議也夫！

紀侯來朝桓二年經

注：「稱侯者，天子將娶於紀，與其〔二四〕奉宗廟，傳之無窮，重莫大焉，故封之百里。」《白虎通》《恩澤侯表》皆有此説，何氏本之。顧氏棟高曰：「漢氏〔二五〕立后，先進其父爲大司馬、大將軍，封邑侯。恩澤之濫，自此始，則皆不知『紀子帛』〔二六〕之爲闕文〔二七〕之説而誤之也。」桉，顧説非也。女子子爲天王后，母儀天下，其父亦同於群臣耶？此又不近情之論也。勸賞黜陟之柄，自上操之，賢、不肖可得而進退也。授以爵，不授以權，又有何國柄之可移耶？況《春秋》之義，外戚秉政，久已杜漸防微矣。僖二十五年《經》：「宋殺其大夫。」《傳》：「宋三世無大夫，三世内娶也。」注：「宋

以内娶故，公族以弱，妃黨益强，威權下流，故〔二八〕政分三門，卒生簒弑，親親出奔。疾其末，故正其本。」顧氏豈亦未見此注耶？全氏祖望曰：「外戚非必皆不賢也。漢之吕、霍、上官、丁、傅不可用矣，而竇嬰則名臣。王商、馮野王、傅喜三人，元、成、哀若能大用之，可無王氏之禍。要之，在知人耳。」是真平情之論矣。

廩者釋治穀名桓十四年注

徐疏：「『廩』之言『藻』之義。」桉，文義未足，今引而申之。《廣雅》：「廩，治也。」《爾雅》：「廩，廯也。」郭璞注：「或説云，即倉廩。所未詳。」孫炎注：「廯，藏穀鮮絜也。」又桉，「澡」與「藻」通。《采蘋》箋：「『藻』之言『澡』。婦人之行，尚柔順，自絜清。」《喪服》「澡麻帶絰」，注：「澡者，治去莩垢。」《喪服小記》「帶澡麻」，注：「藻，率治麻爲之。」正義云：「謂戛率其麻，使其絜白也。」《廣雅》：「澡，治也。」以「澡」訓「治」，以「治」訓「廩」，轉相證明，然非何注以「廩」爲「治穀名」，則《廣雅》之「廩，治也」幾令人費解，而孫注之於《爾雅》亦未見其精審矣。古書不易讀也如此，然則孫注之較勝於郭，此其一端矣。

復九世之讎莊四年傳

襄公復九世之讎，説者譏其太迂。不知諸侯有會盟、朝聘之禮，必稱先君以相接。一稱先君，則與讎人之子孫相揖讓，可乎？況《春秋》爲撥亂反正之書。是年冬，「公及齊人狩于郜」。此言九世之讎可復，則及身而與讎狩者，其罪不上通於天乎？《孟子》曰：「矯枉者過其正。」《傳》故極言之：「雖百世，可也。」王應麟曰：「『臣不討賊，非臣也』，『子不復讎，非子也』，『讎者無時，焉可與通』。此三言者，君臣、父子、天典民彝係焉。公羊子有大功於聖經。」朱子《戊午讜議序》〔二九〕曰：「有天下者，承萬世無疆之統，則必〔三〇〕有萬世必報之讎。」吁！何止百世哉？而顧氏棟高反譏其不情，謂：「漢武帝欲困匈奴〔三一〕，下詔曰：『昔齊襄復九世之讎，《春秋》大之。』遂至兵連不解，殫財喪師，流血千里。《公羊》一言之流毒至此〔三二〕。」嗟乎！其説之偏，亦至於此乎！設使《公羊》無此言，漢武遂不窮兵黷武耶？邊疆之釁，何代無之！虞有三苗，夏有觀扈，商有姚邳，周有徐奄，此亦《公羊》之流毒耶？以此誣《傳》，而《傳》弗任其過也。

師及齊師圍成莊八年經

《傳》：「成者，何？盛也。盛則曷爲謂之成？諱滅同姓也。」惠氏棟《九經古義》云：「『成』與『盛』通。」惠説非也。若此處指爲通假之字，而經義從此晦矣。盛與魯本同姓。魯滅同姓，《春秋》之所甚惡也。《傳》曰：「衛侯毁何以名？絶。曷爲絶？滅同姓也。」注：「絶先祖支體，尤重，故名，甚之也。」此即《禮》所謂「諸侯不生名。失地，名；滅同姓，名」也。然則何以不絶魯侯？内大惡，諱也。諱莫如深，故變「盛」謂之「成」。魯本有成邑，使若圍成然。然成爲内邑，不應圍。欲人力索而得之，曰：「此非圍成，特滅盛耳。變『盛』爲『成』，爲内諱耳。」太史公曰：「《春秋》推見至隱。」此類是也。《繁露》謂：「變『盛』謂之『成』，諱大惡也。」若以「成」與「盛」通，而聖人之微言幾息矣。

大夫宗婦莊二十四年經

《春秋》之例，公與夫人不直書，而必言「及」，所以別尊卑也。今大夫宗婦不言「及」，何也？曰：此大夫之婦，本一人，無庸及也。曰：何以知其爲一人？曰：《傳》言：「宗婦者，何？大夫之妻也。」又言：「棗栗云乎？腶[三三]脩云乎？」此婦人之禮，而不通於男子者也。《士昏禮》：「質明，贊見婦於舅姑，婦執笲[三四]棗、栗。」又云：「受笲腶[三五]脩，升，進，北面拜[三六]。姑坐，舉以興。」又，《曲禮》：「婦人之贄，椇、榛、脯、脩、棗、栗。」故云然也。曰：如是，則書「宗婦」足矣。曰：有宗婦之夫而不爲大夫者，有庶子爲大夫而其妻不得謂之宗婦者。言「大夫宗婦」，此指宗子爲大夫而其妻爲宗婦者。曰：古亦有此文法乎？曰：有。《公羊》《喪服》皆子夏所傳，故其文法相同。此亦如《喪服傳》「傳曰：大夫者，其男子之爲大夫者也；命婦者，其婦人之爲大夫妻者也」，文法與此一例，故曰有之。曰：小君至，大夫宗婦有贄見小君之禮乎？曰：經無明文。以記推之，似有也。《雜記》：「婦見舅姑，兄弟、姑姊妹皆立於堂下。」據此，有贄見之禮矣。曰：魯之大夫宗法，可考乎？曰：不盡可考也。然自惠公既立，諸侯絶宗。臧僖伯爲孝公之子，是爲別子矣。大夫不敢祖諸侯，哀伯爲繼別之宗子，由是而伯氏瓶、臧文仲、宣叔、武仲皆大夫而爲宗子者也。必言宗婦者，《書傳》云：「宗子燕族人於堂，宗婦燕族人於房。」皆統理族人，故古人重大宗也。

禘祫從先君數閔二年注

三年一祫，五年一禘，何昉乎？曰：法諸天道而已矣。三年一閏，天道小備，故祫；五年再閏，天道大備，故禘。曰：禘、祫何以從先君數？曷爲而通數乎？曰：閏有定乎？閏有定，則禘、祫不能無定。曰：又何以各自爲年，不相通數乎？曰：此後世之失，不足以難之。且亦知不相通數之弊乎？先儒議之詳矣。唐韋縚《禘祫年數議》以爲：「五年再殷，通計其數，一祫一禘，迭〔三七〕相承矣。今廟禘、祫，各自數年，兩岐俱下，不相通計。或比年頻祫，或同歲再序；或一禘之後，并爲再祫；或五年之内，驟有三殷。法天象閏之期，既違其度；五歲再殷之制，數又不同。求之禮文，頗爲乖失。」據此所議，概可知矣。況三年喪畢，遭祫則祫，遭禘則禘。閔二年，「吉禘於莊公」；文二年，「大事於太廟」。若非通數，何以同在遭喪之後，於閔則書禘，於文則書祫，經無譏禘、祫之文也？徐彦疏謂：「其間三五參差，亦有禘、祫同年。」此説非也。即如從僖八年禘數之，十年祫，十二年禘；十四年祫，十六年禘；十八年祫，二十年禘；二十二年祫，二十四年禘；二十六年祫，二十八年禘；三十年祫，三十二年禘。至文二年，當祫，故文二年注「從僖八年禘數之，知爲大祫」也。是準何氏之説，最爲精當，豈有禘、祫并作之理？若準鄭氏三年喪畢而祫，明年而禘，是以開元六年，睿宗三年喪畢而祫，明年而禘，不相通數，以至七祫五禘，至二十七年，禘、祫并在一歲。有司覺其非，乃議，以爲一禘一祫，五年再殷。徐氏不明禘、祫皆爲殷祭，故有「不合五年再殷」之説。蓋當時鄭學盛行，言禘、祫者，皆本《禘祫志》。徐主其説，而不自知其倍於何注也。《宋書・禮志》徐廣等議曰：「何邵甫[三八]注《公羊傳》云：祫從先君來，積數爲限。『自僖八年至文二年，知爲祫祭。』如此，履端居始，承源成流。領會之節，遠因宗本。」按，此乃與注不異。緖又云：「徐邈謂：二禘相去，爲月六十。中分三十，置一祫焉。若甲年夏禘，丙年冬祫，有象閏法，毫釐不偏。三年一祫之文[三九]，既無乖越；五年[四〇]再殷之制，疏數有均。校之諸儒，義實長矣[四一]。」審是，則徐疏之誤，不辨可知矣。

諸侯祭土僖三十一年傳

何注：「土，謂社也。」按，《傳》不言社而言土者，《公羊》之説，不取《左氏》「句龍爲后土，祀以爲社」也。《郊特牲》曰：「社祭土而主陰氣也。」《孝經説》：「社者，土地之神。」《白虎通》：「土生萬物，天下之所主。」據此，則知不言「社」而言「土」者，指五土而不指句龍。鄭康成曰：「社爲五土之總神，稷爲原隰之神。勾龍以有平水土之功，配社祀之；稷有播種之功，配稷祀之。」若王肅、馬融之徒，以社祭勾龍、稷祭后稷，然皆人鬼也，而非地神。鄭《駁異義》曰：「《宗伯》以血祭祭社稷、五祀、五岳[四二]。社稷之神若是勾龍，柱、棄不得先五岳而食。」鄭氏之説諒矣，足以破許氏之謬。王肅難鄭，馬昭之等通之，宜崔靈恩是鄭而非王也。蓋土是本名，神之爲社。《傳》言「土」者，據本名也。漢高以夏禹配官社，所配之人鬼可以任其推遷，而五土之神終不可易。《孟子》所謂「則變置社稷」者，亦指所配之人耳。

不郊而望僖三十一年傳

何邵公曰：「此譏尊者不食而卑者獨食也。」董仲舒亦云：「《春秋》凡議郊，未嘗譏君德不成於郊也。及不郊而祭山川，失祭之序，逆於禮，故〔四三〕譏之。」又曰：「《春秋》譏喪祭，不譏喪郊。喪尚不辟，況他物〔四四〕！」古《春秋左氏・宣三年傳》：「望，郊之屬〔四五〕也。不郊，亦無望，可也。」杜預注：「前年冬，天王崩，未葬而郊者，不以王事廢天事。」二《傳》不殊。而張洽、汪克寬之徒，虚肆荂言，創爲謬説。張以爲，天王崩甫四月，「僭禮之中，復有忘哀從吉之罪」；汪以爲，「釋凶服而從吉，則爲不孝於親，矧郊之祭也？」執是説者，其亦未嘗從事於《王制》乎？《王制》：「喪，三年不祭，唯祭天地、社稷爲越紼而行事。」《鄭志》答田瓊曰：「天地、郊社，至尊，不可廢，故越紼祭之。六宗、山川之神則否。」王粲謂：鄭康成「伊雒以東，淮漢之北，一人而已，莫不宗焉」。儒先之説具在，諜諜者何爲乎？即使以漢文使博士諸生，刺《六經》中作《王制》，漢儒之説，舉不足信，豈二《傳》之言亦不足信乎？吾以爲，棄經傳之舊文，廢先儒之成説，一掃而空之，摭拾膚淺之言，以立新義，啓自啖助。故史臣以爲：「徒令後生穿鑿詭辨，詬前人，捨成説，助所階已。」然則後世之見異思遷、懼然顧化者，無怪乎其比比然也。嗚呼！蔑古荒經，豈獨張、汪數輩而已哉？

練用栗主文二年傳

有桑主，何爲又作栗主乎？曰：「桑主不文，吉主皆刻而謚之。」藏於廟室，所當奉祀，故以栗主易虞主。神無二主。齊桓作二主，孔子譏之。作栗主，則埋桑主也。曰：於練，何也？曰：禮：十三月而練，練而祔廟。若不刻而謚之，禘祫時，何以別昭穆乎？曰：《士虞禮》何以卒哭之明日，以其班祔也？曰：《爾雅》：「祔、祪，祖。」注：「附新死者於祖廟。」《説文》：「後死者合食於先祖。」《雜記》：「士三月而葬，是月而卒哭；諸侯五月而葬，七月而卒哭。」卒哭而祔，周制也。故《檀弓》曰：「殷練而祔，周卒哭而祔。孔子善殷。」《雜記》「自祔，至於練、祥」，《大祝》「付、練、祥」。周祔在練前，殷祔在練後。練而作主，則於此時遷廟矣。曰「凡祔已，復於寢。如既祫，主反其廟，練而後遷廟」，信乎？曰：此鄭氏之創説也。若《穀梁》之義，「作主、壞廟有時日，於練焉壞廟。壞廟之道，易檐可也，改塗可也」。注據《禮》，「親過高祖，則毁其廟，以次而遷，將納新神，故示有所加」。據此，又安有祔祭之後，復還於寢之理？《春秋》變周之文，從殷之質。《公》《穀》所説皆殷禮，有《檀弓》可證。鄭氏之注《士虞禮》，以爲卒哭而祔，似太早；故注《檀弓》云：「期而神之，人情。」然又不可以殷禮而注《儀禮》，故依違其辭云：「如祫祭訖，主反於廟，相似。」以經無正文，故云然也，然似非喪事有進無退之義。賈疏不破注，非是；而楊士勛之背注，亦非也。《左氏》亦云：「卒哭而祔，祔而作主。」此正用周禮。注者將「特祀於主，烝、嘗、禘於廟」，遂謂：「祭祀於寢，不同之於宗廟。三年禮畢，又大禘，乃皆同於吉。」後世於卒哭之後不祔廟，三年而祔。唐宋以來，未之易也，然亦非《左氏》之義矣。用栗者，何氏引《齊論語》「哀公問主於宰我，周人以栗」是也，與《白虎通》《五經異義》之説并同，不作「社主」也。

功臣皆祭文二年注

注：「禘所以異地祫者，功臣皆祭也。」桉，此《春秋説》文也，何氏之所本，《魏書》孫惠蔚〔四六〕主之。外此，衆説紛如，與何異矣。《周禮·司勛》：「凡有功者，銘書於王之太常，祭於大烝，司勛詔之。」注：「盤庚告其卿大夫曰『兹予大享於先王，爾祖其從與享之』是也。今漢祭功臣於廟庭。」疏：「或謂，周時直於烝時祭功臣，殷時烝、嘗俱祭，禮異故也。」高堂隆亦主《周禮》之説，配食於烝祭。後世有禘、祫并及功臣者。梁武帝時，何佟之議曰：「禘於夏首，物皆未成，故爲小；祫於冬，萬物皆成，其禮斯〔四七〕大。近代禘、祫，并及〔四八〕功臣，有乖古典。請爲〔四九〕祫祭，乃及功臣。」從之。至唐，韋挺等議曰：「古者，臣有大功，享禄其後。子孫率禮，絜粢豐盛，禴祀烝嘗，四時不輟；國家大祫，又得配焉。其禘及時享，功臣皆不應預。故《周禮》六功之官，皆配大烝而已。先儒皆以〔五〇〕大烝爲祫祭。禘〔五一〕無配功臣，誠謂理〔五二〕不可易。」從之。按，此諸説不同，亦有由焉。何氏謂禘大祫小，鄭氏謂禘小祫大。劉歆、賈逵、鄭衆、馬融、王肅、張融、孔晁與何同，其餘皆與何異。後世專主鄭氏之説，小則人臣不與，大則兼及有功。小大既殊，則禘、祫功臣不得不異制矣。《長發》之詩，王肅謂「禘祭宗廟」。據此，則「實維阿衡」即禘祭時功臣皆祭之證矣。《春秋説》，其殷禮歟？

兄終弟及之昭穆，古今有二説焉：一以爲父子異昭穆，兄弟昭穆同；一以爲兄死弟及，俱爲君，則如父子，故昭穆異。其説皆自《三傳》啓之，而注《三傳》者初不主後説也。范甯曰：「舊説：僖公，閔公庶兄，故文公升僖公之主於閔公之上耳。僖公雖長，已爲臣矣；閔公雖小，已爲君矣。臣不可以先君，猶子不可以先父也，故以昭穆父祖爲喻。」何休曰：「惠公與莊公當同南面西上，隱、桓與閔、僖亦當同北面西上，繼閔者在下。」杜預曰：「僖公，閔公庶兄，繼閔而立，廟坐次〔五三〕宜次閔下。今升在閔上，故書而譏之。」孔穎達從而申之曰：「若兄弟相代，即異昭穆。設令兄弟四人，皆立爲君，則祖父之廟即以〔五四〕從毁，知其理必不然。」而賈公彦之説則異是，謂惠公當〔五五〕昭，隱公爲穆；桓公爲昭，莊公爲穆；閔公爲昭，僖公爲穆。今升僖公於閔公之上爲昭，閔公爲穆，故云「逆祀」。果爾，是誠亂昭穆之序矣，董仲舒何以謂躋僖公爲「小惡」耶？許以其爲大惡，鄭氏曰：「兄弟無相後之道。登僖公於閔公上，不順，小惡〔五六〕。」康成何爲而駁叔重〔五七〕耶？然則非《三傳》之過，是不善讀《三傳》者之過也。問者曰：韋昭、賈公彦之徒，皆以爲「臣子一例」，此非《公羊傳》之明文耶？曰：其説出於《公羊》，而韋、賈皆不得其解者也。「臣子一例」，此例自施之於服制，必不可通之於廟制，所謂「《春秋》無達例」也。《儀禮》曰：「封君之子，不臣諸父而臣昆弟；封君之孫，盡臣諸父、昆弟。」後漢宋意曰：「《春秋》之義，諸父、昆弟無所不臣。」《大戴禮》曰：「是以母弟官，子咸有臣志。」由此觀之，以弟繼兄可也，即以兄繼弟可也，甚至以叔繼姪亦無不可。何休注曰：「臣之繼君，猶子繼父，其服皆斬衰，故《傳》稱『臣子一例』。」舜之於堯，本非父子。至於終喪、告廟，與父死子繼者無異。是知虞繼唐、夏繼虞，一如啓繼禹而武繼文也。譬之論帝系者曰：「虞、夏、商、周，一脉相承，不啻如子之繼父、孫之承祖。」推而言之，隱、桓、莊、閔、僖、文，一如文、武、成、康。故自繼代言之，文之於閔、僖，猶之乎祖禰也云爾。若立廟而異昭穆，是非父子而以爲父子、非祖孫而以爲祖孫，於情不安，於禮得乎？設使陽甲、盤庚、小辛、小乙兄弟四王，各爲一代而異昭穆，則武丁之祭將不得上及於祖耶？而况生前則爲父子，死後變爲祖孫；生前則爲兄弟，死後變爲父子，吾不知當禘、祫之時，昭穆合食一堂，將何以爲情耶？後漢梁太后臨朝，詔以殤帝幼崩，廟次在〔五八〕順帝下。太常馬訪奏：「宜如詔書。」諫議大夫吕勃以爲，應依昭穆之序，先殤帝，後順帝。詔下公卿議。周舉議曰：「《春秋》魯閔公無子，庶兄僖公代立，其子文公遂躋僖公於閔公上，孔子譏之。今殤帝在先，於秩爲父；順帝在後，於親爲子。先後之義不可改，昭穆之序不可亂。吕勃議是也。」故沖遠以爲先儒無作此説者。善乎！何氏之説曰：「自先君言之，隱、桓及閔、僖當各爲兄弟，顧有貴賤耳；自繼代言之，有父子君臣之道。此恩義順逆，各有所施也。」吾故斷之曰：門内之治恩掩義，閔、僖不得異昭穆；門外之治義斷恩，閔、僖遂儼如父子。何也？宗廟之内，親親也；朝廷之上，尊尊也。君子不以親親害尊尊，故曰「先禰而後祖」也。

群公不毛文十三年傳

鄭氏曰：「祭祀之事，先爲清酒，其次擇牲。」按，擇牲者，即《祭義》「古者天子、諸侯，必有養獸之官。君召牛，擇其毛而卜之」也。《周禮·牧人》：「凡陽祀，用騂牲，毛之。」注：「毛之，取純毛。陽祀，祭天於南郊及宗廟。」又云：「凡外祭毁事，用尨可也。」注：「尨，謂雜色不純也。」桉，今魯祭群公於宗廟，非外事可比，何爲而不純乎？陽祀用騂牲，此天子之禮。魯，諸侯也。魯公尚不敢與文、武同牲，故以脊爲差，而群公反可以用純乎？故注謂「不毛，不純色，所以降於尊祖」也。孔沖遠於《祭義》謂：「犧，純色，天子牲也；牷，完也，諸侯牲也。」於《大雅》謂：「不毛者，不定用一毛而已。其牲皆用純色，故此祭用純騂也。《祭義》云『擇其毛』，是諸侯用純色也。」沖遠之疏，何首鼠兩端而自相矛盾乎？

天子娶十二女成十年注

徐氏曰：「『唯天子娶十二女』，《保乾圖》文。孔子爲後王立制，非古禮也。」桉，徐説非也。《白虎通》：「天子娶十二女，法天有十二月。」蔡邕《獨斷》曰：「天子娶十二女，夏制也。」鄭氏《檀弓》注：「帝嚳而立四妃矣，象后妃四星：其一明者爲正妃，餘三小者爲次妃。帝堯因焉。至舜，不告而娶〔五九〕，不立正妃，但三妃而已，謂之三夫人。《離騷》所歌湘夫人，舜妃也。夏后氏增以三三而九，合十二人。《春秋説》云『天子娶十二』，即夏制也。」荀爽曰：「天子娶十二女〔六〇〕，天之數也。諸侯以下，各有等差，事之降也。」據此數家之説，皆以爲夏制，安見其非古禮耶？

弟無後兄之義成十五年注

「弟不可以後兄。」又曰：「自繼代言之，有父子、君臣之道。」二者不同，將何是之從乎？曰：此義不明，無怪乎轇轕而不可解也。諸侯之禮，與大夫不同。諸侯以國爲體，大夫不世，豈可同哉？緣民臣之心，不可一日無君，故繼世不立，則旁枝承統，不獨弟之後兄，即以兄而後弟，可也。此但以國體爲重，而不暇顧其私親。至於大夫，則不然。《白虎通》曰：「諸侯奪宗，大夫不得奪宗。諸侯世世傳子孫，故奪宗；大夫不傳子孫，故不奪宗。」即如公子仲遂，莊公之子也。閔、僖既立，則仲遂爲別子矣，以臣道事君，無兄弟相宗之法，與閔、僖有別；又與後世爲始祖，所謂「別子爲祖，大夫不敢祖諸侯；繼別者爲宗，此百世不遷之大宗」，則仲遂之子歸父是也。大宗無後，不得絶，以支子繼大宗可也。然亦必取昭穆之相當者，故漢安帝〔六二〕曰：「兄弟之子，猶子也。爲人後者，爲之子。」非獨異姓不可以亂宗，即別宗同姓亦不可，當取同承別子之後、一宗之内者，《喪服》所謂「同宗則可爲之後」。此不易之常經，而仲遂則異是。《春秋》之義，元功之臣，有誅無絶。仲遂無元功而有大惡，若據「誅君之子不立」之義，則仲遂父子皆在誅絶之科，本不當立後。即使違禮而立後，亦必當取廢逐者之子姪輩而立之，不當以弟後兄也。諸侯之子稱公子，公子之子稱公孫，孫以王父之字爲氏。歸父之子稱仲氏，可也；歸父之弟稱仲氏，則不可。《經》不曰「公孫嬰齊」而曰「仲嬰齊」，顯然爲歸父之子，爲仲遂之孫矣。悖禮害義，無大於此者，安得引閔、僖之例以相難乎？

郊用正月上辛成十七年〔六二〕傳

三代天子之郊，無有用正月上辛者，故何注云：用正月上辛者，「春秋之制也」。周之正月，夏十一月也。此建子之月。在當時，周未有用建子之月者。然則以何時郊？按，《易説》文曰：「三王之郊，一用夏正。」言三王，則周在其中。是周天子不用日至郊也。若云《大司樂》「冬至，祭天於圜丘」，此祭天皇大帝，北辰之星也。其夏正郊天，祭所感生之帝。周以木德，祭靈威仰。夏正郊天，后稷配；冬至祭天，帝嚳配。圜丘用蒼璧，夏正郊天用四圭，有邸：郊與圜丘異。況圜丘名「禘」，而不名「郊」。《祭法》：「周人禘嚳而郊稷。」故云「周郊未有用建子之月」者，此也。《聖證論》王肅與馬昭之徒，或云祭天用冬至之月，或云用冬至之日。若用冬至之月，而冬至不在建寅之月；若用冬至之日，冬至不恒在上辛，故其説兩無據焉。魯郊轉卜三正：以十二月下辛，卜正月上辛；若不從，則以二月下辛，卜三月上辛；若不從，則止。設有定月、定日，又何待於轉卜三正耶？況魯又無冬至祭天於圜丘之事。杜預云：魯只有建寅郊天及龍見而雩，惟周之三月爲之，不可在四月。雖三卜亦爲非禮，然魯不敢與周郊天同月。魯既降下天子，若必以建寅之月郊爲得禮，是與周天子同用夏正，有是禮乎？《繁露》云：「郊常以正月上辛者，所以先百神而最居前。」此與《公羊》説合，而《郊特牲》孔疏云：「王肅用董仲舒、劉向之説，以爲周郊於建子之月，而迎此冬至長日之至也。」謂用仲舒之説，不知何據。至若王肅以爲周郊，此不足怪。不信鄭氏六天之説，僞造《家語》以佐其説；混圜丘與郊爲一，謂冬至祭圜丘，即冬至郊天之證。其悖於《春秋》之説也，亦宜。

仁之也成十六年傳

《傳》：「執，未可〔六三〕言『舍之』者。此其言『舍之』，何？仁之也。曰在招丘，悕矣。」注：「悕，悲也。『仁之』者，若曰：在招丘，可悲矣。閔録之辭。」劉敞曰：「仁行父，非也。凡國有罪，而執其正卿，禮也。又《公羊説》云：時尚幼，則罪在正卿矣。《春秋》何故反仁之乎？」桉，劉此論，可謂陋矣。「仁」與「人」通，《表記》注引此作「人之」。《方言》：「凡相憐哀，九疑〔六四〕、湘潭之間謂之人兮。」劉不知「仁」與「人」爲通用之字，而妄發言論如此。然則何爲「仁之乎」？《傳》曰：「會不當期，將執公。季孫行父曰：『臣有罪，執其君；子有罪，執其父，此聽失之大者也。今此，臣之罪也。舍臣之身而執臣之君，吾恐聽失之爲宗廟羞也。』於是執季孫行父。」注：「痛傷忠臣不得其所。」問者曰：必痛之，何？曰：《雜記》曰：「内亂不與焉，外患弗辟也。」其行合禮，其志可哀也。《穀梁傳》：「録母之變，始人之也。」此亦如《公羊》「閔録之辭」。

夕牲告牷后稷成十七年〔六五〕注

夕牲之禮，不獨郊有之，宗廟亦有之。郊之夕牲，在郊，不在廟；宗廟之夕牲，在廟。何注：「夕牲，告牷后稷。」此是祭后稷而告牷，非郊天而告牷於后稷之廟也。徐疏以爲：「古禮：郊之前日午後，陳其牲物，告牷〔六六〕於后稷」，事不經見。此臆説也。陋儒猶欲强爲解説，是逐狂而東走也。《傳》：「或曰：用，然後郊。」注：「或曰用者，先有事，存后稷神也。」桉，《禮器》注：「魯以周公之故，得郊祀上帝，與周同。先有事於頖宫，告后稷也。告之者，將以配天，先仁也。」《喪服小記》注：「祭天，則以祖配之。自外至者，無主不止。」據此，則告后稷以配天，不聞郊之前一日告牷於后稷也。《郊特牲》：「卜郊，受命於祖廟，作龜於禰宫，尊祖親考之義也。」注：「受命，謂告之，退而卜。」據此，告卜郊於祖，不聞郊之前一日告牷於后稷也。孔、賈之疏皆云：「卜法：在祭前十日。」據此，卜日告廟，夕牲又告廟。是十日之中，告廟二次。「祭不欲數」之謂何？而謂古禮有之乎？若云即以卜日告廟之時，又告牷於后稷，則告牷當在祭前十日，不得謂郊之前日午後也。《周禮·牛人》：「凡祭祀，共其享牛、求牛。」注：「鄭司農云：『享牛，前祭一日之牛也。』」疏：「若以此爲祭前一日夕牲時而言。」據此，言「凡祭祀，共其享牛、求牛」，則享牛不獨郊有之，宗廟亦有之矣。然則「夕牲，告牷后稷」，何以不指頖宫之祭，而必欲以爲郊天之牛「夕牲，告牷后稷」乎？又，《充人》：「展牲，則告牷。」注：「鄭司農云：『展，具也。具牲，若今時選牲也。充人，主以牲牷告展牲者也。』玄謂，展牲，若今夕牲也。《特牲饋食之禮》曰：『宗人視牲，告充；舉獸尾，告備。』近之。」疏：「此舉漢法以況之。」據此，特牲饋食是士祭宗廟之時，何嘗不告牲？魯祭后稷，而反不告牷耶？《説文》：「牷，牛純色也。」《郊特牲》：「毛血，告幽全之物也。告幽全之物者，貴純之道也。」據此，正是灌而迎牲、殺牲、告牷，又安有告牷於后稷之事？况《充人》疏言漢法以況，則古禮已亡，舉今禮以證古也。使古有其禮，鄭必不舉漢法以况矣。而况漢法，郊祭之夕牲，告牷於壇，不於廟，尤其明證也。《後漢書·禮志》：「正月，天郊，夕牲。晝漏未盡十八刻初納，夜漏未盡八刻初納，進熟獻。」又，「明堂、五郊、宗廟、太社稷、六宗夕牲，皆以晝漏十四刻初納，夜漏未盡七刻初納，進熟獻」。注：「《周禮》『展牲』，干寶曰：『若今夕牲。』又，郊儀：先郊日，未晡五刻夕牲，公卿、京尹、衆官悉至壇東就位，太祝吏牽牲入，到榜，廩犧令跪曰：『請省牲。』舉手曰：『腯。』令〔六七〕繞牲，舉手曰：『充。』太史令牽牲就庖，豆酌毛血，其一奠天神座〔六八〕前，一〔六九〕奠太祖座前。今之郊祀然也。」據此，亦何嘗有郊牲必告於廟之事？按《晉書·禮志》：「武帝泰始七年，帝將親祠，車駕夕牲，而《儀注》還不拜。詔問其故，博士奏：『歷代相承如此。』帝曰：『非致敬宗廟之禮也。』於是實拜而還，遂以爲制。夕牲，必躬臨，拜。」據此，則宗廟夕牲之明證也。又按《魏書·禮志》：「秘書令李彪曰：『夕不殺牲，誠如聖旨，未審告廟與否〔七〇〕？臣聞〔七一〕：「魯人將有事於上帝，必先有事於頖宮」，注曰「先仁」〔七二〕。以此推之，應有告廟。』帝曰：『卿言有理〔七三〕，但朕先以郊配，意欲廢告，而卿引證有據，當從卿議。』」據此，郊是一事，告廟又是一事。設使郊牲必告於廟，魏主又安得而欲廢之耶？《公羊》所謂「用」者，不宜用九月，當用正月；或人所謂「用」者，用后稷以配天。然此處當指不宜用九月，不當指用后稷以配天者，九月用郊，失禮之大者。郊既不可，祭后稷亦不可矣。祭后稷，失禮之小者，故云：「小大盡譏之。」僖不郊而望，故但譏其小。此已郊，知不獨譏小也。若以「用」爲告后稷，則《經》不當云「辛丑用郊」。蓋告后稷，在祭前十日；夕牲告牷，又在祭前一日，與郊不同日，故云：「當在日上，不當在日下。」凡辛丑已前，皆得謂之「日上」。而徐氏遂舉郊之前日午後以實之，近於鑿矣。何、鄭同時，鄭氏云「若今夕牲矣」，疏謂

「舉漢法以況之」，然則何氏之云夕牲，亦漢法可知。以言古禮，不亦傎乎？

作三軍 襄十一年經

《周禮》之制：「王六軍，大國三軍，次國二軍，小國一軍。」《詩》「整我六師」「六師及之」，此周爲六軍之見於經者也。《白虎通》：「何以言有三軍也？《論語》曰：『子行三軍，則誰與？』」次國二軍，昭五年「舍中軍」，《傳》「復古也」是也。古《春秋左氏》曰：「王使虢公命曲沃伯，以一軍爲晉侯。」此小國一軍之見於傳者也。魯是次國，唯有三卿、五大夫。司空、司徒之下各有一小卿，司馬之下一小卿，以其事省，蓋總監之而已。今襄公委任强臣，國家内亂，兵革四起，軍職不供，乃作中卿官以益司馬，逾王制矣，故書而譏之。《魯語》：「季武子爲三軍，叔孫穆子〔七四〕曰：『不可。』」又曰：「今我，小侯也。」據此，則魯本二軍可知。問者曰：《魯頌》「公徒三萬」，鄭箋云：「萬二千五百人爲軍。大國三軍，合三萬七千五百人。言『三萬』者，舉成數也。」是魯僖公本有三軍也？曰：非也。鄭以此《頌》美僖公復周公之宇，故以「三萬」爲三軍。若云舉大數而言之，則三萬七千五百人，大數可爲「四萬」，又不當言「三萬」。言「三萬」，則其爲二萬五千人可知。鄭此箋有所未安，故答臨碩云：「《魯頌》公徒言『三萬』，是二軍之大數。」故兩解之。據此，則魯本無三軍，而又何疑焉？曰：《經》何以言「三軍」，而《傳》曰「三軍者，何？三卿也」？曰：《甘誓》云：「乃召六卿。」注云：「六卿者，六軍之將。古之軍將，皆命卿。」今魯作三軍，必先添立司馬以下之卿，故《傳》云「三卿」，足成《經》文，非故相左也。曰：春秋之兵，多以「師」名。今言「軍」而不言「師」，何也？曰：

多，以「軍」爲名；次，以「師」爲名；少，以「旅」爲名。「師」者，舉中言之。故《鄭志》答趙商云：「『師』者，衆之通名，故人多云焉。欲著大數，則乃言『軍』耳。」趙匡曰：「魯卿素已有四五，不止三也。《公羊》此説，適足令學者疑繆〔七五〕。」按，趙説非也。三卿爲三軍之將。魯卿素有四五，然則魯軍亦有四五乎？而趙氏不察，遂執此以駁《公羊》。十年《經》：「秋七月，季孫意如、叔弓、仲孫貜帥師伐莒。」陳氏傅良曰：「舍中軍矣，曷爲書『三卿帥師』？四分公室，叔弓爲意如貳也。」陳氏此説，足破趙匡之謬解，又不得藉口於「卿有四五」也。

王猛入於王城昭二十二年傳

《傳》：「其稱王猛，何？當國也。」注：「據未逾年，已葬，當稱子。」劉敞曰：「非也。王猛乃王矣。未逾年，是以不可稱天王，而又不可以諸侯例稱子也。如冠『王』於『子』，則又與他王子相亂，故稱『王』繫『猛』者，明是王者在喪之常稱，可無疑也。」按，劉説妄也。説有彌近是而大亂真者，不可以不辨。方喪未葬也，則《康王之誥》「無遺鞠子羞」，傳：「稱子，康王自謂也。」《左氏·僖九年傳》：「凡在喪，王曰小童，公侯曰子。若既葬之後、未逾年，則稱名、稱『子』。」《雜記》「君薨，太子號稱子」，又此《經》「六月，葬景王。冬十月，王子猛卒」是也。若三年之内，則《曲禮》「天子未除喪，曰『予小子』」。若三年除喪之後，《公羊·文九年傳》「天子三年然後稱王」是也。《白虎通》：「『父殁稱子某，屈於尸柩也。既葬稱子者，即尊之漸也。』又按，《詩序》『閔予小子』箋：『除武王之喪，朝於廟也。』疏：『爲喪中辭者，以其服雖除，去喪日近，又序其在喪之事，故乃同喪稱。』古之人，已除喪尚有不忍稱王者，有未逾三月而稱王者乎？劉好爲此黷亂不經之談，何也？鄭伯不子，故當喪，奪其子行而稱「伯」。王猛當國，故當喪，奪其子行而稱「王」，此豈在喪之常辭乎？觀於其卒也，正之曰：是「子」也，是「未逾年之君」也，是不當稱王也。然則不當稱王而稱王，則其當國之情可見矣。於猛書「王」，所以如其意以著其惡。本一人也，或書「王猛」，或書「王子猛」，微言大義繫乎此矣。此游、夏所不能贊者也。然非好學深思之士，比而同之，不可得已。故《記》曰：「屬辭比事，《春秋》之教也。」問者曰：何以下文王子朝不書「王朝」乎？曰：上有「天王居於狄泉」，則子朝之篡不嫌不明。《春秋》有不待貶絶而自見者，從省文例也。若於王猛之篡不明，一年之中，書「王」，見其已立也；書「入」，明其爲篡也；書「子」，見其未逾年也。難者曰：天王入於成周〔七六〕，何以亦書「入」也？曰：美惡不嫌同號也。俗儒不察，往往執此類以相難，而不知小辯之破道也。「《易》無達占，《詩》無達詁，《春秋》無達例」，豈未之聞耶？曰：必兩書王猛，何也？曰：書「王」，猶書國也；書「王猛入於王城」，猶書「齊小白入於齊」也。若不書「王」，安知以國氏而起入爲篡乎？故兩書王猛也。《孟子》曰：「《詩》亡，然後《春秋》作。」貶王猛，同於列國之例，是亦王降而爲風矣。目爲常辭，是何足與言《春秋》！

諸侯僭天子昭二十五年〔七七〕傳

《後漢·五行志》注引《春秋考異郵》曰：「天子僭天，大夫僭人主，諸侯僭上。」今按，《傳》稱「設兩觀，乘大輅，朱干玉戚」之屬，諸侯僭之，可得而指焉。至於「天子僭天」，今本無此句。兩漢諸儒多引之，蓋《嚴氏春秋》也。漢武帝册仲舒曰：「蓋儉者不造玄黄旍旗之飾〔七八〕。」《貢禹傳》：「昭公曰：『吾何僭矣？』今大夫僭諸侯，諸侯僭天子，天子過天道。」然亦未知「過天道」爲何事，而「造玄黄旍旗之飾」又何所證也。及觀《考工記》「土以黄，其象方，天時變」，鄭注：「古人之象，無天地也。爲此《記》者見時有之耳。子家駒曰『天子僭天』，意亦是也。」鄭司農云：「『天時變』，謂畫天隨四時色。」是知古人立言，無一字無來歷者。惠氏棟批《周禮》，駁之曰：「『黄帝、堯、舜垂衣裳而天下治，蓋取諸乾坤。』乾坤即天地也。『乾爲衣，坤爲裳』，即《臯陶謨》『予欲觀古人之象』，無天地，可乎？鄭氏精於《三禮》而疏於諸經，《易》學尤疏，故言有缺誤。」按，惠説非也。鄭氏亦嘗注《書》、注《易》，未必如是之疏也。《虞書》十二章，自「日月」已下，不見有「天地」。引十二章，欲以何明也？況繪以爲衣，繡以爲裳，非徒如《易》之空言取象而已。後王於日月而外，并天地而繪繡之矣，故云「古人之象」，無天地也；天玄而地黄，故云「畫天隨四時色」「土以黄」也。惠氏云「乾坤即天地」，古有繪乾坤於衣裳者乎？將以日月爲天、山爲地乎？又非通論矣。劉向《説苑》：「孔子與齊景公坐，左右曰：『周史來，言周廟燔。』景公出，問曰：『何廟也？』孔子曰：『是釐王廟也。』景公曰：『何以知之？』孔子曰：『「皇皇〔七九〕上帝，其命不忒。」天之與人，必報有德，禍亦如之。夫釐王變文、武之制而作玄黄，宫室、輿馬，奢侈，不可振也，故知天殃其廟。是以知之。』」合觀諸説，不獨《春秋》見嚴、顔之異同，而《考工》鄭注亦可互相發明矣。貢禹、董仲舒、劉向、鄭康成皆《公羊》經師，今其言後先一轍〔八〇〕。至於《春秋説》文，又不得以緯書而盡廢之矣。

《公羊》之義，不絶異説；一事兩義，往往并載。《傳》「不蓑城也」，何注：「若今以草衣城是也。」《詩》毛傳：「蓑，所以備雨。」何氏望文生義，以漢法況之，故云「若今以草衣城」。如《魏志·劉馥傳》「以〔八一〕草苫數千萬枚，天雨〔八二〕，城欲崩，以苫蓑覆之」，此其證也。何注又云：「禮：諸侯爲天子治城，各有分丈尺。」按，此即《九章算術》謂「差分」爲「衰分」也。蓋何氏見當時經師有作「衰城」者。《漢·五行志》：「董仲舒以爲，宋中幾亡〔八三〕尊天子之心，而不衰城。」顔師古注：「衰城，謂以差次受功賦也。」此與何氏後説同。何氏據胡毋生之《條例》，與董仲舒不同，是所受之本各異，故兩存其説。或曰：《説文》無「蓑」字。「蓑」本俗字，在二十九字之中。《公羊傳》本作「衰」，「蓑」是淺人所加，經傳不當有俗字。此説非也。若以爲《説文》必當從，「闖然公子陽生」，何不據《説文》改爲「覢然」乎？「躇階而走」，何不據《説文》改爲「辵階」乎？況《釋文》亦云：「蓑，或作『衰』。」陸氏所見，已有兩本不同，何必據「衰」以改「蓑」而不存古人之舊乎？嗟乎！兩漢經師，知三家經、傳有異同，如賈、馬之傳，但臚其異同，而不執一定之見以删其異者，非不知趨簡易，然而不敢也。至俗儒逞臆，奮筆直改，使古字、古義湮没不彰者不知凡幾，豈不痛哉！若云開成《石經》作「衰」，《春秋》有嚴、顔之别，且不得據漢《石經》以改之，何論於唐？況唐《石經》字乖師法，已爲劉昫所譏，安見其可從耶？若云經傳不當有俗字，吾應之曰：「何蓑何笠」見於《毛詩》，「稾〔八四〕車載蓑笠」見於《儀禮》，況《石經》於《詩》作「何蓑」，是自亂其例也，而又何説焉？

更受采地於京師定四年注

何注：「禮：諸侯入爲天子大夫，更受采地於京師。」按，采有二：始封之時，則有采地；入爲天子大夫，更受采地。其始封所受者，《禮運》所謂「大夫有采，以處其子孫」是也。《尚書大傳》曰：「古者諸侯始受封，則有采地：百里諸侯以三十里，七十里諸侯以二十里，五十里諸侯以十五里。其後子孫雖有罪黜，其采地不黜，使其子弟賢者守之，世世以祠其始封〔八五〕之人。此謂之『興滅國、繼絶世』。」紀季以酅入於齊，酅即紀之采也。此國滅而采不滅之證。其入爲天子大夫，更受采者，《詩》所謂「還，予授子之粲兮」，傳：「諸侯入爲天子卿士，受采禄。」《白虎通》：「諸侯入爲公卿大夫，得食兩家采否〔八六〕？曰：有能，然後居其位；德加於人，然後食其禄，所以尊賢、重有德也。今以盛德入輔〔八七〕，得兩食之，故《王制》曰：『天子之縣内諸侯，禄也；外諸侯，嗣也。』」《尚書大傳》與《繁露·爵國篇》所説同，蓋指始封之采而言之，大夫所以有世禄也。若《王制》「天子之縣内諸侯，禄也」，鄭注：「選賢，置之於位，其國之禄如諸侯，不得世。」名之曰采者，采取其賦税而已，不得有其地也，非始封之采可比。

天子雕弓定四年注

注：「禮：天子雕弓，諸侯彤弓，大夫嬰弓，士盧弓。」按，「敦弓」疏：「作者主言天子之弓而

已。諸侯、公卿宜與射者，自當各有其弓，不必畫矣。其等級，無文以明之也。定四年《公羊傳》何休注，事不經見，未必然也。」然《荀子·大略篇》：「天子雕弓，諸侯彤弓，大夫黑弓，禮也。」孔氏未之見耶？《荀子》爲先秦之書，具有其文，何氏亦非無據矣。《彤弓》箋：「諸侯敵王所愾而獻其功，王饗禮之，於是賜彤弓一、彤矢百、玈弓矢千。」《釋文》：「玈，音『盧』，黑弓也。」傳：「彤弓，朱弓也。」彤、盧之名，亦散見於經，諸侯彤弓之説無疑矣。「敦弓」傳：「敦弓，畫弓也。天子敦弓。」疏：「『敦』與『雕』，古今之異。『雕』是畫飾之義。」然則天子雕弓之説亦無疑也。徐疏解云「古禮無文」，未免失之鹵莽。

璋判白定八年傳

何注：「獨言璋者，所以郊事天，尤重，《詩》云『奉璋峨峨，髦士攸宜』是也。」徐疏：「何氏與鄭同。」按，此疏大謬不然。鄭箋：「璋，璋瓚也。祭祀之禮，王祼以圭瓚，諸臣助之；亞祼，以璋瓚。」疏：「禮：圭以進君，璋以進夫人。則圭當統名，不得言璋。《冬官·玉人》云大璋、中璋、邊璋，皆是璋瓚也。《小宰》注云：『唯人道、宗廟有灌〔八八〕。天地大神，至尊，不灌，莫稱焉。』則此言灌事，祭宗廟也。」按，何氏謂「判，半也。半珪〔八九〕曰璋」，與毛同；而鄭以爲「璋瓚」，與何異。何以爲郊天，鄭以爲宗廟之祭，絶然兩途。而徐謂「何與鄭同」，其亦不察之甚矣。何氏「郊天」之説，出於仲舒之《繁露》：「已受命而王，必先祭天，乃行王事，文王之伐崇是也。《詩》曰〔九〇〕：『濟濟辟王，左右奉璋。奉璋峨峨，髦士攸宜。』此文王之郊也。」於此可證，何氏之説有自來矣。鄭以上章爲郊天，此章爲祭宗廟。徐亦沿上章之説而致誤與？

皆毁廟也哀三年傳

《春秋》之例：始封之君，其廟不毁；其餘親過高祖，則毁其廟。桓、僖當毁而不毁，魯廟災，故孔子在陳，聞之，曰：「其桓、僖乎？」其後董仲舒《廟殿火災對》本此。然有中興之功者，則不毁，《經》書「成周宣謝災」是也。《五經異義》：「《魯詩》説〔九一〕、丞相匡衡以爲，殷中宗，周成、宣王皆以時毁。古文《尚書》説，經稱中宗，明其廟宗而不毁。謹按，《春秋公羊》、御史大夫貢禹説，王者宗有德，廟不毁。宗而復毁，非尊德之義。」按，漢之廟制，不用周禮。每帝即世，輒立一廟，不止於七，不列昭穆迭毁。後用貢禹之議，以孝文、孝武、孝宣皆以功德茂盛爲宗，不毁，用《公羊》經師之説也。

喪以閏數〔九二〕哀五年注

喪有以閏數者，九月以下也；喪不以閏數者，期與三年也。大功以下，本以月數，故數閏；期、三年之喪，本以年數，故不數閏。閔二年《傳》：「三年之喪，實以二十五月。」《白虎通》：「禮有取於三年〔九三〕，故謂之三年，緣其漸三年之氣也。」《公羊》曰：「閏月矣，何以謂之『天無是月』？是月，非常月也。」《穀梁》曰：「閏月者，附月之餘日也，積分而成於月者也。天子不告朔，而喪事不數也。」王肅云：「斗之所建，是爲中氣，日月所在。斗指兩辰之間，故〔九四〕以爲閏也。」桉，今喪期若不没閏，是不漸三年之氣，且以閏附前月，而與二十五月之例不符矣。至於五月、九月、三月之喪，本以月數。何氏曰：『喪數，略也。』以月數，恩殺，故并閏數。」班固、鄭玄、射慈、賀循之倫，咸無異議。晉簡文帝崩，再周而遇閏。博士孔粲、謝攸皆引魯襄二十八年十二月甲寅，天王崩；乙未，楚子卒。其間相去四十二日，則乙未實閏月，而言十二月者，附正於前也。喪事先遠，則應用博士吴商之言，以閏月祥。戴謐議：「尋博士所上祥事，是專用吴商議也。商之所言，依《公羊》何氏注及《禮》之『遠日』也。」王彪之曰：「吴商，中材〔九五〕小官，非名賢碩儒、爲時準則〔九六〕。又取閏無證據，直擘『遠日』之義，越祥忌限外取，不合卜遠之理。」徐廣曰：「彪之不能徵援正義，有以相屈，但以名位格人。君子虚受，心無適莫，豈不〔九七〕然哉！執政從而行之，其殆過矣。」鄭襲難范甯曰：「以閏三月五日死者，當以來年〔九八〕何月祥？何月爲忌日？」答曰：「謂之閏月者，以餘分之日爲閏益月耳，非正月也。非正月，則吉凶大事皆不可用，故天子不以告朔，而喪者不數。以閏月死既不數之，禮：十三月小祥，二十五月大祥，自然當以來年四月小祥，明年四月大祥也。」按，何氏謂：「期、三年之喪，始死，得以閏數；非死月，不得數閏。」是以閏在喪表則没之，始死之月則不没。若范甯之説，雖始死，亦當没閏，與何異也。宋湘東國刺稱：「國太妃以去三十年〔九九〕閏六月二十八日薨，未詳〔一〇〇〕周、忌當在六月？爲取七月？敕〔一〇一〕禮官議正。」博士丘邁之議：「按吴商議：閏月死〔一〇二〕者，應以本正之月爲忌。謂正閏〔一〇三〕雖各有所執，商議爲允。宜以今六月爲忌。」按，忌取周年。今十二月，與閏附前月之説同，與始死數閏之説異。南齊皇太子穆妃以去年〔一〇四〕七月薨，其年九月閏，未審當月數閏？爲應以閏附正月？若用月數數閏者，南郡王兄弟便應以此四月〔一〇五〕小祥。至於祥月，不爲有疑否？左僕射王儉等議，以來年五月晦小祥。至梁天監四年，掌凶禮嚴植之定《儀注》，以亡月遇閏，後年中祥，疑所附月。帝曰：「閏蓋餘分，月節則各有所隸。若節屬前月，則宜以前月爲忌；節屬後月，則宜以後月爲忌。祥逢閏，則宜取遠日。」按，是又爲調停之説，而不合《禮經》之舊制矣。北魏偏將軍乙龍虎喪父，給假二十七月〔一〇六〕，而龍虎并數閏月，詣府求上。領軍元珍上言：「按違制律，居三年之喪而冒哀求仕〔一〇七〕。」崔鴻駁曰〔一〇八〕：「龍虎罪亦不合刑，忽忽〔一〇九〕之失，宜科鞭五十。」按，是三年之喪，數閏而遭罪遣也。世謂六朝之人放於禮法之外，而豈知南北諸儒於服制，如此其嚴哉！隋開皇之初，太常牛弘撰定《禮志》：「三年及期喪〔一一〇〕不數閏，大功以下數之；以閏月亡者，祥及忌日皆以閏所附之月爲正。」《開元禮》同。按，此與何氏始死數閏之説不同，其餘又何嘗怫異也哉？

行夏之時哀十四年注

《春秋》自用周正。《公羊》於「西狩獲麟」注乃云：「河陽冬言狩，獲麟春言狩者，蓋據魯變周之春以爲冬，而行夏之時。」《夏小正》：「十有一月，王狩。」此其證已。此假以爲後王之法，當用夏正，而并非顯然以改周正也。至宋人説經，往往鄉壁虚造，遂謂以夏時冠月。趙氏汸駁之曰：「周人改時、改月。如使周不改時，則聖人何必曰『行夏之時』？使夫子果用夏變周，則何以責諸侯之無王哉？」趙説足以正宋儒之失。桉，《周禮》有「正歲」，有「正月」。鄭注：「正月，周之正月。正歲，謂夏之正月。得四時之正，以出教令者，審也。」據此，則知《夏小正》「農緯厥耒」，記於夏之正月。《豳風》「三之日于耜」，傳：「三之日，夏正月也。」故皇侃以爲：「三王所尚正朔、服色雖異，而田獵、祭祀、播種并用夏時，得天之正也。」是知凡在夏時當用正月者，在周時則用三月。若夏時與周時無異，則何以周有「正歲」、又有「正月」乎？審是，則三代改正朔、不改時月之說，其不然乎？其不然乎？

校勘記

〔一〕「桉」，學海堂初刻本、庚申補刊本作「按」。下同，不復注。

〔二〕「吕氏」，與《漢魏遺書鈔》本《五經異義》同，《通典》卷七十三作「吕后」。

〔三〕「庶」，與《五經異義》同，《通典》卷七十三作「廢」。

〔四〕「稱」，《宋書》卷五十五、《册府元龜》卷五百七十六作「咸稱」。

〔五〕「光武」，《宋書》卷五十五、《册府元龜》卷五百七十六作「霍光」。

〔六〕「祖」，《宋書》卷五十五、《册府元龜》卷五百七十六作「武」。

〔七〕「慕」，《宋書》卷五十五、《册府元龜》卷五百七十六作「摹」。

〔八〕「和」，《宋書》卷十七作「龢」。

〔九〕「緣臣子」，《漢魏叢書》本《白虎通·爵》作「明士」，抱經堂本改作「明民臣」。

〔一〇〕「即位」，《南齊書》卷九、《册府元龜》卷五百七十七并作「即政」。

〔一一〕「以」，蜚雲閣本、學海堂初刻本、庚申補刊本并奪，據《南齊書》卷九、《册府元龜》卷五百七十七補。

〔一二〕「在」，《南齊書》卷九、《册府元龜》卷五百七十七作「存」。

〔一三〕「乙丑」，《舊唐書》卷九十一下有「王崩」二字。

〔一四〕「崩」，韭雲閣本、學海堂初刻本、庚申補刊本作「殂」，據《舊唐書》卷九十一改。下「則崩及見廟」同。

〔一五〕「祇」，學海堂初刻本、庚申補刊本作「祗」，與《舊唐書》卷九十一同。下「祗」同。

〔一六〕「伊訓」，韭雲閣本作「尹訓」，據學海堂初刻本、庚申補刊本及《舊唐書》卷九十一改。

〔一七〕「因」，《舊唐書》卷九十一作「因於」。

〔一八〕「伊尹」，《困學紀聞》卷二作「伊訓」。

〔一九〕「人主」，《文獻通考》卷九十九下有「每嗣位」三字。

〔二〇〕「祭」，《文獻通考》卷九十九無。

〔二一〕「孝」，《文獻通考》卷九十九作「孝宗」。

〔二二〕「禫」，《文獻通考》卷九十九作「内禫」。

〔二三〕「此禮」，《文獻通考》卷九十九無。

〔二四〕「其」，《公羊注疏》卷四作「之」。

〔二五〕「漢氏」，《春秋大事表》卷十九下作「漢世」。

〔二六〕「紀子帛」，《春秋大事表》卷十九下作「紀子伯」。

〔二七〕「闕文」，《春秋大事表》卷十九下下有「而誤創褒紀」五字。

〔二八〕「故」，《公羊注疏》卷十二無，疑衍。

〔二九〕「序」，蜚雲閣本、學海堂初刻本、庚申補刊本并奪，據《晦庵先生朱文公文集》卷七十五補。

〔三〇〕「必」，《晦庵先生朱文公文集》卷七十五作「亦」。

〔三一〕「匈奴」，《春秋大事表》卷十九下作「胡」。

〔三二〕「至此」，《春秋大事表》卷十九下作「至于如此」。

〔三三〕「腶」，蜚雲閣本作「服」，據學海堂初刻本、庚申補刊本、《公羊注疏》卷八改。

〔三四〕「筓」，蜚雲閣本作「笄」，據學海堂初刻本、庚申補刊本、《儀禮注疏》卷五改。《儀禮》注云：「筓，竹器而衣者，其形蓋如今之筥笿籚矣。」下「受筓」同。

〔三五〕「腶」，蜚雲閣本、學海堂初刻本、庚申補刊本并作「段」，據《儀禮注疏》卷五改。

〔三六〕「拜」，蜚雲閣本、學海堂初刻本、庚申補刊本并奪，據《儀禮注疏》卷五補。

〔三七〕「迭」，蜚雲閣本、學海堂初刻本、庚申補刊本并作「述」，據《册府元龜》卷五百八十九、《通典》卷五十改。

〔三八〕「何邵甫」，與《宋書》卷十六同，庚申補刊本作「何邵公」。

〔三九〕「文」，《舊唐書》卷三十、《册府元龜》卷五百八十九同，《通典》卷五十作「禮」。

〔四〇〕「年」，《舊唐書》卷三十、《册府元龜》卷五百八十九、《通典》卷五十并作「歲」。

〔四一〕「矣」，與《通典》卷五十同，《舊唐書》卷三十、《册府元龜》卷五百八十九作「久」。

〔四二〕「五祀五岳」，與陳壽祺《五經異義疏證》同，《禮記注疏》卷二十五作「五岳四瀆」。

〔四三〕「故」，凌注本《春秋繁露·郊祀》作「故必」。

〔四四〕「他物」，與凌注本《春秋繁露·郊祀》同，庚申補刊本下有「乎」字，無下句首「古」字。

〔四五〕「屬」，蜚雲閣本、學海堂初刻本、庚申補刊本并作「細」，據《左傳正義》卷二十一改。作「細」者，乃僖三十一年《傳》文。

〔四六〕「孫惠蔚」，蜚雲閣本、學海堂初刻本、庚申補刊本作「孫慧蔚」，據《魏書》卷八十四改。

〔四七〕「斯」，與《通典》卷五十同，《隋書》卷七作「尢」。

〔四八〕「及」，與《通典》卷五十同，《隋書》卷七作「不及」。

〔四九〕「爲」，《通典》卷五十作「唯」。

〔五〇〕「以」，《舊唐書》卷二十六作「取」。

〔五一〕「禘」，《舊唐書》卷二十六上有「今禮」二字。

〔五二〕「理」，《舊唐書》卷二十六作「禮」。

〔五三〕「次」，《左傳正義》卷十八無，疑衍。

〔五四〕「以」，《左傳正義》卷十八作「已」。

〔五五〕「當」，《禮記正義》卷二十三作「爲」。

〔五六〕「小惡」，《禮記正義》卷二十三作「爲小惡也」。

〔五七〕「叔重」，蜚雲閣本作「叔仲」，據學海堂初刻本、庚申補刊本改。

〔五八〕「在」，《後漢書》卷九十一作「宜在」。

〔五九〕「娶」，《禮記正義》卷七作「取」。下「天子娶十二」同。

〔六〇〕「女」，《後漢書》卷九十二無。

〔六一〕「漢安帝」，當作「鄧太后」。《後漢書・孝安帝紀》載，殤帝崩，鄧太后詔云：「《禮》：『昆弟之子猶己子。』《春秋》之義，爲人後者爲之子。」所引非安帝語。

〔六二〕「十七年」，蜚雲閣本、學海堂初刻本、庚申補刊本并作「十八年」，據《公羊注疏》改。又，依《公羊注疏》順序，此條應在「仁之也」條下。

〔六三〕「未可」，蜚雲閣本、學海堂初刻本、庚申補刊本并作「未有」，據《公羊注疏》卷十八改。

〔六四〕「九疑」，《方言》第十作「九嶷」。

〔六五〕「十七年」，蜚雲閣本、學海堂初刻本、庚申補刊本并作「成十八年」，據《公羊注疏》卷十八改。

〔六六〕「告牷」，《公羊注疏》作「告牲之牷」。

〔六七〕「令」，《後漢書・禮儀志上》作「太祝令」。

〔六八〕「座」，《後漢書・禮儀志上》作「坐」。下「座前」同。

〔六九〕「一」，《後漢書・禮儀志上》作「其一」，當據補。

〔七〇〕「與否」，《魏書》卷一百〇八之一作「以不」。

〔七一〕「臣」，蜚雲閣本、學海堂初刻本、庚申補刊本奪，據《魏書》卷一百〇八之一補。

〔七二〕「先仁」，《魏書》卷一百〇八之一作「先人」。

〔七三〕「理」，蜚雲閣本、學海堂初刻本、庚申補刊本并作「禮」，據《魏書》卷一百〇八之一改。

〔七四〕「穆子」，蜚雲閣本、學海堂初刻本、庚申補刊本作「昭子」，據《國語》卷五改。

〔七五〕「繆」，《春秋集傳辨疑》卷九引作「謬」。

〔七六〕「成周」，蜚雲閣本作「城周」，據學海堂初刻本、庚申補刊本及《公羊・昭二十六年傳》改。

〔七七〕「二十五年」，蜚雲閣本、學海堂初刻本、庚申補刊本作「二十二年」，據《公羊注疏》改。《公羊·昭二十五年傳》子家駒曰：「諸侯僭於天子，大夫僭於諸侯久矣。」

〔七八〕「飾」，蜚雲閣本、學海堂初刻本、庚申補刊本并作「色」，據《漢書》卷五十六改。下「旌旗之飾」同。

〔七九〕「皇皇」，《説苑·權謀》上有「詩云」二字，疑當補。

〔八〇〕「輒」，蜚雲閣本作「輒」，據學海堂初刻本、庚申補刊本改。

〔八一〕「以」，《三國志》卷十五作「編作」。

〔八二〕「天雨」，《三國志》卷十五作「天連雨」。

〔八三〕「宋中幾亡」，蜚雲閣本、學海堂初刻本、庚申補刊本作「宋仲幾無」，據《漢書》卷二十七下之下改。顔注：「中，讀曰仲。」

〔八四〕「槀」，學海堂初刻本、庚申補刊本作「稿」。

〔八五〕「封」，《路史·國名紀四》引《尚書大傳》作「受封」。

〔八六〕「采否」，《白虎通·京師》作「菜不」。

〔八七〕「輔」，《白虎通·京師》作「輔佐」。

〔八八〕「灌」，《毛詩正義》卷十六之三、《周禮注疏》卷三作「祼」。下「不灌」「灌事」并同。

〔八九〕「珪」，《公羊注疏》卷二十六作「圭」。

〔九〇〕「曰」，凌注本《春秋繁露·郊祭》作「云」。

〔九一〕「魯詩説」，《毛詩正義》卷二十之三作「詩魯説」。

〔九二〕焦廷琥抄録《仲軒群書雜著》所録《服制考》引此條，同。

〔九三〕「三年」，《白虎通·喪服》無「年」字。

〔九四〕「故」，《尚書正義》卷二上有「無中氣」三字，疑當補。

〔九五〕「中材」，《晉書》卷二十作「中才」。

〔九六〕「爲時準則」，《晉書》卷二十作「公輔重臣、爲時所準則者」。

〔九七〕「豈不」，《晉書》卷二十作「豈其」。

〔九八〕「來年」，蜚雲閣本、學海堂初刻本、庚申補刊本作「來月」，據《通典》卷一百改。

〔九九〕「去三十年」，蜚雲閣本、學海堂初刻本、庚申補刊本奪，據《宋書》卷十五、《通典》卷一百補。

〔一〇〇〕「詳」，與《宋書》卷十五、《通典》卷一百同，學海堂初刻本、庚申補刊本作「祥」。

〔一〇一〕「敕」，《宋書》卷十五作「勒」。

〔一〇二〕「死」，《宋書》卷十五、《通典》卷一百作「亡」。

〔一〇三〕「閏」，《宋書》卷十五、《通典》卷一百下并有「論」字。

〔一〇四〕「去年」，蜚雲閣本、學海堂初刻本、庚申補刊本奪，據《南齊書》卷十、《通典》卷一百補。

〔一〇五〕「四月」，《南齊書》卷十作「四月晦」。

〔一〇六〕「二十七月」，蜚雲閣本、學海堂初刻本、庚申補刊本作「二十一月」，據《魏書》卷一百〇八之四、《册府元龜》卷五百八十一、《通典》卷一百改。

〔一〇七〕「求仕」，與《魏書》卷一百〇八之四同，《册府元龜》卷五百八十一作「求任」。又，「求仕」下，《魏書》《册府元龜》并有「五歲刑」三字。

〔一〇八〕「崔鴻駁曰」，蜚雲閣本、學海堂初刻本、庚申補刊本奪，據《魏書》卷一百〇八之四補。

〔一〇九〕「忽忽」，《魏書》卷一百〇八之四作「怱怱」，《册府元龜》卷五百八十一作「悤悤」。

〔一一〇〕「喪期」，《隋書·禮儀志三》作「期喪」，當據乙正。

江南文脉
jiangnan wenmai

凌曙集

中

（清）凌曙 著
萬仕國 輯校

鳳凰出版社

春秋公羊問答

解題

此乃凌氏論述《春秋公羊傳》中不涉於禮者，自爲問答，凡論一百一十五事，其中卷上四十九事，卷下六十六事，一本漢儒之説，不爲《三傳》調停之論。此書有道光元年（一八二一）《蜚雲閣叢書》本（簡稱「蜚雲閣本」），封面題「道光辛巳夏刊」，首有道光元年二月受業甥儀徵劉文淇序（《續修四庫全書》影印本下有嘉慶己卯秋八月既望凌曙自序，考諸家藏本，多無此序，當爲誤裝）及目録，分上、下卷，半頁十一行，行二十二字。卷下末行有雙行注字「維揚磚街青蓮巷柏華昇董刊」。又收入南菁書院《皇清經解續編》卷八百六十三至八百六十四（簡稱「續經解本」），無序言及目録，分一、二兩卷。又有歸安姚氏《咫進齋叢書》本（簡稱「咫進齋本」），有劉文淇序，無凌曙自序，有目録，半頁十三行，行二十二字。卷末行上題「公羊問答卷上終」，下題「歸安姚覲元校刊」。今以蜚雲閣本爲底本，以續經解本、咫進齋本參校。

公羊問答序〔一〕

昔《春秋》一經，親授子夏；《公羊》六傳，始著竹帛。秦燔書而行口説，漢崇儒而立學官。鄒、夾二氏，俱亡佚於建武；嚴、顔兩家，均淵源於董相。瑕丘〔二〕屈而學聿興，張湯傳而道益顯。其由博士爲丞相，以經義斷庶事者，《賢良》三策，《決獄》十卷，不啻爲之指南，導以先路。厥後，鄭衆舉十七事，賈逵作四十條，咸難《公羊》，以崇《左氏》。而張霸乃〔三〕授樊侯之書，何君復述李育之義。竊悲二創，覃思三闕，守羊弼緒説，依子都《條例》，三科九旨以經之，七等六輔以緯之。「墨守」之稱，良不誣矣；「學海」之譽，諒非徒爾。世不能考其聲音、訓詁，與夫典章制度，但詆其爲漢制法，以緯汩經，幾何不以《春秋》爲司空爰書、邵甫爲《公羊》罪人乎？乃若氾毓《釋疑》之篇，劉兆《調人》之作，欲殊塗而同歸，究南轅而北轍。然則《隋·志》所云：《公羊》之學，至晉「但試讀文，今殆絶無師説」者，其信然已。舅氏曉樓先生，專治《公羊》，謹守家法。嘗以董子之書，合乎聖人之旨，深悲其生見嫉於主父，没被詆於劉蘭。又其甚者，謂《繁露》之名，取象古冕；《玉杯》之例，殆等連珠。厚誣古人，貽誤來學。乃注《春秋繁露》十有七卷。昔毛公出守北海，康成爲其郡人，故其箋《詩》，不忘崇敬。此則懷蛟徵夢，下馬名陵，式祠堂于舊治，想謦欬於遺書，斐然之思，不能自已者也。又以《公羊》舊疏，不著撰人，言例雖詳，考禮則略，遂乃覃精研思，遐稽博覽，著《公羊禮疏》十一卷、《禮説》一卷。馮君《章句》，旁通《禮經》；麋信《漢議》，獨理何氏。方諸前賢，如合符契。若其「暴桑」「周狗」「伏鷄搏狸」，大義無關，識小斯在。「僂，疾」「黨，所」「踊，上」「鑿行」，咸屬方言，俱非《雅》訓，亦必疏其由來，爲之左證，作《公羊問答》二卷。荀慈明之問徐欽，王慤期之答庾翼，昔有其書，今存其目。舊疏自爲問答，兹編蓋仿其例凡，以導揚古義，遵守舊聞。文淇賦質檮昧，莫測涯涘；猥忘譾陋，重荷誣諉。但乏孝綽之奇作，未許同遊；試元幹之藏書，或堪授讀云爾。

道光元年二月，受業甥、儀徵劉文淇謹撰。〔四〕

校勘記

〔一〕此序文，劉文淇《青谿舊屋文集》卷五題作《凌氏叢書序》，而《蜚雲閣凌氏叢書》以此篇置於《公羊問答》卷首，且題爲《公羊問答序》。二者内容全同。

〔二〕「丘」，原本諱作「邱」，今回改。下同者，不注。

〔三〕「乃」，劉文淇《青谿舊屋文集》卷五《凌氏叢書序》作「仍」。

〔四〕《續修四庫全書》第一二九册影印復旦大學圖書館藏《春秋公羊問答》下有嘉慶己卯秋八月凌曙序，揚州圖書館藏《蜚雲閣叢書》本《春秋公羊問答》無，咫進齋本亦無，實爲誤裝，今删。

公羊問答目録〔一〕

卷上

卷下

六宗〔六〕
隻輪
拜如蹲〔七〕
諼
大夫以碧
眣
竫
河曲
黨所
出
接菑
臯
荷畚
赫然
逡巡
超遽
周狗

暴桑
不毛
撝軍退舍
杍
詳
秣
距堙〔八〕
廬舍
井田之義
荻
换土易居
辯護
得乘馬
三老孝弟
里正
一月得四十五日作
大學

校勘記

〔一〕「公羊問答目録」，續經解本無。

〔二〕「陜」，蜚雲閣本、思進齋作「陝」，據文義改。下同。

〔三〕「書外取邑」，蜚雲閣本、思進齋本置「書首時」上，今據《公羊注疏》順序改。
〔四〕「送女」，蜚雲閣本、思進齋本置「僅」下，據正文順序改。
〔五〕「操」，蜚雲閣本、思進齋本并置「械」下，據正文改。
〔六〕「六宗」，蜚雲閣本、思進齋本置「拜如蹲」下，據正文改。
〔七〕「蹲」，蜚雲閣本作「鐏」，據思進齋本及正文改。
〔八〕「距堙」，蜚雲閣本、思進齋本、續經解本并作「堙距」，據文義改。

公羊問答卷上[一]

問：《春秋》何爲以例言也？

曰：《禮》曰：「屬辭比事，《春秋》之教也。」《後漢書[二]·陳寵傳》注：「比，例也。」《漢書[三]·刑法志》師古曰：「比，以例相比況也。」春秋之世，功有小大，罪有淺深，非例不明。《管子》「《春秋》之記」，注：「周公凡例，諸侯國史也。」例之説，由來久矣。何氏《解詁》之例，非其自創，略依胡母生之《條例》。何氏之《文謚例》，疏中所引之外，餘不概見。又，《公羊傳條例》一卷，見於《七録》，今佚。董仲舒有《春秋決事比》，《漢·志》云「十六篇」[四]，今佚。又，《繁露·精華篇》曰：「《詩》無達詁，《易》無達占，《春秋》無達例[五]。」王充曰：「仲舒表《春秋》之義，稽合於律，無乖異者。」故例莫詳於《公羊》。至於《左氏》之例，始於鄭興、賈徽。徽從劉歆受《左氏春秋》，興從博士金子嚴[六]爲《左氏春秋》，其子鄭衆、賈逵各傳家學，亦有條例以釋《春秋》。《穀梁》之例，始於范甯，别爲《略例》一百餘條。唐以前，無有不言例者。至宋人，以爲都無義例，全憑赴告之辭，始置例於不講矣。

問：徐疏：「司空，漢三公之官名〔七〕。」何也？

曰：言「漢」，以别於周也。周以太師、太傅、太保爲三公，冢宰、司徒、宗伯、司馬、司寇、司空，是爲六卿。漢則不然。《史記》曰：「公孫弘以《春秋》，白衣爲三公。」漢初，因秦置丞相而弘爲之，則丞相爲三公矣。《續漢書·百官志》曰：「太尉一人，掌方嶽事物功課〔八〕。歲盡，則奏其殿最而行賞罰。世祖即位，爲大司馬。」謝靈運《晉書》曰：「秦有太尉，掌兵。漢仍修〔九〕之，或置或省。是故司馬之官，主九伐之職。」是漢初無司馬而有太尉。《天文録》曰：「三公星，在北斗柄〔一〇〕南，主宣德化，和陰陽，若今之太尉、司空之象。」應劭《漢官儀》：「沖帝册〔一一〕書曰：『三公，國之楨幹，朝廷取正，以成斷金〔一二〕。大司農李固，公族〔一三〕之苗，忠正不撓，有史魚之風。其以固爲太尉。』」是以太尉爲三公矣。《漢書》曰：「成帝綏和元年，始更名御史大夫曰大司空。」又曰：「彭宣爲大司空，宣上書曰：『三公鼎足承君，一足不任，則覆亂美實〔一四〕。臣老病，願上印綬。』」是以司空爲三公矣。《漢官儀》曰：「王莽時，議以漢無司徒官，故定三公之號曰大司馬、大司徒、大司空。世祖即位，因而不改。」此後漢三公之制，而又不同於前代者也。故《唐六典》云：「漢承秦制，不置三公。漢末，以大司馬、大司徒、大司空爲三公；師、傅之官，位在三公上。後漢因之，師、傅尊號曰上公，置府僚。」是也。

問：徐疏：「掾者，即其下屬官也。」掾、屬有别否？

曰：《漢書》：「蕭何爲沛主吏掾。」《音義》：「正曰掾，副曰屬。」崔寔〔一五〕《政論》曰：「且三公，天子之股肱；掾屬，則三公之喉舌。天子當恭己南面於三公，三公亦委策〔一六〕以答天子。」干寶《司徒儀》曰：「掾屬之職，敦明教義，肅厲清風，非禮不言，非法不行，以訓群吏，以貴朝望，各掌其所治之曹。」《漢舊注》：「東、西曹掾比四百石，餘掾比三百石，屬比二百石，故曰：公府掾，比古元士三命者也。」《通典》：「後漢司空屬官：長史一人，掾屬二十九人，令史及御屬三十二人。」注〔一七〕：「掾史辟，皆上言之，故有秩，皆比命士；其所不言，則爲百石屬。其後皆自辟除，故通爲百石云。」

問：徐疏：「若今之三府掾也。」何爲三府？

曰：漢有三府、四府、五府。三府，則三公之府也。《漢官典職》曰：「司徒，本丞相官，哀帝改爲大司徒，主司徒〔一八〕衆，馴五品。府與蒼龍闕對，厭於尊者，不敢稱府也。」《漢官儀》曰：「河間相張衡說明帝，以爲司徒、司空府已治〔一九〕，更治太尉府。府公，南陽趙憙。」安帝元初六年，詔三輔〔二〇〕選掾屬高第。《承宮傳》建武〔二一〕「三府更辟」，注：「太尉、司徒、司空。」《李雲傳》「三府」，注「三公府〔二二〕」是也。

問：徐疏云：「閔因《序》云：『使子夏等十四人求周史記，得百二十國寶書。九月，經立。《感精符》《考異郵》《說題辭》具有其文。』」後儒以其出於緯書而疑之。外此，別有可證否？

曰：《墨子》：「吾見百國春秋」，「周公朝讀書百篇」。《墨子》已具有其文，不獨始於緯書與閔因之《序》矣。

問：《公羊疏》所據之本，即陸德明《音義》之本否？

曰：未必是也。按《釋文》，《孝經》「士」章「食廩」：「必錦反。《公羊傳》云：『廩，賜稟祿也。』」今《公羊傳》無此文，故知非陸氏之本。

問：何邵甫《自序》：「故遂隱括。」此何義也？

曰：《說文》：「檃，栝也。栝，檃也。」《荀子》：「大山之木，示諸檃栝。」又，「枸木必待檃栝烝矯，然後直」。《淮南子》：「其曲中規，檃栝之力。」「檃」假借作「隱」。《漢書·刑法志》「隱之以阸〔一三〕」，臣瓚注：「隱括其民。」「栝」假借作「括」，經、傳中多作「括」，正邪曲之器。揉曲者曰檃，正方者曰栝。舊云「隱括，令審射必能中」，迂遠不可從。

問：隱元年注：「王者受命，必徙居處，改正朔，易服色。」於古有徵乎？

曰：按沈約《宋書·禮樂志》：「曰若稽古，帝舜曰重華，建皇、授政、改朔。」朱氏《經義考》以爲，此是逸《書》。據此，是唐虞以來相沿之舊制矣，不獨《大傳》有其文也。孔安國注《尚書》，湯革命，「改正，易服」；鄭康成之義：自古以來，皆改正朔。二説不同，鄭義爲允。

問：隱元年疏：「若未滿六十，則無立庶子爲世子之法。」如徐此言，所據何法？

曰：徐彦，唐人，以唐法而疏經也。《唐律疏議》：「立適違法者，徒一年。即適妾年五十以上無子者，得立庶以長。不以長，亦如之。」徐氏之所據，本此。

問：隱元年注何以云「原心定罪」也？

曰：桓寬曰：「《春秋》治獄，論〔二四〕心定罪：志善而違於法者免，志惡而合於法者誅。」

問：隱元年疏引《駁異義》云：「《王度記》云『今天子駕六』者，自是漢法，與古異。」於漢事，有徵乎？

曰：石慶爲太僕，御出，上問：「車中幾馬？」慶以策數馬畢，舉手曰：「六馬。」

問：隱元年傳「以乘馬」，何自昉乎？

曰：《世本》：「相〔二五〕作乘馬。」宋衷〔二六〕曰：「相土，契孫也。四馬駕車，起於相土，故曰『作』，以其作乘馬之法。」

問：隱二年傳：「婦人謂嫁曰歸。」注：「有二歸之道。」何也？

曰：《儀禮·喪服傳》：「婦人雖在外，必有歸宗，曰小宗，故服期也。」據此，有〔二七〕二歸矣。然天子、諸侯夫人，父母卒，不得歸宗，以人君絶宗，許穆公夫人所以有《載馳》之咏也。此指歸寧而言。若《大戴記》婦有三不去，「有所取、無所歸，不去。」婦人被出之後，亦有歸宗之義。莊二十七年傳：「大歸曰來歸。」注：「大歸者，廢棄來歸也。」文十八年經「夫人姜氏歸於齊」是也。

問：隱三年注：「二月、三月皆有『王』者，二月，殷之正月也；三月，夏之正月也。」於魯史而并記夏、殷正，何也？

曰：「春，王正月」者，周之正月也；「春，王二月」者，殷之正月也；「春，王三月」者，夏之正月也。《春秋》通三王之統，故《尚書大傳》曰：「王者存二王之後，所以通三統，立〔二八〕三正。」必通三統者，二王之後，使爲三恪，各統其正朔，服其服色，行其禮樂，如微子朝周，常服黼冔是也。孔子删《詩》，存《周頌》五篇，以備《三頌》，孔沖遠以爲「所以通天〔二九〕三統」。後漢章帝元和二年詔書：「《春秋》於春每月書『王』者，重三正，慎三微也。」《魯恭傳》：「孝章皇帝深惟古人之道，助三正之微，定律著令。」魏明帝青龍五年詔書：「夫言三統相變者，有明文；云虞、夏相因者，無其言也。」又云：「仲尼以〔三〇〕大聖之才，祖述堯、舜，憲章文、武，制作《春秋》，論究人事，以貫百王之則。故於三微之月，每月稱王，以明三正迭相爲首。夫祖述堯、舜〔三一〕，則其明義，豈使〔三二〕近在殷、周而已乎？」自此以後，不復言三統矣。後儒既昧此義，遂以三月亦爲時王之月，豈不謬乎？即《左氏傳解誼》服虔亦云：「孔子作《春秋》，於春每月書王，以統三王之正。」舍此不談，而逞其臆説，何耶？

問：隱四年傳：「公子翬諂乎隱公，謂隱公曰：『百姓安子，諸侯説子，盍終爲君矣！』」臣可以「子」稱君乎？

曰：《詩》：「子之湯兮。」箋云：「子，刺〔三三〕幽公也。」正義引此傳，以爲：「諸侯之臣，亦呼君曰『子』。」

問：隱五年傳：「自陝而東者，周公主之；自陝而西者，召公主之。」其分陝之地可考否？

曰：《郡國志》：「陝縣有陝陌，二伯所分。」《括地志》：「陝原，在陝州陝縣西南二十五里。分陝，從原爲界。」《集古録》：「陝州石柱，相傳以爲周、召分陝所立，以别地里。」

問：隱六年傳：「《春秋》雖無事，首時過則書。首時過，則何以書？《春秋》編年，四時具，然後爲年。」何以謂之「編年」？

曰：《隋書·李德林傳》：「史者，編年也，故魯號《紀年》。《墨子》〔三四〕：『吾見百國春秋。』史又有無事而書年者。」

問：隱六年注：「明王者當奉順四時之正也。」《春秋》正曆明時，當用何代之曆？

曰：《五行傳》：「曆者，聖人所以揆天行而紀萬國也。孔子作《春秋》，正春、正秋，所以重曆也。五家之曆多疏闊，唯《顓頊曆》微近〔三五〕，故張蒼用《顓頊曆》。元封中，用〔三六〕《太初曆》，測弦望最密也〔三七〕。」《晉·志》：「《命曆序》曰：『孔子爲〔三八〕治《春秋》之故，退修殷之故曆，使其數可傳於後。』以是〔三九〕，《春秋》宜用《殷曆》正之。今考其交會，不與《殷曆》相應；以《殷曆》考《春秋》，月朔多不及其〔四〇〕日；又以檢經，率多一日，傳率少一日。但《公羊》經、傳異朔，於理可從，而經有蝕朔之驗，傳爲失之也。」據此，則用《殷曆》矣。

問：隱六年傳：「外取邑不書，此何以書？久也。」然則師出有時乎？〔四一〕

曰：《白虎通》：「古者師出不逾時者，爲怨思也。天道，一時生，一時養。人者，天之貴物也。逾時，則内有怨女，外有曠夫。《詩》云：『昔我往矣，楊柳依依；今我來思，雨雪霏霏。』《春秋》曰〔四二〕：『宋人取長葛。』《傳》〔四三〕曰：『外取邑不書，此何以書？久也。』」

問：隱八年注引《書》「歸，格於藝祖」，何氏作「禰祖」，何也？

曰：何氏所引者，今文《尚書》也。

問：桓元年傳：「許田者，何？魯朝宿之邑也。」何以知許爲魯邑？

曰：《魯頌》：「居常與許。」鄭箋：「許，許田也，魯朝宿之邑也。」孔沖遠曰：「諸侯有大德，受采邑於京師，爲將朝而宿焉，謂之『朝宿之邑』。」

問：桓二年《傳》：「楚王之妻媦。」注：「媦，妹也。」此方言乎？

曰：《説文》：「楚人謂女弟曰媦。」《廣雅》：「媦，妹也。」

問：桓三年傳：「禮：送女，父母不下堂，姑姊妹不出門。」徐彥疏以爲「時王之禮」，然乎？

曰：《士昏禮》：「主人玄端，迎於門外。主人揖入。至於廟門，主人升，賓升，再拜稽首，降。主人不降，送。」注：「主人，女父也。」此送女，父不下堂之證也。《士昏禮記》曰：「母誡(四四)諸西階上，不降。」此送女，母不下堂之證也。「庶母及門内，施鞶。」此庶母送女不出門之證也。言庶母，而姑姊妹在其中。不言者，文不具也，《穀梁傳》「諸母、兄弟不出闕門」是也。《白虎通》：「父誡於阼階，母誡於西階，庶母及門内。」此與《公羊》之説合，明係周禮。徐以爲「時王之禮」，誤矣。

問：桓三年注：「僅，猶『劣』也。謂五穀多少皆有，不能大成熟。」疏：「『多少』二字，或衍文也。」當衍否？

曰：《廣韻》：「尐，少也。」此言五穀多少不等，僅僅乎皆有耳，正言其少，不當衍也。疏又云：「若存〔四五〕字解之，『多』爲麥禾，『少』謂豆之屬。」亦非是。經、傳、注無明文，安能强爲之區別耶？

問：桓四年注：「周之正月，夏之十一月，陽氣始施，鳥獸懷任，草木萌牙。」於何徵之？

曰：《易通卦驗》曰：「十一月，廣莫風至，則蘭、射〔四六〕干生。」《月令》：「仲冬，日短至，陰陽争，諸生蕩。芸始生，荔挺出。」《後漢書·陳寵傳》云：「冬至之節，陽氣始萌，故十有一月，有蘭、射干、芸、荔之應。天以爲正，周以爲春。」此可見三代時月相變，而宋儒「以夏時冠月」之説爲不足據。

問：桓四年注：「養三老五更。」《白虎通》與《獨斷》不同，當何從？

曰：蔡邕曰：「三老三人，五叟〔四七〕五人。」《白虎通》曰：「三老、五更，幾人乎？曰：各一人。何以知之？既已父事，父，一而已，不宜有三。」《白虎通》之説爲允。鄭君亦云：「三老、五更各一人。」何氏此注所引，與《白虎通》略同。

問：桓五年注：「禮：七十，縣車致仕。」疏云：「《淮南子》云：『日至於悲泉〔四八〕，爰止其女，爰息其馬，是謂縣輿。』舊説云：日在縣輿，一日之暮。人生〔四九〕七十，亦一世之暮，而致其政事於君，故曰『縣輿致仕』也。亦有作『車』〔五〇〕字者。」有别解否乎？

曰：按《白虎通》：「臣年七十，縣車〔五一〕致仕者，臣以執事〔五二〕趨走爲職。七十〔五三〕，耳目不聰明，是以退老〔五四〕，避賢也，所以長廉遠恥。縣車，示不用。」竊謂，《白虎通》之義較長。

問：桓六年經：「寔來。」《左氏》注：「寔，實也。」其訓可從否？

曰：非也。「實」者，指虛實而言也。《詩》：「實墉實壑。」鄭箋云：「實，當作『寔』。趙、魏之東，『實』『寔』同聲。『寔』，是也。」按，《爾雅》云：「寔，是也。」鄭蓋本《雅》訓。《公羊傳》曰：「寔來者，何？猶曰『是人來』也。」以「實」訓「寔」，不可從。

問：桓六年徐疏「以不教民戰」：「何氏之意與鄭别。」其異同安在？

曰：《穀梁》注：「何休曰：『所謂教民戰者，習之也。』鄭君釋之曰：『教民習戰而不用，是亦不教也。』」

問：桓十一年傳：「以爲知權。」前此，有言「權」字者否？

曰：《易》：「《巽》以行權。」荀爽《九家易解》：「《巽》象號令，又爲近利。人君政教〔五五〕，進退，釋利而爲權也。《春秋傳》曰：『權者，反於經，然後有善者也。』」據此，則「權」字不始於《春秋》。

問：桓十一年注：「質家爵三等者，法天之有三光也；文家爵五等者，法地之有五行也。」朝廷立官，必法天地乎？

曰：《周禮·天官》注：「六官之屬三百六十，象天地、四時、日月、星辰之度數，天道備焉。前此者，成王作《周官》，其志有述天授位之義，故周公設官分職以法之。」《周禮》如此，不獨《春秋説》文也。

問：桓十六年注：「衛侯朔何以名？絶。曷爲絶之？得罪於天子也。」誰絶之？

曰：孔子絶之也。《孟子》：「孔子曰：『知我者，其唯《春秋》乎？罪我者，其唯《春秋》乎？』」劉熙注：「知我者〔五六〕，行堯舜之道者也；罪我者，在王公之位見貶絶者。」

問：桓十六年注：「岱，岱宗，泰山也。」泰山何以謂之岱宗？

曰：《風俗通》：「一曰岱宗。岱，始也；宗，長也。萬物之始，陰陽交代，故爲五岳長。」《三禮義宗》：「東岳〔五七〕謂之『岱』者，代謝之義。陽春用事，除故生新，萬物更生，相代之道，故東爲岱也〔五八〕。」

問：桓十六年注：「諸侯有疾，稱負兹。」《白虎通》作「負子者，諸侯子民，今不復子之也」，此説然否？

曰：《爾雅》：「蓐謂之兹。」郭注：「《公羊傳》曰：『屬負兹。』兹者，蓐席也。」《史記·周本紀》：「衛唐叔封布兹。」注：「徐廣曰：『兹者，藉席之名。諸侯病，曰負兹。』索隱曰：『兹，公明草。』」蓋取此草以織席，當指卧病不起，展轉牀笫，惟與席相枕藉而已。《雅》訓較爲親切。「子」與「兹」雖通，而義不同，不必取《白虎通》之説。若徐疏云「負事繁多」，又以爲「皆漢禮之名」，則俱失之左矣。

問：《周禮》有五百里以下之國，而莊元年注云：「百里不過九命，七十里不過七命，五十里不過五命。」何也？

曰：此取《孟子》《王制》之説。當時張〔五九〕包、周孟子、何休等不信《周禮》是周公所制，以爲六國陰謀之書，故其説不同。

問：莊三年經：「紀季以酅入於齊。」傳：「紀季者，何？紀侯之弟也。何以不名？賢也。何賢乎紀季？服罪也。」注：「言『入』者，難辭。賢季有難去兄入齊之心，故見之。」夫既欲服罪矣，而又有難辭，何也？

曰：此當與《繁露》參觀而得之。《繁露》曰：「齊將復讎，紀侯自知力不加，而志距之，故謂其弟曰：『我，宗廟之主，不可以不死也。汝以酅往，服〔六〇〕罪於齊，請以立五廟，使我先君〔六一〕有所依歸。』」據此，則紀季〔六二〕之服罪，紀侯實使之，故雖迫於兄命，而猶有不忍去之心，故經書「入」以起之。舉凡常例之，大夫不得專地，公子無去國之義，君子不避外難，皆不足以責之。夫亦曰彼有所使之者也。不然，使紀季自主之，方且罪之不暇，而又何賢乎？

問：莊三年傳「魯子曰」，元郝氏經以「魯子」皆是「曾子」之訛。昭十九年傳引樂正子春爲説，子春是曾子弟子，則此爲「曾子」無疑也。此説可信否？

曰：按《元和姓纂》：「周公子伯禽至頃公，三十四代，九百餘年，爲楚所滅，子孫以國爲氏。

漢魯賜，碭人也。」據此，則孔氏之門徒受《春秋》者，尚無魯姓也。又按，董仲舒《繁露》引「故曾子、子石盛美齊侯安諸侯」云云，則曾子亦深於《春秋》者。此處之爲「曾子」，更無疑矣。又按王伯厚《玉海》：《急就篇》「魯春秋」注已引《公羊傳》「魯子」，其誤已久。

問：莊七年：「星霣如雨。」注：「星霣未墜，而中夜反〔六三〕者。」有據《説文》而解此事者，可從否？

曰：《説文》：「霣，雨也。齊人謂雷爲霣。」《玉篇》中之曰：「雷起出雨也。」今傳言「星」而不言「雷」，注明言「星霣未墜」，則「霣」字作「墜」字解，此如《淮南子》「丙午干壬子，星墜」是也。「霣」與「隕」通，《説文》「隕，從高下也」，《繁露》「星墜謂之隕」可證。《説文》「霣」字，又一義，不當據以解此。

問：莊九年傳：「曷爲以國氏？當國也。」《後漢・鄭衆傳》：「《春秋》書『齊小白入齊』，不稱侯，未朝廟故也。」二説何故不同？

曰：鄭衆爲《左氏》經師，與何氏不同，無足異也。第《後漢書》注引《公羊》以釋之，誤矣。注書者，於經師家法，不可以不知也。

問：莊十二年注：「極其禍，生於博戲。」何以謂之「博戲」？

曰：其來舊矣。《家語》：「哀公問於孔子曰：『吾聞君子不博，有之乎？』孔子曰：『有之，爲其二乘也。』公曰：『有二乘，何爲不博？』孔子曰：『爲其兼行惡道也。』」《説文》曰：「簙〔六四〕，局戲也，六箸〔六五〕十二棊也。」《史記·蔡澤傳》：「説范雎曰：『君獨不觀夫博者乎？或欲大投，或欲分功。此皆君之所明知也。』」薛孝通《譜》曰：「烏曹作博，其所由來尚矣。雙箭以象日月之照臨，十二棊以象十二辰之纏次〔六六〕。」桉，博之爲戲也，易於争道。衰世之君臣對博，其取禍，宜矣。

問：莊十二年注：「乳犬之噬虎，伏鷄之博貍〔六七〕。」何所本？

曰：《文子》也。桉，其《傳》曰：「姓辛氏，葵丘濮上人，號曰計然，范蠡師事之。本受業於老子，《文子》録其遺言，爲十二篇。名研，文子，其字〔六八〕也。」

問：莊十七年注：「瀸者，死文。瀸之爲死，積死，非一之辭，故曰『瀸，積；衆，多』。」何也？

曰：《爾雅》：「殲，盡也。」犍爲文學〔六九〕注：「殲，衆之盡也。」故何氏以爲「瀸，積；衆，多」。「瀸」，二《傳》作「殲」。

問：莊十八年注：「蜮之猶言惑也。」其義何所取？

曰：人臣蠱惑其君，則蜮生。《周禮》「蟈氏」疏引服虔云：「蜮，短狐〔七〇〕。南方盛暑所生，其狀如鼈，古無今有。含沙射入人皮肉中，其瘡如疥，偏身中濩濩蜮蜮，故曰災。《禮》曰：『惑君則有。』」

問：莊二十年經：「夏，齊〔七一〕大災。」傳曰：「大災者，何？大瘠也。大瘠者，何？痢也。」以痢爲瘠，以瘠爲災，於事有徵乎？

曰：劉向《説苑》：「古者有災〔七二〕謂之厲。君一時素服，使有司弔死問疾憂，以巫醫匍匐以救之，湯粥以方之。善者必先乎鰥寡孤獨，及〔七三〕病不能相養。死無以葬埋，則葬埋之。有親喪者，不呼其門；有齊衰、大功，五月不服力役之征；有小功之喪者，未葬，不服力役之征。其有重尸多死者，急則有聚衆〔七四〕，童子擊鼓苣火，入官宮里用之，各擊鼓苣火，逐官宮里。家之主人冠，立於阼。事畢，出乎里門，出乎邑門，至野外。此匍匐救厲之道也。」按，「痢」與「厲」通，「瘠」一本作「漬」。《禮記》鄭注引作：「大災者，何？大漬也。」《呂氏春秋》：「仲父之病矣，漬甚。」古「瘠」「漬」通也。

問：莊二十二年注：「跌，過度。」何也？

曰：此如《後漢書·律曆志》「無有差跌」之「跌」。

問：莊二十四年傳：「夫人不僂。」注：「僂，疾也。」他書有此訓詁否？

曰：《荀子》：「雖有聖人之知，未能僂指也。」又，「賣之，不可僂售也」。注：「僂，疾也。」

問：莊二十四年注：「妻事夫，有四義：鷄鳴，縰〔七五〕笄而朝，君臣之禮也；三年惻隱，父子之恩也；圖安危可否，兄弟之義也；樞機之内，寢席之上，朋友之道，不得純以君臣之義責之。」不知其何所本也。

曰：《白虎通》亦引此文，而不明出處。《齊風·鷄鳴》傳：「鷄鳴而夫人作，朝盈而君作。東方明，則〔七六〕夫人纚笄而朝。」疏：「《列女傳》：『魯師氏之母齊姜戒其女云：「平旦，纚笄而朝，則有君臣之嚴。」』」據此，則何氏所本者，《列女傳》。

問：莊三十年注：「操，迫也；已，甚也；㦸，痛也。迫殺之，甚痛。」何也？

曰：《詩·江漢》鄭箋云：「非可以兵病害之也，非可以兵急躁切之也。」孔沖遠引《公羊傳》何休注云：「『躁，迫也；已，甚也；蹙，痛也。蓋戰迫之而甚痛。』其意言：齊侯殺傷過多，甚可痛蹙，是齊桓之兵急躁之也。鄭言『急躁』，意出於彼。」又，《兔爰》箋：「急者，有所躁〔七七〕蹙也。」按，「操」與「躁」通，鄭作「躁切」，《漢書·貢禹傳》「勇猛能操切百姓者」可證，但孔氏所見《公羊》本作「躁」字。

問：《大傳》鄭注：「械，禮樂之器及兵甲也。」莊三十二年注：「有攻守之器曰械。」未審所從。

曰：《三倉》云：「械，器之總名。」《荀子》：「彼王者之制也，觀形勢而制械用，稱遠邇而等貢獻，豈必齊哉？故魯人以糖，衛人用柯，齊人用一革。土地形勢不同者，械用備飾不可不異也。」亦有專指攻守之器者，《墨子》曰：「公輸班爲〔七八〕雲梯之械，將以攻宋。」《吕氏春秋》曰：「蚩尤作兵〔七九〕也，利其械。」《淮南子》：「古之兵，弓、劍而已矣，槽矛無擊，修戟無刺。晚世之兵，隆衝以攻，渠幨以守，連弩以射，銷車以鬥。」《周禮·王官冢宰》：「三歲〔八〇〕，大計群吏之治，以知民〔八一〕、器械之數。」鄭注：「械，猶兵也。」注與何氏又未嘗不合，蓋望文生義也。

校勘記

〔一〕「卷上」，續經解本作「一」，「卷下」作「二」。蜚雲閣本、咫進齋本題下「江都凌曙箸」一行，續經解本作「江都凌曙曉樓著」。卷下同。

〔二〕「後漢書」，蜚雲閣本、咫進齋本、續經解本作「漢書」。注文見《後漢書》卷四十六《陳寵傳》所附其子忠傳，《漢書》無陳寵父子傳，今改。

〔三〕「漢書」，蜚雲閣本、咫進齋本、續經解本無，引文見《漢書》卷二十三，今補。

〔四〕「漢志云十六篇」，案，《漢書·藝文志》稱「公羊董仲舒治獄十六篇」，非「春秋決事比」。董氏所撰《春秋決事比》，《崇文書目》以爲即述二百三十二事之《春秋決疑》，馬端臨以爲即《斷獄》。

〔五〕「例」，與《困學紀聞》卷六同，凌注本《春秋繁露》作「辭」。

〔六〕「金子嚴」，與《東觀漢記·鄭興傳》、《後漢書》卷六十六同，續經解本作「潁子嚴」。

〔七〕「名」，蜚雲閣本、咫進齋本、續經解本并奪，據《公羊注疏·序》補。

〔八〕「太尉一人，掌方嶽事物功課」，與《太平御覽》卷二百〇七同，《後漢書·百官志一》作「太尉，公一人，掌四方兵事功課」。

〔九〕「修」，與《初學記》卷十一、《太平御覽》二百〇七同，咫進齋本、續經解本作「因」。

〔一〇〕「柄」，《太平御覽》二百〇七作「杓」。

〔一一〕「册」，與《初學記》卷十一、《太平御覽》卷二百〇七同，咫進齋本、續經解本作「詔」，孫星衍輯本《漢官儀》作「策」。

〔一二〕「金」，蜚雲閣本、咫進齋本、續經解本并作「今」，屬下讀，據《初學記》卷十一、《太平御覽》卷二百〇七改。

〔一三〕「公族」，與《初學記》卷十一同，《太平御覽》卷二百〇七作「公侯」。

〔一四〕「美實」，與《漢書》卷七十一同，《太平御覽》卷二百〇八作「美質」，《通典》卷二十作「矣」。

〔一五〕「寔」，蜚雲閣本、咫進齋本、續經解本并作「實」。

〔一六〕「委策」，《北堂書鈔》卷六十八、《太平御覽》卷二百〇九下并有「掾屬」二字，當補。

〔一七〕「注」，蜚雲閣本、咫進齋本、續經解本無，據《通典》卷二十補。

〔一八〕「主司徒」，蜚雲閣本、咫進齋本、續經解本并奪，據《太平御覽》二百七補。

〔一九〕「治」，《太平御覽》二百七作「榮」。

〔二〇〕「三輔」，《後漢書》卷五、《文獻通考》卷三十九并作「三府」。

〔二一〕「建武」，《後漢書》無。

〔二二〕「三公府」，與《後漢書》卷八十七同，咫進齋本、續經解本作「三公」。

〔二三〕「阸」，蜚雲閣本、咫進齋本、續經解本并作「勢」，據《漢書》卷二十三改。蓋涉上句「劫之以勢」而訛。

〔二四〕「論」，與《鹽鐵論·刑德篇》同，咫進齋本作「原」。

〔二五〕「相」，《初學記》卷二十九注、《通典》卷七十八注并作「相土」。

〔二六〕「宋衷」，續經解本作「宋忠」。

〔二七〕「有」，咫進齋本、續經解本作「是」。

〔二八〕「立」，蜚雲閣本、咫進齋本、續經解本并作「之」，據《尚書正義》卷十三改。

〔二九〕「天」，蜚雲閣本、咫進齋本作「大」，據續經解本、《毛詩正義》卷十七之一改。
〔三〇〕「以」，蜚雲閣本、咫進齋本、續經解本并奪，據《宋書》卷十四補。
〔三一〕「祖述堯、舜」，《宋書》卷十四下有「以論三正」四字。
〔三二〕「使」，蜚雲閣本、咫進齋本、續經解本并奪，據《宋書》卷十四補。
〔三三〕「刺」，《毛詩正義》卷七之一作「斥」。
〔三四〕「墨子」，《隋書》卷四十六下有「又云」二字。
〔三五〕「微近」，《通典》卷十六作「爲微近」。
〔三六〕「用」，《通典》卷十六作「立」。
〔三七〕「最密也」，《通典》卷十六作「皆最密」。
〔三八〕「爲」，蜚雲閣本、咫進齋本、續經解本并奪，據《晉書》卷十八補。
〔三九〕「以是」，《晉書》卷十八作「如是」。
〔四〇〕「其」，蜚雲閣本、咫進齋本、續經解本并作「廿一」，據《晉書》卷十八改。
〔四一〕「書外取邑」條原本置「書首時」上，今據《公羊傳》先後之序改乙。
〔四二〕「曰」，蜚雲閣本、咫進齋本、續經解本并奪，據《白虎通·三軍》補。
〔四三〕「傳」，蜚雲閣本、咫進齋本、續經解本并奪，據《白虎通·三軍》補。
〔四四〕「誡」，《儀禮注疏》卷六作「戒」。
〔四五〕「存」，《公羊注疏》卷四作「必存」。
〔四六〕「射」，蜚雲閣本、咫進齋本、續經解本并作「夜」，據《通典》卷一百六十六改。

〔四七〕「叟」，咫進齋本、續經解本作「更」。《禮記注疏》卷二十云：「蔡邕以『更』字爲『叟』，『叟』，老稱。又以三老爲三人，五更爲五人。」

〔四八〕「悲泉」，與《淮南子·天文訓》同，《公羊注疏》卷四作「悲谷」。

〔四九〕「人生」，《公羊注疏》卷四作「人年」。

〔五〇〕「車」，蜚雲閣本、續經解本并作「輿」，據《公羊注疏》卷四、咫進齋本改。

〔五一〕「縣車」，凌氏《春秋公羊禮疏》卷二、盧校本《白虎通·致仕》、《禮記正義》卷一作「懸車」。

〔五二〕「執事」，蜚雲閣本、咫進齋本、續經解本并作「職事」，據凌氏《春秋公羊禮疏》卷二、《白虎通·致仕》、《禮記正義》卷一改。又，據文辭，此所引乃《禮記正義》卷一所引之文，與《白虎通》文略異。

〔五三〕「七十」，與《禮記正義》卷一同，凌氏《春秋公羊禮疏》卷二、《白虎通·致仕》下并有「陽道極」三字。

〔五四〕「是以退老」，與《禮記正義》卷一同，凌氏《春秋公羊禮疏》卷二、《白虎通·致仕》上有「跂踦之屬」四字；「老」下，《春秋公羊禮疏》卷二、《白虎通·致仕》、《禮記正義》卷一并有「去」字。

〔五五〕「政教」，蜚雲閣本、咫進齋本、續經解本并作「改教」，據《周易集解》卷十六改。

〔五六〕「知我者」，《史記》卷四十七集解引作「知者」。下「罪我者」，《史記》作「罪我」。

〔五七〕「東岳」，《太平御覽》十八下有「所以」二字。

〔五八〕「故東爲岱也」，《太平御覽》十八作「故以代爲名也」。

〔五九〕「張」，蜚雲閣本、咫進齋本、續經解本并奪，據《周禮注疏》卷十七。

〔六〇〕「服」，蜚雲閣本、咫進齋本、續經解本并作「復」，據凌注本《春秋繁露·玉英》改。下「服罪」同。

〔六一〕「先君」，凌注本《春秋繁露·玉英》下有「歲時」二字。
〔六二〕「紀季」，蜚雲閣本、咫進齋本倒作「季紀」，據續經解本改。
〔六三〕「中夜反」，《公羊注疏》卷六作「夜中星反」。
〔六四〕「簿」，蜚雲閣本、咫進齋本、續經解本并作「博」，據《説文·竹部》改。
〔六五〕「箸」，蜚雲閣本、咫進齋本、續經解本并作「著」，據《説文》改。
〔六六〕「纏次」，咫進齋本作「躔次」，與《淵鑒類函》卷三百三十、《太平御覽》卷七百五十四同。
〔六七〕「乳犬之噬虎，伏鷄之博貍」，《公羊注疏》作「猶乳犬攫虎，伏鷄捕貍，精誠之至也」。《釋文》云：「『攫』，一本作『搏』。」
〔六八〕「字」，蜚雲閣本作「子」，據咫進齋本、續經解本改。《史記·貨殖列傳》裴駰集解引《范子》亦曰：「計然者，葵丘濮上人，姓辛氏，字文子。」
〔六九〕「犍爲文學」，《爾雅注疏》卷二、《尚書正義》卷七、《左傳正義》卷九及卷十五并作「舍人」。
〔七〇〕「狐」，蜚雲閣本、咫進齋本、續經解本并作「弧」，據《周禮注疏》卷三十四改。
〔七一〕「夏齊」，蜚雲閣本作「齊夏」，據咫進齋本、續經解本、《公羊注疏》卷八改。
〔七二〕「災」，《説苑·修文》作「菑者」。
〔七三〕「及」，蜚雲閣本、咫進齋本作「以」，據續經解本、《説苑·修文》改。
〔七四〕「衆」，蜚雲閣本、咫進齋本作「重」，據續經解本、《説苑·修文》改。
〔七五〕「縰」，蜚雲閣本、咫進齋本作「蹝」，據續經解本、《公羊注疏》卷八、凌氏《春秋公羊禮疏》卷三改。

〔七六〕「則」，藂雲閣本、𢘿進齋本、續經解本并作「作」，據《毛詩正義》卷五之一改。

〔七七〕「躁」，《毛詩正義》卷四之一同，續經解本作「操」。

〔七八〕「爲」，《墨子・公輸篇》下有「楚造」二字。

〔七九〕「作兵」，疑當作「非作兵」。《吕氏春秋・蕩兵》：「人曰蚩尤作兵。蚩尤非作兵也，利其械矣。」

〔八〇〕「三歲」，《周禮・天官・司書》下有「則」字。

〔八一〕「民」，《周禮・天官・司書》作「民之財」，當據補。

公羊問答卷下

問：僖元年注：「則知桓公宿留城之爲一事。」陳氏浩曰：「『宿留』二字，他書未見，想亦漢時方言也。」信乎？

曰：《史記·武帝〔一〕紀》：「宿留海上。」《漢書·五行志》：「其宿留告曉人，備具深切。」《郊祀志》：「東海〔二〕宿留之數日。」《列子·黄帝》：「怪而留之視〔三〕。」《釋文》：「留之視，宿留而視之也。」何以言「他書未之見」耶？

問：僖二十一年注：「詐諼劫質諸侯。」古有劫質之事乎？

曰：於古未見也。有之，自此始。此《傳》「執宋公以伐宋」，莊十三年〔四〕「曹子手劍而從之」，皆是也。後世之見於史者，《後漢書·橋玄傳》：「玄少子十歲，獨游門次。卒有三人持杖劫執之，入舍登樓，就玄求貨。玄不與。有頃，司隸校尉陽球〔五〕率河南尹、洛陽令圍守玄家。球等恐并殺其子，未欲迫之。玄瞋目呼曰：『奸人無狀，玄豈以一子之命而縱國賊乎？』促令兵進。於是攻之，玄子亦死。玄乃詣闕謝罪，乞下〔六〕天下：『凡有劫質者，皆并殺之，不得贖以貨寶，開張〔七〕奸路。』詔書下其章。初，自安帝以後，法禁稍弛。京師劫質，不避豪貴。自是遂絶。」《三國・魏志・夏侯惇傳》：「吕布襲得惇軍輜重，遣將僞降，共執持惇，責以寶貨。惇軍中震恐。惇將韓浩乃勒兵屯惇營門，召軍吏諸將，皆按甲當部，不得動，諸營乃定。遂詣惇所，叱持質者曰：『汝等凶逆，乃敢劫執〔八〕大將軍，復欲望生耶？且吾受命討賊，寧能以一將軍之故而縱汝乎？』因涕泣謂惇曰：『當奈國法何？』促召兵擊持質者。持質者惶遽，叩頭言：『我但欲乞資用去耳。』浩數責，皆斬之。惇既免，太祖聞之，謂浩曰：『卿此可爲萬世法。』乃著令。」注：「孫盛曰：按《光武紀》，建武九年，盗劫陰貴人母弟，吏以不得拘質迫盗，盗遂殺之也。然則合擊者，乃古制也。」按，人君於此，又有不同。曹子求邑則與之，楚人求國則不與，諸侯死國，不死邑之義也。劫人之臣子以要其君父，并擊之可也；劫人之君父以要其臣子，并擊之則不可。於此，當權其輕重矣，不得一例視之也。若管仲、目夷，真有當於《春秋》之義也夫！

問：僖三十年注：「撟君命，聘晉。」《釋文》：「本又作『矯』。」何也？

曰：《漢書・燕王旦傳》：「方今寡人欲撟邪防非。」注：「師古曰：『撟，正也。「撟」與「矯」同，其字從「手」。』」

問：僖三十一年「雨升」，徐疏以爲：「『雨升』無文，何氏更有所見。」「雨升」果無文乎？

曰：《釋名》有此文：「祭雨曰升，祭星曰布。升，取其氣之升也；布，取其象之布也。」〔九〕徐特未之見耳。

問：《鄘風》：「崇朝其雨。」傳：「崇，終也。從旦至食時，爲終朝。」與僖三十一年傳「不崇朝而徧雨乎天下」者，其訓詁何以不同？

曰：何注：「崇，重也。」陸氏《音義》：「崇重，直龍反。」何注從《爾雅·釋詁》「崇，重也」，郭注：「增、崇，皆所以爲重疊〔一〇〕。」何氏之意，言「崇朝」則兩朝，不崇乃一朝，與《詩》絕然不同。俗儒於此《傳》，欲强合毛傳，適形其謬妄而已。

問：《周禮·春官》言「四望」，《公羊·僖三十一年》言「三望」，何也？

曰：天子有方望之事，無所不通，故四望；魯下天子，故三望。陳氏《禮書》曰：「天子四望，達於四方；魯三望，泰山、河、海而已。」

曰：鄭衆云：「四望，謂日、月、星、海。」賈逵、服虔、杜預皆以爲「三望」爲分野之星、國中山川。據《楚語》，諸侯、二王後，祀天地三辰及其土之山川〔一一〕也。鄭玄云：「謂海也、岱也、淮也。」何故？

曰：考之於經，《書》明言「望於山川」，此其確證，《公羊》非無據矣。《爾雅》：「梁山，晉望也。」《禮器》云：「晉人將有事於河，必先有事於惡〔一二〕池。」經言「望祭」，無不指山川者，《外傳》之說不必從。

問：僖三十一年注「六宗」，何氏所主者，何說？

曰：《堯典》「禋於六宗」，有其數，無其名，先儒各以意說之。謂萬物非天不生，非地不載，非春不動，非夏不長，非秋不收，非冬不藏，故《書》曰「禋於六宗」，此之謂也。此《尚書大傳》之說也。謂六宗者，上不及天，下不及地，旁不及四方。居中央，恍忽無有，神助陰陽變化，有益於人，郊天并祭之。此《五經異義》今《尚書》歐陽說也。謂六宗者，天地屬神之尊者。謂天宗三，地宗三。天宗，日、月、北辰也；地宗，岱山、河、海也。日、月爲陰、陽宗，北辰爲星宗，岱爲山宗，河爲水宗，海爲澤宗也。祀天則天文從，祀地則地理從。此《五經異義》古《尚書》說也。安帝以《尚書》歐陽家說云：「六宗者，在天地四方之中，爲上下四方之宗〔一三〕，以元始中故事〔一四〕，說六宗易〔一五〕六子之氣日月，雷風、山澤者爲非。」又，安帝元初六年，立六宗，祠於洛陽城西北戌〔一六〕亥地，禮〔一七〕比大社。此《續漢書·祭祀志》也。謂六宗爲《乾》《坤》六子：水、火、雷、風、山、澤也。此孔光、劉歆之說。許慎、賈逵從古文《尚書》，馬融從《尚書大傳》，李郃從今文《尚書》。謂六宗爲星、辰、司中、司命、風師、雨師者，此鄭康成之説也。謂「禋於六宗」爲祀祖考所尊者六宗，則三昭三穆也。此張純《六宗表》也，張髦從之。謂六宗爲太極沖和之氣，爲六氣之宗者也。此劉邵之説也。謂《坎》爲水、《離》爲火、《震》爲雷、《巽》爲風、《艮》爲山、《兑》爲澤，此《乾》《坤》六甲子也，與孔光、劉歆之説同。此王肅對魏明帝之言也。謂六宗者，天宗〔一八〕，日月、寒暑之屬也；地宗，社稷、五祀之屬也；四方之宗，四時、五帝之屬。此司馬彪之説也。謂地有五色，大社象之，總五爲一，則成爲六。六爲地數，推較經句，闕無祭，則祭地也。此虞喜《别論》也。謂「肆類於上帝」是祭天，不言天而曰上帝，帝是天神之極，舉帝，則天帝斯盡，日月、星辰從可知也；「禋於六宗」是祭地，不言地而言六宗，六是地數之中，以該〔一九〕社稷等配〔二〇〕，從可知也。禋者，埋也，祭之名，非升禋之祭。此劉昭之説也。謂六宗爲六代帝王，此張迪之説也。杜佑以後魏孝文帝以天皇大帝、五帝爲六宗，於義爲當。此《通典》之説也。桉，蓋自漢魏、六朝以來，六宗之説，紛如聚訟，互相攻駁，莫定從違。是以《三禮義宗》謂：「先儒所釋，義各不同，亦各有通。」此皆調停之説，亦無一定之解。若何氏所主，又異於諸説，蓋以日月、星辰、風伯、雨師當之，與鄭略同。鄭有司中、司命，而無日月也。何氏之説，惟與劉向《五經通義》相同，餘不合也。

問：僖三十三年傳：「匹馬隻輪無反者。」注：「隻，踦也。」此方言乎？

曰：《方言》：「自關而西，秦晉之間，凡全物而體不具謂之倚，梁楚之間謂之踦。」《漢書·五行志》劉向作「觭輪」，師古曰：「觭，隻也。」「觭」「倚」「踦」，皆「奇」字之通借。服虔曰：「觭，音『奇偶』之『奇』。」《穀梁》注：「倚輪，一隻之輪。」皆同《公羊》説。《釋文》：「一本作『易輪』。」董仲舒云：「『車皆不還，故不得易輪轍。』」

問：僖三十三年注：「揖其父於師中〔二〕。介者不拜，謂其拜如蹲。」何也？

曰：此軍禮也。《孔叢子》：「介冑在身，執鋭在列，雖君父，不拜。」此其證。徐疏云：「《曲禮上篇》彼文『蹲』作『蔆』。」按，陸氏《釋文》：「盧植本作『蹲』。」然則何所據之本與盧同。

問：文三年傳：「此伐楚也。其言救江，何？爲諼也。」注：「諼，詐。」何謂也？

曰：《説文》云：「諼，詐也。」《前漢書·息夫躬傳》：「虚造詐諼之策。」

問：文五年注：「大夫以碧。」《春秋説題辭》作「璧」，當從否？

曰：《説文》：「碧，石之青美者。」《山海經》：「高山多青碧。」何氏以天子以珠，諸侯以玉；大夫降，下諸侯，以碧含可也，故用碧，不得以《雜記》曰「含者執璧將命」而改《公羊》也。賈公彦云「諸侯用璧」，此言大夫，不當用璧，注非誤字，不當從。

問：文七年注：「以目通指曰眣。」於書有徵否？

曰：此亦如《漢書·李陵傳》「政等見陵，未得私語，即目視陵」，注：「師古曰：『以目相視而感動之，今俗所謂『眼語』者也。』」

問：文十二年《傳》：「惟諓諓〔二二〕善竫言。」注：「竫，猶撰也。」其訓詁可證否？

曰：此如《論語》「異乎三子者之僎」，鄭注：「僎，讀曰『詮』。『詮』之言『善』也。」《祭統》「論譔其先祖之德善〔二三〕」，疏：「言子孫爲銘，論説、譔録其先祖道德善事。」按，「撰」通作「譔」，又作「僎」，即其證。

問：文十二年《傳》：「河曲疏〔二四〕矣。河千里而一曲也。」何所據？

曰：此見之〔二五〕於《河圖緯象》：「河流九曲：河導崑崙山，一曲也；東流千里至規其山，二曲也；北流千里至積石也〔二六〕，三曲也；千里入隴首，抵龍門，四曲也；南流千里至龍首，至卷重山，五曲也；東流貫砥柱，觸閼流山，六曲也；東至洛會，七曲也；東至大伾〔二七〕山，八曲也；東至涤水，千里至大陸，九曲也。」

問：文十三年傳：「往黨衛侯。」注：「黨，所也。所，猶時也〔二八〕，齊人語也。」古書有徵乎？

曰：《越語》：「夫上黨之國。」韋昭注：「黨，所也。」《釋名》：「上黨，黨〔二九〕，所也。在山上，其所最高，故曰上黨。」至於「所猶時」也，見《墨子·節用篇》：「其欲早處家者，有所二十年處家；其欲晚處家者，有所四十年處家。」「所」字作「時」字解。

問：文十四年傳：「饗且，齊出也。」注：「出，外孫也。」何所據？

曰：此即《爾雅·釋親》「男子謂姊妹之子爲出，女子子之子爲外孫」也。

問：文十四年《傳》：「子以其〔三〇〕指，則接菑也四，饗且也六。」注：「言俱不得天之正性〔三一〕。」何也？

曰：《莊子·駢拇篇》：「駢拇、枝指而侈於德，附贅、縣疣而侈於性。」《釋文》：「司馬云：『性，人之本體也。駢拇、枝指、附贅、縣疣，此四者，各出於形性，而非形性之正。』」

問：文十六年注：「無尊上，非聖人，不孝者，斬首梟之；無營上，犯軍法者，斬要〔三二〕；殺人者，刎頭。」此何代之法也？

曰：《説文》：「梟，不孝鳥也，故日至，捕梟磔之。從鳥頭在木上。」「梟首」義取此。《左傳》：叔孫昭子殺豎牛，投其首於寧風棘上。梟首濫觴於此。後世如漢王入關，「梟故塞王欣頭於櫟陽市」是也。《五行志》曰：「趙人新垣平以望氣得幸於上〔三三〕，上立渭陽五帝廟，欲出周鼎，夏〔三四〕四月，郊見上帝。歲餘懼誅，謀爲逆。發覺，腰斬，夷三族。」《高祖本紀》：初入關，約法三章，曰：「殺人者死。」《博雅》：「刎，斷也。」《一切經音義》「自刎」注引《公羊傳》云：「公遂刎脰而死。」何休曰：「刎，割也。」何氏所據，皆戰國以來秦、漢之法，非先王之舊制也。

問：宣六年傳：「有人荷畚。」注：「畚，草器，若今市所量穀者是也。」《説文·甾〔三五〕部》：「畚，蒲器，𦉥〔三六〕屬，所以盛穜。」二訓不同，當何從？

曰：《周禮·挈壺氏》：「挈畚以令糧。」鄭注：「畚，所以盛糧之器，故以畚表稟。」《左傳·宣二年》正義引《説文》：「蒲器，可以〔三七〕盛糧。」今本《説文》作「穜」，誤也。

問：宣六年注：「赫然，已支解之貌。」未詳其義。

曰：《後漢書・禮儀志》：「黄門令奏曰：『侲〔三八〕子備，請逐疫。』於是中黄門倡，侲子和曰：『凡使十二神追惡凶，赫女軀，拉女幹，節解女肉，抽女肺腸。』」故何以「赫然」爲支解貌也。支解之法，古無此刑。《韓詩外傳》曰：「晏子左手持頭，右手磨刀，仰面而問曰：『古者明王每支解人，不審從何支〔三九〕始也？』景公離席曰：『縱之！罪在寡人。』」此可證爲衰世之淫刑。

問：宣六年傳：「趙盾逡巡，北面再拜稽首。」何氏無注，其義未詳。

曰：「逡巡」，有作「逡巡」者，《秦紀》引賈生云：「九國之師，逡巡遁逃而不敢進。」《廣雅》：「逡巡，却退也。」有作「逡遁」者，《爾雅》：「逡，遁〔四〇〕也。」《管子》：「桓公蹵然逡遁。」《鄉射禮》注：「少退，少逡遁也。」有作「巡遁」者，《晏子》：「巡遁而對。」有作「逡循」者，《漢書・萬章傳》：「章逡循甚懼。」有作「蹲循」者，《莊子》：「蹲循勿争。」有作「遵循」者，《靈樞經》：「黄帝避席遵循而却。」《亢倉子》：「荆君北面遵循。」此皆「逡巡」之假借字也。「逡」又與「後」〔四一〕通，《王莽〔四二〕傳》：「後〔四三〕儉隆約，以矯世俗。」顔師古：「後，音千旬反，退也。」「遁」與「巡」同，《遁甲開山圖》。

《太玄經》云：「巡乘六甲。」要皆聲音相同，字異而義不異也。《集韻》：「逡巡，行不前也。」「逡」「遁」均七倫切，音、義則一，可證。

問：宣六年注：「躇階〔四四〕，猶超遽，不暇以次。」何也？

曰：《左傳》：「距躍三百。」注：「超越也。」疏：「爲〔四五〕距地向前，跳而越物過也。」《説文》作「超歫」。《史記·王翦〔四六〕傳》：「方投石超距。」索隱曰：「越距，猶跳躍也。」《漢書·甘延壽傳》：「投石拔距。」張晏曰：「拔距，超距也。」

問：宣六年〔四七〕注：「周狗，可以比周之狗，所指如意。」犬能知人意乎？

曰：《説文》：「獒，犬知人心，可使者。」《博物志》作「害狗」，字之誤也，不可從。

問：宣六年傳：「活我於暴桑下。」注：「暴桑，蒲蘇桑。」何也？

曰：《左氏》作「翳桑」，杜注：「翳桑，桑之多蔭翳者。」《公羊》注作「蒲蘇」，《韓非子》「木枝扶疏」，《易林》「扶疏條桃，長大美盛」，潘尼《桑樹賦》「上扶〔四八〕疏而參差」，是亦「多蔭翳」之意。「扶桑」。「骫」，古「委」字。《呂氏春秋》《淮南子》說同。

蘇」即「蒲蘇」，韓愈《南山》詩「杉篁咤[四九]蒲蘇」可證[五〇]。《呂氏春秋》作「骫桑」，《淮南子》作「委

問：宣十二年注：「墝埆不生五穀曰不毛。謙，不敢求肥饒。」何也？

曰：《詩·丘中有麻》傳云：「丘中墝确之處。」《漢書·食貨志》注[五一]：「磽，磽确也，謂瘠薄之田也。」《淮南子》：「舜耕歷山，田者争處墝埆，以肥饒相讓。」《管子》：「而欲土地之毛。」注：「毛，謂嘉苗。」《穀梁傳》：「毛澤未盡。」注：「邵曰：凡地所生謂之毛。《公羊傳》曰：『錫之不毛之地。』」

問：宣十二年：「左右撝軍，退舍七里。」或以爲即用鄭伯之茅旌以撝，可從否？

曰：此俗儒之臆説也。《淮南子》：「武王於是左操黄鉞，右秉白旄，瞋目而撝之。」注：「撝，揮也。舍，次[五二]宿也。」按，此軍中之儀制也，見《司馬法》。設鄭伯不執茅旌，軍中將無以爲指揮之具乎？是不然矣。「退舍」之説，與賈、杜不同。《左傳》：「退舍三十里，而與[五三]之平。」注：「退一舍，以禮鄭。」賈逵曰：「《司馬法》：『從遁，不過三舍。』三舍，九十里。」是以「舍」爲三十里之定名矣。

問：宣十二年注：「杅，飲水器。」《説文》：「盂，飲器。」二字不同，何也？

曰：「杅」即「盂」之假借字也。《既夕禮》：「兩敦，兩杅。」注：「杅，盛湯漿。」《尸子》：「君如杅，民如水。杅方則水方，杅員則水員。」

問：宣十二年注何以謂「善用心曰詳」？

曰：「詳」者，「祥」也，古字通耳。《易》：「視履考詳〔五四〕。」虞翻注：「詳，善也。」《易・大壯》：「不詳也。」《釋文》：「王肅本作『祥』。」《荀子》：「則可謂不詳少者矣。」注：「詳，當作『祥』。」

問：宣十五年注：「秣者，以粟置馬口中。柑者，以木銜其口。」何也？

曰：《説文》：「餘，食馬穀也。」今借作「秣」。《後漢・崔寔傳》：「方將拑〔五五〕勒鞬輈〔五六〕以救之。」注引何休注。「拑」與「鉗」通，《後漢・袁紹傳》：「百辟鉗口。」注：「以木銜其口也。」

問：宣十五年注：「堙，距堙，上城具。」有據否？

曰：《左傳》：「晏弱城東陽，而遂圍萊〔五七〕。甲寅，堙之，環城，傅於堞。」《孫武子·攻城篇》：「攻城之法：修〔五八〕轒轀，具器械，三月而後成，距堙。」注：「謂踊土稍高而前，以傅〔五九〕其城也。」

問：宣十五年注：「廬舍二畝半。」《食貨志》之外，别有所徵乎？

曰：《孟子》曰：「五畝之宅。」趙岐注：「廬井、邑居各二畝半以爲宅，冬入保城二畝半，故爲五畝也。」《説文》：「廬，寄也。秋冬去，春夏居。」「廛，廛〔六〇〕二畝半也。」按，「廛」即「里」也。何注下云：「在田曰廬，在邑曰里。春夏出田，秋冬入保。」皆與許、趙同，不獨合於《漢·志》。

問：宣公十五年注「井田之義」云云，《食貨志》無文，何氏何所據耶？

曰：此見之於《後漢書·劉寵傳》注引《春秋井田記》：「人年三十，受田百畝，以食五口。五口爲一户，父、母、妻、子也。公田十畝，廬舍五畝，成田一頃十五畝。八家而九頃二十畝，共爲一井。廬舍在内，貴人也；公田次之，重公也；私田在外，賤私也。井田之義」云云。何氏之説本此。

問：宣十五年注：「還廬舍種桑荻。」何也？

曰：「荻」，《爾雅·釋草》：「蕭，荻。」注：「即蒿也。」「荻」字當從《穀梁》作「楸」，彼注云：「損其廬舍，家作一園，以種五菜。外種楸桑，以備養生送死。」古「楸」字往往作「荻」。《史記·貨殖傳》「千樹荻〔六一〕」，「楸」之誤也。今《食貨志》「樹〔六二〕桑」下，無「荻」字。

問：宣十五年注：「上田，一歲一墾。肥饒不得獨樂，墝埆不得獨苦，故三年一換土易居。」今《食貨志》無「三年一換土易居」之文，何也？

曰：此即《漢·志》「三歲更耕，自爰其處」也。《國語》：「作轅田。」賈逵注：「轅，易也。爲易田之法，賞衆以田，易疆界也。」唐云：讓肥取墝〔六三〕也。」《孟子》：「死〔六四〕徙無出鄉。」注：「徙，謂爰土易居，平肥磽也。」孟康注《漢·地理志》「轅田」云：「三年，爰土易居，古訓〔六五〕也。」

問：宣十五年注：「其有辯護伉健者爲里正。」何以謂之「辯護」？

曰：《詩》疏：「《中候握河紀》説帝堯受《河圖》之禮云：『稷辯〔六六〕護。』注云：『辯護，供時用，相禮儀。』是監典謂之『護』也。」

問：宣十五年注：「得乘馬。」然則有不得乘馬者乎？

曰：此古制也。《春秋繁露》：「散民不敢服雜采，百工、商賈不敢服狐貉，刑餘戮民不敢服絲玄纁〔六七〕、乘馬，謂之服制。」《尚書大傳》曰：「古之帝王〔六八〕必有命。人能敬長矜孤、取舍好讓者，命於其君，得乘飾車、駢馬，衣文錦。未有命者，不得衣，不得乘；乘、衣者，有罰。」今里正得乘馬者，非散民可比矣。

問：宣十五年注：「父老，比三老、孝弟官屬。」三老、孝弟之名，始於何代？

曰：《漢書·高帝紀》：「舉民年五十以上，有修行，能帥衆以〔六九〕善，置以爲三老，鄉一人。擇鄉三老一人，爲縣三老。」注：「宋祁曰〔七〇〕：《百官表》云：『十里一亭，亭有長；十亭一鄉，鄉有三老。三老掌教化。』秦制〔七一〕也。」《高后紀》：「初置孝弟力田二千石者一人。」

問：宣十五年注：「里正，比庶人在官之吏。」里正，於經有據乎？

曰：此即《雜記》「里尹主之」，注：「《王度記》曰：『百户爲里，里一尹，其禄如庶人在官者。』」按，「尹」即「正」也。

問：宣十五年注：「故女功一月，得四十五日作。」而《食貨志》無「作」字，何也？

曰：荀悦《漢紀》作「女工一月，得四十五日功」，據此可知《食貨志》有脱字。

問：宣十五年注：「學於太學。」何爲「太學」？

曰：魏文侯《孝經傳》：「太學者，中學明堂之位也。」

問：宣十八年注：「掃地曰墠，今齊俗名之云爾。」此於經有據否？

曰：《説文》云：「墠，野土也。」《東門之墠》傳曰：「墠，除地町町者。」疏：「封土者〔七二〕謂之壇，除地者謂之墠。」賈公彦以爲：「謂四邊委土爲壝，於中除地爲墠，墠内作壇。謂若三壇同墠之類也。」

問：成二年傳：「與我紀侯之甗〔七三〕。」注：「或説：甗，玉甑。」何也？

曰：《説文》：「甗，甑也。」《方言》曰：「甑，自關而東謂之甗。」郭璞注：「音『言』。」

問：成二年傳：「踊於棓而闚客。」注：「踊，上也。」此亦齊人語乎？

曰：《晏子春秋》：「齊景公爲露寢〔七四〕之臺，而鴞〔七五〕鳴其上。公惡之，臺成而不踊。」此其證。

問：成七年經：「鼷鼠食郊牛角。」鼷鼠，何物也？

曰：《説文》：「鼷，小鼠也。」《博物志》：「《春秋》書：『鼷鼠食牛，牛死。』鼠之類最小者，食物，當時不覺痛。世傳云：亦食人項肥厚皮處，亦不覺。或名甘鼠。俗人諱此所嚙，衰病之徵。」

問：成十年注：「不免牲，當坐盗天牲。」何也？

曰：此漢律也。《書·微子》：「殷民乃攘竊神祇之犧牷牲用，以容將食，無災。」傳：「竊〔七六〕天地宗廟牲用，相容行食之，無災罪之者，言政亂。」疏：「漢魏以來著律，皆云：『盗〔七七〕郊祀宗廟之物，無多少，皆死。』爲特重故也。」據此，知何氏以漢法況之。

問：成十年傳，何爲「婦人以衆多爲侈也」？

曰：此如《詩》「維鵲有巢，維鳩盈之」，傳：「盈，滿也。」箋云：「滿者，言衆媵姪娣之多。」又疏：「侈者，因物而大之名。」是婦人以多爲侈之證。

問：成十三年傳：「公〔七八〕鑿行也。」注：「鑿，猶更造之意。」其義未詳。

曰：此如《漢書·張騫傳》之「鑿空」也，師古注：「空，孔也。猶言始鑿其孔穴也。」按，《西南夷傳》：「騫因盛言：大夏在漢西南，慕中國，患匈奴隔其道。誠通蜀〔七九〕，身毒國道便近，又無害。」是鑿空之事也。空，孔也；穴，隙也。趁此空隙而行他事，故曰「鑿行」。

問：襄二十三年注：「廩廩近升平。」何以爲「廩廩」也？

曰：《漢書·循吏傳》：「此廩廩庶幾德讓君子之遺風矣。」注：「師古曰：『廩廩，言有丰采〔八〇〕也。』」

問：襄二十九年傳：「君子不近刑人。」而《周禮》「墨者使守門」，何也？

曰：《祭統》云：「閽者，守門之賤者也。古者不使刑人守門。」注：「謂夏、殷時。」然則春秋用四代之禮而損益之，不獨用周禮，故不同。

問：襄三十年注：「選老大夫爲傅，選老大夫妻爲母。」疏：「《春秋説》文，作時王之禮。」於何徵之？

曰：漢時亦有此制。《東方朔傳》：「昭平君日驕，醉殺主傅。」注：「如淳曰：『《禮》有傅、姆。説者又曰：傅者，老大夫也。漢使中行説傅翁主也。』師古曰：『傅、姆是也。』」

問：昭元年經言「敗狄於大原」，傳：「此大鹵也，曷爲謂之『大原』？地〔八一〕、物從中國。」何也？

曰：《元和郡縣志》曰：「中國曰大原，夷翟曰大鹵。」桉，晉大鹵、大原、大夏、夏墟、晉陽、太康六名，其實一也。

問：昭十二年傳：「子曰：『我乃知之矣。』」與《史通》所引不同，何也？

曰：當是劉知幾所見之本異也，故「子曰」下，有「齊之事」三字耳。

問：昭十二年傳：「子曰：『我乃〔八二〕知之矣。』」注：「時孔子年二十三。」何氏何所據依而知其時孔子年二十三歲乎？

曰：索隱曰：「昭七年《左傳》云：『孟僖子病不能相禮，乃講學〔八三〕之。及其將死，召大夫』云云。桉，謂『病』者，不能禮爲病，非疾困之謂也。至二十四年僖子卒，賈逵云：『仲尼時年三十五。』」據此推昭公十二年，孔子正合二十三歲。

問：昭二十二年傳：「王城者，何？西周也。」二十六年傳：「成周者，何？東周也。」而皇甫謐《帝王世紀》曰：「周公相成王，以酆、鄗偏處西方，職貢〔八四〕不均，乃使召公卜居洛水之陽，以即中土。故《援神契》：『八方之廣，周洛爲中。』於是遂築新邑，營定九鼎，以爲王東都之洛邑。故《周書》稱：『我乃卜澗水東、瀍水西，唯洛食。』是爲王城，名曰東周。故《公羊傳》曰：『王城者，何？東周也。』」據此，以王城爲東周，不以成周爲東周，何也？

曰：王城，本東周也。《漢·志》：「雒陽，周公遷殷民，是爲成周。《春秋》昭三十二年〔八五〕，晉合諸侯於翟泉〔八六〕，以其地大成周之城。」按，以王猛入於王城，自號爲西周王，天下因謂成周爲東周。謐據本初而言，故曰東周。然謂《公羊傳》曰「王城者，何？東周也」，則誤矣。

問：昭二十五年注「鈇鑕〔八七〕」爲「要斬之罪」，何也？

曰：《春秋元命包》曰：「斧鑕主亂行，斬狂詐。『斧』之言爲『捕』也。」《史記·項羽本紀》：「孰與身伏鈇質〔八八〕？」注：「崔浩云：『質，斬人椹也。』又，郭注《三倉》云：『質，莝椹也。』」《范雎傳》：「匈當櫍質，要傳斧鉞〔八九〕。」《秋官·掌戮》注：「斬以斧〔九〇〕鉞，若今要斬。」

問：昭三十一年傳：「有子焉，謂之盱、夏父者，其所爲有於顏者也。」《釋文》以爲：「盱及夏父，邾顏公之二子。」何也？

曰：盱是叔術所生，陸氏之説誤。

問：昭三十一年傳：「公扈子者，邾婁之父兄也。」注：「公扈〔九一〕者，氏也。」後世有此氏否？

曰：《説苑》：「公扈子曰：『有國者，不可以不學《春秋》。生而貴者驕，生而富者傲。生而富貴，又無鑑而自得者，鮮矣。《春秋》，國之鑑也。』」又，《漢書·古今人表》公扈子、《列子》魯公扈，皆其證。

問：昭三十一年注：「季氏負棰謝過。」棰，何物也？

曰：《説文》：「以杖擊也。」《前漢·路温舒傳》：「棰楚之下，何求不得？」故疏以爲：「負棰，聽刑之禮也。」

問：定四年注：「挾弓者，懷格意。」疏：「格，猶拒也。或曰：格，來也。」二説不同，當何從？

曰：格，敵也，鬥也，殺也。《史記·張儀傳》：「驅群羊，攻猛虎，不格，明矣〔九二〕。」《周語》：「穀、洛鬥。」韋昭云：「二水格。」《周禮》注：「若今時無故入人室宅廬舍，上人車船，牽引人欲犯法者，其時格殺之，無罪。」莊三十一年何休注云：「古者方伯征伐〔九三〕不道，諸侯交格而戰者，誅絶其國，獻捷於王者。」此皆「格」之明訓，疏後説非也。

問：定八年傳：「文公逆祀，去者三人；定公順祀，叛者五人。」順祀而叛，何也？

曰：《論衡》曰：「魯文公逆祀，去者三人；定公順祀，叛者五人。貫於俗者，則謂〔九四〕禮爲非；曉禮者寡，則知是者稀。」

問：定八年〔九五〕注：「白藏天子，青藏諸侯。」此何説也？

曰：此不見於經，當是逸《禮》。何注：「半珪曰璋。」此天子與諸侯用以爲合符者也，故各執其半。《漢書·司馬相如傳》：「故有判〔九六〕符之封，析圭而爵，位爲通侯。」注：「如淳曰：『析，中分也。白藏天子，青在諸侯也。』」即此可以證之。魯，諸侯。用白者，以郊天之故。

問：定十五年注：「昃，日西也。《易》曰：『日中則昃。』」何也？

曰：孟喜《周易章句》：「昃，日在西方時側也。」

問：又曰：「下昃，蓋晡時。」何也？

曰：此如《前漢·五行志》：「日〔九七〕中時食從東北，過半，晡時復。」《淮南子》曰〔九八〕：「至於悲谷，是謂晡〔九九〕時。」《玉篇》曰：「晡，申時也。」

問：哀六年傳：「有魚菽之祭。」陳乞爲大夫，而祭以魚菽，何也？

曰：《祭典》：「國君有牛享，大夫有羊饋，士有豚犬之奠，庶人有魚炙之薦。」今陳乞，大夫，而言「魚菽之祭」，故注云：「示薄陋，無所有。」

問：哀十二年注：「言『用田賦』者，若今漢家斂民錢，以田爲率矣。」古安得有此制耶？

曰：此舉漢法以況之也。《食貨志》董仲舒曰：「田租口賦，二十倍於古。」《貢禹傳》：「古民無賦算口錢，起武帝征伐四夷，重賦於民。民産子三歲，則出口錢，故民重困。宜令兒〔一〇〇〕七歲去齒，乃出口錢；年二十，乃算。」元帝令産子七歲，乃出口錢。《鹽鐵論》：「田雖三十，而以頃畝出税，加之以口賦、更繇之役。」此皆漢法之可考者。哀公事强吴而虚國用，有類於後世之斂民，故何注以漢法况之。

問：哀十四年注：「待聖漢之王以爲法。」此漢儒之空言與，抑果有確證否？

曰：兩漢君臣，皆以經義發爲文章。觀其詔誥、奏議，凡决疑定策，悉本之於《公羊》。舉其大略，可得而言焉。《公羊》之義，大一統。路温舒曰：「臣聞：《春秋》正即位，大一統而慎始也。」《公羊》之義，立子以貴不以長。光武之詔曰：「《春秋》立子以貴不以長〔一〇一〕。東海王陽，皇后之子，宜承大統。皇太子彊〔一〇二〕，崇執謙退，願備藩國。父子之情，重久違之。其以王〔一〇三〕爲東海王，立陽爲皇太子。」《公羊》之義，子以母貴。公孫瓚表袁紹罪狀曰：「《春秋》之義，子以母貴。紹母親爲傅婢，地實微賤。據職高重，享福豐隆；有苟進之志，無虚退之心。紹罪九也。」《公羊》之義，大居正。袁盎等曰：「殷道親親，立弟；周道尊尊，立子。殷道質，質者法天，親其所親，故立弟；周道文，文者法地，尊者敬也，敬其本始，故立長子。周道，太子死，立適孫〔一〇四〕；殷道，太子死，立其弟。」帝曰：「於公何如？」皆對曰：「方今漢家法周，周之道，不得立弟，當立子。故《春秋》所以非宋公〔一〇五〕，死，不立子而與弟。弟受國，死，復反之與兄之子。弟之子争之，以爲我當代父後，即刺殺兄子，以故國亂，禍不絶。故《春秋》曰：『君子大居正。』宋之禍，宣公爲之也。」《公羊》之義，天子嘗娶於紀，故封之百里。《恩澤侯表》：「其餘后父，據《春秋》褒紀之義。」應劭曰：「《春秋》：天子將納后於紀，紀本子爵也，故先褒爲侯，言王者不娶於小國。」《公羊》之義，子尊不加於父母。鄭玄《伏后議》：「帝皇后父、屯騎校尉、不其亭侯伏完，公庭，完拜如臣禮；及皇后在離宫，拜如子禮。」《公羊》之義，昏禮不稱主人，不稱母，母不通也。杜鄴曰：「臣聞：陽尊陰卑。卑者〔一〇六〕隨尊，尊者兼卑，天之道也。是以〔一〇七〕男雖賤，各爲其家陽；女雖貴，猶爲其國陰。故《禮》明三從之義，雖有文母之德，必繫於子。《春秋》不書紀侯之母，陰義殺也。」《公羊》之義，褒儀父。李固曰：「《春秋》褒儀父，以開義路；貶無駭，以閉利門。夫義路開，則利門閉〔一〇八〕；利門開，則義路閉也。」《公羊》之義，三公之職號，尊名也。翟方進曰：「臣聞：國家之興，尊尊而敬長。爵位上下之禮，王道綱紀。《春秋》之義，尊上公謂之宰，海内無不統焉。」《公羊》之義，昭公出奔，國當絶。匡衡曰：「《春秋》之義，諸侯不能守其社稷者絶。」《公羊》之義，善善及子孫。成帝詔曰：「蓋聞：褒功德，繼絶統，所以重宗廟，廣聖賢之路也。故博陽侯吉，以舊恩，有功而封。今其祀絶，朕甚憐之。夫善善及子孫，古今之通義〔一〇九〕也。其封吉孫、中郎將、關内侯昌爲博陽侯，奉吉後。」國絶三十二歲復續。《公羊》之義，臣有大喪，則君三年不呼其門。陳忠曰：「夫父母卒與〔一一〇〕子，同氣異息，一體而分，三年乃免於懷抱。先聖人〔一一一〕緣人情以著其節，制服二十五月。是以《春秋》：『臣有大喪，三年不呼其門。』閔子雖要經服事，以赴公難；退而致位，以究私恩，故稱：『君使之，非也；臣行之，禮也。』」《公羊》之義，出竟有可以安社稷、利國家者，專之可也。御史大夫張湯劾偃矯制大害，法至死。偃以爲：「《春秋》之義，大夫出疆，有可以安社稷、存萬民，顓之可也。」《公羊》之義，譏世卿。樂恢曰：「夫政在大夫，孔子所疾；世卿持祿，《春秋》以戒。聖人懇惻，不虛言也。」《公羊》之義，原情定罪。霍諝曰：「《春秋》之義，原情定過，赦事誅意，故許止雖弑君而不罪，趙盾以縱賊而見書。此仲尼所以垂王法，漢世所宜遵前修也。」《公羊》之義，人臣無將。膠西王曰：「淮南王安廢法行邪，懷詐僞心，以亂天下，熒惑百姓，倍畔宗廟，妄作妖言。《春秋》曰：『臣無將，將而誅。』安罪重於將。」《公羊》之義，三年一祫，五年一禘。張純曰：「《春秋傳》曰：『大祫者，何？合祭也。』毁廟及未毁廟之主皆登，合食太祖。五年而再殷。」漢舊制，三年一祫，毁廟主合食高廟，存廟主未嘗合祭。元始五年，諸王公、列侯朝會〔一一二〕，始爲禘祭。又前十八年，親幸長安，以〔一一三〕行此禮。《公羊》之義，未逾年君，不書葬。周舉曰：「北鄉本非正統，奸臣所授，立未逾載，年號未改。孔子作〔一一四〕《春秋》，王子猛〔一一五〕不稱崩，魯子野不書葬。」《公羊》之義，譏逆祀。質帝詔曰：「昔定公追正順祀，《春秋》善之。其令恭陵次康陵、憲陵次恭陵，以序親秩，爲萬世法。」《公羊》之義，不書閏。班固以閏九月爲後九月。《公羊》之義，懷藏以養微，是月不殺。章帝詔曰：『《春秋》於春每月書『王』者，重三正，慎三微也。律，十二月立春，不以報囚。」《公羊》之義，通三統。劉向曰：「故賢聖之君，博觀終始，窮極事情，而是非分明。王者必通三統，明天命所授者博，非獨一姓也。孔子論《詩》，至『殷士膚敏，祼將於京』，喟然嘆曰：『大哉！天命。善不可不傳於子孫，是以富貴無常。不如是，則王公何以戒慎？氓民〔一六〕何以勸勉？』蓋傷微子之事周，而痛殷之亡也。」凡此，皆散見於兩《漢書》中，是以東平王蒼曰：「孔子曰：『行夏之時，乘殷之輅，服周之冕。』爲漢制法。」王充曰：「孔子曰：『文王既没，文不在兹乎？』文王之文，傳在孔子；孔子爲漢制文，傳在漢也。」

校勘記

〔一〕「武帝」，蜚雲閣本、咫進齋本、續經解本并作「五帝」，據《史記》卷十二改。

〔二〕「東海」，《漢書》卷二十五上作「遂至東萊」，疑當據改。

〔三〕「怪而留之視」，《列子·黄帝》作「襄子怪而留之，徐而察之」，無「視」字。下同。

〔四〕「十三年」，蜚雲閣本、咫進齋本、續經解本并作「二十三年」，據《公羊注疏》卷八改。

〔五〕「陽球」，蜚雲閣本、咫進齋本、續經解本并作「楊球」，據《後漢書》卷八十一改。

〔六〕「下」，蜚雲閣本、咫進齋本、續經解本并奪，據《後漢書》卷八十一補。

〔七〕「張」，蜚雲閣本、咫進齋本、續經解本并作「長」，據《後漢書》卷八十一改。

〔八〕「劫執」，葢雲閣本、咫進齋本、續經解本并作「劫質」，據《三國志》卷九改。

〔九〕「祭雨曰升」云云，見《埤雅》卷二十引，今本《釋名》無。

〔一〇〕「重疊」，葢雲閣本、咫進齋本、續經解本并作「崇疊」，據《爾雅注疏》卷二改。

〔一一〕「天地三辰及其土之山川」，葢雲閣本、咫進齋本、續經解本并作「天三辰及其土地之山川」，據《國語》卷十八改。

〔一二〕「惡」，葢雲閣本作「污」，據咫進齋本、續經解本、《禮記正義》卷二十四改。

〔一三〕「宗」，葢雲閣本、咫進齋本、續經解本并作「中」，據《後漢書·祭祀志中》改。

〔一四〕「中故事」，葢雲閣本、咫進齋本、續經解本并作「故書」，據《後漢書·祭祀志中》改。

〔一五〕「易」，葢雲閣本、咫進齋本、續經解本并作「亦」，據《後漢書·祭祀志中》改。

〔一六〕「戌」，葢雲閣本、咫進齋本、續經解本并奪，據《後漢書·祭祀志中》補。

〔一七〕「禮」，葢雲閣本、咫進齋本作「祀」，續經解本作「祠」，據《後漢書·祭祀志中》、《太平御覽》卷五百二十八改。

〔一八〕「天宗」，葢雲閣本、咫進齋本、續經解本并奪，據《後漢書·祭祀志中》注補。

〔一九〕「以該」，《後漢書·祭祀志中》注作「舉中是以該數」。

〔二〇〕「配」，《後漢書·祭祀志中》注作「祀」。

〔二一〕「師中」，葢雲閣本、咫進齋本、續經解本并作「師古」，據《公羊注疏》卷十二改。下「謂」字，《公羊注疏》作「爲」。

〔二二〕「諓諓」，葢雲閣本作「淺淺」，據咫進齋本、續經解本、《公羊注疏》卷十四改。

〔二三〕「德善」，螢雲閣本、咫進齋本、續經解本并作「美」，據《禮記正義》卷四十九改。所引疏文，乃對「論僎其先祖之德善」言，非對下文「古之君子論譔其先祖之美」而言者。

〔二四〕「疏」，螢雲閣本、咫進齋本奪，據續經解本、《公羊注疏》卷十四補。

〔二五〕「之」，續經解本無。

〔二六〕「也」，續經解本作「山」，與《皇朝經世文編》卷一百〇二、《廣志繹》卷一合。

〔二七〕「伾」，螢雲閣本作「任」，據咫進齋本、續經解本、《皇朝經世文編》卷一百〇二、《廣志繹》卷一改。

〔二八〕「也」，《公羊注疏》卷十四無。

〔二九〕「黨」，螢雲閣本、咫進齋本、續經解本并作「之」，蓋以重文號而誤，據《釋名·釋州國》改。

〔三〇〕「其」，螢雲閣本、咫進齋本、續經解本并奪，據《公羊注疏》卷十四補。

〔三一〕「天之正性」，螢雲閣本、咫進齋本、續經解本并作「天性之正」，據《公羊注疏》卷十四改。

〔三二〕「斬要」，螢雲閣本、咫進齋本倒作「要斬」，據續經解本、《公羊注疏》卷十四改。

〔三三〕「於上」，《漢書》卷二十七上作「爲」，屬下讀。

〔三四〕「夏」，《漢書》卷二十七上作「以夏」。

〔三五〕「甾」，螢雲閣本、咫進齋本、續經解本并作「甾」，據《説文》改。

〔三六〕「鉼」，螢雲閣本、咫進齋本、續經解本并作「鉼」，據《説文》改。

〔三七〕「可以」，與《左傳正義》卷二十一同，咫進齋本、續經解本作「所以」。

〔三八〕「佷」，螢雲閣本、咫進齋本、續經解本并作「佷」，據《後漢書·禮儀志中》改。下同。

〔三九〕「支」，韮雲閣本、邲進齋本、續經解本作「之」，據《太平御覽》卷六百四十一改。
〔四〇〕「遁」，《爾雅·釋言》作「退」。
〔四一〕「俊」，韮雲閣本、邲進齋本、續經解本作「俊」，據下引文改。
〔四二〕「王莽」，韮雲閣本、邲進齋本、續經解本并作「王恭」，據引文改。
〔四三〕「俊」，韮雲閣本、邲進齋本、續經解本并作「俊」，據《漢書·王莽傳上》改。下同。
〔四四〕「階」，《公羊注疏》卷十五無，疑衍。
〔四五〕「爲」，《左傳正義》卷十六作「言」。
〔四六〕「翦」，韮雲閣本、邲進齋本作「剪」，據續經解本、《史記》卷七十三改。
〔四七〕「六年」，韮雲閣本、邲進齋本、續經解本并作「十六年」，據《公羊注疏》卷十五改。
〔四八〕「扶」，韮雲閣本、邲進齋本、續經解本并奪，據《潘太常集》、《藝文類聚》卷八十八補。
〔四九〕「叱」，《昌黎集》作「吒」。
〔五〇〕「可證」，邲進齋本、續經解本作「不同」。
〔五一〕「注」，韮雲閣本、邲進齋本、續經解本并奪，據《漢書》卷二十四上補。
〔五二〕「次」，韮雲閣本、邲進齋本、續經解本并作「注」，據《淮南子·覽冥訓》高誘注改。
〔五三〕「與」，《左傳正義》卷二十三作「許」。
〔五四〕「詳」，韮雲閣本、邲進齋本、續經解本并作「祥」，據《周易集解》卷三改。
〔五五〕「拑」，《後漢書》卷八十二作「柑」。
〔五六〕「鞥」，韮雲閣本、邲進齋本、續經解本并作「鞡」，據《後漢書》卷八十二改。

〔五七〕「萊」，韮雲閣本、咫進齋本、續經解本作「蔡」，據《左傳正義》卷三十改。
〔五八〕「修」，《孫子兵法·謀攻篇》下有「櫓」字。
〔五九〕「傅」，《孫子集注》卷三作「附」。
〔六〇〕「廛」，陳昌治本、段注本《説文》均不重文，疑衍。
〔六一〕「荻」，《史記》卷一百二十九作「萩」。
〔六二〕「樹」，韮雲閣本、咫進齋本、續經解本并作「種」，據《漢書》卷二十四上改。
〔六三〕「墝」，《國語》卷九作「磽」，義同。
〔六四〕「死」，韮雲閣本作「使」，據咫進齋本、續經解本、《孟子注疏》卷五上改。
〔六五〕「訓」，《漢書》卷二十八下作「制」。
〔六六〕「辯」，《毛詩正義》卷二十之二作「辨」。下同。
〔六七〕「纁」，韮雲閣本、咫進齋本、續經解本并奪，據凌注本《春秋繁露·服制》補。
〔六八〕「帝王」，《尚書大傳》卷一、《後漢書》卷七十九注并作「帝王者」。
〔六九〕「以」，《漢書》卷一上作「爲」。
〔七〇〕「宋祁曰」，《史記》卷八正義無。
〔七一〕「秦制」，《史記》卷八上有「皆」字。
〔七二〕「者」，韮雲閣本、咫進齋本、續經解本并奪，據《毛詩正義》卷四之四補。
〔七三〕「與我紀侯之甗」，韮雲閣本、咫進齋本、續經解本并作「以紀侯之甗來」，乃《穀梁傳》文，今據《公羊注疏》卷十七改。

〔七四〕「露寢」，《晏子春秋·雜篇下》作「路寢」。
〔七五〕「鴞」，與惠士奇《禮説》卷九引同，《晏子春秋·雜篇下》作「梟」。
〔七六〕「竊」，《尚書正義》卷十作「盜」。
〔七七〕「盜」，《尚書正義》卷十上有「敢」字。
〔七八〕「公」，蜚雲閣本、咫進齋本、續經解本并作「上」，據《公羊注疏》卷十八改。
〔七九〕「蜀」，蜚雲閣本、咫進齋本、續經解本并作「屬」，據《漢書》卷九十五改。
〔八〇〕「丰采」，《漢書》卷八十九作「風采」。
〔八一〕「地」，蜚雲閣本、咫進齋本、續經解本并作「他」，據《公羊注疏》卷二十二改。
〔八二〕「乃」，蜚雲閣本、咫進齋本、續經解本并奪，據上引文補。
〔八三〕「學」，蜚雲閣本、咫進齋本、續經解本并奪，據《史記》卷四十七補。
〔八四〕「職貢」，《太平御覽》一百五十五作「貢道」。
〔八五〕「三十二年」，蜚雲閣本、咫進齋本、續經解本作「二十二年」，據《左傳正義》卷五十三、《太平御覽》卷一百五十八改。
〔八六〕「翟泉」，《太平御覽》卷一百五十八作「狄泉」。
〔八七〕「鑕」，蜚雲閣本、咫進齋本、續經解本并作「鑽」，據《公羊注疏》卷二十四改。下「斧鑕」同，不復注。
〔八八〕「質」，蜚雲閣本、咫進齋本作「鑽」，據續經解本、《史記》卷七改。
〔八九〕「匈當櫍質，要傅斧鉞」，《史記》卷七十九作「今臣之胸不足以當椹質，而要不足以待斧鉞」。

〔九〇〕「斧」，《周禮注疏》卷三十六作「鈇」。

〔九一〕「公扈」，蜚雲閣本、咫進齋本、續經解本并作「公扈子」，據《公羊注疏》卷二十四改。

〔九二〕「驅群羊，攻猛虎，不格，明矣」，《史記》七十作「且夫爲從者，無以異於驅群羊而攻猛虎，虎之與羊不格，明矣」。

〔九三〕「征伐」，蜚雲閣本、咫進齋本、續經解本并作「征討諸侯」，據《公羊注疏》卷九改。

〔九四〕「則謂」，蜚雲閣本、咫進齋本、續經解本并作「謂則」，據《論衡·定賢》乙正。

〔九五〕「八年」，蜚雲閣本、咫進齋本、續經解本并作「十二年」，據《公羊注疏》卷二十六改。

〔九六〕「判」，《漢書》卷五十七下作「剖」。

〔九七〕「日」，蜚雲閣本作「曰」，據咫進齋本、續經解本、《漢書》卷二十七下之下改。

〔九八〕「曰」，蜚雲閣本、咫進齋本、續經解本并作「日」，據《淮南子·天文訓》改。

〔九九〕「晡」，與《藝文類聚》卷一、《初學記》卷一、《太平御覽》卷三同，《淮南子·天文訓》作「餔」。

〔一〇〇〕「兒」，蜚雲閣本、咫進齋本、續經解本并作「免」，據《漢書》卷七十二改。

〔一〇一〕《春秋》立子以貴不以長」，《後漢書》卷一下作「《春秋》之義，立子以貴」。

〔一〇二〕「彊」，蜚雲閣本、咫進齋本、續經解本并作「疆」，據《後漢書》卷一下改。

〔一〇三〕「以王」，《後漢書》卷一下作「以彊」。

〔一〇四〕「孫」，蜚雲閣本、咫進齋本、續經解本并奪，據《史記》卷五十八補。

〔一〇五〕「宋公」，《史記》卷五十八作「宋宣公」，且重其文。

〔一〇六〕「者」，蜚雲閣本、咫進齋本、續經解本并奪，據《漢書》卷八十五補。

〔一〇七〕「以」，螢雲閣本、咫進齋本、續經解本并奪，據《漢書》卷八十五補。

〔一〇八〕「義路開，則利門閉」，《後漢書》卷九十三作「義路閉，則利門開」。

〔一〇九〕「義」，《漢書》卷七十四作「誼」。

〔一一〇〕「卒與」，《後漢書》卷七十六作「於」。

〔一一一〕「聖人」，《後漢書》卷七十六無「人」字，疑衍。

〔一一二〕「朝會」，《後漢書》卷六十五作「廟會」。

〔一一三〕「以」，《後漢書》卷六十五作「亦」。

〔一一四〕「孔子作」，《後漢書》卷九十一無。

〔一一五〕「王子猛」，螢雲閣本、咫進齋本、續經解本并作「王子崩」，據《後漢書》卷九十一改。

〔一一六〕「岷民」，《漢書》卷三十六作「民萌」。

春秋繁露注

解題

董仲舒《春秋繁露》，原天以尊禮，援比以貫類，洞天人之本原，明陰陽之五行，「正其誼，不謀其利；明其道，不計其功」（《漢書·董仲舒傳》），博極閎深，旨奥詞賾。不熟《公羊》者，則不能讀。故《春秋繁露》行世以來，時隱時現，學者未予關注。宋計臺本刊行後，學界雖有研究，但成果不多，且或疑其爲僞書者。凌曙乃構求善本，以王道焜本、張惠言讀本爲主，兼采武英殿聚珍版本、盧文弨抱經堂校本之長，重加釐正。又秉承《公羊》家法，復采列代之舊聞，集先儒之成説，爲之注釋。隋唐以後諸書之引《繁露》者，一并考其異同，校其詳略。所引各家書目、姓氏，臚列下方。後之研究者，均以凌氏注本爲基礎。今《春秋繁露注》版本有：（一）上海圖書館藏凌曙稿本（簡稱「稿本」）。此本十七卷，缺卷十四，爲凌曙手抄，且有校改。其卷十七之末有附注兩條，其一云：「自秋徂冬，四閲月而後抄成，尚須從各書對校一過也。」據書中頗多校改處，則此條當作於抄成之後，修改之前。其二云：「十九年秋七月，校于朱文[正]之知足齋。時寓吴門，教讀甘霖、香霖二生，文正公之曾孫也。」此「十九年」即嘉慶十九年（一八一四）。朱文正指朱珪（一七三一—一八〇七），字石君，號南崖。原籍浙江蕭山，隨父僑居順天府大興縣，遂入籍。乾隆十二年（一七四七）

進士，歷官福建糧道、福建按察使、湖北按察使、山西布政使、兩廣總督、安徽巡撫，任太子少保、吏部尚書、體仁閣大學士。嘉慶十一年卒，贈太傅，謚文正。此本末有《題跋附録》，收《崇文書目》、《中興館閣書目》、晁公武《郡齋讀書志》、歐陽修《六一先生書後》、新安程大昌泰之《秘書省書繁露後》、胡榘《跋春秋繁露》，頁首標注「頂格寫」字樣，且與《蜚雲閣叢書》本文字相近，似爲刊刻時所據者。（二）嘉慶二十年《蜚雲閣叢書》本（簡稱「蜚雲閣本」）。此本爲《繁露注》最初刊本，半頁十一行，行二十二字。封面題「嘉慶乙亥年鐫，春秋繁露，蜚雲閣藏版」，每卷末有「金陵洪萬盈鋟」一行。卷首有嘉慶二十年五月初十日洪梧序，次爲樓郁《春秋繁露序》，次爲嘉慶二十年四月既望凌曙自序，次《董仲舒傳》，次《尺牘附》（收吴鼒、秦恩復、阮元、鄧立誠四家，爲他本所無），次《凡例》，次《題跋附録》（與稿本同），次《目録》。（三）同治十二年（一八七三）粤東書局刻《古經解彙函》本（簡稱「彙函本」）。此本爲《古經解彙函》第十六，封面署「江都凌氏注本」。半頁十行，行二十一字。書末有《題跋附録》。卷首有洪梧序、樓郁《春秋繁露序》、凌曙自序，次爲《凡例》《目録》及《董仲舒傳》。（四）光緒間南菁書院《皇清經解續編》本（簡稱「續經解本」）。此本爲《皇清經解續編》卷八百六十五至八百八十一，僅有正文，無目録、序跋、附録，多取盧氏抱經堂本《春秋繁露》改正蜚雲閣本，凌注顯誤處亦略有校改，并無校記。（五）光緒五年（一八七九）《畿輔叢書》本（簡稱「畿輔本」）。首有趙州張駒賢叙録，無目録、序跋、附録，其正文取蜚雲閣本，每卷末有張駒賢撰《凌注校正》。（六）民國潮州鄭氏《龍谿精舍叢書》本（簡稱「龍谿本」）。此本牌記題「潮陽鄭氏用凌氏蜚雲閣本刊」，即取蜚雲閣本爲底本，卷首增《欽定四庫全書提要》一篇，次以洪梧序、樓郁《春秋繁露序》、《凡例》、《董仲舒傳》、《尺牘附》、《目録》。半頁十一行，行二十二字。卷十七末有「廣陵邱義卿、邱紹周監刻」「揚州趙明德鐫刻」一行，末附《題跋附録》。其文字亦與蜚雲閣本同。此外有一九七五年中華書局據蜚雲閣刻本重排鉛印大字本，有標點，於顯誤之處，徑爲改易而無校語。今以蜚雲閣本爲底本，以稿本、彙函本、續經解本、畿輔本、龍谿本校勘，《春秋繁露》正文兼取宋計臺本、武英殿聚珍版本及盧氏抱經堂本，詳爲校勘。

春秋繁露注序〔一〕

賜進士出身、誥授朝議大夫、前翰林院編修、山東沂州府知府，新安洪梧撰

余初主梅花講席之年，則以《公羊通禮》《詩經通禮》課業諸子。時，凌子曉樓以所著《四書典故覈》進。見其好學窮經，精心求古，與言曰：「子，廣陵人也。廣陵之學，有曹憲、李善之《文選》注，唐人以爲詞章之學，然訓詁特詳博通記，此詞章而兼訓詁之學也；有杜佑之《通典》，裒輯八門，包羅前代，此政書之學也；有潘徽之《江都集禮》，道備五常，用兼八代，此五禮之學也；有董仲舒《春秋繁露》，傳授《公羊》，該通經禮，此《春秋》公羊之學也。《繁露》一書，未有箋釋。不熟《公羊》者，則不能讀《繁露》，而妄臆爲贋作，業幾廢矣。子其有心於是乎？」凌子由是卒業《公羊》，并讀《繁露》。

由明經赴舉京兆，從遊阮侍郎之門，佐集經籍，亦嘗誨之曰：「聖經賢傳，論修齊治平者備矣，大都不外河間獻王一語，『實事求是』而已。而事之是非，孰有大於《春秋》者乎？《公羊》孤經，久成絶學。以子精力强盛，曷不盡心？先師有言：『朝聞道，夕死可矣。』況來日未有艾乎？武進劉

君申受，於學無所不窺，尤精《公羊》。與之講習，庶幾得其體要矣。」于是所見益廣，所業益進。三載歸，《繁露》諸篇，皆能通究本末。復肆力於先秦、兩漢諸儒之書及諸經義疏，凡《繁露》篇義字句，皆櫛梳而理解之，不但貫徹何、徐，而董氏三年下帷根柢之藴，正誼明道天人之本原，靡不洞於心而抉於手。蓋江都、廣川之所未行，漢武之所未用者，皆悉數其家珍，覼縷其淵蓄，而後知仲舒以《公羊》之學，爲王佐之才，信不虛也。

盧抱經先生僅以《公羊》釋《繁露》，已令讀者稍見眉目。凌子乃能以諸書疏證，俾無疑義，故於注《繁露》之時，并爲《公羊五禮補疏》十有一卷。是凌子有功於董子，而又有功於何、徐也。由此日博於文，則曹、李訓詁之《選》學在是；而約之以禮，以施於用，即潘氏《五禮》之學、杜氏政書之學亦在是。廣陵之學，皆在凌子矣。凌子勉乎哉！

嘉慶二十年五月初十日書於梅花書院之群玉堂

校勘記

〔一〕此篇序文，稿本、續經解本、畿輔本無。

春秋繁露序〔一〕

《六經》道大而難知，《韓詩外傳》：「千舉萬變，其道不窮，《六經》是也。」惟《春秋》，聖人之志在焉。《孝經鈎命決》云：「孔子在庶，德無所施，功無所就，志在《春秋》，行在《孝經》。」自孔子没，莫不有傳。名於傳者五家，用於世，纔三而止耳。《漢書·藝文志》：「昔仲尼没而微言絶，七十子喪而大義乖，故《春秋》分爲五。」韋昭曰：「謂左氏、公羊、穀梁、鄒氏、夾氏也。」桉，鄒氏無師，夾氏無書，惟三家立於學官。其後，傳世〔二〕學散，原迷〔三〕而流分。

蓋《公羊》之學，後有胡母子都。《廣韻》：「《風俗通》云：『胡母姓，本胡公之後也。公子完奔齊，遂有齊國，而宣王母弟别封母鄉。遠本胡公，近取母邑，故曰胡母氏也。』」《漢書》曰：「字子都，齊人也。齊之言《春秋》者，多受胡母生。」董仲舒治其説，《公羊》疏：「胡母生以《公羊》經、傳，傳授董氏。」信勤矣。嘗爲武帝置對於篇，又自著書，以傳於後。其微言至要，蓋深於《春秋》者也。然聖人之旨在經，經之失傳，傳之失學，故漢諸儒，《韓詩外傳》：「儒者，儒也。『儒』之爲言『無』也，不易之術也。」《意林·風俗通》：「儒者，區也。言其區别古今，居則翫聖哲之詞，動則行典籍之道。」多病專門之見，各務高師之言，至窮智畢學，或不出聖人大中之道，使周公、孔子之志既晦而隱焉。董生之書，師古曰：「生，猶言先生。」視諸儒，尤博極閎深也〔四〕。本傳稱《玉杯》《繁露》《清明》《竹林》之屬，今其書十卷，又總名《繁露》，其是非，請俟賢者辨之。

太原王君，家藏此書，常謂：「仲舒之學，久鬱不發，將以廣之天下〔五〕。」就予求序，因書其本末云。

慶曆七年二月，大理評事、四明樓郁書桉：郁，字子文。

校勘記

〔一〕此篇序文，殿本、續經解本、畿輔本無。

〔二〕「傳世」，計臺本作「傳出」。

〔三〕「迷」，龍谿本作「遠」。

〔四〕「也」，計臺本上有「者」字，當據補。

〔五〕「將以廣之天下」，計臺本作「將摹印以廣之於天下」，當據補。

自序〔一〕

國子學生江都凌曙撰

昔仲尼志在《春秋》，行在《孝經》。《春秋》爲撥亂反正之書，聖德在庶，修素王之文焉。周室既衰，秦并天下，焚書坑儒，先王之道，蕩焉泯焉。炎漢肇興，鴻儒蔚起，各執遺經，抱殘守闕。《公羊》至漢，始著竹帛，書紀散，孔不絶，此中蓋有天焉。廣川董生，下帷講誦，實治《公羊》。維時古學未出，《左氏》不傳《春秋》，《公羊》爲全孔經，而仲舒獨得其精義，説《春秋》之得失頗詳。蓋自西狩獲麟，爲漢制法，知劉季之將興，識仲舒之能亂，受授之義，豈偶然哉？

據百國之寶書，乃九月而經立。于是以《春秋》屬商，商乃傳與公羊高，高傳與其子平，平傳與其子地，地傳與其子敢，敢傳與其子壽。自高至壽，五葉相承，師法不墜。壽乃一傳而爲胡母生，再傳而爲董仲舒。太史公謂：「漢興，五世之間，唯仲舒名爲〔二〕明於《春秋》，其傳公羊氏也。」觀諸

《藝文》所載，著述甚夥，今不概見，所存者唯《春秋繁露》十有七卷。原書亦皆失次，然就其完善者讀之，識禮義之宗，達經權之用；行仁爲本，正名爲先；測陰陽五行之變，明制禮作樂之原。體大思精，推見至隱，可謂善發微言大義者已。

漢武即位，以文學爲公卿，欲議古立明堂城南，以朝諸侯，草巡狩、封禪、改歷服色，事未就。及仲舒對册，推明孔氏，抑黜百家；立學校之官，州郡舉茂才、孝廉，皆自仲舒發之，然終未盡其用。當武帝時，公卿以下，争於奢侈，僭上亡度，民皆背本趨末。仲舒乃從容説上，切中當世之弊。及仲舒死後，功費愈甚，天下虚耗，武帝乃悔征伐之事無益也。劉向謂：「仲舒有王佐之才，雖伊、吕無以加。筦、晏之屬，殆不及也。」

今其書流傳既久，魚魯雜揉，篇第褫落，致難卒讀。淺嘗之夫，横生訾議。經心聖符，不絶如綫，心竊傷之。遂乃構求善本，重加釐正；又復采列代之舊聞，集先儒之成説，爲之注釋。及隨〔三〕唐以後諸書之引《繁露》者，莫不考其異同，校其詳略。書目、姓氏，咸臚列于下方。

夫聖情幽遠，末學難窺。賴彼先賢，以啓檮昧。事跡既明，義例斯得。輔翼經傳，舍此何從？曙也不敏，耽慕其書，傳習有年，弗忍棄置。至于是書之善，正誼明道，貫通天人，非予膚淺之識所能推見。登堂食胾，願以俟諸好學深思之士。

嘉慶二十年四月既望，書于蜚雲閣

校勘記

〔一〕此文稿本、龍谿本、續經解本、畿輔本并無。

〔二〕「爲」，蜚雲閣本、彙函本并奪，據《史記》卷一百二十一補。

〔三〕「隨」，彙函本作「隋」。

董仲舒傳〔一〕

董仲舒，廣川人也。《廣韻》：「飂叔安裔子董父，實甚好龍。帝舜嘉焉，賜姓曰董。」廣川，故趙國。桉《地志》，廣川屬信都國，景帝二年爲廣川國。《諸侯王表》：「文帝采賈生之議，分齊、趙；景帝用晁錯之計，削吴、楚；武帝施主父之册，下推恩之令，使諸侯王得分户邑，封子弟。不行黜陟，而藩國自析。自此以來，齊分爲七，趙分爲六。」顔師古注：「謂趙、平原、真定、中山、廣川、河間也。」《史記·儒林傳》稱「於趙自董仲舒」，仍其故也。後漢安帝延光元年，改信都爲安平國，分廣川屬清河國，故又爲清河廣川人。《水經注》：「縣〔二〕有長河爲流，故曰廣川也。」以治《春秋》，孝景時爲博士。《百官表》：「博士，秦官，掌通古今，秩比六百石。」下帷講誦，《廣輿記》：「董家里，景州廣川鎮。仲舒下帷于此。」班固曰：「仲舒遭秦滅學之後，六經離析，下帷發憤，潛心大業，令後〔三〕學者有所統壹，爲群儒首。」弟子傳以久次相受業，或莫見其面。蓋三年，董仲舒不觀於舍園，其精如此。顔師古〔四〕曰：「言新學者，但就其舊弟子受業，不必親見。仲舒雖有園圃，不窺視之，言專學也。」王充曰：「董仲舒讀《春秋》，專精一思，志不在他，三年不窺園菜。」進退容止，非禮不行，學士皆師尊之。

今上即位，爲江都相。《索隱》曰：「桉，仲舒事易王。王，武帝兄。」以《春秋》災異之變，推陰陽所以錯行。故求雨，閉諸陽，縱諸陰；其止雨，反是。行之一國，未嘗不得所欲。《漢舊儀》：「儒術奏施行董仲舒請雨事，始令丞相以下求雨雪。」中廢爲中大夫，《漢書·母丘壽王傳》：「詔使從中大夫董仲舒受《春秋》，高材通明，遷侍中。」居舍，著《災異之記》。是時，遼東高廟災，主父偃疾之，取其書，奏之天子。《索隱》曰：「桉，《漢書》以爲遼東高廟及長陵園殿災也。仲舒爲〔五〕《災異記》，草而未奏，主父偃竊而奏之。」天子詔〔六〕諸生，示其書，有刺譏。董仲舒弟子吕步舒徐廣曰：「一作『荼』，亦音舒。」《史記》：「仲舒弟子遂者，蘭陵褚大〔七〕、廣川殷忠、温吕步舒。」不知其師書，以爲下愚。於是下董仲舒吏，當死，詔赦之。於是，董仲舒遂〔八〕不敢復言災異。

董仲舒爲人廉直。是時方外攘四夷，公孫弘治《春秋》，不如董仲舒，而弘希世用事，位至公卿。《史記》：「丞相公孫弘者，齊菑川國薛縣人也，字季。家貧，牧豕海上。年四十餘，乃學《春秋》雜説。」《儒林傳》：「公孫弘以《春秋》，白衣爲天子三公，封以平津侯，天下之學士靡然鄉風矣。」董仲舒以弘爲從諛。弘疾之，乃言上曰：「獨董仲舒可使相膠西王。」《史記》：「弘爲人意忌，外寬内深。諸嘗與弘有郤〔九〕者，雖陽〔一〇〕與善，陰報其禍。殺主父偃，徙董仲舒於膠西，皆弘之力也。」《漢書》：「膠西于王端，孝景前三年立。」《方輿紀要》：「膠西，治今萊州府膠州高密〔一一〕縣，亦曰高密國。」膠西王素聞董仲舒有行，亦善待之。

董仲舒恐久獲罪，疾免《漢書》：「凡相兩國，輒事驕王。」居家。至卒，終不治産業，以修學著書爲事。故漢興至於五世之間，唯董仲舒名爲明於《春秋》。其傳，公羊氏也。師古曰：「凡言『傳』者，謂爲之解説。」公羊高，齊人，名高。戴宏《序》云：「子夏傳與公羊高，高傳與其子平，平傳與其子地，地傳與其子敢，敢傳與其子壽。至漢景帝時，齊人胡母子都著于竹帛，與董仲舒皆見於圖讖是也〔一二〕。」

校勘記

〔一〕此篇稿本、彙函本并在《目録》下，畿輔本無。

〔二〕「縣」，《水經注》卷九作「縣中」。

〔三〕「後」，蜚雲閣本、彙函本、龍谿本并奪，據稿本、《漢書》本傳補。

〔四〕「顔師古」，稿本無「顔」字。

〔五〕「爲」，諸本并奪，據《史記》卷一百二十一補。

〔六〕「詔」，《史記》卷一百二十一作「召」。

〔七〕「褚大」，蜚雲閣本、彙函本、龍谿本誤作「楮大」，據稿本、《史記》卷一百二十一改。

〔八〕「遂」，《史記》作「竟」。

〔九〕「郤」，諸本作「卻」，據《史記·平津侯主父列傳》改。下同。

〔一〇〕「陽」，《史記》作「詳」。

〔一一〕「高密」，蜚雲閣本作「高蜜」，據彙函本、龍谿本改。下「高密國」同。

〔一二〕「是也」，戴宏《序》見《公羊注疏·序》引，「是也」二字爲徐彦疏語，疑當删。

尺牘附〔一〕

吴鼒頓首

曉樓先生師席：閣下食貧嗜古，誠養竭誠，可謂文行兼美，吾黨之麟鳳也。奉上四金。此賣文錢，非盜跖之樹，或可稍佐白華之養。哂入。即問。

侍奉萬安。

愚弟秦恩復頓首

曉樓先生：前承示新校注《春秋繁露》，時復抱幽憂之疾，神智嗒喪，未能盡讀。《公羊》之學久絶。董子傳《公羊》，于《繁露》僅存其略，傳本甚鮮。得先生校注行世，有功于前人不小。俟心氣稍定，細細尋繹。或于它書中引《公羊》讖者，比附于後，更爲有益。謹奉上朱提一流，聊佐剞氏。乞哂存之。此候日安，不具。

同學弟阮元頓首

曉樓二兄：俗事匆匆，未得常爲修候。惟知尚館朱觀察處，想一切皆爲平善。頃從揚州送到大著

《繁露注》四本，略爲披覽，閎深肅括，卓然成一家言。自有《繁露》以來，二千餘年，有功此書者，此其最也。快慰！快慰！近來所肄何如？便中示及。弟心拙事繁，鬚白其半。看案牘，非眼鏡不可，大非在京之時。京園看花之樂，求之近年，不可得矣。肅此恭候近祉，不具。

愚弟鄧立誠頓首

曉樓二兄足下：弟昨在西園，見吴山尊先生，極贊足下所注《春秋繁露》，且曰：「頃予在江寧見孫淵如先生，先生詢凌君甚悉，驚嘆其所注，以爲奇士。得一知己，可以無憾，況先生固海内之宗匠、當代之經師乎！子歸，爲凌君言之，庶益堅其進取之志也。」弟彼時聞之，驚喜欲泣。歸來已三更矣，匆匆手書以聞，不及待明日也。足下《公羊補疏》，徵引精博，雖殷侑，何以相過？弟曾有贈人詩云：「讀書誰解思輪扁，成佛方能識懶饞。」足下以爲何如？

校勘記

〔一〕「尺牘附」，蜚雲閣本題書口上，龍谿本題書口中，稿本、彙函本、續經解本、畿輔本并無。

凡例〔一〕

一、是書以聚珍本爲主，桉語臚列于下。凡「官本桉：某，他本作某」者，皆是。
一、是書明王道焜本向有注者，加「原注」二字；引盧學士抱經本，加「盧注」二字。
一、是書缺文，據聚珍本增入。
一、是書錯簡，凡有「此下當接某處」者，皆依官本及武進張〔二〕皋文編修讀本、盧學士刻本改正。
一、是書所引《春秋》，皆《公羊》家言，故兩《傳》不敢羼入。惟書中引《穀梁》之文僅一條，故引《穀梁》以注之。至於土地、人名，間有引杜注者，以無關義例故也。

校勘記

〔一〕稿本《凡例》在《董仲舒傳》《目録》下，續經解本、畿輔本無。
〔二〕「張」，彙函本無。

題跋附録〔一〕

崇文總目

《春秋繁露》，漢膠西相董仲舒撰。案，仲舒本傳：「説《春秋》事得失，《聞舉》《玉杯》《蕃露》《清明》《竹林》之屬數十篇，十餘萬言。」解者但謂所著書名，而隋、唐《志》《繁露》卷目與今正同。案，其書盡八十二篇，義引宏博，非出近世。然其間篇第已〔二〕舛，無以是正。又即用《玉杯》《竹林》題篇，疑後人取而附著云。

中興〔三〕館閣書目

《春秋繁露》，漢膠西相董仲舒撰。仲舒，廣川人，説《春秋》事得失，《聞舉》《玉杯》《蕃露》《清明》《竹林》之屬數十篇。顔師古注：「皆其所著書名。」今《繁露》中有《玉杯》《竹林》二篇，隋、唐《書》及《三朝國史志》十七卷，今十卷。「繁露」之名，先儒未有釋者。案，《逸周書·王會解》：「天子南面立，絻，無繁露。」注云：「繁露，冕之所垂也，有聯貫之象。」《春秋》屬辭比事，仲舒立名，或取諸此。

晁公武〔四〕郡齋讀書志

《春秋繁露》十七卷，漢董仲舒撰。史稱：「仲舒説《春秋》事得失，《聞舉》《玉杯》《繁露》《清明》《竹林》之屬數十篇，十餘萬言，皆傳於後世。」今溢而爲八十二篇，又通名「繁露」，皆未詳。隋、唐卷目與今同，但多訛舛。

六一先生書後〔五〕

《漢書·董仲舒傳》載：仲舒所著書百餘篇，第〔六〕云《清明》《竹林》《玉杯》《繁露》之書，蓋略舉其篇名。今其書纔四十篇，又總名「春秋繁露」者，失其真也。予在館中校勘群書，見有八十餘篇，然多錯亂重復〔七〕。又有民間應募獻書者，獻三十餘篇。其間數篇，在八十篇外。乃知董生之書，流散而不全矣。方俟校勘，而予得罪。夷陵秀才田文初以此本示予，不暇讀。明年春，得假之許州，以舟下南郡，獨卧閲此，遂志之。董生，儒者。其論深極《春秋》之旨，然惑於改正朔，而云「王者，大一元者」，牽於其師之説，不能高其論，以明聖人之道，惜哉！惜哉！景祐四年四月四日書。

新安程大昌泰之秘書省書繁露後

右《繁露》十七卷，紹興間董□〔八〕所進。臣觀其書，辭意淺薄，間掇取董仲舒策語，雜置其中，輒不相倫比，臣固疑非董氏本書。又，班固記其説《春秋》凡數十篇，《玉杯》《蕃露》《清明》《竹林》各爲之名，似非一書。今董□進本，通以「繁露」冠書，而《玉杯》《清明》《竹林》特各居其篇卷之一，愈益可疑。他日讀《太平寰宇記》及杜佑《通典》，頗見所引《繁露》語言，顧今書皆無之。《寰宇記》曰：「三皇驅車抵谷口。」《通典》曰：「劍之在左，蒼龍之象也；刀之在右，白虎之象也；鈎之在前，朱雀之象也；冠之在首，玄武之象也。四者，人之盛節〔九〕也。」此數語者，不獨今書所無，且其體致全不相似，臣然後敢〔一〇〕言今書之非本真也。牛亨〔一一〕問崔豹：「冕旒以繁露者，何？」答曰：「綴玉而下垂，如繁露也。」則繁露也者，古冕之旒，似露而垂，是其所從假以名書也。以杜、樂所引，推想其書，皆句用一物，以發己意，有垂旒凝露之象焉，則《玉杯》《竹林》同爲説〔一二〕物，又可想見也。漢、魏間人所爲文，有名「連珠」者，其聯貫物象，以達己意，略與杜、樂所引同，如曰「物勝權，則衡殆；形過鏡，則影窮」者，是其凡最也。以《連珠》而方古體，其殆「繁露」之自出歟？其名、其體，皆契合無殊矣。

淳熙乙未，予佑〔一三〕蓬監，館本有《春秋繁露》。既嘗書所見卷末，而定正〔一四〕其爲非古矣。後又因讀《太平御覽》，凡其部彙，列叙古《繁露》語特多，如曰：「禾實於野，粟缺於倉，皆奇怪，非人所意，此可謂也〔一五〕。」又曰：「金干土，則五穀傷；土干金，則五穀不成。」張湯欲以鶩當鳧，祠祀宗廟，仲舒曰：「鶩非鳧，鳧非鶩，愚以爲不可。」又曰：「以赤統者，幘尚赤〔一六〕。」諸如此類，亦皆附物著理，無憑虛發語者，然後益自信予所正定不謬也。《御覽》，太平興國間編緝〔一七〕。　此時《繁露》尚存，今遂逸不傳，可嘆也已！

跋春秋繁露〔一八〕本傳作「蕃」

《繁露》一書，凡得四本，皆有□〔一九〕高祖正議先生序文。始得寫本於理中〔二〇〕，亟傳而讀之，舛誤至多，恨無他〔二一〕本可校。已而得京師印本，以爲必佳，而相去殊不遠；又竊疑《竹林》《玉杯》等，各與其言〔二二〕不相關。後見尚書公程〔二三〕跋語，亦以篇名爲疑；又以《通典》《太平御覽》《太平寰宇記》所引《繁露》之書，今書皆無之，遂以爲非董氏本書。且以其名，謂必類小説家。後自爲一編，説〔二四〕雜事，名《演繁露》，行於世。開禧三年，今編修胡君仲方榘〔二五〕宰萍鄉，得羅氏蘭堂本，刻之縣庠，考證頗備。凡程公所引三書之言，皆在書中，則知程公所見者未廣，遂謂爲小説者，非也。然止於三十七篇，終不合《崇文書目》及歐陽文忠公所藏八十二篇之數。

余老矣，猶欲得一善本。聞婺女潘同年叔度景憲多收異書，屬其子弟訪之，始得此本，果有八十二篇。是萍鄉本猶未及其半也，喜不可言。以校印本，各取所長，悉加改定。義〔二六〕通者，兩存之。轉寫相訛，又古語亦有不可强通者。《春秋會解》一書，□□□年□□所集。仲方摭〔二七〕其引《繁露》十三條，今皆具在。余又據《説文解字》「王」字下引董仲舒曰：「古之造文者，三畫而連其中，謂之王。三者，天、地、人也；而參通之者，王也。」許叔重在後漢和帝時。今所引，在《王道通三第〔二八〕四十四》篇中。其餘〔二九〕傳中對「越三仁」之問，「朝廷有大議，使使者及廷尉張湯就其家問之」，「求雨，閉諸陽，縱諸陰；其止雨，反是」，三策中言「天之仁愛人君」，「天道之大者在陰陽，陽爲德，陰爲刑，故王者任德教而不任刑」之類，今皆在其書中，則其爲仲舒所著無疑。且其文詞，亦非後世所能到也。《左氏傳》猶未行於世，仲舒之言《春秋》，多用《公羊》之説。嗚呼！漢承秦敝，訪〔三〇〕求儒雅士，以經學專門者甚衆，獨仲舒以純儒稱。人但見其潛心大業，非禮不行，對策爲古今第一。余竊謂，「惟仁人」之對曰：「仁人者，正其誼，不謀其利；明其道，不計其功。」又有言曰：「不由其道而勝，不如由其道而敗。」此類非一，是皆真得吾夫子之心法，蓋深於《春秋》者也。自揚〔三一〕子雲猶有愧於斯，況其他乎？其得此意之純者，在近世，惟范太史《唐鑑》爲庶幾焉：褒貶評論，惟是之從，不以成敗爲輕重也。潘氏本《楚莊王篇》爲第一，他本皆無之。前後增多凡四十二篇，而三篇闕焉。惟《玉杯》《竹林》二篇之名，未有以訂之，更俟來哲。仲方得此，猶〔三二〕以爲前所未見，相與校讎，將寄江右漕〔三三〕臺長兄祕閣公刻之，而謂余記其後。嘉定三年中伏日，四明樓鑰書于攻媿齋。

榘頃歲刻《春秋繁露》於萍鄉，凡十卷三十七篇。雖非全書，然亦人間之所未見，故樂與吾黨共之。後五年，官中都，復從攻媿先生大參樓公得善本，凡八十二篇，爲十七卷，視隋、唐《志》、《崇文總目》諸家所紀，篇卷皆同，唯三篇亡耳。先生〔三四〕又手自讎校，是正訛舛，今遂爲全書。乃録本，屬□祕閣兄重刊於江右之計臺〔三五〕，以惠後學云。嘉定辛未四月初吉，朝奉郎、宗正丞、兼權右司郎官、兼樞密院檢詳諸房文字胡榘書。

校勘記

〔一〕《題跋附録》，盧本次序略同，題作「春秋繁露附録」；稿本、彙函本、龍谿本置書末，標題同；計臺本亦置書末，標題作「題跋附」；殿本、續經解、畿輔本無。

〔二〕「已」，計臺本作「亡」。

〔三〕「中興」，盧本作「南宋」。

〔四〕「晁公武」，盧本下有「子武」二字。

〔五〕「書後」，計臺本作「書春秋繁露後」，盧本作「歐陽永叔書後」。

〔六〕「第」，計臺本作「弟」。

〔七〕「重復」，計臺本作「重複」。

〔八〕「董□」，盧本、龍谿本作「董某」。下「董□」并同。

〔九〕「盛節」，計臺本、盧本作「盛飾」，龍谿本作「聖節」。

〔一〇〕「敢」，龍谿本作「取」。

〔一一〕「牛亨」，《文獻通考》卷一百八十二同；盧本、龍谿本作「牛享」，與本書卷一凌注引《博物志》同。今案，四庫本《古今注》卷下云：「牛亨問曰：『冕旒以繁露，何也？』答曰：『綴珠垂下，重如繁露也。』」《太平御覽》卷六百八十六引崔豹《古今注》則云：「牛亨問曰：『冕旒如繁露，何？』答曰：『綴而下垂，如露之繁多，故曰繁露。』」

〔一二〕「説」，計臺本、盧本、龍谿本作「托」。

〔一三〕「佑」，計臺本、盧本、龍谿本作「佐」。

〔一四〕「定正」，計臺本、盧本作「正定」。
〔一五〕「非人所意，此可謂也」，計臺本作「非人所意，此可畏也」，《太平御覽》卷八百三十九作「非人所意乎？此可畏也」，盧本、龍谿本作「非人所意，此可證也」。盧文弨校云：「舊本作『此可謂也』，《文獻通考》作『此可畏也』，皆誤。」
〔一六〕「赤」，稿本、蜚雲閣本、彙函本并奪，據計臺本、盧本、龍谿本及《太平御覽》卷六百八十七補。
〔一七〕「編緝」，計臺本作「編輯」，當據改。
〔一八〕「跋春秋繁露」，盧本作「四明樓大防跋」；殿本置于書末，無標題。
〔一九〕「□」，殿本、盧本、龍谿本作「余」。
〔二〇〕「理中」，計臺本、殿本、盧本、龍谿本作「里中」。
〔二一〕「他」，計臺本作「它」。下「他本」「其他」并同。
〔二二〕「各與其言」，計臺本、殿本、盧本作「名與其書」，「名」屬上讀。
〔二三〕「公程」，計臺本、殿本、盧本、龍谿本作「程公」。
〔二四〕「説」，計臺本、殿本、盧本、龍谿本并作「記」。
〔二五〕「渠」，諸本作「繁」，據計臺本、殿本、盧本改。
〔二六〕「義」，諸本作「議」，據計臺本、殿本、盧本改。
〔二七〕「摭」，諸本作「摭」，據計臺本、殿本、龍谿本改。
〔二八〕「第」，稿本、蜚雲閣本、彙函本作「篇」，據殿本、盧本、龍谿本改。計臺本作「弟」。
〔二九〕「餘」，稿本、蜚雲閣本作「余」，盧本、龍谿本作「本」，據計臺本、殿本、彙函本改。

〔三〇〕「訪」，計臺本闕，殿本、盧本作「旁」。
〔三一〕「揚」，稿本、彙函本作「楊」。
〔三二〕「猶」，計臺本、殿本、盧本作「尤」。
〔三三〕「漕」，稿本、蜚雲閣本、彙函本作「澮」，據計臺本、殿本、盧本、龍谿本改。
〔三四〕「先生」，彙函本作「先王」，殿本無此節附注。
〔三五〕「臺」，稿本闕，蜚雲閣本、彙函本作「筌」，據計臺本、龍谿本改。

春秋繁露目録〔一〕

校勘記

〔一〕「春秋繁露目録」，畿輔本無。

〔二〕「膠西」，計臺本下有注：「合作『江都』。」

〔三〕「五行對」，計臺本、殿本作「五行弟」，盧本作「五行對第」二字。

〔四〕「爲人者」，計臺本、盧本作「爲人者天」。

〔五〕「王道通」，計臺本、殿本、盧本作「天道通三」。

〔六〕「天辨」，計臺本、殿本、盧本作「天辨在人」。

春秋繁露卷一〔一〕

《史記》：「上大夫董仲舒推《春秋》，頗著文焉。」《索隱》曰：「《繁露》。」〔二〕《逸周書·王會解》：「天子南面立，絻，無繁露。」注云：「繁露，冕之所垂也。」《博物志》〔三〕：「牛亨問崔豹：『冕旒以繁露者，何？』答曰：『綴玉而下垂，如繁露也。』」《西京雜記》：「董仲舒夢蛟龍入懷，乃作《春秋繁露》詞。」《周禮·大司樂》賈公彦疏：「前漢董仲舒作《春秋繁露》。繁，多；露，潤。爲《春秋》作義，潤益處多。」《玉海》云：「董仲舒《春秋繁露》以屬辭比事，有連貫之象焉。」

漢廣川董仲舒撰　江都凌曙注〔四〕

楚莊王第一

樓四明云：「潘氏本《楚莊王篇》爲第一，他本皆無之，然則爲潘氏附著無疑。」

楚莊王殺陳夏徵舒，《春秋》貶其文，不予專討也。徐廣曰：「楚在南郡枝江縣。」《括地志》云：「歸州巴東縣東南，歸故城，楚子熊繹之始國也。」《周本紀》注：「帝舜後遏父，爲周武王陶正，武王賴其器用，封其子嬀滿于陳，都宛丘之側。」宣十一年《經》：「楚人殺陳夏徵舒。」《傳》：「此楚子也，其稱人，何？貶。曷爲貶？不與外討也。不與外討者，因其討乎外而不與也。雖内討，亦不與也。曷爲不與？實與，而文不與。文曷爲不與？諸侯之義，不得專討也。諸侯之義，不得專討，則其曰『實與之』，何？上無天子，下無方伯。天下諸侯有爲無道者，臣弑君，子弑父，力能討之，則討之可也。」注：「辟天子，故貶見之。」靈王殺齊慶封，而直稱楚子，《史記》：「封尚父于營丘，曰齊。」正義曰：「今臨葘縣，吕望所封齊之都也。

營丘，在縣北百步外。」〔五〕昭四年《經》：「楚子以下伐吳，執齊慶封，殺之。」何也？據稱子爲褒，與伯討辭。靈王非賢，慶封罪隱，故執不知問。曰：莊王之行賢，而徵舒之罪重。宣十年《經》：「陳夏徵舒弒其君平國。」以賢君討重罪，其於人心善。若不貶，孰知其非正經？《春秋》常於其嫌得者，原注：「宋本作『德』。」見其不得也。《春秋》見其不得，所以别嫌明疑。是故齊桓不予專地而封，僖二年《經》：「城楚丘。」《傳》：「然則孰城之？桓公城之。曷爲不言桓公城之？不與桓公專封也〔六〕。」晉文不予致王而朝，《詩譜》云：「叔虞子燮父，以堯墟南有晉水，改曰晉侯。」僖二十八年《經》〔七〕：「公會晉侯、齊侯、宋公、蔡侯、鄭伯、衛子、莒子，盟于踐土，陳侯如會。公朝于王所。」《傳》：「曷爲不言『公如京師』？天子在是也。天子在是，則曷爲不言『天子在是』？不與致天子也。」《孔子世家》：「踐土之會，實召周天子，而《春秋》諱之，曰：『天王狩于河陽。』推此類，以繩當世貶損之義。後有王者舉而開之，《春秋》之義行，則天下亂臣賊子懼焉。」楚莊弗予專殺而討。三者不得，則諸侯之得，殆原注：「恐是『不待』。」貶矣。官本校：「『貶』，他本作『此』。」此楚靈之所以稱子而討也。《春秋》之辭，多所況是，《説文》：「況，譬也。」文約而法明也。《孔子世家》：「約其文辭而旨博。」問者曰：不予諸侯之專封，復見於陳、蔡之滅；《括地志》云：「豫州北上蔡縣，古蔡國。縣東有蔡岡，因名也。」昭十三年《經》：「蔡侯廬歸于蔡，陳侯吴歸于陳。」《傳》：「此皆滅國也。其言歸，何？不予諸侯專封也。」不予諸侯之專討，獨不復見慶封之殺，盧注：「『慶』上當有『於』字。」何也？「不予諸侯專討」之文，不復見于殺慶封之經、傳。曰：《春秋》之用辭，已明者去之，未明者著之。武進侍郎莊公存與曰：「《春秋》之辭，文有不再襲，事有不再見，明之至也。事若可類，以類索其别；文若可貫，以貫異其條。聖法已畢，則人事雖博，所不存也。」今諸侯之不得專討，固已明矣，而慶封之罪未有所見也，故稱楚子以伯討之，著其罪之宜死，昭四年《傳》：「慶封之罪何？脅齊君而亂齊國也。」以爲天下大禁，曰：人臣之行，貶主之位，亂國之臣，雖不篡殺，其罪皆宜死。比於此，其云爾也。《廣韻》：「臣，伏也，男子賤稱。」《春秋説》〔八〕曰：「正氣爲帝，間氣爲臣。」《一切經音義》：「篡，又患反。《説文》：『逆而奪取曰篡。』字從『厶』，音『私』，『算』聲。算，桑管反。《蒼頡篇》：『自營爲厶。』弑君之法，理無外聲，故字從『厶』也。」桉，「殺」當作「弑」。《白虎通》引《春秋讖》曰：「弑者，試也。欲言臣子殺其君父，不敢卒，候間司事，可稍稍弑之。」《釋文》云：「『弑』從『式』，『殺』從『殳』，不同。君父言『弑』，積漸之名；臣子云『殺』，卑賤之意。字多亂，故時復音之。」《鹽鐵論》「威厲而不殺」，「殺」音「弑」。《石經》「弑」作「試」，蓋古通用也。今則昉《釋文》之例，「弑」「殺」二字，每别白言之。

《春秋》曰〔九〕：「晉伐鮮虞。」奚惡乎晉而同夷狄也？《方輿紀要》：「北直真定府城東北四十里新市故城，鮮虞國都也。」昭十二年《經》：「晉伐鮮虞。」注：「謂之晉者，中國以無義，故爲夷狄所强。今楚行詐，滅陳、蔡，諸夏懼，然後去而與晉會于屈銀。不因以大綏諸侯，先之以博愛，而先伐同姓〔一〇〕，從親親起，欲以立威行霸，故狄之。」曰：《春秋》尊禮而重信，信重於地，禮尊於身。何以知其然也？宋伯姬〔一一〕恐不原注：「『恐不』，一作『疑』。」禮而死於火，《史記》：「乃命微子開代殷後，國於宋。」《世本》曰：「宋更曰睢陽。」杜預注：「宋，今梁國睢陽縣。」襄三十年《傳》：「宋災，伯姬卒焉。其稱謚，何？賢也。何賢爾？宋災，伯姬存焉。有司復曰：『火至矣！請出。』伯姬曰：『不可。吾聞之也：婦人夜出，不見傅、母，不下堂。傅至矣，母未至也。』逮乎火而死。」齊桓公疑信而虧其地，莊十三年〔一二〕《傳》：「莊公升壇，曹子手劍而從之。管子進曰：『君何求乎？』曹子曰：『城壞壓竟，君不圖與？』管子曰：『然，則君將何求？』曹子曰：『願請汶陽之田。』管子顧曰：『君許諾。』桓公曰：『諾。』曹子請盟，桓公下，與之盟。已盟，曹子摽劍而去之。要盟可犯，而桓公不欺；曹子可讎，而桓公不怨。桓公之信著乎天下，自柯之盟始焉。」《春秋》賢而舉之，以爲天下法，曰禮而信。禮無不答，施無不報，天之數也。今我君臣同姓適女，昭十二年疏：「言『先伐同姓』者，正以鮮虞姬姓故也。」《索隱》曰：「中山，古鮮虞國，姬姓也。」《説文》：「適，之也。宋、魯語。」女無良心，「女」「汝」同。禮以不答，有盧注：「有，古與『又』同。書内多如此。」恐畏我，何其不夷狄也！公子慶父之亂，魯危殆亡，而齊桓安之。官本桉：「安，他本作『公』。」於彼無親，尚來憂我，閔二年《傳》：「莊公死，子般弒，閔公弒〔一三〕。比三君死，曠年無君。設以齊取魯，曾不興師，徒〔一四〕以言而已矣。桓公使高子將南陽之甲，立僖公而城魯。」如何與同姓而殘賊遇我？《詩》云：「宛彼鳴鳩，翰飛戾天。傳：「宛，小貌。鳴鳩，鶻鵰。翰，高；戾，至也。行小人之道，責高明之功，終不可得。」我心憂傷，念彼先人。《毛詩》「彼」作「昔」。毛傳曰：「先人，文、武也。」明發不寐，毛傳：「明發，發夕至明。」有懷二人。」人皆有此心也。今晉不以同姓憂我，盧注：「舊本作『今晉文不以其同姓憂我』，訛。」而强大厭我，「厭」，讀如《檀弓》「死而不弔者三：畏、厭、溺」之「厭」。我心望焉。《索隱》曰：「望，猶責望，謂恨之也。」故言之不好，謂之晉而已，師古曰：「已，語終辭〔一五〕。」是婉辭也。問者曰：晉惡而不可親，公往而不敢至，隱元年注：「公者，五等之爵最尊。王者探臣子心，欲尊其君父，使得稱公。故《春秋》以臣子書葬者，皆稱『公』。」昭二年《經》：「冬，公如晉，至河乃復。」《傳》：「其言『至河乃復』，何？不敢進也。」乃人情耳。君子何耻而稱「公有疾」也？昭二十三年《經》：「冬，公如晉，至河，公有疾〔一六〕。」《傳》：「何言乎『公有疾，乃復』？殺耻也。」注：「因有疾，以殺畏晉之耻。」曰：惡無故自來，君子不耻，内省不疚，何憂何懼？官本桉：「『何懼』，他本作『於志』。」是已矣。今《春秋》耻之者，昭公有以取之也。臣陵〔一七〕其君，始於文而甚於昭公。受亂陵夷，師古曰：「陵，丘陵也；夷，平也。言其替，若丘陵之漸平也。」而無懼惕之心，囂囂然輕詐妄討，犯大禮而取同姓，昭十年注云：「去『冬』者，蓋昭公取吴孟子之年，故貶之。」師古曰：「取，讀曰『娶』。」接不義而重自輕也。人之言曰：「國家治，則四鄰賀；師古曰：「以禮物相慶曰賀。」國家亂，則四鄰散。」是故季孫專其位，而大國莫之正。謂齊、晉不能救正。出走八年，自二十五年九月孫於齊，至三十二年薨于乾侯，始終出走凡八年。死乃得歸。定元年《經》：「公之喪至自乾侯。」身亡子危，定元年《傳》：「即位何以後？昭公在外，得入、不得入，未可知也。曷爲未可知？在季氏也。」困之至也。《釋文》：「困，窮也。」君子不耻其困，而耻其所以窮。昭公雖逢此時，苟不取同姓，詎至於是！雖取同姓，能用孔子自輔，亦不至如是。時難而治簡，師古曰：「簡，謂簡於仁義也。」行枉而無救，是其所以窮也。

《春秋》分十二世以爲三等：有見，有聞，有傳聞。有見三世，有聞四世，有傳聞五世。故哀、定、昭，君子之所見也；顏安樂從襄二十一年以後，孔子生訖，即爲所見之世。襄、成、文、宣，君子之所聞也；僖、閔、莊、桓、隱，君子之所傳聞也。隱元年注：「所見者，謂昭、定、哀，已與父時事也；所聞者，謂文、宣、成、襄，王父時事也；所傳聞者，謂隱、桓、莊、閔、僖，高祖、曾祖時事也。」所見六十一年，所聞八十五年，所傳聞九十六年。於所見，微其辭；於所聞，痛其禍；於傳聞，殺其恩，《漢書・韋玄成傳》：「親疏之殺。」殺，漸降也。與情俱也。隱元年《傳》：「所見異辭，所聞異辭，所傳聞又〔一八〕異辭。」是故逐季氏而言「又雩」，微其辭也；昭二十五年《經》：「上辛大雩，季辛又雩。」《傳》：「又雩者，何？又雩者，非雩也，聚衆以逐季氏也。」子赤殺，桉，「殺」當作「弒」。弗忍言日，痛其禍也；文十八年《經》：「冬十月，子卒。」《傳》：「子卒者，孰謂？謂〔一九〕子赤也。何以不日？隱之也。何隱爾？弒也。弒則何以不日？不忍言也。」注：「所傳聞世，臣子恩痛王父深厚，故不忍言其日，與子般異。」子般殺而書「乙未」，殺其恩也。莊三十二年〔二〇〕《經》：「十月乙未，子般卒。」屈伸之志，詳略之文，皆應之。《運斗樞》曰：「《春秋》設七等之文，以貶絶録行，應斗屈伸。」是也。吾見〔二一〕其近近而遠遠，親親而疏疏也，亦知其貴貴而賤賤，重重而輕輕也。《釋名》：「貴，歸也，物所歸仰也；賤，踐也，卑下〔二二〕見踐履也。」有「又」，同。知其厚厚而薄薄，善善而惡惡也，《司馬遷傳》：「善善惡惡，《春秋》采善貶惡，推三代之德〔二三〕，非獨譏刺而已也。」師古曰：「善善者，謂褒寵〔二四〕善人也。」有「又」同。知其陽陽而陰陰、白白而黑黑也。《後漢・馮衍傳》注：「白黑，猶賢愚也。」《淮南子》曰：「聖人見是非，若黑白之別于目〔二五〕。」百物皆有合偶，偶之、合之，仇之、匹之，善矣。《爾雅》：「仇，合也。」《毛詩》疏、犍爲文學〔二六〕注《爾雅》：「仇，相求之匹。」《詩》云：「威儀抑抑，德音秩秩。無怨無惡，率由仇匹。」此之謂也。然則《春秋》，義之大者也。《司馬遷傳》：「孔子之時，上無明君，下不得任用，故作《春秋》，垂空文以斷禮義，當一王之法。」得一端而博達之，觀其是非，可以得其正法；視其溫辭，可以知其塞怨。是故於外，道而不顯；於內，諱而不隱。於尊亦然，於賢亦然。閔〔二七〕元年《傳》：「《春秋》爲尊者諱，爲親者諱，爲賢者諱。」此其別內外、差賢不肖而等尊卑也。義不訕上，智不危身，故遠者以義諱，近者以智畏。畏與義兼，則世逾近而言逾謹矣。原注：「逾，一作『愈』。」此定、哀之所以微其辭。以故用則天下平，不用則安其身，《春秋》之道也。定元年《傳》：「定、哀多微辭，主人習其讀而問其傳，則未知己之有罪焉爾。」注：「此假設而言之。『主人』，謂定、哀也。設使定、哀習其經而讀之，問其傳、解詁，則不知己之有罪於是。此孔子畏時君，上爲〔二八〕諱尊隆恩，下以辟害容身，慎之至也。」盧注：「錢云：此《春秋説》開端大旨，當爲首篇，如冕旒然。『繁露』之名，或取於此。今次於前三節後，而以『楚莊王』題篇，疑出後人掇拾綴緝所致。」

《春秋》之道，奉天而法古。是故雖有巧手，弗修規矩，不能正方圓；《廣韻》：「規，圓也。」《字統》云：「丈夫識用，必合規矩，故『規』從『夫』也。』」《淮南子》：「規者，所以員萬物也；矩者，所以方萬物也。」雖有察耳，不吹六律，不能定五音；《淮南子》：「一律而生五音，十二律而爲六十音。因而六之，六六三十六，故三百六十音，以當一歲之日。」又，「黃鐘爲宮，太簇爲商〔二九〕，姑洗爲角，林鐘爲徵，南呂爲羽。物以三成，音以五立。」雖有知心，《釋文》：「知，音『智』。」不覽先王，不能平天下。官本桉：「覽，他本作『覺』。」然則先王之遺道，遺留之道。亦天下之規矩、六律已。故聖者法天，賢者法聖，此其大數也。得大數而治，失大數而亂：此治亂之分也。所聞：天下無二道，故聖人異治同理也；古今通達，故先賢傳其法於後世也，《春秋》之於世事也，善復古，昭五年《傳》：「舍中軍者，何？復古也。」譏易常，僖二十年《經》：「新作南門。」《傳》：「何以書？譏。何譏爾？門有古常也。」注：「惡奢泰，不奉古制常法。」疏：「奢泰，不依古法。」欲其法先王也。然而介以一言曰：《左傳》注：「介，因也。」「王者必改制。」自僻者得此以爲辭，曰：「古苟可循，先王之道何莫相因？」世迷是聞，以疑正道而信邪言，甚可患也。答之曰：人有聞諸侯之君射《貍首》之樂者，《大射儀》曰：「樂正反位，奏《貍首》以射。」《樂記》疏：「舊解：貍之取物，則伏下其頭，然後必得。射亦必中，如貍之取物矣。」鄭注云：「《貍首》，逸詩《曾孫》也。『貍』之言『不來』也。」《封禪書》云：「設射《貍首》。」徐廣曰：「貍，一名『不來』。」於是自斷貍首，縣而射之，鄭玄曰：「縣，音『玄』。」師古曰：「此本古之『縣』字耳。後人轉用爲『州縣』字，乃更加『心』以別之，非當借音。」曰：「安在於樂也！」此聞其名而不知其實者也。今所謂「新王必改制」者，非改其道，非變其理，受命於天，易姓更王，非繼前王而王也。《白虎通》：「王者受命必改朔，何？易姓〔三〇〕，示不相襲也。明受之於天，不受之於人，所以變易民心，革其耳目，以助化也。」若一因前制，修故業而無有所改，是與繼前王而王者無以別。受命之君，天之所大顯也。事父者承意，鄭玄曰：「承，奉承，不失隊也。」事君者儀志，事天亦然。今天大顯已物，襲所代而率與同，則不顯不明，非天志。故必徙居處、更稱號、《白虎通》：「所以有夏、殷、周號，何？以爲王者受命，必立天下之美號，以表功自克，明易姓，爲子孫制也。夏、殷、周者，有天下之大號也。百王同天下，無以相別。改制天下之大禮號，以自別於前，所以表著己之功業也。必改號者，所以明天命已者〔三一〕，欲顯揚己於天下也。己復襲先王之號，與繼體守文之君無以異也，不顯不明，非天意也。」改正朔、《白虎通》：「《三正記》曰：『正朔三而改。』」隱元年疏：「凡正朔之法，不得相因，滿三反本，禮則然矣。但見其受命將王者，應以十一月爲正，則命之以赤瑞；應以十二月爲正，則命之以白瑞；應以十三月爲正，即〔三二〕命之以黑瑞。」易服色者，服色，車馬也。無他焉，不敢不順天志而明自顯也。若夫〔三三〕大綱、人倫、道理、政治、教化、習俗、文義《劉子新論》〔三四〕：「風者，氣也；俗者，習也。土地、水泉，氣有緩急，聲有高下，謂之『風』焉；人居此地，習以成性，謂之『俗』焉。風有薄厚，俗有淳澆。明王之化，尚〔三五〕移風使之雅，易俗使之正。是以上之化下，亦爲之風焉；民習而行，亦爲之俗焉。」盡如故，亦何改哉？故王者有改制之名，無易道之實。《白虎通》：「王者有改道之文，無改道之質。如君南面、臣北面，皮弁素積，聲味不可變，哀戚不可改，百王不易之道也。」孔子曰：「無爲而治者，其舜乎！」官本校：「治，他本誤作『制』。」言其主堯之道而已。此非不易之效與？問者曰：物改，而天授顯矣。其必更作樂，何也？曰：樂異乎是。制爲應天改之，樂爲應人作之。彼之所受命〔三六〕者，必民之所同樂也。《史記》：「樂，樂其所自生。」孫炎曰：「作樂者，緣民所樂於己之德，若舜之民樂其紹堯也，周之民樂其伐紂而作《韶》《武》也〔三七〕。」是故大改制於初，所以明天命也；更作樂於終，所以見天功也。緣天下之所新樂而爲之文曲，且以和政，且以興德。天下未徧合和，《釋文》：「徧，古『遍』字。」王者不虛作樂。樂者，盈於內《史記》：「樂自內出。」而動發於外者也。應其治時，制禮作樂以成之。《樂記》：「王者功成作樂，治定制禮。」《白虎通》：「樂言作，禮言制〔三八〕。樂者，陽也，樂倡始，故言『作』；禮者，陰也，陰制度於陽，故言『制』。」成者，本末、質文皆以具矣。是故作樂者，必反天下之所始樂於己以爲本。舜時，民樂其昭堯之業也，故《韶》。「韶」者，昭也。吳縣沈孝廉欽韓曰：「此與《大司樂》注義略同，然彼『昭』作『紹』，他處亦多『紹』字。」禹之時，民樂其三聖相繼，故《夏》。「夏」者，大也。湯之時，民樂其救之於患害也，故《護》。「護」者，救也。文王之時，民樂其興師征伐也，故《武》。「武」

者，伐也。四者，天下同樂之，一也，其所同樂之端不可一也。官本桉：「同樂之，他本作『之樂同』。」桉，自「王者不虛作樂」至「不可一也」，見《元命包》。作樂之法，必反本之所樂。所樂不同事，樂安得不世異？《樂記》：「五帝殊時，不相沿樂。」是故舜作《韶》而禹作《夏》，湯作《護》而文王作《武》。四樂殊名，官本桉：「樂，他本作『代』。」則各順其民始樂於己也。吾見其效矣。《史記》：「名與功偕。」正義曰：「名，謂樂名也；功者，揖讓、干戈之功也。聖王制樂之名，與所建之功俱作也。若堯、舜樂名《咸池》《大韶》，湯、武樂名《大護》〔三九〕、《大武》也。」《詩》云：「文王受命，有此武功。既伐于崇，作邑于豐。」樂之風也。《釋文》：「風是諸侯政教。『所以風天下』，《論語》云『君子之德風』，并是此義。」又曰：「王赫斯怒，爰整其旅。」箋云：「赫，怒意；斯，盡也。五百人爲旅。」傳：「旅，師也〔四〇〕。」當是時，紂爲無道，諸侯大亂，民樂文王之怒而咏歌之也。周人德已洽天下，反本以爲樂，謂之《大武》，言民所始樂者，武也云爾。故凡樂者，作之於終而名之以始，重本之義也。由此觀之，正朔、服色之改，受命應天制禮作樂之異，人心之動也。《樂記》：「凡音之起，由人心生也。人心之動，物使之然也。」二者離而復合，所爲一也。《漢書·禮樂志》：「樂以治内而爲同，禮以修外而爲異。同則和親，異則畏敬。和親則無怨，敬畏〔四一〕則不争。揖讓而天下治者，禮、樂之謂也。二者并行，合爲一體。」

玉杯第二

《漢書》：「説《春秋》事得失，《聞舉》《玉杯》《蕃露》《清明》《竹林》之屬，復數十篇，十餘萬言。」師古曰：「皆其所著書名也。」

《春秋》譏文公以喪取〔四二〕。文二年《傳》：「納幣不書，此何以書？譏。何譏爾？譏喪取〔四三〕也。娶在三年之外，則何譏乎喪娶？三年之內不圖婚。吉禘于莊公，譏。然則曷爲不於祭焉譏？三年之恩，疾矣，非虛加之也，以人心爲皆有之。則曷爲獨於娶焉譏？娶者，大吉也，非常吉也。其爲吉者，主於己。以爲有人心焉者，則宜於此焉變矣。」難者曰：喪之法，官本桉：「之法，他本誤作『者月』〔四四〕。」不過三年。三年之喪，二十五月。閔二年《傳》：「三年之喪，實以二十五月。」《白虎通・喪服》：「以爲古民質，痛於死者，不封〔四五〕不樹，喪服無數，亡之則除。後代聖人因天地萬物有終始而爲之制，以期斷之。父，至尊；母，至親，故爲加隆，以盡孝子恩。恩愛至深，加之則倍，故再期，二十五月也。禮有取於三，故謂之三年，緣其漸三年之氣。」今桉《經》，文公乃四十一月乃〔四六〕取。取時無喪，出其法也久〔四七〕矣，何以謂之喪取？曰：《春秋》之論事，莫〔四八〕重乎志。今取必納幣，納幣之月在喪分，故謂之喪取也。且文公以秋祫祭，文二年《經》：「八月丁卯，大事于太廟，躋僖公。」以冬納幣，文二年《經》：「公子遂如齊納幣。」皆失於太〔四九〕蚤。師古曰：「蚤，古『早』字。」《春秋》不譏其前而顧譏其後，閔二年注：「禮：禘、祫從先君數，朝、聘從今君數。三年喪畢，遭祫即祫，遭禘即禘〔五〇〕。」今不譏前之祫祭大蚤，而獨譏後之納幣大蚤〔五一〕也。必以三年之喪，肌膚之情也。雖從俗而不能終，文二年《傳》：「欲久喪而後不能也。」注：「禮：作練主，當以十三月。文公亂聖人制，欲服喪三十六月，十九月作練主，又不能卒竟，故以二十五月也。」猶宜未平於心。今全無悼遠之志，反思念取事，是《春秋》之所甚疾也。故譏不出三年，於首而已，譏以喪取也；不別先後，賤其無人心也。緣此以論禮，禮之所重者在其志：志敬而節具，則君子予之知禮；志和而音雅，則君子予之知樂；志哀〔五二〕而居約，則君子予之知喪。故曰「非虛加之」，文二年注：「『非虛加之也』者，非虛加責之，以人心爲皆有疾痛，不忍娶者爾。」重志之謂也。志爲質，物爲文。文著於質，質不居文，文安施質？質、文兩備，然後其禮成；文、質偏行，不得有我爾之名。俱不能備而偏行之，寧有質而無文。雖弗予能禮，尚少善之，介葛廬〔五三〕來是也。僖二十九年《傳》：「介葛廬者，何？夷狄之君也。何以不言朝？不能乎朝也。」注：「不能升降、揖讓也。介者，國也；葛廬者，名也。進稱名者，能慕中國，朝賢君，明當扶勉以禮義。」杜預注：「介，東夷國也，在城陽黔陬縣。」有文無質，非直不予，乃少惡之，謂州公寔〔五四〕來是也。《方輿紀要》：今山東萊州府高密縣東北有廢淳于縣〔五五〕，亦古州國。《世本》：「州國，姜姓。」桓六年《傳》：「寔來者，何？猶曰『是人來』也。孰謂？謂州公也。曷爲謂之『寔來』？慢之也。曷爲慢之？化我也。」注：「行過無禮謂之化，齊人語也。」然則《春秋》之序道也，先質而後文，右志而左物。師古曰：「右，尊也；左，卑也。」故曰：官本桉：「他本脱『故曰』二字。」「禮云禮云，玉帛云乎哉？」《荀子》引《聘禮志》曰：「幣厚則傷德，財侈則殄禮。禮云禮云，玉帛云乎哉？」推而前之，亦宜曰：朝云朝云，辭令云乎哉？「樂云樂云，鐘鼓云乎哉？」引而後之，亦宜曰：喪云喪云，衣服云乎哉？是故孔子立新王之道，隱元年注：「《春秋》托新王受命于魯。」明其貴志以反和，見其好誠以滅僞。其有繼周之弊，故若此也。《表記》：「殷、周之道，不勝其弊〔五六〕。」注：「殷、周極文〔五七〕，民無耻而巧利，後世之政難復也。」《春秋》之法，以人隨君，以君隨天，曰：「緣臣民之心，不可一日無君。」一日不可無君，而猶三年稱子者，爲君心之未當立也。此非「以人隨君」耶？孝子之心，三年不當。三年不當，而逾年即位者，與天數俱終始也。文九年《傳》：「逾年稱公矣，則曷於其封内〔五八〕三年稱子？緣臣民之心，不可一日無君；緣終始之義，一年不二君；緣孝子之心，則三年不忍當也。」此非「以君隨天」耶？故屈民而伸君，屈君而伸天，《春秋》之大義也。

《春秋》論十二世之事，人道浹而王道備。哀十四年《傳》：「《春秋》何以始乎隱？祖之所逮聞也。所見異辭，所聞異辭，所傳聞又〔五九〕異辭。何以終乎哀十四年？曰：備矣。」注：「人道浹，王道備。」《論衡》：「孔子作《春秋》，周民弊也，故采求毫毛之善，貶纖介之惡，撥亂世，反之〔六〇〕正，人道浹，王道備，所以檢押靡薄之俗者，悉其〔六一〕密致。夫防決不備，有水溢之害；網解不結，有獸失之患。是故周道不弊，則民不文薄；民不文薄，《春秋》不作。」法布二百四十二年之中，師古曰：「謂從隱公元年至哀公十四年獲麟也。隱公十一年，桓公十八年，莊公三十二年，閔公二年〔六二〕，僖公三十三年，文公十八年，宣公十八年，成公十八年，襄公三十一年，昭公三十二年，定公十五年，哀公十四年，凡二百四十二年也。」《史記·自序》：「是非二百四十二年之中，以爲天下儀表，貶天子，退諸侯，討〔六三〕大夫，以達王事而已矣。」相爲左右，以成文采。《釋名》：「文者，會集衆采，以成錦繡。會集衆字，以成辭義，如文繡然也。」其居參錯，非襲古也。晉灼曰：「引名責實，參錯交互，明知事情也。」是故論《春秋》者，合而通之，緣而求之，五〔六四〕其比，《經解》：「屬辭比事，《春秋》之〔六五〕教也。」《桓譚傳》注：「比，謂〔六六〕類例。」偶其類，覽其緒，文穎曰：「緒，尋也。謂本其統緒而正之。」屠其贅，《老子》曰：「餘食贅行。」河上公注曰：「行之無當爲贅。」〔六七〕是以人道浹而王法立。官本校：「道，他本作『心』。」以爲不然？今夫天子逾年即位，文九年《傳》：「以諸侯之逾年即位，亦知天子之逾年即位也。」諸侯於封内三年稱子，文九年《傳》：「亦知諸侯於其封内三年稱子也。」皆不在經也，而操之與在經無以異。非無其辨也，有所見而經安受其贅也。原注：「『安』訓『不』。」〔六八〕故能以比貫類、以辨付贅者，大得之矣。《廟殿火災對》：「《春秋》之道，舉往以明來。是故天下有物，視《春秋》所舉與同比者，精微眇以存其意，通倫類以貫其理，天地之變，國家之事，粲然皆見，亡所疑矣。」人受命於天，有善善惡惡之性，可養而不可改，可豫而不可去，若形體之可肥臞，《爾雅》：「臞，瘠也。」〔六九〕而不可得革也。是故雖有至賢，能爲君親含容其惡，不能爲君親令無惡。《書》曰：「厥辟不辟，去厥祇〔七〇〕。」官本校：「他本無『不辟』二字。」〔七一〕《尚書》〔七二〕作「厥辟不辟，忝厥祖」，鄭康成曰：「厥，其也。辟，君也。」事親亦然，皆忠孝之極也。非至賢，安能如是？父不父，則子不子；君不君，則臣不臣耳。文公不能服喪，不時奉祭，倒序以不三年，官本桉：「他本無『倒序』二字，作『不以三年』。」又以喪取，取於大夫，以卑宗廟；文四年《傳》：「其謂之『逆婦姜于齊』，何？略之也。高子曰：『娶乎大夫者，略之也。』」注：「賤，非所以奉宗廟，故略之。」亂其群祖，以逆先公。文二年《傳》：「躋者，何？升也。何言乎升僖公？譏。何譏爾？逆祀也。其逆祀，奈何？先禰而後祖也。」注：「文公緣僖公於閔公爲庶兄，置僖公於閔公上，失先後之義，故譏之。《傳》曰『後祖』者，僖公以臣繼閔公，猶子繼父，故閔公於文公亦猶祖也。自先君言之，隱、桓及閔、僖，各當爲兄弟，顧有貴賤耳；自繼代言之，有父子、君臣之道。此恩義、逆順各有所施也。」小善無一，而大惡四五，故諸侯弗予盟〔七三〕，文七年《經》：「公會諸侯、晉大夫，盟于扈。」《傳》：「諸侯何以不序？大夫何以不名？公失序也。公失序，奈何？諸侯不可使與公盟。眣〔七四〕，晉大夫，使與公盟也。」命大夫弗爲使，文八年《經》：「公孫敖如京師，不至，復。丙戌，奔莒。」是惡惡之徵，不臣之效也。出侮於外，入奪於內，無位之君也。孔子曰：「政逮於大夫，四世矣。」師古曰：「逮，及也。」蓋自文公以來之謂也。是時禄去公室，政在公子遂。君子知〔七五〕在位者之不能以惡服人也，官本桉：「以，他本誤作『在』。」是故簡六藝以贍養之：《詩》《書》序其志，《禮》《樂》純其養，《易》《春秋》明其知。六學皆大，而各有所長。《漢書〔七六〕·儒林傳》：「古之儒者，博學虖六藝之文。六學者，王教之典籍，先聖所以明天道、正人倫、致至治之成法也。」《詩》道志，故長於質；《禮》制節，故長於文；《樂》詠德，故長於風；《書》著功，故長於事；《易》本天地，故長於數；《春秋》正是非，故長於治。人能兼得其所長，而不能偏舉其詳也。故人主大節則知闇，大博則業厭。盧注：「『大』，并音『泰』。」二者異失同貶，其傷必至，不可不察也。是故善爲師者，既美其道，有〔七七〕慎其行，齊時早晚〔七八〕，盧注：「齊，酌齊也，與『劑』同。」任多少，適疾徐，造而勿趨，稽而勿苦，《淮南子》：「太疾則苦而不入，太徐則甘而不固。」注：

「苦，疾意也。甘，緩意也。」師古曰：「趨，讀曰『促』。促，速也。稽，考也，考法于前人也。」省其所爲而成其所湛〔七九〕，故力不勞而身大成，此之謂聖化。吾取之。

《春秋》之好微與？其貴，志也。《春秋》，修本末之義，達變故之應，通生死之志，遂人道之極者也。是故君殺當作「弒」。賊討，則善而書其誅。若莫之討，則君不書葬，而賊不復見矣。不書葬，以爲無臣子也；賊不復見，以其宜滅絶也。隱十一年《傳》：「《春秋》君弒，賊不討，不書葬，以爲無臣子也。」宣六年注：「據宋督、鄭歸生、齊崔杼〔八〇〕弒其君，後不復見。」今趙盾弒君，四年之後，别牘復見，官本校：「『牘』字，原本、他本俱誤作『獨』，今據《黄氏日鈔》所引改正。」《説文》云：「牘，書板也。」蓋長一尺，因取名焉。宣二年《經》：「晉趙盾弒其君夷獋。」宣六年《經》：「春，晉趙盾、衛孫免侵陳。」《傳》：「趙盾弒君，此其復見，何？弒君者，趙穿也〔八一〕。親弒君者趙穿，則曷爲加之趙盾？不討賊也。」非《春秋》之常辭也。古今之學者異而問之，曰：「是弒君，何以復見？」猶曰：「賊未討，何以書葬？」「何以書葬」者，不宜書葬也而書葬；「何以復見」者，亦不宜復見也而復見。二者同貫，不得不相若也。盾之復見，直以赴問而辨不親弒，非不當誅也；《廣韻》：「誅，責也。」《釋名》曰：「罪及曰誅。如誅大樹，枝葉盡落。」〔八二〕則亦不得不謂悼公之書葬，直以赴問而辨不故弒〔八三〕，官本校：「故，他本作『誅』。」非〔八四〕不當罪也。昭十九年《經》：「冬，葬許悼公。」若是，則《春秋》之説亂矣，豈可法哉？故貫比而論，是非雖難悉得，其義一也。今誅趙盾無傳，弗誅無傳，不交無傳，以比言之，法論也；無比而處之，誣辭也。誣，罔也，以無爲有也。今視其比，皆不當死，何以誅之？《春秋》赴問數百，應問數千，同留《經》中。播〔八五〕援比類，官本校：「播，他本作『繙』。」《荀子》「倫類不通」，注：「通倫類，謂雖禮法所未該，以其等倫，比類而通之。」謂一以貫之，觸類而長之。」以發其端，卒無妄言，而得應於傳者。今使外賊不可誅，故皆復見，而問曰「此復見，何也」，言莫妄於是，何以得應乎？故吾以其得應，知其問之不妄；以其問之不妄，知盾之獄不可不察也。夫名爲弒父而實免罪者，已有之矣；亦有名爲弒君，而罪不誅者。逆而罪〔八六〕之，官本校：「『罪』，他本作『距』。」不若徐而味之。且吾語盾有本。《詩》云：「他人有心，予忖度之。」《漢書》：「夫度者，别於分，忖於寸。」《小雅·巧言》之詩：「他人有心，予忖度之。」此言物莫無鄰，察視其外，可以見其内也。今按盾事而觀其心，愿而不刑，合而信〔八七〕之，非篡弒之鄰也。桉盾辭，號乎天。宣六年《傳》：「晉史書賊曰：『晉趙盾弒其君夷獋。』趙盾曰：『天乎！無辜。吾不弒君！誰謂吾弒君者乎？』」苟内不誠，安能如是？官本校：「他本下衍一『是』字。」故訓〔八八〕其終始，無弒之志。盧注：「訓，順也。」挂惡謀者，過在不遂去，罪在不討賊而已。臣之宜爲君官本校：「他本此下有『之』字。」討賊也，猶子之宜爲父嘗藥也。《曲禮》：「親有疾，飲藥，子先嘗之。」鄭注：「嘗，度其所堪。」子不嘗藥，故加之弒父；昭十九年《傳》：「賊未討，何以書葬？不成於弒也。曷爲不成於弒？止進藥而藥殺也。止進藥而藥殺，則曷爲加弒焉爾？譏子道之不盡也。」臣不討賊，故加之弒君，其義一也，所以示天下廢臣子之節，其惡之大若此也。故盾之不討賊爲弒君也，與止〔八九〕之不嘗藥爲弒父無以異。《太史公自序》：「守經事而不知其宜，遭變事而不知其權。爲人君父而不通於《春秋》之義者，必蒙首惡之名；爲人臣子而不通於《春秋》之義者，必陷篡弒之誅，死罪之名。其實皆以爲善，爲之不知其義，被之空言而不敢辭。」盾不宜誅，以此參之。問者曰：夫謂之弒而有不誅，其論難知，非衆之所能見也。官本校：「衆，他本作『董』。」故赦止之罪，以《傳》明之；昭十九年《傳》：「『葬許悼公』，是君子之赦止也。赦止者，免止之罪辭也。」盾不誅，無傳，何也？曰：官本校：「他本脱『曰』字。」世亂義廢，背上不臣，篡弒覆君者多，而有明大惡之誅。誰言其誅？故晉趙盾、楚公子比，昭十三年《傳》：

「此〔九〇〕弑其君，其言歸，何？歸，無惡於弑立也。歸，無惡於弑立者，何？靈王爲無道，作乾谿之臺，三年不成。楚公子棄疾脅比而立之，然後令於乾谿之役曰：『比已立矣。後歸者，不得復其田里。』衆罷而去之，靈王經而死。」皆不誅之文，昭十三年《經》：「楚公子棄疾弑公子比。」比又稱「公子」，是不誅之文也。而弗爲傳，弗欲明之心也。問者曰：人弑其君，重卿在而不能〔九一〕討者，非一國也。靈公弑，趙盾不在。不在之與在，惡有薄厚。《春秋》責在而不討賊者，弗繫臣子爾也；責不在而不討賊者，乃加「弑」焉，何其責厚惡之薄、薄惡之厚也？趙盾不在國，君弑，不討賊，遂加以弑君，是責薄惡之厚。曰：《春秋》之道，視人所惑，爲立説以大明之。今趙盾〔九二〕賢而不遂於理，皆見其善，莫知其罪，莫知其君弑、賊不討之罪。故因其所賢而加之大惡，繫之重責，使人湛思而自省悟以反道，師古曰：「湛，讀曰『沈』。沈，深也。」曰：「吁！君臣之大義，父子之道，乃至乎此！」此所由惡薄而責之厚也。他國不討賊者，諸斗筲之民，何足數哉？《群經音辨》：「斗，升十之也。」鄭注〔九三〕：「筲，竹器，容斗二升。算，數也。」弗繫人數而已。此所由惡厚而責薄也。《傳》曰：「輕爲重，重爲輕。」非是之謂乎？故公子比嫌可以立，趙盾嫌無臣責，許止嫌無子罪。《春秋》爲人不知惡而恬行不備也，師古曰：「恬，安也。」音大兼反。是故重累責之，《鬼谷子》：「鉤箝之語，其説辭也，乍同乍異。其不可善者，或先徵之而後重累，或先重以累而後毁之，或以重累爲毁，或以毁爲重累。」逸《詩》（《吕氏春秋》）：「將欲毁之，必重累之；將欲踣之，必高舉之。」以矯枉世而直之。矯者不過其正，弗能直。知此而義畢矣。《後漢·馬武傳》注〔九四〕：「矯，正也；枉，曲也。《孟子》曰：『矯枉者過其正。』」師古曰：「正曲曰矯。」〔九五〕

校勘記

〔一〕「卷一」，續經解本作「注一」。他卷均仿此。

〔二〕「繁露」，《史記》卷十四作「作《春秋繁露》是」。

〔三〕「博物志」，《太平御覽》卷六百八十六、《玉海》卷四十引作《古今注》。《畿輔叢書》本張駒賢校正（以下簡稱「張校」）云：「冕旒以繁露云云，本崔豹《古今注》，原作『牛亨問曰：「冕旒以繁露，何也？」』。據王子年《拾遺記》張華《博物志》成書在武帝時，何由雜入豹説？凌氏或因他本援引之誤。」

〔四〕「漢廣川董仲舒撰江都凌曙注」，畿輔本置於書名小注前，續經解本無。下各卷仿此。

〔五〕「今臨菑縣」云云，此約引《史記》卷四正義文。張校云：「《史記》作『封師尚父於齊營丘』，正義作『營丘，在青州臨淄北百步外』。」

〔六〕「不與桓公專封也」，張校云：「僖二年《傳》作『不與諸侯專封也』。」

〔七〕「年經」，稿本、蜚雲閣本「年」字，彙函本、續經解本、畿輔本、龍谿本脱「經」字，并誤。

〔八〕「春秋説」，與《太平御覽》卷六百二十一同，《藝文類聚》卷十一、《太平御覽》卷七十六、卷三百六十引作《春秋演孔圖》。

〔九〕「春秋曰」節，續經解本、畿輔本合上爲一節，計臺本、殿本合下「春秋分十二世」節、「春秋之道」節爲一節。

〔一〇〕「同姓」，畿輔本作「同性」。

〔一一〕「姬」，稿本、蜚雲閣本作「姬」，據計臺本、殿本、盧本、彙函本、續經解本、畿輔本、龍谿本改。下并同。

〔一二〕「十三年」，諸本并作「三十年」，據《公羊注疏》卷七改。
〔一三〕「子般弑」，稿本「弑」上衍「死」字。「閔公弑」，諸本奪，據《公羊注疏》卷九補。
〔一四〕「徒」，蜚雲閣本、彙函本、龍谿本作「徙」，據《公羊注疏》卷九及稿本、續經解本、畿輔本改。
〔一五〕「辭」，《漢書》卷五十四作「之辭」。
〔一六〕「有疾」，《公羊注疏》下有「乃復」二字，據下引文，疑當補。
〔一七〕「陵」，計臺本、殿本作「凌」。
〔一八〕「又」，張校云：「隱元年《傳》無『又』字。」
〔一九〕「謂」，諸本并奪，據《公羊・文十八年傳》補。
〔二〇〕「三十二年」，諸本并作「二十二年」，據《公羊注疏》卷九改。
〔二一〕「見」，計臺本、殿本、盧本作「以」。
〔二二〕「下」，稿本、蜚雲閣本、彙函本、續經解本并作「不」，據畿輔本、《釋名・釋言語》改。
〔二三〕「三代之德」，張校云：「《司馬遷傳》『德』字下，有『褒周室』三字。」
〔二四〕「寵」，稿本、蜚雲閣本、彙函本、畿輔本、龍谿本并作「襲」，據續經解本、《漢書》卷六十八改。
〔二五〕「別于目」，《淮南子・脩務訓》作「於目辨」。
〔二六〕「犍爲文學」，《毛詩正義》卷一、《爾雅注疏》卷二并作「孫炎」。
〔二七〕「閔」，諸本并作「隱」，據《公羊・閔元年傳》改。張校云：「當標閔元年《傳》。」
〔二八〕「爲」，張校云：「定元年《傳》注作『上以諱尊隆恩』。」
〔二九〕「商」，稿本、蜚雲閣本作「商」，據彙函本、續經解本、畿輔本、龍谿本及《淮南子・天文訓》改。

〔三〇〕「易姓」，《白虎通·三正》作「明易姓」。

〔三一〕「已者」，凌氏《春秋公羊禮疏》卷一引作「已著」，與《白虎通·號》同。張校云：「《白虎通》『已者』作『已著』。」

〔三二〕「即」，與《公羊注疏》卷一同，續經解本誤作「則」。

〔三三〕「若夫」，計臺本、殿本、盧本作「若其」。

〔三四〕「劉子新論」，諸本并作「潛夫論」，引文見《劉子新論·風俗篇》。張校云：「本《劉子新論》，凌氏作『潛夫論』，誤。」今據改。

〔三五〕「尚」，《劉子新論·風俗篇》作「當」。

〔三六〕「受命」，計臺本、殿本作「授命」。盧校云：「受，舊本作『授』，訛。」

〔三七〕「民樂其伐紂而作韶武也」，張校云：「《史記》孫炎注作『民樂其伐紂而作武也』，凌氏作『韶武』，非。」案，《史記·樂書》集解作「韶武」，與凌氏同，張校或據誤本。

〔三八〕「禮言制」，張校云：「《白虎通》『禮言制』下，有『何』字。」

〔三九〕「大護」，彙函本、續經解本、畿輔本、龍谿本作「大頀」，《史記》卷二十四作「大濩」。

〔四〇〕「師也」，稿本作「地名也」。

〔四一〕「敬畏」，《漢書》卷二十二作「畏敬」。

〔四二〕「取」，計臺本作「娶」。本篇下文均同。

〔四三〕「取」，稿本作「娶」，與《公羊注疏》卷十三同。張校云：「文二年《傳》『取』皆作『娶』。」

〔四四〕「者月」，諸本并作「此月」，據殿本改。

〔四五〕「不封」，《白虎通·喪服》同，畿輔本誤作「以封」。

〔四六〕「乃」，稿本下有注云：「原注：『乃，一作方。』」與計臺本同，疑當補。

〔四七〕「久」，計臺本無。盧校：「『久』字，錢增。」

〔四八〕「莫」，計臺本上重「事」字。

〔四九〕「太」，計臺本、殿本、盧本作「大」。

〔五〇〕「遭袷即袷，遭禘即禘」，張校云：「閔二年注作『遭禘則禘，遭袷則袷』，凌氏徵引倒置，『則』字并訛作『即』。」

〔五一〕上「大蚉」，稿本、彙函本、續經解本、畿輔本作「太蚉」；下「大蚉」，畿輔本作「太蚉」。

〔五二〕「哀」，計臺本作「喪」。

〔五三〕「盧」，原作「廬」，據計臺本、殿本、盧本改，與《公羊注疏》同。注同。

〔五四〕「寔」，畿輔本作「實」。

〔五五〕「今」，稿本、彙函本、畿輔本作「又」，續經解本作「曰」；「高密」，稿本、蜚雲閣本作「高蜜」，據彙函本、續經解本、畿輔本、龍谿本改。

〔五六〕「弊」，《禮記正義》卷五十四作「敝」。張校云：「《禮記》『弊』本作『敝』。」

〔五七〕「殷周極文」，張校云：「《表記》注『殷周極文』上有『言』字。」

〔五八〕「則曷於其封内」，張校云：「文九年《傳》作『則曷爲於其封内』。」

〔五九〕「又」，張校云：「哀十四年《傳》無『又』字。」

〔六〇〕「之」，《論衡·對作篇》作「諸」。

〔六一〕「其」，《論衡·對作篇》作「具」。

〔六二〕「閔公二年」，諸本并作「閔公三年」，據殿本《漢書》卷三十六改。閔公至二年止，無三年。

〔六三〕「討」，稿本、董雲閣本、彙函本、續經解本、龍谿本并作「封」，據《史記》卷一百三十、畿輔本改。

〔六四〕「五」，計臺本、殿本作「伍」。

〔六五〕「之」，《禮記正義》卷五十無。

〔六六〕「謂」，與《後漢書》卷二十八上同，龍谿本作「諸」。

〔六七〕「行之無當爲贅」，稿本、董雲閣本、彙函本、龍谿本、畿輔本并作「無之無當爲贅」，續經解本改作「贅，貪也，見《釋文》」。張校云：「《老子》注本作『行之無當爲贅』。」案，「行之無當爲贅」見《後漢書》卷十上李賢注引《老子》河上公注，今河上公章句本作「贅，貪也」。

〔六八〕「原注」云云，計臺本、殿本、盧本均無此注。

〔六九〕「臞瘠也」，稿本下有「《索隱》瘦也」四字。

〔七〇〕「祇」，殿本、稿本、彙函本、續經解本、畿輔本作「祗」。

〔七一〕「官本桉他本無不辟二字」，殿本無此注；盧本無正文「不辟」二字，校云：「《大典》本『厥辟』下有『不辟』二字。案，此疑非。出今《太甲》。」

〔七二〕「尚書」，稿本下有「太甲」二字。

〔七三〕「盟」，計臺本、殿本無。

〔七四〕「眣」，畿輔本作「昳」。

〔七五〕「君子知」以下，諸本合上爲一節，計臺本、殿本、盧本別爲一節。

〔七六〕「漢書」，蜚雲閣本、彙函本、續經解本、畿輔本、龍谿本并奪，據稿本補。張校云：「《儒林傳》始於司馬遷，列史多因其例，須標明《前漢書》。」

〔七七〕「有」，稿本下注：「又，同。」

〔七八〕「齊時早晚」，計臺本、殿本作「齎時蚤晚」，殿本校云：「齎，他本作『齊』。」盧本作「齊時蚤晚」。

〔七九〕「湛」，計臺本、殿本下有注「音耽」，盧校本作「耽同」。

〔八〇〕「崔杼」，諸本并作「崔舒」，據《公羊注疏》卷十五改。

〔八一〕「弑君者趙穿也」，張校云：「宣六年《傳》本作『親弑君者，趙穿也』。」

〔八二〕「罪及曰誅。如誅大樹，枝葉盡落」，《釋名·釋喪制》云：「罪及餘人曰誅。誅，株也，如株木根，枝葉盡落也。」

〔八三〕「不故弑」，計臺本、殿本作「當故弑」，盧本作「不成弑」。

〔八四〕「非」，計臺本、殿本作「亦」。

〔八五〕「憣」，計臺本作「幡」，盧本作「繙」。

〔八六〕「罪」，計臺本、盧本作「距」。

〔八七〕「信」，龍谿本作「言」。

〔八八〕「訓」，計臺本作「馴」。

〔八九〕「止」，計臺本、殿本作「子」。下「赦止之罪」同。

〔九〇〕「此」，《公羊注疏》卷二十三同，畿輔本作「比」。

〔九一〕「重」，殿本下有注云：「他本『重』作『者』。」「不能」，計臺本、殿本、盧本作「弗」。

〔九二〕「趙盾」，殿本下有注：「他本脱『盾』字。」

〔九三〕「鄭注」，稿本上有「論語」二字。

〔九四〕「後漢馬武傳注」，張校云：「注見《後漢書》五十二卷總論中，非《馬武傳》。」

〔九五〕稿本、畿輔本、龍谿本各卷末并有「春秋繁露卷一終」一行，續經解本無。蜚雲閣本上半行作「春秋繁露卷一終」，下半行作「金陵洪萬盈鋟」；彙函本上半行作「春秋繁露卷一終」，下半行作「番禺王國瑞、陳慶修、鄭權校字」。下各卷仿此。

春秋繁露卷二

竹林第三

《春秋》之常辭也：不予夷狄而予中國爲禮。至邲之戰，偏然反之，何也？宣十二年《經》：「晉荀林父帥師及楚子戰于邲。」《傳》：「大夫不敵君。此其稱名氏以敵楚子，何？不與晉而與楚子爲禮也。」注：「不與晉而反與楚子爲君臣之禮者，以惡晉也。」《春秋土地名》京相璠曰：「邲在敖北。」曰：《春秋》無通辭，從變而移。今晉變而爲夷狄，楚變〔一〕而爲君子，故移其辭以從其事。夫莊王之舍鄭，宣十二年《傳》：「莊王親自手旌，左右撝軍，退舍七里。」有可貴之美。晉人不知其〔二〕善，而欲擊之；所救已解，如挑與之戰，官本桉：「如，他本作『而』。」盧注：「古『而』『如』通用。」〔三〕宣十二年《傳》：「既則晉師之救鄭者至，曰：『請戰。』莊王許諾。將軍子重諫曰：『晉，大國也，王師淹病矣，君請勿許也。』莊王曰：『弱者吾威之，彊者吾辟之，是以使寡人無以立乎天下。』令之還師而逆晉寇。」此無善善之心，而輕救〔四〕民之意也，是以賤之，而不使得與〔五〕賢者爲禮。秦穆侮蹇叔而大敗，《釋文》：「秦者，隴西谷名也，在雍州鳥鼠山之東北。昔皋陶之子伯翳，佐禹治水有功，舜命作虞，賜姓曰嬴。其末孫非子，爲周孝王養馬於汧、渭之間，封爲附庸，邑于秦谷。」僖三十三年《傳》：「秦伯將襲鄭，百里子與蹇叔子〔六〕諫曰：『千里而襲人，未有不亡者也。』秦伯怒曰：『若爾之年者，冢〔七〕上之木拱矣！爾曷知！』師出，百里子與蹇叔子送其子而戒之曰：『爾即死，必于殽之嶔巖。是文王之所避〔八〕風雨者也，吾將尸爾焉。』子揖師而行，百里子與蹇叔子從其子而哭之。秦伯怒曰：『爾曷爲哭吾師？』對曰：『臣非敢哭君師，哭臣之子也。』弦高者，鄭商也，遇之殽，矯以鄭伯之命而犒師焉。或曰：『往矣！』或曰：『反矣！』然而晉人與姜戎要之殽而擊之，匹馬隻輪無反者。」鄭文輕衆而喪師，《釋文》：「鄭者，國名，周宣王母弟，桓公友〔九〕所封也。」《詩譜》云：「宗周〔一〇〕圻内咸林之地，今京兆鄭縣是其都也。」閔二年《經》：「鄭棄其師。」《傳》：「『鄭棄其師』者〔一一〕，惡其將也。鄭伯惡高克，使之將，逐而不納，棄師之道也。」《説苑》：「夫天之生人也，蓋非以爲君也；天之立君也，蓋非以爲位也。夫爲人君，行其私欲而不顧其人，是不承天意，忘其位之所以宜事也。如此者，《春秋》不予能君而夷狄之。鄭伯惡一人而兼棄其師，故有夷狄不君之辭。人主不以此自省，惟既以失實，心奚因知之？故曰『有國者不可以不學《春秋》』，此之謂也。」《春秋》之敬賢重民如是。是故戰、攻、侵、伐，雖數百起，必一二書，莊十年《傳》：「觕者曰侵，精者曰伐。」注：「觕，麤也。將兵至竟，以過侵責之，服則引兵而去，用意尚麤。精，猶精密也。侵責之，不服，推兵入竟，伐擊之益深，用意稍精密。」盧注：「『一二』，言次第不遺也。」傷其害所重也。隱二年注：「凡書兵者，正不得也。内外、深淺皆舉之者，因重兵害衆，兵動則怨結禍〔一二〕，更相報償，伏尸流血無已時。」問者曰：其書戰伐甚謹，其惡戰伐無辭，何也？曰：會同之事，大者主小；戰伐之事，後者主先。苟不惡，何爲使起之者居下？是其惡戰伐之辭已。且《春秋》之法，凶年不修舊〔一三〕，意在無苦民爾。苦民尚惡之，況傷民乎？傷民尚痛之，況殺民乎？故曰：凶年修舊則譏，莊二十九年《經》：「新延廄。」《傳》：「新延廄者，何？修舊也。修舊不書，此何以書？譏。何譏爾？凶年不修。」注：「繕故曰新。」造邑則諱。莊二十八年《經》：「冬，築微。大無麥禾。」《傳》：「冬既見無麥禾矣，曷爲先言『築微』而後言『無麥禾』？諱，以凶年造邑也。」是害民之〔一四〕小者，惡之小也；害民之大者，惡之人也。今戰伐之於民，其爲害幾何？考意而觀指，則《春秋》之所惡者，不任德而任力，驅民而殘〔一五〕賊之。其所好者，設官本校：「好，他本作『惡』。」而勿用，仁義以服之也。《詩》云：「弛〔一六〕其文德，洽此四國。」鄭注：「弛，施也；協，和也。」「弛」，今《詩》作「矢」。此《春秋》之所善也。夫德不足以親近，而文不足以來遠，而斷斷〔一七〕以戰伐爲之者，原注：「一作『斷斷』。」此固《春秋》之所甚疾已，皆非義也。難者曰：《春秋》之書戰伐也，有惡，有善也。惡詐擊隱六年注：「戰例時，偏戰日，詐戰月。」而善偏戰，僖元年《傳》：「季子待之以偏戰。」注：「莒人可忿而能結日偏戰，是其不加暴之義。」桉，詐則出其不意，傷害尤多。恥伐喪襄二年《傳》：「虎牢者，何？鄭之邑也。其言『城之』，何？取之也。取之，則曷爲不言取之？爲中國諱，諱伐喪也〔一八〕。」而榮復讎，莊四年《經》：「紀侯大去其國。」《傳》：「大去者，何？滅也。孰滅之？齊滅之。曷爲不言齊滅之？爲襄公諱也。《春秋》爲賢者諱。何賢乎襄公？復讎也。」奈何以《春秋》爲無義戰而盡惡之也？曰：凡《春秋》之記災異也，《春秋潛潭巴》：「『災』之爲言傷也，隨事而誅；『異』之爲言怪也，謂先發感動之也。」雖畝有數莖，音「桱」〔一九〕，草木幹也。猶謂之「無麥苗」也。莊七年《經》：「無麥苗。」今天下之大，三百年之久，戰、攻、侵、伐不可勝數，而復讎者有二焉，莊四年《傳》：「何賢乎襄公？復讎也。」莊九年《經》：「及齊師戰于乾時，我師敗績。」《傳》：「內不言敗。此其言敗，何？伐敗也。曷爲伐敗？復讎也。」是何以異於無麥苗之有數莖哉？不足以難之，故謂之「無義戰」也。以無義戰爲不可，王本脱「戰」字。則無麥苗亦不可也〔二〇〕；以無麥苗爲可，則無義戰亦可矣。若《春秋》之於偏戰也，王本「戰」誤作「義」。善其偏，不善其戰，有以效其然也。盧注：「效，驗也。」《春秋》愛人，而戰者殺人，君子奚説善殺其所愛哉？故《春秋》之於偏戰也，猶其於諸夏也：引〔二一〕之魯，則謂之外；引之夷狄，則謂之內。成十五年《傳》：「《春秋》内其國而外諸夏，内諸夏而外夷狄。」《説苑》：「内治未得，不可以正外；本惠未襲，不可以製末。是以《春秋》先京師而後諸夏，先諸夏而後夷狄。」比之詐戰，則謂之義；比之不戰，則謂之不義。故盟不如不盟，然而有所謂善盟；桓三年《經》：「夏，齊侯、衛侯胥命于蒲。」《傳》：「胥命者，何？相命也。何言乎相命？近正也。此其爲近正，奈何？古者不盟，結言而退。」戰不如不戰，然而有所謂善戰。不義之中有義，義之中有不義，辭不能及，皆在於指。《孟子》曰：「《春秋》無義戰。彼善於此，則有之矣。」注：「《春秋》所載戰伐之事，無應王義者也。彼此相覺，有善惡耳。孔子舉毫毛之善，貶纖介之惡，故皆録之於《春秋》也。」非精心達思者，其孰能知之？《詩》云：「棠〔二二〕棣之華，偏其反而。豈不爾思？室是遠而。」孔子曰：「未之思也，夫何遠之有！」由是觀之，見其指者，不任其辭。不任其辭，然後可與適道矣。何晏曰：「棠棣之華，反而後合。《詩》言權反而後至于大順也。」《新論》：「古之權者，審其輕重，必當於理〔二三〕而後行焉。《易》稱『巽以行權』，《語》稱『可與適道，未可與權』。權者，反於經而合於道，反於義而後有善，若棠棣之華，反而後合也。」《法言》：「或問道。曰：『道也者，通也，無不通也。』或曰：『可以適他歟？』曰：『適堯、舜、文王者爲正道，非堯、舜、文王者爲他道。』」莊侍郎曰：「《春秋》以辭成象，以象垂法，示天下後世，以聖心之極觀其辭，必以聖人之心存之。史不能究，游、夏不能主。是故善説《春秋》者，止諸至聖之法而已。公羊子曰『王者孰謂？謂文王也』，『其諸君子樂道堯、舜之道與』？無或執一辭以爲見聖，無或放一辭而不至於聖。推見至隱，懷之爲難，違之斯已難。得其起問，又得其應問，則幾無難。應而不本其所起，見爲附也；起而不達其所以應，見爲惑也。《詩》曰：『棠棣之華，偏其反而。』《春秋》之辭，其起人之問，有如此也。執一者不知問，無權者不能應。子曰：『未之思也，夫何遠之有！』其亦可以求所應問而得之矣。」司馬子反〔二四〕爲其君使，廢君命，與敵情，從其所請，與宋平，宣十五年《經》：「宋人及楚人平。」《傳》：「莊王圍宋，軍有七日之糧爾。盡此不勝，將去而歸爾。於是使司馬子反乘堙而闚宋城，宋華元亦乘堙而出見之。司馬子反曰：『子之國何如？』華元曰：『憊矣。』曰：『何如？』曰：『易子而食之，析骸而炊之。』司馬子反曰：『嘻！甚矣憊。雖然，吾聞之也：圍子相馬〔二五〕而秣之，使肥者應客。是何子之情也？』華元曰：『吾聞之：君子見人之厄則矜之，小人見人之厄則幸之。吾見子之君子也，是以告情於子也。』司馬子反曰：『諾。勉之矣！吾軍亦有七日之糧爾。盡此不勝，將去而歸爾。』揖而去之，反於莊王。莊王曰：『何如？』司馬子反曰：『憊矣。』曰：『何如？』曰：『易子而食之，析骸而炊之。』莊王曰：『嘻！甚矣憊。雖然，吾今取此，然後而歸爾。』司馬子反曰：『不可。臣已告之矣：軍有七日之糧爾。』莊子怒曰：『吾使子往視之，子曷爲告之？』司馬子反曰：『以區區之宋，猶有不欺人之臣，可以楚而無乎？是以告之也。』莊王曰：『諾。舍而止。雖然，吾猶取此，然後歸爾。』司馬子反曰：『然則君請處於此，臣請歸爾。』莊王曰：『子去我而歸，吾孰與處于此？吾亦從子而歸爾。』引師而去之。故君子大其平乎己也。』是內專政而外擅名也。《釋文》：「擅，善戰反，專也。」專政則輕君，擅名則不臣，而《春秋》大之〔二六〕，奚由哉？曰：爲其有慘怛之恩，不忍餓一國之民，使之相食。推恩者遠之而大，爲仁者自然而美。《樂稽耀嘉》：「仁者有惻隱之心。本生於木，仁生於木，故惻隱出於自然也。」今子反出己之心，矜宋之民，無計其間，故大之也。難者曰：《春秋》之法，卿不憂諸侯，襄三十年〔二七〕《傳》：「此大事也，曷爲使微者？卿也。卿則其稱人，何？貶。曷爲貶？卿不得憂諸侯也。」政不在大夫。子反爲楚臣而恤宋民，是憂諸侯也；不復其君而與敵平，是政在大夫也。官本桉：「他本無『政』字。」溴〔二八〕梁之盟，原注：「古闃反〔二九〕。」《爾雅》：「梁莫大於溴梁。」《音義》：「溴水，出河內軹縣東南，至温入河。」孫注：「梁，小橋也。」〔三〇〕信在大夫，官本桉：「他本無『信』字。」而《春秋》刺〔三一〕之，襄十六年《傳》：「諸侯皆在是，其言大夫盟，何？信在大夫也。何言乎『信在大夫』？徧刺天下之大夫也。曷爲徧刺天下之大夫？君若贅旒然。」爲其奪君尊也。平在大夫，亦奪君尊，而《春秋》大之，此所間〔三二〕也。且《春秋》之義，臣有惡，君〔三三〕名美。官本桉：「君，他本作『擅』。」故忠臣不顯諫，欲其由君出也。《書》曰：「爾有嘉謀嘉猷，入告爾君于內，爾乃順之于外，曰：『此謀此猷，惟我君之德。』」此爲人臣之法也。古之良大夫，其事君皆若是。《坊記》：「子云：『善則稱君，過則稱己。』《君陳》曰：『爾有嘉謀嘉猷，入告爾君於內，女乃順之於外，曰：「此謀此猷，惟我君之德。」於乎！是〔三四〕惟良顯哉！』」今子反去君近而不復，莊王可見〔三五〕而不告，皆以其解二國之難爲不得已也，奈其奪君名美何？此所惑也。曰：《春秋》之道，固有常有變。變用於變，常用於常，各止其科，官本校：「止，他本作『正』。」非相妨也。今諸子所稱，皆天下之常，雷同之義也。官本校：「義，他本作『意』。」《曲禮》注：「雷之發聲，物無不同時應者。人之言，當各由己，不當然也。」子反之行，一曲之變，《荀子》：「蔽於一曲。」注：「一曲，一端之曲說。」《淮南子》：「察一曲者，不可與言化。」術修之意也。原注：「術，疑當作『獨』。」夫目驚而體失其容，心驚而事有所忘，人之情也。通於驚之情者，取其一美，不盡其失。《詩》云：「采葑采菲，無以下體。」此之謂也。今子反往視宋，聞人相食，大驚而哀之，不意之至於此也，是以心駭目動，而違常禮。禮者，庶於仁文，質而成體者也。今使人相食，大失其仁，安著其禮？方救其質，奚恤其文？《荀子》：「人主仁心設焉，知其役也，禮其盡也。故王者先仁而後禮，天施然也。」故曰「當仁不讓」，此之謂也。孔安國曰：「當行仁之事，不復讓于師，行仁急也。」《春秋》之辭，有所謂賤者，有賤乎賤者〔三六〕。夫有賤乎賤者，則亦有貴乎貴者矣。今讓者，《春秋》之所貴。雖然，見人相食，驚人相爨，《字鑑》：「取亂切。」《說文》：「齊謂之炊爨。」宣十五年《傳》：「易子而食之，析骸而炊之。」救之，忘其讓〔三七〕。君子之道，有貴於讓者也。故說《春秋》者，無以平定之常義，疑變故之大義，則〔三八〕幾可諭矣。

《春秋》記天下之得失，而見所以然之故，甚幽而明，無傳而著，不可不察也。夫泰山之爲大，《五帝本紀》注：「泰山，東岳也，在兗州博城縣西北。」弗察弗見，而況微渺〔三九〕者乎？故按《春秋》而適往事，窮其端而視其故〔四〇〕，得志之君子，有喜之人，不可不慎也。齊頃公，親齊桓公之孫，國固廣大而地勢便利矣，又得霸主〔四一〕之餘尊，而志加於諸侯。以此之故，難使會同，而易使驕奢。即位九年，未嘗肯一與會同之事，師古曰：「與，讀曰『預』。」有怒魯、衛之志，而不從〔四二〕諸侯于清丘、斷道。王本無「不」字，非。春往伐魯，入其北郊；顧返伐衛，敗之新築。《釋文》：「魯者，周公之子伯禽所封之國也。周公有大勛勞於天下，成王留之輔相，而封伯禽焉。」《史記》：「封周公旦於太昊之墟曲阜。」正義曰：「《括地志》曰：『兗州曲阜縣外城，即魯公伯禽所築也。封康叔爲衛君，居河、淇間故商墟。』」宋忠曰：「康叔從康徙封衛，衛即殷墟定昌之地。」《春秋土地名》京相璠曰：「清丘，在今東郡濮陽縣東南三十里，魏都〔四三〕尉治。」杜預注：「斷道，晉地；新築，衛地。」宣十二年《經》：「晉人、宋人、衛人、曹人同盟于清丘。」十七年《經》：「公會晉侯、衛侯、曹伯、邾婁子，同盟于斷道。」成二年《經》：「齊侯伐我北鄙。夏四月丙戌，衛孫良夫帥師及齊師戰于新築，衛師敗績。」當是時也，方乘〔四四〕勝而志廣，大國往聘，慢而弗敬其使者。晉、魯俱怒，內悉其衆，外得黨與衛、曹。四國相輔，《釋文》：「曹者，武王之弟叔振鐸所封之國也，爵爲伯。其封域在兗州陶丘之北，菏澤之野，今濟陰定陶是也。」大困之鞌，原注：「音『安』。」服虔曰：「鞌，齊地。」《穀梁》曰：「鞌去齊五百里。」成二年《傳》：「前此者，晉郤克與臧孫許同時而聘于齊。蕭同姪子者，齊君之母也，踊于棓而窺客，則客或跛或眇。于是使跛者迓跛者，使眇者迓眇者。二大夫出，相與踦〔四五〕閭而語，移日然後相去。齊人皆曰：『患之起，必自此始。』二大夫歸，相與率師，爲鞌之戰，齊師大敗。」獲齊頃公，斮〔四六〕逢丑父。成二年《傳》：「逢丑父，頃公之車右也，面目與頃公相似，代頃公當左，使頃公取飲。操飲而至〔四七〕，曰：『革取清者。』頃公用是佚而不反。逢丑父曰：『吾賴社稷之神靈，吾君已免矣。』郤克曰：『欺三軍者，其法奈何？』曰：『法斮。』於是斮逢丑父。」《佩觿辨正》曰：「桉顏師古《刊謬正俗》：『逢姓者，蓋出於逢蒙之後，讀當如其本字，更無別音。今之爲此姓者，自稱乃與「龐」同。桉，德公、士元所祖自別，殊非伯陵、丑父之裔，不得棄其本姓，混兹音讀。』」今桉，《左傳》有逢伯陵、逢丑父，《孟子》有逢蒙。《左傳》無音，《孟子音》云：「丁張并薄江切。」桉，逢伯陵，商諸侯，姜姓；逢丑父〔四八〕，齊人；後漢有逢萌，北海人，其字皆從『夆』。《廣韻》云：

「逢，皮〔四九〕江反，姓也，出北海。《左傳》有逢丑父。」其字從「夆」。予疑師古以《左傳》《孟子》諸書皆寫爲「逢遇」之「逢」，故以爲「更無別音」。不思古今字書，或借用，或傳寫舛訛，豈可以臆斷，便謂姓無皮江切耶？《孟子音義》又云：「逄〔五〇〕，從「夆」。夆，下江切。」以此見正文誤從「夆」爾。」《玉篇》云：「斮，斬也，側略切〔五一〕。」深本頃公之所以大辱身，幾亡國，爲天下笑，其端乃從懾魯勝衛起。伐魯，魯不敢出；擊衛，大敗之，因得官本梌：「得，他本作『其』。」氣而無敵國以興患也。故曰：「得志、有喜，不可不戒。」此其效也。自是後，頃公恐懼，不聽聲樂，不飲酒食肉，內愛百姓，問疾弔喪；外敬諸侯，從會與盟。卒終其身，家國安寧。成八年《傳》：「鞌之戰，齊師大敗。齊侯歸，弔死視疾，七年不飲酒、不食肉。晉侯聞之，曰：『嘻！奈何使人之君七年不飲酒、不食肉？』請皆反其所取侵地〔五二〕。」梌，成五年會蟲牢，七年盟馬陵，九年盟蒲，齊侯皆與。是福之本生於憂，而禍起於喜也。《劉向集》：「董生有云：『弔者在門，賀者在閭。』言有憂則恐懼敬事，敬事則必有善功，而福至也。又云：『賀者在門，弔者在閭。』言受福則驕奢，驕奢〔五三〕則禍至，故弔隨而來。齊頃公之始，藉霸者之餘威，輕侮諸侯，窺蹇跂之容，故被鞌之禍，遁服而亡，所謂『賀者在門，弔者在閭』也。兵敗師破，人皆弔之；恐懼自新，百姓愛之，諸侯皆歸其所奪邑，所謂『弔者在門，賀者在閭』也。」嗚呼！師古曰：「於戲，嘆聲也。『於』讀曰『烏』，『戲』讀曰『呼』。古字或作『烏虖』，今字或作『烏呼』，音義皆同耳。而俗之讀者，隨字而別，又曲爲解釋云：『有吉凶、美惡之殊，是不同其大指也。』義例具在《詩》及《尚書》，不可一二偏舉之。」《說文》：「孔子曰：『烏，盱呼也。』取其助氣，故以爲『烏呼』。」物之所由然，其於人切近，可不省耶？

逢丑父殺其身以生其君，何以不得爲知權？丑父欺晉，祭仲許宋，桓十一年《傳》：「祭仲者，何？鄭相也。何以不名？賢也。何賢乎祭仲？以爲知權也。其爲知權，奈何？古者，鄭國處于留。先鄭伯有善於鄶〔五四〕公者，通乎夫人，以取其國而遷鄭焉，而野留。莊公死，已葬。祭仲將往省於留，途出於宋。宋人執之，謂之曰：『爲我出忽而立突。』祭仲不從其言，則君必死，國必亡；從其言，則君可以生易死，國可以存易亡。少遼緩之，則突可故出，而忽可故反。是不可得〔五五〕，然後有鄭國。古人之有權者，祭仲之權是也。權者何？權者，反于經，然後有善者也。權之所設，舍死亡，無所設。行權有道：自貶損以行權，不害人以行權。殺人以自生，亡人以自存，君子不爲也。」俱枉正以存其君。然而丑父之所爲，官本校：「所，他本作『難』。」難於祭仲。祭仲見賢，而丑父猶見非，何也？曰：是非難別者在此。此其嫌疑相似而不同理者，不可不察。夫去位而避兄弟者，鄭忽奔衛，弟突歸於鄭，是避兄弟也。君子之所甚貴；獲虜逃遁者，君子之所甚〔五六〕賤。祭仲措其君於人所甚貴以生其君，故《春秋》以爲知權而賢之；丑父措其君於人所甚賤以生其君，《春秋》以爲不知權而簡之。簡，略也。其俱枉正以存君，相似也；其使君榮之與使君辱，不同理。故凡人之有爲也，前枉而後義者，謂之中權，雖不能成，《春秋》善之，魯隱公、隱賤而桓貴。隱之立，爲桓立，故隱之立爲行權。鄭祭仲是也；前正而後有枉者，謂之邪道，雖能成之，《春秋》不愛，齊頃公〔五七〕、逄丑父是也。夫冒大辱以生〔五八〕，其情無樂，故賢人不爲也，而衆人疑焉。《春秋》以爲人之不知義而疑也，故示之以義，曰：「國滅，君死之，正也。」襄六年《經》：「齊侯滅萊。」《傳》：「曷爲不言萊君出奔？國滅，君死之，正也。」正也者，正於天之爲人性命也。天之爲人性命，使行仁義而羞可耻，非若鳥獸然，苟爲生、苟爲利而已。是故《春秋》推天施而順人理，官本校：「人，他本作『天』。」以至尊爲不可以生於至辱大羞，故獲者絶之；隱〔五九〕六年注：「嫌來輸平，獨惡鄭擅獲諸侯，魯不能死難，皆當絶之。」以至辱爲不〔六〇〕可以加於至尊大位，故雖失位，弗君也。已反國，復在位矣，官本校：「他本無『復』字。」而《春秋》猶有不君之辭，況其溷然方獲而虜耶〔六一〕？《國策》注：「『慁』『溷』同，濁貌。」《玉篇》：「虜，獲也，戰獲俘虜也。」其於義也〔六二〕非君，定矣。若非君，則丑父何權矣？故欺三軍爲大辱〔六三〕於晉，其免頃公爲辱宗廟於齊，是以雖難，而《春秋》不愛。丑父大義，宜言於頃公曰：「君慢侮而怒諸侯，是失禮大矣。今被大辱而弗能死，是無耻也，而獲〔六四〕重罪。請俱死，無辱宗廟，無羞社稷。」如此，雖陷其身，尚有廉名。當此之時，死賢於生。故君子生以辱，不如死以榮，正是之謂也。《尸子》曰：「衆以虧形爲辱，君子以虧義爲辱。」由法論之，則丑父欺而不中權，忠而不中義。以爲不然，復察《春秋》。《春秋》之序辭也，置「王」於「春」「正」之間，隱元年《經》「春王正月」，是置「王」于「春」「正」之間。非曰原注：「猶言『豈非』。」「上奉天施而下正人，然後可以爲王也」云爾？隱元年注：「王者不承天以置號令，則無法，故先言『春』而後言『王』；天不深正其元，則不能成其化，故先言元而後言『春』。」今善善惡惡，好榮憎辱，非人能自生，此天施之在人者也。君子以天施之在人者聽之，則丑父弗忠也。天施之在人者，使人有廉耻〔六五〕。有廉耻者不生於大辱，盧注：「『有廉耻』三字、『於』字，據《大典》本補。」大辱莫甚於去南面之位而束獲爲虜也。曾子曰：「辱若可避，避之而已。及其不可避，君子視死如歸。」謂如頃公者也。《大戴禮》作「視死若〔六六〕歸」。

《春秋》曰：「鄭伐許。」奚惡於鄭而夷狄之也？杜預注：「許，潁川許昌縣。」《方輿紀要》：「都許，今開封府許州是。靈公遷葉，今南陽府裕州葉縣。悼公遷奚〔六七〕，今鳳陽府亳州東南七十里廢城是。旋還葉，又遷于白羽，今南陽府鄧州析川〔六八〕縣是。許男斯又遷于容城，今荆州府東廢華容縣是。蓋皆爲楚所遷也。」成三年《經》：「鄭伐許。」注：「謂之鄭者，惡鄭襄公與楚同心，數侵伐諸夏。自此之後，中國盟會無已，兵革數起，夷狄比周爲黨，故夷狄之。」曰：衛侯速卒，鄭師侵之，是伐喪也。成二年《經》：「庚寅，衛侯遬卒。冬，楚師、鄭師侵衛。」鄭與諸侯盟于蜀，以盟而歸諸侯，於是伐許〔六九〕，是叛盟也。成二年《經》：「公及楚人以下盟于蜀。」盧注：「『以盟』，即『已盟』。『伐許』，舊本作『伐鄭』，訛。」伐喪無義，叛盟無信。無信、無義，故大惡之。問者曰：是君死，其子未逾年，有稱伯不子法辭，其罪何？成四年《經》：「鄭伯伐許。」注：「未逾年君稱伯者，時樂成君位。親自伐許，故如其意，以著其惡。」曰：先王之制，有大喪者，三年不呼其門，宣元年《傳》：「古者，臣有大喪，則君三年不呼其門。」順其志之不在事也。《詩》〔七〇〕云：「詩」當作「書」。「高宗諒闇，高宗，商王武丁也。鄭注《論語》：「諒闇，喪廬也。」《禮記》注：「諒，古作『梁』，楣謂之梁。闇，讀如『鶉鵪』之『鵪』。『闇』謂廬也。」三年不言。」居喪之義也。今縱不能如是，奈何其父卒未逾年，即以喪舉兵〔七一〕也？《春秋》以薄恩，且施失其子心，故不復得稱「子」，謂之「鄭伯」以辱之也。既葬稱「子」。今稱「伯」，使不得在「子」行，故云「以辱之也」。且其先君襄公伐喪、叛盟，得罪諸侯，諸侯〔七二〕怒之未解，惡之未已。繼其業者，宜務善以覆之。今又重以〔七三〕無故，居喪以伐人。父伐人〔七四〕喪，子以喪伐人；父加不義於人，子施失恩於親以犯中國，是父負故惡於前，已起大惡於後。諸侯果怒而憎之，卒而俱至，官本桉：「『卒』，他本作『率』。」謀共擊之。鄭乃恐懼，去楚而成蟲牢〔七五〕之盟是也。「蟲」當作「蟲」。成五年《經》：「公會晉侯、齊侯、宋公、衛侯、鄭伯、曹伯、邾婁子、杞伯，同盟于蟲牢。」杜預注：「蟲牢〔七六〕，鄭地。陳留封丘縣北有桐牢。」楚與中國俠而擊之，官本桉：「『俠』，他本作『挾』。」鄭罷敝危亡，師古曰：「罷，讀曰『疲』。」終身愁辜。盧注：「辜，當讀爲『苦』。」吾本其端，無義而敗，由輕心然。孔子曰：「道千乘之國，師古曰：「道，讀曰『導』。」敬事而信。」知其爲得失之大也，故敬〔七七〕而慎之。今鄭伯既無子恩，官本桉：「他本無『既』字。」又不熟計，一舉兵不當，被患不窮，自取之也。是以生不得稱子，去其義也；死不得書葬，官本桉：「他本衍一『不』字。」見其罪〔七八〕也。成六年《經》：「鄭伯費卒。」注：「不書葬者，爲中國諱。蟲牢之盟，約備强〔七九〕楚。楚伐鄭喪，不能救；晉又侵之，故去葬，使若非伐喪。」曰：有國者視此，行身不放義，官本桉：「他本『行』作『得』。」孔安國注《論語》：「放，依也。」興事不審時，其何字誤。如此爾〔八〇〕。

校勘記

〔一〕「變」，殿本下有注云：「他本脱『變』字。」

〔二〕「其」，蜚雲閣本、彙函本、續經解本、畿輔本、龍谿本并奪，據計臺本、殿本、盧本、稿本補。

〔三〕「古而如通用」，殿本校作「古『而』『如』二字通用」，盧本注作「『如』『而』古通用」。

〔四〕「救」，畿輔本、龍谿本并作「殺」。

〔五〕「與」，計臺本作「予」。

〔六〕「蹇叔子」，諸本并作「蹇子」，據《公羊傳・僖三十三年》改。

〔七〕「冢」，稿本、蜚雲閣本、彙函本、續經解本、龍谿本并作「家」，據畿輔本改。下同。張校云：「僖三十三年《傳》『冢上』作『宰上』，注：『宰，冢也。』」

〔八〕「避」，張校云：「僖三十三年《傳》『避』本作『辟』。」

〔九〕「友」，稿本、蜚雲閣本、彙函本、畿輔本、龍谿本并作「其」，據《毛詩正義》卷四之二、續經解本改。張校云：「《釋文》作『桓公友所封也』。」

〔一〇〕「宗周」，蜚雲閣本、彙函本、畿輔本、龍谿本并作「宋國」，稿本作「宗國」，據《毛詩正義》卷四之二、續經解本改。張校云：「《詩譜》作『宗周圻内』。」

〔一一〕「者」，《公羊注疏》卷九下有「何」字。

〔一二〕「内外」「怨」，張校云：「隱二年注『内外』作『外内』，『怨』上有『構』字。」阮氏《校勘記》云：「鄂本『禍』上有『構』字。」

〔一三〕「修舊」，計臺本作「脩」。

〔一四〕「之」，殿本下有注云：「他本無『之』字。」

〔一五〕「殘」，殿本下有注云：「殘，他本作『賤』。」

〔一六〕「弛」，計臺本、殿本作「矢」。盧校云：「《禮記·孔子閑居》亦作『弛其文德』，注：『弛，施也。』今《詩》作『矢』。」

〔一七〕「斷斷」，計臺本作「斷斷」。

〔一八〕「爲中國諱」，張校云：「襄二年《傳》作『爲中國諱也。曷爲中國諱？諱伐喪也』。」

〔一九〕「桱」，稿本、蜚雲閣本、彙函本、畿輔本、龍谿本并作「恒」，據續經解本改。

〔二〇〕「也」，計臺本、殿本作「矣」，殿本校：「他本『矣』作『也』。」

〔二一〕「引」，計臺本作「隱」。殿本校：「『引』字，原本作『隱』，今從他本改正。下同。」

〔二二〕「棠」，計臺本作「常」。

〔二三〕「必當於理」，諸本并作「必當必理」，據《劉子新論·明權篇》改。張校云：「《新論》作『必當於理』。」

〔二四〕「司馬子反」以下，諸本合上爲一節，計臺本、殿本、盧本并提行。

〔二五〕「圍子相馬」，《公羊傳·宣十五年》作「圍者柑馬」，阮氏《校勘記》云：「『柑』，當作『拑』。」張校云：「宣十五年《傳》作『圍者柑馬而秣之』。」

〔二六〕「大之」，殿本校云：「『大之』，他本作『之大』。」

〔二七〕「襄三十年」，諸本并作「襄三十三年」。張校云：「按《傳》，當作『襄三十年』。」今據改。

〔二八〕「溴」，稿本、蜚雲閣本、龍谿本、續經解本并誤作「溴」，據《公羊注疏》卷二十、彙函本、畿輔本改。下「湨」字并同。

〔二九〕「古闃反」，計臺本作「古閴反」，稿本、蜚雲閣本作「右闃反」，據殿本、彙函本、續經解本、畿輔本、龍谿本改。

〔三〇〕「梁，小橋也」，張校云：「《爾雅》疏：『然則以土石爲堤，障絶水者，名梁。雖所在多有，而無大於湨梁水之旁者。』凌氏雜引孫注，與此無涉。」案，阮元《經籍籑詁》卷二十二「梁」字引《爾雅・釋地》孫注云：「梁，小橋也。」

〔三一〕「剌」，計臺本、蜚雲閣本、龍谿本并作「刺」，據殿本、盧本、稿本、彙函本、續經解本、畿輔本改。下「剌」并同。

〔三二〕「間」，計臺本、殿本作「問」。盧校云：「『間』即上文『無計其間』之『間』。作『問』者，非。」

〔三三〕「君」，盧校云：「《大典》本作『臣有惡，君名美』，疑當作『惡臣擅君名美』。」

〔三四〕「於乎是」，稿本、彙函本、龍谿本并作「於是乎」，據《禮記・坊記》、續經解本、畿輔本改。

〔三五〕「可見」，計臺本作「可諫」。

〔三六〕「有賤乎賤者」，計臺本、殿本無。

〔三七〕「其讓」，計臺本倒作「讓其」，殿本校云：「他本脱『讓』字。」

〔三八〕「義則」，殿本校云：「『義則』，他本作『則義』。」盧校云：「本或作『疑變故之大義則幾可論矣』，殆非也。」又「論矣」下，稿本有注：「論，曉也。」他本無。

〔三九〕「渺」，計臺本、殿本、盧本作「眇」。

〔四〇〕「故」，計臺本作「殺」，殿本校云：「故，原本作『殺』。」

〔四一〕「霸主」，彙函本、續經解本作「霸王」。

〔四二〕「不從」，計臺本、殿本無「不」字。盧校云：「舊本『從』字上無『不』字，誤脱耳。」

〔四三〕「都」，《水經注·匏子河》作「東都」。

〔四四〕「乘」，殿本校云：「乘，他本作『求』。」

〔四五〕「踦」，稿本、彙函本、畿輔本、龍谿本并作「倚」，據《公羊注疏》卷十七、續經解本改。

〔四六〕「斮」，殿本校云：「音『捉』。」

〔四七〕「操飲而至」，張校云：「成二年《傳》作『頃公操飲而至』。」

〔四八〕「逢丑父」，彙函本作「逄丑父」。

〔四九〕「皮」，畿輔本誤作「反」。

〔五〇〕「逢」，《佩觿》作「逄」。

〔五一〕「側略切」，稿本、蜚雲閣本、彙函本、畿輔本、龍谿本下并衍「二」字，續經解本無，今删。張校云：「『二』字不知何屬，疑有脱誤。《古經解彙函》本同。」

〔五二〕「地」，彙函本、續經解本作「他」。

〔五三〕「耆」，續經解本作「晉」。

〔五四〕「鄶」，諸本并作「鄫」，據《公羊注疏》卷五改。張校云：「桓十一年《傳》『鄫』作『鄶』，《釋文》：『鄶，古外反。坊本或訛作「鄫」。』」

〔五五〕「是不可得」，張校云：「《傳》『是不可得』下，有『則病』二字。」疑當據補。

〔五六〕「甚」，殿本校云：「他本脱『甚』字。」

〔五七〕「齊頃公」，盧校云：「『齊頃公』三字疑衍。本或作『齊景公』，更訛。」
〔五八〕「生」，計臺本作「往」，殿本校云：「『生』字，原本作『往』。」
〔五九〕「隱」，諸本并作「桓」，據《公羊注疏》卷三改。張校云：「注乃隱六年『春，鄭人來輸平』《傳》注，凌氏作『桓』，誤。」
〔六〇〕「不」，計臺本、殿本、盧本作「亦不」，殿本校云：「他本無『亦』字。」
〔六一〕「耶」，計臺本、盧本作「邪」。
〔六二〕「也」，殿本校云：「他本無『也』字。」
〔六三〕「辱」，計臺本、殿本、盧本、稿本作「罪」。
〔六四〕「獲」，計臺本、殿本、盧本作「復」，殿本校云：「復，他本作『獲』。」
〔六五〕「有廉耻」，殿本、蜚雲閣本、彙函本、續經解本、畿輔本、龍谿本不重，據計臺本、盧本、稿本補。
〔六六〕「若」，彙函本、續經解本作「者」。
〔六七〕「奚」，《讀史方輿紀要》卷一、續經解本并作「夷」。
〔六八〕「析川」，續經解本作「淅川」。
〔六九〕「伐許」，計臺本作「伐鄭」，殿本倒作「鄭伐」。
〔七〇〕「詩」，計臺本、盧本作「書」。
〔七一〕「兵」，計臺本作「師」。
〔七二〕「諸侯」，諸本并奪，據計臺本、殿本、盧本補。
〔七三〕「重以」，殿本、盧本作「重之」，計臺本作「重之以」。

〔七四〕「伐人」，殿本校云：「原本無『伐人』二字，今從他本增入。」

〔七五〕「蟲牢」，計臺本、盧本作「蟲牢」。

〔七六〕「蟲牢」，稿本、蜚雲閣本、彙函本并作「蟲牢」，據《左傳正義》卷二十六、續經解本、畿輔本、龍谿本改。

〔七七〕「敬」，計臺本作「禁」。

〔七八〕「罪」，殿本作「窮」，注云：「他本『窮』作『罪』。」

〔七九〕「强」，《公羊注疏》卷十七、畿輔本并作「彊」。

〔八〇〕「其何如此爾」，殿本校云：「他本『其』字在『時』字上。」盧校云：「句疑有訛。」

春秋繁露卷三

玉英第四

《尸子》：「龍淵生玉英。」《尚書帝命驗》：「有人雄起，戴玉英。」鄭注：「玉英，寶物之名。」

謂一元者，大始也。王弼曰：「一者，數之始也，物之極也。」《爾雅》：「元，始也。」《春秋元命包》曰：「孔子曰：『某作《春秋》，始于元，終于麟，王道成也。』」知元年志者，官本校：「他本無『者』字。」大人之所重，小人之所輕，是故治國之端在正名。《論語》：「子路曰：『衛君待子而爲政，子將奚先？』孔子曰：『必也正名乎？』」名之正，興五世。五傳之外，美惡乃形，可謂得原注：「一作『冒』。」其真矣，非子路之所能見。非其位而即之，雖受之先君，《春秋》危之，宋繆公是也；隱三年《傳》：「當時而日，危，不得葬也。此當時何危爾？宣公謂繆公曰：『以吾愛與夷，則不若愛女。盍終爲君矣？』宣公死，繆公立〔一〕，逐其二子莊公馮與左師勃，曰：『爾爲吾子，生毋相見，死毋相哭。』與夷復曰：『先君之所爲，不與臣國而納國乎君者，以君可以爲社稷宗廟主也。今君逐君之二子，而將致國乎與夷，此非先君之意也。且使子可逐，則先君其逐臣矣。』繆公曰：『先君之不爾逐，可知矣。吾立乎此，攝也。』終致國乎與夷。莊公馮弒與夷。」非其位，不受之先君，官本校：「他本複『不受』二字。」而自即之，《春秋》危之〔二〕，吳王僚是也。《史記》正義曰：「吳，國號也。太伯居梅里，在常州無錫東南，至十九世孫壽夢居之。壽夢卒，諸樊南徙吳。至二十一代孫光，使子胥〔三〕築闔閭城，都之，今蘇州也。」襄二十九年〔四〕《傳》：「闔廬曰：『先君之所以不與子國而與弟者，凡爲季子故也。將從先君之命與？則國宜之季子者也；如不從先君之命與？則我宜立者也。僚惡乎得君〔五〕乎？』於是使專諸刺僚，而致國乎季子。」雖然，苟能行善得衆，《春秋》弗危，衛侯晉以正書葬是也。隱四年《經》：「衛人立晉。」《傳》：「晉者，何？公子晉也。立者，何？不宜立也。其稱人，何？衆立之之辭也。」桓十三年《經》：「三月，葬衛宣公。」注：「背殯用兵而月，不危之者，衛弱於齊、宋，不從亦有危，故量力，不責也。」俱不宜立，而宋繆公受之先君而危，此言繆公雖受之先君，而不能得衆，故危。衛宣弗受先君而不危，以此見得衆心之爲大安也。故齊桓非直弗受之先君也，乃率弗宜爲君者而立，罪亦重矣。莊九年《經》：「齊小白入于齊。」《傳》：「其言『入』，何？篡辭也。」然而知恐懼，故舉賢人而以自覆蓋，官本桉：「故，他本作『敬』。」知不背要盟以自湔浣也，莊十三年《傳》：「要盟可犯，而桓公不欺。」《一切經音義》：「湔，洗也；浣，濯也。」遂爲賢君，官本桉：「他本脱『爲』字。」而霸諸侯。《説苑》：「桓公于是用管仲、鮑叔、隰朋、賓胥無、甯戚，三存亡國，一繼絶世，救中國，攘戎狄，卒脇荆蠻，以尊周室，霸諸侯。」使齊桓被惡而無此美，官本桉：「被，他本誤作『背』。」得免殺滅，乃幸已，何霸之有！魯桓忘其憂而禍逮其身，桓十八年《經》：「公薨于齊。」注：「不書齊誘殺公者，深諱耻也。」師古曰：「逮，及也。」齊桓憂其憂而立功名。推而散之，凡人有憂而不知憂者凶，有憂而深憂之者吉。《易》曰：「復自道，何其咎？」此之謂也。匹夫之反道以除咎尚難，人主之反道以除咎甚易。《詩》云：「德輶如毛。」言其易也。鄭注：「輶，輕也。言化民當以德。德之易舉而用，其輕如毛耳。」

公觀魚于棠，隱五年《經》：「公觀魚于棠。」《傳》：「公曷爲遠而觀魚？登來之也。百金之魚，公張之。」杜預注：「今高平方與縣北，有武唐亭，魯侯觀魚臺。」何惡也？凡人之性，莫不善義，然而不能義者，利敗之也。故君子終日言，不及利，欲以勿言愧之而已，愧之以塞其源也。官本校：「以，他本作『則』。」《荀子》：「君者，民之源也。源清則流清，源濁則流濁也。」太史公曰：「余讀《孟子》書，至梁惠王問『何以利吾國』，未嘗不廢書而嘆也，曰：嗟乎！利，誠亂之始也。夫子罕言利者〔六〕，防其原也，故曰：『放於利而行多怨。』自天子至于庶人，好利之弊，何以異哉？」夫處位動風化者，師古曰：「以德化被于下，故云『風』也。《詩序》曰：『上以風化下。』」徒言利之名爾，猶惡之，況求利乎？故天王使人求賻，隱三年《經》：「武氏子來求賻。」求金，文九年《經》：「毛伯來求金。」皆爲大惡而書。今〔七〕官本校：「他本無『今』字，誤衍一『非』字。」案，「非」字不當衍。直使人也，親自求之，是爲甚惡。《説苑》：「周天子使家父、毛伯求金于諸侯，《春秋》譏之。故天子好利，則諸侯〔八〕貪；諸侯貪，則大夫鄙；大夫鄙，則庶人盜。上之變下，猶風之靡草也。故爲人君者，明貴德而賤利以道下，下之爲惡，尚不可止。今隱公貪利而身自至〔九〕濟上，而行八佾，以此化于國人，國人安得不解于義？解于義而縱其欲，則災害起而臣下僻矣。」譏。何故言觀魚？猶言觀社也，皆諱大惡之辭也。官本校：「諱，他本誤作『爲』。」莊二十三年《經》：「夏，公如齊觀社。」注：「觀社者，觀祭社〔一〇〕。諱淫，言觀社者，與親納幣同義〔一一〕。」

《春秋》有經禮，有變禮。爲如「而」通。安性平心者，經禮也。至有於性雖不安，於心雖不平，於道〔一二〕無以易之，此變禮也。是故昏〔一三〕禮不稱主人，經禮也；隱二年《傳》：「昏禮不稱主人。」注：「養廉遠耻也〔一四〕。」《釋文》：「鄭云：『士娶妻之禮，以昏爲期，因而名焉。必以昏者，取其陽往而陰來。』」〔一五〕辭窮無稱，稱〔一六〕主人，變禮也。隱二年《傳》：「宋公使公孫壽來納幣，則其稱主人，何？辭窮也。辭窮者，何？無母也。」天子三年然後稱王，經禮也；文九年《傳》：「以天子三年然後稱王。」有物故，盧〔一七〕注：「『物』字當衍。」則未三年而稱王，變禮也。昭二十二年《經》：「天王居于狄泉。」《傳》：「此未三年，其稱天王，何？著有天子也。」注：「時庶孽并篡，天王失位徙居，微弱甚，故急著，正其號，明天下當救其難而事之。」婦人無出境之事，經禮也；隱二年注：「婦人無外事。」母爲子娶婦，官本桉：「他本脱『婦』字。」僖三十一年《經》：「冬，杞伯姬來求婦。」奔喪父母，變禮也。文九年《經》：「夫人姜氏如齊。」注：「奔父母之喪也。不言奔喪者，尊内，猶不言朝聘。」明乎經變之事，然後知輕重之分，可與適權矣。難者曰：《春秋》事同者辭同。此四者俱爲變禮，而或達於經，或不達於經，何也？曰：《春秋》理百物，官本桉：「理，他本作『禮』。」辨品類，别嫌微，修本末者也。是故星墜謂之隕，莊七年《經》：「夏四月辛卯夜，恒星不見。夜中，星霣如雨。」螽墜謂之雨，文三年《經》：「雨螽于宋。」《傳》：「雨螽者，何？墜也〔一八〕。」其所發之處不同：或降於天，或發於地，其辭不可同也。今四者俱爲變禮也同，句。而其所發亦不同：或發於男，或發於女，其辭不可同也。是或達於常，或達於變也。莊侍郎曰：「《春秋》辭異則指異。事異而辭同，則以事見之；事不見，則以文起之。嫌者使異，不嫌使同。」

桓之志無王，故不書王；桓三年《經》：「三年春，正月，公會齊侯于嬴。」注：「無『王』者，以見桓公無王而行也。」其志欲立，故書即位。桓元年《經》：「公即位。」《傳》：「繼弑君，不言即位。此其言即位，何？如其意也。」書即位者，言其弑君兄也；不書王者，以言其背天子。是故隱不言正，隱十一年《傳》〔一九〕。桓不言王者，皆從其志以見其事也：從賢之志以達其義，從不肖之志以著其惡。由此觀之，《春秋》之所善，善也；所不善，亦不善也，不可不兩省也〔二〇〕。

《經》曰：「宋督弑其君與夷。」官本桉：「他本脱『宋督』二字。」桓二年《經》：「宋督弑其君與夷，及其大夫孔父。」《傳》言莊公馮殺之，隱三年《傳》：「莊公馮弑與夷。」不可及於經，何也？曰：非不可及於經，其及之端眇，師古曰：「眇，微也。」《釋文》：「眇，妙小〔二一〕反。」莽眇，輕虛之狀也。崔云：『猛眇之鳥首也，取其行而無跡。』」不足以類鈎之，官本校：「鈎，他本作『鈞』〔二二〕。」《周易》：「鈎深致遠。」故難知也。《傳》曰：「臧孫許與晉郤克同時而聘乎齊。」成二年《傳》：「晉郤克與臧孫許同時而聘于齊。」桉《經》無有，豈不微哉？不書其往，而有避也。今此《傳》言莊公馮，而於《經》不書，亦以有〔二三〕避也。是以〔二四〕不書聘乎齊，官本校：「他本無『乎』字。」避所羞也；不書莊公馮殺，避所善〔二五〕也。是故〔二六〕讓者，《春秋》之所善。宣公不與其子而與其弟，其弟亦不與子而反之兄子，雖不中法，皆有讓高，不可棄也，故君子爲之諱。不居正之謂避。隱三年《傳》：「故君子大居正。宋之禍，宣公爲之也。」其後也亂，移之宋督，以存善志。此亦《春秋》之義，善無遺也。官本校：「遺，他本誤作『道』。」若直〔二七〕書其篡，則宣、穆〔二八〕之高滅，而善之無所見矣。難者曰：爲賢者諱，皆言之；爲宣、穆諱，獨弗言，何也？曰：不成於賢也。其爲善不法，不足法也。不可取，亦不可棄。棄之，則棄善志也；取之，則害王法。非王法所當貴也。故不棄亦不載，以意見之而已。苟志於仁，無惡，此之謂也。

器從名，地從主人之謂制。官本校：「謂，他本誤作『位』。」桓二年《傳》：「器從名，地從主人。」注：「從本主名名之，從後所屬主人。」權之端焉，不可不察也。夫權雖反經，亦必在可以然之域。不在可以然之域，故雖死亡，終弗爲也，公子目夷是也。僖二十一年《傳》：「宋公〔二九〕與楚子期以乘車之會，公子目夷諫曰：『楚，夷國也，强而無義。請君以兵車之會往。』宋公曰：『不可。吾與之約：以乘車之會。自我爲之，自我墮之，曰不可。』終以乘車之會往。楚人果伏兵車，執宋公以伐宋。宋公謂公子目夷曰：『子歸守國矣。國，子之國也。吾不從子之言，以至乎此！』公子目夷復曰：『君雖不言〔三〇〕，國固臣之國也。』於是歸，設守械而守國。楚人謂宋人曰：『子不與我國，吾將殺子君矣。』宋人應之曰：『吾賴社稷之神靈，吾國已有君矣。』楚人知雖殺宋公，猶不得宋國，於是釋宋公。宋公釋乎執，走之衛。公子目夷復曰：『國爲君守之，曷爲不入〔三一〕？』然後逆襄公歸。」故諸侯父子、兄弟不宜立而立者，官本校：「者，他本作『也』。」《春秋》視其國與宜立之君無以異也，此皆在可以然之域也。至於鄫取乎莒，以之〔三二〕爲同居，目曰「莒人滅鄫」，此不在可以然之域也。《水經注》：「《地里志》〔三三〕曰：『莒子之國，盈姓也，少昊後。』」杜預注：「莒國，今城陽莒縣也。鄫國，今琅邪鄫縣。」《世本》：「鄫，姒姓，子爵。夏大康封其子曲烈于鄫。襄公六年，莒滅之。鄫太子巫仕魯，去邑，爲曾氏。」官本校：「他本無『在』字。」襄六年《經》：「莒人滅鄫。」注：「莒稱人者，莒公子，鄫外孫。稱人者，從莒無大夫也。言滅者，以異姓爲後，莒人當坐滅也。不月者，取後于莒，非兵滅。」故諸侯在不可以然之域者，謂之大德；大德無逾閑者，謂正經。諸侯在可以然之域者，謂之小德；小德出入，可也。《論語》子夏曰：「大德不逾閑，小德出入，可也。」馬融《易》注：「閑，闌也，防也。」權譎也，尚歸之以奉鉅經耳。故《春秋》之道，博而要，詳而反一也。公子目夷復其君，終不與國；祭仲已與〔三四〕，後改之；荀息死而不聽〔三五〕，僖十年《傳》：「獻公病，將死，謂荀息曰：『士何如，則可謂之信矣？』荀息對曰：『使死者反生，生者不愧乎其言，則可謂信矣。』獻公死，奚齊立，里克謂荀息曰：『君殺正而立不正，廢長而立幼，如之何？願與子慮之。』荀息曰：『君嘗訊臣矣，臣對曰：「使死者反生，生者不愧乎其言，則可謂信矣。」』里克知其不可與謀，退，弒〔三六〕奚齊。荀息立卓子，里克弒卓子，荀息死之。荀息可謂不食其言矣。」衛曼姑拒而弗内，哀三年《傳》：「曼姑受命乎靈公而立輒，以曼姑之義，爲固可以拒之也。輒者，曷爲者也？蒯聵〔三七〕之子也。然則曷爲不立蒯聵而立輒？蒯聵爲無道，靈公逐蒯聵而立輒。然則輒之義，可以立乎？曰：可。其可奈何？不以父命辭王父命，以王父命辭父命，是父之行乎子也；不以家事辭王事，以王事辭家事，是上之行乎下也。」此四臣，事異而同心，其義一也。目夷之弗與，重宗廟；祭仲與之，亦重宗廟。荀息死之，貴先君之命；曼姑拒之，亦貴先君之命也。事雖相反，所爲同，俱爲重宗廟、貴先君之命耳。難者曰：公子目夷、祭仲之所爲之〔三八〕者，官本校：「他本無下『之』字。」皆存之事君，善之可矣。荀息、曼姑非有此事也，官本校：「他本無『也』字。」而所欲恃者皆不宜立者，何以得載乎義？曰：《春秋》之法，君立不宜〔三九〕立，不書；諸侯立所不宜立，例所不書。大夫立，則書。隱四年《經》：「衛人立晉。」《傳》：「晉者，何？公子晉也。立者，何？立者，不宜立也。其稱人，何？衆立之之辭也。然則孰立之？石碏立之。」書之者，弗予大夫之得立不宜立者也；不書，予君之得立之〔四〇〕也。莊侍郎曰：「《春秋》非記事之史，不書多於書。以所不書，知所書；以所書，知所不書。治亂必表其微，所謂『禮禁未然之前』也。凡所書者，有所表也，是故《春秋》之中無空文。」君之立不〔四一〕宜立者，非也。既立之，大夫奉之是也，荀息、曼姑之所得爲義也。難紀季曰：杜預注：「紀國，在東莞劇縣。」《水經注》曰：「劇縣故城西，古紀國也。《春秋·莊公四年》：『紀侯不能下齊，以與季弟，大去其國，違齊難也。』後改曰劇。」《春秋》之法，大夫不得用地。定十三年《傳》：「此叛也。其言歸，何？以地正國也。其以地正國，奈何？晉趙鞅取晉陽之甲，以逐荀寅與士吉射。荀寅與士吉射〔四二〕，曷爲者也？君側之惡人也。此逐君側之惡人，曷爲以叛言之？無君命也。」又曰：「公子無去國之義。」官本校：「公，他本作『君』。」昭元年《經》：「夏，秦伯之弟鍼出奔晉。」《傳》：「仕諸晉也。曷爲仕諸晉？有千乘之國，而不能容其母弟，故君子謂之出奔也。」又曰：「君子不避外難。」莊二十七年《傳》：「君子避内難而不避外難。」紀季犯此三者，何以爲賢？賢臣故〔四三〕盜地以下敵，盧注：「故，一作『固』，古通用。」棄君以避患乎？曰：賢者不爲是。是故托賢於紀季，以見季之弗爲也。紀季弗爲，而紀侯使之，可知矣。《春秋》之書事，時詭〔四四〕其實，以有避也；其書人，時易其名，以有諱也。莊侍郎曰：「《春秋》之義，不可書則避之，不忍書則隱之，不足書則去之，不勝書則省之。辭有據正則不當書者，皆書其可書，以見其所不可書；辭有詭正而書者，皆隱其所大不忍，避其所大不可，而後目其所常不忍、常不可也。

辭若可去，可省而書者，常人之所輕，聖人之所重。」故詭晉文得志之實以代〔四五〕諱，避致王也；詭莒子號，謂之人，避隱公也；隱八年《經》：「公及莒人盟于包來。」《傳》：「公曷爲與微者盟？稱人則從，不疑也。」注：「寔莒子也。言莒子，則嫌公行微不肖。諸侯不肯從公盟，而公反從之〔四六〕，故使稱人，則隨從公，不疑矣。」易慶父之名，謂之仲孫，閔元年《經》：「冬，齊仲孫來。」《傳》：「齊仲孫者，何？公子慶父也。公子慶父，則曷爲謂之齊仲孫？繫之齊也。曷爲繫之齊？外之也。曷爲外之？《春秋》爲尊者諱，爲親者諱，爲賢者諱。子女子曰：『以《春秋》爲《春秋》，齊無仲孫，其諸吾仲孫與？』」變「盛」謂之「成」，諱大惡也。莊八年《經》：「夏，師及齊師圍成，成降于齊師。」《傳》：「成者，何？盛也。盛，則曷爲謂之成？諱滅同姓也。」《索隱》曰：「桉，《春秋》：『衛師入郕。』杜預曰：『東平剛父縣有郕鄉。』又，《地理志》云：『廩丘縣南有成故城。』」然則説《春秋》者，入則詭辭，隨其委曲，而後得之。今紀季受命乎君，而《經》書專無善，一名而文見賢。此皆詭辭，不可不察。《春秋》之於所賢也，固順其志而一其辭，章其義而褒其美。今紀侯，《春秋》之所貴也，是以聽其入齊之志，而詭其服罪之辭也，移之紀季。故告糴於齊者，實莊公爲之，而《春秋》詭〔四七〕其辭，以予臧孫辰；莊二十八年《經》：「臧孫辰告糴于齊。」《傳》：「告糴者，何？請糴也。何以不稱使？以爲臧孫辰之私行也。曷爲以臧孫辰之私行？君子之爲國也，必有三年之委。一年不熟，告糴，譏也。」注：「莊公享國二十八年，而無一年之畜，危亡切近，故諱使，若不匱〔四八〕，大夫自私行糴也。」以鄑入于齊者，實紀侯爲之，杜預〔四九〕注：「鄑，紀邑，在齊國東安平縣。齊欲滅紀，故紀季以邑入齊，爲附庸。」《史記集解》云：「安平城，在青州臨淄縣東十九里，古紀之鄑邑也。」而《春秋》詭其辭，以予紀季。所以詭之不同，其實一也。難者曰：有國家者，人欲立之，固盡不聽。國滅，君死之，正也。何賢乎紀侯？曰：齊將復讎，紀侯自知力不加，而志距之，故謂其弟曰：「我，宗廟之主，不可以不死也。官本桉：「他本作『不以死也』。」汝以酅往，服罪於齊，請以立五廟，使我先君歲時有所依歸。」莊三年《經》：「秋，紀季以酅入于齊。」《傳》：「紀季者，何？紀侯之弟也。何以不名？賢也。何賢乎紀季？服罪也。其服罪奈何？魯子曰：『請後五廟，以存姑姊妹。』」成六年注：「禮：天子諸侯立五廟，受命始封之君立一廟，至于子孫。過高祖，不得復立廟。周家祖有功，尊有德，立后稷、文、武廟。至于子孫，自高祖以下而七廟，天子卿大夫三廟，元士二廟。諸侯之卿大夫比元士，二廟〔五〇〕；諸侯之士，一廟。」率一國之衆，以衛九世〔五一〕之主。襄公逐之不去，求之弗予，上下同心而俱死之，官本校：「他本無『之』字。」故爲〔五二〕之大去。《春秋》賢死義且得衆心也，故爲諱滅。以爲之諱，見其賢之也；莊四年《經》：「紀侯大去其國。」《傳》：「大去者，何？滅也。孰滅之？齊滅之。曷爲不言齊滅之？爲襄公諱也。《春秋》爲賢者諱。何賢乎襄公？復讎也。何讎爾？遠祖也。哀公亨乎周，紀侯譖之。以襄公之爲於此焉者，事祖禰之心盡矣。盡者，何？襄公將復讎乎紀，卜之，曰：『師喪，分焉。』『寡人死〔五三〕之，不爲不吉也。』遠祖者，幾世乎？九世矣。九世猶可以復讎乎？雖百世，可也。」以其賢之也，見其中仁義也。

精華第五

《春秋》慎辭，謹於名倫等物者也。是故小夷言伐而不得言戰，隱七年《經》：「戎伐凡伯于楚丘以歸。」大夷言戰而不得言獲，莊十年《經》：「荆敗蔡師于莘，以蔡侯獻舞歸。」《傳》：「曷爲不言其獲？不與夷狄之獲中國也。」中國言獲而不得言執，天子言執。各有辭也。有「又」同。小夷避大夷而不得言戰，大夷避中國而不得言獲，中國避天子而不得言執，名倫弗予，嫌於相臣之辭也。是故大小不逾等，貴賤如其倫，義之正也。

大雩者，何？旱祭也。桓五年《傳》：「大雩者，何？旱祭也。」難者曰：大旱，雩祭而請雨；大水，鳴鼓而攻社。莊二十五年《經》：「秋，大水，鼓，用牲于社、于門。」按，《説苑》作「大水，則鳴鼓而劫社」。天地之所爲，陰陽之所起也，或請焉，或怒焉者，何？曰：大旱者，陽滅陰也。陽滅陰者，尊壓卑也，固其義也。雖太甚，拜請之而已，無敢有加也。《周禮·女巫》疏：「董仲舒曰：『雩，求雨之術，呼嗟之，歌《國風·周南》、《小雅·鹿鳴》、燕禮〔五四〕、鄉飲酒、大射之歌。』」《春秋漢含孳》：「雩祭禱辭曰：『萬國今大旱，野無生稼。寡人當死，百姓何謗？不敢煩民請命。願撫百姓，以身塞無狀。』」大水者，陰滅陽也。陰滅陽者，卑勝尊也，日食亦然，《周禮·大祝》注：「董仲舒救日食，祝曰：『炤炤大明，瀸滅無光。奈何以陰侵陽、以卑侵尊？』」皆下犯上，以賤傷貴者，官本按：「他本無『者』字。」逆節也。故鳴鼓而攻之，朱絲而〔五五〕脅之，爲其不義也。莊二十五年《經》：「六月辛未朔，日有食之。鼓，用牲于社。」《傳》：「日食，則曷爲鼓、用牲于社？求乎陰之道也。以朱絲營社，或曰脅之；或曰爲闇，恐人犯之，故營之。」《説苑》作「鳴鼓而懾之，朱絲營〔五六〕而劫之」。此亦《春秋》之不畏强禦也。師古曰：「强禦，强梁而禦善者也。」盧注：「畏，舊本作『爲』。今依劉昭注改正。」故變天地之位，正陰陽之序，直行其道而不忘其難，義之至也。是故脅嚴社而不爲不敬靈，出天王而不爲不尊上，僖二十四年《經》：「冬，天王出居于鄭。」注：「不能事母，故絶之，言『出』。」《説苑》作「故劫嚴社而不爲驚靈，出天王而不爲不尊上」。辭父之命而不爲不承親，哀三年〔五七〕《傳》：「以王父命辭父命，是父之行乎子也。」《説苑》作「辭蒯聵〔五八〕之命，不爲不聽其父」。絶母之屬而不爲不孝慈，義矣夫〔五九〕！官本按：「他本無『慈』字、『矣』字。」莊元年《傳》：「不與念母也。」注：「念母，則忘父背本之道也。」《孝經》云：「父母生之，續莫大焉。」《説苑》作「絶文姜之屬而不爲不愛其母，其義之盡耶！其義之盡耶」。

難者曰：《春秋》之法，「大夫無遂事。」莊十九年《傳》〔六〇〕。又曰：「出境有可以安社稷、利國家者，則專之可也。」莊十九年《傳》。又曰：「大夫以君命出，進退在大夫也。」襄十九年《傳》〔六一〕。又曰：官本校：「他本脱『曰』字。」「聞喪，徐行而不反也。」宣八年《傳》。夫既曰「無遂事」矣，又曰「專之可也」；既曰「進退在大夫」矣，又曰「徐行而不反」也，若相悖然，是何謂也？曰：四者各有所處。得其處，則皆是也；失其處，則皆非也。《春秋》固有常義，又有應變。「無遂事」者，謂生平〔六二〕安寧也；「專之可也」者，謂救危除患也。官本校：「他本無『救』字。」「進退在大夫」者，謂將率用兵也；官本校：「他本脱『謂將』二字。」「徐行不反」者，謂不以親害尊，不以私妨公也。此之謂將得其私，知其指。故公子結受命往媵陳人之婦于鄄，《爾雅》云：「媵、將，送也。」《釋文》：「音『孕』。」古者諸侯娶夫人，則同姓二國媵之。國君夫人有左右媵。」隱七年注：「待年父母國也。婦人八歲備數，十五從嫡，二十承事君子。」道生事，官本校：「『道生』，他本誤作『遂其』。」從齊桓盟，《春秋》弗非，以爲救莊公之危；莊十九年注：「先是，鄄、幽之會，公皆不至。公子結出竟，遭齊、宋欲深謀伐魯，專矯君命而與之盟，故善而詳録。」公子遂受命使京師，官本校：「他本脱『受』字。」桓〔六三〕九年《傳》：「京師者，何？天子之居也。京者，何？大也。師者，何？衆也。天子之居，必以衆大之辭言之。」道生事，之晉，官本校：「道，他本誤作『遂』。」《釋文》：「之，往也。」《春秋》非之，以爲是時僖公安寧僖三十年《經》：「公子遂如京師，遂如晉。」無危〔六四〕。故有〔六五〕危而不專救，謂之不忠；無危而擅生事，是卑君也。《説苑》作「故君有危而不專救，是不忠也；君無危而擅生事，是不臣也」。故此二臣俱生事，《春秋》有是有非，其義然也。

齊桓仗〔六六〕賢相之能，官本校：「仗，他本作『挾』。」用大國之資，即位五年，官本校：「位，他本誤作『衛』。」不能致一諸侯。於柯之盟，見其大信，莊十三年〔六七〕《傳》：「桓公之信著乎天下，自柯之盟始焉。」杜預注：「此柯，今濟北東阿，齊之阿邑，猶祝柯今爲祝阿。」一年而近國之君畢至，鄄、幽之會是也。莊十五年《經》：「齊侯、宋公、陳侯、衛侯、鄭伯會于鄄。」十六年《經》：「冬，公會齊侯、宋公、陳侯、衛侯、鄭伯、許男、曹伯、滑伯、滕子，同盟于幽。」杜預注：「鄄，衛地，今東郡鄄城也。幽，宋地。」其後二十年之間，亦久矣，尚未能大合諸侯也。至於救邢、衛之事，僖元年《經》：「齊師、宋師、曹師次于聶北，救邢。」二年《經》：「城楚丘。」《傳》：「孰城〔六八〕？城衛也。」賈逵曰：「邢，周公之後，姬國姓。」〔六九〕見存亡繼絶之義，僖十七年《傳》：「桓公嘗有繼絶存亡之功。」注：「立僖公，存邢、衛、杞也。」而明年遠國之君畢至，貫澤、陽穀之會是也。僖二年《經》：「齊侯、宋公、江人、黄人盟于貫澤。」三年《經》：「齊侯、宋公、江人、黄人會于陽穀。」杜預注：「貫，宋地，梁國蒙縣西北有貰城。『貰』與『貫』，字相似。」桉，《左傳》無「澤」字。「陽穀，齊地，在東平須昌〔七〇〕縣北。」故曰：親近者不以言，召遠者不以使，此其效也。其後矜功，振而自足，而不修德，故楚人滅弦而志弗憂，僖五年《經》：「楚人滅弦，弦子奔黄。」杜預注：「弦國，在弋陽〔七一〕軑縣東南。」江、黄伐陳而不往救；僖四年《經》：「秋，及江人、黄人伐陳。」杜預注：「江國，在汝南安陽縣；黄國，今弋陽縣。」《世本》：「江、黄，嬴姓。」損人之國，而執其大夫；僖四年《傳》：「桓公假途于陳而伐楚，則陳人不欲其反由己者，師不正故也。不修其師，而執濤塗。」不救陳之患，而責陳不離；官本桉：「離，他本作『納』，原本及《黄氏日鈔》所引俱作『離』。」不復安鄭，官本桉：「鄭，他本誤作『正』。」而必欲迫〔七二〕之以兵；僖六年《經》：「公會齊侯、宋公、陳侯、衛侯、曹伯伐鄭，圍新城。」《傳》：「邑不言圍，此其言圍，何？彊〔七三〕也。」注：「惡桓公行霸，彊而無義，非所以附疏。」功未良成，而志已滿矣，故曰：「管仲之器，小哉！」《論語》孔子曰：「管仲之器，小哉！」此之謂也。自是日衰，九國叛矣。僖九年《傳》：「葵丘之會，桓公震而矜之，叛者九國。」

《春秋》之聽獄也，必本其事而原其志。《鹽鐵論》：「《春秋》之治獄，論心定罪：志善而違于法者免，志罪而合于法者誅。」志邪者不待成，首惡者罪特重，罪分首、從。本直者其論輕。原情定罪。是故逄〔七四〕丑父當齗，而轅濤塗不宜執；官本校：「執，他本誤作『直』。」魯季子追慶父，而吴季子釋闔廬。閔二年《傳》：「緩追逸賊，親親之道也。」襄二十九年《傳》：「於是使專諸刺僚，而致國乎季子。季子不受，曰：『爾殺吾君，吾受爾國，是吾與爾爲篡也；爾殺吾兄，吾又殺爾，是父子兄弟相殺，終身無已也。』去之延陵，終身不入吴國。故君子以其不受爲義，以其不殺爲仁。」此四者，罪同異論，其本殊也。俱欺三軍，或死，或不死；俱弑〔七五〕君，或誅，或不誅。聽訟折獄，可無審邪？王本「可無」二字誤倒。《釋文》：「訟，争也，言之於公也。鄭云：『辯財〔七六〕曰訟。』」《曲禮》疏：「争罪曰獄，争財曰訟。」《小戴禮》注：「獄，埆也，相質觳争訟者也。」師古曰：「折，斷也。」故折獄而是也，理益明，教益行；折獄而〔七七〕非也，闇理迷衆，與教相妨。教，政之本也；獄，政之末也。其事異域，其用一也，不可不以相順，故君子重之也。

難晉事者曰：《春秋》之法，未逾年之君稱子，莊三十二年《傳》：「既葬稱子，逾年稱公。」蓋人心之正也。至里克殺當作「弑」。奚齊，避此正辭而稱「君之子」，僖九年《經》：「冬，晉里克弑其君之子奚齊。」《傳》：「此未逾年之君。」何也？曰：所聞：「《詩》無達詁，官本校：「詁，他本誤作『話』。」《易》無達占，官本校：「占，他本誤作『言』。」〔七八〕《荀子》：「善《易》〔七九〕者不占。」《春秋》無達辭。」《詩泛歷樞》：「《詩》無達詁，《易》無達言，《春秋》無達辭。」《説苑》作「《詩》無通故，《易》無通吉〔八〇〕，《春秋》無通義」，《困學紀聞》引作「《易》無達吉，《詩》無達詁，《春秋》無達例」。從變從義，而一以奉〔八一〕。仁人録其同姓之禍，固宜異操〔八二〕。晉，《春秋》之同姓也。驪姬一謀而三君死之，天下之所共痛也。本其所爲爲之者，蔽於所欲得位，而不見其難也。《春秋》疾其所蔽，故去其位辭，官本校：「位，他本作『正』。」誤。徒言「君之子」而已。若謂奚齊，曰：「嘻嘻！《廣韻》：「嘻，噫嘻〔八三〕，嘆也。」爲大國君之子，富〔八四〕貴足矣，何以兄之位爲欲居之，以至此乎云爾？」録所痛之辭也。故痛之中有痛，無罪而受其死者，申生、奚齊、卓子是也；惡之中有惡者，己立之，己殺之，不得如他臣之弒君者，齊公子商人是也，文十四年《經》：「齊公子商人弒其君舍。」《傳》：「此未逾年之君也。其言弒其君舍，何？己立之，己殺之，成死者而賤生者也。」故晉禍痛而齊禍重。《春秋》傷痛而敦重，是以奪晉子繼位之辭，與齊子成君之號，詳見之也。

古之人〔八五〕有言曰：「不知來，視諸往。」《管子》：「疑今者，察之古；不知來者，視之往。」今《春秋》之爲學也，道往而明來者也。然而其辭體天之微，故難知也。官本校：「他本無『故』字，『知』作『之』。」弗能察，寂若無；原注：「寂，一作『蒙』。」能察之，無物不在。是故爲《春秋》者，得一端而多連之，見一空而博貫之，原注：「空，或作『宜』。」《釋文》：「空，音『孔』。壘孔，小穴也。李云：『小封也。』一云：蟻冢也。」莊侍郎曰：「《春秋》書天人内外〔八六〕之事，有主書以立教也，然後多連而博貫之，則王道備矣。」則天下盡矣。魯僖公以亂即位，而知親任季子。季子無恙之時，師古曰：「恙，憂病也。」《神異經》：「北方有獸曰獇。獇，恙也。黄帝殺之，由是人無憂疾，謂之無恙。」内無臣下之亂，外無諸侯之患，行之二十年，國家安寧。季子卒之後，魯不支鄰國之患，直乞師楚耳。僖二十六年《經》：「公子遂如楚乞師。」僖公之情，非輒不肖，而國益衰〔八七〕危者，何也？以無季子也。以魯人之若是也，亦知他國之皆若是也；以他國之皆若是，亦知天下之皆若是也，此之謂連而貫之。故天下雖大，古今雖久，以是定矣。以所任賢，謂之主尊國安；所任非其人，謂之主卑國危。萬世〔八八〕必然，無所疑也。其在《易》曰：「鼎折足，覆公餗。」師古曰：「《易·鼎》卦九四爻辭曰：『鼎折足，覆公餗，其刑渥，凶。』餗，鼎實也，謂所亨之物也。渥，厚也。言鼎折其足，則覆喪其實。喻大臣非其任，則虧敗國典，故宜加以厚刑。」《釋文》：「馬傳：『餗，健也。』」《穀梁》疏：「餗，謂糜也。」《釋文》：「鄭注：『餗，菜也。』」《周禮》疏：

「糝謂之餗。《震》爲足。竹萌曰筍。筍者，餗之爲菜也，是八珍之食。」夫「鼎折足」者，任非其人也；「覆公餗」者，國家傾也。是故任非其人而國家不傾者，自古至今，未嘗聞也。故吾按《春秋》而觀成敗，乃切悁悁於前世之興亡也。《詩》：「中心悁悁。」傳：「悁悁，猶悒悒也。」《吕氏春秋》：「身定國安，天下治，必賢人。古之有天下也者，七十一聖。觀于《春秋》，自魯隱公以至哀公，十有二世，其所以得之，所以失之，其術一也。」任賢臣者，國家之興也。夫智〔八九〕不足以知賢，官本桉：「他本無『知』字。」〔九〇〕無可奈何矣。知之不能任，大者以死亡，小者以亂危。其若是，何邪？以莊公不知季子賢邪？安知病將死，召而授以國政？莊三十二年《傳》：「莊公病，將死，以病召季子。季子至，而授之〔九一〕國政。」以殤公爲不知孔父賢邪？安知孔父死，己必死，趨而救之？桓二年《傳》：「殤公知孔父死，己必死，趨而救之，皆死焉。」二主知皆足以知賢，而不決不能任，故魯莊以危，宋殤以弑。使莊公早用季子，而宋殤素任孔父，尚將興鄰國，官本桉：「『尚』，他本誤作『南』。」《説苑》作「乃將靖鄰國」。豈直免弑哉？盧注：「舊本作『豈值〔九二〕弑哉』，誤。」此吾所悁悁而悲者也。

校勘記

〔一〕「繆公立」，乃節引《公羊傳·隱三年》文。張校云：「隱三年《傳》『則不若愛女』下，有『以爲社稷宗廟主，則與夷不若女』二句；『繆公立』下，復有『繆公』二字。」

〔二〕「危之」，計臺本作「禍之」。

〔三〕「子胥」，稿本、蜚雲閣本、彙函本、畿輔本、龍谿本并作「子齊」，據殿本《史記》卷三十一、續經解本改。張校云：「《廿三史考證》：『「子胥」，監本訛作「子齊」，今改正。』凌氏蓋沿監本之訛。」

〔四〕「二十九年」，諸本并作「十九年」，據《公羊注疏》卷二十一改。

〔五〕「惡乎得君」，《公羊注疏》卷二十一作「惡得爲君」。

〔六〕「罕言利者」，張校云：「《史記》『者』下有『常』字。」

〔七〕「今」，計臺本、盧本作「今非」。

〔八〕「侯」，稿本、蜚雲閣本奪，據彙函本、續經解本、畿輔本、龍谿本補。

〔九〕「至」，稿本作「治」，《四部叢刊》本、《四庫薈要》本、《龍谿精舍叢書》本《説苑・貴德篇》并作「漁」。

〔一〇〕「祭社」，稿本、蜚雲閣本、彙函本、畿輔本、龍谿本并作「祭法」，據《公羊注疏》卷八、續經解本改。張校云：「莊二十三年注『祭法』當作『祭社』。」

〔一一〕「言觀社者，與親納幣同義」，稿本、蜚雲閣本、彙函本、畿輔本、龍谿本并無，據《公羊注疏》卷八、續經解本補。張校云：「『諱淫』字，連下『言觀社者』爲句。凌氏未免割裂句讀。」

〔一二〕「於道」，計臺本作「其道」。

〔一三〕「昏」，計臺本作「婚」，殿本作「婚」。

〔一四〕「養廉遠耻也」，張校云：「隱二年注作『爲養廉遠耻也』。」

〔一五〕「釋文」云云，續經解本無。

〔一六〕「稱」，殿本校云：「他本脱一『稱』字。」

〔一七〕「盧」，彙函本作「廬」。

〔一八〕「墜也」，《公羊注疏》卷十三作「死而墜也」。

〔一九〕「隱十一年傳」，稿本下引《傳》云：「隱何以無正月？隱將讓乎桓，故不有其正月也。」

〔二〇〕「不可不兩省也」，稿本奪。

〔二一〕「小」，稿本、訔雲閣本、龍谿本并作「十」，據彙函本、續經解本、畿輔本、《莊子·内篇·應帝王》釋文改。

〔二二〕「鈞」，訔雲閣本、彙函本作「鈎」，據殿本、稿本、續經解本、畿輔本、龍谿本改。

〔二三〕「以有」，盧校云：「『以有』，舊本倒，錢據《大典》改。」

〔二四〕「是以」，計臺本、殿本、盧本并作「是故」。

〔二五〕「善」，稿本作「害」。

〔二六〕「是故」，計臺本無。

〔二七〕「直」，計臺本、殿本下有注「一作『止』。」

〔二八〕「穆」，計臺本、殿本、盧本并作「繆」。下「宣穆」同。

〔二九〕「宋公」，諸本并作「宋子」，據《公羊注疏》卷八改。張校云：「莊二十一年《傳》『宋子』作『宋公』。」

〔三〇〕「君雖不言」，張校云：「《傳》作『君雖不言國，國固臣之國也』。」阮元《公羊注疏校勘記》云：「唐《石經》原刻『言』下不叠『國』字，後磨改同今本。此行及前一行，皆本九字；此行後磨改，故亦十字。讀『君雖不言』句，『國固臣之國也』句。」此從阮校説，張校非是。

〔三一〕「曷爲不入」，張校云：「《傳》作『君曷爲不入』。」

〔三二〕「以之」，殿本校云：「『以之』二字，他本作『之以』。」

〔三三〕「地里志」，《水經注》卷二十六、續經解本作「地理志」。

〔三四〕「已與」，計臺本作「已予」。下「弗與」「與之」并同。
〔三五〕「聽」，計臺本、殿本作「德」。
〔三六〕「弑」，彙函本、續經解本、畿輔本、龍谿本并作「殺」，據稿本、《公羊注疏》卷十一改。
〔三七〕「蒯聵」，稿本、彙函本、續經解本、畿輔本并作「蒯瞶」。下同。
〔三八〕「之」，計臺本、盧本無。盧校云：「本或『爲』下有『之』字。」
〔三九〕「宜」，計臺本、殿本作「義」，殿本校云：「義，他本作『宜』。」
〔四〇〕「之」，殿本校云：「他本無『之』字。」
〔四一〕「立不」，計臺本作「不立」。殿本校云：「『立不』二字，原本誤作『不立』，今據他本改正。」
〔四二〕「荀寅與士吉射」，張校云：「定十三年《傳》作『荀寅與士吉射者』。」
〔四三〕「故」，計臺本、殿本作「固」。
〔四四〕「詭」，殿本校云：「詭，他本誤作『記』。」
〔四五〕「代」，殿本校云：「代，他本作『伐』。」
〔四六〕「不肯從公盟而公反從之」，蜚雲閣本、彙函本、龍谿本、畿輔本「反」作「及」，據稿本、續經解本改。張校云：「隱八年注『從』字上皆有『隨』字，凌氏并脱。『反』字誤作『及』。」
〔四七〕「詭」，諸本作「諱」，據計臺本、殿本、盧本改。
〔四八〕「若不匱」，張校云：「莊二十八年注作『若國家不匱』。」
〔四九〕「杜預」，彙函本作「上預」。
〔五〇〕「二廟」，稿本、蜚雲閣本、彙函本、畿輔本并作「三廟」，據續經解本、龍谿本、《公羊注疏》卷十七改。

〔五一〕「世」，計臺本下有注：「一作『代』。」殿本引原注同。

〔五二〕「爲」，計臺本、殿本、盧本作「謂」。

〔五三〕「死」，稿本作「使」。

〔五四〕「燕禮」，稿本、蜚雲閣本、彙函本、續經解本、龍谿本并奪，據《周禮注疏》卷二十六補。

〔五五〕「而」，殿本校云：「他本無『而』字。」

〔五六〕「營」，《説苑·辨物篇》作「縈」。

〔五七〕「三年」，諸本并誤作「三十年」，據《公羊注疏》卷二十七改。

〔五八〕「蒯聵」，稿本、續經解本、畿輔本作「蒯瞶」。

〔五九〕「夫」，計臺本注云：「一作『乎』。」殿本校云：「原注：一作『乎』。」

〔六〇〕「莊十九年傳」，續經解本無。下注「莊十九年傳」同。

〔六一〕「襄十九年傳」，續經解本無。

〔六二〕「生平」，計臺本、殿本、盧本并作「平生」。

〔六三〕「桓」，諸本并作「莊」，據《公羊注疏》卷五改。

〔六四〕「無危」，計臺本、殿本下有「而救」二字，稿本下注：「盧校：『舊本下有「而救」二字。』」

〔六五〕「有」，今本盧校作「多」。

〔六六〕「仗」，盧本作「挾」，校云：「挾，本或作『仗』，非。『仗』乃『杖』之俗字。」

〔六七〕「十三年」，諸本并誤作「三十年」，據《公羊注疏》卷七改。

〔六八〕「孰城」，《公羊注疏》卷十下有「之」字。

〔六九〕「邢，周公之後，姬國姓」，《史記·衛康叔世家》集解引賈逵曰：「邢，周公之胤，姬姓國。」當據改。張校云：「《釋文》作『姬姓國』。《説文》：『周公子所封國。』」

〔七〇〕「須昌」，稿本、蜚雲閣本、彙函本、龍谿本、畿輔本并作「須吕」，據《左傳正義》卷十二、續經解本改。

〔七一〕「弋陽」，稿本、彙函本、畿輔本并作「戈陽」。

〔七二〕「迫」，計臺本作「必」。殿本校：「迫，原本誤作『必』，今據他本改正。」

〔七三〕「彊」，蜚雲閣本、彙函本、續經解本并作「疆」，據《公羊注疏》卷十、稿本、畿輔本、龍谿本改。下「彊而無義」，蜚雲閣本、彙函本亦作「疆」。

〔七四〕「逢」，計臺本、殿本、盧本作「逄」。

〔七五〕「弑」，續經解本作「殺」。

〔七六〕「辯財」，諸本并作「辯則」，據《經典釋文·周易音義》改。

〔七七〕「而」，殿本校云：「他本無『而』字。」盧校云：「此句本或無『而』字。」

〔七八〕「占」，計臺本正文作「吉」，殿本、盧本作「占」，殿本校云：「案，『占』字，原本作『吉』，當是『占』字誤筆；他本作『言』，亦誤。今據文義改正。」

〔七九〕「易」，《荀子·大略篇》作「爲易」。

〔八〇〕「吉」，續經解本作「占」。下『無達吉』同。

〔八一〕「奉」，計臺本、殿本、盧本作「奉人」，殿本校云：「他本無『人』字。」盧校云：「奉人，疑當作

『奉天』。」

〔八二〕「異操」，盧校云：「本或作『易操』。」

〔八三〕「嘻，噫嘻」，續經解本作「云噫云」。

〔八四〕「富」，計臺本作「當」，亦通。

〔八五〕「古之人」以下，計臺本合上爲一節，殿本、盧本、諸本别爲一節。

〔八六〕「内外」，彙函本、續經解本作「外内」。

〔八七〕「益衰」，計臺本、殿本、盧本作「衰益」。

〔八八〕「世」，計臺本作「全」。

〔八九〕「智」，計臺本、殿本、盧本作「知」。

〔九〇〕官本校他本無知字」，殿本無此案語，而于「無可奈何矣」下有案語云：「他本無『何』字。」

〔九一〕「授之」，《公羊注疏》卷九下有「以」字。張校云：「按莊三十二年《傳》，『授之國政』當作『授之以國政』。」

〔九二〕「值」，諸本并作「直」，據抱經堂本《春秋繁露》改。

春秋繁露卷四

王道第六

《太史公自序》：「夫《春秋》，上明三王之道，下辨人事之紀，别嫌疑，明是非，定猶豫，善善惡惡，賢賢賤不肖，存亡國，繼絶世，補敝起廢，王道之大者也。」

《春秋》何貴乎元而言之？元者，始也，隱元年《傳》：「元年者，何？君之始年也。」言本正也。《説苑》：「孔子曰：『君子務本，本立而道生。』夫本不正者，末必倚；始不盛者，終必衰。《詩》云：『原隰既平，泉流既清。』本立而道生。《春秋》之義：有正春者，無亂秋；有正君者，無危國。《易》曰：『建其本而萬物理。失之豪〔一〕釐，差以千里。』是故君子貴建本而重立始。魏武侯問元年於吴子，吴子對曰：『言國君必慎始也。』『慎始奈何？』曰：『正之。』『正之奈何？』曰：『明智。智不明，何以見正？多聞而擇焉，所以明智也。是故古者君始聽治，大夫而一言，士而一見，庶人有謁必達，公族請問必語，四方至者勿距，可謂不壅蔽矣。分禄必及，用刑必中，君心必仁，思君之利，除民之害，可謂不失民衆矣。君身必正，近臣必選，大夫不兼官〔二〕，執民柄者不在一族，可謂不權勢矣。此皆《春秋》之義，而元年之本也。』」道，王道也。王者，人之始也。王正，則元氣和順，風雨時，景星見，黄龍下；《白虎通》：「王者，承統理，調和陰陽。陰陽和，萬物序，休氣充塞，故符瑞并臻，皆應德而至。德至文表，則景星見；德至淵泉，則黄龍見；德至八方，則祥風至，佳氣時喜。」王不正，則上變天，賊氣并見。官本桉：「他本無『氣』字。」《淮南子》：「是故春肅、秋榮、冬雷、夏霜，皆賊氣之所生。」五帝、三皇〔三〕之治天下，不敢有君民之心。什一而税，宣十五年《傳》：「古者什一而藉〔四〕。」注：「夫飢寒并至，雖堯舜躬化，不能使野無寇盜；貧富兼并，雖皋陶制法，不能使强不陵弱。是故聖人治井田之法而口分之：一夫一婦，受田百畝，以養父母妻子。五口爲一家，公田十畝，即所謂『什一而税』也。」教以愛，使以忠，敬長老，親親而尊尊，不奪民時，使民不過歲三日。《王制》：「用民之力，歲不過三日。」民家給人足，師古曰：「給，足也。家家自給足，是謂『家給』也。」無怨望忿怒之患，强弱之難，無讒賊妒嫉之人。官本桉：「讒，他本作『强』。」民修德而美好，被髮銜哺而游，師古曰：「哺，口中所含食也。」不慕富貴，耻惡不犯；父不哭子，兄不哭弟；《韓詩外傳》：「《傳》〔五〕曰：太平之時，無瘖、聾〔六〕、跛、眇、尪蹇、侏儒、折短，父不哭子，兄不哭弟。」毒蟲不螫，猛獸不搏，鷙蟲〔七〕不觸。官本桉：「蟲不觸，他本誤作『不觸蟲』。」《廣雅》曰：「鷙，執也。凡鳥之勇鋭、獸之猛捍者，皆名鷙也。」《儒行》鄭注：「鷙蟲，猛鳥、猛獸也。」故天爲之下甘露，朱草生，《大戴禮》：「朱草日生一葉。至十五日〔八〕，生十五葉；十六日，一葉落，終而復始也。」《三禮義宗》：「朱草，赤草也，可以染絳爲服，以別尊卑。王者施德有常，則應德而生。」《抱朴子》曰：「朱草長三尺〔九〕，枝葉皆赤，莖似珊瑚。」醴泉出，鄭注：「醴，甘也。取名醴酒。」師古曰：「醴泉，瑞水，味甘如醴。」風雨時，嘉禾興，《索隱》：「《説文》云：『嘉禾，一名⿱巢禾〔一〇〕。』《字林》云：『禾一莖六穗，謂之⿱巢禾也。』」鳳凰、麒麟遊於郊，《毛詩義疏》：「鳳凰名鸑鷟，非梧桐不棲，非竹實不食。」「麟，馬足，黄色，圓蹄，角端有肉，音中黄鐘。王者至仁，則出。」《禮運》：「鳳凰、麒麟，皆在郊棷。」囹圄空虚，《意林·風俗通》：「周曰囹圄。囹，令；圄，舉也。言令人幽閉思愆，改惡爲善，因原之也。今縣官録囚，皆舉也。」《鄭志》：「崇精問曰：『獄，周曰圜土，殷曰羑里，夏曰均臺。囹圄，何代之獄？』焦氏答曰：『《月令》，秦書，則秦獄名也。漢曰若盧，魏曰司空是也。』」畫衣裳而民不犯，《墨子》：「畫衣冠而民不犯。」《尚書大傳》：「唐、虞象刑，而民不敢犯。苗民用刑，而民興犯漸〔一一〕。唐、虞之象刑：上刑赭衣不純，中刑雜屨，下刑墨幪，以居州里，而民耻之。」四夷傳譯而朝，《周禮・象胥》注：「東方曰寄，南方曰象，西方曰狄〔一二〕，北方曰譯。」疏：「『譯』即『易』，謂換易言語，使相解也。」師古曰：「譯，謂傳言也。道路絶遠，風俗殊隔，故累譯而後迺通。」民情至朴而不文。郊天祀地，李善《文選》注：「祭天曰郊。郊者，言神交接也。祭地曰祀。祀者，敬祭神明也。」秩山川，以時至；封於泰山，禪於梁父。《白虎通》：「王者易姓而起，必升封泰山，何？教告之義也。始受命之時，改制應天，天下太平。功成封禪，以告太平也。所以必於泰山，何？萬物所交代之處也。必於其上，何？因高告高，順其類也。故升封者，增高也；下禪梁甫之山，基廣厚也。刻石紀號者，著己之功踪〔一三〕也，以自效仿也。天以高爲尊，地以厚爲德，故增泰山之高以放天〔一四〕，附梁甫之基以報地，明天地之所命，功成事遂，有益於天地，若高者加高、厚者加厚矣。或曰：封者，金泥銀繩，或曰石泥金繩，封以印璽。故孔子曰：『升泰山，觀易姓之王，可得而數者七十有餘〔一五〕。』封者，廣也。言禪者，明以成功相傳也。梁甫者，太山旁山名。正以梁甫，何？以三皇禪於繹繹之山，明己成功而去，有德者居之。『繹繹』者，無窮之意也。五帝禪於亭亭者，制度審諟，德著明也。三王禪於梁甫之山者，梁，信也；甫，輔也。輔天地之道而行之也。」立明堂，宗祀先帝，以祖配天，天下諸侯各以其職來祭。《孝經》：「子曰：『孝莫大於嚴父，嚴父莫大於配天，則周公其人也。』昔者周公郊祀后稷，以配天；宗祀文王於明堂，以配上帝。是以四海之内，各以其職來祭。」○桉，《大戴禮》：「明堂者，自古有之。凡九室，室四户、八牖，共三十六户、七十二牖。以茅蓋屋，上圜下方，所以朝諸侯。其外有水，名曰辟雍。」《韓詩》説：「辟雍者，天子之學，圜如璧，壅之以水。言『辟』，取辟有德。不言辟水，言辟雍者，取其雍和也，所以教天下春射秋饗，尊事三老五更。在南方七里之内，立明堂於中，《五經》之文所藏處。」淳于登説云：「明堂在國之陽，三里之外，七里之内，丙、巳之地，就陽位。周公祀文王於明堂，以配上帝。五精之神，太微之庭，中有五帝坐。」古《周禮》、《孝經》説：「明堂，文王之廟。」蔡邕《月令論》云：「取其宗廟之貌〔一六〕，則曰清廟；取其正室之貌，則曰太廟；取其堂，則曰明堂；取其四門之學，則曰太學；取其周水圜如璧，則曰辟雍。異名而同耳，其實一也。」穎子容《春秋釋例》云：「太廟有八名，其體一也。肅然清静，謂之清廟；行禘袷〔一七〕，序昭穆，謂之太廟；告朔、行政，謂之明堂；行饗射，養國老，謂之辟雍；占雲物，望氛〔一八〕祥，謂之靈臺；其四門之學，謂之太學；其中室，謂之太室；總謂之宫。」以上皆古説。鄭康成之義，則以明堂位國之陽，其制：東西九筵，南北七筵，堂崇一筵。五室，凡室二筵。《盛德篇》所言「九室、三十六户、七十二牖」，乃吕不韋時説者所益，非古制也。此爲一事。太廟在治朝之左，别爲一事，非明堂。明堂雖祀文王，不得爲太廟。周制：明堂、太廟、路寢三者同制，故後人誤之。貢土地所有，官本校：「所有，他本誤作『有所』。」先以入宗廟；端冕盛服，《國語》注：「端，玄端也；冕，大冠也。」《周禮・弁師》疏：「冕體，《周禮》無文。叔孫通作《漢禮器制度》，取法于周〔一九〕。凡冕，以板廣八寸、長尺六寸，以此〔二〇〕上玄下朱覆之，乃以五采繅繩，貫五采玉，垂于延前後，謂之邃延〔二一〕。」而後見先，德恩之報，奉元之應也。

桀、紂皆聖王之後，驕溢妄行，侈宫室，廣苑囿，《風俗通》曰：「苑，蘊也，薪蒸所蘊積也。囿者，畜魚鼈之處也。『囿』猶『有』也。」窮五采之變，極飾〔二二〕材之工，困野獸之足，竭山澤之利，食類惡之獸。奪民財食，高雕文刻鏤之觀，盡金玉骨象之工，官本校：「盡，他本誤作『畫』。」盛羽旄之飾〔二三〕，窮〔二四〕白黑之變，深刑妄殺以陵〔二五〕下；聽鄭、衛之音，充傾宫〔二六〕之志，《尚書大傳》：「歸傾宫之女。」《文選》注：「《汲冢古文》曰：『夏桀作傾宫、瑶臺，殫百姓之財。』」高誘曰：「傾宫〔二七〕，築作宫墻滿一傾田中，言博大也。」靈虎兕文采之獸。官本校：「他本無『靈』字。」《殷本紀》：「益收狗馬〔二八〕奇物，充仞宫室〔二九〕；益廣沙丘苑臺，多取野獸蜚鳥置其中。」以希見之意，賞佞賜讒。以糟爲丘，以酒爲池。《太公六韜》云：「紂爲酒池，迴船，糟丘而牛飲者三千餘人爲輩。」孤貧不養，殺聖賢而剖其心，《殷本紀》：「比干曰：『爲人臣者，不得不以死争。』迺强諫紂。紂怒，曰：『吾聞聖人心有七竅。』剖比干，觀其心。」生燔人，聞其臭；《列女傳》曰：「膏銅柱，下加之炭，令有罪者行焉，輒墮炭中。妲己笑，名爲炮格〔三〇〕之刑。」《漢書・谷永傳》：「榜箠瘖於炮格。」剔孕婦，見其化；《郊特牲》注：「孕，任子也。《易》曰：『婦孕不育。』」《帝王世紀》：「紂剖比干妻，以視其胎。」高誘注：「化，育也。視其胞裹〔三一〕。」斮朝涉之足，察其拇；原注：「一作『胕』，一作『脛』。」《玉篇》：「拇，莫口切，手指拇。」《水經注》：「老人晨將渡水，而沈吟難濟。紂問其故，左右曰：『老者髓不實，故晨寒〔三二〕也。』紂乃斮脛而視髓。」殺梅伯，以爲醢。師古曰：「醢，即《刑法志》所云『菹其骨肉』是也。」王逸曰：「梅，梅伯，紂諸侯也。忠直而數諫紂，紂怒，乃殺之，菹醢其身。」刑鬼侯之女，取其環。《殷本紀》：「九侯女不喜淫，紂怒，殺之。」《呂氏春秋》：「刑鬼侯之女而取其環。」注：「聽妲己之譖，殺鬼侯之女以爲脯，而取其所服之環也。」誅求無已，天下空虛；群臣畏恐，莫敢盡忠，紂愈自賢。《陸宣公奏議》：「未有不興於得衆，殆於失人；裕於僉諧，蔽於偏信。濟美因乎納諫，虧德由乎自賢。」周發兵，不期會於孟津之上者八百，《國策》注：「孟津，在河内河陽縣。」諸侯共誅紂，大亡天下。《春秋》以爲戒，曰：「蒲社災。」哀四年《經》：「蒲社災。」《傳》：「蒲社者，何？亡國之社也。社者，封也。其言災，何？亡國之社，蓋掩之。掩其上而柴其下。」注：「掩、柴之者，絶，不得使通天地四方，以爲有國者戒。」桉，「蒲」，舊作「亳」，依《公羊經》改。周衰，天子微弱，諸侯力政，大夫專國，士專邑，不能行度制法文之禮。諸侯背叛，莫修貢聘，奉獻天子。臣弒其君，子弒其父，孽殺其宗，《尚書大傳》：「有臣弒其君、孽代其宗者。」注：「孽，支子也；宗，適子也。」不能統理，更相伐〔三三〕銼以廣地。盧注：「『銼』與『剉』通。」以强相脅，不能制屬。强奄弱，衆暴寡，富使貧，并兼無已。臣下上僭，不能禁止。日爲之食，隱三年。星霣如雨，莊七年。雨螽，文三年。《釋文》：「音『終』。阜螽，蠜也。」李巡云：「蝗子也。」《草木疏》云：「今人謂蝗子爲螽。」《春秋佐助期》：「螽之爲蟲，赤頭，甲身而翼，飛行，陰中陽也。『螽』之爲言『衆』，暴衆也。」沙鹿崩；僖十四年《傳》：「沙鹿者，何？河上之邑也。」《方輿紀要》注：「沙麓山，在北直大名府城東四十五里。」夏大雨水，桓十三年〔三四〕。冬大雨雪，隱九年。霣石于宋五，六鷁退飛；僖十六年注：「鷁者，鳥中之耿介者。」《左》疏：「《春秋考異郵》云：『鷁者，毛羽之蟲，生陰而屬于陽。』《洪範五行傳》曰：『鷁，陽禽。』『鷁』字或作『鶂』。《廣志》云：『鷁，古退飛者。今以其首爲船頭。』《莊子》云：『鷁之相視，眸子不運而風化。』《博物志》云：『雄雌相視，則孕。或曰：雄鳴上風，雌承下風〔三五〕，則亦孕。』是也。」霣霜不殺草，李、梅實；僖三十三年。正月不雨，至于秋七月；文二年《經》：「自十有二月〔三六〕，至于秋七月。」桉，言「正月」者，漢夏正。地震，文九年。梁山崩，壅河，三日不流；成五年《傳》：「梁山者，何？河上之山〔三七〕也。何以書？記異也。何異乎〔三八〕？大也。何大爾？梁山崩，壅河，三日不沂。」杜預曰：「馮翊夏陽縣北。」晝晦，成十六年《經》：「甲午，晦。」《傳》：「晦者，何？冥也。」彗星〔三九〕見於東方，哀十三年。《爾雅》：「彗星爲欃槍。」孛于〔四〇〕大辰，昭十七年：「孛者，何？彗星也。」注：「彗，謂帚也。言其狀似掃帚，光芒孛孛然。妖變之星，非常所有，故言『孛』，又言『彗』也。」《釋文》：「嵇康音〔四一〕：『孛』，音『渤』。」鸜鵒來巢，《春秋》異之，昭二十五年《經》：「有鸜〔四二〕鵒來巢。」《傳》：「何以書？記異也。」《禮稽命徵》孔子謂子夏曰：「鸜鵒至，非中國之禽也。」《春秋考異郵》：「鴝鵒者，飛行，屬於陽，夷狄之鳥，穴居於陰。」以此見悖亂之徵。孔子明得失〔四三〕，差貴賤，反王道之本，譏天王以致〔四四〕太平。刺惡譏微，不遺大小〔四五〕，善無細而不舉，惡無細而不去，進善誅惡，絶諸本而已矣。《劉向傳》：「周室卑微，二百四十二年之間，日食三十六，地震五，山林崩阤二，彗星三見，夜恒星〔四六〕不見、夜中星霣如雨一，火災十四，長狄入三國，五石隕墜，六鷁退飛，多麋，有蜮、蜚，鸜鵒來巢者，皆一見。晝瞑晦，雨木冰，李、梅冬實；七月霜降，草木不死；八月殺菽，大雨雹；雨雪、雷霆失序相乘，水、旱、飢、蝝、螽、螟，蠭午并起〔四七〕。當是時，禍亂輒應，弒君三十六，亡國五十二，諸侯奔走，不得保其社稷者，不可勝數也。」

天王使宰咺來歸惠公仲子之賵，官本桉：「他本『使』下，復衍一『使』字。」〔四八〕刺不及事也。隱元年《傳》：「賵者，何？喪事有賵。賵者，蓋以馬。以乘馬束帛。」注：「此道周制也。」《傳》：「車馬曰賵，財貨曰賻，衣被曰襚。」

注：「此者，春秋制也。『䁈』猶『覆』也。」《傳》：「其言來，何？不及事也。」天王伐鄭，譏親也。桓五年，伐鄭。天子有方伯以致討，不當親往。會王世子，譏微也。僖五年注：「時桓公德衰，諸侯背叛，故上假王世子，示以公義。」祭公來逆王后，譏失禮也。桓八年《經》：「祭公來，遂逆王后于紀。」注：「時王者遣祭公來，使魯爲媒，可，則因用魯往迎之，不復成禮。疾王者不重妃匹，逆天下之母，若逆婢妾，將謂海内何哉？故譏之。」刺家父求車，桓十五年。武氏、毛伯求賻、金，皆天王使。王人救衛，莊六年《經》：「王人子突救衛。」《傳》：「王人者，何？微者也。子突者，何？貴也。貴則其稱人，何？繫諸人也。」注：「王遣貴子突，卒不能救，遂爲天下笑。故爲王者諱，使若遣微者爲愈，因爲内殺耻〔四九〕。」王師敗于貿戎，成元年。《春秋土地名》京相璠曰：「茅，今高平縣西三十里，有故茅鄉城。」桉，王本從《左傳》作「茅戎」，今據《公羊經》改正。下同。天王〔五〇〕出居于鄭，僖二十四年。《曲禮》：「天子不言出。」注：「天子之言出，諸侯之生名，皆有大惡，君子所遠，出、名以絶之，《春秋傳》曰『天王出居于鄭』『衛侯朔入于衛』是也。」疏：「君子〔五一〕，謂孔子書經，若見天子大惡，書『出』以絶之。」弑〔五二〕當作「殺」。母弟，襄三十年《經》：「天王殺其弟年夫。」王室亂，不能及外，昭二十二年〔五三〕《經》：「王室亂。」《傳》：「何言乎王室亂？言不及外也。」分爲東、西周，昭二十六年《經》：「天王入于成周。」《傳》：「成周者，何？東周也。」《國策》注：「《大事記》：『平王東遷之後，所謂西周者，豐鎬也；東周者，東都也。威烈王以後，所謂西周者，河南也；東周者，洛陽也。』」無以先天下：召衛侯不能致，桓十六年《經》：「衛侯朔出奔齊。」注：「時天子使衛〔五四〕發小衆，不能使行。」遣子突征衛不能絶，莊六年《傳》：「衛侯朔何以名？絶。曷爲絶之？犯命也。」伐鄭不能從，桓五年。無駭滅極不能誅。隱二年《經》：「無駭帥師入極。」《傳》：「無駭者，何？魯〔五五〕無駭也。何以不氏？貶。曷爲貶？疾始滅也。」杜預注：「無駭，魯卿。極，附庸小國。」諸侯得以大亂，簒弑無已。臣下上偪，僭擬天子；《國語》注：「偪，迫也。」「偪，偪上也。」《家語》：「君子下不僭上，上不偪下〔五六〕。」諸侯强者行威，小國

破滅。晉至三侵周，與天王戰於貿戎而大敗之；宣元年《經》：「冬，晉趙穿帥師侵柳。」成元年《經》：「王師敗績于貿戎。」《傳》：「孰敗之？蓋晉敗之。」昭二十三年《經》：「晉人圍郊。」戎執凡伯於楚丘以歸。《水經注》：「司馬彪、袁崧《郡國志》曰：『共縣有泛亭，周凡伯國。《春秋·隱公七年經》書「王使凡伯來聘」是也。』杜預曰：『汲郡共縣東南有凡城。』」杜又云：「楚丘，衛地，在濟陰成武縣西南。」在隱七年。諸侯本怨隨惡，發兵相破，夷人宗廟社稷，師古曰：「夷者，平也。謂盡平除其家室宗族。」不能統理。臣子强，至弑其君父。法度廢而不復用，威武絶而不得復[五七]。故鄭、魯易地，桓元年。晉文再致天子；僖二十八年。齊桓會王世子，僖五年。擅封邢、衛、杞，僖元年，城邢；二年，城衛；十四年，城杞。横行中國，意欲王天下；魯舞八佾，隱五年注：「佾，列也。八人[五八]爲列，八八六十四人，法八風。」北祭泰山，郊天祀地，如天子之爲。以此之故，弑君三十二，「二」當作「六」。下文《滅國》《盟會要篇》皆誤作「三十一」。師古曰：「謂隱公四年，衛州吁弑其君完；十一年，羽父使賊弑公于寪氏；桓二年，宋督弑其君與夷；七年，曲沃伯誘晉小子侯，殺之；十七年，鄭高渠彌弑昭公；莊八年，齊無知弑其君諸兒[五九]；十二年，宋萬弑其君捷；十四年，傅瑕[六〇]弑其君鄭子；三十二年，共仲使圉人犖賊子般；閔二年，共仲使卜齮賊公于武闈；僖十年，晉里克弑其君卓；二十四年，晉弑懷公于高梁；文元年，楚太子商臣弑其君頵；十四年，齊公子商人弑其君舍；十六年，宋人弑其君杵臼；十八年，齊人弑其君商人，魯襄仲殺子惡，莒弑其君庶其；宣二年，晉趙盾弑其君夷皋；四年，鄭公子歸生弑其君夷；十年，陳夏徵舒弑其君平國；成十八年，晉弑其君州蒲；襄七年，鄭子駟使賊夜弑僖公；二十五年，齊崔杼[六一]弑其君光；二十六年，衛甯喜弑其君剽；二十九年，閽弑吴子餘祭；三十年，蔡太子般弑其君固；三十一年，莒人弑其君密州；昭元年，楚公子圍問王[六二]疾，縊而弑之；十三年，楚公子比弑其君虔于乾谿；十九年，許太子止[六三]弑其君買；二十七年，吴弑其君僚；定十三年，薛弑其君比；哀四年，盜殺蔡侯申；六年，齊陳乞弑其君荼；十年，齊人弑悼公，凡三十六。」亡國五十一，「一」當作「二」。師古曰：「謂桓五年，州公如曹；莊四年，紀侯大去其國；十年，齊師滅譚；十三年，齊人滅遂；十四年，楚子滅息；十六年，楚滅鄧；閔元年，晉滅耿、滅霍、滅魏；僖五年，楚滅弦，晉滅虢、滅虞；十二年，楚人滅黄；十七年，楚滅項；十九年，秦人取梁；二十五年，衛侯毀滅邢；二十六年，楚人滅夔；三十三年，秦滅滑；文四年，楚滅江；五年，楚人滅六，滅蓼；十六年，楚人、秦人、巴人滅庸；宣八年，楚人滅舒蓼；九年，取根牟；十二年，楚子滅蕭；十五年，晉師滅赤狄潞氏；成六年，取鄟；十七年，楚滅舒庸〔六四〕；襄六年，莒人滅鄫，齊侯滅萊；十年，諸侯滅偪陽；十三年，取邿；二十五年，楚滅舒鳩；昭四年，楚子滅賴；十二年，晉滅肥；十六年，楚子取戎蠻氏；十七年，晉滅陸渾戎；二十一年，晉滅鼓；三十年，吴滅徐；定四年，蔡滅沈；五年，楚滅唐；六年，鄭滅許；十四年，楚人滅頓；十五年，楚子滅胡；哀八年，宋公滅曹。又，邾滅須句，楚滅權，晉滅焦、楊，楚滅道、房、申，凡五十二。」細惡不絶之所致也。

《春秋》立義：天子祭天地，諸侯祭社稷，諸山川不在封内，不祭。僖三十一年《傳》：「天子祭天，諸侯祭土。天子有方望之事，無所不通；諸侯山川有不在其封内者，則不祭也。」《孝經説》：「社者，土地之主。土地廣博，不能徧敬，故封土以爲社而祀之，報功也。稷者，五穀之長。五穀衆多，不可偏祭，故立稷而祭之。」有天子在，諸侯不得專地，桓元年《傳》：「有天子存，則諸侯不得專地也。」不得〔六五〕專封，僖元年《傳》：「諸侯之義，不得專封也。」不得專執天子之大夫，不得舞天子之樂，不得致天子之賦，不得適天子之貴。「適」與「敵」同。君親無將，將〔六六〕而誅。莊三十二年《傳》：「君親無將，將而誅焉。」《後漢書》注：「將者，將爲弑逆之事也。」大夫不得世，昭三十一年《傳》：「大夫之義，不得世。」大夫不得廢置君命。文十四年《傳》：「大夫之義，不得專廢置也。」立適以長不以賢，立子〔六七〕以貴不以長，隱元年《傳》：「立適以長不以賢，立子以貴不以長。」《白虎通·封公侯》：「《曾子問》曰：『立適以長不以賢。』何？以言爲賢，不肖，不可知也。《尚書》曰：『惟帝其難之。』立子以貴不以長，防愛憎也。」立夫人以適不以妾。僖八年《經》：「禘于太廟，用致夫人。」《傳》：「夫人何以不稱姜氏？貶。曷爲貶？譏以妾爲妻也。」天子不臣母后之黨，桓二年《經》：「紀侯來朝。」注：「稱『侯』者，天子將娶于紀，與之奉宗廟，傳之無窮，重莫大焉，故封之百里。月者，明當尊而不臣，所以廣孝敬也〔六八〕。」親近〔六九〕以來遠，故未有不先近而致遠者也〔七〇〕。官本桉：「他本脱『遠』『故』二字。」故內其國而外諸夏，內諸夏而外夷狄，言自近者始也。成十五年《傳》：「曷爲殊會吴？外吴也。曷爲外也？《春秋》內其國而外諸夏，內諸夏而外夷狄。王者欲一乎天下，曷爲以外內之辭言之？言自近者始也。」注：「明當先正京師，乃正諸夏；諸夏正，乃正夷狄，以漸治之。」

諸侯來朝者，得褒；官本桉：「侯，他本誤作『夏』。」邾婁儀父稱字，隱元年《經》：「公及邾婁儀父盟于眛〔七一〕。」《傳》：「儀父者，何？邾婁之君也。何以名？字也。曷爲稱字？褒之也。曷爲褒之？爲其與公盟也。」《釋文》：「邾人語，聲後曰『婁』，故曰『邾婁』。《禮記》同，《左氏》《穀梁》無『婁』字。父，凡人名、字皆音『甫』。」杜預注：「邾，今魯國鄒縣也。」滕、薛稱侯，隱十一年《經》：「滕侯、薛侯來朝。」杜預注：「滕國，在沛國公丘縣東南；薛，魯國薛縣。」荊得人，莊二十三年《經》：「荊人來聘。」《傳》：「荊何以稱人？始能聘也。」注：「當進之，故使稱人也。」介葛盧得名。王本誤作「諸葛」，據盧本改。僖二十九年《經》：「介葛盧來。」注：「介者，國也；葛盧者，名也。進稱名者，能慕中國，朝賢君，明當扶勉以禮義。」內出言「如」，隱十一年注：「《春秋》王魯。王者無朝諸侯之義，故內適外，言『如』；外適內，言『朝』『聘』，所以別外尊內也。」諸侯來曰「朝」，大夫來曰「聘」，隱十一年《傳》：「諸侯來曰朝，大夫來曰聘。」王道之意也。誅惡而不得遺細大，諸侯不得爲匹夫興師，定四年《傳》：「伍子胥復曰：『諸侯不爲匹夫興師。』」不得執天子之大夫。執天子之〔七二〕大夫，與伐國同罪。執凡伯，言「伐」。隱七年《傳》：「凡伯者，何？天子之大夫也。此聘也，其言『伐之』，何？執之也。執之，則其言伐之，何？大之也。曷爲大之？不與夷狄之執中國也。其地，何？大之也。」注：「云中國者，禮義之國也。執者，治文也。君子不使無禮義制治有禮義，故絶。不言『執』，正之言『伐』也，所以降夷狄、尊天子，爲順辭。」獻八佾，諱「八」言「六」；隱五年《傳》：「僭諸公，猶可言也；僭天子，不可言也。」鄭、魯易地，諱「易」言「假」；桓元年《經》：「鄭伯以璧假許田。」《傳》：「其言以璧假之，何？易之也。易之〔七三〕，其言假之，何？爲恭也。」

注〔七四〕：「其實天子地，諸侯不得專也。桓公無尊事天子之心，專以朝宿之邑與鄭，背叛當誅，故深諱，使若暫假借之者。」晉文再致天子，諱「致」言「狩」。僖二十八年《經》：「天王狩于河陽。」《傳》：「狩不書，此何以書？不與再致天子也。」桓公存邢、衛、杞，不見《春秋》，不見于《經》。凡言《春秋》，皆指《經》也。內心予之，行法絶而不予，僖元年《傳》：「曷爲不與？實與而文不與。文曷爲不與？諸侯之義，不得專封也。」止亂之道也，非諸侯所當爲也。僖元年《傳》：「其曰〔七五〕實與之，何？上無天子，下無方伯，天下諸侯有相滅亡者，力能救之，則救之可也。」《春秋》之義，臣不討賊，非臣也；子不復讎，非子也。隱十一年《傳》：「子沈子曰：『君弑，臣不討賊，非臣也；不復讎，非子也。』」注：「明臣子不討賊，當絶。」故誅趙盾，賊不討者，不書葬，臣子之誅也。許世子〔七六〕不嘗藥，而誅爲弑父；楚公子比脅而立，而不免於死。齊桓、晉文擅封，致天子，誅絶；繼絶官本桉：「絶，他本作『世』。」存亡、侵伐、會同，常爲本主，僖四年《傳》：「予〔七七〕桓爲主也。」曰：桓公救中國，攘夷狄，卒服楚，至爲王者事。僖四年《傳》：「楚有王者則後服，無王者則先叛，夷狄也，而亟病中國。南夷與北狄交，中國不絶若綫。桓公救中國而攘夷狄，卒服〔七八〕荆，以此爲王者之事也。」師古曰：「卒，終也。」晉文再致天子，皆止不誅，善其牧諸侯，奉獻天子而復周室，官本桉：「牧，他本作『救』。」《春秋》予之爲伯，誅意、不誅辭之謂也。

魯隱之代桓立，隱元年《傳》：「故凡隱之立，爲桓立也。」祭仲之出忽立突，仇牧、孔父、荀息之死節，公子目夷不與楚國，此皆執權存國，行正世之義，守惓惓之心。《春秋》嘉義氣〔七九〕焉，故皆見之，復正之謂也。夷狄邾婁人、牟人、葛人，爲其天王崩而相朝聘也，桓十五年《經》：「天王崩，邾婁人、牟人、葛人來朝。」《傳》：「皆何以稱人？夷狄之也。」杜預注：「牟國，今泰山牟縣；葛國，在梁國寧陵縣東北。」此其誅也。殺世子母弟，直稱君，明失親親也。僖五年《經》：「晉侯殺其世子申生。」《傳》：「曷爲直稱晉侯以殺？殺世子母弟，直稱君者，甚之也。」魯季子之免罪，吴季子之讓國，明親親之恩也。閔二年《傳》：「緩追逸賊，親親之道也。」閽殺吴子餘祭，見刑人之不可近。襄二十九年《經》：「閽弑吴子餘祭。」《傳》：「君子不近刑人。近刑人，則輕死之道也。」桉，「殺」當作「弑」。鄭伯髠原卒于會，諱弑〔八〇〕，痛强臣專君，君不得爲善也。襄七年《傳》：「何隱爾？弑也。孰弑之？其大夫弑之。曷爲不言其大夫弑之？爲中國諱也。曷爲爲中國諱？鄭伯將會諸侯于鄬，其大夫諫曰：『中國不足歸也，則不若與楚。』鄭伯曰：『不可。』其大夫曰：『以中國爲義，則伐我喪；以中國爲强，則不若楚。』於是弑之。」衛人殺州吁，齊人殺無知，明君臣之義，守國之正也。隱四年《經》：「衛人殺州吁于濮。」《傳》：「其稱人，何？討賊之辭也。」注：「明國中人人得討之，所以廣忠孝之路。」莊九年《經》：「齊人殺無知。」衛人立晉，美得衆也。君將，不言率師，重君之義也。隱五年《傳》：「君將，不言率師，書其重者也。」師古曰：「『率』『帥』，古今字。」正月，公在楚，臣子思君，無一日無君之義也。襄二十九年《經》：「公在楚。」《傳》：「何言乎公在楚？正月，以存君也。」誅受令，恩衛葆，以正囹圄之平也。「葆」與「寶」同。莊六年《經》：「冬，齊人來歸衛寶。」注：「時朔得國，後遣人賂齊〔八一〕，齊侯推功歸魯，使衛人持寶來。雖本非義賂，齊當以讓除惡，故善起其事。主書者，極惡魯犯命復貪利也。」言圍成，甲午祠兵，以别迫脅之罪，誅意之法也。官本桉：「祠，王本從《左傳》作『治』，今據《公羊》改正。」莊八年《經》：「甲午，祠兵。夏，師及齊師圍成，成降丁齊師。」《傳》：「曷爲不言降吾師？辟之也。」注：「辟滅同姓。言『圍』者，使若魯圍之而去，成自從後降于齊師也。『降』者，自伏之文，所以醇歸于齊。」作南門，僖十二年。刻桷，莊二十四年。丹楹，莊二十三年注：「楹，柱也。丹之〔八二〕，爲將取齊女，欲以誇大示之。禮：天子斲而礱之，加密石焉；諸侯斲而礱之，不加密石；大夫斲之，士首本。」《説文》：「秦名屋爲椽，周謂之榱，齊、魯謂之桷。」《釋文》：「翟玄《周易》注：『方曰桷。桷，椽也。』」作雉門及兩觀，定二年《傳》：「其言雉門及兩觀災，何？兩觀，微也。」莊二十九年注：「有所增益曰作。」築三臺，莊三十一年

《經》：「築臺于郎」，「築臺于薛」，「築臺于秦」。莊二十九年注：「始造曰築。」新延廄，莊二十九年注：「繕故曰新。」譏驕溢不恤下也。故臧孫辰請糴于齊，孔子曰：「君子爲國，必有三年之積。一年不熟，乃請糴，失君之職也。」莊二十八年《傳》：「君子之爲國也，必有三年之委。一年不熟，告糴，譏也。」誅犯始者，省刑絶惡，疾始也；官本按：「他本無『疾』字。」大夫盟于澶淵，刺大夫之專政也；襄三十年《經》：「晉人〔八三〕以下會于澶淵。」《傳》：「此大事也，曷爲使微者？卿也。卿則其稱人，何？貶。曷爲貶？卿不得憂諸侯也。」《水經注》：「杜預曰：『在頓丘縣南，今名繁淵。』澶淵即繁淵也，亦謂之浮水焉。」諸侯會同，賢爲主，賢賢也。《春秋》紀纖芥之失，反之王道。《説苑》：「退而修《春秋》，采毫毛之善，貶纖芥〔八四〕之惡，人事浹，王道備。」虞翻《易》注：「介，纖也。介如石焉，斷可識也。故『存乎介』，謂識小疵。」追古貴信，結言而已，不至用牲盟而後成約，《曲禮》：「約信曰誓，莅牲曰盟。」疏：「盟之爲法，先鑿地爲方坎，上〔八五〕割牲左耳，盛以珠槃，又取血，盛以玉敦。用血爲盟，書成，乃歃血〔八六〕而讀書。許慎據《韓詩》云：『天子、諸侯以牛、豕，大夫以犬，庶人以鷄。』又云：『《毛詩》説，君以豕，臣以犬，民以鷄。』」故曰：「齊侯、衛侯胥命于蒲。」《傳》曰：「古者不盟，結言而退。」桓三年《經》：「夏，齊侯、衛侯胥命于蒲。」《傳》：「胥命者，何？相命也。何言乎相命？近正也。此其爲近正〔八七〕，奈何？古者不盟，結言而退。」宋伯姬曰：「婦人夜出，傅、母不在，不下堂。」曰：「曰」上當有「傳」字〔八八〕。「古者周公東征，則西國怨。」僖四年《傳》：「古者周公東征，則西國怨。」桓公曰：「無貯粟，無障谷，無易樹子，無以妾爲妻。」僖三年注：「無障斷川谷，專水利也。水注川曰溪，注溪曰谷。有無當相通。樹，立，本正辭。無易本正當立之子。」宋襄公曰：「不鼓不成列，不阨人。」僖二十二年《傳》：「宋公與楚子〔八九〕期，戰于泓〔九〇〕之陽。楚人濟泓而來，有司復曰：『請迨其未畢濟而擊之。』宋公曰：『不可。吾聞之也：君子不厄人。吾雖喪國之餘，寡人不忍行也。』既濟，未畢陳，有司復曰：『請迨其未畢陳而擊之。』宋公曰：『不可。吾聞之也。君子不鼓不成列。』已陳〔九一〕，然後襄公鼓之，宋師大敗。故君子大其不鼓不成列，臨大事而不忘大禮。」莊王曰：「古者曰〔九二〕：『杅不穿，皮不蠹，則不出。』《說文》曰：「杅，飲器。」《三禮圖》：「《制度》云：『射罰爵之豐，作人形。豐，國名。其君坐酒亡國，載杅以爲戒。』」宣十二年注：「杅，飲水器。穿，敗也。皮，裘也。蠹，壞也。」解云：「其音『于』，若今馬盂矣。舊說云：『杅』是『衧』字，若今食佁矣。」君子篤於禮，薄於利，要其人，不要其土。告從不赦，不祥，《公羊傳》作「詳」，注：「善用心曰詳。」桉，「祥」通作「詳」。《淮南·說山訓》〔九三〕：「六畜〔九四〕生多耳目者，不詳。」高誘注：「詳，善也。」《爾雅》：「祥，善也。」强不陵弱。」并見宣十二年〔九五〕《傳》。齊頃〔九六〕公弔死視疾，孔父正色而立於朝，人莫過而致難乎其君，齊國佐不辱君命而尊齊侯，成二年〔九七〕《傳》：「國佐曰：『與我紀侯之甗，請諾。反魯、衛之侵地，請諾。使耕者東畝，是則土齊〔九八〕也。蕭同姪子者，齊君之母也。齊君之母，猶晉君之母也。不可，請戰。壹戰不勝，請再戰〔九九〕；再戰不勝，請三。三戰不勝，則齊盡子之有也，何必以蕭同姪子爲質？』揖而去之。」此《春秋》之救文以質也。救文以質，見天下諸侯所以失其國者亦有焉。潞子欲合中國之禮義，離乎夷狄，未合乎中國，所以亡也；宣十五年《傳》：「離乎夷狄〔一〇〇〕，而未能合于中國。晉師伐之，中國不救，狄人不有，是以亡也。」《白虎通》：「夷者，僔夷，無禮義；狄者，易也，辟易無別也。」杜預注：「潞，赤狄之別種。」吴王夫差行强於越，定五年〔一〇一〕《傳》：「於越者何？越者何？於越者，未能以其名通也；越者，能以其名通也。」注：「越人自名於越，君子名之曰越。治國有狀，能與中國通者，以中國之辭言之曰『越』；治國無狀，不能與中國通者，以其俗辭言之。因其俗，可以〔一〇二〕見善惡，故云爾。」《方輿紀要》：「越都會稽，今浙江紹興府治是。」《世本》：「越，芈〔一〇三〕姓也，與楚共祖。」臣人之王，妾人之妻，以楚人〔一〇四〕之王爲臣，以楚人之妻爲妾。卒以自亡，宗廟夷，官本桉：「夷，他本作『失』。」社稷滅，其可痛也。長王投死，於戲，豈不哀哉！《吴世家》：「越王句踐欲遷吴王夫差於甬東，予百家居之。吴王曰：『孤老矣！不能事君王也。吾悔不用子胥之言，自令陷此。』遂自刎死。」晉靈行無禮，處臺上，彈群臣，枝解宰人而棄〔一〇五〕；宣六年《傳》：「靈公爲無道，使諸大夫皆内朝，然後處乎臺上，引彈而彈之。已趨而辟丸，是樂而已矣。趙盾已朝而出，與諸大夫立于朝。有人荷畚自閨而出者，趙盾曰：『彼何也？夫畚曷爲出乎閨？』呼之，不至，曰：『子，大夫也。欲視，則就而視之。』趙盾就而視之，則赫然死人也。趙盾曰：『是何也？』曰：『膳宰也。熊蹯而不熟，公怒，以斗摯〔一〇六〕而殺之，支解，將使〔一〇七〕我棄之。』」漏陽處父之諫〔一〇八〕，使陽處父死。文六年《傳》：「其漏言，奈何？君將使射姑將，陽處父諫曰：『射姑，民衆不説，不可使將。』於是廢將。陽處父出，射姑入。君謂射姑曰：『陽處父言曰：「射姑，民衆不説，不可使將。」』射姑怒，出，刺陽處父于朝而走。」注：「自上言泄，下曰漏。」及患趙盾之諫，欲殺之，宣六年《傳》：「趙盾曰：『嘻！』趨而入。靈公望見趙盾，愬而再拜。趙盾逡巡，北面再拜稽首，趨而出。靈公心怍焉，欲殺之。於是使勇士某者往殺之。」卒爲趙穿所殺。官本桉：「穿，他本誤作『盾』。」「殺」當作「弑」。晉獻公行逆理〔一〇九〕，殺世子申生，以驪姬立奚齊、卓子，僖十年《傳》：「驪姬者，國色也。獻公愛之甚，欲立其子，於是殺世子申生。」《晉世家》：「伐驪戎，得驪姬。」韋昭曰：「西戎之别在驪山也。」皆殺死，國大亂，四世乃定，幾爲秦所，下缺字。從〔一一〇〕驪姬起也。楚昭王行無度，殺伍子胥父兄。定四年《傳》：「子胥父誅乎楚。」蔡昭公朝之，因請其裘，昭公不與。吴王非之，舉兵加楚，大敗之，定四年《傳》：「蔡昭公朝乎楚，有美裘焉。囊瓦求之，昭公不與。爲是，拘昭公于南郢數年，然後歸之。於其歸焉，用事乎河，曰：『天下諸侯苟有能伐楚者，寡人請爲之前列。』」君舍乎君室，大夫舍乎大夫室，妻楚君〔一一一〕之母，定四年《傳》：「君舍于君室，大夫舍於大夫室，蓋妻楚王之母也。」貪暴之所致也。晉厲公行暴道，殺無罪人，一朝而殺大臣三人。明年，臣下畏恐，晉國殺之。成十七年《經》：「晉殺其大夫郤錡、郤州、郤至。」十八年《經》：「晉殺其大夫胥童。庚申，晉弑其君州蒲。」注：「厲公猥殺四大夫，臣下人人恐見及，以致此禍。」「殺」當作「弒」。陳侯佗淫乎蔡，蔡人殺之。桓六年《傳》：「惡乎淫？淫乎蔡，蔡人殺之。」古者諸侯出疆，必具左右，備一師〔一一二〕，官本校：「一，他本作『二』。」春秋之制，天子六師，方伯二師，諸侯一師。以備不虞。今蔡侯恣以身出入民間，官本校：「他本無『民間』二字。」至死閭里之庸，《國策》注：「閭，里中門。」二十五家爲里。「庸」，庸夫也。甚非人君之行也。宋閔公矜婦人而心妒，官本校：「而心，他本誤作『心而』。」與大夫萬博。萬譽魯莊公曰：官本校：「他本脱『博萬』二字。」賈逵曰：「南宮，氏；萬，名。宋卿。」李善注：「《系本》曰：『烏曹作博。』」《説文》曰：「博〔一一三〕，局戲也，六箸十二棋也。」莊十二年疏〔一一四〕：「博，如字，戲名也。字書作『簙』〔一一五〕。」「天下諸侯宜爲君，唯魯侯爾。」閔公妒其言，曰：「此虜也，爾虜焉知魯侯之美惡乎？」致〔一一六〕萬怒，搏閔公，絶脰。莊十二年《傳》：「萬嘗與莊公戰，獲乎莊公。莊公歸，散舍諸宮中數月，然後歸之。歸反，爲大夫於宋。與閔公博，婦人皆在側。萬曰：『甚矣！魯侯之淑，魯侯之美也。天下諸侯宜爲君者，唯魯侯爾。』閔公矜此婦人，妒其言，顧曰：『此，虜也！爾虜焉，故〔一一七〕。魯侯之美，惡乎至！』萬怒，搏閔公，絶其脰。」注：「脰，脛〔一一八〕也。齊人語。」此以與臣博之過也。古者人君立於陰，大夫立於陽，所以別位，明貴賤。今與臣相對而博，置婦人在側。此君臣無別也，故使萬稱他國，卑閔公之意。閔公藉〔一一九〕萬而身與之博，下君自置。有「又」同。辱之婦人之房，俱而矜婦人，獨得殺死之道也。《春秋》曰：「大夫不適君。」《樂記》注：「適，讀爲『亡敵』之『敵』。」桉，古書「敵」多作「適」。《荀子》：「告無適也。」注：「讀爲『敵』。」遠此逼〔一二〇〕也。官本桉：「逼，他本作『過』。」宣十一年《傳》：「大夫不敵君。」梁内役〔一二一〕民無已，其民不能堪。使民比地爲伍，一家亡，五家殺刑。其民曰：「先亡者封，後亡者刑。」君者，將使民以孝於父母，順於長老，守丘墓，承宗廟，世世祀其先。今求財不足，行罰如將不勝，殺戮如屠〔一二二〕仇讎，其民魚爛而亡〔一二三〕，桉，

「而」，王本作「則」，官本作「而」。國中盡空。《春秋》曰：「梁亡。」「亡」者，自亡也，非人亡之也。僖十九年《經》：「梁亡。」《傳》：「此未有伐者，其言『梁亡』，何？自亡也。其自亡，奈何？魚爛而亡也。」注：「梁君隆刑峻法，一家犯罪，四家坐之。一國之中，無不被刑者。百姓一旦相率俱去，狀若魚爛。魚爛，從内發，故云。」杜預注：「梁國，在馮翊夏陽縣。」虞公貪財，不顧其難，快耳説目，受晉之璧、屈産之乘，僖二年《傳》荀息曰：「請以屈産之乘與垂棘之白璧往，必可得也。」注：「屈産，出名馬之地。乘，備駟也。垂棘，出美玉之地。」杜預注：「虞國，在河東大陽縣。」假晉師道，還以自滅，僖二年《傳》：「虞受賂，假滅國者道，以取亡焉。」賈逵曰：「虞在晉南，虢在虞南。」師古曰：「還，歸還也。」宗廟破毁，社稷不祀，身死不葬，僖五年《經》：「晉人執虞公。」注：「虞公滅人以自亡，當絶。」貪財之所致也。故《春秋》以此見物不空來，寶不虚出；自内出者，無匹不行〔一二四〕；自外至者，無主不止。「自内」四句，宣三年《傳》。此其應也。楚靈王行强乎陳、蔡，意廣以武，不顧其行、慮所美，内罷其衆。師古曰：「罷，讀〔一二五〕曰『疲』。」乾谿有物女，杜預曰：「乾谿，在譙國城父縣南，楚東境。」水盡則女見，水滿則不見。靈王舉發其國而役，三年不罷，楚國大怨；官本桉：「怨，他本〔一二六〕作『怒』。」有「又」同。行暴意，殺無罪臣成然，成然，楚大夫，昭十二年〔一二七〕殺。楚國大懣。師古曰：「懣，音『滿』，又音『悶』。懣，憂懣也。」公子棄疾卒令靈王父子〔一二八〕自殺而取其國。昭十三年。師古曰：「卒，終也。」虞不離津澤，《周禮・地官・澤虞》。農不去疇土，而民相愛也〔一二九〕。此非盈意之過耶？魯莊公好宮室，一年三起臺；夫人内淫兩弟，謂牙與慶父。弟兄子父相殺，國絶莫繼，爲齊所存，閔二年《傳》：「莊公死，子般弑，閔公弑〔一三〇〕。比三君死，曠年無君。設以齊取魯，曾不興師，徒以言而已矣。桓公使高子將南陽之甲，立僖公而城魯。」夫人淫之過也。妃匹貴妾，可不慎耶〔一三一〕？此皆内自强，從心之敗。已見自强之敗，尚有正諫而不用，卒皆取亡。曹羈諫其君曰：「戎衆以無義，君無自適〔一三二〕。」與「敵」同。君不聽，果死戎寇。莊二十四年《經》：「冬，戎侵曹。」《傳》：「曹羈諫曰：『戎衆以無義，君請勿自敵也。』曹伯曰：『不可。』」注：「諫有五。二曰順諫，曹羈是也。」伍子胥諫吴王，以爲越不可不取，吴王不聽。《吴越春秋》：「伍子胥大懼，曰：『是棄吴也。』乃進諫曰：『越在心腹之病，不前除其疾，今信浮辭僞詐而貪齊。破齊，譬由盤石之田，無立其苗也。願王釋齊而前越。不然，悔之無及。』吴王不聽。」至死伍子胥還九年，越果大滅吴國。秦穆公將襲鄭，百里、蹇叔諫曰：「千里而襲人者，未有不亡者也。」穆公不聽。師果大敗殽中，匹馬隻輪無反者。僖三十三年《傳》。《釋文》：「董仲舒云〔一三三〕：『車皆不還，故不得易輪轍。』」晉假道道〔一三四〕虞，下「道」字，讀曰「導」。虞公許之。宫之奇諫曰：「脣亡齒寒。虞、虢之相救，非相賜也。君請勿許。」虞公不聽，後虞果亡於。「於」下，當有「晉」字。僖二年《傳》：「宫之奇果諫：『《記》曰：「脣亡則齒寒。」虞、郭之相救，非相爲賜。則晉今日取郭，而明日虞從而亡爾。君請勿許也。』虞公不從其言，終假之道以取郭。還，四年，反取虞。」杜預注：「虢，西虢國也。弘農陝縣東南，有虢城。」桉，東虢已爲鄭所滅。《方輿紀要》：「在河南府陝州者曰北虢，在開封滎陽者曰東虢。又，陝西鳳翔府寶鷄縣東二十里虢國城，曰西虢。」《春秋》明此，存亡道「道」上當有「之」字。可觀也。觀乎蒲社，知驕溢之罰；觀乎許田，知諸侯不得專封；觀乎齊桓、晉文、宋襄、楚莊，知任賢奉上之功；觀乎魯隱、祭仲、叔武、僖二十八年《傳》：「何賢乎叔武？讓國也。」孔父、荀息、仇牧、吴季子、公子目夷，知忠臣之效；觀乎楚公子比，知臣子之道、效死之義；觀乎潞子，知無輔自詛之敗；盧注：「『詛』字訛，或是『沮』字。」桉，《釋名》：「詛，阻也，使人行事阻限於言也。」觀乎公在楚，知臣子之恩；觀乎漏言，知忠道之絶；觀乎獻六羽，知上下之差；觀乎宋伯姬，知貞婦之信；觀乎吴王夫差，知強陵〔一三五〕弱；似缺二字。觀乎晉獻公，知逆理近色之過；觀乎楚昭王之伐蔡，知無義之反；觀乎晉厲之妄殺無罪，知行暴之報〔一三六〕；觀乎陳佗、宋閔，知嫉〔一三七〕、淫之過；觀乎虞公、梁亡，知貪財枉法之窮；觀乎楚靈，知苦民之壤；盧注：「『壤』猶『傷』也。」觀乎魯莊之起臺，知驕奢淫泆之失；觀乎衛侯朔，知不即召之罪；觀乎執凡伯，知犯上之法；觀乎晉郤缺之伐邾婁，知臣下作福之誅；觀乎公子翬，知臣窺〔一三八〕君之意；文十四年《經》：「晉人〔一三九〕納接菑于邾婁，弗克納。」《傳》：「此晉郤缺也。其稱人，何？貶。曷爲貶？不與大夫專廢置君也。」隱四年《傳》：「公子翬諂乎隱公，謂隱公曰：『百姓安子，諸侯説子，子盍終爲君矣？』隱公曰：『否。吾使脩塗裘，吾將老焉。』公子翬恐若其言聞乎桓，於是謂桓曰：『吾爲子口隱矣。』隱曰：『吾不反也〔一四〇〕。』」桓曰：『然則奈何？』曰：『請作難，弒〔一四一〕隱公。』」觀乎世卿，知移權之敗。隱三年〔一四二〕《傳》：「其稱尹氏，何？貶。曷爲貶？譏世卿。世卿，非禮也。」注：「禮：公卿、大夫、士，皆選賢而用之。卿、大夫任重職大，不當世。爲其秉政〔一四三〕久，恩德廣大，小人居之，必奪君之威權。故尹氏立王子朝，齊崔氏弒其君光。君子疾其末，則正其本。」故明王視於冥冥，聽於無聲，天覆地載，天下萬國，莫敢不悉靖〔一四四〕共職受命者，不示臣下以知之至也。《淮南子》：「是故聖人托其神于靈府，而歸萬物之初，視于冥冥，聽于無聲。冥冥之中，獨見小〔一四五〕焉；寂寞之中，獨有照焉。其用之也，不以用〔一四六〕；其不用也，而後能用之。其知也，乃不知；其不知也，而後能知之也。」故道同則不能〔一四七〕相先，情同則不能相使，此其教也。由此觀之，未有去人君之權，能制其勢者也；未有貴賤無差，能全其〔一四八〕位者也，故君子慎之。

校勘記

〔一〕「豪」，續經解本作「毫」，與《四部叢刊初編》本《説苑》同。

〔二〕「官」，稿本、蜚雲閣本、彙函本、畿輔本、龍谿本并奪，據續經解本、《説苑・建本》補。張校云：「《説苑》作『大夫不兼官』。」

〔三〕「三皇」，計臺本、殿本、盧本作「三王」。

〔四〕「藉」，續經解本作「籍」。

〔五〕「傳」，與《韓詩外傳》卷三同，彙函本、續經解本無。

〔六〕「聾」，張校云：「《韓詩外傳》『聾』本作『瘫』。」

〔七〕「鷙蟲」，計臺本作「抵虫」，殿本、盧本作「抵蟲」。

〔八〕「日」，諸本并奪，據《大戴禮記・明堂》補。張校云：「《大戴禮》作『十五日』。」

〔九〕「長三尺」，《抱朴子・内篇・金丹》作「三四尺」。

〔一〇〕「檃」，稿本、彙函本、畿輔本并作「導」，據《史記・司馬相如列傳》索隱、續經解本、龍谿本改。下「檃也」同。

〔一一〕「犯漸」，《太平御覽》卷六百四十五作「相漸」。

〔一二〕「狄」，張校云：「《周禮・象胥》注『狄』作『狄鞮』。」

〔一三〕「踪」，抱經堂本《白虎通・封禪》、續經解本作「跡」。

〔一四〕「放天」，《白虎通》、續經解本作「報天」。

〔一五〕「有餘」，續經解本作「餘君」，抱經堂本《白虎通》作「有餘君」，盧校云：「舊脱『君』字，《御覽》有。」

〔一六〕「貌」，《毛詩正義》卷十六之五作「清貌」。

〔一七〕「禘祫」，蜚雲閣本、彙函本、龍谿本作「褅祫」，據稿本、續經解本、畿輔本改。

〔一八〕「氛」，《毛詩正義》卷十六之五作「氣」。

〔一九〕「取法于周」，張校云：「《周禮・弁師》疏『取法于周』下，有『按彼文』三字。」

〔二〇〕「以此」，張校云：「《周禮・弁師》疏『以』字下，無『此』字。」案，殿本、阮刻本《周禮注疏》卷三十二并作「以此」。

〔二一〕「邃延」，與《周禮注疏》卷三十二同，稿本、彙函本誤作「篴延」。

〔二二〕「飾」，稿本作「餙」，盧本、龍谿本作「飭」。盧校云：「飭，舊作『飾』。」

〔二三〕「羽旄之飾」，稿本作「羽旄之餙」，計臺本作「羽族之飾」。

〔二四〕「窮」，計臺本注云：「一作『殺』。」殿本引原注同。盧本注：「窮，本或作『殺』。」

〔二五〕「陵」，計臺本、殿本作「淩」。

〔二六〕「宮」，計臺本注云：「一作『害』。」殿本引原注同。

〔二七〕「傾宮」，《吕氏春秋・貴直論・過理》及高誘注并作「頃宮」，下「一傾」作「一頃」。

〔二八〕「狗馬」，彙函本作「狥馬」。

〔二九〕「充仞宮室」，稿本、蜚雲閣本、彙函本、畿輔本作「充仞充盈」，龍谿本作「充牣充盈」，據《史記》卷三及續經解本改。張校云：「《史記・殷本紀》作『充仞宮室』。」

〔三〇〕「炮格」，與《史記・殷本紀》集解引《列女傳》同，彙函本、續經解本、畿輔本并作「炮烙」。下仿此。《漢書》亦作「炮格」。

〔三一〕「胞裹」，稿本作「胞裹」。畢沅《吕氏春秋新校正》作「胞裹」，云：「舊本作『胞裹』，『裹』當作

『裹』，亦疑是『裹』字。」

〔三二〕「晨寒」，張校云：「《水經注》作『畏寒』。」

〔三三〕「伐」，彙函本作「代」。

〔三四〕「桓十三年」，蜚雲閣本、彙函本、畿輔本、龍谿本并作「三十年」，據《公羊注疏》卷五、稿本、續經解本改。

〔三五〕「雌承下風」，與《左傳正義》卷十四同。張校云：「《太平御覽》引作『雌鳴下風』。」

〔三六〕「月」，《公羊注疏》卷十三下有「不雨」二字。

〔三七〕「河上之山」，稿本、蜚雲閣本、彙函本、龍谿本、畿輔本并作「江上之山」，據阮刻本《公羊注疏》卷十八、續經解本改。張校云：「成五年《傳》：『壅河，三日不流。』若『江上之山』，與『河』何涉？則『江』字爲『河』之訛無疑。《十三經注疏考證》齊氏召南辨之已詳，凌氏蓋因坊本之誤。」案，阮氏《公羊注疏校勘記》云：「監、毛本『河』作『江』，誤也。」

〔三八〕「乎」，《公羊注疏》卷十七作「爾」。

〔三九〕「彗星」，畿輔本作「慧星」。下「彗星」「彗」同。

〔四〇〕「于」，計臺本注云：「一作『升』。」殿本引原注同。

〔四一〕「音」，續經解本作「云」。案，《左傳·昭十七年》釋文云：「孛，音『佩』，一音『勃』。」

〔四二〕「鸜」，《公羊注疏》卷二十四作「鸛」，《釋文》云：「《左氏》作『鸜』，音『劬』。」張校云：「按昭二十五年《經》，當作『有鸛鵒來巢』。《釋文》：『鸛，音權。』」

〔四三〕「失」，計臺本作「夫」。

〔四四〕「致」，計臺本、殿本、盧本作「至」。

〔四五〕「大小」，計臺本、殿本、盧本作「小大」。

〔四六〕「恒星」，張校云：「《漢書·劉向傳》『恒』作『常』，『霣』作『隕』。」

〔四七〕「螽螟蠭午并起」，蜚雲閣本、彙函本、龍谿本、畿輔本并作「蠭螟螽午并起」，據稿本、續經解本改。張校云：「按《漢書》『蠭螟』宜作『螽螟』，『螽午并起』宜作『蠭午并起』。如淳曰：『蠭午，猶雜沓也。』」

〔四八〕「官本桉」云云，今殿本無此。

〔四九〕「耻」，《公羊注疏》卷六作「惡」。

〔五〇〕「天王」，計臺本、殿本、盧本作「天王不養」，殿本校云：「他本無『不養』二字。」

〔五一〕「君子」，《禮記正義》卷五作「謂策書君子」，義較顯豁。

〔五二〕「弑」，計臺本、殿本、盧本并作「殺」。

〔五三〕「二十二年」，諸本并作「三十二年」，據《公羊注疏》卷二十三改。

〔五四〕「衛」，續經解本無，與《公羊注疏》卷五同。

〔五五〕「魯」，《公羊注疏》卷二作「展」。

〔五六〕「下不僭上，上不偪下」，《孔子家語·曲禮子貢問》作「上不僭下，下不偪上」，《禮記·雜記下》作「上不僭上，下不偪下」。

〔五七〕「不得復」，計臺本、殿本、盧本作「不復行」，殿本校云：「他本無『行』字，誤衍一『復』字。」

〔五八〕「八人」，龍谿本作「八八」。

〔五九〕「諸兒」，彙函本作「諸皃」。

〔六〇〕「傳瑕」，畿輔本、龍谿本作「傳瑕」。

〔六一〕「崔杼」，稿本、蜚雲閣本、彙函本、續經解本誤作「崔舒」。

〔六二〕「王」，續經解本作「正」。

〔六三〕「止」，諸本并作「比」，據《公羊注疏》卷二十三、《漢書》卷三十六改。張校云：「按昭十九年《經》，『比』當作『止』。」

〔六四〕「舒庸」，稿本、蜚雲閣本、彙函本、畿輔本、龍谿本并作「舒蕭」，據《公羊注疏》卷十八、續經解本改。張校云：「按成十七年《經》，『蕭』當作『庸』。」

〔六五〕「不得」，諸本并奪「得」字，據計臺本、殿本、盧本補。

〔六六〕「將」，殿本校云：「他本脱一『將』字。」

〔六七〕「立子」，諸本并奪，據計臺本、殿本、盧本補。

〔六八〕「也」，張校云：「桓二年《經》注無『也』字。」

〔六九〕「近」，計臺本、殿本作「迎」，殿本校云：「『迎』字，原本、他本俱同，據文義，疑是『近』字之誤。」

〔七〇〕「也」，殿本校云：「他本無『也』字。」

〔七一〕「眛」，蜚雲閣本、彙函本、續經解本、畿輔本、龍谿本并作「昧」，據《公羊注疏》卷一、稿本改。張校云：「按隱元年《經》，『昧』當作『眛』。」

〔七二〕「之」，殿本校云：「『之』字，他本誤移在『大夫』二字下。」

〔七三〕「易之」，張校云：「『易之』下，脱『則』字。」

〔七四〕「注」，諸本并奪，據文義補。張校云：「『其實天子地』句，本《公羊》注，不可蒙入《傳》文。」

〔七五〕「其曰」，張校云：「按僖元年《傳》，『其曰』上有『則』字。」

〔七六〕「許世子」，計臺本、殿本下并有「止」字。

〔七七〕「予」，《公羊注疏》卷十作「與」。

〔七八〕「服」，張校云：「僖四年《傳》本作『卒帖荊』，注：『帖，服也。』《釋文》：『帖，他協反。』」阮刻本《公羊注疏》卷十作「怗」，《校勘記》云：「閩、監、毛本『怗』誤『帖』。」

〔七九〕「義氣」，計臺本、殿本并作「氣義」。

〔八〇〕「弑」，計臺本、殿本作「殺」。

〔八一〕「齊」，諸本并奪，據《公羊注疏》卷七補。

〔八二〕「丹之」，張校云：「莊二十三年注，『丹之』下有『者』字。」

〔八三〕「晉人」，諸本并作「晉侯以下」，據《公羊注疏》卷二十一改。

〔八四〕「纖芥」，《説苑・至公》作「纖介」。

〔八五〕「上」，《禮記正義》卷五作「殺牲於坎上」。

〔八六〕「歃血」，蜚雲閣本、畿輔本、龍谿本誤作「插血」，據《禮記正義》卷五、稿本、彙函本、續經解本改。

〔八七〕「正」，彙函本、續經解本奪。

〔八八〕「字」，彙函本誤作「守」。

〔八九〕「楚子」，《公羊注疏》卷十二作「楚人」。張校云：「『楚子』，經、傳俱作『人』。」

〔九〇〕「泓」，蜚雲閣本、彙函本、畿輔本諱作「□」，據稿本、續經解本、龍谿本補。下「濟泓」同。張校云：「兩『泓』字皆當缺末點，不必空。」

〔九二〕「已陳」，續經解本作「已成」。

〔九三〕「曰」，計臺本、殿本、盧本無，與《公羊・宣十二年傳》、《韓詩外傳》卷六同，疑衍。

〔九四〕「説山訓」，稿本、蜚雲閣本、彙函本、龍谿本、畿輔本并作「説林訓」，據續經解本改。張校云：「『淮南子説林訓』當作『説山訓』。」

〔九五〕「六畜」，蜚雲閣本、龍谿本、畿輔本并作「亦畜」，據《淮南子》改。張校云：「『亦畜』當作『六畜』。」

〔九六〕「十二年」，蜚雲閣本、彙函本、續經解本、畿輔本、龍谿本并作「十三年」，據稿本、《公羊注疏》卷十六改。

〔九七〕「頃」，蜚雲閣本作「項」。

〔九八〕「二年」，續經解本作「三年」。

〔九九〕「土齊」，畿輔本作「士齊」。

〔一〇〇〕「再戰」，張校云：「成二年《傳》作『請再』，無『戰』字。」

〔一〇一〕「離乎夷狄」，張校云：「宣十五年《傳》作『離于夷狄』。」

〔一〇二〕「五年」，稿本、蜚雲閣本、彙函本、畿輔本、龍谿本并作「四年」，據《公羊注疏》卷二十五、續經解本改。張校云：「『四年』當作『五年』。」

〔一〇三〕「可以」，蜚雲閣本、彙函本、畿輔本、龍谿本并作「見以」，據《公羊注疏》卷二十五、稿本、續經解本改。張校云：「上『見』字當作『可』。」

〔一〇三〕「芈」，諸本作「芊」，據《世本》改。

〔一〇四〕「楚人」，張校謂「楚」字當作「越」。下句「楚人」同。

〔一〇五〕「棄」，盧本、續經解本作「棄之」。

〔一〇六〕「擎」，稿本、蜚雲閣本、彙函本、畿輔本、龍谿本并作「擊」，據《公羊注疏》卷十五、續經解本改。

〔一〇七〕「使」，續經解本作「吏」。

〔一〇八〕「諫」，殿本、盧本、稿本作「謀」。

〔一〇九〕「理」，稿本作「禮」。

〔一一〇〕「所從」，計臺本校云：「所，此下疑少一字。從，一作『徙』，非。」殿本引原注同。

〔一一一〕「楚君」，計臺本、殿本、盧本作「楚王」。

〔一一二〕「一師」，計臺本作「二師」。

〔一一三〕「博」，《説文》作「簙」。

〔一一四〕「疏」，據引文，當作「釋文」。

〔一一五〕「簙」，稿本、蜚雲閣本、彙函本、畿輔本、龍谿本并作「簿」，據《公羊注疏》卷七、續經解本改。

〔一一六〕「致」，計臺本、殿本、盧本作「至」，屬上讀。

〔一一七〕「故」，彙函本作「知」。

〔一一八〕「脛」，續經解本作「頸」，與阮刻本《公羊注疏》卷七同。阮氏《校勘記》云：「宋本、閩、監、毛本『頸』誤『脛』。按，《釋文》：『脰，音豆，頸也。』」

〔一一九〕「藉」，計臺本、殿本、盧本并作「籍」。

〔一二〇〕「逼」，計臺本作「過」。

〔一二一〕「役」，計臺本注云：「一作『取』。」殿本引原注同。

〔一二二〕「屠」，計臺本注云：「一作『從』。」殿本引原注同。

〔一二三〕「而亡」，計臺本、殿本作「而止」，殿本校云：「『而止』二字，他本作『則亡』。」盧本作「則亡」，校云：「《大典》本作『而止』。」

〔一二四〕「自内出者，無匹不行」，稿本作「自内出外，無匹不行」，蜚雲閣本、彙函本、畿輔本、龍谿本作「自内出外，無亡不行」，據《公羊注疏》卷十五、計臺本、殿本、盧本、續經解本改。

〔一二五〕「讀」，續經解本作「獨」。

〔一二六〕「他本」，彙函本作「也本」。

〔一二七〕「十二年」，諸本并作「三十年」，據《公羊注疏》卷二十二改。

〔一二八〕「父子」，諸本并奪，據計臺本、殿本、盧本補。

〔一二九〕「而民相愛也」，諸本并奪，據計臺本、殿本、盧本補。

〔一三〇〕「子般弒，閔公弒」，稿本作「子般弒閔公」，蜚雲閣本、彙函本、畿輔本作「子般殺閔公」，據《公羊注疏》卷九、續經解本、龍谿本改。張校云：「按閔二年《傳》，『殺』本作『弒』，『閔公』下復有『弒』字。」

〔一三一〕「耶」，計臺本、殿本、盧本并作「邪」。

〔一三二〕「適」，計臺本注云：「一作『敵』。」殿本引原注同。盧本校云：「『適』與『敵』同。」

〔一三三〕「云」，稿本、蜚雲閣本、彙函本、畿輔本、龍谿本并奪，據《公羊注疏》卷十二、續經解本補。

〔一三四〕「道道」，殿本校云：「原本無下『道』字。」計臺本、盧本不重，盧校云：「本或重『道』字。」

〔一三五〕「陵」，計臺本、殿本作「淩」。

〔一三六〕「報」，殿本校云：「報，他本誤作『暴』。」

〔一三七〕「嫉」，計臺本作「妒」，殿本、盧本作「妒」。殿本校云：「妒，他本作『嫉』。」

〔一三八〕「窺」，計臺本注云：「一作『規』。」殿本引原注同。

〔一三九〕「晉人」，稿本、蜚雲閣本、彙函本、畿輔本、龍谿本并作「晉文」，據《公羊注疏》卷十四、續經解本改。張校云：「『晉文』當作『晉人』。」

〔一四〇〕「也」，蜚雲閣本、彙函本、續經解本、畿輔本、龍谿本并作「矣」，據《公羊注疏》卷二、稿本改。

〔一四一〕「弑」，稿本、蜚雲閣本、彙函本、畿輔本并作「殺」。張校云：「按隱四年《傳》，『殺』本作『弑』。」

〔一四二〕「三年」，諸本并作「元年」，據《公羊注疏》卷二改。

〔一四三〕「秉政」，彙函本、續經解本并作「兼政」。

〔一四四〕「靖」，計臺本作「精」。

〔一四五〕「小」，莊校本《淮南子·俶真訓》作「曉」，注云：「曉，明也。」

〔一四六〕「不以用」，《淮南子·俶真訓》作「以不用」。

〔一四七〕「不能」，殿本校云：「他本無『能』字。」

〔一四八〕「其」，殿本校云：「他本無『其』字。」

春秋繁露卷五

滅國上第七

王者，民之所往；君者，不失其群者也。《白虎通》：「王者，往也，天下所歸往；君，群也，下之所歸心也。」故能使萬民往之而得天下之群者，無敵於天下。弒君三十六，亡國五十二。盧注：「舊本作『失國之君三十一，亡國之君五十二』，誤。」小國德薄，不朝聘大國，不與諸侯會聚，孤特不相守，獨居不成群，遭難莫之救，所以亡也。非獨公侯大人如此，生天地之間，根本微者，不可遭大風疾雨，立鑠消耗。《韓詩外傳》：「草木根荄淺，未必撅也；飄風興〔一〕，暴雨墜〔二〕，則撅必先矣。」《國語》注：「鑠，消〔三〕也。」衛侯朔固事齊襄，而天下患之；衛侯朔固事齊，致使王人不能救衛。虞、虢并力，晉獻難之。僖二年《傳》：「吾欲攻郭，則虞救之；攻虞，則郭救之。如之何？」晉趙盾，一夫之士也，無尺寸之土，無〔四〕一介之衆也，而靈公據霸主〔五〕之餘尊，而欲誅之，窮變極詐，詐盡力竭，禍大及身。推盾之心，載小國之位，孰能亡之哉？官本校：「載，他本作『戴』。」故伍子胥，一夫之士也，去楚干闔廬，遂得意於楚。定四年《傳》：「伍子胥父誅乎楚，挾弓而去楚，以干闔廬。闔廬曰：『士〔六〕之甚！勇之甚！將爲之興師而復讎于楚。』」所托者誠是，何可禦耶〔七〕？楚王髡托其國於子玉得臣，而天下畏之；僖二十八年注：「子玉得臣，楚之驕蹇臣，數道其君侵中國。」虞公托其國於宮之奇，晉獻患之。僖二年《傳》：「獻公曰：『諾。雖然，宮之奇存焉，如之何？』」及髡殺得臣，天下輕之；虞公不用宮之奇，晉獻亡之。存亡之端，不可不知也。諸侯見加以兵，逃遁奔走，至於滅亡而莫之救，官本桉：「他本脱『遁奔走』〔八〕以下八字。」平生〔九〕之素行可見也。隱代桓立，所謂僅存耳。使無駭帥師滅極，內無諫臣，外無諸侯之救。載亦由是也，宋、蔡、衛國伐之，鄭因其力而取之。隱十年《傳》：「其言伐取之，何？易也。其易奈何？因其力也。因誰之力？因宋人、蔡人、衛人之力也。」「載」，《左傳》作「戴」，杜預注：「戴國，今陳留外黄縣東南有戴城。」此無以異於遺重寶於道而莫之守，見者掇之也。《玉篇》：「掇，豬劣、都活二切。《詩》云：『薄言掇之。』掇，拾也。」鄧、穀失地而朝魯桓，鄧、穀失地，不亦宜乎？桓七年。《水經注》：「縣〔一〇〕，故鄧侯吾離之國也。楚文王滅之，秦以爲縣。」杜預注：「潁川〔一一〕召陵縣西南，有鄧城。穀國，在南鄉筑陽縣北。」

滅國下第八

紀侯之所以滅者，乃九世之讎也。一旦之言，危百世之嗣，故曰「大去」。莊四年。衛人侵成〔一二〕，隱五年。鄭入成，隱十年。及齊師圍成，莊八年。三被大兵，終滅，莫之救，所恃者安在？齊桓公欲行霸道，譚遂違命，故滅而奔莒。莊十年。杜預注：「譚國，在濟南平陵縣西南。」不事大而事小，曹伯之所以戰死於位，莊二十四年。諸侯莫助憂者。幽之會，齊桓數合諸侯，曹小，未嘗來也。桉，莊十六年《經》：「公會齊侯、宋公、陳侯、衛侯、鄭伯、許男、曹伯、滑伯、滕子，同盟于幽。」《公羊》有曹伯，《左傳》無曹伯，是《公羊經》之誤也。魯大國，幽之會，莊公不往。桉，莊十六年幽之會，《左》《穀》無「公」字。有「公」字，是《公羊經》之誤也。戎人乃窺兵於濟西，莊十八年。杜預注：「戎來侵，魯公逐之于濟水之西。」由見魯孤獨而莫之救也。此時，大夫廢君命，專〔一三〕救危者。魯莊公二十七年，齊桓爲幽會〔一四〕，衛人不來。其明年，桓公怒而大敗之。及伐山戎，莊三十年。杜預注：「山戎，北狄。」服虔曰：「蓋今鮮卑。」張旗陳獲，以驕諸侯。莊三十一年《傳》：「齊，大國也，曷爲親來獻戎捷？威我也。其威我，奈何？旗獲而過我也。」於是魯一年三築臺，亂臣比三起於內。官本桉：「比，他本作『此』。」夷狄之兵仍滅於外，衛滅之端，以失幽之會。官本桉：「他本無『失』字。」亂之本，存親内蔽。邢未嘗會齊桓也，附晉又微，晉侯獲於韓而背之，淮之會是也。僖十六年〔一五〕：「會淮。」杜預注：「淮，臨淮郡左右。」桓公〔一六〕卒，豎刁、易牙之亂作。僖十八年《傳》：「桓公死，豎刁、易牙争權，不葬。」邢與狄伐其同姓，取之。僖十八年《經》：「邢人、狄人伐衛。」官本桉：「伐，他本誤作『戎』。」其行如此，雖爾親，庸能親爾乎？是君也，其滅於同姓，衛侯毀滅邢是也。官本桉：「衛，他本誤作『魏』。」僖二十五年。齊桓爲幽之會，衛不至，桓怒而伐之。狄滅之，桓憂而立之。魯莊爲軻〔一七〕之盟，《公羊》作「柯」。劫汶陽，莊十三年《傳》：「曹子曰：『願請汶陽之田。』」魯絶，官本桉：「絶，他本作『滅』。」威立之。閔二年。「威」即「桓」，避宋諱改。邢、杞未嘗朝聘，杜預注：「杞國，本都陳留雍丘縣。」齊桓見其滅，率諸侯而立之。用心如此，豈不霸哉？故以憂天下與之。

隨本消息第九

《文選·幽通〔一八〕賦》大家注：「人之行，各隨其命。命者，神先定之，故爲徵兆于前〔一九〕。雖然，亦在人消息而行焉〔二〇〕。天命祐善災惡，非有爽〔二一〕也。」《曆書》：「黃帝建立五行，起消息。」正義曰：「陽生爲息，陰死爲消。」

顔淵死，子曰：「天喪予！」子路死，子曰：「天祝予！」西狩獲麟，曰：「吾道窮，吾道窮！」三年，身隨而卒。《釋文》：「子，孔子也。古者謂師曰『子』。曰，語辭也，從『乙』在『口』上，象氣。人將發語，口上有氣，故『曰』字缺上也。」哀十四年注：「祝，斷也。天生顔淵、子路，爲夫子輔佐。皆死者，天將亡夫子之證。麟者，太平之符，聖人之類。時得麟而死，此亦天告夫子將没之徵，故云爾。」階此而觀，天命成敗，聖人知之。有所不能救，命矣夫。夫〔二二〕先晉獻公〔二三〕之卒，齊桓爲葵丘之會，僖九年《經》：「諸侯盟于葵丘。甲戌，晉侯詭諸卒。」《春秋土地名》京相璠曰：「葵丘，齊西五十里，有葵丘地。」再致其集。先齊孝未卒一年，官本校：「他本無『卒』字。」魯僖乞師，取穀。晉文之威，天子再致〔二四〕。先卒一年，魯僖公之心，分而事齊。僖二十六年《經》：「公以楚師伐齊，取穀。」二十七年《經》：「齊侯昭卒。乙未，葬齊孝公。」文公不事晉。先齊侯潘卒一年，文公如晉，衛侯、鄭伯皆不期來。齊侯已卒，諸侯果會晉大夫於新城。文十三年《經》：「公如晉，衛侯會于沓。公及晉侯盟，還自晉。鄭伯會公于棐。」十四年《經》：「齊侯潘卒。六月，公會宋公、陳侯、衛侯、鄭伯、許男、曹伯、晉趙盾。癸酉，同盟于新城。」杜預注：「新城，宋地，在梁國穀熟縣西。」魯昭公以事楚之故，官本校：「楚，他本作『齊』。」晉人不入。楚國强而得意，一年再會諸侯，伐强吴，爲齊誅亂臣，遂滅厲。魯得其威，以滅鄫；官本校：「威，他本誤作『滅』。」昭四年《經》：「楚子以下伐吴，執齊慶封，殺之，遂滅厲。九月，取鄫。」其明年，如晉，無河上之患〔二五〕。官本校：「如，他本作『知』。」昭十五年〔二六〕《經》：「公如晉。」先晉昭之卒一年，無難。昭十六年《經》：「晉侯夷卒。冬十月，葬晉昭公。」楚國内亂，臣弑君。諸侯會于平丘，謀誅楚亂臣，昭公不得與盟，與，音「預」。官本桉：「他本『盟』誤作『明』。」大夫見執。昭十三年，楚公子比弑君。諸侯會于平丘，同盟于平丘。公不與盟，晉人執季孫隱如以歸。公至自會。杜預注：「平丘，在陳留長垣縣西南。」吴大敗楚之黨六國於鷄父，昭二十三年《經》：「吴敗頓、胡、沈〔二七〕、蔡、陳、許之師于鷄父。」杜預注：「鷄父，楚地，安豐縣南有鷄備亭。」公如晉而大辱，《春秋》爲之諱，而言有疾。昭二十三年《經》：「冬，公如晉，至河，乃復。」《傳》：「何言乎『公有疾，乃復』？殺恥也。」由此觀之，所行從不足恃，所事者不可不慎。此亦存亡榮辱之要也。先楚莊王卒之〔二八〕三年，晉滅赤狄潞氏，及甲氏、留吁。宣十六年，晉滅赤狄甲氏，及留吁。十八年，楚子旅〔二九〕卒。杜預注：「甲氏、留吁，赤狄别種。」先楚子審卒之三年，鄭服蕭魚。襄十一年，伐鄭，會于蕭魚。十三年九月，楚子審卒。杜預注：「蕭魚，鄭地。」晉侯周卒一年。襄十五年，晉侯周卒。先楚子昭卒之二年〔三〇〕，與陳、蔡伐鄭而大克。襄二十六年，楚子、蔡侯、陳侯伐鄭。二十八年，楚子昭卒。其明年，楚屈建會諸侯而張中國。襄二十七年。卒之三年，「三」當作「明」。諸夏之君朝於楚。襄二十九年，公在楚。楚子卷繼之，四年而卒。昭元年，楚子卷卒。其國不爲侵奪，而顧隆盛强大，中國不出年餘，何也？楚子昭，蓋諸侯可者也。天下之疾其君者，皆赴〔三一〕愬而乘之。兵四五出，常以衆擊少，以專擊散，義之盡也。先卒四十〔三二〕「十」字當衍。五年，中國内乖，齊、晉、魯、衛之兵分守，大國襲小。官本桉：「他本無『小』字。」諸夏再會陳儀，齊不肯往。襄二十四年會于陳儀，次年再會，齊皆不在會。杜預注：「夷儀，本邢地。衛滅邢，而爲衛地。」司馬彪《郡國志》曰：「東郡聊城有夷儀聚。」薛瓚曰：「今襄國西有夷儀〔三三〕，去襄國百餘里。」桉，「陳儀」，二《傳》作「夷儀」。吴在其南，而二君殺；當作「弑」。襄二十九年，閽弑吴子餘祭；昭二十七年，吴弑其君僚。中國在其北，而齊、衛殺其君，當作「弒」。襄二十五年，齊崔杼〔三四〕弒其君光；二十六年辛卯，衛甯喜弒其君剽。慶封劫君亂國，官本桉：「劫，他本誤作『切』。」石惡之徒聚而成群，襄二十七年〔三五〕《經》：「夏，叔孫〔三六〕會晉趙武、楚屈建、蔡公孫歸生、衛石惡、陳孔瑗、鄭良霄、許人、曹人于宋。」衛衎據陳儀而爲諼，襄二十五年《傳》：「陳儀者，何？衛之邑也。曷爲不言入于衛？諼君以弒也。」師古曰：「諼，詐言也。音虛袁〔三七〕反。」林父據戚而以〔三八〕畔，襄二十六年。《水經注》：「今頓丘衛國縣西戚亭是也，爲衛之河上邑。」宋公殺其世子，襄廿六年。魯大饑。襄二十四年。中國之行，亡國之跡也。譬如於文、宣之際，中國之君，五年之中五君殺。當作「弒」。文十六年，宋人弒其君處臼；十八年，子卒弒也，莒弒其君庶其；宣二年〔三九〕，晉趙盾弒其君夷獆；四年，鄭公子歸生弒其君夷。官本桉：「他本無『於』字。『之中』，他本作『中之』。」以晉靈之行，使一大夫立於棐林〔四〇〕，杜預注：「斐林，晉地〔四一〕，滎陽〔四二〕宛陵縣東南有林鄉。」桉，《魏世家》索隱曰：「劉氏云：『林，地名。蓋春秋時鄭地之棐林，在大梁〔四三〕之西北。』」徐廣云「在宛縣」〔四四〕，非也。拱揖指撝，諸侯莫敢不出，宣元年《經》：「宋公、陳侯、衛侯、曹伯會晉師于斐〔四五〕林，伐鄭。」《傳》：「此晉趙盾之師也。」此猶隰之有泮〔四六〕也。原注：「一作『濕〔四七〕之有泮』。」桉，王本「泮」作「拔」，誤。《詩》：「淇則有岸，隰則有泮。」箋云：「泮，讀爲『畔』。畔，涯也。言淇與隰皆有崖岸〔四八〕，以自拱持。今君子放恣心意，曾無所拘制。」

盟會要第十

《總目》作「會盟要」。隱元年注：「凡書盟者，惡之也。爲其約誓太甚，朋黨深背之，生患禍重。胥命于蒲，善近正是也。」二年注〔四九〕：「凡書會者，惡其虚内，務恃外好也。古者，諸侯非朝時，不得逾竟。」

至意雖難喻，蓋聖人者，貴除天下之患。貴除天下之患，故《春秋》重而書天下之患偏〔五〇〕矣，以爲本於見天下之所以致患，其意欲以除天下之患，何謂哉？官本桉：「他本無『之』字。」天下者無患，「者」字，當在「何謂」之上。然後性可善；性可善，然後清廉之化流；王逸注：「不求曰清，不受曰廉。」清廉之化流，然後王道舉，禮樂興，其心在此矣。《傳》曰：「諸侯相聚而盟。」官本桉：「盟，他本誤作『明』。」君子修國，曰：「此將率爲也哉？」是以君子以天下爲憂也。患乃至於弑君三十一，「六」誤作「一」。亡國五十二，細惡不絕之所致也。《太史公自序》：「《春秋》之中，弑君三十六，亡國五十二，諸侯奔走，不得保其社稷者，不可勝數。察其所以，皆失其本也。」辭已喻矣，故曰：立義，以明尊卑之分；强幹弱枝，以明大小之職；《春秋漢含孳》曰：「强幹弱流，天之道。」宋均曰：「『流』猶『枝』也。」《大傳》：「諸侯之義，非天子之命，不得動衆起兵。殺〔五一〕不義者，所以强幹弱枝，尊天子、卑諸侯也。」《陸宣公奏議》：「臣聞：國家之立也，本大而末小，是以能固。又聞：理天下者，若身之使臂，臂之使指，則大小適稱而不悖焉。身所以能使臂者，身大於臂故也；臂所以能使指者，臂大於指故也。王畿者，四方之本也；京邑者，又王畿之本也。其勢，當令京邑如身，王畿如臂，四方如指，故用則不悖，處則不危。斯乃居重馭輕，天子之大權也。」別嫌疑之行，以明正世之義；采摭托意，以矯失〔五二〕禮。善無小而不舉，惡無小而不去，以純其美；別賢不肖，以明其尊。《太史公自序》：「夫《春秋》，上明三王之道，下辨〔五三〕人事之紀，別嫌疑，明是非〔五四〕，定猶豫，善善惡惡，賢賢賤不肖。」親近以來遠，因〔五五〕其國而容天下。名倫等物，不失其理。官本桉：「倫，他本誤作『何』。」公心以是非，賞善誅惡而王澤洽。始於除患，正一而萬物備。《太史公自序》：「萬物之聚散，皆在《春秋》。」故曰：大矣哉！其號兩言而管天下。官本桉：「號，他本作『別』。」管，鍵也。《荀子》：「聖人也者，道之管也。天下之道，管是矣。」此之謂也。

正貫第十一

《荀子》：「百王之無變，足以爲道貫。一廢一起，應之以貫，理貫不亂。不知貫，不知應變，貫之大體未嘗亡也。亂生其差，治盡其詳，故道之所善，中則可從，畸則不可爲。」注：「畸者，不偶〔五六〕之名，謂偏也。道之所善，得中則從，偏側則不可爲。」

《春秋》，大義之所本耶〔五七〕？《太史公自序》：「故《春秋》者，禮義之大宗也。」《孔子世家》：「《春秋》之義行，則天下亂臣賊子懼焉。孔子在位，聽訟文辭有可與人共者，弗獨有也。至于爲《春秋》，筆則筆，削則削，子夏之徒不能贊一辭。弟子受《春秋》，孔子曰：『後世知丘者，以《春秋》；而罪丘者，亦以《春秋》。』」六者之科，六者之指之謂也。然後援天端，隱元年疏：「天端，即春也，故《春秋說》云『以元之深，正天之端；以天之端，正王者之政』是也。」布流物，而貫通其理，則事變散其辭矣。故志得失之所從生，而後差貴賤之所始矣。論罪，源深淺，定法誅，然後絕屬之分別矣；立義，定尊卑之序，而後君臣之職明矣。《漢書·朱博傳》：「《春秋》之義，用貴治〔五八〕賤，不以卑臨尊。」載天下〔五九〕之賢盧本作「天」，王本作「定」。方，表謙義之所在，官本校：「謙，他本誤作『兼』。」則見復正焉耳。幽隱不相逾，而近之則密矣，而後萬變之應無窮者，故可施其用於人，而不悖其倫矣。是以必明其統於施之宜，故知其氣矣，然後能食其志也；知其聲矣，而後能扶其精也；知其行矣，而後能遂其形也；知其物矣，然後能別其情也。故唱〔六〇〕而民和之，《子虛賦》：「千人倡，萬人和。」師古曰：「『倡』讀曰『唱』。」動而民隨之。是知引其天性所好，而壓其情之所憎者也。如是，則言雖約，說必布矣；原注：「說，一作『德』。」事雖小，功必大矣。聲響盛化運於物，散入於理。德在天地，神明休集，并行而不竭，盈於四海而頌聲詠。官本校：「頌，他本誤作『訟』，無『聲』字。」〔六一〕《書》曰：「八音克諧，無相奪倫，神人以和。」乃是謂也〔六二〕。故明於情〔六三〕性，乃可與論爲政。不然，雖勞無功。夙夜無寤〔六四〕，思慮惓心，猶不能睹。故天下有罪〔六五〕者，三示當中孔子之所謂非，尚安知通哉！盧注：「文訛，難曉。」

十指第十二 何休《文謚例》，有「三科九旨」。旨者，意也。

《春秋》二百四十二年之文，天下之大，事變之博，無不有也。雖然，大略之要有十指。官本校：「他本無『之』〔六六〕字。」十指者，事之所繫也，官本校：「他本無『所』字。」王化之由得流也。舉事變，見有重焉，一指也；見事變之所至者，一指也；因其所以至者而治之，一指也；强幹弱枝，大本小末，一指也；別嫌疑，異同類，一指也；論賢才之義，別所長之能，一指也；親近來遠，同民所欲，一指也；承周文而反之質，一指也；《白虎通》：「《三正記》曰：『正朔〔六七〕三而改，文質再而復。』《大傳》曰：『王者一質一文，據天地之道。』」木生火，火爲夏，天之端，一指也；切譏刺〔六八〕之所罰，考變異之所加，天〔六九〕之端，一指也。《賢良策》：「故《春秋》之所譏，災害之所加也；《春秋》之所惡，怪異之所施也。書邦家之過，兼災異之變，以此見人之所爲，其美惡之極，乃與天地流通而往來相應。此亦言〔七〇〕天之一端也。」舉事變，見有重焉，則百姓安矣；見事變之所至者，則得失審矣；官本校：「則得，他本作『得則』。」因其所以至而治之，則事之本正矣；强幹弱枝，大本小末，則君臣之分明矣；東漢宋意諫寵二王：「《春秋》之義，諸父昆弟無所不臣，所以尊尊卑卑、强幹弱枝者也。陛下德業隆盛，當爲萬世典法，不宜以私恩損上下之序，失君〔七一〕臣之正。」別嫌疑，異同類，則是非著矣；論賢才之義，別所長之能，則百官序矣；承周文而反之質，則化所務立矣；親近來遠，同民所欲，則仁恩達矣。木生火，火爲夏，則陰陽四時之理，相受而次矣；「次」，一作「均」。切譏刺之所罰，考變異〔七二〕之所加，則天所欲爲行矣。統此而舉之，官本桉：「他本『行矣』下，有『切刺譏之』〔七三〕四字，無『統此』二字。」仁往而義來，德澤廣大，衍溢於四海，師古曰：「衍溢，言有餘也。」陰陽和調，萬物靡不得其理矣。説《春秋》者，凡用是矣。此其法也。

重政第十三《管子》：「政者，正也。正也者，所以正定萬物之命也。」

唯〔七四〕聖人能屬萬物於一而繫之元也，隱元年注：「故《春秋》以元之氣，正天之端；以天之端，正王之政；以王之政，正諸侯之即位；以諸侯之即位，正竟内之治。諸侯不上奉天〔七五〕之政，則不得即位，故先言『正月』而後言即位。政不由王出，則不得爲政，故先言『王』而後言『正月』也。王者不承天以制〔七六〕號令，則無法，故先言『春』而後言『王』。天不深正其元，則不能承〔七七〕其化，故先言『元』而後言『春』。五者同日并見，相須成體，乃天人之大本，萬物之所繫，不可不察也。」終不及本所從來而承之，不能遂其功。原注：「終，一作『故』。」是以《春秋》變一謂之「元」。「元」猶「原」也，其義以隨天地終始也。隱元年注：「變一爲元。元者，氣也，無形以起，有形以分，造起天地，天地之始也。」疏：「元爲氣之始，如水之有泉〔七八〕流之原。」故人唯有終始也，而生不必應四時之變，故元者爲萬物之本，隱元年注：「明王者當繼天奉元，養成萬物。」而人之元在焉。安在乎？乃在乎天地之前〔七九〕。官本桉：「他本無『前』字。」上「乎」字，王本作「之」，下「在」字作「存」。故人雖生天氣及奉天氣者，不得與天元本、天元命而共違其所爲也。故「春正月」者，承天地之所爲也，繼天之所爲而終之也，其道相與共功持業，安容言乃天地之元？官本桉：「乃，他本作『及』。」天地之元，奚爲於此？惡施於人？大其貫承意之理矣。盧注：

「惡，讀曰『烏』。」能説鳥獸之類者，非聖人所欲説也。官本校：「他本無『欲』字。」聖人所欲説，在於説仁義而理之，知其分科條别，貫所附，明其義之所審，勿使嫌疑，是乃聖人之所貴而已矣。不然，傳於衆辭，觀於衆物，説不急之言而以惑後進者，君子之所甚惡也。《荀子》：「無用之辯，不急之察，棄而不治。若夫君臣之義，父子之親，夫婦之别，則日切磋而不舍也。」奚以爲哉？聖人思慮，不厭晝日，繼之以夜，然後〔八〇〕萬物察者，仁義矣。由此言之，尚自爲得之哉？故曰：於乎！爲人師者，可無慎耶〔八一〕？夫義出於經，官本校：「他本『夫』下衍一『之』字。」經傳，大本也。《逸雅》：「經，徑也。如徑路，無所不通，可常用也。傳，傳也，以傳後人也。」《博物志》：「聖人制作曰經，賢人〔八二〕著述曰傳。」《孔叢子》：「經者，取其事〔八三〕常也。可常，則爲經矣。魯之史記曰《春秋經》，因以爲名焉。」棄營勞心也，苦志盡情，頭白齒落，《文王世子》疏：「年穀一熟而零落。人之年老，齒亦零落。」尚不合自録也哉？人始生，有大命，是其體也；有變命〔八四〕存其間者，其政也。官本校：「政，他本誤作『致』。」政不齊，則人〔八五〕有忿怒之志。若將施危難之中，而時有隨遭者，神明之所接，絶屬之符也。《孝經援神契》：「命有三科：有受命以保慶，有遭命以謫暴，有隨命以督行。」注：「受命，謂年壽也；遭命，謂行善而遇凶〔八六〕也；隨命，謂隨其善惡而報之。」亦有變其間，使之不齊如此，不可不省之。省之，則重政之本矣。撮以爲一，進義誅惡，絶之本而以其施，此與湯、武同而有異。官本校：「他本無『同』字。」湯、武用之治仁，官本校：「仁，他本作『往』。」故《春秋》明得失，差貴賤，本之天。王之所失天下者，使諸侯得以大亂之，説而後引而反之，哀十四年《傳》：「撥亂世，反之正〔八七〕，莫近諸《春秋》。」故曰博而明，切而深矣。官本校：「博，他本誤作『傳』。」

校勘記

〔一〕「興」，諸本并作「與」，據《四部叢刊》本《韓詩外傳》卷二改。

〔二〕「隧」，稿本、蜚雲閣本、彙函本、畿輔本、龍谿本并作「隧」，據《韓詩外傳》卷二、續經解本改。張校云：「《韓詩外傳》『隧』本作『墜』。」

〔三〕「消」，《國語》卷三韋注作「銷」。

〔四〕「無」，盧本奪。

〔五〕「霸主」，計臺本、殿本作「霸王」。

〔六〕「士」，與《公羊注疏》卷二十五同，續經解本誤作「土」。

〔七〕「耶」，計臺本、盧本作「邪」。

〔八〕「走」，殿本校無。

〔九〕「平生」，龍谿本作「平身」。

〔一〇〕「縣」，《水經注・淯水》承上文「鄧縣」言。

〔一一〕「潁川」，彙函本、續經解本、畿輔本作「潁川」，與《左傳正義》卷四同。

〔一二〕「成」，計臺本作「盛」。下「入成」「圍成」同。

〔一三〕「專」，續經解本在「命」字上。

〔一四〕「幽會」，計臺本、殿本、盧本作「幽之會」，殿本校云：「他本無『之』字。」

〔一五〕「十六年」，諸本并作「十八年」，據《公羊注疏》卷十一改。

〔一六〕「桓公」，計臺本、殿本、盧本并作「齊桓」。

〔一七〕「軻」，計臺本、殿本、盧本并作「柯」。

〔一八〕「幽通」，稿本、蜚雲閣本、彙函本、龍谿本、畿輔本并作「通幽」，據續經解本改。張校云：「『通幽』當作『幽通』。」

〔一九〕「前」，張校云：「《文選》注『前』下有『也』字。」

〔二〇〕「焉」，張校云：「《文選》注『焉』作『之』。」

〔二一〕「爽」，張校云：「《文選》注『爽』作『差』。」

〔二二〕「夫」，計臺本、殿本、盧本無。

〔二三〕「公」，計臺本、盧本無。

〔二四〕「致」，計臺本作「至」。

〔二五〕「患」，計臺本、殿本、盧本作「難」。

〔二六〕「十五年」，疑當作「五年」。此承昭公四年楚子滅厲言，「其明年，如晉」者，當指昭五年春「公如晉」、秋七月「公至自晉」言，非指昭十五年之「公如晉」也。

〔二七〕「沈」，稿本、蜚雲閣本、畿輔本、龍谿本并作「頓沈」，據《公羊注疏》卷二十四、彙函本、續經解本改。張校亦謂無「頓」字。

〔二八〕「卒之」，計臺本、殿本作「之卒」。

〔二九〕「旅」，稿本、蜚雲閣本、彙函本、畿輔本、龍谿本并作「族」，據《公羊注疏》卷十六、續經解本改。

〔三〇〕「卒之二年」，計臺本、殿本作「之卒年」，盧本校云：「舊本作『之卒年』，訛。」

〔三一〕「赴」，計臺本、殿本作「起」。

〔三二〕「十」，計臺本、殿本、盧本無，殿本校云：「他本作『四十五年』，誤。」

〔三三〕「夷儀」，《水經注》卷七下有「城」字。

〔三四〕「崔杼」，稿本、蜚雲閣本、彙函本作「崔抒」，據續經解本、畿輔本、龍谿本改。

〔三五〕「二十七年」，彙函本、續經解本作「二十九年」。

〔三六〕「叔孫」，《公羊注疏》卷二十一下有「豹」字。

〔三七〕「虛袁」，《漢書》卷三十作「許遠」。

〔三八〕「以」，殿本校云：「以，他本作『已』。」

〔三九〕「二年」，諸本并作「三年」，據《公羊注疏》卷十五改。

〔四〇〕「棐林」，計臺本、殿本作「蜚林」，殿本校云：「蜚，他本誤作『棐』。」盧本作「斐林」，校云：「見《公羊·宣元年》。《春秋》本或作『棐林』。案，文十三年《釋文》云：『斐，本又作棐。』是《公羊》本亦有作『棐林』者。一本作『蜚林』，訛。」

〔四一〕「斐林，晉地」，《左傳正義》卷二十一作「棐林，鄭地」。

〔四二〕「熒陽」，《左傳正義》卷二十一、續經解本作「滎陽」。張校云：「『晉宛陵，屬滎陽郡。『滎』誤作『熒』。」案，《釋文》云：「熒，本或作『滎』，非。」阮氏《校勘記》云：「『熒陽』『滎澤』字，古無從『水』者。」張校非。

〔四三〕「大梁」，稿本、蜚雲閣本、彙函本、龍谿本并作「太梁」，據續經解本、畿輔本改。

〔四四〕「宛縣」，《史記》卷四十四索隱作「宛陵」，集解引徐廣云：「林鄉在宛縣。」

〔四五〕「斐」，《公羊注疏》卷十五同，續經解本作「棐」。

〔四六〕「泮」，計臺本、殿本作「拔」。

〔四七〕「濕」，計臺本、殿本作「隰」。

〔四八〕「崖岸」，稿本、蜚雲閣本、彙函本、畿輔本、龍谿本并作「崖峰」，據《毛詩正義》卷三之三、續經解本改。張校云：「『崖峰』當作『崖岸』。」

〔四九〕「二年注」，諸本并脱，據引文補。張校云：「當標『隱二年注』。」

〔五〇〕「徧」，計臺本、殿本、盧本作「偏」。

〔五一〕「殺」，《太平御覽》卷三百四作「誅」。

〔五二〕「失」，殿本校云：「失，他本誤作『矣』。」

〔五三〕「辨」，蜚雲閣本、彙函本、畿輔本、龍谿本并作「辦」，據《史記》卷七十、稿本、續經解本改。

〔五四〕「是非」，續經解本誤作「事非」。

〔五五〕「因」，計臺本注云：「一作『自』。」殿本引原注同。

〔五六〕「偶」，諸本并作「偏」，據《荀子·天論篇》楊倞注改。張校云：「『不偏』當作『不偶』。」

〔五七〕「耶」，計臺本、盧本作「邪」。

〔五八〕「治」，諸本并作「制」，據《漢書》卷八十三改。張校云：「『制』當作『治』。」

〔五九〕「天下」，計臺本、殿本作「定下」。

〔六〇〕「唱」，盧本、畿輔本、龍谿本作「倡」。

〔六一〕「頌，他本誤作訟，無聲字」，殿本正文作「頌聲咏」，校云：「他本無『聲』字。」盧本正文作「訟咏」，校云：「『訟』與『頌』同。《大典》本作『頌聲咏』，周本同。」此合兩注爲一矣。

〔六二〕「也」，計臺本作「耶」。

〔六三〕「情」，殿本校云：「他本無『情』字。」

〔六四〕「無瘠」，計臺本作「是悟」，殿本、盧本作「是瘠」。

〔六五〕「天下有罪」，計臺本、殿本、盧本作「天下有非」，殿本校云：「下，他本作『不』。非，他本作『罪』。」

〔六六〕「之」，稿本作「知」。

〔六七〕「正朔」，續經解本誤作「王朔」。

〔六八〕「譏刺」，計臺本、殿本、盧本作「刺譏」。下「切譏刺之所罰」同。

〔六九〕「天」，殿本校云：「天，他本作『人』。」

〔七〇〕「此亦言」，諸本并作「此言言」，據《漢書》卷五十六改。

〔七一〕「君」，續經解本作「者」。

〔七二〕「變異」，計臺本、殿本作「異變」。

〔七三〕「切刺譏之」，稿本、續經解本作「切譏刺之」，蜚雲閣本、彙函本、畿輔本、龍谿本誤作「切譏次之」，據殿本改。

〔七四〕「唯」，殿本作「惟」。

〔七五〕「奉天」，張校云：「據隱元年注，『奉天』各本皆作『奉王』。」

〔七六〕「制」，續經解本作「致」。

〔七七〕「承」，張校云：「『承』字，各本俱作『成』。」

〔七八〕「泉」，《公羊注疏》卷一重「泉」字。張校云：「各本俱作『如水有泉，泉流之原』，凌氏脱『泉』字。」

〔七九〕「安在乎乃在乎天地之前」，計臺本、殿本作「安在之乃存乎天地之前」。盧校云：「舊作『安在之乃存乎天地之前』，今從趙校改。」

〔八〇〕「然後」，計臺本作「所後」。

〔八一〕「耶」，計臺本、盧本作「邪」。

〔八二〕「賢人」，《博物志》卷六作「賢者」。

〔八三〕「事」，諸本并作「可」，據《孔叢子·執節篇》改。

〔八四〕「有變命」，殿本校云：「此下，他本複衍『有變命』三字。」

〔八五〕「人」，殿本校云：「他本無『人』字。」

〔八六〕「凶」，彙函本作「日」，續經解本作「惡」。

〔八七〕「反之正」，張校云：「各本俱作『反諸正』。」

春秋繁露卷六

服制象〔一〕第十四

天地之生萬物也以養人，故其可食者以養身體，其可威者以爲容服，官本校：「食，他本誤作『適』。」禮之所爲興也。官本校：「禮，他本誤作『體』。」劍之在左，青龍之象也；刀之在右，白虎之象也；鉤之在前，赤鳥之象也；「鉤」，盧注改作「韍」，以爲舊本訛作「鉤」，據《黄氏日鈔》〔二〕。非也。桉，《詩泛歷樞》：「古者劍在左，刀在右，鉤在前。」冠之在首，玄武之象也。《月令章句》：「天官五獸之於五事也：左有蒼龍，大辰之貌；右有白虎，大梁之文；前有朱雀，鶉火之體；後有玄武，龜蛇之質；中有大角，軒轅、麒麟之信。」《後漢書》注：「玄武，謂龜蛇。位在北方，故曰玄；身有鱗甲，故曰武。」四者，人之盛飾也。夫能通古今，別然不然，乃能服此也。《玉篇》：「《傳》曰：『通古今，辨然不〔三〕，謂之士。』」原注：「一作『通古別今〔四〕，然後能服此也』。」蓋玄武者，貌之最嚴，有威者也。其象在右，原注：「一作『後』。」附桉，作「後」是。其服反居首，武之至而不用矣。聖人之所以超然，官本校：「他本無『之』字。」雖欲從之，末由也已。夫執介冑而後能拒敵者，鄭注：「介，甲也。」故非聖人之所貴也。君子顯之於服，而武勇〔五〕者消其志於貌也矣。故文德爲貴，而威武爲下，此天下之所以永全也。

於《春秋》，何以言之？孔父義形於色，而奸臣不敢容邪；虞有宫之奇，而獻公爲之不寐；晉厲之强，中國以寢尸流血不已。盧注：「中國，國中也。」師古曰：「寢，卧也。《詩》：『或寢之牀。』」故武王克殷，裨冕而搢笏，虎賁之士説劍，原注：「搢，一作『晉』；説，一作『税』。」〔六〕《樂記》鄭注：「裨冕，衣裨衣而冠冕也。裨衣，衮之屬也。搢，猶插也。」《釋名》：「笏，忽也。君有教命、所啓白，則書其上，備忽忘也。」《廣韻》：「手板，品官所執。天子以玉，諸侯以象，大夫魚須文竹，士木。」《禮記》鄭注：「賁，憤怒也。」孔安國曰：「若虎賁獸，言其甚猛。」師古曰：「賁，讀與『奔』同，言如猛獸之奔。」説，吐活反。安在勇猛必任武殺然後威？是以君子所服爲上矣，故望之儼然者，亦已至哉，官本桉：「哉，他本〔七〕作『矣』。」豈可不察乎？

二端第十五

《春秋》至意，有二端。不本〔八〕二端之所從起，亦未可與論災異也，小大微著之分也。夫覽求微細於無端之處，誠知小之爲大也，「爲」上當有「將」字。微之將爲著也。吉凶未形，聖人所獨立也。雖欲從之，末由也已，此之謂也。故王者受命，改正朔，不順數而往，必迎來而受之者，授受之義也。故聖人能繫心於微，而致之著也。師古曰：「致，謂引而至也。著，謂明表也。」是故《春秋》之道，以元〔九〕之深，正天之端；以天之端，正王之政；以王之政〔一〇〕，正諸侯之位。五者俱正，而化大行。然書日蝕、星隕、有蜮、《廣韻》：「蟲名，短狐，狀如鼈，含砂〔一一〕射人，久則爲害。生南方。《説文》云：『有三足，以氣射害人。』《玄中記》云：『長三四寸，蟾蜍、鸑鷟、鴛鴦悉食之。』」山崩、地震、夏大雨水、冬大雨雪、隕霜不殺草、自正月不雨至於秋七月、有鸜鵒來巢，《春秋》異之，以此見悖亂之徵。是小者不得大，微者不得著，雖甚末，原注：「一作『其本末〔一二〕』。」亦一端。官本按：「他本無『一』字。」孔子以此效之，吾所以貴微重始是也。官本按：「他本脱『微』字。」因惡夫推災異之象於前，然後圖安危禍亂於後者，非《春秋》之所甚貴也。官本按：「他本脱『貴』字。」然而《春秋》舉之以爲一端者，亦欲其省天譴而畏天威，内動於心志，外見於事情，修身審己，明善心以反道者也，豈非貴微重始、慎終推效者哉？

符瑞第十六

《春秋演孔圖》：「孔胸文曰：『制作定，世符運〔一三〕。』」《孝經援神契》〔一四〕：「麟，中央也。軒轅，大角獸也。孔子修《春秋》者，修禮以致其子，故麟來爲孔子瑞。」

有非力之所能致而自致〔一五〕者，西狩獲麟，受命之符是也。《對策》〔一六〕：「天之所大奉使之王者，必有非人力所能致而自至者，此受命之符也〔一七〕。」然後托乎《春秋》正、不正之間，而明改制之義〔一八〕；哀十四年〔一九〕疏：「孔子未得天命之時，未有制作之意，故但領緣舊經，以濟當時而已。既獲麟之后，見端門之書，知天命己制作，以俟後王，于是選理典籍，欲爲撥亂之道，以爲《春秋》者，賞善罰惡〔二〇〕之書。若欲治世，反歸于正道，莫近于《春秋》之義。」《詩》疏：「孔子之時，所以致麟者，自爲制作之應，非化洽所致。」一統乎天子，而加憂於天下之憂也。務除天下所患，官本按：「務除，他本作『除務』，脱『患』字。」而欲以上通五帝，下極三王，《風俗通》曰：「黄帝、顓頊、帝嚳、帝堯、帝舜，是五帝也。」《三王》：「《禮號謚記》説：夏禹、殷湯、周武王，是三王也。」以通百王之道，《白虎通》：「王者所以存二王之後，何也？所以尊先王，通天下之三統也。明天下非一家之有，謹敬謙讓之至也。」而隨天之終始。博得失之效，而考命象之爲，官本按：「考，他本誤作『攻』。」極理以盡情性之宜，則天容遂矣。官本按：「矣，他本誤作『以』。」百官同望異路，一之者〔二一〕在主，率之者在相。末三句，疑錯簡在此〔二二〕。

俞序第十七師古曰：「俞，答也。」

仲尼之作《春秋》也，《釋文》：「尼，女持反。仲尼，取象尼丘山。又音『夷』，字作『尼』，古『夷』〔一三〕字也。《援神契》云：『蟲也。』」《孝經》疏：「稱仲尼者，安昌侯張禹説曰〔一四〕：『仲者，中也；尼者，和也。言孔子有中和之德，故曰仲尼。』」上探正天端，原注：「探，一作『深』。」王公之位，萬民之所欲，官本校：「他本『萬』下有『物』字。」原注：「欲，一作『始』。」下明得失，起賢才，以待〔一五〕後聖。哀十四年《傳》：「制《春秋》之義，以俟後聖。」故引史記，隱元年疏：「閔因《序》云：『昔孔子受端門之命，制《春秋》之義，使子夏等十四人求周史記，得百二十國寶書，九月經立。』」理往事，正是非，師古曰：「是非，謂本其得失。」序〔一六〕王公。「序」，王本誤作「也」字。史記十二公之間，皆衰世之事，故門人惑。孔子曰：「吾因其行事，而加乎王心焉。」原注：「一無『曰吾』字。」《白虎通》：「問曰：異説并行，則弟子疑焉。孔子有言：『吾聞：擇其善者而從之，多見而識之也。知之，次也。』『文、武之道，未墜於地。』『天之將喪斯文也，樂亦在其中矣。』」鄭玄《六藝論》云：「孔子既西狩獲麟，自號素王，爲後世受命之君制明王之法。」盧欽《公羊序》云：「孔子自因魯史記而修《春秋》，制素王之道。」以爲見之空言，不如行事博深切明。官本校：「他本脱『明』字。」《太史公自序》：「子曰：『我欲載之空言，不如見之於行事之深切著明也。』」故子貢、閔子、公肩子言其切而爲國家賢也。官本校：「『賢』，他本作『資』。」《史記》：「端木賜，衛人，字子貢。」公肩子定，字子中。唐贈新田伯，宋大觀中，補贈梁父侯。《説苑》公扈子曰：「有國者，不可以不學《春秋》。生而尊者驕，生而富者傲；生而富貴，又無鑑而自得者，鮮矣。《春秋》，國之鑑也。」其爲切，而至於殺君亡國，「殺」當作「弑」。奔走不得保社稷。其所以然，是皆不明於道，不覽於《春秋》也。故衛子夏言：「有國家者，不可不學《春秋》。」《孝經説》云：「孔子曰：『《孝經》屬參，《春秋》屬商。』」《論語讖》曰：「子夏六十四人，共撰仲尼微言。」《春秋説題辭》：「孔子作《春秋》一萬八千字，九月而書成，以授游、夏之徒，游、夏之徒不能改一字。」《史記》：「卜商，字子夏。」《家語》云：「衛人。」不學《春秋》，則無以見前後旁側之危，《太史公自序》：「故有國者，不可以不知《春秋》，前有讒而弗見，後有賊而不知。」則不知國之大柄，君之重任也。官本桉：「之，他本作『子』。」故或脅窮失國，擒〔二七〕殺於位，一朝至爾。「擒」，王本誤作「撦」，盧本作「掩」。苟能述《春秋》之法，致行其道，豈徒除禍哉？乃堯、舜之德也。哀十四年《傳》：「其諸君子樂道〔二八〕堯、舜之道與？」疏：「言孔子德合於堯、舜，是以愛而慕之，乃作《春秋》，與其志相似也。」故世子曰：「功及子孫，光輝百世，聖王之道〔二九〕，莫美於恕。」官本桉：「恕，他本作『世』。」盧注：「《漢·藝文志》有《世子》二十一篇。名碩，七十子之弟子。此所引，即其人也。」桉，王充《論衡》：「周人世碩以爲，人性有善有惡，在所養焉，作《養書》一篇。宓子賤、漆雕開、公孫尼子之徒，亦論性情，與世子相出入，皆言性有善有惡。」據此，則世子周人，而《藝文志》注作陳人。師古曰：「恕，仁也。恕己之心，以度於物。」故予先言《春秋》詳己而略人，因其國而容天下。《春秋》之道，大得之則以王，小得之則以霸。故曾子、子石《仲尼弟子列傳》：「公孫龍，字子石，少孔子五十三歲。」注：「鄭玄曰楚人，《家語》云衛人，《孟子》注云趙人。」盛美齊侯安諸侯、尊天子，霸王之道皆本於仁。仁，天心，故次以天心。愛人之大者，莫大於思患而豫防之，故蔡得意於吳，魯得意於齊，而《春秋》皆不告，故次以言怨人不可邇，官本桉：「邇，他本作『通』。」敵國不可狎，攘竊之國不可使久親，皆防患、爲民除患之意也。不愛民之漸，乃至於死亡，故言楚靈王、晉厲公生弑於位，不仁之所致也。故善宋襄公不厄人：不由其道而勝，不如由其道而敗。《春秋》貴之，將以變習俗而成王化也。太史公曰：「襄公既敗于泓〔三〇〕，而君子或以爲多，傷中國闕禮義，褒之也。宋襄之有禮讓也。」故子夏言《春秋》重人，官本桉：「他本脱『子』字。」諸譏皆本此。

或奢侈使人憤怨，或暴虐賊害人，終皆禍及身。故子池言魯莊築臺、丹楹、刻桷，莊二十三年、二十四年。晉厲之刑刻意者，李奇曰：「其用法深刻至骨。」皆不得以壽終。上奢侈，刑又急，皆不内恕，師古曰：「恕，仁也。以仁愛爲心，内省〔三一〕己志，施之爲人也。」求備於人，故次以《春秋》緣人情，赦小過，而《傳》明之曰：「君子辭也。」桓十八年《傳》：「君子辭也。」孔子明得失，見成敗，疾時〔三二〕世之不仁，失王道之體，故緣人情〔三三〕，官本按：「他本脱『道之』以下七字，誤衍下文〔三四〕『孔子曰吾因行事』七字。」今校正。赦小過，《傳》又明之曰：「君子辭也。」孔子曰：「吾因行事，加吾王心焉。」假其位號以正人倫，因其成敗以明順逆，故其所善，則桓、文行之而遂；其所惡，則亂國行之，終以敗。故始言大惡，殺當作「弑」。君、亡國，終言赦小過，是亦始於麤糲〔三五〕，《後漢・伏湛〔三六〕傳》：「乃共食麤糲。」注：「糲，麤米也。《九章算術》曰：『粟五十，糲率三十。』一斛粟，得六斗米，爲糲也。」終於精微，教化流行，德澤大洽，天下之人人有士君子之行而少過矣，亦譏二名之意也。隱元年注：「於所傳聞之世，見治起於衰亂之中，用心尚麤觕，故内其國而外諸夏，先詳内而後治外，録大略小；内小惡書，外小惡不書；大國有大夫，小國略稱人；内離會書，外離會不書是也。於所聞之世，見治升平，内諸夏而外夷狄，書外離會，小國有大夫，宣十一年『秋，晉侯會狄於攢函』、襄二十三年『邾婁鼻我來奔』是也。至所見之世，著治太平，夷狄進至於爵，天下遠近小大若一，用心尤深而詳，故崇仁義，譏二名，晉魏曼多、仲孫何忌是也。」

離合根第十八

天高其位而下其施，藏其形而見其光。高其位，所以爲尊也；下其施，所以爲仁也；藏其形，所以爲神；見其光，所以爲明。故位尊而施仁、藏神而見光者，天之行也。故爲人主者，法天之行。是故内深藏，所以爲神；外博觀，所以爲明也；任群賢，所以爲受成；乃不自勞於事，所以爲尊也；泛愛群生，不以喜怒賞罰，所以爲仁也。故爲人主者，以無爲〔三七〕爲道，以不私爲寶。立無爲之位而乘備具之官〔三八〕，足不自動而相者導進，《釋文》：「導，引也。」口不自言而擯者贊辭，《禮器》：「故禮有擯詔，樂有相步。」注：「擯詔，告道賓主者也。相步，扶工也。」心不自慮而群臣效當，故莫見其爲之而功成矣。此人主所以法天之行也。爲人臣者，法地之道，暴其形、出其情以示人，高下、險易、堅耎、剛柔、肥臞、美惡，累可就財也。官本桉：「耎，他本誤作『災』〔三九〕。」《司馬遷傳》：「僕雖怯耎。」注：「師古曰：『耎，柔弱也。』」原注：「一無『累』字。」桉，「財」與「裁」通。故其形宜不宜，可得而財也。爲人臣者，比地貴信而悉見其情於主，主亦得而財之，故王道威而不失。爲人臣，常竭情悉力而見其短長，原注：「短，一作『所』。」使主上得而器使之，而猶地之竭竟其情也，故其形宜可得而財也。原注：「一無『形』字。」

立元神第十九

君人者，國之元，發言動作，萬物之樞機。樞機之發，榮辱之端也。《周易·繫辭》：「樞機之發，榮辱之主也。」鄭注：「樞，户樞也。機，弩牙也。户樞之發，或明或暗；弩牙之發，或中或否，以喻君子之心，或榮或辱。」失之豪釐〔四〇〕，《太史公自序》：「故《易》曰：『差以豪釐，謬以千里〔四一〕。』」駟不及追。《論語》子貢曰：「惜乎！夫子之説君子也。駟不及舌。」故爲人君者，謹本詳始，敬小慎微，志如死灰，形如委衣，安精養神，寂莫無爲。《莊子》：「何居乎？形固可使爲槁木，而心固可死灰乎〔四二〕？」注：「死灰、槁木，取其寂寞無情耳。」休形無見影，掩聲無出響，虚心下士，觀來察往。謀於衆賢，考求衆人，得其心，偏見其情；官本桉：「偏，他本作『徧』。」察其好惡，以參忠佞；考其往行，驗之於今；計其蓄積〔四三〕，受於先賢；釋其讎怨，視其所爭；差其黨族，所依爲臬。原注：「一作『宗』。」據位治人，用何〔四四〕爲名？原注：「一作『明』。」累日積久，何功不成？可以内參外，可以小占大，必知其實，是謂開闔。君人者，國之本也。申明「謹本詳始」。夫爲國，其化莫大於崇本。崇本，則君化若神；官本校：「他本無下『崇本』二字。」不崇本，則君無以兼人。無以兼人，雖峻刑重誅，師古曰：「峻，謂峭刻也。」而民不從，是所謂驅國而棄之者也，患孰甚焉？何謂本？曰：天、地、人，萬物之本也。天生之，地養之，人成之。天生之以孝悌，地養之以衣食，人成之以禮樂。三者相爲手足，合以成體，不可一無也。無孝悌，則亡其所以生；無衣食，則亡其所以養；無禮樂，則亡其所以成也。三者皆亡，則民如麋鹿，《字林》：「麋，鹿屬也，以冬至日解角。」各從其欲，家自爲俗，父不能使子，君不能使臣。雖有城郭，名曰虚邑。如此者，其君枕塊而僵，《釋文》：「鄭玄云：『木在首曰枕。』」《國語》：「野人舉〔四五〕塊以與之。」注：「塊，墣也。」《國策》注：「僵，僨也。」莫之危而自危，莫之喪而自亡，是謂自然之罰。自然之罰至，裹〔四六〕襲石室，分障險阻，猶不能逃之也。《淮南子》：「昔者師曠奏《白雪》之音，而神物爲之下降，風雨暴至；平公癃病，晉國赤地；庶女叫天，雷霆〔四七〕下擊，景公臺隕，支體傷折，海水大出。夫瞽師、庶女，位賤尚葈，權輕飛羽，然而專精勵〔四八〕意，委務積神，上通九天，激厲至精。由此觀之，上天之誅也，雖在曠〔四九〕虚幽間，遼遠隱匿，重襲石室，界障險阻，無所逃之〔五〇〕，亦明矣。」明主賢君，必於其信，是故肅慎三本：郊祀致敬，共事祖禰，官本校：「共，他本誤作『其』。」《公羊》舊説：「禰」字「示」傍「爾」，言雖可入廟是神示，猶是最近於己，故曰「禰」。舉顯孝悌，表異孝行，所以奉天本也；秉耒躬耕，《月令》疏：「耒者，以木爲之，長六尺六寸，底長尺有一寸〔五一〕；中央直者三尺有三寸，句者二尺有二寸。底，謂耒下嚮前曲，接耜者頭而著耜。耜，金、鐵爲之。」采桑親蠶，墾草殖穀，開闢以足衣食，所以奉地本也；立辟廱庠序，《北堂書鈔》〔五二〕：「《禮統》：『周天子曰辟雍，諸侯曰泮宮。鄉曰庠，里曰序。』是其制也。」修孝悌敬讓，明以教化，官本校：「他本誤作『以明』。」感以禮樂，所以奉〔五三〕人本也。《大戴禮》：「禮有三本：天地者，性之本也；先祖者，類之本也；君師者，治之本也。無天地，焉生？無先祖，焉出？無君師，焉治？三者偏亡〔五四〕，無安之人。故禮：上事天，下事地，宗祀先祖而寵君師〔五五〕，是禮之三本也。」三者皆奉，則民如子弟，不敢自專；邦如父母，不待恩而愛，不須嚴而使。雖野居露宿，《國策》注：「在野曰露。」厚於宮室。如是者，其君安枕而卧，莫之助而自强，莫之綏而自安，是謂自然之賞。自然之賞至，雖退讓委國而去，《曲禮》疏：「應進而遷曰退，應受而推曰讓。」百姓襁負其子，隨而君之，君亦不得離也。故以德爲國者，甘於飴蜜，固於膠漆。顔師古《急就章》注：「以糵消米，取汁而煎之，渜弱者爲飴。」《周禮》：「鹿膠青白，馬膠赤白，牛膠赤〔五六〕，鼠膠黑，魚膠餌，犀膠黄。」崔豹《古今注》曰：「漆樹，以鋼斧斫其皮，以竹管承之，汁滴，則漆也。」是以聖賢勉而崇本，而不敢失也。君人者，國之證也，申明「謀於衆美」。不可先倡，感而後應。故居倡之位，而不得行倡之勢；《索隱》曰：「倡，謂先也。」不居和之職，而以和爲德；常盡其下，故能爲之上也。體國之道〔五七〕，在於尊神。尊者，所以奉其政也；神者，所以就其化也。故不尊不畏，不神不化。夫欲爲尊者，在於任賢；欲爲神者，在於同心。賢者備股肱，則君尊嚴而國安；同心相承，則變化若神。莫見其所爲而功德成，是謂尊神也。

天積衆精以自剛，《淮南子》：「天地之襲精爲陰陽，陰陽之專精爲四時，四時之散精爲萬物。積陽之熱氣生火，火氣之精者爲日；積陰之寒氣爲水，水氣之精者爲月；日月之淫爲精者，爲星辰。」聖人積衆賢以自强；天序日月星辰以自光，聖人序爵禄以自明。天所以剛者，非一精之力；聖人所以强者，非一賢之德也。故天道務盛其精，聖人務衆其賢。盛其精而壹其陽，《廣韻》：「壹，專壹。」衆其賢而同其心。壹其陽，然後可以致其神；同其心，然後可以致其功。是以建制〔五八〕之術，貴得賢而同心。爲人君者，其要貴神。神者，不可得而視也，不可得而聽也，是故視而不見其形，聽而不聞其聲。聲之不聞，故莫得其嚮；不見其形，故莫得其影。莫得其影，則無以曲直也；莫得其嚮，則無以清濁也。無以曲直，則其功不可得而敗；無以清濁，則其名不可得而度也。所謂「不見其形」者，非不見其進止之形也，言其所以進止不可得而見也；所謂「不聞其聲」者，非不聞其號令之聲也，言其所以號令不可得而聞也。不見、不聞，是謂冥昏。能冥則明，能昏則彰。能冥、能昏，是謂神人。君貴居冥而明其位，處陰而向陽；惡人見其情，而欲知人之心。是故爲人君者，執無源之慮，行無端之事，以不求奪，以不問問。原注：「一作『聞』。」〔五九〕吾以不求奪，則我利矣；彼以不出出，則彼費矣。官本校：「上『出』，他本誤作『見』。」吾以不問問，則我神矣；彼以不對對，則彼情矣。故終日問之，彼不知其所對；終日奪之，彼不知其所出。吾則以明，而彼不知其所亡。故人臣居陽而爲陰，人君居陰而爲陽。陰道尚形而露情，陽道無端而貴神。

保位權第二十

民無所好，君無以權也；民無所惡，君無以畏也。無以權，無以畏，則君無以禁制也。無以禁制，則比肩齊勢而無以爲貴矣。《鬻子》：「賢士千里而有一人，則猶比肩也。」《物理論》：「在金石曰堅，在草木曰緊，在人曰賢。千里一賢，謂之比肩。」故聖人之治國也，因天地之性情，孔竅之所利，以立尊卑之制，以等貴賤之差。原注：「等，一作『異』。」師古曰：「差，次也。」設官府爵禄，利五味，盛五色，調五音〔六〇〕，以誘其耳目，自令清濁昭然殊體，《索隱》曰：「蔡邕曰：『凡絃，以緩急爲清濁。琴，緊其絃則清，緩〔六一〕其絃則濁。』」清濁者，言琴之聲也。榮辱踔然相駁，以感動其心。務致民，令有所好〔六二〕。有所好，然後可得而勸〔六三〕也，故設賞以勸之。有所好，必有所惡。官本校：「他本衍一『必』字。」有所惡，然後可得而畏也，故設法〔六四〕以畏之。既有所勸，又有所畏，然後可得而制。制之者，制其所好，《淮南子》：「故先王之制法也，因民之所好而爲之節文者也。因其好色而制昏姻之禮，故男女有別；因其喜音而正《雅》《頌》之聲，故風俗不流；因其寧家室、樂妻子，教之以順，故父子有親；因其喜朋友而教之以悌，故長幼有序。然後修朝聘以明貴賤，饗飲習射以明長幼，時搜振旅以習用兵也，入學庠序以修人倫。此皆人之所有於性，而聖人之所匠成也。」是以勸賞而不得多也；制其所惡，是以畏法〔六五〕而不得過也。官本校：「得，他本作『可』。」所好多則作福，所惡多〔六六〕則作威。作威，則君亡權，天下相怨；作福，則君亡德，天下相賊。故聖人之制民，使之有欲，官本校：「民使，他本作『使民』。」不得過節；使之敦朴，不得無欲。無欲、有欲，各得以足，而君道得矣。國之所以爲國者，德也；君之所以爲君者，威也。故德不可共，威不可分。德共則失恩，威分則失權。失權則君賤矣〔六七〕，失恩則民散矣。民散則國亂，君賤則臣叛。是故爲人君者，固守其德，以附其民；固執其權，以正其臣。聲有順逆，必有清濁；形有善惡，必有曲直。故聖人聞其聲，則別其清濁；見其形，則異其曲直。於濁之中，必見〔六八〕其清；於清之中，必見其濁；官本校：「見，他本作『知』。」〔六九〕於曲之中，必知其直；於直之中，必知其曲。於聲，無小〔七〇〕而不取；王本「無小」誤作「之中」。於形〔七一〕，無小而不舉。不以著蔽微，不以衆掩寡。各應其事，以致其報，黑白分明，然後民知所去就。民知所去就〔七二〕，然後可以致治，是爲象則〔七三〕。爲人君者，居無爲之位，行不言之教，《道德經》：「是以聖人處無爲之事，行不言之教。」寂而無聲，静而無形，執一無端，爲國源泉。因國以爲身，因臣以爲心；以臣言爲聲，以臣事爲形。有聲必有響，有形必有影。《列子》：「《黄帝書》曰：『形動，不生形而生影；聲動，不生聲而生響。』」聲出於内，響報於外；形立於上，影應於下。響有清濁，影有曲直。響所報，非一聲也；影所應，非一形也。故爲君虚心静處，聰聽其響，明視其影，官本校：「影，他本作『形』。」以行賞罰之象。其行〔七四〕賞罰也，響清，則生清者榮；響濁，則生濁者辱；影正，則生正者進；影枉，則生枉者絀。東漢劉愷議：「是猶濁其源而望流清，曲其形而欲影直，不可得也。」擥名考質，以參其實。官本校：「擥，他本作『責』。」《廣韻》：「擥，手擥取。」參，倉含切。賞不空行〔七五〕，罰不虚出。隱三年注：「明君桉見勞授賞，則衆譽不能進無功；桉見惡行誅，則衆讒不能退無罪。」是以群臣分職而治，各敬而事，「而」猶「乃」也。争進其功，顯廣其名，而人君得載其中。此自然致力之術也。官本校：「術，他本誤作『樹』。」聖人由之，故功出於臣，名歸於君也。

校勘記

〔一〕「象」，計臺本、殿本、盧本目録同，卷内作「像」。

〔二〕「鈎，盧注改」云云，稿本注云：「盧校：『軷即瞂，蔽膝也。舊本訛作鈎，今以《黄氏日鈔》校改。』」

〔三〕「辨然不」，稿本作「辨不然」，續經解本作「辯然不」。張校云：「《玉篇》作『辯不然』。」

〔四〕「别今」，諸本并作「作今」，據計臺本、殿本改。

〔五〕「武勇」，計臺本、殿本、盧本作「勇武」。

〔六〕「原注」云云，計臺本、殿本、盧本無。

〔七〕「他本」，彙函本作「他哉」。

〔八〕「本」，諸本并作「分」，據計臺本、殿本、盧改。

〔九〕「元」，殿本作「無」，校云：「無，他本作『元』。」

〔一〇〕「以王之政」，殿本校云：「原本無『以王之政』四字。」

〔一一〕「砂」，彙函本、續經解本、畿輔本、龍谿本并作「沙」，據稿本、《廣韻·二十五德》「蟘」字注改。

〔一二〕「本末」，殿本、續經解本作「本未」。

〔一三〕「運」，諸本奪，據《白孔六帖》卷三十、《太平御覽》卷三百七十一補。

〔一四〕「孝經援神契」，與《玉函山房輯佚書》本同，《禮記正義》卷二十二引《異義》，以爲《左氏》說。

〔一五〕「自致」，盧本、續經解本作「自至」。

〔一六〕「對策」，稿本作「賢良策臣聞」。張校云：「此注與上卷《十指篇》注所引『賢良策』，皆董仲舒《賢良策對》語，標目宜畫一。」

〔一七〕「受命之符也」，稿本下有「天下之人，同心歸之若父母，故天瑞應誠而至」。

〔一八〕「正不正之間而明改制之義」，稿本奪。

〔一九〕「哀十四年」，稿本、韮雲閣本、彙函本、畿輔本、龍谿本并誤作「隱十四年」，據《公羊注疏》卷二十八、續經解本改。張校云：「『隱』當作『哀』。」

〔二〇〕「罰惡」，稿本、韮雲閣本、彙函本、畿輔本、龍谿本并作「罰罪」，據《公羊注疏》卷二十八、續經解本改。張校云：「按哀十四年疏，『罪』本作『惡』。」

〔二一〕「一之者」，計臺本作「壹之上」。

〔二二〕「末三句，疑錯簡在此」，盧校云：「錢云：末三句，不知何篇之文，脱在此。」

〔二三〕「夷」，《經典釋文》卷二十三同。張校云：「古『夷』字，本作『𡰥』。」

〔二四〕「稱仲尼者，安昌侯張禹説曰」，張校云：「《孝經》疏無此語，凌氏未知何據。」案，此本《孝經注疏》卷一「而劉瓛述張禹之義，以爲」云云爲説，張校非是。

〔二五〕「待」，彙函本作「得」。

〔二六〕「序」，計臺本、殿本、盧本作「見」，殿本校云：「見，他本作『也』。」

〔二七〕「擒」，計臺本、殿本、盧本并作「掩」。

〔二八〕「道」，諸本并奪，據《公羊注疏》卷二十八補。

〔二九〕「道」，計臺本、殿本、盧本作「德」。

〔三〇〕「泓」，彙函本、畿輔本諱作「□」。

〔三一〕「省」，諸本并作「有」，據《漢書》卷六十改。

〔三二〕「時」，計臺本注云：「一無『時』字。」殿本引原注同。

〔三三〕「緣人情」，諸本誤作「因行事」，據計臺本、殿本、盧本改。

〔三四〕「下文」，諸本奪，據殿本校語補。

〔三五〕「麤糲」，與殿本、凌氏《群書答問》卷下所引同，計臺本、盧本、續經解本作「麤粗」。盧校云：「别本作『麤糲』，非也。今從周本。」

〔三六〕「湛」，稿本、蜚雲閣本、彙函本、畿輔本、龍谿本并作「堪」，據續經解本、《後漢書》卷五十六改。

張校云：「『伏堪』當作『伏湛』。」

〔三七〕「無爲」，計臺本作「奈何」，疑誤。

〔三八〕「之官」，殿本校云：「之官，他本誤作『官之』。」

〔三九〕「災」，諸本并作「要」，據殿本改。

〔四〇〕「豪釐」，計臺本、殿本、畿輔本、續經解本作「毫釐」。

〔四一〕「差以豪釐，謬以千里」，畿輔本、龍谿本「豪釐」作「毫釐」，《史記》卷一百三十作「失之豪釐，差以千里」，集解引徐廣曰：「一云『差以毫釐』，一云『繆以千里』。」

〔四二〕「形固可使爲槁木而心固可死灰乎」，張校云：「按《莊子》，『使爲』本作『使如』，『死灰』上有『使如』二字。」

〔四三〕「蓄積」，計臺本作「畜積」。

〔四四〕「何」，計臺本注：「一作『苛』。」殿本引原注同。

〔四五〕「舉」，諸本并作「枕」，據《國語》卷十改。

〔四六〕「裹」，殿本校云：「裹，他本誤作『裹』。」

〔四七〕「雷霆」，張校云：「《淮南子》作『雷電』。」

〔四八〕「勵」，《淮南子・覽冥訓》作「厲」。

〔四九〕「曠」，張校云：「《淮南子》『曠』本作『壙』。」

〔五〇〕「無所逃之」，張校云：「《淮南子》『無所』上，有『其』字。」

〔五一〕「底長尺有一寸」，張校云：「《周禮・車人》：『爲耒，庛長尺有一寸。』注：『鄭司農云：「庛」讀爲「其頯有疵」之「疵」。』玄謂『疵』讀爲『棘刺』之『刺』。《釋文》依注，音『刺』，七賜反。《月令》疏作『底長尺有一寸』，『底長』爲『庛長』之訛無疑。各家校勘皆未及核正，凌氏仍沿舊本之誤。」

〔五二〕「北堂書鈔」，疑當作「太平御覽」。引文見《太平御覽》卷五百三十四，《書鈔》未引。

〔五三〕「奉」，計臺本作「表」。

〔五四〕「三者偏亡」，與《大戴禮·禮三本》同，續經解本下有「焉」字。

〔五五〕「宗祀先祖而寵君師」，彙函本作「宗祖先祖而寵君師」，續經解本、《荀子·禮論篇》作「尊先祖而隆君師」，《大戴禮記·禮三本》作「宗事先祖而寵君師」。

〔五六〕「赤」，張校云：「《周禮》作『牛膠火赤』。」

〔五七〕「體國之道」以下，諸本合上爲一節，計臺本、殿本、盧本并提行。

〔五八〕「制」，計臺本、殿本、盧本作「治」。

〔五九〕「原注一作聞」，計臺本、殿本、盧本無。

〔六〇〕「五音」，計臺本、殿本、盧本作「五聲」，殿本校云：「聲，他本作『音』。」

〔六一〕「緩」，《史記》卷四十六作「縵」。

〔六二〕「有所好」，殿本校云：「『好』字下，他本衍一『必』字。」今諸本置「有所好，必有所惡」句下。

〔六三〕「勸」，計臺本作「動」，疑誤。

〔六四〕「設法」，計臺本、殿本、盧本并作「設罰」。

〔六五〕「畏法」，計臺本、殿本、盧本作「畏罰」。

〔六六〕「多」，計臺本、殿本、盧本作「過」，殿本校云：「過，他本作『多』。」

〔六七〕「矣」，計臺本、殿本、盧本并無。

〔六八〕「必見」，計臺本、殿本、盧本作「必知」。

〔六九〕「官本按：見，他本作知」，乃誤置也。計臺本、殿本、盧本「必見其清」「必見其濁」二「見」字并作「知」，其下無案語；下「必知其直」「必知其曲」二「知」，計臺本、殿本、盧本均作「見」，殿本各有案語「見，他本作『知』」。

〔七〇〕「無小」，計臺本、殿本、盧本并作「無細」，殿本校云：「『無細』二字，他本誤作『之中』。」

〔七一〕「形」，計臺本作「行」，疑誤。

〔七二〕「民知所去就」，稿本奪。

〔七三〕「則」，計臺本注云：「一作『副』。」殿本引原注同。

〔七四〕「其行」，蜚雲閣本、畿輔本、龍谿本并作「其形」，據計臺本、殿本、盧本、稿本、彙函本、續經解本改。

〔七五〕「空行」，計臺本、殿本、盧本并作「空施」，殿本校云：「施，他本作『行』。」

春秋繁露卷七

考功名第二十一

《潛夫論》：「凡南面之大務，莫急於知賢；知賢之近途，莫急於考功。功誠考，則治亂暴而明。善惡信，則直賢不得見障蔽，而佞巧不得竄其奸矣。」

考績之法，考其所積也。《尚書·舜典》：「三載考績，三考，黜陟幽明。」《尚書大傳》：「積不善至于幽，六極以類降，故黜之；積善至于明，五福以類相生，故陟之。」天道積聚衆精以爲光，聖人積聚衆善以爲功。《廣韵》：「功，績也。《説文》曰：『以勞定國曰功。』」故日月之明，非一精之光也；《説文通論》：「在天者，莫明于日月，故于文，『日』『月』爲『明』〔一〕。」聖人致太平，非一善之功也。明所從生，不可爲源；善所從出，不可爲端。量勢立權，因事制義。故聖人之爲天下興利也，其猶春氣之生草也，各因其生小大而量其多少；其爲天下除害也，若川瀆之寫〔二〕於海也，《釋名》：「川，穿也，穿地而流也。天下大水四，謂之四瀆，江、河、淮、濟是也。瀆，獨〔三〕也，各獨出其所而入海也。海，晦也，主〔四〕承穢濁，其水黑如晦也。」桉，「瀉」，據《黃氏日鈔》作「寫」。各順其勢〔五〕，傾側而制於南北。故異孔而同歸，《管子》：「利出一孔。」「孔」訓爲「道」。殊施而鈞德，其趣於興利除害，一也。是以興利之要，在於致之，不在於多少；除害之要，在於去之，不在於南北。考績黜陟〔六〕，隱五年注：「《春秋》撥亂世，以黜陟爲本。」計事除廢，原注：「一作『費』。」有益者謂之公，《韓非・五蠹》曰：「蒼頡之作書也，自環者謂之私，背私謂之公。」《説文》云：「自營爲厶，背厶爲公。」無益者爲之煩。擥官本桉：「他本作『掔』。」名責實，不得虛言。有功者賞，有罪者罰；功盛者賞顯，罪多者罰重。《傅子》：「治國有二柄：一曰賞，二曰罰。賞者，政之大德也；罰者，政之大威也。人所以畏天地者，以其能生而殺之也。爲治，審持二柄，能使生殺不妄，則〔七〕威德與天地并矣。」不能致功，雖有賢名，不予之賞；官職不廢，師古曰：「職，常也。謂常業也〔八〕。」雖有愚名，不予〔九〕之罰。賞罰用於實，不用於名；賢愚在於質，不在於文。《白虎通》：「諸侯所以考黜，何？王者所以勉賢抑惡，重民之至也。」《潛夫論》：「古者諸侯貢士，一適謂之好德，再適謂之尚賢，三適謂之有功，則加之賞；其不貢士也，一則黜爵〔一〇〕，再則黜地，三黜則爵、土俱畢。附下罔〔一一〕上者刑，與聞國政而無益於民者斥，在上位而不能進賢者逐。其受事而重選舉，審名〔一二〕實而取賞罰也如此，故能别賢愚而獲多士，成教化而安民氓。」故是非不能混，原注：「一作『詐奇不能枉』。」喜怒不能傾，奸軌不能弄，原注：「一作『筭』〔一三〕。」師古曰：「『軌』與『宄』同。」萬物各得其冥〔一四〕，原注：「一作『貴』，非。」則百官勸職，争進其功。

考試之法：大者緩，小者急；貴者舒，而賤者促。諸侯月試其國，州伯時試其部，四試而一考。諸侯一歲三考，州伯一歲一考。天子歲試天下，三試而一考，天子三歲一考。前後三考而絀陟，《白虎通》：「所以三歲一考績，何？三年有成，故于是賞有功，黜不肖。」《索隱》曰：「絀，音『黜』，黜退而後之也。」命之曰計。《周禮・大宰》：「八曰官計。」鄭司農云：「官計，謂三年則大計群吏之治而誅賞之。」《宰夫》疏：「計者，筭法〔一五〕。乘除之名，出於此也。」考試之法，合其爵禄〔一六〕，《白虎通》：「爵者，盡也。各量其職，盡其才也。」服虔曰：「爵，醮也，所以醮盡其才〔一七〕也。」《王制》疏：「禄者，穀也。故鄭注《司禄》云：『「禄」之言「穀」。年穀豐，乃後制禄。』《援神契》云：『禄者，録也。』《白虎通》云：『禄者，録也。上以收録接下，下以名録，謹以事上。』是也。」并其秩，積其日，陳其實，計功量罪，以多除少，東漢朱勃上書訟馬援：「臣聞：《春秋》之義，罪以功除。」以爲名定實，先内弟〔一八〕之。校，「弟」，古「第」字。王本誤作「定」。其先比二，三分以爲上、中、下，以考進退，官本校，「以，他本誤移在『然後』二字下。」然後外集。通名曰進退，增減多少，有率爲弟〔一九〕。句。九分，三三列之，亦有上、中、下，以爲一最〔二〇〕，五爲中，九爲殿。《漢書・宣帝紀》：「丞相、御史課殿最以聞。」注：「師古曰：凡言『殿最』者，殿，後也〔二一〕；最，凡要之首也，課居先也。『殿』，音丁見反。」《唐六典》：「四善爲上上，一最、三善爲上中，一最、二善爲上下，無最、有二善爲中上，無最、有一善爲中中，職事粗理、善最不聞爲中下，愛憎任情、處斷乖理爲下上，背公向私、職務廢缺爲下中，居官諂詐、貪濁有狀爲下下。」有餘歸之於中，中而上者有得，《尚書大傳》：「《堯典》：一適謂之攸好德，再適謂之賢賢，三適謂之有功。」注：「適，猶『得』〔二二〕也。」中而下者有負〔二三〕。案，《漢書》注：「晉灼曰：令、丞、尉治一縣，崇教化、亡犯法者，輒遷。有盜賊，滿三日不覺者，則尉事也。令覺之，自除二，尉負其二。率相準如此法。」作「負」字是，作「員」非。得少者以一益之，至於四；負多者以四減〔二四〕之，至於一，皆逆行。三四十二而成於計，得滿計者絀陟之。次次每計，各逐其弟，以通來數。官本校：「逐，他本作『遂』。」初次再計，次次四計，各不失故弟，而亦滿計絀陟之。

初次再計，謂上弟二也。次次四計，謂上弟三也。九年爲一弟，二得九，并去其六，爲置三弟；六六得等，爲置二，并中者，得三盡去之；并三三計，得六，并得一計，得六：此爲四計也。絀者亦然。江都鄧文學立誠曰：「考試之法，大者緩，小者急；貴者舒，賤者促。以漢法況之，縣課丞尉，郡課縣，州課郡，公卿課群吏。縣之課丞尉也，令長於秋冬歲盡，各計縣户口、墾田、錢穀入出、盜賊多少，上其集簿。丞尉以下，歲詣郡課校。

其功多、尤爲最者，於廷尉勞勉之，以勸其後；負多、尤爲殿者，於後曹別責，以糾怠慢；諸對詞窮尤困，收主者掾史，關白太守，使取法丞尉縛責以明下，轉相督敕〔二五〕，爲民除害。其郡守課縣，秋冬遣無害吏，案訊諸囚，平其罪法〔二六〕，論課殿最。歲盡，遣吏上計。州刺史課郡國，以六條問事，常以八月巡行所部郡國，録囚徒，考殿最。御史中丞總領州郡奏事，課第諸刺史；丞相典天下誅討賜奪，天子受相國之安。其有日食、星變，諸陰陽不和，丞相不勝任，使者奉敕書，駕騩駱馬，即時布衣出府，免爲庶人。又按，試，若『丞相設四科之辟，以博選異德名士，稱才量能，皆試以能信，然後官之』之試，此即《對策》所謂『使諸〔二七〕列侯、郡守、二千石，各擇〔二八〕其吏民之賢者，歲貢各二人，以給宿衛；毋以日月爲功，實試賢能爲上』者也。」

通國身第二十二

《潛夫論》：「是故養壽之士，先病服藥；養世之君，先亂任賢，是以身常安而國脉永也。上醫醫國，其次下醫醫疾。夫人治國，故〔二九〕治身之象。疾者，身之病；亂者，國之病也。身之病，待醫而愈；國之亂，待賢而治。治身，有黄帝之術；治世，有孔子之經。」

氣之清者爲精，人之清者爲賢。治身者，以積精爲寶；治國者，以積賢爲道。身以心爲本，國以君爲主。精積於其本，則血氣相承受；賢積於其主，則上下相制使。血氣相承受，則形體無所苦；上下相制使，則百官各得其所。形體無所苦，然後身可得而安也；百官各得其所，然後國可得而守也。夫欲致精者，必虛静其形；欲致賢者，必卑謙其身。形静志虛者，精氣之所趣也；謙尊自卑者，仁賢之所事也。故治身者，務執虛静以致精；治國者，務盡卑謙以致賢。能致精，則合明而壽〔三〇〕；能致賢，則德澤洽而國太平。

三代改制質文第二十三

《賢良策》：「三王之道，所祖不同，非其相反，將以救溢扶衰，所遭之變然也。」又，「故王者有改制之名，亡變道之實，然夏上忠、殷上敬〔三一〕、周上文者，所繼之，救當用此也。」《啖助傳》：「言孔子修《春秋》意，以爲夏政忠，忠之弊野，商人承之以敬；敬之弊鬼，周人承之以文；文之弊僿，救僿莫若忠〔三二〕。夫文者，忠之末也。設教于本，其弊且末。設教于末，弊將奈何〔三三〕？武王、周公，承商之弊，不得已用之。周公没，莫知所以改，故其弊甚於二代。孔子傷之〔三四〕，曰：『虞、夏之道，寡怨于民；商、周之道〔三五〕，不勝其弊。』故曰〔三六〕：『後代雖有作者，虞帝不可及已。』蓋〔三七〕言唐、虞之化，難行于季世，而夏之忠，當變而致焉〔三八〕。故春秋以權輔用，以誠斷禮，而以忠道原情云〔三九〕。不拘空名，不尚狷介，從宜救亂，因時黜陟。古語云〔四〇〕：『商變夏，周變商，春秋變周。』而公羊子〔四一〕亦言：『樂道堯舜之道，以擬〔四二〕後聖。』知〔四三〕《春秋》用二帝三王法〔四四〕，以夏爲本，不一守周典，明矣〔四五〕。」

《春秋》曰：「王正月。」《傳》曰：「王者孰謂？謂文王也。官本校：「下『謂』字，他本誤移在『文王也』之下。」改正。曷爲先言『王』而後言『正月』？王正月也。」隱元年《經》：「元年春，王正月。」《傳》：「王者孰謂？謂文王也。曷爲先言『王』而後言『正月』？王正月也。何言乎『王正月』？大一統也。」何以謂之『王正月』？曰：王者必受命而後王。王者必改正朔，易服色，制禮樂，一統於天下，所以明易姓，非繼仁，「仁」當作「人」，聲之誤也。通以己受之於天也。王者受命而王，官本校：「他本無『者』字。」制此月以應變故，作科以奉天地，故謂之『王正月』也。隱元年注：「以上繫於王，知王者受命布政施教所制月也。王者受命，必徙居處，改正朔，易服色，殊徽號，變犧牲，異器械，明受之於天，不受之於人。」王者改制作科，奈何？曰：當十二色，歷各法而正色，逆數三而復。絀三之前曰五帝，《古今注》：「程雅問董仲舒：『自古何謂稱三皇、五帝？』對曰：『三皇，三才也；五帝，五常也。』」帝迭首一色，順數五而〔四六〕相復，禮樂各以其法，象其宜。《史記·趙世家》：「及至三王，隨時制法，因事制禮。法度、制令，各順其宜；衣服、器械，各便其用。故禮也不必一道，而便〔四七〕國不必古。聖人之興也，不相襲而王；夏、殷之衰也，不易禮而滅。」順數四而相復。咸作國號，遷宮邑，《小學紺珠》：「少昊都曲阜，顓頊都濮陽，帝嚳都亳，堯都冀，舜都蒲，夏都安邑，湯都亳，周都雍洛。」《白虎通》曰：「黄帝作宮室，以避寒暑。『宮』之言『中』也。」《世本》：「禹作宮。」易官名，制禮作樂。故湯受命而王〔四八〕，盧注：「王，舊本作『正』，誤。」應天變夏，作殷號，時正白統。親夏、故虞〔四九〕、絀唐，謂之帝堯，盧注：「舊本〔五〇〕作『故親夏虞』，今以下文『親周故宋』之例改轉。」以神農爲赤帝。作宮邑於下洛之陽，名相官曰尹。原注：「一作『名相曰宮尹』。」張編修曰：「此以下，闕殷制作樂之等與文王受命之事。」爵盧注：「『爵』字訛，當作『絀虞』二字。」謂之帝堯，以軒轅爲〔五一〕黄帝，推神農以爲九皇〔五二〕。作宮邑於豐，《詩·文王有聲》箋：「文王作邑於豐，立宮室。」桉，豐邑在豐水之西。《括地志》：「宮在雍州鄠縣東三十五里。」徐廣曰：「豐在京兆鄠縣東，有靈臺。」名相官曰宰〔五三〕，作《武》樂，制文禮以奉天。武王受命，作宮邑於鄗，《詩》：「宅是鎬京，維龜正之，武王成之。」《周本紀》注：「鎬在上林昆明北，有鎬池，去豐二十五里，皆在長安南。」制爵五等，作《象》樂，《象》舞，即《周頌·維清》章。毛《序》：「《維清》，奏《象》舞也。」箋：「《象》舞，象用兵時刺伐之舞，武王制焉。」繼文以奉天。周公輔成王受命，作宮邑〔五四〕於洛陽，成文、武之制，《水經注》：「洛陽，周公所營洛邑也，故《洛誥》曰：『我卜瀍水東，亦惟洛食。』其城方七百二十丈，南繫於洛水，北因於郟山，以爲天下之湊；方六百里，因西以千里〔五五〕。摯仲洽曰：『古之周南，今之洛陽。』」作《汋》樂以奉天。《釋文》：「酌，音『灼』，字亦作

「汋」。」《小序》：「《酌》，告成《大武》也。言能酌先祖之道，以養天下也。」殷湯之後稱邑，示天之變反命。故天子命無常，唯命是德慶。故《春秋》應天，作新王之事，隱元年注：「《春秋》托新王受命于魯。」時正黑統。王魯〔五六〕，盧注：「舊本『正』字、『王』字互易。」尚黑，絀夏，親周〔五七〕，故宋。隱元年疏：「何氏作《文謚例》云：『三科九旨者，新周，故宋，以《春秋》當新王。』此一科三旨也。」莊二十七年〔五八〕注：「杞，夏后。不稱公者，《春秋》黜杞，新周而故宋，以《春秋》當新王。」《史記·孔子世家》：「乃因史記作《春秋》，上至隱公，下訖哀公十四年，十二公，據魯，親周，故殷，運之三代。」《樂動聲儀》：「先魯後殷，新周故宋。然宋，商俗也。」樂宜親《招》武，《索隱》《五帝本紀》：「招，音『韶』，即舜樂《簫韶》。九成，故曰《九韶》。」武進劉庶常逢禄曰：「武，當作『舞』，音近而訛。」故以虞録親，樂制宜商，合伯、子、男爲一等。《白虎通》：「殷爵三等，謂公、侯、伯也。所以合子、男從伯者，何？王者受命，改文從質，無虚退人之義，故上就伯也。」然則其略説奈何？曰：三正，以黑統初。正日、月、朔於營室，斗建寅。《禮記·月令》：「孟春之月，日在營室。」注：「孟春者，日月會于娵訾，而斗建寅之辰也。」天統氣始通化物，物見萌達，其色黑。《白虎通·三正記》曰：「十三月之時，萬物始達，孚甲而出，皆黑，人得加功，故夏爲人正，色尚黑。」故朝正服黑，首服藻黑，官本校：「黑，他本誤作『首』。」正路輿質黑，馬黑，《明堂位》：「夏后氏駱馬，黑鬣。」大節綬〔五九〕幘劉庶常曰：「綬，他本誤作『緌』。節，符節。」董巴《輿服志》曰：「古者君佩玉，尊卑有序。及秦，以采組連結于璲，謂之綬。漢承秦制，用而弗改。」《後漢·輿服志下》：「千石、六百石，黑綬三采。」又，「自黑綬以下，縌〔六〇〕、繸皆長三尺，與綬同采，而首半之。」應劭《漢官》曰：「綬長一丈二尺，法十二月；廣三尺，法天、地、人也。」《後漢·輿服志》：「幘者，賾也，頭首嚴賾也。」注：「《獨斷》曰：『幘，古者卑賤執事不冠者之所服也。』董仲舒《止雨書》曰：『執事者皆赤幘。』知不冠者之所服也。」《方言》曰：「覆髻謂之幘〔六一〕。」尚黑，旗黑，大寶玉黑，《禮稽命徵》：「天命以黑，故夏有玄珪。」郊牲黑；《明堂位》：「夏后氏牲尚黑。」

犧牲角卵。冠于阼〔六二〕，《冠義》：「適子冠于阼，以著代也。」注：「東序少北，近主位也。」昏禮逆于庭，隱二年注：「夏后氏逆于庭。」喪禮殯于東階之上。《檀弓》：「夏后氏殯于東階之上。」祭牲黑牡〔六三〕，《檀弓》：「夏后氏尚黑，大事：斂用昏，戎事乘驪，牲用玄。」薦尚肝，《郊特牲》注：「殷祭肝。」桉，夏祭心，「尚肝」，誤。樂器黑質。法不刑有懷任、新産者，是月不殺。王者養微，故懷任、新産之月，雖有罪，法所不刑。聽〔六四〕朔，《玉藻》曰：「天子玄冕〔六五〕而朝日于東門之外，聽朔于南門之外。」廢刑發德，官本桉：「發，他本誤作『法』。下同。」具存二王之後也。親赤統，故日分平明，平明朝正。《尚書大傳》：「夏以平旦爲朔。」正白統，奈何？曰：正白統者，歷正日、月、朔于虚，斗建丑。《月令》：「季冬之月，日在婺女。」注：「季冬者，日、月會于玄枵，而斗建丑之辰也。」天統氣始蜕化物，物始芽，其色白，《白虎通》：「《三正記》曰：『十二月之時，萬物始牙而白。白者，陰氣，故殷爲地正，色尚白。』」故朝正服白，首服藻白，正路輿質白，《殷本紀》孔子曰：「殷路車爲善，而色尚白。」馬白，《明堂位》：「殷人白馬黑首。」大節綏幘尚白，旗白，《明堂位》：「殷之大白。」《鄭志》答趙商：「白者，殷之正色。王即戎，或命將，或勞師，不自親將，故建先王之正色，異于親自將也。」大寶玉白，郊牲白，《明堂位》：「牲白牡。」〔六六〕犧牲角繭。冠于堂，昏禮逆于堂，隱二年〔六七〕注：「殷人逆于堂。」喪事殯于楹柱之間。《檀弓》：「殷人殯于兩楹之間。」祭牲白牡，《檀弓》：「殷人尚白，大事：斂用日中，戎事乘翰，牲用白。」薦尚肺，《郊特牲》注：「周祭肺。」桉，殷祭肝。「尚肺」，誤。樂器白質。法不刑有身懷任，《高帝紀》：「已而有娠。」注：「孟康曰：『《漢史》「身」多作「娠」，古今字也。』師古曰：『《漢書》皆以「娠」爲任身字。』」是月〔六八〕不殺。聽朔，廢刑發德，具存二王之後也。親黑統，故日分鳴晨，鳴晨〔六九〕朝正。《尚書大傳》：「殷以鷄鳴爲朔。」盧注：「下『鳴晨』，舊本倒。」正赤統，奈何？曰：正赤統者，盧注：「此下有脱，當云『歷正日、月、朔于牽牛，斗建子。天統氣始施化物，物始動〔七〇〕，其色赤，故朝正服赤，首服藻赤〔七一〕，正路輿質赤，馬赤』，補四十字，據《尚書大傳》及《白虎通》之文。」大節綬幘尚赤，旗赤，《明堂位》：「周之大赤。」大寶玉赤，郊牲騂，《檀弓》：「周人尚赤，大事：斂用日出，戎事乘騵，牲用騂。」犧牲〔七二〕角栗。「栗」，王本誤作「粟」。《王制》：「祭天地之牛，角繭栗。」冠于房，昏禮逆于户，隱二年注：「周人逆于户。」喪禮殯于西階之上。《檀弓》：「周人殯于西階之上。」祭牲騂牡，薦尚心，《郊特牲》注：「夏祭心。」桉，周祭肺。「尚心」，誤。樂器赤質。法不刑有身，重懷藏以養微，是月不殺。聽朔，廢刑發德，具存二王之後也。親白統，故日分夜半，夜半朝正。《尚書大傳》：「周以夜半爲朔。」改正之義，奉元而起。古之王者，受命而王，改制、稱號、正月，服色定，然後郊告天地及群神，官本桉：「神，他本作『臣』。」近遠〔七三〕祖禰，然後布天下。諸侯廟受，以告社稷、宗廟、山川，桓二年《注》：「質家右宗廟，上親親；文家右社稷，上尊尊。」然後感應一其司。三統之變，近夷遐〔七四〕方無有，生煞「殺」同。者獨中國。然而三代改正，必以三統天下，曰：三統五端，化四方之本也。天始廢始施，地必待中，是故三代必居中國，法天奉本，執端要，以統天下、朝諸侯也。是以朝正之義，天子純統色衣，沈孝廉曰：「《士昏禮》：『女從者畢袗玄。』《左傳·僖五年》：『均服振振。』《續漢書·輿服志》：『郊祀之服，皆以袀玄。』鄭所謂『上下皆玄』，杜所謂『上下同服』，此云『朝正之義』，又云『明乎天統』，以漢人言漢制，則爲『袀玄』，明矣。『天子純統色衣』，此『統』字不可解。蓋天色玄，循天統之義，則衣之色用天統，尚玄也。『統』字非誤，其文質爾。」諸侯統衣纏緣紐，大夫、士以冠參，近夷以綏〔七五〕，劉庶常曰：「『綏』，他本作『緌』。桉，《玉藻》：『緇布冠，繢緌，諸侯之冠也。』鄭注：『諸侯緇布冠，有緌，尊者飾也。』對上『大夫』言，故云『尊者』。」遐方各衣其服而朝，《漢書·韓安國傳》：「且自三代之盛，夷狄不與正朔服色，非盛不能制，彊弗能服也〔七六〕。以爲遠方絶地，不牧之民，不足煩中國也。」所以明乎天統之義也。其謂統三正者，曰：正者，正也。統致其氣，萬物皆應而正。統正，其餘皆正。凡歲之要，在正月也。法正之道，正本而末應，正內而外應。動作舉錯，靡不變化隨從，可謂法正也。
故君子曰：「武王其似〔七七〕正月矣。」《說苑》孔子曰：「文王似元年，武王似春王，周公似正月。」《春秋》曰：「杞
伯來朝。」王者之後稱公，杞何以稱伯？《春秋》上黜夏，下存〔七八〕周，以《春秋》當新王。莊二十七
年〔七九〕《經》：「杞伯來朝。」注：「杞，夏后。不稱公者，《春秋》黜杞，新周而故宋，以《春秋》當新王。黜而不稱侯者，方以子
貶，起伯爲黜。」《春秋》當新王者，奈何？曰：王者之法，必正號。絀王謂之帝，封其後以小國，使奉祀
之。下存二王之後以大國，使服其服，行其禮樂，稱客而朝。隱三年注：「王者封二王後，地方百里，爵稱公，
客待之而不臣也，《詩》云『有客宿宿，有客信信』是也。」故同時稱帝者五、稱王者三，所以昭五端〔八〇〕、通三統
也。隱三年《經》：「春王二月。」注：「二月、三月皆有『王』者，二月，殷之正月；三月，夏之正月也。王者存二王〔八一〕之後，
使統其正朔〔八二〕，服其服色，行其禮樂，所以尊先聖、通三統。師法之義，恭讓之禮，於是可得而觀之。」《尚書大傳》：「王者
存二代〔八三〕之後，與己爲三，所以通三統、立三正。」是故周〔八四〕人之王，盧注：「舊本缺『周』字，錢補。」尚「上」同。推
神農爲九皇，《書》釋文〔八五〕：「神農，炎帝也，姜姓，母曰女登。以火德王，三皇之二也。」《禮含文嘉》：「神者，信也；農
者，濃也。始作耒耜，教民耕種，美其衣〔八六〕食。德濃厚若神，故曰神農也。」而改號軒轅，謂之黃帝，《書》釋文：「黃
帝，軒轅也，姬姓，少典之子，母曰附寶。以土德王，三皇之三也。《史記》云：『姓公孫，名軒轅，一號有熊氏。』」因存帝顓
頊、《白虎通》：「謂之顓頊，何？顓者，專也；頊者，正也。能專正天人之道，故謂之顓頊也。」《書》釋文：「顓，音
『專』〔八七〕；頊，許玉反。顓頊，高陽氏，姬姓，黃帝之孫，昌意之子。母曰景僕，謂之女樞。以水德王，五帝之二也。」帝嚳、
《白虎通》：「謂之帝嚳者，何也？嚳者，極也。言其能施行，窮極道德也。」《書》釋文：「高辛，帝嚳也，姬姓。嚳，口毒反。母
名不見。以木德王，五帝之三也。」帝堯之帝號，《白虎通》：「謂之堯者，何？堯，猶嶢嶢也，至高之貌。清妙高遠，優

好〔八八〕博衍，衆聖之主，百王之長也。」《書》釋文：「唐，帝堯也，姓伊耆氏。堯初爲唐侯，後爲天子，都陶，故號陶唐氏。帝嚳之子，摯之弟，母曰慶都。以火德王，五帝之四也。」絀虞而號舜曰帝舜。《白虎通》：「謂之舜者，何？舜，猶僢僢也。言能推行堯道而行之。」《書》釋文：「虞，帝舜也，姓姚氏，國號有虞。顓頊六世孫，瞽瞍之子，母曰握登。以土德王，五帝之五也。」録五帝以小國，《釋文》：「孔安國云：『少昊、顓頊、高辛、唐、虞。』鄭玄有黄帝，無少昊，餘同。」下存禹之後於杞，《史記》：「封大禹之後于杞。」正義曰：「《括地志》云：『汴州雍丘縣，古杞國。周武王封禹後于杞，號東樓公。二十一代，爲楚所滅。』」存湯之後於宋，以方百里，爵稱〔八九〕公，《釋文》：「湯者，契所封之地名。成湯伐桀，王天下，遂以爲國號。」皆使服其服，行其禮樂，稱先王，客而朝。《春秋》作新王之事，變周之制，當正黑統。哀十四年注：「春言狩者，蓋據魯，變周之春以爲冬，去周之正而行夏之時。」而殷、周爲王者之後，絀夏，改號禹，謂之帝，盧注：「『帝』下，當又有一『禹』字。」《白虎通》：「夏者，大也，明當持守〔九〇〕大道。殷者，中也，明當爲中和之道也。周者，至也，密也，道德周密，無所不至也。」録其後以小國，故曰：「絀夏存周，以《春秋》當新王。」不以杞侯〔九一〕，盧注：「舊脱『杞』字，錢補。」弗同王者之後也。稱子又稱伯，何？見殊之小國也。僖二十三年〔九二〕《經》：「杞子卒。」注：「始見稱『伯』，卒獨稱『子』者，微弱，爲徐、莒所脅，不能死位。《春秋》：『伯、子、男，一也，辭無所貶。』貶稱『子』者，《春秋》絀杞不明，故以其一等貶之，明本非伯，乃公也。」黄帝之先謚，「黄」，謚也。在「帝」上，故曰「先謚」。《白虎通》：「黄帝，先『黄』後『帝』，何？古者順死生之稱，各持行，合而言之，美者在上。黄帝始制法度，得道之中，萬世不易。名『黄』，自然也。後世雖聖，莫能與同也。後世德〔九三〕與天同，亦得稱『帝』；不能立制作之時，故不得復稱『黄』也。」《風俗通》：「黄者，光也，厚也，中和之氣，德四季，與天地同功〔九四〕，故先『黄』以別之也。」四帝之後謚，何也？謚在「帝」下，故曰「後謚」。曰：帝號必存五，帝代首天之色。官本桉：「帝代，他本作『代帝』。」號至五而反。周人之王軒轅，直首天黃號，官本桉：「黃，他本作『皇』。」故曰「黃帝」云。帝號尊而謚卑，故四帝後謚也。帝，尊號也，録以小，何？曰：遠者號尊而地小，近者號卑而地大，親疏之義也。故王者有不易者，有再而復者，有三而復者，有四而復者，有五而復者，有九而復者，明此通天地、陰陽、四時、日月、星辰、山川、人倫。德侔天地者稱皇帝，《白虎通》：「《禮記·謚法》曰：『德象天地稱帝，仁義所生稱王。』帝者，天號；王者，五行之稱也。皇者，何謂也？亦號也。皇，君也，美也，大也，天之總美大稱也。時質，故總之也。號之爲皇者，煌煌，人莫違也。煩一夫、擾一士，以擾天下〔九五〕，不爲皇也。不擾匹夫匹婦，故爲皇號。言爲帝者，何？帝者，諦也，象可承也。」《七經義綱》：「孔子曰：『天子之德，感天地，洞八方。』以化合神者稱皇，德合天者稱帝，德合仁義者稱王。」天佑〔九六〕而子之，號稱天子。《白虎通》：「天子者，何？爵稱也。爵所以稱天子者，何？王者父天母地，爲天之子也。」故聖王生則稱天子，崩遷則存爲三王，絀滅則爲五帝，下至附庸，絀爲九皇，下極其爲民，有一謂之三代。故雖絶地、廟位，官本桉，「絶，他本誤作『純』。」祝牲猶列於郊號，宗於代宗。《封禪書》〔九七〕：「繼昭夏，崇號謚，略可道者，七十有二君。」故曰：聲名、魂魄施於虚，極壽無疆。《白虎通》：「魂魄者，何？魂猶伝伝也，行不休於外也，主於情；魄者，迫然著人，主於性也。魂者，芸也，情以除穢；魄者，白也，性以治内。」《釋文》：「疆，居良反，竟也。」何謂再而復、四而復？《春秋》鄭忽何以名？《春秋》曰：「伯、子、男，一也，辭無所貶。」桓十一年《傳》：「《春秋》伯、子、男，一也，辭無所貶。」注：「《春秋》改周之文，從殷之質，合伯、子、男爲一。一，辭無所貶，皆從子，夷狄進爵稱子是也。」何以爲一？曰：周爵五等，《春秋》三等。《春秋》何三等？「何」下當有「以」字。曰：王者以制，一商一夏，一質一文。商質者主天，夏文者主地，《春秋》者主人，故三等也。《白虎通》：「爵有五等，以法五行也。或三等者，法三光也。或法三光，或法五行，何？質家者據天，故法三光；文家者〔九八〕據地，故法五行。」《元命包》曰：「王者一質一文，據天地之道也。天質而地文。」主天，法商而王，其道佚陽，親親而多仁樸。官本按：「他本作『仁多樸』。」故立嗣予子，篤母弟，隱七年《經》：「齊侯使其弟年來聘。」《傳》：「其稱弟，何？母弟稱弟，母兄稱兄。」注：「分别同母者。《春秋》變周之文，從殷之質。質家親親，明當〔九九〕厚，異於群公子也。」妾以子貴。昏冠之禮，字子以父，别眇。《郊特牲》：「冠而字〔一〇〇〕之，敬其名也。」夫婦對坐而食，《士昏禮》：「布席于奥，贊告具，揖婦，即對筵，皆坐，皆祭。」《白虎通》：「夫婦者，何謂也？夫者，扶也，扶以人道者也；婦者，服也，服於家事，事人者也。」喪禮别葬。《檀弓》：「合葬，非古也。」祭禮先臊，《周禮·庖人〔一〇一〕》：「夏行腒鱐，膳膏臊。」注：「鄭司農云：『膏臊，豕膏也。』杜子春云：『膏臊，犬膏也。』」夫妻昭穆别位。制爵三等，禄士二品。制郊宫、《漢書·終軍傳》：「神明之敬，奉燔瘞於郊宫。」師古曰：「謂泰畤及后土。」明堂員，蔡邕《明堂議〔一〇二〕》：「其制度數，各有所法。堂方百四十四尺，《坤》之策也；屋圜，屋徑二百十六尺〔一〇三〕，《乾》之策也。太廟、明堂方三十六丈，通天屋徑九丈，陰陽九六之變也。圜蓋方載，六九之道也。八闥以象八卦，九室以象九州，十二宫以應辰。三十六户、七十二牖，以四户、八牖〔一〇四〕乘九室之數也。户皆外設而不閉，示天下不藏也。通天屋高八十一尺，黄鍾九九之實也。二十八柱列於四方，亦七宿之象也。堂高三丈，以應三統。四鄉五色者，象其行。外廣二十四丈，應一歲二十四氣也。四周以水，象四海。王者之大禮也。」其屋高嚴侈員，惟祭器員。玉厚九分，白藻五絲衣，制大上，首服嚴員。鸞輿尊蓋，法天列象，垂四鸞。《通考》：「有虞氏因彤車而制鸞車。」注：「鸞，有和鸞也。」《大戴禮》：「古之爲路車也，蓋圓以象天，二十八橑以象列星，軫方以象地，三十輻〔一〇五〕以象月。故仰則觀天文，俯則察地理，前視則睹鸞和之聲，側聽則觀四時之運，此巾車教之道也。」樂載鼓，《書鈔》：「鼓，所以檢樂，爲群音之長也。」桉，《商頌》：「猗與那與，置我鞉鼓。」傳：「夏后氏足鼓，殷人置鼓，周人縣鼓。」箋：「多其改夏之制，乃始植〔一〇六〕我殷家之樂，鞉與鼓也。」今董云「載鼓」「設鼓」「縣鼓」「程鼓」，見王者受命，必改樂器而異其制也。用錫〔一〇七〕

儛，錫舞，蓋干舞也。《通考》：「朱干，白金以飾其背，《記》曰『朱干設錫』是也。」儛溢員。官本桉：「他本脱下『儛』字。」桉，「溢」與「佾」同。《漢書·禮樂志》：「《郊祀歌》曰：『羅舞成八溢。』」先毛、血，《詩》：「執其鸞刀，以啓其毛，取其血膋。」箋：「毛以告純也，血以告殺。」《郊特牲》曰：「毛、血，告幽全之物，貴純之道也。」〔一〇八〕而後用聲。《祭統》：「夫祭有三重焉：獻之屬莫重於祼，聲莫重於升歌，舞莫重於《武宿夜》。此周道也。」正刑多隱，親儀多諱。盧注：「儀，蓋古『戚』字。」封禪於尚位。主地，法夏而王，其道進陰，尊尊而多義節〔一〇九〕。桉，王本作「節義」。故立嗣與〔一一〇〕孫，篤世子，《檀弓》注：「《周禮》：『適子死，立適孫爲後。』」妾不以子稱貴號。昏冠之禮，字子以母，別眇。夫婦同坐而食，喪禮合葬。祭禮先亨，官本桉：「他本脱『合葬』二字，衍一『喪』字，無『禮』字。」盧注：「亨，古『烹』字。」鄭康成曰：「煮於鑊曰亨。」婦從夫爲昭穆。制爵五等，禄士三品。制郊宮、明堂方，其屋卑污方，祭器方。玉厚八分，白藻四絲，衣制大下，首服卑退。官本桉：「大，他本誤作『天』。」鸞輿卑，法地周象載，垂二鸞。樂設鼓，用纖施儛，未詳。儛溢方。先亨〔一一一〕，而後用聲。正刑天法，封壇於下位。官本桉：「他本『於』字誤作『子』。」〔一一二〕主天〔一一三〕，法質而王，其道佚陽，親親而多質愛。故立嗣予子，篤母弟，妾以子貴。昏冠之禮，字子以父，別眇。夫婦對坐而食，喪禮別葬。祭禮先嘉疏，官本桉：「他本脱『別葬祭禮』四字，又誤於『嘉疏』下衍『夫別葬祭禮』五字。」《曲禮》：「稻曰嘉疏。」鄭注：「嘉，善也。稻，菰蔬之屬也。」夫婦昭穆別位。制爵三等，禄士二品。制郊宮、明堂，内員外橢，原注：「音『妥』。圓長曰橢。一作『隨』。」館〔一一四〕桉：「鄭康成《儀禮》注：『隋方曰篋。』賈疏云：『狹而長也。』又，筭〔一一五〕家有橢圓之術，凡非正方、正圓，通謂之橢也。」其屋如倚靡員橢，祭器橢。玉厚七分，原注：「一無『玉』字。」白藻三絲，衣長前衽，首服員轉。鸞輿尊蓋，備天列象，垂四鸞。樂程鼓，用羽籥儛〔一一六〕，《通考》：「《籥師》：『祭祀，鼓羽籥之舞。』《詩》

曰：『左手執籥，右手秉翟。』蓋籥所以爲聲，翟所以爲容也。」桉，翟羽可用爲儀。儛溢樇。先用玉聲，而後亨〔一一七〕。《詩》：「依我磬聲。」箋：「磬，玉磬也。堂下諸縣與諸管聲皆和平，不相奪倫，又與玉磬之聲相依，亦謂和平也。玉磬尊，故異言之。」《郊特牲》：「殷人尚聲，臭味未成，滌蕩其聲。樂三闋，然後出迎牲。聲音之號，所以詔告于天地之間也。」正刑多隱，親戲多赦。封壇於左位。主地〔一一八〕法文而王，其道進陰，尊尊而多禮文。故立嗣予孫，篤世子，妾不以子稱貴號。昏冠之禮，字子以母，别眇。夫婦同坐而食，喪禮合葬。《白虎通》：「合葬者，所以固夫婦之道也。故《詩》曰：『穀則異室，死則同穴。』」祭禮先秬鬯，婦從夫爲昭穆。制爵五等，禄士三品。制郊宫、明堂，内方外衡，其屋習而衡，官本桉：「而，他本作『其』。」祭器衡同，作秩機。官本桉：「秩，他本作『佚』。」玉厚六分，白藻三絲，衣長後衽，服首原注：「一無『首』字。」習而垂流。鸞輿卑，備地周象載，垂二鸞。樂縣鼓，《明堂位》：「周縣鼓。」《釋文》：「縣，音『玄』。」用《萬》儛，《通考》曰：「萬，入聲。《商頌》曰：『《萬》舞有奕。』何休釋《公羊》『《萬》舞』之説，以爲象武王以萬人伐紂。」宣八年《傳》：「《萬》者，何？干舞也。」注：「干，謂楯也。能爲人扞難而不使害人，故聖王貴之，以爲武樂。『萬』者，其篇名。」儛溢衡。先亨〔一一九〕，而後用樂。正刑文公，原注：「未詳。」官本〔一二〇〕桉：「他本復衍一『公』字。」桉，據上文，當作「天法」二字，然「天法」亦誤，似缺「多隱親戲」云云六字。封壇於左位。

四法修官本桉：「修，他本作『條』。」於所故，祖於先帝，故四法如四時然，盧注：「錢云：四法，即夫子〔一二一〕所以答顔淵者，王魯故也。其前當有脱文。」終而復始，窮則反本。四法之天施符，授聖人；王法則性命形乎先祖，大昭乎王君。故天將授舜，主天，法商而王，祖錫姓爲姚氏。至舜形體，大上而員首，而明有二童子，《五帝本紀》正義：「瞽瞍姓嬀，妻曰握登，見大虹，意感而生舜於姚墟，故姓姚。目重瞳子，故曰重華，字都君。龍顔，大口，黑色，身長六尺一寸。」《路史》：「舜長九尺，大上貟首。」性長於天文，《尚書考靈曜》：「通天文者明。」宋均注：「明於天道也。」純於孝慈。天將授禹，主地，法夏而王，祖錫姓爲姒氏。《五帝本紀》：「帝禹爲夏后而别氏，姓姒氏。」注：「《索隱》曰：『《禮緯》曰：「禹母修己吞薏苡而生禹，因姓姒氏。」』」《本行記》：「夏禹號夏后氏，黄帝玄孫，姓姒，名文命。」至於〔一二二〕生，發於背，《楚世家》注：「若夫前志所傳，修己背坼而生禹，簡狄破胸而生契，歷代久遠，莫足相證。近魏黄初五年，汝南屈雍妻王氏生男〔一二三〕，從右胳下水腹上出，而平和自若，數月創合，母子無恙。斯近世之信也〔一二四〕。天地之爲〔一二五〕，陰陽變化，安可守之一端，概以常理乎？」形體長，長足肵，疾行先左，隨以右，官本桉：「先，他本〔一二六〕誤作『光』。」《尚書大傳·略説》：「禹其跳。其跳者，踦也。」注：「其，發聲也。踦，步足不能相過也。」勞左佚右也。《釋文》：「佚，音『逸』。」性長於行，習地明水。《尚書刑德考》：「禹長於地理，水泉九州，得《括象圖》，故堯以爲司空。」天將授湯，主天，法質而王，祖錫姓爲子氏〔一二七〕。謂契母吞玄鳥卵生契，《五帝本紀》：「契爲商姓，子氏。」注：「而契姓，子氏者，亦以其母吞鳦子而生。」《本行記》：「商姓子。」契先發於胸，《帝王世紀》云：「簡狄剖背而生契。」性長於人倫。至湯，體長專小，盧注：「專，讀曰『團』。」足左扁而右便，《尚書大傳·略説》：「湯扁。扁者，枯也。」注：「言湯體半小而扁枯。」勞右佚左也。性長於天光，質易純仁。天將授文王，主地，法文而王，祖錫姓姬氏，《五帝本紀》：「棄爲周姓，姬氏。」《軒轅黄帝傳》：「周發，黄帝一十九代孫，姓姬。」謂后稷。《尚書》疏：「『后』訓『君』也。《國語》云：稷爲天官，單名爲『稷』。尊而君之，稱爲『后稷』。故《詩》傳、《孝經》皆以后稷爲言，非官稱『后』也。」母姜原，《韓詩内傳》〔一二八〕：「姜，姓；原，字。」或曰：姜原，謚號也。履天之跡而生后稷。后稷長於邰土，播田五穀。《周本紀》：「周后稷，名棄。其母有邰氏女，曰姜原，爲帝嚳元妃。姜原出野，見巨人跡，心忻然説，欲踐之。踐之而身動如孕者，居期而生子。」《五經異義》引齊、魯、韓《詩》説：「聖人皆無父，感天而生。」《郡縣志》：「故漦城，一名武功城，在京兆府武功縣西南二十二里，古邰國也。」至文王，形體博長，有四乳而大足，《帝王世紀》：「文王龍頭虎眉〔一二九〕，身長十尺，有四乳。」《雒書靈準聽》：「蒼帝姬昌，日角鳥鼻，長八尺二寸，聖智慈理也。」性長於地文勢。故帝使禹、皋論姓，知殷之德，陽德也，故以子爲姓；《三代世表》：「姓之曰子氏。子者，兹兹益大也。」知周之德，陰德也，故以姬爲姓。《三代世表》：「姓之曰姬氏。姬者，本也。」「殷之德」至「以姬爲姓」，見《樂稽耀嘉》。故殷王，改文，句。以男書子〔一三〇〕；照原注作「以男書子」，他本作「書始以男」。周王，以女書姬，故天道各以其類動。非聖人，孰能明之？

官制象天第二十四

《春秋元命包》：「立三台以爲三公，北斗九星爲九卿，二十七大夫，内宿衛部之列〔一三一〕，八十一紀，以爲元士。凡百二十官，下應十二子。」

王者制官，三公、九卿、《漢書·百官公卿表》：「周官則備矣。天官冢宰，地官司徒，春官宗伯，夏官司馬，秋官司寇，冬官司空，是爲六卿。太師、太傅、太保，是爲三公。蓋參天子，坐而議政，無不總統，故不以職〔一三二〕爲官名。又立三少爲之副：少師、少傅、少保，是爲孤卿，與六卿爲九焉。」二十七大夫、八十一元士，凡百二十人，而列臣備矣。吾聞聖王所取儀，金天之大經，三起而成，四轉而終。官制亦然者，此其儀與？音「餘」。三人而爲一選，儀於三月而爲一時也；四選而止，儀於四時而終也。三公者，王之所以自持也。天以三成之，王以三自持。立成數以爲植而四重之，其可以無失矣。備天數以參事治，謹於道之意也。此百二十臣者，皆先王之所與正直〔一三三〕而行也。是故天子自參以三公，官本桉：「他本無『是』字。」三公自參以九卿，九卿自參以三大夫，三大夫自參以三士。《白虎通》：「一公置三卿，故九卿也。天道莫不成於三：天有三光，日、月、星；地有三形，高、下、平；人有三尊，君、父、師。故一公，三卿佐之；一卿，三大夫佐之；一大夫，三元士佐之。天有三光，然後而能遍照。各自有三，法物成於三：有始，有中，有終，明天道而終之也。」三人爲選者，四重，自三之道以治天下，若天之四重，自三之時以終始歲也。一陽而三春，「春」，王本作「者」。非自三之時與？而天四重之，其數同矣。天有四時，時三月；王有四選，官本校：「有，他本作『者』。」選三臣。是故有孟、有仲、有季，一時之情也；官本校：「情，他本作『精』。」下同。有上、有下、有中，一選之情[一三四]也。三臣而爲一選，四選而止，人情盡矣。人之材固有四選，如天之時固有四變也。聖人爲一選，君子爲一選，善人爲一選，正人爲一選。由此而下者，不足選也。四選之中，各有節也，故[一三五]天選四堤，原注：「一作『堪』。」十二而人變盡矣。盡人之變，合之天，唯聖人者能之，《風俗通》曰：「聖者，聲也。言聞聲知情，故曰聖。」所以立王事也。何謂天之大經？三起而成日，三日而成規，三旬而成月，三月而成時，三時而成功。寒、暑與和，三而成物；日、月與星，三而成光；天、地與人，三而成德。由此觀之，三而一成，天之大經也，以此爲天制。是故禮三讓而成一節，官三人而成一選。三公爲一選，官本校：「三公，他本誤作『凡四』。」三卿爲一選，三大夫爲一選，三士爲一選。凡四選三臣，應天之制，凡四時之三月也。是故以其[一三六]三爲選，取諸天之經；其以四爲制，官本校：「原本作『四時爲制』。據文義，『時』字是衍文，今刪之。」取諸天之時；其以十二臣爲一條，取諸歲之度；其至十條而止，取之天端。何謂之天端[一三七]？曰：天有十端，十端而止已[一三八]。官本校：「他本作『止[一三九]而已』。」天爲一端，地爲一端，陰爲一端，陽爲一端，火爲一端，金爲一端，木爲一端，水爲一端，土爲一端，人爲一端。凡十端而畢，天之數也。天數畢於十，王者受十端於天，而一條之率。官本校：「他本衍一『條』字。他本

「率」作『畢』。」每條一端以十二時，如天之每終一歲以十二月也。十者，天之數也；十二者，歲之度也。用歲之度，條天之數，十二而天數畢。是故終十歲而用百二十月，官本校：「他本作『是終故』。『而』，他本誤作『百』。」條十端亦用百二十臣，以率被之，官本校：「他本『被』作『彼』。」皆合於天。其率三臣而成一慎，故八十一元士爲二十七慎，以持二十七大夫；二十七大夫爲九慎，而持九卿；九卿爲三慎，以持三公；三公爲一慎，以持天子。天子積四十慎，以爲四選。官本校：「他本脱『慎』字。」選十慎三臣，皆天數也。是故以四選率之，師古曰：「率，計也。」則選三十人，三四十二，百二十人，官本校：「『人』字，他本誤移在『百二十』上。」亦天數也；以十端四選，十端積四十慎，慎三臣，三四十二，官本校：「他本脱『三』字。」百二十人，亦天數也；以三公之勞率之，則公四十人，三四十二，百二十人，亦天數也。故散而名之爲百二十臣，選而賓之爲十二長。所以名之雖〔一四〇〕多，莫若謂之四選、十二長。然而分別率之，皆有所合，無不中天數者也。求天數之微，莫若於人。人之身有四肢，每肢有三節，三四十二，十二節相持而形體立矣；天有四時，每一時有三月，三四十二，十二月相受而歲數終矣；鄭注：「中數曰歲，朔數曰年。」官有四選，每一選有三人，三四十二，十二臣相參而事治行矣。以此見天之數，人之形，官之制，相參〔一四一〕相得也。人之與天，多此類者，而皆微忽，官本校：「他本無『而』字。」不可不察也。天地之理，分一歲之變以爲四時，四時亦天之四選也〔一四二〕。是故春者，少陽之選也；夏者，太陽之選也；秋者，少陰之選也；冬者，太陰之選也。四選之中，各有孟、仲、季，是選之中有選。故一歲之中有四時，一時之中有三長，天之節也。人生於天而體天之節，故亦有大小厚薄之變，官本校：「變，他本作『節』。」人之氣也。先王因人之氣，而分其變以爲四選，是故三公之位，聖人之選也；

三卿之位，君子之選也；三大夫之位，善人之選也；三士之位，正直之選也。分人之變以爲四選，選立三臣，如天之分歲之變以爲四時，時有三節也。天以四時之選，與十二節相和而成歲；「成」下，舊有「就」字，衍。王以四時〔一四三〕之選，與十二臣相砥礪而致極。盧注：「『臣』字，舊本脱，今校補。」砥，音「紙」，磨石也；礪，音「例」，砥石也。孔安國曰：「砥細于礪，皆磨石也。」師古曰：「砥礪者，蓋譬諸金鐵，磨利之也。細石曰砥，黑石曰礪。」道必極於其所至，然後能得天地之美也。

堯舜不擅移湯武不專殺第二十五

堯、舜何緣而得擅移天下哉？《孝經》之語曰：「事父孝，故事天明。」事天與父，同禮也。今父有以重予子，子不敢擅與〔一四四〕他人，人心皆然，則王者亦天之子也，天以天下予堯、舜，堯、舜受命於天而王天下，子猶安敢擅以所重受於〔一四五〕天者予他人也？天有不以予堯、舜漸奪之，官本校：「漸，他本作『斬』。」故明爲子道，則堯、舜之不私傳天下而擅移位也，無所疑也。儒者以湯、武爲至賢大聖也，官本校：「至，他本作『大』。」以爲全道、究義、盡美者，故列之堯、舜之謂聖王，如「而」通。法則之。今足下以湯、武爲不義，然則足下之所謂義者，何世之王也？曰；弗知。弗知者，以天下王爲無義者耶，其有義者而足下不知耶？則答之以神農。應之曰：神農氏之爲天子，與天地俱起乎，將有所伐乎〔一四六〕？神農氏有所伐可，湯、武有所伐獨不可，何也？且天之生民，非爲王也，而天立王以爲民也。故其德足以安樂民者，天予〔一四七〕之；其惡足以賊害民者，天奪之。《詩》云：「殷士膚敏，祼將于京，侯服于周，天命靡常。」傳：「殷士，殷侯也。膚，美；敏，疾也。祼，灌鬯也。周人尚臭。將，行；京，大也。」箋云：「無常者，善則就之，惡則去〔一四八〕之。」言天之無〔一四九〕常予、無常奪也。故封泰山〔一五〇〕之上，禪梁甫之下，易姓而王，德如堯、舜者七十二人。《管子》曰：「昔古封禪七十二家，夷吾所識，十有二焉：無懷氏封泰山，伏犧、神農、少皞〔一五一〕、黄帝、顓頊、帝嚳、帝堯、帝舜、禹、湯、周成王皆封泰山。」《孝經緯》云：「封于泰山，考績燔燎，禪于梁甫，刻石紀號。」王者，天之所予也；其所伐，皆天之所奪也。今唯以湯、武之伐桀、紂爲不義，則七十二王亦有伐也。推足下之說，將以七十二王皆爲不義也？故夏無道而殷伐之，殷無道而周伐之，《釋文》：「周者，代名也，其地在《禹貢》雍州之域，岐山之陽。於漢，屬扶風美陽縣。」周無道而秦伐之，秦無道而漢伐之。《公羊》疏：「漢者，巴、漢之間地名也。於秦二世元年，諸侯叛秦，沛人共立劉季以爲沛公。二年八月，沛公入秦。冬十月，爲漢元年。六年正月，乃稱皇帝，遂取漢爲天下號。」有道伐無道，此天理也，所從來久矣，寧能至湯、武而然耶？夫非湯、武之伐桀、紂者，亦將非秦之伐周、漢之伐秦〔一五二〕，盧注〔一五三〕：「他本無此四字。」非徒不知天理，又不明人禮。禮：子爲父隱惡。今使伐人者而信不義，當爲國諱之，豈宜如誹謗者？《漢書》注：「誹，非上所行也。」〔一五四〕此所謂一言而再過者也。君也者，掌令者也，令行而禁止也。今桀、紂令天下而不行，禁天下而不止，安在其能臣天下也？果不能臣天下，何謂湯、武弑？《荀子》：「能用天下之謂王。湯、武非取天下也，修其道，行其義，興天下之同利，除天下之同害，而天下歸之也；桀、紂非去天下也，反禹、湯之德，亂禮義之分，禽獸之行，積其凶，全其惡，而天下去之也。天下歸之之謂王，天下去之之謂亡。故桀、紂無天下，而湯、武不弑君，由此之效〔一五五〕也。湯、武者，民之父母也；桀、紂者，民之怨賊也。今世俗之爲說者，以桀、紂爲君而以湯、武弑〔一五六〕，然則是誅民之父母而師民之怨賊也，不祥莫大焉。」

服制第二十六《荀子》：「衣服有制，宮室有度，人徒有數，喪祭、械用皆有等夷〔一五七〕。聲則凡非雅者擧廢，色則凡非舊文者擧息，械用則凡非舊器者擧毀，夫是之謂復古，是王者之制也。」

率得十六萬國三分之，盧注：「錢云：『上有脱文。此首二句，亦與服制無涉。』」則各度爵而制服，《説苑》：「辯然不〔一五八〕，通古今之道，謂之士；進賢達能，謂之大夫；敬上愛下，謂之諸侯；天覆地載，謂之天子。是故士服黻，大夫黼，諸侯火，天子山、龍。德彌盛者，文彌縟；中彌理者，文彌章也。」量祿而用財。飲食有量，衣服有制，宮室有度，《周禮·典命》：「上公九命爲伯，其國家、宮室、車旗、衣服、禮儀皆以九爲節；侯伯七命，其國家、宮室、車旗、衣服、禮儀皆以七爲節；子男五命，其國家、宮室、車旗、衣服、禮儀皆以五爲節。」注：「國家〔一五九〕之所居，謂城方也。公之城蓋方九里，宮方九百步；侯伯之城蓋方七里，宮方七百步；子、男之城蓋方五里，宮方五百步。《大行人職》則有諸侯圭藉、冕服、建常、樊纓、貳車、介、牢禮、朝位之數焉。」畜産、人徒有數，舟車、甲器有禁。《爾雅》：「天子造舟，諸侯維舟，大夫方舟，士特舟，庶人乘泭。」《尚書大傳》：「得命，然後得乘飾車。飾車，駢馬、衣文、駢錦。未有命者，不得衣，不得乘。乘有罰〔一六〇〕。」桉，《管子·服制》作：「六畜、人徒有數，舟車、陳器有禁修。」生有軒冕之位〔一六一〕、貴祿田宅之分，死有棺槨、絞衾、壙襲之度。《檀弓》：「天子之棺四重。」注：「上公三重，侯伯、子男再重，大夫一重，士不重。」《喪大記》：「君松椁，大夫柏椁，士雜木椁。」《孝經》注：「周尸爲棺，周棺爲槨。」《喪大記》：「小斂，絞〔一六二〕，縮者一，横者三。」《逸雅》：「所以束之曰絞衾。絞，交也，交結之也；衾，禁也，禁繫之也。」《後漢書·趙咨傳》注〔一六三〕：「天子襲十二稱，諸公九稱，諸侯七稱，大夫五稱，士三稱。小斂，尊卑同，十九稱。大斂，天子百稱，上公九十稱，侯、伯七十稱，大夫五十稱，士三十稱。衣單複具曰稱。」桉，《管子》作：「生則有軒冕、服位、穀祿、田宅之分，死則有棺槨、絞衾、壙壟之度。」然則「襲」當作「壟」。雖有賢才美體，無其爵，不敢服其服；雖有富家多貲，無其祿，不敢用其財。「財」，王本作「才」。

桉，《管子》作：「雖有賢身貴體，毋其爵，不敢服其服；雖有富家多貲，毋其禄，不敢用其財。」天子服有文章，夫人不得以燕饗公以廟，《漢書·賈誼傳》：「古者天子、后服，所以廟而不宴者也。」師古曰：「廟〔一六四〕則服之，宴處則不著，蓋貴之也。」將軍、大夫不得以燕饗、以廟。將軍、大夫以朝官吏〔一六五〕，官本桉：「朝，他本誤作『明』。」桉，《管子》作：「天子服文有章，而夫人〔一六六〕不敢以燕、以饗廟，將軍、大夫以朝官吏〔一六七〕。」以命士，止於帶緣。《玉藻》：「士練帶，率，下辟。」注：「辟，讀如『裨冕』之『裨』。裨，謂以繒采飾其側。人君充之，大夫裨其紐及末，士裨其末而已。」散民不敢服雜采，百工、商賈不敢服狐貉〔一六八〕，《白虎通》：「商、賈，何謂也？商之爲言，商其遠近，度其有無，通四方之物，故謂之商也。賈之爲言固，固其有〔一六九〕用物，以待民來，以求其利者也。行曰商，止曰賈。」桉：《管子》作：「百工、商賈不得服長鬈貂。」《玉藻》注：「謂庶人無文飾。」犬羊爲庶人之裘，則君子所服，惟宜狐貉而已。刑餘戮民不敢服絲、玄纁、乘馬，桉，《管子》作：「不敢畜連乘車。」《漢書·高帝紀》：「賈人毋得衣錦繡、綺縠、絺紵、罽〔一七〇〕，操兵，乘騎馬。」《周禮·校人》注：「馬社，始乘馬者。」《世本·作》曰：「相土作乘馬。」謂之服制。《漢書·貨殖傳》：「昔先王之制，自天子、公侯、卿大夫、士，至于皁隸、抱關擊㭲者，其爵禄奉養、宫室、車旗、棺槨、祭祀、死生之制，各有差品，小不得僭大，賤不得逾貴。夫然，故上下序而民志定。」《曹褒傳》：「漢初，天下創定，朝制無聞〔一七一〕。叔孫通頗采經禮，參酌秦法，雖適物觀時，有救崩敝，然先王之容典蓋多闕矣，是以賈誼、仲舒、王吉、劉向之徒，懷憤嘆息所不能已也。」〔一七二〕

校勘記

〔一〕「明」，與《説文通論》卷一同，續經解本作「光」。

〔二〕「寫」，殿本、畿輔本、龍谿本作「瀉」。據注，當作「瀉」。盧校云：「寫，舊本作『瀉』，據《黄氏日抄》改。」

〔三〕「獨」，與《釋名·釋水》同，彙函本作「濁」。

〔四〕「主」，與《釋名·釋水》同，續經解本誤作「注」。

〔五〕「各順其勢」，計臺本作「各阻其埶」。

〔六〕「黜陟」，續經解本作「絀陟」，與計臺本、殿本、盧本同。下注文同。張校云：「隱五年注『黜』作『絀』，《釋文》：『絀，敕律反。』」

〔七〕「則」，張校云：「《傅子》『則』字下有『其』字。」

〔八〕「謂常業也」，《漢書·宣帝紀》注作「失職，謂失其常業也」。

〔九〕「予」，計臺本、殿本、盧本作「加」。

〔一〇〕「黜爵」，稿本、蜚雲閣本、彙函本、畿輔本、龍谿本并作「絀爵」，據《潛夫論·考績第七》、續經解本改。下「黜地」同。

〔一一〕「罔」，諸本并作「間」，據《潛夫論·考績第七》改。張校云：「《白虎通》『間上』作『罔上』。」案，凌氏明引《潛夫論》，張氏偶誤。

〔一二〕「名」，與《潛夫論·考績第七》同，續經解本誤作「民」。

〔一三〕「筭」，殿本、續經解本作「算」。

〔一四〕「冥」，計臺本、殿本作「真」。盧校云：「一本作『真』。」

〔一五〕「筭法」，稿本作「筭法」，續經解本作「算法」。張校云：「按《周禮·宰夫》疏，『筭法』當作『算法』。」

〔一六〕「考試之法合其爵禄」以下，稿本、蜚雲閣本、彙函本、畿輔本、龍谿本合上爲一節，與計臺本、殿本同，盧本、續經解本均提行。
〔一七〕「才」，《左傳正義》卷二作「材」。
〔一八〕「弟」，計臺本校云：「弟，古『第』字，他本誤作『定』。」
〔一九〕「爲弟」，計臺本、殿本作「爲第」。
〔二〇〕「以爲一最」，盧本、續經解本作「以一爲最」。
〔二一〕「後也」，《漢書・宣帝紀》顔注下有「課居後也」四字。
〔二二〕「得」，與《尚書大傳》卷二注同，續經解本作「德」。
〔二三〕「負」，計臺本作「負」，殿本作「員」。下「負多者」同。
〔二四〕「減」，續經解本作「滅」。
〔二五〕「敕」，續經解本作「責」。
〔二六〕「罪法」，稿本作「罪罰法」，似衍「罰」字。
〔二七〕「諸」，諸本并作「者」，據《漢書・董仲舒傳》改。
〔二八〕「擇」，諸本并作「責」，據《漢書・董仲舒傳》改。
〔二九〕「故」，《潛夫論・思賢篇》作「固」。
〔三〇〕「壽」，計臺本、殿本作「壽仁」，殿本校云：「他本無『仁』字。」盧校云：「本或有『仁』字，疑衍。」
〔三一〕「殷上敬」，諸本并作「殷上質」，據殿本《漢書》卷五十六改。張校云：「《漢書・董仲舒傳》作『殷上敬』。」

〔三二〕「救僅莫若忠」，與殿本《新唐書·儒學下》同。張校云：「《啖助傳》作『救僅莫若以忠』。」

〔三三〕「奈何」，張校云：「《啖助傳》『奈何』作『若何』。」

〔三四〕「孔子傷之」，與殿本《新唐書·儒學下》同，續經解本奪「傷之」。張校云：「《啖助傳》『孔子』作『夫子』。」

〔三五〕「商周之道」，與殿本《新唐書·儒學下》同。張校云：「《啖助傳》『商周之道』作『殷周之道』。」

〔三六〕「故曰」，與殿本《新唐書·儒學下》同。張校云：「《啖助傳》『故曰』作『又曰』。」

〔三七〕「蓋」，續經解本奪。

〔三八〕「唐虞之化難行于季世而夏之忠當變而致焉」，殿本《新唐書·儒學下》同。張校云：「《啖助傳》『之化』作『醇化』，『季世』作『季末』，『夏』上無『而』字，『忠』作『忠道』。」

〔三九〕「而以忠道原情云」，與殿本《新唐書·儒學下》同。張校云：「《啖助傳》作『正以忠道原情爲本』。」

〔四〇〕「古語云」，殿本《新唐書·儒學下》作「古語曰」。張校云：「《啖助傳》作『故人曰』。」

〔四一〕「公羊子」，與殿本《新唐書·儒學下》同，續經解本無「子」字。張校云：「《啖助傳》作『公羊』。」

〔四二〕「以擬」，殿本《新唐書·儒學下》同。張校云：「《啖助傳》『以擬』作『以俟』。」

〔四三〕「知」，殿本《新唐書·儒學下》作「是知」。張校云：「《啖助傳》『知』作『是知』。」

〔四四〕「用二帝三王法」，與殿本《新唐書·儒學下》同。張校云：「《啖助傳》『用』作『參用』，『法』上有『之』字。」

〔四五〕「不一守周典，明矣」。殿本《新唐書·儒學下》「一」作「壹」。張校云：「《啖助傳》作『不全守周典禮，必然矣』。以上各條，語多竄易，不知凌氏所據何本。」案，凌氏所引乃武英殿二十四史本，張氏未檢此本，故多誤。

〔四六〕「順數五而」，計臺本作「湏數五帝」，殿本作「順數五帝」。

〔四七〕「便」，稿本、蜚雲閣本、彙函本、龍谿本、畿輔本并作「變」，據續經解本、《史記》卷四十三改。

〔四八〕「而王」，計臺本、殿本作「而正」。

〔四九〕「親夏故虞」，計臺本、殿本作「故親夏虞」。

〔五〇〕「舊本」，諸本并奪，據盧本補。

〔五一〕「以軒轅爲」，計臺本、殿本作「軒轅曰」三字。

〔五二〕「九皇」，計臺本作「九星」。

〔五三〕「名相官曰宰」，計臺本作「名曰相宮宰」，殿本作「名相宮曰宰」。

〔五四〕「宫邑」，計臺本、殿本作「宫」。

〔五五〕「因西以千里」，張校云：「殿本《水經注》作『因西八百里爲千里』，趙氏《水經注釋》作『因西方八百里爲千里』。凌氏蓋沿坊本之誤。」

〔五六〕「時正黑統王魯」，計臺本、殿本作「時王黑統正魯」。

〔五七〕「親周」，計臺本作「新周」。

〔五八〕「二十七年」，諸本并作「十八年」，據《公羊注疏》卷八改。張校云：「『杞，夏后』云云，乃莊公二十七年『杞伯來朝』注，凌氏作『十八年』，誤。」

〔五九〕「綏」，計臺本、殿本作「緌」。下「大節綏」同。

〔六〇〕「縰」，諸本并奪，據《續漢書·輿服志下》補。
〔六一〕「幘」，《方言》卷四作「幘巾」。
〔六二〕「阼」，計臺本作「祚」。
〔六三〕「祭牲黑牡」，計臺本、殿本作「祭黑牲」。
〔六四〕「聽」，殿本校云：「『聽』字下，他本衍一『法』字。」
〔六五〕「玄冕」，《禮記正義》卷二十九作「玄端」。
〔六六〕「牲白牡」，張校云：「《明堂位》作『牲用白牡』。」
〔六七〕「隱二年」，稿本、蜚雲閣本、畿輔本、龍谿本并誤作「隱三年」，據《公羊注疏》卷二、彙函本、續經解本改。張校云：「當作『二年』。」
〔六八〕「是月」，彙函本誤作「是曰」。
〔六九〕「鳴晨」，計臺本、殿本作「晨鳴」。
〔七〇〕「物始動」，稿本、蜚雲閣本、彙函本、續經解本、畿輔本并作「之始動」，據盧本龍谿本改。
〔七一〕「故朝正服赤，首服藻赤」，稿本、蜚雲閣本、彙函本、續經解本、畿輔本并奪，據盧本、龍谿本補。
〔七二〕「犧牲」，計臺本、殿本作「犧牷」。
〔七三〕「近遠」，計臺本、盧本作「遠追」，盧校云：「『遠追，舊作『近遠』，錢據《大典》本改。」
〔七四〕「遐」，計臺本作「微」。
〔七五〕「綏」，計臺本、殿本作「緩」。
〔七六〕「盛」，《漢書》卷五十二作「威」。下「彊」字，稿本、蜚雲閣本、彙函本、畿輔本、龍谿本并作「疆」，據《漢書》卷五十二改。張校云：「《漢書》『盛』作『威』，『疆』作『彊』。」

〔七七〕「似」，計臺本、殿本作「以」。

〔七八〕「存」，畿輔本作「在」。

〔七九〕「二十七年」，諸本并作「二十八年」，據《公羊注疏》卷八改。張校云：「杞伯來朝，本莊二十七年。前引作『十八年』，此又作『二十八年』，自相紕謬。」

〔八〇〕「五端」，計臺本、殿本作「五瑞」，殿本校云：「瑞，他本作『端』。」盧校云：「『五端』見上文。本或作『五瑞』，非。」

〔八一〕「二王」，與《公羊注疏》卷一同，彙函本誤作「三王」。

〔八二〕「正朔」，諸本并作「正統」，據《公羊注疏》卷一改。

〔八三〕「二代」，《尚書・微子之命》正義引作「二王」。

〔八四〕「周」，計臺本、殿本無。

〔八五〕「書釋文」，稿本作「尚書疏」。下并同。

〔八六〕「衣」，諸本并奪，據《風俗通義・三皇篇》補。

〔八七〕「專」，諸本并作「傳」，據《經典釋文》卷三改。

〔八八〕「優好」，《白虎通・號》作「優遊」。

〔八九〕「稱」，計臺本、殿本、盧本作「號」。

〔九〇〕「持守」，《白虎通・號》作「守持」。

〔九一〕「俟」，計臺本、殿本作「侯」。計臺本注：「恐是『侯』。」殿本引原注同。

〔九二〕「二十三年」，與《公羊注疏》卷十二同，彙函本、續經解本作「三十三年」。

〔九三〕「德」，稿本、蜚雲閣本、彙函本、畿輔本、龍谿本并作「得」，據《白虎通·謚》、續經解本改。

〔九四〕「中和之氣，德四季，與天地同功」，「氣」，《風俗通義·五帝篇》、續經解本作「色」；「天地」，《風俗通義·五帝》作「地」。張校云：「《風俗通》作『中和之色，德四季，於地同功』，《太平御覽》所引『四季』上有『施』字。」案，「於地」之「於」疑誤。

〔九五〕「擾天下」，《白虎通·號》作「勞天下」。

〔九六〕「佑」，計臺本、殿本、盧本作「祐」。

〔九七〕「封禪書」，疑當作「漢書」，引文出自《漢書·司馬相如傳下》。「繼」，《史記·司馬相如列傳》作「續」。

〔九八〕「文家者」，稿本、蜚雲閣本、彙函本、畿輔本、龍谿本并作「文家」，據《白虎通·爵》、續經解本補。張校云：「凌氏引《白虎通》，『質家』下存『者』字，『文家』下删『者』字，語不一律。」

〔九九〕「當」，《公羊注疏》卷三下有「親」字。

〔一〇〇〕「字」，龍谿本作「子」。

〔一〇一〕「庖人」，諸本并作「内饔」，據引文改。張校云：「『夏行腒鱅』乃庖人之職，凌氏作『内饔』，誤。」

〔一〇二〕「議」，《後漢書·祭祀志中》注作「論」。張校云：「馬氏《通考》及《百三名家》本皆作『論』。」

〔一〇三〕「二百一十六尺」，諸本誤作「三百十六尺」，據《後漢書·祭祀志中》注改。張校云：「《明堂論》本作『二百一十六尺』。」

〔一〇四〕「八牖」，諸本并誤作「九牖」，與《後漢書・祭祀志中》注同，據《蔡中郎集》改。張校云：「《明堂論》本作『八牖』。注蓋沿坊本之訛，而未核其數。」

〔一〇五〕「輻」，諸本作「幅」，據《大戴禮記・保傅》改。

〔一〇六〕「植」，稿本、彙函本、畿輔本、龍谿本并作「置」，據《毛詩正義》卷二十之三、續經解本改。張校云：「《詩》箋『置』本作『植』，《釋文》：『鄭作「植」字，時職反。』」

〔一〇七〕「錫」，稿本、蜚雲閣本、彙函本、畿輔本、龍谿本并作「鍚」，據續經解本及下引「朱干設錫」改。下「錫」字并同。

〔一〇八〕「毛血，告幽全之物，貴純之道也」，乃節引。張校云：「《郊特牲》作『毛血，告幽全之物也。告幽全之物者，貴純之道也』，凌氏脱。」

〔一〇九〕「義節」，殿本校云：「義節，他本作『節義』。」

〔一一〇〕「與」，續經解本作「予」。

〔一一一〕「亨」，計臺本、殿本、盧本作「烹」。

〔一一二〕「官本桉」云云，殿本、盧本并無。

〔一一三〕「主天」以下，計臺本提行，諸本均不提行，與殿本、盧本同。

〔一一四〕「館」，指館臣，殿本空闕。

〔一一五〕「筭」，續經解本作「算」，與殿本合。

〔一一六〕「儛」，計臺本作「舞」。下「儛溢牖」同。

〔一一七〕「亨」，計臺本、殿本、盧本并作「烹」。計臺本注：「一作『亨』。」殿本引原注同。

〔一一八〕「主地」以下，計臺本提行，諸本均不提行，與殿本、盧本同。

〔一一九〕「先亨」，計臺本、殿本、盧本并作「先烹」。

〔一二〇〕「官本」，諸本無，據所引案語補。

〔一二一〕「夫子」，彙函本作「天子」。

〔一二二〕「至於」，盧本、續經解本作「至禹」。

〔一二三〕「王氏」，與《史記》卷四十同，龍谿本作「五氏」。「男」，《史記》卷四十作「男兒」。

〔一二四〕「斯近世之信也」，張校云：「《楚世家》注作『斯蓋近事之信也』。」

〔一二五〕「之爲」，《史記》卷四十作「云爲」。

〔一二六〕「他本」，諸本并作「各本」，據殿本改。

〔一二七〕「子氏」，計臺本作「子民」。

〔一二八〕「韓詩内傳」，《史記·周本紀》集解作「韓詩章句」。

〔一二九〕「龍頭虎眉」，《史記·周本紀》正義作「龍顔虎肩」，下「有四乳」作「胸有四乳」。

〔一三〇〕「以男書子」，計臺本、殿本、盧本作「書始以男」。計臺本校云：「一作『以男書子』。」殿本引原注、盧本校引舊注同。

〔一三一〕「列」，諸本并奪，據《公羊注疏》卷五補。

〔一三二〕「職」，《漢書》卷十九上作「一職」。

〔一三三〕「正直」，計臺本、殿本、盧本并作「直道」。

〔一三四〕「情」，殿本校亦云：「情，他本作『精』。」

〔一三五〕「故」，計臺本、殿本、盧本并作「是故」。
〔一三六〕「以其」，計臺本、殿本、盧本并作「其以」。
〔一三七〕「之天端」，計臺本、殿本、盧本并作「天之端」。
〔一三八〕「而止已」，計臺本、殿本并作「而止矣」。
〔一三九〕「止」，彙函本、續經解本、龍谿本并誤作「上」。
〔一四〇〕「雖」，計臺本作「難」。
〔一四一〕「相參」，計臺本作「參」。
〔一四二〕「也」，計臺本、殿本、盧本并作「已」。
〔一四三〕「四時」，計臺本、殿本、盧本并作「四位」。
〔一四四〕「與」，計臺本、殿本、盧本并作「予」。
〔一四五〕「於」，計臺本、殿本無。
〔一四六〕「伐乎」，續經解本下有「盧注：以下伐字，俱當作伐」十字，「作伐」當從盧校本作「作代」，他本無此注。
〔一四七〕「予」，蜚雲閣本、彙函本、龍谿本、畿輔本并作「子」，據計臺本、殿本、盧本、稿本、續經解本改。
〔一四八〕「去」，與《毛詩正義》卷十六之一同，續經解本誤作「失」。
〔一四九〕「無」，稿本作「亡」。下「無常奪」同。
〔一五〇〕「泰山」，計臺本、殿本、盧本并作「太山」。

〔一五一〕「伏犧、神農、少皞」，與《禮記正義》卷十一同，續經解本作「伏義、神農、少昊」。

〔一五二〕「漢之伐秦」，計臺本、殿本無。

〔一五三〕「盧注」，諸本并作「官本桉」，據盧本校語改。

〔一五四〕「誹，非上所行也」，《漢書》卷二十四下引如淳曰：「誹，謂非上所行。」

〔一五五〕「之效」，畿輔本作「效之」。張校云：「《荀子》作『由此效之也』。」

〔一五六〕「弒」，《荀子·正論篇》作「爲弒」。

〔一五七〕「等夷」，張校云：「《荀子》作『等宜』，楊倞注：『各當其宜也。』」

〔一五八〕「不」，稿本無，盧校本《説苑·修文》據《白虎通·爵》補作「否」字。

〔一五九〕「國家」，《周禮注疏》卷二十一作「國家國」。

〔一六〇〕「乘有罰」，張校云：「《尚書大傳》作『乘衣有罰』。」

〔一六一〕「生有軒冕之位」，續經解本「冕」誤作「冤」，計臺本、殿本、盧本并作「生則有軒冕之服位」。

〔一六二〕「絞」，張校云：「《喪大記》『絞』上有『布』字。」

〔一六三〕「注」，諸本并奪，據《後漢書》卷六十九補。

〔一六四〕「廟」，《漢書》卷四十八作「入廟」。

〔一六五〕「將軍大夫以朝官吏」，張校云：「『將軍大夫以朝』爲句，『官吏』宜連下『以命』爲句。方氏苞曰：『將軍大夫，卿與貳也。其朝，得服章服。官吏，衆士及鄉遂屬吏也，惟受命時，服其命服；治事，以常服。』凌氏沿舊本之謬，將『以命』二字駢連下節，解作『將軍大夫以朝官吏』，誤矣。」

〔一六六〕「夫人」，諸本并作「大夫」，據《管子·立政篇》改。張校云：「按《管子·立政篇》，『而大夫』

當作『夫人』。」

〔一六七〕「以朝官吏」，《管子·立政篇》作「不敢以朝官吏」。

〔一六八〕「貉」，計臺本作「狢」。

〔一六九〕「其有」，《白虎通·商賈》作「有其」。

〔一七〇〕「蜀」，與《漢書·高帝紀下》同，續經解本作「蜀」。

〔一七一〕「聞」，殿本《後漢書》卷九十五作「文」。

〔一七二〕稿本下有注：「嘉慶十八年，曉樓手録弟四過。」

春秋繁露卷八

度制第二十七

原注：「一名『調均篇』。」桉，《後漢·荀爽傳》「及董仲舒制度之别」，注：「《前書》董仲舒曰：『王者正法度〔一〕之宜，别上下之序，以防欲也。』」注引董仲舒《對策》。王氏《困學紀聞》謂：「制度之别，必有其書。今《春秋繁露》有《度制篇》。」未知其是否。

孔子曰：「不患貧而患不均。」故有所積重，則有所空虚矣。大富則驕，大貧則憂；「大」，并音「泰」。憂則爲盜，《釋文》：「盜，徒到反。『盜』從『次』，『次』，似延反，口液也。俗作『盗』者，全非〔二〕。」驕則爲暴，此衆人之情也。聖者則於衆人之情，見亂之所從生，故其制人道而差上下也，使富者足以示貴而不至於驕，貧者足以養生而不至於憂，以此爲度而調均之，《坊記》：「子云：『小人貧斯約，富斯驕。約斯盜，驕斯亂。』禮者，因人之情而爲之節文，以爲民坊者也。故聖人之制〔三〕富貴也，使民富而〔四〕不足以驕，貧不至於約，貴不慊於上，故亂益亡。」是以財不匱〔五〕而上下相安，故易治也。今世棄其度制，而各從其欲。欲無所窮，而俗得自恣，其勢〔六〕無極。大人病不足於上，而小民羸瘠於下，師古曰：「衣食不充，故羸瘦也。」一曰：羸謂無威力。」則富者愈貪利而不肯爲義，貧者日犯禁而不可得止，是世之所以難治也。

孔子曰：「君子不盡利，以遺民。《詩》云：『彼有遺秉，此有不斂穧，伊寡婦之利。』傳：「秉，把也。」箋：「遺秉，滯穗，故聽矜寡取之以爲利。」故君子仕則不稼，田則不漁，食時不力珍〔七〕；《坊記》〔八〕注：「食時，謂食四時〔九〕之膳也。力，猶務也。天子、諸侯有秩膳。」大夫不坐羊，士不坐犬。《坊記》疏：「『大夫不坐羊，士不坐犬』者，言大夫無故不得殺羊坐其皮，士無故不得殺犬坐其皮，皆謂不貪其利以厚己也。」《詩》曰：『采葑采菲，無以下體。《詩》傳云：「葑，須也。」《爾雅·釋草》云：「須、葑，蓯。」陸機〔一〇〕云：「又謂之蓯，吴人謂葑。蓯，蔓菁。」〔一一〕《釋草》云：「菲，葸菜。」《坊記》注：「采葑菲之菜者，采其葉而可食，無以其根美則并取之，苦則棄之。并取之，是盡利也。」德音莫違，及爾同死。』」以此防民，民猶忘義而爭利，以亡其身。天不重與：有角，不得有上齒。《戴記》：「戴角者無上齒。」師古曰：「謂牛無上齒，則有角；其餘無角者，則有上齒。」故已有大者，不得有小者，天數也。夫已有大者，又兼小者，天不能足之，官本校：「足，他本作『是』。」況人乎？故明聖者，象天所爲，爲制度，使諸有大奉禄，亦皆不得兼小利、與民爭利業，乃天理也。凡百亂之源〔一二〕，皆出嫌疑纖微，以漸寖稍長至於大。師古曰：「寖，古『浸』〔一三〕字。浸，漸也。」聖人章其疑者，别其微者，絶其纖者，不得嫌以蚤防之。師古曰：「蚤，古『早』字。」聖人之道，衆堤防之類也，《賢良策》：「夫萬民之從利，如水之走下，不以教化堤防之，不能止也。是故教化立而奸邪皆止者，其堤防完也；教化廢而奸邪并出，刑罰不能勝者，其堤防壞也。」謂之度制，謂之禮節。故貴賤有等，衣服有别〔一四〕，朝廷有位，鄉黨有序，則民有所讓，而民不敢爭，所以一之也。《書》曰：「轝服有庸，音「豫」，兩手對舉之車。《封禪書》：「僮千人，乘轝。」誰敢弗讓？敢不敬應！」此之謂也。

凡衣裳之生也，爲蓋形煖身也。然而染五采、飾文章者，《考工》：「畫繢〔一五〕之事，雜五色：東方謂之青，南方謂之赤，西方謂之白，北方謂之黑，天謂之玄，地謂之黃。青與白相次也，赤與黑相次也，玄與黃相次也。青與赤謂之文，赤與白謂之章。」非以爲益肌膚〔一六〕血氣之情也，將以貴貴尊賢而明別上下之倫，使教亟行，使化易成，爲治爲之也。若去其度制，使人人從其欲，快其意，以逐無窮，是大亂人倫而靡斯財用也，失文采所遂生之意矣。上下之倫，不別其勢〔一七〕，不能相治，故苦亂也；嗜欲之物，無限其數，不能相足，故苦貧〔一八〕也。今欲以亂爲治，以貧爲富，非反之制度不可。古者天子衣文，諸侯不以燕；大夫衣緣〔一九〕，盧注：「衣緣，舊本訛作『以禄』，今改〔二〇〕。」桉，疑作「纖」。《詩》箋：「大夫以上衣織。」〔二一〕士〔二二〕不以燕，庶人衣縵。此其大略也。

爵國第二十八

《春秋》曰：「會宰周公。」僖九年《經》：「夏，公會宰周公。」《釋文》：「鄭云：『宰，主也。』干云：『濟其清濁，和其剛柔，而〔二三〕納之中和，曰宰。』」又曰：「公會齊侯、宋公、鄭伯、許男、滕子。」又曰：「初獻六羽。」盧注：「此六字，疑衍。」桉，「天子三公」云云，在「初獻六羽」《傳》內，是非衍文也。《傳》曰：「天子三公稱公，王者之後稱公；其餘大國稱侯，小國稱伯、子、男。」隱五年《傳》：「天子三公稱公，王者之後稱公；其餘大國稱侯，小國稱伯、子、男。」凡五等。故周爵五等，土〔二四〕三品，官本桉：「土，他本作『上』。」文多而實少；春秋三等，合伯、子、男爲一爵，土二品〔二五〕，文少而實多。官本桉：「他本作『上二等，文多而實少』。」《春秋》曰「荆」，《傳》曰：「氏不若人，人不若名，名不若字。」莊十年《傳》：「荆者，何？州名也。州不若國，國不若氏，氏不若人，人不若名，名不若字，字不若子。」凡四等，命曰附庸，《春秋元命包》：「王者封國，上應列宿之位。其餘小國，不中星辰者，以爲附庸。」《王制》注：「小城曰附庸。附庸者，以國事〔二六〕附於大國，未能以其名通也。」三代共之。然則其地列奈何？曰：天子邦圻千里，《尚書大傳》：「圻者，天子之境也。」《詩》箋：「祈、圻、畿，同。」公、侯百里，伯七十里，子、男五十里，附庸、字者方三十里，名者方二十里，人、氏者方十五里。《春秋》曰「宰周公」，《傳》曰「天子三公」；「祭伯來」，《傳》曰「天子大夫」，隱元年《傳》：「祭伯者，何？天子之大夫也。」「宰渠伯糾」，《傳》曰「下大夫」；桓四年《經》：「夏，天王使宰渠伯糾來聘。」《傳》：「下大夫也。」莊侍郎曰：「《春秋》志天子之大夫，上下列其等，戚疏異其分。父子之恩，長幼之序，靡不畢見。以三公兼官，惟志冢宰耳。諸侯之臣，雖內大夫，不稱其官。官之志，惟宋耳。」「石尚」，《傳》曰「天子之士也」；定十四年〔二七〕《傳》曰：「石尚者，何？天子之士也。」「王人」，《傳》曰「微者，謂下士也」。僖八年《傳》：「王人者，何？微者也。」隱元年注〔二八〕：「微者，謂士也。」凡五等。《春秋》曰：「作三軍。」《傳》曰：「何以書？譏。何譏爾？古者上卿、下卿、上士、下士。」襄十一年《經》：「作三軍。」《傳》：「古者上卿、下卿。」注：「古者〔二九〕有司徒、司空，上卿各一，下卿各二；司馬事省，上、下卿各一。上士相上卿，下士相下卿。」凡四等。小國之大夫與次國下卿同，次國大夫與大國下卿同，大國下大夫與天子〔三〇〕下士同。二十四等，祿八〔三一〕差。有官本桉：「他本『祿』下有『等』字。」劉庶常曰：「疑作『祿入有差』。」大功德者受大爵土，功德小者受小爵土；大材者執大官位，小材者受小官位。如其能，宣治之至也。《傳子》：「爵祿者，國柄之本，而富貴之所由，不可以不重也。然則爵非其德不授，祿非其功不予〔三二〕。二教既立，則良士不敢以賤德受貴爵，勞臣不敢虛干爵祿之制乎〔三三〕？然則先王之用爵祿，不可謂輕矣。夫爵者位之級，而祿者官之實也。級有等而稱其位，實足利而周其官。此立爵祿之分也。爵祿之分也定〔三四〕，必明選其人而重用之：德貴功多者，受重爵大位、厚祿尊官；德淺功寡者，受輕爵小位、薄祿卑官。」故萬人者曰英，千人者曰俊，百人者曰傑，十人者曰豪。《淮南子》：「故智過萬人者謂之英，千人者謂之俊，百人者謂之豪，十人者謂之傑。」《人物志》曰：「獸之特者爲雄，草之秀者爲英。韓信是雄，張良是英。」豪傑俊英不相陵，故治天下如視諸掌上。《禮記·中庸》：「治國，其如示諸掌乎！」鄭注：「物而在掌中，易爲知力者也。」其數何法以然？曰：天子分左右五等，三百六十三人，法天一歲之數。《天官》疏：「天〔三五〕有三百六十餘度，天官亦總攝三百六十官，故云象天也。」五時，色之象也。通佐十上卿與下卿，官本校：「『十上』，他本誤倒。」而二百二十人，官本校：「下『二』，他本作『六』。」天庭之象也，《春秋元命包》：「太微爲天庭，五帝以合時；紫微宮爲大帝，中有五帝佐，五帝合明。」倍諸侯之數也。諸侯之外佐四等，百二十人，法四時、六甲之數也。通佐五與下，而六十人，法日辰之數也。佐之必三三而相復，何？曰：時三月而成大，辰三而成象。諸侯之爵或五，何？法天地之數也。五官亦然。《曲禮》：「天子之五官，曰司徒、司馬、司空、司士、司寇。」疏：「鄉立六官，以法天之六氣。此又置五官，以象地之五行也。」然則立置有司，官本校：「他本無『然』字。」分指數，奈何？曰：諸侯大國四軍，古之制也。官本校：「他本無『也』字。」其一軍，以奉公家也。桉，諸經皆言大國三軍。春秋之制，方伯二師，從無四軍者。考《小司徒》注：「百里之國凡四都，一都之田稅入于王。」古者計夫出税，有税則有夫，以其奉公家也。故不言四軍而言三軍，其實暗中有一軍也。凡口軍三口〔三六〕者，何？曰：大國十六萬口，而立口軍三。何以言之？曰：以井田准數之，盧注：「『准』之正字爲『準』，而《周書》《文子》《管子》《莊子》《呂覽》《淮南》皆有『准』字，則相沿省文已久矣。」《漢舊儀》：「五人爲伍，伍長一人；十人爲什，什長一人；百人爲卒，卒史一人；五百人爲旅，旅帥一人；二千五百人爲師，師帥一人；萬二千五百人爲軍，軍將一人，以上卿爲將軍。九夫爲井，四井爲邑，四邑爲丘，四丘爲乘。乘則具車一乘，四馬，步卒三十六人。千乘之國，馬四千匹，步卒三萬六千人，爲三軍，大國也。次國二軍，小國一軍。」方里而一井，一井而九百畝。《王制》：「方一里者，爲田九百畝。」注：

「一里，方三百步。」疏：「桉，《論語》云『步百爲畝』，是長一百步，闊一步；『畝百爲夫』，是一頃也，長、闊一百步；『夫三爲屋』，是三頃也，闊三百步〔三七〕，長一百步；『屋三爲井』，是九百畝也，長、闊一里。」而立口，方里八家，一家〔三八〕百畝，以食五口。宣十五年注：「是故聖人制井田之法而口分之，一夫一婦，受田百畝，以養父母妻子，五口爲一家。」上農夫耕百畝，食九口；次八人，次七人，次六人，次五人，多寡相補，率百畝而三口。方里，而二十四口；方里者十，得二百四十口；方十里，爲方里〔三九〕者百，得二千四百口；方百里，盧注：「『方百里』以下，舊本有『爲方里者千，得二萬四千口；方千里者』十四字，係衍文，錢校刪。」爲方里者萬，得二十四萬口。法：三分而除其一，城池、郭邑、屋室、閭巷、街、路、市、宫府〔四〇〕、園囿、萎圈、官本桉：「萎，他本誤作『姜』。」〔四一〕盧注：「『萎圈』，與『委巷』同。」臺沼、椽采，官本桉：「沼，他本誤作『治』。」〔四二〕得良田方十里者六十六，十與方里六十六，「與」上「十」字，當在「方」字之下；「里」字之上〔四三〕，當有「者」字。定率得十六萬口。三分之，則各五萬三千三百三十三口〔四四〕，官本桉：「他本脱『五』字。」爲大缺一字〔四五〕。口軍三。此公侯也。天子地方千里，爲方百里者百。亦三分除其一，定得田方百里者六十六，與方十里者六十六，定率得千六百萬口。九分之，各得百七十七萬七千七百七十七口，爲京口軍九，三京口軍以奉王家。内官略見如此。故天子立一后，《曲禮》曰：「天子之妃曰后。」注：「『后』之言『後』也。執理内事，在夫人之後也。」師古曰：「『后』亦『君』也。天曰皇天，地曰后土，故天子之妃，以『后』爲稱，取象二儀。」一世夫人，中、左、右夫人，《漢書·外戚傳》：「妾皆稱夫人，又有美人、良人、八子、七子、長使、少使之號焉。」《獨斷》：「天子一娶十二女，象十二月：三夫人，九嬪。」四姬，《漢書·文帝紀》臣瓚注：「姬，内官也，秩比二千石，位次婕妤下，在八子上〔四六〕。」三良人；《漢書·外戚傳》：「良人視八百石，比左庶長〔四七〕。」師古曰：「良人，謂妾也。」《檀弓》注：「帝嚳而立四妃矣，象后妃四星：其一明者爲正妃，餘三小者爲次妃。帝堯因焉。至舜，不告而取，不立正妃，但三妃而已，謂之三夫人。夏后氏增以三三而九，合十二人。《春秋説》云『天子取十二』，即夏制也。」桉，合一后，一世夫人，中、左、右夫人，四姬，三良人，孚十二人之數，蓋用夏制也。立一世子，《新書》：「古之帝王〔四八〕將立世子，則帝自朝服，自〔四九〕阼階上，西鄉於妃。妃抱世子自房出，東鄉。太史奉書而上堂，當兩階之間，北面立，曰『世子名曰某』者三。帝執禮稱辭，命世子曰『授太祖、太宗與社稷於子』者三。其命也，妃曰『不敢』者再；於三命，曰：『謹受命。』拜而退。太史以告太祝，太祝以告太祖、太宗與社稷。太史出，以告太宰，太宰以告州伯，州伯命藏之州府。凡諸貴以下，至於百姓男女，無敢與世子同者。以此防民，百姓猶有爭爲君者乎〔五〇〕？夫勢明，則民定而出於一道。故人皆爭爲宰相而不奸爲世子，非宰相尊而世子卑也，不可以知求，不可以力爭也。」三公，九卿，二十七大夫，八十一元士，二百四十三下士。有七上卿，張編修曰：「『有七上卿』以下二百二十八人，所謂通佐也。通佐之官，他書不見。」二十一下卿，六十三元士，百二十九下士。王后置一太傅、太母，三伯，三丞。二十「二十」，「世」字之誤。夫人，四姬，三良人，各有師、傅。襄三十年〔五一〕注：「禮：后、夫人必有傅、母，所以輔正其行、衛其身也。選老大夫爲傅，選老大夫妻爲母。」解云：「《春秋説》文，作時王之禮。」世子一人，太傅，三傅，《漢舊儀》：「太傅一人，真二千石，禮如師。亡新更爲太子師。」賈誼《治安策》：「昔者成王幼，在襁褓〔五二〕之中，召公〔五三〕爲太保，周公爲太傅，太公爲太師。保，保其身體；傅，傅之德義；師，道之教訓。此三公之職也。於是爲置三少，皆上大夫也，曰少保、少傅、少師，是與太子宴者也。故迺孩提有識，三公、三少因〔五四〕明孝仁禮義以道習之，逐去〔五五〕邪人，不使見惡行。於是皆選天下之端士、孝弟博聞有道術者以衛翼之，使與太子居處出入。故太子迺生而見正事，聞正言，行正道，左右、前後皆正人也。」三率，三少士。入仕宿衛天子者，張編修曰：「仕入宿衛者，如《周官》次舍之人民。」桉《三輔黄圖》，漢有長水、中壘、屯騎、虎賁、越騎、步兵、射聲、胡騎，宿衛王宮，周廬值宿。《百官表》胡廣云：「衛士，于周垣下爲區廬。區廬者，若今之仗宿屋矣。」《元紀》初元五年，師古曰：「衛尉有八屯，衛候〔五六〕司馬主衛士徼巡宿衛。」《董仲舒傳》：「臣愚，以爲宜〔五七〕使諸列侯、郡守、二千石，各擇其吏民之賢者，歲貢各二人，以給宿衛。」比下士；下士者，如上士之下數。王后御衛者〔五八〕，上、下御各五人。《周禮》「女御」注：「《昏義》所謂『御妻』。御，猶進也，侍也。」疏：「凡后下御，皆是后宮進在王寢，侍息宴。」一十「二十」，「世」字之誤。夫人，中、左、右夫人，四姬，上、下御各五人；三良人，各五人。世子妃姬及士衛者，如公侯之制。王后官本桉：「后，他本誤作『侯』。」傅，上、下史〔五九〕五人；三伯，官本桉：「伯，他本誤作『百』。」上、下史各五人；少伯，史各五人。世子太傅，上、下史各五人；少傅，亦各五人；三率、三下率，亦各〔六〇〕五人。官本桉：「他本無『亦』字。」三公，上、下史各五人；卿，上、下史各五人；大夫，上、下史各五人；元士，上、下史各五人；上下卿、上下士之史，上、下亦各五人。卿大夫、元士，臣各三人。故公侯方百里，官本桉：「百，他本誤作『伯』。」〔六一〕三分除〔六二〕一，定得田方十里者官本桉：「『定得』，他本誤倒。」〔六三〕六十六，與方里六十六，定率得十六萬口。三分之，爲大國口軍三，而立大國一夫人，《獨斷》：「諸侯之妃曰夫人。『夫人』之言『扶』也。」一世婦，《周禮》注：「世婦，謂宮卿之官，掌女宮之宿戒。」《獨斷》：「公侯有夫人，有世婦。」左、右婦，三姬，二良人。立一世子，三卿，九大夫，二十七上士，八十一下士；亦有五通大夫，張編修曰：「通大夫，上、下士，所謂『通佐』也。此不言人數，下文次國〔六四〕、小國云五上士、十五下士，計共二十五人，與前言六十人不相應。天子通佐二百二十人，諸侯不應若是之少，且非三三相復之率。疑當云『五通大夫，十五上士，四十五下士，凡六十五人』。言六十者，舉大數也。或前文脱『五』字。」立上、下士。上卿，位比天子之元士，今八百石；「今八百石」者，以漢法況之。《國策》：「自三百里石吏而效之、子之。」注：「《大事記》：以石計禄，始見於此。」下卿六百石，上士四百石，下士三百石。夫人，一傅、母，三伯，三丞。世婦，左、右婦，三姬，二良人，各有師、保。世子，一上傅，丞；士宿衛公者，比公者、比上卿者有三人，下卿六人；比上、下士者，如上、下之數。夫人衛御〔六五〕者，上王后作「御衛」。上、下御各五人；世婦，左、右婦，上、下御各五人；二卿，御各五人。世子上傅，上、下史各五人；丞，史各五人。三卿、九大夫，上士史各五人，下士史各五人；通大夫、士，上、下史各五人；卿，臣二人。此公侯之制也。公侯賢者爲州方伯，《王制》：「二百一十國以爲州，州有伯。」注：「凡長，皆因賢侯〔六六〕爲之。殷之州長曰伯。」錫斧鉞，置虎賁百人。莊元年注：「禮有九錫：一曰車馬，二曰衣服，三曰樂則，四曰朱户，五曰納陛，六曰虎賁，七曰弓矢，八曰鈇鉞，九曰秬鬯，皆所以勸善扶不能。言命、不言服者，重命，不重其財物。禮：百里不過九命，七十里不過七命，五十里不過五命。」故伯七十里，七七四十九，以開方言之。三分除其一，定得田方十里者二十八，與方十里者六十六，定率得十萬九千二百一十二口，爲次國口軍三，而立次國一夫人，世婦，左、右婦，三良人，二孺子。立一世子，三卿，九大夫，二十七上士，八十一下士，與五通大夫，五上士，十五下士。其上卿，位比大國之下卿，今六百石；下卿四百石，上士三百石，下士二百石。夫人，一傅、母，三伯，三丞。世婦，左、右婦，三良人，二御人，官本桉：「御，各本誤作『卿』。」各有師、保。世子，一下士原注：「一作『上下』。」傅。士宿衛公者，比上卿者三人，下卿六人；比上、下士，如上、下官本桉：「他本下衍『士』字。」之數。夫人御衛者，上、下士御各五人。世婦，左、右婦，上、下御各五人；二御，各五人。世子上傅，上、下史各五人；丞，史各五人。三卿、九大夫，上、下史各五人，下士史各五人；通大夫，上、下史各五人；卿，臣二人。故子男方五十里，五五二十五，爲方十里者六十六，定率得四萬疑有誤。口，爲小國口軍三，而立小國夫人，「夫人」上，當有「一」字。世婦，左、右婦，三良人，二孺子。立一世子，三卿，九大夫，二十七上士，八十一下士，與五通大夫，五上士，十五下士。其上卿，比次國之下卿，今四百石；下卿三百石，上士二百石，下士百石。夫人，一傅、母，官本桉：「母，他本誤作『氏』。」三伯，三丞。世婦，左、右婦，三良人，二御官本桉：「他本作『二卿』，誤。」人，各有師、保。世子，一上、下傅；官本桉：「傅，他本誤作『傳』。」〔六七〕士宿衛公者，比上卿者三人，下卿六人。夫人盧注：「舊本缺『夫人』二字，趙校增。」御衛者，上、下御各五人；世婦，左、右婦，上、下御各五人；二御人，各五人。世子上傅，上、下史各五人；三卿，九大夫，上、下史各五人，士各五人；通原注：「一作『五』。」大夫，上、下史亦各五人；卿，臣三人。此周制也。春秋合伯、子、男爲一等，故附庸、字者地方三十里，三三而九，「而」「如」通。三分而除其一，定得田方十里者六十，定率得一萬四千四百口，爲口師三，而立一宗婦，二妾，一世子。宰，丞官本桉：「『丞』，他本作『承』。」一，士一，秩士五人。宰視子男下卿，今三百石。宗婦有師、保，御者三人；妾，各二人。世子一傅。士宿衛君者，比上卿、下卿一人，上、下各如其數。世子傅，上、下史〔六八〕各五人。下良五。有誤。稱名、善者，地方半字君之地。九半四分除其一，定得田方十里者三，定率得七千二百口；一世子宰，今二百石。下四半、三半、二十五，三分除其一，定得田方十里者一，與方里者五十，定率得三千六百口；一世子宰，今百石，史五人；宗婦官本桉：「他本此下有一『士』字。」仕衛世子臣。下闕。

仁義法〔六九〕第二十九

《春秋》之所治，人與我也；所以治人與我者，仁與義也。以仁〔七〇〕安人，以義正我，故「仁」之爲言「人」也，《禮記·中庸》：「仁者，人也。」注：「『人也』讀如『相人偶』之『人』，以人意相存問之言。」《春秋元命包》：「仁者情志，好生愛人，故其爲人以仁。其立字，『二』『人』爲『仁』。」注：「二人，言不專於己念施與也。」「義」之爲言「我」也，言名以別矣。「仁」之於「人」、「義」之於「我」者，不可不察也。衆人不察，乃反以仁自裕，而以義設人。詭〔七一〕其處而逆其理，鮮不亂矣。原注：「一作『必亂』。」是故人莫欲亂，而大抵常亂。凡以闇於人我之分，而不省仁義之所在也，是故《春秋》爲仁義法。仁之法，在愛人，不在愛我；官本校：「他本誤作『我愛』。」義之法，在正我，不在正人。我不自正，雖能正人，弗與〔七二〕爲義；人不被其愛，官本校：「愛，他本作『澤』。」雖厚自愛，不予爲仁。昔者晉靈公殺膳宰以淑飲食，彈大夫以娛其意，官本校：「彈，他本誤作『殫』。」〔七三〕非不厚自愛也，然而不得爲淑人者，不愛人也。質於愛民，以下至於鳥獸昆蟲莫不愛。《禮記》注：「昆，明也。明蟲者，陽而生，陰而藏〔七四〕也。」師古曰：「昆，衆也。昆蟲，言衆蟲也。又，許慎《說文》云：二虫爲『䖵』〔七五〕，讀與『昆』同，謂『蟲之總名』。兩義并通。而鄭康成以『昆蟲』爲『明蟲』，失之矣。」不愛，奚足謂仁？官本校：「他本闕『不愛』二字，『奚』作『其』，『謂』作『爲』。」〔七六〕仁者，愛人之名也。「酅」《傳》無「大之」之辭，官本校：「傳，他本誤作『得』。」自爲追，原注：「一作『近』。」則善其所恤遠也。兵已加焉，乃往救之，則弗美；未致，豫備原注：「一作『衛』。」之，則美之，盧注：「兩『美』字，俱當作『大』。」善其救害之先也。僖〔七七〕二十六年《經》：「齊人侵我西鄙。公追齊師，至巂，弗及。」《傳》：「其言『至巂，弗及』，何？侈也。」注：「侈，猶『大』也。大公能却强齊之兵。『弗』者，『不』之深者也。言齊人畏公士卒精猛，引師而去之，深遠，不可得及，故曰『侈』。」夫救早〔七八〕而先之，則害無由起，而天下無害矣。然則觀物之動而先覺其萌，絶亂塞害於將然而未形〔七九〕之時，《春秋》之志〔八〇〕也，其明至矣。官本校：「至，他本作『智』。」非堯、舜之智，知禮之本，孰能當此？故救害而先知之，明〔八一〕也。公之所恤遠，如〔八二〕「而」通。《春秋》美之。詳其美恤遠之意，則天地之間，然後快其仁矣。非三王之德，選賢之精，孰能如此？是以知明先，以〔八三〕仁厚遠。遠而愈賢，近而愈不肖者，愛也。故王者愛及四夷，霸者愛及諸侯，安者愛及封內，危者愛及旁側，亡者愛及獨身。獨身者，雖立天子、諸侯之位，一夫之人耳，無臣民原注：「一作『人』。」之用矣。如此者，莫之亡而自亡也。《春秋》不言伐梁者，而言梁亡，蓋愛獨及其身者也。故曰：「仁者愛人，不在愛我。」此其法也。義云者，非謂正人，謂正我。雖有亂世枉上，莫不欲正人。奚謂義？昔者楚靈王討陳、蔡之賊，齊桓公執袁濤塗之罪，非不能正人也，然而《春秋》弗予，不得爲義者，我不正也。闔廬能正楚、蔡之難矣，官本校：「楚，他本作『陳』。」而《春秋》奪之義辭，以其身不正也。潞子之於諸侯，無所能正，《春秋》予之有義，其身正也，趨而利〔八四〕也。原注：「一無此四字。」故曰：「義在正我，不在正人。」此其法也。夫我無之，求諸人；我有之，而誹原注：「一作『非』。」諸人，人之所不能受也。其理逆矣，何可謂義？義者，謂宜在我者。官本校：「謂，他本誤作『得』。」宜在我者，而後可以稱義。《中庸》：「義者，宜也。」疏：「宜，謂於事得宜，即是其義。」故言義者，合「我」與「宜」，以爲一言。以此操之，「義」之官本校：「他本無『之』字。」爲言「我」也。故曰：有爲而得義者，謂之自得；有爲而失義者，謂之自失。人好義者，謂之自好；人不好義者，謂之不自好。以此參之，「義，我也」明矣。是「義」與「仁」殊：仁謂往〔八五〕，義謂來；仁大遠，義大近；愛在人謂之仁，義在我謂之義；仁主人，義主我也。故曰：「仁者人也，義者我也。」此之謂也。君子求仁義之别，以紀人我之間，然後辨乎內外之分，而著於順逆之處也。是故內治，反理以正身，據祉原注：「一作『禮』。」以勸福；原注：「一作『瞻』。」外治，推恩以廣施，寬制以容衆。孔子謂冉子曰：官本校：「他本無『曰』字。」「治民者，先富之而後加教。」語樊遲曰：「治身者，先難後獲。」以此之謂治身之與治民，所先後〔八六〕不同焉矣。《詩》云：「飲之食之，教之誨之。」先飲食而後教誨，謂治人也。又曰：「坎坎伐輻，彼君子兮，不素餐〔八七〕兮。」《韓詩》〔八八〕曰：「何謂素餐？素者，質也。人但有質朴，而無治民之材，名曰素餐。」先其事，後其食，謂之治身也。《春秋》刺上之過，而矜下之苦；小惡，在外弗舉，在我書而誹原注：「一作『非』。」之。隱元年注：「所傳聞之世，外小惡，不書。」二年注：「《春秋》王魯，明當先自詳正〔八九〕，躬自厚而薄責於人，故略外也。」凡此六者，以仁治人、義治我，躬自厚而薄責於外，此之謂也。師古曰：「躬，謂身親行之。」且《論》已見之，而人不察。曰：「君子攻其惡，不攻人之惡。」不攻人之惡〔九〇〕，非仁之寬與〔九一〕？自攻其惡，非義之全與？此謂之仁造人、義造我。何以異乎？故自稱其惡謂之情，稱人之惡謂之賊；求諸己謂之厚，求諸人謂之薄；自責以備謂之明，責人以備謂之惑。是故以自治之節治人，是居上不寬也；以治人之度自治，是爲禮不敬也。爲禮不敬，則傷行而民不〔九二〕尊；居上不寬，則傷厚而民弗親。弗親則弗信，弗尊則弗敬。二端之正佹於上，官本桉：「正佹，他本作『政詭』。」而僻行之則誹於下。仁義之處，可無論乎？夫目不視，弗見；心弗論，不得。雖有天下之至味，弗嚼，弗知其旨也；《韓詩外傳》：「雖有旨酒嘉殽，不嘗，不知其旨；雖有善道，不學，不達其功。故學然後知不足，教然後知不究。」《釋文》：「嚼，字若反。《廣雅》云：『茹也。』《字書》云：『咀也。』《説文》以爲『噍』字。」雖有聖人之至道，弗論，不知其義也。

必仁且智〔九三〕第三十

莫近於仁，莫急於智。《淮南子》：「凡人之性，莫貴於仁，莫急於智。仁以爲質，智以行之。」不仁而有勇力財能，原注：「財，一作『材』。」則狂而操利兵也；不智而辨慧〔九四〕獧給，則迷而乘良馬也。《吕氏春秋》：「辨而不當論，信而不當理，勇而不當義，法而不當務，惑而乘驥也，狂而操吴干將也。大亂天下者，必此四者也。」《淮南子》：「故不仁而有勇力果敢，則狂而操利劍；不智而辨慧獧給，則乘驥而不式。」故不仁不智而有材能，將以其材能以輔其邪狂之心，而贊其僻違之行，適足以大其非而甚其惡耳。其强足以覆過，其禦足以犯詐，其慧足以惑愚，其辨足以飾非，其堅足以斷辟，其嚴足以拒諫。此非無材能也，其施之不當而處之不義也。有否心者，不可藉便埶；官本桉：「埶，他本誤作『執』。」師古曰：「埶，古『勢』字。」其質愚者，不與利器。《論》之所謂「不知人也」者，恐不知別此等也。仁而不知，音「智」。則愛而不別〔九五〕也；知音「智」。而不仁，則知而不爲也。故仁者，所以愛人類也；智者，所以除其害也。

何謂仁？仁者，惻〔九六〕怛愛人，謹翕不争，好惡敦〔九七〕倫，無傷惡之心，無隱忌之志，無嫉妒之氣，無感愁之欲，無險詖之事，無辟違之行。故其心舒，原注：「一作『倫』。」其志平，其氣和，其欲節，其事易，其行道，故能平易和理而無争〔九八〕也。如此者，謂之仁。

何謂之知？音「智」。先言而後當。凡人欲舍行爲，皆以其知音「智」。先規而後爲之。其規是者，其所爲得，其所事當，其行遂，其名榮，其身故利而無患，福及子孫，德加萬民，湯、武是也；其規非者，其所爲不得其事，其事不當，官本桉：「他本無下『其事』。」其行不遂，其名辱，害及其身，絶世無復，殘類、滅宗、亡國是也，故曰「莫急於智」〔九九〕。知者，音「智」〔一〇〇〕。見禍福遠，其知利害蚤，師古曰：「蚤，古『早』字。」物動而知其化，事興而知其歸，見始而知其終；言之而無敢譁，立之而不可廢，取之而不可舍，前後不相悖，終始有類，思之而有復，及之而不可厭；其言寡而足，約而喻，簡而達，省而具，少而不可益，多而不可損；其動中倫，原注：「一作『禮』。」其言當務。如是者，謂之知。音「智」。其大略之類〔一〇一〕，天地之物，有不常之變者謂之異，小者謂之災。災常先至，而異乃隨之。災者，天之譴也；異者，天之威也。《春秋握誠圖》：「孔子作《春秋》，陳天人之際，記異考符。」譴之而不知，乃畏之以威。《詩》云「畏天之威」，殆此謂也。凡災異之本，盡生於國家之失。國家之失官本桉：「他本闕〔一〇二〕下『國家之失』四字。」乃始萌芽，《漢書·律曆志》云：「孳萌于子，紐牙〔一〇三〕于丑。」蓋凡物見端之始。而天出災異〔一〇四〕以譴告之；譴告之而不知變，乃見怪異以驚駭之；驚駭之尚不知畏恐，其殃〔一〇五〕咎乃至，以此見天意之仁而不欲害〔一〇六〕人也。《白虎通》：「天〔一〇七〕所以有災變，何？所以譴告〔一〇八〕人君，覺悟其行，欲行悔過循德〔一〇九〕，深思慮也。《援神契》曰：『行有點缺，氣逆于天，情感變出，以戒人也。』」謹桉，災異以〔一一〇〕見天意。天意，有欲也，有不欲也。所欲、所不欲者，人內以自省，宜有懲於心；外以觀其事，宜有驗於國。故見天意者之於災異也，畏之而不惡也，以爲天欲振吾過，《國語》注：「振，救也。」救吾失，故以此報我也。盧注：「報，舊本作『救』，非〔一一一〕。」《春秋》之法，上變古易常，應是而有天災者，謂幸國。僖三年《經》：「六月，雨。」注：「僖公飭過求己，六月澍雨；宣公復古行中，其年穀大豐。明天人相與報應之際，不可不察其意。」桉，變古有災，復古可以救災也。孔子曰：「天之所幸，有爲不善而屢極。」楚莊王以〔一一二〕天不見災，盧注：「『楚莊王以』，舊本作『且莊王曰』，誤。」地不見孽〔一一三〕，則禱之於山川曰：鄭注：「求福曰禱。」《春秋感精符》：「地爲山川。山川之精，上爲星辰，各應其州域，分野爲國，作精符驗也。」「天其將亡予邪〔一一四〕？不説吾過，極吾罪也。」以此觀之，天災之應過而至也，異之顯明可畏也，官本桉：「畏，他本誤作『謂』。」此乃天之所欲救也，《春秋》之所獨幸也，莊王所以禱而請也。聖主、賢君，尚樂受忠臣之諫，而況受天譴也？《説苑》：「楚莊王見天不見妖而地不見〔一一五〕孽，則禱於山川曰：『天其忘余歟？』此能求過於天，不〔一一六〕逆諫矣。」

校勘記

〔一〕「正法度」，諸本并作「法制」，據殿本《後漢書》卷九十二改補。張校云：「《後漢書》注『王者』下有『正』字，凌氏脱。」

〔二〕「全非」，與《經典釋文》卷二十三同，稿本誤作「仝非」，續經解本作「非」。

〔三〕「制」，諸本并作「置」，據《禮記正義》卷五十一改。張校云：「按《坊記》，『置』當作『制』。」

〔四〕「而」，張校云：「《坊記》『富』下無『而』字。」

〔五〕「匱」，計臺本作「遺」，殿本校云：「原本『匱』作『遺』。」

〔六〕「勢」，計臺本作「埶」。

〔七〕「珍」，殿本校云：「珍，他本作『修』。」

〔八〕「坊記」，諸本并作「孔子閑居」，據《禮記正義》卷五十一改。下「坊記疏」「坊記注」同。張校云：「《繁露》所引，本《坊記》原文。凌氏注，首節不取《禮記》注、疏，乃徵《毛詩》傳、箋，而下三節或用《坊記》注，或用《坊記》疏，皆改作《孔子閑居》，失檢。」

〔九〕「四時」，諸本并作「四方」，據《禮記正義》卷五十一改。

〔一〇〕「陸機」，續經解本作「陸璣」。案，《毛詩正義》引并作「陸機」，阮元《校勘記》卷一謂：「『機』誤作『璣』，蓋與士衡同姓名耳。」

龍谿本均合上爲一節，盧本提行。

〔一一〕「又謂之」至「蔓菁」，續經解本作「葑，蕪菁也」，下有「郭璞云：今菘菜也」七字。

〔一二〕「凡百亂之源」，計臺本「源」作「原」。又，自此以下，計臺本、殿本、稿本、續經解本、畿輔本、龍谿本均合上爲一節，盧本提行。

〔一三〕「浸」，諸本并作「侵」，據《漢書》卷二十二改。下「浸，漸也」同。

〔一四〕「别」，盧本、稿本作「制」。

〔一五〕「畫繢」，諸本并作「繪畫」，據《周禮注疏》卷四十改。

〔一六〕「肌膚」，稿本、蜚雲閣本、彙函本、續經解本并作「飢膚」，據計臺本、殿本、盧本、龍谿本、畿輔本改。

〔一七〕「勢」，計臺本作「埶」，字同。

〔一八〕「貧」，計臺本作「貪」。

〔一九〕「衣緣」，計臺本、殿本作「以禄」。

〔二〇〕「改」，盧本、稿本作「改正」。

〔二一〕「桉疑作織」云云，稿本作「《詩》箋：緣衣黑，以素紗爲裏」。

〔二二〕「士」，計臺本、殿本作「亦」。

〔二三〕「而」，諸本并作「爲」，據《周禮注疏》卷一改。張校云：「《釋文》『爲』作『而』。」

〔二四〕「土」，彙函本、續經解本作「士」，注同。

〔二五〕「士二品」，續經解本作「土二品」。

〔二六〕「附庸」，諸本并不重，「國事」并作「國氏」，據《禮記正義》卷十一改補。張校云：「《王制》注，『附庸』下復有『附庸』二字，凌氏脱；『國氏』本作『國事』。」

〔二七〕「十四年」，續經解本作「四四年」。

〔二八〕「注」，諸本并作「傳」，據《公羊注疏》卷一改。張校云：「隱元年《傳》無此文，凌氏蓋脱寫『注』字，或『傳』字係『注』字之誤。」

〔二九〕「古者」，張校云：「襄十一年《傳》注，『古者』下有『諸侯』二字。」

〔三〇〕「天子」，殿本校云：「天，他本作『王』。」

〔三一〕「八」，續經解本作「入」。

〔三二〕「爵非其德不授，禄非其功不予」，張校云：「《傅子》無兩『其』字。」案，《指海》本《傅子·重爵禄篇》注：「兩『非』字下，《大典》并有『其』字。」

〔三三〕「勞臣不敢虚干爵禄之制乎」，張校云：「《傅子》作『勞臣不敢以微功受重禄，况無德、無功而敢虚干爵禄之制乎』，凌氏過爲裁汰，詞意不順。」

〔三四〕「爵禄之分也定」，彙函本、續經解本作「爵禄之分已定」，《傅子》作「爵禄之分定」。張校云：「《傅子》本無『也』字。」

〔三五〕「天」，張校云：「《天官》疏作『周天』。」

〔三六〕「口」，盧本無。盧校云：「舊本『三』下又有『口』字，當是衍文。」

〔三七〕「是三頃也，闊三百步」，稿本作「是二頃也，闊二百步」，蜚雲閣本、彙函本、續經解本、畿輔本、龍谿本作「是三頃也，闊二百步」，據《禮記正義》卷十三改。

〔三八〕「一家」，蜚雲閣本、彙函本、畿輔本、龍谿本并奪，據計臺本、殿本、盧本、稿本、續經解本補。

〔三九〕「方里」，諸本并作「方百里」，據計臺本、殿本、盧本改。

〔四〇〕「宮府」，計臺本、殿本、盧本作「官府」。

〔四一〕「官本桉」云云，今殿本無。

〔四二〕「官本桉」云云，今殿本無。

〔四三〕「之上」，據文義，當作「之下」，謂「十與方里」當作「與方十里者」也，然句猶不可通。案，「十」或衍文，謂「與方里者六十六」。

〔四四〕「五萬三千三百三十三口」，計臺本、殿本作「五萬三千三百三十口」。

〔四五〕「缺一字」，稿本作「『大』下當是『國』字」。

〔四六〕「上」，與《漢書》卷四同，續經解本誤作「下」。

〔四七〕「左庶長」，諸本并誤作「右庶長」，據《漢書》卷九十七上改。張校云：「《漢書》作『左庶長』，師古曰：『左庶長，第十爵。』」

〔四八〕「帝王」，張校云：「《新書》作『聖帝』。」

〔四九〕「自」，《賈子新書・立後義》上有「升」字。

〔五〇〕「乎」，張校云：「《新書》無『乎』字，凌氏增之，殊失本意。」

〔五一〕「襄三十年」，稿本、蜚雲閣本、彙函本、畿輔本、龍谿本并作「襄二十三年」，據《公羊注疏》卷二十一、續經解本改。張校云：「注『禮：后、夫人必有傅、母』云云，本襄三十年注。」

〔五二〕「襁褓」，稿本作「襁抱」，《漢書》卷四十八作「繈抱」。

〔五三〕「召公」，諸本并作「召太公」，據《漢書》卷四十八改。

〔五四〕「因」，《漢書》卷四十八作「固」。

〔五五〕「逐去」，與《漢書》卷四十八同，彙函本、續經解本誤作「遂去」。
〔五六〕「衛候」，諸本并作「衛侯」，據《漢書》卷九改。
〔五七〕「宜」，彙函本作「宣」。
〔五八〕「者」，稿本下有「二」字。
〔五九〕「史」，計臺本作「吏」。殿本校云：「『史』字，他本誤作『吏』。」
〔六〇〕「各」，續經解本作「名」。
〔六一〕「官本桉」云云，今殿本無。
〔六二〕「除」，計臺本、殿本、盧本下并有「其」字。
〔六三〕「官本桉」云云，今殿本無。計臺本正文作「得定」。
〔六四〕「次國」，稿本作「次臣」，疑誤。
〔六五〕「衛御」，計臺本、殿本作「御衛」。
〔六六〕「賢侯」，與《禮記正義》卷十一同，續經解本誤作「賢候」。
〔六七〕「官本桉」云云，今殿本無。
〔六八〕「史」，續經解本作「中」。
〔六九〕「法」，稿本、蜚雲閣本、彙函本、畿輔本、龍谿本并作「發」，據計臺本、殿本、盧本、續經解本及本書目録改。
〔七〇〕「以仁」，蜚雲閣本、彙函本、續經解本、畿輔本、龍谿本并作「以人」，據計臺本、殿本、盧本、稿本改。

〔七一〕「詭」，計臺本作「佹」，字通。

〔七二〕「與」，計臺本、殿本、盧本作「予」。

〔七三〕「官本桉」云云，今殿本無。

〔七四〕「陽而生，陰而藏」，與《文選》卷三引同，《禮記正義》卷十二、《北堂書鈔》卷三十二并作「得陽而生，得陰而藏」。

〔七五〕「二虫爲蚰」，稿本、彙函本作「三蟲爲蟲」，蜚雲閣本、畿輔本、龍谿本作「二蚰爲蚰」，據《漢書·成帝紀》注、續經解本改。《説文》云：「蚰，蟲之總名也。从二虫，讀若昆。」

〔七六〕「他本闕不愛二字，奚作其，謂作爲」，今殿本校語作「『不愛奚足謂仁』，他本作『方足謂仁』」，則作「謂」，不作「爲」。

〔七七〕「僖」，龍谿本作「喜」。

〔七八〕「早」，計臺本、殿本、盧本并作「蚤」，字通。

〔七九〕「形」，諸本并作「行」，據計臺本、殿本、盧本改。

〔八〇〕「志」，稿本作「制」。

〔八一〕「明」，計臺本作「門」。

〔八二〕「如」，計臺本、殿本作「而」。殿本校云：「而，他本作『如』。」盧校云：「『如』與『而』同。」

〔八三〕「以」，計臺本、殿本作「而」，殿本校云：「而，他本作『以』。」

〔八四〕「而利」，計臺本、殿本作「利而」。

〔八五〕「往」，計臺本作「住」。

〔八六〕「先後」，計臺本、殿本、盧本作「先後者」。
〔八七〕「餐」，計臺本作「飧」。
〔八八〕「韓詩」，《文選》卷二十引作「韓詩章句」。
〔八九〕「詳正」，與阮刻本《公羊注疏》卷二同。張校云：「隱元年注『詳』作『持』。」案，張校「隱元年」當作「隱二年」，所據《公羊注疏》或爲殿本。
〔九〇〕「不攻人之惡」，蜚雲閣本、彙函本、續經解本、畿輔本、龍谿本并奪，據計臺本、殿本、盧本、稿本補。
〔九一〕「與」，計臺本、殿本、盧本并作「歟」。下「全與」同。
〔九二〕「不」，計臺本、殿本、盧本、續經解本作「弗」。
〔九三〕「智」，計臺本、殿本、盧本作「知」，與本書目録同。
〔九四〕「辨慧」，計臺本作「辨惠」，殿本、盧本并作「辯慧」。下「其慧足以惑愚，其辨足以飾非」句，「慧」字、「辨」字同。
〔九五〕「愛而不別」，計臺本作「愛人而知利」。
〔九六〕「惻」，計臺本、殿本、盧本并作「憯」，殿本校云：「憯，他本作『惻』。」
〔九七〕「敦」，計臺本作「敗」。
〔九八〕「争」，稿本、蜚雲閣本、彙函本、畿輔本、龍谿本并作「事」，據計臺本、殿本、盧本、續經解本改。
〔九九〕「智」，計臺本、殿本作「知」。
〔一〇〇〕「音智」，續經解本無。

〔一〇一〕「其大略之類」以下，諸本合上爲一節，與計臺本同，殿本、盧本均提行。

〔一〇二〕「闕」，今殿本作「脱」。

〔一〇三〕「牙」，《漢書》卷二十一上同，龍谿本作「芽」。

〔一〇四〕「災異」，計臺本、殿本、盧本并作「災害」。

〔一〇五〕「殃」，稿本、蜚雲閣本、彙函本、龍谿本、畿輔本并作「殆」，據計臺本、殿本、盧本、續經解本改。

〔一〇六〕「害」，計臺本作「陷」，殿本、盧本作「陷」。殿本校云：「陷，他本作『害』。」

〔一〇七〕「天」，稿本、蜚雲閣本、彙函本、畿輔本、龍谿本并作「人」，據抱經堂本《白虎通·災變》、續經解本改。張校云：「《白虎通》『人』字作『天』。」

〔一〇八〕「譴告」，諸本誤作「譴善」，據抱經堂本《白虎通·災變》改。張校云：「《白虎通》『譴善』作『譴告』。」

〔一〇九〕「欲行悔過循德」，張校云：「《白虎通》作『欲令悔過修德』。」

〔一一〇〕「以」，計臺本作「不以」。

〔一一一〕「非」，今盧本作「訛」。

〔一一二〕「楚莊王以」，續經解本誤作「楚注王以」，計臺本、殿本作「且莊王曰」。

〔一一三〕「蘖」，計臺本作「蘗」。

〔一一四〕「邪」，計臺本、殿本作「耶」。

〔一一五〕「見」，《説苑·君道》作「出」。

〔一一六〕「不」，《説苑·君道》作「必不」。

春秋繁露卷九

身之養重於義第三十一

天之生人也，使人生義與利。官本校：「之，他本作『人』。」利以養其體，義以養其心。心不得義，不能樂；體不得利，不能安。義者，心之養也；利者，體之養也。體莫貴於心，故養莫重於義。義之養生人，大於利矣〔一〕。何〔二〕以知之？今人大有義〔三〕而甚無利，雖貧與賤，尚榮〔四〕其行，盧注：「榮，俗間本多作『容』，錢據計臺本校正。」以自好而樂生，原憲、曾、閔之屬是也；《史記》：原憲，字子思。鄭玄曰：「魯人。」曾參，南武城人，字子輿；閔損，字子騫。鄭玄曰：「魯人。」人甚有利而大無義，雖甚富，則羞辱大，惡惡深，禍患重。非立死其罪者，即旋傷殃憂爾，莫能以樂生而終，其身刑戮、官本校：「他本脱『身』字。」夭折〔五〕之民是也。賈逵《解詁》：「短折曰夭。」夫人有義者，原注：「人，一作『民』。」雖貧，能自樂也；官本校：「他本『能』字在『雖』字上。」而大無義者，官本校：「他本作『無大』。」雖富，莫能自存。吾以此實義之養生人，大於利而厚於財也。官本校：「而，他本誤作『中』。」民不能知而常反之，皆忘義而徇〔六〕利，去理而走邪，以賊其身而禍其家。此非其自爲計不忠也，則其知之所不能明也。今握棗《古今注》：「棘實曰〔七〕棗。」

與錯金，桉，以金銀飾物曰錯。《食貨志》有錯刀，直五千〔八〕。契刀無縷，而錯刀用金縷之，故名「錯」也。以示嬰兒，《釋名》：「人始生曰嬰兒。胸前曰嬰。抱之嬰前，乳養之也。」必取棗而不取金也；握一斤金《索隱》：「《平準書》臣瓚注云：『秦以一鎰〔九〕爲一金，漢以一斤爲一金』，是其義也。」桉，周制，十六兩爲斤。秦更斤曰鎰，漢又復鎰爲斤。與千萬之珠，官本桉：「他本無『之』字。」《説文》：「珠，蚌之陰精也。」以示野人，野人必取金而不取珠也。故物之於人，小者易知也，其〔一〇〕大者難見也。今利之於人小，而義之於人大者，無怪民之皆趨利而不趨義也，師古曰：「趨，讀曰『趣』，謂趣向之也。」固其所闇也。聖人事明義，以炤燿其所闇，《説文》曰：「炤，明也。燿，照也。」故民不陷。《詩》云：「示我顯德行。」箋云：「示道我以顯明之德行。」此之謂也。先王顯德以示民，民樂而歌之以爲詩，説而化之以爲俗，故不令而自行，不禁而自止，從上之意，不待使之，若自然矣。故曰：聖人天地動、四時化者，非有他也，其見義大〔一一〕，故能動；動，故能化；化，故能大行；化大行，故法不犯；法不犯，故刑不用；刑官本桉：「他本下衍一『有』字。」不用，則堯、舜之功德。此大治之道也，先聖傳授而復也。故孔子曰：「誰能出不由户？何莫由斯道也。」桉，「出」謂出室也。凡宫室之制，外爲堂，内爲室。室之南壁，東爲户，西爲牖。凡所以通出入者，堂前則有門，堂後則有闈。入者以向堂爲至，故或可以不由門；出者以室爲始，故不能不由户〔一二〕。今不示顯德行，民闇於義，不能炤；迷於道，不能解。因欲大嚴憯以必正之，直殘賊〔一三〕天民而薄主德耳，其勢不行。仲尼曰：「國有道，雖加刑，無刑也。官本桉：「他本『也』字在『無』字上。」國無道，雖殺之，不可勝也。」其所謂有道、無道者，示之以顯德行與不示爾。

對膠西王越大夫不得爲仁第三十二 一本傳作「江都王」。

命令相曰：《董仲舒傳》：「以仲舒爲江都相，事易王。」《漢書・百官公卿表》：「景帝中五年，令諸侯王不得復治國，天子爲置吏，改丞相曰相。」「大夫蠡、《越世家》注：「太史公曰〔一四〕《素王妙論》曰：『蠡，南陽人。』《列仙傳》曰：『蠡，徐人。』」正義曰：「《會稽典〔一五〕録》云：『范蠡，字少伯，楚宛三户人。佯狂，倜儻負俗。』《越絶書》云：『在越爲范蠡，在齊爲鴟夷〔一六〕子皮，在陶曰朱公。』又云：『居楚曰范伯。』」大夫種、《越世家》注：「正義曰：『《吴越春秋》云：大夫種，姓文，名種，字禽。荆平王時，爲宛令。』」大夫庸、師古曰：「泄庸也。」大夫睪、原注：「音『澤』。」〔一七〕大夫車成，盧注：「『睪』即『皋』字，謂皋如也。車成，即苦成。」越王與此五大夫謀伐吴，遂滅之，雪會稽之耻，卒爲霸主〔一八〕。范蠡去之，《越世家》：「當是時，越兵横行於江淮東，諸侯畢賀，號稱霸王〔一九〕。范蠡遂去。」種死之。《越世家》：「或讒種且作亂，越王乃賜種劍，曰：『子教寡人伐吴七術，寡人用其三而敗吴，其四在子。子爲我從先王試之。』種遂自殺。」寡人以此官本校：「以此，他本誤作『此以』。」二大夫者爲皆賢。孔子曰：『殷有三仁。』微子、箕子、比干，同稱「三仁」〔二〇〕。今有〔二一〕越王之賢，與蠡、種之能，此三人者，寡人亦以爲越有三仁。其於君，何如？盧注：「本傳以泄庸與種、蠡，同〔二二〕爲三仁。」桓公決疑於管仲，寡人決疑於君。」仲舒伏地再拜，對曰：「仲舒知褊而學淺，不足以決之。雖然，王有問於臣，盧注：「王，舊本訛作『主』。桉，春秋時，大夫稱主，仲舒必不對王稱主。」臣不敢不悉以對，禮也。臣仲舒聞：昔者魯君問於柳下惠曰：師古曰：「魯大夫展禽也。柳下，所食菜邑之名；惠，謚也。」『我欲攻齊，如何〔二三〕？』柳下惠對曰：『不可。』退而有憂色，曰：『吾聞之也：謀伐國者，不問於仁人也。此何爲至於我？』但見問而尚羞之，而況乃與爲詐以伐吴乎？官本桉〔二四〕：「他本『爲詐』作『詐僞』。」其不宜，明矣。以此觀之，越本無一仁，而安得三仁？仁人者，正其道，不謀其利；修其理，不急其功；《漢書》作「正其誼，不謀其利；明其道，不計其功」。致無爲，而習俗大化，可謂仁聖矣，三王是也。《春秋》之義，貴信而賤詐。詐人而勝之，雖有功，君子弗爲也。是以仲尼之門，五尺之〔二五〕童子，言羞稱五伯。師古曰：「伯，讀曰『霸』。」爲其詐以成功，苟爲而已矣〔二六〕，《荀子》〔二七〕：「然而仲尼之門人，五尺之竪子，言羞稱乎五伯。」又云〔二八〕：「詐心以勝矣。」故不足稱於大君子之門。張晏〔二九〕曰：「仲尼之門，故稱『大』也。」五伯者，比於他諸侯，爲賢者；比於聖賢〔三〇〕，何賢之有！譬猶碔砆比於美玉也。臣仲舒伏地再拜以聞。」《山海經》曰：「會稽之山〔三一〕多砆石。」郭璞注曰：「武砆〔三二〕，石似玉。今長沙臨湘〔三三〕縣出之，青地、白文，色蔥籠，不分了也〔三四〕。」

觀德第三十三

天地者，萬物之本，先祖之所出也。《班固傳》注：「《禮統》：天地者，元氣之所生，萬物之祖也。」廣大無極，其德炤明，歷年衆多，永永無疆。天出至明，原注：「一作『炤』。」衆知〔三五〕類也；其伏，無不炤也。地出至晦，星日爲明，不敢闇。君臣、父子、夫婦之道，取之此。大禮之終也，臣子三年不敢當。官本桉：「年，他本誤作『子』。」文九年《傳》：「緣孝子之心，則三年不忍當也。」雖當之，必稱先君，必稱先人，不敢貪至尊也。百禮之貴，皆編於月，官本桉：「於，他本作『之』。」月編於時，隱六年《經》：「秋九月。」《傳》：「此無事，何以書？《春秋》雖無事，首時過則書。首時過，何以書〔三六〕？《春秋》編年，四時具，然後爲年。」時編於君，君編於天。

天之所棄，天下〔三七〕弗祐，王本「下」誤作「子」。桀、紂是也。天子之所誅絶，臣子弗得立，蔡世子、逢丑父是也。王父、父所絶，官本校：「他本無下『父』字。」子孫不得屬，魯莊公之〔三八〕不得念母、衛輒之辭父命是也。故受命而海内順之，猶衆星之共北辰，《爾雅》：「北極謂之北辰。」注：「北極五星，第一星太子，第二星太乙之坐，第三星庶子，第四星后妃，第五紐星，即極星，天之樞也。」〔三九〕流水之宗滄海也。《禹貢》：「江、漢朝宗於海。」况生天地之间，法太祖、先人之容貌，則其至德取象，衆名尊貴，官本校：「貴，他本作『賢』。」是以聖人爲貴也。泰伯〔四〇〕至德之侔天地也，上帝爲之廢適〔四一〕易姓而子之。讓其至德，海内懷歸之。泰伯三讓，而不敢就位。范甯曰：「泰者，善大之稱；伯者，長也。周泰王之元子，故曰泰伯。」鄭康成曰：「泰王〔四二〕見季歷賢，又生文王，有聖人表，故欲立之而未有命。泰王有疾，泰伯因適吴越采藥。泰王歿而不反，季歷爲喪主，一讓也；季歷赴之，不來奔喪，二讓也；終喪〔四三〕之後，遂斷髮文身，三讓也。」伯邑考知群心貳，自引而激，順神明也。《尚書中候〔四四〕》：「文王廢考，立發爲太子。」至德以受命，豪英高明之人輻輳〔四五〕歸之。《説文》：「輻，輪〔四六〕轑也。」《老子》：「三十輻共一轂。」輳，輻聚共轂。《釋文》：「輻，音『福』。本亦作『輹』，音『服』。馬云：『車下縛也。』鄭云：『伏菟。』」高者列爲公侯，下至卿大夫，濟濟乎哉，皆以德序。是故吴、魯同姓也，官本校：「他本無『故』字。」鍾離之會，不得序而稱君；杜預注：「鍾離，楚邑，淮南縣。」服虔曰：「鍾離，州來西邑也。」殊魯而會之，謂〔四七〕其夷狄之行也。成十五年《傳》：「曷爲殊會吴？外吴也。曷爲外也？《春秋》内其國而外諸夏，内諸夏而外夷狄。」雞父之戰，吴不得與中國爲禮；昭二十三年《傳》：「此偏戰也，曷爲以詐戰之辭言之？不與夷狄之主中國也。」至於伯莒、黄池之行，變而反道，乃爵而不殊。官本校：「他本無『伯』字。」〔四八〕《水經注》：「柏舉，京相璠曰：『漢東地矣。』」《國策》注：「陳留外黄池縣，有黄溝。」杜預注：「陳留封丘縣南，近濟水。」定四年《經》：「蔡侯以吴子及楚人戰于伯莒。」《傳》：「吴何以稱子？夷狄也，而憂中國。」哀十三年《經》：「公會晉侯及吴子于黄池。」《傳》：「吴何以稱子？吴主會也。吴主會，則曷爲先言晉侯？不與夷狄之主中國也。其言『及吴子』，何？會兩伯之辭也。不與夷狄之主中國，則曷爲以會兩伯之辭言之？重吴也。曷爲重吴？吴在是，則天下諸侯莫敢不至也。」《春秋考異郵》：「黄池之會，齊、晉前驅，滕、薛扶轂，魯、衛驂乘。」召陵之會，魯君在是而不得爲主，避齊桓也。僖四年《經》：「楚屈完來盟于師，盟于召陵。」《傳》：「其言來，何？與桓〔四九〕爲主也。」注：「以從内文，知與桓公爲天下伯〔五〇〕主。」杜預注：「召陵，穎川〔五一〕縣也。」《水經注》：「闞駰曰：召者，高也。其地丘墟，井深數丈，故以名焉。」魯桓即位十三年，齊、宋、衛、燕舉師而東，紀、鄭與魯戮力而報之。後其日〔五二〕，王本「日」訛作「已」。以魯不得遍〔五三〕避紀侯與鄭厲公也。桓十三年《經》：「公會紀侯、鄭伯。己巳，及齊侯、宋公、衛侯、燕人戰，齊師、宋師、衛師、燕師敗績。」《傳》：「曷爲後日？恃外也。其恃外，奈何？得紀侯、鄭伯，然後能爲日也。」《春秋》常辭：「夷狄不得與中國爲禮。」至邲之戰，夷狄反道〔五四〕，中國不得與夷狄爲禮，避楚莊也；宣十二年。邢、衛，魯之同姓也，狄人滅之，《春秋》爲諱〔五五〕，官本校：「爲，他本作『得』。」盧注：「舊本作『《春秋》不爲諱』，衍『不』字，删。」避齊桓也。僖元年《傳》：「邢已亡矣。孰亡之？蓋狄滅之。曷爲不言狄滅之？爲桓公諱也。曷爲爲桓公諱？上無天子，下無方伯，天下諸侯有相滅亡者，桓公不能救，則桓公耻之。」二年《傳》：「孰城？城衛也。曷爲不言城衛？滅也。孰滅之？蓋狄滅之。曷爲不言狄滅之？爲桓公諱也。」當其如此也，唯德是親，其皆先其親。是故周之子孫，其親等也，而文王最先；隱元年《傳》：「王者孰謂？謂文王也。」注：「文王，周始受命之王。」四時等也，而春最先；隱元年《傳》：「春者，何？歲之始也。」十二月等也，而正月最先；隱元年《傳》：「何言乎『王正月』？大一統也。」注〔五六〕：「夫王者始受命改制，布政施教於天下，自公侯至于庶人，自山川至于草木昆蟲，莫不一一繫于正月，故云政教之始。」德等也，則先親親；《春秋》變周之文，從殷之質，質家先親親。

魯十二公，等也，而定、哀最尊。定元年《傳》：「定、哀多微辭。」注：「上以諱尊隆親。」衛俱諸夏也，善稻之會，王本從《左氏》作「善道」，今據《公羊》改〔五七〕正。杜預注：「善道，地闕。」獨見〔五八〕内之，爲其與我同姓也；襄五年《經》：「仲叔蔑、衛叔孫林父〔五九〕會吴于善稻。」按，殊會吴，不殊會衛，是獨見内也。吴俱夷狄也，柤之會，《土地名》：「柤，宋地。今彭城偪陽縣西北有柤水溝，去偪陽八十里。」獨先外〔六〇〕之，爲其與我同姓也。襄十年。滅國十五有餘，獨先諸夏；首記「齊師滅譚」，是先記諸夏之滅人。魯、晉俱諸夏也，譏二名，獨先及之。定六年：「季孫斯、仲孫忌率〔六一〕師圍運。」《傳》曰：「此仲孫何忌也，曷爲謂之仲孫忌？譏二名。二名，非禮也。」哀十三年《傳》：「此晉魏曼多也，曷爲謂之晉魏多？譏二名。二名，非禮也。」盛伯、郜子俱當絶，而獨不名，爲其與我同姓兄弟也。文十二年《傳》：「盛伯者，何？失地之君也。何以不名？兄弟辭也。」僖二十年《傳》：「郜子者，何？失地之君也。何以不名？兄弟辭也。」杜預注：「郜，姬姓國。」出外〔六二〕者衆，以母弟出，獨大惡之，爲其亡〔六三〕母、背骨肉也。昭元年《經》：「秦伯之弟鍼出奔晉。」《傳》：「秦無大夫，此何以書？仕諸晉也。曷爲仕諸晉？有千乘之國，而不能容其母弟，故君子謂之出奔也。」滅人者莫絶，衛侯毁滅同姓，獨絶，賤其本祖而忘先也。僖二十五年《傳》：「衛侯毁何以名？絶。曷爲絶之？滅同姓也。」親等，從近者始。立適以長，隱元年《傳》：「立適以長，不以賢。」母以子貴，隱元年《傳》。先。原注：「或有『母』字。」甲戌、己丑，陳侯鮑卒，書所見也，而不言其闇者。桓五年《經》：「五年，春正月，甲戌。己丑，陳侯鮑卒。」《傳》：「曷爲以二日卒之？怴。甲戌之日亡，己丑之日死而得。君子疑焉，故以二日卒之也。」隕石于宋五，六鷁〔六四〕退飛，耳聞而〔六五〕記，目見而書，或徐或察，官本校：「察，他本誤作『蔡』。」皆以其先接於我者序之。僖十六年《經》：「正月戊申朔，霣石于宋五。是月，六鷁退飛，過宋都。」《傳》：「曷爲先言『霣』而後言『石』？霣石，記聞。聞其磌然，視之則石，察之則五。曷爲先言『六』而後言『鷁』？六鷁退飛，記見也。視之則六，察之則鷁，徐而察之則退飛。」其於會、朝、聘之禮，亦猶是。諸侯與盟者衆矣，而儀父獨漸進。隱元年《傳》：「此其〔六六〕可褒，奈何？漸進也。」桉，「會」下當有「盟」字。鄭僖公方來會我而道殺，《春秋》致其意，謂之如會；襄七年《傳》：「鄭伯髡原何以名？傷而反，未至乎舍而卒也。未見諸侯，其言如會，何？致其意也。」潞子離狄而歸黨，以得亡〔六七〕，武進李庶常兆洛曰：「亡，王本誤作『上』。」《春秋》謂之「子」，以領其意。宣十五年《傳》：「潞何以稱子？潞子之爲善也，躬足以亡爾。雖然，君子不可不記也。離于夷狄，而未能合于中國。晉師伐之，中國不救，狄人不有，是以亡也。」《漢書·功臣表》：「《春秋》列潞子之爵，許其慕諸夏也。」包來、隱八年，盟于包來。杜預注：「浮來，紀邑。東莞縣北有邳鄉，邳鄉西有公來鄉，號曰邳來間。」桉《釋文》，「浮」與「包」古音通也。首戴、僖五年，會王世子于首戴。杜預注：「首止，衛地。陳留襄邑縣東南，有首鄉。」洮〔六八〕、僖八年，盟于洮。杜預注：「洮，曹地。」踐土僖二十八年，盟于踐土。《國語》注：「踐土，鄭地名，在河内。」與操之會，陳〔六九〕去我，謂之逃歸；襄七年《經》：「陳侯逃歸。」杜預注：「鄬〔七〇〕，鄭地。」鄭處而不來，官本桉：「處，他本作『去』。」謂之乞盟；僖八年《經》：「鄭伯乞盟。」陳侯後至，官本桉：「後，他本誤作『俊』。」謂之如會；僖二十八年《傳》：「其言如會，何？後會〔七一〕也。」莒人疑我，貶而稱人。僖八年《傳》：「公曷爲與微者盟？稱人，則從不疑也。」諸侯朝魯者衆矣，官本桉：「他本脱一〔七二〕『朝』字。」而滕、薛獨稱侯；隱十一年。州公化我，奪爵而無號。桓六年《傳》：「寔來者，何？猶言〔七三〕是人來也。孰謂？謂州公也。曷爲謂之寔來？慢之也。曷爲慢之？化我也。」吳、楚國，先聘我者見賢；襄二十九年《傳》：「吳無君、無大夫，此何以有君、有大夫？賢季子也。」莊二十三年《經》：「荆人來聘。」《傳》：「荆何以稱人？始能聘也。」曲棘與鞌之戰，先憂我者見賢。官本桉：「他本『賢』作『尊』。」昭二十五年《傳》：「曲棘者，何？宋之邑也。諸侯卒其封内，不地，此何以地？憂内也。」成二年《傳》：「曹無大夫，公子手何以書？憂内也。」杜預注：「陳留外黄縣城中有曲棘里，宋地。」圈稱《陳留志》〔七四〕

曰：「外黄，于《春秋》爲曲棘里，故宋之别都矣。」

奉本第三十四

禮者，繼天地，體陰陽，《禮記序》：「夫禮者，經天緯地，本之則太乙之初。」又，「賦清濁以醇釃，感陰陽而遷變」。而慎主客〔七五〕，序尊卑、貴賤、大小之位，而差外内、遠近、新舊〔七六〕之級者也，以德多爲象。萬物以廣博衆多，歷年久者爲象。其在天而象天者，莫大日月。繼天地之光明，莫不照也。《春秋感精符》曰：「日者，陽之精，耀魄光明，所以察下也；月者，陰之精，地之理也。」蔡邕云：「法象莫大乎天地，變通莫大乎四時，縣象著明莫大乎日月。」星莫大於大辰，昭十七年《經》：「冬，有星孛於大辰。」《傳》：「其言于大辰〔七七〕，何？在大辰也。大辰者，何？大火也。大火爲大辰，伐爲大辰，北辰亦爲大辰。」注：「大火謂心，伐謂參伐也。大火與伐，天所以示民時早晚，天下所取正，故謂之大辰。辰，時也。北辰，北極，天之中也，常居其所。迷惑不知東西者，須視北辰，以别心、伐所在。心者，天子明堂，布政之宫。」《爾雅》：「大辰，房、心、尾也。大火謂之大辰。」注：「龍星明者，以爲時候，故曰大辰。大火〔七八〕，心也，在中，最明，故時候主焉。」疏：「大辰，房、心、尾之總名也。辰，時也。郭云：『龍星明者，以爲時候，故曰大辰。』《春秋》昭十七年『冬，有星孛于大辰』是也。大火謂之大辰者，大火，大辰之次名也。李巡云：『大火，蒼龍宿心，以候四時。』郭云：『大火心也，在中，最明，故時候主焉。』《左傳》曰『心爲大火』是也。」桉《漢書·律曆志》：東方角、亢、氐、房、心、尾、箕，此東方之宿也。《月令章句》：「日爲陽宗，月爲陰宗，北辰爲星宗。」北斗常星。北斗常星，官本桉：「他本缺下『北斗常星』四字。」部星三百，衛星三千。大火二十六星，伐十三星，官本桉：「三，他本作『六』。」《天文志》：「參，白虎宿三星。直下有三星，鋭曰伐。」毛傳：「參，伐也。」北斗七星，《史記·天官書》「北斗七星」，索隱曰：「《春秋運斗樞〔七九〕》云：『斗，第一天樞，第二璇，第三璣，第四權，第五衡，第六開陽，第七摇光。第一至第四爲魁，第五至第七爲杓，合而爲斗。』《文耀鉤》

云：『斗者，天之喉舌。』」常星九辭〔八〇〕，字誤。二十八宿。《淮南子》：「星分度：角十二，亢九，氐十五，房五，心五，尾十八，箕十一四分一，斗二十六，牽牛八，須女十二，虚十，危十七，營室十六，東壁九，奎十六，婁十二，胃十四，昴十一，畢十六，觜巂二，參九，東井三十，輿鬼四，柳十五，星七，張、翼各十八，軫十七，凡二十八宿也。」多者宿二十八九。其猶蓍百莖而共一本，《大傳》：「『蓍』之爲言『耆』也，百年，一本生百莖。此草木之壽，亦知吉凶者，聖人以問鬼神。」龜千載而人寶，《白虎通》：「『龜』之爲言『久』也。」《初學記》《皇覽》：「《逸禮》：龜者，陰蟲之老也。龜三千歲，遊〔八一〕於卷耳之上，老者先知，故君子舉事必考之。」是以三代傳決疑焉。《白虎通》：「天子下至士，皆有蓍龜者，重事決疑，示不自專。」其得地體者，莫如山阜。人之得天、得衆者，官本校：「天，他本誤作『失』。」莫如受命之天子。下至公、侯、伯、子、男，海内之心，懸於天子；疆内〔八二〕之民，統於諸侯。日、月食，并吉凶〔八三〕。《左氏正義》曰：「日食者，月掩之也。日月之道〔八四〕，互相出入：或月在日表，從外而入内；或月在日裏，從内而出外。道有交錯，故日食也。」張衡《靈憲》曰：「當日之衝〔八五〕，光常不合，是謂闇虚。在星則星微，遇月則月食。是言日奪月光，故月食也。若是日奪月光，則應每望常食。而望亦有不食者，由其道度異也。日月異道，有時而交，交則相犯，故日月遞食。交在望前，朔則日食，望則月食；交在望後，望則月食，後月朔則日食；交正在朔，則日食既前，後望不食；交正在望，則月食既前，後朔不食。大率一百七十三日有餘而道始一交，非交則不相侵犯，故朔、望不常有食也。道不正交，則日斜照月，故月光更盛；道若正交，則日衝當月，故月光即滅。譬如火斜照水，日斜照鏡，則水、鏡之光旁照他物；若使鏡正當日、水正當火，則水、鏡之光不能有照。日之奪月，亦猶正也。日月同會，道度相交，月掩日光，故日食；日奪月光，故月食。言月食是日光所衝，日食是月體所映，故日食常在朔，月食常在望也。」不以其行，有星茀于東方、哀十三年。于大辰、昭十七年。入北斗〔八六〕，文十四年。常星不見，莊七年。地震，昭十九年。梁山、沙鹿崩，僖十四年。宋、衛、陳、鄭災，昭十八年。王公大夫篡弑者〔八七〕，《春秋》皆書，以爲大異；不言衆星之茀入、霣雨，原隰之襲崩，《爾雅》：

「廣平曰原，下濕〔八八〕曰隰。」李注：「謂土地寬博而平正，名之曰原；土地窊下，但當名爲隰。」〔八九〕一國之小民死亡，不決疑於衆草木也。唯田邑之稱，多者〔九〇〕主名。桓元年〔九一〕《傳》：「田多邑少稱田，邑多田少稱邑。」君將不言臣，臣不言師；隱五年《傳》：「君將，不言率師，書其重者也。」王夷、《孔叢子》：「夷，傷也。」服虔曰：「金創爲夷。」君獲，不言師敗。成十六年《傳》：「敗者稱師，楚何以不稱師？王痍也。王痍者，何？傷乎矢也。然則何以不言師敗績？末言爾。」注：「凡舉師敗績，爲重衆。今親傷人君，當舉傷君爲重。」隱六年《傳》：「諱獲也。」注：「君獲，不言師敗績也。」〔九二〕孔子曰：「唯天爲〔九三〕大，唯堯則之。」「則之」者，大也。「巍巍乎其有成功也」，師古曰：「言堯所行，皆法天。巍巍者，高貌。」言其尊大以成功也。齊桓、晉文不尊周室，不能霸；三代聖人不則天地，不能至王。自〔九四〕原注：「一作『階』〔九五〕。」此而觀之，可以知天地之貴矣。官本校：「貴，他本誤作『責』。」夫流深者，其水不測；尊至者，其敬無窮。是故天之所加，雖爲災害，猶承而大之，其欽無窮，震夷伯之廟是也。僖十五年：「己卯晦，震夷伯之廟。」《傳》：「晦者，何？冥也。震之者，何？雷電擊夷伯之廟者也。夷伯者，曷爲者也？季氏之孚也。季氏之孚，則微者。其稱夷伯，何？大之也。曷爲大之？天戒之，故大之也。何以書？記異也。」天無錯舛〔九六〕之災，地有震動之異。天子所誅絶、所敗師，雖不中道，而《春秋》者不敢闕，謹之也。故師出者衆矣，莫言還。至師及齊師圍郕〔九七〕，郕降于齊師，校：「郕」當從《公羊》作「成」。獨言還。莊八年〔九八〕《經》：「夏，師及齊師圍成，成降于齊師。秋，師還。」《傳》：「還者，何？善辭也。此滅同姓，何善爾？病之也〔九九〕。曰：師病矣。曷爲病之？非師之罪也。」其君劫外，不得已，故可直言也。至於他師，皆其君之過〔一〇〇〕也，而曰「非師之罪」，是臣下之不爲君父受罪，官本校：「他本『下』誤作『莫』。」罪不臣子，莫大焉。夫至明者，其照無疆；至晦者，其闇無疆。今《春秋》緣魯以言王義，句。殺去聲〔一〇一〕。隱、桓以爲遠祖，句。宗定、哀以爲考妣，至尊且高，官本校：「且，他本誤作『尚』。」至顯且明。其基壤之所加，潤澤之所被，條條無疆。前是，常數十年鄰之幽人，近其墓而高明。張晏曰：「幽人，神人也。」劉庶常曰：「語當有脱誤。」大國齊、宋，離不言會。原注：「一無『不』字。」桉：無「不」字者是。隱元年注：「於所傳聞之世，内離會書，外離會不書；於所聞之世，見治升平，内諸夏而外夷狄，書外離會。」微國之君，卒、葬之禮，録而辭繁。哀三年《經》：「冬十月癸卯，秦伯卒。」注：「哀公著治太平之終，小國卒、葬，極於哀公者，皆卒日葬月。」遠夷之君，内而不外。昭十六年注：「戎曼稱子者，入昭公，見王道太平，百蠻貢職，夷狄皆進至其爵。」當此之時，魯無鄙疆〔一〇二〕，盧本以「疆」作「彊」，屬下讀，大謬。「無鄙疆」，言王化所及者遠。諸侯之伐哀者，皆言「我」。哀八年《經》：「吴伐我。」十一年〔一〇三〕《經》：「春，齊國書帥師伐我。」桉，不言西鄙、北鄙，只言「我」，以見魯無鄙疆，化及天下之象也。邾婁庶其、鼻我，邾婁大夫，其於我無以親，以近之故，乃得顯明。襄二十三年《傳》：「邾婁鼻我者，何？邾婁大夫也。邾婁無大夫，此何以書？以近書也。」注：「所傳聞世，見治始起〔一〇四〕，外諸夏，録大略小，大國有大夫，小國略稱人。所聞之世，内諸夏，治小如大，廩廩近升平，故小國有大夫，治之漸也。見於邾婁者，自近始也。」隱、桓，親《春秋》之先人也，益師卒而不日。隱元年《經》：「益師卒。」《傳》：「何以不日？遠也。」注：「孔子所不見。」於稷之會，言成宋亂，以遠外也〔一〇五〕；桓二年《經》：「公會齊侯、陳侯、鄭伯于稷，以成宋亂。」《傳》：「内大惡，諱。此其目言之，何？遠也。」盧注：「舊本『于稷之會』下，有『不日』二字，因上而誤衍也；又脱『成宋』二字，今訂補。」黄池之會，以兩伯之辭言，不以爲外，以近内也。哀十三年。○「《春秋》襄公〔一〇六〕二十一年：『邾庶其以漆、閭丘來奔。』《左氏》曰：『庶其，非卿也。』《公羊》曰：『邾庶其者，何？邾婁大夫也。』二十三年『邾婁鼻我〔一〇七〕來奔』，杜注：『卑我〔一〇八〕是庶其之黨，同有竊邑叛君之罪。』《公羊》作『鼻我，邾婁大夫也』，《穀梁》作『畀我』〔一〇九〕。」官本校：「以上七十九字，據文義，乃舊時《繁露》注，原本、他本俱誤作正字。今校正。」

校勘記

〔一〕「矣」，計臺本、殿本、盧本無，殿本校云：「他本『利』下有『矣』字。」

〔二〕「何」，計臺本、殿本、盧本作「奚」，殿本校云：「他本『奚』作『何』。」

〔三〕「大有義」，諸本并作「有大義」，據計臺本、殿本、盧本改。

〔四〕「榮」，殿本作「容」。

〔五〕「夭折」，計臺本、殿本作「折夭」。

〔六〕「徇」，計臺本、殿本、盧本并作「殉」。

〔七〕「曰」，《古今注·草木第六》作「爲」。

〔八〕「五千」，稿本、彙函本、畿輔本、龍谿本并作「乙千」，據《漢書·食貨志下》、續經解本改，張校云：「《漢書》『乙』本作『五』。」

〔九〕「鎰」，《史記》卷三十作「溢」，字通。

〔一〇〕「其」，計臺木、殿本、盧本作「其於」。

〔一一〕「義大」，諸本并作「大義」，據計臺本、殿本、盧本改。

〔一二〕「入者以向堂爲至」至「不由户」，張校云：「按《論語》注，孔曰：『言人立身成功，當由道，譬猶出入要當從户。』《説文》：『室，實也。从宀、从至。至，所止也。』凌注『入者以向堂爲至』，未知何據。」案，凌氏自有説，詳見《四書典故覈》「出不由户」條。

〔一三〕「賊」，殿本校云：「他本『賊』誤『賤』。」

〔一四〕「曰」，《史記·越王句踐世家》集解無，疑衍。《素王妙論》，相傳爲司馬遷所撰。

〔一五〕「典」，諸本并作「興」，據《史記》卷四十一改。

〔一六〕「鴟夷」，稿本蜚雲閣本、彙函本、續經解本作「鳱夷」，據畿輔本、《史記·越王句踐世家》正義引改。

〔一七〕「音澤」，計臺本無此注。

〔一八〕「霸主」，龍谿本作「霸王」。

〔一九〕「霸王」，與《史記》卷四十一同，彙函本、續經解本、畿輔本作「霸主」。

〔二〇〕「微子、箕子、比干，同稱三仁」，彙函本「仁」作「人」，稿本作「鄭康成曰：箕子、比干不忍去，皆是同姓之臣(者)，[有]親屬之恩，君雖無道，不忍去之也。然君臣義合，[道]終不行，雖同姓，有去之理，故微子去[之]，[與]箕子、比干，同稱三仁」，見《詩·邶·柏舟》疏。又，稿本無此下正文「今有越王之賢，與蠡、種之能，此三人者，寡人亦以爲越有三仁」句。

〔二一〕「有」，計臺本、殿本、盧本作「以」，殿本校云：「他本『以』作『有』。」

〔二二〕「同」，盧本無。

〔二三〕「如何」，計臺本、殿本、盧本并作「何如」。

〔二四〕「桉」，續經解本作「批」。

〔二五〕「之」，與殿本、盧本同，計臺本無。

〔二六〕「矣」，計臺本、殿本、盧本作「也」。

〔二七〕「荀子」，續經解本作「南子仲尼篇」。

〔二八〕「又云」，稿本、韮雲閣本、彙函本、畿輔本、龍谿本作「又仲尼篇」，據續經解本改。

〔二九〕「張晏」，稿本、彙函本、畿輔本、龍谿本并作「張宴」，據《漢書》卷五十六、續經解本改。下并同，不復注。

〔三〇〕「聖賢」，計臺本、殿本、盧本并作「仁賢」，殿本校云：「他本『仁』作『聖』。」盧校云：「仁賢，本或作『聖賢』。」

〔三一〕「山」，諸本并作「上」，據《山海經·南山經》改。張校云：「《山海經》作『會稽之山四方，其上多金玉，其下多砆石』。」

〔三二〕「武砆」，《山海經·南山經》、續經解本作「武夫」。

〔三三〕「臨湘」，稿本、韮雲閣本、彙函本、龍谿本、畿輔本并作「臨湖縣」，續經解本作「臨湘縣」，據《山海經箋疏》卷一改。

〔三四〕「青地、白文，色葱蘢，不分了也」，《山海經箋疏》卷一、續經解本作「蘢葱」。張校引《山海經》注作「砆，武夫，石似玉。今長沙臨湘出之，赤地、白文，葱蘢，不分明」，與《山海經箋疏》本、《古今逸史》本略同，「葱蘢」上奪「色」字。

〔三五〕「知」，盧本校云：「『知』，本或作『之』。」計臺本、殿本作「之」，殿本校云：「他本『之』作『知』。」

〔三六〕「何以書」，張校云：「隱六年《傳》本作『則何以書』。」

〔三七〕「天下」，計臺本、殿本、盧本作「天子」。

〔三八〕「之」，計臺本下闕一字，殿本校云：「原闕。」盧本、諸本均接下文，删空闕。

〔三九〕「注北極五星」云云，張校云：「《十三經》《爾雅》注：『北極，天之中，以正四時。』李巡注：『北極，天心也。居北方，正四時，謂之北辰。』孫炎注：『北極，天之中。以正四時，謂之北辰。』他如鄭樵注、陸佃《新義》等書，皆無此文。國朝邵氏晉涵《爾雅正義》、郝氏懿行《爾雅義疏》，證引贍博，亦未見『北極五星，第一星太子』云云。凌氏引《爾雅》注，當標所本何書。又按，《晉書·天文志》、馬氏《通考》，解北極五星最詳。凌氏或節録其説，誤爲《爾雅》注。」

〔四〇〕「泰伯」，計臺本作「泰貴」。

〔四一〕「適」，殿本校云：「他本『適』誤作『週』。」

〔四二〕「泰王」，《論語注疏》卷八引作「太王」。下「泰王」「泰伯」，《論語注疏》并作「太王」「太伯」。

〔四三〕「終喪」，《論語注疏》卷八作「免喪」。

〔四四〕「中候」，與《初學記》卷十、《太平御覽》卷一百四十六同，續經解本誤作「中侯」。下「尚書中候」同。

〔四五〕「輻輳」，計臺本、盧本作「輻凑」。

〔四六〕「輪」，諸本并奪，據《説文》補。

〔四七〕「謂」，計臺本、殿本、盧本、續經解本并作「爲」。

〔四八〕「官本桉」云云，今殿本無。

〔四九〕「桓」，續經解本作「相」。

〔五〇〕「伯」，《公羊注疏》卷十作「霸」。

〔五一〕「潁川」，彙函本、續經解本、畿輔本、龍谿本作「頴川」。

〔五二〕「日」，計臺本、殿本作「曰」。
〔五三〕「遍」，計臺木作「偏」。
〔五四〕「反道」，稿本作「及道」，計臺本、殿本、盧本、續經解本作「反背」，盧校云：「疑當作『反道』。」
〔五五〕「爲諱」，計臺本、殿本作「不爲諱」。
〔五六〕「注」，諸本并奪，據文例補。張校云：「『夫王者始受命』云云，非《傳》語，『夫』字上宜標『注』字。」
〔五七〕「改」，續經解本作「本」。殿本校云：「『善稻』，本《公羊傳》，他本從《左傳》作『善道』。」
〔五八〕「見」，計臺本、殿本、盧本并作「先」。
〔五九〕「叔孫林父」，《公羊注疏》卷十九作「孫林父」。
〔六〇〕「外」，計臺本、殿本、盧本并作「内」。
〔六一〕「率」，《公羊注疏》卷二十六作「帥」。
〔六二〕「出外」，計臺本、殿本、盧本并作「外出」。
〔六三〕「亡」，計臺本作「忘」。
〔六四〕「鷂」，計臺本作「鵙」。
〔六五〕「而」，殿本校云：「他本『而』作『其』。」
〔六六〕「其」，張校云：「《傳》『其』下有『爲』字。」
〔六七〕「亡」，計臺本、殿本作「上」。
〔六八〕「洮」，計臺本、殿本作「黄池」。

〔六九〕「陳」，計臺本、殿本、盧本作「陳鄭」，殿本案：「他本脱『鄭』字。」

〔七〇〕「鄍」，諸本并作「鄭」，據《左傳正義》卷三十改。張校云：「各本俱作『鄭』。」

〔七一〕「後會」，諸本并作「後至」，據《公羊注疏》卷十二改。張校云：「僖二十八年《傳》作『後會』。」

〔七二〕「一」，今殿本無。

〔七三〕「言」，《公羊注疏》卷四作「曰」。

〔七四〕「陳留志」，《水經注》卷二十五引作「陳留風俗傳」。

〔七五〕「主客」，計臺本、殿本作「至容」。盧校云：「舊本作『至容』，誤。」

〔七六〕「舊」，計臺本、殿本、盧本作「故」，殿本校云：「他本『故』作『舊』。」

〔七七〕「大辰」，與《公羊注疏》卷二十三同，續經解本誤作「天辰」。

〔七八〕「大火」，諸本奪「大」字，據《爾雅注疏》卷六補。

〔七九〕「樞」，稿本、蜚雲閣本、畿輔本、龍谿本并作「樞」，據《史記》卷二十七、彙函本、續經解本改。

〔八〇〕「九辭」，計臺本作「久辭」，盧本校云：「『九辭』不可曉，并疑下有脱文、衍文。」

〔八一〕「遊」，《初學記》卷三十、《太平御覽》卷九百三十一并作「上遊」。

〔八二〕「疆內」，稿本、蜚雲閣本、彙函本、畿輔本并作「彊」，據計臺本、殿本、盧本、續經解本、龍谿本改。

〔八三〕「吉凶」，盧本、續經解本并作「告凶」。

〔八四〕「日月之道」，諸本并奪，據《左傳正義》卷三補。張校云：「凌氏省『日月之道』句，則『互相出入』文義不明。」

〔八五〕「衡」，與《左傳正義》卷六同，龍谿本作「衡」。
〔八六〕「入北斗」，計臺本、殿本作「北斗入」。
〔八七〕「大夫篡弒者」，計臺本作「大人篡弒」，殿本作「大夫篡弒」，殿本校云：「他本下有『者』字。」
〔八八〕「下濕」，彙函本、蜚雲閣本、畿輔本、龍谿本并作「下隰」，據《爾雅·釋地》、續經解本改。
〔八九〕「李注」云云，張校云：「《爾雅》正義引作『李巡曰：下濕，謂土地窊下，常沮洳，名爲隰也。廣平曰原者，謂澤之廣平者，亦名原』，《公羊》疏作『土地廣博而平正者，名原』。」案，張校非是。《公羊傳·昭公元年》疏引李氏云：「廣平，謂土地寬博而平正者，名原。」又引李氏云：「下濕，謂土地窊下，但當名爲隰。」凌氏即用李氏説，而略去「廣平」「者」及「下濕」五字。「但當」二字，阮氏《校勘記》云：「『常沮洳』三字，誤『但當』。」按，此非誤也，所傳不同耳。」凌氏用阮氏説也。
〔九〇〕「者」，盧本作「著」，盧校引昭元年《傳》「地、物從中國，邑、人名從主人」爲釋。
〔九一〕「元年」，稿本、彙函本、續經解本、龍谿本并作「九年」，據《公羊注疏》卷四、畿輔本改。
〔九二〕「君獲，不言師敗績也」，張校云：「隱六年《傳》注作『君獲，不言師敗績，故以輸平諱也』。」
〔九三〕「爲」，計臺本作「唯」。
〔九四〕「自」，盧本作「階」，校云：「《大典》作『自』。」
〔九五〕「階」，諸本并作「皆」，據計臺本注、殿本引原注改。
〔九六〕「舛」，計臺本作「糾」。
〔九七〕「郕」，盧本作「成」。下「郕」同。
〔九八〕「八年」，諸本并作「九年」，據《公羊注疏》卷七改。張校云：「『莊九年』當作『八年』。」

〔九九〕「病之也」，諸本并奪，據《公羊注疏》卷七補。張校云：「『何善爾』下，凌氏脱『病之也』三字。」

〔一〇〇〕「過」，計臺本、殿本作「適」。

〔一〇一〕「去聲」，續經解本作「夫聲」。

〔一〇二〕「鄙疆」，龍谿本作「避疆」。注「無鄙疆」同。又，計臺本、殿本「疆」下有「請」字，殿本校云：「他本無『請』字。」

〔一〇三〕「十一年」，諸本并作「十年」，據《公羊注疏》卷二十八改。

〔一〇四〕「始起」，諸本并作「始見」，據《公羊注疏》卷二十改。張校云：「按襄二十三年注，當作『見治始起』。」

〔一〇五〕「言成宋亂以遠外也」，計臺本、殿本作「不日言其亂以通外也」，盧本作「言成宋亂以通外也」，盧校云：「桓二年《傳》曰：『遠也。』此『通外』，疑亦當作『遠外』。」

〔一〇六〕「襄公」，諸本并作「公羊」，據計臺本、殿本改。

〔一〇七〕「邾婁鼻我」，與《公羊注疏》卷二十三同，計臺本作「邾婁卑我」，殿本作「邾卑我」。

〔一〇八〕「卑我」，續經解本、《左傳正義》卷三十五作「畀我」。

〔一〇九〕「畀我」，諸本脱「我」字，據計臺本、殿本補。

春秋繁露卷十

深察名號第三十五

《荀子》：「故智者爲之分别制名以指實，上以明貴賤，下以辨同異。貴賤明，同異别，如是則志無不喻之患，事無困廢之禍。此所爲有名也。」《尹文子》曰：「形以定名，名以定事，事以驗〔一〕名。察其所以然，則形名之與事物無所隱〔二〕其理矣。名有三科：一曰命物之名，方圓、白黑是也；二曰毁譽之名，善惡、貴賤是也；三曰況謂之名，賢愚、愛憎是也。」

治天下之端，在審辨大；辨大之端，在深察名號。《釋名》：「名，明也，名實使事分明也。號，呼也，以其善惡呼名之也。」名者，大理之首章也。録其首章之意，以窺其中之事，則是非可知，官本校：「知，他本誤作『之』。」逆順自著，其幾通於天地矣。是非之正，取之逆順；逆順之正，取之名號；名號之正，取之天地，天地爲名號之大義也。《釋名》：「天，顯也，在上高顯也。天，坦也，坦然高而遠也。春曰蒼天。陽氣始發，色蒼蒼也。夏曰昊天。其氣布散，皓皓也。秋曰旻天。旻，閔也。物就枯落，可閔傷也。冬曰上天。其氣上騰，與地絶也。《易》謂之乾，乾，健也，健行不息也；又謂之玄，玄，懸也，如懸在上也。地，底也，其體底下，載萬物也；亦言諦也，五土所生，莫不信諦也。《易》謂之坤，坤，順也，上順乾也。」《説文通論〔三〕》：「《易》曰：『天一地二。』《老子》云：『天大，地大。』故於文，『一』『大』爲『天』。『天』之爲言『顛』也，無所與高也。地者，迤〔四〕也。迤而高也，山岳、丘陵、墳衍也；迤而卑，皋濕〔五〕、污瀆也。故曰地有三形〔六〕：高、下、平。故於文，『土』『迤』爲『地』也。」古之聖人，謞而效天地謂之號，原注：「謞，火角切。」桉，《莊子・逍遥遊》「謞者」注：「音『孝』。李：『虚交反。』簡文云：『若箭去之聲。』司馬云：『若讙謞聲。』」鳴而命施謂之名。「名」之爲言，「鳴」與「命」也；「號」之爲言，「謞」而「效」也。謞而效天地者爲號，鳴而命者爲名。名號異聲而同本，皆鳴號而達天意者也。天不言，使人發其意；弗爲，使人行其中。名則聖人所發天意，不可不深觀也。受命之君，天意之所予也。故號爲天子者，宜事天〔七〕如父，事天以孝道也；《白虎通》：「王者父天母地，爲天之子也。」號爲諸侯者，宜謹視所候〔八〕奉之天子也；官本桉：「也，他本作『者』。」《白虎通》：「侯者，候也，候順逆〔九〕也。」號爲大夫者，宜厚其忠信，敦其禮義，使善大於匹夫之義，足以化也。官本桉：「大，他本誤作『天』。」《白虎通》：「『大夫』之爲言『大扶』，扶進人者也。」士者，事也；《白虎通》：「士者，事也，任事之稱也。」民者，瞑〔一〇〕也。《毛詩》箋：「民者，冥也。」正義曰：「『民者，冥也』，《孝經援神契》文，以其冥冥無知。」士不及化，可使守事從上而已。官本桉：「他本下衍『丑』〔一一〕字。」五號自讚，各有分。分中委曲，曲有名；名衆於號，號其大全。瞑也者，名其別離分散也。號凡而略，名詳而目。目者，偏〔一二〕辨其事也；凡者，獨舉其大事也。官本桉：「他本無『大』字。」享鬼神者號，官本桉：「他本無『者』字。」一曰祭。祭之散名，春曰祠，夏曰礿，秋曰嘗，冬曰烝。桓八年《傳》：「春曰祠，夏曰礿，秋曰嘗，冬曰烝。」注：「薦尚韭、卵。祠，猶食也，猶繼嗣也。春物始生，孝子思親，繼嗣而食之，故曰祠，因以別死生。薦尚麥、魚。始熟可礿，故曰礿。薦尚黍、肫。嘗者，先辭也。秋，穀成者非一，黍先熟，可得薦，故曰嘗。薦尚稻、雁。烝，衆也，氣盛貌。冬，萬物畢成，所薦衆多，芬芳備具，故曰烝。」獵禽獸者號，《禮記》疏：「《爾雅》：『二足而羽謂之禽，四足而毛謂之獸。』禽者，擒也。

言鳥力小，可擒捉而取之。獸者，守也。言其力多，不易可擒〔一三〕，先須圍守，然後乃獲，故曰獸也。」一曰田。田之散名，春苗，秋蒐，冬狩，夏獮，桓四年《傳》：「春曰苗，秋曰蒐，冬曰狩。」注：「田者，蒐狩之總名也。古肉食，衣皮服，捕禽獸，故謂之田。取獸於田，故曰狩。《易》曰：『結繩網以田魚。』苗，毛也。明當見物，取未懷任者。蒐，簡擇也，簡擇幼穉，取其大者。狩，猶獸也。冬時，禽獸長大，遭獸可取。不以夏田者，春秋制也。」盧注：「桉，此從《公羊》説，故與《左氏傳》《爾雅》異。『夏獮』二字，當是後人妄加。以爲衍文，可也。」無有不皆中天意者。物莫不有凡號，號莫不有散名如是。《荀子》：「散名之加于萬物者，則從諸夏之成俗，曲期遠方、異俗之鄉則因之而爲通。散名之在人者：生之所以然者謂之性，性之和所生、精合感應、不事而自然謂之性。性之好惡、喜怒、哀樂謂之情，情然而心爲之擇謂之慮；心慮而能爲之動謂之僞，慮積焉，能習焉而後成爲之僞；正利而爲謂之事，正義而爲謂之行。所以知之在人者謂之知，知有所合謂之智；智所以能之在人者謂之能，能有所合謂之能。性傷謂之病，即遇〔一四〕謂之命。是故〔一五〕散名之在人者也，是後王之成名也。」是故〔一六〕事各順於名，名各順於天。天人之際，合而爲一。同而通理，動而相益，順而相受，謂之德道。《詩》曰：「維號斯言，有倫有跡。」此之謂也。《毛詩》作「有倫有脊」。

深察王號之大意，其中有五科：《後漢·桓譚傳》：「校定科比。」注：「科，謂事條。」皇科、方科、匡科、黄科、往科。合此五科以一言，謂之王。王者，皇也；王者，方也；王者，匡也；王者，黄也；王者，往也。是故王意不普大皇，則道不能正直而方；道不能正直而方，則德不能匡運周徧；《爾雅》：「皇、匡，正也。」德不能匡運周徧，則美不能黄；美不能黄，則四方不能往；四方不能往，則官本桉：「此下，他本衍『可』字。」不全於王。《周易乾鑿度》：「王者，天下所歸往。《易》曰：『在師中，吉，无咎。王三錫命。』師者，衆也。言有盛德，行中和，順民心，天下歸往之，莫不美，命爲王也。」故曰：天覆無外，地載兼愛，風行令而一〔一七〕

其威，雨布施而均其德，王術之謂也。

深察君號之大意，其中亦有五科：元科、原科、權科、温科、群科。合此五科以一言，謂之君。君者，元也；君者，原也；官本桉：「他本缺『君者原也』四字。」君者，權也；君者，温也；君者，群也。是故君意不比於元，則動而失本；動而失本，則所爲不立；所爲不立，則不效於原；不效於原，則自委舍；盧注：「委舍，即委卸也。」自委舍，則化不行。用權於變，則失中適之宜；失中適之宜，則道不平，德不温；道不平，德不温，則衆不親安；衆不親安，則離散不群；離散不群，則不全於君。名生於真〔一八〕。非其真，弗以爲名。名者，聖人之所以真物也。「名」之爲言「真」也，故凡百譏，有黮黮者；各反其真，則黮黮者還昭昭耳。《文選》注：「《聲類》曰〔一九〕：『黮，深黑色。』」欲審曲直，莫如引繩；《荀子》：「木直中繩，輮以爲輪，其曲中規。雖有槁暴，不復挺者，輮使之然也。故木受繩則直。」欲審是非，莫如引名。名之審於是非也，猶繩之審於曲直也。詰其名實，觀其離合，則是非之情不可以相讕已。原注：「力旦切，誣言相加。」桉，《漢書·文三王傳》：「王陽病抵讕。」師古曰：「讕，誣諱〔二〇〕也。」『讕』，音來亶反。」今世闇於性，言之者不同，胡不試反性之名？性之名，非生與？音「餘」。如其生之，自然之資謂之性。性者，質也。《孝經鉤命訣》：「性者，生之質。若木性則仁，金性則義，火性則禮，土性則信，水性則智也〔二一〕。」詰性之質於善之名，能中之與？音「餘」。既不能中矣，而尚謂之質善，何哉？性之名，不得離質。離質如毛，則非性已，不可不察也。《春秋》辨物之理，以正其名。名物如其真，不失秋毫之末。文穎曰：「豪〔二二〕，秋乃成好。」師古曰：「豪成之時，端極纖細〔二三〕。」故名霣石則後其「五」，言退鷁則先其「六」：聖人之謹於正名如此。君子於其言，無所苟而已，五石、六鷁之辭是也。《孔叢子》：「平原君曰：『至精之説，可得聞乎？』

答曰：『其說皆取之經傳，不敢以意。《春秋》記六鷁退飛，睹之則六，察之則鷁。』」《文心雕龍》：「《春秋》辨理，一字見義。五石、六鷁，以詳略成文；雉門、兩觀，以先後見旨。」僖十六年。栣衆惡於內，原注：「栣，疑『衽』，如甚切，栩也〔二四〕。」弗使得發於外者，心也。故心之爲名，栣也。人之受氣，苟無惡者，心何栣哉？吾以心之名，得人之誠。人之誠，有貪，有仁。仁、貪之氣，兩在於身。身之名，取諸天。天兩，有陰、陽之施；《釋名》：「陰，蔭也，氣在內，奧蔭也。陽，揚也，氣在外發揚也。」身亦兩，有貪、仁之性。天有陰陽禁，身有情欲栣，與天道一也。是以陰之行不得干春夏，而月之魄〔二五〕常厭於日光。乍全乍傷，天之禁陰如此，《月令》疏：「月是陰精，日爲陽精，故《周髀》〔二六〕云：『日猶火，月猶水。火則外光，水則含景。』故月光生於日所照，魄生於日所蔽。當日則光盈，就日則明盡〔二七〕。」安得不損其欲而輟其情以應天？天所禁而身禁之，故曰身猶天也。禁天所禁，非禁天也〔二八〕。官本桉：「他本『非』下無『禁』字。」必知天性不乘於教，終不能栣。察實以爲名，無教之時，性何遽若是？盧注：「舊本『性』字下，有『禁天所禁非天也』七字，因上文而衍。本無者，是〔二九〕。『何遽』，舊本作『何據』，下篇又〔三〇〕作『何處』，皆訛，今改正。」故性比於禾，《說文》曰：「禾，嘉穀也。至〔三一〕二月始生，八月而熟，得時之中，故謂之禾。」善比於米：米出禾中，而禾未可全爲米也；官本桉：「米，他本誤作『美』。」《淮南子》曰：「孔子見禾三變，始於粟，生於苗，成於穗，乃嘆曰：『我其禾乎？』」善出性中，而性未可全爲善也。善與米，人之所繼天而成於外，非在天所爲之內也。官本桉：「『在天』，他本誤倒。」天之所爲，有所至而止。止之內，謂之天性〔三二〕；止之外，謂之人事。事在性外，而性不得不成德。「民」之號，取之「瞑」也。使性而已善，則何故以「瞑」爲號？以賓者言，官本桉：「他本『者』字在『言』字下。」弗扶將，顛陷〔三三〕猖狂，《莊子》：「猖狂妄行。」《廣韻》：「狂，病也。心〔三四〕不能審得失之地，則謂之狂。」安能善？性有似目：目卧幽而瞑，

《釋名》：「目，默也，默而内識也。」《文選》李善〔三五〕注：「瞑，古『眠』字。」待覺而後見。宣六年注：「由人曰知之，自己知曰覺焉〔三六〕。」當其未覺，可謂有見質，而不可謂見。今萬民之官本校：「他本誤以下文『言無驗之説』至『故〔三七〕謹於正名，名非』四百六字，移在此處。」性，有其質而未能覺，譬如瞑者待覺，教之然後善。當其未覺，可謂有質〔三八〕，而不可謂善，與目之瞑而覺，一概之比也。静心徐察之，其言可見矣。性而〔三九〕「如」通。瞑之未覺，天所爲也。效天所爲，爲之起號，故謂之「民」。「民」之爲言，固猶「瞑」也，官本校：「猶〔四〇〕，他本誤作『有』。」隨其名號，以入其理，則得之矣。官本校：「矣，他本作『也』。」是正名號者於天地，天地之所生，謂之性情〔四一〕；性情相與爲一瞑，情亦性也。謂性已善，奈其情何？故聖人莫謂性善，累其名也。身之有性情也，若天之有陰陽也。言人之質而無其情，猶言天之陽而無其陰也。《孝經鉤命訣》：「情生於陰，欲以待念也；性生於陽，以就理也。陽氣者仁，陰氣者貪，故情有利欲，性有仁也。」窮論者，無時受也。名性，不以上，不以下，以其中名〔四二〕之。盧注：「絶句。本或作『中民之性』，連下讀。下篇如此，然此處非也。」性如繭，如卵：卵待復〔四三〕而爲雛，繭待繅〔四四〕而爲絲，《韓詩外傳》：「繭之性爲絲，弗得女工燔以沸湯，抽其統理，不成爲絲；卵之性爲雛，不得良雞覆伏孚育，積日累久，則不成爲雛。夫人性善，非得明王聖主扶携，内之以道，則不成〔四五〕君子。」性待教而爲善。此之謂真天。天生民，性有善質而未能善，於是爲之立王以善之，此天意也。民受未能善之性於天，而退受成性之教於王；王承天意，以成民之性爲任者也。官本校：「他本『之』下有『善』字，他本無『者』字。」今桉其真質，而謂民性已善者，是失天意而去王任也。萬民之性苟性〔四六〕已善，「性」字當衍。則王者受命，尚何任官本校：「何，他本誤作『可』。」矣？官本校：「矣，他本誤作『也』。」其設民〔四七〕不正，故棄重任而違大命，非法言也。官本校：「法，他本誤作『吾』。」

《春秋》之辭，內事之待外者，從外言之。今萬民之性，待外教然後能善，善當與教，不當與性。與性，則多累而不精，自成功而無聖賢。此世長者之所誤出也，官本校：「者，他本作『古』。」《韓子》曰：「厚重日〔四八〕尊，謂之長者。」非《春秋》爲辭之術也。不法之官本校：「他本誤接末行『所始如之何』十一字於此下。」言，無驗之説，君子之所外，何以爲哉？或曰：性有善端，心有善質，尚安非善？應之曰：非也。繭有絲，而繭非絲也；卵有雛，而卵非雛也。比類率然，有何疑焉？天生民，有六經，言性者不當異。然其或曰性也善，或曰性未善，則所謂善者，各異意也。性有善端，動之，愛父母，善於禽獸，則謂之善。此孟子之言。循三綱五紀，《白虎通》：「三綱者，何謂也？謂君臣、父子、夫婦也。六紀者，謂諸父、兄弟、族人、諸舅、師長、朋友也。故君爲臣綱，父爲子綱，夫爲妻綱。」通八端之理，忠信而博愛，敦厚而好禮，乃可謂善。此聖人之善也。是故孔子曰：「善人，吾不得而見之。得見有恒〔四九〕者，斯可矣。」由是觀之，聖人之所謂善，亦〔五〇〕未易當也，非善於禽獸則謂之善也。使動其端，善於禽獸，則可謂之善，善奚爲弗見也？夫善於禽獸之未得爲善也，猶知於草木而不得名知〔五一〕；官本校：「知於，他本作『之有』。」萬民之性善於禽獸而不得名善，知之名官本校：「知之，他本倒。」乃取之聖。聖人之所命，天下以爲正。正朝夕者視北辰，《詩》疏：「《匠人》云：『水地以縣，置槷以縣，視以影。爲規，識日出之影與日入之影，晝參諸日中之影，夜考之極星，以正朝夕。』注：『云於四角立植而縣以水，望其高下。高下既定，乃爲位而平地〔五二〕。於所平之地中央，樹八尺之臬，以縣正之。視之以其影，將以正四方也。日出、日入之影，其端則東西正也。又爲規以識之者，爲其難審也。自日出而晝〔五三〕其影端，以至日入既，則爲規，測影兩端之內，規之。規之交，乃其審也。度兩交之間，中屈之以指臬，則南北正也。日中之影，最短者也。極星，謂北辰也。』」正嫌疑者視聖人。聖人以爲，無王之世，不教之名，民莫能當善。善之難當如此，而謂萬民之性皆能當之，過矣。質於禽獸之性，則萬民之性善矣；質於人道之善，則民性弗及也。萬民之性善於禽獸者許之，聖人之所謂〔五四〕善者勿許。吾質之命性者，異孟子。孟子下質於禽獸之所爲，故曰性已善；吾上質於聖人之所善，故謂性未善。謂性善，則民思盡性矣；謂性未善，則民思化性爲善矣。上質、下質雖不同，其待上明善則一也。善過性，聖人過善。《春秋》大元，故謹於正名。名非所始，如之何謂未善、已善也？張編修曰：「救世之論，與孟子并行不悖。」

實性第三十六

劉向序《荀子》：「孟子者，亦大儒，以人之性善。孫卿，後孟子百餘年。孫卿以爲人性惡，故作《性惡》一篇，以非孟子。至漢興，江都相董仲舒亦大儒，作書，美孫卿。」

孔子曰：「名不正，則言不順。」今謂性已善，官本校：「性，他本誤作『善』。」不幾於無教而如其自然？又不順於爲政之道矣。且名者性之實，實者性之質。質〔五五〕，盧注：「次『質』字，舊誤作『之』，《大典》本作『也』，何本作『質之』二字。今桉，止當作『質』字爲是。」無教之時，何遽〔五六〕能善？善如米，性如禾。禾雖出米，而禾未可謂米也；性雖出善，而性未可謂善也。米與善，人之繼天而成於外也，非在天所爲之內也。天所爲，有所至而止。止之內謂之天，止之外謂之王教。王教在性外，而性不得不遂。故曰性有善質〔五七〕，而未能爲善也。豈敢美辭？其實然也。天之所爲，止於繭、蔴與禾。以蔴爲布，《格物論》曰：「麻，枲屬。皮績爲布，子可食。」以繭爲絲，以米爲飯，以性爲善，此皆聖人所繼天而進也，非情性質樸之能至也，《荀子》：「故曰：性者，本始材朴也。」故不可謂性。正朝夕者視北辰，正嫌疑者視聖人。聖人之所名，天下以爲正。今桉聖人之言〔五八〕中，本無「性善」名，而有「善人，吾不得見之」

矣。使萬民之性皆已能善，官本校：「已，他本作『以』。」善人者何爲不見也？觀孔子言此之意，以爲善難當甚。而孟子以爲萬民性皆能當之，過矣。聖人之性，不可以名性；斗筲之性，又不可以名性。名性者，中民之性。中民之性，如繭、如卵。卵待覆二十日，而後能爲雛；《埤雅》：「今鷄、鶩孚卵，鷄二十日而化。」繭待繅以涫湯，《史記·龜筴傳》：「腸如涫湯。」音「官」，沸也〔五九〕。而後能爲絲；性待漸於教訓，而後能爲善。善，教誨〔六〇〕之所然也，非質樸之所能至也，故不謂性。性者，宜知名矣，無所待而起，生而所自有也。善所自有，則教訓已非性也。是以米出於粟，而粟不可謂米；《春秋説題辭》：「粟，助陽扶性。『粟』之爲言『續』也。粟五變：一變而以陽生，爲苗；二變而秀，爲禾；三變而祭〔六一〕然，謂之粟；四變入臼，米出甲；五變而蒸，飯可食。陽以一立而爲法，故粟積大一分，穗長一尺，文以七列，精以五六立，故其字爲『粟』〔六二〕。『西』者，金所立；『米』者，陽精，故『西』字合『米』而爲『粟』。」玉出於璞，而璞不可謂玉；《孟子》：「今有璞玉於此。」音「朴」，玉未琢者。善出於性，而性不可謂善。其比多，在物者爲然，在性者以爲不然，何？不通於類也。卵之性，未能作雛也；繭之性，未能作絲也；蔴之性，未能爲縷也；《春秋説題辭》：「麻生於夏。夏，衣物成禮儀，故麻可以爲衣。陽成于三，物以化，故麻三變，縷布加也。」粟之性，未能爲米也。《春秋》別物之理，以正其名，名物必各因其真。真〔六三〕其義也，真其情也，乃以爲名。名霣石，則後其「五」；退飛，則先其「六」：此皆其真也。聖人於言，無所苟而已矣。性者，天質之樸也；善者，王教之化也。無其質，則王教不能化；無其王教，則質樸不能善。質而不以善性，其名不正，故不受也。張編修曰：「『無其質』二句，與孟子、荀子義俱大同，固知三子言性，其歸一也。」

諸侯第三十七《白虎通》：「必復封諸侯，何？重民之至也。善惡比而易知，故擇賢而封之，使治其民，以著其德、極其才，上以尊天子，備輔藩〔六四〕，下以子養百姓，施行〔六五〕其道。開賢者之路，謙不自專，故列土封賢，因而象之，象賢重民也。」

生育養長，成而更生，官本桉：「他本脱『而』字。」終而復始其事，所以利活民者無已。官本桉：「他本『者』下有『而』字。」天雖不言，其欲贍足之意可見也。古之聖人，官本桉：「古，他本誤作『士』。」見天意之厚於人也，故南面而君天下，必以兼利之。爲其遠者目不能見，其隱者耳不能聞，於是千里之外，割地分民，而建國立君，官本桉：「國，他本誤作『間』。」使爲天子視所不見、聽所不聞，朝夕〔六六〕召而問之也。「諸侯」爲言，猶「諸侯」〔六七〕也。

五行對第三十八《釋名》：「五行者，五氣也，於其方各施行也。」《字鑑》：「對，都内切，答也。古作『對』〔六八〕。漢文帝以爲言多非誠，故去『口』從『士』。」

河間獻王《漢書》：「河間獻王德，以孝景二年立，修學好古，實事求是。」《十道志》：「瀛州河間郡，《禹貢》冀州之域。舜十二州，并州〔六九〕之境。春秋時，屬燕國〔七〇〕。秦并天下，爲河間郡。漢爲河間國。」問温城董君曰：沈孝廉曰：「《漢・志》『信都國』，有昌城縣。《續・志》：『安平國阜城，故昌城。』《元和志》：『阜城，漢屬信都國。』所云『温城董君』，疑是『昌城』之誤。蓋廣川爲國，而昌城其縣也。」「《孝經》曰：『夫孝，天之經，地之義。』《孝經鈎命訣》：「《孝經》者，篇題就號也，所以表指括意，序中書名出義，見道日著〔七一〕。一字包〔七二〕十八章，爲天地喉襟，道要德本。」何謂也？」對曰：「天有五行，木、火、土、金、水是也。木生火，火生土，土生金，金生水。水爲冬，《白虎通》：「水，位在北方。北方者，陰氣，在黄泉之下，任養萬物。『水』之爲言『濡』也，陰化沾濡，任生木。『冬』之爲言『終』也，其位在北方。」金爲秋，《白虎通》：「金在西方。西方者，陰始起，萬物禁止。『金』之爲言『禁』也。『秋』之爲言『愁亡』也，其位西方。」土爲季夏，《白虎通》：「土〔七三〕，在中央者。土〔七四〕吐含萬物。『土』之爲言『吐』也。何知東方生？《樂記》曰：『春生，夏長，秋收，冬藏。』土所以不名時〔七五〕，地，土别名也〔七六〕，比于五行最尊，故不自居部職也。《元命包》曰：『土無位〔七七〕而道在，故太乙不與化〔七八〕，人主不任部職〔七九〕。』」火爲夏，《白虎通》：「火在南方。南方者，陽在上，萬物垂枝。『火』之爲言『委隨』也，言萬物布施。『火』之爲言『化』也，陽氣用事，萬物變化也。『夏』言『大』也，位在南方。」木爲春。《白虎通》：「木在東方。東方者，陰陽氣始動，萬物始生。『木』之爲言『觸』也。『春』之爲言『偆偆動』也，位在東方。」春主生，夏主長，季夏主養，秋主收，冬主藏。藏，冬之所成也。是故父之所生，其子長之；父之所長，其子養之；父之所養，其子成之；諸父所爲，其子皆奉承而續行之。《鹽鐵論》文學曰：「始江都相董生推言陰陽，四時相繼。父生之，子養之；母成之，子藏之。故春生，仁；夏長，德；秋成，義；冬藏，禮。此四時之序，聖人之所則也。」不敢不致如父之意，盡爲人之道也。故五行者，五行也。盧注：「上『行』，如字；下『行』，下孟反。」由此觀之，父授之〔八〇〕，子受之，乃天之道也。故曰：『夫孝者，天之經也。』此之謂也。」王曰：「善哉！天經既得聞之矣，願聞地之義。」對曰：「地，出雲爲雨，起氣爲風。《春秋元命包》：「陰陽聚而爲雲，和而爲雨〔八一〕，陰陽怒而爲風。」桉，《御覽》引《繁露》「陰陽二氣之初蒸也，若有若無，若實若虛。團攢聚合，其體稍重，乘虛而墜。風多則合速，故雨大而疏；風少則合遲，故雨細而密」，爲今《繁露》所無。風雨者，地之所爲。官本桉：「他本『所』誤作『爲』。」地不敢有其功名，必上之於天命，若從天命〔八二〕者，故曰『天風』『天雨』也，莫曰『地風』『地雨』

也。勤勞在地，名一〔八三〕歸于天。《春秋元命包》：「地者，易也。言養物懷任，交易變化，含土應節，故其立字，加於「乙」者爲『地』〔八四〕。土無位而道在，故太乙不與化，人主不任職〔八五〕。地出雲起雨，以合從天下。勤勞出於地，功歸於主〔八六〕。」非至有義，其孰能行此？故下事上，如地事天也，可謂大忠矣。土者，火之子也。五行莫貴於土。土之於四時無所命者，不與火分功名。木名春，火名夏，金名秋，水名冬。忠臣之義，孝子之行，取之土。土者，五行最貴者也，其義不可以加矣。五聲莫貴於宮，五味莫美於甘，五色莫盛於黄，此謂『孝者，地之義也』。」王曰：「善哉！」

闕文第三十九

闕文第四十

校勘記

〔一〕「驗」，《尹文子·大道上篇》作「檢」。

〔二〕「隱」，與《尹文子·大道上篇》同，龍谿本誤作「應」。

〔三〕「論」，續經解本誤作「訓」。

〔四〕「迤」，與《説文通論》卷一同，龍谿本作「池」。張校云：「《説文通論》『迤』作『池』。」案，張校非。

〔五〕「皋濕」，諸本并作「卑濕」，據《説文通論》卷一改。張校云：「《説文通論》『卑濕』作『皋隰』。」案，張氏校又謂「『山岳』『丘陵』『臯隰』下，均有『也』字」，與《益雅堂叢書》本《説文通論》不同。

〔六〕「三形」，諸本并誤作「二形」，據《説文通論》卷一改。張校云：「張衡《靈憲》及《白虎通》皆作『三形』，凌氏蓋沿坊本之誤。」

〔七〕「事天」，計臺本、殿本、盧本并作「視天」，疑當據改。

〔八〕「候」，諸本并誤作「侯」，據計臺本、盧本改。殿本作「侯」，校云：「他本『侯』作『候』。」

〔九〕「順逆」，《白虎通·爵》作「逆順」。

〔一〇〕「瞑」，計臺本作「暝」。下「瞑」字并同。

〔一一〕「丑」，續經解本誤作「五」。

〔一二〕「徧」，諸本并誤作「偏」，據計臺本、殿本、盧本改。

〔一三〕「不易可擒」，龍谿本誤作「而不可擒」，稿本、韭雲閣本、彙函本、畿輔本誤作「而易可擒」，據續經解本、《禮記正義》卷一改。張校云：「《禮記》疏并《爾雅》疏皆作『不易可擒』。」

〔一四〕「即遇」，張校云：「《荀子》作『節遇』。楊倞注：『節，時也。』」

〔一五〕「是故」，張校云：「《荀子》『是』下無『故』字。」

〔一六〕「是故」，殿本校云：「他本無『故』字。」

〔一七〕「一」，計臺本作「壹」。

〔一八〕「名生於真」以下，稿本、彙函本、畿輔本、龍谿本合上爲一節，與計臺本、殿本同，盧本、續經解本提行。

〔一九〕「聲類曰」，與《文選·魏都賦》注同，續經解本無。

〔二〇〕「誣諱」，稿本、彙函本、畿輔本、龍谿本并誤作「誣誨」，據《漢書》卷四十七、續經解本改。張校云：「《漢書·濟川王傳》注作『誣諱』。」

〔二一〕「土性則信，水性則智也」，《禮記正義》卷十二引《孝經説》作「水性則信，土性則知」。張校云：「《禮記·王制》疏本作『水性則智，土性則信』，無『也』字。」未明所據何本。

〔二二〕「豪」，蜚雲閣本、續經解本、畿輔本、龍谿本并作「毫」，據《漢書》卷一、稿本、彙函本改。

〔二三〕「豪成」，與《漢書》卷一同，彙函本、續經解本作「毫成」。「極」，諸本并誤作「即」，據《漢書》卷一改。

〔二四〕「衽」，續經解本作「栠」。「榒也」，續經解本作「弱貌」。計臺本注云：「如甚切，搦也。」盧校云：「《説文》作『栠』，如甚切，弱皃。蓋惡强則肆見於外，故欲馴之，使無暴也。」

〔二五〕「魄」，計臺本無。

〔二六〕「周髀」，蜚雲閣本、彙函本、畿輔本、龍谿本作「周含」，與下「水則含景」之「含」字互訛，據《禮記正義》卷十四、稿本、續經解本改。

〔二七〕「明盡」，稿本、蜚雲閣本、彙函本、畿輔本、龍谿本并誤作「光盡」，據《禮記正義》卷十四、續經解本改。

〔二八〕「禁天所禁非禁天也」，計臺本作「禁天所禁非天也」，注云：「一本無此七字。」

〔二九〕「本無者是」，續經解本奪。

〔三〇〕「又」，續經解本奪。

〔三一〕「至」，汲古閣本、平津館本《説文》無，段注本作「以」。

〔三二〕「之天性」，殿本校云：「他本『之天性』誤作『天之性』。」

〔三三〕「顛陷」，殿本、盧本作「則顛陷」，殿本案：「他本無『則』字。」

〔三四〕「心」，《廣韻・十陽》「狂」字注，上有「韓子曰」三字。

〔三五〕「李善」，續經解本無。

〔三六〕「由人曰知之，自己知曰覺焉」，稿本、蜚雲閣本、彙函本、畿輔本、龍谿本并作「由人得知曰知之，已知曰覺焉」，據《公羊注疏》卷十五、續經解本改。張校云：「宣六年注作『由人曰知之』，凌氏增『得知』二字，未知何據。」

〔三七〕「故」，續經解本誤作「者」。

〔三八〕「有質」，盧本、續經解本作「有善質」。

〔三九〕「而」，盧校云：「『而』與『如』通。」計臺本、殿本作「如」，殿本校云：「他本『如』作『而』。」

〔四〇〕「猶」，續經解本誤作「也」。

〔四一〕「性情」，計臺本作「情性」。下「性情相與爲一瞑」同。

〔四二〕「名」，計臺本、殿本作「民」，殿本校云：「他本『民』誤作『名』。」

〔四三〕「復」，續經解本作「覆」。下「待復」同。

〔四四〕「繅」，計臺本、殿本作「繰」。下「待繅」同。

〔四五〕「成」，《韓詩外傳》卷五作「成爲」。

〔四六〕「性」，盧本無，計臺本作「信」。

〔四七〕「民」，計臺本、盧本、續經解本作「名」。

〔四八〕「日」，《韓非子·詭使篇》作「自」。

〔四九〕「有恒」，計臺本、殿本作「有常」。

〔五〇〕「亦」，計臺本、殿本、盧本無，殿本校云：「他本有『亦』字。」

〔五一〕「知」，諸本下衍「於」字，據計臺本、殿本、盧本刪。

〔五二〕「平地」，稿本、蜚雲閣本、彙函本、畿輔本、龍谿本并誤作「平也」，據《毛詩正義》卷三之一、續經解本改。

〔五三〕「晝」，稿本、蜚雲閣本、彙函本、畿輔本、龍谿本并作「晝」，據《毛詩正義》卷三之一、續經解本改。

〔五四〕「所謂」，計臺本、殿本作「所」，殿本校云：「他本下有『謂』字。」

〔五五〕「質」，計臺本、殿本作「也」，殿本校云：「他本『也』誤作『之』。」

〔五六〕「何遽」，計臺本、殿本作「何處」。

〔五七〕「質」，計臺本、殿本作「資」，殿本校云：「他本『資』作『質』。」

〔五八〕「之言」，稿本無「之」字。

〔五九〕「音官」，張校云：「《史記集解》徐廣曰：『涫，音館。』凌氏音『官』，非是。又按，樂涫，『涫』字音『官』，縣名，屬酒泉郡，見《正韻》。」案，凌氏所引《史記》三家注者，并注明之；此未注者，則非三家注也。

〔六〇〕「教誨」，續經解本作「教訓」，與計臺本、殿本、盧本同。殿本校云：「他本『訓』作『誨』。」

〔六一〕「祭」，與《類聚》卷八十五同，《初學記》二十六、《太平御覽》八百四十引作「粲」。張校云：「《太平御覽》所引，作『三變而粲然，謂之粟』，凌作『祭』，誤。」

〔六二〕「文以七列，精以五六立，故其字爲粟」，《太平御覽》八百四十作「文以七烈，精以五立，故其字，『西』『米』爲『粟』」。張校云：「凌氏『烈』誤作『列』，『立』字上多『六』字，『爲』上脱『西米』字。」

〔六三〕「真」，殿本校云：「他本脱下『真』字。」

〔六四〕「輔藩」，《漢魏叢書》本《白虎通·封公侯》作「藩輔」。

〔六五〕「行」，蜚雲閣本、彙函本、續經解本、畿輔本、龍谿本并奪，據稿本、《白虎通·封公侯》補。張校云：「《白虎通》作『施行其道』。」

〔六六〕「朝夕」，計臺本、殿本、盧本作「朝者」。

〔六七〕「諸候」，計臺本、殿本作「諸侯」。

〔六八〕「對」，龍谿本誤作「對」。

〔六九〕「州」，稿本、蜚雲閣本、彙函本、畿輔本、龍谿本并誤作「爲」，據《太平御覽》卷一百六十一、續經解本改。

〔七〇〕「燕國」，《太平御覽》卷一百六十一作「燕趙二國」。

〔七一〕「日著」，與《太平御覽》卷六百一十同。張校云：「《鈎命訣》本作『自著一字』。」案，玉函山房輯本作「自著」。

〔七二〕「包」，《太平御覽》卷六百一十引作「苞」。

〔七三〕「土」，稿本、蜚雲閣本、彙函本、畿輔本、龍谿本并誤作「火」，據《漢魏叢書》本《白虎通·五行》、續經解本改。

〔七四〕「土」，續經解本無，《漢魏遺書》本作「主」。

〔七五〕「時」，續經解本作「時者」。

〔七六〕「土別名也」，與《漢魏叢書》本《白虎通》同，續經解本作「之別名」。

〔七七〕「無位」，稿本作「之爲位」，與《漢魏遺書》本《白虎通》同。

〔七八〕「故太乙不與化」，蜚雲閣本、彙函本、畿輔本、龍谿本誤作「故太乙不興化」，據續經解本改，稿本作「故大不預化」，與《漢魏遺書》本《白虎通》同。

〔七九〕「人主不任部職」，與《漢魏遺書》本《白虎通》同。張校云：「《元命包》作『人主不任部』。」案，此引《白虎通》文，與《春秋元命包》有異，張校非是。

〔八〇〕「授之」，計臺本、殿本作「授」，殿本校云：「他本下有『之』字。」

〔八一〕「和而爲雨」，張校云：「凌氏引《元命包》，上、下文皆有『陰陽』字，此句不應獨截。」

〔八二〕「天命」，計臺本、殿本、盧本、稿本作「天氣」。

〔八三〕「一」，計臺本作「壹」。

〔八四〕「含土應節故其立字加於乙者爲地」，《藝文類聚》卷六、《太平御覽》卷三十六「土」并作「吐」；「加於乙者」，《藝文類聚》作「土力於乙者」，《太平御覽》作「土力於一者」。張校云：「《元命包》作『土力於乙者爲地』，『含土』本作『含吐』。」

〔八五〕「故太乙不與化人主不任職」，張校云：「前『土爲季夏』注則曰『不興化』『不任部』，此又作『不與化』『不任職』，自相矛盾。」案，前文乃引《白虎通》，與此異，張校非是。

〔八六〕「勤勞出於地，功歸於主」，《春秋公羊禮疏》卷三引《元命包》「主」作「天」，《太平御覽》卷三十六作「勤勞出於地，功名歸於主」。

春秋繁露卷十一

爲人者天第四十一官本桉："他本『天』下衍『地』字。"〔一〕

爲生，不能爲人。爲人者，天也。人之人，本於天。盧注："人之人，當作『人之爲人』。"天亦人之曾祖父也，此人之所以上〔二〕類天也。人之形體，化天數而成；人之血氣，化天志而仁；官本桉："仁，他本作『行』。"人之德行，化天理而義；人之好惡，化天之暖清；人之喜怒，化天之寒暑；人之受命，化天之四時。人生有喜怒哀樂之答，春秋冬夏之類也。隱元年注："昏，斗指東方曰春，指南方曰夏，指西方曰秋，指北方曰冬。"喜，春之答也；怒，秋之答也；樂，夏之答也；哀，冬之答也。天之副，在乎人。人之情性，有由天者矣，故曰受，由天之號也。爲人主也，道莫明省身之天。如天官本桉："他本無『天』字。"出之也，使其出也。答天之出四時，而必忠其受也，官本桉："受，他本作『愛』。"則堯、舜之治無以加。是可生，可殺，而不可使爲亂。故曰："非道不行，非法不言。"此之謂也。

《傳》曰："唯天子受命於天，天下受命於天子，一國則受命於君。"君命順，則民有順命；君命〔三〕逆，則民有逆命。故曰："一人有慶，萬民賴之。"此之謂也。《甫刑》："一人有慶，兆民賴之。"《獨

斷》：「天子曰兆民，諸侯曰萬民也。」〔四〕

《傳》曰〔五〕：「政有三端：父子不親，則致其愛慈〔六〕；大臣不和，則敬順其禮；百姓不安，則力其孝弟。」孝弟者，所以安百姓也；力者，勉行之身以化之。天地之數，不能獨以寒暑成歲，必有春、夏、秋、冬；聖人之道，不能獨以威勢成政，必有教化。故曰：先之以博愛，教之〔七〕以仁也。難〔八〕得者，君子不貴，教以義也。雖天子，必有尊也，教以孝也；必有先也，教以弟也。此威勢之不足獨恃，官本桉：「他本無『之』字。」而教化之功不大乎？

《傳》曰：「天生之，地載之，聖人教之。」君者，民之心也；民者，君之體也。心之所好，體必安之；君之所好，官本桉：「好，他本作『命』。」民必從之。故君民者，貴孝弟而好禮義，重仁廉而輕財利。躬親職此於上，而萬民聽，生善於下矣。故曰：「先王見教之可以化民也。」此之謂也。

衣服容貌者，所以悦〔九〕目也；《韓詩外傳》作「傳曰：衣服容貌者，所以説目也」，此亦當有「傳曰」二字。聲言應對者，《説苑》作「聲音」，《外傳》作「應對言語者」。所以悦耳也；好惡去就者，《説苑》作「嗜欲好惡」。所以悦心也。故君子衣服中而容貌恭，《説苑》《外傳》作「容貌得」。則目悦矣；言理應對遜，《説苑》作「言語順，應對給」，《外傳》作「言語遜，應對給」。則耳悦矣；好仁厚而惡淺薄，就善人而遠僻鄙，《説苑》〔一〇〕作「就仁，去不仁」。則心悦矣。故曰：「行意〔一一〕可樂，容止可觀。」此之謂也。此段〔一二〕舊在《五行對》「王曰：善哉」之下，張編修曰：「此非本篇文，與下篇一類。」

五行之義第四十二

天有五行：一曰木，《宋微子世家》鄭注：「此數，本諸陰陽所生之次也。」《春秋元命包》：「木者，陽精，生於陰，故水者，木之母也。『木』之爲言『觸』也，氣動躍也。其字，『八』推『十』爲『木』。『八』者，陰；合『十』者，陽數。」《釋名》：「木，冒也，華葉自覆冒也。」《説文通論》：「水非土不處，水土之氣〔一三〕相謀而生木。」二曰火，《春秋元命包》：「『火』之爲言『委隨』也，故其立字，『人』散『二』者爲『火』也。」《釋名》：「火，化也，消化物也；亦言毀也，物入中，皆毀壞也。」三曰土，《春秋元命包》：「『土』之爲言『吐』也，子成父道，吐氣精以輔也。陽立於三，故成土。其立字，『十』夾『一』爲『土』。」《釋名》：「土，吐也，能吐生萬物也。」四曰金，《釋名》：「金，禁也。其氣剛嚴，能禁制也。」《説文通論》：「土受化以生。天柔而地剛，剛柔相和，其精爲金。」五曰水。《春秋元命包》：「『水』之爲言『演』也，陰化淖濡，流施潛行也。故其立字，兩『人』交『一』以中出者爲『水』。『一』者，數之始；兩『人』，譬男女，言〔一四〕陰陽交，物以『一』起也。」《釋名》：「水，準也，準平物也。」木，五行之始也；水，五行之終也；土，五行之中也。此其天次之序也。木生火，火生土，土生金，金生水，水生木，此其父子也。木居左，金居右，火居前，水居後，土居中央，此其父子之序，相受而布。是故木受水，而火受木，土受火，金〔一五〕受土，水受金也。諸授之者，皆其父也；受之者，皆其子也。常因其父，以使其子，天之道也。是故木已生而火養之，金已死而水〔一六〕藏之，火樂木而養以陽，水克金而喪以陰；土之事天，竭其忠。故五行者，乃孝子忠臣之行也。《白虎通》：「五行者，何謂也？謂金、木、水、火、土也。言『行』者，欲言爲天行氣之義也。地之承天，猶妻之事夫，臣之事君也。謂其位卑，卑者親事。故自周〔一七〕於一行，尊於天也。」「五行」之爲言也〔一八〕，猶「五行」歟？是故以得辭也。聖人知之，故多其愛而少嚴，厚養生而謹送終，就天之制也。以子而迎成養，如火之樂木也；喪父，如水之克金也；事君，若土之敬天也，可謂有行人矣。五行之隨，各如其序；五行之官，各致其能。是故木居東方而主春氣，火居南方而主夏氣，金居西方而主秋氣，水居北方而主冬氣。是故木主生而金主殺，火主暑而水主寒。使人必以其序，官人必以其能，天之數也。土居中央，爲之天潤。土者，天之股肱也。其德茂美，不可名以一時之事，故五行而四時者，土兼之也。《白虎通》：「土所以王四季，何？木非土不生，火非土不榮，金非土不成，水非土不高。土，扶微助衰，歷成其道，故五行更王，亦須土也。王四季，居中央，不名時。」金、木、水、火雖各職，不因土，方不立，若酸、鹹〔一九〕、辛、苦之不因甘肥不能成味也。甘者，五味之本也；土者，五行之主也。五行之主土氣也，猶五味之有甘肥也，不得不成。是故聖人之行，莫貴於忠，土德之謂也。人官之大者，不名所職，相其是矣；天官之大者，不名所生，土是矣。

陽尊陰卑第四十三

《五行志》：「周道敝，孔子述《春秋》，則《乾》《坤》之陰陽，效《洪範》之咎徵，天人之道粲然著矣。漢興，承秦滅學之後。景、武之世，董仲舒治《公羊春秋》，始推陰陽，爲儒者宗。」《乾鑿度》：「陽得正於上，陰得正於下。尊卑之象，定禮之序也。」

天之大數，畢於十旬。李庶常曰：「下兩『旬』字，屬下。旬者，均也。」旬天地之間，十而畢舉；旬生長之功，十而畢成。十者，天數之所止也。官本桉：「他本作『之數』。」古之聖人，因天數之所止，以爲數紀。十如「而」通。更始，民世世傳之，而不知省其所起。知省其所起，則見天數之所始；見天數之所始，則知貴賤逆順〔二〇〕所在；知貴賤順逆〔二一〕所在，則〔二二〕天地之情著，盧注：「『則』下，舊本有『知』字，衍。」

聖人之寶出矣。是故陽氣以正月始出於地，生育養長〔二三〕於上。至其功必成也，官本桉：「他本『也』作『矣』。」盧注：「『必』與『畢』通。」而積十月。人亦十月而生，合於天數也。《大戴禮·易本命》：「天一，地二，人三。三三而九，九九八十一，一主日，日數十，故人十月而生。」是故天道十月而成，盧注：「舊本脱『天道』二字，今補。」人亦十月而成〔二四〕，合於天道也。故陽氣出於東北，入於西北，發於孟春，畢於孟冬，《月令》注：「孟，長也。日月之行，一歲十二會。聖王因其會而分之，以爲大數焉。觀斗所建，命其四時。」而物莫不應是。陽始出，物亦始出；陽方盛，物亦方盛；陽初衰，物亦初衰。物隨陽而出入，數隨〔二五〕陽而終始，三王之正隨陽而更起。以此見之，貴陽而賤陰也。故數日者，據晝而不據夜；數歲者，據陽而不據陰，不得達之義。是故《春秋》之於昏禮也，達宋公而不達紀侯之母。紀侯之母宜稱而不達，宋公不宜稱而達，隱二年《傳》：「昏禮不稱主人。然則曷稱？稱諸父兄、師友。宋公使公孫壽來納幣，則其稱主人，何？辭窮也。辭窮者，何？無母也。然則紀有母乎？曰：有。有則何以不稱母？母不通也。」注：「母命不得達。」盧注：「舊本作『達未宋公而不達宋公不宜稱而達』，誤。今桉〔二六〕《公羊傳》增正。」達陽而不達陰，以天道制之也。西漢杜鄴《日食對》：「臣聞：陽尊陰卑。卑者隨尊，尊者兼卑，天之道也。是以男雖賤，各爲其家陽〔二七〕；女雖貴，猶爲其國陰。故禮明三從〔二八〕之義，雖有文母之德，必繫於子。《春秋》不書紀侯之母，陰義殺也。」丈夫雖賤，皆爲陽；婦人雖貴，皆爲陰。陰之中，亦相爲陰；陽之中，亦相爲陽。諸在上者，皆爲其下陽；諸在下者，各爲其上陰。「陰」猶「沈」也，蔡邕《月令章句》曰：「陰者，密雲也；沈者，雲之重也。」何名何有，皆并一於陽，昌力而辭功。故出雲起雨，必令從之下，命之曰天雨，不敢有其所出。上善而下惡，惡者受之，善者不受。張編修曰：「此下，當接下篇『土若地』至『此見天之近陽而遠陰』。」土若地，義之至也。官本桉：「至，他本作『主』。」是故《春秋》君不名惡，臣不名善；善皆歸於君，惡皆歸於臣。臣之義，比於地，故爲人臣〔二九〕者，視地之事天也；《文選》注：「《墨守》曰：『君者，臣之天也。』」爲人子者，視土之事火也。雖居中央，亦歲七十二日之王，官本校：「七，他本誤作『亡』。」《家語》：「天有五行：水、火、金、木、土。分時化育，以成萬物。」注：「一歲三百六十日，五行每行〔三〇〕主七十二日。化生長育，一歲之功，萬物莫敢不成。」傅〔三一〕於火，以調和養長。然而弗名者，皆并功於火，火得以盛，不敢與天〔三二〕分功美，官本校：「他本無『功』字。」孝之至也。《荀爽傳》：「火生於木，木盛於火，故其德爲孝。」注：「火，木之子；夏，火之位。木至夏而盛，故爲孝。」是故孝子之行，忠臣之義，皆法於地也。地事天也，猶下之事上也。地，天之合也。物無合會之義，是故推天地之精，官本校：「他本無『地』〔三三〕字。」運陰陽之類，以別順逆之理，安所加以不在？在上下，在大小，在强弱，在賢不肖，師古曰：「肖，似也。不肖者，言無所象類，謂不材之人也。」在善惡。惡之屬，盡爲陰；善之屬，盡爲陽。陽爲德，陰爲刑。《管子》曰：「日掌陽，陽爲德；月掌陰，陰爲刑〔三四〕。」《淮南子》：「日〔三五〕冬至，則斗北中繩，陰氣極，陽氣萌，故曰冬至爲德。日夏至，則斗南〔三六〕中繩，陽氣極，陰氣萌，故曰夏至爲刑。」《大戴禮》：「子曰：『有天德，有地德，有人德，此謂三德。三德率行，乃有陰陽。陽爲德，陰爲刑。』」刑反德而順於德，亦權之類也。猶權之反於經，然後有善也。雖曰權，皆在權成。官本校：「皆在，他本作『在皆』。」是故陽行於順，陰行於逆。逆行而順，順行而逆者，陰也。是故天以陰爲權，以陽爲經。陽出而南，陰出而北。經用於盛，權用於末，以此見天之顯經隱權，前德而後刑也。故曰：陽，天之德；陰，天之刑也。陽氣煖而陰氣寒，陽氣予而陰氣奪，陽氣仁而陰氣戾〔三七〕，陽氣寬而陰氣急，陽氣愛而陰氣惡，陽氣生而陰氣殺。是故陽常居實位而行於盛，陰常居空虚〔三八〕而行於末。天之好仁而近，惡戾之變而遠，大德而小刑之意也；先經而後權，貴陽而賤陰也。故陰，夏入居下，不得任歲事；冬出居上，置之空處也。養長之時，伏於下，遠去之，弗使得爲陽也；無事之時，起之空處，使之備次陳，守閉塞也。官本桉：「使，他本誤作『備』。」此見〔三九〕官本桉：「見，他本作『有』。」〔四〇〕天之近陽而遠陰，大德而小刑也。是故人主近天之所近，遠天之所遠；大天之所大，小天之所小。是故天數右陽而不右陰，務德而不務刑。刑之不可任以成世也，猶陰不可任以成歲也。爲政而任刑，謂之逆天，非王道也。

王道通三第四十四

《說文通論》：「王者則天之明，因地之義，通人之情，一以貫之〔四一〕。故於文，『丨』貫『三』爲『王』。王者，居中也，皇極之道也；『三』者，天、地、人也。」

古之造文者，《孝經援神契》：「倉頡文字者，總而爲言，包意以名事也。分而爲義，則文者，祖父〔四二〕；字者，子孫。得之自然，備其文理。象形之屬，則謂之文。」《法苑珠林》：「造書〔四三〕凡有三人：長名曰梵，其書右行；次曰佉盧，其書左行；少者倉頡，其書下行。」三畫而連其中，謂之「王」。三畫者，天、地與人也；而連其中者，通其道也。取天、地與人之中以爲貫而參通之，非王者，孰能當是？《說文》：「王，天下所歸往也。董仲舒曰：『古之造文者，三畫而達〔四四〕其中，謂之王。三者，天、地、人；而參通之者，王也。』孔子曰：『一貫三爲王。』」故王者唯天之施，施其時而成之，法其命如〔四五〕「而」通。循之諸人，法其數而以起事，治其道而以出法，治其志而歸之於仁。仁之美者，在於天。天，仁也〔四六〕。盧注：「舊本作『大仁』，又一本作『夫仁』〔四七〕，皆誤。」天覆育萬物，既化而生之，有「又」同。養而成之，事功無已〔四八〕，終而復始，凡舉歸之以奉人。察於天之意，無窮極之仁也。人之受命於天也，取仁於天而仁也。是故人之受命，天之尊，父兄子弟之親，有忠信慈惠之心，有禮義廉讓之行，有是非順逆〔四九〕之治，官本校：「有，他本作『者』。」文理燦〔五〇〕然而厚，知官本校：「知，他本作『之』。」廣大有而博。惟人道〔五一〕可以參天。天常以愛利爲意，官本校：「意，他本作『義』。」以養長爲事，官本校：「他本無『長』字。」春秋冬夏皆其用也。王者亦常以愛利天下爲意，以安樂一〔五二〕世爲事，盧注：「本或脱『一』字。」好惡喜怒而備用也。然而主好惡喜怒，乃天〔五三〕之春夏秋冬也，其居〔五四〕煖清〔五五〕寒暑，而以變化成功也。天出此物者，時則歲美，不時則歲惡；人主出此四者，義則世治，不義則世亂。是故治世與美歲〔五六〕同數，亂世與惡歲同數，以此見人理之副天道也。天有寒有暑。《書》疏：「暑是熱之極，寒是冷之極。」張編修曰：「此下當接上篇『夫喜怒』至『而人資諸天』爲一篇。」夫喜怒哀樂之發，與清煖寒暑，其實一貫〔五七〕也。喜氣爲暖而當春，怒氣爲清而當秋，樂氣爲太陽而當夏，哀氣爲太陰而當冬。四氣者，天與人所同有也，《法苑珠林》引《繁露》作「春喜氣，故生；秋怒〔五八〕氣，故殺；夏樂氣，故養；冬哀氣，故藏。四者，天、人同有之」。非人所能畜也，官本校：「能，他本作『當』。」故可節而不可止也。節之而順，止之而亂。人生於天，而取化於天。喜氣取諸春，樂氣取諸夏，怒氣取諸秋，哀氣取諸冬，四氣之心也。四肢之答各有處，官本校：「他本無『答』字。」如四時；寒暑不可移，若肢體。肢體移易其處，謂之壬人；寒暑移易其處，謂之敗歲；喜怒移易其處，謂之亂世。明王正喜以當春，正怒以當秋，正樂以當夏，正哀以當冬。上下法此，以取天之道。春氣愛，秋氣嚴，夏氣樂，冬氣哀。愛氣以生物，嚴氣以成功，樂氣以養生，哀氣以喪終，天之志也。是故春氣暖者，天之所以愛而生之；秋氣清者，天之所以嚴而成之；夏氣温者，天之所以樂而養之；冬氣寒者，天之所以哀而藏之。春主生，夏主養，冬主藏，秋主收。生溉其樂以養，死溉其哀以藏，爲人子者也。故四時之比，父子之道；天地之志，君臣之義也。陰陽理人之法也：陰，刑氣也；陽，德氣也。陰始於秋，陽始於春。「春」之爲言猶「偆偆」也，「秋」之爲言猶「湫湫」也。偆偆者，喜樂之貌也；湫湫者，憂悲之狀也。是故春喜夏樂，秋憂冬悲，悲死而樂生。以夏養春，以冬喪秋，大人之志也。是故先愛而後嚴，樂生而哀終，天之當也。而人資諸天，天固如此〔五九〕，然而無所之，如其身而已矣。人主立於生殺之位，與天共持變化之勢。物莫不應天化。天地之化如四時：所好之風出，則爲煖氣，而有生於俗；所惡之風出，則爲清氣，而有殺於俗。喜則爲暑氣，而有養成〔六〇〕也；怒則爲寒氣，而有閉塞也。人主以好惡喜怒變習俗，官本校：「習俗，他本作『俗習』。」而天以煖清寒暑化草木。喜樂時而當，則歲美；不時而妄，則歲惡。天地、人主，一也。然則人主之好惡喜怒，乃天之煖清寒暑也，不可不審其處而出也。當暑而寒，當寒而暑，必爲惡歲矣；官本校：「矣，他本作『也』。」人主當喜而怒，當怒而喜，必爲亂世矣。是故人主之大守，在於謹藏而禁內，使好惡喜怒必當義乃出，若煖清寒暑之必當其時乃發也。人主掌此而無失，官本校：「他本下有『而』字。」使乃好惡喜怒未嘗差也，如春秋冬夏之未嘗過也，可謂參天矣。深藏此四者而勿使妄發，可謂天〔六一〕矣。

天容第四十五《淮南子》：「天道玄默，無容無則。」

天之道，有序而時，有度而節，變而有常，反〔六二〕而有相奉，微而至遠，踔而致精，一而少積蓄，廣而實，虛而盈。聖人視天而行，是故其禁而審好惡喜怒之處也，欲合諸天之非其時，官本校：「他本無『之』字。」不出煖清寒暑也；其告之以政令而化風之清微也，欲合諸天之顛倒其一而以成歲也；

其羞淺末華虛官本校：「淺末，他本誤作『滿未』。」而貴敦厚忠信也，欲合諸天之默然不言而功德積成也；其不阿黨偏私而美泛愛兼利也，欲合諸天之所以成物者少霜而多露也。《釋名》：「霜，喪也。其氣慘毒，物皆喪也。露，慮也，覆慮物也。」其内自省，以是而外顯，不可以不時；人主有喜怒，不可以不時。可亦爲時，時亦爲義。喜怒以類〔六三〕合，其理一也。故義、不義者，時之合類也，而喜怒乃寒暑之别氣也。

天辨在人〔六四〕第四十六

難者曰：陰陽之會，《占夢》疏：「桉《堪輿》，黄帝〔六五〕問天老事云：『四月，陽建于巳，破于亥；陰建于未，破于癸。』是爲陽破陰、陰破陽，故四月有癸亥，爲陰陽交會〔六六〕。言未破癸〔六七〕者，即是未與丑對而近癸也。交會，惟有四月、十月也。」一歲再遇〔六八〕於南方者以中夏，遇於北方者以中冬。冬，喪物之氣也，則其會於是，何如？金、木、水、火，各奉其所主，以從陰陽，相與一力〔六九〕而并功。其實非獨陰陽也，然而陰陽因之以起，助其所主。故少陽因木而起，助春之生也；太陽〔七〇〕因火而起，助夏之養也；少陰因金而起，助秋之成也；太陰因水而起，助冬之藏也。《索隱》：「《物理論》：『北極，天之中，陽氣之北極也。極南爲太陽，極北爲太陰。太陰則無光，太陽則能照〔七一〕，故爲昏明、寒暑之極也。』」《月令章句》：「天之道，陰陽各有少、太，是生四時：少陽爲春，太陽爲夏，少陰爲秋，太陰爲冬也。」陰雖與水并氣而合冬，其實不同，故水獨有喪，而陰不與焉。是以陽陰會於中冬者，非其喪也。官本校：「其，他本作『者』。」春，愛志也；夏，樂志也；秋，嚴志也；冬，哀志也。故愛而有嚴，樂而有哀，四時之則也。喜怒之禍，哀樂之義，不獨在人，亦在於天；而春夏之陽，秋冬之陰，不獨在天，亦在於人。人無春氣，何以博愛而容衆？人無秋氣，何以立嚴而成功？人無夏氣，何以盛養而樂生？人無冬氣，何以哀死而恤喪？天無喜氣，亦何以暖而春生育？天無怒氣，亦何以清而秋就殺〔七二〕？天無樂氣，亦何以竦陽而夏養長？官本校：「竦，他本作『疏』。」天無哀氣，亦何以激陰而冬閉藏？故曰：天乃有喜怒哀樂之行，人亦有春秋冬夏之氣者，合類之謂也。匹夫雖賤，可以見德刑之用矣。《意林·風俗通》：「《論語》云：『匹夫匹婦。』《傳》云：『一晝一夜成一日，一男一女成一室。』桉：古人男女作衣，用二匹。今人單衣，故言匹夫〔七三〕。」是故陰陽之行，終各六月，遠近同度，而所在異處。陰之行，春居東方，秋居西方；夏居空右，冬居空左；夏居空下，冬居空上：此陰之常處也。陽之行，春居上，冬居下：此陽之常處也。陰終歲四移，而陽常居實，非親陽而疏〔七四〕陰、任德而遠刑與？天之志，常置〔七五〕陰空處，稍取之以爲助。故刑者，德之輔；陰者，陽之助也；陽者，歲之主也。天下之昆蟲，隨陽〔七六〕而出入；天下之草木，隨陽而生落；天下之三王，隨陽而改正；天下之尊卑，隨陽而序位。《乾鑿度》：「萬物隨陽而出，故上六欲〔七七〕九五拘繫之、維持之，明被陽化而陰隨從之也〔七八〕。」《禮記》：「昆蟲未蟄。」鄭玄曰：「昆，明也。明蟲者，陽而生，陰而藏〔七九〕。」幼者居陽之所少，老者居陽之所老，貴者居陽之所盛，賤者當陽之所衰。藏者，言其不得當陽，而〔八〇〕當陽者，臣子是也；當陽者，君父是也。故人主南面，以陽爲位也。《乾鑿度》：「不易也者，其位也。天在上，地在下；君南面，臣北面；父坐，子伏：此其不易也。」陽貴而陰賤，天之制〔八一〕也。盧注：「制，舊本作『刑』，誤。」禮之尚右，非尚陰也，敬老陽而尊成功也。

陰陽位第四十七

陽氣始出東北而南行，就其位也；西轉而北入，藏其休也。陰氣始〔八二〕東南而北行，官本桉：「他本無『而』字。」亦就其位也；西轉而南入，屏其伏也。是故陽以南方爲位，以北方爲休；陰以北方爲位，以南方爲休〔八三〕。陽至其位而大暑熱，陰至其位而大寒凍。《魏臺訪議》〔八四〕：「冬至，陽動于下，推陰而上之，故寒于上；夏至，陰動于下，推陽而之上〔八五〕，故大熱于上。」陽至其休而入化於地，陰至其伏而避德於下。是故夏出長於上、冬入化於下者，陽也；夏入守虚地於下、冬出守虚位於上者，陰也。陽，出實入實；陰，出空入空。天之任陽不任陰、好德不好刑如是也，故陰陽終歲各一出〔八六〕。

校勘記

〔一〕「官本桉」云云，殿本、盧本均無。

〔二〕「上」，計臺本、殿本、盧本作「乃上」。

〔三〕「君命」，計臺本無。

〔四〕「諸侯曰萬民也」，稿本無「也」字，下有「此當作『兆民』」五字。

〔五〕「傳曰」以下，盧本、諸本提行，計臺本、殿本合上爲一節。

〔六〕「愛慈」，計臺本作「慈愛」。

〔七〕「教之」，計臺本、殿本、盧本作「教」，殿本校云：「他本『教』下有『之』字。」

〔八〕「難」，計臺本作「雖」。

〔九〕「悅」，計臺本、殿本、盧本并作「說」。下「悅」字并同。

〔一〇〕「說苑」，《韓詩外傳》卷一亦作「就仁，去不仁」，據上例，此下當有「外傳」二字。

〔一一〕「意」，盧本作「思」。

〔一二〕「段」，稿本、藂雲閣本作「叚」，據彙函本、續經解本、畿輔本、龍谿本改。

〔一三〕「氣」，張校云：「按《說文通論》，『氣』當作『气』。」

〔一四〕「言」，稿本、藂雲閣本、彙函本、續經解本、龍谿本并作「之」，畿輔本作「譬」，據《太平御覽》卷五十八改。

〔一五〕「金」，計臺本、殿本作「而金」，殿本校云：「他本無『而』字。」

〔一六〕「水」，稿本、藂雲閣本、彙函本、畿輔本、龍谿本并作「木」，據計臺本、殿本、盧本、續經解本改。

〔一七〕「自周」，與《漢魏遺書》本《白虎通》同。盧本《白虎通》作「自同」，盧校云：「『同』，舊作『周』，誤。今據《御覽》改正。」張校云：「《太平御覽》十七卷所引，『親事』作『親視事』，『自周』作『自同』。凌氏蓋沿坊本之訛。」

〔一八〕「也」，計臺本、殿本無，殿本校云：「他本下有『也』字。」

〔一九〕「醎」，計臺本、盧本、畿輔本、龍谿本作「鹹」。

〔二〇〕「逆順」，龍谿本作「順逆」。

〔二一〕「順逆」，計臺本、殿本、盧本作「逆順」。

〔二二〕「則」，計臺本、殿本作「則知」。

〔二三〕「養長」，盧本作「長養」。

〔二四〕「成」，計臺本作「生」。

〔二五〕「隨」，計臺本奪。

〔二六〕「桉」，續經解本作「據」。

〔二七〕「各爲其家陽」，諸本并作「名其爲家陽」，據《漢書》卷八十五改。

〔二八〕「三從」，諸本并作「三重」，據《漢書》改。張校云：「《前漢書·杜鄴傳》本作『三從』。」

〔二九〕「臣」，計臺本、殿本作「臣下」，殿本校云：「他本無『下』字。」

〔三〇〕「每行」，《孔子家語·五帝篇》注作「各」。

〔三一〕「傳」，計臺本、殿本、盧本作「傳」。

〔三二〕「天」，計臺本、殿本、盧本作「父」。

〔三三〕「地」，蜚雲閣本作「他」，據稿本、彙函本、續經解本、畿輔本、龍谿本改。

〔三四〕「日掌陽，陽爲德；月掌陰，陰爲刑」，彙函本、續經解本、畿輔本、龍谿本并作「日掌陽之爲德，月掌陰之爲刑」，蓋誤認稿本重字號爲「之」字，據稿本、《管子·四時篇》改。張校云：「《管子》原文作『日掌陽，月掌陰，星掌和。陽爲德，陰爲刑，和爲事』，凌氏未知何據。」

〔三五〕「日」，與《淮南子·天文訓》同，彙函本、畿輔本誤作「曰」。

〔三六〕「斗南」，與《淮南子·天文訓》同，續經解本誤作「南斗」。

〔三七〕「戾」，稿本、蜚雲閣本、畿輔本、龍谿本并作「淚」，據計臺本、殿本、盧本、彙函本、續經解本改。

〔三八〕「空虚」，盧本作「空位」。

〔三九〕「見」，計臺木、盧本作「皆」。

〔四〇〕「官本桉」云云，今殿本無。

〔四一〕「一以貫之」，乃節引。張校云：「《説文通論》下有『丨而貫之，丨，一也』七字。」

〔四二〕「祖父」，諸本并作「祖文」，據《太平御覽》卷七百四十九、《路史・前紀》卷六改。張校云：「《援神契》『祖文』作『祖父』。」

〔四三〕「造書」，《法苑珠林》卷十五作「昔造書之主」。

〔四四〕「達」，張校云：「《説文》『達』作『連』。」

〔四五〕「如」，計臺本、殿本、盧本作「而」。殿本校云：「他本『而』作『如』。」盧校云：「『而』字舊作『如』，亦本通。」

〔四六〕「天仁也」，計臺本作「大仁也」，殿本作「夫仁也」，殿本校云：「他本『夫』作『大』。」

〔四七〕「大仁」「夫仁」，盧本下并有「也」字。

〔四八〕「已」，計臺本作「以」。

〔四九〕「順逆」，計臺本、殿本、盧本并作「逆順」。

〔五〇〕「燦」，計臺本作「粲」。

〔五一〕「人道」，計臺本、殿本、盧本下并有「爲」字。

〔五二〕「一」，計臺本、殿本無。

〔五三〕「天」，計臺本、殿本作「天下」，殿本校云：「他本無『下』字。」

〔五四〕「其居」，計臺本、殿本、盧本作「其俱」，盧校云：「『其俱』疑當作『其諸』。」

〔五五〕「清」，計臺本作「凊」。下「煖清」「清煖」「怒氣爲清」同。

〔五六〕「美歲」，計臺本、殿本作「義歲」。

〔五七〕「一貫」，計臺本、殿本作「一類」，殿本校云：「他本『類』作『貫』。」盧本誤作「實」，盧校云：「一本『貫』作『類』。」

〔五八〕「怒」，稿本、蜚雲閣本、彙函本、續經解本、龍谿本并作「怨」，據畿輔本及《法苑珠林》卷四、《太平御覽》卷一改。

〔五九〕「如此」，計臺本、殿本、盧本作「有此」。

〔六〇〕「養成」，計臺本、殿本、盧本并作「養長」。

〔六一〕「天」，彙函本、續經解本作「大」。

〔六二〕「反」，計臺本、殿本作「及」。

〔六三〕「類」，稿本、蜚雲閣本、彙函本、畿輔本、龍谿本并作「内」，據計臺本、殿本、盧本、續經解本改。

〔六四〕「在人」，稿本、蜚雲閣本、彙函本、畿輔本倒作「人在」，據計臺本、殿本、盧本、續經解本、龍谿本改。

〔六五〕「黄帝」，與《周禮注疏》卷二十五同，稿本、彙函本、續經解本誤作「皇帝」。

〔六六〕「爲陰陽交會」，《周禮注疏》卷二十五下有「十月丁巳，爲陰陽交會」九字。據「一歲再遇」及所引「惟有四月、十月」，疑當補。

〔六七〕「未破癸」，諸本并作「未破亥」，據《周禮注疏》卷二十五改。張校云：「破亥，《占夢》疏作『破癸』。」

〔六八〕「再遇」，盧本、續經解本并重「遇」字。

〔六九〕「一力」，計臺本作「壹力」。

〔七〇〕「太陽」，計臺本作「大陽」。下「太陰」同。

〔七一〕「太極則無光，太陽則能照」，殿本《史記》卷二十七作「日月五星行太陰則無光，行太陽則能照」。下「之極也」，《史記》作「之限極也」。張校云：「《索隱》原文『太陰』上有『日月五星行』五字，凌氏妄爲刪截，則『無光』『能照』等字不知何屬。」

〔七二〕「就殺」，計臺本、殿本、盧本并作「殺就」。

〔七三〕「故言匹夫」，《意林》卷四無「夫」字。張校云：「按，《爾雅·釋詁》：『匹，合也。』注：『謂對合也。』《左傳》：『匹夫無罪。』注：『庶人夫妻相匹，其名既定，雖單亦匹，故通謂匹夫匹婦。』《商書》：『匹夫匹婦，不獲自盡。』『匹夫』之稱，振古已然，不自今人始也。《說文》：『匹，四丈也。』《正譌》云：『四丈則八端，故从八、从匸，象束帛形。』古人衣製不同，用布多寡亦異。一匹之說，凌氏或別有所本。又按，《詩》云：『衣錦尚褧。』箋：『襌也。』楊子《方言》『單，古謂之深衣』是也。凌氏謂單衣者，不知何指。」案，張氏誤指《意林》所引爲凌氏注語也。

〔七四〕「疏」，計臺本作「踈」。

〔七五〕「置」，計臺本、殿本作「直」，盧校：「置，舊本作『直』。」

〔七六〕「陽」，計臺本作「陰」。

〔七七〕「欲」，《隋書·王劭傳》引同。張校云：「《乾鑿度》原文『欲』下有『待』字。」

〔七八〕「而陰隨從之也」，與《隋書·王劭傳》引同。張校云：「《乾鑿度》作『而陰欲隨之也』。」

〔七九〕「陽而生，陰而藏」，與《文選·東京賦》及《吴都賦》注、《一切經音義》卷九十五同，《禮記正義》卷十二「陰」「陽」上并有「得」字。張校云：「鄭注作『得陽而生，得陰而藏』。凌氏削『得』字，文義未明。」案，張氏蓋未明凌氏所本。

〔八〇〕「而」，盧本作「不」。

〔八一〕「制」，計臺本、殿本作「刑」。

〔八二〕「始」，盧本、續經解本下并有「出」字。

〔八三〕「休」，盧本作「伏」。

〔八四〕「魏臺訪議」，《藝文類聚》卷五、《太平御覽》卷三十四并作「五經通義」。

〔八五〕「之上」，與《藝文類聚》卷五、《太平御覽》卷三十四同，續經解本作「上之」。

〔八六〕「一出」，計臺本作「壹出」。

春秋繁露卷十二

陰陽終始第四十八 宋本、諸本皆闕數句。

天之道，終而復始。《淮南子》：「夏日至，則陰乘陽，是以萬物就而死；冬日至，陽乘陰，是以萬物仰而生。晝者，陽之分；夜者，陰之分。是以陽氣勝，則日修而夜短；陰氣勝，則日短而夜修。帝張四維，運之以斗。月徙一辰，復反其所。正月指寅，十二月指丑，一歲爲匝〔一〕，終而復始。」故北方者，天之所終始也，陰陽之所合別也。冬至之後，陰俛而西入，師古曰：「俛，即『俯』字也。」陽仰而東出，出入之處常相反也。多少調和之適，常相順也。有多而無溢，有少而無絕。春、夏，陽多而陰少；秋、冬，陽少而陰多。多少無常，未嘗不分而相散也，以出入相損益，以多少相溉濟也。多勝少者，倍入。官本校：「倍，他本誤作『借』。」入者損一，官本校：「二，他本誤作『益』。」而出者益二；天所起一，官本校：「『益二』以下六字，他本闕。」動而再倍。常乘反衡再登之勢，以就同類，與〔二〕官本校：「他本闕以上五字。」之相報，故其氣相俠，而以變化相輸也。春、秋之中，官本校：「他本闕『輸也』以下六字。」陰陽之氣俱相并也。中春以生，中秋以殺。由此見之，官本校：「他本闕『生中』以下六字。」天之所起，其氣積；天之所廢，其氣隨。官本校：「他本闕『隨』字。」故至春，少陽東出就木，與之俱生；至夏，太陽〔三〕南出就火，與之俱煖，此非各就其類而與之相起與？少陽就木，太陽就火，火木相稱，官本桉：「木，他本作『不』。」各就其正，此非正其倫與？至於秋時，少陰興，而不得以秋從金，從金而傷火功。雖不得以從金，亦以秋出於東方，俛其處而適其事，以成歲功，此非權與？陰之行，固常居虛而不得居實。至於冬〔四〕而止空虛，太陽乃得北就其類，而與水起寒。是故天之道，有倫，有經，有權。此篇舊本缺二十四字，今依官本補全。

陰陽義第四十九

天道之常，一陰一陽。陽者，天之德也；陰者，天之刑也。跡陰陽終歲之行，以觀天之所親，而任成天之功，猶謂之空，空者之實也。故清溧〔五〕之於歲也，官本桉：「溧，他本誤作『漂』。」《廣韻》曰：「溧冽〔六〕，寒風也。」若酸鹹〔七〕之於味也，僅有而已矣。聖人之治，亦從而然。天之少陰用於功，太陰〔八〕用於空；人之少陰用於嚴，而太陰用於喪。喪亦空，空亦喪也。是故天之道，以三時成生，以一時喪死。死之者，謂百物枯落也；喪之者，謂陰氣悲哀也。天亦有喜怒之氣、哀樂之心，與人相副。以類合之，天、人，一也。春，喜氣也，故生；秋，怒氣也，故殺；夏，樂氣也，故養；冬，哀氣也，故藏。四者，天、人同有之。有其理而一用之，與天同者大治，與天異者大亂。故爲人主〔九〕之道，莫明於在身之與天同者而用之，使喜怒必當義乃出，如寒暑之必當其時乃發也；使德之厚於刑也，如陽之多於陰也。是故天之行陰氣也，少取以成秋，其餘以歸之冬；聖人之行陰氣也，少取以立嚴，其餘〔一〇〕歸之喪。喪亦人之冬氣，故人之太陰，不用於刑而用於喪；天之太陰，不用於物而用於空。空亦爲喪，喪亦爲空，其實一也，皆喪死亡之心也。

陰陽出入上下第五十

天道大數，相反之物也，不得俱出，陰陽是也。春出陽而入陰，秋出陰而入陽，夏右陽而左陰，冬右陰而左陽。陰出則陽入，陽入則陰出〔一一〕；陰右則陽左，陰左則陽右。是故春俱南，秋俱北，而不同道；夏交於前，冬交於後，而不同理。并行而不相亂，澆滑而各持分，此之謂天之意。而何以從事？天之道，初薄大冬，陰陽各從一方來而移於後。陰由東方來西，陽由西方來東。至於中冬之月，相遇北方，合而爲一，謂之曰〔一二〕至。別而相去，陰適右，陽適左。官本按：「他本脫下『適左』二字。」適左者，其道順；適右者，其道逆。逆氣左上，順氣右下，故下煖而上寒，以此見天之冬右陰而左陽也，官本按：「陰，他本誤作『氣』。」上所右而下所左〔一三〕也。冬月盡，而陰陽俱南還。陽南還，出於寅；陰南還，入於戌。《尚書考靈曜》：「仲夏，日出於寅，入於戌。」此陰陽所始出地、入地之見處也。至於仲〔一四〕春之月，《月令》注：「仲，中也。仲春者，日月會于降婁，而斗建卯之辰也。」陽在正東，陰在正西，謂之春分。春分者，陰陽相半也，故晝夜均而寒暑平。《詩》疏：「按《乾象曆》及諸曆法，與今太史所候，皆云：『冬至，則晝四十五，夜五十五；夏至，則晝六十五，夜三十五；春、秋分，則晝五十五半，夜四十四半。從春分至于夏至，晝漸長〔一五〕，增九刻半；從夏至至于秋分，所減亦如之。從秋分至于冬至，晝漸短，減十刻半；從冬至至于春分，所加亦如之。』曆言晝夜者〔一六〕，以昏明爲限。馬融、王肅注《尚書》，以爲日永則晝漏六十刻，夜漏四十刻；日短〔一七〕，則晝漏四十刻，夜漏六十刻；日中、宵中，則晝、夜各五十刻者，以《尚書》有『日出』『日入』之語，遂以日見爲限。《尚書緯》謂刻爲『商』。鄭作

《士昏禮目録》云『日入三商爲昏』，舉全數以言耳。其實日見之前、日入之後，距昏、明各有二刻半。減晝〔一八〕五刻以裨夜，故于曆法，皆多校五刻也。」陰日損而隨陽，陽日益而鴻，《拾遺記》：「鴻，大也。」故爲煖熱。官本校：「煖，他本誤作『燒』。」初得大夏之月，相遇南方，合而爲一，謂之曰至。别而相去，陽適右，陰適左。適左由下，官本校：「左，他本誤作『下』。」適右由上，官本校：「右〔一九〕，他本誤作『左』。」上暑而下寒，以此見天之夏右陽而左陰也。上其所右，下其所左。夏月盡，而陰陽俱北還。陽北還而入於申，陰北還而入於辰。《尚書考靈曜》：「仲冬，日出於辰，入於申。」此陰陽之所始出地、入地之見處也。至於中秋之月，《月令》注：「仲〔二〇〕秋者，日月會于壽星，而斗建酉之辰也。」陽在正西，陰在正東，謂之秋分。《河圖》〔二一〕曰：「地有四遊。冬至，地上行，北而西三萬里；夏至，地下行，南而東三萬里；春、秋二分，是其中矣〔二二〕。」《月令》疏：「鄭注《考靈曜》云：『地蓋厚三萬里。春分之時，地正當中。自此，地漸漸而下，至夏至之時，地下遊萬五千里，地之上畔與天中平。夏至之後，地漸漸向上，至秋分，地正當天之中央。自此，地漸漸而上，至冬至，上遊萬五千里，地之下畔與天中平。自冬至後，地漸漸而下。』此是地之升降於三萬里之中。但渾天之體雖繞於地，地則中央正平，天則北高南下。北極高於地三十六度，南極下於地三十六度。然則北極之下，常見不没；南極之上三十六度，常没不見。南極去北極，一百二十一度餘。若逐曲計之，則一百八十一度餘。若以南北中半言之，謂之赤道，去南極九十一度餘，去北極亦九十一度〔二三〕餘。此是春、秋分之日道也。」秋分者，陰陽相半也，故晝夜均而寒暑平。陽日損而隨陰，陰日益而鴻，故至於季秋而始霜，至於孟冬而始寒〔二四〕，《月令》注：「季秋者，日月會于大火，而斗建戌之辰也。孟冬者，日月會于析木之津，而斗建亥之辰也。」小雪〔二五〕而物咸成，盧注：「舊本『寒』上有『大』字，衍。又，『小雪』誤作『下雪』。」大寒而物畢藏，《御覽》：「《三禮義宗》：『十月立冬爲節者，冬，終也。立冬之時，萬物終成，因爲節名。小雪爲中者，氣叙轉寒，雨變成雪，故以小雪爲中。十二月小寒爲節者，亦形於大寒，故謂之「小」，言時寒氣猶未是極也。大寒爲中者，上形於小，故謂之「大」。十一月，一陽爻〔二六〕

初起，至此始徹，陰氣出地方盡〔二七〕，寒氣并在上。寒氣之逆極，故謂之大寒也。』」天地之功終矣。

天道無二第五十一

天之常道，相反之物也，不得兩起，故謂之一。一而不二者，天之行也。陰與陽，相反之物也，故或出或入，或左或右〔二八〕。春俱南，秋俱北，夏交於前，冬交於後，并行而不同路，交會而各代理，此其文與？天之道，有一出一入〔二九〕，一休一伏，其度一也，然而不同意。陽之出，常縣於前而任歲事；陰之出，常縣於後而守空虛。師古曰：「縣，古『懸』字。」陽之休也，功已成於上而伏於下；陰之伏也，不得近義而遠其處也。天之任陽不任陰、好德不好刑如是，故陽出而前，陰出而後，尊德而卑刑之心見矣。陽出而積於夏，任德以歲事也；陰出而積於冬，錯行〔三〇〕於空處也，必〔三一〕以此察之。天無常於物而一於時，時之所宜而一爲之，故開一塞一，起一廢一，至〔三二〕畢時而止，盧注：「『至』字上，舊本有『而』字，衍。」終有「又」通。復始於一〔三三〕。一者，一也。是故天凡在陰位者，皆惡亂善，不得主名，天之道也。故常一而不滅，天之道。事無大小，物無難易，反天之道，無成者。是以目不能二視〔三四〕，耳不能二聽，一手〔三五〕不能二事。一手畫方，一手畫圓，莫能成。《新論》：「使左手畫方，右手畫圓，令一時俱成，雖執規矩之心、迴剟劂之手而不能者，用〔三六〕心不兩用，則手不并運也。」人爲小易之物而終不能成，反天之不可行如是。是故古之人物而書文，心止於一中〔三七〕者謂之忠，持二中者謂之患。《晏子春秋》：「景公問曰：『忠臣之事君也，何若？』晏子對曰：『一心可以事百君。』」《六書精蘊》：「一中爲忠，二中爲患。」患，人之中不一者也。盧注：「舊本脱『心』字、『中』字，今增。又，下兩『中』字，舊訛『忠』，今改正。」不一者，故患之所由生也。是故君子賤二而貴一。人孰無善？善不一，故不足以立身。治孰無常？常不一，故不足以致功。《詩》云：「上帝臨汝，無二汝〔三八〕心。」知天道者之言也。《毛詩》作「爾心」。

煖燠孰多第五十二

天之道，出陽爲煖以生之，出陰爲清〔三九〕以成之。是故非薰也不能有育，非溧〔四〇〕官本校：「他本誤作『漂』。下同。」也不能有熟〔四一〕，歲之精也。知心而不省薰與溧孰多者，用之必與天戾。與天戾，雖勞不成。是自正月至於十月，而天之功畢，計是〔四二〕間者，官本校：「他本無『者』字。」陰與陽，官本校：「他本『陰與陽』誤作『與陰陽』。」各居幾何？薰與溧，其日〔四三〕孰多？官本校：「他本『其』下衍『者』字。」距物之初生，至其畢成，露與霜，其下孰倍？故從中春生〔四四〕於秋，氣温柔和調。乃〔四五〕季秋九月，陰乃始多於陽，天乃〔四六〕於是時出溧下霜。出溧下霜，而天〔四七〕降物。「天」，王本作「大」。固已皆成矣。故九月者，天之功大究於是月也，十月而悉畢。故桉其跡，數其實，清溧之日少少耳。功已畢成之後，陰乃大出。天之成功也，少陰與而太陰不與。少陰在内而太陰在外，故霜加物而雪加於空。官本桉：「他本無『於』字。」徐整《長曆》：「厤，北斗當崑崙，氣連注天下〔四八〕，春夏爲雨露，秋冬爲霜雪。」空者，亶地而已，盧注：「『亶』與『但』同。」不逮物也。師古曰：「逮，及也。」功已畢成之後，物未復生之前，太陰之所常出也。雖曰陰，亦以太陽資化其位，而不知所受之故。聖王在上位，天覆地載，風令雨施。雨施者，布德均也；《帝通紀》〔四九〕云：「雨者，天地之施也。」風令者，言令直也。《後漢・張奂〔五〇〕傳》：「臣聞：風爲號令，動物通氣。」注：「《翼氏風角》曰：『凡風者，天地之號令，所以譴告人君者也。』」《詩》云：「不識不知，順帝之則。」《大雅・皇矣》之詩，箋：「其爲人，不識古，不知今，順天之法而行之〔五一〕。」言弗能知識而效天之所爲云爾。禹水、湯旱，非常經也，適遭世氣之變，而陰陽失平。堯視民如子，民視堯如父〔五二〕。《尚書》曰：「二十有八載，《釋名》：「《尚書》，尚，上也。以堯爲上始，而書其時事也。」《尚書璇璣鈐》：「尚者〔五三〕，上也，書者，如也。上天垂文象，布節度書也，如天行〔五四〕。書，務以天言之，因而謂之『書』，加『尚』以尊之。」是謂《尚書》篇題號〔五五〕。《六藝論》云：「左史所記爲春秋，右史所記爲尚書。是以《玉藻》云：『動則左史書之，言則右史書之。』」《釋文》：「夏曰歲，商曰祀，周曰年，唐、虞曰載。」放勛乃殂落，《釋文》：「許云反，功也。馬云：『放勛，堯名。』皇甫謐同。一曰：放勛，堯字。」百姓如喪考妣。《爾雅》：「父爲考，母爲妣。」注：「《禮記》：『生曰父、母、妻，死曰考、妣、嬪。』」四海之内，《王制》疏：「《周禮》則九服。夷、鎮、蕃三服，謂之四海〔五六〕。四海之内，謂要服以内。桉，《爾雅・釋地》云：『九夷、八狄、七戎、六蠻，謂之四海。』孫炎云：『「海」之言「晦」，晦闇〔五七〕于禮義。』此言四海之内，謂夷狄之内也。」閼密八音，盧注：「『閼』與『遏』同。」《釋文》：「八音，謂金，鐘也；石，磬也；絲，琴、瑟也；竹，篪、笛也；匏，笙也；土，塤也；革，鼓也；木，柷、敔也。」三年。」三年，陽氣厭於陰，陰氣大興。此禹所以有水名也。桀，天下之殘賊也；湯，天下之盛德也。天下除殘賊而得盛德，大善者再，是重陽也，故湯有旱之名。《帝王世紀》曰：「湯伐〔五八〕桀後，大旱七年，川、洛以竭〔五九〕。使人持三足鼎，祝於山川，曰：『政不節耶？使人急〔六〇〕耶？讒夫昌耶？宫室榮〔六一〕耶？女謁行耶？何不雨之疾〔六二〕耶！』」何注同此。皆適遭之變，非禹、湯之過。毋以適遭之變，疑平生之常，則所守不失，則正道益明。

基義第五十三

凡物必有合。合，必有上，必有下；必有左，必有右；必有前，必有後；必有表，必有裏。有美必有惡，有順必有逆，有喜必有怒，有寒必有暑，有晝必有夜：此皆其合也。陰者，陽之合；妻者，夫之合；子者，父之合；臣者，君之合。物莫無合，而合各有陰陽：陽兼於陰，陰兼於陽；夫兼於妻，妻兼於夫；父兼於子，子兼於父；君兼於臣，臣兼於君。君臣、父子、夫婦之義，皆與〔六三〕諸陰陽之道：君爲陽，臣爲陰；父爲陽，子爲陰；夫爲陽，妻爲陰。《春秋漢含孳》：「水火交感，陰陽以設，夫婦象也。妻象太陰，臣法金位。」注：「金，陰中之剛，故喻臣位。水能純柔，純柔，妻象也。」陰道無所獨行。其始也，不得專起；其終也，不得分功，有所兼之義。是故臣兼功於君，子兼功於父，妻兼功於夫，陰兼功於陽，地兼功於天。舉而上者，抑而下也；有屏〔六四〕而左也，盧注：「『屏』下，舊衍『迸』字，轉訛而爲『送』。今删去。」有引而右也；有親而任也，有疏而遠也；有欲日益也，有欲日損也。益而用，而損其妨。有時損少而益多，有時損多而益少。少而不至絶，多而不至溢。陰陽二物，終歲各壹出。壹其出，遠近同度而不同意。陽之出也，常縣於前而任事；陰之出也，常縣於後而守空處。師古曰：「縣，古『懸』字。」此見〔六五〕天之親陽而疏陰，任德而不任刑也。是故仁義制度之數，盡取之天。天爲君而覆露之，地爲臣而持載之；陽爲夫而生之，陰爲婦而助之；春爲父而生之，夏爲子而養之，秋爲死而棺之，冬爲痛而喪之。王道之三綱，可求於天。天出陽爲煖以生之，地出陰爲清〔六六〕以成之。不煖，不生；不清，不成。然而計其多少之分，則煖暑居百而清寒居一。德教之與〔六七〕刑罰猶此也，故聖人多其愛而少其嚴，厚其德而簡其刑，以此配天。天之大數，畢〔六八〕有十旬。旬，天地之數，十而畢舉；旬，生長之功，十而畢成。天之氣徐，乍寒乍暑，故寒不凍，暑不暍〔六九〕，《漢·武帝紀》：「元封四年夏，大旱，民多暍死。」音「謁」，傷暑也。以其有餘徐來，不暴卒也。《易》曰「履霜堅冰」，蓋言遜也。《易》：「履霜，堅冰至，馴致其道。」鄭注：「履，讀爲『禮』。馴，從也。」然則上堅不逾等。果是天之所爲，弗作而成也；人之所爲，亦當勿〔七〇〕作而極也。凡有興者，稍稍上之，以遜順往，使人心說而安之，無使人心恐而不安〔七一〕。故曰：「君子以人治人，懂而〔七二〕愿。」此之謂也。聖人之道，同諸天地，蕩諸四海，變習易俗〔七三〕。

闕文第五十四

校勘記

〔一〕「一歲爲匝」，張校云：「《淮南子》本作『一歲而匝』。」

〔二〕「與」，諸本并奪，計臺本闕，據殿本、盧本補。殿本校云：「『以就』以下五字，他本闕。」

〔三〕「太陽」，計臺本作「大陽」。

〔四〕「冬」，蜚雲閣本、彙函本、畿輔本、龍谿本并作「東」，據計臺本、殿本、盧本、稿本、續經解本改。

〔五〕「溧」，稿本、蜚雲閣本、彙函本、畿輔本、龍谿本并作「溧」，據計臺本、殿本、盧本、續經解本改。注文首「溧」字同。

〔六〕「溧洌」，韭雲閣本、畿輔本、龍谿本并作「溧溯」，彙函本誤作「溧例」，據《廣韻·五質》「溧」字注、稿本、續經解本改。張校云：「《廣韻》『溧洌』作『溧洌』，『風』下無『也』字。凌氏蓋沿行本之誤。後《煖燠孰多第五十二篇》内『溧』字準此。」

〔七〕「醎」，計臺本、盧本、彙函本、續經解本、畿輔本、龍谿本作「鹹」。

〔八〕「太陰」，計臺本作「大陰」。下「太陰」同。

〔九〕「主」，計臺本作「生」。

〔一〇〕「其餘」，盧本下有「以」字。

〔一一〕「陽入則陰出」，盧本、續經解本并作「陽出則陰入」。

〔一二〕「曰」，續經解本作「日」。下「謂之曰至」同。

〔一三〕「下所左」，稿本、韭雲閣本、彙函本、龍谿本并作「上所左」，據計臺本、殿本、盧本、續經解本、畿輔本改。

〔一四〕「仲」，計臺本、殿本、盧本、續經解本并作「中」。

〔一五〕「長」，與《毛詩正義》卷五之一同，龍谿本作「短」。

〔一六〕「者」，韭雲閣本、彙函本、畿輔本、龍谿本并作「考」，據《毛詩正義》卷五之一、稿本、續經解本改。

〔一七〕「日短」，與《毛詩正義》卷五之一同，畿輔本作「夜短」。

〔一八〕「減晝」，諸本并作「晝盡」，據《毛詩正義》卷五之一改。

〔一九〕「右」，續經解本作「由」。

〔二〇〕「仲」，與《禮記正義》卷十六同，龍谿本作「中」。

〔二一〕「河圖」，與《文選》卷十九注同，《太平御覽》卷三十六引作「尚書考靈曜」。張校云：「各書所引，皆作『尚書考靈曜』。」案，張校非是。《御覽》所引，與此文字有異。

〔二二〕「三萬里春秋二分是其中矣」，與《文選》卷十九注同。張校云：「《太平御覽》所引，『三』字上有『復』字，『是』作『則』。」

〔二三〕「九十一度」，蜚雲閣本、彙函本、續經解本、龍谿本并作「九十二度」，據《禮記正義》卷十四、稿本、畿輔本改。

〔二四〕「寒」，計臺本、殿本作「大寒」。

〔二五〕「小雪」，計臺本、殿本作「下雪」。

〔二六〕「陽爻」，蜚雲閣本、彙函本、續經解本、畿輔本、龍谿本并作「陽交」，據《太平御覽》卷二十六、稿本改。張校云：「《御覽》作『一陽爻』。」

〔二七〕「盡」，諸本并奪，據《太平御覽》卷二十六補。張校云：「《御覽》『方』下有『盡』字。」

〔二八〕「或左或右」，計臺本、殿本、盧本、稿本并作「或右或左」。

〔二九〕「一出一入」，計臺本作「壹出壹入」。下「一休一伏」同。

〔三〇〕「錯行」，計臺本、殿本、盧本作「錯刑」。

〔三一〕「必」，計臺本、殿本作「小」。

〔三二〕「至」，計臺本、殿本作「而至」。

〔三三〕「於一」，計臺本、殿本作「其一」，盧校云：「舊本作『其一』，誤。」

〔三四〕「二視」，計臺本作「貳視」。下「二聽」同。

〔三五〕「二手」，盧本作「手」，無「二」字。

〔三六〕「用」，《漢魏叢書》本《劉子新論·專學》作「由」。張校云：「《新論》作『由心不兩用』。」

〔三七〕「二中」，殿本作「二」。

〔三八〕「汝」，計臺本、殿本、盧本作「爾」。盧校云：「『爾』，本亦作『汝』。」

〔三九〕「清」，計臺本作「凊」。下「清溧」同。

〔四〇〕「溧」，彙函本、畿輔本、龍谿本并作「溧」，據計臺本、殿本、盧本、稿本、續經解本改。下同。

〔四一〕「熟」，計臺本作「孰」。

〔四二〕「是」，殿本、盧本并作「其」。

〔四三〕「其日」，稿本、蜚雲閣本、龍谿本作「其曰」，據計臺本、殿本、盧本、彙函本、續經解本、畿輔本改。

〔四四〕「生」，盧本、續經解本并作「至」。

〔四五〕「乃」，盧本、龍谿本作「及」。

〔四六〕「乃」，殿本、盧本無。

〔四七〕「天」，計臺本、殿本作「大」，殿本校云：「他本『大』作『天』。」

〔四八〕「曆，北斗當崑崙，氣連注天下」，張校云：「『長曆曆』，《太平御覽》作『長曆曰』，『連注』作『運注』。」案，《太平御覽》卷十二、卷十四并引徐整《長曆》作「北斗當崑崙山，氣運注天下」，卷十七引徐整《三五曆記》作「北斗當崑崙，崑崙氣連注天下」，卷二十二引徐整《長曆》作「北斗當崑崙，氣注天下」。

〔四九〕「帝通紀」，《藝文類聚》卷十一、《太平御覽》卷十一并引作「河圖帝通紀」。

〔五〇〕「張奂」，諸本并作「張魯」，據《後漢書》卷九十五改。

〔五一〕「順天之法而行之」，張校云：「《詩》箋作『順天之法而行之者』。」

〔五二〕「民視堯如父」，計臺本、殿本、盧本作「民親堯如父母」。

〔五三〕「尚者」，張校云：「《璇璣鈐》『尚者』上，有『尚書篇題號』五字。」案，《藝文類聚》卷五十五引同張校，《史通·内篇卷一》引無「尚書篇題號」五字。

〔五四〕「布節度書也，如天行」，張校云：「《璇璣鈐》作『布節度書，如天行也』。」案，《藝文類聚》卷五十五引，「書」下、「行」下并有「也」字；《史通·内篇卷一》引，無「書也」二字，「行」下有「也」字。

〔五五〕「是謂尚書篇題號」，此乃凌氏語。張校云：「《璇璣鈐》『尚書篇題號』五字，本在『尚者，上也』句上。凌氏倒置於此，又加『是謂』二字，文義變亂。」

〔五六〕「四海」，諸本并奪，據《禮記正義》卷十一補。張校云：「《王制》疏『四海』下，復有『四海』字。凌氏削之，詞義不明。」

〔五七〕「晦闇」，諸本并作「晦聞」，據《禮記正義》卷十一改。張校云：「疏本作『晦闇』。」

〔五八〕「伐」，與《太平御覽》卷八十三同，稿本、龍谿本作「代」。《御覽》「伐」上有「自」字。

〔五九〕「川洛以竭」，《後漢書·周舉傳》注、《太平御覽》卷八十三無「以」字。

〔六〇〕「急」，《後漢書·周舉傳》注、《太平御覽》卷八十三并作「疾」，下復有「苞苴行耶」一語。張校云：「《説文》、古史及《後漢書》注所引《帝王紀》，俱作『以六事自責』，凌氏引五事，疑有脱漏。」

〔六一〕「榮」，與《後漢書·周舉傳》注同，《太平御覽》卷八十三作「營」。

〔六二〕「疾」，《後漢書·周舉傳》注、《太平御覽》卷八十三并作「極」。
〔六三〕「與」，計臺本、殿本、盧本并作「取」。
〔六四〕「屏」，計臺本、殿本作「屏送」。
〔六五〕「此見」，計臺本、殿本、盧本作「而見」，盧校：「『而見』當是『此見』。」
〔六六〕「清」，計臺本作「清」。下「不清」「清寒」同。
〔六七〕「之與」，計臺本、殿本作「其與」。
〔六八〕「畢」，計臺本、殿本、盧本作「必」。
〔六九〕「暍」，計臺本、殿本作「渴」。
〔七〇〕「勿」，盧本作「弗」。
〔七一〕「人心恐而不安」，計臺本、殿本、稿本作「人心恐而不使」，盧本作「人心恐」。計臺本、殿本「恐」字注：「一作『怨』。」盧校：「本一作『而不使怨』。」稿本此句下注：「官本桉：『心，他本作「之」（稿本誤作「字」）。他本「而」上衍「作」字。』原注：『恐，一作「怨」。』」各本無。
〔七二〕「而」，計臺本、殿本、盧本并作「能」。盧校云：「『慬』當與『僅』同。《大典》作『謹』，疑非。」
〔七三〕「變習易俗」，盧本作「變易習俗」。盧校云：「此下似文脱。」

春秋繁露卷十三

四時之副第五十五

此篇他本缺，今據官本補入。

天之道，春煖以生，夏暑以養，秋清〔一〕以殺，盧注：「秋清，本作『秋涼』，今據下文改。」冬寒以藏。煖暑、清寒，異氣而同功，皆天之所以成歲也。聖人副天之所行以爲政，故以慶副煖而當春，以賞副暑而當夏，以罰副清〔二〕而當秋，以刑副寒而當冬。慶賞罰刑，異事而同功，皆王者之所以成德也。慶賞罰刑與春夏秋冬，以類相應也，如合符。《說文》：「符，信也。漢制：以竹，長六寸，分而相合。」《前書》：「文帝三年〔三〕，初與郡守爲銅虎符、竹使符。」《音義》曰：「銅虎符第一至第五，發兵遣使，符合，乃聽之。竹使符以竹五寸，鐫刻篆書，亦第一至第五也。」〔四〕故曰王者配天，謂其道。天有四時，王有四政。四政若四時，通類也，天、人所同有也。慶爲春，賞爲夏，罰爲秋，刑爲冬。《陸宣公奏議》：「臣聞：聖人作則，皆以天地爲本，陰陽爲端。慶賞者，順陽之功，故行於春夏；刑罰者，法陰之氣，故用之秋冬。事或愆，民〔五〕人必罹咎。」慶賞罰刑之不可不具也，如春夏秋冬不可不備也；慶賞罰刑當其處，不可不發，若煖暑清寒當其時，不可不出也；慶賞罰刑各有正處，如春夏秋冬各有時也。四政者不可以相干也，猶四時不可相干也；四政者不可以易處也，猶四時不可易處也。故慶賞罰刑有不行於其正處者，《春秋》譏也。

人副天數第五十六

此篇首，他本闕三百九十六字〔六〕，今據官本補入。《春秋元命包》：「陰陽之性以一起，人副天道，故生一子。」

天德施，地德化，人德義。天氣上，地氣下，人氣在其間。春生夏長，百物以興；秋殺冬收，百物以藏。故莫精於氣，莫富於地，莫神於天。天地之精所以生物者，莫貴於人。人受命乎天也，故超然有以倚。物疢疾莫能爲仁義，唯人獨能爲仁義；物疢疾莫能偶天地，唯人獨能偶天地。人有三百六十節，偶天之數也；《子華子》：「倮蟲三百六十〔七〕，盈宇宙之間，人爲之長。」一人之身，爲骨凡三百有六十，精液之所朝夕也，氣息之所吐吸也，心意知慮之所識也，手足之所運動而指股之所信屈也，皆與天地之大數，通體而爲一，故曰：『天地之間人爲貴。』」形體骨肉，偶地之厚也；上有耳目聰明，日月之象也；《淮南子》：「是故耳目者，日月也。」體有空竅理脈，川谷之象也；《樂動聲儀》：「竅〔八〕爲之候，何？竅能瀉水，亦能流濡。」心有哀樂喜怒，神氣之類也。觀人之體一，句。何高物之甚，而類於天也！物旁折取天之陰陽以生活耳，而人乃爛然有文理。是故凡物之形，莫不伏從旁折天地而行，人猶〔九〕題直立、端尚正，正當之。是故所取天地少者旁折之，所取天地多者正當之，此見人之絕於物而參天地。是故人之身，首妢員，原注：「妢，音『分』。」象天容也；《春秋元命包》：「頭者，神〔一〇〕所居。上員，象天，氣之府也。歲必十二，故人頭長一尺二寸。」髮，象星辰也；耳目戾戾，象日月也；《孝經援神契》：「髮法星辰，目法日月。」鼻口呼吸，象風氣也；《樂動聲儀》：「鼻爲之候，何？鼻，出入氣，高而有竅。山亦有金石累積，亦有孔穴，出雲布雨，以潤天下，雨則雲消。鼻能出納氣也。」

《説文》：「呼，出息也。吸，入息也。」〔一一〕《大傳》：「故曰：吁吸也者，陰陽之交接，萬物之終始。」鄭注：「吁荼，氣出而温；呼吸，氣入則寒。」胸中達知，象神明也；腹胞實虚，象百物也。百物者，最近地，故要「腰」同。以下，地也。天地之象，以要爲帶。頸以上者，精神尊嚴，明天類之狀也；頸以下者，豐厚〔一二〕卑辱，土壤之比也；《春秋元命包》：「腰而上者爲天，尊高，陽之狀；腰而下者爲地，豐厚，陰之象。數合於四，故腰周四尺。」足步而方，地形之象也。《孝經援神契》：「足方，象地。」是故禮，帶置紳，必直其頸以別心也。帶而上者盡爲陽，帶而下者盡爲陰，《物理論》：「言天者，擬〔一三〕之人。故自臍以下，人之陰也。」各其分。陽，天氣也；陰，地氣也。官本校：「他本以上皆闕。」故陰陽之動，使人足病，喉痺起。《春秋考異郵》曰：「痺在喉，壽命凶。」則地氣上爲雲雨，而象亦應之也。天地之符，陰陽之副，常設於身。身猶天也，數與之相參，故命與之相連也。天以終歲之數，成人之身，故小節三百六十六，副日數也；大節十二分，副月數也；内有五藏，副五行數也；《白虎通》：「人有五藏六府，何法？法五行六合也。」《釋文》：「桉，心、肺、肝、膽、腎，謂之五藏。」外有四肢，副四時數也；《孝經援神契》：「四肢，法四時。」乍視乍瞑，副晝夜也；《白虎通》：「人目何法？法日月明也。日炤晝，月照夜。」乍剛乍柔，副冬夏也；乍哀乍樂，副陰陽也；心有計慮，副度數也；行有倫理，副天地也。此皆暗膚著身，官本校：「膚，他本作『慮』。」與人俱生，比而偶之，弇合。《釋文》：「弇〔一四〕，古『掩』字。」於其可數也，副數；句。不可數者，副類：皆當同而副天，一也。《法苑珠林》引《繁露》作「天亦喜怒之氣、哀樂之心，與人相副。以類合之，天、人，一也」。是故陳其有形，以著其無形者；拘其可數者〔一五〕，以著其不可數者。盧注：「舊本脱『以著其不可數』〔一六〕六字，今訂補。」此〔一七〕言道之亦宜以類相應，猶其形也，以數相中也。

同類相動第五十七《春秋元命包》曰：「猛虎嘯，谷風起，類相動也。」

今平地注水，去燥就濕；均薪施火，去濕就燥。《荀子》：「均薪施火，火就燥；平地注水，水流濕。夫類之相從也，如此之〔一八〕著也。」百物去其〔一九〕王本倒。所與異，而從其所與同，故氣同則會，聲比則應，其驗皦然也。試調琴瑟而錯之，《風俗通》：「桉《世本》：『神農作琴。』今琴長四尺五寸，法四時五行也；七弦者，法七星也。宓羲作瑟，八尺一寸，四十五弦。《黄帝書》：『泰帝使素女鼓瑟而悲，故破其瑟爲二十五弦。』」鼓其宫則他宫應之，鼓其商而他商應之。五音比而自鳴，非有神，其數然也。美事召美類，惡事召惡類，《吕氏春秋》：「類固相招，氣同則合，聲比則應。鼓宫而宫動，鼓角而角動。平地注水，水流濕；均薪施火，火就燥。」類之相應而起也。如馬鳴則馬應之，牛鳴則牛應之。盧注：「『牛鳴而牛應之』，各本皆脱。今桉文義，有此乃完。《韓詩外傳》一〔二〇〕：『馬鳴而馬應之，牛鳴而牛應之，非知也，其勢然也。』政與此處相類。」帝王之將興也，其美祥亦先見；其將亡也，妖孽亦先見。《禮記·中庸》：「國家將興，必有禎祥；國家將亡，必有妖孽。」釋文〔二一〕：「妖，於驕反。《説文》作『祅』〔二二〕，云：『衣服、歌謡、草木之怪，謂之祅。』孽，魚列反，《説文》作『蠥』，云：『禽獸、蟲蝗之怪，謂之蠥。』」物固〔二三〕以類相召也，故以龍致雨，《吕氏春秋》：「以龍致雨。」注：「龍，水物，故致雨。」以扇逐暑，《方言》：「扇，自關而東謂之箑，自關而西謂之扇。」軍之所處以棘楚。《吕氏春秋》：「師之所處，必生棘楚。」桉，棘，小棗；楚，木名，亦謂之荆。《老子》作「師之所處，荆棘生焉」。高誘曰：「軍師訓罰，以殺伐爲首，棘楚以戮人，喜生戰地，故生其處也。」美惡皆有從來以爲命，莫知其處所。天將陰雨，人之病故爲之先動，是陰相應而起也；天將欲陰雨，又使人欲睡卧者，陰氣也。有憂，亦使人卧者，是陰相求也；有喜者，使人不欲卧者，是陽相索也。水得夜益長數分，東風而酒湛溢，《淮南子》：「故東風至而酒湛溢。」注：「東風，木風也。酒湛，清酒也。米物下湛，故曰湛。木味酸，酸風入酒，故酒酢〔二四〕而湛者沸溢，物類相感也。」病者至夜而疾益甚，鷄至幾明皆鳴而相薄，《春秋説題辭》：「鷄爲積陽，南方之象。火，陽精〔二五〕，炎上，故陽出鷄鳴，以類感也。」其氣益精，故陽益陽而陰益陰。陽陰之氣，因〔二六〕可以類相益損也。天有陰陽，人亦有陰陽。天地之陰氣起，而人之陰氣應之而起；人之陰氣起，而天地之陰氣亦宜應之而起，其道一也。明於此者，欲致雨，則動陰以起陰；欲止雨，則動陽以起陽。故致雨，非神也；官本校：「神，他本誤作『初』。」而疑於神者，其理微妙也。非獨陰陽之氣可以類進退也，雖不祥禍福所從生，亦由是也，《書》正義：「《易·文言》云：『雲從龍，風從虎，水流濕，火就燥。』是物各以類相應，故知天氣順人所行，以示其驗也。」無非已先起之，而物以類應之而動者也。故聰明聖神，内視反聽，《商鞅列傳》：「反聽之謂聰，内視之謂明。」言爲明聖，内視反聽，故獨明聖者知其本心皆在此耳。故琴瑟報彈其宮，他宮自鳴而應之，此物之以類動者也。其動以聲而無形，人不見其動之形，則謂之自鳴也。又相動無形，則謂之自然，其實非自然也，有使之然者〔二七〕。官本校：「他本『使』下有『人』字。」物固有實使之，其使之無形。《尚書傳》言：「周將興之時，有大赤烏〔二八〕銜穀之種而集王屋之上者，武王喜，諸大夫皆喜。周公曰：『茂哉！茂哉！天之見此以勸之也。』」《尚書大傳》文止此〔二九〕。《釋文》：「茂，勉也。」恐恃之。《尚書中候》曰：「有火自天，止於王屋，流爲赤烏。五至，以穀俱來。」《玉符瑞圖》：「赤烏，武王時銜穀至屋上，兵不血刃而服殷〔三〇〕。」

五行相勝第五十八

《漢書·藝文志》：「陰陽者，順時而發，推刑德，隨斗擊，因五勝，假鬼神而爲助者。」師古曰：「五勝，五行相勝也。」沈約《宋書》：「五德更王，惟有二家之説：鄒衍以相勝立體，劉向以相生爲義。然相勝之説〔三一〕，于事爲長。若曰〔三二〕張蒼黜秦，則漢水、魏土、晉木、宋金；若曰賈誼取秦，則漢土、魏木、晉金、宋火也。」

木者，司農也。司農爲奸，朋黨比周，以蔽主明，《管子》：「人君唯毋聽群徒比周，則群臣朋黨，蔽美揚惡。然則國之情僞，不見於上。如是，則朋黨者處前，寡黨者處後。夫朋黨者處前，賢、不肖不分，則争奪之亂起，而君在危殆之中矣。故曰：群徒比周之説勝，則賢不肖不分。」退匿賢士，絶滅公卿，教民奢侈，賓客交通，不勸田事，博戲鬥鷄，《荆楚歲時記》：「鬥鷄，鏤鷄子，鬥鷄子。」桉，《左傳》有季郈鬥鷄，其來遠矣。其鬥卵，則莫知所出。《董仲舒書》云：『心如宿卵，爲體内藏，以據其剛。』髣髴鬥理也。」走狗弄馬，《禮記》〔三三〕疏：「大者爲犬，小者爲狗。」《説文》：「孔子曰：『狗，叩也。叩氣〔三四〕吠以守。』」長幼無禮，大小相虜，并爲寇賊，横恣絶理。司徒誅之，齊相〔三五〕是也。「齊相」，謂管仲。行霸任兵，侵蔡，蔡潰，僖四年《傳》：「潰者，何？下叛上也。國曰潰，邑曰叛。」遂伐楚，楚人降伏，以安中國。木者，君之官也。夫木者，農也；農者，民也。不順如「而」通。叛，則命司徒誅其率正矣，故曰「金勝木」。

火者，司馬也。《白虎通》：「司馬主兵。言馬者，馬，陽物，乾之所爲，行兵用焉，不以傷害爲度，故言馬也。」司馬爲讒，師古曰：「讒，相譖也。」反言易辭，以譖愬人〔三六〕，劉兆《公羊》注：「旁言曰譖。」莊元年注：「如其事曰訴，加誣曰譖。」内離骨肉之親，外疏忠臣，賢聖旋亡，讒邪日昌，魯上大夫季孫是也。專權擅勢，薄〔三七〕國威德，反以怠惡，譖愬其群臣，劫惑其君。《説文》：「人欲去，以力脅止，曰劫。」孔子爲魯司寇，據義行法，季孫自消；墮費、郈城，兵甲有差。師古曰：「墮，音『灰』。」定十二年《經》：「季孫斯〔三八〕、仲孫何忌帥師墮費。」《傳》：「曷爲帥師墮郈、帥師墮費？孔子行乎季孫，三月不違，曰：『家不藏甲，邑無百雉之城。』於是帥師墮郈，帥師墮費。」杜預曰：「東平無鹽縣東南郈鄉亭。」夫火者，大朝。有邪讒熒惑其君，索隱《孔子世家》「熒惑」：「謂經營而惑亂也。」《鹽鐵論》：「夫蘇秦、張儀，熒惑諸侯。」執法誅之。執法者，水也，故曰「水勝火」。官本校：「他〔三九〕本脱『曰水勝火』四字。」《白虎通》：「天地之性，衆勝寡，故水勝火也。」

土者，「土」，王本誤作「士」，上有「故」字，係上篇「故曰水勝火」之「故」字，因脱「曰水勝火」四字，「故」字遂誤連「土」字，與上篇接寫。今據官本改。君之官也，其相司營。官本校：「他本脱下『司營』二字。」司營爲神，主所爲皆曰可，主所言皆曰善，讇〔四〇〕順主指，師古曰：「讇，古『諂』字也。」《説文通論》：「諂者，陷也，陷君于惡也。」《管子》：「人君唯毋聽諂諛飾過之言，則敗。奚以知其然也？夫諂臣者，常使其主不悔其過、不更其失者也，故主惑而不自知也。如是，則謀臣死而諂臣尊矣。故曰：諂讒飾過之説勝，則巧佞者用。」聽從爲比，《國語》注：「比，阿黨也。」進主所善，以快主意；導主以邪，陷主不義。大爲宮室，多爲臺榭，鄭注《月令》：「闍者〔四一〕謂之臺，有木者謂之榭。」正義曰：「桉，《釋宮》云：『闍謂之臺。』李巡云：『積土爲之，所以觀望。』郭景純云：『積土四方。』又云：『無室曰榭。』李巡云：『但有大殿，無室，名曰榭。』郭景純云：『榭，今之堂堭。』」雕文刻鏤，五色成光。《淮南子》：「夫雕琢刻鏤，傷農事者也。」《爾雅》：「玉謂之雕，金謂之鏤，木謂之刻。」《吴越春秋》：「分以丹青，錯畫文章，嬰以白璧，鏤以黄金，狀類龍蛇，文彩生光。」賦斂無度，以奪民財；多發傜〔四二〕役，《食貨志》董仲舒曰：「秦法，月爲更卒〔四三〕，已復爲正。一歲屯戍，一歲力役，三十倍于古。漢興，循而未改。」以奪民時；作事無極，以奪民力。百姓愁苦，叛去其國，楚靈王是也。作乾谿之臺，三年不成，百姓罷弊師古曰：「罷，讀曰『疲』。」而叛反〔四四〕，其身弑。夫土者，君之官也。君大奢侈，過度失禮，官本校：「失，他本誤作『大』。」民叛矣。其民叛，其君窮矣，故曰「木勝土」。《白虎通》：「專勝散，故木勝土。」

金者，司徒也。《白虎通》：「司徒主人。不言人、言徒者〔四五〕，徒，衆也，重民。」司徒爲賊，内得於君，外驕軍士，專權擅勢，誅殺無罪，侵伐暴虐，攻戰妄取，令不行，禁不止，將率不親，士卒不使，高誘曰：「在車〔四六〕曰士，步曰卒。」兵弱地削，令君有耻，則司馬誅之，楚殺其司徒得臣是也。得臣數戰破敵，内得於君，驕蹇不恤其下；卒不爲死〔四七〕，當敵而弱，以危楚國，僖二十八年注：「不氏者，子玉得臣，楚之驕蹇臣，數道其君侵中國，故貶之也〔四八〕。」司馬誅之。金者，司徒。司徒弱，不能使士衆，則司馬誅之，故曰「火勝金」。《白虎通》：「精勝堅，故火勝金。」

水者，司寇也。司寇爲亂，足恭小謹，巧言令色，巧，好；令，善也。聽謁受賂，桉，《一切經音義》：「賂，遺也。謂以物相請謁也。」《玉篇》：「金玉曰貨，布帛曰賂。」阿黨不平，慢令急誅，誅殺無罪，《月令》：「是察阿黨，則罪無有掩蔽。」注：「阿黨，謂治獄吏以私恩曲橈相爲也。」則司營誅之，營蕩是也。爲齊司寇。太公封於齊，《史記》：「太公呂尚者，東海上人。」譙周曰：「姓姜，名牙，炎帝之裔，伯夷之子〔四九〕。」《索隱》曰：「牙是字，尚是其名。」問焉〔五〇〕以治國之要。官本校：「焉，一作『爲』。」營蕩對曰：「任仁義而已。」太公曰：「任仁義，奈何？」營蕩對曰：「仁者愛人，義者尊老。」太公曰：「愛人、尊老，奈何？」營蕩對曰：「愛人者，有子不食其力；尊老者，妻長而夫拜之。」太公曰：「寡人欲以仁義治齊，今子以仁義亂齊。寡人立而誅之，以定齊國。」《韓子》作太公誅狂矞、華仕〔五一〕昆弟二人，《荀子》作太公誅華仕。營蕩，未聞。夫水者，執法司寇也。執法附黨不平，依法刑人，則司營誅之，故曰「土勝水」。《白虎通》：「實勝虛，故土勝水。」

五行相生第五十九

《白虎通》：「五行所以更王，何？以其轉相生，故有終始也。」《續博物志》〔五二〕：「自古帝王五運之次，有二説：鄒衍以五行相勝爲義，劉向則以相生爲義。漢、魏共尊劉説。」

天地之氣，合而爲一，分爲陰陽，判爲四時，列爲五行。《釋名》：「四時，四方各一時之。時，期也〔五三〕。物之生死，各應節期而止也。五行者，五氣也，於其方各施行也。」行〔五四〕者，行也。其行不同，故謂之五行。五行者，五官也，比相生而間〔五五〕相勝也，《春秋運斗樞》：「四時，王者休，王所勝者死，相所勝者囚。假令春之三月木王，水生木，水休；木勝土，土死。木王，火相。王所生者相，相所勝者囚。火勝金，春三月，金囚。」故謂治。逆之則亂，順之則法〔五六〕。

東方者，木，農之本。司農尚仁，進經術之士，道之以帝王之路，將順其美，匡救其惡。《説苑》：「二曰虚心〔五七〕白意，進善通道，勉主以禮義，喻王〔五八〕以長策，將順其美，匡救其惡。功成事立，歸善於君，不敢獨伐其勞。如此者，良臣也。」執規而生，《詩》箋：「規者，正圓之器也。規主仁恩〔五九〕也，以恩親正君曰規。《春秋傳》曰：『近臣盡規。』」《孝經援神契》云：「春執規，夏持衡，秋執矩，冬持權。」《律曆志》以冬智爲權，夏禮爲衡，秋義爲矩，春仁爲規，中央土信爲繩。《淮南子》：「執規而制〔六〇〕春。」張晏曰：「春〔六一〕爲仁，仁者生，生者圜，故爲規。」至温潤下，官本桉：「下，他本誤作『不』。」知地形肥磽〔六二〕美惡，立事生則，因地之宜，召公是也。《史記》：「召公奭與周同姓，姓姬氏。」《索隱》曰：「召者，畿内采地。奭始食于召，故曰召公。」親入南畝之中，《國語》注：「賈侍中云：『一耦之發，廣尺、深尺爲甽〔六三〕，百步爲畝。』昭謂：下曰甽，高曰畝。畝，壠也。」《大田解》曰：「田事喜陽而惡陰，東南向陽則茂盛，西北傍陰則不實，故《信南山》詩云『南東其畝』也。桉，《詩》屢言『南畝』，鄭注《遂人》云『以南畝圖之』是也。」觀民墾草發淄，《國語》

注：「發田曰墾。」耕種五穀，《周書》曰：「神農之時，天雨粟，神農耕而種之。」積蓄有餘，家給人足，倉庫充實〔六四〕。《天文集》〔六五〕曰：「廩星主倉。」蔡邕《月令章句》：「穀藏曰倉。」《釋名》：「庫，舍也，物所在之舍也。」《後漢・百官志》：「大司農，卿一人，中二千石。」本注曰：「掌諸錢穀、金帛、諸貨幣。郡國四時上月旦見錢穀簿，其逋未畢，各具別之。邊郡諸官請調度者，皆爲報給，損多益寡，取相給足。」司馬實穀〔六六〕。王本作「食谷」，誤。司馬，本朝也。本朝者，火也，故曰「木生火」。

南方者，火也，本朝。司馬尚智，進賢聖之士，《大戴禮》：「賢能失官爵，功勞失賞祿。爵祿失，則士卒疾怨，兵弱不用，曰不平也。不平，則飭司馬。」上知天文，其形兆未見，其萌芽未生，昭然動見〔六七〕存亡之機、得失之要、治亂之源，豫禁未然之前，師古曰〔六八〕：「萌芽者，言始有端緒，若草之始生。」《説苑》：「一曰萌芽未動，形兆未見，昭然獨見存亡之幾、得失之要，豫禁乎不然之前，使主超然立乎顯榮之處，天下稱孝焉。如此者，聖臣也。」執矩而長，《淮南子》：「執衡而制夏。」此「矩」字誤。張晏曰：「火爲禮，禮者齊，齊者平，故爲衡。」至忠厚仁，輔翼其君，周公是也。《史記》：「周公旦者，周武王弟也。」譙周曰：「以太王所居周地爲其采邑，故謂周公。」《索隱》曰：「諡曰周文公，見《國語》。」成王幼弱，周公相，誅管叔、蔡叔，以定天下，《史記》：「管叔、蔡叔群弟疑周公，與武庚作亂，畔周。周公奉成王命，伐，誅武庚、管叔，放蔡叔。」天下既寧以安君。官者，司營〔六九〕。司營者，土也，故曰「火生土」。

中央者，土，君官也。司營尚信，卑身賤體，夙〔七〇〕興夜寐，稱述往古，以厲主意。官本桉：「主，他本誤作『生』。」明見成敗，微諫納善，防滅其惡，絶源塞隟，音「乞」，裂也。《説苑》：「三曰卑身賤體，夙興夜寐，進賢不解，數稱于往古之德行事，以厲主意，庶幾有益，以安國家、社稷、宗廟。如此者，忠臣也。」執繩而制四方，《淮南子》：「執繩而制四方。」張晏曰：「土爲信，信者誠，誠者直，故爲繩。」至忠厚信，以事其君，官本校：「他本『以』字在『信』字上，脱『事』字。」據義割恩，太公是也。應天因時之化，威武强禦以成。大理者，司徒也。司徒者，金也，故曰「土生金」。《周禮・司寇》疏：「桉，上代以來，獄官之名則異。是以《月令》『乃命大理』，鄭注云：『有虞曰士，夏曰大理，周曰大司寇。』」

西方者，金，大理司徒也。司徒尚義，孔安國曰：「主徒衆，教以禮義。」臣死君，而衆人死父。親有尊卑，位有上下，各死其事，事不逾矩。執權而伐，《淮南子》：「執矩而治秋。」此「權」字誤。張晏曰：「金爲義，義者成〔七一〕，成者方，故爲矩。」兵不苟克，取不苟得，義而後行，至廉而威，質直剛毅，子咠是也。原注：「疑是『胥』字。」官本桉：「『咠』本當作『肙』，即『胥』字。」〔七二〕桉，李善注曰：「古字『胥』作『肙』。」伐有罪，討不義，是以百姓附親，邊境安寧，寇賊不發，邑無訟獄〔七三〕，則親安。執法者，司寇也。司寇者，水也，故曰「金生水」。

北方者，水，執法司寇也。司寇尚禮，君臣有位，長幼有序，朝廷有爵，鄉黨以齒，升降揖讓，般伏拜謁，折旋中矩，立而罄折，拱則抱鼓〔七四〕，《考工》：「一柯有半，謂之磬〔七五〕折。」注：「人帶以下，四尺五寸。磬折立，則上俛。」《新書》：「顧頤正視，正肩〔七六〕正背，臂如抱鼓，足間二寸，端面攝纓，端股整足，體不搖肘，曰經立；因以微磬，曰共立；因以磬折，曰肅立；因以垂佩，曰卑立。立容也。」執衡而藏，《淮南子》：「執權而治冬。」此「衡」字誤。張晏曰：「水爲智，智者謀，謀者重，故爲權。」至清廉平，路〔七七〕遺不受，請謁不聽，《管子》：「人君惟毋聽請謁任舉〔七八〕，則群臣皆相爲請。然則請謁得於上，黨與成於鄉。如是，則貨財行於國，法制設〔七九〕於官，群臣務佼而求用，然則無爵而貴，無禄而富。故曰：請謁任舉之説勝，則繩墨不正。」據法聽訟，無有所阿，孔子是也。爲魯司寇，斷獄屯屯,《荀子》:「仲尼將爲司寇,沈猶氏不敢朝飲其羊,公慎氏出其妻,慎潰氏逾境而徙;魯之粥牛馬者不豫賈,必蚤正以待之也。」與衆共之,不敢自專。是死者不恨,生者不怨,百工維時,以成器械。何注:「攻守之器曰械。」《大傳》注:「器械,禮樂之器及兵甲也。」《釋文》:「《三倉》云:『械,器之總名。』《説文》云:『無所盛曰械。』」器械〔八〇〕既成,以給司農。司〔八一〕農者,田官也。《廣韵》:「農,田農也。《説文》:『農,耕也。』亦官名,《漢書》曰:『治粟内史,秦官也。景帝更名大司農。』」田官者,木,故曰「水生木」。

五行順逆〔八二〕第六十

木者,春,生之性,農之本也。勸農事,無奪民時;使民〔八三〕,歲不過三日;行什一之税,進經術之士。挺〔八四〕群禁,盧注:「挺,舊本作『誕』。今校,《月令》云『挺重囚』,《淮南子》亦作『挺』,《後漢·臧宫傳》『宜小挺緩』,皆訓『寬』。今改正。下同此。」出輕繫,高誘曰:「輕繫,不及于刑者,解出之。」去稽留,除桎梏,《鄭志》:「《蒙》初六注云:『在足曰桎,在手曰梏。』」《博雅》:「杽謂之梏,械謂之桎。」開閉〔八五〕闔,《爾雅》:「闔謂之扉。」通障塞。高誘曰:「障,壅也;塞,絶也。」恩及草木,則樹木華美而朱草生;恩及鱗蟲,則魚大爲,盧注:「爲,成也。《淮南·天文訓》有『介蟲不爲』『魚不爲』,《續漢書·律曆志》注引《易緯》,亦有此語。」鱣鯨不見,《顔氏家訓》云:「鱣魚,純灰色,無文。」臣瓚曰:「鱣魚無鱗,口在腹下。」《中華古今注》〔八六〕:「鯨魚者,海魚也。大者長千里,小者數十丈〔八七〕,一生數萬子。常以五月、六月〔八八〕就岸邊生子,至七、八月導從其子還大海中。鼓浪成雷,噴沫爲雨。水族驚畏,皆逃匿,莫敢當者〔八九〕。」群龍下。《埤雅》:「龍八十一鱗,具九九之數。九,陽也。龍亦卵生,思抱。有鱗曰蛟龍,有翼曰應龍,有角曰虯龍。蓋蟲莫智于龍。龍之德,不爲妄者,能與巨巨,能與細細,能與高高,能與下下。」《大戴禮》:「鱗蟲之精者曰龍。」如人君出入不時，走狗試馬，馳騁不反，宮室，「宮室」上，應有二字。好婬〔九〇〕樂，飲酒沈湎，《韓詩》〔九一〕：「齊顏色，均衆寡，謂之沈；閉門不出者，謂之湎。」縱恣，不顧政治。事多發役，以奪民時；作謀增税，官本桉：「税，他本誤作『瑞』。」以奪民財。「財」下，當有「則民」二字。病〔九二〕疥搔、温體、足胻痛。原注：「胻，去聲。」《史記・龜筴傳》：「壯士斬其胻。」《索隱》：「胻〔九三〕音『衡』，即脚脛。」咎及於木，則茂木枯槁，《老子》：「人生也〔九四〕柔弱，其死也堅强。萬物、草木生也柔脆，其死也枯槁。」工匠之輪多傷敗。《五行志》：「若迺田獵馳騁，不反宮室；飲食沈湎，不顧法度；妄興繇役，以奪民時；作爲奸詐，以傷民財，則木失其性矣。蓋工匠之爲輪矢者多傷敗，及木爲變怪，是爲木不曲直。」毒水淳群，漉陂如「而」通。漁，《風俗通》：「謹桉〔九五〕，陂者，繁也。言因下鍾水，以繁利萬物也。」咎及鱗蟲，官本桉：「他本無『及鱗』二字。」則魚不爲，群龍深藏，鯨出見。

火者〔九六〕，夏，成長，本朝也。舉賢良，進茂才，官得其能，《周禮・鄉大夫》注：「能者，謂若今舉茂才。」疏：「茂才，即秀才也。應劭曰：『舊言秀才，避光武諱，改稱茂才。』」《史記》正義曰：「能者，獸，形色似熊，足似鹿。爲物，堅中而强力。人之有賢才者，皆謂之能也。」任得其力。賞有功，封有德，出貨財，振困乏；《管子》：「所謂振困者，歲凶，庸人訾厲〔九七〕，多死喪。弛〔九八〕刑罰，赦有罪，散倉粟以食之，此之謂振困。」正封疆，《史記》正義曰：「封，聚土也；疆，界也。謂界土〔九九〕封記也。」《古今注》：「封疆畫界者，封土爲臺，以表識疆境也。畫界者，於二封之間，又爲堰〔一〇〇〕埒，以畫分界域也。」使四方。恩及於火〔一〇一〕，則火順人而甘露降；恩及羽蟲，則飛鳥大爲，黄鵠出見，《國策》「黄鵠」注：「鴻也。」《埤雅》：「鴻鵠一舉千里。」鳳凰翔。《埤雅》：「鳳，神鳥也，俗呼鳥王。羽蟲三百六十，而鳳爲之長。」師古曰：「鳳，一名鷗，其雌曰皇。」如人君惑於讒邪，內離骨肉，外疏忠臣，至殺世子，誅殺不辜，逐忠臣，以妾爲妻，棄法令，《五行志》：「《傳》曰：『棄法律，逐功臣，殺太子，以妾爲妻，則火不炎上。』」《大傳》「逐功臣」注：「功臣，制法律者也。」婦妾爲政，賜予不當，則民病血壅腫，目不明。咎及於火，則大旱，必有火災。摘巢探〔一〇二〕鷇，《國語》注：「生哺曰鷇，未孚曰卵。」王本「探」作「采」。咎及羽蟲，則飛鳥不爲，冬應不來，梟鴞群鳴，《埤雅》：「梟，食母。《説文》：『不孝鳥也，故日至，捕梟磔之。其字，從鳥頭在木上。』」《埤雅》：「鴞鳴，其民有禍。《證俗》云：『禍鳥也。』」鳳凰高翔。宣元年注：「摘巢毀卵，則鳳凰不翔。」

土者，夏中〔一〇三〕，成熟百種，君之官。《聖證論》：「孔晁云：能吐生百穀，謂之土。」《物理論》云：「粱〔一〇四〕者，黍稷之總名；稻者，溉種之總名；菽者，衆豆之總名。三穀各二十種，爲六十種；蔬、果之實助穀，各二十種，爲百穀。」循宮室之制，謹夫婦之別，加親戚之恩。恩及於〔一〇五〕土，官本桉：「他本無『於』字。」則五穀成，韋昭曰：「黍、稷、菽、麥、稻也。」而嘉禾興；《尚書中候》：「嘉禾，莖長五尺，三十五穗。」恩及倮蟲，則百姓親附，城郭充實，賢聖皆遷，仙人降。《淮南子》注：「仙人，松、喬之屬是也。」如人君好婬佚，妻妾過度，犯親戚，侮父兄，欺罔百姓，師古曰：「罔，謂誣蔽也。」大爲臺榭，五色成光，雕文刻鏤，則民病心腹宛黄，舌爛痛。咎及於土，則五穀不成。《五行志》：「《傳》曰：『治宮室，飾臺榭，内淫亂，犯親戚，侮父兄，則稼穡不成。』」暴虐妄誅，咎及倮蟲，倮蟲不爲，百姓叛去，賢聖放亡。《大戴禮》：「倮蟲三百六十，而聖人爲之長。」

金者，秋，殺氣之始也。建立旗鼓，杖把旄鉞，《釋名》曰：「熊虎爲旗。旗，期也。軍將〔一〇六〕所建，象其猛如熊虎，與衆期其下也。鼓，郭也。張皮以冒之，其中空也。」《尚書》：「武王右秉白旄。」《釋名》：「鉞，豁也。所向〔一〇七〕莫敢當前，豁然破散也。」《字林》曰：「鉞，王斧也。」以誅賊殘，官本桉：「他本『杖』誤移在『誅』字下。」禁暴虐，安集。故動衆興師，必應義理。出則祠兵，官本桉：「祠，他本誤作『伺』。」入則振旅，莊八年《經》：「甲午，祠兵。」《傳》：「祠兵者，何？出曰祠兵，入曰振旅，其禮一也，皆習戰也。」注：「禮：兵不徒使。故將出兵，必祠於近郊，陳兵習戰，殺牲饗士卒。五百人曰旅。言與祠兵禮如一，將出，不嫌不習，故以祠兵言之；將入，嫌於廢之，故以振訊士衆言之，互相見也。祠兵，壯者在前，難在前；振旅，壯者在後，難在後，復長幼，且衛後也。」桉，《五經異義》曰：「《公羊》説，『甲午，祠兵』，祠者，祠五兵：矛、戟、劍、楯、弓、鼓，及蚩尤〔一〇八〕之造兵者。」以閑習之，因於彼〔一〇九〕狩，「閑」，王誤作「咸」；「因」，王誤作「困」。存不忘亡，安不忘危。《白虎通》：「國有三軍，何？所以戒非常、伐無道、尊宗廟、重社稷，安不忘危也。」修城郭，繕墻垣，《世本》：「鯀作城郭〔一一〇〕。」《釋名》：「城，成〔一一一〕也，成受國都也。郭，廓也，廓落在城外也。墻，障也，所以自障蔽也。垣，援也，人所依阻，以爲援衛也。」審群禁，飭〔一一二〕兵甲，師古曰：「『飭』與『敕』同。敕，整也。」《匡謬正俗》：「音與『勑』同，字從食、從力。」警百官，誅不法。恩及於金石，則涼風出；恩及於毛蟲，則走獸大爲，麒麟至。《大戴禮》：「毛蟲之精者曰麟。」如人君好戰，侵陵諸侯，貪城邑之賂，輕百姓之命，《五行志》：「《傳》曰：『好戰攻，輕百姓，飾城郭，侵邊境，則金不從革。』」《大傳》注：「輕之者，不重民命。《春秋傳》曰：『師出不正，反；戰不正，勝也。』」則民病喉咳嗽，《釋名》：「欬，刻也〔一一三〕。氣奔至，出入不平調，若刻〔一一四〕物也。嗽，促也，用力〔一一五〕急促也。」《易説》曰：「立春，氣未當至而至，則少陽脉勝，人病咳之疾也〔一一六〕。」筋〔一一七〕攣，《後漢·成孝武侯順傳》注：「《東觀記》曰：『病筋攣，卒。』」鼻仇〔一一八〕塞。《月令》：「民多鼽〔一一九〕嚏。」《釋文》〔一二〇〕：「鼽，音『求』。《説文》云：『病塞〔一二一〕，鼻窒。』」咎及於金，則鑄化凝滯〔一二二〕，凍堅不成；師古曰：「凡金鐵之屬，椎打而成器者，謂之鍛；銷冶而成者，謂之鑄。」《五行志》：「若迺貪欲恣睢，務立威勝，不重民命，則金失其性。蓋工冶鑄金鐵，金鐵冰滯、涸堅不成者衆，及爲變怪，是爲金不從革。」四面張罔〔一二三〕，《釋文》：「黄帝作网罟〔一二四〕。取獸曰网，取魚曰罟。」焚林而獵，咎及毛蟲，則走獸不爲，白虎妄搏，麟遠出〔一二五〕。《藝文類聚》作「恩及羽蟲，則麒麟至。張網焚林，則麒麟去」。服虔曰：「思睿信立，白虎擾〔一二六〕。」

水者，冬，藏至陰也。宗廟祭祀之始，敬四時之祭，禘祫昭穆之序。桉鄭氏義，禘、祫皆宗廟之大祭，然諸侯得祫而不得禘。祫、禘之所以分者，祫則毀廟之主皆陳于太廟，立昭、穆二尸；未毀廟之主皆升，合食于太廟而立尸。禘則太王、王季以上遷主，祭于后稷之廟；文、武以下，則穆之遷主祭于文王之廟，昭之遷主祭于武王之廟。其尸，后稷廟，稷尸一，昭、穆尸共一；文王廟，文王尸一，穆尸共一；武王廟，武王尸一，昭尸共一。未毀之廟，各于其廟祭，不升合食。祫者，合也；禘者，審諦昭穆也。審諦昭穆，故昭穆各于其廟也。祫在秋，禘在夏。天子祭天，諸侯祭土。閉門閭，大搜索，《淮南子》注：「禁舊客，出新客。《傳》曰：禁舊客，爲露情也；有新客，搜出之，爲覲釁也。門，城門也。閭，里門也。嚴閉之，守備也。」斷刑罰，執當罪，飭關梁，《月令章句》：「關在境，所以察出禦入也。」禁外徙。恩及於水，則醴泉出；恩及介蟲，《月令章句》：「介者，甲也，謂龜蟹之屬也。」則黿鼉大爲，《埤雅》：「黿，大鼈也。《淮南子》曰：『燒黿致鼈，此以其類求之。』《續〔一二七〕博物志》曰：『鼉長一丈，一名土龍，鱗甲黑色，能橫飛，不能上騰。』《晉安海物記》云：『鼉宵鳴，如桴鼓。』」靈龜出。《雒書靈准聽》：「靈龜者，玄文，五色，神靈之精也。上隆法天，下平象地。能見存亡，明於吉凶。王者不偏黨，事者老〔一二八〕，則出。」譙周《異物志》：「涪陵多大龜，其甲可以卜，其緣中又似玳瑁，俗名曰靈。」《大戴禮》：「介蟲之精者曰龜。」如人君簡宗廟，不禱祀，廢祭祀，執法不順，逆天時，《五行志》：「《傳》曰：『簡宗廟，不禱祀，廢祭祀，逆天時，則水不潤下。』」則民病流腫，《春秋潛潭巴》曰：「枉矢黑，軍士不勇，疾流腫。」《釋名》曰：「腫，寒熱氣所鍾聚也〔一二九〕。」水脹〔一三〇〕、痿痺，《廣韻》〔一三一〕：「痿，濕病。一曰：兩足不能相及。」師古曰：「痿，風痺病也〔一三二〕；痺，風濕之病。」孔竅不通。咎及於水，霧氣冥冥，《五經通義》：「陰亂〔一三三〕則爲霧，從地汁也。」《五行志》：「若迺不敬鬼神，政令逆時，則水失其性，霧水暴出，百川逆溢，壞鄉邑，溺人民，及淫雨傷稼穡，是爲水不潤下。」必有大水，水爲民害；咎及介蟲，則龜深藏，黿鼉呴。官本桉：「呴，他本誤作『吻』。」《莊子》：「泉涸，魚相與處於陸，相呴以濕，相濡以沫〔一三四〕。」

治水五行第六十一

《尚書》注：「治水失道，亂陳其五行。」疏：「水是五行之一。水性下流，鯀乃反塞之，失水之性。水失其道，則五行皆失矣。」

日冬至，七十二日木用事，其氣燥濁而清〔一三五〕；七十二日火用事，其氣慘陽而赤；七〔一三六〕十二日土用事，其氣濕濁而黃；官本按：「濕，他本誤作『温』。」七十二〔一三七〕日金用事，其氣慘淡而白；七十二日水用事，其氣清寒而黑；七十二日復得木。《淮南子》云：「壬午冬至，甲子受制，木用事，火煙青。七十二日，丙子受制，火用事，火煙赤。七十二日，戊子受制，土用事，火煙黃。七十二日，庚子受制，金用事，火煙白。七十二日，壬子受制，水用事，火煙黑。七十二日而歲終，庚子受制。歲遷六日，以數推之，七十歲而復至甲子。」木用事，則行柔惠，挺群禁。至于立春，出輕繫，去稽留，除桎梏，開閉〔一三八〕闔，通障塞，《淮南子》：「甲子受制，則行柔惠，挺群禁，開闔扇，通障塞，毋伐木。」存幼孤，矜寡獨，《王制》：「少而無父者謂之孤，老而無子者謂之獨，老而無夫者謂之寡。」《釋名》：「無夫曰寡。寡，倮也，倮然單獨也。無父曰孤。孤，顧也，顧望無所瞻見也。無子曰獨。獨，鹿也，鹿鹿無所依也。」無伐木。《淮南子》注：「甲，木也。木王東方，故施柔惠，蟄伏之類出由户，故開闔扇，通障塞。春，木王，故毋伐木也。」火用事，則正封疆，循田疇。《國語》注：「穀地曰田，麻地曰疇。」至于立夏，舉賢良，封有德，賞有功，出使四方，無縱火。《淮南子》：「丙子受制，則舉賢良，賞有功，立封侯，出財貨。」注：「火用事，象陽明，識功勞，故封建侯，出財貨。」土用事，則養長老，存幼孤，矜寡獨，賜孝悌，施恩澤，無興土功。《淮南子》：「戊子受制，則養老鰥寡，行粰鬻，施恩澤。」注：「土用事，象土長養，故施恩澤也。」金用事，則修城郭，繕墻垣，審群禁，飭〔一三九〕甲兵，警百官，誅不法，存長老，無焚金石。《淮南子》：「庚子受制，則繕墻垣，修城郭，審群禁，飭〔一四〇〕兵甲，儆百官，誅不法。」注：「金用事，象金斷割，故誅不法〔一四一〕。」水用事，則閉門閭，《月令章句》：「門，謂城門；閭，謂二十五家爲閭。」大搜索，斷刑罰，執當罪，飭關梁〔一四二〕，禁外徙，官本校：「徙，他本誤作『徒』〔一四三〕。」上同。無決池堤。《淮南子》：「壬子受制，則閉門閭，大搜客，斷刑罰，殺當罪，息關梁，禁外徙。」注：「水用事，象冬閉固，故禁外徙。」《國語》注：「堤，防也。」

校勘記

〔一〕「秋清」，殿本作「秋凉」。

〔二〕「副清」，殿本稿本、蜚雲閣本、續經解本并作「副凉」，據盧本、彙函本、畿輔本、龍谿本改。

〔三〕「三年」，諸本并作「二年」，據《漢書》卷四改。

〔四〕「音義曰」云云，張校云：「《漢書》注作：『應劭曰：「銅虎符第一至第五，國家當發兵，遣使者至郡合符，符合，乃聽受之。竹使符，皆以竹箭五枝，長五寸，鎸刻篆書，第一至第五。」』」

〔五〕「民」，《陸宣公奏議》卷七、《全唐文》卷四百七十三作「時」，屬上讀。

〔六〕「闕三百九十六字」，案，計臺本存末「氣也」二字，實闕三百九十四字。

〔七〕「三百六十」，《墨海金壺》本、正統道藏本《子華子》并作「三百有六十」。

〔八〕「竅」，張校云：「《樂動聲儀》本作『雙竅』，各本所引同。」案，《白虎通・情性》上文云：「北方水，故腎色黑；水陰，故腎雙。」蓋張氏誤以「雙」字屬下讀。

〔九〕「猶」，盧本、續經解本作「獨」。

〔一〇〕「神」，諸本并作「人」。張校云：「《元命包》本作『神所居』。」案，《太平御覽》三百六十三亦作「神」，今據改。

〔一一〕「呼，出息也。吸，入息也」，張校云：「《説文》本作『呼，外息也。吸，内息也』。」

〔一二〕「豐厚」，稿本、蜚雲閣本、彙函本、續經解本、畿輔本并作「豐薄」，據殿本、盧本、龍谿本改。

〔一三〕「擬」，《太平御覽》卷二作「必擬」。

〔一四〕「弇」，稿本、蜚雲閣本、彙函本、續經解本、畿輔本并作「奄」，據龍谿本改。

〔一五〕「可數者」，盧本無「者」字。

〔一六〕「以著其不可數」，諸本并作「著其不可數者」，據盧本改。

〔一七〕「此」，殿本、盧本上并有「以」字。

〔一八〕「之」，《荀子·大略篇》作「其」。

〔一九〕「去其」，計臺本、殿本、盧本作「其去」。

〔二〇〕「一」，張校云：「『一馬鳴而馬應之』，《韓詩外傳》無『一』字。」案，「一」乃盧氏校語，指《韓詩外傳》卷一，張氏誤讀。

〔二一〕「釋文」，諸本并作「疏」，據《禮記正義》卷五十三改。張校云：「『妖，於驕反』，本陸氏《釋文》。」案，此下所引均《釋文》。

〔二二〕「祅」，諸本并作「妖」，據《禮記正義》卷五十三改。下「祅」字同。

〔二三〕「固」，計臺本、殿本、盧本作「故」。

〔二四〕「酢」，諸本并作「醉」，據《淮南子》卷六改。

〔二五〕「陽精」，《藝文類聚》卷九十一、《太平御覽》卷九百一十八引，下并有「物」字。

〔二六〕「因」，計臺本、殿本作「固」。

〔二七〕「然者」，計臺本、殿本、盧本作「然者矣」。

〔二八〕「烏」，盧本、續經解本、龍谿本作「鳥」。

〔二九〕「《尚書大傳》文止此」，張校云：「《尚書大傳》各本下俱有『恐恃之』三字。」案，凌氏正以「恐恃之」非《大傳》文。

〔三〇〕「服殷」，《藝文類聚》卷九十九、《太平御覽》卷九百二十并引《瑞應圖》作「殷服」。

〔三一〕「説」，《宋書》卷十二作「義」。

〔三二〕「曰」，《宋書》卷十二作「同」。下「若曰」同。

〔三三〕「禮記」，諸本并作「儀禮」，據《禮記正義》卷三改。

〔三四〕「氣」，張校云：「《説文》『氣』本作『气』。」

〔三五〕「齊相」，計臺本、殿本、盧本作「齊桓」。

〔三六〕「人」，稿本下衍「曰」字。

〔三七〕「薄」，稿本作「溥」。

〔三八〕「斯」，與《公羊注疏》卷二十六同，稿本、彙函本、續經解本并作「思」。

〔三九〕「他」，諸本并作「各」，據殿本改。

〔四〇〕「讕」，蜚雲閣本、彙函本、畿輔本、龍谿本并作「讕」，據計臺本、殿本、盧本、稿本、續經解本改。

注文「譋」字同。張校云：「按《漢書・五行志》注，『讕』皆當作『譋』，與『讕』字音義迥別。」

〔四一〕「者」，稿本、續經解本、畿輔本、龍谿本并奪，據《禮記正義》卷十六補。

〔四二〕「傜」，殿本作「徭」，計臺本、續經解本、盧本并作「繇」。

〔四三〕「月爲更卒」，張校云：「《食貨志》作『又加月爲更卒』。凌氏既引『董仲舒曰』，宜仍原句。」

〔四四〕「反」，計臺本、殿本、盧本、續經解本作「及」，屬下讀。殿本案云：「他本『及』作『反』。」

〔四五〕「不言人，言徒者」，稿本、蜚雲閣本、彙函本、畿輔本、龍谿本作「不言徒者」，續經解本作「而言徒者」，據《白虎通・封公侯》改。張校云：「《白虎通》作『不言人，言徒者』。凌氏脱『人言』二字，詞意難解。」

〔四六〕「車」，蜚雲閣本、彙函本、續經解本、畿輔本、龍谿本誤作「軍」，據稿本、《淮南子・覽冥訓》注、《吕氏春秋・簡選》注改。張校云：「《淮南子》注『軍』作『車』。」

〔四七〕「死」，計臺本、殿本、盧本作「使」。

〔四八〕「故貶之也」，張校云：「僖二十八年注本作『故貶，明當與君俱治也』。」

〔四九〕「之子」，《史記》卷三十二作「之後」。

〔五〇〕「焉」，殿本作「爲」，注云：「他本『爲』作『焉』。」

〔五一〕「華仕」，《韓非子・外儲説右上》作「華士」。

〔五二〕「續博物志」，諸本并作「博物志」，據《續博物志》卷一改。張校云：「《博物志》云云，今本無此文。」

〔五三〕「時期也」，諸本并作「之期也」，據畢沅校本《釋名・釋天》改。張校云：「吴校《釋名》作『四方各一時也，時，期也』。」

〔五四〕「行」，計臺本奪。

〔五五〕「問」，蜚雲閣本、彙函本、續經解本、畿輔本并作「間」，據計臺本、殿本、盧本、稿本、龍谿本改。

〔五六〕「法」，盧本作「治」。

〔五七〕「二曰虛心」，蜚雲閣本、畿輔本、龍谿本并作「二日心虛」，據《説苑·臣術》、稿本、彙函本、續經解本改。

〔五八〕「喻王」，《説苑·臣術》作「諭主」。

〔五九〕「規主仁恩」，與《毛詩正義》卷十一之一同，龍谿本作「規主人恩」。張校云：「《詩·沔水》箋『主』作『王』。」案，阮氏《校勘記》云：「閩本、明監本、毛本『主』誤『王』。」張校非是。

〔六〇〕「制」，張校云：「《淮南子》『制』作『治』，下『執矩而長』『執繩而制四方』注仿此。」

〔六一〕「春」，《漢書》卷七十四作「木」。

〔六二〕「磽」，計臺本、殿本、稿本、蜚雲閣本、彙函本、畿輔本、龍谿本并作「饒」，據盧本、續經解本改。

〔六三〕「畂」，稿本、作「畒」，蜚雲閣本、彙函本、畿輔本、龍谿本作「畝」，據《國語》卷三、續經解本改。張校云：「『畝』當是『畂』字之訛。」下「下曰畂」同。

〔六四〕「實」，稿本、蜚雲閣本、畿輔本、龍谿本作「寔」，據計臺本、殿本、盧本、彙函本改。

〔六五〕「天文集」，《太平御覽》卷一百九十引作「天門集」。

〔六六〕「實穀」，計臺本、殿本、盧本作「食穀」。

〔六七〕「動見」，計臺本、殿本、盧本作「獨見」。

〔六八〕「曰」，蜚雲閣本作「者」，他本均不誤。
〔六九〕「司營」，彙函本作「司管」，盧本、續經解本下并有「也」字。
〔七〇〕「夙」，計臺本作「宿」。
〔七一〕「金爲義義者成」，稿本、蜚雲閣本、彙函本、畿輔本、龍谿本不重「義」字，據《漢書》卷七十四、續經解本補。張校云：「按本注前後文例之，『義』下當復有『義』字。」
〔七二〕「官本桉」云云，今殿本無，疑當作「盧校」。盧本正文作「睸」，校云：「『睸』即『胥』字，舊作『聐』，訛。」
〔七三〕「訟獄」，計臺本、殿本、盧本作「獄訟」。
〔七四〕「抱鼓」，計臺本作「枹鼓」。
〔七五〕「磬」，彙函本、續經解本、畿輔本、龍谿本并作「罄」，據《周禮注疏》卷四十二、稿本改。下「磬折」同。
〔七六〕「顧」「正肩」，《抱經堂叢書》本《賈子新書》作「固」「平肩」。張校云：「《新書》『正肩』作『平肩』，『鼓』作『皷』。」
〔七七〕「路」，計臺本、殿本、盧本、龍谿本、續經解本作「賂」，殿本校云：「他本『賂』誤作『路』。」
〔七八〕「任舉」，張校云：「任舉，《管子》各本俱作『任譽』，下同。」案，《管子義證》卷七引孫星衍云：「『譽』當作『舉』，《立政篇》作『舉』，《任法篇》亦兩言『請謁任舉』。此『譽』字誤。」
〔七九〕「毀」，《管子·立政九敗解》作「毀」。
〔八〇〕「器械」，計臺本無。

〔八一〕「司」，蜚雲閣本、彙函本、畿輔本、龍谿本并作「者」，據計臺本、殿本、盧本、稿本、續經解本改。

〔八二〕「順逆」，計臺本、殿本及本書目録作「逆順」。

〔八三〕「使民」，計臺本作「使」。

〔八四〕「挺」，計臺本、殿本作「誕」。

〔八五〕「閉」，盧本、續經解本作「門」。

〔八六〕「中華古今注」，張校云：「凌氏注引『鯨魚者』云云，乃崔豹《古今注》文也。《中華古今注》，後唐馬縞推廣豹説爲之，別是一書。」案，《古今逸史》本、《百川學海》本《中華古今注》卷下，并有「鯨魚」條，與此引文略同。

〔八七〕「數十丈」，與明本《古今注》同，《四部叢刊三編》影宋本《古今注》卷中作「數丈」，《中華古今注》卷下作「數千丈」。

〔八八〕「五月、六月」，與《古今注》卷中同，宋本《古今注》卷中、《中華古今注》卷下并作「五六月」。

〔八九〕「鼓浪成雷，噴沫爲雨。水族驚畏，皆逃匿，莫敢當者」，彙函本、續經解本「浪」作「以」，宋本、《古今逸史》本《古今注》卷中作「鼓浪成雷，噴沫成雨，水族驚畏，一皆逃匿，莫敢當者」，《古今逸史》本、《百川學海》本《中華古今注》卷下作「鼓浪成雷，噴沫成雨。水族畏，悉逃匿，魚無敢當者」。

〔九〇〕「姪」，計臺本、殿本、稿本作「媱」。下「姪佚」同。

〔九一〕「韓詩」，與《初學記》卷二十六同，《太平御覽》卷八百四十五引作「韓詩外傳」，文同；《藝文類聚》卷三十九引作「韓詩」，「不出者」作「不出客」，無「齊顔色，均衆寡，謂之沈」九字。

〔九二〕「病」，計臺本、殿本、盧本并作「民病」。

〔九三〕「劭」，與《史記》卷一百二十八同，續經解本誤作「脐」。

〔九四〕「人生也」，河上公本、王弼注本《老子》七十六章并作「人之生也」；下「草木生也」作「草木之生也」。

〔九五〕「謹桉」，張校云：「《風俗通》『謹案』下，有『傳曰』字。」

〔九六〕「火者」以下，稿本、蜚雲閣本、龍谿本、續經解本、畿輔本并提行，與計臺本、殿本、盧本同，彙函本合上爲一節。

〔九七〕「厲」，與《管子・入國》同，畿輔本作「勵」。

〔九八〕「弛」，與《管子・入國》同，彙函本作「地」。

〔九九〕「界土」，《史記》卷六十八作「界上」。

〔一〇〇〕「堰」，《古今注》卷上作「壝」。

〔一〇一〕「火」，計臺本、殿本作「人」，殿本案：「他本『人』作『火』。」

〔一〇二〕「探」，計臺本、殿本作「采」，盧校云：「『探』，舊作『采』，非。」

〔一〇三〕「夏中」，計臺本作「中夏」。

〔一〇四〕「粱」，稿本、蜚雲閣本、龍谿本并作「梁」，據彙函本、續經解本、畿輔本改。

〔一〇五〕「於」，計臺本、殿本無。殿本亦無下「他本無『於』字」校語。

〔一〇六〕「軍將」，諸本倒作「將軍」，據《釋名・釋兵》改。

〔一〇七〕「所向」，蜚雲閣本、彙函本、畿輔本、龍谿本并作「所司」，據《釋名・釋兵》、稿本、續經解本改。

〔一〇八〕「蚩尤」，與《周禮注疏》卷十九同，龍谿本誤作「强尤」。

〔一〇九〕「彼」，盧本、續經解本并作「搜」。

〔一一〇〕「城郭」，彙函本誤作「域郭」。

〔一一一〕「成」，續經解本、《釋名疏證補》并作「盛」。下「成受國都」同。

〔一一二〕「飭」，計臺本、殿本作「飾」。

〔一一三〕「欬，刻也」，蜚雲閣本、彙函本、畿輔本、龍谿本并作「咳，嗽也」，稿本作「咳，刻也」，與《太平御覽》卷七百四十三引同。今據《釋名·釋疾病》、續經解本改。張校云：「吴校《釋名》『咳，嗽也』作『欬，刻也』。」

〔一一四〕「若刻」，稿本、蜚雲閣本、彙函本、畿輔本、龍谿本并作「老尅」，據《太平御覽》卷七百四十三引《釋名》、《釋名·釋疾病》、續經解本改。張校云：「吴校《釋名》『老尅』作『若刻』。」

〔一一五〕「用力」，與《太平御覽》卷七百四十三引同，《釋名·釋飲食》作「用口」。

〔一一六〕「立春」，《太平御覽》卷七百四十三引作「立秋」；「脉勝」引作「脉盛」，無「之疾也」三字。

〔一一七〕「筋」，計臺本作「筋」，龍谿本誤作「筋」。

〔一一八〕「仇」，盧本作「鼽」，龍谿本作「鼽」。盧校云：「舊本作『仇塞』。」

〔一一九〕「鼽」，稿本、蜚雲閣本、彙函本、龍谿本、畿輔本并作「鼽」，據《禮記正義》卷十七、續經解本改。下「鼽」字同。

〔一二〇〕「釋文」，諸本并作「疏」，據《禮記正義》卷十七、續經解本改。張校云：「《月令》『鼽』作『鼽』，『疏』當作『音義』。」

〔一二一〕「塞」，與《禮記正義》卷十七同，續經解本、《説文》并作「寒」。張校云：「『塞』當作『寒』。」

〔一二二〕「凝滯」，諸本并作「疑滯」，據計臺本、殿本、盧本改。

〔一二三〕「罔」，殿本作「網」。

〔一二四〕「作网罟」，張校云：「《釋文》『爲罟』注：『黄本作「爲网罟」。』凌氏改『黄本』作『黄帝』，削『爲』字。《易傳》正文及各史鑑俱係伏羲氏制，當以陸氏原文爲是。又按《易注解傳述人》：黄穎注，十卷。穎，南海人，晉廣州儒林從事。」

〔一二五〕「麟遠出」，計臺本、殿本、盧本并作「麒麟遠去」。

〔一二六〕「思睿信立，白虎擾」，《毛詩·麟之趾》疏引哀十四年《左傳》服虔注同，《禮記·禮運》疏引「立」下有「而」字。

〔一二七〕「續」，諸本并奪，據《埤雅》卷三補。

〔一二八〕「事者老」，龍谿本作「耆老老」，《初學記》卷三十、《太平御覽》卷九百三十一并引《雒書》作「尊耆老」。

〔一二九〕「腫寒熱氣所鍾聚也」，諸本并奪「熱」字，據《釋名·釋疾病》補。張校云：「《釋名》本作『腫，鍾也，寒熱氣所鍾也』。凌氏輒減三字，殊失本義。」

〔一三〇〕「脹」，計臺本、殿本、盧本作「張」，盧校：「中亮切。」

〔一三一〕「廣韵」，張校云：「『廣韻』當作『正韻』。」案，張校非是，引文見《四庫全書》本《重修廣韻·五支》「痿」字注。

〔一三二〕「痿風痺病也」，殿本《漢書·韓王信傳》注同。張校云：「《漢書》注本作『痿亦痺病也』。」未知張氏所據何本。

〔一三三〕「陰亂」，與《漢魏遺書鈔》本《五經通義》同，孫校本《北堂書鈔》卷一百五十一作「陰陽亂」。

〔一三四〕「沬」，諸本并作「沫」，據《莊子音義》改。

〔一三五〕「清」，盧本、續經解本、龍谿本作「青」。

〔一三六〕「七」，殿本校云：「他本『七』誤『也』。」

〔一三七〕「七十二」，續經解本誤作「七十三」。

〔一三八〕「閉」，殿本、盧本、續經解本作「門」。

〔一三九〕「飭」，計臺本作「飾」。

〔一四〇〕「飭」，張校云：「『飭』，《淮南子》作『飾』。」

〔一四一〕「誅不法」，《淮南子·天文訓》注作「誅不如法度也」。

〔一四二〕「飭關梁」，計臺本作「飾關梁」，殿本作「飭梁關」。

〔一四三〕「徒」，計臺本正文作「陡」，殿本正文、案語并作「陡」。

春秋繁露卷十四

治亂五行第六十二

火干木，蟄蟲蚤出，官本桉：「他本下有『蚿』字。」師古曰：「蚤，古『早』字。」《淮南子》：「丙子干甲子，蟄蟲早出，故霜早行。」注：「木〔一〕氣溫，故早出。」雷早行〔二〕。《淮南子》「雷」作「霜」〔三〕。土干木，胎夭卵毈，鳥蟲多傷。王本「毈」誤分爲兩字。鄭注：「卵，鳥卵。」「毈」，《玉篇》：「大亂切，不成子曰毈。」《淮南子》：「戊子干甲子，胎夭卵毈，鳥蟲多傷。」金干木，有兵。《淮南子》：「庚子干甲子，有兵。」水干木，春下霜。《淮南子》：「壬子干甲子，春有霜。」土干火，則多雷。《淮南子》：「戊子干丙子，霆。」金干火，草木夷。《淮南子》：「庚子干丙子，草木夷〔四〕。」注：「夷，傷也。」水干火，夏雹。《淮南子》：「壬子干丙子，雹。」木干金〔五〕，則地動。《淮南子》：「甲子干丙子，地動。」金干土〔六〕，則五穀傷，有殃。《淮南子》：「庚子干戊子，五穀有殃。」水干土，夏寒，雨霜。《淮南子》：「壬子干戊子，夏寒，雨霜。」木干土，倮蟲不爲。原注：「人者，倮蟲之長。」〔七〕《淮南子》作「甲子干戊子，介蟲不爲」，注：「不成爲介蟲也。」火干土，則大旱。《淮南子》：「丙子干戊子，大旱，苽封熯。」水干金，則魚不爲。《淮南子》：「壬子干庚子，大剛，魚不爲。」注：「不成爲魚。」木干金，則草木再生。《淮南子》：「甲子干庚子，草木再死再生。」火干金，則草木秋榮。《淮南子》：「丙子干庚子，草木復榮。」注：「今八月、九月時，李、柰復榮生實是也。」土干金，五穀不成。《淮南子》：「戊子干庚子，歲或存或亡。」木干水，冬蟄不藏。《淮南子》：「甲子干壬子，冬乃不藏。」注：「地氣發也。」土干水，則蟄蟲冬出。《淮南子》：「戊子干壬子，蟄蟲冬出其鄉。」火干水，則星墜。《淮南子》：「丙子干壬子，星墜〔八〕。」注：「隊〔九〕，隕。」金干水，則冬大寒。《淮南子》作「庚子干壬子，冬雷其鄉」。

五行變救第六十三

《大傳》注：「君失五事，則五行相沴。違其位，復立之者，當明其變異，則知此爲貌邪，言輒改過，以共禦之。至司之日月，又必齋〔一〇〕肅祭祀，以撫其神，則凶咎除矣。」

五行變至，當救之以德，施之天下，則咎除；不救以德，不出三年，天當雨石。官本桉：「當，他本作『雷』。」《尚書中候》：「紂末年，雨石，皆〔一一〕大如甕。」木有變，春凋秋榮；一本作「多營」。秋木冰，原注：「一無『秋』字。」《唐書》：「凝霜封樹，謂之木冰，一名〔一二〕樹介。寧王憲有疾，見而嘆曰：『此俗所謂樹嫁者也。吾其死矣〔一三〕！』諺曰：『樹嫁，達官怕。』」春多雨。此繇役衆，師古曰：「繇，讀曰『傜』〔一四〕。」《說文》曰：「戍邊也。」賦斂重，百姓貧窮叛去，《月令》疏：「蔡氏云：『無財曰貧，無親曰窮。』皇氏云：『長無謂之貧窮。』」道多饑〔一五〕人。救之者〔一六〕，省繇役，薄賦斂，出倉穀，賑〔一七〕困窮矣。師古曰：「振，起也。爲給貸之，令其存立也。諸『振救』『振贍』，其意〔一八〕皆同。今流俗作字從『貝』〔一九〕者，非也。」火有變，冬溫夏寒。此王者不明，善者不賞，惡者不出〔二〇〕，不肖在位，賢者伏匿，則寒暑失序而民疾疫。《易通卦驗》：「春，晷長一丈一尺二分〔二一〕。未當至而至，多病熛、疾疫。」「疫」，《說文》云：「民皆病〔二二〕也。」救之者，舉賢良，賞有功，封有德。土有變，大風至，五穀傷。此不信仁賢，不敬父兄，淫佚〔二三〕無度，宮室多營〔二四〕。救之者，省宮室，去雕文，舉孝弟，卹黎元。《孝文本紀》注：「姚察云：『古者謂人云善，言善人〔二五〕也。因善爲元，故云黎元。』」金有變，畢、昴爲回，三覆有武，多兵，《春秋佐助期》：「昴、畢爲天街。」《史記・天官書》：「昴曰髦頭，畢曰罕車，主弋獵。」正義曰：「昴七星，爲髦頭。畢八星，其大星曰天高，一曰邊將，主〔二六〕四夷之尉也。星明大，天下安，遠夷入貢；失色，邊亂。畢動，兵動〔二七〕。」《法苑珠林》：「初置星宿，昴爲先首，形似剃刀；次置畢，形如立叉。」《雲笈七籤》：「昴星神，姓張，名弩小，衣緑青單衣；畢星神，姓柔，名公孫，帶劍，衣白毛單衣。」多盜寇。此棄義貪財，輕民命，重貨賂，百姓趣利，多奸軌。師古曰：「趣，謂意所嚮。」孔安國傳曰：「寇賊在外曰奸，在内曰宄。」救之者，舉廉潔，立正直，隱武行文，束甲械。《周禮・司甲》注：「甲，今之鎧也。」疏〔二八〕：「今古用物不同，其名亦異。古用皮，謂之甲；今用金，謂之鎧。」水有變，冬濕多霧，《春秋元命包》：「亂而爲霧。霧，陰陽之氣也〔二九〕」。《釋名》曰：「霧，冒也，氣蒙亂，冒〔三〇〕物也。」春夏雨雹。《大戴禮》：「陽之專氣爲雹，陰之專氣〔三一〕爲霰。霰、雹者，一氣之化也。」《釋名》：「雹，砲也〔三二〕。其所中，物皆摧折，如人所盛咆〔三三〕。」此法令緩，刑罰不行。救之者，憂囹圄，案奸宄，誅有罪，蒐〔三四〕五日。「蒐」與「搜」同。

五行五事第六十四

《漢・藝文志》：「五行者，五常之刑氣也。《書》曰：『初一曰五行，次二曰羞用五事。』言進用五事，以順五行也。貌、言、視、聽、思，心失而五行之序亂，五星之變作，皆出于律曆之數而分爲一者也。」

王者與臣無禮，貌不肅敬，則木不曲直，《大傳》：「一曰貌。貌之不恭，是謂不肅。」注：「肅，敬也。君貌不恭，則是不能敬其事也。」《尚書》疏：「木有華葉之容，故貌屬木。」鄭注：「東宮，于地爲木。木性〔三五〕或曲或直，人所用爲器者也。無故，生不暢茂，多有折槁，是爲木不曲直。」而夏多暴風。風者，木之氣也，《御覽》：「《禮統》〔三六〕：『風，萌也。養物成功，所以八風象八卦也。』」《釋名》：「風，氾也，其氣博氾而動物也。風，放也，氣放散也。」其音角也，《月令》「其音角」，注：「音，謂樂器之聲。三分羽益一以生角。角數六十四，屬木者，以其清濁中民象也。春氣〔三七〕和，則角聲調。《樂記》曰：『角亂則憂，其民怨。』凡聲尊卑，取象五行。數多者濁，數少者清；大不過宮，細不過羽。」《鍾律書》：「角〔三八〕，觸也。物觸地而出，戴芒角也。」故應之以暴風。王者言不從，則金不從革，《大傳》：「二事〔三九〕曰言。言之不從，是謂不乂。」《尚書》疏：「言之決斷，若金之斬割，故言屬金。」鄭注：「西宫，于地爲金。金性從形，而革，人所用爲器者也。無故，冶之不銷，或入火飛亡，或鑄之裂形，是爲不從革〔四〇〕。」而秋多霹靂。霹靂者，金氣也，《釋名》：「辟歷，辟，折也，所歷皆破折也。」《論衡》曰：「圖畫之工，圖雷之狀如連鼓形。又圖一人若力士，謂之雷公，使左手引連鼓，右手椎之。」《春秋》「震夷伯之廟」，謂劈歷破之是也。「霹靂」，俗字也。其音商也，《月令》「其音商」，注：「三分徵音〔四一〕益一以生商。商數七十二，屬金者，以其濁，次宫，臣之象也。秋氣和，則商聲〔四二〕調。《樂記》曰：『商亂則陂，其宫〔四三〕壞。』」《鍾律書》：「『商』之爲言『章』也〔四四〕，物成孰，可章度也。」故應之以霹靂。王者視不明，則火不炎上，《大傳》：「三事曰視。視之不明，是謂不悊。」《尚書》疏：「火外光，故視屬火。」鄭注：「南宫，于地爲火。火性炎上，然行〔四五〕人所用亨飪者也。無故，因見作熱，燔熾爲害，是爲火不炎上。」而秋多電。電者，火氣也，《元命包》：「陰陽凝〔四六〕爲電。」《西京雜記》：「仲舒曰：『電，其相擊之光也。』」《釋名》：「電，殄也，乍見〔四七〕則殄滅也。」其音徵也，《月令》「其音徵」，注：「三分宫音〔四八〕去一以生徵。徵數五十四，屬火者，以其微清，事之象也。夏氣和，則徵聲調。《樂記》云：『徵亂則哀，其事勤。』」《鍾律書》：「徵〔四九〕，祉也，物盛大而繁祉也。」故應之以電。王者聽不聰，則水不潤下，《大傳》：「四事曰聽。聽之不聰，是謂不謀。」《尚書》疏：「水内明，故聽屬水。」鄭注：「北宫，于地爲水。水性浸潤〔五〇〕下流，人所用灌溉者也。無故，源流竭絶，川澤以涸，是爲不潤下。」而春夏多暴雨。雨者，水氣也，《釋名》：「雨者，羽也。如鳥羽，動則散也。」《禮統》：「雨者，輔時生養均徧，故謂之雨。」其音羽也，《月令》「其音羽」，注：「三分商去一以生羽。羽數四十八，屬水者，以其爲最清，物之象也。冬氣和，則羽聲調。《樂記》曰：『羽亂則危，其財匱。』」《鐘律書》：「羽，宇也。物聚藏，宇覆之也。」故應之〔五一〕以暴雨。王者心不能容，則稼穡不成，《大傳》：「五事曰心維思。思之不容〔五二〕，是謂不聖。」注：「『容』當爲『睿』。睿，通也。」《周禮》注：「種穀曰稼，若嫁女之有所生。」《書》傳：「種之曰稼，斂之曰穡。〔五三〕」《尚書》疏：「土安静而萬物生，心思慮而萬事成，故思屬土。」而秋多雷。雷者，土氣也，《春秋元命包》：「陰陽合而爲雷。」《西京雜記》：「董仲舒曰：『雷，其相擊之聲也。』」《釋名》：「雷，硍〔五四〕也。如轉物，有所硍雷之聲也。」其音宫也，《月令》「其音宫」，注：「聲始于宫。宫數八十一，屬土者，以其最濁，君之象也。季夏之氣和，則宫聲調。《樂記》曰：『宫亂則荒，其君驕。』黄鐘之宫最長也。十二律轉相生，五音俱終于六十焉。」《鐘律書》：「宫，中也。居中央，暢四方，唱〔五五〕始施生，爲四聲綱也。」故應之以雷。五事〔五六〕：一曰貌，《書》傳：「容儀。」二曰言，《書》傳：「詞章。」三曰視，《書》傳：「觀正。」四曰聽，《書》傳：「察是非。」五曰思。《書》傳：「心慮所行。」何謂也？夫五事者，人之所受命於天也，而王者所修而治民也。官本校：「他本無『者』字。」故王者爲民，治則不可以不明，準繩不可以不正。《鐘律書》：「衡權者，衡，平也；權，重也。衡，所以任權而均物，平輕重也，其道如底，以見準之正、繩之直。」王者貌曰恭，《書》傳：「儼恪。」恭者，敬也。言曰從，《書》傳：「是則可從。」從者，可從。馬傳：「發言當使可從。」視曰〔五七〕明，《書》傳：「必清審。」明者，知賢不肖〔五八〕，分明黑白也。聽曰聰，《書》傳：「必微諦。」聰者，能聞事而審其意也。思曰容，容者，言無不容。恭作肅，《書》傳：「心敬〔五九〕。」從作乂，《書》傳：「可以治。」師古曰：「乂，治也。」明作哲，《書》傳：「照了。」聰作謀，官本校：「聽，他本作『聽』。」《書》傳：「所謀必成當。」容作聖。《書》傳：「于事無不通，謂之聖。」何謂也？恭作肅，言王〔六〇〕誠能内有恭敬之姿，而天下莫不肅矣。劉向《五行傳記》：「肅，敬也。内曰恭，外曰敬。」鄭注：「君貌恭，則臣禮肅。」從作乂，言王者言可從，明正從行，而天下治矣。馬傳：「出令而從，所以爲治。」鄭注：「君言從，則臣職治。」明作哲，哲者，知也。《五行志》：「哲，智也。」王者明，則賢者進，不肖者退，天下知善而勸之，知惡而耻之矣。鄭注：「君視明，則臣照晳〔六一〕。」「晳」，讀作「哲」。聰作謀，謀者，謀事也。王者聰，則聞事；與臣下謀之，故事無失謀矣。馬傳：「上聰，則下進其謀。」鄭注：「君聽聰，則臣進謀。」容作聖，張晏曰：「容〔六二〕通達以至于聖。」聖者，設也。王者心寬大，無不容，則聖；能施設，事各得其宜也。

王者能敬，官本校：「敬，他本誤作『欲』。」則春氣得，故肅。官本校：「一本作『王者能敬則肅，肅則春氣得，故肅者主春』。」〔六三〕肅者主春。春，陽氣微，萬物柔易，移弱可化。於時，陰氣爲賊，故王者欽欽，不以議陰事，然後萬物遂生，而木可曲直也。官本校：「他本無『可』字。」孔安國曰：「木可揉使曲直也。」春行秋政，則草木凋〔六四〕；行冬政則雪，行夏政則殺。春失政則。原注：「有闕文。」《淮南子》：「六合：孟春與孟秋爲合，仲春〔六五〕與仲秋爲合，季春與季秋爲合；孟夏與孟冬爲合，仲夏與仲冬爲合，季夏與季冬爲合。孟春始嬴，孟秋始縮；仲春始出，仲秋始内；季春大出，季秋大内。孟夏始緩，孟冬始急；仲夏至修，仲冬至短；季夏德畢，季冬刑畢。故正月失政，七月涼風不至；二月失政，八月雷不藏；三月失政，九月不下霜；四月失政，十月不凍；五月失政，十一月蟄蟲冬出其鄉；六月失政，十二月草木不脱；七月失政，正月大寒不解；八月失政，二月雷不發；九月失政，三月春風不濟；十月失政，四月草木不實；十一月失政，五月下雹霜；十二月失政，六月五穀疾狂。」

王者能治，則義立；義立，則秋氣得，故義〔六六〕者主秋。秋氣始殺，王者行小刑罰。民不犯，則禮義成。於時，陽氣爲賊，故王者輔以官牧之事，然後萬物成熟。秋，草木不榮華，《爾雅》：「木謂之榮，草謂之華。」金從革也。馬融曰：「金之性從人，而更可消鑠〔六七〕。」秋行春政則華，行夏政則喬，《爾雅》：

「上勾曰喬，如木楸曰喬。」注：「楸樹性，其〔六八〕上竦。」行冬政則落。秋失政，則春大風〔六九〕不解，雷不發聲。

王者能知，則知善惡；知善惡，則夏氣得，故哲者主夏。夏，陽氣始盛，萬物兆長。王者不掩明，則道不退塞。而夏至之後，大暑隆，萬物茂育懷任。王者恐明不知賢不肖，分明白黑。於時，寒爲賊，故王者輔以賞賜之事，然後夏草木不霜，火炎上也。孔安國曰：「言其自然之常性也。」夏行春政則風，行秋政則水，行冬政則落。夏失政，則冬不凍冰，《風俗通》：「壯冰曰凍。」五穀不藏，大寒不解。

王者無失謀，然後冬氣得，故謀者主冬。冬，陰氣始盛，草木必死。王者能聞事，審謀慮之，則不侵伐。不侵伐且殺，則死者不恨，生者不怨。冬，日至之後，大寒降〔七〇〕，萬物藏於下。於時，暑爲賊，故王者輔之以急，斷之以事，水潤下也。冬行春政官本校：「春，他本誤作『夏』。」則蒸，行夏政則雷，《莊子》曰：「陰陽錯行，則天地大絯，于是乎有雷有霆。」行秋政則旱。冬失政，則夏草木不實，五穀疾枯。

郊〔七一〕語第六十五

人之言：醞去煙，《藝文類聚》作「醞〔七二〕去煙，此奇怪，非人所意也。禍福利害，無有奇怪乎」。鴟羽去眛〔七三〕，原注：「一作『眯』。」校，作「眯」爲是。《文選》李音「米」，又音「美」。《字林》云：「物入眼爲眯〔七四〕。」《莊子》：「播糠眯目。」慈石取鐵，《漢書·藝文志》：「玆石〔七五〕取鐵。」《鬼谷子》：「其察言也，如磁石之引鍼。」《抱朴子》〔七六〕曰：「五石者，丹砂、雄黃、白礬石、曾〔七七〕、磁也。」《淮南畢萬術》：「磁石，一名磁君。」頸金取火，原注：「一作『頼』〔七八〕，一作『真』。」《留青日札》：「《淮南子》曰：『陽燧見日，則燃而爲火。』陽燧，金也。取金猛無緣者，日高三四丈，持以向日，燥艾承之，有頃即焦，吹之得火。」〔七九〕蠶珥絲於室，而絃絶於堂，《淮南子》：「蠶珥絲〔八〇〕而商絃絶，或感之也。」注：「老蠶上下絲於口，故曰珥絲。新絲出，故絲脆。商於五音，最細而急，故絶也。『咡』，或作『珥』。蠶老時，絲在身中，正黄〔八一〕，達見于外，如珥〔八二〕也。商，西方，金音也。蠶，午，火也。火壯，金因〔八三〕應商而已，或有新故相感者也。」禾實於野，而粟缺於倉；《吕氏春秋》：「冬與夏不能兩刑，草與稼不能兩成，新穀熟而陳穀有虧。」《初學記》作「禾實於野，粟郵於倉，皆奇怪，非人意者也」。蕪荑〔八四〕生於燕，《通志》：「蕪荑，曰無姑，曰蕨蔖〔八五〕，曰姑榆。《爾雅》云：『莁荑，蔱蘠，榆類也。』實似榆莢，臭如犼，可作醬。」橘枳死於荆。《周禮·考工》：「橘逾淮而北爲枳。」《淮南子》：「江南橘，樹之江北而化爲橙。」此十物者，皆奇而可怪，官本桉：「而可，他本作『可而』。」非人所意也。夫非人所意，然而〔八六〕既已有之矣，官本桉：「已，他本作『以』。」或者吉凶、禍福、利不利之所從生，無有奇怪，非人所意如是者乎？此等可畏也。孔子曰：「君子有三畏：畏天命，畏大人，鄭康成曰：「大人，謂天子、諸侯爲政者。」畏聖人之言。」彼豈無傷害於人，而〔八七〕孔子徒畏之哉？以此見天之不可不畏敬，猶主上之不可不謹事。不謹事主，其禍來至顯；不畏敬天，其殃來至闇。闇者不見其端，若自然也，故曰：「堂堂如天殃。」不言不必立校，默〔八八〕而無聲，潛而無形也。由是觀之，天殃與上〔八九〕罰所以別者，闇與顯耳。不然，其來逮人，殆無以異。孔子同之，俱言可畏也。天地神明之心，與人事成敗之真，固莫之能見也，唯聖人能見之。聖人者，見人之所不見者也，故聖人之言亦可畏也。奈何如〔九〇〕「而」通。廢郊禮？郊禮者，人所最甚重也。廢聖人所最甚重，而吉凶、利害在於冥冥不可得見之中，雖已多受其病，何從知之？故曰：問聖人者，問其所爲，而無問其所以爲也。問其所以爲，終弗能見，不如勿問。問爲而爲之，所不爲而勿爲，是與聖人同實也，何過之有？《詩》云：「不愆不忘，《詩考》引，正作

「不騫」〔九一〕。率由舊章。」「舊章」者，先聖人之故文章也；「率由」，各有修從之也。此言先聖人之故文章者，官本校：「他本脱『文章也』以下十八字。」雖不能深見而詳知其則，則，法則也。猶不知其美譽之功矣。今郊事天之義，此聖人故〔九二〕。盧注：「此下文脱。錢云：『《郊祭篇》中「故古之聖王，文章之最重〔九三〕者也」起，當接此處。』」故古之聖王，文章之最重者也。前世王莫不從重，栗精奉之，以事上天。至於秦，而獨闕〔九四〕然廢之，官本校：「闕，他本作『曠』〔九五〕。」一何其〔九六〕不率由舊章之大音「泰」。甚也！《文獻通考》：「秦始皇既并天下，三年一郊。」〇桉，自秦始皇有三歲一郊之制，漢高、惠未嘗親郊。文帝在位二十三年，親郊雍畤及渭陽五帝，各一而已。景帝不親郊。武帝元光後，常〔九七〕三歲一郊。昭帝不親郊。宣帝神爵以前，十三年不親郊，以後間歲一郊。元、成如之。蓋西京郊祀，若雍五畤，若甘泉太乙，皆出於方士祈福之説，而非有古人報本之意。故三代之禮制，至秦、漢蕩然。禮之大者，莫重於郊。漢承秦弊，廢郊禮。董生之論，其警漢深矣。天者，百神之大君也。事天不備，雖百神，猶無益也。何以言其然也？祭而地神者，原注：「地，疑是『他』字。」《春秋》譏之。僖三十一年《傳》：「何以書？譏不郊而望祭也。」孔子曰：「獲罪於天，無所禱也。」是其法也。故未見秦國致大〔九八〕福如周國也。《詩》曰：「唯此文王，小心翼翼，昭事上帝，允懷多福。」《詩考》：「允，毛作『聿』。」多福者，非謂人事〔九九〕也、事功也，謂天之所福也。《傳》曰：「周國子多賢，蕃〔一〇〇〕至於駢孕男者四，官本校：「蕃，他本誤作『審』；孕，他本誤作『厚』。」四產而得八男，官本校：「八，他本誤作『人』。」皆君子俊雄也。」《論語》：「周有八士。」注：「包曰：周時，四乳生八子。」疏：「鄭玄以爲成王時，劉向、馬融皆以爲宣王時。」桉，王伯厚以爲文、武時人，本董子。《白虎通》曰：「質家積于仲，文家積于叔。周有八士，不積于叔，何？蓋以兩兩俱生故也。不積于伯、季，明其無二也。」此〔一〇一〕天之所以興周國也，非周國之所能爲也。今秦與周俱得爲天子，而所以事天者異。於周，以郊爲百神始，始入歲首，必以正月上辛日先享天，乃敢于地，先貴之義也。夫歲先之與歲弗行也，相去遠矣。天下福若無可怪者，然所以久弗行者，非灼灼見其當而故弗行也，典禮之官常嫌疑，莫能昭昭明其當也。官本校：「莫，他本誤作『其』。」今切以爲其當與不當，可內反〔一〇二〕於心而定也。堯謂舜曰：「天之曆數在爾躬。」言察身以知天也。今身有子，孰不欲其有子禮也？聖人正名，名不虛生。天子者，則天之子也。以身度天，獨何爲不欲其子之有子禮也？今爲其天子，而闕然無祭於天，天何必善之？所聞曰：「天下和平，則災害不生。」今災害生，見天下未和平也。天下所未和平者，天子之教化不行也。《詩》曰：「有覺德行，四國順之。」覺者，著也。王者有明著之德行於世，則四方莫不響應，風化善於彼矣。故曰：「悅有〔一〇三〕慶賞，官本附校〔一〇四〕：「有，疑當作『于』。」嚴于刑罰，疾于法令。」

校勘記

〔一〕「木」，彙函本、續經解本、畿輔本、龍谿本并作「水」，據《淮南子·天文訓》注改。

〔二〕「雷早行」，計臺本、盧本作「蚿雷蚤行」。殿本校云：「他本有『蚿』字。」盧校：「『蚿』疑當作『眩』，謂電光也。《西京雜記》董仲舒曰：『太平之世，電不眩目，宣示光耀而已。』《大典》本無『蚿』字。」

〔三〕「雷作霜」，張校云：「《淮南子》《鴻烈解》及各校本俱作『雷』，凌氏蓋沿坊本之訛。」

〔四〕「草木夷」，張校云：「《淮南子》各校本『夷』字上皆無『草木』字。」

〔五〕「木干金」，計臺本、殿本、盧本、畿輔本作「木干火」。

〔六〕「金干土」，計臺本、殿本作「金干木」。

〔七〕「原注」云云，計臺本、殿本、盧本無。

〔八〕「墜」，與《淮南子·天文訓》同，續經解本作「隊」。

〔九〕「隊」，張校云：「《淮南子》注『隊』作『墜』。」

〔一〇〕「齋」，與《尚書大傳》卷三同，續經解本作「齊」，字通。

〔一一〕「皆」，張校云：「《尚書中候》無『皆』字。」

〔一二〕「一名」，《舊唐書》卷九十五作「亦名」。

〔一三〕「吾其死矣」，《舊唐書》卷九十五在「達官怕」下。

〔一四〕「徭」，《漢書》卷八十九作「傜」。

〔一五〕「饑」，計臺本作「飢」。

〔一六〕「救之者」，計臺本、殿本作「救者」。

〔一七〕「賑」，盧本、續經解本作「振」。

〔一八〕「意」，張校云：「《漢書》注『意』本作『義』。」

〔一九〕「從貝」，諸本并作「從見」。張校云：「《漢書》注『見』本作『貝』。」今改。

〔二〇〕「出」，計臺本、殿本、盧本、續經解本、龍谿本作「絀」。

〔二一〕「春，晷長一丈一尺二分」，張校云：「《太平御覽》及各書所引，皆作『春分，晷長七尺二寸四分』。」案，《後漢書·律曆志下》注云：「立春，晷長一丈一寸六分。當至不至，兵起，麥不成，民疲瘵。未當至而至，多病熛、疾疫。」又云：「春分，晷長七尺二寸四分。當至不至，先旱後水，歲惡，米不成，多病耳癢。」

則此文所引，當指立春，非春分也。張校非是。

〔二二〕「病」，與《説文繫傳》同。張校云：「《説文》『病』本作『疾』。」

〔二三〕「淫佚」，計臺本作「滛泆」，殿本、盧本、續經解本作「淫泆」。

〔二四〕「多營」，計臺本、殿本、盧本作「榮」，殿本案：「他本『榮』作『多營』。」盧校：「《荀子・大略篇》、《説苑・君道》、何休注《公羊・桓五年傳》皆作『宫室榮』，與此同，而近時本乃有改作『崇』及『營』字者，得此正之。」

〔二五〕「人云善言善人」，諸本并作「人元善人」，據《史記》卷十改。

〔二六〕「主」，諸本并奪，據《史記》卷二十七補。張校云：「《史記》作『主四夷之尉也』。」

〔二七〕「兵動」，諸本并作「主兵」，據《史記》卷二十七改。

〔二八〕「疏」，諸本并奪，據《周禮注疏》卷二十八補。

〔二九〕「亂而爲霧。霧，陰陽之氣也」，張校云：「《元命包》作『霧，陰陽之氣也。陰陽怒而爲風，亂而爲霧』。」

〔三〇〕「冒」，《釋名・釋天》作「覆冒」。

〔三一〕「專氣」，蜚雲閣本、彙函本、畿輔本并作「氣專」，據續經解本、龍谿本、《大戴禮記・曾子天圓》改。

〔三二〕「砲也」，與《古今逸史》本《釋名》同，畢沅《釋名疏證》卷一、續經解本、龍谿本作「跑也」。

〔三三〕「盛咆」，畢沅《釋名疏證》卷一、續經解本作「蹴跑」，龍谿本作「盛跑」。

〔三四〕「蕧」，蜚雲閣本、彙函本、畿輔本并作「萸」，據計臺本、殿本、盧本、續經解本、龍谿本改。注文

「蒦」同。張校云：「按『萸』字，《説文》等書無『搜』音。又按，盧校本『萸』作『蒦』。《集韻》：『蒦，疏鳩切，音蒐。』」

〔三五〕「木性」，諸本并作「木直」，據《後漢書·五行志一》、續經解本改。

〔三六〕「禮統」，《太平御覽》卷九作「禮説」。

〔三七〕「春氣」，彙函本、畿輔本、龍谿本并作「春色」，據《禮記正義》卷十四、續經解本改。張校云：「《月令》注『色』作『氣』。」

〔三八〕「角」，張校云：「《風俗通》引《鐘律書》作『角者』。」

〔三九〕「二事」，張校云：「《大傳》『二事』上有『次』字。下『三事』『四事』『五事』注準此。」

〔四〇〕「不從革」，與《尚書大傳》卷三同。《後漢書·五行志一》注引，上有「金」字。

〔四一〕「音」，張校云：「《月令》注本無『音』字。」

〔四二〕「商聲」，蜚雲閣本、彙函本、畿輔本、龍谿本并作「商氣」，據《禮記正義》卷十六、續經解本改。張校云：「《月令》注『商氣』本作『商聲』。」

〔四三〕「宮」，諸本并作「臣」，據《禮記正義》卷十六改。

〔四四〕「商之爲言章也」，張校云：「《風俗通》引作『商者，章也』。」

〔四五〕「炎上然行」，與《後漢書·五行志二》同，續經解本作「炎然上行」。

〔四六〕「凝」，張校云：「《太平御覽》作『激』。」

〔四七〕「見」，諸本并奪，據《釋名·釋天》補。張校云：「吴校《釋名》作『乍見』。」

〔四八〕「音」，張校云：「《月令》注無『音』字。」

〔四九〕「徵」，張校云：「《風俗通》所引，『徵』下有『者』字。後注所引『羽，宇也』『宮，中也』，亦俱有『者』字。」

〔五〇〕「浸潤」，蜚雲閣本、彙函本、畿輔本、龍谿本并作「侵潤」，據《後漢書·五行志三》、續經解本改。

〔五一〕「之」，計臺本無。

〔五二〕「心維思，思之不容」，《尚書大傳》卷三作「思心，思心之不容」，《後漢書·五行志四》無「之」字，《静嘉堂文庫》本《太平御覽》卷八百七十二作「次五曰始，思之不容」。

〔五三〕「種之曰稼，斂之曰穡」，《尚書·洪範》「土爰稼穡」傳無兩「之」字。

〔五四〕「硍」，畢沅《釋名疏證》作「硠」，云：「《太平御覽》音『郎』。《説文》云：『硠，石聲也。从石，良聲。』」

〔五五〕「唱」，《風俗通義·聲音篇》作「倡」。

〔五六〕「五事」以下，盧本提行。

〔五七〕「曰」，計臺本作「者」。

〔五八〕「不肖」，計臺本、殿本、盧本作「不肖者」。

〔五九〕「心敬」，與《尚書·洪範》傳同，彙函本、續經解本誤作「必敬」。

〔六〇〕「王」，盧本下有「者」字。

〔六一〕「晢」，蜚雲閣本、彙函本、續經解本、龍谿本并作「哲」，據《尚書·洪範》疏、畿輔本改。下「晢」字同。

〔六二〕「容」，《漢書》卷二十七中之上作「睿」。

〔六三〕「官本桉」云云，今殿本無。盧本正文作「王者能敬則肅，肅則春氣得，故肅者主春」，盧校云：「《大典》本無『則肅肅』三字，『故肅』下重一『肅』字，今依何本。」疑「官本桉」三字衍。

〔六四〕「凋」，計臺本、殿本作「雕」。

〔六五〕「仲春」，彙函本、畿輔本、龍谿本并作「仲夏」，據《淮南子·時則訓》、續經解本改。

〔六六〕「義」，盧本作「乂」，校云：「乂，舊本作『義』，錢改。」

〔六七〕「金之性從人，而更可消鑠」，《史記·宋微子世家》集解引「消」作「銷」。張校云：「馬融原文『從人』作『從火』。」未知張氏所據何本。

〔六八〕「其」，《爾雅注疏》卷九無。

〔六九〕「大風」，計臺本、殿本作「天風」。

〔七〇〕「降」，計臺本作「隆」。

〔七一〕「郊」，龍谿本作「效」。

〔七二〕「醞」，張校云：「《藝文類聚》『醞』本作『醢』。」案，《藝文類聚》卷八十「醞」上有「人之言」三字，「此奇怪」下有「也」字。

〔七三〕「昧」，計臺本、盧本作「眛」。計臺本無注。

〔七四〕「眛」，引《莊子·天運篇》釋文作「病」。

〔七五〕「玆石」，張校云：「《藝文志》『玆』作『慈』。」

〔七六〕「枹朴子」，續經解本、畿輔本作「抱朴子」。下同。

〔七七〕「曾」，張校云：「《抱朴子》作『層青』。又按，『層』亦作『曾』，見《南史·陶弘景傳》。」案，《平津館叢書》本、《四部叢刊初編》本《抱朴子·金丹》并作「曾青」。

〔七八〕「一作頳」，計臺本、殿本、盧本無。

〔七九〕「陽燧，金也」云云，張校云：「『陽燧，金也』云云，本高誘注，不可雜入《淮南子》。」又云：「莊校《淮南子》作『取金杯無緣者，熟摩令熱，日中時，以當日下，以艾承之，則然得火也』。」案，凌氏此引《留青日札》卷九「陽燧取火」，文字無訛。張氏似未檢原書，而以莊校本《淮南子》校之。

〔八〇〕「珥絲」，續經解本、《淮南子·冥覽訓》并作「咡絲」。張校云：「《淮南子》『珥』當作『咡』。」

〔八一〕「黄」，諸本并作「莫」。張校云：「《淮南子》注『莫』當作『黄』。」今改。

〔八二〕「如珥」，彙函本、龍谿本、畿輔本并作「如弭」，據《淮南子·冥覽訓》注、續經解本改。

〔八三〕「因」，諸本并作「困」，據《淮南子·冥覽訓》注改。

〔八四〕「蕪荑」，計臺本、殿本、盧本作「蕪夷」。

〔八五〕「蓎」，張校云：「《通志》『蓎』作『蓎』。」案，《爾雅注疏》卷八、《太平御覽》卷九百九十二引《本草經》亦作「蓎」。

〔八六〕「然而」，計臺本、殿本、盧本作「而然」，屬上讀。

〔八七〕「而」，計臺本、殿本、盧本作「如」。

〔八八〕「默」，殿本校云：「他本『默』誤作『然』。」

〔八九〕「上」，盧本、龍谿本作「主」。

〔九〇〕「如」，計臺本、殿本、盧本作「而」，殿本案：「他本『而』作『如』。」盧校：「『如』與『而』同。」

〔九一〕「正作不騫」，蜚雲閣本、彙函本、畿輔本、龍谿本并作「正愆作騫」，續經解本作「不愆作不騫」，據盧本校語改。

〔九二〕「故」，計臺本、殿本下有「云云」二字。

〔九三〕「重」，諸本并作「貴」，據盧本及下引文改。

〔九四〕「闕」，計臺本作「闗」。

〔九五〕「曠」，諸本并作「瞻」，據殿本改。

〔九六〕「其」，計臺本、殿本、盧本無。

〔九七〕「常」，龍谿本作「帝」。

〔九八〕「大」，計臺本、殿本、盧本作「天」，殿本案：「他本『天』作『大』。」

〔九九〕「人事」，計臺本、殿本、盧本作「人」。

〔一〇〇〕「蕃」，計臺本、殿本、盧本作「蕃殖」。

〔一〇一〕「此」，計臺本、殿本作「今此」。

〔一〇二〕「反」，殿本作「返」。

〔一〇三〕「有」，盧本作「於」。殿本無校語。

〔一〇四〕「官本附桉」，此非殿本語，似凌氏所自作者，或稱「附桉」。下同。

春秋繁露卷十五

郊義第六十六

郊義：《春秋》之法，王者歲一祭天於郊，僖三十一年《傳》：「天子祭天。」注：「郊者，所以祭天也。天子所祭，莫重於郊。」四祭於宗廟。桓八年注：「天子四祭四薦，諸侯三祭三薦。」宗廟因於四時之易，官本校：「易，他本誤作『房』。」郊因於新歲之初。聖人有以起之，其以祭不可不親也。天者，百神之君也，王者之所最尊也。以最尊天之故，故易始歲更紀，《淮南子》：「是月也，日窮於次，月窮於紀，星周〔一〕於天，歲將更始。」《玉篇》：「思惠切，截名。《説文》曰：『木星也。越歷二十八宿，宣〔二〕偏陰陽，十二月一次。』」即以其初郊。郊必以正月上辛者，言以所最尊，首一歲之事。成十七年《傳》：「然則郊曷用？郊用正月上辛。」注：「魯郊傳卜〔三〕春三月。言正月者，因見百王正所當用也。三王之郊，一用夏正。言正月者，春秋之制也。正月者，歲首；上辛，尤〔四〕始新，皆取其首先之意。」每更紀者以郊，郊祭首之，先貴之義，尊天之道也。

郊祭第六十七

《春秋》之義，國有大喪者，止宗廟之祭，而不止郊祭，不敢以父母之喪廢事天地之禮也。父母之喪，至哀痛悲苦也，尚不敢廢郊也，孰足以廢郊者？故其在《禮》亦曰：「喪者不祭，惟祭天爲越喪而行事。」《王制》：「喪，三年不祭。唯祭天地、社稷，爲越紼而行事。」注：「越紼行事，不敢以卑廢尊。越，猶『躐』也。」夫古之畏敬天而重天郊，如此甚也。今群臣學士不探察，曰：「萬民多貧，或頗饑寒〔五〕，足郊乎？」言不足郊也。是何言之誤！天子，父母事天，而子孫畜萬民。官本校：「天而，他本誤作『而天』。」民未徧飽，無用祭天者，是猶子孫未得食，無用食父母也。言莫逆於是，是其去禮遠也。先貴而後賤，孰貴於天子？天子，號天之子也。奈何受爲天子之號，而無天子之禮？天子不可不祭天也，無異人之不可〔六〕不食父。盧注：「此下當接《郊祀篇》首一段『爲人子而不事父者，天下莫能以爲可』共一百九十五字，移此方吻合。」爲人子而不事父者，天下莫能以爲可。今爲天之〔七〕子而不事天，何以異是？是故天子每至歲首，必先郊祭以享天，乃敢爲地行子禮也；每將興師，必先郊祭以告天，乃敢征伐，行子之道也。《白虎通》：「故《論語》曰：『予小子〔八〕，敢昭告于皇天上帝。』此湯伐桀告天，用夏家之法也。」文王受天命而王天下，先郊，乃敢行事。而興師伐崇，其《詩》曰：「芃芃棫樸，薪之槱之。濟濟辟王，左右趨之；濟濟辟王，左右奉璋。奉璋峨峨〔九〕，髦士攸宜。」《釋文》：「芃芃，盛也。樸，枹〔一〇〕木也。梄〔一一〕，音『酉』，積也。字亦作『槱』，弋九反，云：『積木燒也。』辟，君也。毛：半圭〔一二〕曰璋。鄭：璋，璋瓚也。峨峨，壯也〔一三〕。」此郊辭也。其下曰：「淠〔一四〕彼涇舟，烝徒檝之。《毛詩》作「楫」，疏：「《方言》云：『楫謂之橈，或謂之櫂。』郭注云：『緝〔一五〕，櫂頭索也，所以縣棹，謂之緝。』《説文》云：『楫，舟棹也。』」周王于邁，六師及之。」此伐辭也。其下曰：「文王受命，有此武功。既伐于崇，作邑于豐。」以此辭者，見文王受命則郊，郊乃伐崇。伐崇之時，何遽平〔一六〕原注：「一作『殃』。」乎？桉，此下當接《四祭篇》「已受命而王」至末。此論郊，與「四祭」無涉，蓋申明先郊後伐之意。已受命而王，必先祭天，乃行王事，文王伐崇是也。《詩》云：「濟濟辟王，左右奉璋，奉璋峨峨，髦士攸宜。」此文王之郊也。《毛詩》「濟濟辟王」章箋云：「宗廟之祭〔一七〕。」疏：「『人道〔一八〕，宗廟有祼。天地大神，至尊，不祼莫稱焉。』則此言祼事，祭宗廟也。」今董云郊辭，是與鄭異也。其下之辭曰：「淠彼涇舟，烝徒檝之。周王于邁，六師及之。」此文王之伐崇也。《尚書·周傳》云：「文王受命，一年斷虞芮之獄〔一九〕，二年伐邘〔二〇〕，三年伐密須，四年伐犬夷〔二一〕，五年伐耆，六年伐崇，七年而崩。」鄭康成曰：「崇侯虎倡紂爲無道。」《通典》：「崇國，在京兆府鄠縣。」上言「奉璋」，下言「伐崇」，以是見文王之先郊而後伐也。文王受命則郊，郊乃伐崇。崇國之民，方困於暴亂之君，未得被聖人德澤，而文王已郊矣，安在德〔二二〕澤未洽者不可以郊乎？

四祭第六十八

桓八年注：「四者，四時祭也。疏數之節，靡所折中，是故君子合諸天道，感四時物而思親也。」

古者歲四祭。四祭者，因四時之所生孰〔二三〕，而祭其先祖父母也。故春曰祠，夏曰礿〔二四〕，秋曰嘗，冬曰蒸。此言不失其時，以奉祀〔二五〕先祖也；過時不祭，則失爲人子〔二六〕之道也。祠者以正月，始食韭也；《王制》：「春薦韭。」《説文》曰：「一種而久者，故謂之韭。象形，在一之上。一，地也。」礿者以四月，食麥也；《王制》：「夏薦麥。」《春秋説題辭》：「『麥』之爲言『殖』也。寢生，觸凍而不息，精射刺直，故麥含芒事〔二七〕且立也。」嘗者以七月，嘗黍稷也；《王制》：「秋薦黍。」《春秋説題辭》：「黍者，緒也，故其立字，『禾』『入』『米』〔二八〕爲

『黍』。」《爾雅》：「穀以黍爲長。」烝〔二九〕者以十月，進初稻也。《王制》：「冬薦稻。」《春秋説題辭》：「『稻』之爲言『藉』〔三〇〕也。稻，冬含水，盛其德也。故稻，太陰精，含水沮洳〔三一〕乃能化也。江旁多稻，故〔三二〕其宜也。」《月令章句》：「十月獲稻。九月熟者，謂之半夏稻。」此天之經也，地之義也。孝子、孝婦，緣天之時，因地之利。《孝經》注：「經，常也。利物爲義。孝爲百行之首，人之長〔三三〕德，若三辰運天而有常，五土分地而爲義也。」盧注：「『地之菜茹瓜果』一段六十三字，與上下文皆不聯接，當在《四祭篇》中『因地之利』句下。舊在下《順命篇》中『莫不昭然』之下。」地之菜茹瓜果，師古曰：「茹，所食之菜也。」《方言》曰：「茹，食也。吴越之間，凡貪飲食者謂之茹。」應劭曰：「木實曰果。」藝之稻麥黍稷，菜生穀熟，永思吉日，供具祭物，齋戒沐浴，潔清致敬，祀先祖、父母。孝子、孝婦，不使時過，已處之以愛敬，行之以恭讓，亦殆免於罪矣。

郊祀第六十九

師古曰：「郊祀，祀於郊也。」

周宣王時，天下旱，歲惡甚，王憂之，其《詩》曰：「倬彼雲漢，昭回于天。王曰：嗚呼何辜！今之人。天降喪亂，饑饉薦臻〔三四〕。《爾雅》：「穀不孰爲饑，蔬不孰爲饉，仍饑爲薦。」〔三五〕疏：「穀不成熟曰饑〔三六〕，可食之菜皆不熟爲饉，連歲不熟曰薦也〔三七〕。」靡神不舉，靡愛斯牲。珪璧既卒，寧莫我聽？旱既太甚，蘊隆蟲蟲。不殄禋祀，自郊徂宫。上下奠瘞，靡神不宗。毛傳：「上祭天，下祭地。」箋：「從郊而至宗廟，奠〔三八〕瘞天地之神，無不齋肅〔三九〕而尊敬之，言徧至也。」后稷〔四〇〕不克，上帝不臨。耗〔四一〕射下土，官本校：「土，他本誤作『上』。」〔四二〕校，《毛詩》作「耗斁下土」，「斁」與「射」通。寧丁我躬？」官本校：「丁，他本誤作『乙』。」〔四三〕毛傳：「丁，當也。」箋：「奠瘞群神〔四四〕而不得雨，是我先祖后稷不識知我之所困與？天不視我之精誠與？猶以旱耗敗天下爲害，曾使當我之身有此乎？」宣王自以爲不能乎后稷，不中乎上帝，故有此災。有此災，官本桉：「『有此災』，他本在『愈恐懼』之下，誤。」愈恐懼而謹事天。天若不予是家者，是家〔四五〕安得立爲天子？官本桉：「他本脱下『是家』二字。」立爲天子者，天予是家。天予是家者，官本桉：「他本無『家』字。」〔四六〕天使是家。天使是家者，是〔四七〕天之所予也，官本桉：「他本無『也』字。」天之所使也。天已予之，天已使之，其間不可以接天，何哉？故《春秋》凡譏郊，未嘗譏君德不成于郊也。及〔四八〕不郊而祭山川，失祭之叙〔四九〕，官本桉：「叙，他本誤作『後』。」逆於禮，故必譏之。以此觀之，不祭天者，乃不可祭小神也。僖三十一年《傳》：「何以書？譏不郊而望祭也。」注：「譏尊者不食而卑者獨食。」郊因先卜，不吉，不敢郊。百神之祭不卜，僖三十一年《傳》：「禘、嘗不卜。」而郊卜〔五〇〕，桉，僖三十一年《傳》：「卜郊〔五一〕，非禮也。」注：「禮：天子不卜郊。」疏：「三卜禮，謂是魯禮。」郊祭最大也。《春秋》譏喪祭，閔二年《傳》：「吉禘〔五二〕於莊公，何以書？譏。何譏爾？譏始不三年也。」不譏喪郊，以郊可越紼行事也。郊不辟喪。喪尚不辟，况他物！郊祝〔五三〕曰：「皇皇上天，照臨下土。集地之靈，降甘風雨。庶物群生，各得其所。靡今靡古，維予一人某敬拜皇天之祜。」盧注：「舊本訛作『言而已矣』，無『各得其所』以下四句。今以《大戴禮記·公冠篇》及《博物志》之文訂補，與下所云『郊祀九句』合。」桉，《博物志》作「咸得其所」。夫不自爲言，而爲庶物群生言，以人心庶天無尤也〔五四〕。官本桉：「焉，他本作『也』。」天無尤焉，而辭順恭〔五五〕，宜可喜也。右，郊祀九句。九句者，陽數也。《欒稽耀嘉》：「郊祀之辭九句，九，陽數也。」

順命第七十

父者，子之天也；天者，父之天也。無天而生，未之有也。天者萬物之祖，萬物非天不生。獨陰不生，獨陽不生，陰陽與天地參，然後生。故曰：父之子也可尊，母之子也可卑。尊者取尊號，卑者取卑號，故德侔天地者，皇天右而子之，號稱天子。《周易乾鑿度》：「孔子曰：『《易》有君人五號也：帝者，天稱也；王者，美行也；天子者，爵號也；大君者，與上行異也；大人者，聖德明備〔五六〕也。變文以著名，題德以別操。』」又，「天子者，繼天理物，改一統，各得其宜。父天母地，以養萬民，至尊之號也。」其次有五等之爵以尊之，皆以國邑爲號。其無德於天地之間者，州、國、人、民。「民」當作「名」。甚者，不得繫國邑，莊十年《傳》：「荆者，何？州名也。州不若國，國不若氏，氏不若人，人不若名，名不若字，字不若子。」皆絶骨肉之屬，離人倫，謂之閽盜而已。官本校：「謂之，他本誤作『之調』〔五七〕。盜，他本誤作『甚』。」襄二十九年《經》：「閽弑吴子餘祭。」《傳》：「閽者，何？門人也，刑人也。」無名姓號氏於天地之間，至賤乎賤者也。文十六年《傳》：「弑君者，曷爲或稱名氏，或不稱名氏？大夫弑君，稱名氏，賤者窮諸人；大夫相弑，稱人，賤者窮諸盜。」注：「賤者，謂士也。」其尊至德，官本校：「其，他本誤作『甚』。」巍巍乎不可以加矣；其卑至賤，官本校：「其，他本誤作『甚』。」冥冥其無下矣。《春秋》列序位，尊卑〔五八〕之陳，累累乎可得而觀也。雖閽且愚，莫不昭然。公子慶父罪不當〔五九〕繫於國，以親之故爲之諱，而謂〔六〇〕之齊仲孫，去其公子之親也。盧注：「而謂，舊本作『而諸母之國』五字，訛誤。今改正。」閔元年《經》：「冬，齊仲孫來。」《傳》：「齊仲孫者，何〔六一〕？公子慶父也。公子慶父，則曷爲謂之齊仲孫？繫之齊也。曷爲繫之齊？外之也。曷爲外之？《春秋》爲尊者諱，爲親者諱，爲賢者諱。」故有大罪，不奉其天命者，皆棄其天倫。人於天也，以道受命；其於人，以言受命。不若於道者，天絶之；不若於言者，人絶之。臣子大受命於君，《穀梁·莊元年傳》：「人之於天也，以道受命；於人也，以言受命。不若於道者，天絶之也；不若於言者，人絶之。臣子〔六二〕大受命。」辭而出疆，唯有社稷國家之危，猶得發辭而專安之，此下似闕數字。盟是也。莊十九年。

天子受命于天，諸侯受命於天子，子受命於父，臣妾受命於君，妻受命於夫。諸所受命者，其尊皆天也，雖謂受命於天，亦可〔六三〕。盧注：「舊本下有『不天亦可』四字，係衍文。」天子不能奉天之命〔六四〕，則廢而稱公，王者之後是也；公侯不能奉天子之命，則名絶而不得就位，衛侯朔是也；子不奉父命，則有伯討之罪，衛世子蒯聵〔六五〕是也；臣不奉君父〔六六〕，雖善，以叛言，晉趙鞅入於晉陽以叛是也；定十三年〔六七〕。妾不奉君之命，則媵女先至者是也；僖八年《經》：「秋七月，禘于太廟，用致夫人。」《傳》：「夫人何以不稱姜氏？貶。曷爲貶？譏以妾爲妻也。其言以妾爲妻，奈何？蓋脅于齊媵女之先至者也。」注：「僖公本聘楚女爲嫡〔六八〕。齊先致其女，脅僖公，使用爲嫡。」妻不奉夫之命，則絶夫，不言「及」是也。桓十八年《經》：「公、夫人姜氏遂如齊。」《傳》：「公何以不言『及夫人』？夫人外也。夫人外者，何？内辭也，其實夫人外公也。」注：「時夫人淫於齊侯而譖公，故云爾。」曰不奉順於天者，其罪如此。

孔子曰〔六九〕：「畏天命，畏大人，畏聖人之言。」《集解》：「順吉逆凶，天之命也。大人即聖人，與天地合其德者也。深遠不可易則〔七〇〕，聖人之言也。」其祭社稷、宗廟、山川、鬼神，官本校：「他本無『其』字。」不以其道；無災無害，至於祭天不享，其卜不從，使其牛口傷，官本校：「口，他本誤作『曰』。」宣三年《經》：「郊牛之口傷，改卜牛；牛死，乃不郊，猶三望。」注：「譏宣公養牲不謹敬、不潔清而災。重事至尊，故詳録其簡甚。」鼷鼠食其角。成七年《經》：「鼷鼠食郊牛角，改卜牛，鼷鼠又食其角。」注：「鼷鼠者，鼠中之微者。角生上指，逆之象。《易》京房傳曰：『祭天不慎，鼷鼠食郊牛角。』書『又食』者，重録魯不覺寤，重有災也。」或言食牛，或言食而死，或食而生，或不食而自死，或改卜而牛死，或卜而食其角，過有深淺薄厚，而災有簡甚，不可不察也。猶郊之變，因其災而之變，應而無爲也。見百事之變之所不知而自然者，勝言與？以此見其可畏。專誅絶者，其唯天乎？官本校：「唯，他本誤作『爲』。」臣殺君，子殺父，「殺」，皆當作「弑」。三十有餘，諸其賤者則損。以此觀之，可畏者，其唯天命、大人乎？亡國五十有餘，皆不事畏〔七一〕者也。況不畏大人，大人〔七二〕專誅之。君之滅者，何日之有哉？魯宣違聖人之言，官本校：「違，他本誤作『爲』。」變古易常，而災立至。聖人之言，可不慎？此三畏者，異指而同致，故聖人同之，俱言其可畏也。

郊事對第七十一

廷尉臣張湯昧死言曰：盧注：「舊本有『曰』字，《古文苑》無。」《史記》：「張湯者，杜人也，爲廷尉。」正義曰：「《百官表》曰：『廷尉，秦官，有正，左、右監，皆秩千石也。』」《春秋元命包》：「王者置廷尉，讞疑刑，官之平、下之信也。尉者，尉〔七三〕民心，撫其實也。故立字，『士』垂一『人』，詰屈折，著爲『廷』。『示』戴『尸』首，以『寸』者，爲言寸度治法數之分。『示』惟『尸』稽于『寸』舍，則法有分，故爲『尉』，『示』與『寸』『尸』。」臣湯承制，蔡邕曰：「群臣有所奏請，尚書令奏之，下有司，曰『制』。制，書也，古者上下共稱之。至秦，天子獨以爲稱。漢因而不改。」以郊事問故膠西相仲舒。臣仲舒對曰：

「所聞：古者天子之禮，莫重於郊。郊常以正月上辛者，所以先百神而最居前。《郊特牲》：「郊之用辛，周之始郊也。」〔七四〕盧植曰：「『辛』之爲言『自新絜』也。」鄭玄曰：「用辛日者，爲人當齋戒自新絜也。」禮：三年喪，不祭其先，而不敢廢郊。郊重於宗廟，天尊於人也。《王制》曰：『祭天地之牛繭栗，師古曰：「牛角之形，或如繭，或如栗，言其小。」宗廟之牛握，《王制》注：「握，謂長不出膚。」賓客之牛尺。』盧注：「《古文苑》三句，『之牛』下皆有『角』字。」此言德滋美而牲滋微也。《春秋》曰：『魯祭周公，用白牲。』色白，貴純也。文十三年《傳》：「周公用白牲。」注：「白牲〔七五〕，殷牲也。於郊，故謂之郊。」《周禮》鄭注：「始養之曰畜，將用之曰牲也。」帝牲在滌，三月。宣三年《傳》：「帝牲在于滌，三月。」注：「滌，宫名，養帝牲三牢之處也。謂之『滌』者，取其蕩滌潔清。三牢者，各主一月，取三月一時足，以充其天牲。帝，皇天大帝，在北辰之中，主總領天地、五帝、群神也。」牲貴肥潔，而不貪其大也。《郊特牲》注：「犢者，誠慤，未有牝牡之情，是以小爲貴也。」《周禮》注：「養牛羊曰芻，若犬豕則曰豢。」凡養牲之道，務在肥潔而已。駒犢未能勝芻豢之食，孔疏：「小馬之駒，小牛之犢。」莫如令食其母便。」臣湯謹問仲舒：「魯祀周公用白牲，非禮？」臣仲舒對曰：「禮也。」臣湯問曰：「周天子用騂剛，文十三年《傳》：「魯公用騂犅。」注：「騂犅，赤脊，周牲也。」群公不毛。文十三年《傳》：「群公不毛。」注：「不毛，不純色。」周公，諸公也，何以得用純牲？」臣仲舒對曰：「武王崩，隱三年《傳》：「天子曰崩。」注：「大毁壞之辭。」成王幼〔七六〕，官本校：「幼，他本誤作『立』。」《元命包》：「文王造之而未遂，武王遂之而未成，周公旦總〔七七〕少主而成之，故曰成王。」而在襁褓之中。《尚書大傳》：「成王之幼，云在襁褓。」〔七八〕注：「縛兒被也。」《博物志》：「襁褓，織縷爲之，廣八寸，長丈二，以約小兒於背上。」周公繼文、武之業，成二聖之功，德漸天地，澤被四海，故成王賢而貴之。《詩》云：『無德不報。』師古曰：「《大雅·抑》之詩也。言受人之德，必有報也。」故成王使祭周公以白牲〔七九〕，上不得與天子同色，下有異於諸侯。文十三年注：「白牲〔八〇〕，殷牲也。周公死，有王禮。謙，不敢與文、武同也。魯公以諸侯不嫌，故從周制，以脊爲差。」《考工》注：「魯廟有世室，牲有白牡。此用先王之禮。」桉，周〔八一〕天子純赤，魯公赤脊，故不同也。仲舒〔八二〕愚，以爲報德之禮。」臣湯問仲舒：「天子祭天，諸侯祭土，魯何緣以祭郊？」臣仲舒對曰：「周公傅成王，成王遂及聖，功莫大於此。周公，聖人也，有祭於天道，盧注：「三字〔八三〕脱，以《古文苑》補。」故成王令魯郊也。」臣湯問仲舒：「魯祭周公用白牲，其郊何用？」臣仲舒對曰：官本桉：「臣，他本誤作『至』。」「魯郊用純騂剛。周色上赤，魯以天子命郊，故以騂。」《郊特牲》〔八四〕注：「牲用騂，尚赤也。」

臣湯問仲舒：「祠宗廟，或以鶩當鳧。鶩非鳧，可用否？」仲舒對曰：「鶩非鳧，鳧非鶩也。《爾雅》：「舒鳧，鶩。」舍人注：「鳧，家鴨；鶩，野鴨也。」《埤雅》：「《尸子》曰：『野鴨爲鳧，家鴨爲鶩。不能飛翔，如庶人，守耕稼而已。』」如淳曰：「《漢儀注》：『佽飛具矰繳以射鳧雁，給祭祀。』」臣聞：『孔子入太廟，《括地志》：「許田，在許州許昌縣南四十里。有魯城，周公廟在其中。」每事問。』慎之至也。陛下祭，蔡邕曰：「陛，階也，所由升堂也。天子必有近臣立於陛側，以戒不虞。謂之陛下者，群臣與天子言，不敢指斥，故呼在陛下者與之言，因卑達尊之意也。」躬親齋戒沐浴，以承宗廟，甚敬謹〔八五〕，奈何以鳧當鶩、鶩當鳧？名實不相應，以承太廟，不亦不稱乎？「稱」，讀如「稱物平施」之「稱」。《漢書·郊祀志》：「自天地、六宗以下，至諸小鬼神〔八六〕，凡千七百所，用三牲、鳥獸三千餘種。後不能備，乃以鷄當鶩雁，犬當麋鹿。」臣仲舒愚，以爲不可。臣犬馬齒衰，賜骸骨，官本校：「他本脱『賜』字。」伏陋巷。官本校：「他本無『巷』字。」陛下幸〔八七〕使九卿，漢置九卿：一曰太常，二曰光禄，三曰衛尉，四曰太僕，五曰廷尉，六曰大鴻臚，七曰宗正，八曰大司農，九曰少府，是爲九卿也。問臣以朝廷之事。《董仲舒傳》：「朝廷如有大議，使使者及廷尉張湯就其家而問之。」《獨斷》：「朝廷者，不敢斥君，故曰朝廷〔八八〕。」臣愚陋，曾不足以承明詔，《始皇本紀》：「令爲詔。」蔡邕曰：「制書，帝者制度之命也，其文曰『制』。詔，詔書。詔，告〔八九〕。」奉大對。師古曰：「大對，謂對大問也。」臣仲舒昧死以聞。」《獨斷》：「漢承秦法，群臣上書，皆言『昧死』〔九〇〕。王莽盜位，慕古法，去『昧死』，曰『稽首』。」

校勘記

〔一〕「周」，諸本并作「回」，據《淮南子·時則訓》改。

〔二〕「宣」，諸本奪，據《玉篇·步部》「歲」字注補。張校云：「《説文》及《玉篇》注，『徧』上皆有

『宣』字。」

〔三〕「傳卜」，與毛本《公羊春秋》同，阮氏《校勘記》改作「博」。張校云：「按《公羊通義》成十七年注，『傳卜』當作『轉卜』。」

〔四〕「尤」，《公羊注疏》卷十八同。張校云：「『尤』當作『猶』。」

〔五〕「饑寒」，計臺本作「飢寒」。

〔六〕「不可」，計臺本、殿本、盧本作「不可以」。

〔七〕「之」，計臺本作「爲」。

〔八〕「予小子」，張校云：「《白虎通》及《論語》原文皆作『予小子履』。」

〔九〕「峨峨」，稿本、蜚雲閣本、彙函本、畿輔本、龍谿本并作「莪莪」，據計臺本、殿本、盧本、續經解本、《毛詩正義》卷十六之三改。注及下文并同。

〔一〇〕「枹」，諸本并作「抱」，據《毛詩正義》卷十六之三、《經典釋文》卷七改。

〔一一〕「栖」，張校云：「《釋文》『栖』本作『楢』。」

〔一二〕「圭」，諸本并作「璧」，據《毛詩正義》卷十六之三、《經典釋文》卷七改。張校云：「《釋文》『璧』本作『圭』。許氏謙曰：『半圭曰璋，言其廣之度也。』」

〔一三〕「壯也」，張校云：「《釋文》作『盛壯也』。凌氏脱『盛』字。」

〔一四〕「淠」，蜚雲閣本、彙函本、畿輔本、龍谿本并作「渒」，據計臺本、殿本、盧本、稿本、續經解本改。

〔一五〕「緝」，《毛詩正義》卷十六之三、續經解本作「楫」。下「謂之緝」同。

〔一六〕「何遽平」，計臺本、殿本、盧本并作「何處央」，計臺本注：「一作『央』。」殿本引原注同。盧校云：「『處央』疑當作『遽平』。」

〔一七〕「宗廟之祭」，《毛詩正義》卷十六之三作「祭祀之禮」。張校云：「《毛詩》『濟濟辟王』章箋無此句。」

〔一八〕「人道」，張校云：「疏『人』上有『唯』字。」

〔一九〕「斷虞芮之獄」，與《毛詩正義》卷十六之一同。張校云：「《大傳》作『質虞芮』。」

〔二〇〕「邾」，與《毛詩正義》卷十六之一同，續經解本作「邘」。張校云：「伐邾，《大傳》作『伐于』。」案，阮氏《校勘記》云：「『邾』當作『邘』。」

〔二一〕「犬夷」，續經解本作「畎夷」。

〔二二〕「德」，彙函本作「得」。

〔二三〕「孰」，計臺本、殿本作「熟」。

〔二四〕「礿」，龍谿本作「灼」。

〔二五〕「祀」，計臺本、殿本、盧本、續經解本并作「祭」。

〔二六〕「人子」，計臺本、殿本作「天子」。

〔二七〕「事」，與《廣群芳譜》卷七引同，《太平御覽》卷八百三十八作「生」。

〔二八〕「米」，與《太平御覽》卷八百四十二、《廣群芳譜》卷八同，彙函本、續經解本作「水」。

〔二九〕「烝」，計臺本、殿本、盧本作「蒸」。

〔三〇〕「籍」，《太平御覽》卷八百三十九、《廣群芳譜》卷七作「藉」。張校云：「按《太平御覽》，『籍』當作『藉』。」

〔三一〕「含水沮洳」，《太平御覽》卷八百三十九、《廣群芳譜》卷七作「漸洳」。張校云：「按《太平御覽》，『沮洳』當作『漸洳』。」

〔三二〕「故」，《太平御覽》卷八百三十九、《廣群芳譜》卷七作「固」。

〔三三〕「長」，張校云：「《孝經》注『長』作『常』。」

〔三四〕「饑饉薦臻」，計臺本作「飢饉洊臻」，殿本作「飢饉薦臻」，盧本作「饑饉荐臻」。

〔三五〕「穀不孰爲饑」云云，張校云：「《爾雅》『饑』作『飢』，『孰』作『熟』，『薦』作『荐』，注、疏皆同。」案，阮刻本《爾雅注疏》作「饑」。

〔三六〕「穀不成熟曰饑」，《爾雅注疏》卷六作「五穀不成曰饑」。

〔三七〕「連歲不熟曰薦也」，阮刻本作「相因而饑，謂連歲不熟也」，《校勘記》云：「元本、監本作『饑，飢也，連歲不熟爲荐饑』，閩本、毛本作『飢，饑也，連歲不熟爲荐饑』，皆係臆改。」張校云：「疏無此語，當作『連歲不熟爲荐』。」

〔三八〕「奠」，稿本、彙函本、畿輔本、龍谿本并奪，據《毛詩正義》卷十八之二、續經解本補。張校云：「箋本作『奠瘞天地之神』。」

〔三九〕「齋肅」，稿本、《毛詩正義》卷十八之二作「齊肅」，《釋文》云：「齊，本亦作『齋』。」

〔四〇〕「后稷」，蜚雲閣本作「后禝」，今改。

〔四一〕「耗」，盧本作「秏」。

〔四二〕「官本桉」云云，今殿本無。

〔四三〕「官本桉」云云，今殿本無。

〔四四〕「蒖瘗群神」，稿本、蜚雲閣本、彙函本、畿輔本、龍谿本并作「莫蒖辟神」，據《毛詩正義》卷十八之二、續經解本改。張校云：「箋本作『蒖瘗群神』。」

〔四五〕「不予是家者，是家」，計臺本、殿本作「不予是家，是家者」。

〔四六〕「官本校他本無家字」，殿本下「是天之所予也」作「是家天之所予也」，殿本案語在彼「家」字下，而不在此處。

〔四七〕「是」，計臺本、殿本、盧本作「是家」，殿本案：「他本無『家』字。」

〔四八〕「及」，盧本、續經解本、龍谿本作「乃」，殿本案：「他本『及』作『乃』。」

〔四九〕「叙」，計臺本作「厚」。

〔五〇〕「郊卜」，計臺本、殿本、盧本作「郊獨卜」。

〔五一〕「卜郊」，與《公羊注疏》卷十二同，龍谿本并誤作「百郊」。

〔五二〕「吉褅」，蜚雲閣本、彙函本、畿輔本、龍谿本并作「吉諦」，據《公羊注疏》卷九、稿本、續經解本改。

〔五三〕「祝」，殿本、畿輔本作「祀」，殿本案：「他本『祀』作『祝』。」

〔五四〕「也」，計臺本、殿本、盧本、續經解本作「焉」。

〔五五〕「順恭」，計臺本、殿本、盧本作「恭順」。

〔五六〕「聖德明備」，《周易乾鑿度》卷上、《孔子集語》卷四并作「聖明德備」。

〔五七〕「之調」，續經解本作「之謂」。

〔五八〕「尊卑」，計臺本、殿本、盧本作「卑尊」。

〔五九〕「不當」，計臺本、殿本、盧本上并有「亦」字。
〔六〇〕「而謂」，計臺本、殿本作「而諸母之國」。
〔六一〕「何」，諸本并奪，據《公羊注疏》卷九補。張校云：「閔元年《傳》作『齊仲孫者何』。」
〔六二〕「臣子」，諸本并作「君子」，據《穀梁傳》改。張校云：「《穀梁·莊元年傳》作『臣子』，疏：『臣謂群下，子謂莊公。』」
〔六三〕「亦可」，計臺本、殿本下有「不天亦可」四字。
〔六四〕「天之命」，計臺本作「天命」。
〔六五〕「瞶」，稿本、蜚雲閣本、畿輔本、龍谿本并作「瞶」，據殿本、盧本、彙函本、續經解本改。
〔六六〕「君父」，計臺本、殿本、盧本、續經解本作「君命」。
〔六七〕「十三年」，與《公羊注疏》卷二十六同，彙函本、續經解本誤作「三十年」。
〔六八〕「楚女爲嫡」，張校云：「僖八年注『楚女爲嫡』下，有『齊女爲媵』四字。」
〔六九〕「孔子曰」，計臺本作「子曰」。又，「孔子曰」以下，諸本并提行，計臺本、殿本、盧本合上爲一節。
〔七〇〕「與天地合其德者也深遠不可易則」，張校云：「《論語注疏》『合其德』下無『者也』字，『易』字下有『知』字。」案，《論語注疏》卷十六「易則」作「易知測」。
〔七一〕「畏」，計臺本奪。
〔七二〕「大人」，計臺本、殿本不重。
〔七三〕「尉」，張校云：「《元命包》作『慰』。」
〔七四〕「郊特牲」云云，張校云：「《郊特牲》無此文，當即『郊之用辛也』『周之始郊日以至』二句而竄易其詞。」案，所引見《南齊書・禮志上》。

〔七五〕「周公用白牲注白牲」，張校云：「文十三年《傳》、注『牲』皆當作『牡』。《十三經注疏考證》云：『「白牡」，各本皆作「白牲」。臣浩按，此《傳》據《魯頌》「白牡辛剛」之文也。《釋文》于「辛犅」注云：「《詩》作『剛』。」「白牲」不注，當是「牲」「牡」字形相類，從來刊本誤耳。』」

〔七六〕「幼」，盧本作「立」。

〔七七〕「總」，《藝文類聚》卷十二、《太平御覽》卷八十四并作「抱」。

〔七八〕「成王之幼，云在襁褓」，張校云：「陳校《尚書大傳》作『成王之幼，在襁褓』，無『云』字。」案，《毛詩・斯干》正義曰：「《書傳》説『成王之幼，云在襁褓』。褓，縛兒被也，故箋以爲夜衣。」

〔七九〕「白牲」，計臺本、殿本、盧本并作「白牡」。

〔八〇〕「白牲」，《公羊注疏》卷十四、畿輔本作「白牡」。

〔八一〕「周」，續經解本奪。

〔八二〕「仲舒」，盧本、續經解本作「臣仲舒」。

〔八三〕「三字」，諸本并作「二字」，據盧本改，指「於天道」。

〔八四〕「郊特牲」，諸本并作「文十三年」，據《禮記正義》卷二十六改，《公羊・文十三年傳》注無此文。

〔八五〕「敬謹」，計臺本作「謹敬」。

〔八六〕「自天地、六宗以下，至諸小鬼神」，諸本并作「自天地、大宗，下至諸水鬼邪」，據《漢書》改。張校云：「《郊祀志》作『自天地六宗以下，至諸小鬼神』。」

〔八七〕「幸」，計臺本、殿本、盧本、稿本作「乃幸」。

〔八八〕「不敢斥君，故曰朝廷」，稿本作「不敢斥君，故言朝廷」，《文選》卷四十一作「不敢指斥君，故言朝廷」。

〔八九〕「詔詔書詔告」，蜚雲閣本、彙函本、續經解本、畿輔本、龍谿本并作「詔書詔告」，據稿本改。《史記·秦始皇本紀》集解引蔡邕説，「告」下有「也」字。

〔九〇〕「昧死」，《獨斷》卷上作「昧死言」。

春秋繁露卷十六

執贄第七十二《史記正義》：「摯，音『至』。摯，執也。鄭玄云：『摯之言至，所以自致也。』」

凡執贄，天子用暘，桉，「暘」「鬯」，古今字也。索隱《秦始皇本紀》：「暘，音『暢』。」《説苑》：「天子以鬯爲贄。鬯者，百草之本也。上暢於天，下暢於地，無所不暢，故天子以鬯爲贄。」公侯用玉，《曲禮》疏：「公、侯、伯用圭，子、男用璧也。」卿用羔，大夫用雁。《白虎通》：「卿以羔者，取其群，不黨。卿職在盡忠率下，不可黨〔一〕也。大夫以雁爲贄者，取其飛成行列。大夫職在以奉命之適四方，動作當能自正以事君也。」雁乃有類於長者。長者在民上，必施然有先後之隨，必淑然有行列之治，官本桉：「淑，他本作『俶』。」故大夫以爲贄。官本桉：「他本無『爲』字。」羔有角而不任，設備而不用，類好仁者；執之不鳴，殺之不諦，類死義者；羔食〔二〕其母，必跪而受之，類知禮者。故「羊」之爲言，猶「祥」與！盧注：「『羔有角』〔三〕之上，舊本有『羔乃有其類天〔四〕者。天之道，任陽、不任陰；王者之道，任德、不任刑，順天也』，凡二十七字，係〔五〕衍文。又，《後漢書》章懷注所引『類好仁者』無『好』字，『殺之不諦』作『不嗥』，『必跪而受之』無『而受之』三字。桉，『諦』與『啼』同。《荀子・禮論篇》『哭泣諦號』，楊倞注引《管子》『冢人立而諦』。」譙周《法訓》：「羊有跪乳之禮。」《後漢書》注：「《韓詩内傳》：『小者曰羔，大者曰羊。』」《説文》：「羊，祥也。」故卿以爲贄。玉，有似君子。子曰：「人而不曰〔六〕『如之何、如之何』者，吾莫〔七〕如之何也矣。」故匿病者不得良毉〔八〕，羞問者聖人去之，以爲遠功而近有災，是則不有。玉，至清而不蔽其惡，桉，「清」，王本作「新」。莊二十四年注：「玉，取其至清而不自蔽其惡。」內有瑕穢，《廣雅》：「瑕，裂，穢〔九〕也。」鄭玄曰〔一〇〕：「瑕，玉之病也。」必見之於外，故君子不隱其短。不知則問，不能則學，取之玉也。君子比之玉：玉潤而不污，是仁而至清潔也；廉而不殺，是義而不害也；《禮記》：「夫昔者，君子比德于玉焉：温潤而澤，仁也；縝密以栗，知也；廉而不劌，義也。」《淮南子》曰：「故玉在山而草木潤。」高誘注：「玉，陽中之陰也，故能潤澤草木。」堅而不磬，官本桉：「磬，他本作『磨』。」〔一一〕盧：「『磬』與『硜』同。」過而不濡。視之如庸，展之如石。狀如石，搔而不可從繞〔一二〕；官本桉：「繞，他本作『撓』。」潔白如素，《考工》注：「素，白采也。」而不受污。玉類備者，故公侯以爲贄。《白虎通》：「公侯以玉爲贄者，玉，取其燥不輕，濕不重，公之德全〔一三〕。」暢有似於聖人者，純仁淳粹，而有知之貴也；擇於身者，盡爲德音；發於事者，盡爲潤澤；積美陽芬香，以通之天。暢亦取百香之心，獨末之，合之爲一，而達其臭，氣暘於天〔一四〕。《白虎通》：「《王度記》曰：『鬯者，以百草之香鬱金，合而釀之，成爲鬯。』天子以鬯，諸侯以薰，大夫以蘭，士以蕭，庶人以艾。」其淳粹無擇，與聖人一也，故天子以爲贄，而各以事上也。觀贄之意，可以見其事。

山川頌第七十三《詩序》：「頌者，美盛德之形容。」

山則巃嵸㠥崔，摧嵬嶵巍，《上林賦》注：「巃嵸、崔巍，皆高峻貌。巃，力孔切。嵸，音『總』。」《南都賦》注：「嶵嵬，山石崔嵬，高而不平也。㠥，魯偉切，山貌。」久不崩弛〔一五〕，似夫仁人志士。孔子曰：「山川神祇〔一六〕馬融曰：「天曰神，地曰祇。」立，寶藏殖，官本桉：「殖，他本誤作『蒩』。」《説苑》：「夫山巃嵸纍華，萬民之所觀仰，草木生焉，萬物立焉，飛禽萃焉，走獸休焉，寶藏殖焉。」器用資，曲直合，大者可以爲宫室臺榭，小者可以爲舟輿桴楫〔一七〕。王本「楫」作「濈」。大者無不中，小者無不入。持斧則斫，折鐮則艾。《爾雅》：「斫謂之鐯。」注：「钁也。」《御覽》：「《風俗通》：『鐮刀刈葵。』」生人立，禽獸伏，死人入，多其功而不言，是以君子取譬也。且積土成山，無損也；成其高，無害也；官本桉：「高，他本誤作『功』。」成其大，無虧也。小其上，官本桉：「上，他本誤作『止』〔一八〕。」泰其下，泰，音「大」。久長安。後世無有去就，儼然獨處，惟〔一九〕山之意。《詩》云：「節彼南山，惟石巖巖。赫赫師尹，民具爾瞻。」毛傳：「節，高峻貌。巖巖，積石貌。赫赫，顯盛貌。師，大師，周之三公也。尹，尹氏，爲大師。具，俱。瞻，視也。」此之謂也。水則源泉混混沄沄〔二〇〕，官本桉：「沄沄，他本誤作『汒汒』。」盧注：「《古文苑》作『泫泫』。」晝夜不竭，既似力者；盧注：「《説苑·雜言篇》凡『既』字皆作『其』。」盈科後行，既似持平者；循微赴下，官本桉：「微，他本作『嶽』。」不遺小間〔二一〕，既似察者；《荀子》：「淖約微達，似察。」循溪谷不迷，《群經音辨》：「谿，山瀆無所通者也。」或奏音「走」。萬里而必至，既似知者；鄣防山而能清净，盧注：「《説苑》作『鄣防而清』，《古文苑》『山』作『止』〔二二〕。」既似知命者；不清而入，潔清而出，既似善化者；《荀子》：「以出以入，就鮮絜，似善化。」赴千仞之壑，《釋言》云：「隍，壑也。」舍人曰：「壑，溝也。」入而不疑，既似勇者；《荀子》：「赴百仞之谷，不懼，似勇。」包咸《論語》注：「七尺曰仞。」物皆因於火，官本桉：「火，他本誤作『大』。」原注：「因，或是『困』。」而水獨勝之，既似武者；咸得之而生〔二三〕，官本桉：「咸得，他本誤作『感德』。」失之而死，既似有德者。《荀子》：「孔子曰：『夫水，大偏與諸生而無爲也，似德。』」孔子在川上曰：蔡邕云：「衆流注海曰川。」「逝者如斯夫！不舍晝夜。」此之謂也。

求雨第七十四《通典》下有「日」字。

春旱求雨，《春秋考異郵》：「『旱』之爲言『悍』也，陽驕蹇所致也。」令縣邑官本校：「令，他本誤作『合』。」以水日，令民禱社稷山川，盧注：「舊本作〔二四〕『令民禱社，家人祀户』，今以《通典》增改。」《通考》：「後漢制：自立春至立夏，盡立秋，郡國上雨澤。詣〔二五〕少府郡縣，各掃除社稷。其旱也，公卿、長官以次行雩禮。」《論衡》：「夫雩，古而有之，故《禮》曰：『雩祭，祭水旱也。』故有雩禮。故孔子不譏，而仲舒申之。夫如是，雩祭祀，禮也。雩祭得禮，則大水，鼓，用牲于社，亦古禮也。得禮無非，當雩，一也。禮，祭也。社，報生萬物之功。土地廣遠，難得辨祭，故立社爲位，主心事之。爲水旱者，陰陽之氣也，滿六合，難得盡祀，故修壇設位，敬恭祈求，效事社之義，復災變之道也。推生事死，推人事鬼。陰陽精氣，儻如生人，能飲食乎？故其馨香進，旨酒嘉〔二六〕，區區惓惓，冀見荅享。推祭社言之，當雩，二也。」家人〔二七〕祀户。《月令》注：「《中霤禮》〔二八〕：『祀户之禮：南面設主于户内之西，乃制脾及腎爲俎，奠于主北；又設盛于俎西，祭黍稷，祭肉，祭醴，皆三祭。肉：脾一，腎再。既祭徹之，更陳鼎俎，設饌于筵前，迎尸，略如〔二九〕祭宗廟之儀。』」無伐名木，無斬山林。《周禮》注：「積石曰山，竹木曰林。」暴巫、《檀弓》：「吾欲暴巫而奚若？」注：「暴之，是虐之也。巫能接神〔三〇〕，亦覬天哀而雨之。」《漢書·郊祀志》：「在男曰覡〔三一〕，在女曰巫也。」聚尫，各本誤「蛇」，《類聚》作「尫」。八日，於邑東門之外，爲四通之壇，《三禮圖》：「雩壇，在巳地。」《封禪書》：「爲壇，開八通之鬼道。」《索隱》曰：「司馬彪《續漢書·祭祀志》云：『壇有八陛〔三二〕，通道以爲門。』」方八尺，植蒼繒八。《字林》曰：「繒，帛總名。」《禮説·含文嘉》云：「天子、三公、諸侯，皆以三帛以薦玉。」宋均注：「其殷禮。三帛，謂朱、白、倉〔三三〕，象三正。」其神共工，祭之以生魚八，玄酒，具清酒、《春秋元命包》：「酒旗，主上尊酒，所以侑神也。酒者，乳也。王者法酒旗以布政，施天乳以哺人。」《禮運》：「故玄酒在室。」疏：「玄酒，謂水也。以其色黑，故謂之玄。而太古無酒，此水當酒所用，故謂之玄酒。」《周禮・酒正》：「辨[三四]三酒之物，三曰清酒。」注云：「今中山冬釀，接夏而成。」膊脯，《説文》：「薄脯，膊之屋上。从肉，尃聲，匹[三五]各切。」東方朔曰：「乾肉爲脯。」擇巫之潔清、辯言利辭者以爲祝[三六]。「爲」字，據《漢書・禮儀志》注補入。《群經音辨》：「祝，祭主贊詞者也。」祝齋三日，服蒼衣，先再拜，乃跪陳；陳已，復再拜，乃起，祝曰：「曰」，王本誤作「由」。「昊天生五穀以養人。今五穀病旱，恐不成實[三七]。敬進清酒、膊脯，再拜請雨。雨幸大澍！」自「昊天」至「大澍」，見《春秋漢含孳[三八]》。王本「五穀」上無「生」字，「敬」字下有「起」字。《説文》云：「時[三九]雨所以澍生萬物，故曰澍。音『注』。」《藝文類聚》引《繁露》作：「廣陵女子諸巫，無小大，皆相聚其郭門外，爲小壇，以脯酒祭。使[四〇]移市，市使門者無内丈夫，丈夫無得相從飲食。又令吏各往視其夫，皆言利[四一]即赴，雨澍而止。」又曰：「江都相仲舒下内吏[四二]承書從事，其都間吏家在百里内，皆令人故行書告縣，遣妻視夫，賜巫一月租，使巫求雨。復使巫相推擇潔净易教者祭，跪祝曰：『天生五穀以養人。今五穀病旱，恐不成。敬進清酒甘羞，再拜請雨。』」桉，自「廣陵女子」至「祭跪」，今《繁露》所無。奉牲禱，以甲乙日，《續漢・志》：「《月令章句》：『大撓[四三]探五行之情，占斗綱所建，于是始作甲乙以名日，謂之幹；作子丑以名日，謂之枝。枝幹相配，以成六旬。』」《月令》鄭注：「『乙』之言『軋』也。日之行，春東，從青道，發生萬物，月爲之佐。時萬物皆解孚甲，自抽軋而出，因以爲日名焉。乙不爲月名者，君統臣功也。」爲大蒼龍一，長八丈，居中央；《月令》疏：「倉是東方之色。」爲小龍七，各長四丈，於東方，皆東向，其間相去八尺。小童八人，皆齋三日，服青衣而舞之。鄭注：「《易》曰：『天一，地二；天三，地四；天五，地六；天七，地八；天九，地十。』而五行自水始，火次之，木次之，金次之，土爲後。木生數三，成數八。但言八者，舉其成數。」[四四]《通典》：「後漢行雩禮以求雨，興土龍，立土人舞童二佾。」桉，以下人物之數，悉本五行之數，如春爲東方，屬木，木之成數八，故人物之數皆八也。《群經音辨》：「青，東方色也。」田嗇夫《説文》：「嗇，愛濇[四五]。从來、从㐭。來者，㐭而藏之，故田夫謂之嗇夫。」《風俗通》曰：「嗇者，省也；夫，賦也。言消息百姓，均其役賦。」亦齋三日，服青衣而立之。鑿社，通之於閭外之溝，師古曰：「溝，街衢之旁通水者也。」盧注：「鑿，他本作『諸里』。」〔四六〕取五蝦蟆，《急就篇》：「水蟲：科斗，䵷，蝦蟆。」顔師古注云：「蝦蟇，一名蟼，大腹而短脚。」《焦氏易林》：「蝦蟆群聚，從天請雨。集聚，應時輒雨〔四七〕，得其所願。」錯置社之中。官本校：「社，他本誤作『秘』。」桉，據《禮志》補「之」字。池方八尺，孔安國曰：「停水曰池。」深一尺〔四八〕，置水、蝦蟆焉。具清酒、膊脯，祝齋三日，官本校：「祝，他本誤作『祀』。下同。」服蒼衣，官本校：「服，他本誤作『取』。」拜跪、陳祝如初。取三歲雄鷄〔四九〕、三歲豭豬，據《禮志》補「豭」字。《釋文》：「音『家』。」《方言》云：「豬，北燕、朝鮮之間謂之豭。」《字鑑》：「豬，專於切。」《説文》：「家而三毛，叢居者。從家，者聲。」《五經文字》云：「從犬作『猪』者〔五〇〕，訛。」皆燔之於四通神宇。令民闔邑里南門，據《禮志》補「民」字。《王度記》云：「百户爲里，里一尹。」置水其外。開里北門，據《禮志》補「里」字。具老豭豬一，官本校：「具，他本誤作『其』，脱『老』字。」「豭」皆誤「猳」。置之於里北門之外；市中官本校：「中，他本誤作『者』。」亦置豭豬一，聞彼皷聲，皆燒豭豬尾，取死人骨埋之。開山淵，積薪而燔之。《樂稽耀嘉》：「開神山、神淵，積薪。夜擊鼓，噪而燔之。」《管子》云：「水出地〔五一〕而不流者，命之曰淵。」《詩》疏：「燔者，火燒之名。」據《禮志》補「之」字〔五二〕。決〔五三〕通道橋之壅塞不行者，決瀆之。幸而得雨，以豬一，官本桉：「他本作『報以豚一』。」〔五四〕酒、鹽、黍財足，《世本》：「夙沙氏煮海爲鹽。」師古曰：「纔取足。」「財」與「纔」，古通用字。以茅爲席，《南山經》曰：「白菅爲席。」注：「菅，茅屬也。」鄭注《序官》：「敷陳曰筵，藉之曰席。」毋斷。

夏求雨〔五五〕，《漢舊儀》：「求雨，太常禱天地、宗廟、社稷、山川以賽，各如其常牢，禮也。四月立夏旱，乃求雨、禱雨而已；後旱，復重禱而已。訖立秋，雖旱，不得禱求雨也。」令縣邑據《禮志》補「縣」字。以水日，家人祀竈。《中霤禮》：「祀灶〔五六〕之禮，先席于門之奧，東面，設主于灶陘，乃制肺及心、肝爲俎，奠于主西；又設盛于俎南，亦祭黍三，祭肺、心、肝各一，祭醴一，亦既祭徹之。更陳鼎俎，設饌于筵前，迎尸，如祀戶之禮。」《史記》如淳曰：「祠灶，可以致福。」《說文》：「《周禮》以灶祠祝融。」《淮南子》：「炎帝作火官，死，爲灶神。」《莊子》云：「沈，灶神也，如美女，衣赤。」〔五七〕《雜五行書》曰：「灶神名禪，字子郭。黄衣〔五八〕，夜被髮，從灶中出。知其名，呼之，可除凶惡。市猪肝泥灶，令婦孝。」無舉土功，更大浚井。師古曰：「浚，抒治之也。音『峻』。」《釋名》：「井，清曰泉〔五九〕，清潔者也。」《世本》曰：「伯夷作井。」暴釜於壇，桉，「釜」，王本誤作「金」。《漢禮器制度》：「釜受三斛，或云五斛〔六〇〕。」杵臼〔六一〕於術，《易·繫辭》：「斷木爲杵，掘地爲臼〔六二〕。」《雜記》「杵以梧」，注：「所以擣〔六三〕也。」《漢書·刑法志》「園囿術路」，注：「如淳曰：『術，大道也。』」《一切經音義》注：「《蒼頡篇》：『邑中道曰術。』道，路也。」七日。爲四通之壇於邑南門之外，據《禮志》補「之」字。方七尺，植赤繒七。其神蚩尤，祭之以赤雄鷄七，玄酒，具清酒、膊脯。祝齋三日，服赤衣，拜跪、陳祝如春辭。官本附桉：「《通志》無『辭』字。」〔六四〕以丙丁日，鄭注：「『丙』之言『炳』也。日之行，夏南，從赤道，長育萬物，月爲之佐。時，萬物皆炳然著見而强大，又因以爲日名焉。《易》曰：『齊乎《巽》，相見乎《離》。』」爲大赤龍一，長七丈，居中央；又爲小龍六，各長〔六五〕三丈五尺，於南方，皆南鄉，師古曰：「鄉，讀曰〔六六〕『嚮』。」其間相去七尺。壯者七人，鄭注：「火，生數二，成數七。但言七者，亦舉其成數。」皆齋三日，服赤衣而舞之。司空、嗇夫亦齋三日，服赤衣而立之。鑿社〔六七〕而通之閭外之溝，取五蝦蟆，錯置里社之中。池方七尺，深一尺。酒脯〔六八〕，祝齋，衣赤衣，拜跪、陳祝如初。取三歲雄鷄、豭猪，燔之四通神宇，開陰閉陽如春也。據《禮志》補「也」字。

季夏，禱山陵以助之。《釋地》：「大阜曰陵。」《春秋說題辭》曰：「『陵』之爲言『稜』也。輔山成其廣，層稜扶推，益厥長也。」令縣邑十日壹徙市，官本桉：「徙，他本誤作『從』。」盧本有「十日」二字。於邑南門之外。五日，禁男子，無得行入市。《通志》：「漢武帝元封〔六九〕六年，旱，女子及巫丈夫不入市。」《世本》：「祝融作市。」《風俗通》：「市，恃也，養贍老少，恃以不匱也，亦謂之市井。」家人祠中霤，《中霤禮》：「祀〔七〇〕中霤之禮：設主于牖下，乃制心及肺、肝爲俎。其祭肉，心、肺、肝各一，他皆如祀户之禮。中霤，猶中室也。土主中央，而神在室。古者複穴，是以名室爲霤云。」無興土功。聚巫市傍，爲之結蓋。官本梭：「傍，他本誤作『傷』；蓋，誤作『益』。」爲四通之壇於中央，植黄繒五。其神后稷，祭之以母肫〔七一〕五，劉庶常曰：「王本缺『母肫』二字。梭，今據元本《藝文類聚》、劉昭注及《通典》增補。」玄酒，具清酒、膊脯。令各〔七二〕爲祝齋三日，王本「各」誤作「名」。衣黄衣，皆如春祠。以戊己日，鄭注：「『戊』之言『茂』也，『己』之言『起』也。日之行四時之間，從黄道，月爲之佐。至此，萬物皆枝葉茂盛，其含秀者抑屈而起，故因以爲日名焉。」爲大黄龍一，長五丈，居中央；又爲小龍四，官本梭：「四，他本作『五』。」各長二丈五尺，於南方，皆南鄉，其間相去五尺。丈夫五人，鄭注：「土，生數五，成數十。但言五者，土以生爲本。」《意林·風俗通》：「禮云：『十尺曰丈，成人之長也。』夫者，膚也。言其智膚敏弘教也，故曰丈夫。」齋三日，服黄衣而舞之；老者五人，官本梭：「他本無『老者』二字。」〔七三〕亦齋三日，衣黄衣而立之。亦通社中於閭外之溝，取蝦蟆。盧本無「取」字。池方五尺，深一尺，他皆如前。盧注：「舊本此下有一段，云：『神農求雨：第十九日〔七四〕，戊己不雨，命爲黄龍，又爲大龍。社〔七五〕者舞之，季立之。又曰：東方小僮舞之，南方壯〔七六〕者、西方沾〔七七〕人、北方□〔七八〕人舞之。』共四十八字，《續漢·志》注無之。此疑後人隨意附注，不得以間雜本書。其『第十九曰』者，此書〔七九〕第十九篇中之語也。舊本『曰』作『日』，亦訛。」

秋，暴巫尪至九日，據《禮志》補「尪」字。無舉火事；《漢·昭帝紀》：「夏旱〔八〇〕，大雩，不得舉火。」注：「臣瓚曰：『不得舉火，抑陽助陰也。』」煎金器，家人祀門。官本梭：「祀，他本作『祠』。」〔八一〕《中霤禮》：「祀門之禮：北面，設主于門左樞，乃制肝及肺、心爲俎，奠于俎南，又設盛于俎東。其他皆如祭灶之禮。」爲四通之壇於邑西門之外，方九尺，植白繒九。其神太昊〔八二〕，官本附桉：「《通典》作『少昊』。」祭之以〔八三〕桐木魚九，桉，「桐」，王本誤作「相」。《初學記》：「《淮南子》曰：『董仲舒請雨，秋用桐木魚。』」玄酒，具清酒、膊脯。衣白衣，《群經音辨》：「白，西方色也。」他如春。以庚辛日，鄭注：「『庚』之言『更』也，『辛』之言『新』也。日之行，秋西，從白道，成熟萬物，月爲之佐。萬物皆肅然改更，秀實新成，又因以爲日名焉。」爲大白龍一，長九丈，居中央；爲小龍八，各長四丈五尺，於西方，皆西鄉，其間相去九尺。鰥者九人，《釋名》：「無妻曰鰥，愁悒不能寐，目恒鰥鰥然。其字從『魚』，魚目恒不閉。」鄭注：「金，生數四，成數九。但言九者，亦舉其成數。」皆齋三日，服白衣而舞之。司馬亦齋三日，官本桉：「他本闕『馬』字。」衣白衣而立之。蝦蟆池方九尺，深一尺。他皆如前。

冬，儛龍六日，禱於名山以助之。家人祀井，官本桉：「祀，他本作『祠』。」毋〔八四〕壅水。爲四通之壇於邑北門之外，方六尺，植黑繒六。其神玄冥，《本行記》〔八五〕：「顓頊爲玄冥。」《御覽》：「《漢舊儀》：『祠五祀〔八六〕，謂五行金、木、水、火、土也。木正曰勾芒，火正曰祝融，金正曰蓐收，水正曰玄冥，土正曰后土，皆古聖〔八七〕能治成五行有功者也。』」鄭注《月令》：「玄冥，少皞氏之子，曰修，曰熙，爲水正〔八八〕。」祭之以黑狗子六，玄酒，具清酒、膊脯。祝齋三日，衣黑衣，祝禮如春。以壬癸日，鄭注：「『壬』之言『任』也，『癸』之言『揆』也。日之行，冬北〔八九〕，從黑道，閉藏萬物，月爲之佐。時，萬物懷任於下，揆然萌芽，又因以爲日名焉。」爲大黑龍一，長六丈，居中央；爲小龍五，各長三丈，於北方，皆北鄉，其間相去六尺。老者六人，鄭注：「水，生數一，成數六。但言六者，亦舉其成數。」皆齋三日，衣黑衣而舞之；尉亦齋三日，服黑衣而立之。蝦蟆池如春。四時皆以水官本附桉：「《通典》下有『日』字。」爲龍，必取潔土；爲之結蓋，龍成而發之。《山海經》曰：「大荒東北隅，中有山，名曰凶犁上丘〔九〇〕。應龍處南極，殺蚩尤與夸父，不得復上。故下數旱，而爲應龍之狀，乃得大雨。」郭璞曰：「今之土龍本此。」王充《亂龍篇》：「董仲舒申《春秋》之雩，設土龍以招雨。仲舒覽見深鴻，立事不妄，設土龍之象，果有狀也。龍蹔出水，雲雨乃至。」《淮南子》注：「湯〔九一〕連旱，作土龍以象龍。雲從龍，故致雨也。」

四時，皆以庚子之日，命〔九二〕吏民夫婦皆偶處。凡求雨之大體，丈夫欲藏匿，女子欲和而樂。《樂稽耀嘉》：「凡求雨，男女欲和而樂。」盧注：「此下，舊有『《神農書》又曰：開神山，神淵，積薪，夜擊鼓，譟而燔之，爲其旱也』二十三字。桉，此段亦非本文。今改作小字，附注於此以備考。『神農書』，舊本脱『農』字，今增。旱，或作『皁』，誤〔九三〕。」

止雨第七十五

《西京雜記》：「京師大水，祭山川以止雨。丞相、御史、二千石禱祀，如求雨法。」

雨太多，令縣邑以土日塞水瀆，《廣韻》〔九四〕：「《説文》曰：『瀆，溝也。一曰，邑中溝。』」絶道，蓋井，禁婦人不得行入市。令縣、鄉、里皆掃社。下縣邑若丞：令吏、嗇夫三人以上，祝一人；鄉嗇夫若吏三人以上，祝一人；里正、父老三人以上，祝一人，皆齋桉，此下各本闕，據官本補入一百八十字。王本別以第六《王道篇》「年年之積」至「賢賢也《春秋》」五十字錯簡於此，今删去重複。三日，各衣時衣。春倉，夏赤，秋黄，冬黑。具豚一，《方言》：「豚，豬子也。」黍、鹽、美酒財足，祭社，擊鼓三日而祝。先再拜，乃跪陳；陳已，復再拜，乃起，祝曰：「嗟〔九五〕！盧注：「他本作『諾』，非。」天生五穀以養人。今淫雨太多，五穀不和。敬進肥牲清酒，以請社靈，幸爲止雨，除民所苦，無使陰滅陽。陰滅陽，不順於天。天之常意，在於利人。生五穀，以利人。人願止雨，敢告於社〔九六〕。」鼓而無歌，《釋名》：「人聲曰歌。歌，柯也。所歌之言，是其質也。以聲吟咏有上下，如草木之有柯葉也。」至罷乃止。凡止雨之大體，女子欲其藏而匿也，丈夫欲其和而樂也。開陽而閉陰，闔水而開火。《漢書》：「仲舒治國，以災異之變，推陰陽所以錯行。故求雨，閉諸陽，縱諸陰；其止雨，反是。」師古曰：「謂若閉南門、禁舉火，及開北門，水灑人之類是也。」以朱絲縈社十周，武帝五年〔九七〕，始令諸官止雨，朱絲反縈社，擊鼓攻之。衣朱衣，赤幘。言罷。二十一年八月甲申〔九八〕，朔。盧注：「他本作『庚申朔』，訛。」丙午，江都相仲舒告内史中尉：《循吏傳》：「唯江都相董仲舒、内史公孫弘、兒寬，居官可紀。」《百官公卿表》云：「少府内史〔九九〕，周官。秦因之，掌治京師。」任昉《物原》云：「諸官稱史，亦自伏犧置史官始。」中尉，秦官，掌徼巡京師。武帝太初元年，更名執金吾。」陰雨太久，以上俱補入。恐傷五穀，趣止雨。止雨之禮，廢陰起陽。書十七縣、八十離鄉及都官吏千石以下夫婦在官者，咸遣歸。女子不得至市，市無詣〔一〇〇〕，井蓋之，勿令泄。鼓，用牲于社，祝之曰：「雨以太多，五穀不和。敬進肥牲，以請社靈。社靈幸爲止雨，除民所苦，無使陰滅陽。陰滅陽，不順于天。天意常在於利民，官本桉：「常，他本誤作『韋』。」願止雨。敢告！」鼓，用牲于社，皆壹以辛亥之日。書到，即起縣、社令長，若丞、尉官長，《百官公卿表》：「縣令、長，皆秦官，掌治其縣；皆有丞、尉，秩四百石至二百石。」各城邑社嗇夫、里吏正、里人皆出，《百官公卿表》：「十亭一鄉，鄉有三老，有秩嗇夫。嗇夫職，聽訟，收賦稅。」至於社下，餔而罷。官本桉：「餔而，他本誤作『顧西』。」餔，音「逋」，申時食也。三日而止。未至三日，天大星，亦止。官本桉：「他本無『大』字。」〇桉，「天星」即「天暒」，言天晴也。

祭義第七十六

《禮記》鄭《目録》云：「名曰『祭義』者，以其記祭祀、齋戒、薦羞之義也。」

五穀，食物之性也，天之所以爲人賜〔一〇一〕也。宗廟上四時之所成，官本桉：「上，他本誤作『止』。」鄭

注：「合於天道，因四時之變化。孝子感時念親，則以此祭之也。」受賜而薦之宗廟，敬之性也，於祭之而宜矣。宗廟之祭，物之厚，無上也。春上豆實，桓四年注：「豆，祭器名，狀如鐙。天子二十有六，諸公十有六，諸侯十有二，卿、上大夫八，下大夫六，士二。」《三禮圖》：「豆高尺二寸，漆赤中。大夫以上，畫赤雲氣；諸侯飾以象，天子加玉飾。」桉，《御覽》引《禮圖》：「豆以木〔一〇二〕，受四升。」餘并同。夏上尊實，秋上机〔一〇三〕實，《說文》：「机，古『簋』字。」冬上敦實。《三禮圖》：「敦，有足，其形如今酒罇法〔一〇四〕。」桉，聶注：「《舊圖》：敦受一斗二升，漆赤中。大夫飾口以白金。」《孝經鉤命決》云：「敦，規首，上下圓相連。」豆實，韭也，春之所始生也；尊實，麪〔一〇五〕也，原注：「一作『麰』。」夏之所受初也；机實，黍也，《說文》：「机，黍稷方器也。」《廣韻》：「簠簋，祭器，受斗二升。內圓外方曰簋。」《考工》疏：「祭宗廟，用〔一〇六〕木簋。」秋之所先成也；敦實，稻也，冬之所畢熟也。始生，故曰祠，善其司也；夏約，故曰礿，貴所初礿也；先成，故曰嘗，「嘗」言「甘」也；畢熟，故曰烝〔一〇七〕，「烝」言「衆」也。奉四時所受於天者而上之，爲上祭，貴天賜，且尊宗廟也。孔子受君賜，則以祭，況受天賜乎？一年之中，天賜四至，至則上之，此宗廟所以歲四祭也。故君子未嘗不食新。新天賜至，必先薦之，乃取食之，尊天、敬宗廟之心也。尊天，美義也；敬宗廟，大禮也，聖人之所謹也。官本桉：「他本『大禮也』誤移在此句下。」不多而欲潔清，不貪數而欲恭敬。《祭義》：「祭不欲數。數則煩，煩則不敬。」何胤曰：「在貌爲恭，在心爲敬。」君子之祭也，恭〔一〇八〕親之，致其中心之誠，盡敬潔之道，以接至尊，故鬼享之。享之如此，乃可謂之能祭。祭者，察也，以善逮鬼神之謂也。善乃逮不可聞見者，故謂之察。《尚書大傳》：「祭者，至也。至者，人事也。人事至，然後祭。」吾以名之所享〔一〇九〕，故祭之不虛。安所可察哉？「祭」之爲言，「際」也與「察」也。祭，然後能見不見；見不見之見者，官本桉：「他本『見不見』誤在此句

下〔一一〇〕。」然後知天命鬼神；知天命鬼神，然後明祭之意；明祭之意，乃知重祭事。官本桉：「事，他本作『祀』。下同。」孔子曰：「吾不與祭。《釋文》：「與，音『預』。」《特牲饋食》注：「士賤，職褻。時至事暇，可以祭，則筮其日矣。」疏：「鄭云『時至事暇，可以祭』者，若祭時至，有事不得暇，則不可以私廢公故也。若大夫以上，尊。時至，唯有喪故，不祭；餘吉事，皆不廢祭。若有公事及病，使人攝祭。故《論語》孔子云：『吾不與祭，如不祭〔一一一〕。』注：『孔子或出或病，不自親祭，使攝者爲之。不致肅敬于心，與不祭之同。』」祭神，如神在。」重祭事，如事生。《禮志》曰：「君子生則敬養，死者敬饗也。」故聖人於鬼神也，畏之而不敢欺也，信之而不獨任，事之而不專恃。恃其公，報有德也；幸其不私，與人福也。其見於《詩》曰：「嗟爾君子，毛傳：「嗟女君子，謂其友未仕者也。」毋常〔一一二〕安息。桉，「毋」，王本誤作「叨」。靜共爾位，「共」，《韓詩》作「恭」。鄭玄曰：「共，古『恭』字。」好是正直。毛傳：「正直爲正，能正人之曲曰直。」神之聽之，介爾景福。」正直者得福也，不正者不得福，此其法也。以《詩》爲天下法矣，官本桉：「下，他本誤作『子』。」何謂不法哉？其辭直而重，有再嘆之，欲人省其意也。而人尚不省，何其忘哉！孔子曰：「書之重，辭之復〔一一三〕，嗚呼！不可不察也。其中必有美者焉。」「孔子曰」至「者焉」，見《春秋緯》。此之謂也。莊侍郎曰：「苟一義一法足以斷其凡，則無可凡而皆削而不書。《春秋》非紀事之史也，所以約文而示義也。是故，有單辭，有兩辭，有複辭，有衆辭。衆辭，可凡而不可凡也；複辭，可要而不可要也；兩辭，備矣，可益而不可益也；單辭，明矣，可殊異而不可殊也，故曰『游、夏之徒不能贊一辭』也。」

循天之道第七十七

張編修曰：「此下諸篇，多錯簡缺誤。就其明者正之，餘不敢强說。」

循天之道以養其身，謂之道也。天有兩和，以成二中。歲立其中，用之無窮。是北方之中，用合陰而物始動於下，南方之中，用合陽而養始美於上。其動於下者，官本按：「他本『其』字誤移在『上』字之上。」不得東方之和不能生，中音「仲」。春是也；其養於上者，不得西方之和不能〔一一四〕成，中音「仲」。秋是也。然則天地之美惡，按，王本「不能成」三字誤移在此句下。在兩和之處，二中之所來歸而遂其爲也。是故和，官本按：「他本無『和』字。」東方生而西方成。東方和生，官本按：「他本無『生』字。」北方之所起前；官本按：「他本無『前』字。」而西方和成，南方之所養長。起之，不至於和之所不能生；養長之，不至於和之所不能成。成於和，生必和也；始於中，止必中也。中者，天下之所終始〔一一五〕也；官本按：「他本無『始』字。」而和者，天地之所生成也。《中庸》：「致中和，天地位焉，萬物育焉。」疏：「言人君所能致極中和〔一一六〕，使陰陽不錯，則天地得其正位焉；生成得理，故萬物得其養育〔一一七〕焉。」夫德莫大於和，而道莫正於中。官本按：「正，他本作『止』。」中者，天地之美達理也，聖人之所保守也。《詩》云：「不剛不柔，布政優優。」此非中和之謂歟？是故能以中和理天下者，其德大盛；能以中和養其身者，其壽極命。

男女之法，法陰與陽。《白虎通》：「謂男者，任也，任功業也；女者，如也，從如人也。在家從父母，既嫁從夫，夫没從子也。」《詩》疏：「女是陰也，男是陽也。秋、冬爲陰，春物得陽而生；女則有陰而無陽，故春，女感陽氣而思男。春、夏爲陽，秋物得陰而成；男則有陽而無陰，故秋，士感陰氣而思女也。」陽氣起於北方，至南方而盛，盛極而合乎陰；陰氣起乎中，中音「仲」。夏，至中音「仲」。冬而盛，盛極而合乎陽。不盛不合，是故十月而壹俱盛，官本按：「他本無『壹』字。」終歲而乃再合。天地久節，以此爲常。是故先法之內矣，養身以全，使男子不堅牡不家室，陰不極盛不相接。官本按：「極盛，他本作『盛極』。」是故〔一一八〕身精明，難衰而堅固，壽考無忒，此天地之道也。天氣〔一一九〕先盛牡而後施精，故其精固；地氣盛牝而後化，官本按：「牝，他本作

『托』。」〔一二〇〕故其化良。《大戴禮記》：「故男以八月生齒〔一二一〕，八歲而毁〔一二二〕。一陰一陽，然後成道。二八十六，然後精〔一二三〕通，然後其施行。女七月生齒，七歲而毁。二七十四，然後其化成。」是故陰陽之會，冬合北方而物動於下，夏合南方而物動於上。上下之大動，官本校：「上，他本誤作『止』。」〔一二四〕皆在日至之後。爲寒則凝冰裂地，爲熱則焦沙爛石。師古曰：「凝，堅冰也。」《尸子》曰：「寒，凝冰裂〔一二五〕地。」《釋名》：「熱，爇也，如火所燒爇也。」《吕氏春秋》曰：「湯時，大旱七年，煎沙爛石。」《淮南子》：「陽氣起於東北，盡於西南；陰氣起於西南，盡於東北。陰陽之始，皆調適相似；日長其類，以侵相遠，或熱焦沙，或寒凝水。」氣之精至於是，故天地之化，春氣生而百物皆出，夏氣養而百物皆長，秋氣殺而百物皆死，冬氣收而百物皆藏。《越絶書》范子曰：「臣聞：陰陽氣不同處，萬物生焉。冬三月之時，草木既死，萬物各異藏，故〔一二六〕陽氣避之下藏〔一二七〕，伏壯於内，使陰陽得成功〔一二八〕於外。夏三月，盛暑之時，萬物遂長，陰氣避之下藏，伏壯于内，然而萬物親而信之，是所謂也。陽者主生萬物，方夏三月之時，大熱不至，則萬物不能成；陰氣主殺，方冬三月之時，地不内藏，則根荄不成，即春無生。故一時失度，即四序爲不行。」是故惟天地之氣而精，出入無形，而物莫不應，實之至。君子法乎其所貴。天地之陰陽當男女，人之男女當陰陽；陰陽亦可以謂男女，男女亦可以謂陰陽。天地之經，生至東方之中，而所生大；養至西方之中，而所養大。成一歲，四起業，而必於中。中之所爲，而必就於和，故曰「和其要」也。和者，天之正也，陰陽之平也，官本校：「平，一作『年』〔一二九〕。」其氣最良，官本校：「他本下有『爲』字。」〔一三〇〕物之所生也。《淮南子》：「天地之氣，莫大於和。和者，陰陽調，日夜分而生物。春分而生，秋分而成。生之與成，必得和之精。故聖人之道，寬而栗，嚴而温，柔而直，猛而仁。太剛則折，太柔則卷。聖人正在剛柔之間，乃得道之本。積陰則沈，積陽則飛。陰陽相接，乃能成和。」誠擇其和者，以爲大得天地之奉也。天地之道，雖有不和者，必歸之於和，而所爲有功；雖有不中者，必止之於中，而所爲不失。是故陽之行，始於北方之中，而止於南方之中；陰之行，始於南方之中，而止於北方之中。陰陽之道不同，至於盛，而皆止於中；其所始起，皆必於中。中者，天地〔一三一〕之太極也，日月之所至而却也。長短之隆，不得過中，天地之制也。兼和與不和、中與不中而時用之，盡以爲功。是故時無不時者，天地之道也。順天之道，節者，天之制也；陽者，天之寬也；陰者，天之急也；中者，天之用也；和者，天之功也。舉天地之道而美於和，是故物生皆貴氣而迎養之。孟子曰「我〔一三二〕善養吾浩然之氣」者也，謂行必終禮而心自〔一三三〕喜，常以陽得生其意也。公孫之養氣曰：「裏藏原注：「二字〔一三四〕未詳。」桉，「裏藏」謂藏府。泰實則氣不通，泰虛則氣不足；熱勝則氣寒；原注：「此下疑少五字。」泰勞則氣不入，泰佚則氣宛至；怒則氣高，喜則氣散，憂則氣狂，懼則氣懾。凡此十者，氣之害也，而皆生於不中和。故君子怒則反中而自説以和，喜則反中而收之以正，憂則反中而舒之以意，懼則反中而實之以精。」夫中和之不可不反如此，故君子道至氣則華〔一三五〕而上。凡氣從心。心，氣之君也，何爲而氣不隨也？是以天下之道者皆言内，心其本也。故仁人之所以多壽者，外無貪而内清淨，心和平而不失中正，取天地之美以養其身，是其且多且治。鶴之所以壽者，無宛氣於中，《相鶴經》：「大喉以吐故，修頸以納新，故生大壽，不可量。」《初學記》引《繁露》作：「鶴知夜半。鶴所以壽者，無死氣于中也。」是故食冰。猿之所以壽者，好引其末，是故氣四越。《初學記》：「《繁露》曰：『猿似猴，大而黑，長前臂。所以壽八百，其氣也周〔一三六〕。』」《枹朴子》：「猿壽五百歲，則變爲玃。」《格物總論》：「猿惟通臂輕身，故善緣；能引氣，故壽。」天氣常下施於地，官本桉：「下，他本誤作『不』。」是故道者亦引氣於足；天之氣常動而不滯，是故道者亦不宛氣。苟不治，雖滿不虛。是故君子養而和之，節而法之，去其群泰，取其衆和。高臺多陽，廣室多陰，遠天地之和也，故人弗〔一三七〕爲，適中〔一三八〕而已矣。《吕氏春秋》曰：「室大多陰，臺高多陽。多陰則蹷，多陽則痿，不適之患也〔一三九〕。」《詩名物疏》引作：「董子云：『天子之宫，右清廟，左凉室，前明堂，後路寢。四室者，足以避寒暑而不高大也。夫高室近陽，廣室多陰，故室適形而止。』」《御覽》引《繁露》作：「廣室多陰，遠天地之和也，故聖人弗爲。」法人八尺，四尺，其中也。《説文》：「周制以八寸爲尺，十尺爲丈。人長八尺，故曰丈夫。」「周制寸、尺、咫、尋、常、仞諸度量，皆以人之體爲法。」宫者，中央之音也；甘者，中央之味也；四尺者，中央之制也。是故三王之禮，味皆尚甘，聲皆尚和。處其身，所以常自漸於天地之道。其道同類，一氣之辨也。法天者，乃法人之辨。天之道，嚮秋冬而陰來，嚮春夏而陰去。是故古之人，霜降而迎女，冰泮而殺内，「殺」，去聲。《荀子》：「霜降送女，冰泮殺内，十日一御。」注：「殺，減也。内，謂妾御也。十日一御，即殺内之義。」《風俗通》：「冰解曰泮。」桉，《初學記》注：「董仲舒論曰：『聖人以男女、陰陽，其道同類。天道，向秋冬爲〔一四〇〕陰氣結，向春夏爲陰氣去，故曰：霜降逆女，冰泮而止殺。』」與陰俱近，與陽遠也。天地之氣，不致盛滿，不交陰陽。《白虎通》：「嫁娶必以春者，春，天地交通、陰陽交接之時也。」是故君子甚愛氣而游于房，以體天也。氣不傷於以盛通，而傷於不時、官本桉：「傷，他本誤作『傖』。」天并。不與陰陽俱往來，謂之不時；恣其欲而不顧天數，謂之天并。君子治身，不敢違天。是故新牡十日而一遊於房，中年者倍新牡，始衰者倍中年，中衰者倍始衰，大衰者以月當新牡之日，《内則》〔一四一〕：「妾雖老，未滿五十，必預〔一四二〕五日之御。年五十，不御，俱〔一四三〕爲助衰也。至七十，大衰，食非肉不飽，寢非人不暖，故七十復開房也。」《白虎通》：「男子六十閉房，何？所以補〔一四四〕衰也。」而上與天地同節矣。此其大略也，然而其要，皆期於不極盛不相遇。疏春而曠夏，謂不遠天地之數。民皆知愛其衣食，而不愛其天氣。天氣之於人，重於衣食。衣食盡，尚猶有；間氣而立終。故養生之大者，乃在愛氣。氣從神而成，神從意而出。心之所之，謂意。意勞者神擾，神擾者氣少，氣少者難久矣。《司馬遷傳》：「凡人所生者，神也；所托者，形也。神太用則竭，形太勞則敝，形神離則死。死者不可復生，離者不可復合，故聖人重之。」故君子閑欲止惡以平意，平意以靜神，官本校：「靜，他本作『凈』。下同。」靜神以養〔一四五〕氣。氣多而治，則養身之大者得矣。官本校：「身，他本誤作『人』。」古之道士有言曰：《新序》：「介子推曰：『謁而得位，道士不居也。』」「將欲無陵，固守一德。」此言神無離形，則氣多內充而忍饑寒〔一四六〕也。和〔一四七〕樂者，生之外泰也；精神者，《白虎通》：「精神者，何謂也？精者，靜也，太陰施化之氣也，象火之化，任生也；神者，恍惚，太陰之氣也。」生之內充也。外泰不若內充，而况外傷乎？忿恤憂恨者，官本校：「恤憂，他本作『憂恤』。」生之傷也；「也」，王本誤作「亡」。和說勸善者，生之養也。君子慎小物，而無大敗也。行中正，聲響榮，氣意和平，居處虞樂，可謂養生矣。凡養生者，莫精於氣。張編修曰：「此下當接下篇『是故春襲』至〔一四八〕『群物皆生而〔一四九〕』而止，再接『此物獨生』至末。」是故春襲葛，夏居密陰，秋避殺風，冬避重漯〔一五〇〕，就其和也。衣欲常漂，韋昭曰：「以水擊絮爲漂。」食欲常饑，體欲常勞，而無常〔一五一〕佚居多也。師古曰：「『佚』與『逸』同。」《公孫尼子》：「孔子有疾，哀公使醫視之。醫曰：『居處飲食何如？』子曰：『丘春居葛籠，夏居密楊，秋不風，冬不煬。飲食不饋，飲酒不醉〔一五二〕。』醫曰：『是良醫也。』」凡天地之物，乘以〔一五三〕其泰而生，厭於其勝而死，《家語》孔子曰：「化於陰陽，象形而發，謂之生；化窮數盡，謂之死。」四時之變是也。故冬之水氣，東加於春而木生，乘其泰也；春之生，西至金而死，厭於勝也。生於木者，至金而死；《淮南子》：「故禾，春生秋死。」注：「木王而生，金王而死。」生於金者，至火而死。《淮南子》：「麥，秋生夏死。」注：「麥，金也。金王而生，火王而死。」春之所生而不得過秋，秋之所生不得過夏，天之數也。飲食臭味，每至一時，亦有所勝、有所不勝之理，不可不察也。四時不同氣，氣各有所宜；宜之所在，其物代美。視代美而代養之，同時美者雜食之，是皆其所宜也。故薺以冬美，《淮南子》：「薺，冬生夏〔一五四〕死。」仲舒《雨雹對》云：「建巳之月爲純陽，不容都無復陰也，但陽氣之極耳。薺、麥枯，由陰殺也。建亥之月爲純陰，不容都無復陽也，但陰氣之極耳。薺、麥始生，由陽升也。」而荼以夏成，桉：「荼」，盧本作「芥」，王本作「芬」，皆誤，當作「荼」。《爾雅》：「荼，苦菜。」《月令》孟夏云：「苦菜秀。」《易統〔一五五〕通卦驗玄圖》云：「苦菜生于寒，經〔一五六〕冬歷春，得夏乃成。」故知「荼」字爲是。且與「薺」連文，《詩》曰：「誰謂荼苦？其甘如薺。」作「芥」、作「芬」，皆無據也。此可以見冬夏之所宜服矣。冬，水氣也；薺，甘味也。乘於水氣而美者，甘勝寒也。《爾雅》：「蒫，薺實。」《詩》：「其甘如薺。」《淮南子》：「薺冬生，仲夏死。」注：「薺，水也。冬水王而生，土王而死。」《廣韻》：「甘菜。」《金匱玉衡經》：「冬至，陽氣在子，萬物蟄藏。薺麥之類，得冬始生，皆非正氣。」「薺」之爲言「濟」與！《釋名》：「薺〔一五七〕，濟也，其諸味相濟成也。」濟，大水也。夏，火氣也；荼，苦味也。乘於火氣而成者，苦勝暑也。《淮南子》：「苦菜秀。」注：「苦菜味苦，感火之味而成。」天無所言，而意以物。物不與群物同時而生死者，必深察之，是天所告人也。故薺成告之甘，荼成告之苦也。君子察物而成告謹，是以至薺不可食之時，而盡遠甘物，至荼成就也。天獨所〔一五八〕代之成者，君子獨代之，是冬夏之所宜也。春秋雜物其和，而冬夏代服其宜，則當得天地之美，四時和矣。凡擇味之大體，各因其時之所美〔一五九〕，而違天不遠矣。盧注：「舊本『各因』二字誤作『冬』字，『之所』倒作『所之』。」是故當百物大生之時，群物皆生，而此物獨死。舊本「此物」上，有「故天下之君」五字，衍。此處接前「可食者」至末。可食者，告其味之便於人也；其不食者，告殺穢除害之不待秋也。當物之大枯之時，群物皆死，如此物獨生。官本校：「如，他本誤作『知』。」「如」「而」通。其可食者，益食之，天爲之利人，獨代生之；其不可食，益畜之。天愍州華之間，故生宿麥，中歲而熟之。官本校：「中，他本作『正』。」《漢書》：「仲書説上曰：『《春秋》他穀不書，至于麥禾不成則書之，以此見聖人于五穀，最重宿麥〔一六〇〕。』」《漢・武紀》：「遣謁者勸有水災郡種宿麥。」注：「師古曰：秋冬種之，經歲乃熟，故曰宿麥。」《氾勝之書》曰：「凡田六道，種麥爲首。『子欲富，黄金覆』，謂曳柴壅麥根也。夏至後七十日，寒地可種宿麥。」陶隱居云：「麥有大、小、穬。『穬』即宿麥。」君子察物之異，以求天意，大可見矣。是故男女體其盛，臭味取其勝，居處就其和，勞佚居其中，寒煖無失適，饑飽無失平〔一六一〕，官本校：「平，他本誤作『乎』。」欲惡度禮〔一六二〕，動静順性〔一六三〕，喜怒止於中，憂懼反之正。此中和常在乎其身，謂之大得天地泰。官本校：「他本無『大』字。」大得天地泰者，官本校：「他本無『大』字。」其壽引而長；不得天地泰者，其壽傷而短。短長之質，人之所由受於天〔一六四〕也。是故壽有短長，養有得失。及至其末〔一六五〕之大卒，而必讎於此，莫之得離，故「壽」之爲言猶「讎」也。《漢書・律曆志》：「廣延宣問，以考星度，未能讎也。」「讎」，相當也。天下之人雖衆，不得不各讎其所生，而壽夭於其所自行〔一六六〕：自行可久之道者，其壽讎于久；自行不可久之道者，其壽亦讎於不久。久與不久之情，官本校：「他本脱『與不久』三字。」各讎其平生之所行，今如後至，不可得勝，官本校：「今如，他本倒〔一六七〕。」故曰：「壽者，讎也。」然則人之所自行，乃與其壽夭相益損也：其自行佚而壽長者，命益之也；其行〔一六八〕端而壽短者，命損之也。以天命之所損益，疑人之所得失，此大惑也。是故天長之而人傷之者，其長損；天短之而人養之者，其短益。夫損益〔一六九〕者皆人，官本校：「夫，他本誤作『失』。」人其天之繼歟！出其質而人弗〔一七〇〕繼，豈獨立哉！官本校：「立，他本作『哀』。」附校：「似當作『豈不哀哉』。」

校勘記

〔一〕「不可黨」，《漢魏叢書》本、抱經堂本《白虎通》并作「不阿黨」。

〔二〕「食」，計臺本、殿本、盧本下并有「於」字。

〔三〕「羔有角」，諸本下并衍「者」字，據殿本、盧本及本書正文刪。

〔四〕「羔乃有其類天」，稿本、蜚雲閣本、彙函本、畿輔本、龍谿本并作「類其天」，續經解本作「羔乃類其天」，并與「凡二十七字」不同，據計臺本、殿本、盧本補。

〔五〕「係」，續經解本無。

〔六〕「曰」，計臺本作「仁」。

〔七〕「莫」，計臺本、殿本、盧本作「末」。

〔八〕「毉」，計臺本、殿本、盧本作「醫」。

〔九〕「穢」，續經解本作「薉」，與《廣雅·釋詁下》同。

〔一〇〕「鄭玄曰」，續經解本作「禮記注」。

〔一一〕「官本桉」云云，今殿本無此校語，盧校云：「本一作『磨』。」

〔一二〕「繞」，計臺本、殿本作「燒」，殿本校云：「他本『燒』作『繞』。」

〔一三〕「公之德全」，與《漢魏叢書》本《白虎通》同，抱經堂本《白虎通》作「明公侯之德全也」。

〔一四〕「於天」，計臺本、殿本、盧本作「天子」，盧校：「『天子』，錢疑是『于天』之訛。」

〔一五〕「弛」，計臺本作「弛」，盧本作「阤」。

〔一六〕「祇」，計臺本、殿本、盧本、續經解本作「祇」。注同。

〔一七〕「桴楫」，計臺本、殿本、盧本作「浮灄」，盧校：「疑『桴楫』之訛。」

〔一八〕「止」，諸本并作「正」，據殿本校語改。

〔一九〕「惟」，計臺本作「唯」。

〔二〇〕「水則源泉」以下，諸本合上爲一節，與計臺本、殿本同，盧本提行。

〔二一〕「小間」，稿本、蜚雲閣本、彙函本、龍谿本并作「問」，據計臺本、殿本、盧本、續經解本、畿輔本改。

〔二二〕「山作止」，盧校本作「『山而』作『止之』」。

〔二三〕「而生」，計臺本、殿本無「而」字。

〔二四〕「作」，諸本并奪，據盧本補。

〔二五〕「詣」，《文獻通考》卷七十七作「若」。

〔二六〕「其馨香進，旨酒嘉」，張校云：「《論衡》『其』作『共』。」案，《論衡·明雩篇》作「共馨香，奉進旨嘉」。

〔二七〕「家人」，計臺本、殿本無「人」字。

〔二八〕「中霤禮」，張校云：「《月令》注『祀户之禮』上，無『中霤禮』三字。」

〔二九〕「如」，蜚雲閣本、彙函本、龍谿本、畿輔本并作「于」，據《禮記正義》卷十四、稿本、續經解本改。阮氏《校勘記》云：「閩、監、毛本『如』誤『于』。」

〔三〇〕「暴之，是虐之也。巫能接神」，《禮記正義》卷十作「暴之是虐，巫主接神」。

〔三一〕「覝」，稿本、蜚雲閣本、龍谿本并作「覞」，據彙函本、續經解本、畿輔本改。

〔三二〕「陛」，稿本、蜚雲閣本、彙函本、畿輔本、龍谿本并作「陞」，據《史記》卷二十八、續經解本改。

〔三三〕「倉」，與《禮記正義》卷四同，龍谿本誤作「蒼」。

〔三四〕「辨」，諸本并作「變」，據《周禮注疏》卷五改。

〔三五〕「匹」，蜚雲閣本、彙函本、續經解本、畿輔本、龍谿本并作「亡」，據稿本、《說文》「膊」字注改。

〔三六〕「清潔辯言利辭者以爲祝」，計臺本作「清潔辯言利辭者以柷」，殿本作「清潔辯言利辭者以祝」，盧本作「潔清辯利者以爲祝」，盧校：「舊本作『清潔辯言利辭者』，又考宋本作『清潔辯言』，又或作『辯口』。」

〔三七〕「成實」，計臺本、殿本作「成」。

〔三八〕「孳」，稿本、蜚雲閣本、彙函本、龍谿本并作「滋」，據續經解本、畿輔本改。

〔三九〕「時」，諸本并奪，據《說文》及《文選・魏都賦》李善注引、《後漢書・明帝紀》李賢注引補。

〔四〇〕「使」，張校云：「《類聚》『使』作『便』。」

〔四一〕「利」，《四庫全書》本《類聚》卷一百作「到」。

〔四二〕「内吏」，《類聚》卷一百作「内史」。

〔四三〕「大撓」，《續漢書・律曆志》注作「大橈」。

〔四四〕「鄭注《易》曰」云云，張校云：「本《禮記・月令》注，『鄭注』上宜標明。」

〔四五〕「濇」，續經解本作「濇」。張校云：「《說文》下有『也』字，『濇』當作『濇』。」

〔四六〕「盧注」云云，盧本正文作「鑿」，無校語；計臺本、殿本正文作「諸里」，亦無校語。

〔四七〕「集聚，應時輒雨」，《焦氏易林》卷七作「雲雷集聚，應時輒下」。

〔四八〕「深二尺」，盧本、續經解本作「深一尺」，與《藝文類聚》卷一百、《通典》卷四十三同。

〔四九〕「三歲雄鷄」，盧本下有「與」字，與《藝文類聚》卷一百、《通典》卷四十三同。

〔五〇〕「從犬作猪者」，畿輔本作「從犬作豬者」，《知不足齋叢書》本《五經文字》卷二作「從犬」。

〔五一〕「水出地」，張校云：「《管子》作『水出於地』。」

〔五二〕「據禮志補之字」，計臺本、殿本、盧本正文均有「之」字。

〔五三〕「决」，盧本無，與《通典》卷四十三同。

〔五四〕「官本桉」云云，今殿本無。計臺本、殿本正文作「以」，盧本正文作「報以」。

〔五五〕「夏求雨」以下各節，計臺本、殿本均不提行。

〔五六〕「祀灶」，彙函本作「記灶」，續經解本作「祀竈」。張校云：「『灶』當作『竈』。餘仿此。」

〔五七〕「莊子」云云，張校云：「《莊子》無此語，陸氏《釋文》：『司馬云：髻，竈神，著赤衣，狀如美女。』《古經解彙函》本作『浩，竈神也』，并誤。」案，《史記》卷十二《索隱》作「司馬彪注《莊子》」，此疑奪「司馬彪注」四字；「沈」，稿本、彙函本、續經解本并作「浩」，《索隱》作「髻」。

〔五八〕「黄衣」，《後漢書》卷六十二、《藝文類聚》卷八十并作「衣黄衣」。

〔五九〕「清曰泉」，《釋名·釋宫室》作「清也泉之」。

〔六〇〕「或云五斛」，《太平御覽》卷七百五十七作「或曰二斛」。

〔六一〕「杵臼」，計臺本、殿本、盧本作「臼杵」。

〔六二〕「易繫辭斷木爲杵掘地爲臼」，續經解本無。

〔六三〕「擣」，龍谿本作「禱」。張校云：「《禮·雜記》注作『擣鬱』。」

〔六四〕「官本附桉」云云，盧校云：「辭，當依下文作『祠』。《通志》無此字。」

〔六五〕「各長」，計臺本、殿本作「長各」。
〔六六〕「曰」，與《漢書》卷八十九同，續經解本奪。
〔六七〕「社」，計臺本、殿本無。
〔六八〕「酒脯」，盧本、續經解本作「具酒脯」，與《藝文類聚》卷一百同。
〔六九〕「元封」，諸本并作「元狩」，據《後漢書・禮儀志中》注、《通志・禮略一》改。
〔七〇〕「祀」，與《禮記正義》卷十六同，彙函本作「記」。
〔七一〕「母肫」，計臺本、殿本、盧本作「母飩」。殿本校云：「他本闕『母飩』二字。」盧校：「『母飩』舊脱，今以劉昭注及《通典》增补。」
〔七二〕「各」，計臺本、殿本作「名」。
〔七三〕「官本桉」云云，盧本正文有「老者」二字，計臺本、殿本正文無，殿本無此校語。
〔七四〕「日」，盧本、稿本、龍谿本作「曰」。
〔七五〕「社」，盧本作「壯」。
〔七六〕「壯」，計臺本作「牡」。殿本校云：「他本『壯』誤作『牲』。」
〔七七〕「沾」，計臺本注：「未詳。」殿本引原注同。
〔七八〕「□」，稿本、蜚雲閣本、彙函本、畿輔本、龍谿本無，據盧本、續經解本補。「北方」下，計臺本有注：「下疑少一字。」殿本引原注同。盧本據此補入，謂所闕「共四十八字」。
〔七九〕「此書」，諸本奪「此」字，據盧本補。
〔八〇〕「夏旱」，張校云：「『夏旱』上，宜標『六年』。」

〔八一〕「官本按」云云，今殿本無。許臺本、盧本正文作「祠」。下「家人祀井」案語同。

〔八二〕「太昊」，殿本作「大昊」，無校語；盧本作「少昊」，盧校云：「舊本作『太昊』，訛。今依《通典》改正。」

〔八三〕「以」，許臺本、殿本無。

〔八四〕「毋」，許臺本、殿本、盧本并作「無」。

〔八五〕「本行記」，即《廣黄帝本行記》，續經解本作「五行記」。

〔八六〕「五祀」，與《太平御覽》卷五百二十九同，畿輔本作「五祠」。

〔八七〕「古聖」，續經解本作「聖」，《太平御覽》卷五百二十九作「古賢」。

〔八八〕「水正」，《禮記正義》卷十七作「水官」。

〔八九〕「冬北」，《禮記正義》卷十七、稿本、畿輔本、龍谿本并作「東北」，據彙函本、續經解本、《玉燭寶典》十改。

〔九〇〕「上丘」，《山海經·大荒東經》、續經解本作「之丘」。

〔九一〕「湯」，《淮南子·墬形訓》注下有「遭」字。

〔九二〕「命」，許臺本、殿本、盧本作「令」。

〔九三〕「旱或作卑誤」，殿本校云：「他本『旱』誤作『卑』。」盧本作「旱，或一作卑」。

〔九四〕「廣韻」，諸本誤作「玉篇」。張校云：「《玉篇》無此注。《廣韻》『瀆』字注：『《説文》曰：「溝也。一曰，邑中溝。」凌氏作『玉篇』，誤。」今據改。

〔九五〕「嗟」，許臺本、殿本作「諸」。

〔九六〕「社」，計臺本作「皷」。

〔九七〕「武帝五年」，《後漢書·禮儀志中》注引《漢舊儀》作「成帝三年六月」，《通典》卷四十三、《文獻通考》卷七十七作「成帝五年六月」，《太平御覽》卷五百二十六作「五年」。

〔九八〕「八月」，諸本并奪，據計臺本、殿本、盧本補。「甲申」，計臺本、殿本作「庚申」。又，「二十一年」以下，盧本提行。

〔九九〕「少府内史」，張校云：「《百官公卿表》『内史』條，上無『少府』二字；前『少府』條云『秦官』，凌氏概作『周官』，誤。」案，「少府」二字，疑涉《百官表》水衡都尉條「皆屬少府」而衍。

〔一〇〇〕「詣」，計臺本、殿本作「諸」，計臺本注：「一作『詣』。」殿本引原注同。

〔一〇一〕「人賜」，計臺本、殿本作「賜人」，盧校云：「舊本『人賜』倒，錢改正。」

〔一〇二〕「以木」，《太平御覽》卷七百五十九下有「爲之」二字。

〔一〇三〕「杌」，計臺本作「机」，殿本作「機」，殿本校云：「他本『機』作『杌』，下同。」

〔一〇四〕「法」，龍谿本作「注」。

〔一〇五〕「麪」，續經解本、畿輔本作「麫」，計臺本、殿本、盧本并作「麷」。

〔一〇六〕「用」，《周禮注疏》卷四十一作「皆用」。

〔一〇七〕「烝」，計臺本、殿本、盧本、龍谿本「蒸」。下「烝言衆也」同。

〔一〇八〕「恭」，盧本、續經解本作「躬」。

〔一〇九〕「享」，計臺本作「亨」。

〔一一〇〕「他本見不見誤在此句下」，殿本作「『見不見之見者』六字，他本作『之見者見不見』」。

〔一一一〕「如不祭」，諸本奪，據《儀禮注疏》卷四十四補。

〔一一二〕「常」，計臺本、殿本、盧本作「恒」。

〔一一三〕「復」，計臺本作「複」。盧校云：「『復』與『複』同。」

〔一一四〕「不能」，計臺本作「不得」。

〔一一五〕「所終始」，彙函本、續經解本、畿輔本作「終始」，龍谿本作「始終」，據計臺本、殿本、盧本、稿本改。

〔一一六〕「中和」，諸本并作「中庸」，據《禮記正義》卷五十二改。張校云：「按《中庸》疏，『中庸』當作『中和』。」

〔一一七〕「養育」，諸本并作「生育」，據《禮記正義》卷五十二改。張校云：「疏『生育』本作『養育』。」

〔一一八〕「是故」，計臺本作「是以故」。

〔一一九〕「天氣」，諸本并作「天地」，據計臺本、殿本、盧本改。

〔一二〇〕「官本桉」云云，今殿本無。

〔一二一〕「八月生齒」，張校云：「《大戴記》『八月』下有『而』字。」

〔一二二〕「毀」，《大戴禮記·本命》作「毀齒」，《文王世子》疏引作「齔」。

〔一二三〕「精」，《大戴禮記·本命》作「情」。

〔一二四〕「官本桉」云云，今殿本無。

〔一二五〕「裂」，稿本、彙函本、續經解本、龍谿本并作「烈」，據畿輔本、《文選》卷八改。

〔一二六〕「故」，與《越絶書》同，續經解無。

〔一二七〕「下藏」，稿本、彙函本、畿輔本、龍谿本作「藏」，據續經解本、《越絶書》補。張校云：「《越絶書》『藏』字上有『下』字。」

〔一二八〕「功」，諸本奪，據《越絶書》補。

〔一二九〕「年」，諸本并作「半」，據殿本改。

〔一三〇〕「他本下有爲字」，今殿本無此校語，而正文「氣」字下有校語云：「他本下有『於』字。」

〔一三一〕「天地」，彙函本、續經解本誤作「天下」。

〔一三二〕「我」，稿本、蜚雲閣本、彙函本、畿輔本、龍谿本并作「吾」，據計臺本、殿本、盧本、續經解本、《孟子·公孫丑上》改。

〔一三三〕「自」，計臺本、殿本作「目」，盧校云：「自，舊本作『目』，訛。」

〔一三四〕「二字」，計臺本、殿本作「三字」，指「曰裹藏」。

〔一三五〕「氣則華」，計臺本作「而革」，殿本作「而華」。計臺本「而」下注云：「一作『氣則』。」殿本引原注同。

〔一三六〕「所以壽八百，其氣也周」，《初學記》卷二十九作「壽八百，好引其氣也。周索氏《孝子傳》云云。此「周」字衍。

〔一三七〕「弗」，殿本誤作「勿」。

〔一三八〕「適中」，計臺本、殿本作「適之」，盧校云：「中，舊本作『之』，誤。」

〔一三九〕「室大多陰」云云，《吕氏春秋·孟春紀·重己》作「室大則多陰，臺高則多陽。多陰則蹷，多陽則痿，此陰陽不適之患也」，《太平御覽》卷七百二十引「蹷」作「蹶」，餘并同。

〔一四〇〕「爲」，《初學記》卷十四作「而」。下「爲陰氣去」同。

〔一四一〕「内則」，張校云：「自『妾雖老』至『復開房也』，皆《白虎通》解《内則》文，宜標『白虎通』。」

〔一四二〕「預」，《白虎通·嫁娶》《禮記·内則》并作「與」。

〔一四三〕「年五十不御俱」，諸本奪，據《白虎通·嫁娶》補。

〔一四四〕「補」，《白虎通·嫁娶》作「輔」。

〔一四五〕「養」，計臺本下注云：「一作『愛』。」殿本引原注同。

〔一四六〕「饑寒」，計臺本作「飢寒」。下「食欲常饑」同。

〔一四七〕「和」，計臺本、殿本作「知」，盧校云：「和，舊本作『知』，誤。」

〔一四八〕「至」，稿本、蜚雲閣本、畿輔本、龍谿本衍一「至」字，據彙函本、續經解本删。

〔一四九〕「而」，彙函本奪。

〔一五〇〕「漯」，續經解本作「濕」。盧校云：「漯，疑是『濕』訛。」

〔一五一〕「常」，計臺本、殿本、盧本并作「長」。

〔一五二〕「醉」，《太平御覽》卷七百二十四作「勸」，卷二十一作「勤」。

〔一五三〕「以」，計臺本作「於」，盧校：「錢云：『計臺本作「乘於其泰而生」。』」

〔一五四〕「夏」，《藝文類聚》卷八十二、《太平御覽》卷九百八十作「而夏」，《淮南子·墬形訓》及《太平御覽》卷八百三十七作「仲夏」。

〔一五五〕「統」，諸本并奪，據《顔氏家訓·書證篇》補。

〔一五六〕「經」，《顔氏家訓·書證篇》作「更」。

〔一五七〕「薺」，《釋名·釋飲食》、《北堂書鈔》卷一百四十六引作「齏」；下「其諸味」，并作「與諸味」。
〔一五八〕「獨所」，盧本作「所獨」。
〔一五九〕「各因其時之所美」，計臺本、殿本作「冬其時所之美」。
〔一六〇〕「宿麥」，《漢書·食貨志上》作「麥與禾也」，《藝文類聚》卷八十五作「粟麥」。
〔一六一〕「饑飽無失平」，計臺本作「飢飽無過平」，殿本、盧本并作「饑飽無過平」。
〔一六二〕「禮」，計臺本、殿本、盧本并作「理」。
〔一六三〕「性」，計臺本、殿本、盧本作「性命」。
〔一六四〕「所由受於天」，計臺本作「所曰受於人」，殿本作「所由受於人」。
〔一六五〕「末」，盧本、續經解本、龍谿本并作「未」。
〔一六六〕「於其所自行」，計臺本、殿本作「與其所以日」，盧校云：「舊本作『壽夭與其所以日』，誤。」
〔一六七〕「今如他本倒」，殿本作「他本『今如』作『如今』」，稿本作「今如，他本作『如今』」。
〔一六八〕「其行」，盧本、續經解本作「其自行」。
〔一六九〕「損益」，計臺本、殿本作「損夭」。
〔一七〇〕「弗」，殿本作「勿」。

春秋繁露卷十七

天地之行第七十八

天地之行，美也。張編修曰：「此下當接下『是以天高』至『伏節死義』，再接『難不惜其命』至『臣之功也』。此篇之文，止此。『代四時也』是《如天之爲篇》文。」是以天高其位而下其施，藏其形而見其光，序列星而近至精，考陰陽而降霜露。高其位，所以爲尊也；下其施，所以爲仁也；藏其形，所以爲神也；見其光，所以爲明也；序列星，所以相承也；近至精，所以爲剛也；考陰陽，所以成歲也；降霜露，所以生殺也。爲人君者，其法取象于天也。官本校：「取，他本誤〔一〕『最』。」故貴爵而臣國，所以爲仁也；深居隱處，不見其體，所以爲神也；任賢使能，觀聽四方，所以爲明也；量能授官，賢愚有差，所以相承也；引賢自〔二〕近，以備股肱，《書》：「臣作朕股肱耳目。」所以爲剛也；考實事〔三〕功，次序殿最，所以成世也；有功者進〔四〕，無功者退，所以賞罰也。是故天執其道，爲萬物主；君執其常，爲一國主。天〔五〕不可以不剛，主〔六〕不可以不堅。天不剛，則列星亂其行；主不堅，則邪臣亂其官。《漢書》丁鴻上封事：「天不可以不剛，不剛則三光不明；王不可以不強，不強則宰牧縱横。」其説本此。星亂則亡其天，臣亂則亡其君。故爲天者務剛其氣，爲君者務堅其政。剛堅，然後陽道制命。地，卑其位而上其氣，暴其形而著其情，受其死而獻其生，成其事而歸其功。卑其位，所以事天也；上其氣，所以養陽也；暴其形，所以爲忠也；著其情，所以爲信也；受其死，官本桉：「死，他本作『形』。」所以藏終也；獻其生，所以助明也；成其事，所以助化〔七〕也；盧注：「化，舊本誤作『位』。今據下文改正。」歸其功，所以致義也。爲人臣者，其法取象於地。故朝夕進退，奉職應對，所以事貴也；供設飲食，候視疢疾〔八〕，所以致養也；委身致命，事無專制，所以爲忠〔九〕也；盧注：「爲忠，舊本亦作『致養』，誤。今改正。」竭愚寫情，不飾其過，所以爲信〔一〇〕也；盧注：「爲信，舊本作『爲忠』，誤。今據上文改正。」伏節死義〔一一〕，難不惜其命，所以救窮也；推進光榮，褒揚其善，所以助〔一二〕明也；受命宣恩，輔成君子，所以助化也；功成事就，歸德於上，所以致義也。是故地明其理，爲萬物母；臣明其職，爲一國宰。母不可以不信，宰不可以不忠。母不信，則草木傷其根；宰不忠，則奸臣危其君。根傷，則亡其〔一三〕枝葉；君危，則亡〔一四〕其國。故爲地者務暴其形，爲臣者務著其情。一國之君，其猶一體之心也：隱居深宫，若心之藏於胸；至貴無與敵〔一五〕，官本桉：「敵，他本誤作『適』。」若心之神，無與雙也。其官人上士，高清明而下重濁，若身之貴目而賤足也；任群臣，無所親，若四肢之各有職也；內有四輔，若心之有肺、肝〔一六〕、脾、腎也；《春秋元命包》：「目者，肝之使；肝者，木〔一七〕之精，蒼龍之位也。鼻者，肺之使；肺者，金之精，制割立斷。耳者，心之候；心者，火之精，上爲張星，成于五，故人心長五寸。陰者，腎之寫；腎者，水之精，上爲虛、危。口者，脾之門户；脾者，土之精，上爲北斗，主變化者也。『脾』〔一八〕之爲言『附著』也，如龍蟠虎伏，合附著也。」外有百官，若心之有形體孔竅也；親聖近賢，若神明皆聚於心也；上下相承順，若肢體相爲使也；布恩施惠，若元氣之流皮毛腠理也；《素問》云：「西方生燥，燥生金，金生辛，辛生肺，肺生皮毛。」《呂氏春秋》伊尹曰：「用新棄陳，腠理遂通。」〔一九〕高誘曰：「腠理，肌脉也。」百姓皆得其所，若流血氣和平，「流」字衍。形體無所苦也；無爲致太平，《兔園策》注：「堯時〔二〇〕，三年耕，餘一年之食，謂之升平；九年耕，餘三年食，謂之登平；二十年耕，餘七年食，謂之太平。」若神氣自通於淵也；致黃龍、鳳皇，若神明之致玉女、芝英也。《詩含神霧》曰：「太華之山，上有明星，玉女主持玉漿，服之成仙。」張揖〔二一〕曰：「玉女，青要、乘弋等也。」《玉符經》：「欲清浄潔白，致其芝英，當得《芝英玉女圖》。」《玉曆通政經》〔二二〕：「芝英者，王者親延耆養〔二三〕，有道則生也。」君明，臣蒙其功，若心之神，體得以全；臣賢，君蒙其恩，若形體之静，而心得以安。上亂，下被其患，若耳目不聰明而手足爲傷也；臣不忠而君滅亡，若形體妄〔二四〕動而心爲〔二五〕之喪。是故君臣之禮〔二六〕，若心之與體：心不可以不堅，君不可以不賢；體不可以不順，臣不可以不忠。心所以全者，體之力也；君所以安者，臣之功也。

威德所生第七十九

天〔二七〕，有和、有德，有平、有威，有相受之意，有爲政之理，不可不審也。春者，天之和也；夏者，天之德也；秋者，天之平也；冬者，天之威也。天之序，必先和然後發德，必先平然後發威。此可以見不和不可以發慶賞之德，不平不可以發刑罰〔二八〕之威；又可以見德生於和，威生於平也。不和無德，不平無威，天之道也。達〔二九〕者以此見之矣。盧注：「達，舊本作『起』，誤。錢據《大典》改。」

我雖有所愉而喜，必先和心以求其當，然後發慶賞以立其德；雖有所忿而怒，必先平心以求其政，劉庶常曰：「『政』與『正』通。」然後發刑罰以立其威。能常若是者，謂之天德。行天德者，謂之聖人。爲人主者，居至德之位，操殺生之勢，以變化民。民之從主也，如草木之應四時也。喜怒當寒暑，威德當冬夏。冬夏者，威德之合也；寒暑者，喜怒之偶也。喜怒之有時而當發，寒暑亦有時而當出，《五經通義》：「日〔三〇〕在牽牛則寒，在東井則暑。牽牛，水宿，宿外遠人，故寒；東井，火宿，宿内近人，故暑。」其理一也。當喜而不喜，猶當暑而不暑；當怒而不怒，猶當寒而不寒也；當德而不德，猶當夏而不夏也；當威而不威，猶當冬而不冬也。喜怒威德之不可以不直處而發也，如寒暑冬夏之不可不當其時而出也，故謹善惡之端。何以效其然也？《春秋》采善不遺小，掇惡不遺大，諱而不隱，罪而不忽，□□〔三一〕以是非，正理以褒貶。喜怒之發，威德之處，無不皆中，其應可以參寒暑冬夏之不失其時而已，故曰「聖人配天」。

如天之爲第八十

陰陽之氣，在上天，亦在人。在人者，爲好惡喜怒；在天者，爲暖清〔三二〕寒暑，出入、上下、左右、前後，平行而不止，未嘗有所稽留滯鬱也。其在人者，亦宜行而無留，若四時之條條然也。夫喜怒哀樂之止動也，此天之所爲人性命者。臨其時盧注：「此下，舊本衍『致上』〔三三〕二字。今删。」而欲發其應，亦天應也，與暖清〔三四〕寒暑之至其時而欲發〔三五〕無異。若留德而待春夏，留刑而待秋冬也，此有順四時之名，實逆於天地之經。在人者，亦天也，奈何其久留天氣，使之鬱滯，不得以其正周行也？是故脱桉，「脱」字是校者所注也。天行，穀朽〔三六〕寅而秋生麥，告除穢而繼乏也。《月令》注：「麥者，接絶續乏之穀，尤重之。」疏：「蔡氏云：『陽氣初胎于酉，故八月薺〔三七〕麥應時而生也。』」所以成功繼乏，以贍人也。師古曰：「贍，足也。」天之生，有大經也；而所周行者，又有害功也。除而殺殛者，殛，吉逆切，音「戟」，誅也。王本誤作「殌」。行急，皆不待時也。天之志也，而聖人承〔三八〕之以治。是故春修仁而求善，秋修義而求惡，冬修刑而致清，夏修德而致寬，此所以順天地，體陰陽。然而方求善之時，見惡而不釋；方求惡之時，見善亦力行〔三九〕；方致清之時，見大善亦立舉之；方致寬之時，見大惡亦力去之，以效天地〔四〇〕之方生之時有殺也，官本桉：「地，他本作『子』。」方殺之時有生也。是故志意隨天地，緩急仿陰陽。然而人事之宜行者，無所鬱滯，且恕於人，順於天人之道兼舉，此謂執其中。天非以春生人，以秋殺人也，當生者曰生，當死者曰死，非殺物之任擬張編修曰：「此下當接上篇〔四一〕《天地之行篇》『代四時也』至末。」代四時也。《鶡冠子》注：「太公調曰〔四二〕：陰陽相照、相蓋、相治，四時相代、相生、相殺。」顔延年曰：「一寒一暑、一往一復爲代，去者爲謝。」而人之所治也，安取久留當行之理，而必待四時也？此之謂壅，非其中也。官本桉：「非，他本誤作『兆』。」人有喜怒哀樂，猶天之有春夏秋冬也。喜怒哀樂之至其時而欲發也，若春夏秋冬之至其時而欲出也，官本桉：「出，他本誤作『忠』。」皆天氣之然也。其宜直行而無鬱滯，一也。天終歲乃一徧此四者，而人主終日不知過此四之數，其理故不可以相待。且天之欲利人，非直〔四三〕其欲利穀也。除穢不待時，況穢人乎！

天地陰陽第八十一

天、地、陰、陽、木、火、土、金、水，九，與人而十者，天之數畢也。故數者至十而止，書者以十爲終，皆取之此。聖人何其貴者？起於天，至於人而畢。畢之外，謂之物。物者，投所貴之端，而不在其中，以此見人之超然萬物之上，而最爲天下貴也。人，下長萬物，上參天地。故其治亂之故，動静順逆之氣，乃損益陰陽之化，而揺蕩四海之内。物之難知者若神，不可謂不然也。今投地死傷而不騰相助，投淖相動而近，《一切經音義》：「淖，奴孝反〔四四〕。《蒼頡篇》云：『深泥也。』」《字林》云：「濡甚曰淖。亦溺也，濕也。」投水相動而逾〔四五〕遠。由原注：「一作『猶』。」此觀之，夫物逾淖，而逾易變動揺蕩也。王本「逾」字皆作「愈」。今氣化之淖，非直水〔四六〕也，而人主以衆動之無已時，是故常以治亂之氣，與天地之化相殽而不治也。世治而民和，志平而氣正，則天地之化精，而萬物之美起；世亂而民乖，志僻〔四七〕而氣逆，則天地之化傷，盧注：「僻，舊本作『癖』，誤。」災害〔四八〕起。是故治世之德潤草木，澤流四海，功過張編修曰：「此下接上篇錯簡『神明亂世』至末。」神明。亂世之所起亦博。若是，皆因天地之化，以成敗物；乘陰陽之資，以任其所爲，故爲惡愆人力而功傷，名自過也。天地之間，有陰陽之氣，常漸人者，若水常漸魚也。所以異於水者，可見與不可見耳〔四九〕，其澹澹也。然則人之居天地之間，其猶魚之離水，一也。其無間，若氣而淖於水。水之比於氣也，若泥之比於水也。是天地之間，若虚而實。人常漸是澹澹之中，而以治亂之氣與之流通相殽〔五〇〕也。《群經音辨》〔五一〕：「殽，相雜錯也。」故人氣調和，而天地之化美；殽於惡而味敗，此易盧注：「『此易』下，趙疑有『見』字。」之物也。推物之類，以易見難者，其情可得。治亂之氣，官本校：「氣，他本作『易』。」邪正之風，是殺天地之化者也。生於化而反〔五二〕殺化，與運連也。官本校：「連，他本作『之』。」《春秋》舉世事之道，夫有書天下闕四字。之盡與不盡，王者之任也。《詩》云：「天難諶斯，《詩考》：「諶，《韓詩》作『訦』，《説文》作『諶』，毛作『忱』。」不易維王。」此之謂也。夫王者不可以不知天。知天，詩人之所難也。天意難見也，其道難理。是故明陽陰入出、實虛之處，所以觀天之志；辨〔五三〕五行之本末、順逆、小大、廣狹，所以觀天道也。天志仁，其道也義。爲人主者，予奪生殺，各當其義，若四時；列官置吏，必以其能，若五行；好仁惡戾，任德遠刑，若陰陽：此之謂能配天。天者，其道長萬物，而王者長人。人主之大，天地之參也；好惡〔五四〕之分，陰陽之理也；喜怒之發，寒暑之比也；官職之事，五行之義也。以此長天地之間，蕩原注：「闕。」張編修曰：「此下仍接下篇末段『四海之内』至末，以『蕩四海之内』五字爲一句。」四海之内，殺陰陽之氣，與天地相雜。是故人言：既曰王者參天地矣，苟參天地，則是化矣，豈獨天地之精哉？王者亦參而殺之，治則以正氣殺天地之化，亂則以邪氣殺天地之化，同者相益，盧注：「『之化』下，舊有『亂則』二字，係衍文。」異者相損之數也，無可疑者矣。

天道施第八十二

天道施，地道化，人道義。聖人見端而知本，官本校：「而，他本誤作『不』。」精之至也；得一而應萬，類之治也。動其本者不知靜其末，受其始〔五五〕者不能辭其終。利者，盜之本也；官本校：「『盜』，他本誤作『道』，下同。」妄者，亂之始也。夫受亂之始，動盜〔五六〕之本，而欲民之靜，不可得也。故君子非禮而不言，非禮而不動。好色而無禮則流，飲食而無禮則爭，流、爭則亂。故禮，體情而防亂者也。官本校：「故，他本誤作『夫』〔五七〕。」民之情，不能制其欲，使之度禮。目視正色，耳聽正聲，口食正味，身行正道，非奪之情也，官本校：「情，他本誤作『精』。」所以安其情也。變謂之情，雖持異物，性亦然者，故曰內也；變變原注：「一作『情』。」之變，謂之外。故雖以情，然不爲性說。故曰：外物之動性，若神之不守也。積習漸靡，物之微者也。其入人不知，習忘乃爲，常然若性，《大戴禮》：「孔子：『少成若性〔五八〕，習貫之爲常。』」不可不察〔五九〕也。純知輕思，則慮達；節欲順行，則倫得；以諫爭僩靜爲宅，盧注：「『僩』與『嫺』同，《賈子·傅職篇》《道術篇》多用此字。」以禮義爲道，則文德。盧注：「趙疑『德』當爲『得』。」是故至誠遺物，而不與變；躬寬無爭，而不以與俗推，衆强弗能入。蜩蛻濁穢之中，《爾雅·釋蟲》孫注：「蜩，宮中小青蟬也〔六〇〕。」舍人云：「方語不同〔六一〕，三輔以西曰蜩。」《淮南子》：「蟬飲而不食，三十日而蛻。」《文心雕龍》：「蟬蛻穢濁之中。」《史記》正義曰：「蛻，音『税』，去皮也。」含得命施之理，與萬物遷徙而不自失者，聖人之心也。名者，所以別物也。張編修曰：「自『名者』至『復而不厭者道也』，在〔六二〕『聖人之心也』之下，爲篇末。」親者重，疏者輕；尊者文，卑者質；近者詳，遠者略；莊侍郎曰：「《春秋》詳內略外，詳尊略卑，詳重略輕，詳近略遠，詳大略小，詳變略常，詳正略否。」文辭不隱情，明情不遺文；人心從之而不逆，古經〔六三〕通貫原注：「一作『道』。」而不亂，名之義也。男女，猶道也。人生別言禮義，名號之由人事起也。不順天道，謂之不義。察天人之分，觀道命之異，可以知禮之説矣。張編修曰：「此説禮以發明人道義之意。」見善者不能無好，見不善者不能無惡。好惡、去就不能堅守，故有人道。人道者，人之所由樂而不亂、復〔六四〕而不厭者。萬物載名而生，聖人因其象而命之。然而可易也，皆有義從也，故正名以明義〔六五〕也。「物」也者，洪名也，皆名也。而物有和名，此物也，非失物。張編修曰：「『失』當作『夫』，『夫』猶『彼』也。」故曰：萬物動而不形者，意也；形而不易者，德也；樂而不亂、復而不厭者，道也。《釋文》：「樂，音『洛』。譙周云：『悅深而樂淺。』一云：自內曰悅，自外曰樂。道，生天地之先；德，道之用也。」《管子》曰：「虛無無形謂之道，化育萬物謂之德。」《對策》：「臣聞：夫樂而不亂、復而不厭者，謂之道。」師古曰：「復，謂反復行之也。音扶目反。」〔六六〕

校勘記

〔一〕「誤」，稿本作「誤作」，殿本作「作」。

〔二〕「自」，龍谿本作「至」。

〔三〕「實事」，諸本倒作「事實」，據計臺本、殿本、盧本改。

〔四〕「進」，龍谿本作「近」。

〔五〕「天」，計臺本作「主」。下「天不剛」同。

〔六〕「主」，計臺本作「王」。

〔七〕「化」，計臺本、殿本作「位」。

〔八〕「疢疾」，盧本、續經解本作「疢疾」。

〔九〕「爲忠」，計臺本、殿本作「致養」。

〔一〇〕「爲信」，計臺本、殿本作「爲忠」。

〔一一〕「義」，盧本無。

〔一二〕「助」，計臺本、殿本無。

〔一三〕「其」，計臺本、殿本無。

〔一四〕「亡」，計臺本作「忘」。

〔一五〕「敵」，計臺本作「適」。

〔一六〕「肺肝」，計臺本、殿本、盧本作「肝肺」。

〔一七〕「木」，諸本并作「目」，據《白虎通・情性》引改。張校云：「按《春秋元命包》，『目』當作『木』。」

〔一八〕「脾」，《太平御覽》卷三百六十九作「胛」。

〔一九〕「用新棄陳，腠理遂通」，諸本并作「用新去陳，腠理遂用」，據《吕氏春秋・季春紀・先己篇》改。「用新棄陳」，《先己篇》原作「用其新，棄其陳」，此乃節引。

〔二〇〕「堯時」，《路史》卷二十作「堯湯之時」。

〔二一〕「張揖」，諸本并作「張楫」，據《史記》卷一百一十七正義改。張校云：「顔師古《漢書叙例》：『張揖，字稚讓，清河人。』凌氏作『楫』，誤。」

〔二二〕「玉曆通政經」，《藝文類聚》卷九十八引作「瑞應圖」。

〔二三〕「親延者養」，張校云：「按《宋書・符瑞志》，『延』當作『近』，『者』下有『老』字。」案，《藝文類聚》卷九十八引作「親延者養老」。

〔二四〕「妄」，計臺本作「亡」。

〔二五〕「爲」，計臺本、殿本無，盧校云：「舊本脱『爲』字，趙增。」

〔二六〕「禮」，龍谿本作「體」。

〔二七〕「天」，彙函本作「大」。

〔二八〕「罰」，計臺本作「伐」。

〔二九〕「達」，計臺本、殿本作「起」。

〔三〇〕「日」，與《北堂書鈔》卷一百五十六、《藝文類聚》卷五、《太平御覽》卷三十四同，續經解本誤作「曰」。

〔三一〕「□□」，計臺本、殿本無。

〔三二〕「清」，計臺本作「清」。

〔三三〕「致上」，殿本正文同，計臺本正文作「至上」。

〔三四〕「暖清」，計臺本作「煖清」。

〔三五〕「欲發」，計臺本、殿本作「亦發」。

〔三六〕「杇」，計臺本、殿本、盧本、續經解本、畿輔本并作「朽」。

〔三七〕「薺」，與殿本《禮記正義》卷十六同，阮刻本作「種」。

〔三八〕「承」，計臺本作「丞」。

〔三九〕「力行」，計臺本、殿本、盧本并作「立行」。下「力去之」同。

〔四〇〕「天地」，計臺本作「天子」。

〔四一〕「上篇」，稿本下衍「下」字。

〔四二〕「太公調曰」，諸本并作「太公調公」，據《鶡冠子・環流》注改，語本《莊子・則陽》。

〔四三〕「直」，計臺本、殿本作「宜」。

〔四四〕「淖，奴孝反」，稿本、蜚雲閣本、彙函本、畿輔本作「收孝反」，續經解本、龍谿本作「淖，收孝反」，據《一切經音義》卷十二改。張校云：「『收孝』當作『奴孝』。」

〔四五〕「逾」，計臺本、殿本、盧本作「愈」。下「逾淖」「逾易」同。

〔四六〕「水」，彙函本作「木」。

〔四七〕「僻」，計臺本、殿本作「癖」。

〔四八〕「災害」，計臺本、殿本、盧本上并有「氣生」二字。盧校云：「『氣』上疑脱一字。」

〔四九〕「耳」，計臺本、殿本、盧本作「爾」。

〔五〇〕「殽」，計臺本、殿本作「殽饌」。

〔五一〕「辨」，畿輔本、龍谿本作「辧」，據稿本、彙函本、續經解本改。張校云：「『辧』當作『辨』。」

〔五二〕「反」，計臺本、殿本作「及」。

〔五三〕「辨」，蜚雲閣本、彙函本、畿輔本、龍谿本并作「辧」，據計臺本、殿本、稿本、續經解本改。

〔五四〕「好惡」，稿本、蜚雲閣本作「奸惡」，據計臺本、殿本、盧本、彙函本、續經解本、畿輔本、龍谿本改。

〔五五〕「始」，稿本、蜚雲閣本、畿輔本、龍谿本并作「治」，據計壹本、殿本、盧本、續經解本改。

〔五六〕「盜」，計臺本作「道」。

〔五七〕「夫」，今殿本作「無」。盧本正文「故」作「夫」，校語云：「『夫』，本一作『故』。」

〔五八〕「孔子少成若性」，張校云：「《大戴禮》『孔子』本作『孔子曰』，『若性』作『若天性』。」

〔五九〕「不察」，計臺本、殿本作「察」，盧校：「舊本『察』字上脱『不』字，今補。」

〔六〇〕「蜩宫中小青蟬也」，稿本、畿輔本、龍谿本并作「宫中小蟬也」，據續經解本、《初學記》卷三十補。張校云：「《初學記》注引孫炎説，作『宫中小青蟬也』。」

〔六一〕「方語不同」，與《爾雅注疏》卷九同，續經解本無。

〔六二〕「在」，續經解本作「當在」。

〔六三〕「古經」，計臺本、殿本、盧本、續經解本作「古今」。

〔六四〕「復」，計臺本、殿本作「服」。

〔六五〕「明義」，盧本、稿本作「名義」。

〔六六〕稿本卷末有附記兩條：「自秋徂冬，四閲月而後抄成，尚須從各書對校一過也。」「十九年秋七月，校于朱文〔正〕之知足齋。時寓吴門，教讀甘霖、香霖二生，文正公之曾孫也。」龍谿本卷末有「廣陵邱義卿、邱紹周監刻，揚州趙明德鐫刻」一行。

禮說

解題

此書通論諸禮，取漢以下至清代諸家異説，以漢儒之説爲準的，條分縷析，明其指歸，成《禮論》百餘篇。阮元取其中七十三條，分爲四卷，題作《禮説》，刻入《皇清經解》卷一千三百五十六至一千三百五十九中。其中卷一論《儀禮》、《禮記》、諸史、《唐會要》、《通典》等十七條，卷二論《通典》、《御覽》、《册府元龜》、陳氏《禮書》、敖繼公《集説》及郝敬、盛世佐諸説二十四條，卷三駁萬斯大、萬斯同、汪琬、顧炎武、閻若璩、吴廷華、徐乾學等説十九條，卷四駁徐乾學、秦蕙田、金榜、程瑶田諸家十三條。是書有學海堂初刻《皇清經解》本（簡稱「學海堂初刻本」）卷一千三百五十六至一千三百五十九，每卷首行上題《皇清經解》卷次，下題「學海堂」；次行上端題「禮説」，未標卷數，下端題「江都凌明經曙著」；每卷末署「杭州姚禮對字」，卷一千三百五十九之末有「工部都水司郎中臨川李秉綬刊」和「杭州姚禮對字」各一行，半頁十一行，行二十四字，書口題「凌明經禮説」。《續修四庫全書》本所影印者即此。又有學海堂庚申補刊《皇清經解》本（今簡稱「庚申補刊本」），其行款格式大致與初刻本同，而魚尾有「庚申補刊」四字；每卷末有《皇清經解》卷某某終，下雙行小字，署其校對者。其中：卷一、卷二有「杭州姚禮舊校，南海陳韶、漢軍樊封新校」一行；卷三、卷四末有「杭州姚禮舊校，南海鄧翔、鄒伯奇新校」。今以學海堂初刻本爲底本，以庚申補刊本校。原本舊依《皇清經解》各卷順序編卷號，今改爲單獨編卷號；原本無目録，各條無標題，今仿《禮論略鈔》之例而增擬，以便檢尋，詳見書前「分册目録」。此書與《禮論略鈔》有重複者，然此多彼少，而文字互有異同。今兩存之，而於此注明互見之例。又，焦廷琥抄録《仲軒群書雜著》有《服制考》一卷，亦與此本同，今於相應條目校記中説明。

禮説卷一

《喪服》「齊衰期」章：「父卒，然後爲祖後者服斬。」注：「此爲君矣，而有父若祖之喪者，謂始封之君也。若是繼體，則其父若有廢疾，不立；父卒者，父爲君之孫，宜嗣位而早卒，今君受國于曾祖。」〔一〕

論曰：《易》《禮》《春秋》，此皆以例言者也。其中有正例，有變例，且有變例中之正例，有正例中之變例，更有變例中之變例也。參伍錯綜，非比而同之，不能知也。即如「斬衰」章「子爲父」「臣爲君」，此正例也。設有祖爲君，祖死而父應繼立，或以廢疾不立，或以早死不立。是祖死，父不得立而孫立，則今君受國于祖，不受國于父，將以常例服祖期乎，抑不服祖期也？受宗廟社稷之重，不得以輕服服之。恐人致疑焉，故傳以爲：「父卒，然後爲祖後者服斬。」此變例也。然凡父卒，傳重于祖者莫不服斬，是變例中之正例也。此指祖爲君，父卒而孫爲君，則今君之臣，祖之臣也。孫爲祖服斬，臣爲君服斬，固也。乃有始封之君，其父與祖未嘗爲君，是今君之臣，于君之父、祖，無君臣之分，此不可從服斬也，故君爲父、祖斬，而臣從服期也。此變例中之變例也。不獨始封之君爲然也，繼體之君亦有之。曾祖爲君，曾祖卒，祖應受國。祖或以廢疾不立，則父當立。父又以早卒不立，則今君之立，爲受國于曾祖也。傳云「父卒，然後爲祖後者服斬」，今注言「曾祖」，何也？若是受國于祖，則祖薨，群臣爲之從服斬，不當期也。言君受國于曾祖，則是祖未嘗立也；祖未嘗立，則今君之祖于群臣，無君臣之分，不當服斬，故孫爲祖斬，而群臣爲君祖期也。觀《鄭志》答趙商之問，而趙宋且引以定一代大禮，則鄭注之爲功，偉矣。

《喪服》「齊衰期」章：「唯子不報。」傳曰：「何以言『唯子不報』？女子子適人者爲其父母期，故言『不報』也，言其餘皆報也。」注：「唯子不報，男女同不報耳。傳唯據女子子，似失之矣。」〔二〕

論曰：傳專據上經「女子子無主者」而言也，注則推廣經例而言之者也，注説爲詳矣。「報」者，無降殺之差，兩相爲服也；「不報」者，有降殺之差，一重一輕也。然亦有兩相爲服，有似于報而其實非報者，此經傳所以著不報之例也。女子子出適，大功，今以無主而加至期。女子子反爲父母期，其服相當，有似于報；而不知女子子反本爲父母期，不因父母爲之期而始爲父母服期。此不得云「報」者，一也。父因女子子無主加一等，爲之服期；女子子不得因父母加己一等，己亦加父母一等，爲之服三年。此不得云「報」者，二也。按，傳曰「爲其父母期」，故言「不報」。推尋此意，則必加父母三年而後得云「報」耳。故戴聖《石渠禮論》亦云：「『唯子不報』者，言猶斷周，不得伸其服也。」據此，知「伸」之云者，伸其在室本服之三年也。宣帝制曰：「爲父母周是也。」不得伸，尚安得而言「報」哉？「唯」之爲言「獨」也。經但言「子」，未嘗專指女子子。若如傳言，但就女子子而言，恐後人致疑焉，以爲唯女子子不報，然則男子報矣。鄭故云「子」中兼有男女，其例乃通耳。疏言：「父母唯爲長子斬，其餘降爲期，何得言報？」按，賈疏誤矣。父母爲衆子期，子爲父母三年，此而不報，又何待言？推鄭之意，唯據長子。父爲長子斬，長子亦爲父斬，其服相當，有似于「報」，然子爲父母本服三年，亦不因父母爲之斬而始服斬以報之耳，不關餘子也。據此，即男子，亦何嘗報耶？注故以爲失之矣。

《喪服》「大功」章：「公之庶昆弟、大夫之庶子，爲母、妻、昆弟。」疏：「此傳雖文承大夫下，亦兼解公之昆弟，未悉公爲何人。不降弟，公不降，子亦不降，與大夫同也。」〔三〕

論曰：昆弟服期，見于「不杖」章。今昆弟服大功，何也？記云：「大夫、公之昆弟、大夫之子，于兄弟降一等。」疏：「昆弟以旁尊降。」今是公之庶昆弟，并無旁尊可以降其昆弟之理。然則公之庶昆弟爲庶昆弟服在大功者，此非以旁尊降，直以厭降也。賈氏誤引「公不降，子亦不降」之例矣。且傳明言「先君餘尊之所厭，不得過大功」，則其爲厭降可知。雷次宗曰：「《公羊傳》：『國君以國爲體。』是以其人雖亡，其國猶存，故許有餘尊以厭降之。」據此，知大夫無餘尊之厭，則所謂「公之庶昆弟」，非指國君而何？故馬融亦曰：「言『庶』者，謂諸侯異母兄弟也。」國君絶旁期，于庶昆弟無服，庶昆弟亦不得相爲服。若父卒之後，庶昆弟爲其昆弟服大功，而猶不敢伸服期，故傳以爲先君餘尊之所厭，不得過大功。知爲餘尊之所厭不過大功，則「公」舍國君而別無所屬。若大夫之嫡子爲庶昆弟大功，父子俱降庶，庶又自相降。如大夫爲之皆大功，則此公之庶昆弟爲昆弟大功，并非從期服以尊降一等而爲大功，此直從厭降而伸至大功耳。至于大夫之庶子，爲嫡昆弟期，故傳曰：「父之所不降，子亦不敢降。」大夫爲庶子大功，庶子爲庶昆弟亦大功，故傳曰：「大夫之庶子，從乎大夫而降也。」

難者曰：公之庶昆弟于昆弟，父在，可以無服乎？曰：傳曰：「君之所不服，子亦不敢服也。」注：「君之所不服，謂妾與庶婦。」疏：「公子亦厭降，不敢私服母與妻。」據此，知母、妻無服，而于昆弟反有服乎？且鄭注：「公之庶昆弟，則父卒也。」推此，知父未卒，并不得在大功之例矣。

《儀禮》「大功」章：「大夫之妾，爲君之庶子。女子子嫁者、未嫁者，爲世父母、叔父母、姑姊妹。」傳曰：「嫁者，其嫁於大夫者也；未嫁者，成人而未嫁者也。何以大功也？妾爲君之黨服，得與女君同。以上，馬氏舊讀。下言爲世父母、叔父母、姑姊妹者，謂妾自服其私親也。」按，「得與女君同」下，今傳文有此二十一字。賈疏以爲：既非子夏自著，又非舊讀者自安，誰置之？必是鄭君置之。「大夫之妾，爲君之庶子。」傳曰：「何以大功也？妾爲君之黨服，得與女君同。」「女子子嫁者、未嫁者，爲世父母、叔父母、姑姊妹。」傳曰：「嫁者，其嫁于大夫者也。未嫁者，成人而未嫁者也。」以上，鄭氏讀〔四〕。

論曰：自鄭氏破舊讀以來，議者紛呶不已。今列舊讀于前、鄭讀于後，合經例以申其説焉。

舊讀謂大夫之妾爲君之庶子、女子子嫁者、未嫁者三人服，仍有世父母、叔父母、姑姊妹，是妾之私親。夫妾之私親，而可繫之于「爲君」之下耶？繫之於「爲君」之下，可以謂自服其私親耶？凡經在前，傳在後，絶然不紊。今如舊讀「大夫之妾爲君之庶子、女子子嫁者、未嫁者」云云，則傳何以不依序次，先釋「妾爲君之黨服，得與女君同」，而反退其傳于「嫁者、未嫁者」之下也？是謂後先顛倒矣，通經有此例乎？且禮決嫌疑。經、傳于妾之私親，則曰「公妾、大夫之妾爲其子」，傳曰：「何以期也？妾不得體君。爲其子，得遂也。」見于「齊衰期」章矣。又曰：「公妾以及士妾爲其父母。」傳曰：「何以期也？妾不得體君，得爲其父母遂也。」皆加「其」字以別之。今繫于「爲君」之下，無「其」字以別之，亦何由知其自爲私親也？記曰：「凡妾爲私兄弟，如邦人。」妾之兄弟加一「私」字，辭嚴義正，而可繫于「爲君」之條之下耶？況「女子適人者爲父母」及「昆弟之爲父後者」，已見于「齊衰期」章，「爲衆昆弟」又見于「大功」章，唯伯叔父母、姑姊妹之服無文，而獨見於此，豈非爲女子子發例，而非爲妾之私親而設也？且其文亦與「齊衰三月」章同。「女子子嫁者、未嫁者爲曾祖父母」傳曰：「嫁者，其嫁于大夫者也；未嫁者，其成人而未嫁者也。」是其例已。又，傳曰：「何以服齊衰三月？不敢降其祖也。」注：「此者不降，明有所降。」推尋傳、注之意，其不敢降者，正統之親，如「齊衰三月」章「不敢降其曾祖」、「不杖齊衰」章「不敢降其祖」是也；其可降者，旁親也，即此「大功」章「女子子嫁者、未嫁者」云云也。已嫁，降一等；若未嫁而降一等，此逆降之説所由來也。下言二十一字，若云傳文，通經無此文法，確是鄭氏之言。加此二十一字于篇，所以指舊讀之誤。

旁統之親若不逆降，而阻其于歸之期，不亦失輕重之宜哉？

此，可乎？所以推原其誤而斥言之者也。後人誤入傳文，斷斷然已。至于逆降之説，疏已詳言之。

若曰誠如舊讀，必以爲「爲世父母」云云，謂妾自服其私親而後可也。夫謂妾自服其私親而繫於

《喪服記》：「夫之所爲兄弟服，妻降一等。」〔五〕

論曰：自來多不解此，以致成粲之徒删去記文「之所」二字，以爲嫂叔有服之證。夫嫂叔無服，傳已大書特書「夫之昆弟何以無服也」，可謂彰明較著者矣。是豈不足以徵乎？然而揚成粲之餘波者，尚紛紛不已，何也？

此節「兄弟」二字，蒙上文「小功以下爲兄弟」之例。此節賈疏「妻從夫，服其族親」，蒙上鄭注「兄弟猶言族親」之例。據鄭注，「兄弟」指族親，所容廣矣，故賈氏以「從母之類」當之。不然，豈有經言「兄弟」而注言「族親」、經言「兄弟」而疏言「從母之類」者乎？可謂擬不于倫矣。鄭、賈以喪服名家，夫豈若是之舛哉？鄭氏于此節無注，上文已發凡起例：「凡不見者，以此求之。」其不解者，非不能解，上例已明，固無須于再解耳。鄭于《服問》「有從無服而有服，公子之妻爲公子之外兄弟」注：「謂爲公子之外祖父母、從母緦麻。」此正是《喪服記》「夫之所爲兄弟服，妻降一等」之切證也。賈亦習聞其説，故以「從母之類」當之矣。

或曰：外戚亦有兄弟之目，于他經有徵乎？曰：《爾雅》「母與妻之黨爲兄弟」，非其證乎？若

夫「小功以下爲兄弟」，後人不解「以下」二字之義，以爲小功以下，則緦麻也。夫由緦麻而降一等，是無服矣。無服而可謂之「等」乎？故知夫之諸祖父母見于「緦麻」章，夫之姑姊妹見于「小功」章，夫之世叔見于「大功」章，此皆從夫服降一等者，則其不指緦麻也，明矣。「夫之所爲兄弟服」，猶言夫之所爲小功服也。必從小功起例者，服之數窮于緦。夫服小功者，妻降一等而爲緦。下此則無服，無服則不必著論矣。

或曰：「兄弟」中可包從母之類乎？曰：其中尚含有高、曾之服。高、曾之服且該于「兄弟」之中，又何論于從母之類耶？「以下」者，「小功」章自從祖祖父母至從母之類，皆所謂「以下」也。

問者曰：小功何以有「兄弟」之目也？曰：從祖祖父母者，祖之兄弟也；從祖父母者，父之從父兄弟也；從祖昆弟者，己之再從兄弟也；從母者，母之女兄弟也。凡此之服，皆由兄弟而生，故傳曰「小功以下爲兄弟」。且《喪服條例》：「親者言昆弟，疏者言兄弟。」自斬至緦，經傳中無言「兄弟」者，唯記乃有之耳。夫爲昆弟，本服期。設使妻爲之服，當服大功。今傳言「小功者，兄弟之服也」，又云「小功以下爲兄弟」，又云「夫之所爲兄弟服，妻降一等」，妻由小功降爲緦麻，緦麻不可以服夫之昆弟也，明矣。而況兄弟又非昆弟之可比也！服制不同，稱名亦異。乃欲比而同之，以爲有服之證，不亦誣于禮也乎？且無服之例，一見于《檀弓》，又見于《奔喪》。經傳如是，別無異義，而說經者欲逸出于經傳之外，以求勝于古人，吾誠不得而知之矣。

《喪服記》：「宗子孤爲殤，大功衰、小功衰皆三月。親，則月筭如邦人。」〔六〕

論曰：經、傳所不足者，記以明之。此節記宗子爲殤，而先〔七〕爲殤後者之服也。殤，無爲人父之道，故列其服制如此。宗子統理族人，故雖與宗子絶屬者，宗子死，爲之齊衰三月，已見「齊衰三月」章矣。設使宗子爲殤而死，將以齊衰三月服之乎？是與成人無異也。若從三月降一等，則是無服矣。于是記以明之，曰：凡宗子殤而死，絶屬者不服齊衰，所以異于成人也；爲之大功衰、小功衰三月，可也。「大功」「小功」并言者，不定有長、中、下殤也。記云「皆」者，大功衰三月，小功衰亦三月，故云「皆」也。但降其衰，不降其本服三月也。只服三月，而不依大功九月、小功五月者，恐同于殤大功、殤小功也。此指絶屬者而言。若其親者，還依本服服之，即《喪服小記》「爲殤後者，以其服服之」也，注「以本親之服服之」是也。又，《曾子問》孔子曰：「宗子爲殤而死，庶子弗爲後也。」注：「族人以其倫代之。」疏「『以其倫代之』者，各以本服服之」是也，故曰「親，則月筭如邦人」也。

《三年問》：「然則何以至期也？」注：「言三年之義如此，則何以有降至于期也？期者，謂爲人後者，父在爲母也。」孔疏：「今檢尋經意，父母本意三年，何以至期者？但問其一期應除之義，故答曰：『至親，以期斷。』是明一期可除之節，故《禮》：『期而練，男子除絰，婦人除帶。』下文云：『加隆，故至三年。』是經意不據爲人後及父在爲母期。鄭之此釋，恐未盡經義，但既祖鄭學，今因而釋之。」〔八〕

論曰：凡經傳諸所疑問，皆有所據，未有無據而問者。此經「何以至期」，據「三年」以難「期」也。孔云：「父母本意三年，但問其一期應除之義。」試問：子之爲父與父殁爲母，亦有一期應除之制否？無此制，則必承上文「三年之喪，二十五月而畢」而問。既云「三年」，而何以父在爲母期、出繼爲本生父期也？故下文答云：「至親，以期斷。至三年，加隆焉爾。」本生父，以出降；父在爲母，以尊降。雖已抑屈，然但去其加隆，仍行其期服耳。孔又云：「《禮》：期而練，男子除絰，婦人除帶。下文云『加隆，故至三年』，是經意不據爲人後及父在爲母期。」然三年之喪，至期，雖有變除之節，而未曾以期爲斷。下文「以期爲斷」，是只服期而不服三年也。不服三年，故知「何以至期也」必當如鄭注矣。總之，三年之喪，無一期應除之節。知此，則孔疏之説不可從矣。此問「何以至期」者，因上文有「三年之服」也。又云「何以三年」者，既「至親，以期爲斷」，又有「三年」，何也？故答以「加隆」。鄭氏未誤，疏固無庸依違其説也。

《後漢書·禮儀志》注：「丁孚《漢儀》曰：『永平七年，陰太后崩，晏駕詔曰：「柩將發于殿，群臣百官陪位，黄門鼓吹三通，鳴鐘鼓，天子舉哀。」』」〔九〕

論曰：此漢世之失禮也。後沿于魏，于是將葬，設吉凶鹵簿，皆有鼓吹矣。魏武以正月崩，魏文以其年七月設妓樂、百戲，非漢有以啓之與？《春秋》曰：「有事于武宫，籥入。叔弓卒，去籥，卒事。」「壬午，猶繹，《萬》入，去籥。」《傳》：「去其有聲者，廢其無聲者。」注：「不欲令人聞也。」君之于臣，且有因喪廢樂之事，而奈何值父母之喪，而有鼓吹、鳴鐘送終之事乎？是父母之喪比臣子之不若也。

說者曰：鼓吹，非金石之樂也。然按之《古今樂録》，漢有《鼓吹鐃歌》十八曲，鼓吹有龍頭大棡、中鼓、獨楬小鼓，皆有品秩，天子以賜臣下及軍旅用也。古無此樂。有之，自漢始。蓋古之軍聲，獻捷之樂，不常用也。用之于大喪，尤非其所矣。且《詩》不云乎？「於論鼓鐘，於樂辟雍。」以此驗之，得非樂乎？故太常王彪之以爲，鼓吹亦樂之總名也。考之《釋樂》：「徒吹謂之和。」《月令》：「上丁，命樂正入學，習吹。季冬，命樂師大合吹而罷。」吹已爲樂，況鐘鼓乎？而可云非樂乎？

《晉書·禮志》閭丘沖《懷帝服楊悼后議》：「楊后母養聖上，蓋以曲情。今以恩禮追崇，不配世祖廟。王者無慈養之服，謂宜祖載之日，可三朝素服，發哀而已。」于是從之〔一〇〕。

論曰：黃帝正名百物，孔子曰：「名不正，則言不順。」禮制一失，致令前後抵捂，都不可解矣。楊悼后者，武元楊皇后之從妹，楊駿之女也。元后臨終，以叔父楊駿之女有德色，願備六宮。帝泣許之。乃以賈后誣譖，絶膳而崩。永嘉元年，追復尊號，別立神廟，不配武帝；後又從虞潭之議，配食武帝。當后母養懷帝遇難，帝尚幼。及即位，后當祖載。群官議：帝應追服。或以庶母慈母，小功五月；或以慈母如母，服齊衰。閭丘沖議：「三朝素服，發哀而已。」愚按，皆非也。《白虎通》：「《王度記》曰：『天子、諸侯，一娶九女，無再娶之義也。』」今悼后以元后崩而再娶，非古制也。古者一帝一后。元后既配武帝，而悼后又配，是一帝二后矣。二后匹敵，有是禮乎？悼后別廟立神〔一一〕，不配武帝，準《春秋》「考仲子之宫」是也。而惜其不入廟者，乃以非罪廢也。然而國譜帝諱已成，未有位號居正而偏祠別室者也。故當時皆以爲非，于是復配武帝。夫既謚曰武悼皇后，入廟配食，是待之以嫡而非庶矣。及其母養懷帝，而群公之議，引妾母慈母之服，何也？《喪服傳》曰：「慈母者，何也？傳曰：妾之無子者，妾子之無母者，父命妾曰：『女以爲子。』命子曰：『女以爲母。』」今悼后生稱皇后，死配武帝，而乃引「妾母慈母」，何耶？何以不引「繼母如母」也？天子雖無再娶之文，然業已再娶，則以繼母之服服之，可也。「三朝素服，發哀而已」，此何説耶？而又從之，是謂過矣。且惠帝，元后之子也。繼母如母。惠帝事悼后，當如母也。群臣希賈后之旨，黜其太后尊號。不知《春秋》之義，誅不加上。悼后果有殺父之仇耶？而妄引文姜之例也。故張華以爲，皇太后「非得罪于先帝者也」。惠帝之失，不待問而可知。懷帝，繼惠帝而立者也。以《公羊》之説證之，僖之繼閔，臣、子，一例。懷帝當以太后之禮事孝惠羊皇后，而以太皇太后之禮事武悼后。以帝統論之，不計私親，則于羊皇后有何嫂叔之嫌耶？乃追尊所生太妃王氏爲皇太后，豈不知「爲人後者，爲之子」，當絶其私親，所以尊統而重宗耶？崇私親而虧國典，未有若斯之甚者矣。君子知晉禮之不可問矣。

《宋書·禮志》：魏世或爲舊君服三年者。至晉泰始四年，以尚書何禎奏，始依古典〔一二〕。

論曰：後世以意改更禮制，而先王之精義亡矣。如致仕之臣爲舊君服三年，此似合于義。不知致仕之臣所以不欲令其持服三年者，厲在位之臣，而抑致仕之臣也。一致仕，便同于民，始知在朝之臣所以高爵厚禄者，爲其共襄治道也；反是，則不異于齊民矣。况君臣本以義合，故「斬衰」之章，有正有義。今已致仕，是君臣之義已睽。于其反初服之時，一其制而同于民。民者，無位之稱。今已無位，而不得上同于卿大夫矣。然又不能與民盡同者，故爲小君有服，是恩深于民也。在舊臣，亦甘心服此者，示其謙遠之情，不敢與廷臣抗行耳。昔晉穆帝崩，尚書郎曹耽等奔赴，皆服齊衰。治書侍御史喻希表彈其失禮，曹耽自理曰：「《國喪儀注》：『居職者朝夕臨，去職者朔望臨。』今去官者服在官之服，固爲過制，非聖喆所許。」此後世爲舊君不服三年之證。是以《喪服傳》曰：「爲舊君，孰爲〔一三〕也？仕焉而已者也。何以服齊衰三月也？言與民同也。」君之母、妻，則小君也。古典固如是矣，奈何至魏而易之？晉人猶有持此議者。虞喜曰：「廢疾沈淪，罔同人伍。不淪臣道，齊衰三月可也。老而致仕，臣禮既全，恩紀無替，自應三年，不得三月。」此亦承魏世之誤而發此議。揆之《喪服》禮意，乖矣。

《魏書·禮志》：太傅、清河王懌奏：「《禮》云：『重，主道也。』此爲埋重，則立〔一四〕主矣。故王肅云〔一五〕：『重，未立主之禮也。』《士喪禮》亦設重，則士有主，明矣。孔悝反祏，載之左史；饋食設主，著于逸《禮》。大夫及士，既得有廟，題紀祖考，何可無主？《公羊傳》：『君有事于廟，聞大夫之喪，去樂，卒事；大夫聞君之喪，攝主而往。』今以爲『攝主』者，攝神斂主而已，不暇待徹祭也。何休云：『宗人攝行主事而往也。』意謂不然。君聞臣喪，尚爲之不繹〔一六〕，况臣聞君喪，豈得安然代主終祭乎〔一七〕？」〔一八〕

論曰：此駁許、鄭之説也。《異義》謂：「大夫、士無主。大夫束帛依神，士結茅爲蕞。」鄭注《儀禮》：「然則士之皇祖，于卒哭，亦反其廟。無主，則反廟之禮未聞，以其幣告之乎？」于是，鄭學之徒若崔靈恩、賈公彦皆從之。厥後，《司馬書儀》《朱子家禮》咸用結帛依神矣。《鄭志》答張逸之問，以爲：孔悝有主，或末代之君賜之使祭，不得引以難此也。以爲宗廟之中，大夫、士皆有主者，徐邈與清河王懌之説也。懌説具如前矣，徐氏同之，其皆引《公羊》，以爲有主之證。斯不然矣。何注云：「主，謂已主祭者。臣聞君之喪，義不可以不即行，故使兄弟若宗人攝行主事而往。不廢祭者，古禮也。古有〔一九〕分土，無分民；大夫不世，己父未必爲今君臣也。」據此，大夫不終事而往，所以盡君臣之義；使人攝主而祭，所以全子姓之恩。恩義兩盡，未得厚非也。若祭無使人代之者，《饋食》疏：「大夫以上尊，時至，唯有喪故，不祭；餘吉事，皆不廢祭。若有公事及病，使人攝祭。」故《論語》孔子云：「吾不與祭，如不祭。」注：「孔子或出或病，不自親祭，使攝者爲之。」據此，知有攝祭之事矣。若以傳有「攝主」二字，遂指爲木主，然則《曾子問》「卿大夫、士從攝主，北面，于西階南」，亦攝木主而行，可乎？又按《曾子問》：「天子崩，未殯，五祀之祭不行；既殯而祭。其祭也，尸入，三飯不侑，酳不酢而已矣。」疏：「于時，冢〔二〇〕宰攝主。」然則亦以爲攝木主而行事，可乎？是不得以經、傳之有「攝主」，遂爲木主證也。

難者曰：《曾子問》：「大夫之祭，鼎俎既陳，籩〔二一〕豆既設，不得成禮，廢者幾？」孔子曰：『九。』」而君薨，夫人喪在內，今《公羊傳》何以不廢也？曰：《曾子問》曰：「諸侯之祭社稷，俎豆既陳，聞天子崩、后之喪、君薨、夫人之喪，如之何？」孔子曰：『廢。』」鄭注：「亦謂夙興，陳饌牲器時。」審此，云「廢」者，指夙興之時而言也。若接祭之後，當亦有不能廢者矣。不能廢而又不能不往，此「攝主」之説所由來歟？且何氏云「不廢祭者，古禮也」，言「古」，以見今時有不然者矣。大夫之父，未必今君之臣，恩所不及，故不得廢其宗廟之祭。《春秋》以來，譏世卿矣。世爲大夫，或不得終祭而往，未可知也，而要皆非大夫有木主證也。此懌等傅會之辭，非《公羊》之義也。

《唐書・三宗諸子傳》：高宗太子弘，上元二年薨。詔：謚爲孝敬皇帝，百官從權制，三十六日釋服〔二二〕。

論曰：禮制至唐，其乖違不可問矣。兩漢以來，高祖、光武皆爲開創之君，一則尊父爲太上皇，一則尊父南頓令曰「皇考」。有以旁支入承大統者，于本生之父，其上尊號，稱曰「皇」而不以「帝」，蔡邕《獨斷》詳言之矣。豈有皇帝之尊號而加謚太子者乎？魏明帝之詔以爲：由諸侯入承大統，其有稱考爲「皇」、稱妣爲「后」，則股肱大臣誅之無赦。是并「皇」之稱而不可得。前代立制，若是其嚴也。今高宗倒置至此，豈在朝無一諍臣乎？百官從制，三十六日釋服，是直以臣爲君之服服之矣。《傳》曰：「天無二日，民無二王。」不知當日何以肆行無忌也！《春秋》：「公會王世子。」何邵公注：「自王者言之，以屈遠世子在三公下。《禮・喪》『斬衰』曰：『公上大夫之家臣也〔二三〕。』」疏：「何氏引《喪服》者，欲言：三公，臣有爲之斬衰，世子則無，是卑于三公之義。」據此，廷臣安得以君服服太子乎？背《春秋》之義矣。晉惠帝爲愍懷太子服長子三年，已非正禮。愍懷本庶子，所謂「傳重」而非正體者也。齊武帝爲文惠太子服期，已非爲適子三年之制，群臣服齊衰三月而已。今唐臣從漢制，以君之服服之，不已過乎？其三十六日者，大紅十五日，小紅十四日，纖七日也。蓋武后欲謀篡國，酖太子。高宗不知，而加之尊名，以掩其跡。是時，政出于后，高宗尸位而已，故范祖禹以爲：「不正之禮，不可以爲後世法也。」

《宋史・禮志》：高宗憲聖慈烈皇后吴氏，慶元三年崩。時，光宗以太上皇承重，寧宗降服齊衰期〔二四〕。

論曰：寧宗于吴皇后，曾孫也。爲曾祖母，本宜服齊衰三月。今服齊衰期，過矣。《喪服》：「父卒，然後爲祖後者斬。」《喪服小記》：「爲祖後者爲祖母，三年。」光宗爲吴皇后服齊衰三年，禮也。後漢吴商答劉寶議曰：「按，禮貴嫡、重，正所以尊祖、禰，繼代之正統〔二五〕也。夫受重者，不得以輕服服之，是以孫及曾、玄，其爲後者，皆服三年，受重故也。」吾固曰：光宗爲之服齊衰三年是也。至于寧宗，不得以爲升降也，當服其本親之服而已。晉徐農人問殷仲堪，以父爲高祖持重，子當何服，殷答曰：「祖父在而祖母没，則父服厭周；祖父亡後〔二六〕，則父服三年，而孫之服一定無變。是知孫之于祖，自有正服，不以父服爲升降。」先儒具有明文，惜宋之禮臣未有據此以争者。蓋光宗本以傳重而加至齊衰三年，故其子不應從加。

或以父服未終而子已釋服爲嫌。答曰：此固無妨也。《玉藻》：「縞冠玄武，子姓之冠也。」注：「謂父有喪服，子爲之不純吉也。」此豈非父服未除而子服已除之證乎？若齊衰期，是以服祖之服服曾祖母矣，可乎？此由不知曾孫之服不得與孫之承重者同升降也，然則禮制可以不素講乎？

《唐會要》：「惠昭太子廟樂章六[二七]。」

論曰：此謂一舉而三失也。太子不得有謚。《白虎通》：「太子夫人無謚，何？本婦人隨夫。太子無謚，其夫人不得有謚。天子太子，元士也。士無謚，知太子亦無謚。」晉太常賀循曰：「謚者，所以表功行之目，故古人未居成人之年及名位未備者，皆不作謚。是以周靈王太子聰哲明智，年過成童，亡猶無謚[二八]。《春秋》：諸侯即位之年稱子，踰年稱君。稱子而卒，皆無謚，名未成也。未成爲君，既[二九]無君謚；時見稱子，復無子謚，明俱未得。」今按，惠昭太子立，方踰年而薨，年十九歲。夫以《春秋》之例言之，即位未踰年，無謚，況立爲太子未踰年乎？無謚，明矣。太子不得立廟。莊公三十二年[三〇]，子般卒。注：「未踰年之君，禮[三一]：臣下無服。故無子不廟，不廟則不書葬，示一年不二君也。」鄭駁《五經異義》曰：「未踰年君者，如[三二]魯子般、子惡是也，皆不稱公，書[三三]卒弗謚，不成于君。廟者，當序于昭穆。不成於君，則何廟之立？凡無廟者，爲壇祭之。近漢諸幼少之帝，尚皆不廟祭而祭于陵。」孫毓《五禮駁》亦云：「其沖幼紹位、未逾年而薨者，依漢舊制，不列于宗廟，四時祭祀于寢而已。」是太子立廟，于經無徵。晉惠帝世，愍懷太子，太子二子〔三四〕哀太孫臧、沖太孫尚祔廟；元帝世，懷帝殤太子又附廟，號爲「陰室四殤」。公然立廟之議，創自江熙。東晉之失，未足據爲典要。太子不得有樂。傳曰：「王者治定制禮，功成作樂〔三五〕。」又曰：「樂以象功。」太子何功，而有何樂之可作乎？吾固以爲一舉而三失者，此也。而況失禮之中又失禮也！

即準恭世子、戾太子之例，亦不必復謚。古有以兩言爲謚者，成湯是也。《白虎通》曰：「湯死後，稱『成湯』，以兩言爲謚也。」按，《周書・謚法解》：「不悔前過曰戾。」漢人制謚，猶爲近古，而「惠昭」則徒爲美謚，無所謂明别善惡也，豈一字尚不足以盡之耶？漢雖祀戾太子后，然稱園而不稱廟。即使立廟，亦當使太子子孫主其祀，不必爲之分署官寮，八處營修，四時祭享，物須公給、人必公差也。

難者曰：《祭法》「工下祭殤五」，適子在其中。無廟，則祭于何所？曰：《曾子問》曰：「凡殤與無後者，祭于宗子家〔三六〕，當室之白，尊於東房，是爲陽厭。」疏：「宗子殤死，祭于祖廟之奥，陰闇之處，是爲陰厭；凡殤，則祭于宗子父廟，當室之白，是爲陽厭。」經雖有祭殤之文，而無立廟之制。夫唯祭于父廟、祭丁祖廟，則太子死，其不别爲之立廟，審矣。今惠昭太子年十九，雖男子冠而不爲殤，然準殤不立廟，則惠昭不應有廟；準未逾年之君不立廟，則惠昭未立爲君，更不宜立廟。其時，裴子餘議曰：「定公元年，立煬宮，經、傳更無異説。」此言何其謬也！夫經例有之，《傳》

曰：「立者，不宜立也。」經術不明，妄發論議，而謂「經、傳更無異説」，可乎？唐之失禮，群臣不能辭其過焉。

《唐會要》：「凡既葬公除，則無事不可。故江右虞潭、殷仲堪并云：『既葬公除，廢祭者，非也。』故其時公除者，則行公除祭〔三七〕。蓋大夫不敢以家事辭王事，《春秋》之義也。」〔三八〕

論曰：「公除」者，庾蔚之所謂「公家除其喪服，以從公家之吉事」也。此衰世之事。當時禮官不通《春秋》之旨，而誤引以斷禮者也。《公羊》之義，「不以家事辭王事」，非此之謂。「公子遂如齊，至黄，乃復。」其時，公子遂聞父母之喪，徐行不返。非君命，不返者，蓋重君。此指人臣受命出疆而聞喪，故不急行，以冀君使人代之，非平居無事時可比。《傳》曰：「古者臣有大喪，三年不呼其門。」門尚不呼，有何行公祭之事耶？《傳》又曰：「已練，可以弁冕，服金革之事。君使之，非也；臣行之，禮也。」公祭，非金革之比。且公使之，非也。金革不可使，况行公祭乎？《傳》又曰：「閔子要絰而服事。既而曰：『若此乎！古之道不即人心。』退而致仕。孔子蓋善之也。」今服制未終，葬即公除而行公祭，是吉凶而相干也。衰麻甫脱，而與弁冕相接，可乎？魯閔公二年，「吉禘于莊公」，何邵公曰：「都未可以吉祭。」其時，閔公服莊公之喪已二十二月而除喪，鄭玄曰：「公心懼于難，務自尊成，以厭其禍。」先儒猶或非之，事具經典，可覆按也。而乃妄引《春秋》，緣飾經義，以文邪説，不亦誣乎？徐藻乃云：「外喪公除，雖停殯，可吉祭。」不待葬而公除，宜爲蔚之所斥矣。

《通典》喪服「小功五月」章，馬融曰：「在室者齊衰〔三九〕周，適人者〔四〇〕大功。以爲大宗後，疏之，降二等，故小功也。不言『姑』者，明降一體，不降姑也。」〔四一〕

論曰：此與鄭氏異也。《喪服》：「爲人後者爲其姊妹適人者。」注：「不言『姑』者，舉其親者，而恩輕者降，可知。」是與馬「不降姑」之説不同。按，「期服」章：「姑姊妹、女子子適人無主者，姑姊妹報。」賈公彦曰：「『姑』對『姪』，『姊妹』對『兄弟』。」據出適人本降在大功，以無主之故，故爲之服期，而姑姊妹亦以期報之。是「姑」與「姊妹」同稱，無一體之别也。此出適無主，不降，姑、姊妹之例同也。「大功」章：「姑姊妹、女子子適人者。」傳曰：「何以大功也？」此出適人，有主而降，姑、姊妹之例同也。以在室本服周，出適降大功，爲人後者降其昆弟，故姑姊妹從大功降一等而爲小功。鄭氏「同降」之説是也，馬氏「明降一體而不降姑」之説非也。通經之例，姑姊妹降則俱降，又何有于姑而不降之説耶？經、傳不言「姑」，舉親以見疏，從偶省文也。

《通典》「緦麻三月」章：「庶孫之中殤。」馬融曰：「祖爲孫，成人，大功；長殤，降一等；中、下殤，降二等，故服緦也。言『中』，則有『下』，文不備，疏者略耳。」〔四二〕

論曰：鄭以「中」爲字之誤，馬以言「中」則有「下」，二説不同。以經例推之，鄭説是也。經有言「長殤」者矣，有言「下殤」者矣，有言「長殤、中殤」者矣，有言「中殤、下殤」者矣。或「長」「中」連文,或「中」「下」連文,無單言「中殤」者。故《喪服傳》:「問者曰:『中殤何以不見也?』『大功之殤中從上,小功之殤中從下。』」若「緦麻」章有「中殤」,則傳中不必發此問矣,故鄭以爲「字之誤」耳。其言「中」不能有「下」者,以「中」連「上」「下」也。「中」字不獨從「下」,并可從「上」,故馬氏從一偏之説,爲不可從。且以《喪服》篇次考之,長、中殤皆入「小功」,而此入「緦麻」,則其爲下殤無疑。王肅又云:「『中』從『上』,故舉『中』以見之。」亦不知「中」可連「上」「下」也,亦一偏之見,與馬「言『中』以見『下』」同一弊耳。

校勘記

〔一〕參見《禮論略鈔》「論齊衰期章父卒然後爲祖後者服斬」條,焦廷琥抄録《仲軒群書雜著》所收《服制考》一卷(以下簡稱《服制考》)同。

〔二〕《服制考》同。

〔三〕《服制考》同。

〔四〕《服制考》同。

〔五〕《服制考》同。

〔六〕《服制考》同。《禮論略鈔》「論喪服記宗子孤爲殤」條,文略異。

〔七〕「而无」,《禮論略鈔》作「而死」,屬上讀,義長。

〔八〕參見《禮論略鈔》「論三年問然則何以至期也疏」條。《服制考》同。

〔九〕參見《禮論略鈔》「論後漢書禮儀志丁孚漢儀鼓吹舉哀」條。

〔一〇〕參見《禮論略鈔》「論晉書禮志閭丘沖懷帝服楊悼后議」條。

〔一一〕「神」，據文意，疑下奪「主」字。

〔一二〕參見《禮論略鈔》「論宋書禮志爲舊君服三年」條。

〔一三〕「爲」，《儀禮注疏》卷三十一作「謂」，字通。

〔一四〕「立」，學海堂初刻本、庚申補刊本作「有」，據《魏書》卷一百〇八之二改。

〔一五〕「云」，《魏書》卷一百〇八之二作「曰」。

〔一六〕「繹」，《魏書》卷一百〇八之二作「懌」。

〔一七〕「乎」，《魏書》卷一百〇八之二作「也」。

〔一八〕參見《禮論略鈔》「論魏書禮志清河王懌駁何休宗人攝行主事而往」條。

〔一九〕「有」，學海堂初刻本、庚申補刊本并作「者」，據《公羊注疏》卷二十三改。

〔二〇〕「家」，學海堂初刻本作「冢」，據庚申補刊本改。

〔二一〕「籩」，庚申補刊本作「邊」，據《禮記正義》卷十九改。

〔二二〕參見《禮論略鈔》「論唐書高宗太子謚爲孝敬皇帝」條。

〔二三〕「公上大夫之家臣也」，《公羊注疏》卷十作「公上大夫之衆臣是也」，阮氏《校勘記》云：「鄂本『上』作『士』，此誤。」

〔二四〕參見《禮論略鈔》「論宋史禮志爲皇后吳氏服齊衰期」條。《服制考》同。

〔二五〕「統」，學海堂初刻本、庚申補刊本并奪，據《通典》卷八十八補。

〔二六〕「亡後」，《通典》卷九十六作「後亡」。

〔二七〕「樂章六」，學海堂初刻本、庚申補刊本作「樂六章」，據《唐會要》卷三十三改。參見《禮論略鈔》「論唐會要惠昭太子廟樂章六」條。

〔二八〕「亡猶無謚」，學海堂初刻本、庚申補刊本作「無由作謚」，據《通典》卷一百〇四改。

〔二九〕「既」，學海堂初刻本、庚申補刊本奪，據《通典》卷一百〇四補。

〔三〇〕「三十二年」，學海堂初刻本、庚申補刊本作「二十八年」，據《公羊注疏》卷九改。

〔三一〕「禮」，學海堂初刻本、庚申補刊本奪，據《公羊注疏》卷九補。

〔三二〕「如」，《通典》卷九十三無，疑衍。

〔三三〕「書」，學海堂初刻本、庚申補刊本奪，據《通典》卷九十三補。

〔三四〕「太子二子」，學海堂初刻本、庚申補刊本奪，據《晉書》卷十九補。

〔三五〕「王者治定制禮，功成作樂」，《禮記·樂記》作「王者功成作樂，治定制禮」。

〔三六〕「家」，《禮記正義》卷十九作「之家」。

〔三七〕「公除祭」，《唐會要》卷三十八作「公祭」。

〔三八〕參見《禮論略鈔》「論唐會要既葬公除」條。

〔三九〕「衰」，《通典》卷九十二作「縗」。

〔四〇〕「者」，《通典》卷九十二無。

〔四一〕參見《禮論略鈔》「論通典馬融小功章在室者齊衰周」條。《服制考》同。

〔四二〕參見《禮論略鈔》「論通典馬融緦麻章庶孫之中殤」條。《服制考》同。

禮說卷二

《通典》晉袁準云：「爲父後，猶服嫁母。據外祖異族，猶廢祭行服〔一〕，知父後應服嫁母。」劉智云：「雖爲父後，猶爲嫁母齊衰。訖〔二〕葬卒哭乃除，逾月乃祭。」〔三〕

論曰：嫁母之服，於經無文。鄭氏以爲齊衰期，蓋據「杖期」章「父卒，繼母嫁，從，爲之服」，況母親〔四〕乎？故譙周以爲，據繼母嫁猶服周，以親母可知，故無經也。皆不言爲後、不爲後之别。蕭太傅云：「當服周。爲父後，不服〔五〕。」此議是也。今且以出母之例例之，《喪服小記》：「爲父後者爲出母，無服。」注：「不敢以己私，廢父所傳重之祭祀。」據此，適子不爲出母著服。蓋父在，雖適子，爲出母有服；父卒，則適子一人不爲出母服，經有明文，然則袁準云「爲父後，猶服嫁母」之説不確矣。《檀弓》：「伯魚之母死，期而猶哭。夫子聞之。」是夫子尚在，斯時伯魚未嘗爲後。父在，爲出母期，禮也。所以父在得爲出母服者，以宗廟之祭祀，父主之；父不在，不得爲出母服者，以宗廟之祭祀，子主之。「爲後」之名，指父死，不指父在。説者不得以伯魚爲出母服，引「爲後」以例之也。宋庾蔚之云：「繼母嫁，則與宗廟絶。爲父後者，安可以廢祖祀而服之乎？」袁準廢祭之說，誠不可以爲訓也。

《通典·庶子爲人〔六〕後其妻爲本舅姑服議》晉賀循云：「庶子爲人〔七〕後，爲其母緦麻三月；庶子之妻，自如常禮，尊所不降也。自天子達於大夫，皆然。」〔八〕

論曰：賀氏號爲儒宗，而此議則有所未當。賀義未明所據，然其說本之《服問》也。按，《服問》曰：「有從輕而重，公子之妻爲其皇姑。」注：「妾子之妻爲其君姑齊衰，與爲〔九〕小君同，舅不厭婦也。」疏：「諸侯在，尊厭妾子，使爲母練冠；諸侯没，妾子得爲母大功。而妾子妻不辨諸侯存没，爲夫之母期也。」據此，知賀所云「庶子之妻，尊所不降」，昉于此矣，而不知庶子有爲後、不爲後之別。如其不爲後，諸侯于妾母無服，故庶子厭于父而不得伸，爲其母練冠、麻，麻衣而已，傳所謂「君之所不服，子亦不敢服」也。不爲後而父卒，爲其母大功，以先君餘尊之所厭，不得過大功，「大功」章所謂「公之庶昆弟爲其母」是也。庶子之妻，舅不厭婦，不辨舅之存亡，而爲姑齊衰，《服問》所云是也。若夫庶子爲後而承重，則爲其母緦，傳所謂「與尊者一體，而不得〔一〇〕服其私親」也。賀云「自天子達于大夫」，其中包有諸侯矣。設使庶子爲諸侯之後，則庶子之妻爲君夫人也，將因妾母之喪而廢祭乎，抑不廢祭乎？君無服，而夫人可有服乎？《祭統》：「夫祭也者，必夫婦親之，所以備外内之官也。」今夫人齊衰，可以與于祭乎？夫吉凶不相干，衰麻不接冕弁。以此推之，賀說固不可行耳。然則庶子爲後，其妻安得服其本服耶？且向來經傳所云，都據大夫、士之庶子。

若天子之庶子爲後，則又不同。《曾子問》：「古者，天子練冠以燕居。」鄭云：「謂庶子王，爲其母無服。」據此，天王無服，然則王后不當有服也，明矣。賀云「自天子達之」之說，又不可通也。《通典》并載孔瑚、虞喜、綦毋〔一一〕遂論說。賀、虞之說皆非也，孔與綦毋言之而不詳，故爲廣其義而論說之，俾後君子有考焉。

《通典》宋庾蔚之謂：「舅歿則姑老，是授祭事〔一二〕于子婦。至〔一三〕祖服，自以姑爲適〔一四〕，所謂『有適婦、無適孫婦』也。祖以適統唯一，故子婦尚存，其孫婦以下未得爲適，猶以庶婦〔一五〕服之。」〔一六〕

論曰：庾氏之說，從《喪服》傳注而推之者也。《喪服》：「有嫡子者無嫡孫，孫婦亦如之。」注：「嫡婦在，亦爲庶孫之婦。」庾故準嫡子之例，有嫡婦，無嫡孫婦矣。庾知此者，以嫡不可以有二也。《喪服》「期」章專論祖爲嫡孫之服制，指祖在而言之；嫡子死，而後立嫡孫，故祖爲之期。祖爲嫡孫期，則孫婦亦當爲嫡孫婦乎？似嫡可以在孫婦矣，而不然也。嫡婦在，而嫡孫之婦亦同于庶婦者，何也？嫡婦之名，不得以夫之存亡易也。既爲嫡婦，嫡子雖死，祖自以婦爲嫡，不以孫婦爲嫡，周制則然也。然則嫡子既亡，嫡婦之名不可解，嫡婦之服不可降，而《喪服小記》云：「嫡婦不爲舅後者，則姑爲之小功。」何也？曰：此指嫡婦之無子而言，故鄭注謂「夫有廢疾」及「死而無子，不受重者」。蓋嫡婦無子而不受重，必將取支子以入繼大宗，是嫡婦不爲舅後矣，故姑爲之小功。小功者，庶婦之服也。《喪服》之例，鄭氏言之詳矣。凡父母于子、舅姑于婦，將不傳重于嫡及將所傳重者非嫡，服之皆如庶子、庶婦也。據此，則知嫡婦有子，可以傳重，祖安得不以嫡婦視之耶？越婦而服孫婦之嫡，皆後儒之謬，古無此説也。

《通典》：「貞觀十四年，太宗謂侍臣曰：『舅之與姨，親疏相似而服紀有殊，理未有得。集〔一七〕學者詳議。』于是，侍中魏徵等議曰：『謹按，舅服緦麻，與〔一八〕從母同小功。』制可。」〔一九〕

論曰：服之制有五，由斬而至緦。傳曰：「外戚之服皆緦。」舅與從母皆當服緦，而不同者，抑有由焉。「小功」「從母」傳曰：「何以小功也？以名加也。」疏：「以名者〔二〇〕，以有母名，故加至小功。」而舅獨不可以父名者，異姓之人不可謂之父，猶之同姓之人不可謂之母。故父之姊妹謂之姑，而不得以母名。必同姓而後稱父，異姓而後稱母。《曲禮》：「天子同姓謂之叔父，異姓謂之叔舅。」知異姓不得有「父」稱。《大傳》：「服術有六，三曰名。」注：「世母、叔母之屬。」知同姓不得有「母」名。「不杖期」章「世父母、叔父母」，傳曰：「何以期？與尊者一體。」而姪之爲姑，則服在大功。雖同爲父之一體，而男女義殊，服亦有別。姪不能伸其服與世父母、叔父母同，猶舅與從母同爲母之一體而不得同服也。序父黨之服，凡有「父」名者則尊之。此方「父」而推之，而姑無與也。恩義各有所施，無由强爲之同。雷次宗曰：「舅情同一人，而名理闕無，因故有心而不獲遂。」又云：「『姪』字有『女』，明不及伯、叔；『甥』字有『男』，見不及從母。是以《周服篇》無『姪』字，《小功篇》無『甥』名。」唐人見不及此，舅與從母同服，似協人情，而不知于先王制服之精義亡矣。外戚不過緦，雖以母之父母之尊、從母之親加之，不過小功而止。此亦强幹弱枝之義歟？

《御覽》賀述《禮統》：「嫡夫人爲八妾服三月。」〔二一〕

論曰：此臆説也。「不杖期」章「妾爲女君」，注：「女君，君嫡妻也。女君于妾，無服。報之則重，降之則嫌。」雷次宗《喪服略注》：「今抑妾使同婦，尊女君使同姑。女君于妾，不得同姑之降婦。不降，則應報。所以不報者，欲伸聖人抑妾之旨。若〔二二〕報之，則并后之誡，意〔二三〕無所徵，故報之則違抑妾之義，降之則有舅姑之嫌。故使都無服，無重〔二四〕嫌之責。」按，女君於妾無服，諸經傳亦無服妾之文。賀以爲八妾三月，果何據而云然耶？「公妾」賈疏：「公，謂五等諸侯，皆有八妾。」「貴妾」注〔二五〕：「天子諸侯降其臣妾。」故知公與夫人，于此俱無服也。

或曰：有死于宫中者，則爲之三月，何也？曰：宫中死者，謂臣僕，不指妾也。

《册府元龜》：「太常賀循議，以爲禮：兄弟不相爲後，不得以承代爲世。殷之盤庚不序陽甲，漢之光武不繼成帝，别立寢廟，使臣下祭之。此前代之明典，承繼之著義也。」〔二六〕

論曰：賀説非也。不能舉經義以定國制，乃以光武爲辭，謬矣。《漢官儀》曰：「光武第雖十二，於父子之次，於成帝爲兄弟，於哀帝爲諸父，於平帝爲祖父，皆不可爲之後。上至元帝，于光武爲父，故上繼兄弟而爲九代。」按〔二七〕，此制非是。吾于《春秋》徵之，而知其誤矣。《春秋》紀纖芥之惡，采毫末之善，未有事關巨典，而失禮無譏文者。僖之於閔，本以兄而繼弟。《公羊》恐後人之致疑焉，故發《傳》曰：「此非子也。其稱子，何？臣、子，一例。」注：「臣之繼君，猶子之繼父。」《春秋》別嫌明微，故太史公以爲：「爲人臣者，不可以不知《春秋》。」若以光武不繼成帝爲是，則僖之繼閔爲非也。今《傳》言「臣、子，一例」，是以僖而繼閔矣。爲人後者爲之子，故云「臣、子，一例」。文公升僖公于閔公之上，《春秋》譏其逆祀。逆祀且不可，而不上繼閔公，可乎？若使僖公當別立廟以祀閔公，則經必大書而特書矣。夫築臺、浚洙，事力小者尚記之，況于廟乎？立煬宫、考仲子之宫則書之，設使僖爲閔廟，未有不書者。今經無文，可知當日必無其事矣。且「使臣下祭之」之説，尤爲不經，是以人主行之而未安。晉元帝大興三年詔曰：「吾雖上繼世祖，然于懷、閔皇帝，皆北面稱臣。今祠太廟，不親執觴酌，而令有司行事，于情理不安。可依禮更處。」亦知賀循之議不足爲據。晉哀帝欲上嗣顯宗，以修本紀。帝于穆帝，爲從父昆弟，詔下議。僕射江虨曰：「閔、僖，兄弟也，爲父子，則帝應爲穆帝嗣。」此論甚正。然晉臣無有知之者，卒繼成帝。賀循之識，遠不及江虨矣。不以承代爲世而別立廟，古豈有其制耶？若夫光武之世，干戈甫定，戎馬生郊，國典朝章，約略粗定。後之儒臣，安得舍經義而師漢法哉？

陳氏《禮書》：「《春秋·文公二年》：『冬，公子遂如齊納幣。』僖公之喪，至文公二年冬，適二十六月。《左氏》曰：『納幣，禮也。』而《公羊》譏其喪娶，則《公羊》亦以三年之喪，二十七月而除，與鄭氏之説合矣。」〔二八〕

論曰：陳祥道之説經，多不可據。其率臆而言者，如謂《公羊》亦以二十七月而除是也。《公羊傳》：「三年之喪，其實二十五月而畢。」并未言及祥、禫之制，不知陳氏何以知其與鄭合也。且云：「僖公之喪，至文二年冬，適二十六月。」今按何注：「僖公以十二月而薨，至此未滿二十五月。」蓋自僖公十二月而薨，至此冬十二月，僅得二十四月，故何云「未滿二十五月」也，又不知陳氏何以云「適二十六月」也。依杜氏《長暦》推之，乙巳，公薨于小寢。杜以爲：乙巳，十一月十二日，經書「十二月」，誤。無論儒者不信經而信注已非，況又以杜預之注以例《公羊》，是全不知經師之家法矣。且《公羊·文二年傳》云：「三年之内不圖昏。」若適三十六月，是已在三年之外矣，安得云「三年之内」耶？徵諸經、傳、注，其誤不煩言而解矣。

陳氏《禮書》：「《問喪》曰：『親始死，鷄斯徒跣。』蓋『鷄斯』云者，哭聲然也。鄭氏改『鷄斯』爲『笄纚』，恐不然也。纚，亦作『縰』。」

論曰：陳氏《禮書》論括髮云：「鷄斯之喪，不可以考。」此論纚制云：「『鷄斯』爲哭聲。以無經傳可證，故言「蓋」以疑之。然鄭氏之破「鷄斯」爲「笄纚」，夫有所授之也。高堂生之《禮》，以次傳于后蒼，蒼授戴德，孔沖遠多取戴氏之《喪服變除》以疏注。鄭氏之説，蓋本之於大戴。按，《喪服變除》：「斬衰三年之服，始有父之喪，笄纚，徒跣。」可見《禮記》經師所見之本，本作「笄纚」也。又云：「父爲長子，不笄纚，不徒跣。」「妻爲夫，妾爲君，笄纚，不徒跣。」「齊衰三年者，父殁，始有母之喪，笄纚，徒跣。」「爲人後者，所後之祖母、母、妻，母爲長子，妾爲君之長子，繼母爲長子，皆不笄纚徒跣。」戴氏言之鑿鑿，并不作「啼聲然」也。「纚」亦作「縰」者，考之盧植《小戴禮記》注「櫛縰」：「縰，所以裹〔二九〕髻承冠，以全幅叠而用之。」按，賈疏云：「斬衰用箭〔三〇〕，齊衰用櫛。」盧以「櫛縰」連文，亦非啼聲可知。「纚」爲縚髮之繒。親始死，孝子去冠，唯留笄纚。至二日，乃去。知始死去冠者，《檀弓》云：「始死，羔裘玄冠者，易之而已。」是去冠也。知二日乃去笄纚者，《士喪禮》「小斂，結〔三一〕髮」，故去之也。賈疏又云：「男子斬衰名『括髮』，齊衰名『免』。齊、斬，婦人同名『髽』。」始死，婦人將斬衰者，去笄而纚；將齊衰者，骨笄而纚。必如此者，去飾之漸也。陳氏于喪服變除之節未詳，何爲而駁先儒耶？

《檀弓》：「從母之夫、舅之妻，二夫人相爲服，君子未之言也。或曰：同爨，緦。」張子曰：「此是甥自幼居于從母之家或舅之家，孤穉恩養，直如父母，不可無服，所以爲此服也。非是從母之夫與舅之妻相對，如何得此稱？既言從母與舅，故知是甥爲二夫人者爲之服也。」〔三二〕

論曰：宋以來，説經之儒，往往改經文義而獨申己説。如《檀弓》云「從母之夫、舅之妻，二夫人相爲服」，而張以爲非是，何也？蓋古者重男女之防，雖叔嫂，無服，蓋推而遠之。況母黨之親，自從母、舅而至從母之夫、舅之妻，皆無服也。夫舅之子於從母之夫無服，從母之夫爲舅之妻服；從母之子於舅無服，舅之妻爲從母之夫服，此外甥所不得不非之者也。其非之，是也。禮緣義起。義之所不能推者，即服之所不能制也。不爲無義制服，故君子未之言也。今二夫人相服，或人求其故而不得，以爲同爨有緦麻之親。今此二人同居，或援同爨之誼，故權制此服耳。張云「甥爲二夫人者爲之服」，説似近情。果如是，則《檀弓》當云「爲二夫人服」，不當云「二夫人相爲服」。「相爲服」云者，是彼此互相服，非一人服二人也。屈經申己，豈不詭哉？

《雜記》：「疏衰皆居堊室，不廬。廬，嚴者也〔三三〕。」陳澔曰：「疏衰，齊衰也。齊衰，有三年者，有期者，有三月者，皆居堊室。廬乃哀敬嚴肅之所，服輕者不得居也。」

論曰：陳氏之説，不盡然也。斬衰居倚廬，齊衰居堊室，論其正爾。亦有斬衰不居廬者，《雜記》云：「大夫居廬，士居堊室。」是士服斬而居堊室也；亦有齊衰不居堊室者，《喪服小記》之「父不爲衆子次于外」，注云：「于庶子，略自若，居寢。」《喪服》疏「譙周亦云〔三四〕『齊衰三月，不居堊室』」是也；亦有齊衰居廬，《喪大記》云「期，居廬，終喪不御于内者，父在爲母，爲妻」，《間傳》「父母之喪，居倚廬」，射慈答徐整問「出妻之子亦有廬。變除，堊室及禫，如親子」是也。

問者曰：爲妻廬，不已重乎？曰：《喪服傳》：「何以期也？妻，至親也。」故服制同于母。況伸其恩于廬杖而抑其哀容，居處不能盡同也。《雜記》：「妻，視叔父母。」疏：「妻，居廬而杖，抑之，視叔父母。」據此，無所謂嫌矣。亦有始居廬而終居堊室者，此變除之節也。父母之喪，既虞，翦屏；期而小祥，居堊室，《喪大記》「既練，居堊室」是也。《雜記》所云「齊衰」，當指爲祖父母、世父母之類，不得指子爲母、夫爲妻也。晉劉寔、盧欽喪妻，皆爲廬杖之制，其時輕薄者笑之，不亦過乎！

《喪服傳》曰：「公卿、大夫室老、士，貴臣；其餘皆衆臣也。君，謂有地者也。」《集説》：「繼公謂，室老，家臣之長者也；士，凡士之爲家臣者，皆是也。經惟言『公卿、大夫』耳，而傳以『有地者』釋之，則無地者，其服不如是乎？似失于固矣。」

論曰：凡經所不見者，當以意求之。傳、注所以與經相表裏者，以能足成其義耳。經不具，故待傳、注以補之也。若經所不言，傳亦不言，尚何需于傳、注耶？如經但言「衆臣」，則必有不在衆臣之列者矣，故補之曰「室老與士皆貴臣，其餘衆臣也」。不然，則不知經之所謂「衆臣」何所指也。鄭注：「天子、諸侯及卿大夫有地者，皆曰君。」鄭知此者，以《傳》云「君，謂有地者也」。《傳》必以爲「有地者」，以貴臣之中有士也。有采地者，有邑宰，復有家相；無地者，直有家相而已。今既有士，則其爲有地之君，可知矣。士不得以「凡士之爲家臣」目之者，以其貴于衆臣也。貴于衆臣，故鄭以士爲邑宰也。必邑宰，而後可以爲貴臣，而不同于衆臣者。子路使子羔爲費宰，曰：「有民人焉，有社稷焉。」故知異于衆臣也。室老得爲貴臣者，賈疏：「《曲禮》曰：『大夫不名家相長妾。』」按，賈疏兩引皆作「大夫不名家相長妾」，與今《曲禮》異。賈必知大夫者，以大夫稱「家」也，故知其貴也。如魯三家皆有地，則公山弗狃爲季氏費宰，子羔爲孟氏成宰，冉有、季路之爲季氏家相，皆是也。且有地與無地之君，其禮不同。無地公卿大夫卑，家臣皆以杖，與嗣君同即阼階下朝夕哭位；若有地公卿大夫，其君尊，衆臣雖杖，不得與嗣君同即阼階下朝夕哭位，下君故也。必分別貴臣、衆臣者，公卿大夫厭于天子諸侯，故降衆臣，布帶繩屨；貴，得伸，不奪其正也。且經亦有爲貴臣服緦者，馬融曰：「天子貴公，諸侯貴卿，大夫貴室老也。」鄭氏曰：「貴臣，室老、士也。」若敖氏，乃漫無分別，然則君亦爲衆臣服緦耶？何其舛也。貴臣之制，至戰國而後亡矣。譙周曰：「大夫受畿内之采邑，有家臣。雖又別典鄉遂之事，其下屬皆止相屬其吏，非臣也。秦、漢無復采邑之家臣，郡縣吏權假斬衰，代至則除之。」按，秦并天下而爲郡縣，不復有貴臣之服，其禮殆與封建相終始者矣。

《喪服傳》「齊衰不杖期」章：「爲昆弟之爲父後者，何以亦期也？婦人雖在外，必有歸宗，曰小宗，故服期也。」《集説》：「繼公謂，婦人雖外成〔三五〕，然終不可忘其所由生，故以本宗爲歸宗也。『歸』云者，若曰婦人或不安于夫家，必以此爲歸〔三六〕也。其於爲父後者特重，以其爲宗子也。以私親言之，故曰『小宗』。其昆弟雖繼別，猶謂之『小』，所以別於夫家之宗也。」

論曰：繼別者爲大宗。婦人出嫁，而可以大宗爲小宗，以別於夫家之宗耶？此真妄説之可怪者已。馬融曰：「歸宗者，歸父母之宗。昆弟之爲父後者曰『小宗』。」王肅曰：「嫌所宗者唯大宗，故曰『小宗』，明各自宗其爲父後者也。」「齊衰三月」章「丈夫、婦人爲宗子」，傳曰：「何以服齊衰三月也？尊祖也。尊祖，故敬宗。」注：「婦人，女子子在室及嫁歸宗者也。」婦人出嫁，猶爲宗人服齊衰三月，而能以大宗爲小宗耶？宗之大小有一定，而可以私親爲降殺耶？「期服」章「爲昆弟之爲父後者」，傳曰：「何以期也？婦人雖在外，必有歸宗，曰『小宗』，故服期也。」注：「小宗，明非一。小宗有四。丈夫、婦人之爲小宗，各如其親之服，避大宗。」經、傳明文：大宗與小宗別，齊衰與期又別。敖乃以繼別之宗爲小，以別於夫家之宗，尤聞所未聞。《白虎通》：「宗者，尊也，爲先祖主也，宗人之所尊也。」夫家之宗，更非婦人之所得而主也。且以繼別之宗爲小，乃以大宗屬之夫家耶？此不通之尤者也。經言「宗子」，直言之；至於「宗子之母」「宗子之妻」，皆加「之」字以別之，此不以宗與婦人共之之證。《春秋》「考仲子之宫」注：「加『之』者，宫廟，尊卑共名，非配號稱之辭，故加『之』以絶也。」《喪服》經、傳，宗子母、妻加「之」，即其例。馬、王既分別言之，見不必大宗兼有小宗，鄭氏亦然。不言「兄弟」、言「昆弟」者，大功以上爲「昆弟」，小功已下爲「兄弟」。婦人無父可歸，則歸於大功以上之昆弟，可也。

《喪服》「齊衰三月」章：「庶人爲國君。」《集説》：「繼公謂，庶人此服，夫妻同之。非當家者，則不服也。」

論曰：「庶人爲國君」注：「不言『民』而言『庶人』，庶人或有在官者。」此指府史、胥徒而言。不言「民」者，民不盡在官，故不足以包之。若天子畿内、諸侯境内，亦無不服齊衰三月者。且喪禮互相發明，故上文云：「何以爲所寓服齊衰三月？言與民同。」則民爲齊衰三月，不嫌不明；復發傳者，恐庶人與民有異，故曰「庶人爲國君」。不言「天子」，以此推之，皆同也。《檀弓》：「天子崩，七日，國中男女服。」注：「庶人。」據此，庶人爲天子服，可知。又，《白虎通》：「《禮》：庶人爲國君，服齊衰三月；王者崩，京師之民〔三七〕喪三月，何？民賤而王貴，故三月而已。」又，「禮不下庶人，所以爲民制服〔三八〕，何？禮不下庶人者，尊卑制度也。服者，恩從内發，故爲之制也。」《詩》云：「普天之下，莫非王土；率土之濱，莫非王臣。」豈有非當家者不服之理？敖氏説經，最爲害義，不經之談，何其多哉！

《喪服》「小功五月」章：「爲外祖父母。」傳曰：「何以小功也？以尊加也。」《集説》：「繼公謂，『尊』云者，爲〔三九〕其爲母之父母也。子之從其母而服母黨者，當降於其母二等。母爲父母期，子爲外祖父母小功，宜也，非以尊加也。」〔四〇〕

論曰：馬融曰：「母之父母也，本服緦；以母所至尊，加服小功。」馬所以知此者，以《喪服記》云「外親無過緦麻」。母之父母雖尊，其爲外親，一也，皆當以緦爲斷。今以母之所尊，故加服小功。若如敖説，本宜小功，非加服也，則「外親以緦斷」之説爲不足據也。

馬氏又曰：「外祖、從母，其親皆緦；以尊名加，故小功〔四一〕。」敖氏曰：「母爲姊妹，大功；子從服，當緦。以有『母』名，故加一等，而在此章。云『外親〔四二〕皆緦』，見〔四三〕此爲加矣。」按，外祖父母、從母，本氏一例從加。敖於外祖父母，則以爲本服小功，非從加；於從母小功，則云「從」。如同一外親之服，以緦爲斷，而一從一違，究不知其何意。

夫五服遞降之例，唯施之於本宗。如《春秋》之義，詳内而略外，强幹而弱枝。至於外親，則無論親疏，一例緦麻。聖人之義，至精至密。而乃以遞降之説，施之於外姓，非制禮之本意矣。敖於全經之中，或疑傳注之明文，或破先儒之舊説，無所發明。賈疏「『祖』是尊名，故加至小功」，與馬少異，而所謂「加至小功」則一也。先儒注疏，可妄非乎？

《喪服》「小功」章：「夫之姑、姊妹、娣姒婦，報。」傳曰：「娣姒婦者，弟長也。」《集説》：「繼公謂，先娣後姒，則娣長姒穉，明矣。」〔四四〕

論曰：「夫之姑、姊妹、娣姒婦，報。」敖氏不知此文義，致令長穉顛倒其説。傳以娣穉姒長，恐人疑其尊卑有異而服制有別也，欲明其例，故變文書此：「娣」在「姒」上，明穉可加於長上，以見其尊卑之無異。馬融曰：「『娣姒婦』者，兄弟之妻相名。長穉自相爲服。不言『長』者，婦人無所專，以夫爲長幼，不自以年齒。妻雖少〔四五〕，猶隨夫爲長也。先『娣』後『姒』，明其尊敵也。」鄭注：「長婦謂穉婦爲娣婦，娣婦謂長婦爲姒婦。」此注本之于《爾雅》。王肅曰：「按，《左傳》云：魯人〔四六〕

之穆姜，晉子容之母，皆謂〔四七〕穉婦爲娣婦、長婦爲姒婦。此『婦』二義之不同者。今據《傳》文，與《左氏》正合，宜即而從〔四八〕之。」按，下傳云：「娣姒婦者，弟長也。」以「弟」釋「娣」，以「長」釋「姒」。《公羊》曰：「娣者何？弟也。」《左傳》曰：「長叔姒生男。」可證已。敖既以娣長而姒穉，違先儒之義，又改傳文以從己説曰：「娣，長也。」今傳作「弟長也」，并不作「娣長」，可以知其謬妄。敖又云：「『娣長也』下，有脱文。」説經往往不得其解，遂指爲有脱文，不亦〔四九〕誣乎！

《喪服記》：「爲人後者，于兄弟降一等，報；於所爲後之兄弟之子，若子。」《集説》：「繼公謂，『之子』二字，當爲衍文。」〔五〇〕

論曰：敖氏絶不紬繹經傳，關穿全書，往往不得其解，而妄以爲衍文。如記云「爲人後者，于兄弟降一等，報；于所爲後之兄弟之子，若子」，敖以「之子」二字爲衍文是也。「三年」章與此記互相發明。傳曰：「爲所後〔五一〕者之祖父母、妻。」此非己之妻，故疏云：「『妻』謂死者之妻，即爲後者〔五二〕之母。」然則此所云「於所爲後之兄弟之子，若子」，亦非己之兄弟，是死者之兄弟，于己爲世父、叔父；「兄弟之子」，于己爲兄弟。此章言，降本親之兄弟一等，於所後之兄弟不降，服之如親兄弟。「所爲後」謂父也，「所後之兄弟」謂世父、叔父也，「所後之兄弟之子」謂兄弟也。降者，本親之兄弟；不降者，所後之兄弟，一言而決矣。如敖説，「之子」二字衍文，不知「所後之兄弟」當指世父、叔父，而不得指爲「兄弟」，「兄弟之子」乃指兄弟耳。敖氏於此例尚不能明，而妄意疑經，何其謬耶！

《喪服記》：「傳曰：何如則可謂之兄弟？《傳》曰：『小功以下爲兄弟。』」《集説》：「繼公謂，『謂之』二字似誤，亦當作『爲』。『爲兄弟』者，爲兄弟服也。」（五三）

論曰：敖氏不通傳例，故作此解。《儀禮》有「昆弟」又有「兄弟」者，一字之别，聖人正名之義寓焉。傳曰「昆弟一體」，又曰「昆弟四體」。不言「兄弟」言「昆弟」者，此指親兄弟而言，故在「期服」章而有「一體」「四體」之喻也。至于「小功」章：「何如則可謂之兄弟？《傳》曰：『小功以下爲兄弟。』」此伸明「昆弟」「兄弟」稱名之異。凡稱「兄弟」者，指小功以下；稱「昆弟」者，指自期以下也，并非「謂之」二字之誤。《廣雅》（五四）：「兄，况也。又謂之晜。」散文亦有相通者，則又不在此例矣。且鄭于此章注云：「大功以上，若皆在他國，則親自親矣。若不及知父母，則固同財矣。」故知此云「兄弟」，指小功以下，不得與親者比。若果昆弟，又何待于加一等耶？此因疏而加之，并非因親而又加之也，明矣。敖氏以禮服著名，而鹵莽如此，抑又何歟？

《喪服記》：「傳曰：錫者，何也？麻之有錫者也。」《集説》：「繼公謂，『有錫』疑當作『滑易』。蓋二字各有似，以傳寫而誤也。」

論曰：若傳文「有錫」本作「滑易」，則鄭注「謂之『錫』者，治其布，使之滑易也」，豈非贅辭乎？鄭司農注《司服職》云：「錫，麻之滑易者也。」敖云「鄭司農據此記未誤之文」，非也。先鄭亦以「滑易」釋「錫」字，并非據此記未誤之文而作「滑易」也。先、後鄭相去不甚遠，未必先鄭所見之《喪服傳》作「滑易」、後鄭所見之《喪服傳》作「有錫」也。且經傳之言「錫」者多矣，注疏皆以「滑易」解之，從無經傳之文有作「滑易」者，敖氏可謂無稽矣。《儀禮・大射儀》：「冪用錫若絺。」注：「錫，細布也。絺，細葛也。」疏：「謂之『錫』者，治其布，使之滑易也。」《雜記》：「朝服十五升，去其半而緦，加灰，錫也。」疏：「取緦以爲布，又加灰治之，則曰『錫』。言錫然滑易也。」《釋名》：「錫衰，錫，易也〔五五〕。治其麻，使滑易也。」《説文》有「緆」字：「緆，細布也。或作『⿸麻易』。」按，即經典之「錫」字也。《儀禮・燕禮》注：「今文『錫』作〔五六〕『緆』。」蓋通用耳。麻未有滑易者，惟錫之，乃滑易耳，故《玉篇》：「錫，治麻布也。」凡此，皆可證敖氏之訛。

《儀禮集説》：「繼公謂，先儒以《傳》爲子夏所作，未必然也。今且以《記》明之。《漢・藝文志》言《禮經之記》，顔師古以爲『七十子後學者所記』，是也。」

論曰：敖氏謂《傳》《記》非子夏所作，何其妄也！古未有以《禮經之記》爲《儀禮》者。昔韓昌黎於學無所不窺，猶苦《儀禮》難讀；歐陽修自云「平生何嘗讀《儀禮》」，而《濮議》爲言者所詆。《儀禮》之廢，由來久矣。習之者少，師法無傳。敖氏奮其私智，輒改傳、注以從己説，而不知邪説害人，有甚于水火、盜賊者。孔沖遠曰：「《周禮》見于經籍而名異者，見有七處。案，《孝經說》云『經禮三百』，一也。《禮器》云『經禮三百』，二也；《中庸》云『儀禮三百』，三也；《春秋說》云『禮經三百』，四也；《禮說》云『有正經三百』，五也；《周官外題》謂『爲周禮』，六也；《漢書·藝文志》云『周官經六篇』，七也。其《儀禮》之別，亦有七處，而有五名。一則《孝經說》《春秋》及《中庸》并云『威儀三千』，二則《禮器》云『曲禮三千』，三則《禮說》云『動儀三千』，四則謂『爲儀禮』，五則《漢書·藝文志》謂《儀禮》爲『古禮經』。」據此，《儀禮》未有作「禮經之記」者矣。孔沖遠又云：「其《禮記》〔五七〕，出自孔氏。至孔子歿後，七十二子之徒〔五八〕共撰所聞，以爲此記。」據七十子後學者所記，是《禮記》，而非《儀禮》也。況漢已來之注《儀禮》者與注《喪服》者，皆分別言之。如鄭康成注《儀禮》全經十七篇，方謂之《儀禮注》。若單注《喪服》，如馬融、王肅、孔倫、陳銓、裴松之、雷次宗、蔡超、田儁之〔五九〕、劉道拔、周續之之輩，陸德明曰：「自馬已下，皆注《喪服》者。」《漢書·蕭望之傳》：「又從夏侯勝問《論語》《禮服》。」師古曰：「《禮》之《喪服》也。」從未有《喪服》一門謂之「禮經之記」者。但目之爲《喪服》，而不總目之曰《儀禮》者，以《儀禮》中不獨《喪服》；言「喪服」者，見其于佗禮不講，而獨擅此也。且《漢書·藝文志》云「記百三十一篇」，并未云「禮經之記」，亦不得以上有「《禮古經》五十六篇、經七十篇」，牽扯合而爲一，改「禮古經」爲「禮經」，刪去「古」字，又合下「記」爲一，名之曰「禮經之記」。此真妄誕不經之談矣。《喪服》一卷，不獨儒者言之，釋氏有精于此者。沙門慧遠講《喪服經》，雷次宗、宗炳等并執卷承旨。六朝之際，師說未亡，於此可證。後人以爲不急之務，幾不措懷，亦與三《傳》同，束之高閣而已。間有性嗜樸學、篤好《禮經》者，又爲俗説所湮，如敖氏謂《傳》《記》非子夏所作是也。

「齊衰不杖期」章：「公妾以及士妾爲其父母。」郝敬《儀禮節解》曰：「按，鄭爲〔六〇〕父母期，雖女君，不得降，以傳『體君』之説爲誤，非矣。傳未嘗謂女君可降其父母也。謂妾之父母，君〔六一〕同凡人，妾自爲重服，違君自遂，似乎不可耳。今以國君之貴，尚不厭妾。凡〔六二〕父母之喪所以爲重，傳安得誤？其引《春秋》『季姜』義，皆後儒强作，《春秋》未可如此讀也。」〔六三〕

論曰：郝氏之言，不然也。《喪服傳》：「何以期也？妾不得體君，得爲其父母遂也。」注：「然則女君有尊降其父母者歟？《春秋》之義：『雖爲天王后，猶曰吾季姜。』是言子尊不加于父母，此傳似誤矣。」夫傳雖未明言謂女君可降其父母，然「妾不得體君」，體君者，爲女君也。「妾不得體君爲其父母遂」，然則女君體君，而不得爲父母遂也。此鄭氏反覆傳意而得之，以爲傳誤。鄭深有功于經學也如此，郝氏未解文義耳。且三年之喪，無貴賤，一也。妾之父母與凡人同，不待分别而始明。况服制有定，妾亦無從自爲重服之理；爲父母期，亦不得謂之違君自遂。種種不明，而置其狂喙，何耶？至謂《春秋》爲「後儒强作」，不知《公羊春秋》亦子夏所傳，與《喪服》經、傳，同出一人之手，不得云「後儒强作」。子尊不加於父母，仁至義盡之言，何可厚非？鄭氏曾以此義爲《伏后議》，後代從之，未有改也。郝氏雖欲斥之，又安得而斥之哉？

《喪服》「小功五月」章：「君子子爲庶母慈己者。」郝敬《儀禮節解》曰：「『君子』謂君與女君所生〔六四〕，『子』是大夫、公子嫡妻之子。重言『子』，明異於士、庶人與妾子之爲子也。」〔六五〕

論曰：鄭注云：「『君子子』者，大夫及公子之嫡妻子。」疏云：「《禮》之通例：君子與貴人，皆據大夫已上。公子尊卑比大夫。」合下傳觀之，「君子」中，自統貴人，不必分「君子」二字爲文。若一「君」字屬君與女君，一「子」字屬君與女君之子，下又有一「子」字，無可伸説，故云「重言『子』字，明異于士、庶人與妾子之爲子」。夫重言「子」字，唯有「女子子」，以別于男子，從無「子子」二字而屬之男子者。況士、庶人與妾子，不必重言以爲異。通經從無稱士、庶人爲「君子」者，亦無稱妾子爲「君子子」者，何須加一「子」字而始與士、庶人、妾子有別耶？《石渠禮論》戴聖曰：「其不言大夫之子而稱『君子子』者，『君子』猶大夫也。」馬融曰：「『貴人』者，嫡夫人也。」雷次宗曰：「蓋大夫已上，庶母無服。庶人無妾，則無庶母。」然則「君子」二字，唯大夫、公子有之，其他無有，更可知矣。此章論庶母之服。庶人無妾，亦無嫌疑之可避，不待加一「子」字而始知其非庶人，何故横生異義而割裂如是耶？

《喪服》「斬衰」章：「父爲長子。」《五禮通考》盛世佐曰：「爲長子三年，五宗皆得行之矣。雖繼禰之宗，亦得爲長子三年者，以身既繼禰，即得主禰廟之祭，是亦有傳重之道故也。《小記》所謂『不繼祖與禰者』，亦謂庶子不繼禰，而庶子之長不繼祖。先儒考之弗審，因謂嫡嫡相承，必至四世，乃得三年，失其義。」

論曰：子爲父服三年，禮也。父乃爲子三年，不重乎？故傳發問，反覆以申明之曰：「正體于上，又將以〔六六〕傳重也。」見二者闕一不可，則父爲子服三年，方是天理當而人情安也。馬融曰：「承『體』者，嫡嫡相承。『正』謂體在長子之上，上正于高祖。體重其正，故服三年。」賈公彦曰：「重不得三年者，有四種：一則正體不〔六七〕傳重，謂嫡〔六八〕子有廢疾，不堪主宗廟也；二則傳重非正體，庶孫爲後是也；三則體而不正，立庶子爲後是也；四則正而不體，立嫡孫爲後是也。」孔沖遠之説，與此同。雷次宗曰：「父子，一體也，而長嫡獨正〔六九〕，故曰『體』。既爲正體，又將傳重，兼有二義，乃加其服。自非親正，兼之情體俱盡〔七〇〕，豈有凌天地、混尊親者哉〔七一〕？」此亦知父之爲子三年，非同泛泛。傳又明之曰：「庶子不得爲長子三年，不繼祖也。」馬融曰：「庶子賤，爲長子服，其服〔七二〕不得隨父服三年，故言『不繼祖』也。」《喪服小記》疏引馬注云：「此謂五世之嫡〔七三〕，父乃爲之服〔七四〕斬也。」其説本之于戴聖、聞人通漢。鄭康成《小記》注云：「不必五世。」殆以爲四世可耳，不欲明破先師也。鄭云「不必五世」者，蓋以義推之。不繼祖、禰，則不三年；然則繼祖與禰，則爲之三年。祖、禰與己身爲三，及長子而四，謂四世可矣，不待五世。知馬「五世」之説非者，若如馬義，當指繼曾祖者而言。經明言「不繼祖」，而馬可以爲「不繼曾祖」乎？曾祖與祖有異矣，故其説不可從耳。如鄭「四世」，則別子爲祖，繼別爲宗。「服長三子年」，惟指大宗言之。若夫繼禰者爲小宗，小宗非繼祖，則不三年。然則盛氏「五宗」之説妄矣。蓋傳明言「庶子不爲長子三年，不繼祖也」，然則繼祖者乃得爲長子三年。若繼禰者可以三年，則傳不必云「繼祖」，當云「繼禰」也。盛氏知其説之不可通，故以繼祖者專指長子。如此，父繼禰，長子繼祖，僅三世耳，而即爲之服三年，恐先王制禮不如是之濫也。此惑于譙周之説。《五經然否》曰：「庶子身不繼禰，故其長子不繼祖，合而言之也。」此僅三世耳，宜爲虞喜、庾蔚之所駁正矣。蓋不繼祖與禰者，此指長子之父，非據長子之身。庾蔚之〔七五〕亦云：「己身繼祖，乃得爲長子斬也。」《小記》疏、庾氏發明鄭氏，其義至精。「四世」之説，爲至當不易之論。後儒紛更，反失經義耳。

《喪服》「齊衰三月」章：「大夫在外，其妻、長子爲舊國君。」傳曰：「何以服齊衰三月也？妻，言與民同也；長子，言未去也。」《五禮通考》盛世佐曰：「『長子，言未去』者也，謂此長子是大夫在國時所生，故爲舊君反服。若生于去國之後，則無服矣。後人錯會其意，乃以『未去』爲留在國者。」

論曰：盛氏之談，經義殊不爾也。《石渠禮論》：「大夫在外者，三諫不從而去。君不絶其禄位，使其嫡子奉其宗廟。言『長子』者，重長子也。承宗廟，宜以『長子』爲文。蕭太傅曰：『長子者，先祖之遺體也。大夫在外，不得親祭，故以重者爲文。』宣帝制曰：『以在，故言長子。』」大夫既已去國，而長子猶留者，《公羊傳》曰：「大夫已去，三年待放。」此三年，尚未仕于他國，故長子在國，主其宗廟祭祀。《白虎通》曰：「臣待放于郊，君不絶其禄者，示不欲其去，道不合耳。以其禄參分之二與之，一留與妻、長子，使得祭其宗廟。賜之環則反，賜之玦則去，明君子重耻。」經云「大夫在外」，傳云「長子，言未去也」，并非後人錯會其意。今乃分别在國所生、在外所生，不足據也。

《讀禮通考》「大功九月」章：「《檀弓》：『齊穀王姬之喪，魯莊公爲之大功。』程迥曰：『禮：於舅之妻無服，外祖父母繐小功耳。今以世讎而厚其喪，非禮也。不然，外夫人卒，不書。』」

論曰：喪禮當如此，非于齊而獨厚之也，禮當服大功者。鄭注：「《春秋》周女由魯嫁，卒，服之如内女服姊妹，是也。天子爲之無服，嫁于王者之後乃服之。」疏[七六]：「《喪服》『大功』章：君爲姑姊妹、女子子嫁于國君者，著大功之服。王姬既比之内女，故服大功。」《檀弓》：「齊穀王姬之喪，魯莊公爲之大功。或曰：『由魯嫁，故爲之服[七七]。』」此説是也。此禮不獨莊公爲然也，凡由内嫁者，皆如此。他不見者，文不具耳，非獨厚于齊。薛季宣曰：「主昏之爲服，自莊公始也，其以説齊乎？」此不知禮者也，與程同誤矣。王姬必由魯嫁者，《公羊傳》：「天子嫁女于諸侯，必使[七八]同姓諸侯主之。」注：「諸侯與天子同姓者。」《白虎通》：「王者嫁女，必使同姓諸侯主之，何？昏禮貴和，不可相答，爲傷君臣之義，亦欲使女子不以天子尊乘諸侯也。」今王姬既由魯嫁，有兄弟之恩，則非外女可比。于其卒也，書之，同于内女。此《春秋》之例也，非由厚其喪而書之矣。吳澄亦「疑古無此禮，故《春秋》書齊王姬卒以譏焉」，豈知《春秋》者哉？魯不當爲齊主昏，固也；

然重以天王之命，安得而辭之哉？故主昏僅爲小惡，已于「秋，築王姬之館」一譏而已，不再譏也，又何必于王姬之卒而再譏之耶？書王姬卒，比之内女，三《傳》皆然。諸儒説經，更有出于三《傳》之外者，不知何所師承也。若云爲失禮而書，禮固如此，未嘗失也。

校勘記

〔一〕「行服」，學海堂初刻本、庚申補刊本作「無服」，據《通典》卷九十四改。
〔二〕「訖」，學海堂初刻本、庚申補刊本作「許」，據《通典》卷九十四改。
〔三〕參見《禮論略鈔》「論通典袁準爲父後猶服嫁母議」條。《服制考》同。
〔四〕「母親」，《禮論略鈔》作「親母」，疑當據改。
〔五〕「不服」，《通典》卷八十八上有「則」字。
〔六〕「人」，學海堂初刻本、庚申補刊本并奪，據《通典》卷九十五補。
〔七〕「人」，學海堂初刻本、庚申補刊本作「父」，據《通典》卷九十五改。
〔八〕參見《禮論略鈔》「論通典賀循庶子爲後其妻爲本舅姑服議」條。《服制考》同。
〔九〕「爲」，學海堂初刻本、庚申補刊本并奪，據《禮記正義》卷五十七補。
〔一〇〕「與尊者一體，而不得」，《禮記正義》卷三十作「與尊者爲一體，不敢」。
〔一一〕「毋」，學海堂初刻本、庚申補刊本作「母」，據《通典》卷九十五改。下「綦毋」同。
〔一二〕「祭事」，學海堂初刻本、庚申補刊本作「祭祀」，據《通典》卷九十六改。

〔一三〕「至」，《通典》卷九十六作「至於」。

〔一四〕「適」，《通典》卷九十六作「嫡」。下「有適婦、無適孫婦」「以適統」「爲適」并同。

〔一五〕「庶婦」，《通典》卷九十六作「庶」。

〔一六〕參見《禮論略鈔》「論通典宋庾蔚之有嫡婦無嫡孫婦議」條。《服制考》同。

〔一七〕「集」，學海堂初刻本、庚申補刊本作「習」，據《通典》卷九十二改。

〔一八〕「與」，《通典》卷九十二作「請與」。

〔一九〕《服制考》同。

〔二〇〕「以名者」，《儀禮注疏》卷三十三作「以名加也者」。

〔二一〕《服制考》同。

〔二二〕「若」，《通典》卷九十下有「復」字。

〔二三〕「意」，《通典》卷九十作「竟」。

〔二四〕「重」，學海堂初刻本、庚申補刊本作「量」，據《通典》卷九十改。

〔二五〕「貴妾注」，學海堂初刻本、庚申補刊本并奪，據所引《儀禮注疏》卷三十三注文補。

〔二六〕參見《禮論略鈔》「論册府元龜賀循兄弟不相爲後議」條。《服制考》同。

〔二七〕「按」，學海堂初刻本、庚申補刊本作「接」，據《禮論略鈔》改。

〔二八〕《服制考》同。

〔二九〕「裹」，學海堂初刻本、庚申補刊本并奪，據《禮記正義》卷二十七補。

〔三〇〕「箭」，學海堂初刻本、庚申補刊本作「筍」，據《儀禮注疏》卷三十四改。

〔三一〕「結」，《儀禮注疏》卷三十六作「髻」。
〔三二〕《服制考》同。
〔三三〕「廬，嚴者也」，學海堂初刻本、庚申補刊本作「廬者，嚴也」，據《禮記集説》卷七改。
〔三四〕「亦云」，學海堂初刻本、庚申補刊本奪，據《儀禮注疏》卷三十一補。
〔三五〕「外成」，學海堂初刻本、庚申補刊本作「在成」，據《儀禮集説》卷十一改。
〔三六〕「歸」，《儀禮集説》卷十一作「歸然」。
〔三七〕「之民」，學海堂初刻本、庚申補刊本奪，據《白虎通・喪服》補。
〔三八〕「服」，學海堂初刻本、庚申補刊本奪，據《白虎通・喪服》補。
〔三九〕「爲」，《儀禮集説》卷十一作「謂」，字通。
〔四〇〕《服制考》同。
〔四一〕「以尊名加故小功」，學海堂初刻本、庚申補刊本并作「以尊名故加小功」，據《通典》卷九十二改。
〔四二〕「外親」，《儀禮集説》卷十一作「外親之服」。
〔四三〕「見」，《儀禮集説》卷十一作「以見」。
〔四四〕參見《禮論略鈔》「論敖繼公集説小功章娣姒婦報」條。《服制考》同。
〔四五〕「少」，學海堂初刻本、庚申補刊本作「小」，據《通典》卷九十二改。
〔四六〕「人」，《通典》卷九十二無。
〔四七〕「謂」，《通典》卷九十二作「有」。

〔四八〕「從」，學海堂初刻本、庚申補刊本作「按」，據《通典》卷九十二改。

〔四九〕「亦」，學海堂初刻本作「文」，據庚申補刊本改。

〔五〇〕《服制考》同。

〔五一〕「爲所後」，學海堂初刻本、庚申補刊本作「所爲後」，據《儀禮注疏》卷二十九改。

〔五二〕「爲後者」，《儀禮注疏》卷二十九作「後人」。

〔五三〕《服制考》同。

〔五四〕「廣雅」，學海堂初刻本、庚申補刊本作《廣韻》，據《爾雅注疏》卷四所引《廣雅》改。

〔五五〕「錫衰，錫，易也」，《釋名·釋喪制》作「錫縗，錫，治也」，畢沅《釋名疏證補》卷八云：「今本作『錫治』，據《御覽》引改正。」

〔五六〕「作」，《儀禮注疏》卷十四作「爲」。

〔五七〕「禮記」，《禮記正義·序》下有「之作」二字。

〔五八〕「徒」，學海堂初刻本、庚申補刊本并奪，據《禮記正義·序》補。

〔五九〕「之」，學海堂初刻本、庚申補刊本并奪，據《經典釋文·序録》補。

〔六〇〕「爲」，郝敬《儀禮節解》卷十一作「謂」，字通。

〔六一〕「君」，學海堂初刻本、庚申補刊本作「若」，據《儀禮節解》卷十一改。

〔六二〕「凡」，《儀禮節解》卷十一作「此」。

〔六三〕《服制考》同。

〔六四〕「所生」，學海堂初刻本、庚申補刊本并奪，據《儀禮節解》卷十一補。

〔六五〕參見《禮論略鈔》「論郝敬論小功章君子子爲庶母慈己者」條。《服制考》同。
〔六六〕「將以」，《儀禮注疏》卷二十九作「乃將所」。
〔六七〕「不」，《儀禮注疏》卷二十九作「不得」。
〔六八〕「嫡」，《儀禮注疏》卷二十九作「適」。下「立嫡孫」同。
〔六九〕「正」，學海堂初刻本、庚申補刊本作「立」，據《通典》卷八十八改。
〔七〇〕「盡」，庚申補刊本作「隆」，據《通典》卷八十八改。
〔七一〕「豈有凌天地、混尊親者哉」，《通典》卷八十八作「豈可凌天地、混尊親也」。
〔七二〕「服」，《通典》卷八十八無，疑衍。
〔七三〕「謂五世之嫡」，《禮記正義》卷三十二作「爲五世之適」。
〔七四〕「服」，《禮記正義》卷三十二無。
〔七五〕「庾蔚之」，庚申補刊本作「賀氏要記」，據《通典》卷八十八改。
〔七六〕「疏」，學海堂初刻本、庚申補刊本并奪，據引文補。引文見《禮記正義》卷九《檀弓下》疏。
〔七七〕「服」，《禮記正義》卷九下有「姊妹之服」四字。
〔七八〕「使」，學海堂初刻本、庚申補刊本奪，據《公羊注疏》卷六補。

禮説卷三

《喪服》「不杖期」章傳：「有嫡子者無嫡孫，孫婦亦如之。」注：「嫡婦在，亦爲庶孫之婦。」

萬斯大《儀禮商》曰：「蓋夫庶亦庶，夫嫡亦嫡，『婦人從夫』之義也。鄭氏謂『嫡婦在，則亦爲庶孫之婦』，是不夫之從，而以姑爲主矣〔一〕，豈禮意〔二〕哉？」〔三〕

論曰：鄭注以傳言「孫婦亦如之」，故知有嫡婦、無嫡孫婦矣。設有嫡婦在，則亦同于庶孫婦耳。萬駁注，直同駁傳矣，而未可駁也。此章專爲祖在而服嫡孫也，由〔四〕嫡子而推之于嫡婦。「嫡婦」者，嫡子之妻也，然不謂之「嫡妻」而謂之「嫡婦」，是對舅姑之稱也。嫡子雖亡，嫡婦尚在，舅安得不以嫡婦視之？且「嫡婦」之名，不得以存亡易也。嫡婦亡，舅不得不以嫡婦之服服之也。設使孫婦亡，舅將服其姑之嫡，不應復服其婦之嫡矣，故曰「有嫡婦」。「亦爲庶孫之婦」者，對祖而言之也。不然，誰嫡之而誰庶之乎？若祖不在，則傳重在嫡孫矣。「嫡孫」者，嫡婦之子也。舅以爲嫡婦，而子可不以爲嫡母乎？是必嫡母亡，而後孫婦乃爲嫡孫婦。此至當不易之論也。果如萬説，既嫡婦而兼嫡孫婦乎，抑不嫡婦而唯嫡孫婦也？唯嫡孫婦，是姑之嫡婦〔五〕可奪之也，母之嫡子可降之也。使既嫡婦而兼嫡孫婦，是嫡可以有二也。曰：如是，則《小記》何以爲嫡婦小功也？小功，庶婦之服。曰：此指嫡婦之無子者而言，不爲有子之嫡婦言也。《内則》：「舅没則姑老，冢婦所祭祀、賓客，每事必請于姑。」據此可知，婦雖傳重，有冢婦之名而無嫡婦之稱，豈非以嫡不可以有二而婦厭于姑之一證耶？且也，宗子之母在，則不爲宗子之妻服，亦豈非姑在而婦不得伸之一證耶？然則「爲夫之從」，其説不足據也。

萬斯同《群書疑辨·既夕禮》：「諸家解『燕養饋羞、湯沐之饌』，謂正寢朝夕奠之外，別有燕寢朝夕之奠。若是，則一時而兩處設奠矣。愚竊以爲不然。正寢之奠，本以棲神也。謂神不在正寢，朝夕亦不必設奠矣。謂神既在正寢乎？又何爲於燕寢而奠之也？揆之于禮既不合，考之于經又無文。儒者乃耑舉其説以制禮，吾誠不知其何解也。後世惟温公疑之，謂『兩處饋，甚無謂』，故《書儀》至設奠於靈座前，可謂得禮之正矣。然注疏之謬，公實未之覺也。或曰：審如子言，下文『朔月若薦新，則不饋于下室』，當作何解乎？曰：下室，即正寢之室也。謂既有朔月薦新之奠，則不必有朝夕室中之奠，故記又明之。奈何以『下室』爲燕寢，爲正寢之外復有燕寢之奠也？況燕寢之説，不但《儀禮》無之，即《小戴禮》亦無之，可知爲鄭、賈之臆説矣。」〔六〕

論曰：萬云：「謂神既不在正寢，朝夕亦不必設奠；既在正寢，又何爲于燕寢而奠之？一時不當有兩奠也。」此臆説也。《郊特牲》曰：「索祭，祝于祊，不知神之所在于彼乎、于此乎，或諸遠人乎？祭于祊，尚曰求諸遠者與？」蓋孝子求神，非一處也。正祭之時，設祭于廟，又求神于廟門之内。不知神之所在爲于彼室乎、爲于彼堂乎，故兩處設祭者有之。古者虞而立尸，有几筵；卒哭而諱，生事畢而鬼神〔七〕始已。未葬之前，猶生事也，故當以醴酒、脯醢，朝夕奠殯；又于下室饋設黍稷。至朔月、月半而殷奠，有黍稷，而下室不設也。既虞祭，遂用祭禮，下室遂無事也。此孝子不忍一日死其親之意耳。于下室設之，如生存也。《檀弓》：「始死，脯醢之奠；將行，遣而行之。既葬而食之，未有見其饗之者也。自上世以來，未之有舍也，爲使人勿〔八〕倍也。」萬氏之説，奈何其欲倍之也，而竟以兩處設饌爲疑耶？既奠殯宫，又奠下室者，亦莫必神之所在，即「于彼乎、于此乎」之義也。至于「下室即正寢之室」，其説大謬不然。莊公三十二年「秋八月，公薨于路寢」，《公羊傳》曰：「路寢，正寢也。」《喪大記》云：「君、夫人，卒于路寢。内子未命，則死于下室，遷尸于寢。」然則「下室」即内寢之室，其然乎，其不然乎？又謂「燕寢之説無據」，而本記之言「燕養」，其「燕」字將何以解釋乎？

萬斯同《群經疑辨·士虞禮》：「按，此經初言『祝享』，中言『祝祝卒』，末復言『祝祝』，注、疏謂三者皆有詞，因以記文『哀子某，哀顯相』云云爲初饗詞，『哀子某，圭爲』云云爲末祝詞，而取《少牢》迎尸祝詞〔九〕爲中次祝詞。愚竊以爲不然。使三者果皆有詞，則記文必備詳之矣，胡爲列其二而遺其一？夫經既言『祝』，祝必有詞無疑。若上所言『祝享』，則饗〔一〇〕未必有詞也。何以言之？尸未入而告神，止一事耳，胡爲既有享詞而又有祝詞？饗詞〔一一〕已有『潔牲剛鬣，嘉薦，普淖』之語，祝詞復有『柔毛剛鬣，嘉薦，譜淖』之語，何詞之重而意之複也？古人必無是禮也。」文多，不全載。〔一二〕

論曰：萬氏之説不足信也。彼以鄭、賈爲妄，吾執經以證之，可乎？萬謂：「若上所言『祝享』〔一三〕，則饗未必有詞也。」按，《士虞記》：「饗辭曰：『哀子〔一四〕某，圭爲而哀薦之。饗！』」是「饗辭」二字已見于本經之記，而萬謂「饗未必有辭」，是與記相背矣，可乎？萬云：「饗辭已有『嘉薦普淖』之語，祝辭復有此語，何詞之重而意之複也？古人必無是禮也。」然據《士虞禮》，始死用柔日，曰「哀子」云云，至「哀薦祫事，適爾祖某甫，饗」；再虞，皆如初，曰「哀薦虞事」；三虞、卒哭，他用剛日亦如初，曰「哀薦成事」。是三辭之異者，唯「祫」「虞」「成」，僅僅乎一字之不同耳。記又明之曰：「其他辭，一也。」是《儀禮》不嫌其重複，而萬以爲重複，直斷古無此禮，不亦怪乎？吾于是知萬氏于《儀禮》之例未諳也。凡尸未入室之前，設饌于奥，謂之「陰厭」。鄭、賈必以祝饗有詞、祝祝有詞者，一則徵之于記，所謂「哀子某」云云是也；一則徵之于《少牢》，以其同爲陰厭之祭，《少牢》有祝詞，則《士虞》亦應有祝詞，可知也。記不言者，文不具也。且已具《少牢》，從省文可知例也。《士虞記》曰：「其他如《饋食》。」而《饋食》于陰厭之祭，亦有「主人再拜稽首，祝在左」之文，故知經文可以互證也。萬云：「今定以『夙興』云云爲告神之詞，以『圭爲』云云爲告尸之詞。」不知萬之所定者，即鄭氏之注，無以異也。萬特不欲會通《少牢》，增其一詞耳，故以列其二、失其一爲疑。

夫不旁通全經，此陋儒之習見，而萬氏亦坐此失，何哉？

萬斯同《群書疑辨》：「世之論喪禮者，皆謂三虞之後，别有卒哭之祭。唯敖氏謂三虞即卒哭。蓋于三虞之日，即卒無時之哭，故三虞亦名爲〔一五〕『卒哭』，引《士虞記》曰〔一六〕『三虞卒哭，曰：「哀薦成事」』爲據。愚始見其説而駭之，既而思之，知其言之合於《禮》而不背也。」〔一七〕

論曰：謂「三虞」即「卒哭」，不分爲二，此敖氏之誤，萬氏反推而崇之。謹按命名之義，「虞」，安也，謂安神也。《白虎通》：「所以虞而立主，何？孝子既葬，日中反虞，念親已没，棺柩已去，悵然失望，彷徨哀痛，故設桑主以虞，所以慰孝子之心，虞安其神也。」《釋名》：「既葬，還，祭于殯宫，曰『虞』。謂虞樂安神，使還此也。」「『卒哭』云者，謂三虞之後祭名。始朝夕之間，哀至則哭。至此祭，止也，朝夕哭而已。《釋名》：「又祭曰卒哭。卒，止也。止孝子無時之哭，朝夕而已。」卒哭非安神之比，其名不同，其義安得不異？故《釋名》承「虞祭」而言「又祭」以别之，不作三虞即卒哭之祭。其謬一也。《雜記》：「祭稱孝子、孝孫，喪稱哀子、哀孫。」孔沖遠曰：「故《士虞禮》稱哀子，而卒哭乃稱孝子。」此稱謂之不同也，賈公彦曰：「大夫以上，虞而受服；士，卒哭而受服。」此受服之不同也，而謂三虞即卒哭之祭乎？其謬二也。《雜記》：「上大夫之虞也，少牢；卒哭成事、祔，皆大牢。下大夫之虞也，犆牲；卒哭成事、祔，皆少牢。」注：「『卒哭成事、祔〔一八〕』言『皆』，則卒哭成事，祔與虞異矣。」此牲之不同也，而謂與虞爲一事乎？其謬三也。《雜記》：「三年之喪，祥而從政；期之喪，卒哭而從政。」《檀弓》曰：「殷練而祔。」《喪大記》：「公之喪，大夫俟練，士卒哭而歸。」而謂卒哭非祭名乎？其謬四也。《雜記》：「士三月而葬，是月也卒哭；大夫三月而葬，五月而卒哭；諸侯五月而葬，七月而卒哭。士三虞，大夫五，諸侯七。」士葬而即虞，虞與卒哭相接，其誤猶可説也。大夫以上，卒哭皆去虞校兩月，則虞祭既終，不得與卒哭相接，而可謂之一祭乎？其謬五也。《檀弓》：「虞而立尸，有几筵。卒哭而諱。」如其一祭，曷不云「虞而立尸，有几筵而諱」乎？未爲不辭也。《喪服小記》：「婦之喪，虞、卒哭，其夫若子主之。」不以虞爲卒哭也。今皆分言之，則其爲二事，明矣。其謬六也。《喪服小記》：「報葬者報虞[一九]，三月而後卒哭。」孔沖遠曰：「雖急，即虞而不即卒哭，卒哭[二〇]猶待三月。」報葬、虞與卒哭不同，而謂卒哭即虞祭乎？其謬七也。前人亦有以三虞與卒哭爲一事，鄭已破前人之説，非敖氏之創也。敖、萬皆號稱知禮者，今按其説，顯背經傳，其謬如此。學者毋輕議禮，旨哉言乎！後儒當知所警矣。

萬斯同《群書疑辨》：「『吉祭猶未配』，諸家皆以爲[二一]祭群廟之祖，不以祖妣配，引《少牢》祝辭[二二]『以某妃配某氏』而《特牲禮》無之爲證。愚獨以爲不然。所謂『配』者，以新死者[二三]之主配食于祖禰耳。當禫之月而行宗廟吉祭，則但祫祭祖禰，而不以新死者配之，是之謂『吉祭猶未配』。」[二四]

論曰：以《詩》與《春秋》之説證之，而知其非也。《詩序》：「《玄鳥》，祀高宗也。」箋：「『祀』〔二五〕當爲『祫』。祫，合也。高宗崩，而始同祭于契之廟，歌是詩焉。」箋云「同祭」，并不云新死之主不配也。若不合祭，而《詩》何以言「天命玄鳥」而下及「武丁孫子」也？就《詩》言，同祭明矣。然猶曰：殷禮也。至于《春秋》，則魯禮矣。僖公三十三年〔二六〕十有二月乙巳，公薨于小寢；文公二年八月丁卯，大事于大廟，躋僖公。《公羊傳》：「躋者何？升也。何言乎升僖公？譏。何譏乎〔二七〕爾？逆祀也。其逆祀奈何？先禰而後祖也。」若非祭新死者，《傳》何云「逆祀」乎？僖特非文之禰乎？此經典之明文。于此不講，而專立異説，欺人乎，抑自欺也？

難者曰：萬氏曰：「從來祭祖，無有不配以妣者。豈〔二八〕有因子孫之除喪而去祖妣不配之理？」曰：此萬氏之强辭也。喪，三年不祭。祖且不祭，何論于妣？至此始復其舊，然尚祭其祖而不及其妣。不但祭事有漸，亦以餘哀未忘耳。《雜記》：「男子附于王父則配，女子附于王母則不配。」注：「配，謂并祭。」是禮有明文，不定于祭則夫婦偕也，而又何疑焉？

萬氏又云：「《特牲》固爲祥、禫通用之禮，其實即四時常祭之禮。倘專〔二九〕指爲禫祭之禮，則於此説猶可通。若此禮而常祭皆用之也，則祭祖何爲不及其妣乎？」然按《特牲饋食禮》「宰自主人之左贊命」注，明云「不言配者，容大祥之後，禫月之吉祭」。據此，豈非專指祥、禫之祭乎？萬以爲「猶可通」，又何至于駁鄭也？是知鄭注精審如此。

萬斯同《群書疑辨·雜記》：「附于大夫之昆弟，則是從孫而上祔于從祖矣。從孫恐無配食從祖之禮。若果有之，將其子如何行事？且從祖他日不有己之孫來祔乎〔三〇〕？一廟之中，而孫祔之，從孫又祔之，恐無此雜亂之禮也。倘使其士而本宗子，則固當祔于宗子之家。今祔于從祖，則是宗子而入支庶之廟矣。士祔于大夫，爲失貴賤之倫。宗子祔于支庶，不幾亂本支之義乎？凡《雜記》所言，多論貴貴而不論親親，大要末世之禮，而未必本先王之禮也。況《喪服小記》言『士附于大夫則易牲』，則士固有上祔大夫之禮矣，胡爲而祔于從祖乎？」〔三一〕

論曰：祔，非一例之可盡也。凡祔，必以其昭穆。父爲昭，子爲穆。孫不祔祖，將何所祔乎？且經言以孫祔祖者非一，如《雜記》：「王父死，未練、祥而孫又死，猶是祔于王父也。」此王父雖祔，未練，無廟，孫得祔于祖，其孫就王父所祔祖廟之中而祔祭王父焉，此豈非孫從祖食乎？此一例也。且又有殤與無後者，二者亦當從死者之祖而祔食。祖廟在宗子之家，庶子不得祭，故共其牲物，而宗子主其祭，如《喪服小記》所謂「庶子不祭殤與無後者，殤與無後者〔三二〕從祖祔食」，是又一例也矣。若夫《小記》之「士、大夫不得祔〔三三〕于諸侯，祔于諸〔三四〕祖父之爲士、大夫者」，與《雜記》之文，其例一也。「士、大夫不得祔于諸侯」，猶之士不祔于大夫也；「祔于諸祖父之爲士〔三五〕、大夫者」，猶之乎祔于大夫之昆弟之爲士者也。言「諸祖父」，則非本生之祖父可知，是從孫而祔從祖之證也。萬可以爲從孫無配食從祖之禮乎？且《雜記》《小記》之文，從《儀禮·喪服傳》而推之者也。諸侯之子稱「公子」，公子不得禰先君；公子之子稱「公孫」，公孫不得祖諸侯。不得祖之，而可以祔之乎？此士、大夫不得祔于諸侯之説所由來也。萬又引《小記》爲證，以爲「士祔于〔三六〕大夫，則易牲」，爲士可以祔大夫之證。不知此變例也。賤不可祔貴，此常例也。亦有時無可祔，則將何以處之乎？不得不祔于大夫矣，然猶不敢以卑牲祭奠，故曰「則易牲」。「易牲」者，士用特豚，而大夫則少牢。豈可據《小記》而駁《雜記》耶？孫祔之，從孫又祔之，不足以爲嫌矣。且《喪服》之言宗子之制，自異于他人，又不得以此而例宗子。宗子者，尊之統也，惡能同也？

汪琬《鈍翁類藁》曰：「《喪服傳》『繼父同居』章：『夫死，妻穉、子幼，子無大功之親，與之適人，而所適者亦無大功之親，以〔三七〕其貨財，爲之築宮廟，歲時使之祀焉，妻不敢與，則繼父之道也。』汪子曰：此孤子隨母更適者也。或爲大宗之世適與，或〔三八〕支子與？吾皆不能知也。苟其爲大宗之適也，則家必有廟，無所事于更築。在禮：禰無廟，則與祖同廟。爲繼父者，如之何其代爲之築也？且彼無大功之親矣，獨無小功以下諸親乎哉？宗法而既行也，舉族之父兄子弟，方推宗子而重焉。有餘財，則必歸之。雖以之立廟，可也。安有顛連而入繼父之家者？又安有藉繼父之財而始爲宮廟者哉？」文多，不全載。〔三九〕

論曰：汪氏之説辨矣，然但知其常，而未解其變也。古者，宗子去國，乃以廟從。自非宗子，不得以廟從也。且古之大夫不外娶，而後世大夫亦不能守「不外娶」之義，如莒慶來逆叔姬是也，固無論于士庶矣。故孔氏之母，有嫁于衛庶氏者，則列國之互相婚姻者不知凡幾，安知隨母而嫁者，不遠適異國乎？傳云「爲之築宫廟」，則斷無爲宗子之理。汪氏云「禰無廟，則與祖同廟」，不知始仕于他國者，并無祖廟。《喪服小記》：「其妻爲大夫而卒，而后其夫不爲大夫，而祔于其妻。」故鄭注以爲「此始來〔四〇〕仕，無廟者」。使有祖可祔，何以祔于妻耶？今子隨母，則其父已亡，所築之宫廟必非正廟，如庶人祭于寢而已。此亦事之所必有者。汪氏不必以爲疑，遂謂「此禮焚書之後俗儒妄造也」。繼父同居之説，前論已詳言之，此第就汪氏之論而推廣之也。

汪琬《鈍翁類藳》曰：「喪禮『如母』者二〔四一〕：繼母、慈母是也。是則繼母與慈母無等差〔四二〕也。」〔四三〕

論曰：汪氏之説誤矣。其差等，不可以道里計也。繼母者，以親母或出或亡，而後有繼母也。「繼」之云者，自其夫言之，繼乎前妻也；自其子言之，繼乎前母也。本自同于妻道也。慈母者，妾之無子者，妾子之無母者，父命以爲母子。其由來，本妾也。雖貴，不可以爲妻，而謂「無等」，可乎？且也，繼母世祭，而慈母不世祭，生則養之，死則喪之而已，豈得盡同于繼母？且父命之，而後如是也。若不命，則亦服庶母慈己之服，爲之小功；父卒，不服。安得喪之三年？若繼母，則不待父命而事如因母矣。《禮》：爲繼母之黨服，爲慈母之父母則不服。本非骨肉，恩不能及于外家。《鄭志》趙商問鄭玄曰：「慈母嫁，亦當爲服如繼母不？」鄭玄答：「慈母賤，何得如繼母耶？」據此，知雖云「如母」，而有不能盡同者矣。汪氏著名禮經，而其説如此。《易》所謂「差若毫釐，謬以千里」，此之謂也。

《喪服》：「爲所後者之祖父母、妻，妻之父母、昆弟、昆弟之子，若子。」顧炎武《日知録》曰：「所後者之祖，我之曾祖也；父母，我之祖父母也；妻，我之母也；妻之父母，我之外祖父母也。因妻而及，故連言[四四]，取便文也。昆弟，我之世叔父也；昆弟之子，我之從父昆弟也。『若』，及也。『若子』，我之從父昆弟之子也。《正義》謂『妻之昆弟、妻之昆弟之子』者，非。」[四五]

論曰：終當以疏説爲長也。傳云：「爲所後者之祖父母、妻。」疏：「妻，即所后者[四六]之母也。」不復言世父、叔父者，皆可以「爲所後者之祖父母」該之矣。「妻之父母、昆弟、昆弟之子，若子。」疏：「妻之父母、妻之昆弟、妻之昆弟之子，于爲後[四七]爲外祖父母及舅與内兄弟，皆如親子，爲之著服也。」言及此者，入繼者本有外家之親，或因入繼，服己之外祖父母，而不及所後者之外祖父母，故言「妻之父母」以至于内兄弟，所以獨申母黨也。恐人疑爲所後者于外家無服，故于此明之。支子入繼大宗，則與尊者一體，而于本生之外家不服。所以不服私外家者，正以爲服嫡母外家而設也。顧以舅爲我之世叔父、内兄弟爲從父昆弟，是以母黨而誤爲父黨，可乎？傳明言「妻之父母、昆弟、昆弟之子」，并未言父之父母、昆弟、昆弟之子也。此理易明，何以轇轕至此耶？又云：「昆弟，我之世叔父；昆弟之子，我之從父昆弟也。『若』，及也。『若子』，我之從父昆弟之子也。」如顧此言，是一誤而再誤矣。夫世叔父，一世也；從父昆弟，二世也；昆弟之子，三世也。傳只言「昆弟之子」，并未言昆弟之孫。顧于傳文爲添設矣，可乎？吾故以賈疏爲長矣。

閻若璩《潛丘札記〔四八〕》：「或問：古者父妾，不論有子、無子，皆得謂之母。唐《開元禮》則云：『庶母，父妾之有子者，始爲之緦。』此『子』字，男耶？女耶？余曰：《開元禮》不可知。若今律，文與此同，則指男子而非女也。何以驗之？『子』即『齊衰〔四九〕杖期』條之『嫡子、衆子』『斬衰三年』條之『所生子』之『子』也。或曰：安知其非女？女無杖，此〔五〇〕有杖，故知指男子也。」〔五一〕

論曰：閻氏之答或問也，其問《開元禮》「爲妾之有子者服緦」，而不引《喪服小記》以告之；及「子」字專指男子，亦未引鄭注以明之，胥誤矣。閻後檢注疏，《喪服小記》脱落「士妾有子而爲之緦」一張，亦自知其非是矣，而于「女無杖」之説，猶未知其誤也。夫「子」字中，自該男女；而男女之驗，不在于杖之有無也，而况女亦有杖乎？閻固未之深考耳。按，《喪服小記》：「女子子在室爲父母，其主喪者不杖，則子一人杖。」注：「女子子在室，亦童子也。無男昆弟，使同姓爲攝主。『不杖，則子一人杖』，爲長女也。」同在《小記》之中，而閻不及知，遂以女子無杖也，可乎？又，《喪大記》：「君之喪，三日，子、夫人杖。」疏：「熊氏云：『經云子杖，通女子〔五二〕在室者。』」《喪大記》又云：「士之喪，二日而殯。三日之朝，主人杖，婦人皆杖。」注：「『婦人皆杖』，謂主婦、容妾爲君，女子子在室者。」《喪服傳》：「婦人何以不杖？亦不能病也。」賈疏云：「此亦謂童子婦人。若成人婦人，正杖。知者，此《喪服》上陳其服，下陳其人。《喪服》之下，男子、婦人俱列，男子、婦人同有苴杖。又，《喪大記》云：『三日，子、夫人杖；五日，大夫、世婦杖。』諸經皆有『婦人杖』文，故知成人婦人正杖也。」《喪服四制》：「婦人、童子〔五三〕不杖，不能病也。」「婦人」，謂未成人之婦人。經、注言女子杖者甚多，而閣何以云「無杖」也？

吴廷華《儀禮章句》「斬衰」章「菅屨者」注：「按，諸經皆云三年之喪，惟《小戴記》乃有『二十五月而畢』之説，至今并從之。唐王玄感主『三年非二十五月』之説，張柬之據《春秋》駁之。但《春秋》多變制，恐亦非古法。蕭山毛氏曰：『以二十七月之服，而謂之三年，是欺父母也。』愚亦謂，人子之事父母，以實不以名。據《喪服》，自期至緦，皆月之實數，獨三年則以二十五月畢之，本自可疑。又如〔五四〕漢文帝作短喪之俑，其以日易月也，則言三十六日，而不言二十五日。漢時古制未亡，其三十有六之數必有所自來。惜大紅、小紅及纖之制，其詳〔五五〕無可考爾，特存此以俟來者。」〔五六〕

論曰：韋人鳳從沈堯中之説于前，吴氏從毛氏之説于後，皆以三年之喪當服三十六月爲是，何其後先一轍耶？昔王玄感創爲三十六月之説，張柬之反覆闢之。當時知禮者，悉以柬之之説爲然。吴氏曾著《三禮疑義》百餘卷，今又爲《儀禮章句》之注，而乃以爲據《春秋》駁之，恐非古法。

不知《三年問》明云「三年之喪，二十五月而畢」，此又見于《荀子·禮論》，要非無稽之言也。且不獨此也，考《公羊·閔二年傳》「三年之喪，實以二十五月」，《文二年》何邵甫注：「禮：作練主，當以十三月。文公亂聖人之制，欲服喪三十六月。」董仲舒爲西漢儒宗，《繁露》亦云：「亂聖人之制，欲久喪而不能。」亦指文公而言，以爲亂制也。班固《白虎通》引伸其義曰：「聖人因天地萬物有終始而爲之制，以期斷之。父至尊，母至親，故爲加隆，以盡孝子恩〔五七〕。恩愛至深，加之則倍，故再期，二十五月也。禮有取于三，故謂之『三年』，緣其漸三年之氣也。」據此，可以知先王立制之精且善也。《援神契》亦云：「喪不過三年，以期，增倍〔五八〕，五五二十五月，以義斷仁，示民有終。」古昔之説具在，毋庸致疑于「以實不以名」也。且張柬之并引《尚書·伊訓》《顧命》《儀禮》以駁之，此是殷周之舊制，非春秋以來之變制，何以憒憒如此也？且以「漢文短喪，以日易月，言三十六日，不言二十五日」。不知漢制三十六日，指既葬已後，劉貢父言之詳矣。未葬之前，則服斬衰。漢諸帝自崩至葬，有百餘日者，未葬則服不除矣。且漢儒之言禮者，戴德爲最著。其《喪服變除》以《禮》二十五月祥，二十七月而禫。使其君據三十六月而改三十六日之制，不與時王之法相背乎？且後漢陳忠《疏》曰：「先聖緣人情著其節，制服〔五九〕二十五月。」可見其時并無三十六月之説。況《堂邑令〔六〇〕費鳳碑》曰：「菲五五，衰杖其未除。」《巴郡太守樊敏碑》曰：「遭離母憂，五五斷仁。」皆指五五二十五月而言，然則漢制不以本三十六月而易制也，明矣。

吴廷華《儀禮章句》「大功」章「大夫之妾爲君之庶子、女子子嫁者、未嫁者」注：「庶子本期，大夫降而大功，女子未嫁亦如之，嫁則又當降而小功。此嫁于大夫，尊同，不降。故第以嫁，降而大功。妾隨女君服，故亦大功也。」〔六一〕

論曰：後儒不信逆降之説，然于「女子子未嫁者」，終不可解矣。女子子之降，有以出降者，在室本期，出適大功，即「大功」章「女子子適人者」，傳曰「何以大功也？出也」是已。有以尊降者，即「小功」章「女子子適士者」是已。在室本服期，出嫁而降爲大功；適士，又降而爲小功也。又有但有出降而無尊降者，以尊同，則得服其親服，依本服大功，即「大功」章「女子子嫁于大夫者」是已。若「女子子未嫁亦如之」，吾不知吴氏之説何所據也。在室已降大功，嫁則又當降而爲小功。今《喪服》經、傳具在，女子子出降，在「大功」章，不在「小功」也。吾推尋其説，而知其致誤之由矣。按，「小功」章「大夫之妾爲庶子適人者」注：「君之庶子，女子子也。庶女子子在室〔六二〕大功，其嫁于大夫亦大功。」吴之所據，蓋在此矣。夫經但言「女子子嫁者、未嫁者」，雖不言嫡庶，然經例，「女子子」不指庶子。若是庶女子子，當言「庶子」以别之，吴不得引「妾爲庶子在室，大功」之例也。賈疏：「此云『適人』者，謂士。是以本在室大功，出降〔六三〕，故小功。鄭云『嫁于大夫亦大功』者，直有出降，無尊降也。」以經、注、疏三者證之，其所引説是。吴儼然以「君之庶子」當之矣，可乎？若果是大夫之妾爲庶子適人者，則「大功」章已具有明文，何必復于「小功」章又爲之起例乎？總之，于女子子未嫁者，當服期而繫之于「大功」章，終不得其解，又欲破「逆降」之説，未可也。

「父卒則爲母」，《讀禮通考》徐乾學按：「賈氏之疏謂：『父卒，三年之内而母卒，仍服期。』引《内則》『有故，二十三而嫁』之説，曲爲之解。愚竊以爲不然。經不曰『父卒爲母』，而曰『父卒則爲母』，正見父卒之後而遭母喪，即服三年也。豈必父服除而母卒，然後行三年之服乎？且子之所以不得遂其三年者，以有父在爾。父既先没矣，復何所屈而不三年乎？此禮之必不然，而賈氏之妄，無待論者。陳用之輩復從而附和之，不但解經之謬，亦可見其薄于天性之愛矣。」〔六四〕

論曰：賈氏謂：「父卒，三年之内而母卒，仍服期。要父服除後而母死，故云『則』以差其義也。」又云：「諸解者全不得思此義，妄解『則』文，説義多途，皆爲謬也。」按，據此，是賈疏之前，已有疑父喪除乃得爲母三年者，故作三驗以證之，而後儒卒不信也。但賈氏之説有本，吾據傳、記鄭注之言以引而申之。至于父卒即得爲母三年，此直以臆斷耳。以《禮》無正文，今據變除之節，以衰冠之升數定之。《喪服記》：「齊衰四升，其冠七升。以其冠爲受，受冠八升。」注：「此謂爲母服也。」疏：「此據父卒爲母齊衰三年而言也。」賈知此者，以降服齊衰四升也。又，鄭注：「齊衰正服五升，其冠八升。」此父在爲母，與妻同正服齊衰五升、冠八升也。父在、父卒，齊衰升數之不同如此。設使父卒不待服除，即得爲母三年，則《服問》「三年之喪既練矣，有期之喪既葬矣，則帶其故葛帶〔六五〕，絰期之絰，服其功衰」注：「爲父既練，衰七升；母既葬，衰八升。」據此，則變除之衰當七升，不當八升也。何也？蓋《間傳》：「既虞、卒哭，爲母疏衰四升，受以成布七升，冠八升。」蓋初死，衰四升，冠七升；既葬，以其冠爲受，衰七升。今《服問》注「母既葬，衰八升」，仍是父在爲母服期之制，而非父卒爲母三年之制也。又，《雜記》鄭氏于「大夫爲其父母、兄弟」之下注云：「其爲母五升縷而四升，爲兄弟六升縷而五升乎？惟大夫以上，乃能備儀盡飾。士以下，則以臣服君之斬衰爲其父，以臣從君而服之齊衰爲其母與兄弟。」孔疏：「縷如五升，成布四升，據父卒爲母言之也；縷如六升，而成布五升，據父在爲母言之。」然則孔、賈之説如一，并非賈氏一人之私言也。徐氏以爲：「賈氏之妄，無待論者。陳用之輩復從而附和之，不但解經之謬，亦可見其薄于天性之愛矣。」徐欲以空言箝後儒之口耶？難矣。

問者曰：父在爲母，何以五升？父卒，何以四升也？曰：以母爲父屈厭，不得三年。既減其年月，不得不增其升數，稍細于四升。喪服以粗者爲重也。至于父没爲母，既得伸三年，故減其升數：爲父三升，爲母四升，降父一等，其義然也。四升者，降服也；五升者，正服也；六升者，義服也，故《間傳》所以齊衰有四升、五升、六升之別耳。又，《喪服小記》：「父母之喪偕，先葬者不虞、祔，待後事。其葬，服斬衰。」注：「假令父死在前月，而同月葬，猶服斬衰；不葬，不變服也。言其葬服斬衰，則虞、祔各以其服矣。及練、祥，皆然〔六六〕。卒事，反重服〔六七〕。」疏：「言父母俱喪而猶服斬者，從重也。雖葬母，亦服斬衰〔六八〕葬之，以其父未葬，而〔六九〕不得變服也。」今設使父卒、未葬之前而母死，即得爲母三年。若據《小記》推之，齊衰之服且不得變斬衰，而況可以伸三年乎？考父在爲母之制，十一月而練，十三月而大祥，十五月而禫，喪期至祥、禫而止矣。據鄭注，爲母虞、祔、練、祥，皆服齊衰；卒事，反重服。則知「卒事」者，卒母虞、祔、練、祥之事也；「反重服」者，反爲父三年未竟之重服也。是母喪〔七〇〕已除而父喪未除，不得爲母三年之一證也。不然，則母服之滿，當在父服既除之後矣，安得有爲母卒事而爲父反重服之事乎？然則賈氏「父服除，而後爲母三年」之説，未可厚非也。

《讀禮通考》「齊衰不杖期」章：《檀弓》：「滕伯文爲孟虎齊衰，其叔父也；爲孟皮齊衰，其叔父也。」馬晞孟曰：「滕伯文乃二孟之叔父也。」吴澄曰：「二句文同，不應異義。注疏以上『其』字爲滕伯，下『其』字爲孟皮，不若馬氏以二『其』爲二孟者是。」徐乾學按：「若依馬説，則是爲兄〔七一〕子服，非爲叔父服矣。」

論曰：馬氏之説誤矣。吴澄從而和之，反以注疏爲非，其亦不察之甚矣。徐氏駁之，是也。上節言「不降上、下」，下節引事實以證之曰：其不降上者，滕伯文爲叔父孟虎齊衰是也；其不降下者，滕伯文爲兄弟之子孟皮齊衰是也。如是，豈非「各以其親」乎？注疏有何誤耶？如依馬氏之説，則引一孟虎足矣，不必又引孟皮爲二昆弟之子服齊衰，始知其不降下也。即如其不降下之説明矣，而不降上又有何證據耶？豈非《檀弓》之文不備耶？固知其説不可通也。吴澄以爲「文同，不應異義」，而抑知孟虎、孟皮爲兩人，文固未嘗同耶？怪哉！人之好異也。豈非不察之甚哉？

劉績《三禮圖説》：「君之父、祖，雖曾爲君，既老而傳，嗣君在位，猶臣致仕，無二斬，但從君而已。先儒説皆非。」《讀禮通考》徐乾學按：「注疏之説善矣。今觀劉説，更勝于注疏。蓋前皇既禪位於嗣皇，則其崩也，嗣皇自行三年之服，而群臣從君降一等，服期可也，豈必執君服皆斬之説乎？」

論曰：徐氏説禮，其可議者多。如臣爲君斬，此一定不移之制，而《喪服》「不杖期」又有「爲君之父母、妻、長子、祖父母」，何也？鄭氏以爲，始封之君，如虞舜、漢高是，其父未嘗爲君，今君之臣，與君之父本無君臣之分，故傳曰：「何以期也？從服也。」凡從服，降一等，君服斬而臣服期。亦有繼體之君，父若祖有廢疾，不立。是今君之臣，與君之祖父亦無君臣之分，君服斬而臣服期。君之祖父不立，是今君受國于曾祖。曾祖曾爲君矣，是與今君之臣，有君臣之分矣。君之曾祖薨，君臣皆斬，無所謂服期之説。「從服」者，于亡人本無服制，從人而服，如臣服君之祖父之未爲君者、妾服女君之黨、子服母之黨之類，所謂「從服有六」是也。今臣于君之祖父，本有君臣之分，自宜申其正服，而乃以從服云乎哉？今劉績妄言「雖曾爲君，既老而傳，猶臣致仕」，無論擬不于倫，而違經害義，致非先儒，其妄有不可勝言者。但前皇禪位之事，于經無徵，今且以宋事徵之。後世雖有以日易月之制，而一時諸臣因陋就簡，大儒猶或非之。故朱子以爲，「高宗大行，壽皇三年戴布襆頭，著青布衫，遵行古禮，上正千載之失。當時宰相不學，三日後便服朝服。臣子不當如是，此〔七二〕可謂有父子而無君臣。」真西山曰：「本朝列聖相承，外庭雖用易月之制，而宮中實行三年之服。逮至阜陵，獨出宸斷，易月之外，衰服如初，而朝衣、朝冠，皆以大布。三代以下，蓋未之有。

惜時臣不能〔七三〕并定臣下執喪儀，遂使人主衰服三年于上，而群臣易月公除于下，此千載無窮之恨也。」徐氏豈宿昔未聞此議，而以劉績爲然乎？疏明言：「以新君受國〔七四〕曾祖。」若然，曾祖爲君，薨，群臣自當服斬，未嘗有「父、祖雖曾爲君，無二斬，但從君而已」之説也。且是非不能并立，劉説顯與注疏相背，又有何「注疏善矣，而劉説更勝」之説耶？是可謂調停中立、毫無定見者矣。

或曰：喪不二斬，奚不可也？曰：非此之謂也。爲父斬，不爲母斬；爲夫斬，不爲父斬耳。若使一身不二斬，則女子子在室爲父斬矣，後爲夫將不復斬乎？無是禮也。要而言之，制服之義，但論受國、不受國，不論禪位、不禪位。名分既定，不得以君之存亡爲服制之升降，明矣。

《喪服》「大功」章：「公之庶昆弟、大夫之庶子，爲母、妻、昆弟。」《讀禮通考》徐乾學按：「今雖從注疏之本，不敢擅易，决當〔七五〕以舊讀爲正。又按，或謂：若依舊本，則昆弟宜何服？曰：經不有『大夫爲昆弟之爲士者』之文乎？公之庶昆弟，大約仕爲大夫者居多。同爲大夫，則服期；一爲大夫而一爲士，則服大功。前既言之矣，何必〔七六〕重出乎？此是爲士者之昆弟，服爲大夫者之昆弟服〔七七〕也。」〔七八〕

論曰：徐氏不解經例而言〔七九〕之者也。大夫爲昆弟，不得與公之庶昆弟比例。大夫爲昆弟之爲大夫者期，尊同則不降；大夫爲昆弟之爲士者大功，尊不同而降其一等。至于公之庶昆弟于其昆弟，父在，無服：天子、諸侯不服庶子，父之所不服，子亦不敢服也；父卒，乃爲其昆弟大功。

不得申期者，以先君餘尊之所厭，不得過大功。徐以爲：「此是爲士者之昆弟，服爲大夫者之昆弟服也。」即如其説，經云「皆爲其從父昆弟之爲大夫者」，注：「『皆』者，互相〔八〇〕爲服。尊同，則不相降。」今士爲大夫大功，可也；大夫亦爲其大功，而不降其爲士者一等，抑又何也？于本經之「皆」字不通矣。即使不依鄭注以「皆」爲有「俱」義，然「昆弟」屬下，「皆爲」云云，昆弟只一人，亦無須云「皆」也。服之降者有四品：君大夫以尊降，公子大夫以厭降。此正是厭降其昆弟，故「公之昆弟」「大夫之子」并舉。公子有厭降，則公之庶昆弟亦有厭降可知。雖同一降服，而與尊降者截然不同。徐云「同爲大夫，則服期」，不知庶昆弟雖同爲大夫，而不得服期耶？爲昆弟大功，是庶昆弟之本服；以其爲大夫，故不降，還依本服大功耳。徐并不知「公之庶昆弟爲其昆弟」從無服期之事，而傅會其説，又何足爲訓乎！

《讀禮通考》「小功五月」章：「君母之父母、從母。」徐乾學按：「賈疏『兼服之』，良是。若馬氏云：『君母亡，無所復厭。』母不厭子，女君不厭妾。」〔八一〕

論曰：「兼服」之説，于經無據。馬氏融曰：「君母者，母之所君事者；從母者，君母之姊妹也，妾子爲之服小功也。自降外祖，服緦麻，外無二統者。」賈疏云：「君母在，既爲君母父母；其己母之父母〔八二〕，或亦兼服之。若馬氏義，君母不在，乃可申矣。」按，馬氏之説，以例推之，是也。妾子服外祖父母，其例有二。《喪服記》曰：「庶子爲後者，爲其外祖父母、從母、舅無服；不爲後，如邦人。」其所以無服者，尊者一體，不敢服其私親也；不爲後，乃爲外祖父母小功。然則庶子於外祖父母，亦有不能伸者矣。《服問》：「傳曰：『母出，則爲繼母之黨服；母死，則爲其母之黨服。』爲其母之黨服，則不爲繼母之黨服。」注：「雖外親，亦無二統。」然則馬云「外無二統」之説，信而有徵矣。若云「兼服」，是有二統，經、傳之説不爾也。《鄭志》趙商問鄭玄曰：「《禮》：母亡，則服其黨，不服繼母黨，以外氏不可有二也。」六朝諸儒，猶持此議。賈氏「兼服」，不知何據。徐氏是之，抑又何耶？

《讀禮通考》徐乾學按：「三殤之制，爲常人設爾，豈有既立爲太孫，而可以殤論乎？謝衡謂『已誓不殤』，是已。卞粹所駁已誓、未誓之論，大謬不然。蓋未誓，則猶然庶孫爾。天子豈有服庶孫之理？若夫既誓，則將代己爲宗廟主，雖無服之殤，禮當與成人同，可不爲之制服乎？即就太孫尚而論，其前有太孫臧矣，尚原非適孫，故必待既誓[八三]，始得爲正統之嫡，而行期年之服。謝衡之言，深爲知禮。卞粹、高齊、蔡克，紛紛之論，何爲者乎？」

論曰：徐氏謂：「三殤之制，爲常人而設，豈有既爲太孫而可以殤論乎？」按，《喪服傳》：「公爲嫡子之長殤。」注：「公，君也。諸侯、大夫不降嫡殤者，重嫡也。天子亦如之。」然則天子、諸侯、大夫之嫡子，不得謂之常人矣，而何以在「殤大功」章也？太孫不可以殤論，諸侯、大夫無論矣，而天子之嫡子反可以殤論，何也？卞粹[八四]謂太子始生，故已尊重，不待命誓。其論甚正，而徐非之，全無禮據矣。又云：「既誓，則將代己爲宗廟主，雖無服之殤，禮當與成人同。」然則天子之嫡子，正體于上，又將以所傳重也，亦皆有代主宗廟之事。其死也，何以服制仍歸三殤，不聞其與成人同也？又云：「尚原非嫡孫，必待既誓，始得爲正統之嫡，而行期年之服。」考之殤服，無在齊衰期者，不知徐何據而云然也！至于「既誓，始爲正統之嫡」，尤爲不經。賈公彦云：「傳重非正體，庶孫爲後是也。」此例不明，尚妄發横議，何也？卞又云：「况以天子之尊，而爲無服之殤，行成人之制耶？」尋求卞義，真知其不可耳。而徐乃以爲不然，與謝衡可謂同途而共謬者矣。

《喪服記》：「宗子孤爲殤，大功衰〔八五〕、小功衰，皆三月；親，則月筭如邦人。」《讀禮通考》徐乾學按：「鄭注謂：『有大功之親者，成人服之齊衰三月；卒哭，受以大功衰九月。』若是，則期年之服矣。本服止當九月，而服以期年，可乎？又謂：『有小功之親者，成人服之齊衰三月；卒哭，受以小功衰五月。』若是，則八月之服矣。本服止當五月，而服以八月，可乎？且古無八月之服，此果出于何典乎？愚謂，此條原論殤服，不必及于成人。即欲爲成人解，則有大功親者止當九月，有小功親者止當五月。或者于九月、五月之中而服齊衰三月，餘則受以本服，可也。豈有大功而加至期年、小功而加至八月之理乎？」

論曰：徐氏于注，未免粗率也。使果如徐說，則本當服九月者，何以服期？本當服五月者，何以八月〔八六〕也？則鄭注之誤，又何待言耶？今按鄭注，于徐氏所引之上，尚有「與宗子有期之親者，成人服之齊衰期。長殤，大功衰九月；中殤，大功衰七月；下殤，小功衰五月」。據此注，有期之親者，成人服以齊衰期。若其長殤，則降在九月；中殤，降在七月；下殤，降在五月。其下注，言「有大功之親者，受以大功衰九月」，言「有小功之親者，受以小功衰五月」，皆指正大功、正小功而言。言「卒哭，乃受」者，此指變除之節也；「其長殤」云云，「其殤與絶屬同者」云云，此乃因殤而降服。其一正服、一殤服，本不誤也。注中兩「其」字另起，乃申明三殤之降服耳。徐氏所以誤會鄭注者，以注云「有大功之親者，成人服之齊衰三月；卒哭，受以大功衰九月」，以爲齊衰三月之後，受以大功九月，豈非十二月乎？故徐以爲期也。又以爲齊衰三月之後，受以小功五月，豈非八月乎？故徐以爲八月也。不知合齊衰三月而數之，爲大功九月、小功五月，非齊衰之外而又加九月、五月之期也。鄭必言「齊衰」者，以絶屬者爲宗子，皆齊衰三月，明親者無問大功、小功、緦，皆齊衰也。此明齊衰，不明月數也。月數有多少之殊，而齊衰一也。鄭必言「成人」者，先明其本服，而後因殤而降者乃明也。不然，惡知三殤之從何服而爲之遞降耶？凡服齊衰者，至三月卒哭，受以大功布衰裳；凡服大功衰者，至三月卒哭，脱布衰裳，而以小功布衰受之也。若小功，至卒哭，唯有變麻服葛，因故衰無受服之法，況于殤乎？徐氏矢口以攻鄭注。夫先儒之注，辭深義奥，非悉心反覆，不能明也。

校勘記

〔一〕「主矣」，學海堂初刻本作「王」，據《儀禮商・喪服第十一》、庚申補刊本改。

〔二〕「意」，學海堂初刻本、庚申補刊本作「也」，據《儀禮商・喪服第十一》改。

〔三〕參見《禮論略鈔》「論萬斯大不杖齊衰章孫婦亦如之」條。《服制考》同。

〔四〕「由」，學海堂初刻本作「山」，據庚申補刊本改。

〔五〕「嫡婦」，學海堂初刻本、庚申補刊本作「嫡孫」，據《禮論略鈔》改。

〔六〕參見《禮論略鈔》「論萬斯同既夕禮謂無兩處設奠」條。

〔七〕「鬼神」，庚申補刻本、《禮論略鈔》作「鬼事」。

〔八〕「勿」，學海堂初刻本、庚申補刊本作「或」，據《禮記正義》卷九改。

〔九〕「祝詞」，學海堂初刻本、庚申補刊本作「祝祠」，據《群書疑辨》卷二改。

〔一〇〕「饗」，學海堂初刻本、庚申補刊本作「享」，據《群書疑辨》卷二及下文引改。

〔一一〕「饗詞」，學海堂初刻本、庚申補刊本作「饗祠」，據《禮論略鈔》《群書疑辨》卷二改。

〔一二〕參見《禮論略鈔》「論萬斯同士虞禮謂饗未必有詞」條。

〔一三〕「享」，學海堂初刻本、庚申補刊本作「饗」，據上引文、《群書疑辨》卷二改。

〔一四〕「哀子」，學海堂初刻本、庚申補刊本作「饗辭」，據《儀禮注疏》卷四十三改。

〔一五〕「爲」，《群書疑辨》卷二作「謂」，字通。

〔一六〕「曰」，《群書疑辨》卷二無。

〔一七〕參見《禮論略鈔》「論萬斯同謂三虞即卒哭」條。

〔一八〕「祔」，學海堂初刻本、庚申補刊本并奪，據《禮記正義》卷四十二補。

〔一九〕「報虞」，學海堂初刻本、庚申補刊本作「服虞」，據《禮記正義》卷三十三改。

〔二〇〕「卒哭」，學海堂初刻本、庚申補刊本并奪，據《禮記正義》卷三十三補。

〔二一〕「以爲」，《群書疑辨》卷二作「謂」。

〔二二〕「祝辭」，《群書疑辨》卷二作「祝詞」。

〔二三〕「者」，《群書疑辨》卷二無。

〔二四〕參見《禮論略鈔》「論萬斯同吉祭猶未配」條。

〔二五〕「祀」，學海堂初刻本作「記」，據庚申補刊本、《毛詩正義》卷二十之三改。

〔二六〕「三十三年」，學海堂初刻本、庚申補刊本作「三十年」，據《公羊注疏》卷十二改。

〔二七〕「乎」，《公羊注疏》卷十三無。

〔二八〕「豈」，《群書疑辨》卷二作「寧」。

〔二九〕「專」，《群書疑辨》卷二作「耑」，義同。

〔三〇〕「乎」，學海堂初刻本、庚申補刊本作「于」，據《群書疑辨》卷三改。

〔三一〕參見《禮論略鈔》「論萬斯同雜記附於大夫之昆弟從孫無配食從祖之禮」條。

〔三二〕「殤與無後者」，學海堂初刻本、庚申補刊本并不重，據《禮記正義》卷三十二補。

〔三三〕「士大夫不得祔」，學海堂初刻本、庚申補刊本作「士不祔」，據《禮記正義》卷三十三及下引文補。

〔三四〕「諸」，學海堂初刻本、庚申補刊本并奪，據《禮記正義》卷三十三及下引文補。

〔三五〕「士」，學海堂初刻本、庚申補刊本并奪，據上文補。

〔三六〕「于」，學海堂初刻本作「子」，據庚申補刊本改。

〔三七〕「以」，與《鈍翁類稿》卷十六同，《儀禮注疏》卷三十一上有「所適者」三字，疑當補。

〔三八〕「或」，學海堂初刻本、庚申補刊本奪，據《鈍翁類稿》卷十六補。
〔三九〕《服制考》同。
〔四〇〕「始來」，學海堂初刻本、庚申補刊本倒作「來始」，據《禮記正義》卷三十三改。
〔四一〕「二」，與《鈍翁類稿》卷十六同，庚申補刊本作「一」。
〔四二〕「等差」，學海堂初刻本、庚申補刊本倒作「差等」，據《鈍翁類稿》卷十六乙。
〔四三〕《服制考》同。
〔四四〕「連言」，《日知録》卷五作「連言之」。
〔四五〕參見《禮論略鈔》「論顧炎武喪服傳昆弟之子若子」條。《服制考》同。
〔四六〕「所后者」，《儀禮注疏》卷三十九作「後人」。
〔四七〕「于爲後」，《儀禮注疏》卷二十九作「於後人」。
〔四八〕「札記」，學海堂初刻本、庚申補刊本作「雜記」，據《四庫全書》本改。
〔四九〕「齊衰」，學海堂初刻本、庚申補刊本并奪，據《潛丘札記》卷四補。
〔五〇〕「此」，學海堂初刻本、庚申補刊本作「則」，據《潛丘札記》卷四改。
〔五一〕參見《禮論略鈔》「論閻若璩答女子無杖」條。《服制考》同。
〔五二〕「女子」，學海堂初刻本、庚申補刊本并作「女子子」，據《禮記正義》卷四十四改。
〔五三〕「童子」，學海堂初刻本、庚申補刊本并作「童女」，據《禮記正義》卷六十三改。
〔五四〕「如」，學海堂初刻本、庚申補刊本作「知」，據吴廷華《儀禮章句》卷十一改。
〔五五〕「詳」，《儀禮章句》卷十一作「祥」。

〔五六〕《服制考》同。

〔五七〕「恩」，學海堂初刻本、庚申補刊本并奪，據《白虎通德論·喪服》補。

〔五八〕「倍」，學海堂初刻本、庚申補刊本作「培」，據《太平御覽》卷六十四改。

〔五九〕「制服」，學海堂初刻本、庚申補刊本作「服制」，據《後漢書》卷八十一改。

〔六〇〕「堂邑令」，學海堂初刻本作「棠邑令」，庚申補刊本作「棠邑令」，據《隸釋》卷九改。

〔六一〕參見《禮論略鈔》「論吴廷華大功章大夫之妾爲君之庶子女子子嫁者未嫁者注」條。《服制考》同。

〔六二〕「室」，學海堂初刻本、庚申補刊本作「家」，據《禮論略鈔》、《儀禮注疏》卷三十三改。

〔六三〕「出降」，學海堂初刻本、庚申補刊本作「出嫁」，據《儀禮注疏》卷三十三改。

〔六四〕參見《禮論略鈔》「論徐乾學駁父卒則爲母賈疏」條。《服制考》同。

〔六五〕「帶」，學海堂初刻本、庚申補刊本并奪，據《禮記正義》卷五十七補。

〔六六〕「然」，學海堂初刻本、庚申補刊本作「言」，據《禮記正義》卷三十三改。

〔六七〕「重服」，《禮記正義》卷三十三作「服重」。

〔六八〕「衰」，學海堂初刻本、庚申補刊本并奪，據《禮記正義》卷三十三補。

〔六九〕「而」，《禮記正義》卷三十三作「亦」。

〔七〇〕「喪」，學海堂初刻本、庚申補刊本并奪，據《禮論略鈔》補。

〔七一〕「兄」，學海堂初刻本作「孔」，據《讀禮通考》卷九、庚申補刊本改。

〔七二〕「如是此」，《御纂朱子全書》卷六十二、《朱子語類》卷一百二十七并作「如此」，屬上讀。

〔七三〕「不能」，學海堂初刻本、庚申補刊本并作「不時」，據《續通典》卷七十九改，《西山文集》卷十《禮部申省論小祥不當從吉狀》作「不能推廣聖意」。
〔七四〕「受國」，《儀禮注疏》卷三十一作「受國於」。
〔七五〕「決當」，《讀禮通考》卷十二上有「而解義」三字。
〔七六〕「何必」，《讀禮通考》卷十二作「又何必」。
〔七七〕「服」，《讀禮通考》卷十二作「之服」。
〔七八〕參見《禮論略鈔》「論徐乾學駁大功章公之庶昆弟大夫之庶子爲母妻昆弟鄭注」條。
〔七九〕「言」，《禮論略鈔》作「妄言」。
〔八〇〕「互相」，《儀禮注疏》卷三十二上有「言其」二字。
〔八一〕《服制考》同。
〔八二〕「既爲君母父母，其已母之父母」，學海堂初刻本、庚申補刊本并作「既爲君母服，其已之父母」，據《儀禮注疏》卷三十三改。
〔八三〕「其前有太孫臧矣，尚原非適孫，故必待既誓」，學海堂初刻本、庚申補刊本奪，據《讀禮通考》卷二十二補。
〔八四〕「卞粹」，學海堂初刻本作「卞猝」，據庚申補刊本改。
〔八五〕「大功衰」，學海堂初刻本、庚申補刊本下并衍「九月」二字，據《儀禮注疏》卷三十四、《讀禮通考》卷十一删。
〔八六〕「八月」，學海堂初刻本、庚申補刊本作「五月」，據上文「本服止當五月，而服以八月」改。

禮説卷四

《郊特牲》：「古者，生無爵，死無謚。」注：「古，殷以前也。」《讀禮通考》徐乾學按：「謚起自周公。鄭注以殷有謚，未聞。」

論曰：鄭云「殷以前」，則不獨殷也，雖虞夏以前，亦有之矣。徐云「殷有謚，未聞」，今按《白虎通》：「或一言，或兩言，何？文者以一言爲謚，質者以兩言爲謚。故《尚書》云『高宗』，殷宗也；湯死後，世稱『成湯』，以兩言爲謚也。」據此，是殷有謚矣，而夏亦有謚。蔡邕《獨斷》：「殘人多壘曰桀。」徐云「謚起自周公」，今據《周書·序〔一〕》：「周公肇制文王之謚義，以垂於後，作《謚法》。」按，此周公遵文王之法而制謚，故《公羊》何氏《解詁》有《文謚例》，今不傳。蓋謂周之謚法始於周公，不謂周以前無謚也。如其無謚，則蔡邕《獨斷》何以云「翼聖傳賢曰堯，仁聖盛明曰舜」也？馬融亦曰：「『堯』『舜』，謚也。」此非唐虞以來亦有謚乎？推而上之，董子《春秋繁露》：「黄帝之先謚，四帝之後謚，何也？曰：帝號必存五，帝代首天之色。號至五而反。周人之王軒轅，直首天黄號，故曰黄帝云。帝號尊而謚卑，故四帝後謚也。」《白虎通》：「美者在上。黄帝始制法度，得道之中，萬世不易。名『黃』，自然也。後世雖聖，莫能與同也。」《風俗通》：「黃者，光也，厚也。中和之氣，德四季，與天地同功，故先『黃』以別之也。」《獨斷》：「靖民則法曰黃。」據此，則謚法當始於黃帝矣。董子爲西漢儒者之宗，班固稱之，故《白虎通》從其説，而後漢之蔡氏、應氏皆沿其舊，豈無所據而云然乎？以云「未聞」，是謂陋矣。況由後世以徵往古，謚法隨時代爲變易者也。宋於太平興國八年，詔增《周公謚法》五十五字：美謚七十一字爲一百字，平謚七字爲二十字，惡謚十七字爲三十字；其沈約、賀琛《續廣謚》盡廢。於此可見，周公之謚法既行，而黃帝以來之謚法不可得而概見矣。若云「堯」「舜」「禹」「湯」是名而非謚，此鄭樵之偏見也。

《讀禮通考》「斬衰三年」章：「《喪服小記》：『爲殤後者，以其服服之。』」徐乾學按：「鄭、孔之説皆非也。若從其説，則是後殤者之父，非後殤也，經何以云『爲後殤』乎？況年十六至十九爲長殤。世多有年在中殤而娶妻生子者，豈不可以立後乎？既立後，豈得不以父服服之乎？上文固曰：『男子冠而不爲殤。』此所謂『殤』，蓋指既冠昏者，本不得名之爲殤，特以年在殤中，恐人疑其不得立後，故記《禮》者特發明之，以見殤者有爲人父之道也。豈有實後殤者之父，而文可云『爲殤後』乎？」

論曰：正是後殤者之父，而非後殤也。夫大宗不可絶。若以繼代言之，則當後殤矣。然殤無爲人父之道，故《曾子問》孔子曰：「宗子爲殤而死，庶子不爲後。」是也。若爲殤後，則當以父服服之，《公羊》所謂「爲人後者，爲之子」。然則《喪服小記》何以云「爲殤後者，以其服服之」乎？「其服」者，以本親之服服之，而非服爲後者之服矣。鄭推尋文義，經云「以其服服之」，故注云：「『爲後』者，據承之也。」承之，故以兄弟之服服殤，不以父服服殤，猶得謂「爲殤者後」乎？若夫「男子冠而不爲殤」，既冠則無殤之名。聖人治國，正名爲先，安有已冠昏而以爲殤者乎？至於殤有爲人父之道，顯與經背矣。徐於《小記》「爲殤後者」則指已冠昏者而言，於《曾子問》又指殤爲未冠昏者而言，進退失據。吾恐鄭、孔之説未可非，而徐氏之説不足信矣。

《讀禮通考》徐乾學按：「徐邈所引『公子爲母』條，乃《禮》泛言諸侯之庶子，非指爲後者言也。若主爲後者立論，當以仲堪之説爲長。且《禮》言『庶子爲後者爲其母』，自必存亡同之，豈可專謂父亡之後乎？」〔二〕

論曰：徐氏「存亡同之」之説，可謂乖於禮矣。孝武皇帝在位，皇太子爲所生淑媛陳氏服，此事自以徐邈之説爲是。徐以爲：「宜依公子爲母，練冠、麻衣，既葬除之。」又曰：「適子服所生，禮無其文者，蓋不異於庶子，故總以『公子』爲言，推義可知。既曰『君之所不服，子亦不服』，則正、庶均於降奪。雖登位儲宮，而上厭所天，義不異也。至於既孤，則餘尊之厭輕矣，故諸庶子服其母大功，而爲後者服其母緦。此存亡異禮，何可一其制邪？」殷仲堪以爲：「當依庶子爲後，服所生母緦。皇太子〔三〕服，乃練冠耳。」按，所以謂之「爲後者」，指父殁而言。若父在，何以有「爲後」之名乎？且賈疏具在，可復視也。賈云：「此爲無冢嫡，惟有妾子。父死，庶子承後，爲其母緦也。」又云：「《曾子問》云：『古者，天子練冠以燕居。』鄭云：『謂庶子王爲其母，無服。』《服問》云：『君之母非夫人，則群臣無服，惟近臣及僕、驂乘從服，惟君所服服也。』注云：『妾，先君所不服也。《禮》：「庶子爲後爲其母，緦。」言「惟君所服」，伸君也。』《曾子問》所云，據小君在，則練冠五服外之服也〔四〕；《服問》所云，據小君没後，其庶子爲得伸。」夫小君之存没，尚有分別，安得謂「存亡同之」也？況事載《禮經》，先儒具有明文。父在，則記所謂「公子爲其母，練冠、麻，麻衣縓緣」是也；父没，則經所謂「庶子爲父後者爲其母，緦」也，豈不專指父亡之後乎？且《禮經》之例，父在爲母期，父没爲母三年，存没之所關，屈伸之所繫也。「存亡同之」之説，不大可怪邪？

《五禮通考》：《喪服小記》：「慈母與妾母，不世祭也。」秦蕙田按：「妾母與慈母，皆非己身之母。疏以爲『妾母』謂庶子自爲其母，非也。《穀梁傳》『於子祭，於孫止』，即《喪服小記》『不世祭』之義。此蓋嫡子，指父妾之無子者言，非指有子而又爲君者言。穀梁氏誤引耳。」〔五〕

論曰：此説非也。《穀梁傳》：「禮：庶子爲君，爲其母築宮，使公子主其祭。於子祭，於孫止。」注：「公當〔六〕奉宗廟，故不得自主。」按，主祭之公子，長子之弟及妾子也。《喪服記》：「公子爲其母，練冠、麻，麻衣縓緣。」傳曰：「何以不在五服之中也？君之所不服，子亦不敢服也。」注：「『公子』，君之庶子也。『其或爲母』，謂妾子也。『君之所不服』，謂妾與庶婦也。」夫公子於妾母無服，而爲之立廟者，以其子爲君也，如隱爲桓母立廟，經書「考〔七〕仲子之宫」是也。若嫡子，與尊者一體，而爲庶母立廟，可乎？將謂「於子祭，於孫止」，則不當有妾祖姑之廟。而不然也，妾祖姑之有廟者，此妾之有子者，於子雖止，而其廟不毁。有以後死祔於先死者之廟，仍是子祭其母，并非孫之祭妾祖姑。其廟之所以不毁，以繼起者之有所祔入。若妾祖姑之廟已毁，所謂「親盡則遷」，公妾無所祔，則爲壇以祭之耳。夫妾有子則廟，無子則不廟，此先儒之成説，焉有嫡子爲無子之妾而立廟者乎？誠不知其何所據而云然也。韋玄成曰：「古者制禮，别尊卑貴賤。國君之母，非嫡，不得配食，則薦於寢，身没而已。」匡衡曰：「故父之所尊，子不可以〔八〕不承；父之所異，子不可同。禮：公子不得爲父伸。爲後，則於子祭，於孫止。」無子之妾，可以謂「父之所尊」者乎？妾母無服，可不謂「父之所異」者乎？秦氏之説，爲不可通已。嫡子奉大宗後，不得復顧其私親。今爲無子之妾立廟，恐先王制禮不應爾也。

金榜《禮箋》：「『小功』章『君子子爲庶母慈己者』，傳曰：『君子子者，貴人之子也。爲庶母，何以小功也？以慈己加也。』士爲庶母緦，大夫以上於庶母無服。此言『以慈己加』，明其本爲庶母緦。此『君子子』爲士之子，明矣。馬季長云：『大夫之子，於庶母慈己者，宜服緦。若爲父之貴妾，父爲服緦，已當從服庶母之服，加慈己者小功。父卒，則與士子同，貴賤無殊。』此又推廣經意而言之也。注指大夫言，失之。『齊衰三年』章『慈母如母』，傳曰：『慈母者，何也？』《傳》曰：妾之無子者，妾子之無母者，父命妾曰：『女以爲子。』命子曰：『女以爲母。』若是，則生養之，終其身如母；句。死，則喪之三年如母，貴父之命也。』注云：『不命爲母子，則亦服庶母慈己之服。』是妾子服庶母慈己小功，與適妻子同。經言『君子子』，文屬於父，闕適庶之辭。注主適妻子而言，則庶子爲庶母慈己者，闕漏不著，與上「齊衰三年」章注自相違失。緣庶母慈己者不得子其子，故謂之爲『君子子』，謂之爲貴人之子，豈〔九〕以父之存没異服哉？注云：「父没，則不服。」失之。《内則》：『異爲孺子室於宫中，擇於諸母與可者，使爲子師；其次爲慈母，其次爲保母。』此三母，諸侯養子之禮，不得下通於大夫、士。大夫之子有食母，又於禮無服；士之妻自養其子，其或有他故，使賤者代之食子，則爲乳母，下『緦麻』章『爲乳母』是也。鄭君援《内則》慈母、食母，以與此庶母慈己相比附，皆失經意。」〔一〇〕

論曰：金氏於「慈母」未能别白，故遂以鄭注爲失，不知慈母非一也。「齊衰」章之「慈母」，傳曰：「慈母者，何也？《傳》曰：妾之無子者，妾子之無母者，父命妾曰：『女以爲子。』命子曰：『女以爲母。』若是，則生養之，終其身如母；死，則喪之三年如母，貴父之命也。」此一「慈母」也，故注云：「此主〔一一〕謂大夫之妾也。不命，則亦服庶母慈己之服可也。」此以妾子爲庶母慈己者而服也。若夫「小功」章「大夫嫡妻之子備三母」，其中亦有「慈母」，名同而義殊矣。天下斷無嫡妻之子命爲妾子〔一二〕者，則其不同於「齊衰」章之「慈母」可知矣。是以「小功」章之「慈母」，但知其嗜欲而已。此於己恩輕，故注云：「君子子者，則父在也。父没，則不服之矣。」此謂嫡子爲庶母慈己而服也。慈母本殊，故鄭注不同。金氏未能解此，於是謂鄭注自相違失矣，其實非也。「父没則不服」

者，不服慈己之服，但服庶母緦耳。「齊衰」章，不命則不服齊衰三年，但服庶母慈己之服小功耳。蓋妾子既命，則在「齊衰」章；不命，則在「小功」章；不慈己，則在「緦麻」章。

難者曰：「小功」章不見妾子不命之服。曰：「君子子爲庶母慈己者，小功。」此章指嫡子而言，則妾子亦服庶母慈己之小功，可知也。其禮不嫌不明，并非闕漏不著也。金氏云「君子子闕嫡庶」，按，鄭必以爲嫡妻子者，妾子賤，亦不合有三母，故也。

且金氏未會馬季長之義也。馬云：「若爲父之貴妾，父爲服緦，己當從服庶母之服，加慈己者小功；父卒，則與士子同。」據此，知父没則不服小功之説精矣。從服者，所從亡則已，故去其所加之小功，而仍服本服之緦麻也。豈不以父之存没異服哉？《内則》疏雖據諸侯，其實亦兼大夫，士不具三母耳。據此，知鄭必以爲大夫者，諸侯之子於三母無服，士又三母不具，然則《喪服》所謂「君子子爲庶母慈己者」，非大夫而奚屬邪？《石渠禮議》戴聖對曰：「『君子子爲庶母慈己者』，大夫之嫡妻之子，養於貴妾。大夫不服賤妾，慈己則緦服也。其不言『大夫』而稱『君子子』者，『君子』猶大夫也。」馬季長《喪服經》傳亦謂：「貴人者，嫡夫人也。」非關嫡庶之辭。金氏既昧大夫而爲士，又以貴人之子闕嫡庶，不以父之存没而異服，諸侯養子之禮不通於大夫。凡此諸説，愈見其非矣。

金榜《禮箋》：「案，記云『是爲陰厭』『是爲陽厭』，明陰厭、陽厭爲祭殤與無後者之定名，不得通於成喪之祭。《雜記》：『有父母之喪，尚功衰，而附兄弟之殤，則練冠附於殤，偁陽童某甫。』注云：『陽童，謂庶殤也。宗子則曰陰童。』是陰厭、陽厭，以陰童、陽童得名，不繫於所祭之地。謂祭於奧爲陰、祭於西北隅爲陽，非《禮》意也。古者，尸未〔一三〕入之前，祝酌奠之，祝於主前，謂之直祭，《郊特牲》『直祭，祝於主』是也。注云：「謂薦孰時，如《特牲》《少牢饋食》之爲也。直，正也。祭，以熟〔一四〕爲正。」案，《祭統》云：「尸亦餕鬼神之餘也。」明祝於主者爲正祭。尸謖之後，祝徹薦，俎、敦設於西北隅，謂之厭祭，上經『攝主不厭祭』是也。《曾子問》『祭必有尸乎？若厭祭，亦可乎』，本承上『攝主不厭祭』設問者。厭祭在尸謖後，則與陰厭、陽厭絶不相涉，不辨自明。」文多，不全載。〔一五〕

論曰：此金氏所區别也。陰厭、陽厭，豈以陰童、陽童得名乎？童者，未成人之稱，而抑知加以「陰」「陽」者，何所取義乎？豈不以祭於當室之白爲陽厭、祭於奧爲陰厭乎？庶殤，祭於户，明，故曰「陽童」；宗子殤，祭於陰，闇，故曰「陰童」。然則「陰」「陽」之名，焉得不繫於所祭之地？不然，抑何取此名乎？宗子有陰厭，無陽厭。凡殤，有陽厭，無陰厭，故殤不備祭。若然，則成人之備祭，明矣。備祭，特非陰厭、陽厭乎？金氏之説，何以言「祭殤與無後者之定名」也？

所以成人必備陰厭、陽厭者，厭是厭飫。凡厭無尸，直厭飫神之歆饗。有陰厭，復有陽厭者，孝子求神非一處，不知於彼乎、於此乎，故兩設之也。《特牲饋食》：「佐食徹尸薦，俎、敦設於西北隅，几在南，厞用筵，納一尊，佐食闔牖户，降。」故鄭注以爲：「尸謖而改饌爲幽闇，庶其饗之。所以爲厭飫，《少牢饋食禮》曰：『南面，如饋之設。』此所謂當室之白，陽厭也。則尸未入之前，爲陰厭矣。」據注，知《士虞禮》「主人再拜稽首，祝饗，命佐食祭」，是陰厭也。金氏不取孔、賈申明鄭氏之義，乃從陸佃之説，陋矣。陸以爲「成人無陰厭、陽厭」，非也。即如賓尸繹祭者，非祭殤也。上大夫當日賓尸，故《少牢禮》無陽厭；下大夫不賓尸，有陽厭也；天子、諸侯明日乃爲繹祭，亦有陽厭也。故《詩》云：「相在爾室，尚不愧于屋漏。」室西北隅謂之「屋漏」，故知《特牲饋食》「俎、敦設於西北隅」者，爲陽厭也。合觀《詩》《禮》，其説果可通乎？

陳氏《禮書》曰：「夫尸以象神也，厭以飫神也。殤之有厭，爲無尸也；正祭有厭，爲尸不存也。陰厭，尊有玄酒；陽厭，納一尊而已。陰厭備鼎俎，陽厭俎釋三个而已。嫡殤，陰厭，其禮詳；庶殤，陽厭，其禮略也。」據此，而可謂厭不施於正祭乎？若云「攝主不厭祭」，所以然者，避正主也。然則正主祭必厭祭，明矣。厭祭不指陰厭、陽厭，將何指乎？

金榜《禮箋》：「《喪服小記》：『婦祔於祖姑，祖姑有三人，則祔於親者。其妻爲大夫而卒，而后其夫不爲大夫而祔於其妻，則不易牲。妻卒，而后夫爲大夫而祔於其妻，則以大夫牲。』注云：『此謂始來仕無廟者。無廟者，不祔。』正義云：『夫死，祔於其妻，故知是無廟者。』榜謂，喪之祔祭也，使鬼有所歸。《檀弓》：「不忍一日末有所歸也。」故雖朋友主喪，亦必爲之虞、祔，《小記》云：「朋友，虞、祔而已。」不繫於有廟、無廟。《雜記》：『王父死，未練祥而孫又死，猶是祔於王父也。』古者，三年喪畢，然後祭於廟。此未練祥而祔於王父，則於殯宫祔。疏云：「就王父所祔祖廟之中，而祔祭王父。」失之。《喪服小記》：『妾祔於妾祖姑，亡則中一以上而祔。』此祔於高祖之妾，則爲壇祔，《雜記》：「主妾之喪，則自祔。」崔氏云：「於廟中，爲壇祔之。此謂攝女君。若不攝女君之妾，則不得爲主，別爲壇，不在祖廟中，而子自主之也。」與此同義。未聞無廟者不祔也。謂以夫祔妻，彌乖尊卑隮祔之義。此經承上『婦祔於祖姑』言之，『祔於其妻』即此『祔於祖姑』是也。變言『其妻』者，緣上『其妻爲大夫而卒』立文，皆對夫之辭。《雜記》曰：『男子祔於王父則配，注：「配，謂并祭王母。」女子祔於王母則不配。』注：「不配，則不祭王父。」此嫌不配者，用牲自從其生前之爵。曰『不易牲』，曰『以大夫牲』，明妻從夫之爵，不以存没異也。」〔一六〕

論曰：金氏用陸佃之説，可謂擇焉而不精矣。陸佃謂：「祔於其妻，即是祔於其祖，蓋妻未有不祔於祖姑者也。鄭氏謂『始來仕，無廟』，誤矣。」按，未有經言「祔於其妻」而説經者以爲「祔於其祖姑」也。如此謬解，而金氏從之，何也？按，《喪服小記》：「妾無妾祖姑者，易牲而祔於女君可也。」注：「女君，適祖姑也。」適祖姑有廟可祔，未見其爲壇祔也。若妾死而女君尚在，又無妾祖姑可祔，亦無高祖之妾可祔，始爲壇以祔妾耳。妾可以爲壇祔之，而大夫不可以爲壇祔之者，妾祭僅一世，所處者暫也；若大夫始仕他國，此時雖無祖禰之廟，而異時爲不祧之祖，此不可以壇祔也，故祔於其妻，而不得以昭穆祔。此變禮也，豈可與不世祭之妾而并論乎？即如別子爲祖，大夫不得祖諸侯，則別子無廟。至繼別爲宗，宗子乃爲別子立廟。此時別子死，既無祖廟，又無祖之兄弟公子之廟可祔，然則別子當祔於何所乎？不祔於其妻，將誰祔乎？

若夫《小記》「朋友，虞、祔而已」，此朋友與虞、祔之祭，并非死者無廟可祔，而朋友虞、祔之也。

上文明云：「大功者，主人之喪有三年，則必爲之再祭。朋友，虞、祔而已。」謂朋友主其虞、祔可也，安見死者之無廟可祔乎？設使死者無廟，吾不知朋友爲其祔於何所也，則祔安得不繫於廟之有無乎？

若夫「王父死，未練祥，而祔於殯宫」，又非也。《檀弓》「周卒哭而祔」，蓋十三月而練，二十五月而祥，去祔廟之日甚遠也。未練，雖無廟，孫得祔於祖。其孫可就王父所祔祖廟之中，亦無尚在殯宫之理矣。金氏不解《雜記》「未練祥」之義也。未練則不遷廟，未祥則不祫祭；練始遷廟，祫始序昭穆。然則未練祥之前，其孫又死，祖未有廟，將何祔乎？故示人以變禮曰：祖雖無廟，祖有祖廟可祔，孫即從祖而祔也。喪事有進無退，喪禮每加以遠，豈有祔於殯宫者乎？金氏誤矣。通詳經、傳，無「祔於殯宫」之文。《檀弓》：「是日也，以吉祭易喪祭。明日，祔於祖父。」祖父不在殯宫，故鄭注：「祭告於其祖之廟。」殯宫雖可以稱廟，然與「祖父」連文，則指祖廟而不指殯宫，故《説文》：「祔，合〔一七〕後死者合食於先祖。」此豈謂殯宫乎？

總之，虞於寢，祔於廟。此先儒之成説，金不得而議之也。夫據《喪服小記》之文，祔必以其昭穆，殯宫有何昭穆之可序邪？是又可以證其誤矣。

程瑶田《喪服足徵記〔一八〕・喪服經傳無失誤述》：「『緦麻』章『庶孫之中殤』，鄭注云：『庶孫者，成人，大功；其殤，中從上。此當爲「下殤」，言「中殤」者，字之誤爾。』瑶田案，經不誤，注大誤也。經曰：『齊衰之殤中從上，大功之殤中從下。』此經文，今誤爲傳。余曾辨正之。此以成人之服名殤服。『殤服』傳曰：『大功之殤中從上，小功之殤中從下。』此即以殤名其服。其名不同，其服則一。余有文，辨之詳矣。」文多，不全載。〔一九〕

論曰：鄭君疑傳誤者凡六條，程氏以爲《喪服》經無失誤矣；及其論「緦麻」章「長殤、中殤降一等，下殤降二等」「齊衰之殤中從上，大功之殤中從下」此四語傳文也，程以爲經誤。人疑傳則非之，己疑經則是之，何其果於自信乎？將謂《喪服》文足徵邪？「長殤」云云，在傳而不在經；抑謂《喪服》文不足徵，而改傳爲經以伸己説邪？則與己書命名之意相左矣。果如鄭誤，則三殤之注皆妄矣；如其程誤，則《喪服足徵》之書可廢也。儒者治經，門户之見不可有，豈是非之心亦不可有邪？實事求是，據經、傳以證之，可乎？

謹按，「殤小功」章傳曰：「問者曰：中殤何以不見也？大功之殤中從上，小功之殤中從下。」注：「大功、小功，皆謂服其成人也。大功之殤中從上，則齊衰之殤亦中從上也。」程氏以爲「此即以殤名其服」，與鄭君「成人」之説異。竊以爲程氏之説爲不然。按，「殤小功」章《喪服》經曰：「爲人後者爲其昆弟、從父昆弟之長殤。」又按，「大功」章《喪服》經：「爲人後者爲其昆弟。」傳曰：「何以大功也？爲人後者降其昆弟也。」據此，爲人後者爲其昆弟，本服大功；長殤，降一等，入小功。從父昆弟，本服亦在「大功」章；長殤，降一等，入「小功」，傳故曰「大功之殤中從上」也。「大功」指成人本服，非指殤服也。又按，「緦麻三月」章「庶孫之婦、庶孫之中殤」注：「庶孫者，成人，大功；其殤，中從上。此當爲『下殤』，言『中殤』者，字之誤爾。又，諸言『中』者，皆連『上』『下』也。」鄭以

《喪服》之例，或言「長中」，或言「中下」，無單言「中」字者，故以「中」爲「下」之誤也。然則成人，大功；下殤，降二等，入緦麻也，「小功」章傳故曰「小功之殤中從下」也。而不但此也，「緦麻」章諸言「殤」者，皆本服小功，因殤而降入緦麻者；或本服大功，因殤而降二等而入「緦麻」章者。按，經云：「從祖姑姊妹適人者，報。從祖父、從祖昆弟之長殤。」按，從祖祖父母、從祖父母報，從祖昆弟，本服皆在「小功」章；因長殤，降一等，入緦麻也。又按，「緦麻」章經曰：「從父昆弟、姪〔二〇〕之下殤，夫之叔父之中殤、下殤。」從父昆弟，成人，大功；長殤，在小功；下殤，降二等，故入緦麻也。姪爲姑之出降，大功；長、中殤，小功；下殤，故入緦麻也。夫之叔父，成人，大功；長殤，在小功；中、下殤，入緦麻也。又按，「緦麻」章經曰：「從母之長殤，報。」從母，本服在「小功」章；因長殤，降一等，入緦麻也。又按，「緦麻」章「從父昆弟之子之長殤，昆弟之孫之長殤」，此二人，本皆小功；因長殤，降一等，入緦麻也。合觀經、傳，知鄭據大功、小功爲成人之服，未嘗誤也。凡殤，若不就本服言之，知其從何服而降邪？若殤服，已分見各章，不待言矣，傳何爲發此例邪？

難者曰：既云「大功之殤中從上，小功之殤中從下」，又云「齊衰之殤中從上，大功之殤中從下」，兩文不相反乎？曰：否。「小功」章傳發於從父昆弟之下，「緦麻」章傳發於婦人爲夫之族類之下，故鄭注「小功」章：「此主謂丈夫之爲殤者服也。凡不見者，以此求之也。」鄭注「緦麻」章：「此主謂妻爲夫之親服也。凡不見者，以此求之也。」妻從夫降一等，故一則據大功、小功，一則據齊衰、大功也。義有分屬，故不同也，而豈誤邪？是以杜佑曰：「上文謂丈夫之爲殤者服，此謂婦人爲夫之親服。五服之中，親者上附，疏者下附也。」以大功、小功爲殤服，此説自郝敬啓之，而程氏誤從其説耳。

程瑶田《喪服足徵記・喪服不制高祖玄孫服述》：「子夏爲『曾祖父母』立傳之言曰：『小功者，兄弟之服也。不敢以兄弟之服服至尊。』明明於此條中，容『五月』之月數，而不制齊衰五月，但制齊衰三月，殺之而又殺之者，要見得稱情立文。上殺之服限，實窮於此。自吾反復言之，其旨昭然若揭矣。鄭君之注曰：『高祖、曾祖皆有小功之差，則曾孫、玄孫爲之服同。』義未諦也。」文多，不全載。[二一]

論曰：不爲高祖制服，其説紛紛。漢儒以禮服著名，馬融其最也，於「緦麻」章云：「族祖父，祖之從父昆弟也；族父，從祖昆弟之親也；族祖父，亦高祖之孫。」馬云「亦」者，己祖爲高祖之孫，此族祖亦爲高祖之孫也。馬云然者，欲推出高祖有服之意也。何也？「緦麻」章「族曾祖父母、族祖父母、族父母、族昆弟」，此四緦麻，與己同出高祖。己上至高祖爲四世，旁亦四世。旁四世有服，於高祖有服，明矣。馬、鄭之説同也，戴德亦然，可見漢儒舊説，皆以爲高祖玄孫之有服也。又，孔疏：「案，《喪服條例》：『衰服表恩。』若高、曾之服，本應緦麻小功，而進以齊衰，逾數等之服，豈非爲尊重而然[二二]也？」據此，又可以證高祖之有服。又從旁殺而推之：族昆弟，於己爲三從兄弟。親兄弟，服期；一從兄弟，大功；再從兄弟，小功；三從兄弟，緦麻。上至高祖，下至己兄弟，同承高祖之後者也，所謂「四世而緦，服之窮也」。若由己以上至高祖爲五世，由己以下至玄孫亦五世，所以宗有五宗、廟有五廟、服有五服，宗至五而遷、廟至五而毁、服至五而窮也。設高祖無服，服僅四世，可乎？然則高祖之有服，又可知。且五服始於斬，終於緦。已爲父三年，爲祖期，爲曾祖大功，爲高祖小功，據服三年而推之，此以加隆而言之者也。若據《三年問》「至親以期爲斷」，則已爲父期，爲祖大功，爲曾祖小功，爲高祖宜緦麻，此據本服而言之者也。若據服三年者而推之，則「曾祖父母」之下，傳當云「服大功」，而不云「服小功」。言「大功」，則高祖不見；言「小功」，則高、曾并見矣。何也？高祖、曾祖皆有小功之差也。此聖人立言之旨，至精至微，不可以躁率遇之者也。而鄭注之善會傳意，亦千古無匹也。知此，則聖人不言爲曾祖大功而言小功，正見高、曾其服之同。凡不見者，以此求之而自得也。夫爲曾祖小功，苟無服兄弟之嫌，則高祖可以緦麻矣。今曾祖不以小功之服服之也，蓋曾祖若仍以小功之月數而加以齊衰，則大重，故月數則準緦麻，而小功之衰則易之以齊衰。曾祖如此，則高祖不得以緦麻服之，何也？由三年推之，高祖固宜小功。既不可以兄弟之服服曾祖，而可以兄弟之服服高祖乎？然則將何以處此？與曾祖同服齊衰三月。高、曾與已非同體，故服可以不依次序減殺。禮窮則同，此聖人之權制也。夫由已而上親父，下親子，三也；以父親祖，以子親孫，五也；以祖親高祖，以孫親玄孫，九也。此鄭氏「以三爲五、以五爲九」之説也。據此，以曾祖親高祖，以曾孫親玄孫，安得無服？有何未諦乎？

程又以爲，若玄孫得備禮於高祖，高祖之年百有四十歲矣。此真拘泥矣。《祭法》：「王下祭殤五：嫡子，嫡孫，嫡曾孫，嫡玄孫，嫡來孫。」祭不止於玄孫，而玄孫不爲高祖制服，何也？《左傳》曰：「及爾玄孫，無有老幼。」如其不見，經傳何以有「玄孫」之文乎？戴德《變除》云：「斬衰三年，孫爲祖父後者，上通於高祖，自天子達於士，與子爲父同。」若玄孫皆不及見高祖，戴德何爲發此例邪？且吾目見今世之五世同堂者，不一其人，其高祖之年未及百歲，又何以定於百四十歲而始見玄孫之備禮乎？

程瑶田《喪服足徵記·殤服中從上中從下辨》：「殤服有長殤、中殤服大功而下殤服小功者，下治起於子；由子而旁治，起於昆弟之子〔二三〕。子與昆弟之子，成人服同，殤服亦同也。經於子，見長、中殤之大功，而不見下殤之小功；於昆弟之子，見下殤之小功，而不見長、中殤之大功。蓋經之有〔二四〕互文也，非文有所脱也。有長殤服小功而中殤、下殤服緦麻者，下治起於庶孫，旁治起於從父昆弟，成人服同，殤服亦同也。經於庶孫，見長殤之小功與中殤之緦麻，而不見下殤之緦麻；於從父昆弟，見長殤之小功與下殤之緦麻，而不見中殤之緦麻，亦經之互文也，非字有所誤也。是知〔二五〕傳於『爲人後者爲其昆弟』及『從父昆弟之長殤』發問曰：『中殤何以不見也？大功之殤中從上，小功之殤中從下。』所謂『大功』『小功』，并指殤服。蓋言此是『小功之殤中從下』者，與大功之『長殤』必連言『中殤』者有異，故不見中殤也。而鄭氏乃以爲『大功』『小功』皆謂服其成人，誤以從父昆弟之殤爲『中從上』。意蓋以經爲省文，以傳爲補義，故於庶孫中殤之緦麻不可通，於是改經文『中』字爲『下』字，以就其誤解，而不知其大達服制〔二六〕例也。夫小功長殤服之發中殤傳也，而必不據成人服言之者，以經始見小功長殤服於此，而不見中殤，恐人不明其所以異於大功殤之『長』『中』并見也，而於是據殤服之大功、小功者以明其例，勢不得以成人之服言之。鄭氏不得其指，又不明『緦麻』章後『長殤、中殤，降一等；下殤，降二等』『齊衰之殤中從上，大功之殤中從下』四語。蓋經文專爲齊衰殤服〔二七〕發例，别爲一章，而誤以爲『緦麻』卒章之傳；又疑其與前『小功殤』章之傳相戾，而必欲求其説，故於小功殤服之傳，注云『主謂丈夫之爲殤者服』；於『緦麻』章後之經誤以爲傳，注云『主謂妻爲夫之親服』。既强同之，以經、傳爲一義；又强分之，以一例爲兩例。竊嘗即其説而推之，如謂『小功之殤中從下』爲成人之小功〔二八〕，其長殤，緦麻也。若從祖父、從祖昆弟，皆小功之親，經并見長殤之緦麻服，安得復有下殤之服而爲中殤之所從者乎？至謂此所謂齊衰大功之殤中之『從上』『從下』者，爲『主謂妻爲夫之親服』。綜攬服例，無男子、婦人之異，則其説之不足據也，審矣。」文多，不全載。〔二九〕

論曰：程氏以爲：「『大功之殤中從上，小功之殤中從下』，所謂『大功』『小功』者，并指殤服。」余竊以爲不然。鄭注無論矣，即如馬季長之《喪服》注，散見各書。其注殤服，處處皆先言本服，或因長殤降一等，中、下殤降二等，從無但論殤服而不先從本服説起之例。况馬氏於「爲人後者爲其昆弟、從父昆弟之長殤」之下注云：「成人，服大功也；長殤，降一等，故小功也。」然則此傳之「大功」「小功」，當指成人乎，抑當指殤服乎？棄先儒之舊旨而横發義例，何也？且又言：「此是『小功之殤中從下』者，與大功之『長殤』必連言『中殤』者有異，故不見『中殤』也。而鄭氏乃以爲〔三〇〕『大功』『小功』皆謂服其成人，誤以從父昆弟之殤爲『中從上』，蓋以經爲省文，以傳爲補義，故於庶孫之〔三一〕中殤之緦麻不可通，於是改經文『中』字爲『下』字，以就其誤解」云云。按，「殤小功」章「爲人後者爲其從父昆弟之長殤」，此二人以本服大功，今長殤，小功也。若從父昆弟之下殤，則在緦麻也；而從父昆弟之中殤不見，故據此而問。傳意以爲：成人，大功；長殤，降一等，小功。今大功之中殤不見，以「中從上」故也。中從上，則大功之中殤亦當在小功，可知矣。然則此「大功」豈不指成人而指殤服邪？若指殤服，「小功」章何以又論及「大功之殤中從上」邪？試問：「大功之殤中從上」傳發於「從父昆弟」之後，則傳之問者是據從父昆弟而言也；「大功」亦指殤服，則必從父昆弟本當服期〔三二〕，因長殤，降一等而爲大功。無論大功之服不當雜入「小功」章，而從父昆弟之本服，當服期邪？不當服期邪？不當服期，則此「小功」章之所謂「大功之殤中從上」，非指成人之服而何？此不必煩言而解矣。若言此是「小功之殤中從下」者，經明言「長殤」，而程以爲「中從下」者，亦何其憒憒若是邪？經言「長殤」，傳以爲「從父昆弟之殤中從上」，此經、傳之明文，鄭又何從而誤邪？經豈非省文，而傳亦豈非補義邪？不足怪也。

程前論既謂《喪服》「長殤、中殤，降一等」云云四語皆經文，説者以其綴「緦麻」章後，遂誤以爲「緦麻」卒章之傳。不知傳皆憑經説義，無憑空立義之例，以爲「鄭不得其指，又不明爲齊衰之殤發例也」。按，《喪服》「爲夫之從父昆弟之妻」，此獨非經乎？下文「傳曰」云云，正是依經立義，而程乃以爲憑空立義，何邪？即如程説，求之全經之例，有傳文之下，贅以經文四語，戛然而止，不復發傳者乎？無此例。程言爲「大功」「小功」兩殤服章發例，而乃附於「緦麻」之卒章，何也？且「殤小功」章已有「大功之殤中從上，小功之殤中從下」，不嫌不明，何爲而重發例也？

程云：「又知兩殤服章，專主於齊衰之殤而制之也。」夫齊衰之長殤，降一等，已入「殤大功」章矣；齊衰之下殤，降二等，已入「殤小功」章矣，更無須復爲齊衰發例也。而「緦麻」之卒章，傳又有「齊衰之殤」云云者，一則主乎男子，一則主乎婦人，前後不嫌重複也。況傳例一發於「從父昆弟大夫〔三三〕」之下，一發於「婦人爲夫之親之服」下，故知其義然也，并非鄭氏强分以一例爲兩例也。程不知男子與婦人服殤之例不同，而謂鄭氏之説不足據。然注云：「凡不見者，以此求之。」故賈疏云：「婦人爲夫之親，從夫服而降一等，而經、傳不見者，以此求之也。」是可爲男子、婦人服殤不同之一證。且殤服未有不從正服相推者，如《喪服》「不杖期」章「爲夫之君」，傳曰：「何以期也？從服也。」蓋夫爲君斬，而妻從服期，是降一等也。爲夫之君之正服且降一等，而爲夫之從父昆弟之妻，有不降一等者乎？經、傳之不見，於此可以包之矣，不待再見也。重服且如此，而何況於輕服邪？且求之於經、傳，如「大功」章「叔父之長殤、中殤」，「小功」章「爲夫之叔父之長殤」，又「小功」章「叔父之下殤」，「緦麻」章「夫之叔父之中殤」，此正男子、婦人服殤之異。夫之叔父，成人，大功；長殤，在小功，故中、下殤在緦麻者，所謂「大功之殤中從下」也。夫之昆弟之子，成人服在「齊衰期」章，其殤服則在「大功」章，故「殤服大功」章云「夫之昆弟之子、女子子之長殤、中殤」，所謂「齊衰之殤中從上」也。程不明男女於殤服之有異，而又苦於殤服之無在齊衰者，故一以爲「小功」章據殤服，而齊衰之服據成人也。設有殤服之在齊衰者，則程必以其同爲殤服矣。是豈足以爲訓乎？

程又疑：「如謂『小功之殤中從下』爲成人之小功，夫成人之小功，其長殤，則緦麻也。若從祖父、從祖昆弟，皆小功之親，經并見長殤之緦麻服，安得復有下殤之服而爲中殤之所從者乎？」程説如此，而不必疑也。以成人服小功，而中、下之殤不見「緦麻」，遂以爲「中從下」之説無著矣。不知中殤從下殤，無服。若不發「中從下」之例，不幾於「小功之殤中從上」乎？則小功之中殤，皆當入「緦麻」章矣。「緦麻」章無小功中殤之服，故知其「中從下」耳。其理易辨，無容疑也。

況經只云「從下」，而未有「服」字；程氏加〔三四〕以「下殤之服」，增一「服」字。是中、下殤本無服，而程氏以爲有服。有服又不見「緦麻」章，於是求其故而不得，遂糾纏百出。不知殤有三等，而制服惟二等者，欲使大功下殤有服故也。若服亦三等，則大功之下殤無服矣。然大功之下殤，當小功之長殤，有服，而中、下則無服也。經於中、下殤，絶無「服」字。今强加一小功中、下殤之服，是以通體皆閡而不通矣。

程瑶田《喪服足徵記·殤服中從上中從下辨》：「『大功之殤中從上』二句，指殤服之大、小功，非成人之大、小功。余即據鄭氏所注《檀弓》以證之。《檀弓》：『君之適長殤，車三乘；公之庶長殤，車一乘；大夫之適長殤，車一乘。』注云：『成人，遣車五乘；長殤，三乘；下殤，一乘。尊卑以此差之。』傳曰：『大功之殤中從上。』」余按，君、大夫之適長殤，在《喪服》，皆成人斬衰，降在大功殤服。鄭氏引傳，指大功殤服言，明矣。然則鄭氏於傳旨本明，至注傳時，牽於互證，偶然不得其解，遂誤以大、小功指謂成人。一切謬説皆生於此。甚且以經文爲有誤字，而從而改易之也。今以鄭氏所不誤者，證鄭氏之誤，其義益明矣。公之庶長殤，則成人

之絶而無服者，故《喪服》經中，不見其長殤之服也。」〔三五〕

論曰：謹按《檀弓》：「君之適長殤，車三乘；公之庶長殤，車一乘；大夫之適長殤，車一乘。」本文不見中、下殤也，故鄭氏之注補其義曰：「皆下成人也。自上而下，降殺以兩。成人，遣車五乘；長殤，三乘；下殤，一乘。尊卑以此差之。傳曰：『大功之殤中從上。』」鄭以長殤車三乘、降殺以兩推之，下殤車當一乘也。然殤有三等，長、中、下；而殤服僅有二等，中或從上、或從下，故中殤不見也。然則殤車之數將何以處中殤邪？故舉《喪服傳》以明之曰「大功之殤中從上」，以見殤車亦「中從上」也。以此比例殤車之數，并非以適長當斬衰，降而至大功，引《喪服傳》以明殤服也。其書具在，治經者玩索而得之，其是非立見矣。

至謂：「鄭於傳旨本明，而注傳時牽於互證，偶不得其解，遂誤以大、小功指成人。一切謬説，皆本於此。」鄭氏綜核全經，欲以信今傳後，豈有本明傳例，忽然不得其解者邪？程氏用郝敬之説，改傳文以爲經，苦於無徵，於是傅會《檀弓》之注，以爲於彼不誤，於此則誤，庶幾信從其説。殊不知鄭注一貫，皆不誤也。且既譏鄭氏以爲經文有誤字，而從而改易之，而已乃以傳文爲經文，何邪？

程瑶田《喪服足徵記・練冠易服附殤述》：「《雜記》曰：『有三年之練冠，則以大功之麻易之，惟杖屨不易。』此大功易練冠之例也。『有父母之喪，尚功衰，而附兄弟之殤，則練冠附於殤。』此小功殤練冠而附之例也。知爲小功殤者，小功以下爲兄弟，故謂其殤爲兄弟之殤。《服問》曰：『殤長、中，變三年之葛；終殤之月筭，而反三年之葛。下殤則否。』今曰『練冠附殤』，則是齊衰親之下殤降在小功，及大功親之殤降在小功以下者。鄭注乃以爲『大功之親爲殤，在緦、小功』者，蓋其於《喪服》長、中、下殤之説，其『中從上、下』之義先已誤解，故其説謬，不可從也。記發例者，兄弟之殤服輕，嫌尚功衰者有重服。在《禮》：不爲輕殤易服，亦宜不得祔輕殤。然殤有必當祔者，又祔於祖廟，必尊者主之，故雖有重服，而得以練冠祔輕殤也。然則小功親之殤，降在緦麻者，不祔乎？曰〔三六〕：烏在其不祔之也！雖已於緦親之殤，降而無服，然於其所當祔者而祔之則一也，祔祖廟之必主於尊者則一也，烏在其不以練冠而祔於殤也！夫如是，則是記也，實練冠祔殤之通例也。言殤之當祔者，不可不祔；而三年之喪，至於練冠，則亦可以祔殤也。故曰：『稱陽童某甫，不名，神也。』言祔殤之禮又如是其鄭重也。鄭氏既誤解殤服『中從上、下』之説，又不以兄弟爲小功以下之服名，而曰『冠而兄爲殤，謂同年者。兄十九而死，己〔三七〕明年因喪而冠』，意蓋謂，必如是，乃得冠而祔其兄之殤。然余以爲，記人之意不如是也。」文多，不全載。〔三八〕

論曰：此程氏之説經，今條其説而辨之。按，《雜記》：「有父母之喪，尚功衰，而祔兄弟之殤，則練冠。」鄭以爲「大功親以下之殤也」者，以其不合改練時之服故也。所以練冠者，《服問》所謂「小功不易喪之練冠」也。由成人小功，今長殤，降一等，爲緦麻，故不變其練冠也。若大功親之殤，在小功緦麻，猶可以變三年之葛，《服問》所謂「長、中殤，變三年之葛」是也。若程以爲「齊衰親之下殤，降在小功」，不知齊衰之降在小功，則《喪服小記》所謂「下殤小功，帶澡麻不絕本，詘而反以報之」。鄭注以爲：「本齊衰之親。」記所云云者，「明親重也」。此可以練冠祔之乎？《雜記》：「已雖小功，既卒哭，可以冠、取妻；下殤之小功，則不可。」注：「齊衰之親，除喪而後可爲昏禮。」是知齊衰下殤，如是其重也。

程據《服問》，曰：「『殤長、中，變三年之葛；終殤之月筭，而反三年之葛。下殤則否。』今曰『練冠祔殤』，則是齊衰親之下殤降在小功，及大功親之殤降在小功以下者。」夫以大功之親爲殤，降在緦小功，尚得變三年之葛，以其正親親也，況齊衰乎？則齊衰下殤，亦得變三年之葛，孔疏言之詳矣。以練冠祔齊衰之下殤，於禮未之前聞也。且《服問》但言「下殤」，不知程何據而以爲齊衰也？按，齊衰下殤，見於《喪服》「殤小功」章。小功布衰裳，澡麻，帶絰五月者，鄭注引《小記》「下殤」云云以明之。《小記》疏：「謂本〔三九〕期親，在下殤。降在小功者，服澡麻爲絰〔四〇〕帶，而斷麻根本，示輕故也。今若下殤在小功者，則但首絰無根，而要帶〔四一〕猶有根，示其重故也。」夫齊衰之下殤降在小功者，與正小功之輕重頓殊也，而可以練冠祔之邪？失輕重之序矣。且《服問》云：「麻之有本者，變三年之葛。」今「殤小功」章「澡麻」，正是「麻之有本者」，此豈不變三年之葛乎？程云：「練冠而祔。」據「小功」章、《喪服小記》、《服問》，皆可證程説之非也。程亦知齊衰下殤降在小功者，爲何人而服乎？經以爲叔父之下殤，嫡孫之下殤，昆弟之下殤，大夫庶子爲嫡昆弟之下殤，爲姑姊妹、女子子之下殤，昆弟之子、女子子，夫之昆弟之子、女子子之下殤，如是而止耳，皆服輕而情重者也。

程云：「鄭氏既誤解殤服『中從上、下』之説，又不以兄弟爲小功以下之服名。」是不然也。《雜記》注：「謂大功以下之殤。」言「以下」，則包有小功在内，故疏云：「若大功正服，則變三年之練。此著練冠，故知大功親以下之殤。」亦可知鄭并非不知「兄弟」中包有小功也。

程氏以鄭注「冠而兄爲殤」云云，爲「記人之意不如是也」。不知《喪服傳》年十九至十六爲長殤，古者二十而冠，言「練冠」，則必冠者矣。焉有冠者之兄而猶爲殤者乎？男子冠而不爲殤矣，然則《雜記》當云「祔弟」足矣，又何以言「祔兄弟」邪？「兄」字無著，故鄭注如此云云，而後其説乃可通耳。傳意豈不如是邪？已冠之弟有下殤可也，兄亦有下殤邪？此説之難通者也。

程瑤田《喪服足徵記·白虎通釋九族義同喪服説》：「《白虎通》曰：『族者，何也？族者，湊也，聚也，謂恩愛相流湊也。生相恩愛，死相哀痛，有會聚之道，故謂之族。族所以九者，何？「九」之爲言「究」也。親疏恩愛究竟，謂之九族也。父族四，母族三，妻族二。父族四者，謂父之姓爲一族也，父女昆弟適人有子爲二族也，身女昆弟適人有子爲三族也，身女子適人有子爲四族也。母族三者，母之父母爲一族也，母之昆弟爲二族也，母之女昆弟爲三族也。妻族二者，妻之父爲一族，妻之母爲二族。妻之親略，故父、母各一族。《禮》曰：「惟是三族之不虞。」《尚書》曰：「以親九族。」義同也。』瑤田謂，此釋九族，與《喪服》通一無二。案，《喪服》自斬衰三年上殺之，至於齊衰三月；自齊衰期服下殺之，至於緦麻；又旁殺之，亦至於緦麻,非所謂『父之姓爲一族』乎?《喪服》姑之子緦麻,非所謂『父女昆弟適人有子爲二族』乎?《喪服》甥緦麻,非所謂『身女昆弟適人有子爲三族』乎?《喪服》外孫緦麻,非所謂『身女子適人有子爲四族』乎?《喪服》爲外祖父母小功,非所謂『母之父母爲一族』乎?《喪服》舅與舅之子皆緦麻,非所謂『母之昆弟爲二族』乎?《喪服》從母小功、從母之子緦麻,非所謂『母之女昆弟爲三族』乎?《喪服》妻之父母皆緦麻,非所謂『妻之父爲一族、妻之母爲二族』乎?然則『族』之言『湊』『聚』也者,實乃生相恩愛、死相哀痛。先王因别其親疏、貴賤之節,而稱情立文,爲之制喪服,以飾群焉,使人觀於其外而有以見其心,爲隆、爲殺,弗可損益。嗚呼!非聖人,其孰能與於斯?」(四二)

論曰:《白虎通》論「九族」,有二説。前一説,「族者何也」至「故謂之族」,據《通典》引《白虎通》,「湊也」之下,有「上湊高祖,下至玄孫,一家有吉,百家聚之,合而爲親」二十字。馬融《尚書》注「以親九族」:「上自高祖,下至玄孫,凡九族。」鄭康成注《喪服小記》「親親,以三爲五」主之,此古《尚書》之説也。《白虎通》「《尚書》曰以親九族」至「義同也」,此又一説也。夏侯、歐陽、何琦、如淳之徒主之。《五經異義》曰:「今《禮》戴(四三)、《尚書》歐陽説,九族乃異姓有屬者。」據此,是今文《尚書》之説,與古文《尚書》之説截然不同。程未見《通典》引此有二十字,於是只知《白虎通》爲今文《尚書》之説,而不知前一説本古文《尚書》,列之於前;今文《尚書》列之於後,以備一説,今合而爲一也。許慎從今文《尚書》,已爲鄭君所駁,云「三族不當有異姓」。其説已詳,不復辯矣。今第案程氏以《白虎通》今文《尚書》之説爲合於《喪服》，竊以爲不然。

謹按，《爾雅·釋親》於「父爲考，母爲妣」以下，標題「宗族」二字，此中并無異姓也。至於「母之考爲外王父」云云，「妻之父爲外舅」云云，此二處皆另爲標題：一則曰「母黨」，一則曰「妻黨」。夫各以其「黨」名之，而不在「宗族」之列。然則《爾雅》之序次，豈無謂乎？則異姓不當在九族也，明矣。

又按，《左傳》：「士逾月，外姻至。」「外姻」指母族、妻族。古之同姓，恒聚族而居。如〔四四〕九族之中絶無異姓，故云「外姻」以別之也。按，《大傳》：「上治祖禰，尊尊也；下治子孫，親親也；旁治昆弟，合族以食，序以昭穆。」《大傳》之説如此，試問：異姓中，亦有昭穆可列乎？《禮》固未嘗有異姓也。又曰：「同姓從宗，合族屬。」則族中惟有同姓，又可知也。又曰：「五世祖免，殺同姓也。」據此，五世之服，專主同姓，不詳異姓也。

吾猶曰，《禮記》多出於漢儒之手，今且與之論《喪服》之例，可乎？按，《喪服傳》曰：「大宗者，收族者也。」大宗有異姓乎？大宗無異姓，則所謂「收族」，當指同姓乎，抑當指異姓也？又按《喪服傳》：「傳曰：出妻之子爲母期，則爲外祖父母無服。《傳》曰：『絶族無施服，親者屬。』」蓋妻於夫家，與族齒；其出也，與族絶。然則「族」字屬父家，而不屬夫家也。以外家之服爲「施服」，「施」之云者，在旁而及之謂，蓋推而遠之也，而謂《喪服》「族」中有異姓乎？又按，「緦麻」章：「族曾祖父母、族祖父母、族父母、族昆弟。」「族」之中有異姓乎？經、傳凡三言「族」，皆不指異姓，是豈不足以徵乎？

要之，程氏欲破鄭氏《喪服小記》「上殺」「下殺」「旁殺」之説而不及異姓，故引《白虎通》以證成其説，言「九族」之中有異姓，而後申其「上殺」「下殺」「旁殺」之中有異姓。不知《喪服》之制，其例甚嚴，莫不由親以及疏，詳內而略外，自斬至緦，五服皆有差等。惟外戚一例，斷以緦麻；其中雖有以尊加，以名加者，亦不得過小功。然則聖人之意，概可知矣。《春秋》立外孫爲後，經書「莒人滅鄫」，而後人且以異姓爲亂宗。今乃援異姓入宗族之中，而又以《喪服》實之，烏可以不辨哉？

校勘記

〔一〕「序」，學海堂初刻本、庚申補刊本作「謚法解」，據引文改。

〔二〕參見《禮論略鈔》「論徐乾學案徐邈所引公子爲母條」條。

〔三〕「皇太子」，《通典》卷八十二作「皇子」。

〔四〕「外之服也」，《儀禮注疏》卷三十三無。

〔五〕參見《禮論略鈔》「論秦蕙田駁喪服小記慈母與妾母不世祭鄭注」條。《服制考》同。

〔六〕「公當」，學海堂初刻本、庚申補刊本作「公子」，據《穀梁注疏》卷二改。

〔七〕「考」，學海堂初刻本作「考考」，據庚申補刊本删。

〔八〕「可以」，《漢書》卷七十三、《册府元龜》卷五百七十三、《文獻通考》卷九十五并作「敢」；下「子不可同」，作「子不敢同」。

〔九〕「豈」，《禮箋》卷二作「寧」。

〔一〇〕參見《禮論略鈔》「論金榜禮箋小功章君子子爲庶母慈己者」條。《服制考》同。

〔一一〕「主」，學海堂初刻本、庚申補刊本并奪，據《儀禮注疏》卷三十補。

〔一二〕「命爲妾子」，學海堂初刻本、庚申補刊本作「命妾爲子」，據文義改。

〔一三〕「未」，學海堂初刻本作「朱」，據庚申補刊本改。

〔一四〕「熟」，《禮箋》卷二、《禮記正義》卷二十六并作「孰」。

〔一五〕參見《禮論略鈔》「論金榜禮箋陰厭陽厭」條。

〔一六〕參見《禮論略鈔》「論金榜禮箋喪服小記附於其妻」條。

〔一七〕「合」，陳昌治本、段注本《説文》并無。

〔一八〕「喪服足徵記」，嘉慶刻《通藝録》本書名作「儀禮喪服文足徵記」。下并同，不復注。

〔一九〕參見《禮論略鈔》「論程瑶田喪服經傳無失誤述」條。《服制考》同。

〔二〇〕「姪」，學海堂初刻本、庚申補刊本作「中」，據《儀禮注疏》卷三十三改。

〔二一〕《服制考》同。

〔二二〕「然」，學海堂初刻本、庚申補刊本作「言」，據《禮記正義》卷三十四改。

〔二三〕「由子而旁治，起於昆弟之子」，學海堂初刻本、庚申補刊本奪，據《儀禮喪服文足徵記》卷六、《禮論略鈔》補。

〔二四〕「有」，《儀禮喪服文足徵記》卷六無。

〔二五〕「知」，《儀禮喪服文足徵記》卷六、《禮論略鈔》并作「故」。

〔二六〕「制」，《儀禮喪服文足徵記》卷六無。

〔二七〕「服」，學海堂初刻本、庚申補刊本并奪，據《儀禮喪服文足徵記》卷六補。
〔二八〕「小功」，《儀禮喪服文足徵記》卷六下有「夫成人之小功」六字。
〔二九〕參見《禮論略鈔》「論程瑶田殤服中從上中從下辨」條。
〔三〇〕「爲」，學海堂初刻本、庚申補刊本并作「謂」，字通。
〔三一〕「之」，上引文及《儀禮喪服文足徵記》卷六并無。
〔三二〕「期」，庚申補刊本作「斯」。
〔三三〕「大夫」，學海堂初刻本、庚申補刊本作「丈夫」，據《儀禮注疏》卷三十二改。
〔三四〕「加」，學海堂初刻本、庚申補刊本作「如」，據《禮論略鈔》改。
〔三五〕參見《禮論略鈔》「論程瑶田殤服中從上中從下辨按語」條。
〔三六〕「曰」，學海堂初刻本、庚申補刊本作「日」，據《儀禮喪服文足徵記》卷七改。
〔三七〕「己」，學海堂初刻本、庚申補刊本并奪，據《儀禮正義》卷四十一、《儀禮喪服文足徵記》卷七補。
〔三八〕參見《禮論略鈔》「論程瑶田練冠易服附殤述」條。
〔三九〕「本」，學海堂初刻本、庚申補刊本并奪，據《禮記正義》卷三十三補。
〔四〇〕「絰」，學海堂初刻本、庚申補刊本并作「輕」，據《禮記正義》卷三十三改。
〔四一〕「帶」，學海堂初刻本、庚申補刊本并作「絰」，據《禮記正義》卷三十三改。
〔四二〕《服制考》同。
〔四三〕「戴」，學海堂初刻本、庚申補刊本并作「載」，據《左傳正義》卷六改。
〔四四〕「如」，據文義，疑當作「知」。

禮論略鈔

解題

凌曙究心禮學，摭拾漢魏、六朝及近代諸名家言，凡與《禮經》有稍背者，必條舉而縷剖之，成《禮論》百餘篇，以羽翼康成之學。稿成，寄阮元。阮元摘其要者，刻入《皇清經解》中，名爲《禮説》。晚年，凌曙深以未能刻入者爲念，由毛嶽生等請於曾燠，道光六年（一八二六）乃刻成此書，是爲《蜚雲閣叢書》本。是書不分卷，所論三十九條，均見於《禮説》，然文字間有不同，蓋其定説也。是書題「禮論略鈔」，上題「道光丙戌年刊」，下題「蜚雲閣藏版」；首有曾燠序、道光六年四月二十日寶山毛嶽生序、道光六年二月廿日凌氏後序、道光六年八月一日凌氏後序、道光二年四月三日凌氏序，有目録，書末有「維揚大東門越城汪耀南書局董刊」一行。今以《蜚雲閣叢書》本爲底本，無其他對校本。其與《禮説》互見情形，已具前書，此不復贅。

序

六經之義，炳如日星。自説經者多，而經義益晦。《易》之卦變，《書》之古今文，《詩》之三家，《春秋》之三《傳》，《樂》之中聲，家各異師，師各異説，難已。若夫緣情立制，與知與能，百王所藉以經世而防僞者，莫如禮。

三《禮》古注，南北學者，同宗鄭氏，宜若可以別白黑而定一尊矣。乃諸家聚訟，較他經爲尤甚。無他，世主欲自快其私，議禮之臣因傅會《禮經》，以迎合其意。厥後沿襲，遂爲典要。并有章句小儒，好爲新義，棄先儒之心傳，逞一人之私見，其言似是，而益失其真。甚至末學臆斷，改經從己，聞者淆惑。且以爲便已而易行也，於是委曲遷就，不顧其心之所安，而聖哲精義，浸衰浸微，以至於澌滅而不可復問。推尋其失，大率由此。然則爲曲臺之學者，亦惟尋繹古義，師承漢學，以求合乎因性作儀之微意。斯善矣，固無容矜奇而炫博也。

我朝經學昌明，説經之儒輩出。崑山顧氏爲之倡，徐健庵、秦樹峰爲之繼。近時若江慎修、金輔之諸君，皆能恪守古訓，博而有要。雖論難時有牴牾，而綜覈無傷本始，誠不朽之盛業也。

凌生曉樓，余二十年前講院所拔士也。家貧力學，焠掌絶韋，久而彌摯。曾遊楚、粵，盡以所得脩脯付剞劂，至於斷炊而不顧。所鐫《春秋繁露注》《公羊問答》諸書，士林翕然稱之。頃撰《禮論》成，發以見示。跡其摭拾漢魏六朝及近代諸名家言，凡與《禮經》有稍背者，必條舉而縷剖之，洵足以羽翼康成之學矣。至其學博而意醇，理茂而詞達，則雖高仲舒、勾中正之閎通，不是過矣。余嘉生之能論古而又不戾於古，爰爲小引，以告世之能讀三《禮》者。

賜進士出身，誥授資政大夫、巡視兩淮鹽政，前兵部侍郎兼都察院右副都御史、巡撫貴州等處地方提督軍務兼理糧餉，加節制通省兵馬銜，加二級，南城曾燠撰

序

昔先王之制禮也，器數、名物，其見於儀行者，雖極尊卑豐殺之不同，然皆以壹人情性而成其德也。至於凶禮，衰麻哭泣之度，正義從報之服，今列於《喪服經》者，則尤先王精義之學焉。是故三年之喪，自天子達于庶人，一也。其次則有絶與降矣。出降、厭降，既以正其統而辨其等。周道貴貴，而大夫又有尊降之服；貴同，又有不降之文。先王豈好爲是煩數哉？誠以悲慟倉遽之中，而使其孝弟忠信之情，貴賤親疏之節，秩然其無逾則。夫激詭放達以及僭越偷薄、貳隆過情之舉，世人作於無由，所謂造次顛沛必於是，是故教成而德厚焉，矧夫禮之達於幽明而殺於上下者乎？記曰：「三年之喪，人道之至文者也。」又曰：「義者，藝之分、仁之節也。」由是言之，知哀而不知敬，知敬而不知文，猶未爲善。居喪而苟，仁惑於重輕，藝蒙於損益，則不特無以窺先王服紀之原，即功緦、正殤之末，其奥義微文，或往往淆其差别焉。

昔子夏嘗爲《喪服》作傳。迨漢，馬、鄭之徒，説益精博。其後學者，亦多緣比經義，以正朝廷宫掖節文之嫌微得失。自治此經者浸鮮，於是論議間不決。朱子大儒，其紹熙議禮亦以「父在，孫爲祖後」之制，深服康成。惜其《通解》未成，喪、祭二門，李氏《集釋》又多襲疏文。元、明敖、郝二家，則率隨文苟説，而郝氏説尤乖繆。近世學頗繁雜，而甚者且引他書改經，或移傳爲經，騁其智辨。其言既糾紛寡要，用徒掊擊先儒，則其學術之偏，誠不能無惑者焉。

余友、江都凌君子昇，性質厚好學，少通《公羊》家言，嘗爲其《禮説》《禮疏》十餘卷。後尤殫心服術，于是因前人論禮偶舛，與他立異攻康成者，原本此經，博考古書史傳，鈎校浩賾異同，統疏條列，正所由訛，復成《禮論》百餘首。其善者，率明確，可資取辯駁。夫通服制義例正變，務識其大者；審于文質，以會事禮精微，豈獨子昇未逮？然洞其隩窔，廓〔一〕爲坦夷，引伸古義，用郛郭鄭氏。余向謂：子昇篤慎，庶幾馬昭、公彦之儔，則後世必有信余爲知言者矣。

余嘗綜覈是經，頗思有撰著。既屢輟不就，又學識淺滯，不堪艱苦，甚有愧子昇所謂「不能無惑於重輕，無蒙於損益者」也。然輒校正其文，則子昇學之邃、論之正，竊以爲知之獨深，故序以發其端，使治是學者有述焉。

道光六年四月二十日，寶山毛嶽生序

校勘記

〔一〕「廓」，蜚雲閣本作「廊」，據《休復居文集》卷一改。

後序

客歲十二月二十九日，曙自他歸，中途中風，危甚，數日少可。儀真阮君梅叔、江都陳君穆堂過存，曙垂淚而言曰：「曙死何足惜？身後亦不敢累諸友。雖藁葬，可也。惟以五齡之子育兒弗克視成立，《禮論》百餘篇無由傳後爲憾耳。」梅叔、穆堂乃慨然曰：「吾當商之諸友，以《禮論》付剞劂，如何？」恐資或不足，復以原稿録正阮伯元宫保尚書，尚書雖爲刻入《大清經解》中，然稿本尚夥。

曙固寒素，嘗游嶺外。既歸，妻病且亡，醫藥襄斂，資蓄殆盡。略以所學，教授鄉里，束脩所給，食恒不繼。適海昌陳君受笙、寶山毛君生甫，皆客曾賓谷鹺使師署，既以《禮論》請爲序首，復以曙之饑寒顛厄爲言。賓谷師憫其少通經術，困無所告，用先後薦曙館泰州鹽分司柴、陳二先生官廨，歲有所入，頗贍貧乏。受笙恐曙復以所入，盡刊所著，嘗從容微諷曙曰：「金帛甚難得。五旬以外，惟此幼子。家無餘糧，他日竟何恃？」曙亦甚感受笙愛我之深，然身後之文，誰爲論定？雖所撰著不足覆醬瓿，或少有留貽，即滋後人訕笑，不猶愈於湮没草茆，忽與萬物同化耶？因以生甫所定者，刻爲一卷，名曰「禮論略鈔」。後有餘資，當留爲兒子衣食，不敢負受笙苦口也。刻既成，略書緣起，以志一時師友高誼云。

道光六年二月廿日，江都凌曙書于蜚雲閣中

後序

客歲十二月廿九日，曙以風淫末疾，人事不省，數日乃定。江都陳君穆堂過存，曙垂淚而言曰：「曙死不足惜。身後不必過累諸友，雖槀葬，可也。唯以五齡之子育兒尚幼，門祚衰薄，此一綫之傳，不能視其成立；又以《禮論》未刻，二者爲憾耳。」陳君乃慨然曰：「吾當商之于諸友，以《禮論》付梓，何如？」曙叩首稱謝，乃以原稿八卷寄呈上宫保尚書、兩廣制軍阮公誨正。後得回書，宫保俯念微忱，已將原稿删改，刻入《大清經解》中。此生平之厚幸也。而陳君穆堂于三月間，暨阮梅叔先生俯念貧病交攻，内無期功之親可托，恐曙一旦犬馬溝壑，此書就漸湮没已。乃以毛君之所看定者數十篇，都爲一卷，名曰「禮論略鈔」，今已在揚籌畫付梓矣。

先是，曙以妻亡之故，家業一空。開門授徒，所入不敷所出，以致衣食不周。海昌陳君受笙、寶山毛君生甫乃以《禮論》轉請中丞、師賓谷先生作序，且以曙之苦情入告，薦得館地，俾一家五口不致有饑寒之憂，吾師之恩，兩君之力也。故書此于後，以志師友恩誼之篤云爾。

道光六年八月一日，江都凌曙謹序

序

自鄭康成《禮》注既行，後之治禮者，以鄭氏爲大宗焉。唯王肅好與鄭争異。晉武爲王肅外孫，故多與王説，以致廟制用王肅之議，而終晉之世，太祖不得正東鄉之位，其失豈淺鮮哉！其時儒者，或伸鄭以難王，或據王以攻鄭。然從鄭學者多，《隨書》所謂「禮則同宗於鄭氏」也。唐人作《禮》疏，亦專宗鄭説，然唐代典禮多違古義。延及宋、元，臆説談經，如敖氏、郝氏，破道甚矣。

近儒知崇漢學，然尚不免改鄭君之舊轍，助敖、郝之狂瀾。兹故，辨正諸儒之説，而受裁於鄭氏云。

道光二年四月三日，凌曙撰

禮論略鈔目録

禮論略鈔

《喪服》「齊衰期」章：「父卒，然後爲祖後者服斬。」注：「此爲君矣，而有父若祖之喪者，謂始封之君也。若是繼體，則其父若有廢疾，不立；父卒者，父爲君之孫，宜嗣位而早卒，今君受國於曾祖。」

論曰：《易》《禮》《春秋》，此皆以例言者也。其中有正例，有變例，且有變例中之正例，有正例中之變例，更有變例中之變例也。參伍錯綜，非比而同之，不能知也。即如「斬衰」章「子爲父」「臣爲君」，此正例也。設有祖爲君，祖死而父應繼立，或以廢疾不立，或以早死不立。是祖死，父不得立而孫立，則今君受國於祖，不受國於父，將以常例服祖期乎，抑不服祖期也？受宗廟社稷之重，不得以輕服服之。恐人致疑焉，故傳以爲：「父卒，然後爲祖後者服斬。」此變例也。然凡父卒，傳重於祖者莫不服斬，是變例中之正例也。此指祖爲君，父卒而孫爲君，則今君之臣，祖之臣也。孫爲祖服斬，臣爲君服斬，固也。乃有始封之君，其父與祖未嘗爲君，是今君之臣，於君之父、祖，無君臣之分，此不可從服斬也，故君爲父、祖斬，而臣從服期也。此變例中之變例也。不獨始封之君卒不立，則今君之立，爲受國於曾祖也。傳云「父卒，然後爲祖後者服斬」，今注言「曾祖」，何也？若是受國於祖，則祖薨，群臣爲之從服斬，不當期也。言君受國於曾祖，則是祖未嘗立也；祖未嘗立，則今君之祖於群臣，無君臣之分，不當服斬，故孫爲祖斬，而群臣爲君祖期也。觀《鄭志》答趙商之問，而趙宋且引以爲據，定一代大禮，則鄭注之爲功，偉矣。

爲然也，繼體之君亦有之。曾祖爲君，曾祖卒，祖應受國。祖或以廢疾不立，則父當立。父又以早

《喪服記》：「宗子孤爲殤，大功衰、小功衰皆三月。親，則月筭[一]如邦人。」

論曰：經、傳之所不足者，記以明之。此節記宗子爲殤，而死[二]爲殤後者之服也。殤，無爲人父之道，故列其服制如此。宗子統理族人，故雖與宗子絶屬者，宗子死，爲之齊衰三月，已見「齊衰三月」章矣。設使宗子爲殤而死，將以齊衰三月服之乎？是與成人無異也。若從三月降一等，則是無服矣。於是記以明之，曰：凡宗子殤而死，絶屬者不服齊衰，所以異於成人也；爲之大功衰、小功衰三月，可也。「大功」「小功」并言者，不定有長、中、下殤也。記云「皆」者，大功衰三月，小功衰亦三月，故云「皆」也。但降其衰，不降其本服三月也。只服三月，而不依大功九月、小功五月者，恐同於殤大功、殤小功也。此指絶屬者而言。若其親者，還依本服服之，即《喪服小記》「爲殤後者，以其服服之」也，注「以本親之服服之」是也。又，《曾子問》孔子曰：「宗子爲殤而死，庶子弗爲後也。」注：「族人以其倫代之。」疏：「『以其倫代之』者，各以本服服之」是也，故曰「親則月筭如

邦人」也。注言「孤」，有不孤。不孤，則族人不爲殤服服之也。蓋宗子之母在，則不爲宗子之妻服也。然則宗子有父在，則不爲宗子服殤，可知矣。周道：有嫡子，無嫡孫也。戴聖曰：「凡爲宗子者，無父，乃得爲宗子。」故記以「孤」言之耳。

《三年問》：「然則何以至期也？」注：「言三年之義如此，則何以有降至於期也？期者，謂爲人後者，父在爲母也。」孔疏：「今檢尋經意，父母本意三年，何以至期者？但問其一期應除之義，故答曰：『至親，以期斷。』是明一期可除之節，故《禮》：『期而練，男子除絰，婦人除帶。』下文云：『加隆，故至三年。』是經意不據爲人後及父在爲母期。鄭之此釋，恐未盡經義，但既祖鄭學，今因而釋之。」

論曰：凡經、傳諸所疑問，皆有所據，未有無據而問者。此經「何以至期」，據「三年」以難「期」也。孔云：「父母本意三年，但問其一期應除之義。」試問：子之爲父與父殁爲母，亦有一期應除之制否？無此制，則必承上文「三年之喪，二十五月而畢」而問。既云「三年」，而何以父在爲母期、出繼爲本生父期也？故下文答云：「至親，以期斷。至三年，加隆焉爾。」本生父，以出降；父在爲母，以尊降。雖己抑屈，然但去其加隆，仍行其期服耳。孔又云：「《禮》：期而練，男子除絰，婦人除帶。下文云『加隆，故全三年』，是經意不據爲人後及父在爲母期。」然三年之喪，至期，雖有變除之節，而未曾以期爲斷。下文「以期爲斷」，是只服期，而不服三年也。不服三年，故知「何以至期也」必當如鄭注矣。總之，三年之喪，無一期應除之節。知此，則孔疏之説不可從矣。此問「何以至期」者，因上文有「三年之服」也。又云「何以三年」者，既「至親，以期爲斷」，又有「三年」，何也？故答以「加隆」。鄭氏未誤，疏固無庸依違其説也。

《後漢書·禮儀志》注：「丁孚《漢儀》曰：『永平七年，陰太后崩，晏駕詔曰：「柩將發於殿，群臣百官陪位，黄門鼓吹三通，鳴鐘鼓，天子舉哀。」』」

論曰：此漢世之失禮也。相沿於魏，於是將葬，設吉凶鹵簿，皆有鼓吹矣。魏武以正月崩，魏文以其年七月設妓樂、百戲，非漢有以啓之與？《春秋》曰：「有事於武宫，籥入。叔弓卒，去籥，卒事。」「壬午，猶繹，《萬》入，去籥。」《傳》：「去其有聲者，廢其無聲者。」注：「不欲令人聞也。」君之於臣，且有因喪廢樂之事，而奈何值父母之喪，而有鼓吹、鳴鐘送終之事乎？是父母之喪比臣子不若也。

説者曰：鼓吹，非金石之樂也。然按之《古今樂録》，漢有《鼓吹鐃歌》十八曲，鼓吹有龍頭大棡、中鼓、獨楬小鼓，皆有品秩，天子以賜臣下及軍旅用也。古無此樂。有之，自漢始。蓋古之軍聲，獻捷之樂，不常用也。用之於大喪，尤非其所矣。且《詩》不云乎？「於論鼓鐘，於樂辟廱。」以此驗之，得非樂乎？故太常王彪之以爲，鼓吹亦樂之總名也。考之《釋樂》：「徒吹謂之和。」《月令》：「上丁，命樂正入學，習吹。季冬，命樂師大合吹而罷。」吹已爲樂，況鐘鼓乎？而可云非樂乎？

《晉書·禮志》閭丘沖《懷帝服楊悼后議》：「楊后母養聖上，蓋以曲情。今以恩禮追崇，不配世祖廟。王者無慈養之服，謂宜祖載之日，可三朝素服，發哀而已。」於是從之。

論曰：黄帝正名百物，孔子曰：「名不正，則言不順。」禮制一失，致令前後牴牾，都不可解矣。楊悼后者，武元楊皇后之從妹，楊駿之女也。元后臨終，以叔父楊駿之女有德色〔三〕，願備六宫。帝泣許之。乃以賈后誣譖，絶膳而崩。永嘉元年，追復尊號，别立神廟，不配武帝；後又從虞潭之議，配食武帝。當后母養懷帝遇難，帝尚幼。及即位，后當祖載。群官議：帝應追服。或以庶母慈母，小功五月；或以慈母如母，服齊衰。閭丘沖議：「三朝素服，發哀而已。」愚按，皆非也。《白虎通》：「《王度記》曰：『天子、諸侯，一娶九女，無再娶之義也。』」今悼后以元后崩，而悼后又配，是一帝二后矣。二后匹敵，有是禮乎？悼后别廟立神〔四〕，不配武帝，準《春秋》「考仲子之宫」是也。而惜其不入廟者，乃以非罪廢也。然而國譜帝諱已成，未有位號居正而偏祠别室者也。故當然皆以爲非，於是復配武帝。夫既謚曰武悼皇后，入廟配食，是待之以嫡而非庶矣。及其母養懷帝，而群公之議，引妾母慈母之服，何也？《喪服傳》曰：「慈母者，何也？傳曰：妾之無子者，妾子之無母者，父命妾曰：『女以爲子。』命子曰：『女以爲母。』」今悼后生稱皇后，死配武帝，而乃引「妾母慈母」，何耶？何以不引「繼母如母」也？天子雖無再娶之文，然業已再娶，則以繼母之服服之，可也。「三朝素服，發哀而已」，此何説耶？而又從之，是謂過矣。且惠帝，元后之子也。繼母如母，惠帝事悼后，當如母也。群臣希賈后之旨，黜其太后尊號。不知《春秋》之義，誅不加上。悼后果有殺父之仇耶？而妄引文姜之例也。故張華以爲，皇太后「非得罪於先帝者也」。惠帝之失，不待問而可知矣。懷帝，繼惠帝而立者也。以《公羊》之説證之，僖之繼閔，臣、子，一例。懷帝當以太后之禮事孝惠羊皇后，而以太皇太后之禮事武悼后。以帝統論之，不計私親，則於羊皇后有何嫂叔之嫌耶？乃追尊所生太妃王氏爲皇太后，豈不知「爲人後者，爲之子」，當絶其私親，所以尊統而重宗耶？崇私親而虧國典，未有若斯之甚者矣。君子知晉禮之不可問矣！

《宋書·禮志》：魏世或爲舊君服三年者。至晉泰始四年，以尚書何禎奏，始依古典。

論曰：後世以意改更禮制，而先王之精義亡矣。如致仕之臣爲舊君服三年，此似合於義。不知致仕之臣所以不欲令其持服三年者，厲在位之臣，而抑致仕之臣也。一致仕，便同於民，始知在朝之臣所以高爵厚禄者，爲其共襄治道也；反是，則不異於齊民矣。況君臣本以義合，故「斬衰」之章，有正有義。今已致仕，是君臣之義已睽。於其反初服之時，一其制而同於民。民者，無位之稱。今已無位，而不得上同於卿大夫矣。然又不能與民盡同者，故爲小君有服，是恩深於民也。在舊臣，亦甘心服此者，示其謙遠之情，不敢與廷臣抗行耳。昔晉穆帝崩，尚書郎曹耽等奔赴，皆服齊衰。治書侍御史喻希表彈其失禮。曹耽自理曰：「《國喪儀注》：『居職者朝夕臨，去職者朔望臨。』今去官者服在官之服，固爲過制，非聖喆所許。」此後世爲舊君不服三年之證。是以《喪服傳》曰：「爲舊君，孰爲〔五〕也？仕焉而已者也。何以服齊衰三月也？言與民同也。」君之母、妻，則小君也。古典固如是矣，奈何至魏而易之？晉人猶有持此議者。虞喜曰：「廢疾沈淪，罔同人伍。不淪臣道，齊衰三月可也。老而致仕，臣禮既全，恩紀無替，自應三年，不得三月。」此亦承魏世之誤而發此議。揆之《喪服》禮意，乖矣。

《魏書·禮志》太傅、清河王懌奏：「《禮》云：『重，主道也。』此爲埋重，則立〔六〕主矣。故王肅云〔七〕：『重，未立主之禮也。』《士喪禮》亦設重，則士有主，明矣。孔悝反祏，載之左史；饋食設主，著於逸《禮》。大夫及士，既得有廟，題紀祖考，何可無主？《公羊傳》曰：『君有事於廟，聞大夫之喪，去樂，卒事；大夫聞君之喪，攝主而往。』今以爲『攝主』者，攝神斂主而已，不暇待徹祭也。何休云：『宗人攝行主事而往也。』意謂不然。君聞臣喪，尚爲之不繹〔八〕，況臣聞君喪，豈得安然代主終祭乎〔九〕？」

論曰：此駁許、鄭之説也。《異義》謂：「大夫、士無主。大夫束帛依神，士結茅爲叢。」鄭注《儀禮》：「然則士之皇祖，於卒哭，亦反其廟。無主，則反廟之禮未聞，以其幣告之乎？」於是，鄭學之徒若崔靈恩、賈公彦皆從之。厥後，《司馬書儀》《朱子家禮》咸用結帛依神矣。《鄭志》答張逸之問，以爲：孔悝有主，或末代之君賜之使祭，不得引以難此也。以爲宗廟之中，大夫、士皆有主者，徐邈與清河王懌之説也。懌説具如前矣，徐氏同之，其皆引《公羊》，以爲有主之證。斯不然矣。何注云：「主，謂已主祭者。臣聞君之喪，義不可以不即行，故使兄弟若宗人攝行主事而往。不廢祭者，古禮也。古有分土，無分民；大夫不世，已父未必爲今君臣也。」據此，大夫不終事而往，所以盡君臣之義；使人攝主而祭，所以全子姓之恩。恩義兩盡，未得厚非也。若祭無使人代之者，《饋食》疏：「大夫以上尊，時至，唯有喪故，不祭；餘吉事，皆不廢祭。若有公事及病，使人攝祭。」故《論語》孔子云：「吾不與祭，如不祭。」注：「孔子或出或病，不自親祭，使攝者爲之。」據此，知有攝祭之事矣。若以傳有「攝主」二字，遂指爲木主，然則《曾子問》「卿大夫、士從攝主，北面，於西階南」，亦爲攝木主而行，可乎？又按《曾子問》：「天子崩，未殯，五祀之祭不行；既殯而祭。其祭也，尸入，三飯不侑，酳不酢而已矣。」疏：「於時，冢宰攝主祭。」則亦以爲攝木主而行事，可乎？是不得以經、傳之有「攝主」，遂爲木主。

難者曰：《曾子問》：「大夫之祭，鼎俎既陳，籩豆既設，不得成禮，廢者幾？孔子曰：『九。』」而君薨，夫人喪在內，今《公羊傳》何以不廢也？曰：《曾子問》曰：「諸侯之祭社稷，俎豆既陳，聞天子崩、后之喪、君薨、夫人之喪，如之何？孔子曰：『廢。』」鄭注：「亦謂夙興，陳饌牲器時。」審此，云「廢」者，指夙興之時而言也。若接祭之後，當亦有不能廢者矣。不能廢而又不能不往，此「攝主」之説所由來歟？且何氏云「不廢祭者，古禮也」，言「古」，以見今時有不然者矣。大夫之父，未必爲今君之臣，恩所不及，故不得廢其宗廟之祭。《春秋》以來，譏世卿矣。世爲大夫，或不得終祭而往，未可知也，而要知皆非大夫之有木主之證也。此懌等傅會之辭耳，非《公羊》之本義也。

《唐書·三宗諸子傳》：高宗太子弘，上元二年薨。詔：謚爲孝敬皇帝，百官從權制，三十六日釋服。

論曰：禮制至唐，其顛倒都不可問矣。兩漢以來，高祖、光武皆爲開創之君，一則尊父爲太上皇，一則尊父南頓令曰「皇考」。有以旁支入承大統者，于本生之父，其上尊號，稱曰「皇」而不以「帝」，蔡邕《獨斷》詳言之矣。豈有皇帝之尊號而加謚太子者乎？魏明帝之詔以爲：由諸侯入承大統，其有稱考爲「皇」、稱妣爲「后」，則股肱大臣誅之無赦。是并「皇」之稱而不可得。前代立制，若是其嚴也。今高宗倒置至此，豈在廷無一諍臣乎？百官從制，三十六日釋服，是直以臣爲君之服服之矣。《傳》曰：「天無二日，民無二王。」不知當日何以肆行無忌也！《春秋》：「公會王世子。」何邵公注：「自王者言之，以屈遠世子在三公下。《禮·喪》『斬衰』曰『公士大夫之衆臣』是也〔一〇〕。」疏：「何氏引《喪服》者，欲言：三公，臣有爲之斬衰，世子則無，是卑于三公之義。」據此，廷臣安得以君服服太子乎？背《春秋》之義矣。晉惠帝爲愍懷太子服長子三年，已非正禮。愍懷本庶子，所謂「傳重」，而非正體者也。齊武帝爲文惠太子服期，已非爲適子三年之制，群臣服齊衰三月而已。今唐臣從漢制，以君之服服之，不已過乎？其三十六日者，大紅十五日，小紅十四日，纖七日也。蓋武后欲謀篡國，酖太子。高宗不知，而加之尊名，以掩其跡。是政出於后，高宗尸位而已，故范祖禹以爲：「不正之禮，不可以爲後世法也。」

《宋史·禮志》：高宗憲聖慈烈皇后吴氏，慶元三年崩。時，光宗以太上皇承重，寧宗降服齊衰期。

論曰：寧宗於吴皇后，曾孫也。爲曾祖母，本宜服齊衰三月。今服齊衰期，過矣。《喪服》：「父卒，然後爲祖後者斬。」《喪服小記》：「爲祖後者爲祖母，三年。」光宗爲吴皇后服齊衰三年，禮也。後漢吴商答劉寶議曰：「按，禮貴嫡、重，正所以尊祖禰，繼代之正統〔一一〕也。夫受重者，不得以輕服服之，是以孫及曾、玄，其爲後者，皆服三年，受重故也。」吾固曰：光宗爲之服齊衰三年是也。至於寧宗，不得以爲升降也，當服其本親之服而已。晉徐農人問殷仲堪，以父爲高祖持重，子當何服，殷答曰：「祖父在而祖母没，則父服厭周；祖父亡後〔一二〕，則父服三年，而孫之服一定無變。是知孫之於祖，自有正服，不以父服爲升降。」先儒具有明文，惜宋之禮臣未有據此以争者。蓋光宗本以傳重而加至齊衰三年，故其子不應從加。

或以父服未終而子已釋服爲嫌。答曰：此固無防〔一三〕也。《玉藻》：「縞冠玄武，子姓之冠也。」注：「謂父有喪服，子爲之不純吉也。」此豈非父服未除而子服已除之證乎？若齊衰期，是以服祖之服服曾祖母矣，可乎？此由不知曾孫之服不得與孫之承重者同升降也，然則禮制可以不講乎？

《唐會要》：「惠昭太子廟樂章六〔一四〕。」

論曰：此謂一舉而三失也。太子不得有謚。《白虎通》：「太子夫人無謚，何？本婦人隨夫。太子無謚，其夫人不得有謚。天子太子，元士也。士無謚，知太子亦無謚。」晉太常賀循曰：「謚者，所以表功行之目，故古人未居成人之年及名位未備者，皆不作謚。是以周靈王太子聰哲明智，年過成童，亡猶無謚〔一五〕。《春秋》：『諸侯即位之年稱子，逾年稱君。』稱子而卒，皆無謚，名未成也。未成爲君，既〔一六〕無君謚，時見稱子，復無子謚，明俱未得。」今按，惠昭太子立，方逾年而薨，年十九歲。夫以《春秋》之例言之，即位未逾年，無謚，況立爲太子未逾年乎？無謚，明矣。太子不得立廟。莊公三十二年〔一七〕，子般卒。注：「未逾年之君，禮〔一八〕：臣下無服。故無子不廟，不廟則不書葬，示一年不二君也。」鄭駁《五經異義》曰：「未逾年君者，如〔一九〕魯子般、子惡是也，皆不稱公，書〔二〇〕卒弗謚，不成於君。廟者，當序於昭穆。不成於君，則何廟之立？凡無廟者，爲壇祭之。近漢諸幼少之帝，尚皆不廟祭而祭於陵。」孫毓《五禮駁》亦云：「其沖幼紹位、未逾年而薨者，依漢舊制，不列於宗廟，四時祭祀於寢而已。」是太子立廟，於經無徵。晉惠帝世，愍懷太子，太子二子〔二一〕哀太孫臧、沖太孫尚祔廟；元帝世，懷帝殤太子又附廟，號爲「陰室四殤」。公然立廟之議，創自江熙。東晉之失，未足據爲典要。太子不得有樂。傳曰：「王者治定制禮，功成作樂〔二二〕。」又曰：「樂以象功。」太子何功，而有何樂之可作乎？吾固以爲一舉而三失者，此也。而況失禮之中又失禮也！

即準恭世子、戾太子之例，亦不必復謚。古有以兩言爲謚者，成湯是也。《白虎通》曰：「湯死後，稱『成湯』，以兩言爲謚也。」按，《周書·謚法解》：「不悔前過曰戾。」漢人制謚，猶爲近古，而

「惠昭」則徒爲美謚，無所謂明别善惡也，豈一字尚不足以盡之耶？漢雖祀戾太子后，然稱園而不稱廟。即使立廟，亦當使太子子孫主其祀，不必爲之分署官寮，八處營修，四時祭享，物須公給、人必公差也。

難者曰：《祭法》「王下祭殤五」，適子在其中。無廟，則祭於何所？曰：《曾子問》曰：「凡殤與無後者，祭於宗子家〔一三〕，當室之白，尊於東房，是爲陽厭。」疏：「宗子殤死，祭於祖廟之奥，陰闇之處，是爲陰厭；凡殤，則祭於宗子父廟，當室之白，是爲陽厭。」經雖有祭殤之文，而無立廟之制。夫唯祭於父廟、祭於祖廟，則太子死，其不别爲之立廟，審矣。今惠昭太子年十九，雖男子冠而不爲殤，然準殤不立廟，則惠昭不應有廟；準未逾年之君不立廟，則惠昭未立爲君，更不宜立廟。其時，裴子餘議曰：「定公元年，立煬宫，經、傳更無異説。」此言何其謬也！夫經例有之，《傳》曰：「立者，不宜立也。」經術不明，妄發論議，而謂「經、傳更無異説」，可乎？唐之失禮，群臣不能辭其過。

《唐會要》：「凡既葬公除，則無事不可。故江右虞潭、殷仲堪并云：『既葬公除，廢祭者，非也。』故其時公除者，則行公除祭〔一四〕。蓋大夫不敢以家事辭王事，《春秋》之義也。」

論曰：「公除」者，庾蔚之所謂「公家除其喪服，以從公家之吉事」也。此衰世之事。當時禮官不通《春秋》之旨，而誤引以斷禮者也。《公羊》之義，「不以家事辭王事」，非此之謂。「公子遂如齊，至黃，乃復。」其時，公子遂聞父母之喪，徐行不返。非君命，不返者，蓋重君。此指人臣受命出疆而聞喪，故不急行，以冀君使人代之，非平居無事時可比。《傳》曰：「古者臣有大喪，三年不呼其門。」門尚不呼，有何行公祭之事耶？《傳》又曰：「已練，可以弁冕，服金革之事。君使之，非也；臣行之，禮也。」公祭，非金革之比。且公使之，非也。金革不可使，況行公祭乎？《傳》又曰：「閔子要絰而服事。既而曰：『若此乎！古之道不即人心。』退而致仕。孔子蓋善之也。」今服制未終，葬即公除而行公祭，是吉凶而相干也。衰麻甫脱，而與弁冕相接，可乎？魯閔公二年，「吉禘於莊公」，何邵公曰：「都未可以吉祭。」其時，閔公服莊公之喪已二十二月而除喪，鄭玄曰：「公心懼於難，務自尊成，以厭其禍。」先儒猶或非之，事具經典，可覆按也。而乃妄引《春秋》，緣飾經義，以文邪説，不亦誣乎？徐藻乃云：「外喪公除，雖停殯，可吉祭。」不待葬而公除，宜爲蔚之所斥矣。

《通典》喪服「小功五月」章，馬融曰：「在室者齊衰〔二五〕周，適人者〔二六〕大功。以爲大宗後，疏之，降二等，故小功也。不言『姑』者，明降一體，不降姑也。」

論曰：此與鄭氏異也。《喪服》：「爲人後者爲其姊妹適人者。」注：「不言『姑』者，舉其親者，而恩輕者降，可知。」是與馬「不降姑」之説不同。按，「期服」章：「姑姊妹、女子子適人無主者，姑姊妹報。」賈公彦曰：「『姑』對『姪』，『姊妹』對『兄弟』。」據出適人本降，而姑姊妹亦以期報之。是「姑」與「姊妹」同稱，無一體之別也。在大功，以無主之故，故爲之服期。此出適無主，不降，姑、姊又何有於姑而不降之説耶？經、傳不言「姑」，舉親以見疏，從可知，省文例也。

小功。鄭氏「同降」之説是也，馬氏「明降一體而不降姑」之説非也。通經之例，姑姊妹降則俱降，姑、姊妹之例同也。以在室本服周，出適降大功，爲人後者降其昆弟，故姑姊妹從大功降一等而爲妹之例同也。「大功」章：「姑姊妹、女子子適人者。」傳曰：「何以大功也？」此出適人，有主而降，

《通典》「緦麻三月」章：「庶孫之中殤。」馬融曰：「祖爲孫，成人，大功；長殤，降一等；中、下殤，降二等，故服緦也。言『中』，則有『下』，文不備，疏者略耳。」

論曰：鄭以「中」爲字之誤，馬以「言『中』則有『下』」，二説不同。以經例推之，鄭説是也。經有言「長殤」者矣，有言「下殤」者矣，有言「長殤、中殤」者矣，有言「中殤、下殤」者矣。或「長」「中」連文，或「中」「下」連文，無單言「中殤」者。故《喪服傳》：「問者曰：『中殤何以不見也？』『大功之殤中從上，小功之殤中從下。』」若「緦麻」章有「中殤」，則傳中不必發此問矣，故鄭以爲「字之誤」耳。其言「中」不能有「下」者，以「中」連「上」「下」也。「中」字不獨從「下」，并可從「上」，故馬氏從一偏之説，爲不可從。且以《喪服》篇次考之，長、中殤皆入「小功」，而此入「緦麻」，則其爲下殤無疑。王肅又云：「『中』從『上』，故舉『中』以見之。」亦不知「中」可連「上」「下」也，亦一偏之見，與馬「言『中』以見『下』」同一弊耳。

《通典》晉袁準云：「爲父後，猶服嫁母。據外祖異族，猶廢祭行服，知父後應服嫁母。」劉智云：「雖爲父後，猶爲嫁母齊衰。訖葬卒哭乃除，逾月乃祭。」

論曰：嫁母之服，於經無文。鄭氏以爲齊衰期，蓋據「杖期」章「父卒，繼母嫁，從，爲之服」，況親母乎？故譙周以爲，據繼母嫁猶服周，以親母可知，故無經也。皆不言爲後、不爲後之別。蕭太傅云：「當服周。爲父後，不服〔二七〕。」此議是也。今且以出母之例例之，《喪服小記》：「爲父後者爲出母，無服。」注：「不敢以已私，廢父所傳重之祭祀。」據此，適子不爲出母著服。蓋父在，雖適子，爲出母有服；父卒，則適子一人不爲出母服，經有明文，然則袁準云「爲父後，猶服嫁母」之説不確矣。《檀弓》：「伯魚之母死，期而猶哭。夫子聞之。」是夫子尚在，斯時伯魚未嘗爲後。父在，爲出母期，禮也。所以父在得爲出母服者，以宗廟之祭祀，父主之；父不在，不得爲出母服者，以宗廟之祭祀，子主之。「爲後」之名，指父死，不指父在。説者不得以伯魚爲出母服，引「爲後」以例之也。宋庾蔚之云：「繼母嫁，則與宗廟絶。爲父後者，安可〔二八〕以廢祖祀而服之乎？」袁準廢祭之説，誠不可以爲訓也。

《通典·庶子爲人〔二九〕後其妻爲本舅姑服議》晉賀循云：「庶子爲人〔三〇〕後，爲其母緦麻三月；庶子之妻，自如常禮，尊所不降也。自天子達於大夫，皆然。」

論曰：賀氏號爲儒宗，而此議則有所未當。賀義未明所據，然其説本之《服問》曰：「有從輕而重，公子之妻爲其皇姑。」注：「妾子之妻爲其君姑齊衰，與爲〔三一〕小君同，舅不厭婦也。」疏：「諸侯在，尊厭妾子，使爲母練冠；諸侯没，妾子得爲母大功。而妾子妻不辨諸侯存没，爲夫之母期也。」據此，知賀所云「庶子之妻，尊所不降」，昉於此矣，而不知庶子有爲後、不爲後之别。如其不爲後，諸侯於妾母無服，故庶子厭於父而不得伸，爲其母練冠、麻，麻衣而已，傳所謂「君之所不服，子亦不敢服」也。不爲後而父卒，爲其母大功，以先君餘尊之所厭，不得過大功，「大功」章所謂「公之庶昆弟爲其母」是也。庶子之妻，舅不厭婦，不辨舅之存亡，而爲姑齊衰，《服問》所云是也。若夫庶子爲後而承重，則爲其母緦，傳所謂「與尊者一體，而不得〔三二〕服其私親」也。賀云「自天子達於大夫」，其中包有諸侯矣。設使庶子爲諸侯之後，則庶子之妻爲君夫人也，將因妾母之喪而廢祭乎，抑不廢祭乎？君無服，而夫人可以有服乎？《祭統》：「夫祭也者，必夫婦親之，所以備外内之官也。」今夫人齊衰，可以與於祭乎？夫吉凶不相干，衰麻不接冕弁。以此推之，賀説固不可行耳。然則庶子爲後，其妻安得服其本服耶？且向來經、傳所云，都據大夫、士之庶子。若天子之庶子爲後，則又不同。《曾子問》：「古者，天子練冠以燕居。」鄭云：「謂庶子王，爲其母無服。」據此，天王無服，然則王后不當有服也，明矣。賀云「自天子達之」，説又不可通也。《通典》并載孔瑚、虞喜、綦毋邃論説〔三三〕。賀、虞之説皆非也，孔與綦毋言之而不詳，故爲廣其義而辨論之，俾後君子有考焉。

《通典》宋庾蔚之謂：「舅殁則姑老，是授祭事〔三四〕於子婦。至〔三五〕祖服，自以姑爲適〔三六〕，所謂『有適婦、無嫡孫婦』也。祖以適統唯一，故子婦尚存，其孫婦以下未得爲適，猶以庶婦〔三七〕服之。」

論曰：庾氏之説，從《喪服》傳注而推之者也。《喪服》：「有嫡子者無嫡孫，孫婦亦如之。」注：「嫡婦在，亦爲庶孫之婦。」庾故準嫡子之例，有嫡婦，無嫡孫婦矣。庾知此者，以嫡不可以有二也。《喪服》「期」章專論祖爲嫡孫之服制，指祖在而言之；嫡子死，而後立嫡孫，故祖爲之期。祖爲嫡孫期，則孫婦亦當爲嫡孫婦乎？似嫡可以在孫婦矣，而不然也。嫡婦在，而嫡孫之婦亦同於庶婦者，何也？嫡婦之名，不得以夫之存亡易也。既爲嫡婦，嫡子雖死，祖自以婦爲嫡，不以孫婦爲嫡，周制則然也。然則嫡子既亡，嫡婦之名不可解，嫡婦之服不可降，而《喪服小記》云：「嫡婦不爲舅後者，則姑爲之小功。」何也？曰：此指嫡婦之無子而言，故鄭注謂「夫有廢疾」及「死而無子，不受重者」。蓋嫡婦無子而不受重，必將取支子以入繼大宗，是嫡婦不爲舅後矣，故姑爲之小功。小功者，庶婦之服也。《喪服》之例，鄭氏言之詳矣。凡父母於子、舅姑於婦，將不傳重於嫡及將所傳重者非嫡，服之皆如庶子、庶婦也。據此，則知嫡婦有子，可以傳重，祖安得不以嫡婦視之耶？越婦而服孫婦之嫡，皆後儒之謬，古無此説也。

《册府元龜》：「太常賀循議，以爲禮：兄弟不相爲後，不得以承代爲世。殷之盤庚不序陽甲，漢之光武不繼成帝，別立寢廟，使臣下祭之。此前代之明典，承繼之著義也。」

論曰：賀説非也。不能舉經義以定國制，乃以光武爲辭，謬矣。《漢官儀》曰：「光武第雖十二，於父子之次，於成帝爲兄弟，於哀帝爲諸父，於平帝爲祖父，皆不可爲之後。上至元帝，於光武爲父，故上繼兄弟而爲九代。」按，此制非是。吾於《春秋》徵之，而知其誤矣。《春秋》紀纖芥之惡，采毫末之善，未有事關巨典而失禮，無譏文者。僖之於閔，本以兄而繼弟。《公羊》恐後人之致疑焉，故發《傳》曰：「此非子也。其稱子，何？臣、子，一例。」注：「臣之繼君，猶子之繼父。」《春秋》別嫌明微，故太史公以爲：「爲人臣者，不可以不知《春秋》。」若以光武不繼成帝爲是，則僖之繼閔爲非也。今《傳》言「臣、子，一例」，是以僖而繼閔矣。爲人後者爲之子，故云「臣、子，一例」。文公升僖公於閔公之上，《春秋》譏其逆祀。逆祀且不可，而不上繼閔公，可乎？若使僖公當別立廟以祀閔公，則經必大書而特書矣。夫築臺、浚洙，事之小者尚記之，况於廟乎？立煬宫、考仲子之宫則書之，設使僖爲閔廟，未有不書者。今經無文，可知當日必無其事。且「使臣下祭之」之説，尤爲不經，是以人主行之而未安。晉元帝太興三年詔曰：「吾雖上繼世祖，然於懷、閔皇帝，皆北面稱臣。今祠太廟，不親執觴酌，而令有司行事，於情理不安。可依禮更處。」亦知賀循之議不足爲據。晉哀帝欲上嗣顯宗，以修本紀。帝於穆帝，爲從父昆弟，詔下議。僕射江虨曰：「閔、僖，兄弟也，爲父子，則帝應爲穆帝嗣。」此論甚正。然晉臣無有知之者，卒繼成帝。賀循之識，遠不及江虨矣。不以承代爲世而別立廟，古豈有其制耶？若夫光武之世，干戈甫定，戎馬生郊，國典朝章，約略粗定。後之儒臣，安得舍經義而師漢法哉？

《喪服》「小功」章：「夫之姑姊妹、娣姒婦，報。」傳曰：「娣姒婦者，弟長也。」《集説》：「繼公謂，先娣後姒，則娣長姒穉，明矣。」

論曰：「夫之姑姊妹、娣姒婦，報」，敖氏不知此文義，致令長穉顛倒其説。傳以娣穉姒長，恐人疑其尊卑有異而服制有别也，欲明其例，故變文書此；「娣」在「姒」上，明穉可加于長上，以見其尊卑之無異。馬融曰：「『娣姒婦』者，兄弟之妻相名。長穉自相爲服。不言『長』者，婦人無所專，以夫爲長幼，不自以年齒。妻雖少〔三八〕，猶隨夫爲長也。先『娣』後『姒』，明其尊敵也。」鄭注：「長婦謂穉婦爲娣婦，娣婦謂長婦爲姒婦。」此注本之于《爾雅》。王肅曰：「按，《左傳》云：魯人〔三九〕之穆姜，晉子容之母，皆謂穉婦爲娣婦、長婦爲姒婦。此『婦』二義之不同者。今據《傳》文，與《左氏》正合，宜即而從〔四〇〕之。」按，下傳云：「娣姒婦者，弟長也。」以「弟」釋「娣」，以「長」釋「姒」。《公羊》曰：「娣者何？弟也。」《左傳》曰：「長叔姒生男。」可證已。敖既以娣長而姒穉，違先儒之義，又改傳文以從己説曰：「娣，長也。」今傳作「弟長也」，并不作「娣長」，可以知其謬妄。敖又云：「『娣長也』下，有脱文。」説經往往不得其解，遂指爲有脱文，不亦誣乎！

《喪服》「小功五月」章：「君子子爲庶母慈己者。」郝敬《儀禮節解》：「『君子』謂君與女君所〔四一〕生，『子』是大夫、公子嫡妻之子。重言『子』，明異于士、庶人與妾子之爲子也。」

論曰：鄭注云：「『君子子』者，大夫及公子之嫡妻子。」疏云：「禮之通例，君子與貴人，皆據大夫已上。公子尊卑比大夫。」合下傳觀之，「君子」中，自統貴人，不必分「君子」二字爲文。若一「君」字屬君與女君，一「子」字屬君與女君之子，下又有一「子」字，無可伸説，故云「重言『子』字，明異于士、庶人與妾子之爲子」。夫重言「子」字，唯有「女子子」，以別于男子，從無「子子」二字而屬之男子者。况士、庶人與妾子，不必重言以爲異。通經從無稱士、庶人爲「君子」者，亦無稱妾子爲「君子子」者，何須加一「子」字而始與士、庶人、妾子有別耶？《石渠禮論》戴聖曰：「其不言大夫之子而稱『君子子』者，『君子』猶大夫也。」馬融曰：「『貴人』者，嫡夫人也。」雷次宗曰：「蓋大夫已上，庶母無服。庶人無妾，則無庶母。」然則「君子」二字，唯大夫、公子有之，其他無有，更可知矣。此章論庶母之服。庶人無妾，亦無嫌疑之可避，又何待加一「子」字而始知其非庶人耶？郝氏何故横生異義，而割裂經傳如是耶？

《喪服》「不杖期」章傳：「有嫡子者無嫡孫，孫婦亦如之。」注：「嫡婦在，亦爲庶孫之婦。」

萬斯大《儀禮商》曰：「蓋夫庶亦庶，夫嫡亦嫡，『婦人從夫』之義也。鄭氏謂『嫡婦在，則亦爲庶孫之婦』，是不夫之從，而以姑爲主〔四二〕，豈禮意〔四三〕哉？」

論曰：鄭注以傳言「孫婦亦如之」，故知有嫡婦、無嫡孫婦矣。設有嫡婦在，則亦同於庶孫婦耳。萬駁注，直同駁傳矣，而未可駁也。此章專爲祖在而服嫡孫也，由嫡子而推之於嫡婦。「嫡婦」者，嫡子之妻也，然不謂之「嫡妻」而謂之「嫡婦」，是對舅姑之稱也。嫡子雖亡，嫡婦尚在，舅安得不以嫡婦視之？且「嫡婦」之名，不得以存亡易也。嫡婦亡，舅不得不以嫡婦之服服之也。設使孫婦亡，舅將服其姑之嫡，不應復服其婦之嫡矣，故曰「有嫡婦」。「亦爲庶孫之婦」者，對祖而言之也。不然，誰嫡之而誰庶之乎？若祖不在，則傳重在嫡孫矣。「嫡孫」者，嫡婦之子也。舅以爲嫡婦，而子可不以爲嫡母乎？是必嫡母亡，而後孫婦乃爲嫡孫婦。此至當不易之論也。果如萬説，既嫡婦而兼嫡孫婦乎，抑不嫡婦而唯嫡孫婦也？唯嫡孫婦，是姑之嫡婦可奪之也，母之嫡子可降之也。使既嫡婦而兼嫡孫婦，是嫡可以有二也。

曰：如是，則《小記》何以爲嫡婦小功也？小功，庶婦之服。曰：此指嫡婦之無子者而言，不爲有子之嫡婦言也。《内則》：「舅没則姑老，冢婦所祭祀、賓客，每事必請於姑。」據此可知，婦雖傳重，有冢婦之名而無嫡婦之稱，豈非以嫡不可以有二而婦厭於姑之一證耶？且也，宗子之母在，則不爲宗子之妻服，亦豈非姑在而婦不得伸之一證耶？然則「爲夫之從」，其説不足據也。

萬斯同《群書疑辨·既夕禮》：「諸家解『燕養饋羞、湯沐之饌』，謂正寢朝夕奠之外，别有燕寢朝夕之奠。若是，則一時而兩處設奠矣。愚竊以爲不然。正寢之奠，本以棲神也。謂神不在正寢，朝夕亦不必設奠矣。謂神既在正寢乎？又何爲於燕寢而奠之也？揆之於禮既不合，考之於經又無文，儒者乃耑舉其説以制禮，吾誠不知其何解也。後世惟温公疑之，謂『兩處饋，甚無謂』，故《書儀》至設奠於靈座前，可謂得禮之正矣。然注疏之謬，公實未之覺也。或曰：審如子言，下文『朔月若薦新，則不饋於下室』，當作何解乎？曰：下室，即正寢之室也。謂既有朔月薦新之奠，則不必有朝夕室中之奠，故記又明之。奈何以『下室』爲燕寢，爲正寢之外復有燕寢之奠也？況燕寢之説，不但《儀禮》無之，即《小戴禮》亦無之，可知爲鄭、賈〔四四〕之臆説矣。」文多，不全載。

論曰：萬云：「謂神既不在正寢，朝夕亦不必設奠；既在正寢，又何爲於燕寢而奠之？一時不當有兩奠也。」此臆説也。《郊特牲》曰：「索祭，祝於祊，不知神之所在於彼乎、於此乎，或諸遠人乎？祭於祊，尚曰求諸遠者與？」蓋孝子求神，非一處也。正祭之時，設祭於廟，又求神於廟門之内。不知神之所在爲於彼室乎、爲於彼堂乎，故兩處設祭者有之。古者虞而立尸，有几筵；卒哭而諱，生事畢而鬼事始已。未葬之前，猶生事也，故當以醴酒、脯醢，朝夕奠殯；又於下室饋，設黍稷。至朔月、月半而殷奠，有黍稷，而下室不設也。既虞祭，遂用祭禮，下室遂無事也。此孝子不忍一日死其親之意耳。於下室設之，如生存也。《檀弓》：「始死，脯醢之奠；將行，遣而行之。既葬而食之，未有見其饗之者也。自上世以來，未之有舍也，爲使人勿〔四五〕倍也。」萬氏之説，奈何其欲倍之也，而竟以兩處設饌爲疑耶？既奠殯宮，又奠下室者，亦莫必神之所在，即「於彼乎、於此乎」之義也。至於「下室即正寢之室」，其説大謬不然。莊公三十二年「秋八月，公薨於路寢」，《公羊傳》曰：「路寢，正寢也。」《喪大記》云：「君、夫人，卒於路寢。內子未命，則死於下室，遷尸於寢。」然則「下室」即內寢之室，其然乎，其不然乎？又謂「燕寢之説無據」，而本記之言「燕養」，其「燕」字將何以解釋乎？

萬斯同《群經疑辨·士虞禮》：「按，此經初言『祝享』，中言『祝祝卒』，末復言『祝祝』，注、疏謂三者皆有詞，因以記文『哀子某，哀顯相』云云爲初饗詞，『哀子某，圭爲』云云爲末祝詞，而取《少牢》迎尸祝詞爲中次祝詞。愚竊以爲不然。使三者果皆有詞，則記文必備詳之矣，胡爲列其二而遺其一？夫經既言『祝』，祝必有詞無疑。若上所言『祝享』，則饗〔四六〕未必有詞也。何以言之？尸未入而告神，止一事耳，胡爲既有享詞而又有祝詞？饗詞已有『潔牲剛鬣，嘉薦，普淖』之語，祝詞復有『柔毛剛鬣，嘉薦，譜淖』之語，何詞之重而意之複也？古人必無是禮也。」文多，不全載。

論曰：萬氏之説謬妄不足信也。彼以鄭、賈爲妄，吾執經以證之，可乎？萬謂：「若上所言祝享〔四七〕，則饗未必有詞也。」按，《士虞記》饗辭：「哀子〔四八〕某，圭爲而哀薦之。饗！」是「饗辭」二字，已見于本經之記，而萬謂「饗未必有辭」，是與記相背矣，可乎？萬云：「饗辭已有『嘉薦普淖』之語，祝辭復有此語，何詞之重而意之複也？古人必無是禮也。」然據《士虞禮》，始死用柔日，曰「哀子」云云，至「哀薦祫事，適爾祖某甫，饗」；再虞，皆如初，曰「哀薦虞事」；三虞，卒哭，他用剛日亦如初，曰「哀薦成事」。是三辭之異者，唯「祫」「虞」「成」，僅僅乎一字之不同耳。記又明之曰：「其他辭，一也。」是《儀禮》不嫌其重複，而萬以爲複，直斷古無此禮，不亦怪乎？吾於是知萬氏於《儀禮》之例未諳也。凡尸未入室之前，設饌於奧，謂之「陰厭」。鄭、賈必以祝饗有詞、祝祝有詞者，一則徵之於記，所謂「哀子某」云云是也；一則徵之於《少牢》，以其同爲陰厭之祭，《少牢》有祝詞，則《士虞》亦應有祝詞，可知也。記不言者，文不具也。且已具《少牢》，從省文可知例也。《士虞記》曰：「其他如《饋食》。」而《饋食》於陰厭之祭，亦有「主人再拜稽首，祝在左」之文，故知經文可以互證也。萬云：「今定以『夙興』云云爲告神之詞，以『圭爲』云云爲告尸之詞。」不知萬之所定者，即鄭氏之注，無以異也。萬特不欲會通《少牢》，增其一詞耳，故以列其二、失其一爲疑。夫不旁通全經，此陋儒之習見，而萬氏亦坐此失，何哉？

萬斯同《群書疑辨》：「世之論喪禮者，皆謂三虞之後，別有卒哭之祭。唯敖氏謂三虞即卒哭。蓋于三虞之日，即卒無時之哭，故三虞亦名爲[四九]『卒哭』，引《士虞記》曰[五〇]『三虞卒哭，曰：「哀薦成事。」』爲據。愚始見其説而駭之，既而思之，知其言之合於《禮》而不背也。」文多，不全載。

論曰：謂「三虞」即「卒哭」，不分爲二，此敖氏之謬。萬氏反推而崇之，可謂謬之尤者。其説辨矣，而不合於經。以文多不載，故約其辭焉。謹按命名之義，「虞」，安也，謂安神也。《白虎通》：「所以虞而立主，何？孝子既葬，日中反虞。念親已没，棺柩已去，悵然失望，彷徨哀痛，故設桑主以虞，所以慰孝子之心，虞安其神也。」《釋名》：「既葬，還，祭於殯宫，曰『虞』。謂虞樂安神，使還此也。」「卒哭」云者，謂三虞之後祭名。始朝夕之間，哀至則哭。至此祭，止也，朝夕哭而已。《釋名》：「又祭曰卒哭。卒，止也。止孝子無時之哭，朝夕而已。」卒哭非安神之比，其名不同，其義安得不異？故《釋名》承「虞祭」而言「又祭」以别之，不作三虞即卒哭之祭。其謬一也。《雜記》：「祭稱孝子、孝孫，喪稱哀子、哀孫。」孔沖遠曰：「故《士虞禮》稱哀子，而卒哭乃稱孝子。」此稱謂之不同也。賈公彦曰：「大夫以上，虞而受服；士，卒哭而受服。」此受服之不同也，而謂三虞即卒哭之祭乎？其謬二也。《雜記》：「上大夫之虞也，少牢；卒哭成事、祔，皆大牢。下大夫之虞也，犆牲；卒哭成事、祔，皆少牢。」注：「『卒哭成事、祔〔五一〕』言『皆』，則卒哭成事、祔，與虞異矣。」此牲之不同也，而謂與虞爲一事乎？其謬三也。《雜記》：「三年之喪，祥而從政；期之喪，卒哭而從政。」《檀弓》曰：「殷練而祔。」《喪大記》：「公之喪，大夫俟練，士卒哭而歸。」而謂卒哭非祭名乎？其謬四也。《雜記》：「士三月而葬，是月也卒哭；大夫三月而葬，五月而卒哭；諸侯五月而葬，七月而卒哭。士三虞，大夫五，諸侯七。」士葬而即虞，虞與卒哭相接，其誤猶可説也。大夫以上，卒哭皆去虞校兩月，則虞祭既終，不得與卒哭相接，而可謂之一祭乎？其謬五也。《檀弓》：「虞而立尸，有几筵。卒哭而諱。」如其一祭，曷不云「虞而立尸，有几筵而諱」乎？未爲不辭也。《喪服小記》：「婦之喪，虞、卒哭，其夫若子主之。」不以虞爲卒哭也。今皆分言之，則其爲二事，明矣。其謬六也。《喪服小記》：「報葬者報虞〔五二〕，三月而後卒哭。」孔沖遠曰：「雖急，即虞而不即卒哭，卒哭〔五三〕猶待三月。」報葬、虞與卒哭不同，而謂卒哭即虞祭乎？其謬七也。前人亦有以三虞與卒哭爲一事，鄭已破前人之說，非敖氏之創也。敖、萬皆號稱知禮者，今按其說，顯背經傳，其謬如此。學者毋輕議禮，旨哉言乎！後儒當知所警矣。

萬斯同《群書疑辨》：「『吉祭猶未配』，諸家皆爲〔五四〕祭群廟之祖，不以祖妣配，引《少牢》祝辭〔五五〕『以某妃配某氏』而《特牲禮》無之爲證。愚獨以爲不然。所謂『配』者，以新死者〔五六〕之主配食于祖禰耳。當禫之月而行宗廟吉祭，則但祫祭祖禰，而不以新死者配之，是之謂『吉祭猶未配』。」文多，不全載。

論曰：以《詩》與《春秋》之説證之，而知其不經也。《詩序》：「《玄鳥》，祀高宗也。」箋：「『祀』當爲『祫』。祫，合也。高宗崩，而始同祭於契之廟，歌是詩焉。」箋云「同祭」，并不云新死之主不配也。若不合祭，而《詩》何以言「天命玄鳥」而下及「武丁孫子」也？就《詩》言，同祭明矣。然猶曰：殷禮也。至於《春秋》，則魯禮矣。僖公三十三年十有二月乙巳，公薨於小寢；文公二年八月丁卯，大事於太廟，躋僖公。《公羊傳》：「躋者何？升也。何言乎升僖公？譏。何譏爾？逆祀也。其逆祀奈何？先禰而後祖也。」若非祭新死者，《傳》何云「逆祀」乎？僖特非文之禰乎？此經典之明文。於此不講，而專立異説，欺人乎，抑自欺也？

難者曰：萬氏曰：「從來祭祖，無有不配以妣者。豈〔五七〕有因子孫之除喪而去祖妣不配之理？」曰：此萬氏之强辭也。喪，三年不祭。祖且不祭，何論於妣？至此始復其舊，然尚祭其祖而不及其妣。不但祭事有漸，亦以餘哀未忘耳。《雜記》：「男子附於王父則配，女子附於王母則不配。」注：「配，謂并祭。」是禮有明文，不定於祭則夫婦偕也，而又何疑焉？

萬氏又云：「《特牲》固爲祥、禫通用之禮，其實即四時常祭之禮。倘專〔五八〕指爲禫祭之禮，則於此説猶可通。若此禮而常祭皆用之也，則祭祖何爲不及其妣乎？」然按《特牲饋食禮》「宰自主人之左贊命」注，明云：「不言配者，容大祥之後，禫月之吉祭。」據此，豈非專指祥、禫之祭乎？萬固以爲「猶可通」，又何至於駁鄭也？是知鄭注精審如此，萬氏之説可謂進退失據矣。

萬斯同《群書疑辨·雜記》：「附於大夫之昆弟，則是從孫而上祔於從祖矣。從孫恐無配食從祖之禮。若果有之，將其子如何行事？且從祖他日不有已之孫來祔乎〔五九〕？一廟之中，而孫祔之，從孫又祔之，恐無此雜亂之禮也。倘使其士而本宗子，則固當祔於宗子之家。今祔於從祖，則是宗子而入支庶之廟矣。士附於大夫，爲失貴賤之倫。宗子祔於支庶，不幾亂本支之義乎？凡《雜記》所言，多論貴貴而不論親親，大要末世之禮，而未必本先王之禮也。況《喪服小記》言『士附於大夫則易牲』，則士固有上祔大夫之禮矣，胡爲而祔於從祖乎？」

論曰：百餘年間，問言禮者，則必以萬氏爲對，而孰意其説之謬，一至於此乎！吾懼其有以惑後進之士，故詳論其失耳，非好議先哲也。夫祔，非一例之可盡也。凡祔，必以其昭穆。父爲昭，子爲穆。孫不祔祖，將何所祔乎？且經言以孫祔祖者非一，如《雜記》：「王父死，未練、祥而孫又死，猶是祔於王父也。」此王父雖祔，未練，無廟，孫得祔於祖，其孫就王父所祔祖廟之中而祔祭王父焉，此豈非孫從祖食乎？此一例也。且又有殤與無後者，二者亦當從死者之祖而祔食。祖廟在宗子之家，庶子不得祭，故共其牲物，而宗子主其祭，如《喪服小記》所謂「庶子不祭殤與無後者，殤與無後者〔六〇〕從祖祔食」，是又一例也矣。若夫《小記》之「士、大夫不得祔〔六一〕於諸侯，祔於諸〔六二〕祖父之爲士、大夫者」，與《雜記》之文，其例一也。「士、大夫不得祔於諸侯」，猶之士不祔於大夫也；「祔於諸祖父之爲士〔六三〕、大夫者」，猶之乎祔於大夫之昆弟之爲士者也。言「諸祖父」，則非本生之祖父可知，是從孫而祔從祖之證也。萬可以爲從孫無配食從祖之禮乎？且《雜記》《小記》之文，從《儀禮·喪服傳》而推之者也。諸侯之子稱「公子」，公子不得禰先君；公子之子稱「公孫」，公孫不得祖諸侯。不得祖之，而可以祔之乎？此士、大夫不得祔於諸侯之説所由來也。萬又引《小記》爲證，以爲「士祔於大夫，則易牲」，爲士可以祔大夫之證。不知此變例也。賤不可祔貴，此常例也。亦有時無士可祔，則將何以處之乎？不得不祔於大夫矣，然猶不敢以卑牲祭奠，故曰「則易牲」。「易牲」者，士用特豚，而大夫則少牢也。豈可據《小記》而駁《雜記》耶？孫祔之，從孫又祔之，不足以爲嫌矣。且《喪服》之言宗子之制，自異於他人，又不得以此而例宗子。宗子者，尊之統也，惡能同也？

《喪服》：「爲所後者之祖父母、妻，妻之父母、昆弟、昆弟之子，若子。」顧炎武《日知録》

曰：「所後者之祖，我之曾祖也；父母，我之祖父母也；妻，我之母也；妻之父母，我之外祖父母也。因妻而及，故連言〔六四〕，取便文也。昆弟，我之世叔父也；昆弟之子，我之從父昆弟也。『若』，及也。『若子』，我之從父昆弟之子也。《正義》謂『妻之昆弟、妻之昆弟之子』者，非。」

論曰：終當以疏説爲長也。傳云：「爲所後者之祖父母、妻。」疏：「妻，即所後者之母也。」不復言世父、叔父者，皆可以「爲所後者之祖父母」該之矣。「妻之父母、昆弟、昆弟之子，若子。」疏：「妻之父母、妻之昆弟、妻之昆弟之子，於爲後〔六五〕爲外祖父母及舅與内兄弟，皆如親子，爲之著服也。」言及此者，入繼者本有外家之親，或因入繼，服己之外祖父母，而不及所後者之外祖父母，故言「妻之父母」以至於内兄弟，所以獨申母黨也。恐人疑爲所後者於外家無服，故於此明之。支子入繼大宗，則與尊者一體，而於本生之外家不服。所以不服私外家者，正以爲服嫡母外家而設也。顧以舅爲我之世叔父、内兄弟爲從父昆弟，是以母黨而誤爲父黨，可乎？傳明言「妻之父母、昆弟、昆弟之子」，并未言父之父母、昆弟、昆弟之子也。此理易明，何以轇轕至此耶？又云：「昆弟，我之世叔父；昆弟之子，我之從父昆弟也。『若』，及也。『若子』，我之從父昆弟之子也。」如顧此言，是一誤而再誤矣。夫世叔父，一世也；從父昆弟，二世也；昆弟之子，三世也。傳只言「昆弟之子」，并未言昆弟之孫。顧於傳文爲添設矣，可乎？吾故以賈疏爲長矣。

閻若璩《潛丘札記〔六六〕》：「或問：古者父妾，不論有子、無子，皆得謂之母。唐《開元禮》則云：『庶母，父妾之有子者，始爲之緦。』此『子』字，男耶？女耶？余曰：《開元禮》不可知。若今律，文與此同者，則指男子而非女也。何以驗之？『子』即『齊衰〔六七〕杖期』條之『嫡子、衆子』『斬衰三年』條之『所生子』之『子』也。或曰：安知其非女？女無杖，此〔六八〕有杖，故知指男子也。」

論曰：閻氏之答或問也，其問《開元禮》「爲妾之有子者服緦」，而不引《喪服小記》以告之；及「子」字專指男子，亦未引鄭注以明之，胥誤矣。閻後檢注疏，《喪服小記》脱落「士妾有子而爲之緦」一張，亦自知其非是矣，而於「女無杖」之説，猶未知其誤也。夫「子」字中，自該男女；而男女之驗，不在于杖之有無也，而况女亦有杖乎？閻固未之深考耳。不細檢書籍，而遽形諸筆墨，亦是賢者之一失也。按，《喪服小記》：「女子子在室爲父母，其主喪者不杖，則子一人杖。」注：「女子子在室，亦童子也。無男昆弟，使同姓爲攝主。『不杖，則子一人杖』，爲長女也。」同在《小記》之中，而閻不及知，遂以女子無杖也，可乎？閻於是乎失言矣。又，《喪大記》：「君之喪，三日，子、夫人杖。」疏：「熊氏云：『經云子杖，通女子〔六九〕在室者。』」《喪大記》又云：「士之喪，二日而殯。三日之朝，主人杖，婦人皆杖。」注：「『婦人皆杖』，謂主婦、容妾爲君，女子子在室者。」《喪服傳》：「婦人何以〔七〇〕不杖？亦不能病。」賈疏云：「此亦謂童子婦人。」經、傳女子杖者甚多，而閻何以云「無杖」也？舉此以告世之治經者，毋振驚其名而不實事求是也，故駁正之。

吴廷華《儀禮章句》「大功」章「大夫之妾爲君之庶子、女子子嫁者、未嫁者」注：「庶子本期，大夫，降而大功；女子未嫁亦如之，嫁則又當降而小功。此嫁于大夫，尊同，不降；故第以嫁，降而大功。妾隨女君服，故亦大功也。」

論曰：後儒不信逆降之説，然于「女子子未嫁者」，終不可解矣。女子子之降，有以出降者，在室本期，出適大功，即「大功」章「女子子適人者」，傳曰「何以大功也？出也」是已。有以尊降者，即「小功」章「女子子適士者」是已。在室本服期，出嫁而降爲大功；適士，又降而爲小功也。又有但有出降而無尊降者，以尊同，則得服其親服，依本服大功，即「大功」章「女子子嫁于大夫者」是已。若「女子子未嫁亦如之」，吾不知吴氏之説何所據也。在室已降大功，嫁則又當降而爲小功。今《喪服》經、傳具在，女子子出降，在「大功」章，不在「小功」也。吾推尋其説，而知其致誤之由矣。按，「小功」章「大夫之妾爲庶子適人者」注：「君之庶子，女子子也。庶女子子在室大功，其嫁于大夫亦大功。」吴之所據，蓋在此矣。夫經但言「女子子嫁者、未嫁者」，雖不言嫡庶，然經例，「女子子」不指庶子。若是庶女子子，當言「庶子」以别之，吴不得引「妾爲庶子在室，大功」之例也。賈疏：「此云『適人』者，謂士。是以本在室大功，出降〔七一〕，故小功。鄭云『嫁于大夫亦大功』者，直有出降，無尊降也。」以經、注、疏三者證之，其所引説是。吴氏儼然以「君之庶子」當之矣，可乎？若果是大夫之妾爲庶子適人者，則「大功」章已具有明文，何必復于「小功」章又爲之起例乎？吴説窒而不通矣。總之，于女子子未嫁者，當服期而繫之于「大功」章，終不得其解，又欲破「逆降」之説，于是左支右絀，百病叢生。吴氏本不足辨，第就其謬悠之論，申明經義，以告世之妄非鄭氏「逆降」之説者。

「父卒則爲母」，《讀禮通考》徐乾學按：「賈氏之疏謂：『父卒，三年之内而母卒，仍服期。』引《内則》『有故，二十三而嫁』之説，曲爲之解。愚竊以爲不然。經不曰『父卒爲母』，而曰『父卒則爲母』，正見父卒之後而遭母喪，即服三年也。豈必父服除而母卒，然後行三年之服乎？且子之所以不得遂其三年者，以有父在爾。父既先没矣，復何所屈而不三年乎？此禮之必不然，而賈氏之妄，無待論者。陳用之輩復從而附和之，不但解經之謬，亦可見其薄于天性之愛矣。」

論曰：賈氏謂：「父卒，三年之内而母卒，仍服期。要父服除後而母死，故云『則』以差其義也。」又云：「諸解者全不得思此義，妄解『則』文，説義多途，皆爲謬也。」按，據此，是賈疏之前，已有疑父喪除乃得爲母三年者，故作三驗以證之，而後儒卒不信也。但賈氏之説有本，吾據傳、記鄭注之言以引而申之。至于父卒即得爲母三年，此直以臆斷耳。以《禮》無正文，今據變除之節，以衰冠之升數定之。《喪服記》：「齊衰四升，其冠七升。以其冠爲受，受冠八升。」注：「此謂爲母服也。」疏：「此據父卒爲母齊衰三年而言也。」賈知此者，以降服齊衰四升也。又，鄭注：「齊衰正服五升，其冠八升。」此父在爲母，與妻同正服齊衰五升、冠八升也。父在、父卒，齊衰升數之不同如此。設使父卒不待服除，即得爲母三年，則《服問》「三年之喪既練矣，有期之喪既葬矣，則帶其故葛帶〔七二〕，絰期之絰，服其功衰」注：「爲父既練，衰七升；母既葬，衰八升。」據此，則變除之衰當七升，不當八升也。何也？蓋《間傳》：「既虞、卒哭，爲母疏衰四升，受以成布七升，冠八升。」蓋初死，衰四升，冠七升；既葬，以其冠爲受，衰七升。今《服問》注「母既葬，衰八升」，仍是父在爲母服期之制，而非父卒爲母三年之制也。又，《雜記》鄭氏于「大夫爲其父母、兄弟」之下注云：「其爲母五升縷而四升，爲兄弟六升縷而五升乎？惟大夫以上，乃能備儀盡飾。士以下，則以臣服君之斬衰爲其父，以臣從君而服之齊衰爲其母與兄弟。」孔疏：「縷如五升，成布四升，據父卒爲母言之也；縷如六升，而成布五升，據父在爲母言之。」然則孔、賈之説如一，并非賈氏一人之私言也。徐氏以爲：「賈氏之妄，無待論者。陳用之輩復從而附和之，不但解經之謬，亦可見其薄于天性之愛矣。」徐欲以空言箝後儒之口耶？難矣。

問者曰：父在爲母，何以五升？父卒，何以四升也？曰：以母爲父屈厭，不得三年。既減其年月，不得不增其升數，稍細于四升。喪服以粗者爲重也。至于父没爲母，既得伸三年，故減其升數：爲父三升，爲母四升，降父一等，其義然也。四升者，降服也；五升者，正服也；六升者，義服也，故《間傳》所以齊衰有四升、五升、六升之別耳。又，《喪服小記》：「父母之喪偕，先葬者不虞、祔，待後事。其葬，服斬衰。」注：「假令父死在前月，而同月葬，猶服斬衰；不葬，不變服也。言其葬服斬衰，則虞、祔各以其服矣。及練、祥，皆然。卒事，反重服〔七三〕。」疏：「言父母俱喪而猶服斬者，從重也。雖葬母，亦服斬衰〔七四〕葬之，以其父未葬焉，而〔七五〕不得變服也。」今設使父卒、未葬之前而母死，即得爲母三年。若據《小記》推之，齊衰之服且不得變斬衰，而況可以伸三年乎？考父在爲母之制，十一月而練，十三月而大祥，十五月而禫，喪期至祥、禫而止矣。據鄭注，母虞、祔、練、祥，皆服齊衰；卒事，反重服。則知「卒事」者，卒母虞、祔、練、祥之事也；「反重服」者，反爲父三年未竟之重服也。是母喪已除而父喪未除，不得爲母三年之一證也。不然，則母服之滿，當在父服既除之後矣，安得有爲母卒事而爲父反重服之事乎？然則賈氏「父服除，而後爲母三年」之説，未可厚非也。

《喪服》「大功」章：「公之庶昆弟、大夫之庶子，爲母、妻、昆弟。」《讀禮通考》徐乾學按：「今雖從注疏之本，不敢擅易，决當〔七六〕以舊讀爲正。又按，或謂：若依舊本，則昆弟宜何服？曰：經不有『大夫爲昆弟之爲士者』之文乎？公之庶昆弟，大約仕爲大夫者居多。同爲大夫，則服期；一爲大夫而一爲士，則服大功。前既言之矣，何必〔七七〕重出乎？此是爲士者之昆弟，服爲大夫者之昆弟服〔七八〕也。」

論曰：徐氏不解經例而妄言之者也。大夫爲昆弟，不得與公之庶昆弟比例。大夫爲昆弟之爲大夫者期，尊同則不降；大夫爲昆弟之爲士者大功，尊不同而降其一等。至于公之庶昆弟于其昆弟，父在，無服：天子、諸侯不服庶子，父之所不服，子亦不敢服也；父卒，乃爲其昆弟大功。不得申期者，以先君餘尊之所厭，不得過大功。徐以爲：「此是爲士者之昆弟，服爲大夫者之昆弟服也。」今即如其説，經云「皆爲其從父昆弟之爲大夫者」，注：「『皆』者，互相〔七九〕爲服。尊同，則不相降。」今士爲大夫大功，可也；大夫亦爲其大功，而不降其爲士者一等，抑又何也？于本經之「皆」字不通矣。即使不依鄭注以「皆」爲有「俱」義，然「昆弟」屬下，「皆爲」云云，昆弟只一人，亦無須云「皆」也。服之降者有四品：君大夫以尊降，公子大夫以厭降。此正是厭降其昆弟，故「公之昆弟」「大夫之子」并舉。公子有厭降，則公之庶昆弟亦有厭降可知。雖同一降服，而與尊降者截然不同。徐云「同爲大夫，則服期」，不知庶昆弟雖同爲大夫，而不得服期耶？爲昆弟大功，是庶昆弟之本服；以其爲大夫，故不降，還依本服大功耳。徐并不知「公之庶昆弟爲其昆弟」從無服期之事，而傅會牽扯，是强不知而爲知者矣，又何足爲訓乎！

《讀禮通考》徐乾學按：「徐邈所引『公子爲母』條，乃《禮》泛言諸侯之庶子，非指爲後者言也。若主爲後者立論，當以仲堪之説爲長。且《禮》言『庶子爲後者爲其母』，自必存亡同之，豈可專謂父亡之後乎？」

論曰：徐氏「存亡同之」之説，可謂乖于禮矣。孝武帝在位，皇太子爲所生淑媛陳氏服，此事自以徐邈之説爲是。徐以爲：「宜依公子爲母，練冠、麻衣，既葬除之。」又曰：「適子服所生，禮無其文者，蓋不異于庶子，故總以『公子』爲言，推義可知。既曰『君之所不服，子亦不服』，則正、庶均于降奪，雖登位儲宮，而上厭所天，義不異也。至於既孤，則餘尊之厭輕矣，故諸庶子服其母大功，而爲後者服其母緦。此存亡異禮，何可一其制邪？」殷仲堪以爲：「當依庶子爲後，服所生母緦。皇太子〔八〇〕服，乃練冠耳。」按，所以謂之「爲後」者，指父殁而言。若父在，何以有「爲後」之名乎？且賈疏具在，可覆視也。賈云：「此爲無冢嫡，惟有妾子。父死，庶子承後，爲其母緦也。」又云：「《曾子問》云：『古者，天子練冠以燕居。』鄭云：『謂庶子王爲其母，無服。』《服問》云：『君之母非夫人，則群臣無服，唯近臣及僕、驂乘從服，唯君所服服也。』注云：『妾，先君所不服也。《禮》：庶子爲後，爲其母緦。言「唯君所服」，伸君也。』《曾子問》所云，據小君在則練冠五服外之服也〔八一〕；《服問》所云，據小君没後，其庶子爲得伸。」夫小君之存殁，尚有分别，安得謂「存亡同之」也？况事載《禮經》，先儒具有明文。父在，則記所謂「公子爲其母練冠、麻，麻衣縓緣」是也；父殁，則經所謂「庶子爲父後者爲其母，緦」是也，豈不專指父亡之後乎？且《禮經》之例，父在爲母期，父殁爲母三年，存殁之所關，屈伸之所繫也。「存亡同之」之説，不大可怪邪？

《喪服小記》：「慈母與妾母，不世祭也。」秦蕙田按：「妾母與慈母，皆非己身之母。疏以爲『妾母』謂庶子自爲其母，非也。《穀梁傳》『于子祭，于孫止』，即《喪服小記》『不世祭』之義。此蓋嫡子，指父妾之無子者言，非指有子而又爲君者言。穀梁氏誤引耳。」

論曰：此説非也。《穀梁傳》：「禮：庶子爲君，爲其母築宫，使公子主其祭。于子祭，于孫止。」注：「公當〔八二〕奉宗廟，故不得自主。」案，主祭之公子，長子之弟及妾子也。《喪服記》：「公子爲其母，練冠、麻，麻衣縓緣。」傳曰：「何以不在五服之中也？君之所不服，子亦不敢服也。」注：「『公子』，君之庶子也。『其或爲母』，謂妾子也。『君之所不服』，謂妾與庶婦也。」夫公子于妾母無服，而爲之立廟者，以其子爲君也，如隱爲桓母立廟，經書「考仲子之宮」是也。若嫡子，與尊者一體，而爲庶母立廟，可乎？將謂「于子祭，于孫止」，則不當有妾祖姑之廟。而不然也，妾祖姑之有廟者，此妾之有子者，于子雖止，而其廟不毀。有以後死祔于先死者之廟，仍是子祭其母，并非孫之祭妾祖姑。其廟之所以不毀，以繼起者之有所祔入。若妾祖姑之廟已毀，所謂「親盡則遷」，公妾無所祔，則爲壇以祭之耳。夫妾有子則廟，無子則不廟。此先儒之成説，焉有嫡子爲無子之妾而立廟者乎？誠不知其何所據而云然也。韋玄成曰：「古者制禮，別尊卑貴賤。國君之母非嫡，不得配食，則薦于寢，身殁而已。」匡衡曰：「故父之所尊，子不可以〔八三〕不承；父之所異，子不可同。禮：公子不得爲父伸。爲後，則于子祭，于孫止。」無子之妾，可以謂「父之所尊」者乎？妾母無服，可不謂「父之所異」者乎？秦氏之説，爲不可通已。嫡子奉大宗後，不得復顧其私親。今爲無子之妾立廟，恐先王制禮不應爾也。

金榜《禮箋》：「按，『小功』章『君子子爲庶母慈己者』，傳曰：『君子子者，貴人之子也。爲庶母，何以小功也？以慈己加也。』士爲庶母緦，大夫以上於庶母無服。此言『以慈己加』，明其本爲庶母緦。此『君子子』爲士之子，明矣。馬季長云：『大夫之子於庶母慈己者，宜服緦。若爲父之貴妾，父爲服緦，已當從服庶母之服，加慈己者小功。父卒，則與士子同，貴賤無殊。』此又推廣經意〔八四〕而言之也。注指大夫言，失之。『齊衰三年』章『慈母如母』，傳曰：『慈母者，何也？《傳》曰：妾之無子者，妾子之無母者，父命妾曰：「女以爲子。」命子曰：「女以爲母。」若是，則生養之，終其身如母；句。死，則喪之三年如母，貴父之命也。』注云：『不命爲母子，則亦服庶母慈己之服。』是妾子服庶母慈己小功，與適妻子同。經言『君子子』，文屬于父，闕適庶之辭。注主適妻子而言，則庶子爲庶母慈己者，闕漏不著，與上「齊衰三年」章注自相違失。緣庶母慈己者不得子其子，故謂之爲『君子子』，謂之爲貴人之子，豈〔八五〕以父之存殁異服哉？注云：「父殁，則不服。」失之。《内則》：『異爲孺子室于宫中，擇于諸母與可者，使爲子師；其次爲慈母，其次爲保母。』此三母，諸侯養子之禮，不得下通于大夫、士。大夫之子有食母，又于禮無服；士之妻自養其子，其或有他故，使賤者代之食子，則爲乳母，下『緦麻』章『爲乳母』是也。鄭君援《内則》慈母、食母，以與此庶母慈己相比附，皆失經意。」

論曰：金氏于「慈母」未能别白，故遂以鄭注爲失，不知慈母非一也。「齊衰」章之「慈母」傳曰：「慈母者，何也？《傳》曰：妾之無子者，妾子之無母者，父命妾曰：『女以爲子。』命子曰：『女以爲母。』若是，則生養之，終其身如母；死，則喪之三年如母，貴父之命也。」此一「慈母」也，故注云：「此主〔八六〕謂大夫之妾也。不命，則亦服庶母慈己之服可也。」此以妾子爲庶母慈己者而服也。若夫「小功」章「大夫嫡妻之子備三母」，其中亦有「慈母」，名同而義殊矣。天下斷無嫡妻之子命爲妾子〔八七〕者，則其不同於「齊衰」章之「慈母」可知矣。是以「小功」章之「慈母」，但知其嗜欲而己。此于己恩輕，故注云：「君子子者，則父在也。父殁，則不服之矣。」此謂嫡子爲庶母慈己而服也。慈母本殊，故鄭注不同。金氏未能解此，于是謂鄭注自相違失矣，其實非也。「父殁則不服」者，不服慈己之服，但服庶母緦耳。「齊衰」章，不命則不服齊衰三年，但服庶母慈己之服小功耳。蓋妾子既命，則在「齊衰」章；不命，則在「小功」章；不慈己，則在「緦麻」章。

難者曰：「小功」章不見妾子不命之服。曰：「君子子爲庶母慈己者，小功。」此章指嫡子而言，則妾子亦服庶母慈己之小功，可知也。其禮不嫌不明，并非闕漏不著也。金氏云「君子子闕嫡庶」，按，鄭必以爲嫡妻子者，妾子賤，亦不合有三母，故也。

且金氏未會馬季長之義也。馬云：「若爲父之貴妾，父爲服緦，己當從服庶母之服，加慈己者小功；父卒，則與士子同。」據此，知父殁則不服小功之説精矣。從服者，所從亡則已，故去其所加之小功，而仍服本服之緦麻也。豈不以父之存殁異服哉？《内則》疏雖據諸侯，其實亦兼大夫、士，但士不具三母耳。據此，知鄭必以爲大夫者，諸侯之子于三母無服，士又三母不具，然則《喪服》所謂「君子子爲庶母慈己者」，非大夫而奚屬耶？《石渠禮議》戴聖對曰：「『君子子爲庶母慈己者』，大夫之嫡妻之子，養于貴妾。大夫不服賤妾，慈己則緦服也。其不言『大夫』而稱『君子子』者，『君子』猶大夫也。」馬季長《喪服經》傳亦謂：「貴人者，嫡夫人也。」非關嫡庶之辭。金氏既昧大夫而爲士，又以貴人之子闕嫡庶，不以父之存没而異服，諸侯養子之禮不通於大夫。凡此諸説，愈見其乖異矣。

金榜《禮箋》：「案，記云『是爲陰厭』『是爲陽厭』，明陰厭、陽厭爲祭殤與無後者之定名，不得通于成喪之祭。《雜記》：『有父母之喪，尚功衰，而附兄弟之殤，則練冠附于殤，稱陽童某甫。』注云：『陽童，謂庶殤也。宗子則曰陰童。』是陰厭、陽厭，以陰童、陽童得名，不繫於所祭之地。謂祭于奥爲陰、祭于西北隅爲陽，非《禮》意也。古者，尸未入之前，祝酌奠之，祝于主前，謂之直祭，《郊特牲》『直祭，祝于主』是也。注云：「謂薦孰時，如特牲、少牢饋食之爲也。直，正也。祭，以熟〔八八〕爲正。」案，《祭統》云：「尸亦餕鬼神之餘也。」明祝于主者爲正祭。尸謖之後，祝徹薦，俎、敦設于西北隅，謂之厭祭，上經『攝主不厭祭』是也。《曾子問》『祭必有尸乎？若厭祭，亦可乎』，本承上『攝主不厭祭』設問者。厭祭在尸謖後，則與陰厭、陽厭絶不相涉，不辨自明。」文多，不全載。

論曰：此金氏强爲區別也。陰厭、陽厭，豈以陰童、陽童得名乎？童者，未成人之稱，而抑知加以「陰」「陽」者，何所取義乎？豈不以祭于當室之白爲陽厭、祭于奥爲陰厭乎？庶殤祭於户，明，故曰「陽童」；宗子殤，祭于陰，闇，故曰「陰童」。然則「陰」「陽」之名，焉得不繫于所祭之地？不然，抑何取此名乎？宗子有陰厭，無陽厭；凡殤，有陽厭，無陰厭，故殤不備祭。若然，則成人之備祭，明矣。備祭，特非陰厭、陽厭乎？金氏之説，何以言「祭殤與無後者之定名」也？

所以成人必備陰厭、陽厭者，厭是厭飫。凡厭無尸，直厭飫神之歆饗。有陰厭，復有陽厭者，孝子求神非一處，不知于彼乎、于此乎，故兩設之也。《特牲饋食》：「佐食徹尸薦，俎、敦設于西北隅，几在南，厞用筵，納一尊，佐食闔牖户，降。」故鄭注以爲：「尸謖而改饌爲幽闇，庶其饗之。所以爲厭飫，《少牢饋食禮》曰：『南面，如饋之設。』此所謂當室之白，陽厭也。則尸未入之前，爲陰厭矣。」據注，知《士虞禮》「主人再拜稽首，祝饗，命佐食祭」，是陰厭也。金氏不取孔、賈申明鄭氏之義，乃從陸佃之説，陋矣。陸以爲「成人無陰厭、陽厭」，非也。即如賓尸繹祭，此非祭殤也。上大夫當日賓尸，故《少牢禮》無陽厭；下大夫不賓尸，有陽厭也；天子、諸侯明日乃爲繹祭，亦有陽厭也。故《詩》曰：「相在爾室，尚不愧于屋漏。」室西北隅謂之「屋漏」，故知《特牲饋食》「俎、敦設于西北隅」者，爲陽厭也。合觀《詩》《禮》，其説果可通乎？

陳氏《禮書》曰：「夫尸以象神也，厭以飫神也。殤之有厭，爲無尸也；正祭有厭，爲尸不存也。陰厭，尊有玄酒；陽厭，納一尊而已。陰厭尊，備鼎俎，陽厭俎釋三個而已。嫡殤，陰厭，其禮詳；庶殤，陽厭，其禮略也。」據此，而可謂厭不施于正祭乎？若云「攝主不厭祭」，所以然者，避正主也，然則正主祭必厭祭，明矣。厭祭不指陰厭、陽厭，將何所指乎？必遵陸佃以攻鄭氏，是逐狂而東走也。

金榜《禮箋》：「《喪服小記》：『婦祔于祖姑，祖姑有三人，則祔於親者。其妻爲大夫而卒，而后其夫不爲大夫而祔於其妻，則不易牲。妻卒，而后夫爲大夫而祔於其妻，則以大夫牲。』注云：『此謂始來仕無廟者。無廟者，不祔。』正義云[八九]：『夫死，祔于其妻，故知是無廟者。』榜謂，喪之祔祭也，使鬼有所歸。《檀弓》：「不忍一日末有所歸也。」故雖朋友主喪，亦必爲之虞、祔，《小記》云：「朋友，虞、祔而已。」不繫于有廟、無廟。《雜記》：『王父死，未練祥而孫又死，猶是祔于王父也。』古者，三年喪畢，然後祭於廟。此未練祥而祔于王父，則于殯宮祔。疏云：「就王父所祔祖廟之中，而祔祭王父。」失之。《喪服小記》：『妾祔于妾祖姑，亡則中一以上而祔。』此祔於高祖之妾，則爲壇祔，《雜記》：「主妾之喪，則自祔。」崔氏云：「于廟中，爲壇祔之。此謂攝女君。若不攝女君之妾，則不得爲主，別爲壇，不在祖廟中，而子自主之也。」與此同義〔九〇〕。未聞無廟者不祔也。謂以夫祔妻，彌乖尊卑隮祔之義。此經承上『婦祔于祖姑』言之，『祔于其妻』即此『祔于祖姑』是也。變言『其妻』者，緣上『其妻爲大夫而卒』立文，皆對夫之辭。《雜記》曰：『男子祔于王父則配，注：「配，謂并祭王母。」女子祔于王母則不配。』注：「不配，則不祭王父。」此嫌不配者，用牲自從其生前之爵。曰『不易牲』，曰『以大夫牲』，明妻從夫之爵，不以存歿異也。」

論曰：金氏用陸佃之説，可謂擇焉而不精矣。陸佃謂：「祔於其妻，即是祔于其祖，蓋妻未有不祔于祖姑者也。鄭氏謂『始來仕，無廟』，誤矣。」按，未有經言「祔于其妻」而説經者以爲「祔于其祖姑」也。如此謬解，而金氏從之，何也？按，《喪服小記》：「妾無妾祖姑者，易牲而祔于女君可也。」注：「女君，適祖姑也。」適祖姑有廟可祔，未見其爲壇祔也。若妾死而女君尚在，又無妾祖姑可祔，亦無高祖之妾可祔，始爲壇以祔妾耳。妾可以爲壇祔之，而大夫不可以爲壇祔之者，妾祭僅一世，所處者暫也；若大夫始仕他國，此時雖無祖禰之廟，而異時爲不祧之祖，此不可以壇祔也，故祔于其妻，而不得以昭穆祔。此變禮也，豈可與不世祭之妾而并論乎？即如別子爲祖，大夫不得祖諸侯，則別子無廟。至繼別爲宗，宗子乃爲別子立廟。此時別子死，既無祖廟，又無祖之兄弟公子之廟可祔，然則別子當祔于何所乎？不祔于其妻，將誰祔乎？

若夫《小記》「朋友，虞、祔而已」，此朋友與虞、祔之祭，并非死者無廟可祔，而朋友虞、祔之也。上文明云：「大功者，主人之喪有三年，則必爲之再祭。朋友，虞、祔而已。」謂朋友主其虞、祔可也，安見死者之無廟可祔乎？設使死者無廟，吾不知朋友爲其祔于何所也，則祔安得不繫于廟之有無乎？

若夫「王父死，未練祥，而祔于殯宮」，又非也。《檀弓》「周卒哭而祔」，蓋十三月而練，二十五月而祥，去祔廟之日甚遠也。未練，雖無廟，孫得祔于祖。其孫可就王父所祔祖廟之中，亦無尚在殯宮之理矣。金氏不解《雜記》「未練祥」之義也。未練則不遷廟，未祥則不祫祭；練始遷廟，祫始序昭穆。然則未練祥之前，其孫又死，祖未有廟，將何祔乎？故示人以變禮曰：祖雖無廟，祖有祖廟可祔，孫即從祖而祔也。喪事有進無退，喪禮每加以遠，豈有祔于殯宮者乎？金氏誤矣。通詳經、傳，無「祔于殯宮」之文。《檀弓》：「是日也，以吉祭易喪祭。明日，祔于祖父。」祖父不在殯宮，故鄭注：「祭告于其祖之廟。」殯宮雖可以稱廟，然與「祖父」連文，則指祖廟而不指殯宮，故《説文》：「祔，合〔九二〕後死者合食于先祖。」此豈謂殯宮乎？

總之，虞于寢，祔于廟。此先儒之成説，金不得而易之也。若據《喪服小記》之文，祔必以其昭穆，殯宮有何昭穆之可序耶？是又可以證其誤矣。

程瑶田《喪服文足徵記・喪服經傳無失誤述》：「『緦麻』章『庶孫之中殤』，鄭注云：『庶孫者，成人，大功；其殤，中從上。此當爲「下殤」，言「中殤」者，字之誤爾。』瑶田按，經不誤，注大誤也。經曰：『齊衰之殤中從上，大功之殤中從下。』此經文，今誤爲傳。余曾辨正之。此以成人之服名殤服。傳曰：『大功之殤中從上，小功之殤中從下。』此即以殤名其服。其名不同，其服則一。余有文，辨之詳矣。」文多，不全載。

論曰：鄭君疑傳誤者凡六條，程氏以爲《喪服》經無失誤矣；及其論「緦麻」章「長殤、中殤降一等，下殤降二等」「齊衰之殤中從上，大功之殤中從下」此四語傳文也，程以爲經誤。人疑傳則非之，已疑經則是之，何其果于自信乎？將謂《喪服》文足徵耶？「長殤」云云，在傳而不在經；抑謂《喪服》文不足徵，而改傳爲經以伸己説耶？則與己書命名之意相左矣。果如鄭誤，則三殤之注皆妄矣；如其程誤，則《喪服足徵》之書可廢也。儒者治經，門户之見不可有，豈是非之心亦不可有耶？實事求是，據經、傳以證之，可乎？

謹按，「殤小功」章傳曰：「問者曰：中殤何以不見也？大功之殤中從上，小功之殤中從下。」注：「大功、小功，皆謂服其成人也。大功之殤中從上，則齊衰之殤亦中從上也。」程氏以爲「此即以殤名其服」，與鄭君「成人」之説異。竊以爲程氏之説爲不然。按，「殤小功」章《喪服》經曰：「爲人後者爲其昆弟、從父昆弟之長殤。」又按，「大功」章《喪服》經曰：「爲人後者爲其昆弟。」傳曰：「何以大功也？爲人後者降其昆弟也。」據此，爲人後者爲其昆弟，本服大功；長殤，降一等，入小功。從父昆弟，本服亦在「大功」章；長殤，降一等，入「小功」，傳故曰「大功之殤中從上」也。「大功」指成人本服，不見其指殤服也。又按，「緦麻三月」章「庶孫之婦、庶孫之中殤」注：「庶孫者，成人，大功；其殤，中從上。此當爲『下殤』，言『中殤』者，字之誤爾。又，諸言『中』者，皆連『上』『下』也。」鄭以《喪服》之例，或言「長中」，或言「中下」，無單言「中」字者，故以「中」爲「下」之誤也。然則成人，大功；下殤，降二等，入緦麻也，「小功」章傳故曰「小功之殤中從下」也。而不但此也，「緦麻」章諸言「殤」者，皆本服小功，因殤而降入緦麻者；或本服大功，因殤而降二等而入「緦麻」章者。按，經云：「從祖姑姊妹適人者，報。從祖父、從祖昆弟之長殤。」按，從祖祖父母、從祖父母報，從祖昆弟，本服皆在「小功」章；因長殤，降一等，入緦麻也。又按，「緦麻」章經曰：「從父昆弟、姪之下殤，夫之叔父之中殤、下殤。」從父昆弟，成人，大功；長殤，降在小功；下殤，降二等，故入緦麻也。姪爲姑之出降，大功；長、中殤，小功；下殤，故入緦麻也。夫之叔父，成人，大功；長殤，在小功；中、下殤，入緦麻也。又按，「緦麻」章經曰：「從母之長殤，報。」從母，本服在「小功」章；因長殤，降一等，入緦麻也。又按，「緦麻」章「從父昆弟之子之長殤，昆弟之孫之長殤」，此二人，本皆小功；因長殤，降一等，入緦麻也。合觀經、傳，知鄭據大功、小功爲成人之服，未嘗誤也。凡殤，若不就本服言之，知其從何服而降耶？若殤服，已分見各章，不待言矣，傳何爲發此例耶？

難者曰：既云「大功之殤中從上，小功之殤中從下」，又云「齊衰之殤中從上，大功之殤中從下」，兩文不相反乎？曰：否。「小功」章傳發于從父昆弟之下，「緦麻」章傳發于婦人爲夫之族類之下，故鄭注「小功」章：「此主謂丈夫之爲殤者服也。凡不見者，以此求之也。」鄭注「緦麻」章：「此主謂妻爲夫之親服也。凡不見者，以此求之也。」妻從夫降一等，故一則據大功、小功，一則據齊衰大功也。義有分屬，故不同也，而豈誤耶？是以杜佑曰：「上文謂丈夫之爲殤者服，此謂婦人爲夫之親服。五服之中，親者上附，疏者下附也。」又按，馬融于「夫之叔父之中殤、下殤」注云：「妻爲之服也，成人，在大功；中、下殤，降二等。」據此，知「大功之殤中從下」爲婦人服夫親殤之一證也。鄭注自承師説，非鄉壁虛造者可比。

以大功、小功爲殤服，此説自郝敬啓之，而程氏誤從其説耳。棄馬、鄭、孔、賈之舊説，而欲反先儒之案，是不能別白黑者矣。通儒之學，固如是乎？

程瑶田《喪服文足徵記・殤服中從上中從下辨》：「殤服有長殤、中殤服大功而下殤服小功者，下治起於子；由子而旁治，起於昆弟之子。子與昆弟之子，成人服同，殤服亦同也。經於子，見長、中殤之大功，而不見下殤之小功；于昆弟之子，見下殤之小功，而不見長、中殤之大功。蓋經之互文也，非文有所脱也。有長殤服小功而中殤、下殤服緦麻者，下治起於庶孫，旁治起於從父昆弟，成人服同，殤服亦同也。經於庶孫，見長殤之小功與中殤之緦麻，而不見下殤之緦麻；於從父昆弟，見長殤之小功與下殤之緦麻，而不見中殤之緦麻，亦經之互文也，非字有所誤也。是故傳于『爲人後者爲其昆弟』及『從父昆弟之長殤』發問曰：『中殤何以不見也？大功之殤中從上，小功之殤中從下。』所謂『大功』『小功』，并指殤服。蓋言此是『小功之殤中從下』者，與大功之『長殤』必連言『中殤』者有異，故不見中殤也。而鄭氏乃以爲『大功』『小功』皆謂服其成人，誤以從父昆弟之殤爲『中從上』。意蓋以經爲省文，以傳爲補義，故于庶孫中殤之緦麻不可通，於是改經文『中』字爲『下』字，以就其誤解，而不知其大違服例也。夫小功長殤服之發中殤傳也，而必不據成人服言之者，以經始見小功長殤服于此，而不見中殤，恐人不明其所以異於大功殤之『長』『中』并見也，而於是據殤服之大功、小功者以明其例，勢不得以成人之服言之。鄭氏不得其指，又不明『緦麻』章後『長殤、中殤，降一等；下殤，降二等』『齊衰之殤中從上，大功之殤中從下』四語。蓋經文專爲齊衰殤服發例，别爲一章，而誤以爲『緦麻』卒章之傳；又疑其與前『小功殤』章之傳相戾，而必欲求其説，故于『小功』殤服之傳，注云『主謂丈夫之爲殤者服』；于『緦麻』章後之經誤以爲傳，注云『主謂妻爲夫之親服』。既强同之，以經、傳爲一義；又强分之，以一例爲兩例。竊嘗即其説而推之，如謂『小功之殤中從下』爲成人之小功，夫成人之小功，其長殤，緦麻也。若從祖父、從祖昆弟，皆小功之親，經并見長殤之緦麻服，安得復有下殤之服而爲中殤之所從者乎？至謂此所謂齊衰大功之殤中之『從上』『從下』者，爲『主謂妻爲夫之親服』。綜攬服例，無男子、婦人之異，則其説之不足據也，審矣。」文多，不全載。

論曰：程氏以爲：「『大功之殤中從上，小功之殤中從下』，所謂『大功』『小功』者，并指殤服。」余竊以爲不然。鄭注無論矣，即如馬季長之《喪服》注，散見各書。其注殤服，處處皆先言本服，或因長殤降一等，中、下殤降二等，從無但論殤服而不先從本服説起之例。棄先儒之舊旨而横發義例，何也？且又言：「此是『小功之殤中從下』者，與大功之『長殤』必連言『中殤』者有異，故不見

『中殤』也。而鄭氏乃以謂〔九二〕『大功』『小功』皆謂服其成人，誤以從父昆弟之殤爲『中從上』，蓋以經爲省文，以傳爲補義，故于庶孫中殤之緦麻不可通，于是改經文『中』字爲『下』字，以就其誤解」云云。按，「殤小功」章「爲人後者爲其從父昆弟之長殤」，此二人以本服大功，今長殤，小功也。若從父昆弟之下殤，則在緦麻也；而從父昆弟之中殤不見，故據此而問。傳意以爲：成人，大功；長殤，降一等，小功。今大功之中殤不見，以「中從上」故也。中從上，則大功之中殤亦當在小功，可知矣。然則此「大功」豈不指成人而指殤服耶？若指殤服，「小功」章何以又論及「大功之殤中從上」耶？試問：「大功之殤中從上」傳發于「從父昆弟」之後，則傳之問者是據從父昆弟而言也；「大功」亦指殤服，則必從父昆弟本當服期，因長殤，降一等而爲大功。無論大功之服不當雜入「小功」章，而從父昆弟之本服，當服期耶？不當服期耶？不當服期，則此「小功」章之所謂「大功之殤中從上」，非指成人之服而何？此不必煩言而解矣。若言此是「小功之殤中從下」者，經明言「長殤」，而程以爲「中從下」者，亦何其憒憒若是耶？經言「長殤」，傳以爲「從父昆弟之殤中從上」，此經、傳之明文，鄭又何從而誤耶？經豈非省文，而傳亦豈非補義耶？不足怪也。

程前論既謂《喪服》「長殤、中殤，降一等」云云四語皆經文，説者以其綴「緦麻」章後，遂誤以爲「緦麻」卒章之傳。不知傳皆憑經説義，無憑空立義之例，以爲「鄭不得其指，又不明爲齊衰之殤發例也」。按，《喪服》「爲夫之從父昆弟之妻」，此獨非經乎？下文「傳曰」云云，正是依經立義，而程乃以爲憑空立義，何耶？即如程説，求之全經之例，有傳文之下，贅以經文四語，戛然而止，不復發傳者乎？無此例，則程之謬妄不待言也。程言爲「大功」「小功」兩殤服章發例，而乃附于「緦麻」之卒章，何也？且「殤小功」章已有「大功之殤中從上，小功之殤中從下」，不嫌不明，何爲而重發例也？

程云：「又知兩殤服章，專主于齊衰之殤而制之也。」夫齊衰之長殤，降一等，已入「殤大功」章矣；齊衰之下殤，降二等，已入「殤小功」章矣，更無須復爲齊衰發例也。而「緦麻」之卒章，傳又有「齊衰之殤」云云者，一則主乎男子，一則主乎婦人，前後不嫌重複也。況傳例一發於「從父昆弟大夫〔九三〕」之下，一發於「婦人爲夫之親之服」下，故知其義然也，并非鄭氏强分以一例爲兩例也。程不知男子與婦人服殤之例不同，故種種背謬皆由此出，遂肆言「綜攬服例，無男子、婦人之異」，而謂鄭氏之説不足據。然注云：「凡不見者，以此求之。」故賈疏云：「婦人爲夫之親，從夫服而降一等，而經、傳不見者，以此求之也。」是可爲男子、婦人服殤不同之一證。且殤服未有不從正服相推者，如《喪服》「不杖期」章「爲夫之君」，傳曰：「何以期也？從服也。」蓋夫爲君斬，而妻從服期，是降一等也。爲夫之君之正服且降一等，而爲夫之從父昆弟之妻，有不降一等者乎？經、傳之不見，于此可以包之矣，不待再見也。重服且如此，而何况于輕服耶？且求之于經、傳，如「大功」章「叔父之長殤、中殤」，「小功」章「爲夫之叔父之長殤」，又「小功」章「叔父之下殤」，「緦麻」章「夫之叔父之中殤、下殤」，此正男子、婦人服殤之異。夫之叔父，成人，大功；長殤，在小功；故中、下殤，在緦麻，此所謂「大功之殤中從下」也。夫之昆弟之子，成人服在「齊衰期」章，其殤服則在「大功」章，故「殤服大功」章云「夫之昆弟之子、女子子之長殤、中殤」，所謂「齊衰之殤中從上」也。程不明男女于殤服之有異，而又苦于殤服之無在齊衰者，故一以爲「小功」章據殤服，而齊衰之服據成人也。

設有殤服之在齊衰者，則程必以其同爲殤服矣。是豈足以爲訓乎？

程又疑：「如謂『小功之殤中從下』爲成人之小功，夫成人之小功，其長殤，則緦麻也。若從祖父、從祖昆弟，皆小功之親，經并見長殤之緦麻服，安得復有下殤之服而爲中殤之所從者乎？」程説如此，而不必疑也。以成人服小功，而中、下之殤不見「緦麻」，遂以爲「中從下」之説無著矣。不知中殤從下殤，無服。若不發「中從下」之例，不幾于「小功之殤中從上」乎？則小功之中殤，皆當入「緦麻」章矣。「緦麻」章無小功中殤之服，故知其「中從下」耳。其理易辨，無容疑也。

況經只云「從下」，而未有「服」字；程氏加以「下殤之服」，增一「服」字。是中、下殤本無服，而程氏以爲有服。有服又不見「緦麻」章，于是求其故而不得，遂糾纏百出。此臆説之所由來也。不知殤有三等，而制服唯二等者，欲使大功下殤有服故也。若服亦三等，則大功之下殤無服矣。然大功之下殤，當小功之長殤，故小功之長殤有服，而中、下則無服也。經于中、下殤，絶無「服」字。今强加一小功中、下殤之服，是以通體皆閡而不通矣。

程瑶田《喪服文足徵記・殤服中從上中從下辨》：「『大功之殤中從上』二句，指殤服之大、小功，非成人之大、小功。余即據鄭氏所注《檀弓》以證之。《檀弓》：『君之適長殤，車三乘；公之庶長殤，車一乘；大夫之適長殤，車一乘。』注云：『成人，遣車五乘；長殤，三乘；下殤，一乘。尊卑以此差之。傳曰：「大功之殤中從上。」』余按，君、大夫之適長殤，在《喪服》，皆成人斬衰，降在大功殤服。鄭氏引傳，指大功殤服言，明矣。然則鄭氏于傳旨本明，至注傳時，牽于互證，偶然不得其解，遂誤以大、小功指謂成人。一切謬説，皆生於此。甚且以經文爲有誤字，而從而改易之也。今以鄭氏所不誤者，證鄭氏之誤，其義益明矣。公之庶長殤，則成人之絶而無服者，故《喪服》經中，不見其長殤之服也。」

論曰：此程氏傅會之談，而鄭氏殊不爾也。謹按《檀弓》：「君之適長殤，車三乘；公之庶長殤，車一乘；大夫之適長殤，車一乘。」本文不見中、下殤也，故鄭氏之注補其義曰：「皆下成人也。自上而下，降殺以兩。成人，遣車五乘；長殤，三乘；下殤，一乘。尊卑以此差之。傳曰：『大功之殤中從上。』」鄭以長殤車三乘、降殺以兩推之，下殤車當一乘也。然殤有三等，長、中、下；而殤服僅有二等，中或從上、或從下，故中殤不見也。然則殤車之數，將何以處中殤耶？故舉《喪服傳》以明之曰「大功之殤中從上」，以見殤車亦「中從上」也。以此比例殤車之數，并非以適長當斬衰，降而至大功，引《喪服傳》以明殤服也。其書具在，治經者玩索而得之，其是非立見矣。

又謂：「鄭于傳旨本明，而注傳時牽于互證，偶不得其解，遂誤以大、小功指成人。一切謬説，皆本於此。」此真委巷之談也。鄭氏綜核全經，欲以信今傳後，豈有本明傳例，忽然不得其解者耶？程氏用郝敬之説，改傳文以爲經，苦于臆説無徵，于是傅會《檀弓》之注，以爲于彼不誤，于此則誤。以子之矛，攻子之楯，庶幾信從其説，其用意可謂巧矣。殊不知鄭注一貫，皆不誤也。

程瑶田《喪服文足徵記〔九四〕·練冠易服附殤述》：「《雜記》曰：『有三年之練冠，則以大功之麻易之，唯杖屨〔九五〕不易。』此大功易練冠之例也。『有父母之喪，尚功衰，而附兄弟之殤，則練冠附于殤。』此小功殤練冠而附之例也。知爲小功殤者，小功以下爲兄弟，故謂其殤爲兄弟之殤。《服問》曰：『殤長、中，變三年之葛；終殤之月筭，而反三年之葛。下殤則否。』今曰『練冠附殤』，則是齊衰親之下殤降在小功，及大功親之殤降在小功以下者。鄭注乃以爲『大功之親爲殤，在緦、小功』者，蓋其于《喪服》長、中、下殤之説，其『中從上、下』之義先已誤解，故其説謬，不可從也。記發例者，兄弟之殤服輕，嫌尚功衰者有重服。在《禮》：不爲輕殤易服，亦宜不得祔輕殤。然殤有必當祔者，又祔于祖廟，必尊者主之，故雖有重服，而得以練冠祔輕殤也。然則小功親之殤，降在緦麻者，不祔〔九六〕乎？曰：烏〔九七〕在其不祔之也！雖已於緦親之殤，降而無服，然於其所當祔者而祔之則一也，祔祖廟之必主於尊者則一也，烏在其不以練冠而祔於殤也！夫如是，則是記也，實練冠祔殤之通例也。言殤之當祔者，不可不祔；而三年之喪，至於練冠，則亦可以祔殤也。故曰：『稱陽童某甫，不名，神也。』言祔殤之禮又如是其鄭重也。鄭氏既誤解殤服『中從上、下』之説，又不以兄弟爲小功以下之服名，而曰『冠而兄爲殤，謂同年者。兄十九而死，已明年因喪而冠』，意蓋謂：必如是，乃得冠而祔其兄之殤。然余以爲，記人之意不如是也。」

論曰：此程氏之説經，武斷極矣，今條其説而辨之。按，《雜記》：「有父母之喪，尚功衰，而祔兄弟之殤，則練冠。」鄭以爲「大功親以下之殤也」者，以其不合改練時之服故也。所以練冠者，《服問》所謂「小功不易喪之練冠」也。由成人小功，長殤，降一等，爲緦麻，故不變其練冠也。若大功親之殤，在小功緦麻，猶可以變三年之葛，《服問》所謂「長、中殤，變三年之葛」是也。若程以爲「齊衰親之下殤，降在小功」，不知齊衰之降在小功，則《喪服小記》所謂「下殤小功，帶澡麻不絕本，詘而反以報之」。鄭注以爲：「本齊衰之親。」記所云云者，「明親重也」。此可以練冠祔之乎？《雜記》：「己雖小功，既卒哭，可以冠子、取妻；下殤之小功，則不可。」注：「齊衰之親，除喪而後可爲昏禮。」是知齊衰下殤，如是其重也。

程據《服問》曰：「『殤長、中，變三年之葛；終殤之月筭[九八]，而反三年之葛。下殤則否。』今曰『練冠附殤』，則是齊衰親之下殤降在小功，及大功親之殤降在小功以下者。」夫以大功親爲殤，降在緦小功，尚得變三年之葛，以其正親親也，況齊衰乎？則齊衰下殤，亦得變三年之葛，孔疏言之詳矣。以練冠祔[九九]齊衰之下殤，于《禮》未之前聞也。且《服問》但言「下殤」，不知程何據而以爲齊衰也？按，齊衰下殤，見于《喪服》「殤小功」章。小功布衰裳，澡麻，帶絰五月者，鄭注引《小記》「下殤」云云以明之。《小記》疏：「謂本[一〇〇]期親，在下殤。降在小功者，服澡麻爲絰[一〇一]帶，而斷麻根本，示輕故也。今若下殤在小功者，則但首絰無根，而要帶猶有根，示其重故也。」夫齊衰之下殤降在小功者，與正小功之輕重頓殊也，而可以練冠祔之耶？失輕重之序矣。且《服問》云：「麻之有本者，變三年之葛。」今「殤小功」章「澡麻」，正是「麻之有本者」，此豈不變三年之葛乎？程云「練冠而祔」，不亦背經、注意乎？據「小功」章、《喪服小記》、《服問》，皆可證程說之謬者也。程亦知齊衰下殤降在小功者，爲何人而服乎？經以爲叔父之下殤，嫡孫之下殤，昆弟之下殤，大夫庶子爲嫡昆弟之下殤，爲姑姊妹、女子子之下殤，昆弟之子、女子子，夫之昆弟之子、女子子之下殤，如是而止耳，皆服輕而情重者也。

程云：「鄭氏既誤解殤服『中從上、下』之説，又不以兄弟爲小功以下之服名。」是不然也。《雜記》注：「謂大功以下之殤。」言「以下」，則包有小功在内，故疏云：「若大功正服，則變三年之練。此着練冠，故知大功親以下之殤。」亦可知鄭并非不知「兄弟」中包有小功也。

程氏以鄭注「冠而兄爲殤」云云，爲「記人之意不如是也」。不知《喪服傳》年十九至十六爲長殤，古者二十而冠，言「練冠」，則必冠者矣。焉有冠者之兄而猶爲殤者乎？男子冠而不爲殤矣，然則《雜記》當云「祔弟」足矣，又何以言「祔兄弟」乎？「兄」字無著，故鄭注如此云云，而後其説乃可通耳。傳意豈不如是耶？已冠之弟有下殤可也，兄亦有下殤耶？此真説之難通者也。

校勘記

〔一〕「筭」，蜚雲閣本作「算」，據《儀禮注疏》卷三十四及下引文改。

〔二〕「而死」，《禮説》作「而无」，屬下讀。

〔三〕「色」，蜚雲閣本作「巳」，據《晉書》卷三十一改。

〔四〕「神」，據文義，疑下奪「主」字。

〔五〕「爲」，《儀禮注疏》卷三十一作「謂」，字通。

〔六〕「立」，蜚雲閣本作「有」，據《魏書》卷一百〇八之二改。

〔七〕「云」，《魏書》卷一百〇八之二作「曰」。

〔八〕「繹」，《魏書》卷一百〇八之二作「懌」。

〔九〕「乎」，《魏書》卷一百〇八之二作「也」。

〔一〇〕「衆臣是也」，叢雲閣本作「家臣也」，據《公羊注疏》卷十改。

〔一一〕「統」，叢雲閣本奪，據《通典》卷八十八補。

〔一二〕「亡後」，《通典》卷九十六作「後亡」。

〔一三〕「防」，《禮説》卷一作「妨」。

〔一四〕「樂章六」，叢雲閣本作「樂六章」，據《唐會要》卷三十三改。

〔一五〕「亡猶無謚」，叢雲閣本作「無由作謚」，據《通典》卷一百〇四改。

〔一六〕「既」，叢雲閣本奪，據《通典》卷一百〇四補。

〔一七〕「三十二年」，叢雲閣本作「二十八年」，據《公羊注疏》卷九改。

〔一八〕「禮」，叢雲閣本奪，據《公羊注疏》卷九補。

〔一九〕「如」，《通典》卷九十三無，疑衍。

〔二〇〕「書」，叢雲閣本奪，據《通典》卷九十三補。

〔二一〕「太子二子」，叢雲閣本奪，據《晉書》卷十九補。

〔二二〕「王者治定制禮，功成作樂」，《禮記·樂記》作「王者功成作樂，治定制禮」。

〔二三〕「家」，《禮記正義》卷十九作「之家」。

〔二四〕「公除祭」，《唐會要》卷三十八作「公祭」。

〔二五〕「衰」，《通典》卷九十二作「縗」。

〔二六〕「者」，《通典》卷九十二無。

〔二七〕「不服」，《通典》卷八十八上有「則」字。

〔二八〕「可」，蜚雲閣本奪，據《通典》卷九十四補。

〔二九〕「人」，蜚雲閣本奪，據《通典》卷九十五補。

〔三〇〕「人」，蜚雲閣本作「父」，據《通典》卷九十五改。

〔三一〕「爲」，蜚雲閣本奪，據《禮記正義》卷五十七補。

〔三二〕「與尊者一體，而不得」，《儀禮注疏》卷三十作「與尊者爲一體，不敢」。

〔三三〕「論説」，蜚雲閣本無，據《禮説》卷二補。

〔三四〕「祭事」，蜚雲閣本作「祭祀」，據《通典》卷九十六改。

〔三五〕「至」，《通典》卷九十六作「至於」。

〔三六〕「適」，《通典》卷九十六作「嫡」。下「有適婦」「以適統」「爲適」并同。

〔三七〕「庶婦」，《通典》卷九十六作「庶」。

〔三八〕「少」，蜚雲閣本作「小」，據《通典》卷九十二改。

〔三九〕「人」，《通典》卷九十二無。

〔四〇〕「從」，蜚雲閣本涉下句作「按」，據《通典》卷九十二改。

〔四一〕「所」，蜚雲閣本奪，據《儀禮節解》卷十一補。

〔四二〕「主」，《儀禮商・喪服第十一》下有「矣」字。

〔四三〕「意」，蜚雲閣本作「也」，據《儀禮商·喪服第十一》改。

〔四四〕「賈」，蜚雲閣本作「氏」，據《群書疑辨》卷二「燕養饋羞湯沐之饌如他日」條改。

〔四五〕「勿」，蜚雲閣本作「或」，據《禮記正義》卷九改。

〔四六〕「饗」，蜚雲閣本作「享」，據《群書疑辨》卷二「士虞禮祝詞」條及下引文改。

〔四七〕「享」，蜚雲閣本作「饗」，據上引文、《群書疑辨》卷二改。

〔四八〕「哀子」，蜚雲閣本奪，據《儀禮注疏》卷四十三改。

〔四九〕「爲」，《群書疑辨》卷二作「謂」，字通。

〔五〇〕「曰」，《群書疑辨》卷二無，疑衍。

〔五一〕「祔」，蜚雲閣本奪，據《禮記正義》卷四十二補。

〔五二〕「報虞」，蜚雲閣本作「服虞」，據《禮記正義》卷三十三改。

〔五三〕「卒哭」，蜚雲閣本奪，據《禮記正義》卷三十三補。

〔五四〕「爲」，《群書疑辨》卷二作「謂」，字通。

〔五五〕「祝辭」，《群書疑辨》卷二作「祝詞」。

〔五六〕「者」，《群書疑辨》卷二無。

〔五七〕「豈」，《群書疑辨》卷二作「寧」。

〔五八〕「專」，《群書疑辨》卷二作「耑」，義同。

〔五九〕「乎」，蜚雲閣本作「於」，據《群書疑辨》卷三「大夫不祔于士，士不祔于大夫，祔于大夫之昆弟」條改。

〔六〇〕「殤與無後者」，萇雲閣本奪，據《禮記正義》卷三十二補。
〔六一〕「士大夫不得祔」，萇雲閣本作「士不祔」，據《禮記正義》卷三十三及下引文補。
〔六二〕「諸」，萇雲閣本奪，據《禮記正義》卷三十三及下引文補。
〔六三〕「士」，萇雲閣本奪，據上文補。
〔六四〕「連言」，《日知録》卷五作「連言之」。
〔六五〕「爲後」，《儀禮注疏》卷二十九作「後人」。
〔六六〕「札記」，萇雲閣本作「雜記」，據《四庫全書》本改。
〔六七〕「齊衰」，萇雲閣本奪，據《潛邱札記》卷四改。
〔六八〕「此」，萇雲閣本作「則」，據《潛丘札記》卷四改。
〔六九〕「女子」，萇雲閣本作「女子子」，據《禮記正義》卷四十四改。
〔七〇〕「以」，萇雲閣本奪，據《儀禮注疏》卷二十八補。
〔七一〕「出降」，萇雲閣本作「出嫁」，據《儀禮注疏》卷三十三改。
〔七二〕「帶」，萇雲閣本奪，據《禮記正義》卷五十七補。
〔七三〕「重服」，《禮記正義》卷三十三作「服重」。
〔七四〕「衰」，萇雲閣本奪，據《禮記正義》卷三十三補。
〔七五〕「而」，《禮記正義》卷三十三作「亦」。
〔七六〕「決當」，《讀禮通考》卷十二上有「而解義」三字。
〔七七〕「何必」，《讀禮通考》卷十二作「又何必」。

〔七八〕「服」，《讀禮通考》卷十二作「之服」。
〔七九〕「互相」，《儀禮注疏》卷三十二上有「言其」二字。
〔八〇〕「皇太子」，《通典》卷八十二作「皇子」。
〔八一〕「外之服也」，《儀禮注疏》卷三十三無。
〔八二〕「公當」，蜚雲閣本作「公子」，據《穀梁注疏》卷二改。
〔八三〕「可以」，《漢書》卷七十三、《册府元龜》卷五百七十三、《文獻通考》卷九十五并作「敢」；下「子不可同」，作「子不敢同」。
〔八四〕「意」，蜚雲閣本作「義」，據《禮箋》卷二改。
〔八五〕「豈」，《禮箋》卷二作「寧」。
〔八六〕「主」，蜚雲閣本奪，據《儀禮注疏》卷三十補。
〔八七〕「命爲妾子」，蜚雲閣本作「命妾爲子」，據文義改。
〔八八〕「熟」，《禮箋》卷二、《禮記正義》卷二十六并作「孰」。
〔八九〕「云」，蜚雲閣本奪，據《禮箋》卷三補。
〔九〇〕「同義」，蜚雲閣本倒作「義同」，據《禮箋》卷三乙。
〔九一〕「合」，陳昌治本、段注本《説文》并無。
〔九二〕「謂」，上引文作「爲」，字通。
〔九三〕「大夫」，蜚雲閣本作「丈夫」，據《儀禮注疏》卷三十二改。
〔九四〕「喪服文足徵記」，蜚雲閣本作「喪服足徵録」，據《儀禮喪服文足徵記》及前引文改。

〔九五〕「屨」，萛雲閣本作「屢」，據《儀禮喪服文足徵記》卷七改。

〔九六〕「祔」，萛雲閣本作「附」，據《儀禮喪服文足徵記》卷七改。下「不可不祔」「言殤之當祔者，不可不祔」同。

〔九七〕「烏」，萛雲閣本作「鳥」，據《儀禮喪服文足徵記》卷七改。下「烏」同。

〔九八〕「筭」，萛雲閣本作「算」，據前引文改。下衍「乃」字。

〔九九〕「祔」，萛雲閣本作「附」，據《禮説》卷四改。

〔一〇〇〕「本」，萛雲閣本奪，據《禮記正義》卷三十三補。

〔一〇一〕「絰」，萛雲閣本作「輕」，據《禮記正義》卷三十三改。

江南文脈
jiangnan wenmai

凌曙集

（下）

（清）凌曙 著
萬仕國 輯校

鳳凰出版社

解題

凌曙以爲，徐乾學《讀禮通考》綜覈數千年之言，彙爲一編，古代制度燦然大備，使讀者了然於沿革，有功於《禮》學。然持論稍偏，不能慎選，往往取後世之臆説而駁先儒之傳注，實爲所短。於是刺取其《喪期》二十九卷，以禮服爲經，以傳記、群説爲緯，以經傳爲準的，合者存之，不合則削之，以明從違，而不加案語，期使治禮之士有所依據，而不惑于新奇可喜之議。至道光元年（一八二一），輯爲六卷。卷一自「斬衰」「子爲父斬衰三年」，至「齊衰三年」章「母爲長子齊衰三年」；卷二自「齊衰期」章「父在爲母齊衰杖期」一節，至「公妾以及士爲其父母齊衰不杖期」一節；卷三自「齊衰三月」章「寄公爲所寓齊衰三月」，至「正大功」章「君爲姑姊妹女子子嫁于國君者大功九月」；卷四自「繐衰」章「諸侯之大夫爲天子繐衰裳牡麻絰既葬除之者」，至「正小功」章「君子子爲庶母慈己者小功五月」；卷五自「緦麻」章「族曾祖父母」一節，至「從父昆弟之子之長殤」一節；卷六自「記」之「公子爲其母練冠麻麻衣縓緣」一節，至「改葬緦」。光緒間，此書始刻入德化李氏《木犀軒叢書》（簡稱「木犀軒本」）中。該書取資於《讀禮通考》，故引文錯漏亦多與徐氏同。今據木犀軒本校。

序

徐氏乾學《讀禮通考》綜覈數千年之言，彙爲一百二十卷，制度典章，燦然大備，使讀者了然于沿革之際，其用力可謂勤矣。獨持論稍偏，不能奪選，往往取後世之臆説而駁先儒之傳注，所短蓋在是矣。今第就其《喪期》二十九卷，删爲六卷，仍以禮服爲經，而傳記、群説爲緯。其有合于經傳者存之，并不拘以時代，使治禮之士庶幾有所依據，而不惑于新奇可喜之議，是則余之所厚望也夫。

道光元年冬十有二月八日，江都凌曙撰

儀禮禮服通釋卷一

斬衰章

子爲父，斬衰三年。

《喪服傳》曰：「爲父，何以斬衰也？父，至尊也。」

《三年問》：「然則何以三年也？曰：加隆焉爾也。焉使倍之，故再期也。由九月以下，何也？曰：焉使弗及也。故三年以爲隆，緦、小功以爲殺，期、九月以爲閒。上取象于天，下取法于地，中取則于人，人之所以群居和壹之理盡矣。故三年之喪，人道之至文者也。夫是之謂至隆。是百王之所同，古今之所壹也。未有知其所由來者也。孔子曰：『子生三年，然後免於父母之懷。』夫三年之喪，天下之達喪也。」

《喪服四制》：「其恩厚者，其服重，故爲父斬衰三年，以恩制者也。」

諸侯爲天子，斬衰三年。

《喪服傳》曰：「天子，至尊也。」

《周禮・司服》：「凡喪，爲天王斬衰。」疏云：「諸侯、諸臣皆爲天王斬衰，故云『凡』以廣之。」

《昏義》：「天子修男教父道也，故爲天王服斬衰，服父之義也。」

《服問》：「君爲天子三年，夫人如外宗之爲君也，世子不爲天子服。」注：「世子不服，遠嫌也，與畿外之民同也。」

《白虎通德論》：「諸侯爲天子斬衰三年，何？普天之下，莫非王土；率土之濱，莫非王臣。臣之于君，猶子之于父。明至尊，臣子之義也。」

《通典》：「《魏晉故事》：皇子、廣陵王年十一，孫爲祖服期〔一〕，當從臣服？從本親服？應琳議：『案《禮・喪服》：「諸侯爲天子斬。」今廣陵王列土建國，古之諸侯，宜從臣制。』」

臣爲君，斬衰三年。

《喪服傳》曰：「君，至尊也。」注：「天子、諸侯及卿大夫有地者，皆曰君。」

《坊記》：「喪父三年，喪君三年，示民不疑也。」

《喪服四制》：「門内之治，恩掩義；門外之治，義斷恩。資于事父以事君而敬同，貴貴尊尊，義之大者也。故爲君亦斬衰三年，以義制者也。」

皆服斬。以諸侯體尊，不可以本親輕服服之也。』」《喪服小記》：「與諸侯爲兄弟者，服斬。」疏：「熊安生曰：『諸侯死，凡與諸侯有五屬之親者，

《荀子》：「君之喪，所以取于三年，何也？君者，治辨之主也，文理之原也，情貌之盡也。相率而致隆之，不亦可乎？」

父爲長子，斬衰三年。

《喪服傳》曰：「何以三年也？正體于上，又乃將所傳重也。庶子不得爲長子三年，不繼祖也。」注：「此言〔二〕爲父後者，然後爲長子三年。」疏：「雖承重，不得三年，有四種：一則正體不得傳重，謂適子有廢疾，不堪主宗廟也；二則傳重非正體，庶孫爲後是也；三則體而不正，立庶子爲後是也；四則正而不體，立適孫爲後是也。」

《喪服小記》：「庶子不爲長子斬，不繼祖與禰故也。」注：「尊先祖之正體，不二其統也。言不繼祖禰，則長子不必五世。」疏：「馬季長注《喪服》云：『此爲五世之嫡，父乃爲之斬也。』而鄭注此云〔三〕：『言不繼祖禰，則長子不必五世矣。』庾氏云：『若直云不繼祖，恐人謂據庶子長子死者之身不繼祖，故更言「不繼祖與禰」，欲明死者之父不繼祖與禰，非據死者之身。』」

賀氏《要記》云：「庶子父雖歿，猶不爲長子三年，以己不繼祖也。是亦明己身繼祖，乃得爲長

子斬也。」雷次宗曰：「父子，一體也，而長適獨正，故曰體。既爲正體，又將傳重，兼有二義，乃加其服。自非親正兼之，情體俱盡，豈可凌天地、混尊親也？」《通典》：「漢戴聖、聞人通漢皆以爲：父爲長子斬者，以其爲五代之適也。馬融注《喪服經》用之，鄭玄注《小記》，則以爲己身繼禰，便得爲長子斬。自後，諸儒皆用鄭説。」

爲人後者，斬衰三年。

《喪服傳》曰：「何以三年也？受重者必以尊服服之。何如而可爲之後？同宗則可爲之後。何如而可以爲人後？支子可也。爲所後者之祖父母、妻，妻之父母、昆弟、昆弟之子，若子。」《公羊傳》：「爲人後者，爲之子也。」《喪服小記》：「爲殤後者，以其服服之。」注：「言『爲後』者，據承之也。殤無爲人父之道，以本親之服服之。」《喪服傳》：「父卒，然後爲祖後者服斬。」疏：「《鄭志》趙商問：『已爲諸侯，父有廢疾，不任國政，不任喪事，而爲其祖服，制度之宜，年月之斷，云何？』答云：『父卒，爲祖後者三年斬，何疑？』趙商又問：『父卒，爲祖後者三年，已聞命矣。所問者，父在，爲祖何如？欲言三年，則父在；欲言期，復無主。斬杖之宜，主喪之制，未知所定。』答曰：『天子、諸侯之喪，皆斬衰，無期。』」

《喪服》疏：「雷氏云：『此文當云「爲人後者爲所後之父」，闕此五字者，以其所後之父或早卒，今所後，其人不定，或後祖父，或後曾高祖，故闕之，見所後不定故也。』」

漢《石渠議》：「大宗無後，族無庶子，已有一適子，當絶父祀以後大宗不？戴聖云：『大宗不可絶。言適子不爲後者，不得先庶耳。族無庶子，則當絶父，以後大宗。』聞人通漢云：『大宗有絶，子不絶其父。』宣帝制曰：『聖議是也。』」

馬融曰：「受人宗廟之重，故三年。」

《通典》：「東晉穆帝升平五年五月崩，皇太后令立瑯琊王丕，儀曹郎王峎議：『今立之，于大行皇帝屬則兄弟。凡奠祭之文，皆稱哀嗣。斯蓋所以仰參昭穆，自同繼統〔四〕，在兹一人，不以私害義，專以所後爲正。今皇太后德訓弘著，率母儀于内。主上既纂業承統，亦何得不述遵於禮？』僕射江霦議：『兄弟不相爲後，雖是舊説，而經無明據，此語不得施于王者。王者雖兄弟，既爲君臣，則同父子。』」

《通典》：「國子博士吴商答劉寶議曰：『案，《禮》貴適重正，所以尊祖禰繼代之正也。夫受重者不得以輕服服，是以孫及曾、玄，其爲後者，皆服三年，受重故也。且絶屬之宗來爲人後者，服之如父。今適孫爲後，而欲使爲祖服周，與衆孫無異，既非受重之義，豈合聖人稱情之制也？且孫爲祖，正服周；祖爲孫，正服九月。嫡孫爲後，則祖爲加服周，孫亦當加祖三年。此經之明據也。』」

《通典》：「晉劉智《釋疑》：『問者曰：「《禮》：孫爲祖後三年者，以其當正統也。庶子之長孫既不繼曾、高祖，此孫爲庶祖持重三年否？」答曰：「繼祖者，不唯謂大宗也。案，《喪服傳》與《小記》皆云：『庶子不爲長子三年，不繼祖與禰也。』兩舉之者，明父之重長子，以其當爲禰後也。其所繼者，於父則禰，於子則祖也。父以己當繼祖，故重其服，則孫爲祖後者不得輕矣。然則孫爲祖後者，皆三年矣。」』」

《通典》：「晉徐農人問殷仲堪曰：『《禮》：服高祖父母，齊衰三月。若其父承重者，爲當服周，爲故自服其本服耶？若服其本服，不以父重而增者。假如玄孫持高祖重，玄孫之子來孫本都無服。父服三年，而子吉服，懼非喪紀差降之義。若來孫本無服，而今有服，則曾、玄孫宜以父承重而加也。進退迷惑，不知所行。』殷答曰：『祖父在而祖母歿，則父服厭周；祖父亡後，則父服三年，而孫之服一定無變。是知孫之于祖，自有正服，不以父服爲升降。又疑玄孫承重，來孫無變。案，《禮記》有子姪之服，苟恩盡親畢，縞冠玄武，非爲無變矣。』」

妻爲夫、妾爲君，斬衰三年。

《喪服傳》曰：「夫，至尊也。」疏：「妻爲夫者，上從天子，下至庶人，皆同，爲夫斬衰也。」《喪服小記》：「婦人不爲主而杖者，姑在，爲夫杖。」注：「姑不厭婦。」《喪服傳》曰：「君，至尊也。」注：「妾謂夫爲君者，不得體之。加，尊之也。雖士亦然。」

女子子在室爲父，斬衰三年。

《喪服小記》：「女子子在室爲父母，其主喪者不杖，則子一人杖。」

子嫁，反在父之室，爲父斬衰三年。

《喪服》疏：「若天子之女嫁于諸侯，諸侯之女嫁于大夫，爲夫斬，仍爲父母不降。知者，以其外宗、内宗及與諸侯爲兄弟者爲君，皆斬，則知女雖出嫁，反，爲君，不降。」《喪服小記》：「爲父母喪，未練而出，則三年；既練而出，則已；未練而反，則期；既練而反，則遂之。」疏：「女出嫁，爲父母期。若父母喪，未小祥，而被夫遣歸，值小祥，則隨兄弟服三年之受。既已絶夫族，故其情更隆於父母也。」

馬融曰：「爲犯七出，還在父母之家。」

公士、大夫之衆臣爲其君，布帶、繩屨，斬衰三年。

《喪服傳》曰：「公卿、大夫室老、士，貴臣，其餘皆衆臣也。君，謂有地者也。衆臣杖，不以即位。近臣，君服斯服矣。繩屨者，繩菲也。」注：「士，卿士〔五〕也。公卿、大夫厭于天子、諸侯，故降其衆臣，布帶、繩屨。貴臣得伸，不奪其正。」

齊衰三年章

父卒則爲母，齊衰三年。

《喪服》疏：「直云『父卒爲母』足矣，而云『則』者，欲見父卒三年之内而母卒，仍服期。要父服除後而母死，乃得伸三年，猶未伸斬。」

《喪服小記》：「祖父卒，而后爲祖母後者三年。」注：「祖父在，則其服如父在服母也。」疏：「若祖卒時，父在，已爲祖期。今父殁，祖母亡時，已亦爲祖母三年也。」

《喪服傳》曰：「爲人後者爲所後者之妻，若子。」疏：「妻，死者之妻，即爲人後者〔六〕之母也。」

《喪服》注：「大夫之妾子，父在爲母，大功，則士之妾子爲母，期矣。父卒，則皆得伸也。」疏：「『皆得伸』者，士父在，已伸矣。但大夫妾子，父在大功者，父卒，則與士皆得伸三年也。」

馬融曰：「父卒，無所復屈，故得伸重服三年也。」

《通典》：「戴德《喪服變除》：『庶子父卒爲嫡母，繼母爲長子，皆齊衰三年。』」

繼母如母。父卒，爲之齊衰三年。

《喪服傳》曰：「繼母何以如母？繼母之配父，與因母同，故孝子不敢殊也。」注：「因，猶『親』也。」

慈母如母。父卒，爲之齊衰三年。

《喪服傳》曰：「慈母者，何也？《傳》曰：『妾之無子者，妾子之無母者，父命妾曰：「女以爲子。」命子曰：「女以爲母。」若是，則生養之，終其身如母；死，則喪之三年如母，貴父之命也。』」注：「此謂大夫之妾也。」

《曾子問》：「子游問曰：『喪慈母如母，禮與？』孔子曰：『非禮也。』」注：「如母，謂父卒三年也。子游意以爲，國君亦當然。《禮》所云者，乃大夫以下，父所使妾養妾子。」疏：「此一節，論諸侯之子喪慈母無服之事。」

《喪服小記》：「爲慈母之父母，無服。」注：「恩不能及。」疏：「慈母，父雖命爲母子，本非骨肉，故慈母之子不爲慈母之父母服〔七〕者，恩〔八〕所不及也。」

《喪服小記》：「爲慈母後者，爲庶母可也，爲祖庶母可也。」注：「謂父命之爲母子〔九〕者也。父之妾無子者，亦可命以〔一〇〕庶子爲後。」

《鄭志》：「趙商問鄭玄曰：『慈母嫁，亦當爲服如繼母否〔一一〕？』鄭玄答：『慈母賤，如何〔一二〕如繼母耶？』」

母爲長子，齊衰三年。

《喪服傳》曰：「何以三年也？父之所不降，母亦不敢降也。」疏：「爲長子齊衰者，以子爲母齊衰，不得〔一三〕過于子爲己也。」

《喪服小記》：「妾爲君之長子，與女君同。」注：「不敢以恩輕，輕服君之正統。」

雷次宗曰：「父之重長，以居正嫡之胤，當爲先祖之主故也；母亦以此義而加崇焉。夫父之服長，以其仰述祖禰，堂構斯荷；母亦以其承夫嗣業，三從是寄。父尚不以大夫之嚴，降祖禰之主，母亦安敢以婦人之尊，降所天之嫡？故曰：『父之所不降，母亦不敢降也。』以父況母，明父猶屈〔一四〕體，母宜無嫌。」

校勘記

〔一〕「期」，與《讀禮通考》卷四同，《通典》卷八十一作「周」。

〔二〕「言」，木犀軒本作「育」，據《儀禮注疏》卷二十九、《讀禮通考》卷四改。

〔三〕「云」，本犀軒本奪，據《禮記正義》卷三十二、《讀禮通考》卷四補。

〔四〕「統」，與《讀禮通考》卷十九同，《通典》卷八十作「體」。

〔五〕「士」，木犀軒本奪，據《儀禮注疏》卷二十九、《讀禮通考》卷五補。

〔六〕「爲人後者」，與《讀禮通考》卷七同，《儀禮注疏》卷二十九作「後人」。

〔七〕「服」，與《讀禮通考》卷七同，《禮記正義》卷三十三作「有服」。
〔八〕「恩」，與《讀禮通考》卷七同，《禮記正義》卷三十三作「爲恩」。
〔九〕「母子」，《禮記正義》卷三十三、《讀禮通考》卷七并作「子母」。
〔一〇〕「以」，《禮記正義》卷三十三、《讀禮通考》卷七并作「已」。
〔一一〕「否」，《通典》卷九十四、《讀禮通考》卷七并作「不」。
〔一二〕「如何」，《通典》卷九十四、《讀禮通考》卷七并作「何得」。
〔一三〕「不得」，與《讀禮通考》卷七同，《儀禮注疏》卷三十上有「母爲之」三字。
〔一四〕「屈」，木犀軒本作「居」，據《通典》卷八十九、《讀禮通考》卷七改。

儀禮禮服通釋卷二

齊衰期章

父在爲母，齊衰杖期。

《喪服傳》曰：「何以期也？屈也。至尊在，不敢伸其私尊也。父必三年，然後娶，達子之志也。」注：「適子父在，則爲妻不杖，以父爲之主也。」

《喪服四制》：「資于事父以事母，而愛同。天無二日，土無二王，國無二君，家無二尊，以一治之也。故父在爲母齊衰期者，見無二尊也。」

《喪服小記》：「庶子在父之室，爲其母不禫。庶子不以杖即位。」注：「庶子爲母不禫，妾子父在厭也。不以杖即位，下適子也。」疏：「謂適、庶俱有父母之喪，適子得執杖，進阼階哭位；庶子至中門外而去之，下適子也。」

馬融曰：「屈者，子自屈于父，故周而除母服也。父至尊，子不敢伸母服三年。」

爲妻，齊衰杖期。

《喪服傳》曰：「爲妻，何以期也？妻，至親也。」注：「父在，子爲妻以杖即位，謂庶子。」疏：「爲妻，年月禫杖亦與母同，故同章也。」

《雜記》：「爲妻，父母在，不杖，不稽顙。母在，不稽顙。稽顙者，其贈也，拜。宗子，母在爲妻，禫〔一〕。」

《喪服小記》：「父在，庶子爲妻，以杖即位可也。」注：「舅不主妾之喪，子得伸也。」

《晉書》：「劉寔喪妻，爲廬杖之制，終喪不御内。輕薄者笑之，寔不以介意。」

出妻之子爲母，齊衰杖期。

《喪服傳》曰：「出妻之子爲母期，則爲外祖父母無服。《傳》曰：『絶族〔二〕無施服，親者屬。』出妻之子爲父後者，則爲出母無服。《傳》曰：『與尊者爲一體，不敢服其私親也。』」疏：「雷氏云：『子無出母之義，故繫夫而言出妻之子也。』」

《喪服小記》：「爲父後者爲出母，無服。無服也者，喪者不祭故也。」注：「不敢以己私，廢父所傳重之祭祀。適子正體于上，當祭祀也。」

《通典》：「《石渠禮議》：『問：「父卒母嫁，爲之何服？」蕭太傅云：「當服周。爲父後，則不服。」』」

《通典》：「鄭玄答趙商問曰：『繼母而爲父所出，不服也。』」

晉范宣曰：「恩不生己，義距于父。非恩非義，何以得服？」

《通典》：「徐邈答劉閏之問『庶子服出適母』，邈以經言『出妻之子爲母』，明非所生，則無服也。」

父卒，繼母嫁，從，爲之服齊衰期，報。

《喪服傳》曰：「何以期也？貴終也。」

《通典》：「徐整問曰：『出妻之子爲其母，及父卒繼母嫁，爲之服、報，皆周也。』」

《通典》：「庾蔚之謂：『爲父後，不服出母，爲廢祭也。母嫁而迎還，是子之私情。至于適子，不可廢祭。鍾毓率情而制服，非《禮》意也。《禮》云：「繼母嫁，從，爲之服。」非父後者也。』」

祖父母，齊衰不杖期。

《喪服傳》曰：「何以期也？至尊也。」疏：「以是父之至尊，非孫之至尊，故直云『至尊也』。」

《喪服小記》：「祖父卒，而后爲祖母後者，三年。」注：「祖父在，則其服如父在爲母也。」

世父母、叔父母，齊衰不杖期。

《喪服傳》曰：「世父、叔父何以期也？與尊者一體也。然則昆弟之子何以亦期也？旁尊也，不足以加尊焉，故報之也。世母、叔母何以亦期也？以名服也。」疏：「既有母名，則當隨世叔而服之。」

《喪服》注：「爲姑在室，亦如之。」

《檀弓》：「縣子瑣曰：『吾聞之：古者不降上、下，各以其親。滕伯文爲孟虎齊衰，其叔父也；爲孟皮齊衰，其叔父也。』」

馬融曰：「與父一體，故不降而服期〔三〕。」

大夫之適子爲妻，齊衰不杖期。

《喪服傳》曰：「何以期也？父之所不降，子亦不敢降也。何以不杖也？父在，則爲妻不杖。」

《喪服小記》：「世子不降妻之父母，其爲妻也，與大夫之適子同。」注：「世子，天子、諸侯之適子也。」

昆弟，齊衰不杖期。

《喪服》注：「昆，兄也。爲姊妹在室，亦如之。」

《喪服小記》：「與諸侯爲兄弟者，服斬。」疏：「若俱爲諸侯，則各依本服，期也。」

《通典》：「劉智《釋疑》：『問曰：「昆弟骨肉以罪惡徒流死者，諸侯有服否？」智答曰：「凡以罪惡徒流死者，絶之；國君于兄弟有罪者，亦絶也。舊説，諸侯于兄弟有弔服，服衰絰。此不服，則無衰絰，素服而已，不弔臨其喪也。諸侯之身，體先君，奉祭祀，是以不得盡其情於所絶耳。然則不爲父後者，則服之矣。」』」

爲衆子，齊衰不杖期。

《喪服》注：「衆子者，長子之弟及妾子。女子子在室，亦如之。士謂之衆子，未能遠別也。大夫則謂之庶子，降之爲大功。天子、國君不服之。」

《喪服小記》注：「凡父母於子，舅姑於婦，將不傳重於適及將傳重者非適，服之皆如衆子、庶婦〔四〕。」

《通典》：「王徽之問劉玢，答云：『若適子有廢疾，不得受祖之重，則服與衆子同，在齊衰。蓋以不堪傳重，故不加服，非以廢疾而降也。』」

昆弟之子，齊衰不杖期。

《喪服傳》曰：「何以期也？報之也。」疏：「此兩相爲服。」

大夫之庶子爲適昆弟，齊衰不杖期。

《喪服傳》曰：「何以期也？父之所不降，子亦不敢降也。」注：「大夫雖尊，不敢降其適，重之也。適子爲庶昆弟，庶昆弟相爲，亦如大夫爲之。」疏：「以大夫適子得行大夫禮，故父子俱降庶，庶又自相降也。如大夫爲之，皆大功也。」

適孫，齊衰不杖期。

《喪服傳》曰：「何以期也？不敢降其適也。有適子者無適孫，孫婦亦如之。」注：「周之道，適子死，則立適孫，是適孫將上爲祖後者也。長子在，則皆爲庶孫耳。孫婦亦如之，適婦在，亦爲庶孫之婦。凡父于將爲後者，非長子，皆期也。」疏：「適孫承重，爲祖斬，祖爲之期。不報之斬者，祖爲孫，本非一體，但以報，期，故不得斬也。」

顧炎武《日知録》：「冢子〔五〕，身之副貳也。家無二主，亦無二嗣，故有適子者無適孫。唐高宗有太子，而復立太孫，非矣。」

爲人後者爲其父母，齊衰不杖期，報。

《喪服傳》曰：「何以期也？不貳斬也。何以不貳斬也？持重于大宗者，降其小宗也。」疏：「此謂其子後人，反來爲父母服者，欲其厚於所後，薄於本親，抑之，故次在孫後也。言『報』者，既深抑之，使同本疏往來相報之法故也。」

《通典》：「晉王廙按，《喪服》云：『爲人後者爲其父母，持重於大宗者，降其小宗也。』按經、傳：爲人後者，固自降其親也。所以降其親者，已受重於大宗，必爲所後之父服斬故也。制其體例，若受重於大宗，而不爲所後之父服斬，則非〔六〕經所謂爲人後者之義也。凡既受命出爲人後，而不爲所後者之父制服，固非禮也；還爲其親斬，亦非禮也。均其失，寧居過重，無居過輕。夫恩由義厭，情爲禮黜，是以五服之疏屬，有相爲重者矣。天性之父子，有相爲輕者矣。屈伸進退，有自來也。」

《東都事略·歐陽修傳》：「修著《濮議》，引《喪服記》曰：『爲人後者，爲其父母服。』服者，齊衰期也，謂之降服。親不可降，降者，降其外物爾，喪服是也。其必降者，示有所屈也。以重承〔七〕大宗之重，尊祖，而爲之屈於此，以伸於彼也。生莫重於父母，而爲之屈者，以承大宗者亦重也。此以義制者也。父子之道，天性也。臨之以大義，有可以降其外物，而本之於至仁，則不可絶其天性。絶人道而滅天理，此不仁者之或不爲也。故聖人制服，爲降三年爲期，而不没其父母之名，以見服可降而名不可没也。此以仁存者也。今議者欲以爲人後之故，使一旦反視父母，若未嘗生我者，其絶之也甚矣。使其真絶之與？是非人情也。迫於義而僞絶之與？是仁義者教之爲僞也。其議如此。」

彭百川《太平治跡統類》：「治平元年，宰相韓琦言：『濮安懿王德盛位隆，所宜尊禮。陛下受命先朝，躬承聖統，顧以大義，後其私親。請下有司，議濮安懿王及譙國太夫人王氏、襄國太夫人韓氏、仙遊縣君任氏，合行典禮，詳處其當，以時施行。』詔：『須大祥後議。』二年四月，詔：『議崇奉濮典禮以聞。』翰林學士王珪等相顧不敢先，天章閣待制司馬光獨奮筆立議。議成，王珪即敕吏以光手藁爲按。其議曰：『臣等謹按，《儀禮·喪服》「爲人後者」傳曰：「何以三年也？受重者必以尊服服之。爲所後者之祖父母、妻，妻之父母、昆弟、昆弟之子，若子。」若子者，皆如親子也。又，「爲人後者爲其父母」傳曰：「何以期也？不貳斬也。持重於大宗者，降其小宗也。」又，「爲人後者爲其昆弟」傳曰：「何以大功也？爲人後者，降〔八〕其昆弟也。」以此觀之，爲人後者爲之子〔九〕，不敢顧〔一〇〕私親。聖人制禮，尊無二上。若恭愛之心分施於彼，則不專一於此故也。是以秦漢以來，帝王有自旁支入繼大統，或推尊父母，以爲帝、后，皆見非當時，取譏後世。臣等不敢引以爲聖朝法。前代之入繼者，多宮車晏駕之後，援立之策，或出母后，或出近臣，非如仁宗皇帝，年齡未衰，深惟宗廟之重，祇承天地之意，於宗室衆多之中，簡拔聖明，授以大業。陛下身〔一一〕爲先帝之子，然後繼體承祧，光有天下。濮安懿王雖於陛下有天性之親、顧復之恩，然陛下所以負扆端冕，富有四海，子子孫孫，萬世相承者，皆先帝之德也。臣等愚淺，不達古今，竊謂：今日所以崇奉濮安懿王典禮，宜準先朝封贈期親尊屬〔一二〕故事，高官大國，極其尊榮；襄國太夫人、仙遊縣君，亦改封大國太夫人。考之古今，實爲宜稱。』」

《宋史·禮志〔一三〕》：「御史呂誨等彈奏歐陽修首建邪議，韓琦、曾公亮、趙概附會不正之罪，固請如王珪等議。呂誨等既去職，而濮議亦寢。至神宗元豐二年，詔以濮安懿王三夫人可并稱王夫人。」

女子子適人者爲其父母、昆弟之爲父後者，齊衰不杖期。

《喪服傳》曰：「爲父何以期也？婦人不貳斬也。婦人不貳斬者，何也？婦人有三從之義，無專用之道，故未嫁從父，既嫁從夫，夫死從子。故父者，子之天也；夫者，妻之天也。婦人不貳斬者，猶曰不貳天〔一四〕也。婦人不能貳尊也。爲昆弟之爲父後者，何以亦期也？婦人雖在外，必有歸宗曰小宗，故服期也。」

繼父同居者，齊衰不杖期。

《喪服傳》曰：「何以期也？《傳》曰：『夫死、妻穉，子幼，子無大功之親，與之適人；而所適者，亦無大功之親。所適者以其貨財爲之築宫廟，歲時使之祀焉，妻不敢與焉。』若是，則繼父之道也。同居，則服齊衰期；異居，則服齊衰三月也。必嘗同居，然後爲異居；未嘗同居，則不爲異居。」

《喪服小記》：「繼父不同居也者，必嘗同居。皆無主後，同財而祭其祖禰爲同居，有主後者爲異居。」注：「録恩服深淺也。見同財，則期；同居異財，故同居、今異居，及繼父有子，亦爲異居，則服齊衰三月；未嘗同居，則不服。」疏：「異居之道，其理有三：一者，昔同今異；二者，今雖共居，而財計各別；三者，繼父更有子，便爲異居。」

爲夫之君，齊衰不杖期。

《喪服傳》曰：「何以期也？從服也。」

馬融曰：「夫爲君服三年。妻從夫，降一等，故服期。」

姑姊妹、女子子適人無主者，齊衰不杖期。姑姊妹，報。

《喪服傳》曰：「無主者，謂其無祭主者也。何以期也？謂其無祭主故也。」注：「無主後者，人之所哀憐，不忍降之。」疏：「『女子子』問在上。不言報者，女子子出適，大功；反，爲父母，自然猶期，不須言報，故不言也。」

雷次宗曰：「案，《檀弓》曰：『姑姊妹之薄也，蓋有受我而厚之者。』今無祭主者，是無子、無夫，則無受我而厚之者也。既無受我之厚，則我不得降其本情，故哀發於無主而服依於天倫也。今之不降其服者，既緣亡者之煢獨，又因報身之無屈。二塗俱伸，彼此兼遂，故父母兄弟、在室姊妹，咸得反服也。唯出適者，自以義結他族，事殺本宗，受我之厚，奪之亦深，至乃愛敬兼極者，猶抑斬以爲周，況他人乎？雖則家庭莫主，兄弟絶嗣，無後之痛，路人所悲，而深心徒結，至服無反，良由既曰外成，事無兩降故也。降由已身之出，不計前人應降與不應也。所謂反服者，反於昆弟、伯叔耳。若無主服周，昆弟大功，則是過於昆弟也，豈所謂反服哉？問者曰：女子子出適者，不得爲無主服周，斯則然矣。敢問兩無主，得互相〔一五〕反服否？答曰：《經》云『姑姊妹報』，明反服不由己身。人今哀己，不可無服。若兩俱無主，義無先服，則無服，安得互相爲周？」

爲君之父母、妻、長子、祖父母，齊衰不杖期。

《喪服傳》曰：「何以期也？從服也。父母、長子，君服斬。妻，則小君也。父卒，然後爲祖後者服斬。」疏：「『父母、長子，君服斬』者，欲見臣從君服期。君之母，當齊衰，而言斬者，以母亦有三年之喪，故并言之。云『妻，則小君』者，欲見臣爲小君，期是常，非從服之例。云『父卒，爲祖後者〔一六〕服斬』者，傳解經爲君之祖父母從服期之意，謂始封之君者。始封之君非繼體，容有祖父不爲君而死，君爲之斬，臣亦從服期也。」

《服問》：「大夫之適子爲君、夫人、太子〔一七〕，如士服。君之母非夫人，則群臣無服，唯近臣及僕、驂乘從服，唯君所服服也。」注：「大夫不世，子不嫌也。士爲國君斬，小君期；太子，君服斬，臣從服期。」

《司服》：「凡喪，爲王后齊衰。」注：「王后，小君也。諸侯爲之不杖期。」疏：「凡喪者，諸侯、諸臣皆爲王后齊衰，天子、卿大夫之適子亦當然，故云『凡』以廣之也。」

《雜記》：「外宗爲君、夫人，猶内宗也。」注：「皆謂嫁于國中者也。爲君服斬，夫人齊衰，不敢以其親服服至尊也。外宗，謂姑姊妹之女，舅之女及從母，皆是也。内宗，五屬之女也。」

妾爲女君，齊衰不杖期。

《喪服傳》曰：「何以期也？妾之事女君，與婦之事舅姑等。」注：「女君，君適妻也。女君於妾，無服。報之則重，降之則嫌。」

雷次宗曰：「今抑妾，使同婦；尊女君，使同姑。女君於妾，不得同姑之降。婦不降，則應報。所以不報者，欲伸其抑妾之旨。若復報之，則并后之誡，竟〔一八〕無所徵，故報之則違抑妾之義，降之則有舅姑之嫌，故使都無服，無重嫌之責也。」

婦爲舅姑，齊衰不杖期。

《喪服傳》曰：「何以期也？從服也。」《喪服小記》：「婦當喪而出，則除之。」注：「當喪，當舅姑之喪也。出，除喪，絶族也。」《服問》：「傳曰：『有從輕而重。』公子之妻爲其皇姑。」疏：「公子，謂諸侯之妾子也。皇姑，即公子之母也。諸侯在，尊厭妾子，使爲母練冠；諸侯没，妾子得爲母大功。而妾子妻不辨諸侯存没，爲夫之母期也。」馬融曰：「從夫而爲之服也。從服，降一等，故夫服三年，婦服期也。」

夫之昆弟之子，齊衰不杖期。

《喪服傳》曰：「何以期也？報之也。」注：「男、女皆是。」疏：「據女在室與出嫁，二母相爲服，同期與大功，故子中兼男、女也。」馬融曰：「伯母、叔母，報之。」

公妾、大夫之妾爲其子，齊衰不杖期。

《喪服傳》曰：「何以期也？妾不得體君，爲其子，得遂也。」注：「此言二妾不得從於女君尊降其子也。女君與君一體，惟爲長子三年，其餘以尊降之，與妾子同也。」疏：「諸侯絶旁期，爲衆子無服；大夫降一等，爲衆子大功。其妻體君，皆從夫而降之。至於二妾，賤，皆不得體君。君不厭妾，故自爲其子得伸，遂而服期也。」

雷次宗曰：「嫌二妾從於君尊以降其子，故明之。所嫌者尊降，故不言士妾也。」又曰：「夫人與君同體，以尊降其子也；公子與君同體，以厭降其親也。妾無夫人之尊，故不敢降其子；無公子之厭，故得遂其親也。而事鄰於體君，跡幾於不遂，故每以『不體』『得遂』爲言也。」

女子子爲祖父母，齊衰不杖期。

《喪服傳》曰：「何以期也？不敢降其祖也。」注：「經似在室，傳似已嫁。明雖有出道，猶不降。」

馬融曰：「不言女孫，言女子子者，婦，質者，親親，故繫父言之；出入服同，故不言在室、適人也。」

大夫之子爲世父母、叔父母、子、昆弟、昆弟之子、姑姊妹女子子無主者爲大夫、命婦者，齊衰不杖期，唯子不報。

《喪服傳》曰：「大夫者，其男子之爲大夫者也。命婦者，其婦人之爲大夫妻者也。無主者，命婦之無祭主者也。何以言『唯子不報』也？女子子適人者爲其父母期，故言『不報』也，言其餘皆報也。何以期也？父之所不降，子亦不敢降也。大夫曷爲不降命婦也？夫尊於朝，妻貴於室矣。」《石渠禮議》曰：「經云『大夫之子爲姑姊妹女子子無主後者爲大夫命婦者，唯子不報』，何？戴聖以爲：『唯子不報者，言命婦不得降，故以大夫之子爲文〔一九〕。唯子不報者，言猶斷周，不得伸其服也。』宣帝制曰：『爲父母周是也。』」雷次宗曰：「以報之爲言二服如一，父母爲女子子適人無主者周，女子子適人亦爲父母周，與報相亂，故經別言其非報也。」

大夫爲祖父母適孫爲士者，齊衰不杖期。

《喪服傳》曰：「何以期也？不敢降其祖與適也。」

公妾以及士妾爲其父母，齊衰不杖期。

《喪服傳》曰：「何以期也？妾不得體君，得爲其父母遂也。」

馬融曰：「公，謂諸侯也。或其間有卿大夫妾，故言『以及士妾』也。皆爲其父母得服期〔二〇〕也。」

雷次宗曰：「今明妾以卑賤，不得體君，厭所不及，故得爲其父母遂也。」

校勘記

〔一〕「宗子母在爲妻禫」，《喪服小記》文，《讀禮通考》卷八亦誤引作《雜記》文。

〔二〕「族」，木犀軒本作「屬」，據《儀禮注疏》卷三十、《讀禮通考》卷八改。

〔三〕「期」，與《讀禮通考》卷九同，《通典》卷九十作「周」。

〔四〕「庶婦」，木犀軒本奪，據《禮記正義》卷三十三、《讀禮通考》卷九補。

〔五〕「冢子」，木犀軒本、《讀禮通考》卷四作「冢子」，據《日知録》卷五改。

〔六〕「非」，與《讀禮通考》卷九同，《通典》卷九十六作「自非」。

〔七〕「重承」，木犀軒本誤倒，據《東都事略》卷七十一、《讀禮通考》卷二十乙正。

〔八〕「降」，與《儀禮注疏》卷三十一同，《讀禮通考》卷二十、《太平治跡統類》卷十一作「辟」。

〔九〕「爲之子」，木犀軒本奪，據《讀禮通考》卷二十、《太平治跡統類》卷十一補。

〔一〇〕「顧」，與《讀禮通考》卷二十同，《太平治跡統類》卷十一作「復顧」。

〔一一〕「身」，與《讀禮通考》卷二十同，《太平治跡統類》卷十一作「親」。

〔一二〕「期親尊屬」，與《讀禮通考》卷二十同，《太平治跡統類》卷十一作「期尊親屬」。

〔一三〕「禮志」，與《讀禮通考》卷二十同，《宋史·禮志》無此語，乃見於《宋史》卷二百四十五《濮王允讓傳》。

〔一四〕「天」，木犀軒本作「大」，據《儀禮注疏》卷三十、《讀禮通考》卷九改。

〔一五〕「互相」，與《讀禮通考》卷九同，《通典》卷九十作「交相」。下「互相爲周」同。

〔一六〕「者」，木犀軒本、《讀禮通考》卷九并奪，據《儀禮注疏》卷三十一補。

〔一七〕「太子」，《讀禮通考》卷九、《禮記正義》卷五十七作「大子」，注同。

〔一八〕「誠竟」，木犀軒本作「戒意」，《讀禮通考》卷十作「誠意」，據《通典》卷九十改。

〔一九〕「爲文」，《讀禮通考》卷九作「爲之」，木犀軒本作「言之」，據《通典》卷九十九改。

〔二〇〕「期」，《通典》卷九十、《讀禮通考》卷十并作「周」。

儀禮禮服通釋卷三

齊衰三月章

寄公爲所寓，齊衰三月。

《喪服傳》曰：「寄公者，何也？失地之君也。何以爲所寓服齊衰三月也？言與民同也。」注：「諸侯五月而葬，而服齊衰三月者，三月而藏其服，至葬又更〔一〕服之，既葬而除之。」疏：「失地之君，謂若《詩・式微》『黎侯寓於衛』是也。」

雷次宗曰：「既來受其惠，宜敬於所托，故與衆人同。」

《晉書・禮志》：「《喪服》：『寄公爲所寓齊衰三月。』新禮以今無此事，除此一章。摯虞以爲：『《周禮》作樂於刑厝之時，而著荒政十二禮，備制待物，不以時衰而除盛典、世隆而闕衰教也。曩者，王司徒失守播越，自稱寄公。是時，天下又多此比，皆禮之所及。宜定新禮，自如舊經。』詔從之。」

丈夫、婦人爲宗子、宗子之母、妻，齊衰三月。

《喪服傳》曰：「何以服齊衰三月也？尊祖也。尊祖，故敬宗。敬宗者，尊祖之義也。宗子之母在，則不爲宗子之妻服也。」注：「婦人，女子子在室及嫁歸宗者也。宗子，繼別之後，百世不遷，所謂大宗也。」

《大傳》：「公子有宗道。公子之公，爲其士大夫之庶者，宗其士大夫之適者，公子之宗道也。」注：「公子不得宗君。君命適昆弟爲之宗，使之宗之，是公子之宗道也。所宗者適，則如大宗。死，爲之齊衰九月。其母，則小君也，爲其妻，齊衰三月。無適而宗庶，則如小宗。死，爲之大功九月。其母、妻，無服。公子唯己而已，則無所宗，亦莫之宗。」

馬融曰：「丈夫、婦人，謂一族男女，皆爲宗子母與妻。」

爲舊君、君之母、妻，齊衰三月。

《喪服傳》曰：「爲舊君，孰謂也？仕焉而已者也。何以服齊衰三月也？言與民同也。君之母、妻，則小君也。」注：「仕焉而已者，謂老若有廢疾而致仕者也。爲小君服者，恩深於民。」疏：

「舊君，舊蒙恩深，以對於父。今雖退歸田野，不忘舊德，故次在宗子之下也。但爲舊君有二：一則致仕，一則待放未去。此則致仕者也。」

雷次宗曰：「身既反昔，服亦同民。蓋謙遠之情，居身之道也。然恩紀内結，實異餘人，故爰及母、妻也。」

《通典》：「穆帝崩，前〔二〕尚書郎曹耽等奔赴，皆服齊衰。治書侍御史喻希表彈其失禮，曹耽上表自理曰：『臣聞：居〔三〕喪之禮，貴賤不同。《禮》：「臣爲君斬衰，仕焉而已。爲舊君，齊衰。」爵禄既絶，朝見既替，蓋以疏，賤於親貴，故降其制也。』」

庶人爲國君，齊衰三月。

《喪服》注：「不言民而言庶人，庶人或有在官者。天子畿内之民服天子，亦如之。」

《白虎通》：「庶人爲國君，服齊衰三月；王者崩，京師之民喪三月，何？民賤而王貴，故三月而已。天子七月而葬、諸侯五月而葬者，則民始哭，素服；先葬三月，成齊衰；期月以成禮，葬君也。禮不下庶人，所以爲民制，何？禮不下庶人者，尊卑制度也。服者，恩從内發，故爲之制也。」

大夫在外，其妻、長子爲舊國君，齊衰三月。

《喪服傳》曰：「何以服齊衰三月也？妻，言與民同也。長子，言未去也。」注：「在外，待放已去者。妻雖從夫而出，古者大夫不外娶，婦人歸宗，往來猶民也。《春秋傳》曰：『大夫越境逆女，非禮。』君臣有合離之義，長子去，可以無服。」

《雜記》：「違諸侯，之大夫，不反服；違大夫，之諸侯，不反服。」注：「其君尊卑異也。違，去也。去諸侯、仕諸侯，去大夫、仕大夫，乃得爲舊君服。」

《檀弓》：「仕而未有禄者，君有饋焉，曰『獻』；使焉，曰『寡君』。違而君薨，弗爲服也。」注：「以其恩輕也。違，去也。」

《石渠禮議》：「戴聖曰：『大夫在外者，三諫不從而去，君不絕其禄位，使其適子奉其宗廟。言長子者，重長子也。承宗廟，宜以長子爲文。』蕭太傅曰：『長子者，先祖之遺體也。大夫在外，不得親祭，故以重者爲文。』宣帝制曰：『以在外，故言長子。』」

賀循按：「鄭注《喪服》云：『凡妻，從夫降一等。夫合三月，則妻宜無服，而猶三月者，古者大夫不外娶，其妻則本國之女也，雖從夫而出，婦人歸宗，往來猶民，故從民服也。長子有服，謂未去者也。』」

繼父不同居者，齊衰三月。

《喪服》注：「嘗同居，今不同。」

《通典》：「唐聖曆元年，太子左庶子王方慶嘗書問太子文學徐堅曰：『女子年幼〔四〕而早孤，其母貧窶，不能守志，携以適人，爲後夫之鞠養〔五〕。及長出嫁，不復同居。今母後夫亡，欲制繼父服，不知可否？人間此例甚衆。至於服紀，有何等差？前代通儒，若爲議論？』堅答曰：『《儀禮·喪服經》：「繼父同居，齊衰期〔六〕。」謂子無大功之親，與之適人，所適亦無大功之親，而所適者以貨財爲之築宫廟，歲時使之祀焉者也。鄭玄曰：「大功之親，同財者也。築宫廟於家門之外者，神不歆非族也。以恩服爾。未嘗同居，則不服也。」《小戴禮記》繼父服，并有明文，斯《禮經》之正説也。至於馬融、王肅、賀循等，并稱大儒達禮，更無異文。唯傅玄著書，以爲父無可繼之理，不當制服。此禮，焚書之後，俗儒妄造也。袁凖作《論》，亦以爲此則自制父也，亂名之大者。竊以父猶天也，愛敬斯極，豈以醜貌繼以他人哉？然而藐爾窮孤，不能自立，既隨其母，托命他宗，本族無養之人，因托得存其繼嗣。在生也，實賴其長育；及其死也，頓同之行路，重其生而輕其死，篤其始而薄其終，稱情立文，豈應如是？故袁、傅之駁，不可爲同居者施焉。昔朋友之死，同爨之喪，并制緦麻，詳諸經典。比之於此，蓋亦何嫌？繼父之服，宜依正禮。今女子母携重適人，寄養他門，所適慈流，情均膝下；長而出嫁，始不同居。此則笄總之儀，無不畢備，與築宫立廟無異焉，蓋有繼父之道也。戴德《喪服記》曰：「女子子適人者爲繼父，齊衰三月。」不分別同居、異居。梁氏《集説》亦云：「女子子適人者服繼父，與不同居者服同。」今爲服齊衰三月，竊爲折衷。』」

曾祖父母，齊衰三月。

言小功者，服之數盡於五，則高祖宜緦麻，曾祖宜小功也。據祖期，則曾祖宜大功，高祖宜小功也。《喪服傳》：「何以齊衰三月也？小功者，兄弟之服也。不敢以兄弟之服服至尊也。」注：「正曾祖、高祖皆有小功之差，則曾孫、玄孫爲之服同也。重其衰麻，尊尊也；減其日月，恩殺也。」疏：「此經直云曾祖，不言高祖，按，下『緦麻』章鄭注云：『族祖父者，亦高祖之孫，則高祖有服，明矣。』是以此注亦兼曾、高而説也。不言者，見其同服故也。」

大夫爲宗子，齊衰三月。

《喪服傳》曰：「何以服齊衰三月也？大夫不敢降其宗也。」疏：「大夫尊降旁親，皆一等。尊祖，故敬宗。是以大夫雖尊，不降宗子，爲之三月。宗子既不降，母、妻不降可知。」

舊君，齊衰三月。

《喪服傳》曰：「大夫爲舊君，何以服齊衰三月也？大夫去，君埽其宗廟，故服齊衰三月也，言與民同也。何大夫之謂乎？言其以道去君，而猶未絶也。」注：「大夫，待放未去者。以道去君，謂三諫不從，待放於郊。未絶者，言爵禄尚有列於朝，出入有詔於國，妻、子自若民也。」

馬融曰：「大夫爲舊君，據不在列位，不敢自比於留臣，故自同於庶人也。」

雷次宗曰：「前經既已有『爲舊君』，今復有此『舊君』傳，所以知前經是仕焉而已，後經是待放未去者。蓋以兼服小君，知恩有淺深也。仕焉而退，君臣道足。恩義既施，服及母、妻。今被放而去，名義盡矣。若君不能掃其宗廟，則但不爲戎首而已。以其猶復未絶，故得同於庶人，適足以反服於君，不獲及其親也。」

曾祖父母爲士者，如衆人，齊衰三月。

《喪服傳》曰：「何以齊衰三月也？大夫不敢降其祖也。」

女子子嫁者、未嫁者爲曾祖父母，齊衰三月。

《喪服傳》曰：「嫁者，其嫁於大夫者也；未嫁者，其成人而未嫁者也。何以服齊衰三月？不敢降其祖也。」注：「言嫁於大夫者，明雖尊猶不降也。成人，謂年二十，已笄醴者也。此著不降，明有所降。」

殤大功章

子、女子子之長殤、中殤，大功，布衰裳，牡麻絰，無受者。

《喪服傳》曰：「何以大功也？未成人也。何以無受也？喪成人者，其文縟；喪未成人者，其文不縟，故殤之絰不樛垂，蓋未成人也。年十九至十六爲長殤，十五至十二爲中殤，十一至八歲爲下殤，不滿八歲以下爲無服之殤。無服之殤，以日易月。以日易月之殤，殤而無服。故子生三月，則父名之；死，則哭之。未名，則不哭也。」注：「殤者，男女未冠笄而死，可傷者也。女子子許嫁，不爲殤也。以日易月，謂生一月者，哭之一日也。殤而無服者，哭之而已。爲昆弟之子、女子子，亦如之。凡言『子』者，可以兼男女。又云『女子子』者，殊之以子，關適庶也。」疏：「若至七歲，歲有十二月，則八十四日哭之。此既於『子、女子子』下發傳，則唯據父母於子，不關餘親。」

叔父之長殤、中殤。姑姊妹之長殤、中殤。昆弟之長殤、中殤。夫之昆弟之子、女子子之長殤、中殤。適孫之長殤、中殤。大夫之庶子爲適昆弟之長殤、中殤。公爲適子之長殤、中殤。大夫爲適子之長殤、中殤。

《喪服》注：「公，君也。諸侯、大夫不降適殤者，重適也。天子亦如之。」

《喪服傳》曰：「其長殤，皆九月，纓絰；其中殤，七月，不纓絰。」注：「絰有纓者，爲其重也。自大功以上，絰有纓，以一條繩爲之；小功以下，絰無纓也。」

正大功章

姑姊妹、女子子適人者，大功九月。

《喪服傳》曰：「何以大功也？出也。」注：「出必降之者，蓋有受我而厚之者。」疏：「此等并是本期，出，降大功。夫自爲之禫杖期，故於此從薄，爲之大功也。」

《檀弓》：「姑姊妹之薄也，蓋有受我而厚之者也。」「子路有姊之喪，可以除之矣，而弗除也。孔子曰：『何弗除也？』子路曰：『吾寡兄弟，而弗忍也。』孔子曰：『先王制禮，行道之人，皆弗忍也。』子路聞之，遂除之。」

《檀弓》：「齊穀王姬之喪，魯莊公爲之大功。或曰：由魯嫁，故爲之服姊妹之服。或曰：外祖母也，故爲之服。」注：「《春秋》周女由魯嫁，卒，服之如內女服姊妹是也。天子爲之無服，嫁於王者之後乃服之。莊公，齊襄公女弟文姜之子，當爲舅之妻，非外祖母也。外祖母，又小功也。」

從父昆弟，大功九月。

《喪服》注：「世父、叔父之子也。其姊妹在室，亦如之。」

爲人後者爲其昆弟，大功九月。

《喪服傳》曰：「何以大功也？爲人後者，降其昆弟也。」疏：「按，下《記》云『爲人後者，於昆弟降一等〔七〕』，故大功也。若然，於本宗餘親皆降一等也。」

庶孫，大功九月。

《喪服》注：「男女皆是下殤。『小功』章曰：『爲姪庶孫，丈夫、婦人同。』」疏：「庶孫從父而服祖期，故祖從子而服孫大功，降一等。」

適婦，大功九月。

《喪服傳》曰：「何以大功也？不降其適也。」注：「婦言適者，從夫名。」疏：「父母爲適長，三年。今爲適婦，不降一等服期者，長子本爲正體於上，故加至三年；婦直是適子之妻，無正體之義，故進加於庶婦一等，大功而已。」

女子子適人者爲衆昆弟，大功九月。

《喪服》注：「父在，則同；父殁〔八〕，乃爲父後者服期也。」疏：「爲本親，降一等，是其常，故無傳也。」

姪丈夫、婦人，報。

《喪服傳》曰：「姪者，何也？謂吾姑者，吾謂之姪。」注：「爲姪男女，服同。」疏：「不言男子、女子，而言丈夫、婦人者，姑與姪在室、出嫁同。以姪女言婦人，見嫁出，因此謂姪男爲丈夫，亦見長大之稱。是以鄭還以男女解之。『吾謂之姪』者〔九〕，名唯對姑生稱。若對世叔，唯得言昆弟之子，不得姪名也。」

雷次宗曰：「『姪』字有『女』，明不及伯、叔。」

夫之祖父母、世父母、叔父母，大功九月。

《喪服傳》曰：「何以大功也？從服也。夫之昆弟何以無服也？其夫屬乎父道者，妻皆母道也；其夫屬乎子道者，妻皆婦道也。謂弟之妻婦者，是嫂亦可謂之母乎？故名者，人治之大者也，可無慎乎？」注：「『道』猶『行』也。謂弟之妻爲婦者，卑遠之，故謂之婦。嫂者，尊嚴之稱。『嫂』猶『叟』也。叟，老人稱也。是爲序男女之別爾。若己以母婦之服服兄弟之妻，兄弟之妻以舅子之服服己，則是亂昭穆之序也。『治』猶『理』也。父母、兄弟、夫婦之理，人倫之大者也，可不慎乎？」《大傳》曰：「同姓從宗，合族屬；異姓主名，治際會。名著，而男女有別。」

《檀弓》：「嫂叔之無服也，蓋推而遠之也。」疏：「嫂叔，親非骨肉，不異尊卑，恐有混交之失，推使無服也。」

《奔喪》：「無服而爲位者，唯嫂叔及婦人降而無服者，麻。」注：「雖無服，猶弔服加麻，袒免，爲位哭也。正言『嫂叔』，尊嫂也。兄公於弟之妻，則不能也。」

《通典》：「魏太尉蔣濟《萬機論》以《禮記》『嫂叔無服』誤。據『小功』章『娣姒婦』，此三字，嫂服之文也。古者有省文互體，言弟及兄并嫂〔一〇〕矣。娣姒者，兄弟之妻相名也。蓋云夫之昆弟、昆弟之妻，相與皆小功者。」太常成粲云：「嫂〔一一〕應有服。作傳者橫曰『無服』，蔣濟引『娣姒婦』，證非其義。《論》云：『《喪服》云「夫爲兄弟服，妻降一等」，則專服夫之兄弟，固已明矣。』尊卑相侔，服無不服〔一二〕。由此論之，嫂叔大功，可得而從。」宋庾蔚之云：「蔣濟、成粲排棄聖賢經傳，而苟虛樹己說，可謂誣於禮矣。」

顧炎武曰：「唐人所議服制，似欲過於聖人。嫂叔無服，太宗令服小功；曾祖父母舊服三月，增爲五月；嫡子婦大功，增爲期；衆子婦小功，增爲大功；舅服緦，增爲小功。父在爲母服期，高宗增爲三年。婦爲夫之姨舅無服，玄宗令從夫服，又增舅母緦麻，堂姨舅袒免，而弘文館直學士王玄感遂欲增三年之喪爲三十六月，皆務飾其文，欲厚於聖王之制。而人心彌澆，風化彌薄。不探其本而妄爲之增益，亦未見其名之有過乎三王也。是故，知廟有二主之非，則叔孫通之以益廣宗廟爲大孝者絀矣；知喪不過三年，示民有終之義，則王玄感之服喪三十六月者絀矣；知親親之殺，禮所由生，則太宗、魏徵所加嫂叔諸親之服者絀矣。」

大夫爲世父母、叔父母、子、昆弟、昆弟之子爲士者，大功九月。

《喪服傳》曰：「何以大功也？尊不同也。尊同，則得服其親服。」注：「子，謂庶子。尊同，謂亦爲大夫者。親服，期。」疏：「大夫爲此八者，本期。今以爲士，故降至大功。」

《喪服記》：「大夫、公之昆弟、大夫之子於兄弟，降一等。」注：「兄弟，猶言族親也。凡不見者，以此求之。」疏：「此三人所以降者，大夫以尊降，昆弟以旁尊降，大夫之子以厭降，是以總云『降一等』。」

《喪服記》：「君之所爲兄弟服，室老降一等。」注：「公士、大夫之君。」疏：「天子、諸侯絶期，今言爲兄弟服，明是公士、大夫之君，於旁親降一等者。」

《喪服小記》：「大夫降其庶子，大功。」注：「大夫爲庶子，大功。」疏：「大夫降其庶子，故爲其庶子不爲大夫者，服其大功也。」

公之庶昆弟、大夫之庶子爲母、妻、昆弟，大功九月。

《喪服傳》曰：「何以大功也？先君餘尊之所厭，不得過大功也。大夫之庶子，則從乎大夫而降也。父之所不降，子亦不敢降也。」注：「公之庶昆弟，則父卒也；大夫之庶子，則父在也。其或爲母，謂妾子也。言從乎大夫而降，則於父卒如國人也。昆弟，庶昆弟也。舊讀『昆弟』在下，其於厭降之義，宜蒙此傳也，是以上而同之。父所不降，謂適也。」

雷次宗曰：「《公羊傳》：『國君以國爲體。』是以其人雖亡，其國猶存，故許有餘尊，以厭降之。」

《魏書·禮志》：「清河王懌所生母羅太妃薨，表求申齊衰三年。詔禮官博議。侍中、中書監、太子少傅崔光議：『《喪服》「大功」章云：「公之庶昆弟爲母。」傳曰：「先君餘尊之所厭，不得過大功。」記：「公子爲其母，練冠，麻衣縓緣。既葬，除之。」《傳》曰：「何以不在五服中也？君之厭。」不得伸其罔極，依舊大功。』清河國郎中令韓子熙議亦云：『一國之貴子猶見厭，況四海之尊，固無申理。』卒如崔光議。」

《通典》：「漢戴德《喪服變除》曰：『天子、諸侯之庶昆弟與大夫之庶子爲其母，大功九月，哭泣、飲食思慕猶三年。』」

《通典》：「晉賀循《喪服要記》曰：『公之庶昆弟，父卒爲其母；大夫之庶子，父在爲母，皆大功九月。凡降服，既降服〔一三〕，心喪如常月。』」

爲夫之昆弟之婦人子適人者，大功九月。

《喪服》注：「『婦人子』者，女子子也。不言女子子者，因出，見恩疏。」

大夫之妾爲君之庶子，大功九月。

《喪服傳》曰：「何以大功也？妾爲君之黨服，得與女君同。」

女子子嫁者、未嫁者爲世父母、叔父母、姑姊妹，大功九月。

《喪服傳》曰：「嫁者，其嫁於大夫者也；未嫁者，成人而未嫁者也。」注：「女子子成人者，有出道，降旁親；及將出者，明當及時也。」疏：「此二者，依鄭爲世父已下七人，本服皆期；未嫁者逆降之，服大功也。」

黄榦曰：「有問『大夫之妾』章於先師朱文公者，先生云：『此段自鄭注時，已疑傳文之誤。今考女子適人者爲父母及昆弟之爲父後者，已見於「齊衰期」章，爲衆兄弟又見於此「大功」章，唯伯叔父母、姑姊妹之服無文，而獨見於此，則當從鄭注之説，無疑矣。』」

大夫、大夫之妻、大夫之子、公之昆弟爲姑姊妹、女子子嫁於大夫者，君爲姑姊妹、女子子嫁於國君者，大功九月。

《喪服傳》曰：「何以大功也？尊同也。尊同，則得服其親服。諸侯之子稱公子，公子不得禰先君；公子之子稱公孫，公孫不得祖諸侯。此自卑，别於尊者也。若公子之子孫有封爲國君者，則世世祖是人也，不祖公子。此自尊，别於卑者也。是故，始封之君不臣諸父昆弟，封君之子不臣諸父而臣昆弟，封君之孫盡臣諸父昆弟。故君之所爲服，子亦不敢不服也；君之所不服，子亦不敢服也。」注：「因國君以尊降其親，故終説此義云。」

馬融曰：「此上四人者，各爲其姑姊妹、女子子嫁於大夫者服也，在室大功，嫁於大夫，大功，尊同也。君，諸侯也。爲姑姊妹、女子子嫁於國君者服也。不言諸侯者，關天子元士、卿、大夫也。上但言君者，欲關天子元士、卿、大夫嫁女諸侯，皆爲大功也。」又曰：「諸侯絶期〔一四〕，姑姊妹在室，無服也；嫁於國君者，尊與己同，故服其〔一五〕親服。」

校勘記

〔一〕「更」，與《讀禮通考》卷十一同，《儀禮注疏》卷三十一作「反」。

〔二〕「前」，木犀軒本奪，據《通典》卷九十、《讀禮通考》卷十一補。

〔三〕「居」，與《讀禮通考》卷十一同，《通典》卷九十作「君」。

〔四〕「幼」，與《讀禮通考》卷十一同，《通典》卷九十作「幼小」。

〔五〕「鞠養」，《讀禮通考》卷十一同，《通典》卷九十作「所鞠養」。

〔六〕「期」，《通典》卷九十、《讀禮通考》卷十一并作「周」。

〔七〕「一等」，與《讀禮通考》卷十二同，《儀禮注疏》卷三十一下有「者」字。

〔八〕「殁」，《讀禮通考》卷十二、《儀禮注疏》卷三十二作「没」。

〔九〕「吾謂之姪者」，《讀禮通考》卷十二作「姪之」，《儀禮注疏》卷三十二作「謂吾姑者吾謂之姪者」。

〔一〇〕「嫂」，與《讀禮通考》卷十四同，《通典》卷九十二作「婦」。

〔一一〕「嫂」，與《讀禮通考》卷十四同，《通典》卷九十二作「嫂叔」。

〔一二〕「不服」，與《讀禮通考》卷十四同，《通典》卷九十二作「不報」。

〔一三〕「服」，《通典》卷八十一、《讀禮通考》卷二十六并無，疑衍。

〔一四〕「期」，《通典》卷九十一、《讀禮通考》卷十二并作「周」。

〔一五〕「其」，疑當作「期」，《通典》卷九十一、《讀禮通考》卷十二并作「周」。

儀禮禮服通釋卷四

總衰章

諸侯之大夫爲天子，總衰裳，牡麻絰。既葬，除之者。

《喪服傳》曰：「總衰者何？以小功之縷也。何以總衰也？諸侯之大夫以時接見乎天子。」

注：「『接』猶『會』也。諸侯之大夫以時會見於天子而服之，則其士、庶民不服可知。」

《通典》：「徐整問射慈曰：『諸侯之大夫以〔一〕時會見於天子，故爲總衰七月。不知此大夫時以何事而得見之也？遠國大夫在蕃荒服者，未嘗及見天子，亦爲服不？』答曰：『諸侯之大夫，有出朝聘之事，會見天子，故言時會。雖未會見，猶服此服。士以下，則無服。』」

殤小功章

叔父之下殤。適孫之下殤。昆弟之下殤。大夫庶子爲適昆弟之下殤。爲姑姊妹、女子之下殤。爲人後者爲其昆弟、從父昆弟之長殤，小功，布衰裳，澡麻，帶絰五月者。

《喪服傳》曰：「問者曰：『中殤何以不見也？』大功之殤中從上，小功之殤中從下。」注：「問者，據從父昆弟之下殤在緦麻也。大功、小功，皆謂服其成人也。大功之殤中從上，則齊衰之殤亦中從上也。此主謂丈夫之爲殤者服也。凡不見者，以此求之也。」疏：「自『叔父』以下，至『女子子之下殤』，八人皆是成人期。長殤、中殤大功，已在上『殤大功』章；以此下殤小功，故在此章也。仍以尊者在前，卑者居後。云『爲人後者爲其昆弟、從父昆弟之長殤』，此二者，以本服大功，今長殤，小功。」

馬融曰：「本皆周服，下殤，降二等，故小功也。成人，服大功也；長殤，降一等，故小功也。」

爲夫之叔父之長殤，小功五月。

《喪服》注：「不見中殤者，中從下也。」疏：「中從下，在緦麻也。」

馬融曰：「成人，大功；長殤，降一等，故服〔二〕小功也。」

昆弟之子、女子子，夫之昆弟之子、女子子之下殤。爲姪、庶孫丈夫、婦人之長殤，小功五月。

《喪服》疏：「『昆弟之子、女子子，夫之昆弟之子、女子子之下殤』者，此皆成人爲之齊衰期，長、中殤在大功，故下殤在此小功也。云『爲姪、庶孫丈夫、婦人之長殤』者，謂姑爲姪，成人大功，長殤在此小功。不言中殤，中從上；不言男子、女子而言丈夫、婦人，亦是見恩疏之義。庶孫者，祖爲之大功；長殤、中殤，亦在此小功。言丈夫、婦人，亦是見恩疏也。」

馬融曰：「伯叔父母爲之服也，成人在周，下殤降二等，故服小功也。」

馬融曰：「適人，故還爲姪。祖爲庶孫，成人大功，長殤降一等，故小功也。言丈夫、婦人者，明姑與姪、祖與孫疏遠，故以遠辭言之。」

大夫、公之昆弟、大夫之子爲其昆弟、庶子、姑姊妹、女子子之長殤，小功五月。

《喪服》注：「大夫爲昆弟之長殤，小功，謂爲士者若不仕者也，以此知爲大夫無殤服也。公之昆弟不言庶者，此無服，無所見也；大夫之子不言庶者，關適子亦服此殤也。云公之昆弟爲庶子之長殤，則知公之昆弟猶大夫。」疏：「謂此三人爲此六種人，成人，以尊降至大功，故長殤在小功，中殤亦從上。此一經，亦尊卑爲次序也。以此知爲大夫無殤服者，已爲大夫，則冠矣。丈夫冠，而不爲殤也。」

馬融曰：「大夫以尊降，公之昆弟以尊厭，大夫子以父尊厭，各降在大功。長殤，復降一等，故服小功也。大夫無昆弟之殤，此言殤者，關有罪若畏、厭、溺，當殤服之。」

大夫之妾爲庶子之長殤，小功五月。

《喪服》注：「君之庶子。」疏：「妾爲君之庶子，成人，在『大功』章；今長殤，降一等，故在此。君之庶子者，若適長，則成人，隨女君三年；長殤，在大功也。」

馬融曰：「除嫡子一人，其餘皆庶子也。男女至〔三〕成人，同在大功；長殤，降一等，故小功也。不言君者，殤賤，見妾亦得子之也。」

正小功章

從祖祖父母、從祖父母，小功，布衰裳，牡麻絰，即葛五月，報。

《喪服》注：「祖父之昆弟之親。」

馬融曰：「從祖祖父母者，曾祖之子，祖之昆弟也。正服，小功。從祖父母者，從祖祖父之子，是父之從父昆弟也。云『報』者，恩輕，欲見兩相爲服，故云『報』。」

從祖昆弟，小功五月。

《喪服》注：「父之從父昆弟之子。」疏：「己之再從兄弟。」

馬融曰：「謂曾祖孫也，於己爲再從昆弟，同出曾祖，故言從祖昆弟。正服，小功也。」

從父姊妹，小功五月。

《喪服》注：「父之昆弟之女。」疏：「此謂從父姊妹，在家，大功；出適，小功。」

馬融曰：「伯叔父之女。」

孫適人者，小功五月。

《喪服》注：「孫者，子之子女。孫在室，亦大功也。」

馬融曰：「祖爲女孫適人者，降一等，故小功也。」

爲人後者爲其姊妹適人者，小功五月。

《喪服》注：「不言『姑』者，舉其親者，而恩輕者降，可知。」

馬融曰：「在室者，齊衰期(四)；適人者，大功。以爲大宗後，疏之，降二等，故小功也。」

爲外祖父母，小功五月。

《喪服傳》曰：「何以小功也？以尊加也。」疏：「以言『祖』者，祖是尊名，故加至小功。」

《喪服記》：「庶子爲後者爲其外祖父母，無服；不爲後，如邦人。」

《喪服記》：「庶子爲後者爲其從母，無服；不爲後，如邦人。」疏：「以其與尊者爲一體，既不得服所出母，是以母黨皆不服。」

《喪服小記》：「爲母之君母，母卒，則不服。」注：「『母之君母』，外祖適母。徒從也，所從亡則已。」疏：「『母之君母』者，謂母之適母也。此親於子爲輕，故徒從也。己母若在，母爲之服，己則服之；己母若亡，則己不服母之君母矣。」

《喪服小記》：「爲慈母之父母，無服。」注：「恩不能及。」疏：「此『慈母』，即是《喪服》中慈母者，父雖命爲母子，而本非骨肉，故慈母之子不爲慈母之父母有服者，爲恩所不及也。」《服問》：「母出，則爲繼母之黨服；母死，則爲其母之黨服。爲其母之黨服，則不爲繼母之黨服。」注：「雖外親，亦無二統。」

馬融曰：「母之父母也，本服緦；以母之〔五〕至尊，加服小功，故曰以尊加。」《通典》：「虞喜《通疑》曰：『縱有十繼母，惟當服次其母者之黨也。』宋庾蔚之曰：『禮：己母被出，則服繼母之黨。繼母雖亡，己猶自服，不得舍前以服後。當如喜議，服次其母者之黨也。』」

從母、丈夫、婦人，小功五月，報。

《喪服傳》曰：「何以小功也？以名加也。外親之服，皆緦也。」注：「從母，母之姊妹。外親，異姓，正服不過緦。丈夫、婦人，姊妹之子，男女同。」

馬融曰：「母之姊妹也。言丈夫、婦人者，異姓，無出入降，皆以丈夫、婦人成人之名名之也。」又曰：「外祖、從母，其親皆緦也；以尊名加，故小功也。」

雷次宗曰：「夫二親恩等，而中表服異。君子類族辨物，本以姓分爲判，故外親之服不過於緦，於義雖當，求情未愜。苟微有可因，則加服以申心。外祖有尊，從母有名，故皆得因此加以小功也。舅情同二人，而名理闕無，因故有心而不獲遂也。然情不止於緦，亦以見於慈母矣。至於餘人，雖有尊名而不得加者，服當其義，情無不足也。」

夫之姑姊妹、娣姒婦，小功五月，報。

《喪服傳》曰：「娣姒婦者，弟長也。何以小功也？以爲相與居室中，則生小功之親焉。」注：「娣姒婦者，兄弟之妻相名也。長婦謂穉婦爲娣婦，娣婦謂長婦爲姒婦。」

《爾雅》：「長婦謂穉婦爲娣婦，娣婦謂長婦爲姒婦。」

馬融曰：「妻爲夫之姑姊妹服也。娣姒婦者，兄弟之妻相名也。長穉自相爲服。不言長者，婦人無所專，以夫爲長幼，不自以年齒也。妻雖小〔六〕，猶隨夫爲長也。先娣後姒者，明尊敵也。報者，姑報姪婦也。言婦者，廟見成婦，乃相爲服。」

《通典》：「蜀譙周曰：『父母既没，兄弟異居，又或改娶，則娣姒有初而異室者矣。若不本夫爲倫，唯取同室而已，則親娣姒與堂娣姒不應有殊。經殊其服以夫之親疏者，是本夫與爲倫也。婦人於夫之昆弟，本有大功之倫；從服其婦，有小功之倫。於夫從父昆弟，有小功之倫；從服其婦，有緦麻之倫也。夫以遠之而不服，故婦從無服而服之。然則初而異室，猶自以其倫服。』」

大夫、大夫之子、公之昆弟爲從父昆弟、庶孫、姑姊妹、女子子適士者，小功五月。

《喪服》注：「從父昆弟及庶孫，亦謂爲士者。」疏：「從父昆弟、庶孫本大功，此三等以尊降，入小功。姑姊妹、女子子本期，此三等出降，入大功；若適士，又降一等，入小功也。」

馬融曰：「謂上三人，各自爲其從父昆弟、庶孫、姑姊妹、女子子適士者服也。從父昆弟、庶孫，正親，大功也，以尊降，故服小功。姑姊妹、女子子適人，大功；適士，降一等，故服小功也。」

大夫之妾爲庶子適人者，小功五月。

《喪服》注：「君之庶子女子子也。庶女子子在室，大功；其嫁於大夫，亦大功。」疏：「此云『適人者』，謂士。是以本在室，大功；出降，故小功。」

馬融曰：「適夫人庶子也，在室，大功；出降一等，故服小功。」

庶婦，小功五月。

《喪服》注：「夫將不受重者。」

馬融曰：「庶子婦也，舅姑爲之服也。」

《喪服小記》：「適婦不爲舅後者，則姑爲之小功。」注：「謂夫有廢疾他故，若死而無子，不受重者。小功，庶婦之服也。凡父母於子，舅姑於婦，將不傳重於適，及將所傳重者非適，服之皆如庶子、庶婦也。」

君母之父母、從母，小功五月。

《喪服傳》曰：「何以小功也？君母在，則不敢不從服；君母不在，則不服。」注：「不敢不服者，恩實輕也。凡庶子爲君母，如適子。」疏：「『不敢不從服』者，言無情，實但畏敬，故云『不敢不有從服』也。云『君母不在』者，或出或死，故直云『不在』，容有數事不在也。君母在，既爲君母父母，其己母之父母或亦兼服之。若馬氏義，君母不在，乃可申矣。」

《喪服小記》：「爲君母後者，君母卒，則不爲君母之黨服。」注：「徒從也，所從亡則已。」

馬融曰：「君母者，母之所君事者；從母者，君母之姊妹也。妾子爲之服小功也。自降外祖，服緦麻，外無二統者。」又曰：「從君母爲親服也。君母亡，無所復厭，則不爲其親服也，自得申〔七〕其外祖小功也。」

君子子爲庶母慈己者，小功五月。

《喪服傳》曰：「君子子者，貴人之子也。爲庶母，何以小功也？以慈己加也。」注：「君子子者，大夫及公子之適妻子。云『君子子』者，則父在也；父殁，則不服之矣。以慈己加，則君子子亦以士禮爲庶母緦也。《内則》曰：『異爲孺子室於宫中，擇於諸母與可者，必求其寬裕慈惠、温良恭敬、慎而寡言者，使爲子師，其次爲慈母，其次爲保母，皆居子室。他人，無事不往。』又曰：『大夫之子有食母。』庶母慈己者，此之謂也。其不慈己，則緦可矣。不言師、保，慈母居中，服之可知也。國君世子生，卜士之妻、大夫之妾，使食子。三年而出，見於公宫，則劬非慈母也。士之妻，自養其子。」疏：「『父殁，則不服之矣』者，以其無餘尊，雖不服小功，仍服庶母緦麻也。」

雷次宗曰：「大夫不服凡妾，父所不服，子亦不敢服，安得爲庶母緦哉？大夫惟服姪娣，今所服者，將姪娣之庶母。」

校勘記

〔一〕「以」，《通典》卷八十一、《讀禮通考》卷十三并無。

〔二〕「服」，《通典》卷九十二、《讀禮通考》卷十七并無。

〔三〕「至」，《通典》卷九十三、《讀禮通考》卷十七并作「有」。

〔四〕「期」，《通典》卷九十二、《讀禮通考》卷十三并作「周」。

〔五〕「之」，《通典》卷九十二、《讀禮通考》卷十三并作「所」。

〔六〕「小」，與《讀禮通考》卷十三同，《通典》卷九十二作「少」。

〔七〕「申」，《通典》卷九十二作「伸」。

儀禮禮服通釋卷五

緦麻章

族曾祖父母。族祖父母。族父母。族昆弟，緦麻三月。

《喪服》注：「族曾祖父者，曾祖昆弟之親也；族祖父者，亦高祖之孫，則高祖有服，明矣。」

疏：「鄭言此者，『齊衰三月』章直見曾祖父母，不言高祖，以爲無服，故鄭從下鄉上推之，高祖有服可知。」

庶孫之婦，庶孫之中殤，緦麻三月。

《喪服》注：「庶孫者，成人，大功；其殤，中從上。此當爲下殤，言『中殤〔一〕』者，字之誤爾。

又，諸言『中』者，皆連『上』『下』也。」

馬融曰：「祖父母爲適孫之婦，小功；庶孫婦，降一等，故服緦。」

從祖姑姊妹適人者，報。從祖父，從祖昆弟之長殤，緦麻三月。

《喪服》注：「不見中殤者，中從下。」

馬融曰：「從祖姑姊妹，於己再從，在室，皆小功；適人，降一等，故緦也。」

外孫，緦麻三月。

《喪服》注：「女子子之子。」疏：「以女出外適而生，故云『外孫』。」

從父昆弟、姪之下殤，夫之叔父之中殤、下殤，緦麻三月。

《喪服》注：「言中殤者，中從下。」疏：「從父昆弟，成人，大功；長殤，在小功，故下殤在此章也。姪者，爲姑之出降，大功；長、中殤，小功，故下殤在此也。夫之叔父，成人，大功；長殤，在小功，故中、下殤在此。」

從母之長殤，緦麻三月，報。

《喪服》疏：「從母者，母之姊妹，成人，小功，故長殤在此；中、下殤則無服，故不言。云『報』者，以其疏，亦兩相爲服也。」

庶子爲父後者爲其母，緦麻三月。

《喪服傳》曰：「何以緦也？《傳》曰：『與尊者爲一體，不敢服其私親也。』然則何以服緦也？有死於宫中者，則爲之三月，不舉祭，因是以服緦也。」注：「君卒，庶子爲母大功；大夫卒，庶子爲母三年。士雖在，庶子爲母皆如衆人。」

馬融曰：「承父之體，四時祭祀不敢申私親服。廢尊者之祭，故服緦也。」又曰：「緣先人在時，哀傷臣僕有死宫中者，爲缺一時不舉祭，因是服緦也。」

《晉書·禮志》：「孝武帝太元十八年，太常車胤上言：『去年上：自頃開國公侯，至於卿士，庶子爲後者服其庶母，同之於適，違禮犯制，宜加裁抑。事上經年，未被告報，未審朝議以何爲疑。若以所陳或謬，則經有明文。若以古今不同，則晉有成典。升平四年，故太宰、武陵王所生母喪，表求齊衰三年，詔聽依昔樂安王故事，制大功九月；興寧三年，故梁王璒有所生母喪，亦求三年，庚子詔書：依太宰故事，同服大功。若謹案《周禮》，則緦麻三月；若奉晉制，則大功九月。古禮今制，并無居廬三年之文。」

《通典》：「庾蔚之謂：『庶子爲後，爲所生服緦，此禮文正史。近遂爲三年，失之甚也。』按，晉樂安王所生母喪，議者謂應小功。孝武昭令大功，乃合餘尊之義。但餘尊之厭，不言爲後者也。即今猶皆三年。」

士爲庶母，緦麻三月。

《喪服傳》曰：「何以緦也？以名服也。大夫以上爲庶母，無服。」

馬融曰：「以有母名，爲之服緦也。」

雷次宗曰：「爲五服之凡不稱其人者，皆士也。若有天子、諸侯，下及庶人，則指其稱位，未有言『士爲』者。此獨言『士』，何乎？蓋大夫以上，庶母無服；庶人無妾，則無庶母。爲庶母者，唯士而已。故詭常例，以著唯獨一人也。」

貴臣、貴妾，緦麻三月。

《喪服傳》曰：「何以緦也？以其貴也。」注：「此謂公士、大夫之君也，殊其臣妾貴賤，而爲之服。貴臣，室老、士也；貴妾，姪娣也。天子諸侯降其臣妾，無服。士卑，無臣，則士妾又賤，不足殊。有子則爲之緦，無子則已。」

《喪服小記》：「士妾有子而爲之緦，無子則已。」注：「士卑，妾無男女則不服，不别貴賤。」

疏：「大夫貴妾雖無子，猶服之。」

《檀弓》：「悼公之母死，哀公爲之齊衰。有若曰：『爲妾齊衰，禮與？』公曰：『吾得已乎哉？魯人以妻我。』」注：「譏而問之。妾之貴者，爲之緦耳。」

馬融曰：「君爲貴臣、貴妾服也。天子貴公，諸侯貴卿，大夫貴室老。貴妾，謂姪娣也。」

乳母，緦麻三月。

《喪服傳》曰：「何以緦也？以名服也。」注：「謂養子者有他故，賤者代之慈己。」疏：「唯有大夫之子有此食母爲乳母，其子爲之緦也。」

《荀子》曰：「乳母，飲食之者也，而三月。」

馬融曰：「士爲乳母服，以其乳養於己，有母名。」

從祖昆弟之子，緦麻三月。

《喪服》注：「族父母，爲之服。」

曾孫，緦麻三月。

《喪服》注：「孫之子。」疏：「不言玄孫者，此亦如『齊衰三月』章直見曾祖，不言高祖，以其爲曾、高同，爲曾、玄亦同〔二〕，故二章皆略，不言高祖、玄孫也。」

父之姑，緦麻三月。

《喪服》注：「歸孫爲祖父之姊妹。」疏：「按，《爾雅》云：『女子謂昆弟之子爲姪，謂姪之子爲歸孫。』是以鄭據而言焉。」

從母昆弟，緦麻三月。

《喪服傳》曰：「何以緦也？以名服也。」

馬融曰：「姊妹之子相爲服也，以從母有母名，以子有昆弟名。」

甥，緦麻三月。

《喪服傳》曰：「甥者，何也？謂吾舅者，吾謂之甥。何以緦也？報之也。」注：「姊妹之子。」馬融曰：「甥從其母而服己緦，故報之。」

壻，緦麻三月。

《喪服傳》曰：「何以緦也？報之也。」馬融曰：「壻從女而爲己服緦，故報之以緦也。」

妻之父母，緦麻三月。

《喪服傳》曰：「何以緦也？從服也。」注：「從於妻而服之。」《喪服小記》曰：「世子不降妻之父母。」注：「世子，天子、諸侯之適子也。不降妻之父母，爲妻故，親之也。」

《服問》曰：「有從重而輕，爲妻之父母。」注：「妻齊衰，而夫從緦麻，不降一等，言非服差[三]。」《服問》曰：「有從有服而無服，公子爲其妻之父母。」注：「凡公子厭於君，降其私親。女君之子不降也。」疏：「雖爲公子之妻，猶爲父母期，是『有服』也。公子被厭，不從妻服父母，是『從有服而無服』也。」

姑之子，緦麻三月。

《喪服傳》曰：「何以緦？報之也。」注：「外兄弟也。」

舅，緦麻三月。

《喪服傳》曰：「何以緦？從服也。」注：「母之兄弟，從於母而服之。」

《喪服傳》曰：「爲所後者妻之昆弟，若子。」

《喪服記》：「庶子爲後者爲其舅，無服；不爲後，如邦人。」

舅之子，緦麻三月。

《喪服傳》曰：「何以緦？從服也。」注：「内兄弟也。」

《喪服傳》曰：「爲所後者妻之昆弟之子，若子。」

夫之姑姊妹之長殤，緦麻三月。

《喪服》疏：「夫之姑姊妹，成人，婦爲之小功；長殤，降一等，故緦麻也。」

夫之諸祖父母，緦麻三月，報。

《喪服》注：「諸祖父母者，夫之所爲小功：從祖祖父母，外祖父母。或曰曾祖父母。曾祖於曾孫之婦無服，而云報乎？曾祖父母，正服小功；妻從服，緦。」疏：「鄭破或解也。」

馬融曰：「妻爲夫之諸祖父母服，所服者四，其報者二。曾祖，正小功，故妻服緦，不報也。從祖祖父，旁尊，故報也。」

君母之昆弟，緦麻三月。

《喪服傳》曰：「何以緦？從服也。」注：「從於君母而服緦也。君母在，則不敢不從服；君母卒，則不服也。」

馬融曰：「妾子爲適夫人昆弟，服緦；君母卒，則不服也。」又曰：「從母在，爲之服。」

從父昆弟之子之長殤，昆弟之孫之長殤，爲夫之從父昆弟之妻，緦麻三月。

《喪服傳》曰：「何以緦也？以爲相與同室，則生緦之親焉。長殤、中殤，降一等；下殤，降二等。齊衰之殤中從上，大功之殤中從下。」

校勘記

〔一〕「殤」，木犀軒本奪，據《儀禮注疏》卷三十三、《讀禮通考》卷十七補。

〔二〕「以其爲曾、高同，爲曾、玄亦同」，《儀禮注疏》卷三十三作「以其曾孫、玄孫爲曾、高同，曾、高亦爲曾孫、玄孫同」。

〔三〕「不降一等，言非服差」，《禮記正義》卷五十七作「不降此等，當非服差」。

儀禮服通釋卷六

記

公子爲其母，練冠麻，麻衣縓緣；爲其妻，縓冠，葛絰帶，麻衣縓緣。皆既葬除之。

《喪服記》：「傳曰：何以不在五服之中也？君之所不服，子亦不敢服也；君之所爲服，子亦不敢不服也。」注：「君之所不服，謂妾與庶婦也；君之所爲服，謂夫人與適婦也。」

馬融曰：「不見日月者，既葬而除之，無日月數也。」

雷次宗曰：「本不〔一〕以十一升布爲冠，恐入正服也。而得用練，雖重，以在周外，非復正服，故亦〔二〕可著，明爲本重也。」

賀循《喪服要記》：「天子、諸侯賤妾子爲其母，厭於父，不得制粗衰之服，三月而葬，葬已而除。居處、飲食、言語，心喪三年。」

劉智《釋疑》曰：「凡屈不得服者，皆有心喪之禮。小功以下不稅服，乃無心喪爾。」《晉書·禮志》：「孝武帝太元十五年，淑媛陳氏卒，皇太子所生也。有司參詳：『母以子貴。贈淑媛爲夫人，置家令典喪事。』太子前衛率徐邈議：『《喪服傳》稱：「與尊者爲體，則不服其私親。」又「君父所不服，子亦不敢服」。故王公妾子服其所生母，練冠、麻衣，既葬而除。非五服之常，則謂之無服。』從之。」

大夫、公之昆弟、大夫之子，于兄弟降一等。

《喪服》注：「兄弟，猶〔三〕族親也。凡不見者，以此求之也。」疏：「此三人所以降者，大夫以尊降，昆弟以旁尊降，大夫之子以厭降，是以總云『降一等』。」

爲人後者，於兄弟降一等，報；於所爲後之兄弟之子，若子。

《喪服傳》曰：「何如則可謂之兄弟？兄弟皆在他邦，加一等；不及知父母，與兄弟居，加一等。《傳》曰：『小功以下爲兄弟。』」注：「皆在他邦，謂行仕、出遊若辟仇。不及知父母，父母早卒。於此發兄弟傳者，嫌大功以上又加也。大功以上，若皆在他國，則親自親矣；若不及知父母，則固同財矣。」

朋友皆在他邦，袒免；歸，則已。

《喪服》注：「謂服無親者，當爲之主。每至袒時則袒，袒則去冠，代之以免。舊說以爲，免象冠，廣一寸（四）。已，猶『止』也。歸有主，則止也。主若幼少，則未止。《小記》曰：『大功者，主人之喪。有三年者，則必爲之再祭；朋友，虞、祔而已。』」

朋友，麻。

《喪服》注：「朋友雖無親，有同道之恩，相爲服緦之絰帶。《檀弓》曰：『群居則絰，出則否。』其服，弔服也。」

戴德曰：「以朋友有同道之恩，加麻三月。」

君之所爲兄弟服，室老降一等。

《喪服》注：「公士、大夫之君。」

夫之所爲兄弟服，妻降一等。庶子爲後者爲其外祖父母、從母、舅，無服；不爲後，如邦人。

《喪服》疏：「妻從夫服其族親，即上經『夫之諸祖父母』見於『緦麻』章，『夫之世叔』見於『大功』章。夫之昆弟之子不降，嫂叔又無服。今言從夫降一等，記其不見者，當是夫之從母之類乎？」

宗子孤爲殤，大功衰、小功衰皆三月；親，則月算〔五〕如邦人。

《喪服》注：「言孤，有不孤者。不孤，則族人不爲殤服服之也。不孤，謂父有廢疾，若年七十而老，子代主宗事者也。孤爲殤，長殤、中殤，大功衰；下殤，小功衰，皆如殤服而三月，謂與宗子絶屬者也。親，謂在五屬之内。筭，數也。月數如邦人者，與宗子有期之親者，成人，服之齊衰期；長殤，大功衰九月；中殤，大功衰七月；下殤，小功衰五月。有大功之親者，成人，服之齊衰三月，卒哭，受以大功衰九月；其長殤、中殤，大功衰五月；下殤，小功衰三月。有小功之親者，成人，服之齊衰三月，卒哭，受以小功衰五月；其殤，與絶屬者同。有緦麻之親者，成人及殤，皆與絶屬者同。」

改葬，緦。

《喪服》注：「謂墳墓以他故崩壞，將亡失尸柩者也。改葬者，明棺物毀敗，改設之，如葬時也。其奠如大斂，從廟之廟，從墓之墓，禮宜同也。服緦者，臣爲君也，子爲父也，妻爲夫也。必服緦者，親見尸柩，不可以無服。緦，三月而除之。」

吴徐整問射慈云：「『改葬，緦，其奠如大斂，從廟之廟，從墓之墓，禮宜同也。』又此『大斂』，謂如始死之大斂耶？『從廟』，謂從〔六〕何廟？牲物何用？」慈答：「『奠如大斂』，奠士，大斂特豚。從禰廟朝祖廟，從故墓之新墓，皆用特豚。大夫以上，其禮亡。以此推之，大夫奠用特豚〔七〕，天子太牢，諸侯少牢。」

東晉賀循答傅純云：「鄭玄云『三月』者，以親睹尸柩，故三月以舒其餘哀；但遲速不可限，故不在『三月』章也。王氏虞畢而除，且無正文。鄭得從重，故《要記》從之。」

宋庾蔚之謂：「改葬所以緦而不重者，當以送亡有已，復生有節。若用始亡之服，則是死其親，故制緦以示變吉。既有其服，若旬月而葬，則當如鄭玄説，卒緦之限，三月而除；若葬過三月者，須葬畢釋服，服爲葬設故也。」

校勘記

〔一〕「不」，木犀軒本奪，據《通典》卷九十三、《讀禮通考》卷二十六補。

〔二〕「亦」，木犀軒本奪，據《通典》卷九十三、《讀禮通考》卷二十六補。

〔三〕「猶」，《禮記注疏》卷三十三、《讀禮通考》卷十二作「猶言」。

〔四〕「舊説以爲免象冠廣一寸」,《讀禮通考》卷二十五無。

〔五〕「算」,與《讀禮通考》卷十一同,《儀禮注疏》卷三十四作「筭」。下「算數也」同。

〔六〕「謂從」,與《讀禮通考》卷十五同,《通典》卷一百〇二作「悉謂」。

〔七〕「特豚」,與《讀禮通考》卷十五同,《通典》卷一百〇二作「特牲」,疑當據改。

群書答問

解題

此書彙輯凌曙雜答諸生所問之稿，凡二卷，附補遺一卷，計一百零四條（其中卷上六十一條，卷下三十八條，補遺五條），無序跋、目録，作年待考。有光緒十四年（一八八八）德化李氏《木犀軒叢書》本（簡稱「木犀軒本」），今以之爲底本。爲方便檢尋，擬各條目録，詳見書前「分册目録」。

群書答問卷上

問：《易》疏諸氏、莊氏并云：「彖，斷也。斷定一卦之義，所以名爲彖也。」其説然乎，否乎？

曰：劉瓛、陸德明皆主此説而不然也。《説文》：「彖，豕走也。從彑〔一〕、從豕省。」《玉篇》：「彖，豕走悦也。」鄺露《赤雅》云：「彖耳濈濈，其〔二〕大如掌。行動鼓舞，目常帶笑，有歡悦發揚之意。狀似犀而角小，居草茅而知吉凶。生于兩粤，東曰茅犀，西曰猪神。遇之則吉，罔敢有害。」檀萃《楚庭稗珠》云：「聖人作《易》稱彖象者，取于此二獸也。」此説足以補先儒之缺。據鄺説，「彖耳濈濈，其大如掌」，又云「西曰猪神」，則此獸具有豕形，故字從「豕」、從「彑」。《説文》：「彑，豕之頭，象其鋭而上見也。」《説文》「彖，豕走」之説，未可據耳。鄺云「行動鼓舞，目常帶笑」，故《玉篇》云「彖，豕走悦也」。如果是豕走悦，則此訓詁當于「豕」字解之，而注于「彖」字之下者，謂彖如豕之走而悦，正不指豕也，與鄺説合矣。段大令玉裁《説文解字注》亦疑《説文》「豕走」之説，謂：「《玉篇》作『豕走悦也』，恐是許書古本如是。」愚按，段説是也。謂「彖」爲「斷」者，此義從諧聲出也；謂

「彖」爲「豕走悦」者，此義從象形出也，而象形之説允矣。

問：《漢書・食貨志》「《樂語》有五均」，注：「鄧展曰：『《樂元語》，河間獻王所傳，道五均之事。』」其説尚可徵乎？

曰：黄佐《樂典》引《河間獻王樂記》曰：「故五均始于宫，窮于角。宫聲調，則君以聖王矣；商聲調，則臣以義章矣；角聲調，則民以仁康矣；徵聲調，則事以禮行矣；羽聲調，則物以知藏矣。和之以人，順之以天，行之以五德，應之以自然。黄鍾之宫，運四氣而不窮；均五均，爲樂之宗。」按，此即《食貨志》之所引也。《唐・志》：北齊信都芳删注《樂書》九卷。海南黄氏所據本此。

問：韓皋《廣陵散解》：「王陵都督揚州，謀立荆王彪；毌丘儉、文欽、諸葛誕前後相繼爲揚州都督，咸有匡復魏室之謀，皆爲懿父子所殺。叔夜以揚州故廣陵之地，彼四人者，皆魏室文武大臣，咸敗散于廣陵，故〔三〕其曲爲《廣陵散》。言魏氏散，自廣陵始也。」其説可從否？

曰：《周禮・旄人》：「掌教舞散樂。」注：「野人爲〔四〕樂之善者，若今黄門倡矣。」疏：「以其不在官之員内，謂之爲散。」今此曲亦非官樂，「散」之名，當本此。王伯厚曰：「韓皋論《廣陵散》，不知魏之揚州治壽春也。」再檢顧〔五〕《王氏廣陵散記》云：「衆樂，琴之臣妾也；《廣陵散》，曲之師長也。曲有《日宫散》《月宫散》。」據此，則皋之説爲不足憑矣。

問：《荀子》：「有千歲之固而不愉者，將危國家、隕社稷之懼也，不在乎不言用賢，而在乎誠必用賢。」注：「不愉，『不』字剩耳。」注説當從否？抑别有證也？

曰：《群書治要》「固」作「國」，「不愉者」作「不偷」，「懼」作「具」，「不在乎」云云作「不在乎不言，而在乎不誠」。又按，《性惡篇》《君子篇》謝氏刻本在第十七卷，今《治要》引之，皆在《子道篇》之後；謝刻本《大略篇》在第十九卷，《子道篇》在第二十卷，今《治要》引之，《子道篇》在《大略篇》之前，豈魏徵所見之篇目次第與今本不同耶？其字句之異同甚多，不止此也。又，「桓公用其賊，文公用其盜，故明主任計不信怒，闇主信怒不任計。計勝怒則强，怒勝計者亡」，又皆謝本所無，其《荀子》之逸文歟？

問：「曾元養曾子，必有酒肉。將徹，不請所與。問：『有餘？』曰：『亡矣。』將以復進也。」復進，亦何害于義也？

曰：《文王世子》：「命膳宰曰：『末有原。』」注：「末，猶『勿』也；原，『再』也。勿有所再進，爲其失飪，臭味惡也。」疏：「食若再進，必熟爛過節，故爲失飪。」按，孔子，聖人也；曾子，聖人之徒也。孔子曰：「失飪，不食。」已尚不食，而況奉其親乎？鄭必知「原」爲「再」者，《釋言》文。《周禮》「禁原蠶者」，《前漢·禮樂志》「以沛宮爲原廟」，注者皆本《雅》訓「原，再也」。

問：碑之制，古今相同否？

曰：碑之用，各不同，其制亦異。《祭義》：「君牽牲，既入廟門，麗于碑。」此廟中繫牲之碑也。《儀禮·聘禮》：「上當碑南。」注：「宫必有碑，所以識日影，引陰陽也。」疏：「觀碑影，可以知日之早晚也。」此皆以石爲之。《檀弓》：「公室視豐碑，三家視桓楹。」豐碑，斲大木爲之，形如石碑，于椁前樹之，穿中，于間爲鹿盧。下棺，以綍繞。天子六綍四碑，前後各重鹿盧也。桓，斲之形如大楹耳。四植謂之桓。諸侯四綍二碑，碑如桓矣。大夫二綍二碑，士二綍無碑。《説文》云：「桓，亭郵表也。」蓋以亭郵所立表木謂之桓，即今之橋旁表柱也。今諸侯二碑，兩桓爲一碑，故云「四植謂之桓」也。分言之，豐碑與桓楹異制。若《喪大記》「大夫二碑」，是桓楹亦可通謂之碑也。凡此，皆蜃車載柩至壙，入方中，牽綍之碑也，故《釋名》云：「碑，被也。」此本葬時所設也。施鹿盧，以繩被其上，引以下棺也。《廣韻》：「碑碣，李斯造，宜始于嶧山之刻。」然按之嶧山、泰山之類，皆謂之刻石，而未有碑名。其説不足據。任昉《文章緣起》：「四皓有羽翼太子之功，其殁也，惠帝爲之製文立碑。」然則碑文其始于漢乎？漢以來，宫室、墓道之碑，方者謂之碑，圓者謂之碣。後漢趙岐欲立圓石于墓前，蓋碣耳。漢中山簡王墓前開道，建石柱以爲標，謂之神道。如淳曰：「縣所治，夾兩邊各一桓表。陳、宋之俗，言『桓』聲如『和』，今猶謂之和表。」即華表也。按，張華取燕昭王墓前華表木，然則尚有以木爲之者。說者謂：周公始爲華表，不可考矣。蕭梁則以石爲之，《隋書》曰：「梁天監六年，申明葬制：凡葬〔六〕，不得造石人獸碑，惟聽作石柱，記名位而已。」故吴平忠侯蕭景墓石柱一，臨川王蕭宏墓石柱二，建安侯蕭正立墓石柱二，其亦桓楹之遺制歟？兩漢碑尚有穿穴其上者，漢時近古，其豐碑之遺制歟？若夫「碑者被也」「碑者埤也」「碑者悲也」，《說文》「豎石紀功德，從石，卑聲」，皆目驗漢事而言之者也，非古訓矣。

問：《士虞禮》「祝命佐食綏祭」，《集說》：「綏，或是『挼』字之誤，以下文可見。」《特牲》「祝命挼祭」，《集說》：「挼祭，即『挼祭』也。」《少牢饋食》「祝反南面」，注：「未有事也，墮祭爾。」《集說》：「繼公按，注云『墮祭』，亦誤。『墮』宜作『挼』。」當作「挼」否？

曰：敖不知而妄說也。《士虞禮》注：「下祭曰墮。『墮』之猶言『墮下』也。《周禮》曰：『既祭，則藏其隋〔七〕。』」謂此也。今文『墮』爲『綏』，《特牲》《少牢》或爲『羞』，失古正矣。齊魯之間謂祭爲『墮』。」疏：「鄭既以『挼』、『綏』、作『羞』三者已作『墮』，復云『古文作「擩」』，以其《特牲》及此《士虞》皆有擩祭，故亦兼『擩』解。」據此，知各經異字，終當以「墮」爲正矣。鄭注：「事尸之禮，始于綏祭，終于從獻。」此經無所謂挼祭矣。賈疏申「墮」之義曰：「凡祭，皆手舉之，向下祭之，故云『下祭曰墮』。」按，《左傳》云：子路「將墮三都」，以三都太高，故墮下之。取「墮」爲下祭之義，故讀從之。

齊南、魯北謂祭爲「墮」者，由墮下而祭，因即謂祭爲「墮」。是鄭從「墮」，不從「綏」與「羞」之義。按，凡物放下，皆得以「墮」名。《國策》曰「墮飯」〔八〕，趙孝成王方饋，不墮飯，蓋以手放飯于器是也。《春秋傳》曰「墮幣」，楚有宗祧之事，「將墮幣焉」，蓋以手奠帛于神是也。「墮」，《説文》作「隓」，又作「隋」：「裂肉也，從肉，隓省。」故「隓」又作「隋」。《集韻》「隋」，或作「墮」「綏」「挼」。《周禮・太祝》辨九祭，六曰「擩祭」，或作「揳」，又作「揷」，轉相假借，失其本義矣。敖氏但知爲形似之誤，當作「授」，不求之于文義，不徵之于經典，遂以爲「墮」「挼」「擩」「綏」皆當作「授」矣，豈其然乎？

問：《周禮・鄉大夫》：「以五物詢衆庶，四曰和容」。馬融《周官傳》作「四曰和頌」，「頌」與「容」通否？

曰：通。「和容」者，即和禮也。有子曰：「禮之用，和爲貴。」以禮爲容者，《樂記》：「使之行商容而復其位。」注：「使箕子視商禮樂之官，賢者所處，皆令反其居也。」必知「容」爲禮樂之官者，《春秋》晉羊舌大夫爲和容之官；《漢書・儒林傳》：「徐生善爲頌。孝文時，徐生以頌爲禮官大夫。」師古曰：「頌，讀與『容』同。」《後漢書・儒林傳》：劉昆「少習容禮〔九〕。」《漢舊儀》：「天下郡國有容史，皆詣魯學之。」是善爲禮樂者，謂之「容」也。「容」之義可通諸「禮」者，《爾雅・釋宫》「容謂之防」，郭注：「形如今牀頭小曲屏風，唱射者所以自防隱。」《玉篇》：「防，或作『坊』。」《禮・坊記》：「大爲之坊，民猶逾之。」據此，知以容防矢、以禮防身，其義一也。《荀子》「居則設張容」，是知人不可以無禮，猶居不可以無容歟！

問：《士喪禮》：「設決，麗于掔，自飯持之。設㡓，乃連掔。」注：「掔，手後節中也；飯，大擘指本也。古文『掔』作『捥』。」《集説》：「敖繼公謂：『「掔」字未詳。以此文義求之，或是巨擘之别名。』」然否？

曰：敖氏昧「不知蓋闕」之義矣。「掔」皆誤作「掔」。「掔」，「鄭伯肉袒掔羊」之「掔」，與「掔」異。《説文》：「掔，手掔也。」按，「掔」與「捥」同。《史記・封禪書》作「搤捥」，《漢書》作「搤掔」，其字一也。大指無别名，不得云「掔」爲巨擘也。指有五：一巨指，二食指，三將指，四無名指，五小指。《説文》：「擘，大指也。」若是「掔」爲巨擘之别名，則許氏《説文》何以二字義各不同耶？

問：應劭《風俗通》：「謹按《禮》傳：『夏曰嘉平，殷曰清祀，周曰大蜡，漢改爲臘。』」與經傳合否？

曰：此與蔡邕之説同也，其實「蜡」與「臘」本二事。《郊特牲》：「黄衣、黄冠而祭，息田夫也。」注：「祭，謂既蜡，臘先祖五祀也。」疏：「對文，『蜡』『臘』有别；總其義，俱名『蜡』也。」又，「既蜡而收，民息已。」注：「息民與蜡異，則黄衣、黄冠而祭爲『臘』，必矣。」「臘」可以名「蜡」者，《月令》：

「臘先祖五祀。」注：「此《周禮》所謂蜡祭也。」按，臘與蜡同時，而祭有先後耳，不得合而爲一，故孔疏：「但不知臘與蜡祭相去幾日，唯隋禮及今禮皆蜡之後日。」是後王制禮之所以分也。推而上之，崔靈恩《三禮義宗》：「天子皮弁，素衣素裳，爲蜡祭之服；黄衣黄冠，臘祭先祖、息田夫之服。」又，「大蜡，盡天地四方之神而祭之，其樂亦盡用四時之調」。據此，則非祭先祖五祀也。故《月令》：「天子乃祈來年于天宗，大割，祠于公社及門閭。」孔疏以此爲蜡祭，而下「臘先祖五祀」爲臘祭。是先儒皆以蜡與臘祭分也。《周禮·籥章》：「國祭蜡，則歙《豳頌》，擊土鼓，以息老物。」蜡而後息老物，是周時已分爲二矣。至云漢改爲臘，不知《左傳》「虞不臘矣」，周時已有「臘」之名。「臘先祖五祀」，見于《月令》；《月令》，殷禮。是殷時已有「臘」之名，非至漢而始改也。謂之「臘」者，應氏云：「臘者，獵也。言田獵〔一〇〕取獸，以祭祀其先祖也。」唯此説與鄭合耳。又，「臘者，接也。新故交接，故大祭以報功也。漢家火行，衰于戌，故曰臘也」。此又一義，鄭所不取。唯晉博士張亮主其説，議曰：「臘者，接也，祭宜在新故交接也。俗謂〔一一〕：臘之明日爲初歲。秦漢以來有賀此，皆古之遺俗〔一二〕也。」

問：《周禮·司服》注：「今時伍伯緹衣，古兵服之遺色。」其説有徵乎？

曰：鄭以漢法况之也。《晉書·輿服志》：「車前五百者，卿行旅從，五百人爲一旅。漢氏一統，故去其人，留其名也。」按，「五百」見于《後漢書·曹節傳》：「節弟破石爲越騎校尉，越騎營五百妻有美色，破石從求之〔一三〕。」韋昭《辨釋名》〔一四〕：「『五百』本作『伍伯』。伍，當也；伯，道也。使之導引當道陌中，以驅從也。案，今俗呼行杖人爲五百也。」愚按，漢去五百人，或量留其餘，以爲護從，使掌行杖耳，非盡去其人也。「伍」即「五人爲伍」之意。五百人爲族，取名「五百」，非如韋説也。

「緹衣」者，《續漢·志》五百「赤幘絳褠」，即今行鞭杖者，亦作「伍伯」。按，《古今注》：「金吾，車輻棒也。漢官執金吾，吾，止也。執金革，禦非常也。以銅爲之，黄金塗兩末，謂之金吾。御史大夫、司隸校尉亦得執焉。」吴仁傑《兩漢刊誤》曰：「郡守、都尉、縣長之屬，皆以木爲吾。然則金吾、木吾，乃中尉及官府伍伯所執，以參于前者。」《漢官儀》曰：「執金吾緹騎二百人，五百二十人，輿服導從，光滿道路。世祖嘆曰：『仕宦當作執金吾。』」據此，則五百人未盡去也，《晉·志》誤矣。五百緹衣，金吾緹騎，其服同耳。

問：《御覽》：「《五經異義》：『按《周禮》説五玉贄，自孤卿以下執禽，尊卑有差也。禮不下庶人，工商無朝儀。五經皆無説庶人、工商有贄。』」然乎？

曰：是不然也。《曲禮》：「凡贄，天子鬯，諸侯圭，卿羔，大夫雁，士雉，庶人之贄匹，童子委贄而退。」疏：「野鴨曰鳧，家鴨曰鶩。鶩不能飛騰，如庶人但守耕稼而已。」《周禮·春官》：「孤執皮帛，卿執羔，大夫執雁，士執雉，庶人執鶩，工商執鷄。」注：「鷄，取其守時而動〔一五〕。」此庶人、工商執贄之見于經者。

問：祭酒之説不一。應劭曰：「禮：『飲酒必祭，示有先也。』故稱『祭酒』，尊之也。」如淳曰：「祭祠時，唯尊長者以酒沃酹。」劉熙《釋名》：「祭酒者，謂祭六神，以酒醊〔一六〕之也。」韋昭《辨釋名》：「祭，凡會同饗燕，必尊長先用。先用，必以酒祭〔一七〕，故曰祭酒。漢時，吴王年長，以爲劉氏祭酒是也。」諸説如此，當何從？

曰：漢以吴王爲祭酒，見《班書·吴被傳》。諸説不同，韋與應説是也。如鄉飲酒之禮，非祭神，而亦有「祭酒」之文。況《儀禮》凡飲酒，未有不祭者。以經文證之，則如淳祠祭之説、劉熙醊神之説非也。顔師古雖以如説爲然，予不敢信。劉云「以酒醊之」，如云「以酒沃酹」。按，「醊」與「綴」通，《説文》：「酹，綴酒也。」《玉篇》：「酹，以酒祭地也。」《玉篇》：「醊，祭酹也。」《史記·武帝紀》：「其下四方地，爲綴食〔一八〕。」注：「索隱曰：『綴，謂聯續而祭之。』正義曰：『謂繞壇設諸神祭座相連綴也。』」史傳、儒先本有此義，亦非劉氏、如氏之臆説。《史記》：「荀卿最爲老師。齊尚修列大夫之缺，而荀卿三爲祭酒焉。」後世以祭酒之名，且以爲官矣。後漢丁恭拜侍中祭酒，周澤署議曹祭酒，欒詳爲文學祭酒。自魏已後，乃屬之于國子焉。

問：《穀梁·宣十五年傳》：「古者，公田爲居，井、竈、葱、韭盡取焉。」注：「以種五菜。」

其名可指歟？

曰：《傳》但言葱、韭，文不具耳。按，《靈樞經》：「五菜：葵甘、韭酸、藿鹹、薤苦、葱辛。」是也。

問：「舜之飯糗茹草」，草可茹乎？「草」當訓作「粗」，如《史記·陳丞相世家》「惡草具進」之「草」乎？

曰：非也。當從《説文》「菜，草之可食者」，如《董仲舒傳》「公儀子相魯，食于舍而茹葵」之類也。此與「茹」字連文，食菜曰茹，故知之。

問：劉昭注《續漢書·禮儀志》「先臘一日，大儺」，引譙周《論語》注云：「儺，却之也。以葦矢射之。」其説有徵乎？

曰：此漢法也，《漢舊史》「儺，立桃人、葦索、滄耳、虎等」是也。又，《風俗通》云：「縣官常以臘除夕，飾桃人，垂葦茭，畫虎于門，皆追效于前事〔一九〕，冀以衛凶也。」

問：「浴乎沂」，韓《筆解》：「『浴』當爲『沿』字之誤。周三月，夏之正月，無浴之理。」其説當從否？

曰：其説是也，然以「浴」爲「沿」之誤，不確。按，《説文》：「沿，緣水而下也。」于義無徵，當從王充《論衡》爲雩祭。「『暮春』，四月也。『冠者』『童子』，雩祭樂人也；『浴乎沂』，涉乎沂也，象龍之從水中出也。」據此，「浴」當爲「涉」之誤。曾點之言如樊遲，從遊于舞雩之下。

問：「宰予晝寢」，梁武帝「寢」讀爲「寢室」之「寢」，「晝」，胡卦反，言其繪晝寢室。其説然否？

曰：「晝寢」非也，「寢室」之説是也。《檀弓》：「夫晝居于內，問其疾可也。」又云：「非致齊也，非疾也，不晝夜居于內。」鄭注：「內，正寢之中。」據此，是宰予晝居于寢，故責之。

問：《王制》「臝股肱」注：「謂擐衣，出其臂脛。」《釋文》：「擐，舊音『患』，今讀宜音『宣』。依字作『揎』。《字林》：『揎，揎臂也。』」其説當從否？

曰：顔之推《家訓》已言之矣，云：「謂捋衣，出其臂脛。今書皆作『擐甲』之『擐』。國子博士蕭該云：『「擐」當作「捋」，音「宣」。「擐」是穿著之名，非出臂之義。』案《字林》，蕭讀是。徐爰音「患」，非也。」又按，《士虞禮》「鉤袒」注：「如今擐衣也。」亦誤，當作「捋」，「擐」與「⿰扌爵」皆非。「⿰扌爵」音「爵」，「捋」乃音「宣」耳。顔作「捋」不誤，《釋文》誤矣。

問：「亡之，命矣夫」，王充《論衡》作「無之」，何也？

曰：漢人讀作「有無」之「無」，如《漢書・楚王囂傳》成帝詔書中引作「蔑之命矣夫」。按，《小爾雅》：「蔑，無也。」今注乃讀作「存亡」之「亡」耳。

問：董仲舒《春秋决獄〔二〇〕》：「君獵得麑，使大夫持以歸。大夫道見其母隨而鳴，感而縱之。君愠，議罪未定。君病，恐死，欲托孤幼，乃覺之：『大夫其仁乎？遇麑以恩，况人乎？』乃擇〔二一〕之，以爲子傅。于〔二二〕議何如？」今未見其議也，可得而補之乎？

曰：臣愚，以爲《春秋》之義，原情定罪。子反出己之心，矜宋之民，無計其間，故大之也。擇以爲傅，又何疑焉？

問：《列女傳・魯孝義保》，其事何據？

曰：此與《公羊傳》互有詳略也。《傳》言：「孝義保者，魯孝公稱之保母，臧氏之寡也。」即《公羊傳》之「母養公者」也；《傳》云：「孝公時號公子稱，最少。」即《公羊傳》「孝公幼」也；《傳》言：「義保與其子俱入宮，養公子稱。」即《公羊傳》「養公者，必以其子入養」也；《傳》言：「括之子伯御，與魯人作亂，攻殺懿公而自立。求公子稱于宮，將殺之。義保聞伯御將殺公子稱〔二三〕，乃衣其子以稱之衣，卧于稱之處，伯御殺之。義保遂抱稱以出，遇舅〔二四〕魯大夫于外，舅問：『稱死乎？』義保曰：『不死，在此。』舅曰：『何以免乎〔二五〕？』對〔二六〕曰：『以吾子代之。』義保遂以逃。十一年，魯大夫皆知稱之在保，于是請周天子殺伯御，立稱，是爲孝公。」即《公羊傳》「臧氏之母聞有賊，以其子易公，抱公以逃。賊至，凑公寢而弑之。臣有鮑廣父與梁買子者，聞有賊，趨而至。臧氏之母曰：『公不死也，在是。吾以吾子易公矣。』于是負孝公之周，愬天子。天子爲之誅顔而立叔術，反孝公于魯也。」然則《列女傳》蓋發源于《公羊》矣。

問：「君子好逑」，傳、箋不同，鄭何所據？

曰：此劉向之説也。《列女傳》：「有娎之妃湯也，統領九嬪，後宮有序，咸無妒媢逆理之人，卒致王功。君子謂妃，明而有序。《詩》云：『窈窕淑女，君子好逑。』言賢女能爲君子和好衆妾，其娎之謂也。」是鄭氏之所本。

問：「燕燕于飛」，傳、箋皆以爲戴嬀大歸于陳，而《序》亦以爲衛妾送歸妾也，鄭注《坊記》作「定姜」，何以不同？

曰：此亦劉向之説。《列女傳》「衛姑定姜者，衛定公之夫人，公子之母也。公子既娶而死，其婦無子。畢三年之喪，定姜歸其婦，自送之于野，乃賦詩」云云，是其不同也。鄭注《坊記》，亦以爲夫人定姜之詩。《鄭志》答炅模云：「爲《記》注時，就盧君，先師亦然。後乃得毛公《傳》，記古書義又且然。《記》注已行，不復改之。」是也。

問：《行露》之詩，《鄭志》：「張逸問：『《行露》，召伯聽訟，察民之意化耳。何訟乎？』答曰：『實訟之辭也。』」何以知之？

曰：《列女傳》：「召南申女者，申人之女也。既許嫁于酆，夫家禮不備而欲迎之，遂不肯往。夫家訟之于〔二七〕理，致之于獄。女終以一物不具，一禮不備，守節持義，必死不往，而作詩曰：『雖速我訟』」云云。其説亦本于《外傳》，是其據也。而王伯厚《詩考後序》云：「蓋魯《詩》也。」

問：古人何以無「醋」字？

曰：古人以「醋」字爲「酬酢」之「酢」字，《儀禮・特牲饋食》：「祝酌授尸，尸以醋主人。」注：「今文『醋』曰『酢』。」又以「酢」爲「醋」字，《急就篇》「鹹酸酢淡辨濁清」及《隋書・酷吏傳》「長安語曰：『寧飲三升酢，不見崔弘度』」是也。《説文》：「關東謂酢曰酸。」又曰：「醯，酸也。」然則「酢」即《周禮》之「醯」，故《荀子》曰：「醯酸而蜹聚焉。」《吕氏春秋》：「缶醯黄，蜹聚之，有酸。」《廣雅》謂之「醋」是也。

《後漢書・儒林傳》：「張玄兼説《嚴氏》《宣氏》。」「宣氏」不知所指。

曰：「宣」當是「冥」字之誤。《周禮》「冥氏」注：「鄭司農云：『冥，讀爲《冥氏春秋》之「冥」。』」按《儒林傳》，冥都傳《嚴氏春秋》，故先鄭云有《冥氏春秋》。

問：《詩》「鞗革金厄」傳：「厄，烏蠋也。」何物？

曰：「厄」與「蚅」通。《爾雅・釋蟲》：「蚅，烏蠋。」郭璞注：「大蟲如指，似蠶，見《韓子》。」《豳風》「蜎蜎者蠋」傳以爲「桑蟲」也，而許氏《説文》則以爲「葵中蠶」，《莊子》以爲「奔蜂不能化藿蠋」，《淮南子》以爲：「蠶與蜀〔二八〕，狀相類而愛憎異。」蓋蜀似蠶，在桑謂之桑蠋，在葵謂之葵蠋，在藿謂之藿蠋耳。本作「蜀」，加「虫」，俗字。

問：「既伯既禱」，許慎何以作「既禡既禱」？

曰：自秦灰之後，六籍殘缺，文字不同。漢儒抱殘守缺，各遵師説，不敢移易一字，慎之也。于是有字異而義不異者，字同而義不同者，衆説紛如，莫可究竟矣。《毛傳》于「既伯既禱」傳曰：「伯，馬祖也；禱，禱獲也。」鄭箋不言，意與毛同耳。《爾雅》：「既伯既禱，馬祭也。」注：「伯，祭馬祖也。」《周禮·校人》：「春祭馬祖。」注：「馬祖，天駟也。」此一義也。《説文》：「禂，禱牲，馬祭也。《詩》曰：『既禡既禂。』」是或三家《詩》「伯」字有作「禡」字者，其説與《爾雅》、《詩》鄭箋、《周禮》杜子春之説皆背。《爾雅》：「是禷是禡，師祭也。」《甸祝》：「掌四時之田、表貉之祝號。」杜子春讀「貉」爲「百爾所思」之「百」，書亦作〔二九〕或爲「禡」。貉，兵祭〔三〇〕。「禷也、禡也」，鄭箋〔三一〕：「師祭也。」應劭以爲：「禡者，馬也。馬者，兵之首，故祭其先神。」是又沿許氏之説矣。《説文》以「禂」爲「禱牲」，此從杜子春之説也。《甸祝》「禂牲、禂馬」，杜子春云：「禂，禱也。爲馬禱無疾，爲田禱〔三二〕多獲禽牲。玄謂：『禂』讀如『伏誅』之『誅』，今侏大字也。爲牲祭，求肥充；爲馬祭，求肥健。」是鄭不從此説，「禂」不得爲禱祈之字也。「禂牲、禂馬」，經文分言之，杜、許亦不得合一以訓之，而以「禱牲」爲馬祭耶？

問：《白虎通》：「『水』之爲言『准』也。養萬物平均，有准則也。」盧注：「二句舊作『陰化沾濡，任生木』七字，《御覽》同。今據《月令》正義所引改正，似義長。」當改否？

曰：不當改也。《春秋元命包》：「『水』之爲言『演』也。陰化淖濡，流行潛施也。」《白虎通》本此。又，「故水者，木之母，故云『任生木』。」況《御覽》引，與「舊作」正同，何可改耶？

問：《白虎通》：「土者最大，苞含物，將生者出，將歸者入，不嫌清濁，爲萬物。」盧本注：「『將歸者入』，舊上衍『者』字，下脱『入』字。今從朱校改。《家語·困誓篇》云：『生則出焉，死則入焉。』《荀子》《韓詩外傳》《説苑》皆有『生則立焉，死則入焉』之文。『爲萬物』下，疑脱一『母』字。」當從改否？

曰：非也。引《家語》等書，欲以何明也？是昧「不知蓋缺」之義矣。《春秋元命包》：「地不足東南，陰右動，終而入靈門。地所以右轉者，氣濁精少，含陰而起遲，故轉右迎天，佐其道。地者，易也。言養物懷任，交易變化，含吐應節。」據此，則朱校本豈非臆度耶？

問：《白虎通》：「廣莫者，大莫也，開陽氣也。」盧本注：「舊作『大也』，又『開』作『同』，據正義改。」當改否？

曰：不當改。《春秋考異郵》：「廣莫者，精大滿也。」是「大滿也」，有闕文誤字耶？

問：《白虎通》：「龜蓍必以荆者，取其『究』音也。」何必以荆乎？

曰：《三禮圖》：「凡木心皆圜，而荆心方，是以用之。」

問：《白虎通》引五霸，何以不同？

曰：謂五伯爲昆吾氏云云者，《風俗通》所謂《春秋左氏傳》也；或謂五伯爲齊桓、晉文、秦繆云云者，《風俗通》所謂《春秋説》也，故不同。

問：《白虎通》：「禮曰：伏羲、神農、祝融，三皇也。」出於何禮？而謂伏羲、神農、燧人爲三皇，此又何説也？

曰：《風俗通》所謂《尚書大傳》説也。其云「禮曰」者，《禮緯含文嘉》也。

問：《白虎通》：「肝者，木之精。」何所本？

曰：此《五經異義》所謂今文《尚書》歐陽説：「肝，木也；心，火也；脾，土也；肺，金也；腎，水也。」古文《尚書》説：「脾，木也；肺，火也；心，土也；肝，金也；腎，水也。」許氏從古文《尚書》説。鄭氏駁之，從今文《尚書》説。

問：《白虎通》：「仲秋穫禾，報社，祭稷。祭社稷以三牲，何？重功故也。」盧本注：「『祭社稷』三字，今補。」當補否？

曰：盧注往往擅增減古書，其謬在此。《孝經援神契》：「報社祭稷以三牲，何？重功也。」據此，不當補矣。

問：《白虎通》：「臏者，法金之刻木。」有臏刑，又有剕刑，何也？

曰：《五經異義》：「臯陶改臏爲剕。《吕刑》有剕，周改剕爲刖也。」《禮統》：「臏刑，法金勝木，去其節目也。」故臏者，脱其臏耳。《司刑》注：「刖，斷足也。周改臏作刖。殺，死刑也。」據此可知，刑法有世輕、世重矣。

問：《白虎通》：「五祀者，何謂也？謂門、户、井、竈、中霤也。」《祭法》何以有七祀？

曰：五祀者，殷禮也。若周，則七祀，加司命與厲也。

問：《白虎通》：「春祀户，祭所以特先脾者，何？脾，土也。春，木煞土，故以所勝祭之也。」有異義否？

曰：《吕氏春秋》注：「脾屬土。陳俎豆，脾在前，故曰『祭先脾』。春，木勝土，先食所勝也。一説，脾屬木，自用其藏也。」高誘前一説，本今文《尚書》歐陽説「脾，土也」，與《白虎通》合；後一説，乃古文《尚書》「脾，木也」，與《白虎通》異。

問：《白虎通》：「水最卑，不得食其所勝。」何也？

曰：《吕氏春秋》注：「腎屬水，自用其藏也。」

問：《白虎通》：「六月，心非所勝也。以祭，何？以爲土位在中央，至尊，故祭以心。心者，藏之尊者。」何也？

曰：《月令》注：「先祭心者，五藏之次，心次肺。至此，心爲尊也。」蓋心，火也。火之所勝者，金。不祭肺而祭心，故云「六月，心非所勝也」。

問：《白虎通》：「五帝，禮曰：黃帝、顓頊、帝嚳、帝堯、帝舜也。」有異義否？

曰：《風俗通》所謂《易傳》《禮記》《春秋》《國語》《太史公記》五帝，皆與《白虎通》說同。若孔安國《尚書序》、皇甫謐《帝王世紀》并以少昊、顓頊、帝嚳、唐、虞爲五帝也，有少昊而無黃帝。

問：《白虎通》：「天子者，爵稱也。」《五經異義》：「古《周禮》說以爲：天子無爵。號同[三]于天，何爵之有？」

曰：謂有爵者，《易》孟、京說：「《易》有周人五號：帝，天稱，一也；王，美稱，二也；天子，爵號，三也；大君者，興盛行異，四也；大人者，聖人德備，五也。」鄭駁《異義》亦以爲周人有爵。《白虎通》從《鈎命訣》也。

問：《白虎通》五祀，有井而無行，與《呂氏春秋》異。

曰：高誘注：「行，門内地也。冬守在内，故祀之。『行』或作『井』，水給人。冬，水王，故祀之也。」按，鄭注《月令》：「冬，陰盛，寒于水。祀之于行，從辟除之類也。」據此，祀行乃所以祀水耳。陳氏《禮書》：「兩漢、魏晉之立五祀，井皆與焉。特隋唐參用《月令》《祭法》之説，五祀祭行。及李林甫之徒復修《月令》，冬亦祀井而不祀行。」

問：《白虎通》：「門以犬。」于書有徵乎？

曰：《風俗通》：「謹按《月令》：『九門磔禳，以畢春氣。』蓋天子之城，十有二門。東方三門，生氣之門也。不欲使死物見于生門，故獨于九門殺犬磔禳。犬者，金畜；禳者，却也。抑金，使不害春之時所生，令萬物遂成其性。火當受而長之，故曰『以畢春氣』。功成而退，木行終也。」

問：《白虎通》：「一説，户以羊，竈以鷄。」盧本注：「『鷄』，舊作『雉』，訛，今據《通典》改。《説題辭》云：『鷄爲積陽，南方之象。』則用之以祀竈，宜也。」注説允否？

曰：此不知而妄説。凡祭，皆取其相勝者。以陽畜祀火神，未之聞也。或恐互誤耳。《風俗通》：「俗説：鷄鳴將旦，爲人起居；門亦昏閉晨開，扞難守固。禮貴報功，故門户用鷄也。」又，《漢記》：「濟南〔三四〕陰子方喜祀竈，臘日晨炊而竈神見，再拜受神。時有黄羊，因以祀之。」此二説，似近之。

問：《白虎通》：「春曰蒼天，夏曰昊天，秋曰旻天，冬曰上天。《爾雅》曰『一説，春爲蒼天』等是也。」然則有二説乎？

曰：有。此文有脱誤耳。《五經異義》：「今文《尚書》歐陽説曰：『春曰昊天，夏曰蒼天，秋曰旻天，冬曰上天，總爲皇天。』《爾雅》亦然。」按，今《爾雅》作「春爲蒼天，夏爲昊天」，與《白虎通》之説合。《異義》以爲「《爾雅》亦然」，是許、鄭所見之本，與孫、郭不同。孫、郭所見之本作「春爲蒼天」，是與「春爲昊天」異矣。

問：《白虎通》：「《禮》無大夫刑。」何《禮》也？

曰：《異義》：「《禮》戴説，刑不上大夫。古《周禮》説，士尸肆諸市，大夫尸肆諸朝，是大夫有刑。」許從《周禮》之説，鄭從《戴禮》之説。

問：《白虎通》：「《孝經》者，夫制作禮樂，仁之本。」何也？

曰：《六藝論》：「孔子以六藝題目不同，指意殊別，恐道離散，後世莫知根源，故作《孝經》總會之。」

問：《白虎通》：「子養父母，何法？法夏，長養木。此火，養母也。」其義可徵乎？

曰：董子曰：「以子而迎成養，如火之樂木也。」荀爽曰：「火生于木，木盛于火，故其德爲孝。」注：「火，木之子；夏，火之位。木至夏而盛，故爲孝。」

問：《白虎通》：「王所勝者死，囚，故王者休。」盧本注：「『囚』字上，似脱『勝王者』三字。」是否？

曰：非也。據《春秋運斗樞》「四時王者休，所勝者死，相所勝者囚」，則「囚」字上脱「相所勝者」四字耳。

問：《吕氏春秋》「乃以元日」「乃擇元辰」，知用何日、辰乎？

曰：《月令》注：「謂以上辛郊祭天也。」然則郊用辛日，耕藉則當用亥辰，以《陰陽式法》云：「正月亥，爲天倉。」以其耕事，故用天倉也。盧植、蔡邕并云：「郊天是陽，故用日；耕藉是陰，故用辰。」甲乙丙丁等謂之日，子丑寅卯等謂之辰。

問：《月令》「端徑術」，何也？

曰：《呂氏春秋》注：「端正其徑路，不得邪行，敗稼穡也。」《漢書·五行志》載謡曰：「邪徑敗良田。」高誘蓋本此。

問：《呂氏春秋·仲春紀》注：「命樂官正率卿大夫之子入學官，習舞也。」畢校本：「『入學官』，各本多作『學宮』，唯李本作『官』。案，《賈子·保傅》：『學者，所學之官也。』此『官』蓋爲官寺。《正月紀》注中正作『學官。』」當作「學官」否？

曰：不當也。《白虎通》：「小學，經藝之宮；大學者，辟雍、鄉射之宮。」安見其非學宮也？且如畢作「學官」，注云「命樂官正〔三五〕率卿大夫之子入學官」，成何説耶？

問：《呂氏春秋·重己篇》：「使五尺豎子引其棬，而牛恣所以之，順也。」「棬」何物也？

曰：「棬」與「桊」同。《説文》：「桊，牛鼻上環。」《廣韻》：「牛拘〔三六〕也。」

問：《呂氏春秋·勸學篇》：「凡説者，兑之也，非説之也。」何謂也？

曰：《易・序卦》：「《巽》者，入也。入而後説之，故受之以《兑》。」《釋名》：「兑，物得備足，皆喜悦也。」《文心雕龍》：「説者，悦也。兑爲口舌，故言咨悦懌。」據此，知爲師者，必先得學者之歡心，而後其説乃可行也。故《易・象》曰：「麗澤兑，君子以朋友講習。」

問：《吕氏春秋・仲夏紀》注：「含桃，鸎桃。鸎鳥所含食，故言含桃。」何以與鄭注《月令》異？

曰：《爾雅》：「楔，荆桃。」注：「今櫻桃。」《説文》：「果名，櫻桃也〔三七〕。」皆作「櫻」，與高誘不同。王維《敕賜櫻桃》詩「非關御苑鳥含殘」，本高注。

問：《吕氏春秋・仲冬紀》：「乃命大酋。」注：「大酋，酒官也。酋醖米麴，使之化熟，故謂之酋。」酒官何以謂之「大酋」？酒熟何以謂之「酋」也？

曰：「酒」字從「酉」，《釋名》：「酒，酉也。」《説文》：「酉，就也。八月黍成，可爲酎酒。」「酋，繹酒。从酉，水半見于上。」酒久，則水上見而糟少也，故《月令》鄭注：「大酋者，酒官之長也。」疏：「酋者，久遠之稱。」則是久熟者善，故名酒官爲「大酋」。揚子《方言》：「自河以北，趙魏之間，久熟曰酋。」故酒久熟亦謂之「酋」。

問：《吕氏春秋・諭大篇》「不周」，畢校本云：「此雖山名，不應獨舉，當亦與上文爲一類。」是否？

曰：「不周」二字，高注屬下，不屬上文也。本文云「不周山大，則有虎、豹、熊、螇蛆」，故高注云：「皆獸名。不周山，在翟。」本文下云「水大，則有蛟龍」云云，然則「不周」當屬下文作「不周山」也。若屬上文，與「群抵、天翟」爲一類，是皆獸名，試問有「不周」之獸耶？獨舉「不周」者，以山在昆侖，言其大耳。

問：《吕氏春秋・不屈篇》：「人有新娶婦者，婦至，宜安矜煙視媚行。」何謂「煙視」？

曰：「燕」有「煙」音，古字通用。《説文》：「睇，小視也。」《夏小正》：「燕乃睇。」燕視曰睇，「煙視」即「燕睇」。後世新婦入門，閉目，即「小視」之遺也。

校勘記

〔一〕「彑」，木犀軒本作「互」，據《説文》改。下同。

〔二〕「其」，木犀軒本奪，據《赤雅》卷下補。下「其大如掌」同。

〔三〕「故」，《文苑英華》卷三百七十九作「故名」。

〔四〕「爲」，木犀軒本作「謂」，字通。
〔五〕「顧」，《文苑英華》卷八百三十二作「顧況」。
〔六〕「葬」，《隋書》卷八作「墓」。
〔七〕「隋」，與《周禮·春官·守祧》同，《儀禮注疏》卷四十二作「墮」。
〔八〕「墮飯」，《戰國策·趙策三》作「墮食」。「不墮飯」，《趙策三》作「不墮食」。
〔九〕「容禮」，木犀軒本作「禮容」，據《後漢書》卷七十九上改。
〔一〇〕「田獵」，木犀軒本作「臘」，據《風俗通義·祀典篇》改。
〔一一〕「謂」，《藝文類聚》卷五作「謂之」。
〔一二〕「遺俗」，《藝文類聚》卷五作「遺語」。
〔一三〕「越騎營五百妻有美色，破石從求之」，木犀軒本奪，據《後漢書·宦者列傳》補。
〔一四〕「辨釋名」，與《册府元龜》卷四百五十四同，《後漢書·宦者列傳》注作「辯釋名」，《藝文類聚》卷四十六、《太平御覽》卷二百三十六并作「辯釋名」。
〔一五〕「而動」，木犀軒本作「而已」，據《周禮注疏》卷十八改。
〔一六〕「餟」，《藝文類聚》卷四十六、《太平御覽》卷二百三十六并作「醊」。
〔一七〕「祭」，《藝文類聚》卷四十六、《太平御覽》卷二百三十六并作「祭先」。
〔一八〕「綴食」，《史記》卷十二作「餟食群神從者及北斗云」，索隱亦作「餟」。
〔一九〕「前事」，木犀軒本奪，據《風俗通義·祀典篇》補。
〔二〇〕「獄」，木犀軒本作「事」，據《白孔六帖》卷二十六改。

〔二一〕「擇」，《白孔六帖》卷二十六作「釋」。

〔二二〕「于」，木犀軒本作「子」，《白孔六帖》卷二十六作「於」。

〔二三〕「公子稱」，《新刊古本列女傳·節義》作「稱」。

〔二四〕「舅」，《列女傳·節義》作「稱舅」。

〔二五〕「免乎」，《列女傳·節義》作「得免」。

〔二六〕「對」，《列女傳·節義》作「義保」。

〔二七〕「于」，《文選樓叢書》本作「爲」。

〔二八〕「蠶與蜀」，《淮南子·説林訓》作「蠶之與蠋」。

〔二九〕「作」，《周禮注疏》卷二十六無，疑衍。

〔三〇〕「兵祭」，《周禮注疏》卷二十六作「兵災也」。

〔三一〕「箋」，木犀軒本下衍「也」字，據《毛詩正義》卷十六之四删。

〔三二〕「禱」，木犀軒本作「疇」，據《周禮注疏》卷二十六改。

〔三三〕「號同」，《禮記正義》卷四作「同號」。

〔三四〕「濟南」，《風俗通義·祀典·竈神》作「南陽」。

〔三五〕「樂官正」，木犀軒本作「學官正」，據上引文改。

〔三六〕「拘」，木犀軒本作「枸」，據宋本《廣韻·三十三·線》「桊」字注改。

〔三七〕「果名，櫻桃也」，與《康熙字典·辰集中》「櫻」字注引《説文》同，《説文新附·木部》作「果也」，《集韻·耕韻》、《類篇》六上作「櫻桃，果名」。

群書答問卷下

問：《後漢書·禮儀志》：「每月朔、歲首，爲大朝，受賀。其儀：夜漏未盡七刻，鳴鐘，受賀及贄。」其儀何自昉乎？

曰：此古制也，漢踵而行之耳。《周禮》：「正月之吉。」注：「吉，謂朔日也。」《鄉黨》：「孔子吉月，必朝服而朝。」是其證。諸侯告朔之後，當視朝，故孔子雖致仕，每月猶必朝也。《漢舊儀》：「每月月朔，常朝。後以其頻，而改爲六月、十月。又以六月朔甚暑，省之，于是唯以十月朔。用十月者，以高祖定秦之月。元年，歲首也。」《白虎通》：「《書》曰：『五玉、三帛、二生、一死贄，至正月朔日，乃執而朝賀其君。』朝賀以正月，何？歲首，意氣改新，欲長相保，重本正始也，故群臣執贄而朝賀其君。」似以漢人言漢制矣。而不但此也，《春秋·襄二十九年》經書「春王正月，公在楚」，《公羊傳》曰：「何言乎『公在楚』？正月以存君也。」注：「正月，歲終而復始。臣子喜其君父與歲終而復始，執贄存之，故言『在』。」是春秋時，久有此制也。漢初，令叔孫通起朝儀，會長樂宮成，諸侯、百官、郡臣以十月行朝賀之禮，是後遂成爲故事。

問：《檀弓》：「幼名，冠字，五十以伯仲。」疏：「年二十，有爲人父之道，朋友等類，不可復呼其名，故冠而加字耳。年至五十，耆艾，轉尊，又捨其二十之字，直以伯、叔別之。」其疏然否？

答曰：孔疏非也。古人之名，有旁其形者，如孔子首類丘山，故名丘而字尼。至二十而冠，則稱之爲「尼甫」，《周禮·士冠禮》所謂「伯某甫，仲、叔、季，惟其所當」是也。加「甫」者，且字也。《説文》：「且，所以薦也。」蓋「甫」是丈夫之美稱，即如臣不可以呼君名，且爲某字以呼之，故加「甫」以薦之耳。《曲禮》：「有天王某甫。」鄭注：「某甫，且字也。」《春秋》「宰渠伯糾來聘」，「宰」，官也，繫官以爲氏也；「渠」，名；「糾」是且字也。稱「伯」者，稱老也。是人年至五十，以伯、仲配字而稱之，未聞捨其二十之字而直以伯、仲別之也。誠如孔説，則徒以伯、仲，將何以區別人耶？孔子生三月，名之曰「丘」；至二十，則稱「尼甫」；至五十，去「甫」，以「尼」配「仲」，故稱之曰「仲尼」。夫豈有捨「尼」而直稱「仲」者哉？劉瓛述張禹之義，以爲：「仲者，中也；尼者，和也。言孔子有中和之德，故曰『仲尼』。」是説也，蓋不知古人命名稱字之義，而姑爲傅會之談，其説更與《檀弓》相背矣。

問：《士昏義》「納徵」疏：「納徵者，納幣財也。徵，成也。先納聘財，而後成昏。《春秋》則謂之『納幣』。」孔疏然否？

答曰：孔疏但舉《禮》言「納徵」、《春秋》言「納幣」，并未言所以稱名之異。此《士昏禮》賈疏得之。疏：「案《春秋左氏・莊公二十年》：『冬，公如齊納幣。』不言納徵者，孔子制《春秋》，變周之文，從殷之質，故指幣禮而言。周文，故以義言之：徵，成也。納此，則昏禮成，故云『徵』也。」案，《左氏》無傳，桓公十一年《公羊》何休注：「《春秋》改周之文，從殷之質。」故知此爲《公羊》家言。賈疏當引《公羊》經文，不當引《左氏》經文也。據何注：「納徵即納幣，《禮》曰『主人受幣，士受儷皮』是也。《禮》言『納徵』，《春秋》言『納幣』者，《春秋》質也。」

問者曰：《白虎通》：「贄用雁者，取其隨時而南北，不失其節，明不奪女子之時也。」今此納幣而不用雁，何也？曰：何注：「凡昏禮，皆用雁，取其知時候。納徵，用玄纁、束帛、儷皮。玄纁，取其順天地也；儷皮者，鹿皮，所以重古也。」《白虎通》：「玄三，法天；纁二，法地。陽奇陰耦，明陽道之大也。」據此，知納采、問名、納吉、請期、親迎，以雁爲贄，《孝經鉤命訣》所謂「五禮用雁」也。六禮，唯納徵不用雁也。納徵，以束帛爲贄，故《春秋》據本事而書曰：「冬，公如齊納幣。」

問：《唐會要》：「會昌五年七月，中書門下李德裕奏：『孟州汜水縣武牢關，太宗擒王、竇之地。關城東峰，太宗像在一堂，威靈皆畏于軒臺，風雲宜還于豐沛。請如漢郡國立廟故事，更造一廟，號昭武廟。』可。」其廟可更造否？

答曰：自周以來，七廟之制既定，後世無有損益之者。《曾子問》曰：「七廟無虛主。」又曰：

「廟有二主？」夫子答以：「天無二日，土無二王。嘗、禘、郊、社，尊無二上。」故廟不可增，主無虛設，古之制也。漢于所嘗幸郡國，各立太祖、太宗廟。至宣帝本始二年，復尊孝武廟爲世宗廟，行巡守之禮亦立焉。此漢之弊政也。是以《公羊》、御史大夫貢禹言：「郡國立廟〔一〕，不應古禮，宜正定。」永光四年，乃罷之。昔遼東高廟災，《公羊》經師董仲舒曰：「今高祖不當在〔二〕遼東。」西漢大儒皆能援引經義，以匡君失。至唐則不然，黨同伐異。一孫平子之言，終不能用，群臣盡起而攻之，以致禮制乖違，無人敢議。李德裕奏作昭武廟于武牢關，不但立木主，而且立像矣。古者士大夫，父子異宮，所以各申其尊。今高祖、太宗之像共在一室，尊卑之禮，都不可問。較漢之失，抑又過之。

問：《通典》：「《魏晉故事》：皇子、廣陵王年十一，孫爲祖服期，當從臣服，從本親服？應琳議：『案《禮·喪服》：「諸侯爲天子斬。」今廣陵王列土建國，古之諸侯，宜從臣例。』」當否？

答曰：應説是也。吾爲之引伸其義曰：《喪服小記》：「與諸侯爲兄弟者，服斬。」注：「此謂卿大夫以下，與尊者爲親，不敢以輕服服之。」熊安生曰：「諸侯死，凡與諸侯有五屬之親者，以諸侯體尊，不可以本親輕服服之也。」《雜記》：「外宗爲君夫人，猶內宗也。」注：「爲君服斬，夫人齊衰，不敢以其親服服至尊也。」太常賀循曰：「《禮》：天子、諸侯俱以至尊臨人。上下之義，君臣之禮，自古以來，其例一也。」案，《春秋》之義，臣之服君，猶子服父。僖雖繼閔，兄前已爲臣，故爲閔公三年，亦不敢以兄弟之服服至尊，故《傳》曰：「臣、子，一例也。」《白虎通》曰：「始封之君不臣諸父、兄弟，何？不忍以一日之功德加于諸父、兄弟也。故《禮·服傳》曰：『封君之子，不臣諸父，封君之孫盡臣之。』」據此，諸父且臣，況兄弟乎？況子姓乎？然則如何而後可以服其親服乎？《禮·服傳》曰：「尊同，則得服其親服。」

問：《通典》：「戴德《喪服記》曰：『女子子適人者爲繼父，服齊衰三月。』不分別同居、異居。」其説然否？

答曰：《昏禮》：「一與之齊，終身不改。」而《喪服》爲繼父制服齊衰三月，不分別同居、異居，何哉？聖人非不欲舉世爲《柏舟》之誓，然而未能者，其勢然也。蓋禮緣義起，幼子無大功之親，則此子無人爲之衣食。設一旦展轉溝壑，先人之祀不幾斬乎？比長矣，不復有宗廟之祀。繼父乃爲之宗廟，使人子得以申其愛敬，此意固足感也。如是者，爲之服齊衰期。若嘗同居，今不同居，則服齊衰三月。恩義各有淺深，可謂斟酌盡善矣。女子子適人，則不別同居、異居，笄總之儀較輕于宮廟故也。「于繼父，絶然無服」，聖人無此過情之論。同爨尚有緦麻，豈同爨之不若哉？傅玄、袁準之徒皆云「無服」，安知禮義者乎？董仲舒《春秋決事比》〔三〕議曰：「臣愚，以爲《春秋》之義，言夫人歸于齊，言夫死無男，有更嫁之道。」今夫死子穉，無大功之親而適人，此亦王法之所不能禁者耳。爲之制服，又何疑焉？

問：《喪服小記》：「久而不葬者，唯主喪者不除，其餘以麻終月數者，除喪則已。」注：「其餘，謂旁親也。」疏：「盧曰：『其下子孫皆不除也，以喪主爲正耳。』庾云：『案，《服問》曰：「君所主，夫人、妻、太子、適婦。」故謂此在不除之例。定更思詳，以尊主卑，不得同以卑主尊，無緣以卑之未葬而使尊者長服衰絰也。且前儒説「主喪不除，無爲下流」之義，是知主喪不除，唯于承重之身爲其祖、曾。若子之爲父，臣之爲君，妻之爲夫，此之不除也，不俟言而明矣。』盧植云『下子孫皆不除』，蕭望之又云『獨謂子』，皆未善也，謂庾〔四〕爲是。」其説果當從否？

答曰：詳鄭氏之義，「其餘，謂旁親也」，不知「旁親」指衆子否也。或問蕭太傅：「『久而不葬，唯主喪者不除。』今則或十年不葬，主喪者除否？」答曰：「所謂『主喪者』，獨謂〔五〕子耳。雖過期不葬，子〔六〕義不可除。」晉陳氏問劉世明曰：「『其餘以麻終月數者』，注云：『謂旁親。』不指言衆子當除也。然人皆分斷之，于意否耳？」劉答云：「父謂衆子爲庶子，庶子不謂父爲庶父也。子之于親，體同服等，非旁親之謂也。」梁劉昭難劉世明曰：「喪無二孤，廟無二主。受弔之禮，唯主喪〔七〕稽顙，餘人哭踊而已。諸言喪主，唯謂一人，不指〔八〕衆子。」此皆據蕭説而申其義者也。晉劉智《釋疑》亦云：「問者曰：『久而不葬，喪主不除。其服如何？』智云：『此《禮》文所不及也。以理推之，凡《禮》使爲主者不除，不謂衆子獨〔九〕無哀。誠以既變，人情必殺。喪雖在殯，不爲主者可以無服。』」謹案，鄭君之于《小記》之注未明，考之于後漢桓翱之問氾閣而得之矣。翱問閣曰：「久喪不除者，爲當衆子盡然耶？故質焉爾。」答曰：「昔嘗送鄭君到代陵，有人〔一〇〕其父死，不得其尸〔一一〕，其子行喪，隨制降殺。閣與亡者相知而往弔之，還，問鄭君所駁《異義》之事：『不孝莫大于無後，終身不除，此爲絶先人統〔一二〕，無乃重乎？』鄭君答云：『庶子自可攝祭。』閣復〔一三〕云：『無庶子，當何以？』又曰〔一四〕：『族人可以其倫代之。』閣又覆言〔一五〕云：『無族人，何〔一六〕？』則不復相答。推此而詳，但使一適子不除耳。」

問：張爾岐《儀禮鄭注句讀》曰：「《士喪禮》：重以依神。若置之近南，殆若推而遠之矣。且『參分庭』句，『一在南』句，亦覺不文。本經言『參分庭一在南』者〔一七〕，不一。其自外入而言，據外〔一八〕，近南者也；其自内出而言，據内，近北者也。重，固自内出者也。」其説是否？

答曰：經明云「在南」，而張氏以爲在北，是違經而任意也。案，經云：「置重于中庭，三分庭，一在南。」云「一在南」者，二在北也。此指重之在殯宫時而言。蓋始死，未作主，以重主其神；既虞而埋之，乃作主，故《士喪禮》「襲畢，重木刊鑿之。甸人置于中庭，三分庭，一在南」也。若《既夕》「遷于祖，用軸，重先，奠從，燭從，柩從，燭從，主人從」，其置重之處如初。鄭注以爲「如殯宫時」，凡哭踊、設奠，皆隨重以爲之節。故小斂奠、大斂奠、朝夕奠，經皆云：奠者由重東南，「丈夫踊」。故遷于廟，以爲行禮之節。其置處，亦如在殯宫也。《雜記》：「重，既虞而埋之。」鄭注：「就所依處埋之。」疏：「《既夕禮》：『初喪，朝禰〔一九〕廟，重止于門外之西，不入。』重不入者，謂將嚮祖廟，若過之然，故不入。明日，自禰廟隨至祖廟庭，厥明將出之時，『重出自道，道佐倚之』。」在祖廟門外之東也。若其未出之前，在祖之庭，故《既夕》有「置重之處如初」之儀。若如張説，是南北無一定之嚮背矣，《禮經》無此例也。觀《既夕》「重還左」疏：「重在內，嚮北〔二〇〕；人在其南，以左還鄉門爲便。」此豈隨出入爲南北耶？張誤矣。知重必在南者，君視士大斂，重在門內，近南；君入門，在重北、碑南，西鄉。主人哭、拜稽顙、成踊之位，在中庭北，注所謂「進益北」也。以其在中庭之北，過北則礙于碑矣，故二分北，欲使地稍寬，便于行禮耳，豈「推而遠之」之謂乎？

問：《通鑑》：北齊後主天統〔二一〕元年春正月，「辛卯，齊主祀圜丘。癸巳，祫于太廟」。注：「《五代・志》：齊制：圜丘、方澤，并三年一祭，謂之禘祀。圜丘，則以蒼璧、束帛，正月上辛，祀昊天上帝；太廟，則春祠、夏禴、秋嘗、冬烝，皆以孟月，并臘，凡五祭。三年一禘，五年一祫〔二二〕，謂之殷祭。」其禮制合于古典否？

答曰：殷祭之禘是也，圜丘之祭亦是也，獨不可三年一祭耳。案，《公羊傳》：「大事者，何？大祫也。」又曰：「五年而再殷祭。」何休曰：「殷，盛也。謂三年祫，五年禘。」鄭注《禮緯》云：「百王通義也。」時祭皆以孟月者，《晏子春秋》：「天子以下至士，時祭皆〔二三〕以首時也。」于祭之外加以臘祭者，雜以漢制也。《風俗通》：「謹案《禮傳》：『夏曰嘉平，殷曰清祀，周曰大蜡，漢改爲臘。』言田獵取獸，以祭祀其先祖也。或曰：臘者，接也。新故交接，故大祭以報功也。漢家火行，衰于午〔二四〕，故曰臘也。」祭圜丘以蒼璧者，周制也。圜丘亦謂之禘者，鄭注《祭法》曰：「此禘，謂祭昊天上帝〔二五〕于圜丘也。」游明根曰：「鄭氏之義，禘者，大祭之名。大祭圜丘謂之禘者，審諦五精、星辰也。」高閭曰：「禘祭圜丘，與鄭義同者，以爲有虞氏禘黄帝，黄帝非虞在廟之帝。不在廟，非圜丘而何？又《大傳》云：『禘〔二六〕其所自出之祖。』又非在廟之文也。」并伸明鄭氏圜丘稱禘之義。齊之稱禘，未爲無本。《周禮》以冬至、夏至祀圜丘、方澤，無「三年一禘」之説也。由是觀之，齊之禮制不盡然也。

問：段成式《酉陽雜俎》：「今之士大夫喪妻，往往杖竹甚長，謂之過頭杖。據《禮》：父在，適子妻喪，不杖，衆子則杖。彼以父服服我，我以母服報之，杖同削杖也。」其説然否？

答曰：段説是也。《喪服》注：「適子，父在則爲妻不杖，以父爲之主也。《服問》曰：『君所主，夫人、妻、太子、適婦。』父在，子爲妻以杖即位，謂庶子。」《喪服小記》：「父在，庶子爲妻，以杖即位可也。」唯父在爲母，不杖。《小記》：「宗子，母在爲妻，禫。」疏：「賀氏〔二七〕曰：『父在，適子爲妻不杖。』不杖，則不能禫。若父没母存，則爲妻得杖，又得禫。」段之所據，據此矣。

其當用削杖者，《喪服傳》曰：「苴杖，竹也；削杖，桐也。」賈疏：「所以杖竹者，父者，子之天。竹員，亦象天。竹又外内〔二八〕有節，象子爲父亦有外内之痛。又，竹能貫四時而不變。子之爲父，哀痛亦〔二九〕經寒温而不改，故用竹也。爲母杖桐者，欲取『桐』之言『同』，内心同之于父；外無節，象家無二尊，屈于父，爲之齊衰，經時而有變。又案《喪服〔三〇〕變除》：削之使方者，取母象于地故也。」爲妻喪而杖，用竹，豈理也哉？況《喪服》云：「杖各齊其心。」今唐杖過頭，尤非其制矣。

問：萬斯同《群書疑辨》：「《儀禮·士昏禮篇》婦餕姑饌之後，有『婦徹于房中，媵御餕，姑酳之。雖無娣，媵先』之文，鄭康成注：『古者嫁女，必姪娣從之，謂之媵。姪，兄之子；娣，女弟。』愚竊〔三一〕以爲不然。此所謂『士』，乃士者之子也。士之子未有爵命，與庶人無異。其娶妻也，安得即有妾隨之？媵本送嫁之名，男女皆有之。鄭氏前解『媵布席于奥』，謂『媵，送也，女從者也』，此解得之。後忽解『姪娣從之，謂之媵』，是又以媵爲妾矣。夫士之子，但娶妻耳，豈〔三二〕有同日納妾者？婦之家，但嫁女耳，豈有并其姪娣配之者？此必無之禮，何鄭之謬妄如是？」文多，不全載。其説然否？

答曰：萬氏之説，詭于經傳，徒逞其博辨，何耶？今將據其説，以徵其妄也。經云「士昏禮」，自指爲士者言之，而萬以爲士者之子；經曰「士」，而萬以爲無異于庶人，可乎？改經從己，此向來説經之謬。不謂萬氏昆季亦雅有此弊，非所望矣。又舉鄭注，以爲「前注得之」。不知鄭注有三條，皆一義，有何得失之分耶？其一云：「女從者，謂姪娣也。」其二云：「媵，送，謂女從者也。」其三云：「古者嫁女，必姪娣從之，謂之媵。姪，兄之子；娣，女弟也。娣尊姪卑。若或無娣，猶先媵，客之也。」始終以「媵」爲姪娣，并無先後牴牾，不若萬氏之進退失據也。此條以媵爲非妾，于「貴妾」之條則又云：「古人之妾，有出于姪娣者，故有貴賤之分。」後世無姪娣媵之制，則貴賤何以分？其言之自相矛盾，固如是乎！又以《詩序》《公羊》爲妄謬，且云：「《春秋》書衛人來媵，晉人來媵，齊人來媵。三國皆大國也，肯以其二女、一孫女并爲人之妾乎？」然《左氏傳》曰：「男爲人臣，女爲人妾，故名男曰圉，女曰妾。及子圉西質，妾爲宦女焉。」此獨非晉事耶？何見之固也！又云：「古云『媵，必以同姓』，則衛、晉來媵可也，齊人何故媵之？」不知班固《白虎通》云：「娶三國，何？廣異類也。恐一國血脉相似，俱無子也。」謂同姓來媵者，《春秋》古文説也；謂有異姓來媵者，《春秋》今文説也。萬未之知耳。又云：「即使姪娣皆備，亦無并嫁一人之理。」然莊姜無子，又取于陳，曰厲嬀，生孝伯，早死。其娣戴嬀生桓公，莊姜以爲己子。且齊侯内嬖如夫人者六人，長衛姬，生武孟；少衛姬，生惠公。此豈非并嫁一人之證乎？陳，舜之後，厲嬀、戴嬀皆妾也。衛亦大國，如夫人，則妾也，又豈非大國亦可并爲人妾之證乎？又云：「娣非專〔三三〕女弟也，猶門人之于師〔三四〕，自稱弟子。《禮》之謂〔三五〕娣，亦此類。其父母家以他女送嫁，爲女之伴。事畢，則遣還。」夫以媵嫁之娣，而例諸門人之稱弟子，可謂擬不于倫。至謂他女伴嫁，事畢遣還，尤屬不經之談。又云：「所謂媵，則婦人之知禮者。」然《士昏禮》：「姆纚、笄、宵衣，在其右。」姆可以詔禮，吾聞之矣；媵謂之知禮者，吾未知所據也。又云：「即諸侯一取九女之説，妄矣。」《詩》不云乎？「韓侯取妻，諸娣從之，祁祁如雲。」言「諸娣」，則非一娣矣；「如雲」，則非一女矣。《詩》亦謬妄耶？何其肆言無忌也！

問：萬斯同《群書疑辨》：「《士昏禮》初言『舅姑既没，則婦入廟，三月乃奠菜』，後又言『婦入三月，然後祭行』。鄭注以『祭行』爲助祭，其意謂：古人四時皆祭。三月之中，必遇一祭，故因助祭而謁見祖宗。愚竊以爲不然。此之『祭行』，與上『三月奠菜』同義。前則言舅姑既没之禮，後則言舅姑皆在之禮。舅姑没，則止奠菜于舅姑，而不見于祖廟；舅姑存，則舅姑率之以見祖宗廟，而不行奠菜之儀。其期，皆以三月。若謂助祭而即謁見，則時祭有數日即遇者，有一月而遇者，有兩月、三月而遇者，其期不一，與『三月』之文不合。」其論然否？

答曰：萬氏之説全誤矣。奠菜，一事也；祭行，又一事也。萬以爲祭行即奠菜，然奠菜可以謂之祭菜，而不可謂之祭行。行與菜，絶不可以相通也。且舅姑没，始有三月奠菜之事，即《曾子問》「三月而廟見，稱來婦」是也。若舅姑在，明日而見舅姑，更無三月廟見之事。萬謂「舅姑存，率之以見祖廟」，此杜撰也。「三月廟見」，此所謂「廟」，指禰廟而不指祖廟也。《曾子問》所謂「擇日而祭于禰，成婦之義也」，注：「謂舅姑没者也。必祭，成婦義者，婦有供養之禮，猶舅姑存時，盥饋特豚于室。」即《士昏禮》，亦第云「敢奠嘉菜于皇舅某子」，不言祖也。經無「見祖」之文，知其妄也。三月廟見，并非遇時祭而謁見。疏：「三月廟見，祭菜之後，亦得助夫祭。」本二事也。以女入門之日爲斷，得三月乃祭也。何以知其然也？以經云「則婦入三月，乃奠菜」，不與時祭相干，無所謂「時祭有數日即遇」云云也。「祭行」者，宗廟之祭，必夫婦同之。至三月廟見之後，得稱「來婦」，始可與夫宗廟之行事。若未廟見，未成婦也。未成婦，則不可以與于宗廟之行事。祭行，在奠菜之後。萬以奠菜即祭行，三月而遇時祭，舅姑存，亦祭祖廟。求之于經，多不合，妄生枝葉。甚矣！讀書之難也。

問：《曲禮》疏：「《五經異義》：『《公羊》説，譏二名，謂二字作名，若魏曼多是也。《左氏》説，二名者，楚公子棄疾弑其君，即位之後改爲熊居，是爲二名。慎案，文、武賢臣有散宜生、蘇忿生，則《公羊》之説非也，從《左氏》義也。』」許説然否？

答曰：鄭駁無考，今將據先儒之説而補之。「《春秋》譏二名，非禮也」，兩見于《公羊傳》。既于魯譏仲孫何忌，復于晉譏魏曼多者，《春秋》之義，内其國而外諸夏，故譏二名，始于魯而終于晉。晉，同姓大國也，故先治之。晉率王化，晉如是，則天下莫不如此。由己以及人，由近以及遠，由親以及疏也。《春秋》托新王受命于魯，張三世。于所見之世，天下太平，無由失禮，唯譏二名而已，非當世之事實如此也。董生曰：「史記十二公之間，皆衰世事，故門人惑。孔子曰：『吾因其行事，而加吾〔三六〕王心焉。』」知此，而後可以言《春秋》。《春秋》，空文以見義者也。夫以衰世之事，可譏者極多，何獨于二名譏之？近于迂矣。故門人見此類而惑之。惑之者，疑之也。不知譏二名者，《春秋》之制，欲見定、哀時文致太平，他事盡已，無譏；可譏者，唯其小者耳。子貢、閔子，知足以知孔子。賜見《春秋》改文尚質，譏二名，興素王，亦發憤記吴越，章句其篇，以喻後賢，亦猶制《春秋》之義，以俟後賢。以君子之爲，亦有樂乎此也。不然，譏二名，何事而遂足以彰治平之化也乎？董生曰：「《春秋》始言大惡，殺身〔三七〕亡國，終言赦小過。是亦始于麤糲，終于精微，教化大行，人人有士君子之行而少過矣，亦譏二名之義也。」如以實事求之，則董生所云，豈不背乎？《禮運》注：「天地以〔三八〕至于五行，其制作所取象也。禮義、人情，其政治也。四靈者，其徵報也。此則《春秋》始于元、終于麟，包之矣。」如以實事求之，則春秋之時，有何政治？又何徵報耶？而鄭氏以爲「包之」也者，此指既修之《春秋》，非指魯史之舊而言也。「終于麟」者，欲其撥亂功成于麟，猶堯、舜之隆，鳳皇來儀。故麟于東周爲異，《春秋》記以爲瑞，則太平以瑞應爲效也。太平之世，有何他事可譏？唯譏二名而已。此《春秋》之微言大義也。許舉文、武賢臣之類有二名者以非之，夫《公羊》豈不知文、武之臣有散宜生、蘇忿生者？且不知宓不齊之屬皆親事聖人，而以二字爲名者耶？抑豈不知堯名放勛，舜名重華，禹名文命，宣王之興，名子爲宫涅之屬耶？抑豈不知二名不偏諱，夫子之母名「徵在」，言「在」不稱「徵」，言「徵」不稱「在」耶？况歷古之有二名者，固更僕難數也。要其義，别有在。孔子作《春秋》，欲改古禮，爲後王之法，是以譏其二名，謂非新王之禮，不謂非古禮也。許氏折衷無當，宜爲鄭君所駁耳。

問：惠士奇《禮説》：「廟祧享人鬼，曰先妣、先祖；立廟祧，曰先王、先公，而先妣不聞有廟，則姜嫄無廟也。無廟而爲壇祭之，蓋高禖也。殷祠娀簡，周享姜嫄，曰高禖，神之也；曰先妣，尊之也。以爲我祖之母，周之所自出，故《魯頌》因后稷而推本姜嫄。説者遂以閟宫爲姜嫄之廟，妄矣。周無先妣之廟，魯安得有姜嫄之廟哉？孟仲子曰『禖宫』，亦非也。高禖有壇，不聞有廟。《守祧》『奄八人』者，每廟一人，又一人爲長。」周果無姜嫄之廟乎？

曰：惠氏《禮説》縱横博辨，可謂通雅矣，然其中亦不無可議者。謂周無先妣之廟，以閟宫非姜嫄之廟，以殷祠娀簡、周享姜嫄爲高禖，其説非也。《大司樂》：「奏夷則，歌小吕，舞《大濩》，以享先妣。」則先妣之廟有祭事矣。若夫人鬼之可享者甚多，何以獨享高禖也？享先妣，在先公之前，非后稷之母而何？《月令》：「以大牢祠于高禖。」鄭氏注：「高辛之世〔三九〕，玄鳥遺卵，娀簡吞之而生契。後王以爲禖官嘉祥，而立其祠焉。」疏以爲：「後代之王，立此高辛而爲禖神。其古昔先禖，則廢之矣。」謂立高辛氏爲禖神，有矣，未有以姜嫄爲高禖者。又據蔡邕《月令章句》：「契母簡狄，蓋以玄鳥至日，有事高禖，而生契焉，故《詩》曰：『天命玄鳥，降而生商。』」據此，娀簡之前已有高禖，亦不得以娀簡當之矣。盧植亦云：「古者有媒氏之官，因以爲神。」未聞姜嫄、娀簡之爲媒氏官也。據《世本》「伏犧制儷皮嫁娶之禮」，則先媒當是伏犧矣。況「閟宫有侐」傳、箋之不同者，一以「閟」爲「閉」也，一以「閟」爲神也。不同在此，而以其爲姜嫄之廟則一也。又曰「實實枚枚」，傳：「枚枚，礱密也。」按，《公羊春秋》「丹桓宫楹」注：「《禮》：天子斲而礱之，加密石焉。」此正天子宫廟之制。下即云「赫赫姜嫄」，然則姜嫄之有廟明矣。惠何據而以爲無廟乎？且《詩》之卒章曰：「新廟奕奕，奚斯所作。」是不獨周有姜嫄之廟，魯亦有姜嫄之廟矣。首曰「閟宮」，末曰「新廟」。修舊曰「新」，新此閟宮耳。乃以爲周、魯皆無姜嫄之廟，何也？周之先妣無廟，何以天子七廟而奄乃有八人？豈非獨立姜嫄之廟，故奄有八人？若云「每廟一人，又一人爲長」，考《周官》之例，如天官其屬六十，掌邦治大事，則從其長；小事，則專達。是六官之屬，各有其長。同爲奄人，而又以一人爲長，通經無此例，是臆説也。天官之屬，用奄者二十九人；地官之屬，用奄者十二人。若春官之屬，用奄者僅此八人，未聞其有長也。且姜嫄之有廟，于《詩》又得一顯證焉。「似續妣祖，築室百堵，西南其户。」鄭氏以「妣」爲「先妣姜嫄也」。然則周妣不配夫而特立廟者，其唯姜嫄乎？故《大司樂》《斯干》之詩，皆以妣在祖先而守祧之。爲姜嫄立廟，又何疑耶？惠氏猶以爲姜嫄無廟，妄矣。

問：《朱子語類》：「問：『三年之喪，而又遇期喪，當服期喪之服以臨其喪，卒事而反初服。或以爲，方服重，不當改而衣輕。不知如何。』朱子答曰：『或者之説，非是。』」何以見其非是也？

曰：朱子非或者之説，是也。或人以私意測禮制，不知先王之法不爾也。有重服，而猶服輕服以臨喪、卒事者，骨肉之恩不可没也。凡期功之喪皆然，小功緦麻之喪不得易大功以上之服耳，故《雜記》：「有父之喪，如未没喪，其除父之喪也，服其除服。雖諸父昆弟之喪，如當父母之喪，其除諸父昆弟之喪也，皆服其除喪之服；卒事，反喪服。」朱子之非或人者，蓋據此矣。是以傳純曰：「《禮》：先重後輕，則輕服臨之；新亡、新哀，以表新情，亦明親親不可無服。及其還家，復著重者，是輕情輕服已行故也。」此皆非或〔四〇〕之所知也。

問：《士昏禮》：「主人以賓升。」《儀禮集説》敖繼公謂：「『主人以賓升』，謂主人先升，而賓從之也。」秦蕙田按：「賓尊于主，則先升，《聘禮》是也；主賓敵，則主先升以導客，故曰『以賓升』。《曲禮》『主人與客讓登，主人先登，客從之』是也。敖説是。」當從敖説否？

曰：謂「主人以賓升」爲主人先升，非也。賈疏：「禮之通例，賓主敵者，賓主俱升，若《士冠》與此文是也。」據此，賓主敵而俱升，非主先升。「以」猶「與」也。《廣雅》：「以，與也。」《鄉射禮》「各以其耦進」，今文「以」作「與」；《論語》「鄙夫！可與事君也與哉」，顔師古《匡謬正俗》引作「鄙夫可以事君」，李善注《東京賦》亦引作「鄙夫不可以事君」；《史記·袁盎傳》「妾主豈可與同坐哉」，《漢書》作「可以」。「與」「以」通用。據此，則知主與賓同升，并非主人先升。若主人先升，賓後升，則當如《鄉飲酒禮》「主人升，賓升」，又當如《鄉射禮》「主人升一等，賓升」也。今「主人以賓升」而謂之先升，可乎？

問：《士冠禮》：「冠者母不在，則使人受脯于西階下。」《集説》繼公曰：「母不在者，或已没，或疾病，或見出，皆是也。」敖説然否？

曰：此敖説之不通也。鄭于此無注，當以疏之説爲是。「不在」，不得云「已没」。已没，「則使人受脯于西階下」，誰使之而誰受之乎？又云「或見出」，母出，與廟絶，無與于冠事。出母不能使人，亦無從受于西階也。唯「疾病」之説近之。疏云：「按，《内則》云：『舅没，則姑老。』若死，當云『没』，不當云『不在』。且母死，則不得使人受脯。今言『不在』，或歸甯，或疾病也。使人受脯，爲母生在，于後見之也。」據此，詞明義正，敖何爲而背其説乎？冠者奠觶取脯，降自西階，適東壁，北面見于母，母拜受，此正禮也。此云「母不在」，故使人受之，特言其變禮耳。《唐禮》：母見子，但起立，不拜。《儀禮》：拜受者，拜其酒脯，重從奠處，故拜之，非拜子也。用脯者，古人相見，不可以無贄。見母有贄，所以重成人之始也。

問：《燕禮》：「獻庶子于阼階上。」《集説》繼公謂：「『庶』猶『衆』也。『庶子』，謂卿大夫、士之子。《周官》亦多以『庶子』繼『士』而言，正指此也。《燕義》以爲諸子之官，似失之。」其説當從否？

曰：敖氏謂庶子非官，是于古人分官立職之制，概乎未有聞也。且多以臆斷，可謂狂瞽矣。古者儲君副主，公出則守太廟，兵事則合車徒，專其任于太子、司馬。雖有軍事，不能賦也。天子之太子，其屬官則諸子；諸侯之太子，其屬官則庶子。以庶子名官者，《燕義》：「庶子官職諸侯、卿大夫、士之庶子之倅〔四一〕，掌其戒令，與其教治，別其等，正其位。」是以掌國子之政。「國子」者，即公卿、大夫之副貳。凡國之公卿，皆統于王；公卿之子弟，皆統于太子；庶子，則致其政于太子。是以國子之修德學道者，某也賢，可升；某也不賢，可黜。今日之國子，即他日之卿大夫也。《禮》曰：「知爲人子，然後可以爲人父；知爲人臣，然後可以爲人君。」職是故耳，故文王以「世子」名篇。荆軻入秦，因寵臣中庶子而得見秦王，是秦有是官也。春秋之世，則謂之公族大夫。是以荀家、荀會、欒黶、韓無忌爲公族大夫，使訓卿之子弟共儉孝弟是也。其在《周禮》，諸子下大夫二人，中士四人，府、史、胥共六人，徒二十人。此皆經史之可互證者也。然則庶子之官所掌，皆公卿大夫之庶子乎？曰：非也，是其適子也。知其爲適子者，以倅是副貳于父之名也。據此，知謂之庶子者，猶諸子也，非適庶之謂也。《燕義》之所謂「古者周天子之官，有庶子官」者，非無據也。《周書·康誥》：「矧惟〔四二〕外庶子訓人。」是武王封康叔之時，已有庶子之官。《記》者之謂「古周天子」，似指武王矣。

問：《士昏禮》：「太羹湆在爨。」注：「太古之羹，無鹽菜。」《集説》繼公謂：「太羹，上牲之肉汁也。以其重于他牲，故曰『太』。此上牲，謂豚。」敖説然否？

曰：「太」對三代而言之，謂唐虞以上，指太古也，不得謂之「重于他牲」而始謂之「大」。「太羹」者，太古初變牲，始有火食，但煮肉而飲其湆，無鹽、梅之和，《樂記》所謂「太羹不和，有遺味者」。《周禮·亨人》：「共太羹、鉶羹。」有鉶羹，復有太羹者，不忘古也。鉶羹，則致其五味，《傳》所謂「太羹不致」也。羹在太古，故名「太羹」；盛于器，故名「鉶羹」。太羹與玄酒、腥魚并列而祫祭先王，皆以反本而重始。此豈「上牲謂豚」而特重之耶？凡牲體皆出湆，《有司徹》則有「羊肉湆」。士雖以豚爲重，而亦不必加「太」以別之。果如敖説，又何以處太牢、少牢耶？羊肉湆且不得有太羹之名，而又何論于豚？總之，「太羹」之名，皆由于太古而不加五味，不必繫于豚也可知。

問：《郊特牲》：「氾埽反道。」陳澔《集説》：「氾埽，灑水而後埽也。」其説然否？

曰：陳氏於《郊特牲》注，以「氾埽」爲「灑埽」，而注《少儀》又以爲「氾埽」爲「席埽」也。夫《少儀》經文：「氾埽曰埽，埽席前曰拚。」是「埽席前曰拚」，而不得爲「氾」也。陳誤以「氾埽」爲「灑埽」，又誤以「氾埽」爲「席埽」，是以自變其前訓耳，不知古訓之不可擅改也。《玉篇》：「氾，普博也。」《釋文》：「氾，本作『泛』。」《郊特牲》疏：「『氾埽反道』者，氾埽，廣埽也。」《少儀》疏：「泛埽，廣埽也。若遠〔四三〕路大賓來，主人宜廣埽之，謂内外俱埽，謂之『廣埽』。若近路小賓來，則止埽席前，不得名『埽』，則但曰『拚』而已。」《左傳·襄二十八年》「慶封氾祭」，杜注：「遠散所祭。」疏：「《論語》：『泛愛衆。』泛是寬博之語，故知『泛祭』是『散遠所祭』，言其不共也。」設使「氾埽」是灑水而後埽，則《内則》「灑埽室堂」又當作何解也？陳氏不從「氾，廣」之訓，而乃進退之失據，何耶？

問：《唐會要》：「天祐二年九月六日，内出宣旨：『乳母楊氏，可賜號昭儀；乳母王氏，可封郡夫人。第二乳母，先帝已封郡夫人，可準楊氏例改封。』中書奏議，言：『乳母，古無封夫人、賜内職之例。近代因循，殊乖典故。』」乳母當封否？

曰：慈母有三，而乳母不與也。《内則》曰「國君世子生，卜士之妻、大夫之妾，使食子。食子者三年而出，見于公宫，則劬」者，乳母也。慈母之外，復有乳母者，賈公彦曰：「大夫三母之内，慈母有他故，使賤者代慈母以養子，謂之乳母。死，則服之三月，與慈母服異。引之者，證三母外又有此母也。」漢時乳母，與古不同，惟選德行有乳者爲之，并使教子。武帝雖崇幸東武侯母，而「大乳母」之名未改。至安帝封乳母爲野王君，其後順帝、靈帝皆封乳母爲君。此末代之失，不足以爲訓。至唐尤甚，乃有郡夫人之封。中宗作俑于前，玄宗、代宗、肅宗繼之于後，此制遂習以爲常，無怪乎明季乳母之禍天下者尤烈也。

問：《明堂位》：「殷白牡，周騂剛。」注：「騂剛，赤色。」疏：「剛，牡也。騂言剛，則白亦剛。」疏可信否？

曰：此孔疏不解「剛」爲通借之字也。「騂」可以言「剛」，而白不可言「剛」。何也？董子《春秋繁露》曰：「周公〔四四〕用白牡，色白，貴純也。」據此，純則不雜矣。何以有騂可以言「剛」也？「剛」

與「犅」「岡」同。文十三年《傳》：「周公用白牡，魯公用騂犅，群公不毛。」注：「騂犅，赤脊，周牲也。魯公以諸侯不嫌，故從周制，以脊爲差。不毛，不純色，所以降于尊祖。」疏：「正以山脊曰岡，故知騂犅爲赤脊矣。」據此，白牲安用赤脊者耶？「剛，牡〔四五〕也」，于義無取。

問：《檀弓》：「悼公之母死，哀公爲之齊衰。有若曰：『爲妾齊衰，禮與？』」注：「譏而問之。妾之貴者，爲之緦耳。」諸侯爲貴妾緦乎？

曰：天子、諸侯于妾，無服。哀公，諸侯也。今注云「妾之貴者，爲之緦」，此宋袁悠所以問雷次宗也。次宗答曰：「此注謂諸侯爲貴妾緦，既與所注《喪〔四六〕服》相違，且諸侯庶子母卒，無服，皆以『父所不服，亦不敢服』，未喻《檀弓》注云何以復言諸侯爲貴妾緦耶？」其文詳具于《通典》，先儒亦以此爲疑矣。孔疏最爲得解。孔云：「天子、諸侯絶旁期，于妾無服。唯大夫貴妾緦，故舉大夫貴妾緦以對耳。」按，鄭注并未嘗言諸侯妾之貴者，亦未嘗言大夫妾之貴者。若依雷氏，指諸侯妾之貴者，故其説反與《喪服》背矣，不若依孔氏作「大夫妾之貴者」爲得也。鄭注所以不言「大夫」者，鄭注《喪服》「貴臣、貴妾」云：「此公士、大夫之君也。天子、諸侯降其臣妾，無服。」此義不嫌不明，故于《檀弓》但云「妾之貴者，爲之緦耳」。然則此注舉大夫以況諸侯也，非謂諸侯于妾有服也。

問：《周書·顧命》：「乃同召大保奭、芮伯、彤伯、畢公、衛侯、毛公、師氏、虎臣、百尹、御事。」吕祖謙以爲三監之變而特詳，然否？

曰：非也。此千古顧命之始也，後世大臣之受顧命者仿于此矣。吕祖謙以爲：「成王之初，經三監之變，王室幾摇，故于此正其終始特詳焉。」陳傅良以爲：「召公、畢公皆盛德，又老于更事者，故于康王之立，特爲非常之禮。」二説皆非也。人主存不忘亡，安不忘危，況此非常之事，有不防患于未然者哉？即無三叔之變，皆當準此矣。此固周公制作之深心，其事具于《周禮》，非畢、召之舉也。《地官·師氏》：「喪紀，王舉則從。」「虎臣」即虎賁也。《夏官·虎賁氏》：「國有大故，則守王門；大喪，亦如之。」五官中之分掌喪事，百有餘人，則六卿、三公、百尹、御事之屬是矣。一代之典章，周公創之，畢、召守之而已，并非爲康王特立非常之禮也。兩漢近古，猶有周制。方王之不豫也，詔三公典喪事，閉城門。近臣、中黄門持兵，虎賁、羽林郎、中署皆嚴宿〔四七〕衛，宫府各警，北軍五校繞宫門持兵。皇太子即位後，詔開城門、宫門，罷屯衛兵。時事承平，有何急迫之虞而亦爲此乎？人以爲權制也，吾以爲經制矣。周公謀國，固如此耳，此何預于畢、召諸公哉？諸儒之議，可謂不揣其本矣。

問：朱鳳《晉書》二傅不臣拜議詔：「秦漢以來，舊章廢滅，隨時改作，其故事不可〔四八〕依用。宜遠準古義〔四九〕，定二傅不臣拜。」應臣拜否？

曰：《白虎通》：「王者所不臣者三。」二傅不在三者之列，何以云「不臣拜」也？《賈誼新書》：「昔者周成王幼，在繈褓之中，召公爲太保，周公爲太傅，太公爲太師，此三公之職也。于是爲置三少，皆上大夫也，曰少保、少傅、少師，是與太子燕居者。」其時，少傅之職，不知何人；而太傅，則周公其人也。《尚書》曰「拜手稽首」，安得有「不臣拜」之文乎？

問：貞觀中，許敬宗等奏曰：「《禮論》説〔五〇〕晉太常賀循上言：積柴，舊在壇南；燎祭天之牲，用犢左胖。漢儀用頭，今郊天用脅之九个。太宰令奉牲脅，太祝令奉珪瓚，俱奠燔薪之上。」何所據乎？

曰：燎牲體之説，經無明文，唯見漢儒之注。《尚書》馬融注：「祭時，積柴，加牲其上而燔之。」《周禮》鄭玄注：「三祀，皆積柴，實牲體焉。」鄭司農云：「實柴，實牛柴上。」何邵公注：「取俎上七體，與珪寶，在辨中〔五一〕，置于柴上燎〔五二〕之。」徐彦云：「其七體者，即少牢之肩、臂、臑、膊、胳、正脊、脡〔五三〕脊、横脊、短脅、正脅、代脅之屬也。」按，何氏七體之説，與在胖合。「辨中」者，鄭玄曰：「古人『胖』皆作『辨』。」故何云「辨中」也。孔疏：「郊唯特牲〔五四〕，得供燔燎，正祭二處所用者。」熊氏、皇氏等以爲，分牲體，供〔五五〕二處所用，其實一特牲。」用七體者，其周禮。周人〔五六〕無論牛、羊、豕，皆上右胖。鄭玄曰：「上右胖，周所貴。」賀循所云，蓋燎用左胖，而祭用右胖與？不可知矣。《唐會要》：「若冬至祀〔五七〕圜丘，加羊各、豕各〔五八〕。凡肉，皆實俎；其牲，皆升右胖，體十一。」蓋指正祭而言之。漢儀用頭，亦近代之禮。《郊特牲》：「升首于室。」注：「制祭之後，升牲首于北牖下。」據此，則牲首不用之于燔柴時。晉郊用脅之九个，猶存古禮。

問：陳氏《禮書》：「故祭社必及稷，以其同功均利而養人故也。《祭法》：王社、侯社，無預農事，故不置稷；大社、國社，則農之祈穀在焉，故皆有稷。」其説信而有徵否？

答曰：陳氏既云「祭社必祭稷」，則似無分大社、王社矣；又云王社、侯社無稷，分別言之。此以後代之事而説經，妄矣。古有社必有稷，經或言「社」而不言「稷」者，以「社」可包「稷」。《周禮・封人》：「掌設王之社壝。」注：「不言稷者，稷，社之細也。」《周書・召誥》：「乃社于新邑，牛一、羊一、家一。」傳云：「告社稷之壇[五九]，用太牢。」疏云：「經有社無稷，稷是社類，知其同告之。」《王制》：「天子社稷皆太牢，諸侯社稷皆少牢。」并未別王社、大社、國社也。《郊特牲》疏：「天子、諸侯、大夫等，皆有稷也，故注《司徒》『田主，田神后土、田正之所依也』，田正，則稷神。田主尚然，故知天子、諸侯皆有稷。其亡國之社亦有稷，故《士師》：『若祭勝國之社稷，則爲之尸。』是有稷也。」夫勝國之社，更無與于農事，尚且有稷，而王社、侯社無稷之説，不足據也。《小司徒》疏：「諸侯有三社，有[六〇]三稷，謂國社、侯社、勝國之社皆有稷。」陳氏何據，反云侯社不置稷乎？《周禮》：「王祭社稷，則希冕。」此王社有稷之文，陳氏何據，反云王社不置稷？若夫有社無稷，《漢書・郊祀志》：「聖漢興，禮儀稍定，已有官社，而無[六一]官稷。」《晉書・禮志》：「漢至魏，但太社有稷，而官社無稷，故常二社一〔六二〕稷。」臣瓚曰：「高帝除秦社稷，立漢社稷，所謂〔六三〕大社也。又立官社，所謂王社也。」陳氏往往破注、疏之説，苦無證驗，乃舉後世之事以釋經，何其謬耶！

問：《聘禮》：「釋幣，制玄纁束。」注：「《朝貢禮》云：『純，四只；制，丈八尺。』」《集説》敖繼公謂：「注引《朝貢禮》云『純，四只〔六四〕』，不可曉，姑闕之。」當闕否？

答曰：凡經之未明者，求之于注；注有未明者，求之于疏；疏有未明者，當廣引他書以證明之。如仍未詳，闕疑可也。敖氏注書，有當闕疑而不闕者，有不當闕疑而闕者，其弊一也。鄭注「朝貢」云云，本非微言奧義，况疏已明言其制，不當以「不可曉」遺誤後學也。賈疏：「『純』謂幅之廣狹，『制』謂舒之長短。《周禮》疏：『趙商問：「只長八寸，四八三十二，幅廣三尺二寸，大廣，非其度。」鄭答云：「古積畫誤爲『四』，當爲『三』。三咫，則二尺四寸矣。」』」案，「只」與「咫」同，又與「职」同。《天官·内宰》注：「《天子巡守禮》所云：『制幣長〔六五〕丈八尺，純职』。」疏：「四咫〔六六〕，三尺二寸。」《説文》：「周制：以八寸爲只，十尺爲丈。人長八尺，故曰丈夫。」周制寸、尺、咫、尋、常、仞諸度量，皆以人之體爲法。中婦人手長八寸，謂之咫，周尺也。許知必以人體爲法者，《家語》「禹聲爲律，身爲度」也。賈知「純」謂幅之廣狹者，《淮南子·墬形訓〔六七〕》：「里間九純，純丈五尺。」注：「純，量名。」據此，知可以量度物之廣狹，故曰「純」也。《昏禮》「束帛十端」，《雜記》云「純〔六八〕幣一束，束五兩，兩五尋」，然則每卷二丈。今疏云「丈八尺」者，《媒氏》疏：「昏禮端二丈，其餘行禮，則用制幣丈〔六九〕八尺。」此皆先儒之明訓，而何不可曉耶？

問：《儀禮・覲禮》：「迎于帷門之外。」《集説》敖繼公謂：「《掌舍》曰：『爲帷宮，設旌門。』彼天子之制也。然則此但爲壇與帷門而已矣，其不爲宮與蓋，于壇之南横，設兩帷于兩旁，而空其中，以當門也。」敖説是否？

答曰：敖氏不但背注，且背經矣。經明言「迎于帷門之外」，帷者，帷宮；門者，旌門，故鄭引《掌舍》以證之。敖以《掌舍》是天子之事，不知諸侯行，亦有帷宮、設旌爲門之事，故「子産以幄幕九張行」是也。況帷可以爲宮，而不可以爲門；旌可以表門，而不可以爲宮。《幕人》：「凡朝覲、會同、軍旅、田役、祭祀，共其帷、幕、幄。」注：「在旁曰帷，在上曰幕，四方〔七〇〕象宮室曰幄。」大喪，獨不設幄。帷幕爲賓客飾，故知圍宮必當以帷也。惟帷是舍平地之事。若舍險阻，則《掌舍》所謂「設車宮、轅門」是也；若舍平陸，則《掌舍》所云「爲壇壝、宮、棘門」。張帷爲宮，則立旌以爲門。常事無宮，則立人爲門也。此覲禮，非常事，安得無宮？既非無宮，則無人門矣。《公羊傳》：「既哭，以人爲菑。」注：「菑，周埒垣也。所以分别内外，衛威儀也。」案，昭公以人表門者，時齊侯以遇禮接昭公，取其簡易，亦變禮耳。必以旌表門者，《司常》：「會同、賓客亦如之，置旌門。」經云「旌門」，不云「帷門」也，故知旌可以表門，而不可以爲宮。《袁紹傳》：「拔其牙門。」注：「即《司常職》『旌門』是也。」孔經父云：「牙者，旗也。太守出，則有門旗，其遺法也。後〔七一〕遂以『牙』爲『衙』。」

敖云：「設帷于兩旁，而空其中。」案，有以旌設兩旁者，則《夏官》「以旌爲左右和之門」是也；有設一面者，《聘禮》「爲壇壝，畫階，帷其北，無宫」是也，無置帷于兩旁之説。《喪大記》：「君爲廬，宫之。」注：「宫，爲〔七二〕圍鄣之也。」疏：「謂廬外〔七三〕以帷障之，如宫墻。」《爾雅》：「大山宫。」注：「宫，謂圍繞之。」是知「帷」固有「宫」名也。鄭氏注《掌舍》云「張帷爲宫」，不云張帷爲門也。《釋名》：「帷，圍也，所以自障圍也。」《三禮圖》：「四旁及上曰帷。」據此而可以爲門乎？况有壇，未有不帷者。雖倉卒行禮于野外，亦必有之，魯之歸父「還自晉，至檉，聞君薨家遣，墠帷，哭君成踊」是也。何注：「掃地曰墠，今齊俗名之云爾。將袒踊，故設帷，重形。」《釋文》：「掃地張帷。」《説文》：「築土爲壇，除地爲墠。」《金縢》：「三壇同墠。」「墠」與「壇」同，《大司馬》注「『壇』讀『墠』」可證。由此觀之，敖氏「但爲壇」之説不亦謬乎？總之，誤以帷、門爲一，又以《掌舍》旌門、帷宫爲天子之制，諸侯不得而同之，全無依據也。

問：《鄉飲酒禮》：「工四人，二瑟。」《集説》敖繼公謂：「士之飲酒，乃有工、有笙者，蓋亦公家之樂官，給學中飲射之事者與？」然否？

答曰：敖説非也。「鄉飲酒」者，鄭《目録》云：「諸侯之鄉大夫，三年大比，獻賢〔七四〕能者於其君，以禮賓之，與之飲酒。」據此，知飲酒之主人爲諸侯之鄉大夫也。《周禮·大司徒之職》：「以鄉三物教萬民而賓興之。」諸侯之卿大夫貢士于其君，視此矣。方其飲酒也，雖有卿大夫、士，而以鄉大夫爲之主。鄭氏「工四人」注：「四人，大夫制也。」據此，知用大夫之禮，固也，豈得謂之士飲酒乎？知四人爲大夫制者，疏云：「大射，諸侯禮，而云『六人』，故知『四人』爲大夫制也。」況士飲酒，未嘗無工，特二人耳。疏云「士當二人，天子當八人，爲差次」，其有工，不足爲怪矣。有笙者，疏云：「《鄉飲酒》及《燕禮》同是主歡心尚樂之事，故有升歌、笙間、合樂；《鄉射》主于射，略于樂，無笙間，惟有合樂。」案，「合樂」者，鄭注：「與衆聲俱作《周南》《召南》，《國風》篇。」案，必以此者，二《南》爲大夫〔七五〕之正，故堂下有笙磬，堂上有歌瑟，合奏此詩，故謂之「合樂」耳。然則有笙，亦其常也。下經云：「太師則爲之洗。」注：「大夫若君賜之樂，謂之太師。」則大夫或有君賜之樂者。若無君賜，則亦自娱身及治民之樂，《曲禮》「大夫無故不徹縣」、《周禮·小胥》「大夫判縣」是也，亦豈有公家之樂官給學中飲射之事耶？《鄉飲酒義》注：「鄉大夫親爲主人焉，如今郡國下令長于鄉射飲酒，從太守相臨之禮也。」據此，知當用大夫之禮，不用士禮也，鄭故舉漢法以况之耳。其爲士也，則州長、黨正，似漢之太守與相；來監臨，似鄉大夫監臨。太守及主國〔七六〕之相來，自行禮，相監臨之儀，不用令長禮。敖如知此，則不致誤以爲士飲酒之禮矣。

問：《特牲饋食》：「唯尸、祝、佐食，玄端，玄裳、黄裳、雜裳可也。」注：「與主人同服。《周禮》士之齊服，有玄端、素端。然則玄裳，上士也；黄裳，中士也；雜裳，下士也。」《集説》敖繼公謂：「言『玄端、玄裳』，又言『黄裳、雜裳可也』者，蓋謂賤者或不能備服，故制此禮以通之。其朝服之裳，惟許用素積者，豈以素者易辨〔七七〕故與？」其説是否？

答曰：敖氏之説，何見之陋也！士，不得云賤者矣。《曲禮》：「有田禄者，先爲祭服。」《周禮・載師》「士田」注：「『士』讀爲『仕』。仕者亦受田，所謂圭田也。」圭田，卿以下之祭田，如天子、諸侯之藉田，躬爲粢盛以明潔。《王制》：「大夫、士宗廟之祭，有田則祭。」《特牲饋食》謂諸侯之士祭祖而設焉。祭必先爲祭服，豈有「或不能備」之禮〔七八〕乎？《士冠禮》：「玄端，玄裳、黃裳、雜裳可也。」疏：「上士玄裳，下士雜裳。諸侯之士，皆有三等之裳，各有所當，當者即服之，故言『可』以許之也。」三裳之值幾何，而乃云「不能備」耶？鄭引《周禮》云「素端」者，玄端一而裳有二。凡齊，服玄端；凶荒，有所禱請而齊，則素端。《玉藻》：「年不順成，則天子素服。」《司服》：「大札、大荒、大災，素服。」天子、諸侯罪己之義，故素服；臣下助君禱請之時，亦素服耳。敖云「素積」取其易辨者，不知《玉藻》「朝服以日視朝于内朝」，注：「朝服，冠、玄端〔七九〕、素裳。」疏：「以素爲裳，則是朝服，皆得謂之玄端。若上士以玄爲裳，中士以黃爲裳，下士以雜色爲裳，天子〔八〇〕以朱爲裳，皆謂之玄端，不得名爲朝服也。」謂之「積」者，鄭注：「『積』猶『辟』也。」以素爲裳，辟蹙〔八一〕其腰中。」據此，玄端、素裳爲諸侯視内朝之服。以爲易辨，豈有諸侯之朝服而取其易辨者乎？敖氏之説，誠可閔笑也已。

問：《喪服》「小功」章「庶婦」，《集説》敖繼公謂：「庶婦爲舅姑期，舅姑乃再降之爲小功者，所以別于適婦也。」其説然否？

答曰：據鄭注「夫將不受重者」，然則此庶婦中，兼有適婦在内，可知。敖以「庶婦」爲别于適婦，其説未備。《喪服小記》：「適婦不爲舅後者，則姑爲之小功。」注：「謂夫有廢疾、他故，若死而無子、不受重者。小功，庶婦之服也。凡父母於子，舅姑於婦，將不傳重于適及將所傳重者非適，服之皆如庶子、庶婦也。」據此，則知鄭于《喪服》「庶婦」注「夫將不受重者」，以《小記》有「適婦」之條，故云爾也。豈非有適婦在其中乎？蓋父母爲子服期，舅姑爲婦服小功者，以傳云「不敢降其適」，則庶敢降之矣。故知庶婦之在小功者，以尊降其二等也；適子之妻不敢降在小功，而爲之服大功也。此所以嚴適、庶之防也。若不受重，仍還其本服，一同于庶婦之小功耳。且婦之服，隨夫。夫爲適子，則婦爲適婦，爲之服大功；夫爲庶子，則婦爲庶婦，爲之服小功。其升降，不係于舅姑之服制也。此降二等者，以父母爲子服期，適婦降一等，服大功；庶婦降一等，服小功。此從子之期而降，不因舅姑服期而再降之也。敖説非是。

問：《士冠禮》：「若殺，則特豚，載合升。」注：「凡牲，皆用左胖。煮于鑊曰亨〔八二〕，在鼎曰升，在俎曰載。『載合升』者，明亨與載皆合左、右胖。」《集説》繼公謂：「『載』，衍文。」果衍文否？

答曰：此雖一字之微，而于全經之例不孚矣。夫由亨于鑊，升于鼎，載于俎，而後可以成禮也。若衍「載」字，是亨、載、升去其一，只有鑊與鼎，而無所謂「俎」也，可乎？《周禮·大宗伯》：

「省牲鑊。」《詩》曰：「誰能烹魚，溉之釜鬵？」蓋言烹也。《傳》曰：「鳥獸之肉，不登于俎。」蓋言載也。《禮》曰：「鼎俎奇而籩豆偶。」蓋言升也。今且據《儀禮》全經以證之。《士昏禮》：「舉鼎入，陳于阼階南，西面，北上〔八三〕，匕俎從設。北面載，執而俟。」注：「俎，所以載也。執俎而立，俟豆先設。」《公食大夫禮》：「左人待載，雍人以俎，入陳于鼎南。」又云：「載者西面，魚、腊飪，載體進奏。」《士喪禮》：「右人左執匕，抽扃予左手，兼執之。取鼏，委于鼎北，加扃，不坐。乃朼，載。載兩髀於兩端，兩肩亞，兩胉亞，脊、肺在于中，皆覆，進柢，執而俟。」《士虞禮》：「左人抽扃、鼏，匕，佐食及右人載。」《特牲饋食》：「贊者錯俎，加匕，乃朼。佐食升肵俎，鼏之，設于阼階西。卒載，加匕，去鼎。」《少牢饋食》：「羹定，雍人陳鼎五：三鼎在羊鑊之西，二鼎在豕鑊之西。」此鄭注所謂「烹于鑊而升于鼎」也；司馬升羊，司士升豕，此即鄭注所謂「載于俎」也。《禮經》未有不烹于鑊而不載于俎，升于鼎者，敖獨于此而以「載」爲衍文，何耶？《禮》有豚解，有體解。所謂「豚解」者，《士喪禮》小斂之奠，載腥〔八四〕體兩髀、兩肩、兩胉并脊，凡七體也。《士虞禮》：「主人不視〔八五〕，豚解。」注云：「豚解，解前後脛、脊、脅而已。」若無朝事之薦腥，如特牲、少牢，自薦孰始，但有體解，而無豚解。特牲九體：肩一，臂二，臑三，豚四，胳五，正脊六，横脊七，長脅八，短脅九；少牢則十一體：加以脡脊、代脅爲十一體也。尸俎唯載右體，至合亨，則及左體。所謂「合亨」也，于鑊之中煮之。亨之既孰，則體其犬、豕、牛、羊，別骨之貴賤，以爲衆俎，供尸及待兄弟、賓客。凡此，皆載于俎者，而可以「載」爲衍文乎？

問：《夏書》「修五禮」，馬、鄭不同，當何從？

答曰：儒者言《書》之「五禮」，莫不以吉、凶、軍、賓、嘉當之，其實非也。吉凶之事既不相干，而鼓鐸進退之儀又不可以空言也。况玉帛之會未終，而可以戎事參之乎？無是禮也。若夫冠、昏之嘉禮，更無取焉。是以鄭君破其先師馬季長之説，而以爲公、侯、伯、子、男之禮。考鄭君之義，唐、虞唯有三禮，至周乃分爲五禮。

難者曰：「類于上帝」，則吉禮也；「百姓如喪考妣」，則凶禮也；「群后四朝」，則賓禮也；征伐有苗，則軍禮也；「嬪于虞」，則嘉禮也。安見唐、虞無五禮也？曰：不謂唐、虞無五禮也，以五禮之目自周乃定耳。非然者，鄭豈不知禮理起于太乙、禮事起于遂皇、禮名起于黄帝乎？儒者治經，當望文生義，于巡守考黜之時，一年四岳而云「并修」此吉凶之禮，不亦闇于情事哉？且后此，帝命伯夷「典朕三禮」，説者以爲天神、地示、人鬼。使其時有吉、凶、軍、賓、嘉之目，而何以秩宗僅典三禮乎？則知三禮之中，其事已具，其名未立，至周大備。此文之彬郁所由嘆與？夫《書》文不具，當以上下經求之。其上文「輯五瑞」者，馬季長以爲：「五瑞，公、侯、伯、子、男所執，以爲瑞〔八六〕也。堯將禪舜，使群牧斂之，使舜親往班之。」然則「五禮」以下，即繼以「五玉」「五器」云云，故知此節爲班諸侯之瑞而言也。《尚書大傳》曰：「諸侯執所受圭，以朝于天子。瑞也者，屬也。無過行者，得復其圭，以歸其國；有過行者，留其圭；能改過者，復。三年，圭不復，少絀以爵；六年，圭不復，少絀以地；九年，圭不復而地削。」蓋巡方岳之下，所以黜陟天下之諸侯；而授玉，其最重也。故《書》「曰若稽古，帝舜曰：『重華建皇，授玉〔八七〕改朔』」是也，而乃以吉凶之禮云乎哉？

問：《士冠禮》疏：「諸侯則十二而冠，故《左傳・襄九年》：『晉侯以公宴于河上，問公年，季武子對曰：「會于沙隨之歲，寡君以生〔八八〕。」晉侯曰：「十二年矣。國君十五而生子，禮也。君可以冠矣。」』若天子，亦與諸侯同，十二而冠，故《尚書・金縢》云：『王與大夫盡弁。』時成王年十五。而〔八九〕云『王與大夫盡弁』，則知天子亦十二而冠矣。天子之子，則亦二十而冠，故《禮記・祭法》：『王下祭殤五。』又，《禮記・檀弓》云：『君之適長殤，車三乘。』是年十九已下〔九〇〕乃爲殤，故二十乃冠矣。」

答曰：成王、襄公十二而冠者，以其冠時在天子之位，非爲世子時也。必十二而冠者，冠而後取妻生子。國君十二而冠，十五而生子，禮也。文王十五而生武王，尚有兄伯邑考，可證十五生子之説。若天子之子，自必二十而冠。《士冠記》：「天子之元子，猶士也。天下無生而貴者也。」據此《記》，士二十而冠，天子之元子猶士，亦二十而冠，可知矣。賈説是也。孔穎達《冠義》疏云：「天子十二而冠，與諸侯同。又，《祭法》云：『王下祭殤五。』若不早冠，何以下祭五等之殤？其天子之子亦早冠，所以祭殤有五。其諸侯之子，皆二十而冠也，故《檀弓下》〔九一〕云『君之適長殤及大夫之適長殤』是也。」案，孔疏顯與《士冠記》背，不可從。《喪服傳》：「年十九至十六爲長殤，十五至十二爲中殤。」若天子之子十二而冠，男子冠而不爲殤，王安得有「祭殤」之文乎？即祭殤，亦惟有下殤，而決無長、中殤矣。且《祭法》「王下祭殤五」，引以證天子之早冠則可，引以證天子之子早冠則非也。天子、諸侯之身皆十二而冠，大夫亦容有未二十者矣。《士冠記》：「無大夫冠禮，而有昏禮。古者五十而后爵，何大夫冠禮之有？」注：「據時有未冠而命爲大夫者。周之初禮，年未五十而有賢才者，試以大夫之事，猶服士服、行士禮。」疏云：「此鄭云『未五十』，則二十以上，或有未二十有賢才，亦得試爲大夫者。故《喪服》『殤小功』章云『大夫爲昆弟之長殤』，謂兄殤在小功，則兄十九已下死，大夫則十九已下既爲兄殤服，已爲大夫，則早冠也。」此不得二十而冠者也。至于天子之子、諸侯之子以及卿大夫之子，皆二十而冠，《曲禮》曰「二十曰弱冠」是也。孔疏謂「天子之子，則十二而冠」者，非也。

問：《白虎通》之作，何也？

答曰：昔哀帝令劉歆與五經博士講論其義，諸儒博士或不肯置對。漢之經師，株守家法，牢不可破。雖以劉歆移書責讓太常，無益也。許慎集《五經異義》，別黑白以定一尊，而又爲鄭君之所駁正。甚矣！折衷之難也。設非《異義》散見他書，則諸儒之異同，何由而知乎？然不若《白虎通》之全書具在也。方諸儒承制，會白虎觀，講議《五經》異同。于時，成封、桓郁、丁鴻習《歐陽尚書》，魯恭、魏應習《魯詩》，李育習《公羊春秋》，樓望習《嚴氏春秋》，故書中《春秋》多引今文，而間及于《左》《穀》；《書》則今文，而于古文則略備一説；《詩》則魯、韓并列，而兼收毛《故》焉。漢初，《書》惟有歐陽，《禮》后、《易》楊、《春秋》公羊而已。至孝宣世，復立大小夏侯《尚書》，大小戴《禮》，施、孟、梁丘《易》，穀梁《春秋》；至元帝世，復立京氏《易》；平帝時，又立《左氏春秋》、《毛詩》、逸《禮》、古文《尚書》。至章帝會議之時，師説不一，故其書亦不名一家。今書不無殘缺失次，然大端尚在，猶可從而釐正之。蓋雜引諸書，可以證明其説者，十得五六焉。自漢儒之家法既失，雖縱横博辨，大有可觀，然互相牴牾，自亂其例者多矣，豈非説經者之一弊乎？

問：《通鑑》：「周明帝元年冬十月乙酉，周王祀圜丘。丙戌，祀方丘。」與《周禮》同否？

答曰：《五代·志》曰：「後周憲章姬周，祭祀之式，多依《儀禮》。」竊以爲其説不盡然也。即以《通鑑》之説案之，《周禮·大司樂》：「冬日至，于地上之圜丘奏之。夏日至，于澤中之方丘奏之。」周制分冬、夏二至，不分二日而祭也。所以必于二至者，天地，陰陽之主也。冬至陽生，故祭天；夏至陰生，故祭地。皆于其始生之日祭之，所謂報本反始也。一則祀于南郊，一則祀于北郊，以五方之位言之，南陽而北陰也。賈公彦曰：「郊天必于建寅者，出三陽爻生之月〔九二〕，萬物出地之時。南郊雖無文，亦應取三陰爻之月，萬物秀實之時也。」賈氏云此者，以《白虎通》云「三王之郊，一用夏正」也。《郊特牲》云：「郊之用辛，周之始郊也。」盧植云：「『辛』之爲言自辛潔也。」鄭云：「用辛日，爲〔九三〕人當齋戒新身也。」漢魏以來，或丁或己，而用辛者嘗〔九四〕多。今後周之祭圜丘、方丘，同在十月；乙酉、丙戌，又非周制之用辛矣，烏在其能循舊式耶？

問：《隋書》：「兖州刺史薛胄以天下太平，登封告禪，帝王盛烈，遂遣博士登太山，觀古跡，撰《封禪圖》及《儀》上之。高祖謙讓，不許。」其不許，然否？

答曰：《文中子》曰：「封禪之費，非古也，徒以夸天下，其秦皇、漢武之侈心乎！」隋高祖之不封，其見遠過于秦、漢之君矣。《群書治要·武帝紀》載：「太康元年，吴主孫皓降。有司奏：『晉德隆茂，光被四表。吴會既平，六合爲一。宜敕封東嶽，以彰聖德。』帝曰：『此盛德之事，所未議〔九五〕也。』群臣固請，弗聽。」孫皓天璽元年遣司空董朝等封禪國山，明年改元，未幾而降晉。晉武帝平吴之後，混一宇内，而不行封禪之儀，較之孫皓，度量相越，豈不遠哉？自是之後，六朝至隋，皆不行封禪。高祖之謙讓未遑，有以哉！

校勘記

〔一〕「郡國立廟」，《漢書》卷七十三作「及郡國廟」。

〔二〕「高祖不當在」，《文獻通考》卷九十二作「高廟不當居」。

〔三〕「春秋決事比」，《太平御覽》卷六百四十引作「決獄」。

〔四〕「庾」，《禮記正義》卷三十三作「庾言」。

〔五〕「獨謂」，木犀軒本倒作「謂獨」，據《通典》卷一百〇三、《讀禮通考》卷三十五乙。

〔六〕「子」，木犀軒本作「于」，據《通典》卷一百〇三、《讀禮通考》卷三十五改。

〔七〕「主喪」，《通典》卷一百〇三作「喪主拜」，《讀禮通考》卷三十五作「喪主」。

〔八〕「指」，與《讀禮通考》卷三十五同，《通典》卷一百〇三作「斥」。

〔九〕「獨」，與《讀禮通考》卷一百〇七同，《通典》卷一百〇三作「獨可」。

〔一〇〕「有人」，《通典》卷一百〇三、《讀禮通考》卷一百〇七上重「代陵」二字。

〔一一〕「尸」，與《讀禮通考》卷一百〇七同，《通典》卷一百〇三作「屍」。

〔一二〕「統」，《通典》卷一百〇三、《讀禮通考》卷一百〇七作「之統」。

〔一三〕「復」，與《讀禮通考》卷一百〇七同，《通典》卷一百〇三作「覆」。

〔一四〕「曰」，與《讀禮通考》卷一百〇七同，《通典》卷一百〇三作「云」。

〔一五〕「言」，木犀軒本作「人」，據《通典》卷一百〇三、《讀禮通考》卷一百〇七改。

〔一六〕「何」，《通典》卷一百〇三、《讀禮通考》卷一百〇七作「云何」。

〔一七〕「者」，木犀軒本奪，據《儀禮鄭注句讀》卷十二補。

〔一八〕「據外」，《儀禮鄭注句讀》卷十二作「參分庭一在南者，據外而言」。下句「據内」仿此。

〔一九〕「禰」，木犀軒本作「祧」，據《禮記正義》卷四十一、《儀禮注疏》卷四十一改。

〔二〇〕「在内，嚮北」，《儀禮注疏》卷三十八作「在門内，面鄉北」。

〔二一〕「天統」，《資治通鑑》卷一百六十九作「天康」，注：「是年二月改元。」

〔二二〕「三年一禘，五年一祫」，木犀軒本作「三年一祫，五年一禘」，據《資治通鑑》卷一百六十九改。

《舊五代史》卷一百四十三云：「三年一禘以孟冬，五年一祫以孟夏。」

〔二三〕「時祭皆」，《禮記正義》卷十二作「皆祭」。

〔二四〕「午」，《風俗通義·祀典·臘》作「戌」。

〔二五〕「上帝」，二字疑衍。《禮記正義》卷四十六鄭注云：「此禘，謂祭昊天於圜丘也。祭上帝於南郊，曰郊。」疏云：「謂虞氏冬至祭昊天上帝於圜丘，大禘之時，以黄帝配祭。」

〔二六〕「禘」，木犀軒本作「祖」，據《通典》卷五十、《禮記·大傳》改。

〔二七〕「賀氏」，《禮記正義》卷三十三作「賀瑒」。

〔二八〕「外」，木犀軒本作「内外」，據《儀禮注疏》卷二十八改。

〔二九〕「哀痛亦」，木犀軒本作「亦哀痛」，據《儀禮注疏》卷二十八改。

〔三〇〕「喪服」，《儀禮注疏》卷二十八無。

〔三一〕「竊」，《群書疑辨·讀儀禮二》無。

〔三二〕「豈」，《群書疑辨》卷一作「寧」。下「豈」同。

〔三三〕「專」，《群書疑辨》卷一作「耑」。

〔三四〕「猶門人之于師」，《群書疑辨》卷一作「如門人於其師」。

〔三五〕「謂」，《群書疑辨》卷一作「所謂」。

〔三六〕「吾」，凌注本《春秋繁露·俞序篇》作「乎」。

〔三七〕「身」，凌注本《春秋繁露·俞序篇》作「君」。

〔三八〕「以」，木犀軒本奪，據《禮記正義》卷二十二補。

〔三九〕「高辛之世」，《禮記正義》卷十五作「高辛氏之出」。

〔四〇〕「或」，據文意，疑當作「或人」，抑或下「之」即「人」之訛。

〔四一〕「倅」，《禮記正義》卷六十二作「卒」。

〔四二〕「惟」，木犀軒本奪，據《尚書·康誥》補。

〔四三〕「遠」，木犀軒本作「近」，據《禮記正義》卷三十五改。

〔四四〕「周公」，凌注本《春秋繁露·郊事對》上有「魯祭」二字。

〔四五〕「牡」，木犀軒本作「壯」，據《禮記正義》卷三十一及前引文改。

〔四六〕「喪」，木犀軒本作「器」，據《通典》卷九十二改。

〔四七〕「宿」，木犀軒本作「肅」，據《太平御覽》五百四十五、《文獻通考》卷一百二十一改。

〔四八〕「可」，木犀軒本奪，據《太平御覽》卷二百四十四補。

〔四九〕「義」，木犀軒本作「議」，據《太平御覽》卷二百四十四改。

〔五〇〕「禮論説」，木犀軒本作「禮説」，據《舊唐書》卷二十三、《通典》卷四十三補。

〔五一〕「辨中」，木犀軒本作「辯中」，據《公羊注疏》卷十二改。下「作辨」「辨中」并同。

〔五二〕「燎」，《公羊注疏》卷十二作「燒」。

〔五三〕「脡」，木犀軒本作「脡」，據《公羊注疏》卷十二改。

〔五四〕「郊唯特牲」，木犀軒本作「惟郊特牲」，據《禮記正義》卷二十五改。

〔五五〕「供」，木犀軒本奪，據《禮記正義》卷二十五補。

〔五六〕「周人」，木犀軒本奪「周」字，據《周禮注疏》補。《周禮注疏》卷三十一《祭卜》疏：「凡祭祀，周人尚右，故右胖皆祭，故以左胖致人。」

〔五七〕「祀」，木犀軒本奪，據《唐會要》卷九上補。

〔五八〕「羊各豕各」，《唐會要》卷九上作「羊豕各」。

〔五九〕「告社稷之壝」，《尚書正義》卷十五作「告立社稷之位」。

〔六〇〕「有」，《禮記正義》卷十一無。

〔六一〕「而無」，《漢書》卷二十五下作「未立」。

〔六二〕「一」，木犀軒本作「無」，據《晉書》卷十九改。

〔六三〕「所謂」，《漢書》卷二十五下作「禮所謂」。

〔六四〕「四只」，《儀禮集説》卷八上作「四只者」。

〔六五〕「長」，《周禮注疏》卷七無。

〔六六〕「四咫」，木犀軒本作「⿰豕只」，據《周禮注疏》卷七改。

〔六七〕「墬形訓」，木犀軒本誤作「地理訓」，據引文改。

〔六八〕「純」，《禮記正義》卷四十三作「納」。

〔六九〕「丈」，木犀軒本作「長」，據《周禮注疏》卷十四改。

〔七〇〕「四方」，《周禮注疏》卷六作「四合」。

〔七一〕「後」，木犀軒本上衍「法」字，據吴曾《能改齋漫録》卷二《牙門》、吴仁傑《兩漢刊誤補遺》卷十《牙門二》删。

〔七二〕「爲」，《禮記正義》卷四十五作「謂」，字通。

〔七三〕「外」，《禮記正義》卷四十五作「次」。
〔七四〕「賢」，《儀禮注疏》卷八作「賢者」。
〔七五〕「大夫」，《儀禮注疏》卷九作「鄉大夫」。
〔七六〕「主國」，《禮記正義》卷六十一作「王國」。
〔七七〕「辨」，木犀軒本作「辨」，據《儀禮集説》卷十五改。下「易辨」并同。
〔七八〕「禮」，據文意，疑當作「理」。
〔七九〕「端」，木犀軒本作「冠」，據《禮記正義》卷二十九改。
〔八〇〕「天子」，《禮記正義》卷二十九下有「諸侯」二字。
〔八一〕「蹙」，木犀軒本作「戚」，據《儀禮注疏》卷二改。
〔八二〕「亯」，《儀禮注疏》卷三作「亨」，字通。下「明亯」同。
〔八三〕「西面北上」，木犀軒本作「西北面上」，據《儀禮注疏》卷五乙正。
〔八四〕「腥」，《禮記正義》卷二十一作「牲」。
〔八五〕「視」，木犀軒本作「親」，據《儀禮注疏》卷四十二改。
〔八六〕「瑞」，《史記》卷一《集解》引馬融説作「瑞信」。
〔八七〕「玉」，《宋書》卷十四、《册府元龜》卷五百六十三作「政」。
〔八八〕「生」，木犀軒本作「主」，據《儀禮注疏》卷一、《左傳正義》卷三十改。
〔八九〕「而」，《儀禮注疏》卷一無。
〔九〇〕「已下」，木犀軒本奪，據《儀禮注疏》卷一補。

〔九一〕「檀弓下」,《禮記正義》卷六十一作「下檀弓」。
〔九二〕「出三陽爻生之月」,《周禮注疏》卷二十二作「取三陽爻生之日」。
〔九三〕「爲」,《册府元龜》卷五百七十七作「謂」,字通。
〔九四〕「嘗」,《册府元龜》卷五百七十七作「常」。
〔九五〕「議」,木犀軒本作「讓」,據《群書治要》卷二十九改。

群書答問補遺

問：《覲禮》：「諸侯覲於天子，爲宫方三百步，四門，壇十有二尋，深四尺，加方明於其上。」其制同於明堂否？

答曰：爲宫在郊外，即明堂也，但與五室以祀五帝者，名同而實異。其壇仿明堂，有四門，又有應門，皆壝土以象之而已。明堂可以謂之宫者，以黄帝之有合宫故。明堂爲天子步政之宫，「黄帝享百神於明庭」是也。周制：路寢、明堂皆謂之宫，《逸周書》曰「乃位五宫：太廟、宗宫、考宫、路寢、明堂」是也。《終軍傳》曰：「建三宫之文質。」服虔亦以「三宫」爲明堂、辟雍、靈臺也。漢人亦以明堂爲宫，然則宫亦通謂之明堂也。《考工記》：「宫中度以尋，野度以步。」按《覲禮》：「爲宫方三百步，四門，壇十有二尋。」或度以步，或度以尋，是爲宫之制，亦同《考工》之説也。《司儀》：「將合諸侯，則令爲壇三成，宫旁一門。」注：「鄭司農云：三成，三重也。《爾雅》曰：『丘一成爲敦丘，再成爲陶丘，三成爲昆侖丘。』」故《史記·封禪書》曰：濟南人公玉帶上黄帝時《明堂圖》，其中有「命曰昆侖」之語。據此，是宫亦有昆侖之制也。《覲禮》宫有四門，《明堂位》所以有「東門之外」

「南門之外」「西門之外」「北門之外」之文。據此，知宮亦略仿明堂之四門也。《司儀》注：「王巡守殷國而同，則其爲宮亦如此與？」是知泰山明堂與《覲禮》之爲宮，一也。泰山明堂，則周天子東巡守而朝諸侯之處也。《荀卿書》曰：「雖爲之築明堂〔一〕於塞外，使治〔二〕，可矣。」楊倞注：「明堂，壇也。」此據泰山明堂而言之者也，故明堂設言可築之于塞外耳。吴仁傑不知明堂有異實而同名者，遂以《覲禮》「加方明於上」爲明堂之制，又以爲「壇而不屋，故曰明堂」。果如吴説，則《淮南子》論黄帝明堂之制，「有蓋而無四方」，《考工》之「五室」，《逸周書》所謂「咸有四阿，反坫」，抑又何歟？知其一，不知其二，未足以言古制也。

問：陳氏《禮書》：「蓋大示，則地之大者；地示，則凡地之示與焉；土示，則五土之示而已。鄭氏之徒謂：夏至，於方丘之上，祭崑崙之示也；七月，於泰折之壇，祭神州之示。此惑於讖緯之説，不可考也。」其説可信否？

答曰：儒者言禮樂之事，固將坐而言，起而行也。設一旦登明堂而議禮，吾不知陳氏之所謂「大」、所謂「凡」，何所指也。以此説經，如同夢囈。《周禮》之三大禘：天神，地示，人鬼。「冬日至，于地上之圜丘奏之，則天神皆降。」天神，則主北辰。「夏日至，於澤中之方丘奏之，則地示皆出。」地示，則主崑崙。合經、注而驗之，具有明文，不似陳氏以一「大」、一「凡」該之也。夫《周禮》經文，方丘之「地示」與圜丘之「天神」相對，此豈「凡地之示」足以當之？若方丘指「凡地之示」，而

「大示」究何屬耶？若夫奏黄鐘、歌大吕、舞《雲門》以祀天神，奏太蔟、歌應鐘、舞《咸池》以祭地示，此祀天於南郊、祭地於北郊。地神歲有二祭：一則夏至，祭崑崙之神於方澤；一則夏正之月，祭神州之神於北郊。南郊與北郊相對，方澤與圜丘相對，此固釐然而不紊者也。此外復有土示者，此原隰及平地之神。地示與天宗相對，《郊特牲》「社祭土而主陰氣」，指此矣。謂之「土示」者，天子祭地，諸侯不祭地，得祭土，故《公羊》云：「諸侯祭土。」何邵公曰：「土，謂社也。」變文言「土」，明三大禘皆天子之事，唯土示則通於諸侯耳。祭卑者不可援尊，故名有不同。此非望空憑臆之所能斷。黄琮以禮地，此祭崑崙之神；兩圭有邸以祀地，此祭神州之神。《三禮義宗》：「用大裘爲崑崙之神，玉則用黄琮。玉當神州同用兩圭有邸，以四望亦用兩圭故也。」《河圖括地象》云：「崑崙東南萬五千里，曰神州。」方丘專祀崑崙，神州則及社稷。大示，指崑崙；或言「大」，或言「地」，兼方丘言之。則崑崙之神，其大可知，不嫌不明，故不言「大」耳。《大宗伯》言「大」者，以别神州之文。經、傳具在，陳氏以爲「不可考」，何耶？

問：《士昏禮》：「使者玄端至。」注：「使者，夫家之屬，若群吏使往來者。玄端，士莫夕之服，又服以事其〔三〕廟。」《集説》繼公謂：「使者，壻父之家臣，奉壻父之命而爲使者也。此士之家臣也，乃服玄端以行禮，則玄端不獨爲士之正服矣。」敖説然否？

答曰：玄端不爲士之正服，然則士之外，其誰屬乎？不知《士昏禮》而可以士爲使者，凡諸侯之下，皆有二十七士。公、侯、伯之士，一命；子、男之士，不命。一命、不命，皆分爲三等，故賈疏云：「假令主人是上士，屬是中士；主人是中士，屬是下士；主人是下士，屬亦是下士，禮窮即同也。」然則使者服玄端，是其正服，而又何疑焉？《士冠禮》：「玄端，玄裳、黄裳、雜裳可也。」注：「此莫夕于朝之服。玄端即朝服之衣，易其裳耳。」又注：「玄端，士入廟之服也。」疏：「按《特牲》：士禮，祭服用玄端。」按，今昏禮行於廟中，故使者亦服玄端而至。《周禮·司服》：「士之服，其齋服有玄端。」安見其非正服耶？且不知玄端之名爲士設也。《王制》疏：「諸侯卿大夫、士，以玄端、緇衣、素裳爲朝服。凡在朝，君臣上下同服，但士服則謂之玄端，袂廣二尺二寸故也。」據此，敖説爲不可通矣。

問：《喪服》：「子嫁，反在父之室，爲父三年。」《集説》繼公謂：「言反在父母之室，明其見出於父在〔四〕之時也。」其説可信乎？

答曰：是不然也。《喪服》：「子嫁，反在父之室，爲父三年。」經未明言父存、父殁。鄭注：「謂遭喪後而出者。」賈公彦曰：「鄭知遭喪後被出者，若父未死被出，自然是在室，與上文同，何須設此經？明是遭喪後〔五〕被七出者。」此真能發揮鄭注者矣。敖獨反其説，何耶？

問者曰：遭喪而出，爲父服三年，於他經有徵乎？曰：《喪服小記》：「爲父母喪〔六〕，未練而出，則三年。」是知鄭氏之説，未爲無本。

問：《喪服》：「女子子嫁者、未嫁者，爲曾祖父母。」傳曰：「嫁者，其嫁於大夫者也；未嫁者，成人而未嫁者也。何以服齊衰三月？不敢降其祖也。」《集説》繼公謂：「成人而未嫁者，與『不敢降』之意尤不相通，傳似失其旨矣。」傳果可議否？

答曰：敖氏以爲，女子子未嫁，本不當降其曾祖之服，故以傳文爲添設而不得經意也。不知經固以「女子子嫁者、未嫁者」并言之矣，傳故以「未嫁者，成人而未嫁者」也。傳知其爲成人者，若女子未成人，則有何降服之例而云「不敢降」乎？云「不敢降」者，鄭注云：「此而不降，明有所降。」故疏以「大功」章「女子子嫁者、未嫁者爲世叔父母」如此類，是有所降也。然則所謂「成人而未嫁者」，指逆降而言之矣。以女子成人有逆降之理，雖有逆降，只可降其旁親，而於正統之親不逆降，故云「不敢降」也。「不敢」者，不敢降其正統，而旁親則有敢降者矣。馬融《喪服經》傳：「成人，謂十五已上、許嫁未行者也。以祖名曾，明婦人雖爲天王后，不敢降其祖宗也。」按，女子許嫁，笄而字，故鄭注：「成人，謂年二十、已笄醴者也。」經、傳所以發此者，「大功」章於世叔父母、姑姊妹七人皆降，於服期者可降，況三月乎？故經、傳以「不敢降」明之。服之數，窮於五。齊衰三月而降，是無服矣。傳、注正得經意，敖以鹵莽而失之。鄭「大功」章注：『齊衰三月』章曰：『女子子嫁者、未嫁者爲曾祖父母。』經與此同，足以見之矣。」鄭云此者，蓋逆降之説，經、傳已包其意，至鄭乃發之耳。前後互證，知逆降非其臆度也。後儒烏得而議之乎？

校勘記

〔一〕「明堂」，木犀軒本奪「明」字，據《荀子·彊國篇》補。
〔二〕「使治」，《荀子》作「而朝諸侯殆」。
〔三〕「其」，《儀禮注疏》卷四作「於」。
〔四〕「在」，《儀禮集説》卷十一作「存」。
〔五〕「後」，木犀軒本奪，據《儀禮注疏》卷二十九補。
〔六〕「喪」，木犀軒本奪，據《禮記正義》卷三十二補。

説文考正

解題

此書抄本二卷，藏中國國家圖書館。其首行題「説文考正弟一上」，次行上題「江都凌曙學」，下題「男毓瑞手録」，則此本爲凌曙子凌鏞所抄録者，非凌曙稿本也。卷首有「馮雄之印」「彊齋」「南通馮氏景岫樓臧書」「北京圖書館臧」四印。馮雄（一九〇〇—一九六八），字翰飛，號彊齋，自稱扶海馮氏，著名水利學家、藏書家。畢業於唐山交通大學，曾在商務印書館任編輯十餘年，編著有《灌溉》《測量術》《機構學》《非金屬材料》《河工》《金工》《景岫樓讀書志》等。中華人民共和國成立後，任中國科學院水利研究員，郭沫若秘書。其藏書後捐贈上海合衆圖書館，合衆圖書館編有《南通馮氏景岫樓藏書目録》三卷。此書比較《説文》大、小徐本異同，間引時人之説，駁正段玉裁《説文解字注》之失。今存者凡十五頁，依《説文》段注本分卷一、卷二，各爲上、下，至《説文·艸部》而止，計四十五條。其末頁有「抄畢」二字，則凌曙所著者僅此。

書中引鈕樹玉《段氏説文注訂》，則其成書應不早於道光二年（一八二二）。今以國家圖書館藏抄本爲底本。

說文考正第一上

一，惟初大始，道立於一，造分天地，化成萬物。凡一之屬皆從一。桉，此依大徐也。小徐本作「惟初太極」。惠氏《周易述》曰：「何休注《公羊》曰：『元者，气也。天地之始。』故《傳》〔一〕曰：『大哉乾元，萬物資始。』《說文》曰：『元，从一。』故《春秋》一年稱元年。《說文》又曰：『惟初大始，道立於一。』董子《對策》謂：『一爲元者，視大始而欲正本。』是乾初爲道本。」據此，作「惟初大始」是也。姚氏《說文校議》曰：「太始，宋本作『大始』，小徐、《韵會·四質》引作『太極』。小徐『从』皆作『從』。桉，『从』，相聽也；『從』，隨行〔二〕也，義別。檢六朝唐人引《說文》『從某從某』〔三〕，無作『从』者。」

元，始也。從一，兀聲。桉，此依小徐也。大徐本作「从一，从兀」。然考鍇曰：「俗本有『声』字，人妄加之也。」據此，許書原本有「声」字。《十駕齋養新録》云：「《說文》形声相從〔四〕，十有其九。『元』『兀』声相近，『兀』讀若『夐』，『瓊』或作『琁』，是『夐』『旋』同音。『兀』與『旋』同。『髡』从『兀』，或从『元』。『軏』，《論語》作『軏』。小徐不識古音，以爲俗人妄加。大徐并不載此語。」戴氏《六書故》曰：「《說文》一本『从一从兀』，一本『从一兀声』。『兀声』为是。」

帝，古文帝。古文諸丄字皆從一，篆文皆從二。二，古文上字。辛、言、示、辰、龍、童、音、章，皆從古文上〔五〕。桉，此依小徐也。大徐本「辛〔六〕」下刪「言」字，段氏注依大徐而亦將「言」字刪去。不知鍇明云「言」从「辛」声，所以云「皆從上」。段氏據大徐本刪之，非是，當从小徐。

福，備也。從示，畐聲。桉，大徐本作「福，祐也」。《廣雅·釋詁》：「福，備也。」王氏《疏證》曰：「《說文》：『福，備也。」《祭統》：「福者，備也。」《郊特牲》：「富也者，福也。」《釋名》：「福，富也。」《曲礼》注：「富之言備也。」「福」「富」「備」古声義并同。」《玉篇》引《説文》「祐也」，大徐本蓋校者據《玉篇》而改。今依石臞先生之説，定从小徐本。

禥，籀文從基。桉，此依小徐，鍇曰「基声」是也。《説文》：「𤩊，或从基声，作璂。」《周官・弁師》：「王之皮弁，會五采玉璂。」《釋文》：「璂，音『其』。本亦作『琪』。」是其例也。

禔，安福也。從示，是聲。《易》曰：「禔既平。」桉，大、小徐同。惠氏《易説》：「九五，坎不盈，禔既平。『禔』，晉《易》〔七〕作『祇』，《説文》及京氏《易》皆作『禔，安也』。」京房受《易》焦延壽，延壽嘗从孟喜問《易》。許偁孟氏，蓋孟作「禔」。

神，天神，引出萬物者也。從示，申聲。桉，此依小徐也。大徐本作「從〔八〕示、申」，删「声」字。考鍇曰「疑多『声』字」而不删許書原文，所以可據。「神」「申」，古音同部。

祫，大合祭先祖親疏遠近也。從示，合声。《周禮》曰：「三歲一祫。」桉，此依小徐也。大徐本作「從示、合」，删「声」字。然鍇猶曰「誤多『声』字」，而原文「合声」尚存；若大徐，則徑删「声」字。小徐本遠勝大徐。段注亦將「声」字删去。姚氏、严氏《説文校議》曰：「小徐、《韵會・十七洽〔九〕》引作『合声』。桉，《説文》声兼義者過半，大徐不知声多亦声，而擅删『声』字二百五十五，此大惑也。」

禡，師行也所止，恐有慢其神，下而祀之，曰禡。從示，馬聲。《周禮》：「禡於所征之地。」桉，大、小徐同。鄭注《王制》云：「禡，師祭也。」《肆師》云：「祭表貉，則爲位。」後鄭云：「師祭也。『貉』讀爲十百之『百』。」是《周禮》以禡爲「貉」声之轉也。汪容甫先生《經義知新記》云：「《詩・吉日》『既伯既禱』，《爾雅・釋天》文同。毛公曰：『伯，馬祖也。』《説文》引作『既禡既禂』，于義爲長。」又云：「《王制》：『禡于所征之地。』《釋文》：『禡，馬怕反，又音「百」。』《周禮・肆師》鄭注：『貉，讀如十百之「百」。』北人讀『伯』如『霸』，因以當『禡』。」陳氏《左海經辨》云：「《後漢書・馬融傳》云：『偃伯於〔一〇〕靈臺。」李賢注：「古者武軍三年不興，則凱樂〔一一〕凱歌，偃伯靈臺。偃，休也。伯，謂師節也。」壽祺案，「伯」訓師節，它無所徵。「伯」即「禡」字，「師節」當爲「師祭」，声近之誤也。「既禡既禂」，魯、齊、韓三家異文。《周禮》以「貉」爲「禡」，杜讀「貉」爲「百」，《説文》又以「禡」爲「百」。「伯」「百」同字，「伯」「禡」「貉」通借字。「偃伯」之義，當如《周禮》之「禡」，訓爲「師祭」。武軍不興，則偃師祭所立之表於靈臺也。」

禂，禱牲馬祭也。從示，周聲。桉，大、小徐同。引《詩》「既禡既禂」，乃小徐案語。段注謂《詩》無此語，不知鍇所引蓋三家。錢氏《十駕齋養新録》云：「古讀『禂』如『禱』。《周禮・甸祝》：『禂牲禂馬。』杜子春云：『禂，禱也。』引《詩》『既伯既禱』。後鄭云：『禂，讀如伏誅之「誅」。』今『侏大』字也。案，『禂』與『禂』，文異義同。後鄭讀『禂』爲『誅』，是漢時『誅』『侏』亦讀舌音。」

𩦽，或從馬，壽省聲。桉，大、小徐同。大徐篆文作「𩦽」，古「壽」「周」同聲，故相通叚〔一二〕。段《説文・酉部》「醻」或从「州」作「酬」，是其例。周石鼓文「避車既好，避馬既騐」，音「與」，《吉日》詩同。

𦖋，瑱或從耳。桉，大、小徐同。小徐説解以「耳」爲形，以「真」爲声，是也。

璂，瓂或从基。桉，大、小徐同。鍇曰：「基声。」當从之。戴氏《六書故》曰：「《周禮》：『王之皮弁，會五采玉璂。』鄭康成曰：『讀如「綦」。』綦，結也。皮弁之縫中，每冊結五采十二目爲飾，謂之綦。《詩》云『會弁如曐』是也。」

璪，玉飾，如水藻之文。從玉，喿聲。《虞書》：「璪火黺米。」桉，此依大徐也。小徐作「粉米」，非是。「璪」，僞孔《書》作「藻」，《尚書大傳》作「璪」。「璪」又通「繅」。《儀禮・聘禮》注：「今文『繅』作『璪』。」朱氏《讀書解義》云：「許君《書》宗孔氏，兼用今文之學。」段氏《説文》注云：「《虞書》『璪』字，衣之文也，當从『衣』。而从『玉』者，叚鍇〔一三〕也。」鈕氏樹玉《段注訂》云：「《衣部》無『𧜀』字，未可謂之叚鍇。」

瑻，琨或從貫。桉，大、小徐同。鍇曰「貫声」，當從之。江氏《尚書集注音疏・禹貢》：「瑶琨筱簜，琨或爲瑻。據

《漢書》作『瓚』。又《釋文》云：『馬氏本作「瓚」。』則「琨」「瓚」實一字。」愚謂，馬、鄭皆治古文《尚書》，許君《書》宗孔氏，蓋孔氏真古文作「瓚」，故許君與馬氏同。

瑴，玨或從㱿。桉，大、小徐同。鍇曰：「㱿声。」

壻，夫也。從士，胥聲。《詩》曰：「女也不爽，士貳其行。」士也者，夫也。讀與「細」同。桉，此依大徐也。小徐本「夫也」下「从」作「從」，「士胥」脱〔一四〕。「聲」字。

校勘記

〔一〕「傳」，抄本作「得」，據《周易述》卷一改。

〔二〕「從隨行」，抄本作「从相行」，據《説文校議》卷一改。

〔三〕「從某從某」，抄本作「从某某声」，據《説文校議》卷一改。

〔四〕「從」，抄本作「通」，據《十駕齋養新録》卷四「二徐私改諧聲字」條改。

〔五〕「上」，段注本同，孫刻本、汲古閣本《説文》并作「丄」。

〔六〕「辛」，抄本作「辛」，據上引文改。

〔七〕「易」，抄本作「亦」，據惠士奇《易説》卷三改。

〔八〕凡「从」字，大徐作「从」，小徐作「從」。此抄本未能全分，今仍其舊。

〔九〕「洽」，抄本作「治」，據《説文校議》卷一改。

〔一〇〕「於」，抄本奪，據《後漢書》卷六十上、《左海經辨》卷下《偃伯解》補。

〔一一〕「則凱樂」，抄本奪，據《後漢書》卷六十上、《左海經辨》卷下補。

〔一二〕「叚」，抄本作「段」，據文義改。

〔一三〕「䅶」，《説文解字注》作「借」。下引鈕樹玉説，《段氏説文注訂》卷一亦作「借」。

〔一四〕「脱」，據文義，當作「下脱」。

說文考正第一下

釆，辨別也。象獸指爪分別也。凡釆之屬皆從釆，讀若辨。桉，大、小徐同。江氏《尚書集注音疏》：「釆章百姓，釆讀若『辨』。鄭康成曰：『辨，八。』，釆，古『辨』字也。《説文》『𠀭』字，古文作『釆』。『釆』『釆』相似，後學遂誤仞『釆』爲古文『𠀭』。唐明皇改從俗文作『平』字。鄭本作『辨』，《史記》作『便』，音同叚喈。《索隱》曰：『今文作「辨章」。』然則漢時《尚書》皆作『辨』，可知古文之爲『釆』矣。又，『予辯下土，使民𠀭𠀭』，『𠀭』當爲『釆』字之誤。《堯典》『釆章』『釆𩎟』『釆在』，《鴻範》『王道釆釆』，唐時悉改爲『𠀭』。《毛詩·釆尗》傳：『𠀭𠀭，辨治也。』《詩》釋文云：『𠀭𠀭，《韓詩》作「便便」。』與《堯典》諸『釆』字《史記》皆作『便』同。《毛詩》『𠀭』字誤，實當爲『釆釆』。云『釆釆，辨字也』，方合。」

𠂔，古文釆。桉，大、小徐同。惠氏《周易述》曰：「古文《尚書》『辨章』『辨秩』，字皆作『𠂔』。魏晉以後亂之，讀爲『𠀭』也。」

右，助也。從口，又聲。桉，此依小徐也。大徐「从口、从又」，删「声」字。姚氏《説文校議》曰：「小徐作『又声』。」

𠷎，誰也。從口、𠃬，又聲。𠃬，古文疇。桉，大、小徐同。

芟，刈艸也。從艸，殳聲。桉，此依小徐也。大徐本作「从艸、从殳」，删去「声」字。

訡，吟，或從音。桉，大、小徐同。姚氏《説文校議》曰：「古文『今』作『𠆢』，則『𩐏』即『韵』字。『韵』『吟』同體，而訓爲「嘆」。長言之，永嘆之也。『詥』从『今』声。《鶡冠子》：『五聲不同，均非此義，声亦相遠。』」訡，或從言。桉，大、小徐同。段注「訡」下，删去「詥」字。愚謂：「詥」不可删，有三證。《説文·口部》凡从「口」，亦或从「言」，如「嘖」或作「讀」，一證也。《玉篇》多本《説文》，《言部》：「詥，魚金切，呻也。或爲『吟』。」《口部》：「吟，半今切，亦作『訡』『詥』。」二證也。《禮·學記》：「今之教者，呻其佔畢。」鄭注：「呻，吟也。」《釋文》：「呻吟，魚金反。又作『詥』，同。」三證也。是許書或體，本有此字。今案大徐本有之，并非虚造。《繫辭》本每多殘缺。張次立取大徐本補遺「詥」篆，亦非本無此字，而次立[一]妄增也。段注不審據次立補遺結語，而擅删之，甚矣，其謬也。鈕氏匪石箸《段氏説文注[二]訂》，亦同。

䔾，或從皿。䕸，或從缶。桉，大、小徐同。許書《艸部》「䔾」「䕸」二文，本爲「菹」之或體，訓「酢菜」，故從「艸」。《血部》「䔾」訓「醓」，「醓」訓「肉醬」；「䕸」爲「䔾」之或體，故从「血」。二部義例迥别。段氏改「䔾」「䕸」二篆爲「䔾」「䕸」，以「䔾」「䕸」二字爲後人所增，侮斷極矣。

莫，日且冥也。從日在茻中[三]，茻亦聲。桉，此依小徐也。大徐删「茻亦声」，非是。又，「葬」下，小徐亦作「茻亦声」，大徐本一并删去。《説文校議》主小徐。

菑，不耕田也。從艸，甾聲。《易》曰：「不菑畬。」桉，鍇曰：「舊解有『声』字，傳寫誤。」因之校大徐書者，據鍇語而删「声」字。此文明是二徐亂之也。姚氏、嚴氏《説文校議》依舊解作「从艸，甾聲」，今從之。

趄，趄田，易居也。從走，亘聲。桉，大、小徐同。鍇桉，《春秋左傳》「皆於是乎作爰田」，《國語》作「轅田」，皆假借；此乃正字也。董氏《廣川書跋》列《周盄和鐘》文云：「剌剌趄趄」，董氏引《説文》「趄田，易居也」；薛氏《鐘鼎彝器欵識·周和鐘》文「趄」作「趄」。考岐陽石鼓，凡重文，於本文下𠙴「二」。此鐘於「趄」内作「二」，即「趄趄」二字之重文，蓋古人固不拘也。錢氏《説文答問》云：「『趄』即《左·僖十五傳》爰田之『爰』。」薛氏《説文答問疏證》云：「《集韵》：『趄』通𠙴『爰』。」

校勘記

〔一〕「次立」，抄本作「次主」，據上下文改。

〔二〕「注」，抄本作「法」，今改正。

〔三〕「舞中」，抄本奪，據《説文》補。

說文考正第二上

小，物之微也。從八，丨見而八分之。凡小之屬皆從小。桉，此依小徐本也。大徐作「从八，丨見而分之」，「分之」上脱「八」字。戴氏《六書故》曰：「唐本『从八，丨〔一〕見而八分之』。」據此，小徐依唐本，但《六書故》以「分」字改列《刀部》，未免乖許書部分矣。

𠔁，分也。從重八。八，别也，亦聲。《孝經説》曰：「故上下有别。」桉，大、小徐同。江氏《尚書集注音疏·堯典》「『分𠔁弍苗』，僞孔本作『北』，非。『𠔁』與『北』相佀，古今字輒變易。凡『𠔁』字，今皆改作『别』，經傳不復有『𠔁』字。學者不知有『𠔁』字，誤仞爲『北』，遂作『北』字。《三國志·虞翻傳》注引翻奏曰：『《尚書》「分𠔁三苗」，「𠔁」，古「别」字。』鄭君注：『𠔁，猶别也。』鄭君以時俗習用之字發明古字，則人易曉。且鄭言『分析流之』，『分析』猶『分𠔁』也。鄭君何嘗以『𠔁』爲『北』！虞翻誣鄭，不可聽也。」阮氏《積古齋鐘鼎彝器款識》：「《商八孫子觶》作『八』，取别生分類之義，與析木形略同。《父辛觶》作『卝』，二『八』相對形，即《説文》『𠔁』字，古文也。」祁相國寯藻刊《宋本繫傳附校勘記》云：「《説文》無『佾』字。《肉部》『𦙃』、《十部》『肸』皆振動、宣布意，與舞列之『佾』無涉。《楚詞》稱『二八侍御』，《樂書》言『玄鶴二八』，皆言舞者也。《左傳》『萬者二人』，『人』亦當爲『八』之訛。則『𠔁』即『舞佾』之『佾』。八佾，八人爲列，凡八列，故云平分也。《集韻》引漢碑『佾』作『⿰彳𦙃』，即『𠔁』之增加字。段氏用鍇説，信爲『兆』字，未確。」

公，平分也。從八，從厶。八，猶背也。《韓非》曰：「背厶爲公。」桉，此依小徐也。大徐本「从八，从

「厶」下有「音司」二字，乃校書者旁行記注，後遂入誤正文。考許書《厶部》亦引《韓非》「自營爲厶」，程氏《看篆樓印譜叙》云：「《印譜》有曰『𠙵珎』者，有曰『𠙵尒』者，又有『▽尒』者，此皆私璽二字也。璽但用『尒』者，古文〔二〕省也。《韓非》曰：『蒼頡作字，自營爲私。』今『𠙵』字若此，則『營』下从『𠙵』明矣。」又北道名禾主人曰「私主人」，「私」本訓「禾」，从「禾」，「厶」聲。經典皆叚耤「私」字以爲「公厶」字，而「厶」字不行於經。蓋「營」本當从「熒」省聲，「冂」下從「𠙵」，即古文「私」字，與「吕」形近，隸變遂作「吕」耳。六書由古文而篆，由篆而隸，校者輒以隸法改許書，惟鐘鼎古文猶可尋其一二。

尒，語之舒也。從八，舍省聲。 桉，大、小徐同。孫氏《平津館文稿〔三〕》云：「《隸續》所載〔四〕《三字石經》，蓋魏正始中立石，考其篆法，足以補正《説文》。如『余』作『舍』〔五〕，可證許氏『余』从『舍』省聲。」又，萬氏《魏三體石經左傳遺字》，如「滅」字作「烕」，作「滅」者，从竪水；古文「烕」从横水。《汗簡·戊部》并列古文「烕」「烕」，云：「見《石經》、義雲章。」从「巛」即古「巛」字横文，从「三」即「川」字横文，古文亦有从竪水者，如「穽」古文亾「𣲛」是也。又「桓十」字上亾「非」，許書引《尚書》「尚桓桓」作「狟狟」，从「犬」，「亘」声。許君書宗孔氏，是《三體石經》作「非」，爲孔壁真古文無疑。《周陳逆簠銘》「陳桓子」作「狟」，與《石經》正同。《汗簡·犬部》并列古文「狟」，云「見《石經》」，即魏《石經》也。又，《曶鼎》散氏盤銘》「余」皆作「余」。

校勘記

〔一〕「丨」，《六書故》卷三十二無。

〔二〕「文」，抄本作「非」，據程瑶田《通藝録·解字小記》改。

〔三〕「文稿」，抄本作「文集」，據《槐廬叢書》本《芳茂山人文集》改。

〔四〕「所載」，抄本奪，據孫星衍《平津館文稿》卷下《魏三體石經遺字校釋序》補。

〔五〕「舍」，抄本作「畬」，據《魏三體石經遺字校釋序》改。

說文考正第二下

毒，厚也。害人之艸，往往而生。從屮，毒聲。桉，此依小徐也。大徐作「从屮、从毒」，删「声」字。

芬，岁或從艸。桉，大徐作「芬，芬或从艸」，當依小徐。

蓏，在木曰果，在地曰蓏。從艸，㼌聲。桉，此依小徐也。大徐作「从艸，从㼌」，删「声」字。

荅，小尗也。從艸，合聲。桉，大、小徐同。畢氏《倉頡篇叙》曰：「漢世小學書存者，惟《急就》〔一〕、《説文》。《説文》本諸《倉頡》。《倉頡》既佚，故《説文》之訓不可明，世反以疑叔重之語。鄭司農注《周禮》，有『秺秭麻荅』之言，當即《倉頡篇》。則《説文》以『荅』爲小尗之義明。」陳氏《穆天子傳注補正》〔二〕云：「『爰有野麥，爰有荅堇，西膜之所謂木禾。』案，《説文》：『小尗也。』荅堇，野豆之屬，以其長大，故謂『木禾』。」王氏《廣雅疏證》曰：「小豆，荅也。漢《婁壽碑》『糲糂疏菜之食』，『糲糂』與『糲荅』同。」曙云：「荅」旁著「米」，後人所加。

莠，禾粟下揚生莠。從艸，秀聲，讀若酉。桉，此依小徐也。大徐本「禾粟下」脱「揚」字。鍇曰：「禾粟實下播揚而生，出於粟秕。」當有「揚」字。案，「莠」「酉」同声。《毛鄭詩考正》云：「萋者，幽莠也。《戰國策》云：『幽莠之幼也。』《夏小正》：『四月秀幽。』『幽』『萋』，語之轉。」程氏《通藝録》引《穆天子傳》「爰有萑葦、莞蒲、茅萯、蒹萋」，郭璞注：「萋，莠屬。」引《詩》「四月秀萋」，其通轉，正皆同。

，菜類蒿。從艸，近聲，《周禮》有菦菹。桉，大、小徐同。今經傳皆作「芹」，而「菦」文晦矣。

，甘艸也。從艸，甘聲。桉，此依小徐也。大徐本作「從艸从甘」，删「声」字。今俗通省「艸」作「甘」。

，芣苢，一名馬舃。其實如李，令人宜子。從艸，㠯聲。《周禮》書所說。桉，此依小徐也。大徐作「周書所説」。邵氏《爾雅正義》曰：「《文選》注引薛君《韓詩章句》云：『芣苢，澤瀉也。』又，《韓詩序》：『《芣苢》，傷夫有惡疾也。』然澤瀉即蕍舃，芣苢自爲車前。又，《詩》釋文引《韓詩》：『直曰車前，瞿曰芣苢。』」王氏《經義述聞》曰：「《列女傳・貞順傳》：『蔡人妻傷夫有惡疾而作《芣苢》。』與《文選・辨命論》注所引《韓詩》合，然則鐳向所述乃《韓詩》也。」

，艸也。從艸，圞聲。桉，大、小徐同。周《石鼓文》「囿」正作「圞」，《玉篇》作「⿱艹囿」，云：「草名。⿱艹囿，同上。」《廣韵》止作「⿱艹囿」。許書即以籒文爲聲，是其例也。

，艸也。從艸，畾聲。《詩》曰：「莫莫葛藟。」一曰秬鬯。桉，大小徐同。「一曰秬鬯」，疑「秬鬯」即「巨荒」二字形声相近之訛。《易》「困于葛藟」，《釋文》引《毛詩艸木疏》云：「藟，一名巨荒。」當即本《説文》。又，王逸注《九嘆》云：「藟，葛荒也。」一注云：「藟，巨荒也。」是其證。

，赤蕼也。從艸，隸聲。桉，此依小徐也。大徐本作「从艸、隸」，删去「声」字。

，華黄。從艸，鞋聲，讀若墮壞。桉，此依小徐也。大徐本「蘳，黄華，从艸，鞋声，讀若壞」，與鍇异。考「墮」从「隋」聲，故《篇韵》有「呼規」「户圭」之音。「墮」「圭」声近，「壞」字古音亦同列《支部》，小徐「墮壞」二字是雙声兼叠韵，「讀若」當以小徐讀若之音爲正解。

，艸得風皃。從艸、風，風亦聲，讀若婪。桉，此依小徐也。大徐本作「从艸、風」，删去「風亦声」三字。姚氏《説文校議》亦主小徐「風亦声」。案，「風」從「凡」得声，與「婪」同部，正協。

藪，大澤也。從艸，數聲。九州之藪，楊州具區，荆州雲夢，豫州甫田，青州孟諸，沇州大野，雝州弦圃，幽州奚養，冀州楊紆，并州昭餘祁是也。桉，此依大徐也。小徐本「甫田」作「圃田」，「沇州」作「兖州」，「雝州」作「雍州」，「弦圃」作「弦蒲」，「昭餘祁」亾「昭余祁」，餘悉同。邵氏《爾雅正義》曰：「《漢書・地理志》：會稽郡吴縣，具區澤在西，揚州藪。古文以爲震澤。《禹貢》：荆州『雲夢，土作乂』。唐人改《禹貢》爲『雲土夢作乂』，以爲从古本《尚書》。《史記・夏本紀》述《禹貢》『雲夢土爲治』，《漢書・地理志》引『雲夢土作乂』，唐人所云《尚書》古本未足據。《吕覽》《淮南》并連稱『雲夢』。《職方》豫州：『其澤藪曰圃田。』《小雅・車攻》『東有甫草』，鄭箋以爲圃田之草。《元和郡縣志》：『圃田，一名原圃。』」案，「甫田」之「甫」，與「圃」古同声通用。《文選・東都賦》注：「《韓詩》『東有圃草』，薛君曰：『圃，博也。博大茂草也。』」邵氏又云：「《職方》青州：『其澤藪曰望諸。』《禹貢》：『豫州曰被孟豬。』《史記・夏本紀》作『明都』，鄭注《職方》曰：『望諸，明都也。』《詩譜》作『明豬』，《左傳》作『孟諸』，與《爾雅》同。《元和郡縣志》：『孟諸澤，俗號盟諸澤。』『孟』『望』『明』『盟』，『諸』『豬』『都』，皆聲之轉。」案，《詩譜》作「明豬」，鄭君治古文《尚書》也。《職方》兖州：「其澤藪曰大野。」「沇州」字，當依大徐作「沇」。沇州本[三]因沇水得名，今僞孔《書》亾「兖」。許書無「兖」字，蓋古人水旁之字，或用立水，或用横水。「沇」字本立水，或用横水，「沇」字作「沇」，而隸書變文作「兖」。《職方》雍州：「其澤藪曰弦蒲。」鄭注：「弦在汧。」《漢書・地理志》：「汧縣北，有蒲谷鄉弦中谷。」大徐作「弦圃」，當依小徐作「弦蒲」。王氏《漢書雜志》曰：「《地理志》云：『東北曰幽州，其藪曰豯養。』案，『豯』本作『奚』，此後人依《職方氏》之文改之。杜子春讀『豯』爲『奚』，是『奚』爲本字，『豯』爲借字。」案，《説文》正亾「奚養」。邵氏又云：「楊紆，《爾雅》作『楊陓』，《吕氏春秋》亾『陽華』，《淮南》又作『陽盱』。陽、楊同音，華陓古音之轉。」案，「華」「陓」音亦同。陳氏《毛詩古音考》謂「華」音「敷」，故此「楊紆」或作「陽華」。《爾雅》：「華荂、榮、氏也。」是其證。

校勘記

〔一〕「急就」，抄本作「急救」，據文義改。
〔二〕「補正」，抄本脱，據《江都陳氏叢書》補。
〔三〕「本」，抄本作「木」。

附編

蜚英閣經解

解題

是書稿本一册，不分卷，北京大學圖書館藏，著録「蜚英閣經解一卷，清凌曙撰，稿本一册」。封面頁左題楷書「經解秘本」，右側隸書别題「蜚英閣經解」。全書八十二頁，其中前半部二十六頁爲紅格紙，每半頁九行，行二十五字，上空二字，實二十三字；其字體，近於上海圖書館藏《春秋繁露注》稿本。後半部五十六頁爲無格紙，每半頁八行，行二十三字。書中鈐有「麐嘉館印」「北京大學藏」藏書印及「凌」「曙」「曉樓父」私印，與《蜚英閣經説》《蜚英閣史論》《蜚雲閣文集》同式。全書收文三十四篇，内容涉及《詩》《書》《易》《禮》《春秋》，書前有目録，與正文順序不盡相同，其中「百夫之特」篇有目無文，而「上如揖下如授解」篇有文而無目，正文亦多連書而無標題。本書《消息旁通》篇附注云：「閏六月初十日課。」考凌曙生平所歷閏六月者，有乾隆四十三年（一七七八，四歲）、嘉慶二年（一七九七，二十三歲）、嘉慶二十一年（一八一六，四十二歲），然嘉慶二年時，凌曙學術尚不能及此。若果爲凌曙所著，則此文或作於嘉慶二十一年前後。今據原書目録次第，重爲排比，并校正其中誤字。

目録

詩〔一〕

綢繆束薪三星在天〔二〕

《唐風》：「綢繆束薪，三星在天。」毛傳云：「三星，參也。」鄭箋云：「三星，謂心星也。心有尊卑、夫婦、父子之象，故嫁娶者以爲候焉。今我束薪於野，乃見其在天，則三月之末、四月之中見於東方矣，故云『不得其時』。」次章「三星在隅」，毛公〔三〕：「隅，東南隅也。」鄭云：「心星在隅，謂四月之末、五月之中。」三章「三星在户」，毛公：「參星，正月中，直户也。」鄭云：「心星在户，謂五月之末、六月之中。」案，毛未言在天、在隅之時。王肅述毛云：「三星在天，謂十月也。在隅，謂十一月、十二月也。」蓋以毛傳「正月中直户」之語推之，毛意或當如肅説也。《漢書·天文志》云：「心爲明堂，大星天王，前後星子屬。」前後二星〔四〕，合之天王，則爲三星。此可證鄭説。又云：「參，白虎宿三星。」亦可以證毛説。《召南·小星篇》：「三五在東」，毛傳云：「三，心；五，噣。」則同鄭説，與此傳異，故《集傳》從鄭也。

三家詩〔五〕

漢世傳《詩》者四家：魯人申培傳《魯詩》，齊人轅固傳《齊詩》，燕人韓嬰傳《韓詩》，皆嘗立於學官〔六〕；趙人毛萇傳《毛詩》，最後出，未得立。魏晉以後，《毛詩》盛行，三家浸微。《齊詩》亡於魏，《魯詩》亡於西晉。唐時，惟有《韓詩》，至宋又亡。然其斷簡殘編見於群書所引者，亦足觀其梗概，而異同得失，猶可得而言焉。蔡邕書石經，用《魯詩》，必是爲《魯詩》之學者。其所作《獨斷》，引《周頌》三十一篇《詩序》，與毛《序》之文吻合者，若《維清》爲奏象舞，《昊天有成命》爲郊祀天地，《我將》爲祀文王於明堂，《時邁》爲巡狩告祭柴望，《執競》爲祀武王，《思文》爲后稷配天之等，凡十數篇皆然；其餘亦文小異，而大義與《序》說相符。劉向世傳《魯詩》，所作《新序》《說苑》《列女傳》，多用〔七〕《魯詩》之說。《新序》以《二子乘舟》爲伋之傅母作，與《小序》異；《說苑》謂「左之左之，君子宜之」「右之右之，君子有之」者，「爲左亦宜，爲右亦宜〔八〕」，與傳、箋異。《列女傳》以《式微》爲黎莊公夫人及其傅母作，《碩人》爲莊姜始至，操行衰惰，傅母作此詩，尤與《序》說不合。洪氏《隸釋》所載蔡邕石經，如「河水〔九〕清且漣猗」，「猗」作「兮」；「不稼不穡」，「穡」作「嗇」；「坎坎伐輪兮」，「坎」作「欿」；「三歲貫女」，「貫」作「宦」；「山有樞」，「樞」作「蓲」，皆與《毛詩》不同。「素衣朱繡」，《魯詩》「繡」作「綃」，云「猗屬」，鄭康成《儀禮》注從之；「傷如之何」，《魯詩》「傷」作「陽」，云「予也」，郭璞《爾雅》注從之。其解「和鸞雍雍」云：「和，設軾者也。鸞，設衡者也。」杜預《左傳》注從之；其解「鼐鼎及鼒」云：「鼐，小鼎。」《說文》〔一〇〕從之。其說皆屬允當。至《列女傳》以《大車》

爲息夫人作，《墓門》爲陳國采桑女作，則失之矣。匡衡治《齊詩》〔一一〕，其奏疏云：「秦穆貴信，而士多從死。」與《小序》同。又云：「陳夫人好巫，而民淫祀。」與鄭《譜》合。《漢書·地里志》引《齊詩》「子之還兮」，「還」作「營」，以爲地名。董逌引《齊詩》「爲下國駿厖」，「厖」作「駹」，謂馬也，與毛、鄭異。匡衡奏議云：「『乃眷西顧，此維予宅』，言天以文王之都爲居也。」蕭望之亦治〔一二〕《齊詩》，其奏疏云：「『爰及矜人，哀此鰥寡』〔一三〕，上惠下也。『雨我公田，遂及我私』，下急上也。」皆能發明經意。顔師古《漢書》注云：「自土沮漆，《齊詩》『土』作『杜』，言公劉避狄，而來居杜與沮漆之地。」董逌引《齊詩》「四國是皇」，「皇」作「匡」，亦可備一説。孟康引《齊詩内傳》云：「五際，卯、酉、午、戌、亥也。陰陽終始際會之歲，於此則有變改之政也。」則近於穿鑿附會矣。《齊詩》之亡〔一四〕最早，故諸書所引較少。至《韓詩》，則唐人猶及見之，故存者差多。《文選》注引《韓詩》，以「静女」爲「貞女」，與毛傳「女德貞静」之説合；《後漢書》注引《韓詩》云：「《蝃蝀》，刺奔女也。」與《小序》「止奔」之説合。《文選》注又引《韓詩》「緑竹如簀」，「竹」作「薄」，云：「盛如積也。」與毛傳訓「簀」爲「積」合。《釋文》引《韓詩》「能不我甲」，「甲」作「狎」，與毛傳訓「甲」爲「狎」合。《詩》疏云：「《韓詩·都人士》無首章。」則章句與毛異矣。沈括云：「《後漢書》注引《韓詩》『彼徂矣岐』，『徂』作『岨』，『矣』作『者』，以『其』字屬下句讀。」則句逗與毛異矣。《韓詩内傳》解「不素餐兮」云：「人但質樸而無治民之才，謂之素餐。」可證《伐檀》爲刺在位貪鄙，見於《文選》注。「緑竹猗猗」，《韓詩》「竹」作「薄」，云：「萹筑也。」可證「緑竹」爲二物，釋見於《釋文》。《後漢書》注引《韓詩序》云：「《賓之初筵》，衛武公飲酒悔過也。」《釋文》引《韓詩》「俔天之妹」，「俔」作「磬」，云：「磬，譬也。」「涼彼武王」，「涼」作「亮」，云：「亮，相也。」朱子皆從其説。《漢書》引《韓詩》「興雨祁祁」，「雨」作「雲」；《白帖》引《韓詩》「有紀有堂」，「紀」作「杞」，「堂」作「棠」；劉安世謂，《韓詩·雨無極篇》首有「雨無其極，傷我稼穡」八字，説亦可存。《文選》注引《韓詩》，以「漢有遊女」爲漢神，《鷄鳴》爲讒人，則皆未得《詩》意。至以《燕燕》爲衛定姜送婦作，鄭康成《禮記》注引之；以《柏舟》爲衛宣姜自誓作，以《黍離》爲伯封閔其兄伯奇所作，王應麟《詩考》引之。《仲山甫》「徂齊」以爲封於齊，《漢書》注引之；「奚斯所作」，以爲是詩公子奚斯所作，《史記》注引之，亦覺未安。《魯詩》云：「佩玉晏鳴，《關雎》嘆之。」見《杜欽傳》。而《韓詩》云：「説淑女，正容儀，以刺時。」見《後漢書》注。是《韓詩》與《魯詩》，皆以《關雎》爲刺詩也。《文選》注引《韓詩》云：「《芣苢》，傷夫有惡疾也。」《列女傳》引《魯詩》，同《韓》説；又引《魯詩》，以《行露》爲申人女作，《韓詩外傳》亦約同其説。《五經異義》引《韓》《魯》説，皆以「騶虞」爲天子掌鳥獸之官，蓋《韓》《魯》同出於荀卿，故其説有時合也。《新序》以《黍離》爲壽閔其兄作，洪邁以爲《齊詩》，然劉向世傳《魯詩》，非傳《齊詩》〔一五〕。或洪氏曾見他書所引《齊詩》，適與《新序》合，故以爲《齊詩》耳。《白虎通》以《相鼠》爲妻諫夫之詩，趙岐《孟子》注以《鴟鴞》爲刺邠君之詩，《漢書》以《采薇》爲懿王詩，王充以《小弁》爲伯奇之詩，袁孝政以《青蠅》爲魏詩，王符以《行葦》爲公劉詩，未知其爲《齊》、爲《韓》《魯》，要皆三家之説也。晁説之《詩序論》云：「《齊》《魯》《韓》以《關雎》《葛覃》《卷耳》《鵲巢》《采蘩》《采蘋》《騶虞》《鹿鳴》《四牡》《皇皇者華》之類皆爲康王詩，《王風》爲魯詩。」桉，《關雎》爲康王詩，楊雄已有此説；《鹿鳴》則《史記》但謂「仁義〔一六〕陵遲，《鹿鳴》刺焉」，而未嘗定以爲康王。《葛覃》以下，無可考。至《王風》爲魯詩，則大謬矣。《黍離》，《魯詩》以爲衛公子壽作，《韓詩》以爲伯封作；《大車》，《魯詩》以爲息夫人作，三家何嘗以《王風》爲魯詩耶？要之，三家去古未遠，其説皆有所受，雖醇駁相間，未嘗無可取者。其全書必有可觀，惜乎其不傳也。

彼留子嗟彼留子國〔一七〕

「丘中有麻，彼留子嗟。」「丘中有麥，彼留子國。」毛傳云：「留，大夫氏；子嗟，字也。子國，子嗟父。」鄭箋云：「著其世賢。」蓋注《小序》「思賢」之説也。《集傳》以爲子嗟、子國皆男子字，婦人望其所私者而不來，故疑復有與之私而留之者。此説出自朱子獨見，後儒多疑之。子國爲子嗟父，皆爲留邑〔一八〕大夫，雖無可考，然毛時書籍猶多，必非無據而言也。何楷云：「《丘中有麻》，刺鄭桓公也。桓公處於留，與鄶君夫人〔一九〕叔妘通焉。詩人托〔二〇〕爲叔妘之辭以醜之。」引《公羊傳》「古者鄭國處於留，先鄭伯有善於鄶公者，通乎夫人，以取其國」爲證。案，宣王封鄭桓公於咸林，非封於留。取鄶，因寄帑與賄，《國語》明言之。《公羊》所云，已不可遽，而何氏之説，其謬尤有不可勝語者。《公羊》未嘗定爲鄭之何君，亦未嘗以善於鄶君者爲一君，滅鄶者又爲一君；何氏則謂通鄶夫人者桓公，取鄶國者武公，已與《公羊》不合。桓公名友，《竹書》以爲名多父，何氏又以子嗟、子國爲桓公，豈一人而有四名乎？鄶國妘姓，其夫人何得云叔妘耶？既爲鄶、鄭之詩，而入〔二一〕《王風》，又何説與？僞子貢《詩傳》云：「留子賢而隱居，周人慕之。」亦以子嗟、子國爲賢人，從無爲刺鄭桓公者。何氏之説，武斷甚矣。伏讀御案，謂毛萇去古未遠，其説必有所本，蓋從

《序》説也。

昊天有成命〔二二〕

《昊天有成命》篇《小序》云：「郊祀天地也。」案，分祭南北郊之説，與合祭之説，聚訟不決。《郊特牲》云：「兆於南郊，就陽位也。」言「南」者，明有北也。而《祭法》云：「燔柴於泰壇，祭天也；瘞埋於泰折〔二三〕，祭地也。」尤爲分祭之證。主合祭者，皆以此《序》爲據，然《序》亦謂：南郊祀天，北郊祀地，皆歌此詩，如冬薦魚、春薦鮪〔二四〕，皆歌《潛》耳，非謂合祭天地也。《詩》但言「昊天」，未言地，而《序》云「郊祀天地」者，孔疏謂「言天，可以兼地」是也。朱子據《國語》叔向〔二五〕引此詩云是「道成王之德」也，謂「成王不敢康」即成王誦，以此篇爲祭成王之詩，説本於歐陽修。韋昭《國語》注云：「謂文武修以自勤，成此王功，非謂周成王身也。鄭、賈〔二六〕、唐説皆然。」後人據此，謂朱子誤解《國語》。案，叔向又云：「成王能明文昭，能〔二七〕定武烈者也。」玩其語氣，本以爲成王誦，非謂成此王功。況《賈誼新書》引叔向釋此詩之語云：「成王者，武王之子，文王之孫也。」是《集傳》正與叔向合〔二八〕矣。《國語》與《小序》自異，無庸强爲傅合也。但蔡邕《獨斷》引《魯詩》此篇之《序》，與毛《序》同。而《下武》之「成王」，朱子亦不以爲成王誦，則此篇之成王，即從鄭箋，謂「成此王功」，亦自可通。蘇轍云：「若以『成王』爲成王誦，則下文云『基命宥密』，成王非基命之君。」李樗云：「《書》云『成王畏相』，亦非謂成王誦。」是歐説亦未見必然〔二九〕也。且朱子初解，本從傳箋，則《序》説未可廢矣。

子之還兮〔三〇〕

《齊風》「之子之還兮」，《集傳》從毛說，云：「便捷之貌。」案，《漢書·地理志》云：「臨菑，名營丘，故《齊詩》云：『子之營兮。』」顏師古云：「《毛詩》作『還』，《齊詩》作『營』。『之』，往也。言往適營丘。」夫太公封於營丘，營丘固是齊地。「之，往」正訓，亦見於《釋詁》。但詩中言「丘」者，如「旄丘之葛兮」「至於頓丘」「陟彼阿丘」「宛丘之上」之等，皆連「丘」字言之，無但言上一字者。若以「子之營兮」爲「子適營丘」，則下文「子之茂兮」「子之昌兮」皆不可通矣。或謂，「茂」與「昌」亦地名。《爾雅》：「涂出其後，昌丘。」即此詩之「昌」，則「昌丘」不得但云「昌」。且《鄭風》又言「子之丰兮」「子之昌兮」矣，豈「丰」「昌」亦地名乎？古人讀「營」如「環」，《韓非子》云：「自環者謂之私。」《説文》所引，「環」作「營」。「環」「營」古聲近而通用，「還」〔三一〕、「營」音亦相近，故「還」或作「營」耳。鄭康成《儀禮》注云：「古文『環』作『還』。」「環」與「營」通，亦與「還」通，故「還」與「營」亦通也。《釋丘》：「水出其左〔三二〕，營丘。」郭璞謂「淄水過其南及東」，是營丘本其回環之義也。《釋文》引《韓詩》「還」作「嫙」，云：「好貌。」與毛説異。案，二章「子之茂兮」，毛云：「美也。」三章「子之昌兮」，鄭云：「佼好貌。」以此例之，則作「嫙」而訓「好」，可備一説。

西南其户〔三三〕

《斯干》：「西南其户。」毛傳云：「西鄉户、南鄉户也。」鄭箋云：「天子之〔三四〕寢，有左右房。

西其户者，異於一房者之室户也。又云南其户者，宗廟及路寢，制如明堂，每室四户，是室南一户爾〔三五〕。」蓋毛以爲通天子之宫，其室非一，在北者南其户，在東者西其户。鄭則止據燕寢及宗廟、路寢耳。案，《大射禮》：「薦脯醢，由左房。」《公食大夫禮》：「筵出自東房。」言左者，明有右；言東者，明有西。大射、公食大夫皆諸侯之禮，則諸侯有左右房矣。《顧命》：「允胤之舞衣、大貝、鼖鼓在西房，兑之戈、和之弓、垂之竹矢在東房。」則天子有左右房矣。康成據《鄉飲酒義》「尊於房户之間」，謂大夫、士止有一房，然〔三六〕東房西室，然房户亦不必正在東西之中，然後爲間也。且《聘禮》「賓館於大夫、士」，而云「退，負右房」，則大夫亦有右房。有右房，則有左房矣。豈大夫、士止一房乎？賈公彦以爲於正客館，故有右房，未必然也。況《鄉飲酒記》「薦，出自左房」，《鄉射記》「醢以豆，出自東房」，《少牢饋食禮》「主婦薦自東房」，皆是大夫之禮，則大夫有左右房明矣。況《鄉飲酒義》云：「羞出自東房」，則大夫有左右房，作《記》者已明言之矣。「西南其户」與「南東其畝」，語意正同。「南東其畝」謂或南其畝，或東其畝，則「西南其户」當亦謂或西其户，或南其户矣。是以《集傳》皆從毛説也。

不顯亦臨無射亦保〔三七〕

《思齊》：「不顯亦臨，無射亦保。」鄭箋云：「文王之在辟廱也，有賢才之質而不明者，亦得觀於禮；於六藝，無射才者，亦得居於位。」案，《爾雅》「顯」訓「光」，「光」與「明」義本相近，則鄭以「不明」訓「不顯」，固無不可。然「不中者，不得與於祭」，則無射才〔三八〕者在辟廱，似不當亦得居位也。

朱子謂：「不顯，幽隱之處也。『射』與『斁』同。」案，《葛覃》「服之無斁」，《禮記·緇衣》所引「斁」作「射」；《清廟》「無射於人斯」，《大傳》所引「射」作「斁」，則「射」、「斁」本通，朱説是矣。但《詩》所云「不顯」者，皆猶云「豈不顯」，如《文王篇》之「有周不顯」、《崧高篇》之「不顯申伯」、《清廟篇》之「不顯不承」、《維天之命篇》之「於乎不顯」、《執競篇》之「不顯成康」皆是，亦猶「徒御不驚」之爲「驚」、「大庖不盈」之爲「盈」，反其言以美之耳。《集傳》於他處皆云「不顯，猶言豈不顯也」，與毛傳合，鄭箋亦然，獨此句皆與毛異，似有未安。毛傳云：「以顯臨之，保安無厭也。」雖不破字，而以「厭」詁「射」，則亦讀「射」爲「斁」矣。

校勘記

〔一〕此標題爲方便檢尋而自添。後「書」「易」「禮」「春秋」「論語」同，不復注。
〔二〕稿本此篇在《五祀七祀》下，紅格紙抄寫，計二頁，有標題。
〔三〕「毛公」，疑當作「毛云」。下同。
〔四〕「二星」，稿本作「三星」，據《蜚英閣經説》改。
〔五〕稿本在《月令中星與堯典不同》下，紅格紙抄寫，計四頁；原標題作「經解」，下注：「八月初十日課。」今據目録改。
〔六〕「學官」，稿本作「學宫」。
〔七〕「用」，稿本作「周」，據文義改。

〔八〕「亦宜」，稿本作「亦異」，據《説苑·修文》改。
〔九〕「河水」，稿本作「何水」，據《毛詩·魏風·伐檀》改。
〔一〇〕「説文」，稿本作「説大」，據文義改。
〔一一〕「齊詩」，稿本作「濟詩」。
〔一二〕「治」，稿本作「始」，據《漢書·蕭望之傳》改。
〔一三〕「鰥寡」，稿本作「矜寡」，據《漢書·蕭望之傳》改。
〔一四〕「亡」，稿本作「王」，據文義改。
〔一五〕「齊詩」，稿本作「其詩」。
〔一六〕「仁義」，稿本作「仁儀」，據《史記·十二諸侯年表》改。
〔一七〕稿本與《式商容閭》接書，無標題，今據目録補。
〔一八〕「邑」，稿本作「亦」。
〔一九〕「夫人」，稿本作「大夫」，據《詩經世本古義》卷十八下改。
〔二〇〕「托」，稿本作「託」，據《詩經世本古義》卷十八下改。
〔二一〕「入」，稿本作「人」，據文義改。
〔二二〕稿本此篇與《説築傳巖之野》接書，無標題，今據目録補。
〔二三〕「泰折」，稿本作「泰圻」，據《禮記正義》卷四十六改。
〔二四〕「冬薦魚春薦鮪」，稿本作「冬魚春薦存鮪」，據《毛詩·潛序》《蜚英閣經説》改。
〔二五〕「叔向」，稿本作「叔尚」，據《詩集傳》卷八改。

〔二六〕「鄭賈」，《國語・周語下》韋注作「賈鄭」。

〔二七〕「能」，底本脱，據《國語・周語下》補。

〔二八〕「叔向合」，稿本作「叔合向」，據《蜚英閣經説》改。

〔二九〕「然」，稿本作「言」，據《蜚英閣經説》改。

〔三〇〕稿本此篇與《費誓》接書，無標題，今據目録補。此篇與《蜚英閣經説》「子之還兮」條同，其主要觀點、論據又與王引之《經義述聞》卷五「子之還兮」略同。

〔三一〕「還」，稿本、《蜚英閣經説》作「環」，據文義改。

〔三二〕「左」，稿本作「右」，據《爾雅・釋丘》改。

〔三三〕稿本此篇與《曰雨曰霽曰蒙曰驛曰克》接書，無標題，今據目録補。《蜚英閣經説》亦有此篇。

〔三四〕「之」，稿本奪，據《蜚英閣經説》、《毛詩注疏》卷十一之二補。

〔三五〕「爾」，《蜚英閣經説》、《毛詩注疏》卷十一之二作「耳」。

〔三六〕「然」，疑衍字，《蜚英閣經説》無。

〔三七〕稿本此篇與《民獻有十夫》接書，無標題，今據目録補。《蜚英閣經説》亦有此篇。

〔三八〕「才」，稿本奪，據《蜚英閣經説》補。

式商容閭〔一〕

《武成》：「式商容閭。」孔傳云：「商容，賢人，紂所貶退。」蔡傳從之。案，《戰國策》燕王與樂間書曰：「未至如商容、箕子之累也。」《韓詩外傳》云：「武王立，欲以爲三公。容辭曰：『愚且勇，不足備三公。』」《史記》：「命畢公表商容之閭。」《漢書·古今人表》列商容於中上，與微仲、膠鬲同等，則商容之爲賢人，固無可疑。《韓詩外傳》又云：「商容常執羽籥，欲伐紂〔二〕。」夫不受周之三公，斷無欲伐紂之事。然觀其「執羽籥」之語，則商容必殷家禮樂之官，故鄭康成《樂記》注云：「使箕子視商禮樂之官。」蓋謂商容嘗爲禮樂之官耳。孔疏誤會鄭意，謂鄭訓「容」爲「禮樂」。夫《周禮》「二曰容」謂禮，「四曰和容」乃謂樂。《漢書·儒林傳》：「高堂生、徐生善爲容」，亦專謂禮，不得兼樂。鄭必不以「禮樂」釋「容」字也。後出古文，鄭雖未見，而《尚書大傳》亦云「表商容之閭」，鄭嘗爲之注，豈竟不知商容爲人名哉？《樂記》：「釋箕子之囚，使之行商容而復其位。」是使箕子召商容而復其位。商容以嘗仕殷朝，不欲臣周而辭之耳。《帝王世紀》云：「商容與殷民觀周師之入，畢公至，殷民〔三〕曰：『我〔四〕新君也。』容曰：『非也。』太公、周公至，亦然。武王至，乃以爲直新君。」亦可補史所未備。《武成》雖僞古文，然《尚書大傳》亦有此語，特文有小異，則真《武成》或亦載此事矣。

説築傅巖之野〔五〕

《説命》：「説築傅巖之野。」孔傳云：「傅氏之巖，在虞虢之界。説賢而隱，代胥靡築之，以供食。」蔡傳據吴棫之説，以「築」爲「居」，云：「今言所居，猶謂之卜築。」案，《孟子·告子下篇》：「傅説舉於版築之間」，則「築」字明是築作之事，蔡説與《孟子》不合；而「築」之訓「居」，亦無文可證。「卜築」之語，謂卜築室，非謂卜居室也。《史記》「巖」作「險」，云説爲胥靡，築於傅險，「爲」字當讀如「爲人謀而不忠乎」之「爲」，猶云「代」也。蓋謂説代胥靡築耳，非謂説犯罪而爲胥靡也。《墨子》云：「傅説衣褐帶索，傭築於傅巖。」云傭築，不云爲胥靡，明是代胥靡築矣。張晏謂傅説被刑，非也。《水經注》云：「河水〔六〕南經傅巖，歷傅説隱室前。傅説隱於虞、虢之間，即此處也。」張守節《史記正義》云：「傅巖，在今陝州河北縣北七里，即虞國、虢國之界。」與孔傳合。《墨子》《尸子》謂傅巖在北海之洲，則不應如是之遠也。巖之所以名傅者，孔疏以爲：「巖旁有姓傅之民，故云傅氏之巖。」此説近之。鄭康成云：「得諸傅巖，高宗因以傅命説爲氏。」案，《史記》云：「武丁夜夢得聖人，名曰説，故遂以〔七〕傅險姓之。」《書序》云：「高宗夢得説。」未舉之時，言「説」不言「傅」，則説之姓傅，必高宗所賜，亦猶稷之姓姬〔八〕、契之姓子，爲堯所賜。且孔疏從鄭説，最是。説未賜姓之先，當自有爲氏，但世遠無考，故《史記》不言。孔疏亦云：「不知舊何氏。」而羅泌謂房之後，夏后氏封傳，爲傳氏。臆說，不足據也。

費誓〔九〕

《周書》「費誓」，《史記》「費」作「肹」〔一〇〕，徐廣云：「一作『獮』。」司馬貞云：「《尚書大傳》作『鮮』。」案，《說文》：「肹，恨視也。」趙岐《孟子》注云：「肹肹，勤苦〔一一〕不息之貌。」「獮」字本爲秋獮，《爾雅》又訓「殺」；「鮮」字，《釋詁》訓「善」，又訓「罕」，皆與名「誓」之義相遠。然《史記》云「伐之於肹」，則亦以爲地名，特字異耳。《說文》「粊」〔一二〕字下云：「惡米也。《周書》有《粊誓》。」鄭康成《周禮》注及《禮記》注所引亦作「粊」，蓋古文《尚書》借「粊」爲「費」，許、鄭從孔壁舊文，故不改耳。晉宋至唐初，尚不作「費」，故《史記集解》及《索隱》皆云《尚書》作「粊」也。今本從衛包所改，非古文之舊矣。司馬遷受古文於孔安國，而《史記》不作「粊」者，子長亦間采今文也。伏生傳今文，其所著《尚書大傳》作「鮮」，則今文當亦然。而《史記》作「肹」，又似與今文異。據鄭康成《詩》箋，齊、魯之間，「鮮」字音近「斯」，「斯」「肹」聲亦近，故借「肹」爲「鮮」，《史記》與今文本無不合也。又作「獮」者，「鮮」「獮」同聲也。「費」本費伯之邑，後僖公以與季氏，今兖州費縣有故費城，即其地也。與淮夷連界，故至此而作誓也。或謂「費伯」之「費」讀如字，與季氏邑讀「秘」者不同，則先儒初無此說。或謂費伯帥師城郎，「郎」即「費」也，亦與杜注不合。據羅氏《路史》，讀如字者，乃滑國之邑，在今河南緱氏縣，非魯公誓師之地也。

曰雨曰霽曰蒙曰驛曰克〔一三〕

《洪範》：「曰雨，曰霽，曰蒙，曰驛，曰克。」鄭康成《周禮》注所引，「霽」作「濟」，「蒙」作「雺」，「驛」作「圛」，「克」作「剋」。案，「濟」字，《爾雅》訓「渡」，又訓「成」、訓「益」。「蝨」則本是食苗根之蟲，與「霽」「蒙」義雖相遠，而「霽」「濟」音近，「蒙」「蝨」亦一聲之轉。古字音近者，皆可相假借也。「克」與「剋」，《爾雅》并訓「勝」，義既不殊，而聲又同，故相通耳。鄭氏《齊風·載驅》箋云：「古文〔一四〕《尚書》以『弟』爲『圛』。」孔疏引古文作「悌」。蓋作「圛」者，今文；作「弟」者，古文。古者「弟」「悌」通用，經傳「孝悌」多作「孝弟」，故孔氏所引「弟」作「悌」也。《史記》「弟」又作「涕」者，篆文立「心」與「水」相近，故「悌」復訛爲「涕」耳。《說文》所引亦作「圛」，即孔疏，尚不作「驛」。蓋自漢至唐，經文皆作「圛」。唐玄宗改爲「驛」，始失古本之舊。幸疏中及他書所引，尚有未改者耳。《史記》「蒙」亦作「雺」，《集解》引鄭注亦然，即孔疏，亦尚不作「蒙」。《爾雅》云：「天氣下，地不應，曰雺。」孔傳以爲「陰暗」，蓋雺則必陰暗也，孔說與《爾雅》正合。作「蒙」，亦後人所改也。《說文》云：「圛，升雲半有半無。」孔傳以爲「洛驛〔一五〕不連屬」。蓋不連屬，則必半有半無，二說之意一也。《周禮》注以「圛」爲色澤光明，則又別爲一說，亦可通也。

民獻有十夫〔一六〕

《大誥》：「民獻有十夫。」蔡傳云：「民之賢者十夫。」蓋用孔傳之說。案，《漢書·翟義傳》：

王莽仿《尚書》作《大誥》，其中有云「民獻儀九萬夫」，即襲〔一七〕此句之意。或據此而疑古文「獻」字下有「儀」字，然伏生《大傳》「獻」作「儀」而無「獻」字，是今文作「儀」，古文作「獻」。莽兼采今古文而成之耳，但言「獻」，於文義已足，不必更增「儀」字也。「獻」與「儀」古音相近，故得通用。「儀」字古讀若「俄」，《鄘風・柏舟》「實維我儀」，與「河」爲韵；《豳風・東山》「九十其儀」，與「嘉」「何」爲韵；《小雅・菁菁者莪》「樂且有儀」，與「阿」爲韵，是其證矣。至《相鼠》「人而無儀」與「皮」叶，《湛露》「莫不令儀」與「離」叶，《斯干》「無非無儀」與「罹」叶者，「皮」古音「婆」，「離」「惟」古音「羅」，尤「儀」字讀「俄」之明證也。「獻」字古音近「娑」，《禮記》之「犧尊」，鄭康成讀「犧」爲素何切，而《周禮》作「獻尊」，是「獻」字亦音素何切矣。「儀」音「俄」，「獻」音「娑」，聲正相近。古字聲近者多相通也。「十夫」之姓名，書闕有間，莫可考證。下文之「亦惟十人」，即是「十夫」，當從王肅之説爲當。蔡傳因「人」與「夫」異，遂以「十人」爲「十亂」，非此「十夫」。不知「人」與「夫」義本相同，《易・比・象》「後夫凶」，謂後來之人也；《牧誓》「千夫長」，謂千人之長也；《秦風・黄鳥》「百夫之特」，猶言百人之特也。《地官・遂人》「萬夫有〔一八〕川」，猶言萬人爲川也。《左傳》「武夫力而拘諸原」，「武夫」即「武人」也；「是夫也，將〔一九〕不惟衛國之敗」，「是夫」即是人也。下文改「夫」爲「人」者，史變其文，亦猶「上日」之改「元日」耳。蔡説未爲得也。

尚書次序〔二〇〕

《尚書》自孔子既序之後，遭始皇之焚，伏生與孔鮒皆藏諸壁中。漢興，除挾書之禁，伏生求其所藏，皆失之，遂口傳弟子。漢廷使晁錯就其家受之，得二十八篇，其篇目之次，《堯典》一，《皋陶謨》二，《禹貢》三，《甘誓》四，《湯誓》五，《盤庚》六，《高宗肜〔二一〕日》七，《西伯戡黎》八，《微子》九，《牧誓》十，《洪範》十一，《金縢》十二，《大誥》十三，《康誥》十四，《酒誥》十五，《梓材》十六，《召誥》十七，《洛誥》十八，《多士》十九，《無逸》二十，《君奭》二十一，《多方》二十二，《立政》二十三，《顧命》二十四，《吕刑》二十五，《文侯〔二二〕之命》二十六，《費誓》二十七，《秦誓》二十八。歐陽、夏侯皆伏生弟子，遂置博士以傳之。後民間又得《泰誓》一篇，合之伏生之書爲二十九篇。以伏生之本書已失，晁錯以隸字録之，而古文《尚書》又出，故别之曰「今文」也。魯共王欲廣宫室，而壞孔子宅，於壁中得孔鮒所藏《尚書》，皆科斗古文。孔子裔孫孔安國得而爲之傳，未立於學官〔二三〕。其多於伏生者，有《汩作》《九共》等數十篇。東漢馬融、鄭康成皆傳古文，而增多者不注。漢末兵亂，其書遂微。於是有作《書傳》者，托名安國，且僞作古文雜其中，分伏生所傳《堯典》自「欽哉」以下爲《舜典》，《皋陶謨》自「帝曰來禹」以下分爲《益稷》，《盤庚》分爲三篇，《顧命》又分其半爲《康王之誥》，且廢漢時得於民間之《泰誓》而自作上、中、下三篇。是皆本爲一書而分裂之，以增其數，已多於今文七篇，是爲三十六篇；又僞撰二十二篇，合爲五十八篇，且撰安國之《序》以實之。二十二篇之目，一《大禹謨》，二《五子之歌》，三《胤征》，四《仲虺之誥》，五《湯誥》，六《伊訓》，七《太甲上》，八《太甲中》，九《太甲下》，十《咸有一德》，十一《説命上》，十二《説命中》，十三《説命下》，十四《武成》，十五《旅獒》，十六《微子之命》，十七《蔡仲之命》，十八《周官》，十九《君陳》，二十《畢命》，二十一《君牙》，二十二《冏命》。東晉元帝時，梅賾上之。當時不能辨其僞，因得行於世，而孔壁之真古文竟失其傳，僞古文遂儼然列於經典矣。唐初爲正義者，復誣馬、鄭所注者爲張霸之僞書，一遵僞孔傳爲主，於是馬、鄭之注又逸；而安國之古文與伏生之今文皆無可考，而僞孔氏遂行於天下，歷千百年而莫之或覺也。迨宋之吴棫出，始知其妄而辨之。朱子亦疑其僞，惜乎蔡氏親承其教，而作《書傳》，仍不能釐正之也。至於元明之世，吴澄、郝敬等亦能掊擊僞書，而其爲説，大抵不過在詞氣之難易，及音節之古奥平易定之，猶未能得其要領也。至斯以後，碩學鴻儒，接踵而起，或摘其《序》文之誤，或證其蹈襲之詞，或引古書以攻其割裂之非，或采舊注以斷其空疏之失，條〔二四〕分縷析，而駁之不遺餘力，然後馬、鄭之學明，陸、孔之言詘，而稍知稽古者，皆知二十二篇之爲僞古文矣。然狃於先入而安於積習者，猶欲委曲以護之，是徒見詞氣、音節之辨，未足服作僞者之心，而不知僞古文之不可與先聖之書相混者，别有故也。先儒之説甚詳，今略以其大者言之，僞《書》、僞《傳》之最謬者，得十事焉。孔安國之卒，在巫蠱之前，而僞《序》云「會遭巫蠱」，其爲依托，已屬顯然，則《序》非安國所作，亦非安國所作可知，一也。金城郡，漢昭帝所置，在安國既没之後，而《傳》乃引之，則《傳》作於後人明矣。《傳》非安國所作，則《書》豈得之孔壁乎？二也。孔穎達以鄭康成所注爲張霸之僞書，不知霸之書，西漢時劉向已黜之，其廢已久矣。况康成《書贊》明云「我先師棘下生安國」，是其學出於安國，本無可疑。而晉人所得之古文，多與鄭本異，豈另一古文耶？三也。《堯典》「嵎夷」，據《釋文》，則古文「夷」作「銕」；作「夷」者，歐陽、夏侯之今文也，而僞孔本同之。名爲「古文」而反同今文，又何説與？四也。馬融，傳古文者也。據《釋文》云：馬本《顧命》自「王若曰」以下爲《康王之誥》，而僞孔氏分「王出在應門之外」以下爲《康王之誥》，豈果見古文者哉？五也。劉向亦見古文者也，其奏疏引《尚書》「毋若丹朱傲」，以爲舜戒禹之詞，而僞古文改作禹戒舜之詞，何以大相岐異？六也。《國語》云：「啓有五觀。」韋昭以爲啓之奸子。若如僞《五子之歌》所云，則仁義之人也，《國語》曷爲與丹朱、商均并舉？七也。《牧誓》載武王之言，未嘗大揚紂惡；而僞《泰誓》所言，較之成湯數桀，大相懸殊，尤其不可解者矣，八也。僞《仲虺之誥》「能自得師」等語，與《荀子》所引不合；僞《湯誓》「予小子履」等語，與《墨子》所引又不合。其他采輯古書而爲篇者，字句之竄改，篇幅之割裂，更不可勝言。壁中古文，豈至若斯之誤？九也。《金縢》傳以「我之弗辟」爲欲誅三叔，《無逸》傳以祖甲爲太甲之類，皆非經意。而《西伯戡黎》傳以爲文王外雖事紂，内秉王心，更與夫子「至德」之嘆相背。此外之以臆説解經者，難更僕數。安國爲西漢名儒，《書傳》果出其手，豈至淺陋若此？十也。然則以僞古文爲出於孔壁，僞孔傳爲出於安國者，其亦未考乎今古文之本末源流，而拘文牽俗者耳，何足語通經學古之事哉？

校勘記

〔一〕稿本此篇與《箕子明夷》接書，無標題，今據目録補。

〔二〕「伐紂」，稿本作「代紂」，據《韓詩外傳》卷二改。下「欲伐紂」同。

〔三〕「殷民」，稿本奪「殷」，據《尚書·武成》疏引《帝王世紀》補。

〔四〕「我」，《尚書·武成》疏引《帝王世紀》作「是吾」。

〔五〕稿本此篇與《已口來孚》接書，無標題，據目録補。
〔六〕「河水」，稿本作「何水」，據《水經注》卷四改。
〔七〕「以」，稿本奪，據《史記·殷本紀》補。
〔八〕「姬」，稿本作「姪」。
〔九〕稿本此篇與《九四匪其彭》接書，無標題，今據目録補。
〔一〇〕「昑」，《史記·魯周公世家》作「肸」。下同。
〔一一〕「勤苦」，稿本作「勤動」，據《孟子注疏》卷五上改。
〔一二〕「粜」，段玉裁《説文解字注》改作「柴」。
〔一三〕稿本此篇與《卦氣》接書，無標題，今據目録補。
〔一四〕「文」，稿本作「大」，據文義改。下「古文」「今文」「篆文」同。
〔一五〕「洛驛」，稿本作「落驛」，據《尚書正義》卷十二改。
〔一六〕稿本此篇與《同人于宗》接書，無標題，今據目録補。
〔一七〕「襲」，稿本作「襲」。
〔一八〕「有」，稿本作「爲」，據《周禮注疏》卷十五改。
〔一九〕「將」，稿本作「其」，據《左傳·僖十四年》改。
〔二〇〕稿本此篇在《説卦十一章自乾爲天至兑爲羊》下，無格紙抄寫，凡五頁，單獨爲篇，題作「經解」，未注日期，今據目録改題。
〔二一〕「彤」，稿本作「彤」，據《尚書注疏》卷十改。

〔二二〕「文侯」，稿本作「丈侯」，據《尚書注疏》卷二十改。

〔二三〕「學官」，稿本作「學宫」，據《漢書·藝文志》改。

〔二四〕「條」，稿本作「樤」。

箕子之明夷〔一〕

《明夷》六五：「箕子之明夷。」《本義》云：「居至闇之地，近至闇之君，而能正其志，箕子之象也。」案，馬融云：「箕子，紂之諸父。知紂之惡，同姓恩深，不忍棄去，被髮佯狂，以明爲暗。」其説與朱子合。《漢書・儒林傳》云：「蜀人趙賓以爲，箕子者，萬物方荄兹也。」後人主其説者申之云：《五行志》所引「箕」作「萁」，「萁」與「荄」、「子」與「兹」，字異而音同。不知《彖傳》之「利艱貞」，與此爻之「利貞」正合，其下繼之云「文王〔二〕以之」，則孔子時爻辭必作「箕子」，不作「荄兹」明矣。若《彖傳》之「箕子」亦改爲「荄兹」，則與「文王以之」不類；若但改爻辭〔三〕，又與《彖傳》不合矣。蜀才本「箕」作「其」，《説文》：「其，籀文『箕』。」則「箕」「其」體殊，而義則一也。《五行志》「箕」作「萁」者，隸書從竹、從草之字每互譌。《國語》「檿弧箕服」，《五行志》作「萁」，此「箕」之譌爲「萁」也。《曲禮》「梁曰薌萁〔四〕」，《釋文》：「萁，又作『箕』。」則「萁」又譌爲「箕」矣。《漢李翊碑》「其先出自箕子」，「箕」亦「萁」，則「萁」即「箕」字，何必改爲「荄兹」耶？且趙賓自言受於孟喜，賓没，喜亦不主其說，而施讎、梁丘賀皆以賓爲非古法，其不足信亦明矣。虞翻世傳《孟易》，其注〔五〕《象辭》云：「五，乾，天位。今化爲坤，箕子之象。」仲翔六五爻辭注已佚，以此注推之，當亦同馬季長之説，是爲《孟氏》之學者，亦不以賓説爲然也。《説苑》、荀注皆引之，偶未審耳。王弼云：「最近於晦，與難爲比，險莫如茲。」或謂即用趙賓之説，然孔疏謂王以箕子爲紂諸父，而注中亦未嘗讀「箕」爲「荄」、「子」爲「茲」也。或又以「荄」爲「亥」〔六〕，謂坤終於亥，乾出於子〔七〕，則并異於趙氏矣。箕子，人臣，而以當五位者，馬氏以爲箕子德可以王是也。鄭康成《書》注亦以箕子爲紂之諸父，與馬説合，虞氏亦同。服虔、杜預以箕子爲紂庶兄，非也。羅泌以爲舜後，箕伯之子孫，尤謬。司馬彪《莊子注》云：「箕子名胥餘。」案，《尸子》云：「比干名胥餘，箕子名昪餘。」彪誤以比干爲箕子矣。

已日來乎〔八〕

《革》卦《象辭》：「已日乃孚。」《本義》云：「變革之初，人未之信，故必已日而後信。」案，宋衷云：「人性習常，不悦改易。故即日不孚，已日乃孚。已，竟也。」王注、程傳皆從之，朱子亦用其說。夫六二爻辭云：「已日乃革之。」是革之日，即孚之日矣。如宋說，則是既〔九〕革之後，又必已日乃孚，與爻辭不合矣。荀爽云：「日以喻君，謂五已居位爲君。」夫諸卦《象辭》言大人、丈人、君子、小人之等，皆正言而未嘗設喻，何此卦獨以日喻君乎？且「終日乾乾」「七日來復」「三日不食」，皆非以日喻君，何「已日」獨爲喻乎？干寶〔一〇〕云：「天命已至之日也。」則本文無「天命」字，亦未爲得。惟朱震讀「已」爲「戊己」之「己」，其說本於虞翻，最爲允當。納甲之法，《離》象就己，《革》卦下體爲《離》，六二在下體之中，所以亦云「己日」。《少牢饋食禮》：「日用丁、己。」鄭康成云：「取其令名〔一一〕。」《漢書・律曆志》云：「理紀於己。」是言己日者，既以其令名，又取「欲革事，必先理紀」之義也。戊己之「己」，與已竟之「已」，字形相近。荀、宋諸家誤「己」爲「已」，故不得其解耳。黄石齋從虞氏，是矣；而謂武王己未誓師，故云己日，則又鑿矣。何楷云：「『己日』即六二所謂『己日』也，『乃孚』即九三、九四、九五所謂『有孚』也。」李簡說亦同。御案采其說，蓋必如其說，乃知卦辭、爻辭非互異也。

九四匪其彭〔一二〕

《大有》九四爻辭：「匪其彭。」子夏《傳》「彭」作「旁」，《本義》云：「彭字，音義未詳。程傳以爲盛貌，理或當然。」案，程說是也。《大雅・烝民篇》「四牡彭彭」，鄭箋云：「言其盛也。」是「彭」有「盛」義也。《齊風・載驅〔一三〕篇》「行人彭彭」，毛傳以爲「多貌」，「多」與「盛」義亦相因。《說文》〔一四〕「彭」爲「鼓聲」，而得訓「盛」者，蓋借「彭」爲「旁」也。「彭」「旁」古音同部。《鄭風》「清人在彭」與「駟介旁旁」爲韵，是其明證，故「彭」、「旁」得通也。「旁」字〔一五〕本訓爲「盛」，《說文》：「旁，溥〔一六〕也。」《廣雅》：「旁，廣也，大也。」「溥」與「廣」「大」，皆有「盛」義。姚信云：「彭，旁也。」不破字而以本字訓之，蓋亦知「旁」爲本字，而「彭」爲假借字矣。干寶以「彭」爲「驕滿貌」，亦與「盛」意相近。王弼云：「三雖至盛，常〔一七〕匪其旁，則無咎矣。」蓋讀「彭」爲「旁」，而訓爲「盛」也。孔穎達謂「九三在九四之旁」，則以「旁」爲「旁側」之「旁」，非王氏之意也。虞翻本「彭」作「尪」，云：「足尫，體行〔一八〕不正。四失位〔一九〕，折震足，故尫。『尫』或爲『彭』，作『旁』聲，字之誤〔二〇〕。」《説文》云：「尫，跛曲脛，象偏曲之形。」虞所云「足尫」，蓋即此意。然《大有》上離下乾，即互體，亦無《震》象，而云「折震足」，則近鑿矣。即據其説，亦可知漢《易》本有作「彭」、作「旁」者，非魏晉所改。

卦氣〔二一〕

卦氣之説，不見於經，而《易緯·稽覽圖》云：「卦氣起《中孚》。」孟喜《易章句》云：「自冬至初，《中孚》用事。」京房亦從《易緯》之説，而荀爽云：「《復》者，冬至之卦。」據《復》卦《象傳》云「先王以至日閉關」，似冬至乃《復》卦，而非《中孚》。然《稽覽圖》又云：「六日八十分日之七。」《復》卦「七日來復」，鄭康成以爲六日七分，則冬至之卦，本是《中孚》七日而後復也。造曆者以十一月朔冬至爲曆元，故卦氣亦起於冬至之卦也。京房之説卦氣，與九家《易》相合，大略以五卦主一月，一爻主一日，歲既周而復始。蓋一卦有六爻，五卦則有三十。一月三十日，每日以一爻主之，適合五卦之數。一月五卦，十二月則六十卦，所餘《坎》《震》《離》《兑》四卦爲方伯、監司之官，故不在數也。《困學紀聞》云：「《上繫》七爻，起於《中孚》；《下繫》十一爻，起於《咸》。《咸》至《姤》六日七分，《中孚》至《復》亦六日七分，陰陽自然之數也。」説亦近理。《後漢書·魯恭傳》云：「《易》十一月，君子以議獄緩死。」注亦引《易緯》以證之，是卦氣始於《中孚》，漢儒皆從此説。至於以卦氣配二十四氣及七十二候，亦經師相傳之舊説也。《乾鑿度》引孔子之言，亦多言卦氣，其説自未可廢矣。

同人于宗〔二二〕

《同人》六二爻辭：「同人于宗。」荀爽訓「宗」爲「衆」，謂：「上下衆陽，皆欲與二爲同。陰道貞静，從一而終。今宗同之，故吝也。」案，《同人》之卦，五剛一柔。《彖傳》之「柔得中，而應乎乾」，正指六二而言。若以「應乎乾」爲應乎九五，則本是從一，而未嘗宗同矣。若以《乾》爲陽爻之通稱，則同於上下衆陽，正合《同人》之義，又何得云「吝道」乎？且《爾雅·釋詁》「黎、庶、烝、多、醜、師、旅」皆是「衆」義，而「宗」則無「衆」訓也。《本義》云：「宗，黨也。六二雖中且正，然有應於上，不能大同〔二三〕而係於私，吝之道也。」案，孔疏云：「係應在五，而和同于人，在于〔二四〕宗族。不能弘闊，故吝。」朱子蓋從其說。沖遠以「宗」爲「族」，而《本義》以「宗」爲「黨」者，「黨」之義通乎「族」也。《爾雅·釋親》「父黨」「母黨」，謂父族、母族也；《曾子問》「歸葬於女氏之黨」，《雜記》「攝女君〔二五〕，則不爲先女君之黨服」，亦謂女氏之族、女君之族也。「黨」與「族」，語異而意則同也。《象傳》〔二六〕「君子以類族辨物」，「族」即「宗」也，「類族」即《同人》「于宗」也。六二爲《同人》之主，故《象傳》特舉之，以蔽《同人》之義耳。許慎《五經異義》云：「《易》曰：『同人于宗，吝。』言同姓相娶，吝道也。」説〔二七〕雖異於《本義》，而以「同姓」解「宗」字，則亦以爲族黨之義也。

説卦十一章自乾爲天至兑爲羊〔二八〕

《説卦傳》第十一章自「《乾》爲天」至「《兑》爲羊」，皆以廣八卦之象。荀、虞二家又別有「逸象」

之文。荀氏與九家《易》相合，朱子亦載之《本義》；虞氏則散見於《易》注之中，後人或集而附諸《説卦》之後。以二家較之，荀氏簡而虞氏繁。然虞氏所載，固足補荀氏之略；而荀氏所言，亦有虞氏所未詳者。要皆經文已見之象，自非附會之談。以逸象而證諸本經，未有不相符合者也。荀氏《乾》逸象云「爲龍，爲直，爲衣，爲言」，虞氏亦同。案，《乾》卦《彖傳》云：「時乘六龍以御天。」是乾爲龍也。《繫詞》云：「夫乾，其静也專，其動也直。」是乾爲直也。又云：「黄帝堯舜垂衣裳而天下治，蓋取諸乾、坤。」鄭康成云：「乾爲天，天色玄，故玄以爲衣。」是乾爲衣也。《乾》卦《文言》云：「潛之爲言也。」又云：「亢之爲言也。」是乾爲言也。荀氏《坤》逸象云：「爲牝，爲迷，爲方，爲囊，爲裳，爲黄，爲帛，爲漿。」虞氏無「爲黄，爲帛，爲漿」，餘同荀氏。案，《坤》卦卦詞云：「利牝馬之貞。」《坤》卦《彖詞》云：「先迷後得。」是爲牝、爲迷之證也。《坤》六二爻詞云「直方」，《大坤》六四爻詞云：「括囊，无咎，无譽。」是爲方、爲囊之證也。《坤》六五爻詞云：「黄裳，元吉。」鄭康成《繫詞》注云：「《坤》爲地，地色黄，故黄以爲裳。」是爲裳、爲黄之確證也。《賁》卦六五爻詞云：「束帛戔戔。」《賁》卦雖無坤象，然九三變爲六三，則合六四、六五而爲互體之坤，是坤象爲帛之證也。《爾雅·釋魚》云：「蚌含漿。」説者謂「含肉而多漿」。《易經》無言漿者，《坤》卦爻詞雖有「含章可貞」之文，亦與「含漿」之義無涉。惟《離》卦取象於蚌，蓋荀氏本以爲「漿」之義合乎爲蚌，故附之於離象，斷不以爲坤象也。後人因「漿」字之音與「方」「囊」「黄」等字相近，故誤移於坤象耳。荀氏《震》逸象云：「爲玉，爲鵠，爲鼓。」虞氏有「爲鼓」，無「爲玉，爲鵠」。案，《益》卦六三爻詞云：「告公用圭。」「圭」即玉也。《益》卦下體爲震，六三居震體之上，是震之爲玉，取諸此也。「鵠」之爲象，不見於《易》，蓋即鶴也。《莊子・天運篇》云：「鵠不日浴而白。」《釋文》云：「鵠，本或作『鶴』。」是「鵠」「鶴」通用之驗也。《中孚》九二爻辭云：「鳴鶴在陰。」案，震爲善鳴。《小雅》云：「鶴鳴於九皋，聲聞於天。」鶴是善鳴之鳥，故震爲鶴也。《中孚》雖無震象，然合九二、六三、六四，則爲互體之震，是震之爲鶴，取諸此也。《中孚》六三爻辭云：「或鼓或罷。」六三合九二、六四，亦爲互體之震，是震之爲鼓，亦取諸此也。荀氏《巽》逸象云：「爲楊，爲鸛。」虞氏無「爲鸛」而有「爲楊」。案，《大過》九二爻詞云：「枯楊生稊〔二九〕。」《大過》下體爲巽，九二居巽體之中，故巽有楊象也。《豳風・東山》云：「零雨其濛，鸛鳴於垤。」鄭箋云：「鸛，水鳥。將陰雨，則鳴。」案，《小過》六五爻辭云：「密雲不雨。」即將陰雨之象也。《小過》彖詞云：「飛鳥遺之音。」宋衷以「飛而且鳴」解之。《小過》之六二、九三、九四互體爲巽，是「飛鳥遺之音」即取象於巽，而所謂「飛鳥」者，即逸象之「鸛」也。蓋有陰雨之象，則鸛鳥飛而且鳴，故巽有鸛象也。荀氏《坎》逸象云：「爲宮，爲律，爲可，爲棟，爲叢棘，爲狐，爲蒺，爲桎梏。」虞氏止有「爲叢棘，爲蒺藜」，餘皆不載。案，《困》卦下體爲坎，六三爻辭云：「入於其宮。」《師》卦下體爲坎，初六爻詞云：「師出以律。」是「宮」與「律」，皆坎象也。《大過》九四變爲六四，則合九五〔三〇〕、上六而成坎。爻詞云：「棟〔三一〕隆，吉。」《小過》九三變爲六三，則合九四、六五而成坎，卦詞云：「可小事。」是「棟」與「可」皆坎象也。《坎》卦上六爻詞云：「寘於叢棘。」《未濟》下體互〔三二〕爲坎，卦詞云：「小狐汔濟。」是「叢棘」與「狐」皆坎象也。《困》〔三三〕卦六三居坎體之上，其爻詞云：「據於蒺藜。」《蒙》卦初六居坎體之上，其初六爻詞云：「用說桎梏。」是「蒺藜」與「桎梏」皆坎象。荀氏《離》逸象云：「爲牝牛。」虞氏不載「牝牛」於《離》象而載於《坤》象。《離》卦注云：「俗以離爲牝牛，失之矣。」其說與荀氏相背〔三四〕。案，《說卦傳》云：「坤爲牛。」又云：「爲子母牛。」虞氏本此以解經，固無可議。然《離》卦卦詞云：「畜牝牛，吉〔三五〕。」則荀說亦非無據。《革》卦初九居離體之下，其爻詞云：「鞏用黃牛之革。」干寶云：「離爲牝牛，《離》本《坤》卦。」案，干說是也。坤爲母，離爲中女。坤既得稱牝牛，則離亦得稱牝牛，猶之乾爲父而稱馬〔三六〕，則震、坎二男亦得稱馬也。二說雖殊，必兼用之，然後備也。荀氏《艮》逸象云：「爲鼻，爲虎，爲狐。」虞氏有「爲鼻，爲狐」，而無「爲虎」。說者謂，荀氏逸象之「虎」，即虞氏逸象之「膚」，因字形相似而誤〔三七〕。案，《剝》卦之六四，居艮體之下，其爻詞云：「剝牀以膚。」是「膚」之取象於艮，固有明徵。然《頤》卦之六四亦居艮體之下，其爻詞云：「虎視眈眈。」則虎之取象於艮，亦有確證。虞氏自爲「膚」，荀氏自爲「虎」，無庸牽合也。《噬嗑》六二爻詞云：「噬膚滅鼻。」蓋六二、六三、九四合爲互體之〔三八〕艮，故鼻屬於艮也。《解》卦九二爻詞云：「田獲三狐。」蓋九二變爲六二，則合六三、九四而成互體之艮，故狐屬於艮也。荀氏《兑》逸象云：「爲常，爲輔頰。」虞氏俱不載。《九家》云：「常，西方神也。」案，「神」，《說卦傳》云：「《兑》，正秋也。」下文即云：「《乾》，西北之卦也。」則《兑》卦必在正西矣。《鄉飲酒義》云：「西方者，秋。」是正秋即指西方而言。虞氏云：「兑象不見西，故不言西方之卦。」然雖不言西，而實位乎西也。則兑之爲常可知矣。《咸》卦上六爻詞云：「咸其輔頰舌。」《咸》卦之上體即兑也，則兑之爲輔頰可知矣。《繫詞》二章云：「聖人設卦觀象。」九章云：「極其數，遂定天下之象。」十一章云：「聖人立象以盡意。」是可知《易》中所取之象，無非具乎八卦之中，而《易》中所最重者，莫過於象矣。故逸象之文，荀氏得諸費氏，虞氏得諸孟氏，大抵皆孔門學《易》者授受之微言也。自王、韓之輩祖尚玄虚，以爲得意忘象，即有述逸象者，或反鄙爲穿鑿之詞，是豈足與言《大易》之象哉！

消息旁通〔三九〕

世之言消息、旁通者，皆本於虞氏，而虞氏之説又本於經文。《剥》卦《彖傳》云：「君子尚消息盈虚，天行也。」虞氏云：「乾息爲盈，坤消爲虚。」後人申之云：「自《復》至《夬》爲息，自《姤》至《剥》爲消。」案，《升》卦上六爻詞云：「利於不息之貞。」荀爽云：「陰用事爲消，陽用事爲息。」正與虞氏相合。《豐》卦《彖傳》云：「天地盈虚，與時消息。」是盈虚之義，即具於消息中矣。《乾》卦《文言》云：「六爻發揮、旁通，情也。」陸績云：「《乾》六爻發揮、旁通於《坤》，以成六十四卦。」其説最是。虞氏此句之注雖佚，然其解諸卦之旁通，多同於陸氏，則此注當亦不殊。孔穎達以爲「旁通萬物之情」，其説非也。中虞氏者謂，當爻交錯者謂之發揮，全卦對易者謂之旁通。案，發揮主乎一爻，其用小；旁通主乎一卦，其用大。故發揮之義，即可以旁通該之。《周易》三百八十四爻，四千九十六變，無非消息、旁通之義。今以虞氏注中義藴之最顯者，每卦舉其一二端，亦足以見其梗概矣。案，消息生於卦變，卦變生〔四〇〕於十二辟卦。十二辟卦者，《乾》《坤》《復》《姤》《臨》《遁》《泰》《否》《大壯》《觀》《夬》《剥》是也。純陰純陽之卦，惟有《乾》《坤》。《乾》卦九三爻詞云：「君子終日乾乾。」虞云：「陽息至三，二變成《離》，《離》爲日。」是《乾》之息也。九五爻詞云：「飛龍在天。」虞云：「謂四變，則五〔四一〕體《離》，《離》〔四二〕爲飛。」案，既變爲《離》，則中爻有陰，陰生爲消，是《乾》

之消也。《坤》卦《彖傳》云：「東北喪朋。」虞云：「消乙入《坤》，滅藏于癸，故『東北喪朋』。」是《坤》之消也。《文言》云：「天地變化。」虞云：「謂陽息《坤》成《泰》，以故〔四三〕『天地變化』。」是《坤》之息也。《説卦傳》云：「數往者順，知來者逆。」虞云：「《坤》消，從午至亥，上下，故順也；《乾》息，從子至巳，下上，故逆也。」案，《乾》主乎息，《坤》主乎消；而《乾》亦有消，《坤》亦有息者，剛柔相濟之義也。一陽五陰之卦有六，《復》《師》《謙》《豫》《比》《剥》是也。其《復》卦《彖傳》云：「反復其道，七日來復，利有攸往。」虞云：「消《乾》六爻，爲六日。剛來反初，故『七日來復』。陽息，《臨》成《乾》，故利有攸往矣。」此《復》之消息也。《師》卦上六爻詞云：「開國承家。」虞云：「《坤》爲國，二稱家〔四四〕，謂變乾爲坤，欲令二上居五，爲《比》，故『開國承家』。」案，變《乾》爲《坤》是陽變陰也，變爲陰，則消矣；九二上居六五之位，是六五之陰爻變爲九五之陽爻也，變爲陽，則息矣。此《師》之消息也。《謙》卦《彖傳》云：「地道變盈而流謙。」虞云：「《謙》二以《坤》變《乾》盈。」案，《剥》體〔四五〕《乾》，盈者息也；《坤》變《乾》，盈者消也。此《謙》之消息也。《豫》卦初六《象傳》云：「初六鳴豫，志窮，凶也。」虞云：「體《剥》蔑貞，故『志窮，凶也』。」案，《剥》爲五陰消陽之卦，是體《剥》即消也。六二爻詞云：「不終日，貞吉。」虞云：「終變成離，離爲日。」案，六二變爲九二，則合六三、九四而成互體之乾。《離》六爲陰爻，九爲陽爻，是六變爲九，即息也。此《豫》之消息也。《比》卦六三爻詞云：「比之匪人。」虞云：「體《剥》傷象，故曰『比之匪人』。」案，《剥》主乎消，六三既體《剥》，則《比》亦有消象。卦詞云：「《比》：吉。」虞云：「《師》二上之五，故吉。」案，《師》〔四六〕之九二上居於《比》之九五，陽升於上，故息也。此《比》之消息也。《剥》卦六五爻詞云：「貫魚，以宫人寵。」虞云：「《剥》消《觀》五，巽爲魚，爲繩。艮手持繩貫巽，故貫魚也。艮爲宫室，『人』謂乾五。」案，《觀》卦上體之九五，變爲《剥》卦之六五，是陰消也。《剥》卦之六五，復爲《觀》卦之九五，則《剥》之艮易爲《觀》之巽，而乾五位亦《乾》體，是陽息也。此《剥》卦之消息也。一陰五陽之卦有六，《姤》《同人》《履》《小畜》《大有》《夬》是也。《姤》卦初六爻詞云：「有攸往。」虞云：「以陰消陽，往謂成《坤》。」《象傳》云：「勿用取女。」虞云：「陰息《剥》陽，故『勿用取女』。」此《姤》卦之消息也。《同人》初九爻詞云：「同人于門，无咎。」虞云：「四變應初，故无咎也。」案，《同人》之九四變爲六四，是其消也。九四爻詞云：「弗克攻，吉。」虞云：「變而承五，體《訟》。乾剛在上，故弗克攻，則吉也。」案，《同人》變爲《訟》，則六二變爲九二，是其息也。此《同人》之消息也。《履》卦初九爻詞云：「素履往。」虞云：「四失位，變往得正，故往。」六三[47]爻詞云：「武人爲于大君。」虞云：「三失位，變而得正，成乾。」案，九四變爲六四則消，六三變爲九三則息。此《履》之消息也。《小畜》九五[48]爻詞云：「富以其鄰。」虞云：「二變承三，故富以其鄰。」九三爻詞云：「車説輹。」虞云：「至三成乾，坤象不見[49]，故車説輹。」案，九二變爲六二則爲消，九三成乾則爲息。此《小畜》之消息也。《大有》九二爻詞云：「有攸往，无咎。」虞云[50]：「二失位，變得正，故『有攸往，無咎』矣。」案，九二變爲六二是消也。上九爻詞云：「自天祐之。」虞云：「乾爲天，故『自天祐之』。」案，六五變爲九五[51]，而上體成乾，是息也。此《大有》之消息也。《夬》卦卦詞[52]云：「利有攸往。」虞云：「陽息陰消，故『利有攸往』。」此《夬》卦之消息也。二陽四陰[53]之卦十有五，《臨》《明夷》《震》《屯》《頤》《升》《解》《坎》《蒙》《小過》《蹇》《艮》《萃》《晉》《觀》是也。《臨》卦卦詞云：「元、亨，利，貞。至於八月，有凶。」虞云：「陽息至二，動則成乾。」又云：「《臨》消於《遁》，六月卦也。於周，爲八月。」此《臨》之消息也。《明夷·彖傳》云：「内難而能正其志，箕子以之。」虞云：「五乾，天位。今化爲坤，箕子之象。出五成坎，坎爲志，故『正其志』。」案，乾化爲坤，是其消也；坤變爲坎，則六五變九五，是其息也。此《明夷》之消息也。《震》卦六二爻詞云：「勿逐，七日得。」虞云：「四已變體《復》象，故『喪貝勿逐』。三動時，離爲日，震數七，故『七日得』。」案，九四變爲六四，是其消也；六三變爲九三，是其息也。此《震》之消息也。《屯》卦六二爻詞云：「女子貞不字。」虞云：「離爲女子。今失位爲坤，離象不見，故『女子貞不字』。」案，六三變爲九三，則成離。離象不見，是六三未變也。六三未變，則陰盛而於下體之上，是其消也。六三爻詞云：「惟入於林中。」虞云：「三變體坎，坎爲叢木。山下，故稱『林中』〔五四〕。」案，六三變爲九三，則合六二、六四而成坎，是其息也。虞氏既云「三失位」，又云「三動反正」，蓋六三《姤》雖〔五五〕不變而消，終則變九三而息也。此《屯》之消息也。《頤》卦卦詞云：「貞吉。」虞云：「五上易位，故『頤，貞吉』。」案，上九易而爲上六，是其消也；六五易而爲九五〔五六〕，是其息也。此《頤》之消息也。《升》卦九二《象傳》云：「九二之孚，有喜也。」虞云：「升五得位，故有喜。」案〔五七〕，荀爽解六五云：「已下降二。」虞氏雖未言降二，然二既升五，則五必降二。二升於五，則陰變爲陽而息；五降於二，則陽變陰而消。此《升》之消息也。《解》卦初六《象傳》云：「剛柔之際，義無咎也。」虞云：「與四易位，故『無咎』也。」案，初六上居九四之位，則陽變陰而消；九四降居初六之位，則陰變陽而息。此《解》之消息也。《坎》卦上六爻詞云：「寘于叢棘。」虞云：「二變則五體《剥》，《剥》傷坤殺，故寘于叢棘也。」

案，九二變爲六二，則互體有《剥》卦，消之象也。《彖傳》云：「王公設險以守其國。」虞云：「乾二之坤，成坎象，險。」案，《坤》〔五八〕之六二變爲《乾》之九二，則成《坎》卦，息之象也。此《坎》之消息也。《蒙》卦上九爻詞云：「不利爲寇，利禦寇。」虞云：「謂五已變，上動成坎。稱寇，而逆乘陽，故『不利爲寇』矣。」案，六五變爲九五，上九變爲上六，則合六四而成坎。變上六則消，變九五則息。此《蒙》之消息也。《小過》上六爻詞云：「弗過遇之。」虞云：「四已變之坤，故『弗過遇之』。」案，九四變爲六四，則合六五、上六而成坤，是其消也。六二爻詞云：「不及其君。」虞云：「五動爲君。」案，六五變爲九五，則合九四、九三而成乾，君之象，是其息也。此《小過》之消息也。《蹇》卦上六爻詞云：「往蹇，來碩。」虞云：「碩謂三，艮爲碩，退來之三，故『來碩』。」案，上六降居九三之位，則九三變爲六三，是其消也。初六爻詞云：「往蹇，來譽。」虞云：「變而得位，以陽承二，故『來譽』矣。」案，初六變爲初九，是其息也。此《蹇》之消息也。《艮》卦《彖傳》云：「動静不失其時〔五九〕。」虞云：「動謂三，静謂上。」案，九三變爲六三，是其消也。六四爻詞云：「艮其身。」虞云：「五動，則四體離婦，故『艮其身』。」案，六五變爲九五，是其息也。此《艮》之消息也。《萃》卦初六爻詞云：「有孚。」虞云：「孚，謂五也。初四易位，五在坎中，故『有孚』。」案，六三上居於九四，則九變爲六而消矣；九四下居於六三，則六變爲九而息矣。此《萃》卦之消息也。《晉》卦六三爻詞云：「衆允，悔亡。」虞云：「三失正，與上易位，則『悔亡』。」案，六三升於上，則上九變爲上六，消之象也；上六降於三，則六三變爲九三，息之象也。此《晉》之消息也。《觀》卦《彖傳》云：「觀天之神道，而四時不忒。」虞云：「三上〔六〇〕易位，日月象正，故『四時不忒』。」案，初六〔六一〕之陰升於上，消之象也；上九之陽復於下，息之象也。此《觀》之消息也。四陽二陰之卦十有五，《遁》《訟》《巽》《鼎》《大過》《无妄》《家人》《離》《革》《中孚》《睽》《兑》《大畜》《需》《大壯》是也。《遁》卦九三爻詞云：「畜臣妾，吉。」虞云：「三消成坤，坤爲臣，兑爲妾。據坤應兑，故『畜臣妾，吉』。」是其消也。六二爻詞云：「執之，用黄牛之革。」虞云：「四變之初，則坎水濡皮，離日乾之，故『執之，用黄牛之革』。」案，九四變而居初六之位，則陽復於下，是其息也。此《遁》之消息也。《訟》卦初六爻詞云：「小有言。」虞云：「初四易位，震象半見，故『小有言』。」案，初六升於九四，則陰上而消；九四降於初六，則陽復而息。此《訟》之消息也。《巽》卦九五爻詞云：「先庚三日。」虞云：「謂變初至二成離，至三成震。離爲日，震三爻在前，故『先庚三日[六二]』。」案，九二、九三變爲六二、六三，是其消也；初六變爲初九，是其息也。此《巽》之消息也。《鼎》九四爻詞云：「鼎折足。」虞云：「謂四變時，震爲足，足折入兑，故『鼎折足』。」案，九四變爲六四，則合六五、九三而互體之震，是其消也。《彖傳》云：「得中而應乎剛。」虞云：「應乾五，成剛。」案，六五變爲九五，則合九四、上九而成互體之乾，是其息也。此《鼎》之消息也。《大過》卦詞云：「《大過》：棟橈。」虞云：「兑三之初。棟橈謂三。」案，九三下居於而陽復，是其息也。卦詞又[六三]云：「利有攸往。」虞云：「謂二也。失位无應，利變應五，故『利有攸往』。」案，九二變爲六二而應九五，是其消也。此《大過》之消息也。《无妄》六三爻詞云：「或繫之牛。」虞云：「四動之正，坤爲牛，故『或繫之牛』。」案，九四變爲六四，則合六三、六二而成互體之坤，是其消也；卦詞云：「元亨利貞。」虞云：「剛來交初，體乾，故『元亨』。」案，剛復於初，是其息也。此《无妄》之消息也。《家人》上九爻詞云：「有孚。」案，虞云：「謂三已變，與上易位成坎。坎爲孚，故『有孚』。」案，九三變爲六三〔六四〕而升居上九之位，是陰長而消也；上九降居九三之位，是陽復而息也。此《家人》之消息也。《離》卦《大象》云：「明兩作離。」虞云：「《乾》五之《坤》成坎，《坤》二之《乾》成離。離、坎，日月之象，故『明兩作離』。」案，《坤》二之《乾》，則九變爲六而消；《乾》五之《坤》，則六變爲九而息。此《離》之消息也。《革》卦《彖詞》云：「水火相息。」虞云：「息，長也。」是其息也。九五《象傳》云：「其文炳也。」虞云：「四變成離，故其文炳也。」案，九四變爲六四，則合九三、九五而成互體之離，是其消也。此《革》之消息也。《中孚》九二爻詞云：「我有好爵〔六五〕。」虞云：「二動成坤，坤爲身，故稱『我』。」案，九三變爲六二，則合六三、六四而成互體之坤，是其消也。六四爻詞云：「馬匹亡。」虞云：「初四易位，乾、坎不見，故『馬匹亡』。」案，初九上居六四之位，是其息也。此《中孚》之消息也。《睽》卦《彖詞》云：「其志不同行。」虞云：「二五易位，故『其志不同行』。」案，六五降居於二，則九變爲六而消；九二上居於五，則六變爲九而息。此《睽》之消息也。《兑》卦九二《象傳》云：「信志也。」虞云：「謂四已變，坎爲志，故『信志也』。」案，九四變爲六四，是其消也。《大象》云：「君子以朋友講習。」虞云：「陽息見兑。兑，兩口對，故『朋友講習』。」是其息也。此《兑》之消息也。《大畜》卦詞云：「不家食，吉。」虞云：「二稱家，謂二、五易位。」案，六五降居於二，消也；九二升居於五，息也。此《大畜》之消息也。《需》卦九二爻詞云：「小有言。」虞云：「二變之陰，稱小。」案，九二變爲六，則陰長而消矣。《象傳》云：「往有功也。」虞云：「五多功，故『往有功也』。」案，「往」謂五降於二也。降於二，則陽復而息矣。此《需》之消息也。《大壯》卦詞云：「《大壯》：利貞。」虞云：「四失位，爲陰所乘。與五易位，乃得正，故『利貞』也。」案，六五降於四則陰消，九四升於五則陽息，此《大壯》之消息也。三陽三陰〔六六〕之卦二十，《泰》《歸妹》《節》《損》《豐》《既濟》《賁》《隨》《噬嗑》《益》《恒》《井》《蠱》《困》《未濟》《涣》《咸》《旅》〔六七〕、《漸》《否》是也。《泰》卦九三爻詞云：「无往不復。」虞云：「往謂消外，復〔六八〕謂息内。」此《泰》之消息也。《歸妹・大象》云：「君子以永終知敝。」虞云：「三之四，爲永終；四之三，兑，爲毁折，故『以〔六九〕永終知敝』。」案，六三升居於四，消也；九四降居於三，息也，此《歸妹》之消息也。《節》卦《大象》云：「君子以制數度，議德行。」虞云：「《乾》三之五爲制數度，《坤》五之《乾》爲議德行。」案，《坤》五之《乾》，指下體之六三，是其消也；《乾》三之五，指上體之九五，是其息也。此《節》之消息也。《損》卦六五爻詞云：「弗克違。」虞云：「三上易位，成《既濟》，故『弗克違』。」案，六三升於上則消，上九降於三則息，此《損》之消息也。《豐》卦上六爻詞云：「三歲不覿。」虞云：「四五易位，離象不見，故『三歲不覿』。」案，六五下居於四則消，九四上居於五則息，此《豐》卦之消息也。《既濟》卦詞云：「亨小。」虞云：「《泰》五之二。小，謂二也。」九三爻詞云：「高宗伐鬼方。」虞云：「乾爲高宗，坤爲鬼方。《乾》二之《坤》，故高宗伐鬼方。」案，《泰》之六五降居於二，是其消也；《乾》之九二上居於五，是其息也。此《既濟》之消息也。《賁》卦卦詞云：「《賁》：亨。」虞云：「《泰》上之《乾》二，《乾》二之《坤》上，柔來文〔七〇〕剛，故『亨』也。」案，《泰》之上九降居於二，是其消也；《乾》之九二升居於上，是其息也。此《賁》之消息也。《隨》卦卦詞云：「《隨》：元、亨、利、貞，无咎。」虞云：「《否》上之初，得正，故『元、亨、利、貞，无咎』。」案，《否》之上九復居於初，是其息也。九四爻詞云：「有孚在道。」虞云：「四變應初，得位在離，故『有孚在道』。」案，九四變爲六四，是其消也。此《隨》之消息也。《噬嗑》卦詞云：「《噬嗑》：亨。」虞云：「《否》五之《坤》初，《坤》初之五，剛柔交，故『亨』也。」案，《坤》之初六升居於五，是陰長而消也；《否》之九五降居於《坤》，是陽復而息也。此《噬嗑》之消息也。《益》卦九五爻詞云：「有孚惠心。」虞云：「三上易位，三五體坎，坎爲心，故『有孚惠心』。」案，六三升於上，消也；上九降於三，息也。此《益》之消息也。《恒》卦九四爻詞云：「田无禽。」虞云：「九四失位，利二上之五。已變承之，故曰『田无禽』。」案，九四變爲六四，消也；九二上居於五，息也。此《恒》之消息也。《井》卦卦詞云：「无喪无得。」虞云：「《泰》初之五，坤象毁壞，故『无喪』；五來之初，失位无應，故『无得』。」案，《泰》之六五降於初，初九升於五，而成《井》卦。五降於初則消，初升於五則息，此《井》之消息也。《蠱》卦《彖傳》云：「剛上而柔下。」虞云：「《泰》初之上，故『剛上』；《坤》上之初，故『柔下』。」案，《泰》之初九升於上，上六降於初，則成《蠱》卦。升於上，息也；降於初，消也。此《蠱》之消息也。《困》卦卦詞云：「《困》：亨。」虞云：「《否》二之上，乾、坤交，故通也。」案，《否》之六二升於上，消也；上九降於下，息也。此《困》之消息也。《未濟》卦詞云：「《未濟》：亨。」虞云：「《否》二〔七一〕之五也，天地交，故亨。」案，《否》之六二升於五，消也；九五復於二，息也。此《未濟》之消息也。《涣》卦卦詞云：「《涣》：亨。」虞云：「《否》四之二，天地交，故『亨』也。」案，《否》之九四降於二，息也；六二升於四，消也。此《涣》之消息也。《咸》卦卦詞云：「《咸》：亨，利貞，取女，吉。」虞云：「《坤》三之上成女，《乾》上之三〔七二〕成男，故『亨，利貞，取女，吉』。」案，《坤》三之上，消也；《乾》上之三，息也。此《咸》之消息也。《旅》卦卦詞云：「《旅》：小亨。」虞云：「《否》三之四，小，謂柔。」案，《否》之六三升於五，消也；九五降於三，息也。此《旅》之消息也。《漸》卦卦詞云：「《漸》：女歸，吉，利貞。」虞云：「《否》之六三〔七三〕之四，進得位，故『利貞』。」案，《否》之六三升於四則消，九四降於三則息。此《漸》之消息也。《否》卦《象傳》云：「君子道消也。」虞云：「陰消。」《乾》上九爻詞云：「先否後喜。」虞云：「下反於初，故『後喜』。」案，上九下反於初，則陽復於下而息。此《否》之消息也。要之，一陽一陰之消息，生於《剥》《復》《夬》《姤》；二陽二陰〔七四〕之消息，生於《臨》《遯》《大壯》《觀》；三陽三陰之消息，生於《泰》《否》；而《剥》《復》諸卦之消息，又始於《乾》《坤》。或陽爻上易陰爻〔七五〕，或陰爻上易陽爻，或陰爻下易於陽爻，或陽爻下易陰爻，皆可以見卦變之象，而消息即寓乎其中。《繫詞》云：「上下無常，剛柔相易。」明乎此，則消息之例不外是矣。至於旁通之例，則或由於反對，或由於兩象易。反對者，卦畫之相對是也；兩象易者，上下體之互易是也。然兩象易者，特旁通之一事，要必以卦畫相對者爲主。乾宫之卦有八：《乾》《姤》《遯》《否》《觀》《剥》《晉》《大有》是也。《乾》卦《文言》云：「君子進德修業。」虞云：「《乾》爲德，《坤》爲業。以《乾》通《坤》，謂爲『進德修業』。」是《乾》與《坤》旁通也。《姤》卦九三爻詞云：「其行次且。」虞云：「《復》《震》爲行，其象不正，故『其行次且』。」是《姤》與《復》旁通也。《遯》卦九三爻詞云：「畜臣妾，吉。」虞云：「坤爲臣，兑爲妾。」案，上坤下兑，則成《臨》卦，是《遯》與《臨》旁通也。《否》卦卦詞云：「否之匪人。」虞云：「陰消《乾》，又反《泰》也，是故『否之匪人』〔七六〕。」是《否》與《泰》旁通也。《觀》卦九五爻詞云：「觀我生。」虞云：「震生象反坤〔七七〕。」《象傳》云：「聖人神〔七八〕道設教。」虞云：「聖人，謂乾。」案，上震下乾則爲《大壯》，是《觀》與《大壯》旁通也。《剥》卦卦詞云：「不利有攸往。」虞云：「陰消乾也，與《夬》旁通，以柔變剛，故『不利有攸往』。」是《剥》與《夬》旁通也。《晉》卦六二《象傳》云：「志上行也。」虞云：「坎爲志。三之上成震，故曰『上行』也。」《大象》云：「君子以自昭明德。」虞云：「乾爲德。」案，上坎下乾則成《需》卦，則《晉》與《需》旁通也。《大有》〔七九〕上九爻詞云：「自天祐之。」虞云：「《大有》通《比》，坤爲自，乾爲天，兑爲祐，故『自天祐之』。」是《大有》與《比》旁通也。坤宫之卦有八，《坤》《復》《臨》《泰》《大壯》《夬》《需》《比》是也。《坤》卦《文言》云：「君子黄中通理。」虞云：「坤爲理。以《乾》通《坤》，故稱『通理』。」是《坤》與《乾》旁通也。《復》卦《象傳》〔八〇〕云：「復，亨。」虞云：「與《姤》旁通。剛反交初，故『亨』。」是《復》與《姤》旁通也。《臨》卦卦詞云：「《臨》〔八一〕：元、亨、利、貞。」虞云：「與《遁》旁通，剛浸而長，故『元、亨、利、貞』。」是《臨》與《遁》旁通也。《泰》卦卦詞云：「吉、亨。」虞云：「《坤》反《否》也。天地交，萬物通，故『吉、亨』。」是《泰》與《否》旁通也。《大壯》九四爻詞云：「壯於大輿之腹〔八二〕。」虞云：「《坤》爲大輿。四之五折《坤》，故壯於大輿之腹。」上六爻詞云：「不能退，不能遂。」虞云：「巽爲進退，故『不能退，不能遂』。」案，上巽下坤則爲《觀》卦，是《大壯》與《觀》旁通也。《夬》卦卦詞云：「夬，揚于王庭。」虞云：「與《剥》旁通。乾爲揚，爲王，《剥》艮爲庭，故『揚于王庭』。」是《夬》與《剥》旁通也。《需》卦九三《象傳》云：「自我致寇，敬慎不敗也。」虞云：「離爲戎，乾爲敬。四上壯坤，故敬慎不敗。」案，上離下坤則爲《晉》卦，是《需》與《晉》旁通也。《比》卦卦詞云：「《比》：吉。」虞云：「與《大有》旁通。衆陰順從，比而輔之，故『吉』。」是《比》與《大有》旁通也。震宫之卦有八，《震》《豫》《解》《恒》《升》《井》《大過》《隨》是也。《震》卦六三爻詞云：「震蘇蘇。」虞云：「動出得正〔八三〕，震爲生，故『蘇蘇』。」案，六三變爲九三，則合九四、六二而成互體之巽，是《震》與《巽》旁通也。《豫》卦六二爻詞云：「不終日，貞、吉。」虞云：「與《小畜》旁通，應在五。終變成離，離爲日，故『不終日，貞、吉』。」是《豫》與《小畜》旁通也。《解》卦卦詞云：「有攸往，夙吉。」虞云：「夙，早也。離爲日，爲甲。日出甲上，故早也。」《大象》云：「君子以赦過宥罪。」虞云：「出，成《大過》。坎爲罪人〔八四〕，則《大過》象壞，故『以赦過』。」案，《大過》有巽象。上巽下離則爲《家人》，是《解》與《家人》旁通也。《恒》卦卦詞云：「利有攸往。」虞云：「與《益》旁通。終則有始，故利有攸往。」是《恒》與《益》旁通也。《升》卦六五爻詞云：「貞，吉，升階。」虞云：「震升高，故『升階』也。」《大象》云：「君子以慎德，積小以致高大。」虞云：「小，謂陽息復時。」案，《復》卦初爻爲陽，初九合九二、九三爲乾。上乾下震，則爲《无妄》，是《升》與《无妄》旁通也。《井》卦九五爻詞云：「井冽，寒泉食。」虞云：「初二已變，體《噬嗑》，食，故『冽，寒泉食』。」是《井》與《噬嗑》旁通也。《大過》九五爻詞云：「老婦得其士夫。」虞云：「震爲夫，兑爲少，故稱士夫。」卦詞云：「利有攸往。」虞云：「謂二也。失位无應，利變應五，故『利有攸往』。」案，九二變爲六二，則合初六、九三〔八五〕而成艮。上艮下震則爲《頤》，是《大過》與《頤》旁通也。《隨》卦六二爻詞云：「係小子。」虞云：「應在巽。巽爲繩，故稱『係』。」上六爻詞云：「拘係之。」虞云：「應在艮，艮手爲『拘』。」案，上艮下巽爲《蠱》，是《隨》與《蠱》旁通也。巽宫之卦有八，《巽》《小畜》《家人》《益》《无妄》《噬嗑》《頤》《蠱》是也。《巽》卦上九爻詞云：「《巽》在牀下。」虞云：「窮上反下成《震》，故『巽有牀下』。」是《巽》與《震》旁通也。《小畜》初九爻詞云：「復自道。」虞云：「《豫》四之初，成《復》卦，故『復自道』。」是《小畜》與《豫》旁通也。《家人》上九爻詞云：「有孚威加，終吉。」〔八六〕虞云：「謂三已變，與上易位，成坎。坎爲孚，故『有孚』。」案，上震下坎爲《解》，是《家人》與《解》旁通也。《益》卦《象傳》云：「日進无疆〔八七〕。」虞云：「震三動爲離，離爲日，巽爲進。」案，上震下巽爲《恒》，是《益》與《恒》旁通也。《无妄》六三爻詞云：「或繫之牛。」虞云：「坤爲牛，巽爲桑。繫牛鼻而止桑下，故『或繫之牛』也。」案，上坤下巽爲《升》，是《无妄》與《升》旁通也。《噬嗑》初九爻詞云：「屨校滅趾。」虞云：「坎爲校。」六五爻詞云：「貞厲，无咎。」虞云：「變而得正，故『无咎』。」案，六五變爲九五，則合九四、六三而成互體之巽。上坎下巽爲《井》，是《噬嗑》與《井》旁通也。《頤》卦卦詞云：「《頤》：貞吉。」虞云：「與《大過》旁通，養正則吉。」是《頤》與《大過》旁通也。《蠱》卦卦詞云：「元亨。」虞云：「與《隨》旁通。乾坤交，故『元亨』也。」是《蠱》與《隨》旁通也。坎宫之卦有八，《坎》《節》《屯》《既濟》《革》《豐》《明夷》《師》是也。《坎》卦卦詞云：「習坎，有孚。」虞云：「與《離》旁通。習，常也。」是《坎》與《離》旁通也。《節》卦上六爻詞云：「苦節。」虞云：「《離》，火炎上作，苦〔八八〕。」《象傳》云：「節以制度。」虞云：「與《離》旁通〔八九〕。艮手，稱『制』。」案，上離下艮爲《旅》，是《節》與《旅》旁通也。《屯》卦六二爻詞云：「女子貞，不字。」虞云：「三失位，變《復》體《離》。離爲女子。」案，《屯》卦之上六變上九，則合九五、六四而成《巽》。上離下巽爲《鼎》，是《屯》與《鼎》旁通也。《既濟》六二爻詞云：「婦喪其茀。」虞云：「五取乾二之坤爲坎，坎爲盜，故『婦喪其茀』。」九五爻詞云：「不如西鄰之禴祭。」虞云：「禴，夏祭也。《離》爲夏。」案，上離下坎爲《未濟》，是《既濟》與《未濟》旁通也。《革》卦卦詞云：「已日乃孚。」虞云：「與《蒙》旁通。五在坎中，故『已日乃孚』。」是《革》與《蒙》旁通也。《豐》

六二爻詞云：「日中見斗。」虞云：「巽爲高舞。星止於中而舞者，北斗之象也。離上之三，隱坎雲下〔九〇〕，故『日中斗見』。」上巽下坎則爲《涣》，是《豐》與《涣》旁通也。《明夷·象傳》云：「内難而能正其志，箕子以之。」虞云：「五乾，天位。今化爲坤，箕子之象。坎爲志，故『正其志』。」案，上乾〔九一〕下坎爲《訟》，是《明夷》與《訟》旁通也。《師》卦上六爻詞云：「大君有命。」虞云：「《同人》：乾爲大君，巽爲有命。」是《師》與《同人》旁通也。離〔九二〕宫之卦有八，《離》《旅》《鼎》《未濟》《蒙》《涣》《訟》《同人》是也。《離》卦卦詞云：「利貞，亨。」虞云：「與《坎》旁通，故『利貞，亨』。」是《離》與《坎》旁通也。《旅》卦《大象》云：「君子以明〔九三〕慎用刑，而不留獄。」虞云：「兑爲刑，坎爲獄。」案，上坎下兑爲《節》，是《旅》與《節》旁通也。《鼎》卦卦詞云：「元吉，亨〔九四〕。」虞云：「與《屯》旁通。天地交，故『元吉，亨』也。」是《鼎》與《屯》旁通也。《未濟》六五爻詞云：「君子之光。」虞云：「動之乾，離爲光。」上九爻詞云：「有孚于飲酒。」虞云：「坎爲孚。」案，上坎下離爲《既濟》，是《未濟》與《既濟》旁通也。《蒙》卦六三爻詞云：「見金夫。」虞云：「兑爲見。」案，六四變爲九四，則合六三、九二而成互體之離。上兑下離爲《革》，是《蒙》與《革》旁通也。《涣》卦《大象》云：「先王以享于帝，立廟。」虞云：「震爲帝，爲祭，艮〔九五〕爲廟。謂成《既濟》，有《噬嗑》食象故也。」是《涣》與《噬嗑》旁通也。《訟》卦上九爻詞云：「終朝三褫之。」虞云：「坤爲終，離爲日。」案，上坤下離爲《明夷》，是《訟》與《明夷》旁通也。《同人》卦詞云：「同人于野。」虞云：「旁通《師》卦。巽爲同，乾〔九六〕爲野。」是《同人》與《師》旁通也。艮宫之卦有八，《艮》《賁》《大畜》《損》《睽》《履》《中孚》《漸》是也。《艮》卦六二爻詞云：「艮其腓。」虞云：「巽長〔九七〕，爲股；艮小，爲腓。」案，六二變爲九二，則互體有巽，故虞云「巽爲股」也。然既變爲九二，則合九三、六四又成互體之兑，是《艮》與《兑》旁通也。《大畜》卦詞云：「利貞。」虞云：「與《萃》旁通。二五失位，故『利貞』。」是《大畜》與《萃》旁通也。《賁》卦《彖傳》[九八]云：「觀乎天文，以察時變。」虞云：「《泰》：震春，兑秋。《賁》：坎冬，離夏，故『以察時變』。」案，上兑下坎爲《困》，是《賁》與《困》旁通也。《損》卦《大象》云：「君子以懲忿窒欲。」虞云：「《損》，乾之初成兑説，故『懲忿』。初上據坤，艮爲山，故『窒欲』也。」案[九九]，上兑下艮爲《咸》，是《損》與《咸》旁通也。《睽》卦六三爻詞云：「見輿曳。」虞云：「坎爲車[一〇〇]，爲曳。」六五爻詞云：「厥宗噬膚。」虞云：「艮爲膚。」案，上坎下艮爲《蹇》，是《睽》與《蹇》旁通也。《履》卦卦詞云：「履虎尾。」虞云：「與《謙》旁通。以坤履乾，以柔履剛。」是《履》與《謙》旁通也。《中孚》六四爻詞云：「馬匹亡。」虞云：「震爲奔走，體遁山中，乾、坎不見，故『馬匹亡』。」案，《遁》卦下體有艮象，上震下艮爲《小過》，是《中孚》與《小過》旁通也。《漸》卦卦詞云：「女歸，吉。」虞云：「反成《歸妹》。兑，女歸，吉。」是《漸》與《歸妹》旁通也。兑宮之卦有八，《兑》、《困》[一〇一]、《萃》、《咸》、《蹇》、《謙》、《小過》、《歸妹》是也。《兑》卦《大象》云：「君子以朋友講習。」虞云：「《兑》二陽爲朋，伏《艮》爲友。」是《兑》與《艮》旁通也。《困》卦六三爻詞云：「入于[一〇二]其宮。」虞云：「二動艮爲宮，離象毀壞[一〇三]。」上艮下離爲《賁》，是《困》與《賁》旁通也。《萃》卦卦詞云：「王假有廟。」虞云：「《觀》：乾爲王，艮爲廟。」案，上艮下乾爲《大畜》，是《萃》與《大畜》旁通也。《咸》卦九四爻詞：「朋從爾思。」虞云：「兑爲朋，艮初變之四，坎心爲思[一〇四]。」案，上艮下兑爲《損》，是《咸》與《損》旁通也。《蹇》卦九五爻詞云：「大蹇朋來。」虞云：「《睽》：兑爲朋。」是

《蹇》與《睽》旁通也。《謙》卦卦詞云：「《謙》：亨。」虞云：「與《履》旁通，故『亨』。」是《謙》與《履》旁通也。《小過》六五爻詞云：「自我西郊，公弋〔一〇五〕取彼在穴。」虞云：「兑爲西，巽繩連鳥。」案，上巽下兑爲《中孚》，是《小過》與《中孚》旁通也。《歸妹》六五爻詞云：「月幾望。」虞云：「與《小畜》《中孚》『月幾望』同義也。」案，《小畜》《中孚》俱有巽象。九四〔一〇六〕爻詞云：「歸妹愆期。」虞云：「二變，三動之正，體《大過》象。三變，日月不見，故『愆期』。」案，九二變爲六二，則合六三、九四成互體之艮。上巽下巽爲《漸》，是《歸妹》與《漸》通也。大抵乾宮之卦與坤宮旁通，震宮之卦與巽宮旁通，坎宮之卦與離宮旁通，艮宮之卦與兑宮旁通。坤之於乾，巽之於震，離、兑之於坎、艮，莫不皆然。諸卦之旁通，多取乎反對，惟《泰》《否》、《恒》《益》、《既濟》《未濟》、《咸》《損》八卦主乎上下相易。外此，則虞氏《繫詞》注云「《大壯》與《无妄》相易」，「《大過》與《中孚》相易」，「《夬》與《履》相易」，而其他弗聞焉。是兩象易者，未足盡旁通之變也。《繫詞》云：「引而申之，觸類而長之。」旁通之例，不外乎此矣。至於以消息之義推之，又有納甲之法；以旁通之義推之，又有卦氣之法。《繫詞》云：「在天成象。」虞云：「震象出庚，兑象見丁，乾象盈甲〔一〇七〕，巽象伏辛，艮象消丙，坤氣喪乙，坎象流戊，離象就己。」此以干支〔一〇八〕配八卦也。又云：「五位相得，而各有合。」虞云：「甲乾、乙坤相得，合木；丙艮、丁兑相得，合火；戊坎、己離相得，合土；庚震、辛巽相得，合金；天壬、地癸〔一〇九〕相得，合水。」是此以五行配八卦也。又云：「懸象著明，莫大乎日月。」虞云：「三日暮，震象出庚；八日，兑象見丁〔一一〇〕；十五日，乾象盈甲〔一一一〕；十七日，巽象退辛〔一一二〕；二十三日，艮象消丙；三十日，坤象滅乙〔一一三〕。晦夕朔旦，坎象流戊，日中則離，離象〔一一四〕就已。」此以日月配八卦也。又云：「兩儀生四象，四象生八卦。」虞云：「震春、兑秋，坎冬、離夏，故『兩儀生四象』；乾、坤生春，艮、兑生夏，震、巽生秋，坎、離生冬，故『四象生八卦』。」此以四時配八卦也。《蠱》卦卦詞云：「先甲三日，後甲三日。」虞云：「謂初變乾，乾爲甲。」《革》卦卦詞云：「已日乃孚。」虞云：「離爲日，故『已日乃孚』。」《巽》卦九五爻詞云：「先庚三日，後庚三日。」虞云：「震，庚也。」是干支配八卦之證也。《説卦傳》云：「乾爲金，坤爲土，震爲竹，巽爲木，坎爲水，離爲火，艮爲山，兑爲澤。」虞氏亦引以解「在地成形」，是五行配八卦之證也。《小畜》上九爻詞云：「月幾望。」虞云：「坎月，離日，兑西，震東，日月象對，故『月幾望』。」《中孚》六四爻詞云：「月幾望。」虞云：「《訟》《坎》，月在兑二，離日在〔一一五〕震三，日月象對，故『月幾望』。」此日月配八卦之證也。《豫》卦〔一一六〕《彖傳》云：「天地以〔一一七〕順動，故日月不過而四時不忒。」虞云：「動初時，震爲春；至四，兑爲秋；至五，坎爲冬；離爲夏，故『四時不忒』。」此四時配八卦之證也。蓋納甲之法，或取諸干支，或取諸五行，或取諸日月、四時，而皆由於陰陽之往復，是納甲原於消息也。《繫詞》云：「《乾》之策二百一十有六，《坤》之策百四十有四，凡三百有六十，當期之日。」焦延壽、京房因此而有卦氣之説，虞氏亦從之。其法：以六十四卦直日用事，一爻主一日，一卦主六日，一月用五卦。六十四卦之中，用六十卦；三百八十四爻之中，用三百六十爻。所餘之《震》《離》《兑》《坎》四卦，凡二十四爻，分應二十四氣。又以十二辟卦分主十二月，每月皆以辟卦爲主；餘四卦，分爲公、侯、卿、大夫。侯卦有外内之别，而實則一卦。卦氣始於冬至，冬至爲十一月之中氣，直《坎》之初六；《中孚》爲公，《復》爲辟，《屯》爲侯；小寒爲十二月之節氣，直《坎》之九二，《屯》爲侯，《謙》爲大夫，《睽》爲卿；大寒爲十二月之中氣，直《坎》之六三，《升》〔一一八〕爲公，《臨》爲辟，《小過》爲侯；立春爲正月之節氣，直《坎》之六四，《小過》爲侯，《蒙》爲大夫，《益》爲卿；雨水爲正月之中氣，直《坎》之九五，《漸》爲公，《泰》爲辟，《需》爲侯；驚蟄爲二月之節氣，直《坎》之上六，《需》爲侯，《隨》爲大夫，《晉》爲卿。此《坎》卦用事之候也。春分爲二月之中氣，直《震》之初九，《解》爲公，《大壯》爲辟，《豫》爲侯；清明爲三月之節氣，直《震》之六二，《豫》爲侯，《訟》爲大夫，《蠱》爲卿；穀雨爲三月之中氣，直《震》之六三，《革》爲公，《夬》爲辟，《旅》爲侯；立夏爲四月之節氣，直《震》之九四，《旅》爲侯，《師》爲大夫，《比》爲卿；小滿爲四月之中氣，直《震》之六五，《小畜》爲公，《乾》爲辟，《大有》爲侯；芒種爲五月之節氣，直《震》之上六，《大有》爲侯，《家人》爲大夫，《井》爲卿。此《震》卦用事之候也。夏至爲五月之中氣，直《離》之初九，《咸》爲公，《姤》爲辟，《鼎》爲侯；小暑爲五月之節氣，直《離》之六二，《鼎》爲侯，《豐》爲大夫，《渙》爲卿；大暑爲六月之中氣，直《離》之九三，《履》爲公，《遁》爲辟，《恒》爲侯；立秋爲七月之節氣，直《離》之九四，《恒》爲侯，《節》爲大夫，《同人》爲卿；處暑爲七月之中氣，直《離》之六五，《損》爲公，《否》爲辟，《巽》爲侯；白露爲八月之節氣，直《離》之上九，《巽》爲侯，《萃》爲大夫，《大畜》爲卿。此《離》卦用事之候也。秋分爲八月之中氣，直《兑》之初九，《賁》爲公，《觀》爲辟，《歸妹》爲侯；寒露爲九月之節氣，直《兑》之九二，《歸妹》爲侯，《无妄》爲大夫，《明夷》爲卿；霜降爲九月之中氣，直《兑》之六三，《困》爲公，《剥》爲辟，《艮》爲侯；立冬〔一一九〕爲十月之節氣，直《兑》之九四，《艮》爲侯，《既濟》爲大夫，《噬嗑》爲卿；小雪爲十月之中氣，直《兑》之九五，《大過》爲公，《坤》爲辟，《未濟》爲侯；大雪爲十月一日之節氣，直《兑》之上六，《未濟》爲侯，《蹇》爲大夫，《頤》爲卿。此《兑》卦用事之候也。蓋始於六日七分，終於當期之日，而十二辰七十二候以及歷法、占法皆由此起焉。十二月之辟卦，固主乎反對，即公、侯、卿、大夫之卦，亦多有對待之義。是卦氣之説，本於旁通也。然虞氏注變通，配四時，止云十二月之消息，而不云十二月之旁通者，以消息取乎陰陽之變，旁通取乎陰陽之對，體源本合。但消息起乎生卦之先，旁通起於成卦之後。有消息，然後有旁通，故言消息即可以見旁通也。伏羲〔一二〇〕作十言之教，《易緯》述陰陽之理，亦不言旁通，而但言消息，是旁通之義可概之以消息也。《説卦傳》云：「乾，天也，故稱乎父〔一二一〕；坤，地也，故稱乎母。震一索而得男，故謂之長男；巽一索而得女，故謂之長女。坎再索而得男，故謂之中男；離再索而得女，故謂之中女。艮三索〔一二二〕而得男，故謂之少男；兑三索而得女，故謂之少女。」案，一索、再索、三索而得男，是其息也；一索、再索、三索而得女，是其消也。此消息之明證也。又云：「天地定位，山澤通氣，雷風相〔一二三〕薄，水火不相射，八卦相錯。」案，定位者，乾、坤之旁通也；通氣者，艮、兑之旁通也；相薄不相射者，震、巽、坎、離之旁通也。此旁通之明證也。是故《乾》之初九《復》也，「潛龍勿用」，即閉關之義；《坤》之初六《姤》也，「履霜堅冰」，即女壯之戒，此爻詞之言消息也。《夬》之九四，即《姤》之九三〔一二四〕也，其詞皆曰「臀無膚」；《既濟》之九三，即《未濟》之九四也，其詞皆曰「伐鬼方」，此爻詞之言旁通也。固不獨《序卦》《雜卦》言相受相反之義，始足爲消息、旁通之據也。虞氏之學，本諸孟氏，而以己意引申之，探賾索隱，以啓其微；鈎深致遠，以盡其藴。蓋自漢魏以來，言消息、旁通者，莫之或先也。自孟氏之學不傳，後儒遂罕明其指，舉其粗者昧其精，得其小者遺其大。或謂《需》「利用恒」者，《需》之《恒》也；《需》六五《象傳》〔一二五〕「順以巽」者，《蒙》之《觀》也；或謂《蒙》曰「困蒙」，《履》曰「夬履」，《臨》曰「咸臨」，《損》曰「不損益之」。《易》無所不變，是徒知常爻之發揮，而不知全卦之旁通也。或〔一二六〕謂卦變起自《乾》《坤》，或謂起自十二辟卦，是徒知卦變之方，而不知消息之理也。又其甚者，創爲先天、後天之説，而置消息於不言；僞爲河洛表裏之圖，而置旁通於不論。競尚玄虛，高談義理，一唱百和，而《易》義廢晦矣。即有言及虞氏者，反謂其泥其於術數，而消息、旁通皆不足信。且有謂《序卦》《雜卦》皆後人之僞作，而非《十翼》之原文。執此以論《易》，是未明其體要而欲得其精微也，不亦惑哉！

校勘記

〔一〕稿本此篇在《三家詩》下，紅格紙抄，五頁，標題作「經解」，下注：「八月二十日課。」今據目録改。

〔二〕「文王」，稿本作「箕子」，據《明夷》彖傳改。

〔三〕「爻辭」，稿本作「亦辭」，據文義改。

〔四〕「薌其」，稿本作「香萁」，據《禮記注疏》卷五改。

〔五〕「注」，稿本作「主」，據《周易集解》卷七改。

〔六〕「爲亥」，稿本作「爲荄」，據文義改。下「終於亥」同。

〔七〕「子」，稿本「予」，據文義改。

〔八〕稿本此篇在《以太牢祠於高禖》下，紅格另紙抄寫，計六頁，題作「經解」，小字注：「九月二十課。」

今據目録改。

〔九〕「既」，稿本作「即」，據文義改。

〔一〇〕「干寶」，稿本作「于寶」，據《周易集解》卷十改。下同者不注。

〔一一〕「令名」，稿本作「今名」，據《儀禮注疏》卷四十七改。下「令名」同。

〔一二〕稿本此下另頁，以紅格紙抄寫，計五頁，題作「經解」，下注：「九月三十日課。」今標題據目録改。

〔一三〕「載驅」，稿本作「在歐」，據《毛詩注疏》卷五之二改。

〔一四〕「説文」，稿本作「説大」，據引文改。

〔一五〕「字」，稿本作「至」，據文義改。

〔一六〕「溥」，稿本作「傅」，據《説文》改。下同。

〔一七〕「常」，稿本作「當」，據《周易正義》卷二改。

〔一八〕「行」，稿本奪，據《周易集解》卷四補。

〔一九〕「失位」，稿本作「失五」，據《周易集解》卷四改。

〔二〇〕「誤」，稿本作「語夫」，據《周易集解》卷四改。

〔二一〕稿本此篇在《申詳以告曰請庚之》下。自本篇起，以無格紙抄寫，凡三十四頁，每半頁八行，行二十三字。此篇題作「經解」，下注：「十月初十日課。」下有「麐嘉館印」「曉樓父」印各一枚。今標題據目録改。

〔二二〕稿本此篇在《家有塾術有序》下，無格紙抄寫，另頁，凡六頁，題作「經解」，下注：「十月二十日課。」今標題據目録改。

〔二三〕「大同」，稿本作「大能同」，據《周易本義》卷一改。

〔二四〕「于」，稿本作「子」，據《周易注疏》卷二改。

〔二五〕「女君」，稿本作「女尹」，據《禮記注疏》卷四十一改。

〔二六〕「象傳」，稿本作「彖傳」，據《周易集解》卷四改。

〔二七〕「説」，稿本作「悦」，字通。

〔二八〕稿本此篇在《大饗不問卜》下，無格紙抄寫，別紙，計五頁，題「經解」，自注：「經解，六月廿日課。」今據目録改題。

〔二九〕「稊」，稿本作「梯」，據《周易集解》卷六改。

〔三〇〕「九五」，稿本作「九互」。

〔三一〕「棟」，稿本作「楝」，據《周易集解》卷六改。

〔三二〕「互」，稿本作「云」，據文義改。

〔三三〕「困」，稿本作「因」，據《周易集解》卷九改。

〔三四〕「相背」，稿本作「相背」，據文義改。

〔三五〕「吉」，稿本作「畜吉」，據《周易集解》卷六删。

〔三六〕「馬」，稿本作「焉」，據文義改。

〔三七〕「誤」，稿本作「撰」，據文義改。

〔三八〕「之」，稿本作「文」，據文義改。

注：

〔三九〕稿本此篇在《尚書次序》下，無格紙抄寫，單獨爲篇，自編頁碼，凡二十八頁，題作「經解」，下「閏六月初十日課。」今據目録改題。

〔四〇〕「生」，稿本作「且」，據文義改。

〔四一〕「五」，稿本作「丑」，據《周易集解》卷一改。

〔四二〕「離」，稿本作「爲離」，據《周易集解》卷一改。

〔四三〕「以故」，稿本上衍「泰」字，據《周易集解》卷二删。

〔四四〕「稱家」，稿本作「爲家」，據《周易集解》卷三改。

〔四五〕「體」，稿本奪，據文義補。

〔四六〕「師」，稿本重一「師」字，今删。

〔四七〕「六三」，稿本作「九三」，據《周易集解》卷三改。

〔四八〕「九五」，稿本作「九耳」。

〔四九〕「成乾」，稿本作「成朝乾」；「坤象」，稿本作「坤家」，據《周易集解》卷三改。

〔五〇〕「有攸往无咎虞云」，稿本奪，據文義補。

〔五一〕「九五」，稿本作「九丑」。

〔五二〕「卦詞」，稿本上衍「象」字，據《周易集解》卷九删。

〔五三〕「陰」，稿本重一「陰」字，據文義删。

〔五四〕「中」，稿本奪，據《周易集解》卷二補。

〔五五〕「雖」，稿本上衍「不」字，據文義删。

〔五六〕「九五」，稿本下衍「之」字，據文義删。
〔五七〕「案」，稿本下衍「九」字，據文義删。
〔五八〕「坤」，稿本上衍「乾」字，據文義删。
〔五九〕「其時」，稿本下衍「其」字，據《周易集解》卷十删。
〔六〇〕「三上」，稿本上衍「日」字，據《周易集解》卷七删。
〔六一〕「初六」，稿本下衍「三」字，據文義删。
〔六二〕「三日」，稿本上衍「先」字，據《周易集解》卷十一删。
〔六三〕「又」，稿本作「人」，據文義改。
〔六四〕「六三」，稿本上衍「太」字，據文義删。
〔六五〕「我有好爵」，稿本上衍「二動成坤」四字，據《周易集解》卷十二删。
〔六六〕「三陰」，稿本作「王陰」，據文義改。
〔六七〕「旅」，稿本作「故」，據文義改。
〔六八〕「復」，稿本作「來」，據《周易集解》卷四改。
〔六九〕「以」，稿本奪，據《周易集解》卷十一補。
〔七〇〕「文」，稿本作「大」，據《周易集解》卷五改。
〔七一〕「二」，稿本上衍「之」字，據《周易集解》卷十二删。
〔七二〕「三」，稿本作「坤」，據《周易集解》卷七改。
〔七三〕「否」，稿本上衍「坤」字，據《周易集解》卷十一删；「之六三」，《周易集解》作「三」。

〔七四〕「二陰」，稿本奪「二」字，據文義補。

〔七五〕「陰爻」，稿本上衍「陽」字，據文義删。

〔七六〕「是故否之匪人」，《周易集解》卷四作「故曰匪人」。

〔七七〕「震生象反坤」，稿本作「震象反生」，據《周易集解》卷五改。

〔七八〕「神」，稿本作「坤」，據《周易集解》卷五《觀・彖傳》改。

〔七九〕「大有」，稿本下衍「卦詞云」三字，據文義删。

〔八〇〕「彖傳」，稿本作「卦詞」，據《周易集解》卷六改。

〔八一〕「臨」，稿本下衍「卦卦」，據《周易集解》卷五删。

〔八二〕「腹」，稿本作「輹」，據《周易集解》卷七改。下「大輿之腹」同。

〔八三〕「正」，稿本作「震」，據《周易集解》卷三改。

〔八四〕「人」，稿本作「入」，據《周易集解》卷八改。

〔八五〕「九三」，稿本作「几三」，據文義改。

〔八六〕「上九爻詞云有孚威加終吉」，稿本作「九五象傳云：『交相愛也』」，據所引虞翻説改。

〔八七〕「疆」，稿本作「彊」，據《周易集解》卷八改。

〔八八〕「苦」，稿本作「若」，據《周易集解》卷十二改。

〔八九〕「與離旁通」，《周易集解》卷十二無此語，疑衍。

〔九〇〕「離上之三，隱坎雲下」，稿本作「離象之三，隱坎雲中」，據《周易集解》卷十一改。下「故日中見斗」下，底本衍「中」字，今删。

〔九一〕「乾」，稿本下衍「坤」字，據文義删。
〔九二〕「離」，稿本下衍「卦」字，據文義删。
〔九三〕「明」，稿本作「明夷」，據《周易集解》卷十一删。
〔九四〕「亨」，稿本「享」，據《周易集解》卷十改。
〔九五〕「艮」，稿本作「良」，據《周易集解》卷十二改。
〔九六〕「乾」，稿本作「離」，據《周易集解》卷四改。
〔九七〕「巽長」，稿本作「巽爲長」，據《周易集解》卷十改。
〔九八〕「彖傳」，稿本作「彖象」，據文義改。
〔九九〕「案」，稿本上衍「是」字，據文義删。
〔一〇〇〕「爲車」，稿本奪「爲」字，據《周易集解》卷八補。
〔一〇一〕「困」，稿本作「因」，據文義改。
〔一〇二〕「于」，稿本作「子」，據《周易集解》卷九改。
〔一〇三〕「毁壞」，稿本下衍「室」，據《周易集解》卷九删。
〔一〇四〕「思」，稿本作「恩」，據《周易集解》卷七改。
〔一〇五〕「弋」，稿本上衍「戈」字，據《周易集解》卷十二删。
〔一〇六〕「九四」，稿本上衍「初」字，據《周易集解》卷十一删。
〔一〇七〕「盈甲」，稿本作「盈中」，據《周易集解》卷十三改。
〔一〇八〕「干支」，稿本作「干文」，據文義改。

〔一〇九〕「地癸」，稿本作「他癸」，據《周易集解》卷十四改。
〔一一〇〕「丁」，稿本作「下」，據《周易集解》卷十四改。
〔一一一〕「盈甲」，稿本下衍「巽」，據《周易集解》卷十四删。
〔一一二〕「退辛」，本作「伏辛」，據《周易集解》卷十四改。
〔一一三〕「三十日，坤象滅乙」，稿本作「二十九日，坤象喪乙」，據《周易集解》卷十四改。
〔一一四〕「離象」，稿本奪「離」字，據《周易集解》卷十四補。
〔一一五〕「日在」，《周易集解》卷十二作「爲」。
〔一一六〕「卦」，稿本下衍「太」字，據《周易集解》卷四删。
〔一一七〕「以」，稿本下衍「詞」字，據《周易集解》卷四删。
〔一一八〕「升」，稿本作「什」。
〔一一九〕「立冬」，稿本作「立久」。
〔一二〇〕「伏羲」，稿本作「伏義」，據文義改。
〔一二一〕「父」，稿本下衍「地」字，據《周易集解》卷十七删。
〔一二二〕「索」，稿本奪，據《周易集解》卷十七補。
〔一二三〕「相」，稿本作「相」，據《周易集解》卷十七改。
〔一二四〕「夬之九四即姤之九三」，稿本作「姤之九四即夬之九三」，據《周易集解》卷九改。
〔一二五〕「象傳」，稿本奪，據文義補。
〔一二六〕「或」，稿本作「五」，據文義改。

禮

五祀七祀〔一〕

鄭康成注《曲禮》〔二〕云：「户、竈、中霤、門行爲五祀。」陳澔從之，云：「春祭户，夏祭竈，季夏祭中霤，秋祭門，冬祭行。」鄭注《祭法》「天子立七祀」云：「司命主督察三命，中霤主堂室居處，門、户主出入，行主道路行作，厲主殺伐，竈主飲食之事。」陳澔云：「《祭法》言涉怪妄。天子立七祀，加以司命、泰厲。考於經，皆不合。」桉，鄭以《祭法》爲周禮，則《儀禮》乃周公所作，而《士喪禮》云：「行，禱於五祀。」是周時上下通用五祀可知。鄭君謂《儀禮》之五祀乃博言之，則《曾子〔三〕問》亦云「五祀之祭不行」，豈亦博言〔四〕之乎？《周禮·大宗伯》亦云「五祀」，不云「七祀」也。《左氏·昭二十九年傳》云：「社稷五祀。」可證周人未嘗用七祀矣。七祀止見於《祭法》，與《曲禮》不合。鄭君以《曲禮》爲殷禮，説似迂曲。羅泌云：「《祭法》：諸侯五祀，乃加公厲、司命〔五〕而去户、竈；大夫三祀：族厲、門、行；適士二祀：門、行；士、庶人一祀：或户，或竈。是家無井、竈，而士庶無門、井矣，其有是乎？」説亦近理。然《記》文雖雜出漢儒，不免有附會之處，而究係古書，疑之，可也；

斥之，不可也。羅氏又云：「《漢・志》五祀，一户、二中霤、三竈、四門、五井。五祀，當去行而加井。」則《淮南子・時則訓》云：「冬祭井。」賈逵注《左傳》「社稷五祀」云：「祀玄冥於井。」楊雄、班固、范滂、高堂隆、劉昭之説皆同，可證羅氏之説。《月令》乃吕不韋所作，非大、小戴所録〔六〕，其書多用秦事。蓋古者五祀有井無行，不韋以意改之耳。

以太牢祠於高禖〔七〕

《月令》：「以太牢祠於高禖。」鄭康成云：「高辛氏之出〔八〕，玄鳥遺卵，娀簡吞之而生契。後王以爲媒官嘉祥，而立其祠焉。變『媒』言『禖』，神之也。」案，蔡邕謂：「高禖，高辛以前舊有。高，尊也；禖，禖祀也。謂尊之禖。」與鄭注高辛以後始有之説不同。毛詩《生民》傳引此文，「高」作「郊」，而《玄鳥》傳云：「湯之先祖有娀氏女簡狄，配高辛〔九〕氏帝，帝率與之祈於郊禖，而生契。」是祭禖神於郊，故曰郊禖，本不當作「高」。爲高辛，以爲高尊，皆未爲得。姜嫄、簡狄皆禱於郊禖，則不自高辛始矣，當以蔡説爲當。鄭君《生民》箋云：「姜嫄之生后稷，如何乎？乃禋祀上帝於郊禖。」則已自改其説〔一〇〕。蓋注《禮》時，未得毛傳耳。焦喬謂，郊禖之祭，高辛之前已有，後王即以高辛之君爲禖神，其古者先禖則廢之矣，尤覺無據。《世本》及譙周《古史》皆云：「伏犧制儷皮嫁娶之禮。」先禖即伏犧。《風俗通》云：「女媧佐太昊禱祀，行媒自此始。」《路史》從之，則以先禖爲女媧，二説未知孰是。而先禖斷非高辛，則已審矣。

胥鼓南〔一一〕

《文王世子》：「胥鼓《南》。」鄭康成云：「《南》，南夷之樂也。胥掌以六樂之會，正舞位。旄人教夷樂，則以鼓節之。《詩》云：『以雅以南，以籥不僭。』」案，胥所掌六樂，乃《雲門》〔一二〕、《咸池》之等，非掌夷樂。而鄭〔一三〕引之者，孔疏謂：「旄人教國子南夷樂之時，大胥則擊鼓以節。」最能曲達鄭義。鞮鞻氏亦掌四夷之樂，而鄭止引旄人者，鞮鞻氏止掌而不教，此言教國子以《南》，故不及之耳。程大昌與鄭立異，謂「南」爲《周南》《召南》。夫《鉤命決》云：「南夷之樂曰《任》。」緯書固程氏所不信，而《明堂位》云：「《任》，南蠻之樂也。」毛公《鼓鍾》傳云：「南夷之樂曰《任》。」《明堂位》之南樂納於太廟，則國子所當學。毛公以《南》爲南夷之樂，則鄭之前已有此說。東夷之樂曰《韎韐》〔一四〕，西夷之樂曰《侏離》，北夷之樂曰《禁》。四夷皆有樂，而獨言南者，毛傳云：「爲雅爲南也。舞四夷之樂。」孔疏云：「毛意，以《南》可包四夷之樂也。言《南》而可總四夷者，以周之德，先致南方故也。」《漢書》注引《韓詩内傳》云：「四夷之樂，惟《南》可以和於《雅》者，以其人聲音及籥不僭差也。」毛、韓去古未遠，説雖不同，而皆可通。程説於古無徵，至謂《詩》有《南》《雅》《頌》，無《國風》，二《南》不當入《國風》，則《左傳》云「《風》有《采蘩》《采蘋》」，二詩皆在《召南》，豈二《南》非風乎？況《南》若非《風》，又非《雅》《頌》，於六義何所取乎？尤不可通者矣。

申詳以告曰請庚之〔一五〕

《檀弓》：「申詳以告曰：『請庚之。』」鄭康成云：「庚，償也。」案，《說文》「庚」字下云：「位西方，象秋時萬物庚。」是「庚」之本義爲「庚辛」之「庚」也。《史記·律書》云：「庚者，言陰氣更萬物。」《月令》注云：「庚之言更也，萬物皆肅然改更。」是「庚」有「改更」之義也。《漢書·律曆志》云：「斂更於庚。」是「庚」有「斂庚」之義也。《釋名》云：「庚，剛也，堅强貌也。」則「庚」又訓「剛」矣。《漢書》「大横庚庚」，服虔云：「庚庚，横貌。」則「庚」又訓「横」矣。「庚」有訓「道理」者，《詩序》「《由庚》，萬物得由其道」是也。「庚」有訓「道路」者，《左氏·成十八年傳》「以塞夷庚」，杜預云：「吴晉往來之要道」是也。至訓爲「償」者，則止見於此注，乃古訓之僅存者。季子皋犯人之禾而申詳以告，大約請償其犯禾之值耳。且下文云「買道而葬」，則「庚」爲「償還」之義明矣。孔穎達不言「庚」何以訓「償」，蓋闕其所疑也。《廣韻》「庚」字下云：「償也。」即本之此注。毛公《大東》傳云：「庚，續也。」「庚」有「續」義，「續」有「償」義，故訓「庚」爲「償」耳。

家有塾術有序〔一七〕

《學記》：「家有塾，術有序。」鄭康成云：「術〔一八〕，當爲『遂』，聲之誤也。古者仕焉而已者，歸教於閭里，朝夕坐於門，門側之堂謂之塾。萬二千五百家爲遂。」案，《尚書大傳》云：「大夫七十致仕，而退老歸其鄉里。大夫爲父師，士爲少師。」此鄭注「仕焉而已者，歸教於閭里」之所本。又云：「上老平明坐於右塾，庶老坐於左塾。夕亦如之。」此鄭注「朝夕坐於門」之所本。然《大傳》所云，乃閭里之塾，非謂家之塾也。古者家皆有塾。《士冠禮》：「擯者負東塾。」是家有東塾矣。《士虞禮》：「匕俎在西塾。」是家有西塾矣。蓋門內、門外皆有左右二塾。門內者北向，門外者南向。門一，而塾〔一九〕則四也。《記》既云「家有塾」，則非里塾矣。孔疏：「謂民在家之時，恒受教〔二〇〕於塾，故云『家有塾』。」義似迂曲。鄭改「術」爲「遂」者，「術」「遂」音近，古字通用。《春秋・文公十二年》「秦伯使術來聘」，《公羊》作「遂」；《月令》「審端徑術」，鄭彼注云：「術，《周禮》作『遂』。」是其證矣。《水經注》引此《記》正作「遂」，足徵鄭説之確。《周禮・州長》「會民射於州序」，則州學名序矣。而遂學亦名「序」者，陳祥道以爲州長爵與遂大夫同，則遂之學與州學同可也。其説得之。陳澔改「術」爲「州」，則「術」與「州」音不相近，無緣訛而爲「州」，其誤與皇侃謂遂學爲「庠」同矣。

大饗不問卜〔二一〕

《曲禮》：「大饗不問卜。」鄭康成云：「祭五帝於明堂，莫適卜也。」案，「饗」與「享」古通。凡經傳言「享」，亦是饗禮。而經傳言「饗」者，多名同實異。約舉，得十事〔二二〕焉。王之饗禮有六。一是諸侯來朝，天子饗之。《大行人》：上公饗禮九獻，侯伯饗禮七獻，子男饗禮五獻；《左傳》：晉侯朝王，王饗禮，命晉侯宥，是也。一是侯國之臣聘於王室，而天子饗之。《左傳》「王以上卿之禮享管仲」及「晉侯使士會平王室，定王享之」是也。一是王饗宿衛及耆老、孤子，《周禮・酒正》「凡饗士、庶子及耆老、孤子，皆共其酒」是也。案，下之饗上則卜，故陳敬仲云「臣卜其晝」；而上之饗下則否，故饗諸侯、侯國之臣與耆老、孤子，固無問卜之事。然燕禮及公食大夫禮，皆不問卜。饗與燕食，其禮本屬一例。若燕食皆卜，則饗可特言不卜？今燕饗既皆不卜，何又於饗言之乎？則饗諸侯、侯國之臣與耆老、孤子，皆非此《記》所云之「饗」矣。至於《隨》上六「王用亨於西山」，「亨」即「享」，「享」即「饗」，則祭山川亦天子饗禮之一，但《左傳》「卜有事於山川，不吉」，與「不問卜」之語又不合矣。《盤庚》「茲予〔二三〕大享於先王」，《困》六二爻辭「利用享祀」，則祭宗廟亦天子饗禮之一，然《易》中所載，如「王假有廟」之等，皆祭宗廟之占，亦不得云「不問卜」也。諸侯饗禮有五。《左傳》郤至聘於楚，楚子享之；穆叔聘於晉，晉侯享之。是諸侯之臣聘於列國，而主國饗之，一也。王使周公閱來聘享，有昌歜。是王人來聘而饗之，二也。季文子如宋致女，復命，公享之。是臣遠行還，而君饗之，三也。宋公兼享晉、楚之大夫，及鄭伯享趙孟於垂隴。是異國之大夫以盟會過其地而饗之，四也。四者雖是饗禮，而皆非大饗。《仲尼燕居》〔二四〕：「大饗有四焉。」則兩君相見，亦名大饗，然諸侯相朝，禮節最盛，亦不得云不饒富也。此《記》〔二五〕所云，與「季秋大饗帝」之語正同，其爲饗帝無疑。但鄭以爲祭五帝，則未當。威靈仰、赤熛怒等名，漢時所立，而周無是也。《孝經》：「宗祀文王於明堂，以配上帝。」《詩·我將序》云：「祀文王於明堂也。」則大饗是祭上帝於明堂，而以文王配之。《詩序》舉「文王」以見「上帝」，此《記》舉「上帝」以見「文王」耳。《易·益》六二「王用享於帝」，《渙·象傳》「先王以享於帝，立廟」，以爲即大饗，可也。

月令中星與堯典不同〔二六〕

《月令》之中星，與《堯典》不同。《月令》：「孟春，日在營室；仲春，日在婁；季春，日在胃。」《堯典》：「日中，星鳥，以殷仲春。」蓋堯時初昏，中星爲鶉鳥。二月，日躔在昴，昴即《月令》季春〔二七〕之胃。是堯時昴在二月，周則在三月矣。二月既在昴，則正月必在奎；而《月令》奎在二月。參在昴後，堯時參必在三月，《月令》則在四月。《月令》：「孟夏，日在畢。」畢即參也。《堯典》：「日永，星火〔二八〕，以正仲夏。」蓋堯時初昏，中星爲大火；五月，日躔在七星，七星即鶉火，鶉火即《月令》季夏之柳。是堯時鶉火在五月，而周則在六月矣。五月既爲鶉火，則四月必爲東井，而《月令》：「仲夏，日在東井。」則東井在五月矣。《月令》：「孟秋，日在翼。」堯時鶉火在仲夏，則翼必在季夏矣。《堯典》：「宵中，星虛，以殷仲秋。」蓋堯時初昏，中星爲虛。八月，日躔在房。《月令》：「季秋，日在房。」則在九月。八月殷爲房，七月必爲角。《月令》：「仲秋，日在角。」則在八月矣。《月令》：「孟冬，日在尾。」《堯典》房在仲秋，則尾必在季秋矣。《堯典》：「日短，星昴，以正仲冬。」蓋堯時初昏，中星爲昴。十一月，日躔於虛，虛即《月令》季冬之「婺女」。是堯時虛在十一月，《月令》則在十二月也。十一月既爲虛，十月〔二九〕必爲斗。《月令》：「仲冬，日在斗。」則在十一月矣。《堯典》：太虛在仲冬，則營室必在季冬，《月令》則在孟春。《月令》中星較《堯典》皆遲一月，蓋歲差之故也。如今年冬至，太陽躔某宿度；明年冬至，則不能復躔原宿度而有不及之分，故歷〔三〇〕家有超辰之説也。伏讀御案，謂歷不可以一時爲準，常加修改，協於天行，洵治歷明時之大法也。

校勘記

〔一〕稿本此爲首篇，以紅格紙抄寫，計二頁，有標題。

〔二〕「曲禮」，稿本作「典禮」。下同者，不注。

〔三〕「曾子」，稿本作「會子」，據引文改。

〔四〕「言」，稿本奪，據《韭英閣經説》補。

〔五〕「加公厲司命」，《路史》卷四十一作「在厲命」。

〔六〕「録」，稿本作「禄」，據《韭英閣經説》改。

〔七〕稿本此篇與《吾不以妾爲姒》接書，無標題，今據目録補。

〔八〕「出」，稿本作「世」，據《禮記注疏》卷十五改。

〔九〕「高辛」，稿本作「高幸」，據《毛詩注疏》卷二十之三改。下「斷非高辛」同。

〔一〇〕「其説」，稿本作「其其」，據文義改。

〔一一〕稿本此篇與《公矢魚於棠》接書，無標題，今據目録補。

〔一二〕「雲門」，稿本作「云門」。

〔一三〕「鄭」，稿本作「政」，據文義改。下「與鄭立異」同。

〔一四〕「韎韐」，稿本作「韎韎」。

〔一五〕稿本此篇與《君將殼之》接書，無標題，今據目録補。
〔一六〕「更」，《史記·律書》作「庚」。
〔一七〕稿本此篇與《遇艮之八》接書，無標題，今據目録補。
〔一八〕「術」，稿本作「衝」，據《禮記注疏》卷三十六改。
〔一九〕「塾」，稿本作「整」，據文義改。
〔二〇〕「受教」，稿本作「就教」，據《禮記注疏》卷三十六改。
〔二一〕稿本此篇與《有韎韋之跗注》接書，無標題，今據目録補。
〔二二〕「事」，稿本重，今删。
〔二三〕「予」，稿本作「于」，據《尚書·盤庚上》改。
〔二四〕「仲尼燕居」，稿本作「孔子閑居」，據《禮記注疏》卷五十改。
〔二五〕「記」，稿本作「祭」，據文義改。
〔二六〕稿本在《左傳西陸朝覿而出》下，紅格紙抄，計二頁，首空一行，無標題，今據目録補。《蜚英閣經説》亦有此篇，文略同。
〔二七〕「春」，稿本奪，據《蜚英閣經説》補。
〔二八〕「星火」，稿本作「火星」，據《尚書·堯典》改。
〔二九〕「十月」，稿本作「十二月」，據《蜚英閣經説》改。
〔三〇〕「歷」，稿本作「蠒」，據《蜚英閣經説》改。

春秋

左傳西陸朝覿而出[一]

《左氏·昭四年傳》："西陸，朝覿而出之。"杜預云："謂夏三月，在昴，奎星朝見東方[二]。"案，服虔謂："二月，日在婁，以此時始出冰。《月令》：『仲春，天子乃獻羔開冰。』是也。"下文云："其出之也，朝之禄位、賓食、喪祭於是乎用之。"言既出而用之，非謂出即用也。孔沖遠妄駁服説，非也。劉光伯云："春分，奎星已見。杜以夏三月[三]仍云『奎始朝見』，非其義也。"其規杜失，最是。孔疏曲護杜氏，亦非也。《周禮·天官·凌人》"夏頒冰"，鄭康成引此傳解之，其説甚確。《周禮》之頒冰，即此傳所朝、賜朝之禄位及大夫命婦之等也。《鄭志》答孫皓問云："西陸朝覿，謂四月立夏之時。"與《周禮》正合。鄭又云："四月，昴則見。"則《爾雅·釋天》："西陸，昴也。"郭注云："西方之宿名。"上文云"大梁，昴也"，是西陸即昴也。劉光伯云："服、杜、鄭三説，鄭爲近之。"案，《釋天》云："降婁，奎、婁也。"是奎非西陸，服説與杜同誤。而以爲《月令》之"啓冰"謂在二月，則非無據，其説亦可通也。孫炎以"陸"爲"中"，杜以"陸"爲"道"。夫西方七宿，昴居其中，當以孫説爲長。

吾不以妾爲姒〔四〕

《左氏·成〔五〕十一年傳》：「吾不以妾爲姒。」杜預云：「聲伯之母，叔肸之妻。昆弟之妻，相謂爲姒。穆姜〔六〕，宣公夫人；叔肸、宣公，同母昆弟。」孔疏云：「世人多疑娣姒之名，皆以爲兄妻呼弟妻爲娣，弟妻呼兄妻爲姒。今謂娣姒之名，從身長幼，不計夫之〔七〕長幼也。」案，娣、姒有二類。《爾雅》云：「女子同出，謂先生爲姒，後生爲娣。」蓋同嫁一夫，謂雖有別，而爲媵則同，故年長者爲姒〔八〕，年幼爲娣。穉婦謂長婦爲姒婦，則不論己年之長幼。兄妻則爲姒，弟妻則爲娣，此以夫年之長幼爲娣姒也。孔氏之説，以解女子同出之娣姒則可，而穆姜與聲伯之母，乃長婦、穉婦之娣姒，孔氏亦謂以年之長幼，則牽合而一之，非也。婦人坐，以夫之齒；娣姒之次，必以夫之長幼明矣。至穆姜以兄妻而呼弟妻爲姒者，分言則別，渾言則同。故鄭康成、賈逵、杜預皆云：「兄弟之妻，相謂爲姒也。」賈〔九〕公彦謂弟妻年大稱之曰姒，兄妻年小稱之曰娣，與孔氏説同，亦失之矣。

公矢魚於棠〔一〇〕

《春秋·隱公五年》：「公矢魚於棠。」《公》《穀》「矢」作「觀」。《公羊》云：「公曷爲遠而觀魚？登〔一一〕來之也。」《穀梁》云：「常事曰視，非常曰觀。」《左氏》云：「陳魚而觀之。」訓「矢」爲「陳」，雖與《公》《穀》異，亦以爲觀魚也。朱子謂：「《傳》云『則公不射』，是公以矢射之，如漢武帝親射蛟江中之類。」案，《左氏》「則公不射」之語，本承上文「鳥獸之肉，不登於俎；皮革、齒牙、骨角、毛羽，不登於器」而言，蓋謂不射鳥獸，非謂不射魚也。且矢是所以射者，亦未可即訓爲「射」。王應麟引《淮南·時則訓》「天子親往射魚」，以證〔一二〕朱説。夫古者本有射魚之法，《吕覽》《説苑》亦有「射魚」之語，但《春秋》之「矢魚」則不可以是解之耳。「矢」「陳」正訓，見於《釋詁》。王氏以《左氏》「陳魚」之説爲非，疏矣。《公羊》云：「百金之魚〔一三〕公張之。」案，「張」即「陳」也。《周禮·掌次》之「張氈案」「張大次、小次」，「張帟三重」「張其旅幕，張〔一四〕尸次」及《鄉射禮》之「張侯下綱」，皆是「陳設」之義。《公羊》云「公張之」，與《左氏》「陳魚」之語正合。何休以爲「張網罟〔一五〕障谷之屬也」，殊非《公羊》之意。杜預云：「棠，宋地。」賈逵、范甯云：「棠，魯地。」案，齊、楚皆有棠。齊之棠，本爲萊地，「萊共公浮柔奔棠」是也。齊滅萊，棠遂爲齊有，《孟子》勸王「發棠」是也。楚之棠，本伍尚之邑，「棠君尚謂其弟員」是也。後以與夫概，「王奔楚，爲棠谿氏」是也。宋之棠，不見於經傳，皆非矢魚地。臧僖伯云：「皂隸之事，官司之守。」若是宋地，魯焉得置皂隸、官司於宋乎？孔穎達以爲宋魯界上地，與杜又異，皆未爲得，當從賈、范之説爲是。

君將㱿之〔一六〕

《左氏·哀二十五年傳》：「君將㱿之。」杜預云：「嗀，嘔吐也。」案，《説文》「嗀」字下云：「嘔貌。從口，㱿聲。《春秋傳》曰：『君將嗀之。』」據此，則「㱿」字本當作「嗀」。杜訓爲「嘔吐」，即用許氏之説，蓋元凱所見傳文亦作「嗀」也。《釋文》作「謦」，與今本不同，又與《説文》字體微異，蓋由

「嗀」誤爲「𣪊」，而「𣪊」又誤爲「㱿」耳。然陸氏音「許各切」，與《說文》「嗀」字之音正合，作「𣪊」雖誤，而與「嗀」字體尚未甚殊，猶可因之以知古本也。今本《釋文》亦作「㱿」，則大謬矣。《玉篇》所引亦與《說文》同。顧野王所據《傳》文尚作「嗀」，可知古本無作「㱿」者，陳時猶未譌也。毛居正以「㱿」字爲誤，得之。至《玉篇》「之」字作「焉」，則或是今本《左傳》之譌，或是顧氏之誤，皆未可定。而作「之」、作「焉」，於義并可通也。徐鍇《說文繫傳》云：「嗀，心有所惡，未至於嘔，因嗀出之也。」與許氏之説微異。蓋許氏連言之，徐氏析言之耳。《廣雅》云：「嗀，吐也。」與《說文》合。《太平御覽》引《左傳》注，與杜正同音，是賈、服諸人之注，則杜説亦有所本矣。

遇艮之八〔一七〕

《左氏·襄九年傳》：「遇《艮》之八。」杜預云：「雜用《連山》《歸藏》《周易》。二《易》皆以七、八爲占，故言『遇《艮》之八』。」案，夏商〔一八〕占法不傳，而《左傳》中所載卜筮之事，如魯筮成季之將生，遇《大有》之《乾》，其繇辭有云：「同復於父，敬如君所。」與《周易》異。晉筮嫁伯姬於秦，遇《歸妹》之《睽》〔一九〕，其繇辭云「士刲羊，亦無衁〔二〇〕也」云云，亦與《周易》不同。先儒以爲用夏商之《易》，而不云「八」，則夏商占法不用「七」「八」可知矣。陳以《周易》筮敬仲，遇《觀》〔二一〕之《否》，既引「觀國之光，利用賓於王」，復曰「非此其身，在其子孫」云云。叔孫、莊叔以《周易》筮穆子，遇《明夷》之《謙》，既引「明夷于飛」，復曰「謙不足」云云，皆不純是用《周易》，必雜用《連山》《歸藏》者，而亦不言「八」，則「八」非《連山》、《歸藏》，又可知矣。若謂二《易》以不變爲占〔二二〕，故稱「八」，則秦卜伐晉，遇《蠱》卦，既六爻不變，繇辭「千乘三去」云云，又非《周易》；晉卜擊楚，遇《復》，亦六爻不變，繇辭「南國蹙」云云，亦非《周易》，何以不言「八」耶？杜說雖本於賈逵、鄭衆，而實非也。推其致誤之由，蓋因以下文「是謂《艮》之《隨》」爲另占《周易》之卦，故不得不以此爲二《易》耳。不知《艮》之「八」，即是《艮》之《隨》。《隨》卦上兑下震，《艮》卦上體變爲兑，則上三爻俱變矣；下體變爲震，則初爻、三爻又變矣。惟六二一爻遇八而不變，故云「遇《艮》之八」耳。若如杜說，則與「是謂」二字文義既不順，且卜筮必以變者爲占，夏商何以不變爲占乎？朱子云：「五爻皆變，惟六二得八而不變。」林堯叟申之云：「《艮》卦六爻，三、上以九變，初、四、五以六變，惟六二得八不變。」蓋《艮》五爻皆變爲《隨》，其説是也。劉禹錫云：「《艮》之六二曰：『艮其腓，不拯其隨，其心不快。』史以遇此爲不利，故從變爻而占之曰：『是謂《艮》之《隨》。』」尤爲明證。伏讀御案，謂卦以八成，故以八識卦，可訂杜注之失矣。

有韎韋之跗注〔一三〕

《左氏·成十六年傳》：「有韎韋之跗注。」杜預云：「韎，赤色。跗注，戎服，若袴而屬於跗。」案，《小雅·瞻彼洛矣篇》：「韎韐有奭。」毛傳云：「韎韐者，茅蒐染草也。一入曰韎韐。」蓋韎以茅蒐染之，茅蒐是染赤之物，則韎必赤色矣。《爾雅》：「一染謂之縓。」縓之色與赤相近，而一入爲韎韐與一染爲縓正同。毛公《采芑》傳云：「奭，赤貌。」「韎韐有奭」，既是赤色，則韎韋跗注當亦然矣。《周禮·春官·司服》：「凡兵事，韋弁服。」鄭康成云：「以韎韋爲弁，又以爲衣裳。」據此，則郤至之弁及上服亦是韎韋，楚子特舉「跗注」以言之耳。《周禮》疏引賈逵、服虔之説，以「跗」爲足，「跗注屬也」謂袴屬於跗，是杜注亦有所本矣。鄭氏《雜問志》所引「跗」作「不」，而讀「不」爲「跗」，蓋「不」「跗」古通。《小雅·常棣篇》「鄂不韡韡」，鄭箋云：「『不』當作『跗』。」是也。鄭意亦以「注」爲「屬」，而解「跗」爲「幅」，謂如布帛之幅，蓋鄭所受《春秋》異讀也。至《周禮》注所引與今本同，而亦從賈、服之説者，兩解之也。

校勘記

〔一〕稿本在《三星在天》下，紅格紙抄，計一頁，頁首空一行，無標題。今據目録補。

〔二〕「在昴」，《左傳·昭四年》杜注作「日在昴畢」；「奎星朝見東方」上，有「春分之中」四字。

〔三〕「夏三月」，稿本作「爲月」，據《左傳注疏》卷四十二改。

〔四〕稿本此篇與《彼留子嗟彼留子國》接書，無標題，今據目録補。

〔五〕「成」，稿本作「宣」，據《左傳注疏》卷二十七改。

〔六〕「穆姜」，稿本作「穆公」，據《左傳注疏》卷二十七改。

〔七〕「夫之」，稿本作「夫人」，據文義改。

〔八〕「姒」，稿本作「似」。

〔九〕「賈」，稿本誤重，今删。

〔一〇〕稿本此篇與《昊天有成命》接書，無標題，今據目録補。

〔一一〕「登」，稿本作「得」，據《公羊注疏》卷三改。
〔一二〕「證」，稿本作「登」。
〔一三〕「魚」，稿本作「云」，據《春秋公羊解詁》卷一改。
〔一四〕「張」，稿本奪，據《周禮注疏》卷六補。
〔一五〕「網罟」，《公羊解詁》作「罔罟」。
〔一六〕稿本此篇與《子之還兮》接書，無標題，今據目録補。
〔一七〕稿本此篇與《西南其户》接書，無標題，今據目録補。
〔一八〕「商」，稿本作「商」。下「夏商」同。
〔一九〕「睽」，稿本作「睽」，據《左傳·僖十五年》改。
〔二〇〕「亡」，稿本作「盲」，據《左傳·僖十五年》改。
〔二一〕「觀」，稿本作「覯」，據《左傳·莊二十二年》改。
〔二二〕「占」，稿本作「古」。
〔二三〕稿本此篇與《不顯亦臨無射亦保》接書，無標題，今據目録補。

論語

上如揖下如授解〔一〕

《論語·鄉黨篇》記孔子執圭之狀云：「上如揖，下如授。」《集解》載鄭康成之説，云：「上如揖，授玉宜敬；下如授，不敢忘禮。」邢疏申之云：「下謂既授玉而降，雖不執玉，猶如授時。」是以「上如揖」爲方授之時，「下如授」爲既授之時矣。《聘禮記》云：「升堂，讓。」鄭彼注云：「讓，謂舉手平衡也。」引此二句以證之，則又以「上如揖」「下如授」皆爲未授之時，與《論語》注不合。嘗以經文考之二注，皆覺未安。《聘禮記》云：「下階，發氣，怡焉；再三舉足，又趨。」賈疏云：「此『舉足』，爲疾趨也。」若如《論語》注，以「下如授」爲既授而降，則下文當云「疾趨」，不當云「足蹜蹜如有循」矣。鄭注《聘禮記》引「足蹜蹜如有循」，以證「將受，志趨」，何以將授之容反記於既授之後乎？朱子《集注》不用鄭説，是矣；然以爲「執圭平衡，手與心齊，高不過揖，卑不過授」，則沿《儀禮》注之誤。案，《曲禮》云：「執天子之器則上衡，國君則平衡，大夫則綏之。」鄭注以「上衡」爲「高於心」，「綏之」爲「下於心」；孔疏以「平衡」爲「與心齊平」。夫不上於心，不下於心，然後可以爲平衡。若忽上忽下，則是「上如揖」已同於「上衡」，「下如授」已同於「綏之」矣，尚得曰「平衡」乎？江氏《鄉黨圖考》〔二〕云：「古之揖爲推手〔三〕，『上如揖』與天揖、推手、小舉者相似，仍不過平衡〔四〕也。」無論經意非以「如揖」爲執圭之狀，即如其説，而推手、小舉則非平衡矣；乃又曰「不過平衡」，是自背其説也。江氏又云：「授之時，身稍俛而手微下。」引《曲禮》「尊卑垂帨」爲據，其説授之狀，信得之矣；至謂「孔子執圭，手有稍下時如之」，則與「平衡」之説終不合也。惟陸氏《釋文》云：「《魯》讀『下』爲『趨』。」或〔五〕申之云：「古『而』『如』通。《聘禮》云：『揖至於階，三讓。賓〔六〕自入門，至於階。』所謂『上，有三揖；將授，志趨』，即趨而授與？古禮『揖』可兼『讓』，《論語》不言及『讓』是已。」案，此説得之。《八佾篇》云：「揖讓而升，下而飲。」質之《鄉射禮》，但有揖進、當階北面揖、及階揖、卒射南面揖、階上揖、降階揖，而不言「讓」，説者謂「讓」字即在「揖」字之中，「上而揖」亦猶是也。古「而」「如」通者，《詩·小雅·都人士篇》「垂帶而厲」，鄭箋訓爲「如」；《春秋·莊七〔七〕年》「星隕如雨」，杜預云：「如，而也。」古書若此者，難以枚舉。「下」字，古音「户」，與「趨」字之音相近，故〔八〕以上文有「上」字，故「趨」字誤爲「下」。卑〔九〕《陳風·宛丘》之「下」與「羽」爲韻，是「下」字讀「户」之明證也。蓋「鞠躬如也，如不勝」者，即《聘禮記》所謂「入門，鞠躬焉，如恐失之」是也。「上而揖」則謂升堂之時也，「趨而授」則謂將授之時也；至於「勃如戰色，足蹜蹜如有循」，則仍承「上而揖、趨而授」而言也。鄭氏解「再三舉足又趨」云：「至此云『舉足』，則志趨，圈豚而行也。」解《玉藻》「圈豚行」云：「孔子執圭則然。此徐趨也。」解《玉藻》「舉前曳踵，蹜蹜如也」云：「著徐趨之事。」是「志趨」即「圈豚行」，「圈豚行」即「徐趨」，「徐趨」即「足蹜〔一〇〕蹜如」也，可知是

「足蹜蹜如有循」，在將授之時，明矣。《聘禮記》雖未言「勃如戰色」在何時，然記於「趨而授」之後〔一一〕，當亦在將授之時矣。或曰，《聘禮》先言三揖，後言公升、賓升。如錢氏説，則是先升後揖，似於《聘禮》不合。不知所謂「上」者，謂由門而升階，非謂升堂也。即如「出降一等」之「出」，亦謂由堂而降庭，非謂出門也。若以詞害義，則既出矣，又降一等，何也？《聘禮》所謂「三揖」，鄭康成〔一二〕以爲將曲揖、既曲揖、當碑揖，是也。「上」字總此三者言之，固無礙也。若夫《少儀》所謂「執玉不趨，堂上不趨」者，蓋謂不敢疾趨，而徐趨則未嘗不可也。或曰改字近於穿鑿，而上下文諸「如」字及《聘禮下》「如送」皆不破字，似不當獨破二「如」字。不知文義苟有未安，即古人未言，不妨以己意定之，但當辨其是否耳。且〔一三〕「雖疏食菜羹，必祭，必齊如也」，上句「必」字，注疏本作「瓜」〔一四〕，下句仍作「必」。後儒多從之，又何疑於此乎？或曰，「上如揖」謂升堂時，「下如授」謂入〔一五〕時，亦覺即次顛倒。《聘禮記》所謂「升堂，讓」，本〔一六〕謂至於階，將升堂而三讓。鄭氏以「平衡」當之，固不甚確，然〔一七〕亦以「上如揖，下如授」皆爲升堂之時，未嘗以「下如授」爲入門時也。或曰，《玉藻》云：「立容德。」正義載賀氏之説云：「德，謂有所施與之名也。如授物與人時也，故注云：『有如予也。』」豈非「如授」之見於經者乎？案，孔疏云：「如人授物與己，己得受之形也。」賀氏、孔氏俱申鄭注，而説各不同，而於「立容德」之本意，均有未合。蓋此節自「足容重」以迄「手〔一八〕容恭」以下，至「色容莊」，皆無以比喻言之者。鄭氏不以爲德行之「德」，而以爲「如有與」，殊覺未確。且即使賀氏之説可信，而要之，立容或可云「如授」，執圭斷不得云「如授」也。或曰，《聘禮》云「下如送」，安知「如授」非「如送」之誤耶？夫〔一九〕「蹜蹜如有循」，是將授之容，究不當反記於既授而下之後也。諸家之説，多有難通，當從《魯論》作「趨」爲是。

校勘記

〔一〕稿本此篇在《消息旁通》下，無格紙抄寫，别爲頁，凡四頁，頁末有「北京大學藏」「麐嘉館印」二印。稿本正文有此標題，下注：「八月卅日、九月初日課。」

〔二〕「鄉黨圖考」，稿本作「鄉當圖老」。

〔三〕「推手」，稿本作「推乎」，據《鄉黨圖考》卷九改。下「推手」同。

〔四〕「平衡」，稿本作「乎衡」，據《鄉黨圖考》卷九改。下同者，不注。

〔五〕「或」，稿本作「錢氏論語後録」，後删改。

〔六〕「賓」，稿本作「震」，據《論語後録》卷三「上如揖下如授」條改。

〔七〕「七」，稿本作「士」，據《左傳注疏》卷八改。

〔八〕「故」，疑當作「蓋」。

〔九〕「卑」，衍字。

〔一〇〕「足蹜」，稿本作「蹜如」，據《論語·鄉黨》改。

〔一一〕「後」，稿本作「微」。

〔一二〕「鄭康成」，稿本作「乙康成」，據文義改。

〔一三〕「且」，稿本作「旦」，據文義改。

〔一四〕「本作瓜」，稿本作「衣作爪」，據文義改。
〔一五〕「入」，稿本作「人」，據文義改。
〔一六〕「本」，稿本作「木」，據文義改。
〔一七〕「然」，稿本作「怨」，據文義改。
〔一八〕「手」，稿本作「乎」。
〔一九〕「夫」，稿本作「央」，據文義改。

蜚英閣經説

解題

《蜚英閣經説》稿本，一册，不分卷，臺灣「中央研究院」歷史語言研究所傅斯年圖書館藏，封面題「蜚英閣經説」「凌曉廔先生手稿」，計五十七頁，每半頁十六行，行二十四字，部分頁則二十九字至三十四字不等。其筆跡與《春秋繁露注》稿本不類，當爲他人所抄。書内鈐「凌」「曙」及「曉樓父」私印，與北京大學圖書館藏《蜚英閣經解》《蜚英閣史論》《蜚雲閣文集》同式。書中有朱、墨筆圈點，有增删改易之處。今據林聖智主編《傅斯年圖書館藏未刊稿鈔本·經部》第三十三册收録。

全書凡八十七篇，涉《春秋》者十七篇，涉三《禮》者十七篇，涉《詩》者五十三篇。其中《豳風改歲解》兩題，内容小異，而首篇標題上無點，次篇則有「、」記號，似以後篇爲定稿；又有《一之日觱發二之日栗烈》一篇，内容亦與《豳風改歲解》相近。其他篇目亦有與他書近似者，如《五祀七祀》《月令之中星與堯典不同》《子之還兮》《西南其户》《不顯亦臨無射亦保》《三星在天》《昊天有成命》等篇，與北京大學圖書館藏《蜚英閣經解》同，《亥有二首六身》與北京大學圖書館藏《蜚雲閣文集》之《亥有二首六身解》相近。各篇次第，未依經次爲序，今仍稿本之舊。另編目録，以便檢尋，詳見書前「分册目録」。

凌曙集

蜚英閣經説

春王正月

説《公羊》者云：「元者，氣之始。春者，四時之始。王者，受命之始。正月者，政教之始。君即位者，一國之始。」雖於經無明文，自是史官紀事之體。董仲舒以爲，視大始而欲正本。胡《傳》乃推衍至《乾》元、《坤》元，以爲「體元者，人君之職；調元者，宰相之事」，則近於鑿。歐陽永叔云：「人君即位，稱元年，常事耳。其謂一爲元，蓋古人之語爾。」楊龜山荅胡氏書，亦規其失。吕東萊云：「命日以元，《虞典》也；命祀以元，《商訓》也。豈孔子作《春秋》始名之哉？」得之矣。《春秋》時月并舉，以爲編年之始耳。或以《尚書》每舉月而不舉時，遂疑「春」字爲夫子所加。顧亭林云：「舊史既以『春秋』爲名，自當書時。且如『隱公二年春，公會戎於潛』，不容二年書『春』、元年乃不書『春』。」據此，知「春」字非夫子特筆，乃舊史之原文耳。其間有不書「王」者，當從杜預「天王不頒歷，故不書王」之説，否則或是闕文。《穀梁》謂：「桓公無王，故不書。」則桓公元年已書「王」，何三年乃不書乎？若謂元年以王法正其罪，故書「王」，則凡書「王」之年，豈皆以王法正其罪乎？何休謂十年書「王」者，數之終；十八年書王者，桓公之終。則何不但書遇十之年、公薨之年，而其他又書「王」耶？劉原父以「王」之一字，爲夫子新意，亦非。其有不書「王正月」者，孔疏以爲「闕文」，是也。其有書「王二月」「王三月」者，何休以爲「存二王之正朔」，則是尊勝國而卑王朝，豈孔子作《春秋》之意與？所以書「王二月」「王三月」，以正月無事故耳。隱公不書即位，杜預以爲不備即位之禮，故不書，是也。胡《傳》以爲欲絀隱公以明大義，則孔子乃魯人，豈有作《春秋》而欲絀其先君之理乎？蔡沈以爲，周人時月俱不改，據秦以十月爲正，《漢書·高祖本紀》之「元年冬十月」爲證，則顔師古云：「凡此諸月，皆太初正歷之後，紀事者返改之。」何足爲周人時月不改之證乎？胡氏據《伊訓》《太甲》「十有二月」之文，證商人不改月，遂謂周人改月而不改時，則《漢書》三統曆》以太甲元年十二月乙丑朔爲冬至，是商之十二月，乃夏之十一月，商何嘗不改月乎？孔安國、鄭康成謂周人時月俱改，其説最確；以經傳證之，皆合。《孟子·梁惠王上篇》：「七八月之間，旱。」朱子云：「周七八月，夏五六月也。」《離婁下篇》：「十一月，徒杠成；十二月，輿梁成。」朱子云：「周十一、十二月，夏九月、十月也。」皆改月之明證也。《春秋·成元年》：「春二月，無冰。」《定元年》：「冬十月，隕霜殺菽。」若謂時月不改，則寅月無冰，亥月隕霜，乃常事耳，何必書乎？此時月俱改之明證也。《梓慎》云「火出」，於夏爲三月，於商爲四月，於周爲五月，尤可確據矣。杜預云：「周正月，今十一月。」是説《左氏》者以周人爲時月俱改也。何休注《公羊》云：「夏以斗建寅之月爲正，殷以斗建丑之月爲正，周以斗建子之月爲正。」是説《公羊》者以周人爲時月俱改也。范甯《穀梁》注云：「周之四月，夏之二月也。」楊士勛《穀梁》疏云：「周之七月，夏之五月也。」是説

《穀梁》者以周人爲時月俱改也。《白虎通》引《尚書大傳》云：「夏以孟春月爲正，即名正月。殷以季冬月爲正，不名十二月矣。周以仲冬月爲正，不名十一月矣。」《後漢書·流寇傳》云：「天正建子，周以爲春。」是漢世從無謂周人改月不改時，及時月俱不改之説也。朱子云：「如胡氏説，則月與事常差兩月，恐聖人制作，不如是之錯亂無章。」吴仲遷云：「若從胡《傳》，則周本行夏時，而以子月爲冬矣。夫子不行夏時，而以子月爲春矣。」皆少折胡氏之説。或謂《詩·臣工篇》云：「維暮之春，於皇來牟。」暮春而來牟，似不改時。《四月篇》云：「四月維夏，六月徂暑。」四月而稱「夏」，六月乃「徂暑」，似時月俱不改。則朱子云：「或是當時二者雖行，張敷言分史册所書、民俗所用，其説極是。」汪克寬云：「《詩》以寅月起數，乃民俗歌謡之詞，故隨舊俗。」斯言足以破群疑矣。春秋時，列國多不言用周正，《左氏》雜取諸國之史，間有失於改定者，故《傳》中每三正雜出，然隱公元年《傳》云「王周正月」，則固以經所書爲周正矣。伏讀御案，定從時月俱改之説，洵折衷至當矣。

初獻六羽

《春秋·隱公五年》：「初獻六羽。」《左傳》載衆仲之對云：「天子用八，諸侯用六，大夫四，士二。」《公羊》云：「譏始僭諸公也。天子八佾，諸公六，諸侯四。」《穀梁》前一説同《公羊》，又引《尸子》云：「舞《夏》，自天子至諸侯，皆用八佾。初獻六羽，始屬樂矣。」按，自上而下，隆殺以兩。如《公羊》之説，謂諸公六，諸侯四，則伯當降於諸侯而用二矣，子男復何所用？卿大夫、士復何所用乎？汪克寬駁之甚當。《穀梁》謂天子、諸侯皆用八佾，則《祭統》云：「八佾以舞《大夏》，此天子之禮也。康周公，故以賜魯也。」是魯，周特賜，始得用，餘諸侯不得用可知。蓋魯祭周公廟，本得用八佾，而群廟當用六佾；亦用八佾，則僭矣。至六羽之人數，范甯無明解。何休以爲：八佾，八人爲列，八八六十四人；六佾，六人爲列，六六三十六人；四佾，四人爲列，四四十六人。雖未言二佾，度亦當云二人爲列，二二四人矣。杜預從其説。服虔則謂：八佾爲八八六十四人，六佾爲六八四十八人，四佾爲四八三十二人，二佾爲二八十六人。夫舞所以節八音而行八風。若如何氏、杜氏之説，則士止有四人，八音不具，豈復成樂？傅隆、蘇軾皆不從其説，服氏爲較長矣。

先配而後祖

《左傳·隱公八年》：「先配而後祖。」賈逵云：「配成夫婦也。禮，齊而未配。三月廟見，然後配。」鄭衆云：「配，同牢而食也。先食後祭祖，無敬神之心，故曰誣其祖也。」鄭康成云：「祖，祓道之祭也。先爲配匹，而後祖道。」杜預云：「禮，逆婦必告祖廟而後行。鄭忽先逆婦而後告廟，故曰先配而後祖。」按，賈氏之説，《禮記》疏引之較詳，蓋以爲大夫以上皆三月廟見，乃成昏。大夫以上昏禮已亡，無文可證。即如其説，亦難解於孔疏禹娶塗山、四日即去之駁。況大夫以上昏禮，安見其必異於士耶？先鄭以爲先食而後祭祖，則昏禮無祭祀之事，惟醮爵之後有「振祭」之文，亦非祭祖。康成以「祖」爲祓道之祭，解爲未去而成昏，蓋本諸《聘禮記》所云「出祖釋祓」，《韓奕》所云「韓侯出祖」，及《穀梁傳》非文公成禮於齊之説，然上文已言入於鄭，則非未去陳之事；下文言「誣其祖」，則自係先祖，必非祓道之神，其説與《傳》文亦覺不合。至杜氏謂鄭忽不先告廟，則不告廟在未往陳之前，不當至入於鄭之後，《傳》始言之。按《聘禮》，大夫之出，既釋幣于禰，其反也，復告至於禰。忽受君父醮子之命於廟，以逆其婦，反而不告至，徑安配匹，始行廟見之禮，是爲墮成命而誣其祖也。

郭公

莊二十四年之「郭公」，《左氏》無傳，杜預云：「蓋經闕誤也。」《公羊》《穀梁》皆連「赤歸於曹」爲句，而其説又各不同。《公羊》云：「郭公者何？失地之君也。」何休以爲倒郭公置下者，欲起曹伯爲戎所殺，謚之爲郭公；而赤，微者，自歸曹。則以郭公爲一人，赤又爲一人。《穀梁》云：「赤蓋郭公也。何爲名也？禮：諸侯無外歸之義。外歸，非正也。」徐乾云：「郭公，郭國之君也，名赤。」則以郭公與赤爲一人。按，《公羊》以郭公爲失地之君，則經無明文；又謂即曹伯，則曹非公爵。何氏以「郭」爲謚，既不見於《謚法》，古今亦從未有此謚，其説尤誤。《穀梁》以「赤」爲郭公之名，於經文甚爲不順，而以「歸」爲出奔，更屬難通。趙匡、蘇轍駁之，極當。至胡《傳》謂「公」當作「亾」，古字「亡」與「公」相近，蓋曰郭自亡爾，與「梁亡」同例。引《管子》齊桓公問郭亾事以證，説雖可通，然「郭」與「虢」古字通用，僖公二年虞國假道伐虢之事，《左》《穀》作「虢」，《公羊》《國策》作「郭」。高誘注云：「郭，古文『虢』字也。」昭元年會於虢，《穀梁》亦作「郭」。《逸周書》之「郭叔」，孔晁以爲即「虢叔」；《荀子》所云「虢公長父」，《吕覽》則作「郭」。郭國他無所考，而虢乃公爵。或「郭公」即是「虢公」，此時虢尚未亡，未可定以公爲亡。要之，「郭公」自係郭國之君，當從徐氏説爲是。其下必繫以事，而其文脱佚，當疑以傳疑，從杜氏闕而不解可也。

能投蓋於稷門

莊公三十二年《左傳》之「能投蓋於稷門」，杜預云：「蓋，覆也。走而自投，接其屋之桷，反覆門上。」劉光伯規之云：「莊公言：『犖有力焉』。如杜此説，勁疾耳，非有力也。當謂投車蓋過於稷門。」孔穎達申杜云：「車蓋輕而帆風，非可投之物。」按，《傳》言「投」，未言走而自投；言「蓋」，未言接其屋桷。杜氏之解，必添字然後可通。且《左傳》言「投」者，皆謂投物，如「投其璧於河」「礫石以投人」「投之以几」「削而投之」「以壺俎投殺人」皆是，即《詩經》「投我以木瓜」，《禮記》「投壺」及他書之但言「投」者，皆非謂自投。其自投者，如「王聞群公子之死也，自投於車下」，「太子懼，自投於車下」，「邾莊公自投於牀」，皆未嘗但言「投」。若解「投蓋」爲自投，則亂其例類。車蓋雖輕而帆風，然投重物易高，投輕物而能高，則其人爲有力矣。況光伯所解，又本之服子慎，是漢世相傳之古義，而其説最爲允當。沖遠必欲曲護元凱，未免阿其所好矣。

五侯九伯解

《左傳・僖四年傳》云：「五侯九伯。」説者多不得其解。或以爲五等諸侯、九州之伯，然《傳》文本無「等」字、「州」字，而注家增其字以申己説，究與語氣不合，其説非也。或以爲齊國之附庸，侯爵者有五國，伯爵者有九國，然古者附庸之國，爵不得過子男。爵至侯與伯，無爲人附庸之理。

況齊亦不過侯爵，安得以侯伯爲附庸哉？其説亦非也。蓋古者每州有牧，以一侯爵者爲之，二伯爵者佐之。九州之内，當有九侯十八伯。太公爲東方之伯，分統其半，十八伯當得九伯，九侯當得四侯，其一侯不可分，故舉成數言之，而曰五侯，以配九伯也。此鄭康成之説，真確不可易之論。孔疏反以爲誤，豈公論耶？

三望解

《春秋》之「三望」，《公羊傳》以爲泰山、河、海，鄭康成以爲泰山、淮、海。案，鄭説是也。魯國之地，在虞夏時爲徐州。《禹貢》云：「海、岱及淮爲徐州。」是徐州之山川，莫大於泰山、淮、海也。《魯頌・閟宫》云：「泰山巖巖，魯邦所瞻。」又云：「至于海邦，淮夷來同。」是泰山、淮、海皆在魯國之境也。鄭説確不可易。《公羊傳》以河易淮，其説非也。《春秋經》每書「公如晉，至河乃復」，河是晉國之境，豈魯國之境乎？戴溪以爲三望者，謂望祭西、南、北三方，其説尤非。《左氏・哀公傳》述楚昭王之語曰：「三代命祀，祭不越望。江、漢、睢、漳，楚之望也。」據此，則楚之所望，亦在境内。魯之三望，豈獨在境外耶？

以貫笠轂

《左傳・宣公四年》「以貫笠轂」，服虔載三説：一謂轂之蓋如笠，所以蔽轂上以禦矢也；一謂車轂上鐵也；一謂兵車旁縵輪。杜預云：「兵車無蓋，尊者則邊人執笠，依轂而立，以禦寒暑，名曰笠轂。」孔穎達云：「杜以彼爲不安，故改之而爲此說，亦是以意而言，差於人情爲近耳。」按，《考工記·輪人》：「轂也者，以爲利轉也。」鄭康成云：「轂以無有爲用也。」其注「五分其轂之長，去一以爲賢，去三以爲軹」云：「賢，大穿也；軹，小穿也。凡大小穿，皆謂金也。」古者鐵亦謂之金。服所云「車轂上鐵」，蓋即賢、軹。果爾，則《傳》文當云「轂賢」，或云「轂軹」，不得云「笠轂」矣。「笠」字從竹，恐不可訓爲鐵也。《吴子·圖國篇》「縵輪籠轂」，「縵輪」即服所云「幔輪」，然轂雖貫輪之中，與輪究非一物，亦不可以「縵輪」解「笠轂」也。而《吴子》之「籠轂」，則與服所云「轂蓋如笠，蔽轂上以禦矢」相合。蓋兵車皆長轂，故須籠蔽，防擊觸矣。子慎三説，以此説爲長。鄭君《考工記》注又云：「兵車，革路也。乘車，玉路、金路、象路也。」是乘車、兵車本別，而《輪人》注又謂乘車無蓋。無蓋者，乘車，有蓋者兵車可知。崔豹《中華古今注》云：「黄帝與蚩尤戰於涿鹿之野，作華蓋。」是黄帝時，兵車已有蓋矣。又云：「武王伐紂，大風折蓋。」是武王時，兵車亦有蓋。杜氏謂兵車無蓋，殊爲臆説；而「邊人執笠，依轂而立」之説，亦屬無據。《傳》文但云「轂」，解爲「依轂而立」，則必添字矣。且《傳》文言伯棼之矢貫笠轂，在汰輈之後，輈與轂相近，可貫蔽轂之笠，豈能上貫邊人所執之笠乎？毛公《無羊》傳云：「笠，所以禦暑。」《良耜》傳云：「笠，所以禦暑雨也。」鄭康成《都人士》箋云：「笠，所以禦雨。」皆不云笠可御寒。惟鄭《無羊》箋云：「美牧人寒暑飲食有備。」亦以「寒暑」字解「何蓑」，非以解「何笠」。杜氏既不知笠轂爲蔽轂之笠，又誤會鄭箋，遂謂笠以禦寒暑，遺「禦寒雨」而言「禦寒」，尤誤甚矣。

季武子以公姑姊妻之

《左傳·襄公二十一年》：「季武子以公姑姊妻之。」杜預云：「計公年，不得有未嫁姑姊，蓋寡者二人。」劉光伯引《襄公十二年傳》「無女而有姊妹及姑姊妹」云：「古人謂姑爲姑姊妹。此姑姊是成公之姊，襄公之姑〔二〕，止一人耳。」孔疏云：「成公即位二年，已令其子公衡爲質於楚，公衡年必十五六，成公年必三十有餘。計至庶其來奔之年，當有七十許歲。其姊雖存，年極老矣，安可以妻庶其？」陸元朗《釋文》云：「假令公衡非成公之子，猶是成公之弟，以成公、公衡之年推之，其姊亦不復堪嫁。」邵寶云：「姑姊，一人也，其殆魯之宗女，於成爲妹者乎？稱姊，尊之也。」按，劉向《列女傳》有梁節姑姊，魯義姑姊。謂父之姊爲姑姊，古有此說，然以解十二年之《傳》則可，以解此《傳》則非。即使公衡非成公之子，亦非成公之弟。成公縱以沖年即位，在位十八年，加以襄公二十一年，已將四十年，其姊必年近五旬，亦不可以妻庶其矣。邵氏以爲魯之宗女，蓋因下文臧武仲云「子以姬氏妻之」，故有此說，然究無明證。又以爲實成公之妹，稱「姊」以尊之，則更武斷之說。夫光伯之規杜，信多獨見，而此條則失之，亦不曲爲掩護也。

陳蔡不羹四國解

《左氏·昭十二年傳》云：「是四國者，專足畏也。」杜注以爲，不羹有二，合之陳、蔡，故稱四國。案，此句云「四國」，而上文云「今我大城陳、蔡、不羹」，止有三國。杜氏曲爲調停，謂不羹有二，以合四國之數，而不知「四國」本「三國」之誤。《儀禮》之《覲禮》云：「四享皆束帛。」鄭康成注云：「『四』當爲『三』。古『四』字積畫，與『三』字相似。」《説文》「亖」字下云：「籀文『四』。」《左氏傳》及《儀禮》皆出自壁中，傳寫者始誤爲「亖」，後遂誤爲「四」也。《國語》亦述楚靈王之語，與此傳略同，而「四」字正作「三」字。劉光伯據此以規杜失，固至當不易之論也。

季氏介其鷄

《左傳·昭公二十五年》：「季氏介其鷄。」賈逵云：「擣芥子爲末，播其鷄翼，可以坌郈氏鷄目。」杜預從之，又載一説云：「以膠沙播之。」鄭衆云：「介，爲鷄著甲。」高誘注《吕氏春秋·察微篇》云：「介，甲也。作小鎧著鷄頸也。」孔穎達云：「杜謂以膠沙播之，亦不可解。蓋以膠塗鷄二足爪，然後以沙糝之，令其澀，得傷彼鷄也。以郈氏爲金距言之，則著甲是也。」按，《釋文》云：「一本『介』作『芥』。」《初學記》所引亦作「芥」，蓋古字「介」「芥」通用。《孟子·萬章上篇》「一介不以與人」「一介不取諸人」，亦借「介」爲「芥」也。然《傳》文但云「介其鷄」，賈子解爲「擣芥子播其羽」，則必添字然後可通。鄭氏訓「介」爲「甲」，則《成二年傳》「不介馬而馳之」、《公羊·宣公六年傳》「吾君孰爲介」、《大雅》「介人維藩」，杜彼注及何注、毛傳皆云「介，甲也」，既可知爲古訓，其説既直捷，且與下文「金距」相類，杜氏下後一説，謂「以膠沙播之」，則「介」豈得訓爲膠沙？孔沖遠最爲墨守杜注者，皆亦不用其説。鄭説之確，不洵然耶？高氏注《吕覽》既用鄭説，而注《淮南子·人間訓》又從賈説，未免自相牴牾矣。

春秋人名地名三傳多異文疏

《春秋》之經文，三《傳》所載，各有不同，而異文之多者，以人名、地名爲最甚。如「意如」之或作「隱如」，「畀我」之或作「鼻我」，「曹公子首」之或作「曹公子手」，此人名之異文也。「京」之或作「亳」，「濆泉」之或作「蚡泉」，「厥慭」之或作「屈銀」，此地名之異文也。其文之所以異者，皆由於其聲之轉。蓋古人於聲之相近者，俱可通用，不必執一字爲是，而以其餘爲非也。至於同是人名、地名，而或作一字，或作二字者，如人名之「吴子壽夢」或作「吴子乘」，地名之「郳」或作「郳婁」，皆長言、短言之異，蓋急讀之則爲一字，緩讀之則爲二字也。考《春秋》之異文者，以此意求之，可矣。

設服離衛

《左氏·昭元年傳》：「設服離衛。」服虔云：「設服，設人君之服，二人執戈在前。在國，居君離宫，陳衛在行。」孔穎達駁之云：「執戈在前，國君行時之衛，非在家守門之衛也。」案，《傳》言公子圍在會之事，服氏以爲在國時事，與《傳》不合。即使在國，當居離宫，而《傳》言「離衛」，未言離宫之衛。孔氏取駁，是也。而其自爲説，謂：「惟譏執戈，不言衣服，則君服即二戈是也」，則亦未宜。設服果即二戈，而離衛又爲二戈，則爲贅語矣。且服何得以爲戈哉？下文〔二〕叔孫穆子曰：「美矣，君哉！」杜云「美服」，似「君二戈」不得云美服。杜意必不以「設服」爲即二戈也。杜云「設服，設君服」，即用服氏「設人君之服」之説，是服、杜皆以「設服」與「離衛」各爲一事：「設服」是僭君之衣服，「離衛」乃爲二戈，明矣。孔氏混而一之，既異于服，又不合于杜，其説誤矣。杜云：「離，陳也。」孔氏以爲「無正訓」。王逸《楚辭》注云：「離，列也。」「列」與「陳」義亦相近。《儀禮》：「小臣二人執戈先，二人後。」則執戈者宜有四人。而子皮云「二執戈者前矣」，孔氏謂「當是公子圍不設後戈」，此説得之。或謂「離」當訓爲「兩」，蓋據《離·象》「離，麗也」，《曲禮》「離坐」「離立」，鄭康成皆訓「兩」，故爲此説。「兩」即「二」之別稱，與「二執戈者前矣」語意亦合，可備一説也。

武王克商至綏萬邦屢豐年

《左氏·宣二十二年傳》載楚莊王之言云：「武王克商，作《頌》曰：『載戢干戈，載櫜弓矢。我求懿德，肆于時夏，允王保之。』又作《武》，其卒章曰：『耆定爾功。』其三曰：『鋪時繹思，我徂維〔三〕求定。』其六曰：『綏萬邦，屢豐年。』」杜預注云：「『其三』，三篇；『其六』，六篇。與今《頌》篇次不同，蓋楚樂歌之次第。」孔疏云：「《頌》皆一章，其言『卒章』者，謂終章之句也。」案，孔氏以《周頌》三十一篇中言武王者，皆爲《大武》之樂，《昊天有成命》第一，《時邁》第二，《執競》第三，《有瞽》第四，《載見》第五，《武》篇第六，《酌》第七，《桓》第八，《賚》第九，故此疏謂「今《周頌》篇次〔四〕，《桓》第八，《賚》第九」。夫「耆定爾功」在今詩《武》之篇，楚子以爲《武》之卒章。今詩《武》在《周頌》之第二十，孔疏以爲第六，既與楚子之言不合，又與今詩之次不合，進退兩無所據。「鋪時繹思，我徂維求定」在今詩《賚》之篇，「綏萬邦，屢豐年」在今詩《桓》之篇，其次第則《桓》第二十九，《賚》第三十。楚子以《桓》爲《武》之六章，《賚》爲《武》之三章，則以《賚》在《桓》上。孔氏以爲《桓》第八，《賚》第九，與謂《武》爲卒章之失同也。且以《昊天有成命》諸篇爲《大武》之樂，與《小序》尤不合，毛傳、鄭箋亦無此説。其謂「卒章」爲「終章之句」尤誤。卒章既是末句，則「其三」豈第三句、「其六」豈第六句乎？且駟赤引《楊之水》「卒章之四言」，卒章果是末句，何以云「卒章之四言」耶？經、傳豈嘗有以一句爲一章者哉？劉光伯云：「其三」「其六」，楚子第三引《詩》、第六引《詩》。孔疏駁之云：「此既是引楚子之言，明是先有三、六之語。」案，孔氏駁劉氏之説是也，而杜注謂「其三」三篇、「其六」六篇，亦非尋繹楚子之言，蓋以《桓》《賚》爲《大武》中之二章，非以爲二篇也。不然，何以不言「篇」而言「章」耶？且云「其卒章曰」，是以《武》爲《大武》之卒章，必以《桓》《賚》爲《大武》之三章、六章明矣。杜氏以爲楚樂歌之次第，則楚雖僻在蠻夷，樂章之紊或有之，然亦不至誤以數篇合爲一篇、一篇誤爲一章也。顧亭林云：「今《詩》但以『耆定爾功』一章爲《武》之一章，而『其三』爲《賚》、『其六』爲《桓》，知今者之《詩》已失古人之次。」此説近之。蓋《大武》之詩，楚子必俱見之。夫子之時，恐已如《商頌》之亡其七，未必無闕佚矣。而《小序》以《武》爲告成，《大武》《桓》爲講武、類禡，《賚》爲大封于廟，與楚子所云必合。去古既遠，闕之可也。《武》之次第，説既紛如，《詩》之《國風》次第，尤多異説。襄公二十九年，吴季札觀周樂，先歌《豳》《秦》于《魏》《唐》之後，杜預云：「後仲尼删定，故不同。」孔穎達云：「諸國之次，當是太師所第。孔子删定，或亦改張。」案，杜氏以今《詩》次第，皆孔子之舊，故先儒當求《國風》次第之義。然鄭康成謂：《小雅》之什爲毛公所移，則《國風》之次第，亦未必盡孔子之舊。顧亭林謂：今日之《詩》已失古人之次，蓋以孔子編《詩》時，《豳》《秦》之詩無以見其不在《魏》《唐》前也。即使孔子果移《秦》於《陳》前、《豳》于《曹》後，如鄭《譜》之移《檜》于《鄭》前、《王》于《豳》後，而去古既遠，其義難明，必求次第之義，則必至穿鑿附會。或謂：以先後爲次，則《秦》詩之作，遠在《豳》後，何以季札觀樂、孔子編《詩》，皆《秦》在《豳》先？孔疏云：「齊哀先于衛頃，鄭武後于檜國，而衛在齊先，檜處鄭後。」其説當矣。或謂：以國地爲序，則秦、豳皆大于邶、鄘、衛，何以後？孔疏云：「鄭小于齊、魏，狹于唐，而齊後于鄭，魏先于唐。」亦得之。或謂，以采得爲次。孔疏駁之云：「何當先作後采、後作先采？」沖遠所駁諸家之説是也，而其自爲説，亦未爲得。其謂邶、鄘、衛土地既廣，詩又早作，故以爲變風之首，則衛之土地小于齊，何以在齊先？且齊哀先于衛頃，孔氏明知之，而此乃云「衛詩早作」，是自背其説也。其謂平王樂遷，王爵猶存，不可過于後諸侯，故次《王》，則既云「王爵猶存」，何以列《邶》《鄘》《衛》之後？且《豳風》亦王朝之詩，在《王風》之前，何以不在《王》先而居《秦》後？其謂鄭桓、武夾輔王室，故次《王》，則晉文侯亦夾輔王室，何以《唐風》在《鄭》後？況季子謂《鄭風》其細已甚，何以次《王》後乎？其謂齊，太師之後，故次《鄭》，則周之宗盟異姓爲後，豈得以太師之後而在同姓唐朝之前？其謂魏國踵虞舜之後，故次《齊》，則季子云「有陶唐之遺民」，何以在《魏》後？其謂唐者，叔虞之後，故次《魏》，則唐叔乃武王之穆，曹叔乃文王之昭，何以《唐》在《曹》先？其謂秦爲强國，故次《唐》，則季子謂秦有夏聲，何以處虞唐之後？其謂陳以三恪之國，尊，國無令主，故次《秦》，則季子亦謂「鄭其先亡」，而魏、唐亦無令主，何以《陳》獨處後？其謂檜、曹國小，而君奢民勞而政僻，故次之于末，則《豳》者周公之詩，何以處《檜》《曹》之後？若謂次於衆國之後、《小雅》之前，欲兼其上之美，則何以不次《雅》後《頌》前，兼《雅》《頌》之美，而處變風後耶？張子謂：二《南》之後，次《邶》

《鄘》《衛》，次《王》，此有意。若非以《邶》《鄘》《衛》分之，則《王》無異于正風也。夫變雅繼正雅之後，未嘗以他詩分之，何以變風繼正風之後，必以他詩分之耶？朱子云：「十五國風次第，恐未必有意。」其説極當，與《大武》之詩同闕所疑可也。豐坊作僞《子貢詩傳》、僞《申培詩説》，以《武》爲《大武》之一成，《賚》爲《大武》之二成，《時邁》爲《大武》之三成，《般》爲《大武》之四成，《勺》爲《大武》之五成，《桓》爲《大武》之六成，改「豳」爲「魯」，移于《邶》《鄘》《衛》之前，移《齊》于《王》後，移《魏》於《檜》《曹》之後，則謬妄之説，不足辨也。程大昌謂：《詩》無國風。季札觀周樂，「自邶至豳，率皆單紀國土，無今國風品目〔五〕也」，則尤屬武斷。季子明云：「是其《衛風》乎？」又云：「美哉！泱泱乎〔六〕，大風也哉！」是季札時有「國風」名目矣。且《表記》載孔子之言，其引《詩》言「國風」者，如「《國風》曰：『我今不閲，皇恤我後』。」又云：「《國風》曰：『心之憂矣，于我歸説〔七〕。』」後又云：「《國風》曰：『言笑晏晏，信誓旦旦，不思其反。反是不思，亦已焉哉。』」是孔子時有「國風」名目矣。季札、孔子皆言有《國風》，程氏則謂無《國風》。不考《表記》之語，不繹《左傳》之文，其疏甚矣。

天有十日人有十等

《左氏・昭七年傳》：「天有十日，人有十等。」杜預云：「甲至癸，王至台。」案，《昭五年〔八〕傳》：「日之數十，故有十時，亦當十位。自王以下，其二爲公，其三爲卿。」語竟與此《傳》約同。杜彼注云：「日中當王，食時當公，平旦〔九〕爲卿，鷄鳴爲士，夜半爲皂，人定爲爲輿，黄昏爲隸，日入爲僚，晡時爲僕，日昳爲台。隅中日出，闕不在第，尊王公，曠其位。」蓋杜以此《傳》下文「王臣公」云云，故以解五年《傳》。彼注既詳，故此注略耳。而「日中」「食時」當王、公之義，未知其何所取義。楊慎引或説，謂：「嚮明而治，宜於日中，故日中當王；鷄鳴而起，故鷄鳴當士；皂主飼馬，以夜半起，故夜半當皂；輿主車，人定則車休，故人定當輿。然其餘多不通，闕之可也。」案，楊説惟「鷄鳴爲士」之解，于理差近。《説卦傳》云：「聖人南面而聽，天下嚮明而治。」是嚮明亦謂南面。孔謂日中，審矣。《昭元年傳》：「朝以聽政。」《玉藻》：「朝，辨色始入，君日出而視之。」是「嚮明而治」，在朝，在日出，不得云「日中」也。《周禮·夏官·趣馬》有「皂」，似皂爲飼馬者，然杜氏《昭二年傳》注以皂爲賤官，則亦爲賤官之通稱，下文「馬有圉」，此「皂」必非飼馬者矣。《左氏》所言之「輿」，多謂衆人，如僖公二十八年「聽輿人之謀」「聽輿人之誦」之類；其以爲主車者，惟僖十三年之「七輿大夫」。既曰「大夫」，則不當在皂下矣。《考工記》之「輿人」，乃爲車者，亦非主車者也。此等必求其義而通之，則失之鑿矣。孔疏引《環齊要略》云：「自營爲厶，八厶爲公〔一〇〕。大夫者，『夫』之爲言『扶』也，大能扶成人也。士者，事也，言能理庶事也。」又引服虔説云：「皂，造也，造成事也。輿，衆也，佐皂舉衆事也。隸，隸屬于吏也。僚，勞也，共勞事也。僕，僕豎，守藏者也。台，給台下，微名也。」案，二説惟「皂之爲造」「僚之爲勞」未詳所本，其説「公」字之義，本于《韓非子》。《白虎通》云：「『大夫』之言『大扶』。」《孝經》注引《辨名記》云：「士者，任事之稱也。」其説「大夫」「士」之義，本諸此也。杜氏《僖二十八年傳》注云：「輿，衆也。」同服説。其謂「隸」爲「屬于吏者」，《周禮》「罪隸，掌役百官府」是也。謂「僕」爲「僕豎，守藏者」，《僖二十四年傳》「晉侯之豎頭須，守藏者也」，是其證矣。《孟子·萬章下篇》「蓋自是臺無饋也」，趙岐注云：「臺，賤官，主使令者。」亦與服氏所説「台」字之義相近，皆信而有徵，非同臆説。孔沖遠謂「此皆以意言之」，蓋以杜氏無解，故妄加訾議也。

昌歜

《左氏·僖三十年傳》「有昌歜」，服虔云：「昌本之菹。」杜預云：「昌蒲菹。」孔疏云：「《説文》：『歜，盛氣怒也。從欠，蜀聲。』」此「昌歜」之音，於《傳》爲在感反。徧檢書傳，昌蒲之草無此別名，未知其所由也。顧亭林云：「《玉篇》『⿰鼀欠』字：『俎[一二]敢切，昌蒲菹也。』《傳》之『昌歜』，正合此字。」案，《周禮·醢[一三]人》有「昌本」，鄭注云：「昌蒲根，切之四寸爲菹。」而注《公食大夫禮》云：「昌本，昌蒲菹也。」則「昌歜」即《周禮》《儀禮》之「昌本」也。《説文》云：「⿰鼀欠，歍⿰鼀欠也。」「歍，心有所惡，若吐也。」《玉篇》亦載其説，是「⿰鼀欠」字爲昌蒲菹，亦係假借。然古本《左傳》必作「昌⿰鼀欠」，故顧野王作《玉篇》從之也。「歜」字，《説文》《廣韵》皆音尺玉切；「⿰鼀欠」字，《説文》从「欠」，「鼀」聲。「鼀」七宿切，「⿰鼀欠」音才六切，《廣韵》音子六切，音本相近，或古字通用，或後人傳寫之譌。至在感切之音，則不必泥也。

亥有二首六身〔一三〕

孔疏以爲上二畫爲首，下六畫爲身。案，《説文》解「亥」字云：「从二，二，古文『上』。」引此傳以證之。又云：「古文『亥』，『亥』爲『豕』。」「亥」與「豕」同，蓋古文「亥」字與「豕」字相近，無「二首六身」之體。史趙所云者，篆文也。或曰，「亥」字即絳縣老人之名，故史趙借以爲言。《韓非子》有唐亥〔一四〕，絳縣老人，蓋氏唐而名亥也。《孟子・萬章〔一五〕下篇》云：「晉平公之於亥唐也。」「亥唐」即「唐亥」，文偶倒耳。案，《淮南子》禹時有豎亥，戰國〔一六〕魏有朱亥，是古人有以「亥」字爲名者矣。以「亥」爲氏，他無可考，則謂「亥唐」爲「唐亥」之誤，於理亦通。下文云：「使助爲政，辭以老。」夫未嘗爲政，是「弗與治天職」也；又云：「與之田，使爲君復陶。」復陶爲衣服之官，不得云「與共天位」也；「與之田」，亦非與「食〔一七〕天禄」也。以《左氏》證《孟子》，亦屬符合，其説可并存矣。

月令多秦制或謂作於周公辨

《月令》一書，其原本出於《呂氏春秋》，蓋呂氏不韋爲秦相時，使其門客爲之，其體例則雜采古書，而參以時事，故其中言秦制者居多。如「命太尉，贊傑俊」，太尉爲秦官；「臘先祖五祀」，臘爲秦之祭名，是其明證。然古制之存其中者，實亦不少。如四時迎氣，每歲三儺，明堂大享，祈年天宗，皆先王之舊典，不可盡謂爲秦制也。或謂：《月令》本周公所作。案，《周書》有《時訓解》，與

《夏小正》大略相同，《月令》即仿其例。然謂《月令》之例出於《周書》則可，謂《月令》之書出於周公之手則不可也。否則，劉安之著《淮南子》，王砅之注《素問》，其中皆有與《月令》相似者，安得盡附會爲古聖所作也哉？

左个右个个字音義解

《月令》之「左个」「右个」，注家訓爲「夾室」，後人皆音爲古賀切。案，《説文》無「个」字，經、傳之「个」字，皆「介」字之誤也。《秦誓》云：「若有一介臣」，《大學》引作「个」；《左傳》之「一个行李」，古本「个」作「介」，此「介」誤「个」之證。戴侗《六書故》引《説文》，有「个」字者，後人所加，非許氏之原文也。諸書所引之《説文》，爲今本所無者，止可據以參考，不可列於正文。即如《左傳釋文》引《説文》云：「瘯瘰，皮肥也。」《後漢書》注引《説文》云：「黌，學也。」使俱收入《説文》，豈足以傳信於後耶？徐鼎臣論俗字云：「左右个，『个』字當作『介』。」徐氏生於南唐，精於小學，而所見之《説文》實無「个」字。戴氏之生，後於徐氏數百年，而云「得見唐本《説文》」，何足信哉？

反釋奠於學

《王制》：「反，釋奠於學。」鄭康成云：「釋菜、奠幣。」其注《月令》「習舞釋菜」云：「將舞，必釋菜。」注《周禮・春官》「舍采合舞」，則讀「菜」爲「采」，解爲「蘋、蘩之屬」。《黄氏日抄》駁之，大略謂：釋奠不當分爲二，「釋奠」即「舍采」；「舍采」不當改爲「舍菜」，「釋菜」當作「釋采」。按，《學記》云：「皮弁祭菜。」是始入學，必用菜。《文王世子》云：「既興，器用幣，然後釋菜。」是祭先聖、先師，固用幣而亦用菜。康成以「釋」爲釋菜，「奠」爲奠幣，則未當。《昏禮》云：「敢奠嘉菜。」是菜可曰「奠」。《聘禮》云：「釋幣於禰。」是幣可云「釋」，非釋必爲菜、奠必爲幣也。然如黄氏説，謂「釋奠」即舍菜，則《記》文當云「釋采」，或云「奠菜」，足矣，何必云「釋奠」？則自是兩事。若謂天子祭於學，不得用菜，則世子入學，亦用菜矣；蘋蘩可薦於宗廟，何不可薦之於先聖、先師乎？《吕氏春秋》本作「舍采」，《月令》作「釋菜」，高誘云：「采舍置也。采，采帛也。」黄氏據之，遂謂「菜」爲「采」之訛，斥康成改《周禮》之文爲誤。不知古字「舍」與「釋」通，「采」與「菜」通。《大射禮》「獲而未釋獲」，鄭彼注：「釋，古文作『舍』。」《周禮》注云：「采，言菜。」《漢孔耽碑》「采」作「菜」，是其證。《吕氏春秋》之「采」，本當作「菜」。作「采」者，以同音而假借耳。高氏解爲「采帛」，無論「采」之爲帛，他無所考，必添「帛」字乃可通，抑且不考《月令》而望文生義。黄氏據之以駁鄭君，不亦誤乎？至熊氏謂「釋奠」有牲牢，則無明文可證。先鄭《周禮》注以「舍采」爲「舞者皆持芬香之菜」，甚爲得之；而又引或説，謂「舍」爲「減損」，「采」爲「盛服」；又引一説，謂見於師，以菜爲摯，則迂曲而難通，然皆無以爲采帛者，亦可見高説之無本矣。康成注《學記》又謂「菜」爲芹藻之屬，蓋以蘋蘩、芹藻皆可用，故互言之耳。

三老五更

《文王世子》之「三老五更」，鄭康成以爲各一人，取象三辰五星，而注《樂記》又云：「三老、五更，互言之耳，皆老人更知三德五事者也。」宋均謂：三老，知天地人之事者；五更，知五行更代者。應劭謂，三者，道成於天地人，五者，訓於五品；老者，久也；更者，能以善道改更己也。二解與鄭雖小異，亦謂各一人。惟蔡邕謂：三老，國老也，當有三人；「五更」當作「五叟」，「叟」，長老之稱，字與「更」相似，書者誤爲「更」。亦當有五人，蓋庶老也。《黄氏日抄》則引杜預《左傳》注，謂三老爲八十以上，上、中、下三壽；其五更及人數，則同鄭説。按，養老之禮不盡傳。鄭君以鄉飲酒推之，三老如賓，五更如介。賓介既各一人，則三老、五更當亦不異。漢明帝以李躬爲三老，桓榮爲五更；魏高鄉公以王祥爲三老，鄭小同爲五更。東漢之初，三老、五更皆各一人，則鄭之前已有此説。魏時，王肅之學盛行，而用鄭説，則肅無異議可知。而漢世置三老，鄉一人，尤可爲鄭説之據。再，《小戴記》云：「三賓，象三光也。」則三老、五更，取三辰五星，自非臆見。且三老、五更，王者所嚴事，當從盧植所云「選三公之老爲三老，鄉大夫之老者爲五更」之説。蔡氏解「五更」爲庶老，亦未爲得。但《禮運》言「三公在朝，三老在學」，「三公」既三人，則「三老」爲三人，亦可通。《列子・黄帝篇》云：「宿於田更商丘開之舍。」張湛云：「『更』當作『叟』。」是「五更」爲「五叟」之訛，亦非無據，其説不妨并存。若杜氏以爲「八十以上」，則七十已爲老。即如其説，「五更」又作何解？若從鄭説，則屬兩岐；若作「五叟」，則叟又豈有五等耶？黄氏引之，誤矣。

八蜡

《郊特牲》之「八蜡」，鄭康成云：「先嗇一，司嗇二，農三，郵表畷四，貓虎五，坊六，水庸七，昆蟲八。」陳澔從之。焦弱侯云：「八蜡之中，百種居第三，而昆蟲不與。此經之明文，『昆蟲毋作』，乃祝神去昆蟲耳，豈祭昆蟲乎？」按，先嗇，神農也；司嗇，后稷也；農則古之田畯，教田者；郵表畷則郵亭，田畯居以督耕者；貓虎能除鼠豕，坊則田間堤防；水庸，田間溝洫：皆以有功，故祀之。而昆蟲，則鄭注亦知爲祝詞，又以言「螟螽之屬爲害者」。既云爲害，則不當祭之。況昆蟲與草木并舉，昆蟲既可蜡，則草木亦可蜡矣。昆蟲爲害之物而猶蜡，百種何不可蜡耶？果八蜡有昆蟲，則田鼠、田豕亦何不可蜡耶？且祭之而言「毋作」，何也？若孔穎達謂昆蟲不爲害，亦是其功，則解「毋作」爲「無作」；又謂草木遍地皆是，故八蜡不數之而數昆蟲，則更愈解而愈支矣。王肅雖知去昆蟲，而分貓虎爲二，以備八蜡之數，亦非。經文明言「祭百種」，何得舍之而數他物？張子以百種居末，雖小誤，而不數昆蟲，誠爲定論。至「蜡」與「臘」，本爲兩事。蜡則皮弁素服，臘則黄衣黄冠，是其服不同也；蜡則於郊，臘則於廟，是其地不同也。以二者同月，其事相次，故連記之耳。而蔡邕《獨斷》乃云：「周曰大蜡，秦曰臘。」以「蜡」「臘」混爲一；鄭君從之，亦誤。八蜡之目，其七皆允當，無復可議，惟「百種」誤作「昆蟲」爲千慮之一失耳。

西郊虞庠解

《内則》云：「虞庠，在國之西郊。」案，有虞氏之學名「庠」，《尚書》未有明文。《孟子》云：「庠者，養也。」是「庠」字本以養老得名。《祭統》云：「有虞氏貴德而尚齒。」是舜之立學，特重養老，故以「庠」名其學。厥後周人之學亦名「庠」，蓋因虞舜之舊也。《明堂位》云：「米廩，有虞氏之庠也。」蓋周家備立四代之學，故虞庠在其中。成王賜魯以天子之禮樂，故魯國亦得有虞庠也。庠本養老之地，而養老必在於秋。《祭義》云「秋食耆老」，是其明證。秋之氣，應乎西方。《兑》爲西方之卦，《説卦》云：「兑，正秋也。」《鄉飲酒義》云：「西方者，秋。」養老既在於秋，故虞庠亦在西郊也。

大夫以魚須文竹

《玉藻》：「大夫以魚須文竹。」鄭康成云：「『文』猶『飾』也。大夫飾竹以爲笏。」孔穎達引庾氏説云：「以鮫魚須飾竹以成文。」射慈云：「魚須飾文竹之邊。」陸元朗云：「須，音班。」引崔氏説，以爲用文竹及魚班也。陳澔引應氏説云：「《爾雅》：『魚曰須。』蓋魚所以鼓息者。」按，《説文》云：「須，面毛也。」蓋古字「須」即「鬚髯」之「須」，別無「鬚」字，故《周易·賁》卦六二爻辭「賁其須」，亦不作「鬚」，與初九「舍車而徒」、九三「賁如濡如」、六四「賁如皤如」正叶。如陸氏説，音「須」爲「班」，則失其韻矣。至應氏謂即《爾雅》之「魚曰須」，則郭注云：「鼓顋須息。」未嘗云即《玉藻》之「魚須」也。邢疏云：「魚之鼓動兩顋，若人之導其氣息者，名須。所須若此，故題云『須屬』也。」亦不引《玉藻》以解之。玩其説，蓋謂魚之鼓動兩顋，乃其所須，非謂魚所以鼓息者在須也。且據《説文》，則《爾雅》之「魚」本當作「魚曰需」，作「須」乃假借字耳。應氏不知《爾雅》與《玉藻》文同義異，復不細繹郭注、邢疏，而强爲牽合，誤之甚矣。鄭以「文」爲「飾」者，《論語·子張篇》「小人之過也必文」，孔安國云：「文飾其過。」鄭説蓋本諸此。射氏謂「魚須飾文竹之邊」，則以「文」爲竹之文，又訓爲「飾」，豈有一字兩訓可相複者乎？崔氏以「魚須」與「文竹」爲二，則《記》文當云「魚須及文竹」乃可通。不然，則上文「天子以球玉」亦可分之爲二耶？庾氏謂「魚須」爲「鮫魚須」，則《山海經》云：「鮫魚皮，可飾刀劍。」徐廣《史記》注謂其皮可飾服器，而不云其須可飾笏，其説無文可證。魚亦爲獸名，《小雅·采薇篇》「象弭魚服」，陸璣云：「魚服，魚獸之皮也。」《左傳·閔公二年》：「歸夫人魚軒。」服虔云：「魚，獸名。」亦不云即《玉藻》「魚須」之「魚」。鄭君既無明解，闕之可也。

七月而禘

《雜記》：「七月而禘，獻子爲之也。」鄭康成云：「記魯失禮所由也。魯之祭祀宗廟，以夏時之孟月爾。」《明堂位》曰：「季夏六月，以禘禮祀周公於太廟。」孔疏云：「七月，周建午之月也。凡大祭宗廟，宜用首時，應禘於孟月。孟月，於夏家爲四月，於周爲六月。七月而禘，是魯之失禮。時暫爲之，故《春秋》獻子之後，無七月禘廟之事。又此不云自獻子始，是不恒行也。」按，禘祭有三：一爲大禘，《大傳》所云「禮：不王不禘」是也；一爲吉禘，《春秋·閔公二年》「夏，吉禘於莊公」是也；一爲時禘，《王制》《祭統》所云「夏祭曰禘」，《郊特牲》《祭義》所云「春禘」，雖春、夏不同，同爲時祭也。吉禘乃除喪之祭，不得期以七月。獻子所云，必非吉禘。《明堂位》「季夏六月，以禘禮祀周公於太廟」，乃大禘也。鄭引之爲證，蓋以爲大禘也，夏禮以春禘，殷禮以夏禘，周禮改禘爲大祭，而以礿爲春祭、禴爲夏祭。獻子所云，若是時禘，則當云「禴」，不得云「禘」矣，自合以鄭君「大禘」之解爲確。《春秋》宣公九年，獻子始見經，僖公八年未有獻子而七月禘者，《鄭志》答趙商問云：「僖八年正月，公會王人于洮，六月應禘。以在會未歸，故至七月乃禘耳。」至康成《商頌·長發》箋云：「大禘，郊祭天也。」而此不云祭天者，以上文已言「正月日至，可以有事於上帝」，不得又云祭天也。

舜作五絃之琴以歌南風解

《樂記》云：「昔者舜作五絃之琴，以歌《南風》。」鄭康成云：「其詞未聞。」《尸子》載其詞，有「解愠阜財」之語。王肅據之，以駁鄭君。案，虞、夏以前之詩，多散見於諸書，如《康衢之歌》紀於《列子》，《卿雲》《復旦之歌》見於《尚書大傳》，其詞均極醇正。然先儒雖或引以備考，而究不遽信爲當時之詩，蓋疑以傳疑之意也。鄭君非不知《南風》之詩見於《尸子》，而卒不引之，解經之慎也。王肅之駁，多見其不知量矣。至於《家語》一書，本肅所僞撰，所載《南風》之詩，蓋即肅所增入，以證己説者。

介僎象陰陽也三賓象三光也

《鄉飲酒義》：「介僎，象陰陽也；三賓，象三光也。」鄭康成云：「陰陽助天地，養成萬物之氣也。三賓，象三光，繫於天也。古文禮『僎』皆作『遵』。『三光』爲三辰，心爲大辰，伐爲大辰，北辰亦爲大辰。」陳澔從之。按，鄭所謂「古文禮」者，謂《儀禮》也。《鄉飲酒禮》「遵者降席」，鄭彼注云：「今文『遵』作『僎』。」是《儀禮》之「遵」，即《禮記》之「僎」。戴聖用今文，故作「僎」耳。或以三賓爲賓、介、僎，不知《鄉飲酒禮》既獻賓介，然後獻衆賓，經文明云：「衆賓之長，升、拜、受者三人」，而僎則一人，畢觶乃入。「三賓」當爲衆之長，豈得以賓、介、僎當之耶？或又以「三光」爲日、月、星，蓋本於顔師古《漢書》注，然下文云：「設介、僎，以象日月。」三光又有日、月，則複矣。鄭注「三辰」之解，本於《公羊・昭十七年傳》文，自當爲正說也。

犧尊疏布鼏樿杓

《禮器》：「犧尊疏布鼏，樿杓。」鄭康成云：「犧尊，以沙羽爲飾。鼏，或作『幂』。樿，木白理也。」皇氏以爲，「犧尊」即《周禮》之犧象。孔疏謂：「以瓦爲尊，畫沙羽其上。鼏，覆也。故《幂人》云：『祭祀，以覆疏布巾幂八尊。』樿杓者，白理木也。」《釋文》云：「犧字，鄭讀素何切，王肅讀如字。」按，《周禮・春官・司尊彝》：「其朝踐〔一八〕用兩獻尊。」鄭司農云：「獻，讀如『犧』。犧尊，飾以翡翠。」賈疏云：「翡赤，翠青。」《魯頌・閟宮》：「犧尊將將。」毛傳云：「犧尊，有沙飾也。」《明堂位》疏引《鄭志》云：「『犧』讀如『沙』，刻畫鳳凰之象於尊，其形〔一九〕婆娑然。或有作『獻』字者，齊人之聲誤耳。」康成用毛公說，雖與先鄭不同，而皆以爲雕文刻鏤之義也。阮諶謂，犧尊以牛爲飾，祇因「犧」字從「牛」，遂望文生義。不知《說文》云：「犧，宗廟之牲也。」毛公《魯頌》傳云：「犧，純也。」鄭康成《牧人》注：「犧牲，毛羽完具也。」孔安國《微子》傳：「色純爲犧。」是「犧」乃牲之總名，非專爲牛也。《小雅・甫田篇》：「與我犧羊。」《孟子・滕文公下篇》：「無以供犧牲也，湯使遺之牛羊。」是羊亦謂之犧也。《左傳・昭廿二年》：「見雄鷄自斷其尾，問之。侍者曰：『自憚其犧也。』」是鷄亦謂之犧也。《曲禮》：「天子以犧牛。」則連「牛」而言。若犧牛可但云「犧」，則肥牛可但云「肥」、索牛可但云「索」乎？且《説文》列「犧」字於部末，引賈侍中説云：「此非古字。」則犧尊當從《周禮》作「獻尊」，不當作從「牛」之「犧」。阮説甚誤，然猶謂尊以牛爲飾也。至王肅則謂形如牛而背上負尊，云魏太和中，魯郡於地中得齊大夫子尾送女器，有犧尊，作犧牛形。劉杳申其説云：「古者尊彝皆爲鳥獸，鑿頂及背。」晉末永嘉中，於青州得犧尊，亦爲牛形，則《周禮》六尊六彝之名，多取諸鳥獸，鷄彝、鳥彝、虎彝、蜼彝，皆謂畫其形以爲飾。若犧尊爲牛形，與諸彝不合矣。且《莊子・天地篇》：「百年之木，破爲犧尊。」《淮南子・俶真訓》：「百圍之木，斬而爲犧尊。」則犧尊乃木之所爲明矣。魯郡、青州所得犧尊，在地中數百年而完好，以木爲之，則不能經數百年而不壞；以金爲之，又與《莊子》《淮南》不合。蓋王氏以犧尊爲牛形，故見魯郡所得有牛形之器，遂謂其即犧尊耳。若晉永嘉中所得及《宣和博古圖》所載，則尤不足信矣。王氏讀「犧」爲許羈切，則「犧」音皆應素何切，故《魯頌・閟宫篇》「享以騂犧」與「宜」「多」爲韵，《淮南子・説山訓》「生子而犧」與「羈」「何」爲韻。若讀許羈切，則不叶矣。鄭君注《冪人》「以疏布巾冪八尊」云：「以疏布者，天地之神尚質。」賈疏云：「舉天地，則四望、山川、社稷、林澤皆用疏布，皆是當質之義也。」則疏布鼏，八尊皆用，不獨犧尊，特舉一以見其餘耳。孔氏以樿杓爲不用玉爵，則杓即《明堂位》龍勺、疏勺、蒲勺之「勺」，乃灌尊之勺，與爵不相涉。陳氏以爲沃盥之具，則龍勺、疏勺、蒲勺亦沃盥之器與？鄭君謂樿爲「木白理」，蓋不加雕飾之謂也。

郊之用辛也周之始郊日以至〔二〇〕

《郊特牲》：「郊之用辛也，周之始郊，日以〔二一〕至。」鄭康成謂，「周」當爲「魯」，云：「魯以無冬至祭天于圜丘之事，是以建子之月郊天。周衰禮廢，儒者見周禮盡在魯國，推魯禮以言周事。」王肅不改字，以爲周郊。案，郊有迎長日之郊，有祈穀之郊。《左氏·襄七年傳》孟獻子曰：「夫郊祀后稷，以祈農事也。是故啓蟄而郊，郊而後耕。」杜注云：「啓蟄，夏正建寅之月。」《月令》：「天子乃以元日，祈穀于上帝。」鄭彼注引《左傳》證之，是魯有祈穀之郊矣。《穀梁·哀元年傳》云：「以十二月下辛卜正月上辛。若不從〔二二〕，則以正月下辛卜二月上辛；若不從，則以二月下辛卜三月上辛；若不從，則不郊矣。」周正十二月，爲夏正十月，其時無祈穀之事，必是迎長日也。《家語》載孔子對定公郊祀之言，與《郊特牲》同，以爲周郊。《家語》爲王肅私定，多增改以就己說，固不足信。然董仲舒、劉向皆以爲周郊，則非肅之臆見。下文：「祭之日，王被衮衮以象天。」魯雖用王禮，未嘗僭王號也，當從經文作「周郊」爲是。《雜記》孟獻子曰：「正月日至，可以有事于上帝。」與《左傳》所載獻子之言不合，或另是一時之言，或傳聞之異，并存之可也。

外事用剛日内事用柔日

《曲禮》：「外事用剛日，内事用柔日。」鄭康成云：「順其出，外爲陽也，出郊爲陽事。順其居，内爲陰。」崔靈恩云：「外事，指用兵之事；内事，指宗廟之事。」孔穎達云：「外事，郊外之事也。

剛，奇日也。十日，有五奇五偶。甲、丙、戊、庚、壬，五奇爲剛也。內事以柔日，內事，郊內之事也。乙、丁、巳、辛、癸，五偶爲柔也。」陳澔云：「巡狩、朝聘、會盟之類，皆外事也。內事，如宗廟之祭、冠昏之禮皆是。」案，用兵之事，如「甲午治兵」是，用剛日也。宗廟之事用柔者，桓公八年「春王正月己卯，烝」，閔公二年「夏五月乙酉，吉禘于莊公」是也。而始虞用柔日，三虞用剛日者，鄭以爲陽日，取其動。祭天用辛，雖外，用柔；祭社用甲，雖內，用剛者，孔疏謂尊郊社，不敢拘內外，皆得之矣。盟會之事，《春秋》所載，如桓公十二年「冬十一月丙戌，公會鄭伯，盟于武父」，莊公二十二年「秋七月丙申，及齊高傒〔二三〕盟于防」，則用剛日。而僖公二十一年「十有二月癸丑，公會諸侯，盟于薄」，文公二年「三月乙巳，及晉處父盟」，又用柔日，當時不能如禮也。僖公二十八年「壬申，公朝于王所」，此朝用剛日之證。至巡狩、冠昏及聘禮，則無文以言之矣。

祭左右軌范

《少儀》：「祭左右軌范。」鄭康成云：「軌設轂末。《周禮・大馭》：『祭兩軹，祭軌，乃飲。』軌與軹于車〔二四〕同，謂轊頭也。『軌』與『范』聲同，謂軾前也。」案，「軌」字有二義：《考工記》：「經途九軌。」《左傳》：「同軌畢至。」《中庸》：「車同軌。」《孟子》：「城行之軌」，皆是轍跡。若「左右軌范」之「軌」，則鄭注以爲轊頭是也。《考工記》：「軹崇三尺有三寸。」鄭彼注云：「軹，轂末也。」劉熙《釋名》云：「軹，指也，如指而見于轂頭也。」是轂末即轂頭，即轊頭，統名曰「軹」，而皆軌之異名耳。《秦風・小戎》：「陰靷鋈續。」毛傳云：「陰，掩軌也。」鄭箋云：「掩軌，在軾前，垂輈上。」蓋

「左右軌范」之「范」，即《小戎》之「陰」也。軓是軾前輿板，故毛以爲「掩軓」也。《考工記》：「軓前十尺。」鄭注以爲輿下三面材，而此注以爲軾前耳。《考工》注渾言之，謂軾前及兩輢皆爲軓；此注析言之，則曰「軾前」耳。《周禮·大馭》「祭軓」，故書「軓」作「軋」；《考工》「軓前十尺」，亦或作「軋」。蓋古文作「軋」，今文作「軓」，而「范」則同音假借字耳。孔沖遠〔二五〕云：「《大馭》『祭兩軹，祭軓』，此云『祭左右軌范』，兩文正同，則左右軌與兩軹是一事〔二六〕。」既得之矣，而《邶風》疏又云：「轛頭謂之軹，不謂之軌。」與此説異。《禮》疏是，《詩》疏非也。或謂車轍既名軌，軹不得亦名軌，則車中之物固有異物同名者。《考工記》：「去三以爲軹。」鄭司農云：「軹，小穿也。」又注「去一以爲軹圍」〔二七〕云：「軹，輢之植者，衡者也。」小穿謂之軹，輢謂之軹，轛頭又謂之軹，亦一字訓爲數物。「軌」爲之「軹」，又奚疑乎？今本注疏「軌」「軓」多互訛，鄭注「軓與范聲同」之「軓」，亦誤爲「軌」。「軌」「范」聲不相近，其義不得通矣。

芝栭

《内則》「芝栭」，鄭無注。盧植云：「芝，木芝也。」案，《爾雅·釋草》：「茵，芝。」郭注云：「一歲三華，瑞艸。」《説文》云：「芝，神艸也。」則非常得之物，當從盧氏「木芝」之説。庾蔚之云：「無華葉而生者曰芝栭。今春夏生于木，可用爲菹。」蓋從盧説，而以「芝」「栭」爲一物，與鄭注「三十一物」之説尤合。《釋文》云：「栭，本又作『檽』。」《本艸别録》云：「木生者爲栭。」王肅云：「無華而實者名栭。」皆芝屬，則以爲二物，與鄭雖異，亦以「栭」爲芝類也。賀氏以栭爲軟棗，則《爾雅·釋木》詳述諸棗之名，未嘗云「栭，軟棗」也。陳澔以爲小栗，則郭璞注《釋木》「栵，栭」云：「今江東呼爲栭栗。」未嘗云即《内則》之「栭」也。栭果栗類，則當次于「栗」下，不得次于「芝」下矣。

隰有六駁

《晨風》：「隰有六駁。」毛傳云：「駁，如馬，倨牙，食虎豹。」鄭箋從之。王肅云：「言六駁〔二八〕，據所見而言也。」陸璣云：「駁〔二九〕，梓榆也。其樹皮青白，遥視似駁。下章云：『山有苞棣，隰有樹檖。』皆山、隰之木相配，不宜云獸。」孔穎達謂其言非無理，朱子亦從之。按，毛説雖本於《爾雅·釋畜》，然郭注引《山海經》「駁如白馬，黑尾倨牙，食虎豹」，而不引此詩，是景純不以《爾雅》之「駁」爲詩之「駁」也。《衆經音義》引舍人注云：「駁，多力獸也。又謂之兹白。」亦未言即《詩》之「駁」也。且全詩之例，「山有」「隰有」之物皆相類，未有言草木復雜以獸者。如《簡兮》「山有榛，隰有苓」，《鄭風》「山有扶蘇，隰有荷華」「山有橋松，隰有游龍」，《唐風》「山有樞，隰有榆」「山有栲，隰有杻」「山有漆，隰有栗」，《小雅·四月》「山有蕨薇，隰有杞桋」，皆是。此「六駁」若解爲獸，則非《詩》之例矣。《小雅·何人斯》云：「居河之麋。」毛傳云：「水草交，謂之麋。」朱傳從之。《左氏·僖公傳》云：「余賜汝〔三〇〕孟諸之麋。」杜注云：「水草之交曰麋。」此似獸而實草者也。麋既非獸，則駁亦非獸，更可知矣。毛公泥於「駁」字，故有此誤，當以陸氏、朱子之説爲精矣。

其軍三單

《公劉》：「其軍三單。」毛傳云：「三單，相襲也。」王肅述之云：「三單相襲者〔三一〕，婦女在内，老弱次之，强壯在外，言自有備也。」鄭箋云：「大國之制三軍，以其餘卒爲羡。今公齊遷於豳，民始從之，丁夫適滿三軍之數。單者，無羡卒也。」孔疏從鄭駁毛云：「此詩二章已言至豳，不應三章方説在道。沃至豳之日，三單〔三二〕相襲，復何禦哉？」朱子云：「三單，未詳。」按，經文云「其軍」，則「三單」必指軍而言。若謂「三單」爲婦女、老弱、强壯，則老弱或可云「軍」，婦女豈得云「軍」耶？《周禮·地官·小司徒》云：「凡起徒役，無過家一人，以其餘爲羡。」鄭司農云：「羡，饒也。」賈公彦云：「一家兄弟雖多，除一人爲正卒，正卒之外，皆爲羡卒。」據此，則羡卒本在三軍之外。公劉因其衆不滿三軍之數，故以羡卒足之耳。或謂，《周禮》乃周制，《左傳》：「周爲六軍，諸侯之大者，三軍可也。」公劉，夏時，諸侯未必已有三軍。則亦不然。《甘誓》：「乃召六卿。」孔傳云：「天子六軍，軍將皆命卿。」鄭彼注云：「六卿者，六軍之將，三代同矣。」是啓時天子已備六軍，諸侯必有三軍可知。《左傳》以「周」對「諸侯」而言，蓋謂王室始備六軍，非謂周始爲六軍，不必泥之而疑夏时諸侯無三軍也。朱子雖云「三單，未詳」，然亦未嘗以鄭説爲非。宋儒皆用鄭説，御案從之，自當爲正説也。

終鮮兄弟

《揚之水篇》：「終鮮兄弟。」毛無傳。鄭箋云：「鮮，寡也。忽兄弟争國，親戚相疑，後竟寡於兄弟之恩，獨我與汝〔三三〕有耳。作此詩者，同姓臣也。」朱子初解，亦從其說，見於吕東萊《讀詩記》所引。及著《集傳》，以爲淫女所作，而於「兄弟」二字難解，則曰「兄弟，昏姻之稱。」引《曾子問》「恐不得嗣爲兄弟」爲證。按，《左傳·莊公十四年〔三四〕》原繁云：「莊公之子，猶有八人。」是忽非寡於兄弟，特無兄弟之恩。其曰「終鮮兄弟」，猶司馬牛所云「人皆有兄弟，我獨亡〔三五〕」之語耳。故鄭不解爲爲「寡於兄弟」，而以爲「寡於兄弟之恩」。朱子解爲淫女所作，未審何據。《禮記》所載「恐不得嗣爲兄弟」者，言有大故，不得嫁娶，將無中表兄弟之續，非夫婦而有兄弟之稱。即如其說，於「終鮮」文義，究有未協。推朱子之意，蓋以爲諸侯之尊，弟兄不得以其屬通。忽方爲君，不當云兄弟，故有此說。然《常棣》亦言「兄弟孔懷」矣，李密《陳情表》亦以此句作「寡於兄弟」解，雖與鄭說小異，而大義則同。《王風·葛藟篇》「終遠兄弟」，與此詩詞句略同，朱子於彼從鄭說，於此又改之，似涉兩岐。且以《王風》之《揚水》爲刺平王，《唐風》之《揚之水》爲刺晉昭公例之，則此詩亦當爲刺鄭忽。伏讀御案，定從鄭說，然則朱子初解，較勝於《集傳》矣。

俶載南畝

《大田》：「以我覃耜，俶載南畝。」箋云：「俶，讀爲『熾』；載，讀爲『菑栗』〔三六〕之『菑』。時至，民以其利耜熾菑，發所受之地。」《載芟》：「俶芟南畝。」鄭箋云：「俶載，當作『熾菑』。以利耜熾菑之而後種其種〔三七〕。」《良耜》之「俶載南畝」亦然。毛傳俱不解「俶載」之文。王肅以「俶」爲「始」，「載」爲「事」。朱子從肅說。案，古者謂深入而植立者爲「菑」。《考工記·輪人》：「察其菑蚤不齺。」鄭彼注云：「菑，謂輻入轂中者也。」鄭司農云：「泰山平原謂所樹立物爲菑，博之梟棋亦爲菑。」他若《公羊傳》「以人爲菑」，《漢書》「揵石菑」，皆謂立也，則鄭或以「熾菑」爲用利耜入土而植立之謂。然陸元朗《詩經釋文》每引《韓詩》作某，而此不云《韓詩》作「熾菑」，是韓嬰亦作「俶載」也。康成先通《魯詩》，而此不引爲證，是申培亦不作「熾菑」也。其説無他據，而《爾雅》「俶，始」正訓，《聘禮》「俶載無常數」，鄭彼注亦解爲「始」；《大雅》「上天之載」，毛彼傳云：「載，事也。」「俶載」解爲「始事」，甚確，當以朱傳爲正説，而存鄭説以備焉。

南仲太祖

《常武》之「南仲太祖」，毛解爲「命南仲於太祖之廟」；「太師皇父」，毛解爲「既命南仲，復命皇父」。鄭則謂宣王「用其以南仲爲太祖者，今太師皇父是也」，與毛大異。王肅伸毛云：「皇父以三公撫軍也。殊南仲於王命，親兵也。」孫毓伸鄭云：「宣王之將〔三八〕復字南仲，書傳無聞焉。且古之命將，未有於太祖之廟者。」朱子亦從鄭説，謂皇父以卿士而兼太師。按，《詩》言「南仲太祖」，未言命於太祖之廟。古者命人，必陳其祖之功以命，如上篇命召虎而陳召康公之功，是其證。南仲，文王時武臣，似宣王時不當復有一南仲。鄭説固當，然使南仲果皇父之太祖，則當云「南仲之孫」，與「平王之孫」「后稷之孫」「周公之孫」一例，不得云「南仲太祖」矣。既曰「卿士」，又曰「太師」，果係皇父之職，亦覺詞氣重複。周秦以上，世族子孫多襲先世之字，如趙孟、知伯皆是。此南仲或即是文王時南仲之後，而襲其字，亦未可定。毛公去古未遠，必有所受，則其説可并存。

有洸有潰解

《邶風・谷風》云：「有洸有潰。」傳云：「洸洸，武也；潰潰，怒也。」但解「洸」「潰」，未解兩「有」字之義。案，《詩經》之「有」字，訓各不同。訓爲語助詞者，《賓之初筵》云「發彼有的」是也；訓爲「有無」之「有」，此篇之「何有何亡」是也；訓爲「或」者，《載馳》云「無我有尤」，猶言「無我或尤」是也；訓爲「又」者，《終風》云「不日有曀」，猶言「不日又曀」是也。然以解此句兩「有」字，則皆不可。蓋一字不成詞，而又不能重言者，則加「有」字，如「摽有梅」之類是也。至於「洸」「潰」二字，皆可重言，何不云「洸洸潰潰」，而云「有洸有潰」耶？是訓爲語助詞者非也。「洸」爲武貌，「潰」爲怒貌。武與怒，理本相因，原非二事，解爲「或洸或潰」「又洸又潰」，固於文義不安；即解爲「有無」之「有」，亦復分「武」「怒」爲二端，究於事理不合。是訓爲「或」、訓爲「又」、訓爲「有無」之「有」者，亦非也。蓋此句兩「有」字，本係狀物之詞。《詩經》之例，一句一「有」，爲狀物之辭者，《桃夭》云「有蕡其實」、《東山》云「有敦瓜苦」是也；一句二「有」字爲狀物之詞者，《卷阿》云「有馮有翼」、《有客》云「有萋有且〔三九〕」是也。鄭箋解此句云：「君子洸洸然、潰潰然，無溫潤之色。」所謂「洸洸然」「潰潰然」者，即狀物之詞也。後儒不知箋意，而望文生訓，兩「有」字之義遂不能明矣。

四月秀葽

《七月》詩「七月秀葽」，毛傳、朱傳皆云「葽，草也」，而不言何草。鄭箋云：「《夏小正》：『四月，王萯秀。』葽其是乎？」其注《月令》，以王瓜爲王萯，而以與《夏小正》不同，云：「未聞孰是。」孔疏云：「鄭疑王萯與葽爲一，而以四月生者自是王瓜。《夏小正》文既異，『生』與『秀』字又殊，必有誤。是『葽』與否，未能審也。」王應麟云：「諸儒皆不詳其名，惟《説文》〔四〇〕以爲苦葽。曹氏以《本草》證之，知爲遠志。」按，《本草》云：「萯生田中，葉青，七月采之。」云七月乃采，則非四月已秀。此「葽」雖與王萯秀、王瓜生，同爲四月之候，而葽爲王萯、王萯爲王瓜，亦無它證；「秀」之與「生」，義亦不相遠。《夏小正》又有「四月秀幽」，「幽」「葽」一聲之轉。《戰國策》云：「幽莠之小者〔四一〕也。」則葽即幽，似不當援王萯。然毛公、鄭君、朱子皆未能定，則後人亦未可遽定。至《説文》以爲苦葽，雖不及《夏小正》之可據，亦本諸劉向，自可與遠志之説并存以俟考。若「秀」之義，則毛傳「不榮而實」之訓，本於《爾雅》，而其文在《釋草》，其爲草也，可無疑矣。

七襄解

《小雅・大東篇》云：「終日七襄。」毛傳云：「襄，反也。」鄭箋云：「襄，駕也。駕謂更其肆也。從旦至暮〔四二〕七辰，辰一移，因謂之七襄。」案，《説文》云：「漢令：解衣而耕謂之襄。」「解衣」者，除去其衣也。引而申之，凡物之除去者，皆謂之襄，《爾雅・釋言》訓「襄」爲「除」是也。除乎此者，必復乎彼。又引而申之，凡物之反復者，亦謂之「襄」。毛傳訓「襄」爲「反」者，從引申之義也。《説文》解「驤」字云：「馬之低仰也。」古人多假「襄」爲「驤」，故「襄」亦有駕馬之意。《鄭風・大叔于田》云：「兩服上襄。」毛傳云：「駕者。言爲衆馬之最良者也。」《爾雅・釋言》云：「襄，駕也。」郭注引《堯典》「懷山襄陵」爲證。鄭訓「襄」爲「駕」者，從假借之義也。二家之解，皆本諸古訓，未可偏非。但如毛説，訓「襄」爲「反」，則終日之間，星辰七去七反，恐不若是之速。孔氏申之云：「終一日，歷七辰，至夜而迴反。」於理可通，而於文不辭，究屬費解，不若鄭説之當也。《左氏・襄九年傳》云：「三駕而楚不能與争。」《襄卅一年傳》云：「文王伐崇，再駕而降爲臣。」「七襄」之訓「七駕」，其意亦若是耳。孔氏申鄭云：「在天爲次，在地爲辰，每辰爲肆。晝夜雖各六辰，數者舉其終始，故七，即自卯至酉也。言『終日』，是晝也。晝不見而言七移者，據其理當然矣。」頗能曲達鄭意。朱子引傳、箋之説，而云「七襄，未詳」，固未嘗有所專主，然又言：「天有十二次，日月所止舍，所謂『肆』也。終日之間，自卯至酉，當更七次。」申鄭説而不申毛説，蓋亦以鄭説爲長矣。

公路公行公族解

《魏風・汾沮洳篇》首章云：「殊異乎公路。」次章云：「殊異乎公行。」三章云：「殊異乎公族。」毛傳云：「路，車也。公族，公屬。」鄭箋云：「公行，主君兵車之行列。」案，魏國與晉爲鄰。魯閔公之時，魏國爲晉所滅，故晉之官名，多同於魏國。《左氏・僖公傳》云：「及七輿大夫。」《襄公傳》云：「惟魏氏及七輿之大夫與之。」所謂「七輿大夫」者，蓋主車之官，即此詩之「公路」也。《周禮》之「巾車」，掌王之五路。玉路惟天子得用，金路、象路、革路、木路則諸侯亦得用之。魏爲同姓之國，得賜金路。魏之公路，即周之巾車也。《左氏・宣公傳》云：「初，驪姬之亂，詛無畜群公子。自是，晉無公族。及成公即位，乃宦卿之適子爲公族，其庶子爲餘子，亦爲公行。」蓋公行、公族，皆沿魏國之制也。然毛傳以「公族」爲「公屬」，則是魏之公族，皆是同姓之臣。而晉之爲公族者，如趙括、郤犨、欒黶、士鞅、韓無忌等，皆是異姓之臣。蓋官名雖同，而實則異矣。《左氏·僖公傳》云：「晉侯作三行以禦狄：荀林父將中行，屠擊將右行，先蔑將左行。」是主君兵車之行列，亦有明徵矣。

二南作於何時及南字名義解

《詩序》云：「《關雎》《麟趾》之化，王者之風也，故繫之周公。《鵲巢》《騶虞》之德，諸侯之德也，故繫之召公。」據此，則二《南》作於文王之時矣。或據《吕氏春秋》所載《塗山歌》，有「候人猗兮」之句，以爲南音之始。然南音雖始於夏，而南詩則始於周也。或據《水經注》，以爲二《南》因南氏二臣而作，亦於古無徵，未足傳信。至於「南」字之名義，蓋因其詩作於南國，采風者遂以「南」名其風，猶之《邶》《鄘》《衛》諸詩，各作於其國，亦即以國名其風也。程大昌謂，古無「國風」名目，二《南》不當列於《國風》。案，《表記》《緇衣》引《詩》之「《國風》曰」者數處，安得謂古無「國風」名目？《左氏·隱元年傳》云：「風有《采蘩》《采蘋》。」二詩皆在《召南》，安得謂二《南》爲列於《國風》？程氏之説，武斷甚矣。

魯頌解

《詩》有三《頌》：《商頌》與《周頌》并王朝之詩，惟《魯頌》乃侯國之詩。蓋魯僖公能遵伯禽之法，國人悦之，於是季孫行父請命於周，而史克作是《頌》。此詩雖作於侯國，而命實出自王朝，故亦得與《商》《周》〔四三〕并稱爲頌也。《魯頌》之詩凡四篇，《駉》《有駜》《泮宫》《閟宫》是也。據《詩序》之義言之，《駉篇》頌僖公務農重穀，牧于坰野；《有駜篇》頌僖公君臣宴樂，咸得其道；《泮宫篇》頌僖公能修學校，《閟宫篇》頌僖公能復周公之宇，其説皆極精確。至於列國皆有風，而魯獨無風；《賓筵》《抑》《戒》，皆衛武公之詩，是列國亦有《雅》，而魯獨無《雅》者，或當時本有，而孔子删之耳。

載弄之瓦解

《小雅・斯干》云：「載弄之瓦。」毛傳云：「瓦，紡專也。」鄭箋云：「紡專，習其所有事也。」案，《説文》「專」字下云：「紡瓦也。」蓋古無「塼」字，「塼瓦」之「塼」，本作「專」字；「專一」之「專」，則作「嫥」字。後人假「專」爲「嫥」，訓爲「專一」，而「嫥」字遂廢；復臆造「塼」字以代「專」字，而「專」字之本義亦廢。非考諸傳、箋、《説文》，孰能正之？至於「瓦」字之音，今人皆音五寡切，亦與古音不合。案，上文云「載寢之地」，「地」字與「瓦」字爲韵。「地」字從「也」字得聲，「也」字古音讀如「它」，故「地」字之音與「妥」「惰」相近。「地」字音都播切，「瓦」字音五果切，方與古音相合。下文云：「無非無儀，惟灑食是議，無父母貽罹。」「儀」字古音讀如「莪」，「議」字古音讀如「我」，「罹」字古音讀如「羅」。「儀」「議」「罹」三字，與「地」「瓦」二字古音同部，故此章合爲一韵也。是可證「瓦」字不當音五寡切矣。

豳風改歲解

《豳風·七月》云：「曰爲改歲。」孔疏云：「《月令》云：『孟冬，命有司閉塞而成冬。』此經『穹窒』『墐户』，文在『十月』之下，亦當以十月塞塗之矣。云『曰爲改歲』者，以仲冬陽氣始萌，可以爲年之始，故改正朔者，以建子爲正。」案，毛公於此句無傳，然此篇首章云：「一之日觱發，二之日栗烈。」「三之日于耜，四之日舉趾。」毛傳云：「『一之日』，周正月也。『二之日』，殷正月也。『三之日』，夏正月也。『四之日』，周四月也。」是毛公亦有改朔之義也。鄭箋云：「『曰爲改歲』者，歲終。」而「一之日觱發，二之日栗烈」，雖未明言改朔，然觀其首章箋云「此二正之月」，是鄭氏亦有改朔之義也。《集傳》引吕東萊之説云：「十月而曰『改歲』，三正之通於民俗尚矣，周特舉而迭用之耳。」其説最是。案，古者雖重時王之正朔，然亦參用前代之正朔。《周禮·天官》云：「正月之吉，始和布治於邦國都鄙。」鄭注云：「周正月朔日。」《地官》云：「正歲令於教官。」鄭注云：「夏正月朔日。」蓋《周禮》一書，言「正月」者皆周正，言「正歲」者皆夏正也。成、康爲周之天子，既可兼用夏時，公劉爲夏之諸侯，亦可兼用周正矣。《困學紀聞》云：「以《公劉》之詩考之，『君之宗之』，宗法始於此；『其軍三單』，軍制始於此；『徹田爲糧』，徹法始於此。」案，此篇既云「改歲」，是周家之改正朔，亦本於公劉也。

豳風改歲解〔四四〕

《豳風·七月》云：「曰爲改歲。」孔疏云：「『孟冬，命有司閉塞而成冬。』此經『穹窒』『墐户』，文在『十月』之下，亦當以十月塞塗之矣。云『曰爲改歲』者，以仲冬陽氣始萌，可以爲年之始，故改正朔者，以建子爲正。」案，《豳風》之《七月》，記公劉居豳之事。公劉爲夏之諸侯，夏以建寅爲正，改歲當在十一月，而十月云「改歲」者，古者雖重時王之正朔，亦前代之正朔。《周禮》一書，言「正月」者皆周正，如《太宰》「正月之吉，始和布治於邦國都鄙」，《大司徒》云「正月之吉，始和布教於邦國都鄙」是也；言「正歲」者皆夏正，如《凌人》云「正歲，十有二月，令斬冰」，《大司徒》「正歲，令于教官」是也。《鄉大夫》：「正月之吉，受教法於司徒。正歲，令君吏考法于司徒以退。」《州長》：「正月之吉，各屬其州之民而讀法。正歲，則讀教法如初。」此二正并用之證也。周時既可兼用夏正，則夏時亦可兼用周正矣。鄭康成《書》注云：「帝王易代，莫不改正建朔。堯正建丑，舜正建子。」據此，則三皇五帝之時皆改正朔。夏之正朔，亦與唐、虞不同。公劉在夏時，參用周正，固因而非創矣。毛傳以「一之日」爲周正月，「二之日」爲殷正月，「三之日」爲夏正月。鄭箋以「一之日」「二之日」爲二正之月，皆以改朔爲言，其説最爲允當。

往近王舅解

《大雅·崧高篇》云：「往近王舅。」毛傳云：「近，已也。」鄭箋云：「近，辞也。聲如『彼記之子』之『記』。」案，經文之「近」字及毛傳之「近」字，皆「迈」字之訛；鄭箋之「近」字，乃「己」字之訛。「往迈王舅」猶言「往己工舅」也。《説文》「迈」字下云：「古之遒人，以木鐸記詩言。从辵、丌，丌亦聲，讀與『記』同。」此「迈」「記」通用之證。「記」字下云：「疏也。从言，己聲。」「記」字從「己」字得聲，其音必與「己」同，此「記」「己」通用之證。《鄭風・大叔于田》云：「叔善射忌。」鄭箋云：「忌，讀如『彼己之子』之『己』。」是「己」字又與「忌」字通矣。《王風・揚之水》云：「彼其之子。」鄭箋云：「其，或作『記』，或作『己』，讀聲相似。」是「己」字、「記」字又與「其」字通矣。「其」「己」「記」「忌」「迈」五字同部，音皆相似，本可通用。「其」字爲語辭，故「己」字亦爲語辭；「己」字爲語辭，故「記」字、「忌」字、「迈」字亦俱爲語辭。毛傳訓「迈」爲「己」，其意蓋以「己」爲語辭，故鄭箋申釋之曰：「己，辭也。」毛、鄭之解，正相符合。若從今本作「近」字，則於語辭之訓既不相合，且與「己」「記」之音亦不同部，於是傳、箋之意不明，而詩旨晦矣。

鞗革金厄

《韓奕篇》「鞗革金厄」，毛傳云：「厄，烏蠋也。」鄭箋云：「以金爲小環，往往纏搤之。」孔疏云：「『厄，烏蠋』，《釋蟲》文。毛以『厄』爲厄蟲，則『金厄』者，以金接轡之端，如厄蟲然也。」案，《釋文》引毛傳，「烏蠋」作「烏噣」。「厄」與「軛」古字通，鄭君《士喪禮》注云：「今文『軛』爲『厄』。」「噣」與「啄」古字亦通，《小爾疋》《釋名》皆云：「烏啄，軛也。」「軛」即「金厄」之「厄」，「烏啄」即毛傳之「烏噣」。毛必以「厄」爲車上之「軛」，非以爲「厄蟲」，明矣。陸氏引《爾疋》，以證毛傳，已誤會毛意，然所據傳文尚作「噣」，猶可因文以求其義也。而説誤于前，文變于後，孔氏作正義時，傳文「噣」又訛爲「蠋」，遂皆謂毛公以「戹」爲蟲名，且駁之云：「此不言『如戹』，則非比諸外物，不得爲蟲。」豈知毛本以「戹」爲車上物，初何嘗謂其即《爾雅》之「烏蠋」哉？且《釋蟲》本作「蚅，烏蠋」，未嘗與毛傳本傳同〔四五〕。郭注云：「晉〔四六〕大蟲，如指，似蠶。」而不引此詩，是郭所見毛傳不作「烏蠋」可知。服虔《左傳》注云：「軥，車軛也，兩軛叉馬首者〔四七〕。」是「烏噣」即「軥」也。朱子從鄭説，以「戹」爲「纏搤」，然上文「淑旂綏章」至「鞗革淺幭」等，多是下一字爲物名，則「戹」必是一物，當以毛説爲長。

山有扶蘇

《鄭風》：「山有扶蘇。」毛傳云：「興也。扶蘇，扶胥，小木也。」鄭箋云：「興者，扶胥之木生于山，喻忽置不正之人于上位。」按，「蘇」字有謂草者，《爾雅·釋艸》「蘇，桂荏」，《方言》「蘇，亦荏也」，又云「蘇，芥草也。江淮、南楚之間曰蘇」是也；有謂「取草」者，《史記》所云「樵蘇」是也。其以爲「木」者，惟毛傳有此説。《釋文》《正義》單行本傳文無「小」字，有者，衍文也。毛云「高下、大小，各得其宜」，「高下」謂山隰，「大」謂扶蘇，「小」謂荷華。若毛果以扶蘇爲小木，則當云「小大」矣。至鄭作箋，乃以扶蘇喻不正之人，與毛本異也。彼人誤加「小」字，遂若箋、傳説同矣。下文「橋松」，《鄭詩》既以喻君子，此扶蘇與彼同爲山有之物，又以爲喻小人，則不相應，當以傳説爲是。

一之日觱發二之日栗烈(四八)

《七月》詩：「一之日觱發，二之日栗烈。」毛傳云：「一之日，周正月也；二之日，殷正月也。」又云：「三之日于耜，四之日舉趾。」毛傳云：「三之日，夏正月也；四之日，周四月也。」孔疏云：「此篇設文，自成一體。從夏之十一月至夏之二月，皆以類配日而言之；自夏之四月至夏之十月，皆以類配月而稱之。蓋以日月相對，日陽月陰，陽則生物，陰則成物。」朱子云：「變月言日，言是月之日也。」案，王安石云：「彼曰『七月』『九月』，此曰『一之日』『二之日』，何也？陽生矣則言日，陰生矣則言月。」其說即本孔疏，陸振奇、鄭剛中亦同其說。然彼以解《易》之「八月有凶」「七日來復」則可，而以說《詩》則非。夏之三月、四月，皆是陽生之月。「蠶月條桑」，孔氏以爲三月，而與「四月秀葽」俱不言「日」，是言「日」非因陽生，明矣。孔氏爲夏之三月，陽氣已極，不可同前，則「春日載陽」「春日遲遲」，孔氏以爲三月，何以三月亦同前乎？同一三月，而或日或月，可以知非因陽生、陰生矣。其謂陽則生物、陰則成物，考之通章言「日」「月」者，尤多不合。「觱發」「栗烈」「于耜」「舉趾」既與生物無涉，而「一之日于貉」「二之日其同」，「二之日鑿冰沖沖，三之日納于凌陰。四之日其蚤(四九)，獻羔祭韭」，亦非言物生也。「四月秀葽，五月鳴蜩，八月其獲，十月隕蘀」，鄭康成以爲物成而將定之修，孔氏本之以爲說，然鄭亦未嘗云因物成而言月也。況其餘言月者，鄭并未言物成，又何所據而言耶？朱子謂言「日」者，言是月之日也，蓋本諸鄭康成《小雅》箋所云「五日、六日者，五月之日、六月之日」之說，自爲正說。戴岷隱謂避月而言日者，懼其與月相亂也，可補《集傳》之未備。而顧亭林則云：「《豳詩・七月》一篇之中，凡言『月』者皆夏正，凡言『日』者皆周正。」説亦近理。古者用時王之正朔，亦有參用前代正朔者。《周禮》言「正歲」，皆夏正，如《凌人》「正歲，十有二月，令斬冰」，《小司徒》「正歲，則帥其屬而觀教法之象」之類，皆是。《周禮》既兼用夏時，則公劉在夏時，亦可兼用周正矣。觀毛傳「周正月」「殷正月」「夏正月」之語，蓋亦以爲三正并用矣。《朱子語類》云：「周未有天下之先，固奉夏、商正朔。然其國僻遠，無純臣之義，故三正皆嘗用也。」亦與顧説相近，然其謂「僻遠，無純臣之義」，則有語病。門人以爲語誤，是也。

吉日維戊既伯既禱〔五〇〕

《小雅》：「吉日維戊，既伯既禱。」毛傳云：「順類乘牡也。伯，馬祖也。將用馬力，必先爲之禱其祖。禱，禱獲也。」鄭箋云：「戊，剛日也，故乘牡爲順類也。」《集傳》云：「言田獵將用馬力，故以吉日祭馬祖而禱之。」《釋文》云：「禱，《説文》作『禂』。」案，「禱」「禂」古通用。《周禮・春官・甸祝》「禂馬」，杜子春云：「禂，禱也。」引此詩爲證。是《詩》之「既禱」，即《周禮》之「禂馬」也。《夏官・校人》「春祭馬祖」，《爾雅・釋天》「既伯既禱，馬祭也」，鄭注、郭注皆與毛説同。孔疏謂：「馬祭之在春，其常也；而將用馬力，又用彼禮以禱之。」尤能暢毛、鄭之義。蓋夏祭先牧，乃始養馬者；秋祭馬社，乃始乘馬者；冬祭馬步，乃神爲馬災害者，皆不若馬祖爲天駟房星之尊，故無論四時，凡將用馬力，必禱之也。《爾雅》：「天駟，房也。」郭注云：「龍爲天馬，故房四星謂之天駟。」索隱引《詩緯・泛歷樞》云：「房爲天馬。」是馬祖爲天駟房星也。徐鍇注《説文》引此詩，誤「既伯」爲

「既禡」，徐鼎臣又誤謂《説文》「伯」作「禡」，則既與《釋文》不合，且「禡」乃師祭，非田獵之祭也。嚴粲謂：「既伯，有事于馬祖，祭之也。猶社是土神，方是四方之神，言『以社以方』，是祭社、祭方也。『既禱』，乃謂禱之〔五一〕也。」可謂善説《詩》矣。朱子以下章「吉日庚午」推之，謂「維戊」爲「戊辰」，得之矣。

四始五際

《詩》有「四始」。《詩序》云：「以一國之事，繫一人之本，謂之風。言天下之事，形四方之風，謂之雅，故有《小雅》焉，有《大雅》焉。頌者，美盛德之形容，告於神明者也。是謂四始，《詩》之至也。」鄭箋云：「始者，王道興衰之所由。」孔疏引《鄭志》答張逸云：「《風》也，《小雅》也，《大雅》也，《頌》也，此四者，人君行之則興，廢之則衰。」則以四始爲興衰之始。《史記》云：「《關雎》之亂以爲《風》始，《鹿鳴》爲《小雅》始，《文王》爲《大雅》始，《清廟》爲《頌》始。」其説疑本於《韓》《魯》諸家。朱子從之，雖與《序》説不合，而理自可通。王安石以爲，《風》也、二《雅》也、《頌》也，雖相因而成，其序不相襲，故謂之四始。既異於《序》説，又不合《史記》，進退兩無所據矣。《詩緯·汎歷樞》云：「《大明》在〔五二〕亥，水始也；《四牡》在寅，木始也；《嘉魚》在巳，火始也；《鴻雁》在申，金始也。」則《詩》與五行何涉，安可云金木水火之始？况指某篇爲水始，某篇爲木始、火始、金始乎？果如其説，是《詩》因言金、木、水、火而作與？且五行之中，土獨無始，何也？至「五際」之説，見于《詩緯·含神霧》《推度災》《汎歷樞》云：「午、亥之際爲革命，卯、酉之際爲改正。

辰，《鹿鳴》也〔五三〕；卯，《天保》也；酉，《祈父》也；午，《采芑》也；亥，《大明》也。亥爲革命，一際也；辰爲天門〔五四〕，二際也；卯爲陰陽交際，三際也；午爲陽謝陰興，四際也；酉爲陰盛陽微，五際也。」《漢書》：翼奉學《齊詩》，「聞五際之要於《十月之交篇》」，與《詩緯》又異。郎顗云「四始之缺，五際之戹」，皆穿鑿附會之説，不足信也。

虎韔鏤膺

《秦風》：「虎韔鏤膺。」毛傳云：「虎，虎皮也；韔，弓室也；膺，馬帶也。」鄭箋云：「鏤膺，有刻金飾也。」孔疏云：「鏤膺，謂膺上有鏤，明是以金飾帶，故知膺是馬帶。」《釋器》説治器之名云：「金謂之鏤。」故知鏤膺有刻金之飾。朱子云：「鏤膺，鏤金以飾馬當胸之帶也。」按，《周禮·春官·巾車》：「樊纓十有再就。」鄭司農云：「纓，謂當胸。」賈逵、馬融皆云：「馬飾在膺前。」據此，則馬當膺之帶名「纓」，不名「膺」。若謂因其在膺，故曰「膺」，猶脅驅以在脅得名，則鄭箋解「脅驅」云：「著服馬之外脅。」最爲明了。此傳若以「膺」爲當胸之帶，當云「膺，馬胸前帶也」，其義始明。雖古人訓詁簡質，亦不當疏略至此。三復傳文，蓋讀「膺」爲「樊纓」之「纓」，「膺」「纓」聲同。鄭、賈、馬皆訓「纓」爲「當胸」，與毛訓正合。毛雖例不破字，而多易假借之字，訓以本字，如《小雅·小旻篇》「是用不集」，傳云：「集，就也。」讀「集」爲「即」之類。鄭君注雖以樊纓爲馬鞅，而《韓奕》「鈎膺鏤鍚」則云：「鈎膺，樊膺也。」已自改其説矣。《韓奕》箋既謂「鈎纓」爲「樊纓」，此箋雖未明言，當亦以爲「樊纓」也。孔沖遠不能參互考訂，於此疏則云：《巾車》之樊纓「謂在腹之帶」，與此「膺」

異。既不明毛意，又不知鄭《詩》箋與《周禮》注不同。於《韓奕》疏又謂「膺上有飾樊纓是也」，同一《詩》疏，而前後自相齟齬。甚矣！其疏也。范處義謂「膺」爲弓室之胸〔五五〕，嚴粲申其説，謂：「此首言虎韔，下言『交韔二弓，竹閉緄縢』，皆謂弓耳。」其説亦近理，可備一解也。

五祀七祀〔五六〕

鄭康成注《曲禮》云：「户、竈、中霤、門、行爲五祀。」陳澔從之，云：「春祭户，夏祭竈，季夏舍中霤，秋祭門，冬祭行。」鄭注《祭法》「天子立七祀」云：「司命主督察三命，中霤主堂室居處，門、户主出入，行主道路行作，厲主殺伐，竈主飲食之事。」陳澔云：「《祭法》言涉怪妄。天子立七祀，加以司命、泰厲。考於經，皆不合。」案，鄭以《祭法》爲周禮，則《儀禮》爲周公所作，而《士喪禮》云：「行禱於五祀。」是周時上下通用五祀可知。鄭君謂《儀禮》之五祀乃博言之，則《曾子問》亦云「五祀之祭不行」，豈亦博言之乎？《周禮・大宗伯》亦云「五祀」，不云「七祀」也。《左氏・昭二十九年傳》云：「社稷五祀。」可證周人未嘗用七祀矣。七祀止見於《祭法》，與《曲禮》不合。鄭君以《曲禮》爲殷禮，説似迂曲。羅泌云：「《祭法》：諸侯五祀，乃加公厲、司命〔五七〕而去户、竈；大夫三祀：族厲、門、行；適士二祀：門、行；士、庶人一祀：或户，或竈。是家無井、竈而士庶無門、井矣，其有是乎？」説亦近理。然《記》文雖雜出漢儒，不免有附會之處，而究係古書，疑之，可也；斥之，不可也。羅氏又云：「《漢・志》五祀，一户、二中霤、三竈、四門、五井。五祀，當去行而加井。」則《淮南子・時則訓》云：「冬祭井。」賈逵注《左傳》「社稷五祀」云：「祀玄冥於井。」揚雄、班固、范滂、高堂隆、劉昭之説皆同，可證羅氏之説。《月令》乃吕不韋所作，非大、小戴所録，其書多用秦事。蓋古者五祀，有井無行，不韋以意改之耳。

月令之中星與堯典不同〔五八〕

《月令》：「孟春，日在營室；仲春，日在婁；季春，日在胃。」《堯典》：「日中，星鳥，以殷仲春。」蓋堯時初昏，中星爲鶉鳥。二月，日躔在昴，昴即《月令》季春之胃。是堯時昴在二月，周則三月矣。二月既在昴，則正月必在奎；而《月令》奎在二月。參在昴後，堯時參必在三月，《月令》則必在四月。《月令》：「孟夏，日在畢。」畢即參也。《堯典》：「日永，星火，以正仲夏。」蓋堯時初昏，中星爲大火；五月，日躔在〔五九〕七星，七星即鶉火，鶉火即《月令》季夏之柳。是堯時鶉火在五月，而周則在六月矣。五月既爲鶉火，則四月必爲東井，而《月令》：「仲夏，日在東井。」則東井在五月矣。《月令》：「孟秋，日在翼。」堯時鶉火在仲夏，則翼必在季夏矣。《堯典》：「宵中，星虚，以殷仲秋。」蓋堯時初昏，中星爲虚。八月，日躔在房。《月令》：「季秋，日在房。」則在九月。八月既爲房，七月必爲角。《月令》：「仲秋，日在角。」則在八月矣。《月令》：「孟冬，日在尾。」《堯典》房在仲秋，則尾必在季秋矣。《堯典》：「日短，星昴，以正仲冬。」蓋堯時初昏，中星爲昴。十一月，日躔於虚，虚即《月令》季冬之「婺女」。是堯時虚在十一月，《月令》則在十二月也。十一月既爲虚，十月必爲斗。《月令》：「仲冬，日在斗。」則在十一月矣。《堯典》虚在仲冬，則營室必在季冬，《月令》則在孟春。《月令》中星較《堯典》皆遲一月，蓋歲差之故也。如今年冬至，太陽躔某宿度；明年冬至，則不能復躔原宿度而有不及之分，故歷家有超辰之説也。伏讀御案，謂歷不可以一時爲準，常加修改，協於天行，洵治歷明時之大法也。

子之還兮〔六〇〕

《齊風·還篇》言「子之還兮」，《集傳》從毛説，云：「還，便捷之貌。」案，《漢書·地理志》云：「臨菑，名營邱。故《齊詩》云：『子之營兮。』」顔師古云：「《毛詩》作『還』，《齊詩》作『營』。『之』，往也。言往適營邱。故《齊詩》云：『子之營兮。』〔六一〕」夫太公封於營邱，營邱固是齊地。「之，往」正訓，亦見於《釋詁》。但詩中言「邱」者，如「旄邱之葛兮」「至於頓邱」「陟彼阿邱」「宛邱之上」等句，皆連「邱」字言之，無但言上一字者。若以「子之營兮」爲「子適營邱」，則下文「子之茂兮」「子之昌兮」皆不可通矣。或謂，「茂」與「昌」亦地名。《爾雅》：「涂出其後，昌邱。」即此詩之「昌」，則昌邱既不得但云「昌」，則營邱亦不得但言「營」矣。且《鄭風》又言「子之丰兮」「子之昌兮」，豈「丰」「昌」亦地名乎？古人讀「營」如「環」，《韓非子》云：「自〔六二〕環者謂之私。」《説文》所引，「環」作「營」。「環」「營」古聲近而通用，「還」〔六三〕、「營」音亦相近，故「還」或作「營」耳。鄭康成《儀禮》注云：「古文『環』作『還』。」「環」與「營」通，亦與「還」通，故「還」與「環」亦通也。《釋邱》：「水出其左〔六四〕，營邱。」郭璞謂「淄水過〔六五〕其南及東」，是營丘有取「回環」之意也。《釋文》引《韓詩》「還」作「嫙」，云：「好貌。」與毛説異。案，二章「子之茂兮」，毛云：「美也。」三章「子之昌兮」，鄭云：「佼好貌。」則作「嫙」而訓「好」，可備一説。

西南其户〔六六〕

《小雅・祈父・斯干篇》：「西南其户。」毛傳云：「西鄉户、南鄉户也。」鄭箋云：「天子之寢，有左右房。西其户者，異於一房者之室户也。又云南其户者，宗廟及路寢，制如明堂，每室四户，是室南一户耳。」蓋毛以爲通天子之宫，其室非一，在北者南其户，在東者西其户。鄭則止據燕寢及宗廟、路寢耳。案，《大射禮》：「薦脯醢，由左房。」《公食大夫禮》：「筵出自東房。」言「左」者，明有右；言「東」者，明有西。大射、公食皆諸侯之禮，則諸侯有左右房矣。《書經・顧命篇》：「胤之舞衣、大貝、鼖鼓在西房，兑之戈、和之弓、垂之竹矢在東房。」則天子有左右房矣。康成據《鄉飲酒義》「尊於房户之間」，謂大夫、士只有一房，東房西室。然房户亦不必正在東西之中，然後爲間也。且《聘禮》「賓館於大夫、士」，而云「退，負右房」，則大夫亦有右房。有右房，則亦有左房矣。豈大夫、士止一房乎？賈公彦以爲于正客館，故有右房，未必然也。況《鄉飲酒記》〔六七〕「薦，出自左房」，《鄉射記》「醢以豆，出自東房」，《少牢饋食禮》「主婦薦自東房」，皆是大夫之禮，則大夫有左右房明矣。況《鄉飲酒義》云「羞出自東房」，則大夫有左右房，作《記》者已明言之矣。「西南其户」與「南東其畝」，語意正同。「南東其畝」謂或南其畝，或東其畝，則「西南其户」當亦謂或西其户，或南其户矣。是以《集傳》皆從毛説也。

不顯亦臨無射亦保〔六八〕

《思齊篇》：「不顯亦臨，無射亦保。」鄭云：「文王之在辟廱也，有賢才之質而〔六九〕不明者，亦得觀於禮；於六藝，無射才者，亦得居於位。」案，《爾雅》「顯」訓「光」，「光」與「明」義本相近，則鄭以「不明」訓「不顯」，固無不可。然「不中者，不得與於祭」，則無射才者在辟廱，似不當亦居於位也。朱子謂：「不顯，幽隱之處也。『射』與『斁』同。」案，《葛覃篇》「服之無斁」，《禮記·緇衣》所引「斁」作「射」；《清廟篇》「無射於人斯」，《大傳》所引「射」作「斁」，則「射」「斁」本通，朱説是矣。但《詩》所云「不顯」，如《文王篇》之「有周不顯」、《崧高篇》之「不顯申伯」、《清廟篇》之「不顯不承」、《維天之命篇》之「於乎不顯」、《執競篇》之「不顯成康」皆是，亦猶「徒御不驚」之爲「驚」、「大庖不盈」之爲「盈」，反其言以美之耳。《集傳》於他處皆云「不顯，猶言豈不顯也」，與毛傳合，鄭箋亦然；獨此句皆與毛異，似有未安。毛傳云：「以顯臨之，保安無厭也。」雖不破字，而以「厭」詁「射」，則亦讀「射」爲「斁」矣。

奚斯所作

《魯頌·閟宮篇》「奚斯所作」，毛、鄭以爲「奚斯作廟」，韓、薛以爲「奚斯作詩」。案，《楊子法言》云：「正考甫嘗晞〔七〇〕尹吉甫矣，公子奚斯嘗晞正考甫矣。」司馬温公云：「晞，效法也。」蓋子雲見《崧高》云「吉甫作頌，其詩孔碩」、《烝民》云「吉甫作頌，穆如清風」，與此篇似同，故有此説耳。

不知此句緊承上句「新廟奕奕」，明是作廟，而奚斯監視之耳。若謂作詩，則上文皆言作廟，而此句突言作詩，不惟於文不類，且語脉亦隔絶不屬矣。況果是奚斯作詩，亦應當如「家父作誦」「君子作歌」之例，云「奚斯作頌」乃可；否則如「寺人孟子，作爲此詩」之例，云「公子奚斯，爲作此詩」，文義始明，何以但言「奚斯所作」耶？即謂因叶韻而置「作」字於句末，則上文亦當有作詩之語，豈得方言「新廟」，而即接此句耶？且謂正考甫作《商頌》，亦止據《韓詩》之説，而與「正考甫校商之名頌十二篇於周太師」之語亦不合。《商頌》既非正考甫所作，則《魯頌》又安見爲奚斯所作耶？《左氏·閔二年傳》：「及密，使公子魚請。」下文云：「奚斯之聲也。」則「奚斯」即爲公子魚矣。閔二年，僖公已爲成季所立，奚斯正與僖公同時，但奚斯實是作廟而非作詩，經文自有明證。班固、王延壽皆主《韓詩》，未爲得也。

大人占之

《小雅·斯干》《無羊篇》皆有「大人占之」之語，鄭箋云：「大人占之，謂以聖人占夢之法占之也。」案，經、傳言「大人」，凡有二義：一是有位者，一是有德者。《乾》卦《文言》云：「夫大人者，與天地合其德，與日月合其明。」《革》卦：「大人虎變。」是有德者也。《孟子》：「大人者，言不必信，行不必果。」亦有德者也。《論語》「畏大人」，是有位者也。但「大人」與「聖人」究有微別。《孟子》曰：「充實而有光輝之謂大，大而化之之謂聖。」鄭以「大人」爲「聖人」，恐有未審。至謂「以聖人占夢之法占之」，蓋以伏羲、文王、周公作《易》，故有此説。然詩云「大人占之」，箋云「以聖人占夢之法占之」，亦覺紆曲。案，「大人占之」者，使在位者占之也。或謂占夢之官，屬于宗伯，本是微官，不得謂之「大人」，則占夢固有專官，而或使大臣占之，亦無不可。或謂詩云「召彼故老，訊之占夢」，鄭以爲侮慢元老，是占夢之細事，原不可以煩大臣。然金縢之策，周公卜之；營洛之事，召公卜之，則大臣之占夢，亦不足疑也。

曾孫來止以其婦子

《小雅·甫田篇》：「曾孫來止，以其婦子，饁彼南畝。」鄭康成以爲：「曾孫，成王也。成王來至南畝，親與后、世子行，使知稼穡之艱難也。農人于南畝者，助饋以勸之。」案，農事起於后稷，爲周家之始祖，故此詩述成王之勸農事，而云「曾孫」也。據《周世家》，則后稷至成王，幾二十世，而得云「曾孫」者，鄭於《周頌》箋云：「自孫之子而下，事先祖，皆稱曾孫。」其說極是。《左傳》鐵丘之役，衛太子禱曰：「曾孫蒯聵〔七一〕，敢始告皇祖文王、烈祖康叔。」蒯聵於文王、康叔，不止十世矣，而亦曰「曾孫」，足徵鄭說之確。周公訓成王曰：「先知稼穡之艱難。」鄭氏依經立義，何爲不可？且天子省耕，而爲農人設饋，又何爲不可乎？王肅不明乎先世務本重農之意，務欲反康成之解，遂謂「婦子」爲農人之婦子，不知「以其」二字正與上文相貫，「其」字明指「曾孫」而言。若如王說，則必以曾孫爲農夫乃可，且又强詞逞辨，謂下文「曾孫不怒〔七二〕，農夫克敏」爲一人，始克自持其說耳。否則，欲攻鄭氏，而與本文之語脉背謬矣。後人多是其說，亦見其惑也。

三星在天〔七三〕

《唐風》：「綢繆束薪，三星在天。」毛傳云：「三星，參也。」鄭箋云：「三星，謂心星也。心有尊卑、夫婦、父子之象，故嫁娶者以爲候焉。今我束薪于野，乃見其在天，則三月之末、四月之中見於東方矣，故云『不得其時』。」次章「三星在隅」，毛傳云：「隅，東南隅也。」鄭云：「心星在隅，謂四月之末、五月之中。」三章「三星在户」，毛公云：「參星，正月中，直户也。」鄭云：「心星在户，謂五月之末、六月之中。」案，毛未言在天、在隅之時。王肅述毛云〔七四〕：「三星在天，謂十月也。在隅，謂十一月、十二月也。」蓋以毛傳「正月中，直户」之語推之，毛意或當如肅説也。《漢書・天文志》云：「心爲明堂，大星天王〔七五〕，前後星子屬。」前後二星，合之天王〔七六〕，則爲三星。此可以證鄭説。又云：「參，白虎宿三星。」亦可以證毛説。《召南・小星篇》「三五在東」，毛傳云：「三，心〔七七〕；五，噣。」則同鄭説，與此傳異，故《集傳》從鄭也。

昊天有成命〔七八〕

《昊天有成命》篇《小序》云：「郊祀天地也。」案，分祭南北郊之説，與合祭之説，聚訟不決。《郊特牲》云：「兆于南郊，就陽位也。」言「南」者，明有北也。而《祭法》云：「燔柴於泰壇，祭天也；瘞埋於泰折〔七九〕，祭地也。」尤爲分祭之證。主合祭者，皆以此《序》爲據，然《序》亦謂：南郊祀天，北郊祀地，皆歌此詩，如冬薦魚、春薦鮪，皆歌《潛》耳，非謂合祭天地也。《詩》但言「昊天」，未言地，而《序》云「郊祀天地」者，孔疏謂「言天，可以兼地」是也。朱子據《國語》叔向引此詩，云是「道成王之德」也，謂「成王不敢康」即成王之誦，以此篇爲祭成王之詩，説本於歐陽修。韋昭《國語》注云：「謂文武修以自勤，成此王功，非謂周成王身〔八〇〕也。鄭、賈〔八一〕、唐説皆然。」後人據此，謂朱子誤解《國語》。案，叔向又云：「成王能明文昭，能〔八二〕定武烈者也。」玩其語氣，本以爲成王誦，非謂成此王功。況《賈誼新書》引叔向釋此詩之語云：「成王者，武王之子，文王之孫也。」是《集傳》正與叔向合矣。《國語》與《小序》自異，無庸强爲傅合〔八三〕也。但蔡邕《獨斷》引《魯詩》此〔八四〕篇之《序》，與毛《序》同。而《下武》之「成王」，朱子亦不以爲成王誦，則此篇之成王，即從鄭箋，謂「成此王功」，亦自可通。蘇轍云：「若以『成王』爲成王誦，則下文云『基命宥密』，成王非基命之君。」李樗云：「《書》云『成王畏相』，亦非謂成王誦。」是歐説亦未見必然也。且朱子初解，本從傳、箋，則《序》説未可廢矣。

赤芾在股邪幅在下

《小雅·采菽篇》：「赤芾在股，邪幅在下。」鄭康成云：「芾，太古蔽膝之象也，以韋爲之。邪幅，如今行縢也。偪束其脛，自足至膝，故曰『在下』。」「芾」字，古與「紱」通，《周易·困》卦「朱芾方來」，又云「利用赤芾」是也。周人尚赤，而赤之深者尤尚之。朱之色，較之紅、絳、纁、縓爲最上，故芾之純朱者，惟天子用之。《斯干》云：「朱芾斯皇。」箋云：「芾者，天子純朱，諸侯黄朱。宣王將生〔八五〕之子，或且爲諸侯，或且爲天子，皆將佩朱芾，皇皇〔八六〕然。」是也。赤之色，成於朱，諸侯之卿大夫服之。《禮記·玉藻》云：「三命，赤芾葱珩。」箋云：「大夫以上，赤芾，乘軒。」是也。《采菽》是已爲諸侯而入朝者，乃以卿大夫之赤芾言之者，蓋《斯干》所言，王子也，其勢既親，且未受封者，爲侯、爲王，未定也，故總言之曰「朱芾斯皇」也。此詩是藩臣入覲者，其名分已定也。《覲禮》：「偏駕不入王門。」明乎車服近似乎天子者，不敢用也，故降用卿大夫之制，而曰「赤芾在股」也。石介以爲，朱芾、赤芾本不異，則是天子、諸侯之制，與卿大夫無别矣，其説非也。邪幅之制，經、傳無文。以束脛之物，而於朝覲言之者，古人卑侍尊燕，必脱屨以升堂，又不著韈，而但用行縢也。褚師聲子韈而登席，衛侯怒之，亦以其不用行縢耳。蓋用行縢則足跣，而著韈則否。褚師有足疾，不欲令衛侯見之，故弗用也。據此詩考之，諸侯見天子，當著行縢，則大夫見諸侯，亦當著行縢，可比例以得之矣。

詩一名而三義解

《詩》疏云：「詩一名而三義。蓋詩之爲言承也，詩之爲言持也，詩之爲言志也。」案，《儀禮·特牲饋食篇》云：「詩懷之。」鄭康成云：「詩，猶〔八七〕承也。」古者有疑承輔弼之官，則「承」字之義與「輔」字相通。《詩序》云：「上以風化下，下以諷刺上。」是取義於「承」者，蓋主乎上下交相輔也。《詩序》云：「發乎情，止乎禮義。」謂以禮義自持也，是取名於「持」字之義也。《詩序》又云：「詩也者，志之所之也。在心爲志，發言爲詩。」則「詩」之取義於「志」，亦信而有徵矣。夫五經之名，皆有數義。《周易》之名，有以爲「不易」者，有以爲「易簡」者，有以爲「變易」「交易」者；《尚書》之名，或以「尚」爲「天」，或以「尚」爲「上」；《春秋》之名，或以爲取義於春生秋殺，或以爲取義於借舉四時；三《禮》之名，有以爲義取諸「履」，有以爲義取諸「體」。蓋傳聞異辭，不妨兼載。「詩」之三義，皆與《詩序》相合，則其説可并存也。

三荼三芑三杞解

《詩經》之鳥獸草木，多名同實異。若三荼、三芑、三杞，尤其最著者也。《鄭風·谷風篇》云：「誰謂荼苦，其甘如薺。」毛傳云：「荼，苦菜也。」《豳風·七月篇》云：「采荼薪樗。」鄭云：「乾荼之菜。」《大雅·綿〔八八〕篇》云：「周原膴膴，堇荼如飴。」鄭箋云：「所生之菜，雖有性苦者，皆甘如飴也。」是苦菜名「荼」矣。《鄭風·出其東門》云：「出其闉闍，有女如荼。」毛傳云：「荼，英荼也。」鄭箋云：「荼，茅秀，物之輕者，飛我行無常。」案，《爾雅·釋草》云：「不榮而實者謂之秀，榮而多實者謂之英。」「英」「秀」二字，義雖不同，然毛公不言「英荼」爲何物，或亦以爲茅矣。是茅亦名「荼」也。《周頌·良耜篇》云：「以薅荼蓼。」毛傳云：「蓼，水草也。」鄭箋云：「薅去荼蓼。」皆未解「荼」字。或以爲草名，與苦菜、茅秀爲三荼。是三荼者，一爲苦菜，一爲茅秀，一爲苦草，本無可疑。《小雅》：「薄言采芑。」毛傳云：「芑，菜也。」《大雅·文王有聲篇》：「豐〔八九〕水有芑。」毛傳云：「芑，菜也。」鄭箋云：「豐水猶以其潤澤生草。」《生民篇》云：「維穈維芑。」毛傳云：「芑，白苗也。」是三芑者，一是菜名，一是草名，一是苗名也。至於三杞，則有爲杞梓者，《小雅·湛露篇》云「在彼杞棘」是也；有爲枸杞者，《小雅·北山篇》「言采其杞」是也；有爲杞柳者，《鄭風·將仲子篇》「無伐我樹杞」是也。則三杞者，杞梓一，枸杞二，杞柳三也。夫一字而數物皆以爲名者，經、傳往往有之，如同一柳，而或爲河柳，或爲澤柳，或爲蒲柳；同一棠，或爲白棠，或爲赤棠；同一黄華，而或爲苕，或爲菊之類，難以徧舉，皆學者所當詳考。夫子云：「多識於鳥獸草木之名。」良有以也。

草蟲采蘋次第解

《毛詩・召南》之篇次，《鵲巢》《采蘩》之後，間以《草蟲》，乃列《采蘋》。《鄉飲酒禮》歌《召南》，《鵲巢》《采蘩》《采蘋》，而不歌《草蟲》。或疑《毛詩》篇次誤倒，或謂《齊詩》篇次，《采蘋》在《草蟲》之前。案，《鄉飲酒禮》歌《周南・關雎》《葛覃》《卷耳》三篇相連，而《召南》獨越《草蟲》而取《采蘋》，故諸家疑爲篇次之誤。考之二篇之《序》，言大夫妻能循法度，且能以禮自防也。《草蟲》云「既見君子」，傳、箋以爲已嫁之時作。《采蘋》云「有齊季女」，傳、箋以爲未嫁之時作，則《采蘋》在先，《草蟲》在後，亦非無據。但《詩》之次第，多有可疑。如《日月》作於州吁未立之先，《燕燕》作於州吁既立之後，而《燕燕》在前，《日月》在後。秦康公未即位，作《渭陽》；既即位，作《黄鳥》，而《黄鳥》在前，《渭陽》在後。《桓》《賚》《大武》，《左氏》合之而《周頌》分之。《十月之交》諸詩，毛謂作於幽王時，鄭氏謂作於厲王時，然先儒雖辨其次第之誤，而終不輕改，蓋不欲輕易經文也。然則《草蟲》《采蘋》二詩，亦當守闕疑之義，而篇次不必妄更矣。

彼岨矣岐有夷之行

《周頌·天作篇》："彼岨矣岐，有夷之行。"正義本"岨"作"徂"，以"岐"字屬上句，訓"徂"爲"往"。沈括云："《後漢書》引此句，『矣』作『者』，『徂』作『岨』。"朱子從之。《後漢書》"矣"字作"者"，信如沈説，而"岨"字則仍作"徂"。然注中引薛君《韓詩章句》云"岐雖險僻"，亦似有"岨"字之義。蓋《後漢書》本用《韓詩》，而後人行《毛詩》改之耳。朱子從沈説，改"徂"爲"岨"，異於毛鄭，然未爲無據也；至於斷"矣"字爲句，則與《韓詩》不合。然鄭箋云："後之往者，又以岐邦之君有佼〔九〇〕易之道故也。"鄭氏解"岐"字，與解"有夷之行"爲一句，玩其文義，必以"矣"字爲句無疑，後人自誤會鄭意耳，《集傳》正與康成相合。鄭箋又云"彼萬民居岐邦者"，與"後之往者"二語合觀之，則鄭氏解"彼作矣"、"彼徂矣"二句，皆訓"矣"字爲"者"字也。蓋古人"矣"字與"者"字同義，故《韓詩》以"者"易"矣"，而鄭箋亦不破字也。否則，如鄭本義斷"岐"字爲句，既於文義難通，且不合於鄭箋矣。朱子讀"矣"字爲句而不改字，是也。

侵阮徂共

《大雅·皇矣篇》云："密人不恭，敢距大邦，侵阮徂共。"毛傳云："國有密須氏，侵阮，遂往侵共。"蓋以阮、共爲周地，而密人侵之。案，"距之"云者，我伐彼而彼距之也。若彼來侵我，則不得云"距"矣。鄭箋云："阮也、徂也、共也，三國犯周，文王伐之。密須之人，乃敢距其義兵。"鄭意蓋以下文云「以按徂旅」，徂既有師旅，必是國名，故爲此說。然「徂」之訓「往」，見於《爾雅》。《小雅·小明篇》云「我征徂西」，《大雅·雲漢篇》云「自郊徂宫」，《周頌·絲衣篇》云「自堂徂基，自羊徂牛」，鄭氏皆訓爲「往」，何此處又以爲國名乎？且如此說，則侵阮、徂、共在先，密人不恭在後，亦未免倒亂經文。雖其說出於《魯詩》，未足信也。《集傳》以爲密人往共之衆，其說較毛、鄭爲長。

新宫貍首解

《儀禮·大射篇》云：「乃管《新宫》三終。」鄭注以爲逸《詩》。《左氏·昭公傳》云：「宋公賦《新宫》，昭子賦《車轄》。」杜預以《新宫》爲婚姻之詩，劉光伯力駁其說。案，《車轄》之篇載於《小雅》，其詞有曰：「覯爾新昏，以慰我心。」是《車轄》爲婚姻之詩，固無可疑。但《新宫》既亡，雖不見其非言婚姻，然亦未見必爲昏因之詩也。孔穎達曲護杜氏，殊未爲得。宋人說《詩》者，又以爲即《小雅》之《斯干》，亦屬臆測之論。又案，《射禮》：「天子以《騶虞》爲節，諸侯以《貍首》爲節，卿大夫[九一]以《采蘋》[九二]爲節，士以《采蘩》爲節。」《騶虞》及《采蘋》《采蘩》皆在《召南》，而《貍首》獨亡。《禮記·射義》引詩曰「曾孫侯氏」云云，注家以爲即《貍首》之詩。而《大戴禮》所引，尤爲完備。或謂《貍首》即《鵲巢》，篆文相似而誤。案，《大戴禮》投壺之樂，既有《鵲巢》，又有《貍首》，則《貍首》非《鵲巢》明矣。或謂《檀弓》載原壤登木之歌，所謂「貍首之班然」者，是其首章。其說亦未有當。鄭康成於《小雅》箋訓云：「《新宫》詞義皆亡，無以知其篇第之處。」於《詩譜》則云：「今無《貍首》。周衰，諸侯并僭而去之。孔子録詩，不得也。」據此，則二詩之逸，固已久矣。

掘閲駿厖解

《曹風・蜉蝣篇》〔九三〕：「蜉蝣掘閲。」毛傳云：「掘閲，容閲。」鄭箋云：「掘地解閲〔九四〕，謂其始生時也。」案古人以當時之常語解經，取其易曉也。然後人多不能知者，則時爲之也。公羊高，齊人，作《春秋傳》，多用常語。鄭康成亦然。「掘地解閲」蓋齊人之語，在漢時亦方俗之常語耳。《黄氏日抄》以「掘閲」爲「挑撥貌」，引《管子》爲證，亦未見其必然也。又謂《商頌》「爲下國駿厖」，當從《齊詩》作「駿驪」〔九五〕，謂馬也。案，三家詩，《齊詩》之亡最早。自晉以後，孰得而見之？宋人所見者，董氏所藏，蓋後人依托爲之，本不足信。毛傳以「駿」爲大，「厖」爲厚，本之古訓，何曾有礙乎？且此詩是殷人頌成湯也，豈有臣子頌其先君而比之駿馬者耶？黄氏引之，亦惑於僞書而不知別擇耳。

隰則有泮

《詩・氓篇》：「淇則有岸，隰則有泮。」毛傳云：「泮，陂也。」此謂「泮」即「陂」字假借。《釋文》：「坡，本亦作『陂』。」鄭箋：「言淇與隰，皆有崖岸，以自拱持。」案，此詩「淇」「隰」對文，「淇」爲水名，則「隰」自與「原隰」義別，「隰」即「濕」之同音假借。《左傳・哀十年》注：「犁，一名隰。」《釋文》：「隰，本作『濕』。」十七年注：「犁丘，濕也。」《釋文》：「濕，本作『隰』。」《穀梁・哀八年》：「獲蔡公子濕。」《釋文》：「濕，本作『隰』。」是「隰」「濕」互通也。《説文》「濕」字注云：「濕水，出東郡東武陽，入海。从水，㬎聲。」桑欽云：「出平原高唐〔九六〕。」漢隸以「濕」爲「燥溼」字，「濕」〔九七〕字乃以「漯」字代之。然則「濕」爲水名，後人疑作「漯」，而「濕」之本義廢。今得《説文》及《水經》而通之，乃知詩與「淇」對文者，即由「濕」字之假，且與傳云「泮，陂」、箋云「崖岸」文正相承也。

昭茲來許

《詩·下武篇》云：「昭茲來許。」毛傳云：「許，進也。」案，《後漢書·祭祀志》注〔九八〕引作「來御」。「御」，正字；「許」，借字。王蒼所本，當出三家《詩》、蔡邕。《釋詁》云：「御，進也。」與《思齊篇》「以御于家邦」「御」字同訓，即與「許」字同也。毛以正訓釋借字，故曰：「許，進也。」「來進」猶言「後進」，承上「昭哉」「嗣服」言之。鄭箋説非。

莫莫

《詩》言「莫莫」凡二見，一見《葛覃》「維葉莫莫」，一見《旱麓》「莫莫葛藟」。王氏念孫引《廣雅》「莫莫，茂也」釋之，當矣。《文選·蜀都賦》「稉稻莫莫」，劉注：「莫莫，茂也。」亦其一證。

誰之永號

《詩·碩鼠篇》云：「誰之永號。」鄭箋云：「永，歌也。」此謂「永」字假借。《釋文》云：「咏，本亦作『永』，同，音『咏』。」可證。但毛詩多假借，若鄭所見本作「咏」，則文義顯然矣，奚煩辭費乎？

孔疏本作「永」，與陸異，孔是也。但疏云：「《樂記》及《關雎序篇》皆云『永，歌之』，《舜典》云『聲依永』，故以『永』爲『長』。言彼有德〔九九〕之樂郊，誰往而獨長歌號呼？言往者皆歌號喜樂得所，故我欲往也。」以「永」爲「長」，直讀鄭箋「永歌也」爲一句，未思之甚也。

肇敏戎公

《大雅・江漢篇》：「肇敏戎公。」毛傳云：「肇，謀；敏，疾；戎，大；公，事也。」案，「敏」與「謀」通，《禮記・中庸》：「人道敏政。」鄭注：「敏，或爲『謀』。」《尚書・洪範》：「聰作謀。」王氏引之訓「謀」爲「敏」，皆其證。《後漢書・宋弘傳》引此詩作「戎功」，當本三家。案，《詩序》雖作「公」，義仍作「功」，故傳云「事也」。古「公」「功」通用。《史記・孝武紀》「申功」，《封禪書》作「公」；《樊安碑》「以公德加位」，「公」即「功」；《呂氏春秋・務大篇》「無功故也」，《務本篇》作「公」；又「以奏膚公」，「公」，功也。以正字訓假字，皆顯徵，經史的的可據者也。「肇敏」叠字，言肇謀汝體國經野之大事，則將賜汝福慶也。傳訓「敏」爲「疾」，非。鄭箋不能更正，而其所引伸者，又不得毛公之意。蓋毛訓「敏」爲「疾」，猶言敏于事耳。箋云：「今謀汝之事，乃有敏德。」愈解愈紛，一誤再誤，蓋由未明於通假之故耳。

薄采其茆

《魯頌・泮水篇》：「薄采其茆。」毛傳云：「茆，鳧葵也。」許氏《説文》本之。按，《詩》以「茆」與

「酒」「老」「醜」爲韻，「茒」從「丣」，古「酉」字讀如「桺」，「桺」亦從「丣」得聲也。《周禮・天官・醢人職》「茒菹」注：「鄭大夫讀『茒』爲『茅』。茅菹，茅〔一〇〇〕初生。或曰，茅，水草。」杜子春讀「茒」爲「丣」。玄〔一〇一〕謂：「茒，鳧葵也。」蓋「茅」古讀迷侯切，與「茒」音近。屈原《離騷》：「時繽紛其變易兮，又何可淹留？蘭芷變而不芳兮，荃百花而爲茅。」「留」「茅」爲韻，「留」字亦从「丣」。《詩・無衣篇》：「與子同袍。王于興師，修我戈矛，與子同仇。」「袍」「矛」「仇」爲韻，亦一證矣。鄭大夫讀「茒」爲「茅」，杜子春讀「茒」爲「丣」，取其音近假借。後人別製「茆」字，於是《詩》《禮》之「茒」俱改作「茆」，又改杜子春傳「茒」爲「丣」，作「讀茆爲卯」。陸氏《音義》不能改正，於《詩》《禮》并直音「卯」。相沿既久，而「茒」字形聲遂無復有知之者矣。然《詩》釋文又引徐音「柳」。韋昭云：「萌藻反。」弘嗣生於漢季，漸染俗音，如「車」讀尺奢反，不作「居」音。昔人辨之甚詳。其不及徐邈之可徵信也，明矣。顧野王《玉篇》「茆」字注云：「即丣字。」尚爲有識。自後而「茆」「茒」并列字書。段氏玉裁《説文注》云：「漢時有『茆』『丣』二字，《周禮》經文作『茆』，而鄭皆易字爲『茒』也。」夫「茆」字不見《説文》，不知爲何草，分明爲「茒」字之誤。蓋由「茒」誤作「茒」，又誤作「茆」也。陸機《疏》言：「茒，今亦誤『茆』，江南人謂之水葵，諸陂澤中皆有。」即《禮》注「或是水草」，亦即毛傳、《説文》、鄭注之「鳧葵」也。

止於樊

《詩・青蠅篇》首章云：「止於樊。」毛傳云：「樊，藩也。」鄭箋説同。此謂「樊」即「藩」之假借。

《東方未明篇》：「折柳樊圃。」傳：「樊，藩也。」以正字釋假字，與此同。《困學紀聞》引此，正作「藩」，用毛意也。然下章「止於棘」「止於榛」，「榛」「棘」皆木名，則首章不應獨異。案，「藩」當作「蘩」，蘩，皜蒿也。作「樊」者，假借字。《禮記》「樊纓」或作「繁纓」，《外傳》「樊遏渠」或作「繁遏」，是其證。又，《説文·木部》：「橎，橎木也。从木，番聲，讀若樊。」疑「樊」即「橎」字。然橎木不見經、傳，存之以廣異説。三章「止於榛」，傳：「榛，所以藩也。」案，傳「榛」字當衍。毛有章末總釋通篇之例，此詩首章傳云：「樊，藩也。」通一、二章言之，恐人不曉，故末章復結其意云。

不大聲以色不長夏以革

《詩·皇矣篇》云：「不大聲以色，不長夏以革。」毛傳云：「不大聲見於色。革，更也。不以長大有所更。」鄭箋云：「夏，諸夏也。天〔一〇二〕之言云：我歸人君有光明之德，而不虛廣言語，以外作容貌，不長諸夏以變更王法〔一〇三〕。其爲人，不識古，不知今，順天之法而行之者。此言天之道，尚誠實，貴性自然。」案，傳、箋非也。二「以」字并當訓「與」，長讀，上聲。「夏」「革」皆刑具，《學記》「夏楚以威之」，《尚書》「扑作教刑」是也。《魯語》：「薄刑用鞭扑。」鞭即「革」，猶今之皮掌；扑即「夏」。言文王不尚乎聲色之威，夏革之刑，民雖不識不知，亦自感其化，而率循上帝之法制而不逾焉。此正明德之實也。所謂「不怒而威，不教而勸」者，其是之謂與？

蘀

《鄭風》：「蘀兮蘀兮。」毛傳云：「蘀，槁也。」《豳風》：「十月隕蘀。」傳云：「蘀，落也。」《鶴鳴》「其下維蘀」傳同。案，「蘀」當爲草木之名，不當訓「槁」、訓「落」，反致蹈空也。《説文》：「草木凡皮葉落陰地爲蘀。」引《詩》「十月隕蘀」，其誤蓋與毛同。考《西京雜記》：「葭蘆之未解葉者，謂之紫籜。」又，《山海經·中山經》：「甘棗之山，有草焉，葵本而杏葉，黄華而莢實，名曰籜，可以已瞢。」「籜」「蘀」，通用字。又，《唐韻》：「蘀蓎，藥草，車前別名。」《集韻》亦作「蘀」。三説并通，以前二説爲尤確。後人不能徵引，而讀爲「檡」。王氏引之説，據《士喪禮》《廣疋》爲證。《廣雅》：「梬、棗，檡也。」《士喪禮》：「決，用正王棘，若檡棘。」又，《夏官·繕人》釋文：「檡射，音澤，又音亶，一音徒洛反。」「徒洛反」之音，與「蘀」相近，故借「蘀」爲「檡」，其説亦通，然終嫌於無據矣。又但以解《鶴鳴》之「蘀」，而於《鄭風》《豳風》弗之及焉，不可解也。

采采

《詩》言「采采」凡四：「采采卷耳」「采采芣苢」，此二「采」與《蒹葭》「采采」同，彼傳云：「采采，猶萋萋也。」《後漢書·王符傳》注：「采，猶蔓也。」皆是。又，《蜉蝣篇》「采采衣服」，「采采」與上「楚楚」對文，且古字多通，如「楚茨」作「采薺」之比，傳訓「楚楚，鮮明貌」，此「采采」亦當同。古無「彩」「綵」字，《説文·新附》始有「彩」字，經典俱作「采」。《書·益稷》「以五采彰施於五色」，《禮記・月令》「命婦官染采」，注云：「采采，五色也。」《樂記》「文采節奏」，《喪大記》「非列采不入」注：「謂正色之服也。」《儀禮・士冠禮》：「將冠者，采衣。」《左氏・宣十四年傳》：「於是有容貌、采章。」注：「采章，車服之章也。」蓋「采」本爲藻飾之名，因即爲形容之訓。禰正平《鸚鵡賦》「采采麗容，皎皎好音」，與《蜉蝣篇》「采采」，皆是虚字。毛傳於《卷耳》云：「事采采也。」《書・堯典》「疇咨若予采」傳、「亮采有邦」馬注、《禹貢》「百里采」，《周禮・職方氏》注，《爾雅・釋詁》俱云：「采，事也。」俱同毛傳。《芣苢》云：「悲辭也。」《蜉蝣》云：「衆多也。」皆非；《文選・鸚鵡賦》注引《韓詩章句》「采采，盛貌」，亦非。若以之訓《卷耳》《芣苢篇》，則得矣。

充耳琇瑩會弁如星

《衛風・淇澳篇》，美武公之德也。二章云：「充耳琇瑩，會弁如星。」「充耳」者，毛傳云：「充耳謂之瑱也。天子玉瑱，諸侯以石。」朱傳從之。案，《邶風・旄丘篇》：「褎如充耳。」鄭箋云：「充耳，塞耳也。」《齊風・著篇》〔一〇四〕首章云：「充耳以素乎而。」二章云：「充耳以青乎而。」三章云：「充耳以黄乎而。」鄭箋云：「所謂瑱也。」《鄘風・君子偕老篇》：「玉之瑱也。」毛傳云：「瑱，塞耳也。」《周禮・夏官・弁師》：「玉瑱、玉弁。」鄭注云：「玉瑱，塞耳者〔一〇五〕。」蓋瑱懸耳之兩旁，故謂之「塞耳」。「塞」與「充」同義，故又謂之「充耳」也。「琇瑩」者，毛傳云：「琇瑩〔一〇六〕，美石也。」朱同。案，《小雅・都人士篇》：「充耳琇實。」毛傳云：「琇，美石也。」鄭箋云：「言以美石爲瑱。」與此章之「琇」字同義。《説文》「琇」字下云：「石之次玉者。」「瑩」字下云：「石之似玉者。」「次玉」與

「似石」，皆美石之謂也。《齊風・著篇》首章云：「尚之以瓊華乎而。」毛傳云：「瓊華，美石，士之服也。」是士之充耳，當用石矣。二章云：「尚之以瓊瑩乎而。」毛傳云：「瓊瑩，石似玉者，卿大夫之服。」是大夫之充耳，亦當用石矣。三章云：「尚之以瓊英乎而。」毛傳云：「瓊英，猶瓊華也。」鄭箋云：「美石似玉者，人君之服也。」是諸侯之充耳，亦當用石矣。據此，則充耳之制，惟天子用玉，自諸侯以下皆用石之次玉者，明矣。武公爵爲諸侯，以美石爲充耳，得其宜矣。孔氏《都人士》疏云：「禮：天子以純玉，諸侯以下則玉石雜。此但言石者，其實玉多而石少，非全用石也。」乃此章但言「琇瑩」，而不言玉者，蓋以言玉，則恐疑於天子，故捨其貴者而舉其賤者言之也。「會弁」者，毛傳云：「弁，皮弁。」鄭箋云：「會謂弁之縫中，飾之以玉。」朱傳云：「會，縫也。以玉飾皮弁之縫中。」其説與鄭箋同，與毛傳異。案，《曹風・鳲鳩篇》：「其弁伊騏。」毛傳云：「弁，皮弁也。」鄭箋云：「『騏』當作『璂』，以玉爲之。」蓋即弁縫中所飾之玉也。《周禮・夏官・弁師》：「掌王之皮弁，會五采、玉璂。」鄭注云：「會，縫中也。」與此箋可以互證。蓋弁上之飾玉，惟有縫中能容。既言飾之以玉，則必在弁之縫中可知。若如毛公之説，但言石而不言玉，則是會髮之弁如星矣，語意似有未安，不如鄭君、朱子之説爲當也。《小雅・頍弁篇》三言「有頍者弁」，毛傳云：「頍，弁貌；弁，皮弁。」是言「弁」者，多謂皮弁也。《禮記・玉藻》云：「天子皮弁以視朝。」古者在朝之時，君臣同服。武公入相於周，故知「弁」爲皮弁，蓋即入朝之所服也。「如星」者，鄭箋云：「狀似星也。」朱傳云：「如星之明也。」案，《周禮・夏官・弁師》云：「王之皮弁，會五采、玉璂。諸侯及孤卿、大夫之皮弁，以等爲之。」鄭注云：「天子玉用五采，璂飾十二；諸侯玉用三采，璂飾七。」武公本以諸侯入相於周，自當用諸侯之禮，蓋玉用三采，而璂飾有七，故覺其如星之多、如星之明耳。《左氏·僖二十八年傳》云：「楚子玉自爲瓊弁玉纓。」杜注云：「弁，以鹿皮〔一〇七〕爲之。瓊，玉別名。」夫皮弁之飾，諸侯可用玉，大夫不當用玉，乃子玉爲大夫而亦用玉者，是僭諸侯之禮也。況諸侯但以玉飾弁之縫中，未有以玉飾弁之纓者，而子玉獨用之，則尤僭之甚也。豈若武公之守禮，惟以琇瑩飾弁哉？《曹風·候人篇》：「彼其之子，不稱其服。」鄭箋云：「不稱者，言德薄而不稱也〔一〇八〕。」《左氏·僖二十四年傳》云：「子臧之服，不稱也夫。」言無德而徒好異服也。若武公有文章，又能聽規諫，德之美如是，宜其有是服矣，詩人所以美之歟？

自土沮漆

《大雅·綿篇》首章云：「自土沮漆。」毛傳云：「自，用；土，居也。沮，水；漆，水也。」鄭箋云：「居沮漆之地。」即從毛公之說。朱云：「自，從；土，地〔一〇九〕也。沮水、漆水，在豳地。」毛公訓「自」爲「用」，訓「土」爲「居」；朱子訓「自」爲「從」，訓「土」爲「地」，訓似有別，然土地本人所居，「地」與「居」義本相因。「用」可訓「由」，「從」亦可訓「由」；「由」與「用」義相近，「從」與「用」義亦相近。故分而觀之，文雖小異；合而言之，義亦相同。考《周頌·潛篇》「猗與漆沮」，《夏書·禹貢》「漆沮既從」，又云「又東過漆沮」，此涇東之漆水也。此詩所言，乃涇西之漆水也。蓋涇東有漆有沮，涇西則有漆無沮。邠地在涇西，則但當言漆，不當言沮，明矣。毛公、朱子皆言「二水」，未爲得也。《漢書》注引《齊詩》「土」作「杜」，蓋「杜」字「土」聲，古本通用，故又假「土」爲「杜」。然注又云：「言公劉避狄而來居杜與沮漆之地。」四字之中，三字地名，文義重複難通。今按，「沮」當作「徂」。「徂」與「沮」字形相近，傳寫者因「漆」字是「水」旁，故「徂」〔一一〇〕字亦誤作「水」旁耳。《豳風・東山篇》四言「我徂東山」，言我往東山也；《小雅・小明篇》「我征徂西」，言我征往西也；《周頌・天作篇》「彼徂矣岐」，言太王往岐也。是「徂」字可訓爲「往」矣，然則「自土居〔一一一〕漆」當作「自杜徂漆」矣。蓋公劉去邰遷豳，自杜而往漆也。詩中之例，上言「自」者，下多言「徂」。《大雅・桑柔篇》云「自西徂東」，言自西往東也；《雲漢篇》云「自郊徂宫」，言自郊往宫也；《周頌・緑衣篇》「自堂徂基」，言自堂往基也；又云「自羊徂牛」，言自羊往牛也，皆其明證。則此章之「沮」字，必須作「徂」字，始於「自」字相應，否則非其例矣。又案，《集韻》云：「杜，姓也。」《左氏・襄二十四年〔一一二〕傳》云：「在周爲唐杜氏。」杜注云：「唐、杜，二國名。」以其居杜，遂以「杜」爲氏，亦猶伊尹居伊水，遂以「伊」爲氏也。《説文》「杜」字下云：「甘棠也。」是「杜」字本爲木名，而亦用爲水名者，亦猶萊夷之「萊」、荆州之「荆」、蒙山之「蒙」、芮國之「芮」、荆山之「荆」、桐柏山之「桐柏」，本係草木之名，而用爲山川、土地之名，皆假借之例也。《漢書・地理志》云：「杜，水名，出右扶風杜陽縣南。」《水經注》云：「杜水，發杜陽縣。」漆水以杜陽縣爲正，爲公劉自邰適邠所必由之路。蓋先自杜水，後至漆水也。《禹貢》云：「至于衡漳。」蔡傳云：「衡、漳，水名。漳水有二：一出上黨沾縣，名曰清漳；一出上黨長子縣，名曰濁漳。」又云：「淮沂其乂〔一一三〕。」蔡傳引曾氏説云：「徐州水以沂名者非一。酈道元謂，水出尼丘山西北，亦謂之沂水；水出太山〔一一四〕、武陽之冠石山，亦謂之沂水。而沂之大，則出於泰山也。」然則涇水有二，一在涇東，一在涇西，亦不足怪矣。據此，知《齊詩》之說，非無所本。後人從其說者，可以無所惑矣。

騶虞解

《召南・騶虞序》云：「《鵲巢》之應也。人倫既正，朝廷既治，天下純被文王之化，則庶類蕃殖，蒐田以時，仁如騶虞，則王道成也。」案，首章云「壹發五豝〔一一五〕」，次云「壹發五豵」，是庶類蕃殖也；首章云「彼茁者葭」，次云「彼茁者蓬」，言蒐田以時也。毛云：「騶虞，義獸也。白虎黑文，不食生物，有至性之德則應之。」朱與傳同〔一一六〕。案，《禮記・樂記》云：「右射《騶虞》。」孔疏云：「白虎黑文，義應之獸也。」《說文》「虞」字下云：「騶虞，仁獸也。」皆以獸名。《韓詩》以爲官名。案，《禮記・月令》云：「天子乃教於田獵，命僕及七騶咸駕。」鄭注云：「七騶，主趣馬，爲諸侯駕稅〔一一七〕者也。」《左・成十八年傳》：「六騶屬焉〔一一八〕。」杜注云：「六騶，六閑之騶。」皆爲主馬之官。《虞書・舜典》云：「汝作朕虞。」蔡注云：「虞作山澤之官。」《左・襄〔一一九〕四年》云：「于《虞人之箴》。」杜注云：「虞人，掌田獵者。」《周禮・虞人》：「掌山澤之材。」鄭注：「掌山澤者謂之虞。」據此，則以騶虞爲官名，說亦可通。然考《周南》之詩，始於《關雎》，終於《麟趾》；《召南》之詩，始於《鵲巢》，終於《騶虞》。雎與鵲皆是鳥名，前後正相符合；則麟趾既是獸名，騶虞亦當爲獸名，方屬一例。彼官名之說，固不若獸名之確矣。《射義》〔一二〇〕云：「《騶虞》，樂官備也。」彼蓋斷章取義，以獲禽之多，比得賢之衆，而非以騶虞爲官名也。《秦・駟驖〔一二一〕篇》：「奉時辰牡，辰牡孔碩。」毛云：「冬獻狼，夏獻麋，春秋獻鹿豕、群獸。」《豳・七月篇》：「言私其豵，獻豜于公。」毛云：「豕，一歲曰豵，三歲曰豜。」鄭：「豕生三歲曰豵。」《小雅・吉日篇》：「麀鹿麌麌。」「發彼小豝，殪此大兕。」毛云：「鹿牝〔一二二〕曰麀，麕牡曰麌。」皆言田獵所獲之獸，然未若騶虞之爲仁義之獸也。《大雅・卷阿篇》言鳳凰之鳴，與此章言騶虞之至，同爲太平之應。「鳳鳥氏」亦少昊氏之官名，而《卷阿》之鳳凰不可以官名解之，何此篇之騶虞獨可以官名解之乎？至於「騶虞」或作「騶牙」，又或作「騶吾」，蓋「牙」「吾」二字與「虞」字古音同部，字雖異而古本通用，故可互相假借耳。

于我乎夏屋渠渠

《秦・權輿篇》云：「于我乎夏屋渠渠。」「于我乎」者，言康公之于賢者也。《邶風・北門篇》云「王事適我」「王事敦我」，《小雅・北山篇》云「我從事獨賢」「嘉我未老，鮮我方將」，諸言「我」者，皆言者之自稱也，然則此章之「我」字，亦是賢者之自稱矣。至於《鄭風・丰篇》「俟我于〔一二三〕巷」、「于堂」，句法亦與此略同。《邶風・静女》云「俟我于城隅」，《齊・著》云「俟我于著乎而」「庭乎而」「堂乎而」，句法亦與此略同，惟彼皆男女相贈答之語，而此則君臣享燕之事耳。「夏屋」者，毛傳云：「夏，大也。」朱同。案，《周頌・時邁篇》「肆于時夏」，毛云：「夏，大也。」《禮記・鄉飲酒義》云：「夏之爲言假也。」鄭〔一二四〕注云：「假，大也。」《左氏・襄二十九年》云：「此之謂夏聲。夫能夏，則大。」又云：「見舞《大夏》者。」正義云：「夏，大也。」「夏」字既有「大」訓，則此章之「夏」字亦可訓爲「大」矣。鄭箋云：「屋，具也。言君始與我厚設禮食大具，以食我。」案，《爾雅・釋言》云：「握，具也。」《易・萃》初六爻詞云：「一握爲笑。」鄭本作「屋」。蓋「握」字「屋」聲，故可借「握」爲

「屋」，足徵鄭説之確矣。王肅云：「屋則立之于先君。」以「屋」爲「室屋」之「屋」，朱同。案，《禮記・檀弓》云：「見若覆夏屋者矣。」此「夏屋」謂大屋也。《召南・行露篇》云「何以穿我屋」，《秦風・小戎篇》「在其板屋」，《豳・七月篇》「亟其乘屋」，《小雅・正月篇》「于誰之屋」「仳仳〔一二五〕彼有屋」，《十月之交》云「徹我墻屋」，諸「屋」字皆「室屋」之「屋」也。若此章之「屋」字，則不指室屋，而專指飲食。蓋下句云「今也每食無餘」，下章云「于我乎每食四簋，今也每食不飽」，皆指飲食之事，則此一句亦當是指飲食而言，方爲前後相應。否則，不合詩中之例矣。《魯頌・閟宮篇》：「籩豆大房。」毛傳云：「大房，玉飾俎也。」鄭云：「大房，半體俎也。」「大房」二字，正與「夏屋」二字相類。「房」字既可訓「俎」，而非「房户」之「房」，則「屋」字亦可訓「具」，而非「室屋」之「屋」矣。「渠渠」者，鄭箋云：「渠渠，猶勤勤也。其意勤勤然。」朱傳云：「渠渠，深廣貌。」康成指人而言，朱子指屋而言。案，詩人之言宮室而句中有叠字者，如《大雅・綿篇》「作廟翼翼」，朱傳云：「翼翼，嚴正也。」《皇矣篇》「崇墉言言」「崇墉仡仡」，朱傳云：「言言，高大也。仡仡，堅壯也。」《魯頌・閟宮篇》「新廟奕奕」，鄭箋云：「奕奕，姣美也。」此皆指宮室而言。若此句之「渠渠」二字，則非言宮室之深廣，而言飲食之殷勤。《小雅・伐木篇》「坎坎鼓我」，《賓之初筵篇》「舉酬逸逸」，《易・漸》卦六二爻詞云「飲食衎衎」，皆與「渠渠」同義。王肅泥於「屋」字，故有此誤解，而朱子沿之，自不若鄭説之爲得也。

鹿鳴解

《小雅·鹿鳴序》云：「燕群臣嘉賓也。既飲食之，又實幣帛筐篚，以將其厚意，然後忠臣、嘉賓得盡其心矣。」案，此篇三章，皆云「我有嘉賓」，是燕群臣、嘉賓也。二章云「我有旨酒」，末章云「我有旨酒」，是飲食之也。首章云：「承筐是將。」毛傳云：「筐，篚屬，所以行幣帛也。」是實幣帛筐篚，將其厚意也。二章云：「嘉賓式燕以敖。」末章云：「以宴樂嘉賓之心。」是忠臣、嘉賓得盡其心也。朱傳云：「此宴饗賓客之詩。」亦與《序》説相同。蔡邕云：「王道衰，大臣知賢者幽隱，故彈絃諷諫。」蓋以《鹿鳴》爲諷刺之詩。案，《禮記·學記》云：「《宵雅》肄三。」鄭〔一二六〕注云：「《鹿鳴》《四牡》《皇華》，此三詩皆君臣宴樂相勞苦之辭。」夫入學之始，自當習頌美之詩，不應習諷刺之詩，然則《鹿鳴》之詩必是美嘉賓之燕，而非刺賢者之隱矣。《左氏·襄四年傳》云：「歌《鹿鳴》之三。」又云：「《鹿鳴》，君之〔一二七〕所以嘉寡君也。」蓋穆叔如晉聘，晉侯使工歌之，既所以美穆叔，亦所以嘉魯君。使其爲諷刺之詩，豈能歌之以侑使臣乎？《儀禮·燕禮》云：「工歌《鹿鳴》。」云《鹿鳴〔一二八〕》者，君與臣下及四方之賓燕饗之詩，蓋宴所以示慈惠。必歌《鹿鳴》，以聯上下之情而敦禮讓也，則《鹿鳴》非諷刺之詩可知。《鄉飲酒禮》云：「工歌《鹿鳴》。」蓋鄉飲所以序齒位，必歌《鹿鳴》，以答長幼之情而興教化也，則《鹿鳴》非諷刺之詩又可知。《史記》云：「《關雎》爲《國風》始，《鹿鳴》爲《小雅》始，《文王》爲《大雅》始，《清廟》爲《頌》始。」考《關雎序》云：「后妃之德也。」《文王序》云：「文王受命作周也。」《清廟序》云：「祀文王也。」是列爲首篇者，皆非諷刺之詩也，則《鹿鳴》亦非諷刺之詩明矣。司馬謂「《鹿鳴》爲《小雅》始」，其説甚是；而又云：「仁義陵遲，《鹿鳴》刺焉。」則大非矣。鄭氏《詩譜》云：「《小雅》《大雅》，周室居西都豐鎬之時詩也。《小雅》十六篇爲正經。」蓋除《笙》詩六篇之外，自《菁莪》至《鹿鳴》，適得十六篇也。既爲正經，則《鹿鳴》非諷刺可知。况《魚麗》爲宴饗通用之詩，《湛露》爲天子宴諸侯之詩，《伐木》爲燕朋友故舊之詩，《行葦》爲宴父兄耆老之詩，則《鹿鳴》爲燕饗之詩，可比例而得矣。《豳風・東山篇》「町疃鹿場」，言鹿走之跡也；《小雅・小弁篇》「鹿斯之奔」，言鹿之奔走也；《大雅・靈臺篇》「麀鹿濯濯」，言鹿之潔白也；《桑柔篇》「甡甡其鹿」，《韓奕篇》「麀鹿噳噳」，言鹿之衆多也。若此章之「呦呦鹿鳴」，則鹿之和樂也。首章云「食野之苹」，二章云「食野之蒿」，末章云「食野之芩」，毛傳云：「呦呦然鳴而相呼，懇誠發乎中。」蓋鹿得食，必呼群共食之也。詩人以喻燕饗，亦可謂工於取興也夫！

文王解

《大雅・文王序》云：「文王受命作周也。」鄭箋云：「受天命而王天下，制立周邦。」朱傳云：「周公追述文王之德，明周家所以受命而代商者，皆由於此，以戒成王。」案，此篇首章云「於昭于天」，又云「其命維新」，又云「帝命不時」；四章云「假哉天命」，又云「上帝既命」；五章云「天命靡常」；六章云「永言配命」，又云「駿命不易」；末章云「命之不易」，又云「上天之載」，是文王受天命而王天下也。首章云「周雖舊邦」，又云「有周不顯」；二章云「陳錫載周」，又云「凡周之士」；三章云「維周之楨」，四章云「侯于周服」，五章云「侯服于周」，是文王制立周邦也。《序》、箋之疏，本此而言。六章云「聿修厥德」，是述文王之德也。四章云「有商孫子」「商之孫子」，五章云「殷士膚敏」，六章云「殷之未喪師」，七章云「宜鑒于殷」，末章云「有虞殷自天」，是述文王之伐商也。朱子之説，本此而言。蓋《序》、箋與朱傳，皆出于經文，故語雖小異，而義實相因，誠以有德者始能正邦，而伐商者始能受命也。或謂《文王》詩乃文王時始作，非周公追述以戒成王。案，首章云「文王在上」，又云「文王陟降」；二章云「亹亹文王」，又兩云「文王孫子」，三云「文王以寧」；四章云「穆穆文王」，末章云「儀型文王」，篇中言及文王，皆稱其謚，明係追述之詞。如是文王之時詩，則當但稱「王」，不得稱「文王」矣。且五章云：「王之藎臣，無念爾祖。」鄭云：「王，斥成王。」朱傳云：「爾祖，文王也。」蓋文王乃成王之祖，明是周公戒成王而言。若以爲文王時詩，則「爾祖」二字難解。況五章云「裸將于京」「厥作裸將」「常服黼冔」，言成王之時，殷士來助周祭。若文王之時，安得有此事乎？考《綿篇》朱傳云：「此亦周公戒成王之詩，追述太王始遷岐周，以開王業，而文王因之，以受天命也。」彼詩爲成王時追述太王之詩，則此篇爲成王時追述文王之詩，因可比例而知矣。鄭《譜》以此篇屬於文王者，蓋謂此篇追述文王之事，非謂作詩於文王之時也。《史記》云：「《文王》爲《大雅》始，《清廟》爲《頌》始」者，《清廟序》云：「祀文王也。」夫《清廟》既爲祀文王之詩，則此篇亦當爲述文王之詩，可無疑矣。《商頌·那篇》云：「祀成湯也。」夫成湯受天命而王天下，故《商頌》之首篇爲禮成湯之詩；文王亦受天命而王天下，故《周雅》之首篇爲述文王之詩，又可互推而得之矣。

校勘記

〔一〕「成公之姊，襄公之姑」，《左傳正義》卷三十四作「襄公父之姑」。
〔二〕「下文」，稿本作「上文」，據《左傳·昭元年》改。
〔三〕「維」，稿本作「爲」，據《左傳·昭元年》及下引文改。
〔四〕「篇次」，稿本作「編次」，據《左傳·昭元年》疏改。
〔五〕「品目」，稿本原作「品目」，後朱筆改「名目」，今從《學海韻編》本程大昌《詩論》定。
〔六〕「乎」，稿本奪，據《左傳·襄二十九年》補。
〔七〕「説」，稿本作「税」，據《禮記·表記》改。
〔八〕「昭五年」，稿本作「昭四年」，據《左傳·昭五年》改。下「故以解五年傳」同。
〔九〕「平旦」，稿本作「平昌」，據《左傳·昭五年》改。
〔一〇〕「自營爲厶，八厶爲公」，稿本倒作「八厶爲公，自營爲厶」，據《左傳·昭公七年》乙正。
〔一一〕「俎」，稿本作「徂」，據《玉篇·欠部》改。
〔一二〕「醢」，稿本作「海」，據《周禮·天官·醢人》改。
〔一三〕《蜚英閣文集》亦有《亥有二首六身解》一篇，與此略近。
〔一四〕「亥」，稿本作「天」。
〔一五〕「萬章」，稿本作「告子」，據引文改。
〔一六〕「戰國」，稿本下衍「策」字，據《史記·魏公子列傳》删。
〔一七〕「食」，稿本作「今」，據《孟子·萬章下》改。

〔一八〕「朝踐」，稿本作「朝獻」，據《周禮·春官·司尊彝》改。
〔一九〕「形」，稿本作「羽」，據《禮記注疏》卷三十一改。
〔二〇〕「日以至」，稿本作「已至」，據《禮記注疏》卷二十六改補。
〔二一〕「以」，稿本作「已」，據《禮記注疏》卷二十六改。
〔二二〕「若不從」，《穀梁傳》作「如不從」，下同。
〔二三〕「高傒」，稿本作「高徯」，據《左傳注疏》卷九改。
〔二四〕「車」，稿本作「事」，據《禮記注疏》卷三十五改。
〔二五〕「遠」，稿本奪，據文義補。
〔二六〕「事」，《禮記注疏》卷三十五無。
〔二七〕「去一以爲軹圍」，稿本作「去三以爲軹」，據《周禮·考工記·輿人》改。
〔二八〕「六駁」，《毛詩注疏》卷六之四作「六」，無「駁」字。
〔二九〕「駁」，《毛詩注疏》卷六之四作「駁馬」。
〔三〇〕「汝」，《左傳·僖二十八年》作「女」。
〔三一〕「者」，《毛詩注疏》卷十七之三作「止居」。
〔三二〕「三單」，《毛詩注疏》卷十七之三作「三軍」。
〔三三〕「汝」，《毛詩注疏》卷四之四作「女」。
〔三四〕「十四年」，稿本作「二十八年」，據《左傳注疏》卷九改。
〔三五〕「亡」，稿本作「無」，據《論語·顏淵》改。

〔三六〕「菑栗」，稿本作「熾蕩」，據《毛詩注疏》卷十四之一改。

〔三七〕「其種」，稿本作「其載」，據《毛詩注疏》卷十九之四改。

〔三八〕「將」，《毛詩注疏》卷十八之五作「大將」，下句「書傳」作「傳」。

〔三九〕「且」，稿本作「苴」，據《毛詩注疏》卷十九之三改。

〔四〇〕「説文」，《困學紀聞》卷三下有「引劉向説」四字；下「曹氏以」，《困學紀聞》下有「爾雅」二字。

〔四一〕「小者」，《戰國策・魏策一》作「幼」。

〔四二〕「暮」，《毛詩注疏》卷十三之一作「莫」。

〔四三〕「周」，稿本作「魯」，據文義改。

〔四四〕此篇與上篇同題，語句略有不同。底本此篇上有「、」，與其餘各篇同，獨上篇則無，或以此篇爲定稿也。今兩者并存。

〔四五〕「同」，稿本作「傳」，據文意改。

〔四六〕「晉」，今《爾雅注疏》卷十五無，疑衍。

〔四七〕「兩軛叉馬首者」，《左傳注疏》卷三十二作「兩邊叉馬頸者」。

〔四八〕此篇標題上有墨「、」，其内容與前《豳風改歲解》兩篇相近。

〔四九〕「蚤」，稿本作「早」，字通。

〔五〇〕《群書答問》卷上有《既伯既禱》，與此異説。

〔五一〕「禱之」，《詩緝》卷十八作「因祭而禱之」。

〔五二〕「在」，稿本奪，據《詩・周南・關雎》孔穎達正義引補。

〔五三〕「辰鹿鳴也」，《詩・周南・關雎》正義引作「辰在天門，出入候聽」。
〔五四〕「辰爲天門」，《詩・周南・關雎》正義引作「亥又爲天門，出入候聽」。
〔五五〕「弓室之胸」，稿本作「弓室之膺」，據《詩補傳》卷十一改。
〔五六〕此篇，《蜚英閣經解》同。稿本自此而下，每篇接書，每半頁十六行，每行字數不等。
〔五七〕「加公厲司命」，《路史》卷四十一作「在厲命」。
〔五八〕此篇與《蜚英閣經解》同。
〔五九〕「在」，稿本無，據《蜚英閣經解》補。
〔六〇〕此篇與《蜚英閣經解》同，其主要觀點、論據又與王引之《經義述聞》卷五「子之還兮」條略同。
〔六一〕「故齊詩云子之營兮」，《漢書・地理志下》顏注無此八字，《蜚英閣經解》亦無，疑衍。
〔六二〕「自」，稿本作「目」，據《韓非子・五蠹》改。
〔六三〕「還」，稿本、《經解》本作「環」，據文義改。下「故還或作營耳」同。
〔六四〕「左」，稿本、《經解》本作「右」，據《爾雅・釋丘》改。
〔六五〕「過」，稿本作「出」，據《蜚英閣經解》《爾雅・釋丘》改。
〔六六〕此篇與《蜚英閣經解》同。
〔六七〕「鄉飲酒記」，底本作「鄉飲酒禮」，據《蜚英閣經解》改。「鄉射記」同。
〔六八〕此篇與《蜚英閣經解》同。
〔六九〕「而」，稿本作「與」，據《毛詩注疏》卷十六之三改。
〔七〇〕「晞」，今本作「睎」，《文選・運命論》李注引作「睎」。下同。

〔七一〕「蒯聵」，稿木作「蒯瞶」，據《左傳·哀二年》改。下同。
〔七二〕「怒」，稿本作「怠」，據《毛詩注疏》卷十四之一改。
〔七三〕此篇與《蜚英閣經解》同。
〔七四〕「云」，稿本原作「云」，後改作「公」，今從《蜚英閣經解》、《毛詩注疏》卷六之二定。
〔七五〕「天王」，稿本作「在王」，據《漢書·天文志》、《毛詩注疏》卷六之二改。
〔七六〕「天王」，稿本作「文王」，據《蜚英閣經解》改。
〔七七〕「心」，稿本作「星」，據《毛詩注疏》卷一之五、《蜚英閣經解》改。
〔七八〕此篇與《蜚英閣經解》同。
〔七九〕「泰折」，稿本作「泰圻」，據《禮記正義》卷四十六改。
〔八〇〕「身」，稿本作「事」，據《國語·周語下》韋注改。
〔八一〕「鄭賈」，《國語·周語下》韋注作「賈鄭」。
〔八二〕「能」，稿本脱，據《國語·周語下》補。
〔八三〕「傅合」，稿本作「传合」，據《蜚英閣經解》改。
〔八四〕「此」，稿本奪，據《蜚英閣經解》補。
〔八五〕「將生」，稿本作「所生」，據《毛詩注疏》卷十一之二改。
〔八六〕「皇皇」，《毛詩注疏》卷十一之二作「煌煌」。
〔八七〕「猶」，稿本奪，據《儀禮注疏》卷四十五補。
〔八八〕「綿」，稿本作「緜」，據引文改。

〔八九〕「豊」，稿本作「豊」，據《毛詩正義》卷十六之五改。下「豊水」同。

〔九〇〕「佼」，稿本闕，據《毛詩注疏》卷十九之一補。

〔九一〕「卿大夫」，稿本作「大夫」，據《禮記·射義》補。

〔九二〕「采蘋」，稿本作「采頻」，據《禮記·射義》改。下「采蘋」同。

〔九三〕「曹風蜉蝣篇」，稿本作「檜風羔裘篇」，據《毛詩注疏》卷七之三改。

〔九四〕「掘地解閱」，江西府學本作「掘閱，掘地解」。《毛詩正義》云：「定本云：『掘地解閱，謂開解而容閱。』義亦通也。」

〔九五〕「驪」，稿本作「厖」，據《黄氏日抄》卷四改。

〔九六〕「高唐」，稿本作「高陽唐」，據《水經注·河水》改。

〔九七〕「漯」，稿本奪，據文義補。

〔九八〕「後漢書祭祀志注」，稿本作「漢書王蒼傳」，引文見《續漢書·祭祀志下》劉昭注引謝沈《後漢書》：「《大雅》曰：『昭哉來御，慎其祖武。』」今據改。

〔九九〕「有德」，稿本作「有誰」，據《毛詩注疏》卷五之三改。

〔一〇〇〕「茅」，稿本奪，據《周禮注疏》卷六補。

〔一〇一〕「玄」，稿本作「亦」，據《周禮注疏》卷六改。

〔一〇二〕「天」，稿本作「大」，據《毛詩注疏》卷十六之四改。

〔一〇三〕「王法」，《毛詩注疏》卷十六之四作「王法者」。

〔一〇四〕「著篇」，稿本無，據下引文補。

〔一〇五〕「者」，稿本作「也」，據《周禮注疏》卷三十二改。
〔一〇六〕「瑩」，稿本奪，據《毛詩注疏》卷三之二、《詩集傳》卷二補。
〔一〇七〕「鹿皮」，《左傳注疏》卷十六作「鹿子皮」。
〔一〇八〕「不稱也」，《毛詩注疏》卷七之三作「服尊」。
〔一〇九〕「地」，稿本作「居」，據《詩集傳》卷六及下引文改。
〔一一〇〕「徂」，稿本作「沮」，據文義改。
〔一一一〕「居」，據文義，當作「沮」。
〔一一二〕「襄二十四年」，稿本作「哀四年」，據引文改。
〔一一三〕「其乂」，稿本作「既入」，據《尚書蔡傳》卷二改。
〔一一四〕「太山」，稿本作「太公」，據《尚書蔡傳》卷二改。
〔一一五〕「豝」，稿本從「豸」旁，下「豵」字同，據《毛詩注疏》卷一之五改。
〔一一六〕「同」，稿本作「云」，據文義改。
〔一一七〕「爲諸侯駕税」，《禮記注疏》卷十七作「爲諸官駕説」。
〔一一八〕「焉」，稿本作「馬」，據《左傳注疏》卷二十八改。
〔一一九〕「襄」，稿本作「哀」，據《左傳注疏》卷二十九改。
〔一二〇〕「射義」，稿本作「詩義」，據《禮記注疏》卷六十二改。
〔一二一〕「駟驖」，稿本作「駟鐵」，據《毛詩注疏》卷六之三改。
〔一二二〕「牝」，稿本作「牡」，據《毛詩注疏》卷十之三改。

〔一二三〕「于」，《毛詩注疏》卷四之四作「乎」，下「于堂」同。

〔一二四〕「鄭」，稿本作「陳」，據《禮記注疏》卷六十一改。

〔一二五〕「佌佌」，稿本作「泚泚」，據《毛詩注疏》卷十二之一改。

〔一二六〕「鄭」，稿本作「陳」，據《禮記注疏》卷三十六改。

〔一二七〕「之」，《左傳·襄四年》無。

〔一二八〕「鳴」，稿本奪，據《儀禮注疏》卷十五補。

四書集説

解題

本書北京大學圖書館藏，清稿本，一册，不分卷，無目録，無序跋。封面題「四書集説稿本」，與正文字體不同，或爲後人所書。正文無格連史紙抄寫，每半頁九行，行二十五字，首行頂格，次行則低一格。全書凡六十八頁，其中涉《大學》與《中庸》者八頁，涉《論語》者二十九頁，涉《孟子》者三十一頁。書内除「麐嘉館印」及「北京大學藏」收藏印外，别有「凌」「曙」二小印及「曉樓父」大印，均與北京大學圖書館所藏《蜚英閣經解》《蜚英閣史論》《蜚雲閣文集》同式。本書以朱熹《四書集注》爲範圍，以《學》《庸》《論》《孟》爲序，重在疏通文字、剖析語詞，要言不煩，不涉義理，頗便蒙童初學。書中部分條目與《四書典故覈》觀點一致，如「素以爲絢兮何謂也」條與《四書典故覈》卷三「繪事後素」合，「朝」「過位」「升堂」「復其位」「執圭」五條與《四書典故覈》卷五「朝」「升堂」「執圭」等條合是也。其間有次第顛倒、後先失序者，今已乙正。因不敢必爲凌曙所著，暫列附録中，待進一步考證。爲便於讀者翻檢，今依原稿本增加四書標目，個别條目與經文次第不一致者，依經文調整。

大學〔二〕

壹是皆以修身爲本　「壹是」指天子至於庶人，「爲本」是爲天下國家之本。

其所厚者薄二句　上「所厚」指家言，下「厚」字即治平意。上「薄」字即不齊意，下「薄」字指天下國言。

顧諟天之明命　「顧」是常常顧視。謂此心常存，而目若有所見也。

又日新　謂非唯日日益新，又須常常日新。「又」字有持久意。

作新民　「新民」是自新之民，「作」字即聖經「新」字。

於止　此「止」字，以時言。

於緝熙敬止　「緝熙」是功夫，「敬止」是效驗。惟緝熙，故能敬止。

赫兮喧兮者　注中「宣著」貼「喧」字説，「盛大」貼「赫」字説。

無情者不得盡其辭　「盡」字作「逞」字看。

此謂誠於中形於外　謂誠有是惡於中，則是惡必形於外。

忿懥　「忿」是怒之著，「懥」是怒之留。

恐懼　「恐」是心之畏，「懼」是恐之甚。

憂患　「憂」是心之慮，「患」是慮之甚。「恐懼」以臨事時言，「憂患」以未事時言。

哀矜敖惰　「哀」是傷痛，「矜」是憐憫；「敖」是簡於爲禮，「惰」是怠於爲禮。

一人貪戾　「貪」是貪於欲，「戾」是戾於理。

宜其家人　此句就女子言，下文「宜其家人」就君子能宜其家人言。

宜兄宜弟　此句是詩人言國君宜其兄弟，下句是傳申釋《詩》意。

争民施奪　争而不已必奪，義有淺深。

惟命不于常　謂天命不于汝爲常。

不啻若自其口出　謂心好之，不但如口之所言。

媢疾以惡之　「媢」是妒忌，「疾」是怨恨。

彼爲善之　「彼」指長國家者。謂反以小人爲善。

校勘記

〔一〕此標題新擬，稿本與下《中庸》接書，凡八頁。

中庸〔一〕

是故君子戒慎乎其所不睹二句 謂己之所不睹不聞也。

莫見乎隱二句 「隱」以地言，「微」以事言。

故君子慎其獨也 「獨」者，人所不睹不聞，而己所獨睹獨聞也。

人皆曰予知 此「予知」指能料事於未然，下「予知」指能析理於微茫。

擇乎中庸 此「擇」字粗，下章「擇」字細。

抑而强與 「而强」是性中固有之强，非風所能囿者。

君子居之 此「君子」淺看，謂亦是个好人。下「君子和而不流」，則成德之人也。

衽金革 謂安於金革，視之如衽席也。

君子遵道而行 此亦學問中人，故謂「君子」。下「君子」指成德之人。

遁世 謂終身也。

費而隱 「費」即率性之道，「隱」即天命之性。

天下莫能破焉 物有至小而可破作兩者，是中間着得一物。若無内，則不容破了。

言其上下察也　「其」字指道。

道不遠人　謂道之本體不遠於人。

人之爲道而遠人　謂爲道者務爲遠人之事。「人」字即指己身。

所求乎子(句)**以事父未能也**

先施之　如相恤相通、相勸相規之類。

而不求於人　「不求」即不陵不援。

和樂且耽　耽，樂之久也。

宜爾室家樂爾妻帑　「宜室家」頂「既翕」，「樂妻帑」頂「好合」。

鬼神之爲德　謂鬼神實然之理，性情、功效皆實理也。

嘉樂君子憲憲令德　「嘉」是可稱美意，「樂」是可喜樂意，「憲憲」是顯著意。

宜民宜人　「民」是無位，「人」是有位。謂君子能宜其民人。

保佑命之　「保」是安，「佑」是助，「命」是天降福。自天申之，即保佑命之不已也。

身不失天下之顯名　原有顯名，不以伐紂而失。

人道敏政地道敏樹　人有良心，人之道也；地有生意，地之道也。「樹」是栽植，非樹木。

則士之報禮重　謂士以禮報君也。

則財用足　「財」是貨財，「用」是器用，與《大學》「有財此有用」「用」字指「用財」者不同。

既稟稱事　「既」是牲肉，「稟」是糧米。

繼絶世舉廢國治亂持危　「絶世」是爵土尚在，但無子孫；「廢國」是子孫尚在，但無爵土。「亂」是上下僭亂，「危」是國勢傾危。

言前定則不跲　「前定」即上「豫」字意，「跲」是説不去。

道前定　「道」是性中之用，言、事、行皆道中之一耳。

從容中道聖人也　作一句讀。

致曲　工夫不外擇、執。

曲能有誠　此「曲」字是已致之曲。

形著明動變化　根心生色曰「形」，日新月盛曰「著」，表裏瑩徹曰「明」；「動」是方感動他，「變」則已改其舊俗，「化」則更無舊跡。「形」「著」「明」俱就自己身上説，「動」「變」「化」就人身上説。

而道自道也　「而道」之「道」，在人之實理也；「自道」之「道」，人以實心自行也。「自成」「自道」兩「自」字，俱説自己。

誠者物之終始　謂自始至終，無一事之不實也。章内三个「誠者」，皆指實理，兼實心言；「不誠無物」「誠之爲貴」兩「誠」字，則專指實心。

合外内之道也　「外」是成物之知，「内」是成己之仁。

悠遠　「悠」是寬緩而不迫促，「遠」是長久而不淺近。「悠」是據始以要終，屬外；「遠」是隨處而常在，屬内。

博厚高明　「博」是德澤及人之廣，「厚」是德澤入人之深。有如是之博，則其勢不得不高；有如是之厚，則其精不得不明。

不見而彰不動而變　「見」是表示，「彰」是顯著；「動」是鼓舞，「變」是變化。

寶藏　謂物之可寶重藏蓄者。

及其不測〔二〕　「不測」是水之浩蕩，與「生物不測」不同。

貨財　「貨」，珠貝之類；「財」，魚鹽之類。

純亦不已　此句只在文王心中說。「不已」實從「純」中來，只重講「純」字，而「不已」自見；「亦」字雖承「天」說，然非天人合一之謂也。

發育萬物　「發」是發生，「育」是長育。

峻極于天　「峻」，高大也；「極」，至也。

而道問學　「道」只是行，如「去做他」相似。

而盡精微　於衆善之中，擇其至善者曰「精」；於相似之中，辨其不相似者曰「微」。

温故而知新　兩項分說，與《論語》串說者不同。

敦厚以崇禮　「敦」是敦篤，「厚」是德性。「以崇禮」，「以」字即「而」字。

既明且哲　「明」是燭於理，「哲」是察於事。

其寡過矣乎　重在君能寡民過上說。

無徵不信　「無徵」，則在己者無以取信於人，不可；於「不信」，便說民不信也。下「不尊不信」同。

考諸三王而不繆　謂己身不繆於三王，非謂三王不繆於我也。下同。

祖述憲章〔三〕　「祖」是宗，「祖述」是宗而繼述之；「憲」是法，「憲章」是法而表章之。

持載覆幬　「持載」是地之承載，「覆幬」是天之覆冒。

道并行而不相悖　「道」，如歷家黄道、白道之「道」，非道理之「道」。

聰明睿知　「聰明」在耳目，「睿知」在心。「睿」是思慮之徹于微者，「知」是心體之明周乎物者。

寬裕温柔　「寬」，廓然恢宏，對「窄狹」看；「裕」，綽然舒徐，對「急迫」看。「温」，煦然和厚，對「慘刻」看；「柔」，帖然慈順，對「乖忤」看。

發强剛毅　「發」是奮發，對「因循」看；「强」是有力，對「委靡」看。「剛」是不屈撓，「毅」又有不息之意。

齊莊中正　「齊」，齊一無雜念；「莊」，嚴肅而不懶散。「中」，不偏倚；「正」，不邪曲。

文理密察　萬物燦然於心曰「文」，秩然有叙是「理」。見其巨、不遺其細曰「密」，灼其表又灼其裏曰「察」。密則不粗疏，察則不混淆。

溥博淵泉　「溥」，周偏，是就裏面詳細處説；「博」，廣闊，就全體大概上説。「淵」，静深，謂萬感俱，朕兆莫窺；「泉」，有本，謂一源活潑，渟泓無盡。

達天德者　「達」是優入意，「天德」即仁義禮智之德。

其孰能知之 「之」字指經綸、立本、知化言。

知遠之近 此以己物對言，知在彼之是非，由我之得失。

知風之自 「風」猶「風度」「風采」之「風」，就一身而言。謂知其身之得失，由乎心之邪正。

可與入德矣 「可與」猶「可以」，乃預期之詞。

予懷明德 「予」字是上帝自謂。

不大聲以色 「以」猶「與」也。

毛猶有倫 以「毛」比「德」，是德猶有倫類可比，非毛之猶有倫也。「猶有倫」，只是猶有形象意。

上天之載 「載」訓「事」，即「道」也。謂天命流行之處也。

至矣 是贊德，非贊《詩》。〔四〕

校勘記

〔一〕此標題新擬，稿本與上《大學》接寫，凡八頁。

〔二〕「及其不測」，稿本此條置「貨財」條下，據《中庸》乙。

〔三〕「祖述憲章」，稿本此條置「持載覆幬」條下，據《中庸》乙。

〔四〕以上本《中庸集注》，與《大學》合計八頁。

論語〔一〕

君子務本二句　指凡事言，下二句乃指孝弟。

令色　指一身之容貌。

君子不重　「君子」指自修者。

民德歸厚矣　亦就喪祭言。

夫子之求之也　借其「求」字而反言之，是帶下語，不是粘上煞住語。

先王之道斯爲美　「道」即「禮」字。「斯」即「此」也，承「和」字來。

有所不行　「不行」是不能推之天下後世無弊意。

不以禮節之　「禮」即本體之嚴者。

信近於義　「信」是約信，不是五常之信。

其斯之謂與　「斯」字指「可也」。「未若」就凡學問言，不專在處貧富。

不患人之不己知二句　「不己知」是不知己之善，「不知人」是不知人之善否。

譬如北辰三句　「北辰」，君象。「居所」喻無爲，「共之」喻天下歸。

有耻且格　不必分項「德」「禮」，串下「勿平」。

四十而不惑二句　「不惑」是知事物之當然，「知天命」是知理之所以然。

七十而從心所欲不逾矩　聖人心體就是「矩」，心之流動處即是「欲」。「欲」字作「發」字看，與「私欲」之「欲」迥不同。

子曰無違　且虚講，不可説「無違於理」；只可説孝爲順德，亦不可泥説「違親」。

父母惟其疾之憂　「惟」不作「獨」字解，只須就注「常以爲憂」「常」字發論。

皆能有養不敬何以别乎　古注：「犬馬皆能服養于人，不敬，何以自别于犬馬乎？」較朱注無語病。

有事　是父兄所有事。

退而省其私　「退」是顔子退，「省」是夫子省。

視其所以　「以」兼善、惡説。「由」〔二〕單頂所爲善來，「所安」又單頂所由之善來。

温故而知新　《中庸》是兩件，此是一件，重「知新」上。「新」即「故」中道理，作「新奇」「新異」看者非。

而後從之　「之」指言説。

知之爲知之二句　二句平列，中須側重「不知」邊。

子張學干禄　是記者之詞，非問於夫子也。胸中有所藴，欲急於自見耳。要看得好下文，夫子口中不得説出「干」字。

則寡尤　摠承上，三層「寡」句同。

惟孝友于兄弟二句　是《書》詞，「惟孝」重讀。「友」亦從「孝」來，「施于有政」是正家。

是亦爲政　「是」字指《書》詞二句，「亦」字對「正國」言。謂以己之正，帥家之人，即此是政也。

揖讓而升二句　「揖讓」二字提起，貫下「升」「下」「飲」三層。

素以爲絢兮何謂也　「倩」「盼」無疑也，疑只在「素絢」句，蓋誤認一「爲」字。「素」即上「倩」「盻」。美質爲「素」，加以華采爲「絢」。下文乃即繪事以釋《詩》詞。

禮後乎　此「禮」字，指儀文言。

指其掌　此句表「示諸斯」之義，是記者之詞。

子貢欲去告朔之餼羊　「欲去」是私意，非問也。

成事不説三句　成事固不可説；即事未成而勢已遂，亦不可諫；若既往，則更不必咎矣。三句語意輕重如此。「説」謂陳其是非，「諫」謂申其匡救，「咎」謂責其愆尤。三句泛説，責之意在言外。

官事不攝　「官事」是私家之事。

樂其可知也　謂樂理雖微，而聲音、節奏則無不可知。此節專主審音言。

以成　是通上「始」「從」而爲一小成。

里仁爲美　「仁」是仁厚之俗，須淺看。

擇不處仁　謂擇里而不居於是，與上《孟》「處仁」指「仁道」者別。

君子無終食之間違仁三句　下一句，只就「終食」中抽出最易違者言之。但「終食」猶是無事之時，「造次」則異于閑暇，「顛沛」則又異于「造次」矣。

不使不仁者　「者」字作「事」字看，不作「人」字看。

觀過斯知仁矣　既是小人之過，更説他不仁做甚？只爲君子過中有仁，其過本與小人不同，其仁亦即過可見，故曰「斯知仁矣」。語意自是爲君子而發。

士志於道　「志」字淺看。「志」得不力，只是名爲「志道」。及外物來誘，則又變遷了。

能以禮讓爲國乎　「讓」者，「禮」之實也，「讓」即在「禮」中。

吾道一以貫之　「一」指心之一理、道之本原言之，指萬事萬物。

門人問曰　是夫子門人。

忠恕而已矣　「一」者，忠也；「以貫之」者，恕也。

又敬〔三〕不違　「敬」是更加孝敬，「不違」是仍舊幾諫，不違其初心也。

勞而不怨　「勞」是被撻勞苦，「不怨」是仍舊幾諫。

遊必有方　「遊」字即頂上文「不〔四〕遠遊」。

一則以喜二句　「喜」「懼」一時并到，重「懼」邊。

古者言之不出　是不輕出。

以約失之者　「約」是心中收斂，對「放肆」言。「失」就事上説。

以其子妻之　與下節「以其兄之〔五〕子妻之」，俱是記者語。

夫子之言性與天道　「性」「道」只一理。此理在天，未賦于物，曰「天道」；此理具于人心，未應于事，曰「性」。「性」指仁義禮知，「天道」即元亨利貞也。夫子非不言性、道，但罕言耳。注中「罕」字須體會。

不可得而聞也　此「聞」字深看。耳之聞，未可以爲聞也。

未之能行　即在方聞時見。

季文子三思而後行　「三」，去聲，是反覆、再三，非限定三次。

甯武子邦有道　「有道」，只是内變不生、外患不作之時。

狂簡　「狂」者自是必「簡」，重「狂」上。

斐然成章　「成章」是做得成片段，緊頂「狂簡」來，言其所爲皆有文理可觀。大率孔門弟子各有成就，如子路之勇，真成一箇勇；冉求之藝，真成一箇藝。

願無伐善二句　「善」是有能于己，「勞」是有功于人。

可使南面　「南面」照下「臨民」，不必泥定帝王。凡臨民之位，皆南面也。

可也簡　「可」處在「簡」上，口氣須順下，倒講不得。

居敬而行簡五句　不獨所居不同，即「行簡」亦異。上「行簡」是簡易之「簡」，下「行簡」是簡略之「簡」。

原思爲之宰　是家宰，非邑宰。

辭　是辭「九百」之多，非全辭也。

子謂仲弓曰　是夫子私論。

則日月至焉而已矣　「至」字與天機自來者不同，亦是徹底曾到一番，與回之「不違」一樣，只爭久不久耳。

不有祝鮀之佞而有宋朝之美　兩「有」字俱跟一「不」字，「而」字猶「與」字。古者兩事相兼者，以「而」字中遞之，謂必有巧言令色而後可免也。

則史　「史」乃府史、胥徒之史，不是史官。

文質彬彬　「彬彬」只是恰好的中道，非文質各半之説，亦非三分文、七分質之説。

人之生也直二句　上「生」字是始生之「生」，以理言，下「生」字指生存於世。

知之者章　四「之」字，俱指「道」言。

井有仁焉　「仁」只作「人」字看。

約之以禮　「約」字只作「約束」意。「之」字是指其人而言，非指所學之文。

如有博施於民二句　「博施」是自我施恩澤言，「濟衆」是自人被恩澤言。

夫仁者節　「立」「達」兼内外，不必分貼「教」「養」。此言仁者之心，下言求仁之法。己才要立、達，便自然要立、達别人。天理周流，無間彼此，不待于譬也。若謂己欲立、達，而即己立人、達人，則其願更奢、更浮于子貢，豈立教之旨乎？

自行束脩以上　此是禮之薄者，其厚則有玉帛之屬，故云「以上」以包之。「自」字訓「從」，而親自求教之誠意，自在「行」字之中。

則誰與　「與」是相與之「與」。

如不可求　「如」乃轉語，是决詞，非借言也。

曰不圖爲樂之至於斯也　「斯」指盡善盡美言。

三人行　帶自己在内。

亡而爲有三句　三項貼所知、所能言。本亡是善爲「亡」，非實有是善爲「虚」；有一得之善，雖實而少爲「約」，「有」只是有得；「盈」是所有的充滿於中，「泰」是所有的洋溢於外。

蓋有不知而作之者　「作」是作事，非述作之「作」。

吾聞君子不黨　「黨」字只指議論扶同，徇私而言，不是黨惡。

謂之吴孟子　據注，是指昭公諱之。謂之「吴」，則紀其實；謂之「孟子」，則隱其姓。昭公亦是迫於事勢，犯禮而娶之，故只得遷就而爲之諱耳。

子與人歌而善　「善」是歌得好，指在人説。

躬行君子　「躬行」謂以言而行諸身者，「君子」是實德之人。四字是渾成語。

正唯弟子〔六〕**不能學也**　「弟子」，泛説。

三以天下讓　主讓商。

慎而無禮　以執事言。

直而無禮　「直」是盡言無隱。

君子篤於親　「親」兼一本九族言。

君子所貴乎道者三　「君子」指從政之人。

動容貌三段　三「斯」字不可主「現成」說，須作「當下用力」解，方得「貴」字精神。「動」「正」「出」是做工夫之處，不是「動」「正」「出」便是工夫，「工夫」全在二「遠」字一「近」字。

出辭氣　「辭」實，「氣」虛。

有若無實若虛　「有」承「能」字說，「實」承「多」字說。

臨大節　「大節」是事變之大。

興於詩　須從上三字順說，不可倒說。

其餘　即指才美言。德爲本，才爲餘。

篤信好學　「篤信」是自信之篤厚。

不在其位　此以士庶不謀公卿大夫之政言。

學如不及二句　上句以用功言，下句以存心言。「猶恐失」，正必欲及而已也。二句總是鋭進一意，不可分未得、已得。

巍巍乎惟天爲大　「巍巍」屬堯，「大」以天德言。

於斯爲盛　「斯」指周室，謂唐虞乃盛于周。

以服事殷　「以」即注「率」字。

今也純儉　「儉」指工夫省約，非省財用也，與「奢儉」意別。

夫子聖者與　「聖」含下「多能」，須淺淺說。

固天縱之將聖　同一生知安行，而夫子不但生知安行，直縱之至行，盡聽其自取，不爲限量。僅説生安，猶未盡「縱」字之義。「將」字照注，直斷是「莫測所底止」意，非夫子猶未聖而將聖也。

空空如也　「空空」即屬「鄙夫」。見其問時，心中并無始終、本末、上下、精粗意，故曰「空空」。

我叩其兩端而竭焉　「兩端」就在所問中。「其」字須玩，與「執兩端」有别。彼是衆論之不同，此是一事之首尾。大舜是取人之言，執其兩端而用其一；夫子是教人之言，竭其兩端而未嘗遺其一。注「始終」以事言，「本末」以物言，「上下」以道器言，「精粗」以事理言。

見之雖少必作　謂我坐而見彼之行過也。

過之　謂彼坐而我過于其前。

仰之彌高四句　聖人只是一箇中的道理。注「無窮盡、無方體」，正指「中」字而言。中不易幾，故「無窮盡」；中不可執，故「無方體」。

如有所立卓爾　此言見道之益親。「卓爾」，實義只是箇中道。事事物物，各有不偏不倚，無過不及，定理，故以「卓爾」形容之。此即向之「高堅前後」者，今皆得其大本、得其定體也。兼知、行言。

雖欲從之　「從之」是與道爲一。

末由也已　不是休了不用力，只是勿助勿忘，以俟自化。

逝者如斯夫　「逝者」所包甚廣，水亦在「逝者」内，但「逝者」不指水，「斯」字方指水。

苗而不秀者　喻人質雖美而不能學也。

秀〔七〕而不實者　喻人雖學而不能成德也。

能無從乎　「從」是口依吾言，下「説」字是承順于外，須淺説。

巽與之言　不曰「巽語」而曰「巽與之言」，是即「法語」之意；而「與之言」者，更出之婉曲也。

子路終身誦之　不是矜誇，只認爲盡善守而勿失，與「服膺」「書紳」意同，勿太貶子路。

是道也　「道」即指「不忮不求」，與注中「道」字别。

何足以臧　有二意：一是就處境説，謂此特制境之道，而非化境之道；一就處境推開説，謂此不過處境之道，而道不盡于處境。

未之思也二句　此以心之思理言，與《詩》之言思人者别，注所以謂「借其言而反之」也。

朝　「朝」字一頓，指夫子在朝。注「君未視朝時」，補在「朝」字下。

過位　過治朝之位。

升堂　升燕朝之堂。

復其位　復治朝庭下之位，《曲禮》所謂「下卿位」。

執圭　是瑑圭，非命圭。

不多食　泛言，不承「薑」説。

廄焚　是家廄。

子退朝　退自公朝。

不問馬　是門人所記。

雖狎 謂與我素熟者。

雖褻 謂燕見，非在公所、禮法之場及稠人廣衆之中也。

先進 指文、武、成、康時人。

如用之 兼治身、淑世説。

孝哉閔子騫 夫子于弟子，從無稱字者。此句是當時人稱之之語。

夫人不言 只還「夫人」，勿露閔子。

未入於室也 此句輕帶，非貶。只争一轉，便不可量。

吾以子爲異之問 「異」，非常也，如伊、吕之徒，暗影下「以道事君」者。

賊夫人之子 「賊」兼仕、學兩妨，尤重「妨仕」邊。

有民人焉 無位曰民，有位曰人。

夫子哂之 「率爾」意，不可露。

非曰能之 「之」指禮樂。

如會同 「如」作「及」字看。

鏗爾 是投瑟聲，非鼓瑟聲也。以手投瑟，其音鏗爾，非瑟之希也。帶下句看。

亦各言其志也 令點自言其志，與後句不同。

子曰亦各言其志也已矣 謂三子各以所素具者言之，便有兼許三子意。

爲國以禮 「爲國」二字，只當「用世」看。「禮」字照「讓」字，只在本身氣度上講。

非諸侯而何　非諸侯之事而何。

克己復禮爲仁　「爲仁」與下「爲仁」同，不必作「謂」字講。

回雖不敏　是不明健，以質言。

請事斯語　「斯語」承上「四勿」，即是克復之説。

在邦無怨二句　是敬、恕之效。

爲之難　「爲之」猶言「行事」，「難」在心上説。

斯謂之君子已〔八〕乎　牛錯認是强制于外，疑不足以盡君子。

内省不疚　「内省」是臨事省察，「不疚」是平日坦蕩工夫，在「内省」以前。

可謂遠也已矣　「遠」即「明」之遠，非「明」外又有遠也。

雖賞之　「雖」是假設之詞。

以就有道　「就」是成就，「有道」是民之善者。

子欲善　「欲」不是心欲，有躬行其善意，莫認作欲民之善。

質直　「質」是無華，「直」是不曲，就立心上説。

慮以下人　常常思慮，正見真心下人處。

樊遲未達　疑知有妨于仁。

先之　此在「教」邊，如躬行孝弟之類。

勞之　此在「養」邊，如勸課農桑。

無倦　行此先勞永久也。

衛君待子而爲政　「爲政」屬衛君，兼孔子說。

有是哉　「是」字指「正名」說。

則言不順　「言」是稱呼，「不順」是有阻逆之獘。

則事不成　指一身交接之事，與下注「政事」之「事」不同。

則禮樂不興　「禮樂」只屬一身禮樂言，指平時日用有序有和說，非玉帛鐘鼓之謂。

則刑罰不中　此方說到政事。

君子於其言　「其言」是稱名之言。

吾不如老農　「不如」猶「不似」，隱然見吾學自有在。

善居室　是善處家。

曰苟合矣　三「曰」字是說他心裏的口氣，若「將曰」云云，非公子荆口中語。

苟正其身矣於從政乎何有　此言爲大夫發，「從政」兼正君、正民說。

君子和而不同　此節就存心上說。

君子泰而不驕　此節就氣象說。

剛毅木訥　「剛」就體上說，「毅」就用上說，「木」就容貌上說，「訥」就言語上說。

切切偲偲怡怡如也　「切切」在情意上，「偲偲」在教戒上，「怡怡如也」在顏色上。

克伐怨欲不行焉　是禁止不行于外。

夫子不答 子之不答，所謂「存其事而義已明」也，作忘言默契講。既不嫌于傷時，亦不嫌于自任。

文之以禮樂 「文」是加餙意，即「節之」「和之」也。「之」指知廉勇藝説。

曰今之成人者 「今」指夫子時説，「曰」是夫子又言。

其然 「然」字指「時然後言」六句，「其然」是承賈言而按之。

豈其然乎 此句方是疑詞。

曰未仁乎 「曰」是子路與夫子商榷之詞。

勿欺也 就平時盡誠，兼所言、所行説。

而犯之 專指諫諍言。

君子耻其言而過其行 自是兩事，不可作一句讀。都在心上説，較「訥」「慎」意更深。

夫子自道也 人自説，則常引退，故自謙意即在其中。

患其不能也 「患其不能」，全是求其所以能處，兼知、行説。求爲可知，猶是借知以證能。此則全以不能自患，是直證本體，并掃却求爲可知念頭。

疾固也 聖人惡執一不通之事，非惡執一不通之人。與上句，皆夫子自謂，非有意譏畝，然「固」字亦正對畝病症。

以直報怨以德報德 上句正答，下句帶説。

莫我知也夫 「莫我知」須照下節説，非「明王不作，世莫宗予」之謂，乃慮學之晦耳。子貢平日求聖，多在高奇炫赫處，而平淡中之精微尚不知也，故自嘆以發其問。

不怨天不尤人　題是「下學」的引子，總是不務外、不求名的意思，正是反己不外求處。注中「反己」正貼「不怨尤」，「自修」方貼「下學」。○怨尤，便不能下學。

下學而上達　「下學」有工夫，「上達」無工夫。「下學」，即事即物探求尋驗；即下學處，有融會貫通之妙，是爲「上達」。「而」字内由粗而精，由勉而安，中節間尚有許多節次，説得「達」字之義盡，則「而」字之意圓。「上達」在夫子口氣，總不要説得矜異方合。

知我者其天乎　上「天」字，氣數之天；此「天」字，於穆之天。天所主者理，理與天合，故曰「天知」。○天知只是自知，自知只是下學。此正是解「莫我知」之意，道理自實，神氣自虚，沾滯不得。

其次辟地三句　三「其次」，是避之次第，非賢之次第也。

是知其不可而爲之者與　雖道破孔子心事，然語帶諷刺，未免知而不知。

鄙哉硜硜乎　是就磬聲中想見其心之專確。

深則厲二句　引《詩》只作自家語，謂涉水者尚知淺深之宜，用世者何不自量也？勿以「淺」「深」分配「治」「亂」。

修己以安人　「修」字内包「敬」字。「以」字無工夫，作「即以」看。

原壤夷俟　非是故意慢孔子，只是放達，習與性成意。

見其與先生并行也　「先生」指長者，不指師。

欲速成者也　謂欲速就于成人之列。「成」字乃成人之「成」，對「童子」看，非學問有成也。

子路慍見　「慍」爲道窮，非爲絶糧也。

然非與　「然」是據平日所見而信之也，「非」是因今日提撕而疑之也。「然」「非」俱就夫子之多學而識説：「然」字也是，「非與」也是？

非也　謂非逐件而學、逐件而識耳，非竟曰「予不學不識」也，莫錯看。

予一以貫之　「之」字指所學所識。「貫之」是貫學識，貫學識即是以一心貫事物之理，無兩層也。方其不曾見得一貫，只是多識；及既見得後，只有一以貫之，非于多方識外另有一件事也。子貢于一事一物之中，各有以知其理之當然，而未能知夫萬理之爲一而廓然無所不通。其處事接物之間，有以處夫所嘗學者，而于所未嘗學者，不能有以通也。

知德者鮮矣　不曰「知道」而曰「知德」，知在行先曰「知道」，知在行後曰「知德」。「知德者鮮」，以其踐履之未至，故不能真知其味。夫子以此告子路，使之勉進于德，而不以聰明强力爲可恃也。外注「慍見」，意不可露。

恭己正南面而已矣　此極形無爲之象，非推原無爲之本。

邦有道如矢　「有道」「無道」，俱就有事變、無事變説。二子俱靈公時人。

志士仁人　不忘乎仁，則爲志士；已全乎仁，則爲仁人。志士是利仁者，仁人是安仁者。

事其大夫之賢者二句　「大夫」，言賢已見于行事者也；「士」，言仁方見於修身者也。

人無遠慮　「人」字該上下，就主持世道者説。或畏葸〔九〕而不及遠慮者，柔之失；或鹵莽而不暇遠慮者，剛之失。

不曰如之何如之何者 「不曰」二字直貫兩「如之何」，「者」字指人。

禮以行之三句 「禮」「孫」「信」是欲善其事，非欲善其義也。又一時俱有，不分先後。三句連説，見如此又要如此，非「禮」行後方「孫」出，「孫」出後方「信」成，一層一層向上添之謂也。「禮」指節文度數説，「孫」指辭氣，「信」是始終誠實，以成此一事，不是「孫」出後方「信」成也，須統承「爲質」「行之」「出之」而言。蓋無「信」，則「義」「禮」「孫」皆是僞耳。

君子病無能焉 「病」較「患」字尤緊。「病」乃切身之痛。

君子病没世而名不稱焉 「没世」如云「終身」，不限定身後之名，而身後之名亦可帶説。

君子求諸己 「求」與「爲」字異：「爲己」「爲人」，是原其用心，在題前一層；此「求己」「求人」，則實指其事，爲用力也。「己」即己分内之事，兼學問、事業説。

君子矜而不争群而不黨 「矜」是以理自持，「争」是以氣凌人，「群」是以道相與，「黨」是以情相徇。上句「矜」爲主，「不争」正是矜得好；下句「群」爲主，「不黨」正是群得好。上句持己而不失人，下句處人而不失己。蓋争、黨中必無矜、群，而矜、群容有至于争、黨者，故着兩「而」字，頓宕轉下。

有一言 「一言」，一字也。

誰毁誰譽 兩「誰」字不止作「無」字看，有一一尋求、無可指名意。

如有所譽者其有所試矣 就「誰毁誰譽」中抽出言之，見「譽」且不輕，况于「毁」乎？仍是無毀譽。

斯民也二句　「直道而行」，是指三代之君之賞罰説。三代直道而行，三代之無毀譽也；吾之無毀譽，吾之直道而行也。「斯民也」是指當時之人而言。今世雖是習俗不美，直道難行，然三代盛時，所以直道而行者，亦只是行之于此人耳，不待易民而治也。大抵聖人之意，止是説直道可行，無古今之異耳。惟民自本直，故三代以直道行之于民也。

衆惡之節　「察」非察衆，言察其本人可好可惡之實。得其實，則從衆非徇，違衆非矯。

過而不改二句　上「過」字無心失理，下「過」字就有心遂非，以成其過。

君子謀道不謀食　「食」以食禄言，與下「禄」字相關。

耕也二句　上句借來相形陪説，不重「君子之不謀食」。蓋以食原不必謀：「耕也，餒在其中」，是謀之未必得也；「學也，禄在其中」，是不謀而有可得也。

君子憂道不憂貧　恐人錯認學可得禄，而借學去求禄，故又找足一句。上「謀」以事言，此「憂」以心言，「憂」有「謀」先。注中「然」字一轉，須體會。

知及之一節　此節「之」字，俱指理言。

不莊以涖之　此「之」字，指民言。

動之不以禮　「之」字亦指民。「動民」即「使民」也，如鄉飲酒禮及蒐苗進退等法，即是使民以禮也。「禮」字歸在「民」身上，《題鏡》〔一〇〕謂「禮」字屬上者，非。上文莊涖便是説自家非禮不動，此處斷須指民説。○不莊涖動禮，雖似末節小疵，然學問内毫釐不可缺，不可以小節而忽之也。

君子貞而不諒　「貞」與「諒」皆是固守，分别全在正不正上講，「貞」從精察來。

而後其食　「後」是委置在後，不計較他。

季氏將伐顓臾　記伐顓臾而曰「季氏」，見季氏以魯臣而取其君之屬邑，是無魯也；記取顓臾而曰「伐」，見季氏以大夫而擅天子之大權，是無王也。「將伐」二字是。案，「將」者，欲伐而未伐，見其臣尚可以諫，而季氏尚可以止也。

冉有季路見於孔子　「見於孔子」，是心亦有所不安也。

陳力就列　「陳力」是布其匡救之力，「就列」是可居人臣之位。

不能者止　不能陳力，則止而不就列。

且爾言過矣　「言」指二臣不欲之言。

蓋均無貧三句　「均」以「分」言，「安」以勢言，「和」以情言。上只言「均」「安」，此又添出「和」字；上只言「貧」「寡」，此又添出「傾」字。蓋「和」即寓于「均」「安」，故并及之；「傾」不止于「貧」「寡」，故究言之。緊要是「均」字：「均」則「和」，「均」而「和」則「安」。「和」只是「均」中道理，「無傾」亦自是「安」中效驗。

夫如是　三字一頓，總括上三句，即所謂「内治修」也。

故遠人不服　「遠人」，泛説。下節「遠人」，方指顓臾。

既來之　即來賓服意，非來居此地也。

陪臣執國命　「國命」，亦征伐、禮樂之權。但自諸侯出，則不復爲天子之器，只爲侯國之事，故曰「國命」。

禄之去公室 「禄」指賦税言。

五世矣 「五世」，自君言之。

四世矣 「四世」，自臣言之。

益者三友 此及下「友」字，俱作「交」字看。

友直友諒 「直」在言上説，「諒」在心上説。

友便辟 「便于辟」是足恭，「善于柔」是令色，「便于佞」是巧言。

樂節禮樂 制度、聲容本有節，而我去節之，兼内外説。

樂驕樂三句 以驕爲樂，指言動放縱；以遊爲安佚，是不作事業；以宴爲樂，如飲食、聲色之類。

畏天命三句 「天命」即仁義禮智之天命，指賦予之初言，故曰命；「大人」兼德、位言，是體天命以立極者；「聖言」如典謨訓誥，是闡天命以垂訓者。

隱居以求其志二句 「求志」是志在致君，「澤民」則求其道，守之于己；「行義」是出仕而行君臣之義，「達其道」謂以所志致君澤民之道達之天下。

陽貨欲見孔子 是欲孔子來見也。

日月逝矣二句 亦陽貨語。

性相近也 孟子言「性善」，指其不雜乎氣質者言；孔子言「性相近」，指其不離乎氣質言。

聞絃歌之聲　絃聲與人歌聲相合，故曰「絃歌」。

君子學道則愛人二句　「君子」指在上之人，「小人」指在下者。

召子欲往　此是聘召，有禮在也。

吾其爲東周乎　周自平王東遷，夫子得用，將使周道復興，非謂使魯爲東周也。

恭則不侮　是人不侮慢。

吾豈匏瓜也哉　上文言世不能浼己，此節示己能爲世用意，與上文不粘看。

焉能繫而不食　「繫」則不能動，「不食」則無所知。「不食」是匏瓜不能飲食，非謂不可食也。

色厲而内荏　「色」對「内」言，凡形于外者皆是。

道聽而塗説　見學者宜蓄德意：不是要他不説，亦不是要他慢慢説，只是要他沈潛，玩之于心，着實體之于身，方實爲己有耳。果實得于己，即説亦何妨。曰「道聽塗説」者，泛泛而聽之，亦泛泛而説之。聽未嘗入于心，説未嘗出于心，只形容入耳出口，略無停待，全不放在心上意。

德之棄也　「德」字與上節異。上是全體之德，是得于天者；此所得一端之善，是得于人者。可以進德而不進，自有而自棄之，故曰「德之棄」。

可與事君也與哉　「與」字作「共」字看，重「與」字。

其未得之也　四「之」字俱指富貴。

予欲無言　「言」字就教人言，不可説懷。「欲無言」，非謂言不能盡，只是不消説得，自無所容吾言耳。

將命者出户　「將命」是孔子之傳命者。

舊穀既没二句　見食物一變。

鑽燧改火　見用物一變。

食旨不甘　「旨」是甘美之味。「不甘」，心不安食。

君子尚勇乎　「君子」，以德言。

君子義以爲上　「君子」亦以德言。

君子有勇而無義二句　此「君子」以位言，「小人」以無位言。

惡果敢而窒者　「窒」是自心窒塞，不指行説。

直道而事人　即「進不隱賢，必以其道寬」説，不專指諫争、刑罰。

齊景公待孔子　以虚禮待之，非舉國以聽孔子也。

齊人歸女樂　「齊人」，指齊君臣。「歸」，饋也。不曰「饋」而曰「歸」，饋有不受，歸無不受也。

三日不朝　兼君不視朝、臣不往朝。

鳳兮　「鳳」即孔子，不可説鳳又説孔子。

長沮桀溺　二人姓名不傳，記者加之以名耳。「沮」者，止而不止；「溺」者，沈而不返。

是知津矣　「是」指孔某。

而誰以易之　「誰」字兼君、民看。

耰而不輟　記者語，記桀溺耰，而長沮亦耰可知。

吾非斯人之徒與而誰與　「斯人」指君民，「與」謂相與也。

以杖荷蓧　「蓧」是芸草器。

不仕無義　「不仕」指隱言，「無義」是廢君臣之義。

伯夷叔齊虞仲夷逸　商季之逸。

朱張柳下惠少連　周季之逸。

降志辱身矣　此句輕，只是和光混俗意。

言中倫行中慮　其言中乎義理，其行合乎人心。

其斯而已矣　「其」指惠、連，「斯」指中倫、中慮。

隱居　遁世不出。

放言　肆言無忌。

身中清　「身」，獨善其身，承「隱居」説。

廢中權　「廢」，甘于自廢，承「放言」。「權」是達變。

可者與之其不可者拒之　上句無弊。子張所駁，只「不可者拒之」句。

異乎吾所聞　「所聞」，指下二句。

博學而篤志二句　四項雖平列，而意各相承。「篤志」即粘上「學」字説，「近思」即在「問」中探討。

百工居肆節　「學」字須見專務意，方與「居肆」應；「致」字須見造極意，方與「成」字應。然唯專務，故能造極，只是一意。注前説主用功，後説主立志。

君子有三變 此「君子」指聖人。「三變」，自人看出，三變一時皆有。

望之 「望」是遠看。

大德不踰閑二句 「大德」，綱常倫理；「小德」，威儀文辭。須以下句，鞭緊上句。

君子之道 「君子」是施教者，「道」是教人之道。

孰先傳焉孰後倦焉 注中明説「本」「末」，則「本」「末」字即含在兩「孰」字中，是急應上「抑末也」二句語氣。末不離本，本不離末。雖欲分箇先傳後倦，兩不可得。

譬諸草木區以别矣 「區」是分限。自然有大小，自然有分限也，不必言人去畦分之區類也。

有始有卒者 「始」即末，「卒」即本。有始便有卒，是合下一看，都有不假漸次意。

君子之道焉可誣也 是説者不可欺誣，學者明必有序意。

爲難能也 「爲難能」是爲人所難爲之事。

其他可能也 此句非貶他，只形起下「難能」。

民散久矣 「民散」只是不親遜意，非散四方也。

在人 「人」即下「賢」「不賢」之人。

仲尼焉學 「學」以師言，問從何師而學，但「師」字須渾。

賢者識其大者二句 「賢」是識見宏通，「不賢」是識見淺近，非庸愚也。

譬之宫墻 虚含夫子、子貢在内。

窺見室家之好 喻威儀、文辭之美。

不見宗廟之美 比道德之光輝。

百官之富 比道德之充實。

夫子之云 「云」指「賢於仲尼」之言。

仲尼日月也 「日月」喻至高，非喻至明也。

子爲恭也 從宫墻、日月之説來。「爲」字有勉强推尊意。

仲尼豈賢於子乎 只尊子貢，勿貶仲尼。

君子一言以爲知 此「一言」以當理言，「知」是有知人之明，側重下句。

所謂立之斯立 「立」，就養説。

道之斯行 「道」，就教説。

綏之斯來 「綏」是立之固。

動之斯和 「動」是道之深。

簡在帝心 兼命討言。「帝心」，天心也。

周有大賚二句 玩注，「大賚」即指富善人説，非上句指「賚百姓」、下句指「善人」也。

百姓有過二句 與成湯「萬方有罪」二句意同，故注不更説。蔡《傳》謂「百姓有咎我不伐紂者」，是就《書》詞釋之。

興滅國 人有無國。

繼絶世　有國無人。

欲仁而得仁　「仁」指仁心、仁政。

出納之吝　出于我而納于彼，正言「與」也，勿誤分「出」「納」爲二事。

不知命　是氣數之命。

不知言　是人之言。

校勘記

〔一〕此標題新擬，稿本此下另紙，計二十九頁。

〔二〕「由」，疑當作「所由」。

〔三〕「又敬」，稿本作「不敬」。

〔四〕「不」，稿本作「作」。

〔五〕「之」，稿本脱，據《論語·公冶長》補。

〔六〕「子」，稿本脱，據《論語·述而》補。

〔七〕「秀」，稿本作「季」。

〔八〕「已」，稿本作「矣」，據《論語·顔回》改。

〔九〕「畏葸」，稿本作「思葸」。

〔一〇〕「題鏡」，指（清）汪鯉翔撰《四書題鏡》。

孟子〔一〕

不遠千里而來 指自鄒至梁。

王何必曰利二句 此二句，就理欲、公私上講；下二句，方指陳利害。

王曰何以利吾國 「王曰」是體王口氣。

未有仁而遺其親者也 「親」指父母。

賢者亦樂此乎 「賢者」指君之賢者。

經之營之 「經」，度基址；「營」，謀方位。

經始勿亟 文王戒以勿亟也。

古之人與民偕樂 即指文王。

填然鼓之 「之」指戰士。擊鼓以進戰士。

王道之始也 「始」即先備意。

爲其象人而用之也 此句是推仲尼言「無後」之意。

晉國天下莫强焉 即指文侯、武侯時，非謂從前晉國也。

願比死者一洒之　「死者」指先人。

深耕易耨　春深于耕，夏易于耨。

入以事其父兄二句　「入以」「出以」，摠頂「孝悌忠信」。

彼奪其民時　「彼」指秦、楚。

王請勿疑　「勿疑」，指上「施仁政」三節言。

出語人曰　想是同志隨行者，非泛泛外人也。

七八月之間旱　周七八月，夏五六月也。

天油然作雲　比仁政將行。

沛然下雨　比仁政既行。

其如是孰能禦之　指苗。

沛然誰能禦之　「沛然」指水說，是形民歸之勢。

無以　「以」「已」通，必欲言之而不止也。

牛何之　有「何往」「何用」兩意。

百姓皆以王爲愛也　「愛」是吝財。

王曰然　只然孟子「不忍」之說。

誠有百姓者　此承「以王爲愛」句。

是誠何心哉　「是」指以羊易牛，「何心」是不知所以不忍處。

我非愛其財 句一頓。

而易之以羊也二句 作一句讀。

是乃仁術也 「是」指以羊易牛,「仁」就發用上説。

反而求之 求其何擇之故。

不得吾心 不得所以不忍處。

夫子言之 指「見牛」句。

於我心有戚戚焉 「戚戚」即前日不忍觳觫之心復動意。

挾太山以超北海 用一「以」字,便是兩難集于一身。

言舉斯心加諸彼而已 「言」是釋《詩》,「斯心」指仁心,「加」是施及意,「彼」指寡妻、兄弟、家邦。

古之人 泛指古帝王。

善推其所爲而已矣 「善推」是推恩有序。

權 與下「量」字,注雖實講,然要含稱之、量之意。

心爲甚 就應物之時言。

王請度之 指仁民愛物之緩急言。

爲肥甘 肥而且甘。下「輕煖」是輕而且煖。

朝秦楚 是欲秦、楚來朝。

鄒人與楚人戰　見鄒有不自量意，不可倒轉説。

方千里者九　指齊、楚、燕、秦、韓、趙、魏、宋、中山也。

蓋亦反其本矣　是大欲之本。

今王發政施仁　「發政」所以「施仁」，串説。

吾惛　資質愚昧。

今也制民之産　「今」字與上「明君」相反，非不制産也，但緣古之名，失古之意。

則盍反其本矣　「本」指制産。

可得聞與　「聞」指「好樂甚」二句。

芻蕘者往焉二句　芻以牧養，蕘以采薪，雉以逐禽，兔以獵獸。

惟仁者爲能以大事小　「事」只是撫字周恤意，下「事大」「事」字，就聽從服役意。

樂天者也　「天」即理也。自然合理，無所勉强，故曰「樂天」。

畏天之威二句　《詩》本言成王保天下，引以證畏天者保其國，而樂天之保天下可知。

以遏徂莒　「莒」，《詩》作「旅」。「徂旅」，謂密人侵阮徂共之衆也，文王遏止之。「共」，阮國地名。

寵之四方　寵異之于四方，即指作君師。

一人衡行于天下二句　孟子釋《書》詞，「一人」謂紂。

賢者亦有此樂乎　「賢者」，暗指孟子。

人不得　「人」指民，「不得」是不得安居之樂，非指雪宫。

遵海而南　東海。

吾何以休　「休」是得補助而安樂。

吾王不豫　「豫」是游觀之樂。

吾何以助　「助」亦兼補助意。

今也不然　「今」謂晏子時。

師行而糧食　君之行也以師，其食也以糧。師行則有夫役之擾，皆民應糧食，則供億之費皆民支。

睊睊胥讒　「睊睊」是形于色，「胥讒」是形于言。

爲諸侯憂　謂附庸之國，縣邑之長。

惟君所行也　言先王之法，今時之獘，二者惟君所行。是逼法，不是活法。

蓋徵招角招是也　名以「韶」者，《韶》樂在齊，取之以美其名。當孟子時，此樂猶在，故指以實之。

畜君者好君也　「好」是愛。此句孟子釋《詩》詞。

毁諸已乎　王述人言，在「不毁」一邊，已不毁也。

關市　「關」以行旅言，「市」以商賈言。

澤梁　「澤」以畜魚，「梁」以防魚。

必先斯四者 「必先」是獨加厚意。

乃積乃倉 田有露積，家有倉廩。

于橐 無底

于囊 有底。

思戢用光 思安集其民人，以光大其國家。

行者有裹糧也 此與上「居者」不是兩般人，是以其居之時、行之時言。

愛厥妃 「妃」即下「姜女」。

來朝走馬 「來朝」，來日之朝。

率西水滸 漆水、沮水之滸。

聿來胥宇 「聿」，語詞。「胥」，相也。「宇」，居也。太王與姜女同來，相擇厥居也。

有托其妻子於其友 「托」，只照管衣食，非寄于其家。

則如之何 言王臣何以處其友。

今日不知其亡也 今日有亡去而不知者。昔進今亡，只形容其速。

將使卑逾尊疏逾戚 預探後日，今所進之賢，若或不賢，則又必進卑者、疏者而用之，是使卑者逾〔二〕尊、疏者逾戚也。

如此然後可以爲父母 兼用人、用刑説。

夫人 「夫人」「夫」字乃虚字。時文聯用「夫人」二字，非也。「人」謂指賢人言。

今有璞玉於此 「璞」喻未治之國。

雖萬鎰 作價值之多而王貴愛之之意。

則何以異於教玉人雕琢玉哉 「則何以」，怪嘆之詞。

武王是也 以伐紂言。

文王是也 以服事殷言。

亦運而已矣 「運」，轉也，轉而望救於他人。

若大旱之望雲霓也 「望雲」是期其雨，「望霓」是恐其不雨。

今又倍地 今得燕地，又增一倍。

凶年 災疫之年。

出乎爾者反乎爾者也 以上曾子詞。「出」是怨德之施，「反」是怨德之報。

是謀 指事齊、事楚之謀。

非擇而取之 非擇岐山可以興王。

苟爲善 指平日。

君子創業垂統爲可繼也 「創業」即是創爲善之業。以此業垂於後，則爲「統」。言君子創垂，但能不失其正，令後世可繼續而行之耳。

君子不以其所養人者害人 「養人」指土地言，「害人」指争土地言。

世守也 言世代相傳。

非身之所能爲也　「爲」字作「專」字看。

君請擇於斯二者　指遷國、守、死言，却重「死守」一邊。

爾何曾比予於管仲　「曾」之言則也，猶乃也。

功烈如彼其卑也〔三〕　致力爲「功」，成業爲「烈」。

其故家遺俗流風善政　上爲「風」，下爲「俗」。「流風」以修齊教化言，「善政」以紀綱法度言。

尺地一民二句〔四〕　皆指紂説。

智慧　「慧」是智之明察者。

今時則易然也　「今時」作「今日」。

不改辟　「改」是更圖。

速於置郵　「置」，驛也；「郵」，馹也。驛主於騎，言馬也；馹主於傳，言車也。

故事半古之人　「古人」指文王。

必反之　「反」猶報復也。

吾不惴焉　如云我豈得不惴。

動氣　「動」字作「役使」看。

動志　「動」字作「擾亂」看。

其爲氣也至大至剛　此言氣之體段。

無是餒也　「是」字指浩然之氣。

其爲氣也配義與道　此言養成之氣。

天下之不助苗長者寡矣　此句指養氣者説。

詖淫邪遁　「詖」，是非各半，蔽於一隅；「淫」，是不敵非，陷於歧途；「邪」，有非無是，離道益遠；「遁」，借是掩非，心窮理屈。

善爲説辭　屬「知言」邊。

善言德行　「德」是得於心，「行」是見於事。重德行，不重善言，屬「養氣」邊。

何事非君二句　言何者非可事之君，何者非可使之民。

若是班乎　言如是則齊等之乎。

污不至阿其所好　言假使其智識污下，必不阿私所好而空譽之，明其言之可信也。

出於其類拔乎其萃　「出於其類」接上文「亦類也」説來，是泛言人類；「萃」則是就人類中又分類，即「出於其類」之聖人也。「拔乎其萃」，謂孔子拔乎群聖之萃也。

般樂怠敖　「般」，大也；「樂」，驕樂；「怠」，怠惰；「敖」，敖遊。

牖户〔五〕　「牖」，巢之通氣處；「户」，巢之出入處。

俊傑在位　「俊傑」即指賢能。才過千人曰「俊」，才過萬人曰「傑」。「在位」頂「尊」「使」説。

市廛而不征　謂税其舍而不税其物。

皆悦而願爲之氓矣　「氓」，新徙來者也。蓋本國生長之人則謂之「民」，自他國來歸者則謂之「氓」。

先王有不忍人之心二句　「斯」猶「即」也。

非惡其聲而然也　「非惡聲」，見非避謗。

仁之端也　「端」，緒也。譬之繭絲，外有一條緒，便知內有一團絲。

羞惡辭讓是非　「羞惡」者，不忍於爲惡也；「辭讓」者，不忍於私己也；是者不忍以爲非，非者不忍以爲是。總是「不忍」之意，此仁之所以統四端也。

知皆擴而充之矣　用功之初，知得要推擴以充此心之量。

苟能充之　用功之成，方是能充滿其量，惟擴而後能充，能充則不必説擴矣。

若火之始然泉之始達　「始然」「始達」，喻「端」字，含下能充、不能充。

擇不處仁　擇術而不處於仁。「仁」字在心德上説，與《論語》異。

進不隱賢〔六〕　不枉道，不隱在己之賢。

遺佚而不怨二句　「遺佚」自人棄我言，「阨窮」以我處困言。

故由由然與之偕　「由由」，自得之貌。以下皆孟子語。

援而止之而止　「援」是攀留意。

封疆之界　「封」是提封，「疆」是境土。

寡人如就見者也　「如」猶「欲」也。

豈謂是與　言我之意，非如景子之所言也。

夫豈不義而曾子言之　此「義」字，以「當然之理」説。言此豈不合於義而曾子肯言之。

是或一道也 謂曾子之言别有一个道理，不可執「君命召，不俟駕」之説。

輔世長民 「輔」是維持世教，「長」是長育人民。

尊德樂道〔七〕 「德」以所藴言，「道」以所施言。

無他 方無别樣緣故。

故爲兵餽之 此孟子叙事之詞，與上「行者」句對。

則未有處也 言無辭以處之也。

臣知五人焉 「知」是平日相識。

爲王誦之 此是記者之言。

似也 言所爲似有理也。

致爲臣而去 「致」是還其官於君。

反 兼「往」在内。

齊卿之位〔八〕 謂齊國之卿。

反之 謂自滕而反。

夫既或致之 「或」指有司，「致之」指行事。

嚴 喪事嚴急時。

過則順之 「順」猶「遂」也。

前日願見而不可得 謂未至齊國時。

得侍同朝甚喜　「得侍」是謙詞，謂得侍孟子之旁；「同朝」指同朝之臣。言不惟寡人喜之，即同朝諸臣亦喜之。

不識可以繼此而得見乎　「繼此」是繼今日之見後。

不敢請耳固所願也　言繼見之期，臣不敢請耳，然見王，固臣之所願也，豈忍於一去而遂忘哉？

無人乎子思之側無人乎繆公之側　上「人」字是繆公所使，下「人」字非二子使之，乃自有人使。繆公不失禮於賢。

而不及子思　是不及繆公留子思之事。

彼一時　指講學時。

此一時也　指不遇於齊言。

曰非也　言不受禄，非古之道。

飦粥　「飦」，糜也。糜厚而粥薄。

曰吾有所受之也〔九〕　「曰」解志書言，「吾」指先祖志。蓋推先祖之意。

不我足也　謂不滿足於我也。

不可以他求者也　言當責之於己，不可求之父兄百官。

宵爾索綯　謂絞爲繩以束茅。

禮下　承「恭」字。

取於民有制　承「儉」字。

龍子曰　通節皆龍子語。

穀禄不平　穀所以爲禄，故曰「穀禄」。

將爲君子焉二句　言將必有爲君子而仕者焉，將必有爲野人而耕者焉。

守望相助　「守」是防守，「望」是候望。

同養公田　「養」字作「耕」字看，即耕助也。

文公與之處　「處」是居處，即指廛言。

道許行之言曰　「道」是稱述。通節皆陳相述許行之語。

冠素　謂素色之布。

許子奚爲不自織　單頂「冠素」。

而百工之所爲備　謂取足於百工之事，件件不可缺。

或勞心至勞力者治於人　四句皆古語。

草木暢茂二句　「暢」是暢發，「茂」是茂盛；「繁」是繁息，「殖」是生殖。暢茂，故繁殖。

益烈山澤而焚之　「烈」，熾也。

禽獸逃匿　「逃」是遁，「匿」是藏。

樹藝五穀　「樹」，種也；「藝」，殖也。

又從而振德之　「振」是提撕警覺，「德」是加惠於民。

彼所謂豪傑之士也　智過百人謂之「豪」，智過千人謂之「傑」。

子貢反　謂送門人而反。

以濯之以暴之　兩「之」字指道德言。

非先王之道　「非」字不訓詆毁，言相反也。

子是之學〔一〇〕　謂從是人而學之，「是人」指許行。

麻縷絲絮輕重同則賈相若　未經辟績爲麻，已經條析爲縷；「絲」，蠶所吐也；「絮」，敝綿也。「賈相若」，謂輕與輕同賈，重與重同賈。麻與麻輕重同，則同賈，縷、絲、絮亦然。上文「布帛長短」、下文「五穀多寡」，皆當如此講。

巨屨小屨同賈　「巨屨」喻精美，「小屨」喻粗惡。

夷子不來　此孟子之言，謂夷子不必再來。

豈以爲非是而不貴也　言豈以墨氏之道爲非是，而不貴尚之哉。

施由親始〔一一〕　「親」是父母。

非爲人泚　言非爲他人見之而然也。

命之矣　「之」，夷子名。

謂王良　簡子謂之。

範我馳驅　走馬謂之「馳」，策馬謂之「驅」。言守法度以馳驅。

爲之詭遇　禽獸之來，不皆當中在射者，左右顧盻迎而射之，但當中者能射，左右皆不能射，故舍正法，驅車左右以獲也。

舍矢如破 謂矢發則中，如錐破物也。

如枉道而從彼何也 言君子以道自高。如本道而從彼諸侯，又何説也。

枉己者未有能直人者也 「直尋」「直」字以伸言「直人」「直」字，以「正」言「正人」，指君與民。

安居而天下熄 「安居」謂不遊説，「熄」是兵革熄。

必敬必戒 「敬」是敬順於人，「戒」是謹戒於己。

得志與民由之 「與民由之」指上「廣居」三項，下文「獨行其道」亦然。

威武不能屈 「威」以勢言，「武」以力言。

諸侯耕助 謂諸侯躬耕，庶人助以終畝。

夫人蠶繅 「蠶」是養蠶，「繅」是繅絲。

犧牲不成 純色曰「犧」，牛羊曰「牲」。

惟士無田 「田」，圭田也。

人皆有之 謂凡爲父母者，皆有此心。

不以泰乎 「泰」是侈於過分。

於此有人焉 「此」指異端横議之時。

子何以其志爲哉 言君子固不求食，子亦何必問其志哉。

則如之何 問宋當如秦楚何也。

非富天下也　言非以天下爲富而欲得之也。

后來其無罰　「無罰」是免暴君之誅罰。

取其殘而已矣　謂取其殘民者誅之。

不行王政云爾　言宋惟不行王政，故受制於齊楚云爾。

古者不爲臣不見　「不爲臣」謂未仕於其國者。

不得受於其家　謂對使人拜受於家也。

當是時　「是時」，謂致餽之時。

則君子之所養可知已矣　「君子」即指二子。

今茲未能　「今茲」，今歲也。

然後已　「已」，止也。盡革之也。下「斯速已矣」同。

民無所定　謂無定居也。

園囿　有藩曰園，有墻曰囿。

沛澤多　「沛」屬園囿，「澤」屬污池。

邪説暴行有作　「有」字當作「又」字。

此率獸而食人也　引公明儀之言止此。

息邪説三句　自宗旨而言曰「邪説」，自枝流而言曰「淫辭」。「詖行」與「暴行」異：「暴行」在事上，顯肆其邪；「詖行」在心上，陰著其邪。

出而哇之　趙注：「出門而哇吐之。」

不可法於後世者　言不可爲法於後世。

爲下必因川澤　流水曰「川」，瀦水曰「澤」。

爲政不因先王之道　「道」字指仁政，通章皆然，惟「堯舜之道」指仁心言。

言則非先王之道者　「非」是詆毁。

小德役大德二句　「大德」「大賢」指天子，「小德」「小賢」指諸侯。「德」以實得言，「賢」以品地言。

小役大二句　「小」「大」以土地言，「强」「弱」以甲兵言。「小」「大」、「强」「弱」，皆指諸侯。

侯于周服　「侯」，維也，助語辭，與「惟」同。「侯于周服」即「侯服于周」，非有二義。

殷士膚敏　「膚」，容貌之膚大；「敏」，才能之敏達。

自取之也　言水之清濁，有以自取之也。

所欲與之聚之所惡勿施爾也　言民之所欲，皆爲致之，如聚斂然；民之所惡，則勿施於民。「爾也」是語詞。

言非禮義　「非」猶「毁」也。

至誠而不動者　「動」是驗處，若獲上信友之類。

聞文王作　「作」是起在西伯之位。

無能改於其德　「改」是救正，「德」是惡德。

君不行仁政而富之　「富之」，謂聚斂以富之。

存乎人者莫良於眸子　「存乎人」，謂在乎人之一身者；「莫良於眸子」，謂至真而無僞者，莫如眸子。

孰不爲事　包事君、事長。

孰不爲守　包國家、天下。

人不足與適也二句　「適」，過謫之也；「間」，非尤之也。

君仁莫不仁　「君仁」是君心無私，「莫不仁」是用人、行政皆仁之所發。

君正莫不正　「正」兼仁、義。

樂正子從於子敖之齊　樂正子在魯，子敖使於魯，故樂正子隨之來齊也。

仁之實　「實」字對「華」字看，不與「虛」字、「名」字對。下文四「實」字皆然。

得志行乎〔一二〕中國　聖人志在行道。得行其道，便是「得志」。

先聖後聖其揆一也　先後聖，不專指舜、文，凡舜、文以前，舜、文以後皆是。「其」字屬聖人，「揆」指其心之運量處。言聖聖之心所以度之，處其道同也。

諫行言聽　「諫」是規其失，「言」是陳其善。

君仁莫不仁二句〔一三〕　「莫不」内兼百官、萬民，與前章異。

非禮之禮二句　謂似禮而非禮，似義而非義。

養生者不足以當大事　「當」猶「爲」也，下「可以當大事」亦然。

君子深造之以道　「以道」是依着深造之次序。

欲其自得之也　「自」是自然，非謂自己。

將以反說約也　「反」猶「還」也。

以善服人者　「人」指諸侯。

蔽賢者　「者」字指言，不指人。

是之取爾　言仲尼是以亟稱而取也。

庶民去之君子存之　「去」，失也；「存」是保全。

望道而未之見　「而」，如也。「不泄邇」二句　「邇」，遠，兼人與事。

一也　謂同爲史官記事之書。

君子之澤小人之澤　「君子」謂有位者，「小人」謂無位者。

曰薄乎云爾惡得無罪　「曰」字是孟子推公明儀之意，曰：羿之罪，特差薄乎蒙云爾，惡得謂之無罪哉？

則故而已矣　「則」字非語助，只是云：天下之言性者，止可說故而已矣。「故」者，已然之跡，即性之所發而爲情者。

故者以利爲本　「本」猶「主」也，非謂根本。

可坐而致　是推致而得之。

其待我以橫逆則君子必自反也　「橫」是橫求，「逆」是倒來，皆是不順理。「自反」，謂自責。

於禽獸又何難焉 言不足與之校也。

是故君子有終身之憂二句 「憂」是自内出者，「患」是自外至者。「外患」即指「横逆」。

纓冠 謂不暇束髮，僅結其冠纓。

從耳目之欲 「從」與「縱」同。

鬥狠 「狠」，忿戾也。謂因忿戾而鬥也。

毁傷其薪木 「薪木」，薪草樹木也。

如此其忠且敬也 「忠」是内盡其心，「敬」是外盡其禮。

果有以異於人乎 「果有」句屬上讀，是齊王瞷之之意，非儲子自問之語也。

乞其餘不足又顧而之他 「其餘」是祭者之餘，「不足」是齊人未足。「之」，往也，上「卒之」亦然。

怨慕也 「怨」是慕之迫切處，二字不平。此一「怨」字，與《小弁》之「怨」不同：《小弁》猶見其親之過；此則不見其親之過，而惟怨己之不得其親爾。

夫公明高以孝子之心爲不若是恝 此是孟子推原公明高之意。「我竭力」四句，正説孝子之心不恝處。「共爲子職」緊承「耕田」説，「耕田」之外，子職之未共者甚多，正是慕之不容已處，正明舜之怨己而非怨親也。

帝將胥天下而遷焉 「胥」，相視也，謂使之攝政，共視天下之事也。

鬱陶思君爾 言我因思君，鬱陶之甚。

或曰放焉　謂或人觀跡，誤以爲放。

親愛之而已矣　「親」以恩言，「愛」以情言。

而納其貢税焉　納于象。

不及貢以政接于有庳　「不」字貫兩層，猶云不及貢期而見、不以政事而見也。

我獨賢勞也　言天下皆王臣，何獨使我以賢才而勞苦乎？

不以文害辭　「文」，一字；「辭」，一句。

是爲父不得而子也　言瞽瞍不能以不善及其子，而反見化於其子，則是所謂「父不得而子」者，非如咸邱蒙之説也。

訟獄者　争財曰「訟」，争罪曰「獄」。

謳歌者　長言謂之「歌」，短聲謂之「謳」。

而居堯之宫逼堯之子　謂嚮使不爲南河之避，而遂居堯之宫，逼堯之子。

啓賢能敬承繼禹之道　「能敬承」七字，正是「賢」處，謂以敬而承繼禹之道。

舜禹益相去久遠　言「久遠」，即兼末「久遠者」在內。

自怨自艾　「怨」是怨其前失，「艾」是治其方來。

禄之以天下　猶云加以天下之禄。

與我處畎畝之中　「與」猶「與其」也。

孔子進以禮至**曰有命**　「得之」即是進，「不得」即是退，「盡禮義」便是安命處，更無兩層。　三句略有輕重，如云「進」固以禮，而「退」必以義；「得」固有命，而「不得」亦有命。末句專頂「退」邊。

主司城貞子爲陳侯周臣　謂貞子先仕陳，陳不能用，故後爲宋司城而死，謚貞子耳。孔子過宋適陳，適貞子爲陳侯周臣之時，故主之。

吾聞觀近臣以其所爲主　謂看他爲何等人之主。

觀遠臣以其所主　謂看他主何等人之家。

可謂智乎　「智」以識見言，下文「賢」字以抱負言。

治則進亂則退〔一四〕　伯夷無「治則進」事，以「亂則退」推之。

思與鄉人處　「思」是衷思。「處」與「居」有别：「居」時久，「處」時暫。

治亦進亂亦進　此是孟子推伊尹之行。

始條理也　言始衆音之條理而啓其端也。下文「終條理也」，亦謂終衆音之條理而要其止也。

不挾兄弟而友　「兄弟」，謂兄弟有富貴者。

亦有獻子之家　向使五人亦知有獻子之家，而不能忘其勢。

弗與共天位也　「位」是爵位。下文「天職」，「職」字是職業。

亦饗舜　是就舜宮而饗其食。

曰其所取之者　「曰」字是孟子代却者心中之詞。

曰其取諸民之不義也　「曰」字是萬章代却者心中之詞。

斯可受禦與　「受禦」，指受禦之得貨。

所不辭也　謂三代相受之法，不待費辭鞫問。

於今爲烈　謂傳至於今，其法猶爲明烈而顯著。

苟善其禮際矣　謂善其禮以交際。

奚不去也　「去」是去魯。

是以未嘗有所終三年淹也　蓋其去雖不輕，而亦未嘗不決，是以未嘗終三年留于一國也。

抱關擊柝　謂抱關者行夜而擊柝，非二官也。

曰會計當而已矣曰牛羊茁壯長而已矣　兩「曰」字，皆孔子之言。「會」是總其數，「計」是開其數，「當」是無差失。「茁壯」以形體言，「長」以生息言，謂茁壯而且長也。

古千乘之國　謂古者千乘之國。

事之云乎豈曰友之云乎　謂人君於士，當事以師禮，豈但友之云乎？

豈不曰　是孟子推子思之意。

義猶桮棬也　「桮棬」，卮匜也。卮是飲酒器，匜是盛水器。

白羽之白　下「白」字是羽之白，上「白」字是我白之，「白雪」「白玉」亦然。下章「白馬」之「白」、「白人」之「白」，「長馬」之「長」、「長人」之「長」，皆當如此解。

非有長於我也　「我」字就内心言，非先有長之之心於我。

果在外　言義果在外。

乃若其情　「乃若」二字，從性無形而難言説來。蘊於中者爲「性」，發於外者爲「情」。

非才之罪也　「性」是才之體，「才」是性之用。

非由外鑠我也　「鑠」，以火銷金之名，自外以至內也。

或相倍蓰而無算者　言人之善惡，或相倍蓰，以至于無算，所以相去之遠者，由惡者不能自盡其才性也。

不專心致志　「心」以所主言，「志」以所向言。

何不用也　言一意偷生，可以偷生之事，無所不用。下文「可以避患者，何不爲也」，亦謂可以避患之事，無所不爲。

由是則生而有不用也由是則可以避〔二五〕**患而有不爲也**　惟其必有好義之良心，由是則雖可以得生，而有所不用也；惟其必有惡不義之良心，由是則雖可以避患，而有所不爲也。

所識窮乏者得我與　「窮乏」即下篇之「空乏」，「窮」是空匱，「乏」是空匱之極。謂所識之窮乏者，得其惠而感之也。

於己取之而已矣　惟在反之於己，以審其養之輕重而已矣。

物交物　上「物」字指聲色，下「物」字指耳目。

心之官則思　此「思」字是人心原有此思，下「思」字是人心必須去思。

樂善不倦　仁義忠信，即「善」也。「樂善不倦」，即樂此仁義忠信而不倦也。此是本然之善，不涉工夫。

終亦必亡而已矣　謂亡其人爵。

令聞廣譽　「令聞」是名之美，「廣譽」是名之遠。

亦終必亡而已矣　謂并其所爲杯水之仁而亦亡之。

奚翅食重奚翅色重　「奚翅」猶言何但。言其相去懸絶，不但有輕重之差而已。

往應之曰〔一六〕　教屋廬子以往應之辭也。

今交九尺四寸以長　言其身有九尺四寸之長也。

奚有於是　所謂人皆可以爲堯舜者，奚有於是形體哉？言不論其身之長短也。

是亦爲烏獲而已　言有力者皆可爲烏獲，不必形之似烏獲〔一七〕也。

夫人豈以不勝爲患哉弗爲耳　「不勝」是不能爲堯舜，「弗爲」是不肯爲堯舜。

有餘師　言當求諸己身之性分，非謂師於人也。

越人關弓而射之　「之」字指所射之人言。

則己談笑而道之　是緩緩解勸意。

疏之也〔一八〕　「疏」「戚」自情上言。

不可磯　「石」喻母，「水」喻子，「激」是石激，「怒」是水怒。

連得間矣　「連」是屋廬子之名。

書曰享多儀至**惟不役志于享**　言享上，貴乎禮意。若物有餘而禮意不足，是禮意不足即謂之曰「不享」，惟其但以物爲享，而不用志於享故也。以上皆是《書》詞。

爲其不成享也　此是孟子釋《書》之語。

先名實者　謂名實在所先。

後名實者　謂名實在所後。

一者何也曰仁也　二句皆孟子之語，非髡問而孟子答也。

乃孔子則欲以微罪行不欲爲苟去　在己亦有辭于去，非全無可去之故。「微罪」，謂以細故去國，使人咎其可以無去而必去也。所以然者，不欲顯其君相之失也。

土地辟　謂地無不田。

田野治　謂田無不耕。

無忘賓旅　「賓」是賓客，「旅」是行旅。

言歸於好　「言」字是語助詞。

徒取諸彼以與此〔一九〕　「彼」指齊，「此」指魯。

器不足用也　此句亦是白圭之語。

不亮惡乎執　「亮」以心言，「執」以事言。

則人將曰訑訑予既已知之矣　言四海之善人皆將曰：彼之爲人訑訑然，自謂天下之善皆已知之。「予」字指不好善之人説。

則讒諂面諛之人至矣　「讒」是離間，「諂」是媚悦，「面諛」是口然而心不然。

言將行其言也　「言」是君子有所言，「將行其言」是君行君子之言。

吾大者不能行其道　「大」字對「又」字，猶云第一件。

曾益其所不能　「曾」與「增」同，謂加也。

出則無敵國外患者　「外患」，如巫臣在晉，子胥在吴。

桎梏　在足曰「桎」，在手曰「梏」。

無耻之耻無耻矣　言人若能以無所耻爲耻，則終身無復有耻辱之累矣。

爲機變之巧者　機械有制服人意，變詐有誑誘人意。

故王公不致敬盡禮　敬致於中，禮盡於外。

達之天下也　「達」字無推此及彼意，言人心所同然也。

如此而已矣　「而已矣」在能擴充上見。

人之有德慧術智者　「德慧」者，由心得而發之慧；「術智」者，由道術而生之智。

其操心也危二句　「操心危」，以存心言，德慧之所以愈明者以此；「慮患深」，以慮事言，術智之所以愈明者以此。

則爲容悦者也　謂苟容以悦君也。「容」，使君容我；「悦」，使君悦我。

得天下之英才而教育之　「教育」是教而養之。

其生色也　「生」，發見也。

菽粟如水火　「菽」，小豆。「粟」，穀實。

而民焉有不仁者乎　「仁」字淺看。

孔子登東山而小魯　謂孔子之道，譬如登東山而小魯，登泰山而小天下，喻學道者所見有廣狹也。

則不及人不爲憂矣　「人」指聖賢，雖學問未充，不及聖賢之人，不足以爲憂矣。

予不狎于不順　謂太甲之所爲，不順於義理，予不欲習見之也。

夫有所受之也　謂原於天討，制於聖人。

居移氣養移體　「居」就位之崇高言，「養」就祿之豐厚言。居不同，則養不同，故下文止言「居」。

呼於垤澤之門　「呼」是傳呼。

形色天性也　「形」如耳目手足之類，「色」如視聽言動之類。有是形，即有是色；色不在形外，故下文但言「形」。

有私淑艾者　「淑」是進於善，「艾」是改其惡。

若在所禮　謂在所當禮。

挾賢　恃才能。

挾有勳勞而問　謂有功於師也。

挾故〔二〇〕　故舊。

及其所不愛　此「及」字是「推及」，乃「擴充」意。

及其所愛　此「及」字乃「波及」，是「連累」意。

各欲正己也　「各」字指天下受虐之民言，皆欲仁者來正己之國也。

若將終身焉 此與下文「若固有之」，皆謂舜之自視。

苟非其人 「其人」，謂真能讓國者。好名之人，便是非其人。

薄夫敦鄙夫寬 「薄」是輕薄，「敦」是敦厚；「鄙」是狹陋，「寬」是寬洪。

口之於味也 通章「於」俱作「屬」字看。上節五个「之於」字要見得「不相離」意，下節五个「之於」字要含得「不齊」意。

性也有命焉君子不謂性也 「性」以心所欲言，「命」以分所限言。不謂性是安命。

命也有性焉君子不謂命也 「命」兼所稟、所遇言，「性」即天命之性，不謂命是盡性。

苟以是心至 「是心」，指向道之心。

人能充無受爾汝之實 「實」字對「虛」字説：貪味隱忍而受者虛，慚忿而不肯受者實也。

非爲生者也〔一〕 謂哀由衷出，非爲盡生者之情。

非以正行也 謂根心而言，非以正行之故，而必信也。〔二〕

欲得不屑不潔之士 謂以不善爲不潔，而不屑爲之也。

行何爲踽踽凉凉 「踽踽」是立己嚴峻，「凉凉」是待人疏薄。

校勘記

〔一〕此標題新擬，稿本此下另紙，凡三十一頁。

〔二〕「逾」，稿本作「喻」，下「逾戚」同。

〔三〕「功烈如彼其卑也」，底本此條置「其故家遺俗流風善政」條下，據《孟子·公孫丑上》乙。

〔四〕「尺地一民二句」，稿本此條置「爾何曾比予於管仲」條上，據《孟子·公孫丑上》乙。

〔五〕「牖户」，稿本此條置「市廛而不征」條下，據《孟子·公孫丑上》乙。

〔六〕「進不隱賢」，稿本此條置「遺佚而不怨二句」條下，據《孟子·公孫丑上》乙。

〔七〕「尊德樂道」，稿本此條置「無他」下，據《孟子·公孫丑下》乙。

〔八〕「齊卿之位」，稿本此條置「反之」條下，據《孟子·公孫丑下》乙。

〔九〕「曰吾有所受之也」，稿本置「不可以他求者也」下，據《孟子·滕文公上》乙。

〔一〇〕「子是之學」，稿本此條置「以濯之以暴之」條上，據《孟子·滕文公上》乙。

〔一一〕「施由親始」，稿本此條置「非爲人泚」條下，據《孟子·滕文公上》乙。

〔一二〕「乎」，稿本作「平」，據《孟子·離婁下》改。

〔一三〕「君仁莫不仁二句」，稿本此條置「非禮之禮二句」條下，據《孟子·離婁下》乙。

〔一四〕「治則進亂則退」，稿本此條置「思與鄉人處」條下，據《孟子·萬章下》乙。

〔一五〕「避」，《孟子·告子上》作「辟」。

〔一六〕「往應之曰」，稿本置「奚翅食重奚翅色重」上，據《孟子·告子下》乙。

〔一七〕「烏獲」，稿本作「烏護」，據上文改。

〔一八〕「疏之也」，稿木置「則已談笑而道之」上，據《孟子·告子下》乙。

〔一九〕「徒」，稿本作「徙」，稿本此本又置「器不足用也」條下，據《孟子·告子下》改乙。

〔二〇〕「挾故」，稿本此條置「挾有勛勞而問」條上，據《孟子·盡心上》乙。

〔二一〕「非爲生者也」，稿本此條及下條「非以正行也」置「行何爲踽踽凉凉」條下，據《孟子·盡心下》乙。

〔二二〕以上朱熹《孟子集注》，凡三十一頁。凡末有「北京大學藏」「曉樓父」二方形印，與《蜚雲閣文集》樣式同。

金石録

解題

此書鈔本二册，爲凌氏考訂金石之作，今藏南京圖書館。全書共收録碑拓、器物之屬一百七十七通，或考其文字，或述其書法，亦有無考釋者，蓋隨手所記。封底一行，上書「金石録(終)」，下題「男毓瑞校畢」，似亦指凌鏞所抄。今考其書，頗有與凌曙生平不能相合者。如，《漢永元刻石殘文》跋云：「庚寅，曙見汪孟慈家有臧本。」庚寅爲道光十年(一八三〇)，凌曙上年已去世。《漢祀三公山碑》引王念孫《漢隸拾遺》、梁章鉅《退庵題跋》兩家之説。《漢隸拾遺》見王氏《讀書雜志》之十，首有道光十一年(一八三一)三月二十一日王念孫自序，是年九月所作《武梁石室畫象三石》跋文亦云：「余年亦八十有八矣。」此前是書并無刻本，則其刻成之日，凌曙已經去世兩年。梁氏有《退庵題跋》二卷本，其版原爲梁氏所刻，後歸杭縣鄭氏小琳琅館，其中未論及《漢祀三公山碑》；而《退庵所藏金石書畫跋尾》二十卷本之卷二雖有此碑，其刻印則在道光二十五年(一八四五)，書前梁章鉅自序即是明證，凌曙何以得見死後十六年始刻之書？《漢校官碑》《漢關聖帝君西湖照膽臺玉印》等篇屢引朱銓甫《金石記》説，朱銓甫即寶應朱士端(一七八六—一八七二)，所著《宜禄堂收藏金石記》六卷，同治二年(一八六三)始刻入寶應朱氏《春雨樓叢書》中，未聞有他刻本，凌曙何以見之?《吴天發神讖碑》云:「道光壬午年,竇應朱銓甫先生入都,遍訪此碑未獲。」又云「延至丙申年,仍未獲。先生亦南歸。逮戊戌年先生復入都,遇賈友」云云。道光壬午,即一八二二年,時凌曙尚在世;然丙申爲道光十六年(一八三六),距凌曙去世已有七年;戊戌爲道光十八年(一八三八),距凌曙去世已有九年,凌曙何以能知此且能述此也?《後齊乾明元年造象殘碑》云:「此碑新出,蘭山伏明經廷相臧。下段,道光廿四年訪得。」道光二十四年爲一八八四年(甲辰),距凌曙去世十五年。《後齊孫旿卄人等造象碑》云:「此碑某氏於道光十八年二月始訪得,移置沂郡學宫。」考道光十八年爲一八三八年(戊戌),時距凌曙去世已經七年,凌曙必無由知此後之事矣。綜此,疑此書乃僞作。

復旦大學圖書館藏學禮齋校録本,題「蜚雲閣金石録」,署「江都凌曙輯」,一册,正文三十五頁,正文末行有王欣夫跋一則:「原本藏上元宗氏咫園。乙亥仲冬,從禮白借得,屬陸少梅傳鈔此三。二十六日,欣夫識。」其内容與南京圖書館藏本同。書末另有王欣夫跋一則。

今以南京圖書館藏本爲底本(簡稱「原本」),以復旦大學藏民國王欣夫學禮齋鈔本(簡稱「王本」)校,列爲附編。

金石録

周宣王石鼓文

駈　曙桉，籀文「騊」或省作「駈」，蓋「駈」即「騊」字。邋　曙桉，《説文》：「擠也。」《廣韵》：「邁也。」《集韻》：「力涉切，音『獵』。又，力盍切，并音『臘』。邋遢，行貌。」又，《周寋鼎》：「王命邋，載東反節。」蓋「邋」即「獵」字。趩　曙桉，《玉篇》：「走貌」。《集韵》：「或作『蹼』。」段氏以《説文》「趩」「趩」本爲一字。曙謂，《説文》「趩」下引《論語》「趨進，趩如也」，「趩」下云「行聲」，又云「不行」，明分兩義。段謂「趩」「趩」一字，非。豧　潘氏《音訓》云：「或作『豧』。」曙謂，《玉篇》「豧」與「豣」同，豖一歲。鮕　曙桉，《説文》：「鮎，鮕也。」「鮕，鮀也。或从匽。」據此，「鮕」即「鰋」也。朗　施氏作「豆」。曙桉，《詩·楚〔一〕茨》「爲豆孔庶」，與此文同。鋚勒　曙桉，《寅簋》作「鋚勒」，錢氏云：「古器銘多用『鋚勒』字，蓋古文。『鋚勒』，即《詩》『鞗革』。《説文》無『鞗』字，而有『鋚』字，訓『轡首銅』。《詩》『鞗革有鶬』，鄭以『鶬』爲金飾。古文『鞗』从金，與許叔重訓『轡首銅』合。孔氏疏謂，以鞗皮爲轡首之革，似未達古制。又，《無専鼎》作『攸勒』，《辟父敦》作『攸革』，《康鼎》作『鞗勒』，是作『攸』、作『革』，皆从文省。」[illegible]　錢氏云：「即《説文》『奏』字。」曙謂，《廣雅》作「奉」字。辻　曙桉，《説文》：「辻，步行也。同都切。」《類篇》引《説文》，亦作「步行」。[illegible]　曙桉，《廣雅》：「[illegible]，詞也。」王氏《疏證》曰：「《説文》：『[illegible]，讀若載。』

《鄘風・載馳》傳：『載，辭也。』石鼓文云：『𣪘西𣪘北。』」⿰木咎　曙桉，《説文》：「⿰木咎，木也，讀若皓。」又，「⿰禾咎，讀若皓。賈侍中説：木名也。」《集韵》：「同柏。」即《本艸》烏臼樹也。又，「咎」與「皋」古通，《爾雅》「狄臧槔」，舍人本「槔」作「皋」，樊本作「⿰木咎」。𢼸　潘氏《音訓》云：「考《説文》，與『微』同。」曙謂，《説文》：「𢼸，妙也。从人〔二〕，从攴，豈省聲。」《彳部》：「微，隱行也。从彳，𢼸聲。」《説文》「𢼸」「微」音同義異，不得云「𢼸」與「微」同。且鼓文別有「微」字，其非一義可知。

阮氏文選樓重摹天一閣宋拓石鼓文

曙桉，阮雲臺先生視學浙江，刻置杭州府學。此本乃摹刻於揚州府學者，末有伊太守秉綬題識。

周壇山刻石

曙桉，贊皇縣壇山，有周穆王「吉日癸巳」四字。曙謂，已開小篆門徑。

周比干墓題字

曙桉，已開隸書門徑。

周武王封比干墓銅盤銘

周虢叔大林鐘

曙桉，鐘臧阮雲臺先生家。

周東䀠碑

曙桉，江鄭堂云：「䀠，古『瞿』字之省。」曙謂，《説文》：「䀠，讀若『良士瞿瞿』。」薛尚功《商瞿父鼎》作「」，王子弁《嘯堂集古録・商瞿父鼎》作「」。「瞿」字俱作兩目相并。

周留君簠

曙桉，銘文「饋」作「」，《説文》正作「饙」。「簠」字，許書訓「黍稷圜器」，从竹、从皿，甫聲，是正文。《禮・明堂位》云「殷之六瑚」，「瑚」即「簠」之音同叚䊌。《左・哀十一年傳》孔子曰：「胡篕之事。」「胡」又「瑚」之省文。許書《玉部》訓「瑚」爲「珊瑚」，《肉部》訓「胡」爲「牛顧垂」，故知爲「簠」之叚䊌字。經典多叚䊌。又「簠」字作「𠤳」，从古聲；「胡」亦从肉、古聲，是以「瑚」「胡」得[三]與从甫、从古聲之字并通而爲「簠」字之叚䊌。阮氏《積古齋鐘鼎彝器欵識》云：「『簠』字作『𠤳』，从古、从匚，古聲。通作『胡』，《左傳》云『胡篕』，即『簠篕』，是其證。《漢孔宙碑》云：『盙篕不敶。』『盙』又作『簠』之省文。明乎通叚、省文，則書可讀矣。」

周陳逆簠

曙桉，此銘乃汪儒林容甫先生手搨本，左角有汪氏印記，亦孟慈所贈也。

秦琅邪臺石刻

秦泰山殘碑

曙桉，碑已殘泐，舊存廿九字可辨；又經乾隆某年爲火所毁，從灰燼中搜出，又去其大半。今僅存十餘字，尚不全。戊子冬，道出泰安府，謁岱廟，道司持贈，云是原碑殘字。别有重摹本，字數較多，神氣頓减。

秦繹山石刻

漢五鳳石刻

漢始建國刻石

漢漢中太守鄐君開石門道碑

曙桉，「褒斜」作「余」，古文省；「橋閣」作「格」，古字通。

漢祀三公山碑

曙桉，王氏《金石萃編》云：「此與《隸釋》所録光和四年《三公山碑》不同。《集古》《金石》二録有《漢三公山碑》，乃隸書〔四〕；《隸釋》存其文，凡六百餘言，額旁有『封龍君』『靈山君』六大字。碑立于光和四年。」碑云：「蝗旱鬲并。」《萃編》誤以爲「我」字。吾家藏本，篆文「并」字甚分明。石臞先生《漢隸拾遺》云：「文本作『非』。」猶屬拓者墨有未到。古碑拓手貴佳。梁氏章鉅《退庵題跋》云：「乾隆時，三通館輯《金石略》，元氏縣官得此以獻。」

漢嵩山太室神道石闕銘

曙桉，畢氏《中州金石記》「竝天四海」，即以「並」爲「普」，「并」「普」声〔五〕相近，于五音同爲羽也，故《説文》「暜」以「竝」爲聲。徐鉉刪「聲」字，徐鍇《繫傳》本有之。《地理志》：「崈高有大室、少室廟。」賴有此闕，考其遺址云。

漢少室神道石闕銘

漢開母廟石闕銘

曙桉，「鼇」字篆文作「鼇」。古「鼇」有「來」音，《詩》「貽我來牟」，《韓詩》作「鼇麰」。

漢太室潁川太守石闕文

曙桉，此文，顧炎武、褚峻皆未録。

漢延光殘碑

曙桉，阮氏《山左金石志》云：「在諸城縣署，古勁若繆篆。」

漢斁煌太守裴岑紀功碑

曙桉，《潛研堂跋尾》云：「北匈奴呼衍王之勢日張，岑能以郡兵誅之，克敵全師，漢史不箸其事。」曙謂，書洓方整，「邉竟」作「邉」，《説文》正从此。

漢潁陽井券

漢故益州太守北海相景君銘

石臞先生《漢隸拾遺》云：「『辨秩東衍』，即《堯典》『平秩』。『衍』讀曰『埏』。《集韵》：『埏，方也。』『辨秩東衍』，猶〔六〕『平秩東方』。『衍』古讀若『延』，《周官·大祝》『衍祭』，《男巫》『望祀望衍』，鄭注并讀爲『延』。《唐風·椒聊》篇『蕃衍盈升』，《一切經音義》十九引作『蕃延』。」

漢景君碑陰

曙桉，張耽，字季遠。「耽」宜作「眈」。《説文·目部》：「眈，視近而志遠。」故名「眈」者，即字「季遠」。若「耽」字，《説文》訓「耳大垂」，不訓「遠」。碑作「耽」，乃篆隸相承之變。又，「營陵」作「營陵」，亦變體。《隸辨》亦云作「營」，宋劉球《隸韵》未載。又，「營陵力暹」，余家臧本「力」字顯然可見，吴氏《金石存》於「力」字空格作「□」，蓋未審「㔕」即「力」字，而疑其文泐耳。

漢武氏石闕銘

曙桉，「被病关没」，「关」即「夭」字，「笑」字从此得聲。《金石録》誤刊作「云」字。又，「嗚呼哀栽」，古「栽」「哉」通，「栽」「哉」皆从才得聲。此碑翻本陋劣，行欵亦不類。董友贈余真本。

漢魯相置孔廟卒史碑

曙桉，碑云「則象乾巛」，《周易》皆作「坤」，陸德明《釋文》云：「巛，本又作『坤』。『坤』，今字。」據此，陸云「今」者，別于「古」也。蓋《易》自輔嗣注出而漢學亡。噫！古義之見于石刻，亦僅矣。

漢孔德讓碣

漢孔君碑

漢魯相韓勑孔子廟碑

曙桉，碑云「四方士仁」，古「仁」與「人」通，《虞氏易》：「何以守位？曰：人。」開成石經作「仁」。又，「涒灘」作「涒嘆」，「壘」作「雷」，「俎豆」作「相梪」。「嘆」「雷」「相」，皆以同音通叚。漢碑多用叚糌字。「豆」作「梪」，許《説文》正作「梪」。

漢司隸校尉楊孟文石門頌

曙桉，畢氏《關中金石記》云：「碑云：『楊君，厥字孟文。』故《水經注》稱爲『楊厥碑』。考之《華陽國志》，則楊君名涣，字孟文。」曙謂，《楊伯邳碑》稱「司隸校尉楊君，厥諱淮，字伯邳」，與此碑

「厥」字同一義例。《水經注》稱爲「楊厥碑」，誠誤。

漢魯相韓敕孔子廟碑碑陰碑兩側

曙桉，郭氏《金石史》云：「字畫之妙，非筆非手，若得之神功。」王氏《虚舟題跋》云：「此碑上承斯、喜，下啓鍾、王。歐、虞以後，各得一體。褚河南《雁塔聖教序》，全法此碑，竟至形神畢肖。吾嘗得安陽古布，『安陽』二字，筆瘦如針。此碑全取古刀布之法，不落二帝三王以下以下。」曙謂，歐公《醴泉銘》得力于《白石神君》，褚公《聖教》得力于《韓敕》，遂成千古絶藝。

漢泰山都尉孔宙碑

漢泰山都尉孔宙碑陰

石臞先生《漢隸拾遺》云：「碑陰列『東郡東武陽䏲穆〔七〕』，『䏲』即『凌』字。『䏲』『凌』二字皆从二，『二』者，『仌』之省文。今俗作「冰」，乃古「凝」字。《説文》：『𠗺，仌出也。从仌，朕聲。《詩》曰：「内于𠗺陰。」』凌，𠗺或从夌。』隸省或作『𠗺』，故《廣雅》云：『𠗺，仌也。』『𠗺』爲『凌』之本字，故『凌』姓之『凌』，古亦作『𠗺』。此碑『䏲穆』是也。《隸釋》《漢隸字原》《隸辨》《兩漢金石記》并書作『滕』，則以甲代〔八〕乙矣。」

漢延熹封龍山頌

曙桉，此碑今在寶應縣志〔九〕西北四十五里王村。《史記·趙世家》：「武靈王二十一年，王君取封龍。」張守節正義：「《括地志》云：『封龍山，一名飛龍山。』」《元氏縣志》：「封龍山，縣在西北五十里，舊名飛龍，唐改今名。」案，「封龍」已見《趙世家》，非唐所改。《續漢·郡國志》「元氏縣」下，劉昭注：「《地道記》云：『有三公塞。』」即三公山。《元氏縣志》：『三公山，在縣西七十里。』」案，三公山，今不知所在。《縣志》：「西北七十餘里，有仙宮寨。」即三公寨。「三」「仙」，一音之轉。劉端臨先生云：「碑中『𣡌』字即『棘』字。平棘、九門、靈壽，皆隸常山。」曙謂，《魏始平公造象》「九棘」作「蕀」。凡別字，皆緣隸辨〔一〇〕變，則「𣡌」爲平棘无疑。

漢魯相史晨孔子廟碑

曙桉，郭氏《金石史》云：「分法爾雅超逸，爲百代法則。」

漢竹邑侯相張壽碑

曙桉，王氏《金石萃編》云：「《説文》：『眈，視近而志遠也。』引《易》『虎視眈眈』。又，耳下垂爲『耽』。俗書引《易》，誤作『耽』。不若此碑之『覘』，其音相同，使人皆知其爲俗也。」阮氏《山左金石志》云：「碑爲明人截作碑趺，祇存上段〔一一〕，中間凹處，又毁四十字。本在寶應學宫戟門壁間。乾隆五十六年，知縣林紹龍建亭重嵌，就碑凹處題記之。」曙家臧舊本，凹處無題記之文，猶是林紹龍未建亭以前拓本。

漢衛尉卿衡方碑

曙桉，碑引《書》作「能悊能悊〔一二〕能惠」，今晚出《書》作「而惠」。《禮記》古「能」字作「耐」。必是「耐」字爛簡，脱去偏旁，僞孔《書》遂沿作「而」字矣。

漢魯相史晨孔子廟後碑

曙桉，碑云：「畔宫文學先生。」「畔」即「泮」之叚稭。漢碑多叚稭。前碑云：「行秋饗禮，飲酒畔宫。」文亦然。

漢夏承碑

曙桉，此碑雖屬隸體，用笔尚帶篆法，猶唐初歐、褚諸公《醴泉》、《聖教》時帶隸法。吴氏《金石存》云：「銘詞始終一韵，『期』『列』『寶』『歾』四字，皆可與《紙韵》相通，唯『動』字不可强叶，即毛初晴三聲兩界之説，亦不可通，不知古人當作何讀法也。」

漢陳德殘碑

曙桉，阮氏《山左金石志》云：「牛氏《金石圖》云：『在沂州東南數十里田間。郃陽褚千峰跡得之，曾拓數本。再往，則土人埋之。』自雍正六年以後，此碑遂亡。近人以爲千峰僞造，殆不然矣。」曙謂，額題「漢故陳君之碑」六字，係篆書。吴氏《金石存》謂爲隸額，亦誤。

漢李翕黽池五瑞圖

漢李翕西狹頌

曙桉，碑前爲《五瑞圖》，下有上官掾等題名記，碑末有吕文寶等題名十二行，皆小字隸書，但以磨崖極高，山深多虎，拓者不全。故洪氏諸人未見全碑，紀録多誤。余所得，係全本，誠非易事。至考證，前賢已詳言之。

漢博陵太守孔彪碑

曙桉，都氏《金薤琳琅》録其文，如「《易》建八卦，揆肴斁辭；述而不作，彭祖賦詩」，「肴」即「爻」字，古叚轁通用；「彭祖」，蓋指《論語》「老彭」。

漢博陵太守孔彪碑陰

漢析里橋郙閣頌

漢執金吾丞武榮碑

曙桉，翁氏《兩漢金石記》：「碑云：『治《魯詩經》韋君章句。』《漢書・儒林傳》曰：『申公目《詩經》爲訓故以教，亡傳，疑者則闕弗傳。韋賢治《詩》，事博士大江公及許生，由是《魯詩》有韋氏學。』至韋君《章句》之月，則史所弗箸。金石之功，豈淺鮮哉？」

漢司隸校尉楊淮表記

漢司隸校尉魯峻碑

曙桉，碑云：「悲蓼義之不報」，「義」字從「我」得声，與「莪」聲同。又，《衡方碑》作「蓼儀」，「儀」从「義」声。作「義」、作「儀」，声并同。《禮・中庸》：「義者，宜也。」《詩》「君子有酒多」，《釋文》以「多」字爲句，「且旨」爲句。皆「多」「祇」〔一三〕同声之例。峻治《魯詩》，書碑者蓋亦从《魯詩》。《漢隸拾遺》謂「温」字作〔一四〕「溫」。今取家臧拓本諦視之，恰是作「溫」，足徵石臞先生之精審過諸家多矣。

漢魯峻碑陰

曙桉，「河内褢」「褢」字，吴氏《金石存》亦誤作「夏」。細審碑文，恰是「褢」字。

漢熹平二年碑

曙桉，碑云：「何辜穹倉。」「倉」即「蒼」字叚籍。

漢熹平石經尚書殘碑

曙桉，萬氏《石經考》云：「漢儒傳伏生《尚書》，有歐陽、大小夏侯之學。孔安國《尚書》，漢人雖有爲之訓傳者，然不立於學官。永嘉之亂，三家之書并亡，故孔氏傳獨行。」

漢熹平石經魯詩殘碑

曙桉，萬氏《石經考》云：「漢代《詩》分爲四，在東京時，毛氏《詩》不立學官。《隋・志》有石經《魯詩》六卷。」

漢熹平石經儀禮殘碑

漢熹平石經公羊殘碑

漢熹平石經論語殘碑

漢聞熹長韓仁銘

曙桉，吴氏《金石存》云：「《漢書·地理志》作『聞喜』，『喜』『熹』音義同。《説文》『幸』字，本作『㚔』；下箸『羊』者，音『達』，漢隸多借用之。《廣韻》：『拉，音短。』」

漢從事尹宙碑

曙桉，碑以「隱陵」作「傿陵」，亦古通用字。宙治《公羊春秋經》，漢人重經師家法，其授受皆有自也。

漢正直殘碑

曙桉，王氏《金石萃編》云：「弟一行『正直是以』，《詩·小明》作『正直是與』。考《儀禮·鄉射禮》：『執弓，各以其耦進。』注：『以，猶「與」也。今文以爲「與」。』則《詩》所謂『與』者今文，碑所據爲古文。」

漢元孫殘碑

漢劉君殘碑

漢三公山碑

曙桉，此碑，王氏《金石萃編》、孫氏《寰宇訪碑録》皆未收。《萃編》有篆書《漢祀三公山碑》，引黄氏易云：「《集古》《金石》二録有《漢三公山碑》，乃隸書，立于光和四年。碑今〔一五〕不存。」又引趙魏跋云：「《集古》《金石》二録有《三公山碑》，《隸釋》存其文，凡六百四十餘言。額旁又有『封龍君』『靈山君』六大字，立于光和四年。」曙謂，漢元初四年，乃祀三公山，碑字在篆隸之間，係近時出土，歐、趙皆未見。其光和四年所立《三公山碑》，的是隸書。碑額有飛白書「三公之碑」四字，兩旁有「封龍君」「靈山君」六大字。此碑雖見於《集古》《金石》二録，沈埋已久，近代金石書皆未箸録。吾友劉氏楚楨宰元氏，始搜得之。考頌詞引《詩》「或耘或芓」，與《毛詩》異，蓋本《魯詩》。《漢書·食貨志》：「武帝末年，悔征伐之事，迺封丞相爲富民侯，下詔曰：『苗生葉㠯上，稍耨隴艸，因隤其土，㠯附苗根。故其《詩》曰：「或芸或芓，黍稷擬擬。」』芸，除草也；芓，附根也。」曙謂，武帝習《魯詩》。《漢書》言：「蘭陵王臧從申公受《詩》，事景帝，爲太子太傅。武帝初即位，安車以蒲裹輪迎申公，至，見上，上問治亂之事。」據此，則武帝从申公受《魯詩》无疑。漢碑亦引《魯詩》爲多，《漢·

志》所謂「魯冣爲近之」是也。

漢校官碑

曙桉，碑經寇亂，恐遭兵燹，張君寶德詩云：「未識存亡遠系思。」碑用古籀，叚楷冣多，前賢已詳言之，不具録。石臞先生《漢隸拾遺》云：「『畀誄曰』，『畀』即《説文》『畁』字，上从『由』，下从『廾』。音「拱」。今碑省『畁』作『畀』，而以爲『其』之借字。《隸釋》《金薤琳琅》作『畀』，皆不誤。《兩漢金石記》改『畀』爲『其』，非也。又，『發彼有的，雅容□閑』，『閑』上一字，諸家皆缺。今諦審碑文，亦是『畁』字，但『由』字不省作『田』，與上『畀』字小異。」寶應朱銓甫先生家藏本，諦視「雅容」二字〔一六〕，確是「畁」字，乃嘆先生精審，過諸家遠矣。

漢白石神君碑

曙桉，開成石經作「終然允臧」，坊本《毛詩》「終焉」，誤。臧氏玉林《經義雜記》云：「碑云：『敬恭明祀。』不知箋云『肅事明神』，《文選・東京賦》『盛夏后之致美，爰恭敬於神明。』是張平子所據《詩》作『明神』。」其元孫在東注云：「謹案：『敬恭明祀』，蓋承上『祈年方社〔一七〕』言之，『明神』字蓋涉箋而誤。張《賦》易字，以韵句耳。」曙謂，《漢西岳華山碑》《白石神君碑》《魯相置孔子卒史碑》《文選》陸士衡詩注、江文通《雜體詩》注皆作「明祀」，則詩本作「明祀」可知。

漢尉氏令鄭季宣碑

漢尉氏令鄭季宣碑陰

漢曹全碑

曙桉，吴氏《金石存》云：「陽曲傅山先生云：『謝承《後漢書》，余家有之，明永樂間揚州刊本。初，郃陽《曹全〔一八〕碑》出，曾以謝《書》考證，多所裨益，大勝范《書》。以寇亂，亡失矣。』今碑中如『攻西域』『羅〔一九〕黨祸』及『戊部司馬』之類，皆與范《書》不合，安得謝《書》一印證之？」錢氏《潛研堂金石文跋尾》云：「《漢書·地理志》酒泉郡有禄福縣，《續漢·志》作『福禄』，晉、隋、唐諸《志》皆因之。此碑云：『拜酒泉禄福長。』」

漢曹全碑陰

漢蕩陰令張遷碑

曙桉，碑云「蔽沛棠樹」，即《毛詩》「蔽芾甘棠」之文。漢人多用《三家詩》，與毛異。

漢豫州從事孔褎碑

曙桉，家臧本「綜」下尚存「桮」形，其爲「核」字无疑。吴氏《金石存》作「校」，牛氏《金石圖》作「極」，於義皆未安。

漢魯王墓二石人題字

曙桉，吴氏《金石存》云：「右石人胸前殘字在曲阜，不知何人墓前翁仲也。其文曰『府門之』，『之』下殘缺，是「卒」字。篆法敦古，亦秦漢間物。又『漢故樂安太守麃君亭□』十篆字，考《水經注》《天下碑録》及洪、趙氏，皆無此碑，今碑不知存否。余所收者，獨其額耳。考姓氏書，無『麃』姓，肰《韓勑碑》有麃次公、麃季公，《碑側》題名有『麃』字、『恢』字、『元世』。今此碑額在曲阜野中，是魯地故有麃氏，而姓氏書失載。」曙以褚氏《金石圖》證之，漢石人爲象各一。吴氏云「碑額」，誠誤。

漢魯相謁孔廟殘碑

漢華嶽廟殘碑陰

曙桉，依《金石萃編》標題。

漢昌邑聚殘石

曙桉，魚臺馬氏云：「石在鉅野城南昌邑聚，即漢昌邑國，沇州刺史治。《水經・濟水注》：『荷水又東，逕昌邑縣，漢景帝爲山陽國，王莽之鉅野郡也。後更爲高平郡。大城東北有金城，城内有沇州刺史河東薛季象碑，次西有沇州刺史茂陵楊叔恭碑，從事孫光等以建甯四年立。』案，茲石末書『七月六日甲子造』。案范氏《後漢書・靈帝紀》：『建寧四年三月辛酉朔，日有食之。』司馬彪《續漢書・五行志》亦同，劉昭注引《潛潭巴》『日食辛酉』之説。由三月辛酉朔，閲兩小建，則七月己未朔，六日當得甲子。又，《武都太守李翕西狹頌》末書『建甯四年六月十三日壬寅造』。由壬寅後，歷小建一，則七月六日得甲子。是碑即建寧四年从事孫光等，爲沇州刺史茂陵楊叔恭立者也。《韓詩外傳》曰：『牧者，所以開四目，通四聰。』司馬《續漢・志》劉昭注刺史職引之。茲碑『開聰四聽』，乃刺史職。嘉慶二十一年，歲在丙子，四月十六日乙丑，魚臺馬邦玉跋。」

漢永元刻石殘文

曙桉，魚臺馬氏《跋》云：「嘉慶丙子九日，邦玉同弟邦舉因叚東旋，徑鳧山寿之寨里，于井闌見僕石，側刻永元年號，遂置家𦏧。」案，石刻于漢和帝時，至今千七百餘歲。《集古》《金石》諸録無載者。庚寅夏，曙見汪孟慈家有臧本，漢石二紙，跋尾二章：一昌邑聚殘石，一永元殘石也。

漢恭川李崧殘字

曙桉，此碑爲劉氏燕庭所贈，石在四川成都武侯神祠龕旁。孫氏《訪碑録》不言所在，但云江蘇嘉定錢氏拓本。

漢朱君長殘石

曙桉，黄易得於兩城山下，審爲漢刻，移立濟甯州學。

漢劉厲王胥宫殿紀數殘石〔二〇〕

曙桉，阮雲臺先生《甘泉山獲石記》云：「余在雷塘，視雷塘水自甘泉山來，乃登山。山有惠照寺，寺階下四石，命工搨之。其一石可辨者『中殿第廿八』，又一石『第百卌』，又一石衹存『𡰥』文。江鄭堂云：此漢廣陵厲王胥冢上石也。案，揚州甘泉山，舊志皆以爲漢厲王冢，旱，鳴鼓攻之，輒致雨。今冢基不可視，而西峰有靈雨壇舊址。土人亦言：『山有琉璃王墳。』『琉璃』者，『劉厲』之傳訛也。沈約《宋書》陳思王樂歌云：『中殿宜皇子。』然則皇子所居，可稱中殿。魏在漢後，其爲厲王遺跡，更可據矣。」曙謂：一石作「𡰥」者，《説文》「乂」爲古文「五」省。「𡰥」是作石人紀數之文，猶今俗工匠畫馬字紀數。《禮·投壺》已有「一馬」「二馬」之文，其遺意與？又，二石作「中殿第廿八」「第百卌」，文俱同。翁氏方綱謂：胥爲王時，造宫殿，有此刻文，并非冢中石也。漢刻冣在前者，篆初變隸，《吴天發神讖碑》筆法從此發軔。

漢武氏祠石室畫象

曙桉，祠前後共數十石，圖畫皆古帝王聖賢、忠孝節義、冠服彝鼎以及檐廊車制、珍禽竒獸。阮先生、王石臞先生考據精確，未及備述。祇圖中有豐侯酒戒，刻于庭柱，與《漢射陽石門畫象》建鼓後列豐侯，其形正同。前賢皆未考及，惟翁覃溪《武氏祠堂畫象詩》：「虞書觀象遠莫追，豐侯圖形見者誰〔二一〕。今之正書祖漢隸，畫手曷弗東京規？西川穉子闕已泐，我始訪得射陽碑〔二二〕。」自覃溪先生外，無言「豐侯」者，無怪《平津讀碑記》謂《射陽畫象》中層有赤身佛座云云也。

漢嘉祥武宅山孔子見老子畫象

曙桉，阮氏《山左金石志》云：「此石，黄司馬易自嘉祥武宅山得之，敬移濟寧州學。」

漢射陽石門畫象

漢射陽石門畫象碑陰

曙桉，此碑前賢金石諸書已詳言之。乾隆間，江都汪容甫先生以五十金購置其家，後厥嗣孟慈先生入都，遂將此碑送置寶應畫川書院振秀堂。是石畫象正面中層下界筍簴，上有人形趺坐者，諸家皆未考及。案，《鄉射記》云：「弟子升，設豐。」聶氏《三礼圖》云：「豐作人形，戴杅爲戒。」據此，知古人燕飲，必設豐器以示戒。此即豐侯之器也。《説文》「豐」字下云：「一曰，鄉飲酒有豐侯者」。是其證也。寶應朱銓甫有《豐字考》。洪氏頤煊《平津讀碑記》謂：「如今之佛座，赤身居其上者。」何其未之審邪？下層列匜杌杯釜，又圓器中爲疏布文者，當是古篋巾之類，所列鹿豕、行竈等物，武氏前石室畫象與此略同。又一石，刻飛鳥獸首舞盾者，乃是石之陰。翁氏《兩漢金石記》分爲兩石，云：「其高與闕稍殺之。」誤矣。凡石闕本二，此闕汪氏僅得一石，其一石沈之水中，遂失所在。俗呼爲伯夷、叔齊〔一二〕墓，疑即沈水中之石。或云曾見有畫題夷、齊象者，土人不知，而訛爲伯夷、叔齊墓也。又，建鼓兩旁有二人，執椎擊鼓。其形今雖剥蝕，尚可辨明。惟豐器左右，亦各有一人，隱隱似侍立狀，去豐步武較遠，各在石之邊界，人多置而不搨，余嘗細審得之。孫氏《訪碑録》云：「在江蘇江都。」其時尚未移置寶應也。

漢關聖帝君西湖照膽臺玉印

曙桉，朱銓甫先生《金石記》云：「於丁亥年間，曾游西湖，謁照膽臺。山僧贈先生一紙，并系以考云：《蜀史》：東漢建安己亥，四川人獻玉一顆，中有井環。漢中王命上下鐫文，篆曰『漢壽亭侯關某之印』，遣益州司馬費詩齎至荆州，賜前將軍爲佩章，叚節鉞，督九郡。聖歸神，吴將徐盛得之。《吴志》曰：『黄龍己酉，盛過鄱陽，舟覆，失之。』相沿千四百年，迄明之萬歷丁巳，鄱湖中晝夜放光。漁人獲是寶，進於朝，神宗命翰林董其昌送於照膽臺。」

漢趙緁伃玉印

曙桉，搨本爲仁和龔氏定盦所贈。定盦箸《破戒艸》詩云：「乙酉得漢鳳紐白玉印，文曰『緁伃妾趙』。喜極，賦詩云：『入手消魂極，源流且莫宣。姓疑鈎弋是，人在丽華先。暗寓拚飛勢，休尋德象篇。定誰通小學，或者史游鐫。』」曙謂，文係鳥篆，甚細如髮。汪孟慈云：「昆吾刀，漢時尚有。非昆吾刀，不能爲此篆。」

漢陽嘉洗

曙桉，薛氏《鐘鼎彝器欵識》云：「銘文『陽嘉四年朔令』。」孝順帝十年，改年紀曰陽嘉。

漢雙魚銅洗

曙桉，器臧盧氏家，正面雙魚刻文，背有銘辭四行，行四字，銘云：「」從射陽出土〔二四〕，漢物无疑。考「」即「緊」，「」即「叔」，「」即「作」，「」即「受」，「」即「其」，「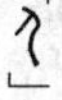」字右邊闕，「」即「𠬪」。《說文》：「𠬪，上下相付也。」「𠬪子孫」即「付子孫」。「」即「壽」，《周陳逆簠》「壽」字篆文與此略同。阮氏《廣陵詩事》云：「寶應耕田者掘出雙魚銅洗，朱恭亭有《古雙魚銅洗歌》。」

漢銅盤銘

曙桉，搨本爲孟慈汪君所贈，左角標題：「古銅般，重四十斤。」

漢大吉壺

曙桉，器臧阮太傅家。

漢射陽古墓疏布文磚

曙桉，磚横頭箸疋布文。考歙縣程氏翻沙鎔鈎搨本秦漢瓦當文字，載高帝長樂未央宫瓦，四圍皆箸疏布文。桉，《漢書》云：「漢六年，元王交立爲楚王，王薛郡、東海、彭城三十六縣。」故射陽隸焉。磚爲楚元王時物，无疑。汪儒林所得漢射陽石闕畫象，即此處也。寳應朱士琨先生於射陽得一端磚，製爲硯，朱十端先生爲文，刻於硯之陰，摹晉法細書，一時傳爲盛事。

漢長生無極瓦

漢長樂未央瓦

曙桉，二瓦臧秦郵王氏。

漢六畜蕃息瓦

曙桉，孫氏《訪碑録》云：「江蘇吴江陸氏家臧。」

魏公卿上尊號奏

曙桉，《集古録》云：「唐賢多傳爲梁鵠書，或謂鍾繇書。」

魏受禪碑

曙桉，碑引《尚書》「欽明文塞」，江氏《尚書集注音疑》謂：「或爲塞。」鄭康成曰：「道德純葡謂之塞，寛容覆載謂之晏。」是鄭氏本作「欽明文塞晏晏」，馬、鄭所治，皆真古文。又，碑引「哀矜庶獄」，字本从「令」，不从「今」。吴氏《金石存》録隸文作「矜」，不知原碑實作「矜」。陳氏雪峰桀釋藏本《華嚴音義》皆作「矜」，朱氏《彊識編》亦詳言之。

魏封宗聖侯孔羡碑

曙桉，碑「揖五瑞」，《釋文》引馬云「斂也」，《古經解鈎沈》亦引馬傳「揖，斂也」。馬、鄭治古文《尚書》，是馬本作「揖」。《漢書・郊祀志》亦作「揖」。王肅注《尚書》云：「揖，合也。」知「輯」之訛字，不始于王肅。

魏郃陽殘碑

曙桉，孫氏《訪碑録》云：「凡五石，係黄初五年。」實應朱銓甫先生獲得一石。

魏膠東令王君廟門碑

魏廬江太守范式碑

魏范式碑陰

曙桉，《山左金石志》云：「乾隆丙申年，膠州崔氏初得是碑篆額，遍求碑身，久而未得。越五年，錢唐黄小松司馬得泰安趙相國家臧本，雙鈎付梓。又六年，李鐵橋竟獲原碑。殘石雖存，字不及宋拓本之半，而碑陰四列，即洪氏所誤載之《魯峻斷碑陰》也。」

魏東武侯王基斷碑

曙桉，汪儒林先生《述學》云：「《魏東武景侯王基碑》，乾隆初紀出于洛陽土中，碑字裁刻下方，其上方尚未開鑿。出土之日，朱書〔二五〕粲然，郃陽秦習謙所親見。而土人止知椎拓，無有録其全文者，遂致滅没，深可惜也。基之卒，在景元二年，上距建安五年康成之卒，凡六十二年。其時，基財十歲。其于鄭君，非親炙也。《後漢書》特以基據持鄭義，常與王肅抗衡，遂列舉〔二六〕于門人。」

吴禪國山碑

曙桉，碑云：「三表納貢。」盧雅雨堂校刻《金石録》作「三」，葉本作「二」，誤失一筆。吴氏《金石存》乃據葉氏誤本，而云「《金石録》作『二』」，非《金石録》之誤。朱氏《彊識編》細詳〔二七〕説之。

吴天發神讖碑

曙桉，道光壬午年，寶應朱銓甫先生入都，遍訪此碑未獲，遂托琉璃廠賈友尋之，云：「從未見過。」詢問若何體製，先生乃即字體行欵并宋人胡宗師、石豫兩人題識一一抄與之。延至丙申年，仍未獲，先生亦南歸。逮戊戌年，先生復又入都，遇賈友，喜曰：「去冬某貴顯後出賣書籍，購得此碑二十餘本，求者甚衆，獲價良多。僅留一本，聊以報德。」先生受而讀之，廼取温明叔先生家藏本校對無訛，宋人題識俱全，洵其遇〔二八〕也。張容園云：「自吾邑學宫不戒于火，此石久亡。世間拓本日少，收臧家莫不寶貴，舊本更難購得。」國朝周雪客在浚有考一卷，王安節概有賦一篇。自《建康實録》以下，跋語共三十餘家，考據精詳。先生曾彙集刊板爲《三段碑續考》，前鈎摹舊本，首以鄧完白縮本冠之爲圖。書已刻而未印，忽遭癸丑之乱〔二九〕，板又毁去。痛哉！何造物之見忌若斯之甚哉！曙有事寶應，朱銓甫出所臧舊拓本示觀，尚在翁覃溪先生手拓之先，洵屬千金不易矣。

晉齊太公呂望表

曙桉，《金石録》云：「文王見太公而計之。」諦審諸家臧本，右邉皆存「刂」形，實不作「計」字。

晉征東將軍軍司劉韜并夫人沛國蔡氏墓志

前秦程疵家白石神君碑側題名

梁蕭公神道闕

曙桉，錢氏《潛研堂跋尾》云：「右吴平忠侯碑，額云『梁故侍中中撫將軍開府儀同三司吴平忠侯蕭公之神道』，正書而反刻，它碑所未有。」碑稱「中撫將軍」，《梁書》作「中撫軍」，蓋脱一字。

梁焦山瘞鶴銘

曙桉，寳應朱銓甫先生於都中琉璃廠稽文堂董友得一本，爲金壽門所臧；又于古懽齋得一本，存字較多，皆爲原拓。

後魏中岳嵩高靈廟碑

曙桉，吴氏《金石存》列此碑爲隸書。孫氏《寰宇訪碑録》云：「寇謙之譔，正書。」細審筆汯，蓋由八分而變爲正書，筆筆帶批批，爲唐初歐、褚書家之祖。碑文云「寇君謙之」，乃作碑者頌辭，非即謙之譔書。孫氏云「寇謙之譔，正書」，殆未細考。碑引《書》「璿璣玉衡」亾「禮機」，僞孔作「璣」。碑作「機」，猶守伏生《大傳》也。

後魏兖州刺史鄭羲碑殘本

曙桉，阮氏《山左金石志》云：「羲所著經論賦咏及《語林》數卷，今皆無傳，稽古者所宜知也。」

後魏洛州刺史始平公造象記

曙桉，武氏《授堂金石跋》云：「碑用棊子〔三〇〕，陽文凸起，石刻希有。」

後魏雒州刺史刁遵墓銘

後魏雒州刺史刁遵墓銘碑陰

曙桉，阮氏《山左金石志》云：「書法遒媚。臧樂陵劉克綸家，今歸南皮高氏，而碑陰更不易得。」銓甫朱君臧全本。

後魏兖州刺史賈思伯碑

後魏兖州刺史賈思伯碑陰

曙桉，阮氏《山左金石志》云：「賈思伯，《魏書》有傳。此碑官秩皆合。」朱銓甫云：「後魏神龜二年四月，金一鳳以爲三國時物，是誤以北魏爲曹魏。」

後魏濟青相凉朔恒六州刺史高植墓志

曙桉，碑以「蓨」爲「條」，《高湛碑》又書作「滌」。古「條」「蓧」「脩」「條」皆多通用。《周禮·司尊彝》：「凡酒脩酌。」鄭康成讀如「滌濯」之「滌」；《秋官》「條狼氏」，杜子春秋〔三〕亦讀爲「滌」。

後魏邑師惠感等造彌勒象記

後魏平州刺史司馬昞碑

後魏魯郡太守張猛龍碑

曙桉，趙子函《石墨鐫華》云：「正書虬健，已開歐、虞之門户。碑首正書大字十二，又蘭臺所自出也。」

後魏鄭道忠墓志銘

曙桉，此係新出土，歐、趙及近代金石書未箸録。

魏滎陽太守元甯造象記

後魏懷令李超墓志銘

曙桉，畢氏《中州金石志》云：「銘云：『衆賓叵蓋。』『叵』者，叵測之意。『蓋』出《説文序》，云：『是非無正，巧説衺〔三二〕辭，使天下學者疑蓋。』『蓋』者，疑不定之意耳。」

西魏僧演造象記

西魏法顯造玉石象記

曙桉，石臧劉氏燕庭家。

西魏田僧敬造象

西魏雝州刺史松滋公元萇振興温泉頌

東魏南秦州刺史司馬昇墓志銘

曙桉，書法跌宕〔三三〕飄逸，褚公殆由此等入手。

東魏中嶽嵩陽寺碑

東魏比丘洪寶造象

東魏凝禪寺三級浮圖頌

曙桉，碑係新出土，書法古勁。金石諸書未箸録。

東魏齊州刺史高湛墓志

曙桉，《潛研堂金石文跋尾》云：「湛有臨難捐軀之節，宜見于史。不幸與齊文襄、武成同名，作史者避齊諱，并其事没之。千年後，陵谷變遷，留此一片石，以顯湛之名，不可謂非幸也。」

東魏敬使君顯儁碑

曙桉，《北齊書》叙儁官爵，唯爲别駕及都官尚書，與碑合，餘官俱異。其爲兖州刺史，當在立碑後。《册府元龜》所引，與《北齊書》同，唯「顯儁」作「顯擕」，乃坊刻之誤。《金石録》有《東魏敬君像頌》，云：「敬君名曦，顯雋從弟。」碑云：「十世祖，漢揚州刺史韶後。」《周書·敬珍傳》《唐書·宰相世系表》皆云：「韶，漢末爲揚州刺史。」而《姓苑》與《元和〔三四〕姓纂》皆作「歆」，疑轉寫之誤。又據碑，顯雋乃韶十世孫，而《姓纂》以爲九世，亦誤。碑中多俗體字，六朝人習氣〔三五〕。又，「匃矜」「承相」「宿捸」「兼萑」，尚知叚藉。

東魏李仲璇脩孔廟碑

曙桉，趙氏《石墨鐫華》云：「碑正書，時作篆筆，間以分隸。」考古書法，大小篆謂之篆；東漢諸碑，減篆筆、有批法者，謂之隸；以篆筆作隸書，謂之八分，亦謂之隸。正書謂之今隸，亦謂之楷。此碑篆邪？分邪？古今隸耶？竇應朱銓甫云：「『祖述』『祖習』，『憲章』『獻章』，皆以同声相叚。」

東魏王雙虎等造觀音石象記

曙桉，碑書「魏」字作「巍」，猶合古法。

東魏邑主造石象碑

曙案，畢氏《中州金石記》：「碑云『仰之弥元』，『元』，遠也；『隨心降擇』，擇〔三六〕，落也，『磬兹患果』，當借爲『腆』字，多也。」六朝人猶能用古字古義。朱銓甫謂：「銘云：『崇匔壽之旼旼。』『匔』字未詳。」

東魏武德于府君義橋石象記

曙案，碑云「一物可矜」，「矜」即「憐」字，古今字。錢氏《養新録》云：「《論語》『哀矜勿喜』，《論衡》引作『憐』。」此碑書「矜」作「矜」，猶合古法。

東魏脩太公廟碑

曙案，《中州金石記》：「碑云：『嶓嵠之下，舊有壇場。』《水經》：『渭水又東，過陳倉縣西。』注：『磻谿谷，谿中有泉，謂之兹泉，即《吕氏春秋》所謂太公釣兹泉也。』」

後齊清河王高岳造西門豹碑

曙案，《水經注》：「漳水徑武城南，又東北，徑西門豹祠。」

後齊乾明元年鏤石班經記

曙桉，此碑，金石諸書未箸録，想是出土未久也。

後齊乾明元年造象殘碑

曙桉，此碑新出，蘭山伏明經廷相臧下叚，道光廿四年訪得下叚，掘出合之，惜上下仍有闕字。

後齊鄉老舉孝義儁敬碑正面

後齊鄉老舉孝義儁敬碑陰

曙桉，阮氏《山左金石志》云：「《序》《銘》極稱脩羅孝義，爲朝廷所舉，縣志竟無一語及之。」

後齊姜纂造象碑

曙桉，畢氏《中州金石記》云：「此碑及武平七年《孟阿妃造象記》，皆偃師武進士所搜得者，前人俱未箸録。」

後齊孫昨廿人等造象碑

曙桉，此碑某氏於道光十八年二月始訪得，移置沂郡學宫，前賢金石諸書皆未箸録。

後齊少林寺董洪達造象碑

曙桉，《中州金石記》云：「碑列比丘齋主等名，寫『齋』爲『𧝐』，顧炎武斥其太繆，然亦『齋』字之異文。」《説文》以「齋」爲「齋緶」字，今借音耳。

後齊孟阿妃造象記

曙桉，畢氏《中州金石記》云：「碑在偃師，新出土。」「𢻱」字未詳。

後齊雲門寺浤懃禪師塔銘

曙桉，銘係新出土，新賢金石諸書皆未箸録。

後齊吴洛族供佛碑

曙桉，書法方整帶隸。褚公《龍門三龕》，从此發軔。

後齊隴東王感孝頌

曙桉，《潛研堂跋尾》云：「隴東王胡長仁以外戚登膴仕，其人無足取，然猶知孝行之美，令賓僚製文以頌之，蓋好名也。噫！世之不好名者，皆專於好利者也。二者之好，孰優孰劣？故吾于長仁此事而節取之。」《山左金石志》云：「碑述郭巨軼事，如分財雙季、獨養一親，客舍凶弭、兒埋福臻等語，皆與《搜神記》諸書异。千百年後，賴此一闡明之，尤金石文之有關風教者。」

後齊比丘僧道略共邑義三百餘人造神碑記

曙桉，碑云「尊像入堪」，蓋即「龕」字，古通用。

後齊殘碑

後齊都邑師道興造象并古驗方

曙桉，《中州金石記》云：「醫之有方，久矣。《漢書·藝文志·方技略》分醫經、經方爲二類，《隋·經籍志》醫方二百五十六部。」「陰干」即「陰乾」，《黄庭經》「漱嚥靈液焚不干」，楊用脩曰：「初月帖淡悶干嘔」，『淡』古『淡液』之『淡』，『干』，古『干濕』之『干』。今以「淡」作「痰」，「干」作「乾」。「石留黄」即「石琉黄」，「柒瘡」即「漆瘡」，「釜底墨」即「釜底煤」，皆古通用字。「徐長卿」，以人名爲藥名者，如「劉季奴」「史君子」之類。

後周華嶽頌

曙桉，《關中金石記》云：「碑中『虞書』字亾『竝』，見《左傳》正義。」曙謂：「四海」作「三」，《儀禮》注：「古書或積畫。」又，「壃」作「疆」，省。《史記·晉世家》「出壃乃免。」

隋淮安定公趙芬殘碑

曙桉，畢氏《關中金石記》云：「《隋書·芬傳》稱淮安縣男，碑稱淮安縣開國子；《傳》不書芬謚，碑稱定公；其目大將軍歸第，《傳》亦不書，皆可補史之闕漏。」

隋龍藏寺碑

曙桉，錢氏《潛研堂跋尾》云：「張公禮此文，徵引内典，富贍不減《頭陀寺碑》，在當時，必以文學名，而史家傳《文苑》者不及焉。士之韞才藝者，莫不欲身後名，而往往泯滅無稱，如公禮者，何可勝數？乃知〔三七〕古人搜討金石之文，其於表微闡幽，不爲無助也。」朱銓甫云：「書法上承漢隸，下啓唐賢。銘詞『能』字，與『臺』『材』『來』爲韵。『能』字本從『以』得声，古以爲『三台』之字，顧氏《古音表》列《支部》，可知隋時尚存古音。錢氏心賞此文，可謂鉅識。」

隋龍藏寺碑陰

曙桉，《潛研堂跋尾》又云：「題銜云：『前城睾郡丞。』《隋書・地理志》：『滎陽縣，舊置滎陽郡，後齊改曰成皋。開皇初，郡廢。』『城睾』即『成皋』也。」

隋千佛山時旹造象

隋千佛山殘石二種

曙桉，朱銓甫先生家臧本《隋千佛山造象》，共八種，殘石二種，一存「解省□記祭同礼」數字，又一存「唵嘛呢吧弥吽」六字。

隋造橋碑

曙桉，碑係新出土。末行「甚家勑厘」，即「釐」字。雖是別體，猶作「來」者。

隋千佛山李景崇造象

隋千佛山吴□造象記

隋南宫令宋君造象碑

隋千佛山宋□□造象

隋諸葛子恒紀功碑

曙桉，碑係新出土，在今山東沂州。書法頗清勁有致，但别體字亦沿六朝人舊習。

隋千佛山楊文盖造象

隋陳思王曹子建廟碑

曙桉，阮氏《山左金石志》云：「碑在東阿縣西八里魚山，陳思王墓旁，字體兼篆隸。」

隋千佛山女花紅造象

隋鞏君墓志銘

曙桉，吴氏榮光云：「嘉慶己卯，偃師段嘉謨得于武功縣南鄉。」碑云「龕定」，乃「戡」字之叚糌字。《册府元龜》引「戡定」作「龕定」。又銘云「孝于惟孝」，依《論語》何晏集解讀。

隋李鍾葵造象

曙桉，石臧劉氏燕庭家。

隋美人董氏墓志銘

曙桉，「委迤」即《詩》「委佗」之變文。《詩》言「委委佗佗」，蓋就「委佗」二字而長言咏嘆之也。又，「委蛇委蛇」者，首章就韵，次三章亦申言之也。

隋舍利塔銘

曙桉，碑在陜西長安，金石諸書多未録。

隋岐州舍利塔天王畫象四種

隋賀若誼碑

曙桉，錢氏《潛研堂跋尾》云：「碑云：『誼祖伏連，襲爵安富公。』《隋書》與《北史》俱未之及。」

隋鄭州刺史李淵爲男世民造象記

隋姚恭公墓志銘

隋江夏縣緣果道場塼墖下舍利記

曙桉，此與《姚恭公墓志》，皆信本小字正書有名者。

隋太僕卿夫人姬氏墓志

曙桉，碑係新出土，金石諸書皆未箸録。

隋宋君墓志銘

曙桉，碑係新出土，金石諸書皆未箸録。書法如輕棉裹針，褚公《雁塔》《聖教》得其筆法。

隋智永二體千字文

校勘記

〔一〕「楚」，王本作「楚」。

〔二〕「从人」，王氏本作「从大」。
〔三〕「得」，王本作「得」。下同。
〔四〕「乃隸書」，《金石萃編》卷六無此三字。
〔五〕「声」，王本墨筆同，朱筆改作「聲」。下并同，不復注。
〔六〕「猶」，《漢隸拾遺》作「猶言」。
〔七〕「穆」，《漢隸拾遺》作「穆」，下并同。
〔八〕「代」，原本、王本作「伐」，據《漢隸拾遺》改。
〔九〕「志」，王本同，疑當作「治」。
〔一〇〕「辨」，據文義，疑衍。
〔一一〕「祗」，王本作「祗」。「段」，原本作「叚」，據文義改。
〔一二〕「能悊能悊」，王本朱筆删去「能悊」二字。
〔一三〕「祗」，王本作「祗」。
〔一四〕「作」，原本、王本作「從」，據《漢隸拾遺》改。下「作溢」同。
〔一五〕「今」，原本、王本并作「金」，據《金石萃編》改。
〔一六〕「二字」，王本同，疑誤，當作「二字」。
〔一七〕「方社」，王本作「方杜」。
〔一八〕「曹全」，王本作「曹余」。
〔一九〕「羅」，王本作「罹」。

〔二〇〕「石」，王本作「碑」。
〔二一〕「誰」，原本作「惟」，據王本、《兩漢金石記》卷十一改。
〔二二〕「射陽碑」，原本作「射碑」，據王本、《兩漢金石記》卷十二改。
〔二三〕「叔齊」，原本、王本作「伯齊」，王本朱筆改作「叔齊」，今據改。下「叔齊」同。
〔二四〕「出土」，原本、王本作「土出」，王本朱筆乙作「出土」，今據改。
〔二五〕「朱書」，原本、王本作「宋書」，王本朱筆改正，今據改。
〔二六〕「畢」，王本作「基」，與《述學·王基碑跋尾》同。
〔二七〕「細詳」，王本朱筆乙作「詳細」。
〔二八〕「其遇」，王本朱筆改作「奇遇」。
〔二九〕「乱」，王本朱筆改作「亂」。
〔三〇〕「基子」，《授堂金石跋》卷三作「基子格」。
〔三一〕「秋」，王本同，疑爲衍字。
〔三二〕「衺」，原本、王本作「哀」，王本朱筆改「衺」，今據改。
〔三三〕「趺宕」，據文義，當作「跌宕」。
〔三四〕「元和」，原本、王本作「仁和」，王本朱筆改作「元和」，今據改。
〔三五〕「習氣」，原本、王本作「氣習」，王本朱筆乙作「習氣」，今據改。
〔三六〕「犨」，原本、王本并奪，據畢沅《中州金石記》卷一補。
〔三七〕「知」，原本、王本作「如」，從《潛研堂金石文跋尾》卷二及王本朱筆所改。

蜚英閣史論

解題

是書清鈔本一册，不分卷，北京大學圖書館藏，封面上題「蜚英閣史論」，下小字題「凌曉楼先生手稿」。内頁爲紅格連史紙二種，凡四十三頁，每半頁六行，行二十字，書口或題「藤華館」，另或題「倫仙館」，無作「蜚雲閣」或「蜚英閣」者。收文十五篇，均論春秋時事。書内鈐有「凌」「曙」及「曉樓父」私印，與《春秋繁露注》各印不同；又有「北京大學藏」「麐嘉館印」藏書印，似經李盛鐸收藏。此書末頁有「以上拾伍篇，丁酉年作」一行，今考凌曙生平，乾隆四十二年（一七七七）爲丁酉，凌曙時僅三歲，自不能作文；而道光十七年（一八三七）丁酉，距凌曙去世已八年，故凌曙不當有此文。疑此書或非凌曙所作。今列爲附編。

蜚英閣史論

子産論（改作）

仁義禮智，性之至德也。有則爲君子，無則爲小人，自然之理也。春秋之世，鄭之大夫，行事不越乎仁義禮智者，吾得一人焉，曰子産。子孔子不焚載書，子産勸之；然明欲毁鄉校，子産止之，其有仁可知。豐卷請田，子産不許；韓起求玉，子産不與，其有義可知。將除葬道，子産不毁司墓之室；將除社道，子産不毁游氏之廟，其有禮可知。子國獲蔡司馬，子産知楚之必至；太叔請印堇父，子産知秦之不聽，其有智可知。由是觀之，子産之仁義禮智，固已全矣。或曰：子産之從政也，鑄刑書之鼎，制參辟之法，有仁者固若是乎？縱有罪之子皙，逐無罪之子南，有義者固若是乎？毁垣以納車馬，争承以定貢賦，有禮者固若是乎？龍鬬而不肯禜，火見而不肯禳，有智者固若是乎？不知鄭自中葉以後，《羔裘》咏而公卿驕，《青衿》刺而士子惰。不嚴以治之，則汰侈者必日陷於法。是猛以濟寬者，正子産所以爲仁也。簡公以沖年即位，駟良以强族擅權。不緩以圖之，則跋扈者必首發其難。是權以濟事者，正子産所以爲義也。盟主責其朝聘，屬國困於誅求。

不據理以折之，則鄭國必夷於縣鄙。是不屈於强大者，正子産所以爲禮也。子儀將敗而有妖，伯有既亡而爲祟。不守道以正之，則鄭人必更惑於巫史。是不信夫神怪者，正子産所以爲智也。故以鄭之大夫言之，子然殺鄧析，不得爲仁；子駟抑尉止，不得爲義；孔張居客位，不得爲禮；纘糾洩君謀，不得爲智，固不足以例子産。即子皮賑民饑，有合於仁；子蟜定國亂，有合於義；伯張知敬共，有合於禮；裨諶能草創，有合於智，亦不過偏端之可取，究不若子産之四德皆備也。然則子産之相鄭國，非諸大夫所敢望矣。夫子稱爲君子，有以也夫。

子産論

爲政之道，使民愛己，不若使民畏己。施之以寬者，所以使民愛也；糾之以猛者，所以使民畏也。民愛其寬則玩法，玩法則死者多矣；民畏其猛則懼法，懼法則死者鮮矣。昔有鄭大夫子産，從政之初，謗讟大興。及三年之後，萬民歌誦，其故何哉？蓋子産先糾之以猛，而後施之以寬也。夫鄭自中葉以後，在上者不能治其民，在下者不能事其長。大臣日即於驕，小臣日即於惰；學校廢而不脩，兵革興而不静。鄭之風俗傾頽甚矣，鄭之人民奸詐甚矣。假令子産先施之以寬，則善者必怠，惡者必肆，至於不受範圍，而後糾之以猛，則民之蓄怨者必深，而意外之變，更不可測。故必先糾之以猛，使汰侈者不敢違，跋扈者不敢動。待其民既畏服，然後施之以寬，則化之及人者必深，民之感恩者必衆，而鄭國始寧。此子産所以先猛後寬，而不先寬後猛也。或曰：子産相鄭國，作丘賦，鑄刑書，亦未免失之過猛矣。不知子産之爲此，正所以愛其民也，奚可稱爲虐民者耶？蓋丘賦之法，民所常出者也，曷嘗於常賦之外，復增其賦哉？刑書之鼎，先王之所制也，曷嘗於本法之外，復重其法哉？是故鑄刑書者，所以誨民人之子弟也；作丘賦者，所以殖民人之田疇也。非愛民者，能若是乎？及將終之際，授政於子太叔曰：「惟有德者能以寬服民，其次莫如猛。」太叔不能如其言，以至鄭國多盜，國亂不寧。既而自悔，盡殺之乃止。由是觀之，治民者使民愛己，固不若使民畏己也。夫子稱子産曰「古之遺愛」，有以也夫。

鄭莊公論

嘗觀鄭莊公以雄略之才，經營天下。北制之役，克二國之衆；伐戴之役，取三國之師。逐戎破息，敗宋滅許，算無遺策，每戰必勝，其勢固可以伯矣。乃莊公甫卒，國勢遽衰，公子五争，鄭無寧歲，其故何哉？以嗣子之不定故也。公子忽，莊公之嫡長子也，有救齊之功，而又爲天王所愛。鄭之公室，固昭公之公室也，豈諸子所敢望哉？無如莊公惑於嬖寵，溺愛庶孽，於是三公子恃寵而驕，各懷覬覦，以至昭公始爲祭仲所逐，終爲高伯所弑。三公子者，互相争奪，子亹爲齊人所殺，子儀爲傅瑕所弑。厲公奔於蔡，入於櫟，而復歸於國。兵革不息者，垂三十年，皆因莊公多寵之故也。夫齊桓公既立孝公爲世子，復以衛姬之故，欲立武孟，卒至五公子争立，而齊國大亂；晉獻公初立申生爲世子，復以驪姬之故，欲立奚齊，卒至諸公子争立，而晉國大亂。其失同於莊公，其禍亦同於莊公。特齊晉之國大，故可以中興；鄭之國小，故不能復振也。嗚呼！後世嗣子無定者，可不以爲鑒哉！

秦穆公論

嗚呼！古之立大事者，多不能慎思，是以所謀者，往往無成。觀於秦穆公不得爲盟主，可以知之矣。今夫慎思者，必臨事而懼，好謀而成。齊桓公不輕於伐鄭，而鄭人受首止之盟；晉悼公不輕於圍鄭，而鄭人赴蕭魚之會，皆慎思之故也。穆公襲鄭之役，違蹇叔忠直之言，信杞子傾邪之説，以至敗績於殽，三帥爲晉所獲，前此三置晉君之績，遂墮於一旦，終穆公之世，不能争長於中原，皆由於不慎思耳。雖然，宋襄公爲楚人所執，吴夫差爲越人所敗，皆不知自悔，遂至身死國滅，貽笑後世。楚昭王失國而改政，越句踐困於會稽而發憤自强，卒能復興其業。蓋誤而不悔者，其國必亡；誤而能悔者，其國猶可興也。穆公既敗之後，鄉師而哭，誓三軍而悔過，其詞曰：「昧昧我思之。」而其臣孟明亦以懼思不懈，補前日之過。故不能伯天下，而尚能伯西戎也。然則秦穆之爲君，雖不足以語帝王之道，亦豈列國之諸侯所可及哉！

荀林父論

行軍之道，號令一則功成，威望重則人畏。人不畏則功不成，威不重則令不一。決軍中之勝敗者，亦決於其將而已。爲大將者，受斧鉞於宗廟；隸麾下者，皆當俯首而聽命焉。其有違命者，則治以軍法，豈非以法不行而威不立哉？荀林父執晉國之政，統三軍之衆，師之進退，皆當惟林父是聽，非他人所得專也。乃林父不欲進，先縠違之而進；林父不欲濟，先縠違之而濟。跡其專恣之心，目中不復有林父矣。爲林父計者，責以大義，數以違命，申軍法以斬之可也。乃置而不問，率師以從，出令者聽令於人，何其懦哉！況乎先縠更行人之詞，林父既聽之；先縠撤中軍之備，林父又聽之，以至楚師猝至，不知所爲，全師皆北，伯業中衰。雖其禍起於先縠，而林父要不得辭其咎也。昔荀偃、士匄伐偪陽，三月而不勝，請於荀罃，荀罃怒曰：「七日不克，必爾乎取之。」二子皆懼，奮力以滅偪陽。晉侯伐秦，欒黶不用命而先歸，荀偃曰：「吾今〔二〕實過。」乃命大還。林父既不能若荀罃之持重，克敵而歸，又不能若荀偃之見機，全師而返。至於歸國之後，復不能言於景公，殺先縠以除後患。及至外召赤狄，欲爲宗社之禍，然後討其罪而戮之。嗚乎！何其晚也。

宋宣公論

嘗聞諸侯傳統，父子相傳爲世，兄弟相傳爲及。有子則立子，無子而後立弟，乃國家一定之法也。有子而立弟，是爲亂常。亂常者，不可爲法。不可爲法，則子孫必受害矣。昔宋宣公不立其子與夷，而立其弟穆公者，所以求讓國之名也。而與夷卒見害於公子馮，以成爭國之禍，豈非不能居正之故耶？夫宣公之德，不及武王；穆公之賢，不及周公。武王以成王托周公，周公相成王以治天下，不聞成王廢而周公立也。商自成湯以來，無子立弟，上下相安；仲丁以後，廢子立弟，亂者九世。蓋立子者其常，立弟者其變。廢子立弟者，則召亂之階也。宣公爲商人之後，乃不從其正法，而從其過舉，與吳諸樊之欲立季札而致王僚之禍，何以異哉？若夫晉惠公爭立，而欲殺重耳；齊孝公爭立，而遂殺無虧，但知爲子孫計，竟害其兄弟而不顧，則又宣公之罪人矣。

晉悼公論

晉自中葉以後，繼伯者莫盛於悼公，而悼公之功，莫盛於服鄭。蓋鄭居天下之中，介乎晉楚，爲二國所必争。鄭伯既甘心從楚，其臣子駟、子國，亦皆有棄同即異之心，故雖會邢丘以結鄭，會戲以結鄭，而鄭人旋服旋叛，卒不肯一意以事晉也。迨悼公修德息民，一舉而戍虎牢，再舉而會於亳，三舉而定伯於蕭魚，然後鄭人始無貳志。蓋伯業之中興，非一朝一夕之故矣。夫城濮之役，鄭人請盟，此文公之服鄭；黑壤之役，鄭人請平，此成公之服鄭也。然則悼公之連年征伐，不憚勤勞者，豈非以鄭人不服，則伯業不能成，而無以繼祖宗之業哉？悼公既没，平公、昭公，日即於偷安。虒祁致賀，平丘争承，鄭人已有輕晉之心。至定公之時，會於召陵，假羽旄而不歸，而鄭遂叛矣。悼公之前，晉國日强；悼公之後，晉國日弱。蓋得鄭則盛，失鄭則衰也。嗚呼！悼公亦可謂賢矣。

鄭祭仲論

經者常也，權者變也。順於常則事易成，反於常則事難就。反經而行權者，未有不致亂者也。春秋之世，鄭有祭仲者，初爲封人，後有寵於莊公，遂使爲卿。敗燕人於北制，克王師於繻葛，祭仲與有功焉。論者謂，鄭莊有雄略之才，又加以祭仲之助，鄭國可以伯矣。乃莊公甫卒，國勢遽衰者，其故何哉？蓋祭仲反乎經而行權，所以致争國之禍也。夫公子忽，莊公之嫡長子也。莊公即世，昭公嗣位，理之正也。當其時，爲祭仲者守先王之法，有死無貳，雖遇迫脅，仗節不移，上以對先君之靈，下以副億兆之望，豈非社稷之臣哉？乃祭仲不知出此，畏死貪生，出忽立突。以至公子五争，兵革不息，昭公爲高伯所弑，子亹爲齊人所誅，子儀爲傅瑕所殺，鄭國無寧歲者二十餘年，皆祭仲之罪也。《公羊傳》謂祭仲爲賢，嘉其能行權，豈足信哉！夫先王之制，未有不立嫡而立庶者也。祭仲廢先王之制，黜正而立不正，數世流禍，其罪大矣。如是而猶謂之賢，則世之亂臣賊子，孰不藉口於行權，而爲禍於國哉？是故齊之五公子争立，豎貂、易牙爲之也；晋之四公子争立，梁五、東關五爲之也。仲之才智，雖勝於諸人，而誤國之罪，則與諸人無異。行權者，豈得謂之賢哉！

舜封象周公誅管叔論

士庶人兄弟相處之道，尚以親愛爲主，况爲天子、諸侯者乎！故兄弟罪之可恕者，必優容而爲之諱；必罪大惡極，萬不可赦者，始執法而誅之，所以盡親愛之道也。昔者象之謀害舜也，焚廩不已，使之浚井。及舜即位之後，封之於有庳。此舜之所以待弟者也。昔者武王崩，成王幼，周公攝政，管叔以武庚畔，周公討而誅之。此周公所以待兄者也。夫象不仁者也，管叔亦不仁者也，而象何以封，管叔何以誅哉？蓋象之所圖者，第富貴耳；管叔之所圖者，乃天下也。富貴可與之共，天下豈能與之共哉？象目無其兄，其罪猶可容；管叔目無其君，其罪豈可容哉？况舜以大孝見稱，而象爲瞽瞍之愛子。親之欲其貴，愛之欲其富，上可以悦慈親之心，下可以盡友愛之道。舜之所以封象者，誠以象之罪小於管叔也。管叔不誅，則先王千百年之基業，必傾於一旦，上何以對文武之靈，下何以謝天下萬世哉？周公之所以忍而誅之者，誠以管叔之罪大於象也。嗟乎！如周公當舜之時，象亦必受封也；舜處周公之時，管叔亦必見誅也。故其事雖不同，而其理則一也。

元咺論

理有曲直，位有尊卑。君臣無獄，古之禮也。臣之理即直，豈敢與君争哉？春秋之世，衛大夫元咺，因叔武之事，與衛侯訟。衛侯之理固曲，元咺之理本直也。與衛侯訟之之後，反變直爲曲矣。昔虢仲譖其大夫詹父於王，詹父有辭，以王師伐虢，虢公出奔虞。詹父之理，非不直也，然以臣而逐君，雖有極直之理，亦難免訐上之罪矣。元咺之與詹父，蓋厥罪維鈞者也。夫晉文逐衛侯而立叔武，叔武以社稷爲重，暫攝君位。衛侯不諒其心，反曰叔武篡我，元咺愬之於晉文。晉文斷是獄，罪在衛侯，理固然也。顧元咺雖直，臣也；衛侯雖曲，君也。豈可以曲直之理，而廢尊卑之等耶？嗚呼！尊卑之等既亂，後世之爲臣者，皆自恃其理之直而輕其君矣，非晉文之咎乎？

擬秦人答吕相書

在晉先君獻公十八年，我先君穆公於是即位，與獻公修好，結爲昏姻。驪姬之難，文公適齊，惠公辱臨敝邑。獻公即世，我穆公夙夜憂勤，不遑自逸，奉惠公以入於國。及晉國荐饑，我穆公又輸晉以粟。自雍及絳相繼者，因念昏姻之舊，與同盟之好也。乃敝邑荐饑之時，乞糴於晉，而惠公蔑我大德，棄我姻親，坐視鄰災而不救，我是以有韓之師。猶願赦罪於惠公，故雖踐晉之妖夢，而不敢以至。及惠公即世，又奉文公入國，使晉之先君無廢祀，民人無廢主，社稷有奉，國家無傾。則是我大有造於晉也。不意文公既卒，襄公即位，忘三置之恩，背五城之約，邀我師於殽，又敗我師於彭衙，我是以有王官之役。襄公即世，晉之執政者，使先蔑、士會來逆子雍。我康公多與徒衛，親送入國。乃晉人不信，背先蔑而立靈公，而又翦我令狐，入我刳首，我是以有羈馬之戰。靈公信趙穿之謀，侵伐我與國，殄滅我民人；景公即位，亦不與我和親，我共公是以有輔氏之役。君亦悔禍之延，欲與我寡君修好。寡君不敢違君之命，受盟令狐。孰意君懷異志，次於王城。寡君懼社稷之隕，不敢涉河，使史顆盟君於河東。君又不祥，背棄盟誓，求成於楚，以謀敝邑。敝邑與晉，昏姻之邦也。土地猶大，所命能具。君若棄之，使我諸臣協力同心，致命於晉，其何益於君？君果不能以諸侯退，寡君將帥敝賦，以與君相見，唯君圖之。

晉士匄侵齊及穀聞喪而還論

君者，出令者也；臣者，行君之令者也。君出令而臣不行謂之妄，君不出令而臣行之謂之專。故爲大將者，必受命而行，待命而動，進退不敢自主者，人臣之分也。今觀春秋之世，晉大夫士匄者，侵齊之役，帥師及穀，聞齊侯之喪而還。左氏以爲知禮，余以爲不然。蓋士匄之進，奉君命而行也；士匄之退，非奉君命而行也，烏得以爲知禮哉？《禮》曰：「善則稱君，過則稱己，則民作忠。」夫不伐喪，善名也。爲人臣者，正宜遣使告君，君命退則退，不敢竊君之善名，始爲禮也。乃士匄者，不請命於君，欲以善名爲己有，豈足以言知禮耶？《公羊傳》曰：「大夫以君命出，進退在大夫也。」夫兩國相争之際，不及復待君命，則進退自主可也。今士匄之退兵，不過因齊國有喪耳，非有主客相搏之勢也，非有存亡呼吸之機也。待君令而後行，亦不爲遲也，何以汲汲而退耶？齊侯使公孫青聘於衛，既出境，聞衛亂，使請所聘。如《公羊》之説，則公孫青自可往聘衛君，何必復請命於齊侯耶？方士匄帥師而進也，隸麾下者皆俯首而聽命，其有違令者，必治以軍法。是在士匄下者，亦不敢專士匄之令也。士匄既知以法治人，何以己則不知法耶？既知在己下者不當專己之命，何以己則專君命耶？雖然，平公亦不得爲無罪也。古之爲人君者，持權於上，而内外莫敢不肅。使平公素立其威，則士匄何敢專哉？士匄不忌平公，而敢於自專者，窺平公之素懦也。平公既不能持權於先，又不能執法於後，奸邪讒佞，必乘其隙而效尤矣。是以晉自平公以後，國祚漸衰，而子孫爲大臣所制者，其禍端亦開於平公也。

趙盾論

晉靈公無道，趙盾進諫，公不聽，而欲害盾，盾遂弑公。論者謂：公之欲害盾者，以其驟諫耳。吾獨謂：欲害盾者，非以其驟諫也，實因襄公初卒之時，趙盾不立靈公，而欲立子雍也。靈公，襄公之子也；子雍，襄公之弟也。襄公設無太子，則立弟可也。既有太子，則無論位賤無威之子樂，不得妄干君位；即母義子愛如子雍者，亦安得越次立哉？趙盾廢先王之制，而圖定策之功，遂捨嫡嗣而外求君，置顧命於不問，罪孰大焉？其後畏懷嬴之見偪，慮秦人之挾詐，不得已而立靈公，豈盾之本心哉？爲君者忽廢忽立，聽命於臣，即其臣果無貳心，其君尚不能自安也，况盾之專恣乎！爲臣者既廢其君，而復北面事之，即其君曲加優禮，其臣尚不能不自疑也，況靈公之驕暴乎！爲君者既不自安，而能容其臣者，未之有也；爲臣者既已自疑，而能事其君者，未之有也；君臣之間，互相猜忌，而能晏然無事者，未之有也。然則趙盾之主持國政，十有餘年。靈公垂拱〔二〕仰成，坐視而不討者，特幼弱未能制之，故弗敢動耳。迨其春秋既富，血氣方剛，追思舊惡，而亟欲去盾。當此之時，非靈公殺盾，則盾弑靈公，不待智者而後知也。爲盾者，雖緘默不言，委蛇自保，亦豈能免於鉏麑之賊、伏甲之攻哉？使盾之見惡，果因驟諫，則當靈公之殺宰夫，士季亦嘗諫之，何以靈公止欲殺盾，而不聞欲殺會也？吾故曰：靈公惡盾，以其廢立，非以其驟諫也。

晉文公論

甚矣！晉文公之譎也。觀於將納王而辭秦師，既納王而請隧禮，可以見其譎矣。夫襄王避叔帶之難，而蒙塵於外，然急之勢，不啻綴旒，豈天下之小故哉？爲文公者，大會群侯，共興義旅，尚恐不足以匡扶王室，光復故都，況勤王師甫至，而遽却之以專其功乎！幸而叔帶本庸下之才，狄人亦勇而無智，故文公得以獨收其功耳。設使遇强梁之敵，而竟挫國威，文公上何以對文武之靈，下何以謝天下萬世哉！然則文公之必辭秦師者，何也？文公之譎計也。文公之心以爲，事不專則功不大，功不大則賞不優。欲得非常之賞，必先立非常之功；欲立非常之功，必獨任非常之事。假令不辭秦伯，而河上之師遂進，則納王之事，既與秦伯共爲之，隧禮之賜，亦與秦伯共受之。晉侯請之，而秦伯亦請之，是諸侯之用隧者，晉之外已有秦，而隧禮不足爲榮也。晉侯請之，而秦伯不請，是以秦之謙退，形晉之驕亢，而干名犯分之咎，顯然不可掩也。人知請隧之言，發於納襄王之後，而不知請隧之心，已蓄於辭秦伯之前矣。嗚呼！文公之用心，其譎竟至此耶！且夫先王之治天下也，服物有度，采章有等，尊卑貴賤，不敢逾越者，豈徒然哉？誠恐其紊亂百度，而無以立上下之防也。文公以宗藩之長，爲諸侯之伯，恪遵秩序，以表率同盟者，是其職也。即使襄王以隧禮賜文公，猶當謙讓退避，以明君臣之禮，奈何自恃其功，遂無忌憚，而竟請之耶？齊桓致諸侯之戍，而晉文則辭秦；齊桓守拜下之節，而晉文則請隧，此晉文所以有愧齊桓也。夫子許齊桓以正，而斥晉文曰譎，有以也夫。

里克荀息優劣論

士君子立身事主，既遇知己，則當竭力盡心，不負君之所托。至萬不得已之際，寧死而不食其言。簡策垂光，輝燿百世，斯爲美也。苟遇知己，不能勸君補過，而反從君爲惡；不能定亂於先，而反作亂於後，由君子觀之，皆所不取也。昔者晉獻公之長子申生，里克傅之；庶子奚齊，荀息傅之。是獻公與里克、荀息，固皆有知己之恩矣。獻公遣申生伐皋落氏，里克進而見公，則諫以君之寵嫡，不可帥師；退而見太子，則戒以子懼不孝，無懼不得立。至其後驪姬欲奪嫡，里克懼禍，乃中立焉。申生卒見害於驪姬，里克坐視而不能救。獻公有疾，托奚齊於荀息，息曰：「臣竭其股肱之力，加之以忠貞，其濟君之靈也。不濟，則以死繼之。」獻公既卒，里克將作亂，與荀息謀，息曰：「吾與先君言矣，不可以貳。」里克遂弒奚齊。息立卓子，里克又弒之，荀息死焉。夫申生所恃以無恐者，里克也；驪姬所憚而不敢動者，亦里克也。論者謂里克必竭盡智謀，保護太子。當優施請宴之日，既知驪姬陰蓄異謀，正宜明告太子，使爲之備，消患於未形，弭禍於未然，使國祚無積衰之慮，然後可以報獻公知遇之恩也。孰意里克袖手旁觀，坐待成敗，視申生之安危，猶越人視秦人之肥瘠，忽然不加喜戚於其心。知己之報，曾若是乎？至獻公既卒，乃不勝血氣之悻悻，弑二君一大夫，以至宗社不寧，晉國大亂。是奸人之雄者也，何足道哉！荀息之在晉國，勢孤力弱；奚齊又爲庶子，其勢不啻綴旒。三公子之徒，爲國家之患者，朋黨甚衆。荀息以一人之力，欲保奚齊以無虞，雖庸夫愚婦，莫不知其難也。當斯時，使無義之徒，必不顧奚齊，而入三公子之黨，既可免殺身之禍，又可徼寵於新君，孰肯捨身殉難，以助奚齊哉？而荀息者，獨委蛇相從，甘隨顛覆，不慮危難，不避嫌疑。奚齊既弑之後，猶周旋竭力，奉卓子爲君。至卓子見弑之後，己則殉節而死。耿耿忠心，昭然不泯。彼豈不知榮寵之爲樂、死亡之爲苦哉？誠以受君之托，不可以不忠也。由此言之，始受命而終食言，深負知己所托者，里克也；始受命而終不食言，不負知己所托者，荀息也。荀息之與里克，不可同年而語明矣。《公羊傳》嘉荀息而罪里克者，有以也夫。

校勘記

〔一〕「令」，原本「令」，據《左傳·襄公十四年》改。

〔二〕「垂供」，當作「垂拱」。

蜚雲閣文集

解題

是書清鈔本一册，不分卷，北京大學圖書館藏，著録爲「蜚英閣文集」稿本，題凌曙著。《清代詩文集彙編》第五一四册據以影印。　查北京大學圖書館藏本，是書封面題「蜚英閣文集」，無署名，抄於紅格子稿紙，魚口下題「蜚雲閣」，今據魚口訂正。　全書凡五十九頁，半頁六行，行二十字，注文爲小字雙行，收文十四篇，無序跋、目録。　首篇《兩漢儒林傳論》有「曉樓父」白文印，卷首及卷末有「麐嘉館印」「北京大學藏」印，與該館藏《蜚英閣經解》《蜚英閣史論》同式，與上海圖書館藏《春秋繁露注》稿本卷一「曉樓印」及「凌曙之印」、卷八之「凌曙私印」及「曉樓印」、卷十七之末「凌曙」印均不同。　今考《題羅茗香先生人日挑菜圖》，其本事在道光二十八年（一八四八），距凌曙時已去世十九年，無由知此事并爲題圖。　又，《春秋無達例》引《春秋繁露・精華篇》凌曙説而稱「先君注曰」，《題羅茗香先生人日挑菜圖》自稱「鏞因之竊有感焉」，則此書必不出凌曙之手，疑爲凌曙之子凌鏞（毓瑞）所作。　此書未見刻本，今以北京大學圖書館藏本爲底本，列入附編。

蜚雲閣文集

兩漢儒林傳論

太史公《史記》一書，已列「儒林傳」一門，然其中所載，僅四五人，又皆西漢之儒生，而非東漢之學士。於是班孟堅作《前漢·儒林傳》以增之，范蔚宗作《後漢·儒林傳》以補之。一時通經之士，博古之儒，靡不畢載。言《易》，則推京房、費直、洼丹、任安等人；言《書》，則推伏生、歐陽生、牟長、宋登等人；言《詩》，則推申公、轅固、高翔、包咸等人；言《禮》，則推后蒼、孟卿、高堂生、董鈞等人；言《春秋》，則推胡母生、嚴、顏、丁恭、周澤等人，濟濟乎極其盛矣！然其間亦有淹貫經學而散見於各傳，不盡載於《儒林》者。如蓋寬饒、《前漢書》云：「明經，爲郡文學。」《經義考》云：「學《易》於孟喜。」張禹、《前漢書》云：「從沛郡施讎學《易》。」谷永、《前漢書》云：「博學經書。」《經義考》云：「治京氏《易》。」劉寬，《後漢書》云：「每行縣，止息〔一〕，輒引學官、祭酒及處士、諸生，執經對講。」《經義考》云：「治京氏《易》。」則精於《易》者也；鼂錯、《前漢書》云：「孝文時，治《尚書》者〔二〕，獨聞齊有伏生，故秦博士，治《尚書》者，年九十餘，老不可徵，迺詔太常，使人受之。太常遣錯受《書》伏生所。」云敞、《前漢書》云：「師事同縣吳章。章治《尚書經》，爲博士。」夏侯勝、《前漢書》云：「勝少孤好學，從始昌受〔三〕《尚書》及《洪範五行傳》，説災異。後事蕳卿，又從歐陽氏問，爲學精孰，所問非一師也。」兒寬，《前漢書》云：「治《尚書》，事歐陽生。以郡國選詣博士，受業孔安國。」則精於《書》者也；韋賢、《前漢書》云：「學篤志於學，兼通《禮》《尚書》，以《詩》教授，稱鄒魯大儒。」龔勝、龔舍，《前漢書》云：「兩龔皆好學明經。」《經義考》云：「學《詩》於薛廣德。」匡衡，《前漢書》云：「家貧好學，諸儒爲之語曰：『無説《詩》，匡鼎來。匡説《詩》，解人頤。』」蕭望之，《前漢書》云：「好學，治《齊詩》，事同縣后蒼。」翼奉，《前漢書》云：「治《齊詩》，與蕭望之、匡衡同師。」夏侯始昌，《前漢書》云：「通《五經》，以《齊詩》《尚書》教授。」則精於《詩》者也；公孫弘，《史記》云：「胡母生以老歸，教授。齊之言《春秋》者，多授自〔四〕胡母生，公孫弘亦頗受焉。」《前漢書》同。鄭興，《後漢書》云：「少學《公羊春秋》，晚善《左氏》。」賈逵，《後漢書》云：「父徽，從劉歆受《左氏春秋》，兼習《國語》《周官》。逵悉傳父業。」陳元，《後漢書》云：「父欽，習《左氏春秋》。元少傳父業，爲之訓詁。」則精於《春秋》者也；馬融，《後漢書》云：「從京兆〔五〕摯恂遊，博通經籍。」《經義考》云：「治《周禮》。」盧植，《後漢書》云：「少與鄭玄俱事馬融，能通古今學。」《經義考》云：「治《周禮》。」則精於《禮》者也。他如董仲舒，《前漢書》云：「少治《春秋》。孝景時，爲博士，下帷講誦，弟子以次相授受，莫或見其面。三年不窺園，其精如此。」按，《傳》中對景帝，言五帝、三王之道甚詳，辨禮樂制作之原甚悉，其精固不僅在《春秋》也。鄭玄，《後漢書》云：「始通京氏《易》《公羊春秋》《三統曆》《九章算術》，又從東郡張恭祖受《周官》《禮記》《左氏春秋》《詩》〔六〕、古文《尚書》。」則又博綜群經而無所不貫者也。其所以散見各傳者，或以勛業之大，或以爵位之高，或以人品、學問超乎群儒，不得不別而言之也。呂東萊比《漢書》以《左傳》，蓋謂其義謹嚴。即《儒林傳》以觀，而其餘可概見矣。

題羅茗香先生人日挑菜圖

《舊唐書・元行沖傳》：「行沖謂仁傑曰：『下之事上，亦猶蓄聚以自資也。譬貴家儲積，則脯、腊、膎、胰，以供滋膳；參、朮、芝、桂，以防痾疾。伏想門下賓客，堪充旨味者多，願以小人備一藥物？』仁傑笑而謂人曰：『此吾藥籠中物，不可〔七〕一日無也！』」案，古人設喻，多以「藥物」與「旨味」并言，蓋良藥苦口，美味適口，品雖不同，其爲人所不可缺者一也。蘇東坡《春帖子》云：「七種共挑人日菜。」所謂「七種」者，注家并未明言，而《春菜》詩所言，適合七種之數。道光戊申人日，吾鄉羅茗香先生仿坡公之意，於玉清道院爲挑菜之會，更於十七日爲展挑菜之會。所用之菜，核之坡公《春菜》之詩，同者大半；其未列者，惟茵陳、甘菊。蓋以此二者，不登於俎久矣。鏞因之竊有感焉。大抵天下惟習見之物爲最易動人。其不經見者，無論不得用於世，即有用之者，人且從而議之矣。茵陳、甘菊，古人之作羹，未始不視爲肥甘，等於脯、腊、膎、胰；而今人則視爲藥石，等於參、朮、芝、桂，屏而不用，良可惜已。且吾人相與俯仰一世，良辰美景，野蔌山肴，隨地隨時，皆可自適。而世之饜膏粱者，往往争奇炫異，偶藉一二有力之士提唱於前，遂致百千無識之徒推許於後，般樂怠敖，動費萬錢。受其蔽者，咸以爲甘旨可供，盤飧可佐，莫不以茵陳、甘菊爲無益而棄之。何天下之安於習見、惡藥石而好肥甘者之多也！以視先生守疏水之風，本菜羹之意，湖山寄志，魚鳥怡情，其得失爲何如哉？是會也，群賢畢至，少長咸集。余以未蒙見召，弗果往，然未嘗不以前輩風雅之舉未獲追陪，時歉歉也。今蒙不棄，出圖命題。鏞雖不獲躬逢其盛，然得厠名簡末，何幸如之！來春先生倘復興是會，鏞不敏，竊願效行沖之自薦，不知先生其許之乎？

書真子飛霜鏡扇後

吾鄉阮相國曾得真子飛霜鏡，形體書畫，與此同。此鏡爲岑君仲陶所得，視彼鏡，多一銘詞，雖其字間有糢糊，然文義尚可尋繹。其詞云：「鳳皇双鏡南金装，陰陽各爲配，日月恒相會，白玉芙蓉匣，翠羽瓊瑶帶。同心人，心相親，照心照膽保千春。」「春」字後、「鳳」字前，有一花紋，作「王」形。或謂，此所以界鏡之左右，鏡銘共四十字，首尾句讀，準此以爲起止；（此介伯説也。）或謂，亦鏡銘詞，并非界文，疑是「樂」字，與「千春」「鳳皇」循環互讀；（此慎臺説也。）或謂，「双」當作「夗」，「金装」當作「風清」，方與「人」「親」「春」協韻；（此漢卿説也。）或又謂，「王」是「未」字，爲製鏡之時月，（此燕孫説也。）均可存以俟考。至於「真子」之名，或疑爲工人，或疑爲仙人。《揅經室集》云：「『真子飛霜』四字，書非篆隸，晉以後書法也；樹形直立如帚，月内加兔，晉人畫法也，想爲晉戴逵所製。」其或然歟？觀其體製古雅，背若水銀，青緑燦然，洵可寶貴。戴君燕孫工摹拓，製此扇以示余，因爲記其顛末云。

題梁節愍公遺集

烽火逼城中，丹心照日紅。由來抱名節，今日見臣忠。月黑烈風愁，江深水不流。此身雖見執，肝膽自千秋。談笑賦襟懷，吟成字字哀。崇祠在鄉里，靈氣可歸來。盛世錫恩榮，功名死後成。長同史閣部，輝映古江城。

題汪慕歐白雲迴望圖

駒隙光陰莫浪過，雁來人去悵如何。憑君暫入郗生幕，無那高堂白髮多。

千里辭家賦遠遊，漫教回首仲宣樓。浮雲落日知多少，一夜相思萬斛愁。

撲面征塵障不消，秋深風露冷河橋。此行莫洒臨歧淚，最結淒迷是柳條。

壯志依人未肯閑，思親容易鬢毛斑。憶來匹馬東阿路，雲樹蒼茫夢往還。

殘菊 集杜工部句四首

蕭蕭北風勁，《羌村》。漠漠秋雲低。《秦州雜詩》。采采黃金花，《九日寄岑參》。霜中登故畦。《泛溪》。緑沾泥滓盡，《廢畦》。秋色有餘淒。《泛溪》。放浪陶彭澤，《石櫃閣》。歸來尋舊蹊。《無家別》。

葳蕤秋葉少，《佐還山後寄》。搖蕩菊花期。《九日曲江》。摧折不自守，《蒹葭》。空慚雨露私。《酬別杜二》。慘淡凌風烟，《寄題江外草堂》。霜根結在兹。《苦竹》。幽姿可時睹，《太平寺泉眼》。步屧過東籬。《重過何氏》。

舊采黃花賸，《九日諸人集于林》。荒蕪已荷鋤。《秋日送薛明府》。增寒抱雪霜，《寄彭州高使君適、虢州岑使君參》。常餐占野蔬。《秋日送薛明府》。非關風露凋，《上後園山脚》。花萼尚蕭疏。《遠懷舍弟穎觀寺》。爽氣不可致，《遺興》。吟多意有餘。《復愁》。

雨荒深院菊，《宿贊公房》。豈敢惜凋殘？《廢畦》。原野轉蕭瑟，《留花門》。北風天正寒。《山館》。會看根不拔，《四松》。香與歲時闌。《廢畦》。行色秋將晚，《奉簡高三十五使君》。他鄉思緒寬。《宴王使君宅》。

西漢定陶陵鼎拓本書後

是鼎爲吾鄉阮文達公所得，付焦山寺僧藏之，與舊藏周鼎配，傳爲西漢定陶恭王陵祭器也。鼎蓋鑿隸書，銘大字十五，曰「隃麋、陶陵共厨銅斗，鼎、蓋并重十一斤」；小字四，曰「汧第卌五」。鼎銘鑿隸書，大字十七，曰「隃麋、陶陵共厨銅鼎一合，容一斗，并重十斤」；小字十六，曰「汧共厨銅鼎，容一斗，重八觔一兩，第廿一」。或據《漢書·地理志》，隃麋、汧皆屬右扶風。鼎銘既稱「隃麋」，又稱「汧」，則恭王之陵似亦當在右扶風矣。按《太平寰宇記》濟陰本漢定陶縣之地，下云：「左城，亦名之曰葬城，蓋恭王之陵寢也。」《水經注》亦云：「濟水又東，徑定陶恭王陵南。」據此，則定陶縣之在濟陰，恭王陵之在定陶，均有明徵。且《寰宇記》：「本漢隃麋縣地。」又云：「汧水經縣南一里。」則隃麋正在汧水之陽。銘言「隃麋」者，所以著所供之縣也；言「汧」者，所以紀所鑄之地也；言「陶陵」者，所以見定陶恭王陵也。隃麋、汧二邑合供此器，故曰「共厨銅鼎」，亦猶漢汾陰宫鼎銘既曰「汾陰共官銅鼎」，又曰「平陽一斗鼎」之例也；亦猶漢好時供厨鼎，銘既曰「長樂飼官」，又曰「大官中丞」之例。夫汾陰、平陽，河東郡之二縣也；長樂、大官，衛尉、少府之屬官也。彼二縣同供者，既得曰「汾陰宫銅鼎」，二官同供者又得曰「好時共厨銅鼎」，則此二邑同供者，何不可曰「隃麋、陶陵共厨銅鼎」乎？又何必疑陶陵當在隃麋乎？《太平寰宇記》「隴州汧陽縣」下引闞澤《縣道記》云：「隃麋縣，因原以爲名。今縣東古城，是漢理〔八〕之所，晉省。」據此，則隃麋非晉以後之地。今此鼎銘有「隃麋」字，其爲漢物無疑。二縣而同供一鼎，亦惟漢鼎有此例耳。但恭王受封，在西漢末年，不在西漢初年，其去高祖之時甚遠。《宣和博古圖·定陶鼎跋》以高祖之子恢爲定陶共王，其誤已甚。考之《漢書》，恢僅封趙王，并無定陶之稱，考古者固不可援以爲證也。

春秋無達例解

《春秋繁露·精華篇》云：「所聞《詩》無達詁，《易》無達占，《春秋》無達辭。」先君注曰：「《詩泛歷樞》：『《詩》無達詁，《易》無達言，《春秋》無達辭。』《說苑》作『《詩》無通故，《易》無通吉，《春秋》無通義』，《困學紀聞》引作『《易》無達吉，《詩》無達詁，《春秋》無達例』。」謹案此注，則「《春秋》無達例」之語，乃宋本之文，故《困學紀聞》所引，與今本《繁露》不同者，以所見本異也。案，《說文》「達」字注云：「行不相遇也。」蓋路無不通，路通則多歧，歧則不能相遇。引申之，「達」有「通達」之義。蓋彼此相通謂之「達」，變而通之則謂之「無達」。《春秋》之例，雖有一定之經，而實有無常之義：有應詳而或略者，有當美而若譏者，有時月同書而褒貶互見者，有名氏同列而優劣或殊者。一經之中，書法各異。今試縷悉而陳之。朝之例皆時，如隱十一年春，滕侯、薛侯來朝；桓六年冬，紀侯來朝；七年夏，小邾子來朝；文十一年秋，曹伯來朝之類是也。而欲廣孝敬則書月，如桓二年秋七月，紀侯來朝，何注云：「月者，明當尊而不臣，所以廣孝敬。」是朝無達例矣。聘之例皆時，如桓三年冬，齊侯使其弟年來聘；莊二十五年春，陳侯使女叔〔九〕來聘；文九年冬，楚子使椒來聘；成四年春，宋公使華元來聘之類是也。而欲明希見則書月，襄三十年春，王正月，楚子使薳頗來聘，何注云：「月，公數如晉，希見答。今見聘，故喜，録之。」是也。是聘無達例矣。會之例亦時，如隱二年春，公會戎于潛；桓十年秋，公會衛侯于桃丘；莊十五年春，齊侯、宋公、陳侯、衛侯、鄭伯會于鄄；僖三年秋，齊侯、宋公、江人、黄人會于陽穀之類是也。而于垂、于檉、于淮等會，則書月以危之；桓元年三月，公會鄭伯于垂，何注云：「桓公會皆月者，危之也。」僖元年八月，公會齊侯、宋公、鄭伯、曹伯、邾人于檉〔一〇〕，何注云「月者，危公霸者而與邾婁有辨也。」十六年冬十有二月，公會齊侯、宋公、陳侯、衛侯、鄭伯、許男、邢侯、曹伯于淮，何注云「月者，危桓公德衰」之類是也。伐鄭、侵蔡等會，又書月以善之；如桓十五年冬十有一月，公會宋公、衛侯、陳侯於袲〔一一〕，伐鄭，何注云：「月者，善諸侯征突，善録義兵也。」僖四年春，王正月，公會齊侯、宋公、陳侯、衛侯、鄭伯、許男、曹伯侵蔡，何注云「月者，善義兵」之類是也。更有非危非善，書時、書月而并書日者，如隱六年〔一二〕夏五月辛酉，公會齊侯，盟于艾；桓十二年夏六月壬寅，公會杞侯、莒子，盟于曲池；僖二十五年冬十有二月癸亥，公會衛子〔一三〕、莒慶，盟于洮；定十二年〔一四〕冬十月癸亥，公會齊侯，盟于黄之類是也。是會無達例矣。盟之例亦時，莊十三年冬，公會齊侯，盟于柯；閔二年冬，齊高子來盟；僖十九年冬，公會〔一五〕陳人、蔡人、楚人、鄭人盟于齊；宣七年春，衛侯使孫良夫來盟之類是也。而嘉之則書月，如隱元年三月，公及邾儀父盟于蔑，何注云：「隱推讓以立，邾婁慕義而來，相親信，故爲小信辭也。」僖二年秋九月，齊侯、宋公、江人、黄人盟于貫，何注云：「桓公德盛，不嫌使微者，知以遠國辭，稱『人』」之類是也。惡之則亦書月；如桓十一年春，正月，齊人、衛人、鄭人盟于惡曹，何注云：「桓公行惡，諸侯所當誅，屬上三國來戰于郎。今復使微者盟，故爲魯懼。」僖二十九年夏六月，會王人、晉人、宋人、齊人、陳人、蔡人、秦人，盟于翟泉，何注云「月者，惡霸功之廢于是」之類是也。譏其謫則書日，如僖二十七年五月癸丑，公會晉侯、齊侯、宋公、蔡侯、鄭伯、衛子、莒子，盟于踐土，何注云：「盟日者，謫也。」是也。明尊者則亦書日。如莊二十二年秋七月丙申，及齊高傒盟于防，何注云：「書日，以其公也。微者不得日。」是也。又有褒之不日者，如文二年夏六月，公孫敖會宋公、陳侯、鄭伯、晉士縠，盟于垂斂，何注云：「盟不日者，欲共盟誅商臣。雖不能誅，猶爲疾惡故也。褒與信辭也。」是也。又有諱之不日者，如文七年秋八月，公會諸侯、晉大夫盟〔一六〕，何注云：「不日者，順諱爲善文也。」是也。更有信在某人而書時月于人之上、書日于盟之上者，如文十四年六月，公會宋公、陳侯、衛侯、鄭伯、許男、曹伯、晉趙盾。癸酉，同盟于新城。何注云：「盟下日者，刺諸侯微弱，信在趙盾。」襄三年六月，公會單子、晉侯、宋公、衛侯、鄭伯、莒子、邾子、齊世子光，己未，同盟于雞澤之類是也。是盟無達例矣。遇之例亦時，如隱四年春，公及宋公遇于清；八年春，公及宋公〔一七〕遇于垂；莊三十年冬，公及齊侯遇于魯濟之類是也。而遇于防，則又例月，僖十四年夏六月，季姬及鄫子遇于防，何注云：「月〔一八〕者，甚惡内。」是遇又無達例矣。此朝、聘、會、盟、遇之無達例者也。侵之例時，莊二十四年冬，戎侵曹；僖十三年春，狄侵衛；宣元年冬，趙穿帥師侵崇；襄元年秋，楚公子壬夫帥師侵宋之類是也。而侵楚、侵蔡，則以善而書月，僖四年春，王正月，公會齊侯、宋公、陳侯〔一九〕、鄭伯、許男、曹伯侵蔡，何注云：「月者，善義兵也。」定四年三月，公會劉子、晉侯、宋公、蔡侯、衛侯、陳子、鄭伯、許男、曹伯、莒子、邾子、頓子、胡子、滕子、薛伯、杞伯、小邾子、齊國夏于召陵，侵楚，何注云「月者，善義兵」之類是也。是侵無達例矣。伐之例時，如隱四年秋，翬帥師會宋公、陳侯、蔡人、衛人伐鄭；桓八年秋，公〔二〇〕伐邾；文二年冬，晉人、宋人、陳人、鄭人伐秦；文十七年〔二一〕，齊侯伐我西鄙之類是也。然有著其危而書月者，如僖十五年秋七月，齊師、曹師伐厲，徐邈云：「齊桓霸業已衰，書月以著所危。」襄十二年春，王三月，莒人伐我東鄙，范甯云：「蓋攻守之害深〔二二〕，故以危録，著月」之類是也。更有緣下事當日而書月者，如隱四年春，王二月，莒人伐杞，下云：「戊申，衛州吁弑其君完。」桓十年冬十有二月，及鄭師伐宋，下云「丁未，戰于宋」之類是也。又有謹其事而書月者，如僖十八年春，王正月，宋公、曹伯、衛人、邾人伐齊，范甯云：「伐喪無道，故謹而月之。」昭四年秋七月，楚子、蔡侯、陳侯、許男、頓子、胡子、沈子、淮夷伐吴，范甯云「衆國之君，傾衆悉力，以伐强敵，内外之害重，故謹而月之」之類是也。是伐無達例矣。圍之例時，如莊八年夏，師及齊師圍郕；僖六年秋，楚人圍許；文十二年夏，楚人圍巢〔二三〕；成三年秋，叔孫僑如帥師圍棘之類是也。然亦有例月者，如宣十四年〔二四〕秋九月，楚子圍宋；定十二年十有二月，公圍成之類是也。是圍無達例矣。入之例時，如成七年秋，吴入州來；定五年夏，於越入吴之類是也。然亦有責不當而書日者，如僖二十七年秋八月乙巳，公子遂帥師入杞，何注云：「杞屬脩禮朝魯，雖無禮，君子躬自厚而薄責人，不當乃入之。」又有憂録之而書日者，如隱十年冬十月壬午，齊人、郕人入盛，何注云：「盛，魯同姓。於隱篇再見『入』者，當憂，録之。」又有因至之日而書日者，如文十五年〔二五〕戊申，入蔡，《公羊傳》云：「日者，至之日也。」是入無達例矣。此侵、伐、圍、入之無達例者也。滅之例月，如莊十年冬十月，齊師滅譚〔二六〕；襄六年十二月，齊侯〔二七〕滅萊；昭十七年八月，晉荀吴帥師滅陸渾之戎；三十年冬十二月，吴滅徐之類是也。然亦有略之不書月者，如僖十七年夏，滅項，何注云：「不月，桓公不坐滅，略小國。」二十六年，楚人滅隗〔二八〕，何注云：「不月，略夷狄滅〔二九〕微國」之類是也。又有憂之書月而更書日者，如僖二十五年春，王正月丙午，衛侯燬滅邢，何休注云：「日者，爲魯憂内録之。」是也。又有責之書月而更書日者，如宣十二年冬十二月戊寅，楚子滅蕭，何注云：「日者，深責之」之類是也。是滅無達例矣。取邑例時，如隱六年冬，宋人取長葛；僖二十六年冬，公以楚師伐齊，取穀之類是也。然亦有例月者，如隱四年春，王二月，莒人伐杞，取牟婁；昭元年三月，取運〔三〇〕之類是也。又有甚之例日者；如隱十年，公敗宋師于菅，辛未取郜，辛巳取防，《公羊傳》云：「書日，一月而再取也。」是也。潰之例月，如僖四年春，王正月，公會齊侯、宋公、陳侯、衛侯、鄭伯、許男、曹伯侵蔡，蔡潰；文三年春，王正月，叔孫得臣會晉人、宋人、陳人、衛人、鄭人伐沈，沈潰是也。而責無信則例日，如成九年庚申，莒潰，何注云：「日，不責中國無信，同盟不能相救，至爲夷狄相潰。」是也。此滅例、取例、潰例之無達例者也。遷例，大國月，如僖三十一年十有二月，衛遷于帝丘是也。小國時，如昭九年，許遷于夷〔三一〕是也。而小國亦有例月者，如僖元年夏六月，邢遷于陳儀〔三二〕，何注云：「書月者，霸者所助城，故與大國同也。」是也。是遷無達例矣。救例時，如僖六年秋，諸侯遂救許；十八年夏，師救齊之類是也。而嫌微者則書月，如莊六年春，王三月，王人子突救衛，何注云：「月者，嫌實微者，故加録之。」僖十五年三月，公孫敖帥師及諸侯之大夫救徐之類是也。是救無達例矣。此遷例、救例之無達例者也。執例時，如僖四年夏，齊人執陳袁濤塗；五年冬，晉人執虞公之類是也。而責之則書月，如僖十九年，宋人執滕子嬰齊，何注云：「月者，録責之。」是也。喜之則書日，如僖二十八年三月丙午，晉侯入曹，執曹伯畀宋人，何注云：「日者，嘉義兵得時入。」是也。是執無達例矣。次例時，如莊三年冬，公次于郎；三十年夏，師次于郕〔三三〕之類是也。而次匡、次郎則書月，如莊八年春，王正月，師次于郎；僖十五年三月，公會齊侯、宋公、陳侯、衛侯、鄭伯、許男、曹伯，盟于牡丘，遂次于匡之類是也。是次無達例矣。此救例、次例之無達例者也。至於失禮宗廟例時，如莊二十三年秋，丹桓宮楹是也。而刻桷則書月，如莊二十四年春，王三月，刻桓宮桷，何注云：「月者，功重於丹楹。」是也。失禮鬼神例日，如成六年二月辛巳，立武宮；文二年〔三四〕丁丑，作僖公主之類是也。而考宮、用致則不日；如隱〔三五〕五年，考仲子之宮，何注云：「不日者，嫌獨考宮，以非禮書，故從末言初可知。」僖八年秋七月，禘于太廟，用致夫人，何注云「不日者，下用失禮明也」之類是也。外大夫例不卒，如莊二十七年秋，公子友如陳，葬原仲，而《經》不書原仲之卒是也。而尹氏、王子虎、劉卷等則又書卒；如隱三年夏四月辛卯，尹氏卒；文三年夏五月，王子虎卒；定四年，劉卷卒之類是也。外女歸例不日，如莊元年，王姬歸于齊；僖十五年，季姬歸于鄫之類是也。而杞叔姬則又書月，如成五年春，王正月，杞叔姬來歸是也。是又祭禮、喪禮、婚禮之無達例者也。他如內大夫奔，有罪者例月，如閔二年九月，公子慶父出奔莒；昭十二年冬十月，公子整〔三六〕出奔齊之類是也。而無罪者則變例日；如襄二十三年冬十月乙亥，臧孫紇出奔邾婁〔三七〕；文八年，公孫敖如京師，不至而復，丙戌，奔莒之類是也。外大夫奔，皆時。如襄二十七年，衛侯之弟鱄出奔晉；二十八年，衛石惡出奔晉是也。內殺大夫例，有罪不日，如僖二十八年，公子買戍衛，不卒戍，刺之是也。而無罪者則變例日；如成十六年冬十月二月乙酉，刺公子偃是也。外殺大夫，皆時。如僖七年夏，鄭殺其大夫申侯；三十年秋，衛殺其大夫元咺之類是也。又如歸例時，如桓十七年秋，蔡季自陳歸于蔡；三十年，衛侯鄭歸于衛之類是也。復歸例時；如僖二十八年，衛元咺自晉復歸于衛是也。棄歸，有罪例時，如宣〔三八〕十六年秋，郯伯姬來歸是也。無罪則變例月。如成五年春，王正月，杞叔姬來歸是也。辭各不同，書亦有異，而究之，時、月既可通稱，褒貶義各有別者，要不外夫「美惡不嫌同辭」一語。至有或以美而書氏者，如宣十年，天王使王季子來聘，《公羊傳》云：「天子之大夫也。稱王季子，貴也。」是也。或以譏而書氏者；如宣十年，齊崔氏出奔衛，《公羊傳》云：「其稱崔氏，何？譏世卿。世卿，非禮也。」是也。或以賢而書名者，如襄二十九年，吳子使札來聘，《公羊傳》云：「賢季子也，季子讓國也。」是也。或以絶而書名者；如僖二十五年，衛侯燬滅邢，《公羊傳》云：「書名，絶之，爲滅同姓也。」是也。或以尊而書人者，如莊四年〔三九〕，公及齊人狩于郜，《公羊傳》云：「公曷爲與微者狩？齊，侯也。」是也。或以微而亦書人者。如莊六年，王人子突救衛，《公羊傳》云：「王人者何？微者也。」是也。種種不一，而究之，名號不異，美惡則分者，要亦不外「貴賤不嫌同號」一語。蓋《春秋》之例，義嚴而簡；《春秋》之旨，言婉而微。故褒貶之義甚明，而又有爲尊者諱、爲親者諱、爲賢者諱之別；善惡之辨甚顯，而又有所見異辭〔四〇〕、所聞異辭、所傳聞異辭之分。使不變而通之，則《春秋》之例將求達而反不達矣。蓋《春秋》之無達例者，正《春秋》之達例也。

亥有二首六身解〔四一〕

《左氏·襄三十年傳》云：「亥有二首六身。」杜氏謂：「二畫在上，并三人爲身，如算之六。」孔疏謂：「二畫爲首，六畫爲身，下首之二畫并之，使如其身旁，則是生來日數也。」案，杜氏之説，謂易三「人」爲三「六」字；孔疏之説，謂移上首之二畫，置於三人之旁而作「㤺」字。蓋篆書之「亥」字作「𠀅」，楷書之「亥」字作「亥」；篆書之「巛」，移於楷書則作「幺」，故有「三人」之説；而楷書之「幺」又與「巛」形相近，「乚」爲算數之「六」字，故又有「三六」之説。「亥」字上二畫置於「巛」之旁，則是以二首爲二萬，六身爲六千六百六十日，此士文伯所以有「二萬六千六百有六旬」之説也。獨是字書古「亥」字，初無「二」「六」之體。《説文》「亥」字從「二」，「『二』，古文『上』字，一人男，一人女也」，并引此傳「亥有二首六身」以證。又云：「古文『亥』爲『豕』，『亥』〔四二〕與『豕』同。」蓋古文「亥」與「豕」相近故也。史趙所引，既非古文，又異於小篆。其謂「亥有二首六身之體」，孔疏謂「始於春秋之時」，或即其別體，猶之《書》「瑤琨篠簜」之「琨」，《説文》作「瑻」，《地理志》引作「瓀」；《詩》「以薅荼蓼」之「薅」，《説文》作「薅」，《爾雅》注引作「茠」之類，皆其例。其説亦可存也。士文伯申「二首六身」，謂「二萬六千六百有六旬」。今以四百四十五甲子計之，合得二萬六千七百日；但其末云「三分六甲之一，則少四十日」，正與二萬六千六百六十之數合。又以杜氏《長歷》推之，文十一年三月甲子至今年二月癸未，共七十四年，計四百四十六甲子。然周正之三月，乃夏正之正月，絳縣老人所謂「正月甲子朔」，蓋用夏正。用夏正，則此年之二月，正夏正上年之十二月，又與七十三年、四百四十五甲子之數合。杜氏《長歷》謂癸未爲二十三日，推之上年十二月，則癸未爲二十二日，蓋十二月小故也。十二月朔爲壬戌，甲子乃初三日。初三至二十二，已得二十日，所謂「三分六甲之一」，其數亦合。此「二首六身」之爲二萬六千六百有六旬，而二萬六千六百六旬之爲四百四十五甲子，四百四十五甲子之爲七十三年，固無異說。但城杞之事爲二月癸未，而汲古閣本作「三月癸未」，考之宋本及《石經》，俱作「二月」，不誤，想由傳寫之訛耳。

「亥」字之義，惠氏定宇謂，即絳縣老人之名，故史趙借以爲言。《韓非子》有唐亥，絳縣老人之名；《孟子·萬章下篇》所云「晉平公之於亥唐」，即此人。「亥唐」即「唐亥」，文誤倒耳。案，《淮南子》禹時有豎亥，《戰國策》魏國有朱亥；即春秋時，宋有華亥，魯有季公亥，衛有司寇亥。是「亥」爲人名，古有明徵；而「亥」之爲氏，他無所據，則「亥唐」爲「唐亥」之訛，其説固是。至《孟子》言「弗與治天職」，而此《傳》則云「使助爲政，辭以老」；《孟子》言「弗與共天位」，此《傳》則云「使爲君復陶」；《孟子》言「弗與食天禄」，此《傳》則云「與之田」。夫不肯助爲政，固不得云「治天職」；爲衣裳之官，固不得云「共天位」；受私邑之田，亦不得云「食天禄」，《左氏》之文與《孟子》之文又合。史趙取老人之名，而核所生之日數，正史趙立辭之巧。若以唐爲氏，春秋時頗有言之者，鄭有唐苟，周有唐杜氏，皆其明證，其説尤非無據，誠至當也。

春秋貴賤不嫌同號美惡不嫌同辭解

貴有常尊，賤有等威，先王之制也；善善從長，惡惡從短，《春秋》之例也。貴賤之等立，則上下之分嚴；美惡之途分，則褒貶之義密。書名、書氏，名號各殊；曰美、曰譏，言辭各異。是以尊周室，特重天王；外四夷，特書戎狄，明貴賤之不能同號也。嘉邾儀父而書字，貶公子翬而書名，明美惡之不能同辭也。乃隱七年滕侯卒，《公羊傳》云：「何以不名？微國也。微國則其稱侯，何？不嫌也。《春秋》貴賤不嫌同號，美惡不嫌同辭。」何休注云：「貴賤不嫌者，通同號稱也。若齊亦稱侯，滕亦稱侯；微者亦稱人，貶亦稱人，皆有起文，『貴賤不嫌同號』是也。美惡不嫌者，若繼體君亦稱即位，繼弑君亦稱即位，皆有起文，『美惡不嫌同辭』是也。」徐彦疏云：「所謂『貴賤同號，皆有起文』者，若滕侯卒不名，下恒稱子，起其微也；齊侯恒在宋公之上，起其大也。所謂『美惡同辭，皆有起文』者，若前君之薨書地，起其後即位者是繼體之君也；若前君之薨不地，起其後即位者非是繼體之君也。」案，《春秋》之例，有常例，有變例。「貴賤不能同號，美惡不能同辭」者，《春秋》之常例也；「貴賤不嫌同號，美惡不嫌同辭」者，《春秋》之變例也。何注謂「貴賤同號，皆有起文」，徐疏謂「滕侯卒不名，下恒稱子，所以起其微」者，蓋即謂桓二年滕子來朝，僖十九年宋人執滕子嬰齊，二十二年宋公、衛侯、許男、滕子伐鄭，襄六年滕子來朝之屬是也；又謂「齊侯在宋公之上，所以起其大」者，蓋即謂桓十三年及齊侯、宋公、衛侯、燕人戰，莊十三年齊侯、宋人、陳人、蔡人、邾人會于北杏，十四年單伯會齊侯、宋公、衛侯、鄭伯于鄄，僖元年公會齊侯、宋公、鄭伯、曹伯、邾人于檉之屬是也。至於盟皆書日，而隱元年及宋人盟于宿，則不書日，亦所以起其微；鄭不當稱人，而隱六年鄭人來渝平，稱人，所以起其貶，故曰「皆有起文」也。何注謂「美惡同辭，皆有起文」，徐疏謂「前君之薨書地，起其後即位是繼體之君」者，蓋即謂僖公薨于小寢，文書即位；文公薨于臺下，宣書即位；宣公薨于路寢，成書即位；成公薨于路寢，襄書即位；襄公薨于楚宮，昭書即位；昭公薨于乾侯，定書即位；定公薨于高寢，哀書即位之屬是也。又謂「前君之薨不地，起其後即位非是繼體之君」者，蓋即謂閔公第書公薨，僖公不書即位是也。至於隱公第書公薨，而桓復書即位者，蓋所以如桓之意，即薨之不地，已起其非繼體之君矣；桓書公薨于齊，而莊不書即位者，蓋所以隱之，即地于齊，已起其非繼體之君矣，故亦曰「皆有起文」也。然何氏之注，不過略舉一二端；徐氏之疏，亦不過第言一二事，而即其例以引申之，所謂「貴賤不嫌同號，美惡不嫌同辭」者，其事正不少也。考之桓四年，天王使宰渠伯糾來聘，《公羊傳》云：「天子之大夫也。其稱宰渠伯糾，下大夫也。」宣十年，天王使王季子來聘，《公羊傳》云：「天子之大夫也。其稱王季子，貴也。」據此，則賤亦書氏，貴亦書氏，是書來聘之例，貴賤不嫌同號矣。桓七年，穀伯綏來朝，鄧侯吾離來朝，《公羊傳》云：「皆何以名？失地之君也。」莊五年秋，郳黎來來朝，《公羊傳》云：「其名何？微國也。」據此，則貶亦書名，微亦書名，是來朝之例，貴賤不嫌同號矣。莊四年〔四三〕，公及齊人狩于郜，《公羊傳》云：「公曷爲與微者狩？齊侯也。其稱人，何？諱與讎狩也。」隱八年，公及莒人盟于包來，《公羊傳》云：「公曷爲與微者盟？稱人，則從不疑也。」何注云：「實莒子也。」據此，則齊亦稱人，滕、莒亦稱人，是稱人之例，貴賤亦不嫌同號矣。隱三年夏四月辛卯，尹氏卒，《公羊傳》云：「天子之大夫也。稱尹氏，譏世卿。世卿，非禮也。」宣十年，齊崔氏出奔衛，《公羊傳》云：「齊大夫也。稱崔氏，譏世卿。世卿，非禮也。」天子之大夫亦稱氏，諸侯之大夫亦稱氏，是書氏之例，貴賤亦不嫌同號矣。凡此之類，皆貴賤不嫌同號之證。又考隱八年冬十二月，無駭卒，

《公羊傳》云：「不氏，疾始滅也。」隱九年，俠卒，《公羊傳》云：「吾大夫之未命者也。」據此，則疾滅亦不書氏，未命亦不書氏，是不書氏之例，美惡不嫌同辭矣。隱元年冬十有二月，祭伯來，《公羊傳》云：「何以不稱使？奔也。」桓八年，祭公來，遂逆王后于紀，《公羊傳》云：「何以不稱使？婚禮不稱主人。」據此，則出奔亦言來，逆女亦言來，是來之例，美惡不嫌同辭矣。莊八年秋，師還，《公羊傳》云：「還者，善辭也。此滅同姓，何善爾？病之也。」襄十九年，晉士匄侵齊，至穀，聞齊侯卒，乃還，《公羊傳》云：「還者，善辭也，大其不伐喪也。」據此，則病之亦言還，大之亦言還，是還之例，美惡亦不嫌同辭矣。桓十一年九月，宋人執鄭祭仲，《公羊傳》云：「祭仲者何？鄭相也。何以不名？賢也，以爲知權也。」莊十七年，齊人執鄭瞻，《公羊傳》云：「鄭瞻，鄭之微者。言齊人執之，書甚佞也。」據此，則賢亦言執，佞亦言執，是執之例，美惡亦不嫌同辭矣。凡此之類，皆美惡不嫌同辭之證。統而論之，其所以不嫌同號、不嫌同辭者，要皆有所起文，不得僅以貴賤、美惡拘之也。是以同爲天子之大夫，而王季第言子，伯糾則言名。言名，所以起其卑也。同爲書名，郳黎來第繫以國，穀伯鄧侯兼繫以爵。繫以爵，所以起其貶也。同爲稱人，公與莒子無隙，與盟，可；公與齊侯有隙，與狩，不可。與狩而稱人，所以起其諱也。同爲書氏，尹氏則不繫以國，崔氏則繫以國。繫以國，所以起其奔也。由是觀之，則貴賤不嫌同號之義明矣。又如不書氏之例，未命不書氏，蓋無氏之可書；有氏而不書，所以起其貶也。書來之例，祭公來而有遂事，則知其爲逆女；祭伯第言來，所以起其奔也。至於同言還，病之則言師，善之則言齊侯卒。言齊侯卒，所以起其善也。同言執，鄭瞻則言名，祭仲則不言名。不名，所以起其賢也。由是觀之，則美惡不嫌同辭之義明矣。

貴賤、美惡不嫌同之義明，則《春秋》之例定；《春秋》之例定，則先王之制彰。其所謂常例、變例之説，要亦不外屬辭比事之義也夫！

是月解

《春秋》：「僖十六年春，王正月，戊申朔，隕石于宋五。是月，六鷁退飛，過宋都。」陸氏《公羊釋文》云：「『是月』，如字，或音徒兮反。」盧文弨曰：「『是月』有作『提月』者，故一音徒兮反。《初學記》『晦日』條引此作『提月』，《鶡冠子・王鈇篇》『家里用提』，陸佃注云：『提，零日也。』引《公羊》爲證。」案，「是」切承紙，「提」切徒兮，音本不相近。惟「是」字既有徒兮一音，故盧文弨謂有作「提」者，而《初學記》《鶡冠子》并引作「提」，遂俱謂此《傳》之「是月」當作「提月」矣。然《説文》「提」從手、是聲。古字從某字得聲者，多可通用，故隱三年之「君氏」，《公羊》作「尹氏」，爲其「君」有「尹」聲也；僖四年之「陳轅濤塗」，《公羊》作「袁濤塗」，爲其「轅」有「袁」聲也；莊七年「星隕如雨」，《公羊》作「霣」，爲其「隕」有「員」聲也；襄十三年「取邿」，《公羊》作「詩」，爲其「詩」有「寺」聲也。至《公羊傳》「盖以操之爲已蹙矣」，《詩・江漢》疏「操」引作「躁」，《考工記》注「蹙」引作「戚」，皆以聲相近而可相通。「提」字既有「是」聲，故不妨通用作「是」。然謂音同則可，而謂義同則不可也。《公羊》云：「是月者，何？僅逮是月也。」何注云：「是月，邊也。在正月之幾盡，故曰劣及是月也。」此謂六鷁退飛，在月之晦日。《穀梁》云：「是月者，決不日而月也。」范注云：「若不言『是月』，則嫌與戊申同。」杜預《左氏》注亦云：「『是月』，隕石之月。重言『是月』，嫌同日。」此第言六鷁退飛在正月，而不知何日。」案，「是」者，此也。《論語・學而篇》「夫子至於是邦也」，皇疏云：「是者，此也。」《子路篇》「夫如是」，《衛靈公》「居是邦也」，皇疏俱云：「是，猶此也。」據此，則「是月」之爲「此月」無疑。況《禮記・月令篇》言「是月也」不一，俱指本月言之。此「是月」屬於正月之下，亦指正月言之，更可概見。正月戊申既有隕石之異，後又有六鷁退飛之異，一月之中，災異兩見，既不能不言，又不樂明言，故別言之曰「是月」，所以明非戊申之日，所以明在正月之内也。《公羊》第言「是月」爲月之晦日，而不言晦日爲何日，蓋以朔日既書戊申，則晦日之日可推測而知，不必更言。《左傳》《穀梁》亦不言六鷁退飛在何日，蓋以正月既書戊申朔，則六鷁退飛之事，亦在正月之内，故不妨略言。猶之莊七年夏四月辛卯，夜，恒星不見；夜中，星隕如雨，第書「夜中」而不言何刻，其例同也。由是觀之，則三《傳》之説固無大異，惟陸氏《左傳釋文》云：「『是月』，本或作『是日』。」蓋即謂在戊申之日。案，《禮記・檀弓》云：「是日也，以虞易奠。」注云：「此日以虞祭代去喪奠。」又云：「是日也，以吉祭易喪祭。」亦謂此日以卒哭之祭易其虞祭。如六鷁退飛亦在戊申之日，《經》何不直書「是日」而獨書「是月」乎？況桓十二年丙戌，公會鄭伯，盟于武父；丙戌，衛侯晉卒。誠如是言，彼《經》可重舉「丙戌」，此何不可以重舉戊申？不又較「是日」爲詳乎？陸氏所引，不足據也。蓋《春秋》之例，朔有事則書，晦雖有事，不書。朔有事則書者，謂重始也；晦雖有事不書者，謂重始而終自正也。隕石于宋五，既統之以戊申朔，其始重矣；則六鷁退飛之不日，蓋重始而終自正也。夫日月之有無，其文則史。太史所書，據各國來告之辭。來告之辭有詳略，則所書之日月有異同，初不必有所諱也。劉敞亦謂：「言『是月』者，宋不告日，嫌與隕石同日，書『是月」以別之。」其説正與三《傳》相發明，誠哉是也。

公羊師法淵源考

昔孔子以《春秋》授子夏，傳子夏之學者爲公羊高，故《説題辭》云：「傳我書者，公羊高也。」高傳其子平，平傳其子地，地傳其子敢，敢傳其子壽，淵源相繼，出於一門。至漢景帝時，壽乃以是教弟子胡母生、《前漢書》云：「齊人，爲景帝博士，治《公羊春秋》。」董仲舒，《史記》云：「廣川人。少治《春秋》。孝景時博士。」《前漢書》同。是一傳得二人也。胡母生授公孫弘，《史記》云：「胡母生以老歸，教授。齊之言《春秋》者，多受胡母生，公孫弘亦頗受焉。」《前漢書》同。董仲舒授褚大、《史記》云：「蘭陵人。」《前漢書》云：「梁相。」《經義考》同。殷忠温(四四)、《史記》云：「廣川人。」徐廣注曰：「『殷』，一作『段』，又作『瑕』。」《前漢書》「殷」作「段」，「忠」作「仲」。《經義考》同。呂步舒，《前漢書》云：「丞相長史。」《經義考》同。鮑敞、見《經義考》。嬴公，《後漢書》云：「胡母子都傳《公羊春秋》，授東平嬴公。」《公羊》疏云：「董仲舒弟子嬴公。」《經義考》亦云：「仲舒弟子嬴公。」或始事子都，後事仲舒，故傳聞有異辭也。是二傳得六人也。嬴公授孟卿，《前漢書》云：「嬴公守學，不失師法，爲昭帝諫大夫，授東海孟卿、魯眭孟。」《後漢書》云：「嬴公授孟卿。」是三傳得一人也。孟卿授疏廣、《前漢書》云：「疏廣事孟卿，至太子太傅。」《經義考》云：「蘭陵人，字仲翁。」眭孟，《後漢書》云：「孟卿授魯人眭孟。」《經義考》作「眭弘，字孟」。是四傳得二人也。眭孟授嚴彭祖、《前漢書》云：「字公子，東海下邳人，爲太子太傅。」《經義考》同，《公羊》疏作「莊彭祖」。顔安樂、《前漢書》云：「字公孫，魯國薛人，眭孟姊子也，官至齊郡太守丞。」《經義考》「公孫」作「翁孫」。貢禹，《前漢書》云：「始貢禹事嬴公，成於眭孟，官至御史大夫。」《經義考》云：「琅邪人，字少翁，始事嬴公。」疏廣授筦路，《前漢書》云：「琅邪人，爲御史中丞。」《經義考》同。是五傳得四人也。嚴彭祖授王中，《前漢書》云：「琅邪人，爲元帝少府。」《經義考》同。顔安樂授泠豐、《前漢書》云：「淮陽人，菑川太守。」《經義考》同，《公羊》疏作「陰豐」。任公、《前漢書》云：「淄川人，爲少府。」《經義考》作「任翁」。劉向、王彦，見《公羊》疏及《經義考》。貢禹授堂谿惠，《前漢書》云：「潁川人。」師古曰：「姓堂谿也。」《經義考》同。筦路授孫寶，《前漢書》云：「潁川鄢陵人，爲大司農。」《經義考》同。是六傳得六人也。王中授公孫文、《前漢書》云：「東平太傅，琅邪人。」《經義考》同。東門雲，《前漢書》云：「荆州刺史，琅邪人。」《經義考》同。泠豐授馬宫、《前漢書》云：「字游卿，東海人，大司徒。」《經義考》同。左咸，《前漢書》云：「琅邪人，爲郡守九卿。」《經義考》同。堂谿惠授冥都，《前漢書》云：「泰山人，爲丞相史，又與路事顔安樂。」《經義考》同。是七傳得五人也。自此以上，皆專門名家，以次相授。西漢以前之師承，固彰彰可考矣。迨至東漢之世，嚴、顔之學盛行。治嚴氏《春秋》者，郅惲、《後漢書》云：「汝南西平人，字君章。」李章、《後漢書》云：「河内懷人，字第公，爲琅邪太守。」《經義考》同。丁恭、《後漢書》云：「山陽東緡人，字子然，封關内侯。」《經義考》同。樓望、《後漢書》云：「陳留雍丘人，字次子，左中郎將。」《經義考》同。承宫、《後漢書》云：「琅邪姑幕人，字少子，侍中祭酒。」《經義考》同。鍾興、《後漢書》云：「汝南汝陽人，字次文，左中郎將。」《經義考》「次」作「少」。周澤、《後漢書》云：「北海安丘人，字穉都，拜侍中、騎都尉。」《經義考》「穉」作「雅」。甄宇、《後漢書》云：「北海安丘人，字長文，太子少傅。」《經義考》同。程曾、《後漢書》云：「豫章南昌人，字秀升，海西令。」《經義考》同。樊儵《後漢書》云：「南陽湖陽人，字長魚，拜長水校尉。」《經義考》同。等人；治顔氏《春秋》者，張玄、《後漢書》云：「河内河陽人，字君夏，爲博士。」《經義考》同。魯峻、《經義考》云：「司隸校尉，字仲嚴，見《隸釋》。」丁直、《經義考》云：「沛人，見《隸釋》。」馬萌、《經義考》云：「魏郡人，見《隸釋》。」吕圖、《經義考》云：「渤海人，見《隸釋》。」吴盛、《經義考》云：「任城人，見《隸釋》。」誠屯、《經義考》云：「陳留人，見《隸釋》。」夏侯弘《經義考》云：「東郡人，見《隸釋》。」等人。復有不言治嚴、顔之學而但言治《公羊春秋》者，鄭興、《後漢書》云：「河南開封人，字少贛，諫議大夫〔四五〕。」李育、《後漢書》云：「扶風漆人，字元春，爲侍中。」《經義考》同。楊終《後漢書》云：「蜀郡成都人，字子山。」《經義考》同。等人。此或爲泠、任之學歟，或即筦、冥之學歟？莫可得而考也。至任城何休，《後漢書》云：「任城樊人，字邵公，諫議大夫。」依經立注，探東國之微言，闡西河之至教，聲音、訓詁，審焉必精；制度、典章，言之亦備，洵《公羊》之功臣也。説者謂，《春秋》爲漢制法，而《公羊》言之最詳，故兩漢之碩學通儒，莫不研精覃思，以彰厥旨，誠偉業也。魏晉而後，沿襲相承；唐宋以來，寖以廢墜。至於元明，幾成絶業，良可慨矣。爰考師承之次第，以溯淵源，并思紹業於箕裘，用奮厥志云爾。

釋正

蓋聞：形聲相益謂之字。字者，言孳乳而浸多也。然字有形、有聲，而又有義。形有別體，聲有轉換，義有會通，然後一字有數形、有數聲、有數義，而自不相背。「正」字，《説文》作「正」，云：「是也。一以止。」古文作「𤴓」，云：「从二。『二』，古文『上』字。」或作「𤴔」，云：「古文，从一、足。『足』亦止也。」此形有不同者也。案，《説文》从「一」之字，在上者爲天，在下者爲地。至高者莫若天，高至天而止；至卑者莫若地，卑至地而止。是天與地皆有「止」義。《説文》「不」字注云：「从一。一猶天也。」「至」字注云：「从一。一猶地也。」「氐」字注云：「从氐下箸一。一，地也。」「丠」字注云：「从北、从一。一，地也。」「旦」字注云：「从日見一上。一，地也。」皆其例。更有从「一」之字，注未明言天地，而引而申之，「止」之意亦在其中者。如「兀」字从「一」在「人」上，注云：「高遠也。」至高無上者爲天，高至天而止，是「兀」字中有「止」意矣。「亏」字从「一」，注云：「一者，其氣平之也。」氣平則不上升，不升則静，静則止。是「亏」之中有「止」意矣。「立」字从「大」立「一」之上，注云：「立，住也。」住者，不動也。立於地而不動，則止。是「立」之中有「止」意矣。「丂」字从「一」，注云：「氣欲舒出ㄅ上，礙於一也。」事有所礙，即不能行。不行，則止。是「丂」字中有「止」意矣。至於「朿」〔四六〕之訓「止」，謂朿盛而一横止之；「疐」之訓「止」，謂引而止之，又皆明言者也。凡此，皆「正」從「一」，「一」以止之證。《説文》「二」字注云：「从偶一，地之數也。」「上」字注云：「高也。此古文『上』。」又云：「古文『上』从『一』，篆文『上』从『二』。『二』，古文『上』字。『言』『示』『龍』『音』『章』等字，皆从古文『上』。」案，「帀」字注云：「从門、二。『二』，古文『下』字。」《繫傳》「下」字注云：「反『上』爲『下』。」據此，「二」既爲古文「下」字，則「二」爲古文「上」字可知矣。况「帝」「旁」等字皆从「二」，而皆在「上部」，而「辛」〔四七〕、注云：「从二。『二』，古文『上』字。」「辰」、注云：「从二。『二』，古文『上』字。」「亥」注云：「从二。『二』，古文『上』字。」等字，又明言「古文『上』字」，皆可爲「『正』从『二』，『二』，古文『上』字」之證。《説文》「止」字注云：「下基也。象草木出有址，故以止〔四八〕爲足。」「足」字注云：「人之足也，在下。从口、止。」案，「下」字注云：「底也。」至下者，地。「底」从「厂」、从「氐」、从「一」，「一」，地也。足行於地，亦止於地，是「足」與「止」本可并言。引而申之，凡「止」之屬皆與「足」近，如「壁」字注云：「人不能行也。从止。」人行須足，足不能行，所以止也。「𣥂」字注云：「足剌𣥂也。」「顚」〔四九〕字注云「水崖，人所賓附，頻蹙不前而止」之類是也。「一」之屬亦與「足」近，「馬」字注云：「從馬，一絆其足。」是也。此「正」从「一」「足」之證。又案，「二」爲「偶一」。从「一」之字，上天下地，而从「二」之字亦有言天地者，如「五」字从「二」，注云：「陰陽在天地間交午也。」「亟」字从「二」，注云：

「二，天地。」是也。是「二」與「一」固相因矣。「足」又爲「滿足」，過滿則傾，有足必止，是「足」與「止」亦相因矣。事之微者一分，積而至於十分則足矣。《説文》：「寸，十分也。从又，从一。」數之寡者一十，積而至於十十則足矣。《説文》：「百，十十也。从一，从白。」是「足」與「一」又相因矣。「疋」字注云：「足也。下从止。」《詩序》曰：「疋者，正也。」是「足」與「止」又皆與「正」相因矣。由是言之，「正」字之形，分言之雖爲三，合言之，實爲一也。「正」字，《廣韻》一云：「之盛切，音政，正朔。」一云：「諸盈切，音征，行也。」此聲有不同者也。案，「正」與「政」雖有不同，而經傳所引，多相通用。有本文爲「政」而解爲「正」者，如《説文》「政」字注云「正也」，《論語·爲政篇》注云「政之爲言正也」之類是也。有本文爲「正」而解爲「政」者，如《左傳·文三年》「昔諸侯朝正於王」，杜注云「朝而受其政教」是也。有本當作「政」而他書引作「正」者。如《書·舜典》作「七政」，《史記》引作「七正」；《小雅》「今兹之正」，《禮記·月令》「班馬正」，皆與「政」同之類是也。據此，則「正」與「政」固無異矣。又有解「征」爲「正」者，《孟子·盡心篇》「征之爲言正也」是也。又有當作「征」而作「正」者。《周禮·夏官·諸子》：「有兵甲之事，則受之以車甲〔五〇〕，以軍法治之，弗正。」疏云：「謂賦税也。」當作「征」。《儀禮·大射儀》「正鵠」，鄭注云：「正者，正也，亦鳥名。」《禮記·月令》「征鳥癘疾」則作「征」是也。據此，「正」與「征」亦可通矣。況《詩·齊風》「不出正兮」與「名」「清」「成」「甥」爲韻，《小雅》「噲噲其正」與「庭」「盈」「甯」爲韻，「不自爲政」與「定」「生」「甯」「成」「姓」爲韻，「覆怨其正」與「平」「甯」「心」爲韻，《大雅》「以戾庶正」與「星」「嬴」「成」「甯」爲韻，凡此之類，皆當讀爲「征」，而陸氏《音義》止於「不出正兮」下注「音征」二字，餘皆云「音政」，叶諸盈切。蓋依韻讀之，則叶爲「征」；不依韻讀之，則讀爲「正」。「正」與「征」皆同音通用字，固不必别而言之也。「正」字之義，異同尤衆。有訓爲「直」者，《易・乾》卦「剛健中正」，《坤・文言》「直其正也」是也。按，《説文》：「是，直也。」「正」有「是」義，故亦有「直」義。有訓爲「决」者，《詩・大雅》「維龜正之」是也。按，《説文》：「决，水名。」引申之，有「决斷」之義。能斷即「止」，「正」有「止」義，故亦有「决」義。有訓爲「定」者，《周禮・天官・宰夫》「令群吏正歲會，正月要」，注云「正猶定也」是也。按，《説文》：「定，安也。」心能專一，而後可安。「正」从「一」，故有「安」之訓也。有訓爲「釐辨」者，《論語》「必也正名乎」是也。按，《説文》：「此，止也。从匕。匕，相比次也。」互相比次，必自有所分辨。「正」从「止」，故有「釐辨」之訓也。有訓爲「備」者，《乾・文言》「各正性命」，《書・君牙》「咸以正罔缺」是也。按，《説文》：「備，慎也。」引申之，有「備足」之義。「正」从「一」「足」，故又有「備」之訓也。至於《詩・小雅》「正月繁霜」，鄭箋謂「夏之四月」；《春秋》「春王正月」，注家謂歲之首月。按，孔穎達《詩・正月》疏云：「謂之正月，以《乾》用事，正純陽之月。」而《左氏・昭十七年傳》「此月朔之謂也」，杜注：「謂此建巳正陽之月朔也。」據此，則四月謂之「正月」，猶十月謂之「陽月」耳。四月而有霜，所以記異也。《春秋》之正月謂之首月者，以《春秋》雜用三王之正故也。《説文》：「已，已也。四月，陽氣已出，陰氣已藏。」陽氣至四月而極盛，是「已」有「足」義。「午」字注云：「啎也。五月，陰氣午逆陽，冒地而出。」是陽氣至四月而止，則「已」有「止」義。此「已月」可與「足」通，可與「止」通者也。《説文》「一」字注云：「惟初太始，道立於一。」《公羊傳》云：「何言乎王正月？大一統也。」何注云：「統，始也。首月，謂始月。」是「首」有「一」義。《説文》：「首，上飾也。」「首」爲上飾，則「首月」謂最上之月也。是「首」又有「上」義。此「首月」可與「一」通，可與「上」通者也。由是推之，「正」字之義，固與形聲有相因而成者矣。但經傳之字，一字而聲異、形異而義不同者，不獨「正」字爲然。倘能爲之融會貫通，使之各不相背，庶幾形聲、訓詁可施之各得其宜矣。

斠字音義釋

《説文》：「斠，平斗斛量也。从斗，冓聲。」即《月令》「角斗甬」之「角」。鄭康成注：「角，謂平之也。」其訓正合。按，「角」之本義訓爲「獸頭角出外」，引申之，或訓爲「芒」，或訓爲「競」，或訓爲「觸」，或訓爲「力」。盖「芒」也、「競」也、「觸」也、「力」也，皆争奪不平者也。相争者貴於無争，不平者貴於能平，此「斠」與「角」所以皆有「平」義。盖「斠」爲正字，「角」爲叚借字也。《漢書·曹參傳》：「蕭何爲法，講若畫一。」《説文》：「講，和解也。」不和者而解之使和，不一者而畫之使一，「平」之謂也。文穎曰：「講，或爲『較』。」温公《通鑑》作「較」，《史記》作「顜」，所引不同。按，《説文》有「斠」而無「顜」，有「較」而無「較」，盖「顜」爲「斠」之異文，「較」爲「較」之或體，其義一也。《説文》：「較，車輢上曲鉤也。」義與「較」異，然《考工記·車人》「以其廣之半，爲之式崇；以其遂之半，爲之較崇」，此「較」爲「較」之一證。《詩·衛風》云：「猗重較兮。」毛傳云：「重較，卿士之車。」此又「較」爲「較」〔五一〕之一證。段氏玉裁云：「按，較之制，盖漢與周異。周時，較高於軾，高處正方有隅，故謂之較。『較』之爲言『角』也。」又云：「惟較可辜搉尊卑，故其引申爲『計較』之『較』。」據此，則「較」可與「較」通，亦可與「角」通矣。「較」既可以通「角」，則「較」何不可以通「角」？又何不可以通「斠」乎？「較」之本義，訓爲「計較」。升斗之大小廣狹，五穀之輕重多寡，必賴計其數目，較其等差，然後能歸於一而得其平。《説文》「料」字注云：「量也。」量者，稱輕重也。稱其輕重曰量，稱其多少曰料。「料」有「審度」之義,「較」亦有「較量」之義。夫所謂「審度」「較量」者,無非欲大小得其制、廣狹得其宜、輕重得其中、多寡得其當,過者損之,不及者益之。《易》曰:「裒多益寡,稱物平施。」此之謂也。「較」或作「校」,俗作「挍」。《周禮》故書「校」作「搉」,搉者,商搉也。「商搉」與「校讎」義亦相近。且「搉」、「角」一聲之轉,本可通用。史籍「計較」字亦用「覺」,「覺」者,知覺也。惟能計較大小廣狹,然後能知覺輕重多寡,是「較」與「覺」文有互相爲訓者矣。因有書「校讎」字作此者。據此,則「校」又爲「較」之或體矣。然較量輕重,分別大小,即有兩相比對之勢。引申之,「較」又有「比較」之訓。凡人之校讎書籍者,兩相比對,核其魯魚,辨其亥豕,亦有「比較」之義焉。繩愆糾謬,刊誤正訛,亦有相角之勢焉。是「校」可以通「較」,亦可以通「角」矣。蓋古人作字,無論一字有數音,要皆由本音轉注而然;一字有數義,要皆由本義引申而然。音同者,義自可通;義合者,音亦可合。「斠」與「顜」「講」,均从「冓」字得聲。「斠」或爲「顜」、或爲「講」者,同聲通用者也。「較」从「爻」字得聲,「較」「校」均从「交」字得聲,「爻」「交」古音同部。「較」或爲「較」、或爲「校」者,同部通用者也。苟能明乎引申、叚借之義,庶幾聲音、訓詁可施之各得其宜矣。

校勘記

〔一〕「止息」,《後漢書·劉寬傳》下有「亭傳」二字。

〔二〕「治尚書者」,《漢書·鼂錯傳》作「天下亡治尚書者」,於義爲長。

〔三〕「受」,原本作「授」,據《漢書·夏侯勝傳》改。

〔四〕「授自」，《史記·儒林列傳》作「受」。

〔五〕「京兆」，原本作「京北」，據《後漢書·馬融列傳上》改。

〔六〕「詩」，《後漢書》木傳作「韓詩」，當據改。

〔七〕「不可」，《舊唐書》卷一百〇二作「何可」。

〔八〕「理」，原本作「里」，據《太平寰宇記》卷三十二改，即「治」字之諱字。

〔九〕「叔」，原本作「宿」，據《公羊注疏》卷八《穀梁注疏》卷六、《左傳正義》卷十改。

〔一〇〕「邾人于檉」，此乃《左氏》文，《公羊注疏》卷十作「邾婁人于朾」，《釋文》亦云：「朾，《左氏》作『檉』。」

〔一一〕「袲」，原本「衰」，據《穀梁注疏》卷四、《左傳正義》卷七改。《公羊注疏》卷五作「侈」，《釋文》云：「侈，二《傳》作『袲』。」

〔一二〕「六年」，原本作「二年」，據《左傳正義》卷四改。

〔一三〕「衛子」，原本作「衛侯」，據《左傳正義》卷十六改。

〔一四〕「十二年」，原木作「十三年」，據《左傳正義》卷五十六改。

〔一五〕「公會」，原本作「齊人」，據《左傳正義》卷十四改。

〔一六〕「盟」，《公羊傳》《左氏》《穀梁》下并有「于扈」二字。

〔一七〕「宋公」，《公羊傳》《左氏》《穀梁》下并有「衛侯」二字。

〔一八〕「月」，原本作「書日」，據《公羊注疏》卷十一改。

〔一九〕「陳侯」，《公羊》《左氏》《穀梁》下并有「衛侯」二字。

〔二〇〕「公」，三《傳》均無。

〔二一〕「文十七年」，原本作「成二年春」，據《左傳正義》卷二十改。

〔二二〕「深」，原本奪，據《穀梁注疏》卷十五補。

〔二三〕「巢」，原本作「曹」，據《左傳正義》卷十九下改。

〔二四〕「十四年」，原本作「十三年」，據《左傳正義》卷二十改。

〔二五〕「十五年」，原本作「十一年」，據《左傳正義》卷十九下改。

〔二六〕「譚」，原本作「潭」，據《左傳正義》卷八改。

〔二七〕「齊侯」，原本作「齊師」，據《左傳正義》卷三十改。

〔二八〕「楚人」，原本作「楚子」，據《左傳正義》卷十六改；「隗」，《公羊釋文》云：「二《傳》作夔。」

〔二九〕「滅」，原本奪，據《公羊注疏》卷十二補。

〔三〇〕「運」，《左傳》《穀梁》并作「鄆」。

〔三一〕「夷」，原本下衍「儀」字，《公羊》《左傳》《穀梁》并無，今删。

〔三二〕「陳儀」，此《左傳》《穀梁》作「夷儀」。

〔三三〕「郕」，《公羊》《左氏》《穀梁》并作「成」。

〔三四〕「二年」，原本作「元年」，據《左傳正義》卷十八改。

〔三五〕「隱」，原本作「僖」，據《左傳正義》卷三改。

〔三六〕「整」，《左氏》《穀梁》并作「憖」。

〔三七〕「郲婁」，《左氏》《穀梁》并作「郲」。

〔三八〕「宣」，原本作「成」，據《左傳正義》卷二十六改。
〔三九〕「四年」，原本作「五年」，據《左傳正義》卷八改。
〔四〇〕「異辭」，原本作「失辭」，據《公羊注疏》卷一改。
〔四一〕《蜚英閣經説》有《亥有二首六身》一篇，與此篇略近。
〔四二〕「亥」，陳昌治本、段注本《説文》并無。
〔四三〕「四年」，原本作「五年」，據《公羊注疏》卷六改。
〔四四〕「温」，衍字。《史記·儒林列傳》云：「仲舒弟子遂者：蘭陵褚大，廣川殷忠，温吕步舒。」「温」字屬下讀作「温吕步舒」，謂温人吕步舒。
〔四五〕「諫議大夫」，原本作「建議大夫」，據《後漢書》卷六十六改。
〔四六〕「𠂔」，原本作「𣎵」，據《説文·𣎵部》改。《説文》「𣎵」字注云：「艸木盛𣎵𣎵然。」「𠂔」字注云：「止也。从𣎵盛而一横止之也。」
〔四七〕「䇂」，原本作「辛」，據《説文》改。《説文》云：「䇂，辠也。从干、二。『二』，古文『上』字。讀若『愆』。」
〔四八〕「止」，原本作「之」，據《説文》改。
〔四九〕「顭」，即「瀕」字，原本作「頻」，據《説文·頻部》改。
〔五〇〕「車甲」，原木作「車馬」，據《周禮注疏》卷三十一改。
〔五一〕「較爲較」，疑當作「較爲較」。

附録

一、凌曙年表

乾隆四十年(乙未,一七七五)　一歲。

凌曙,字曉樓,一字子昇,江蘇江都人。

父凌士駿,字禹臣,雍正元年(一七二三)生,時年五十三歲。母張氏。劉文淇《先母凌孺人行略》云:「父處士君諱士駿,母張孺人。處士君性淳篤,里中稱長者。張孺人生育繁,家貧無傭,常躬自操作。」

阮元《江都凌君士駿傳》:「凌士駿,字禹臣。其先世江南泰州人,明海樓僉都御史之後也。海樓諱儒,明嘉靖癸丑陳謹榜進士,有直聲。言事遭廷杖,時論韙之,事詳《明史》,著《海樓集》。士駿祖襄,康熙乙卯科武舉人,官古琅所千總。父鸞,國子生,工詩文,屢試不第,授生徒于郡城,因家焉。士駿遂爲江都人。幼孤貧,身親勞苦,手足胼胝,以力養母。妻張氏,亦紡績以佐之,家稍成立。母病,侍湯藥,衣不解帶者數月。母卒,喪葬盡哀禮。有同産兄八人,皆悌敬備至,生養死殯,悉資助之,而自奉則甚約,故人皆以孝弟稱之。士駿讀書識字,僅記姓名。性和易,無急言遽色。里閈有争者,輒以微詞解之,争者斂手退曰:『長者言,不可違。』夫以布衣居鄉里,未有勢利加于人,而人胥聽之,非其生平性行積誠以動人,何人折服之深也?」

姊,乾隆二十年二(一七五七)生,年十九。

乾隆四十四年（己亥，一七七九）　五歲

始就塾讀書。

《四書典故覈自叙》云：「曙幼小就塾，五載，即改習賈。性拙于治生，居市十年，不能裨其家，乃復理舊業。」案，包世臣《清故國子監生凌君墓表》（以下簡稱《凌君墓表》）謂：「君生貧而居市，十歲就塾。年餘，讀《四子書》未畢，即去香作雜傭保，然停作，輒默誦所已讀書，苦不明詁解。」諸家傳記，均依「十歲就塾」之説。然凌曙果十歲就塾，年餘而輟，則識字無多，何以能「默誦所已讀書」？與阮元《江都凌君士駿傳》所云「士駿自悔幼失學，遂教其子讀書」亦不合，當以凌曙自述爲是。

乾隆四十六年（辛丑，一七八一）　七歲

姊年二十五，于歸儀徵劉錫瑜。案，劉錫瑜（一七四九—一八四〇），字懷瑾，號琢齋，先世溧水。父暾、從父曈占籍儀徵，遂爲儀徵人。擅醫術。其子劉文淇撰《先府君行略》（收入《青谿舊屋文集》卷十），包世臣爲撰《劉國子家傳》。

乾隆五十年（乙巳，一七八五）　十一歲

改習賈，赴香作，爲雜傭保。

包世臣《凌君墓表》云：「讀《四子書》未畢，即去香作雜傭保，然停作，輒默誦所已讀書，苦不明詁解。鄰之富人爲子弟延經義師，君乘夜狙其軒外聽講論。數月，其師覺之，乃閉外户，不納君。君憤甚，求得已離句之舊籍於市，私讀之達旦，而日中傭作如故。」案，《清代學人列傳》謂：「年餘，未畢，即去鄉，作雜傭保。」此蓋以未能明「香作」而誤。

乾隆五十四年（己酉，一七八九） 十五歲

外甥劉文淇出生。

乾隆五十八年（癸丑，一七九三） 十九歲

曾燠以上年京察一等，特授兩淮鹽運使，本年到任視事，至嘉慶十年卸職。居揚州時，凌曙由其所選入學。案，曾燠（一七五九—一八三一），字庶蕃，一字賓谷，江西南城人，乾隆四十六年進士，歷任户部主事、都察院副都御史、湖南按察使、湖北按察使、廣東布政使、貴州巡撫等。

乾隆五十九年（甲寅，一七九四） 二十歲

爲童子塾師。

《凌君墓表》云：「年二十，集童子爲塾師，制舉文雖無尺度，而童子嘗從之遊，則書必熟，字必正楷，以故信從漸衆，脩脯入稍多，益市書。」《四書典故覈自叙》：「又以訓蒙，就食他氏。」

嘉慶元年（丙辰，一七九六） 二十二歲

劉文淇八歲，始就外傅，蓋從凌曙學。

嘉慶七年（壬戌，一八〇二） 二十八歲

劉文淇始在梅花書院肄業。

嘉慶九年（甲子，一八〇四） 三十歲

秋，始識包世臣，詢以治學門徑，包世臣授以己所録張惠言説《四書》者，爲之典則。

包世臣《劉國子家傳》：「江淮間有篤行君子曰懷瑾劉君者，嘉慶甲子，余再至揚州，識凌曙曉樓，以識君及君子文淇孟瞻。曉樓，蓋君妻弟也。」

凌曙《四書典故覈自叙》：「至甲子之秋，曙齒且及壯，得識安吴包君慎伯，過從請益，極承勸誘。嘗言：『吾人爲學自治經始，治經自《三禮》始。《三禮》書甚完具，二鄭、孔、賈發明其義甚明且密。推人情之所安，以求當于古先聖王制作之源，則莫不有合焉者。然其文深出，其説散見，非細心沈慮，則莫能總其條理，要其指歸。制義一事，于學甚微末，然能使人束其心，静其氣，鋭其思，審其識。故欲治《三禮》者，當先精制義之法。制義依《四子書》以立言，而四子之説有涉于制度、文物者，非詳考而慎擇之，則不能以措詞。武進故編修張皋文先生，儒宗也。其事舉子業時，嘗辨《四子書》中漢説之當從者數十事，手書成帙。今以授吾子，吾子反復之，以得讀書之法而增擴之，則爲學之術莫近于此矣。』曙謹受之，不敢忘，不敢怠。少間，時自書所得者，以質于包君。其所指摘，若振槁發翳。又爲論制禮之源，約謂：『禮本人情，以即于安。故禮者，治人之律，而《春秋》則其例也。《春秋》之旨，僅存于《公羊》。得何氏闡其説，然後知禮之不可頃刻使離于吾身。故不通鄭氏書者，不知何氏之平允；不通何氏書者，不知鄭氏之精當也。武進庶常李申耆先生，吾黨之冠也。吾子能相從至常州，當介于庶常，以別其緒，疏其流，不似吾荒落，僅舉大略而已。』

嘉慶十年（乙丑，一八〇五）　三十一歲

本年，凌曙爲李天澂刻《指鴻閣詩鈔》一卷。案，李天澂（一七五〇—一八一七），字公懷，號瘦仙，江蘇江都人。善書畫，與包世臣友善。

嘉慶十一年（丙寅，一八〇六）　三十二歲

春，隨包世臣拜訪李兆洛。凌曙《四書典故覈自序》：「丙寅春，曙遂隨包君至申耆先生家，親承指授，筆記其略。歸，按之于籍，始知其言之有旨，辨之非夸。紬繹既久，漸能錯綜推廣其意。乃就《四子書》之舊次，編輯爲《典故覈》若干卷。」案，李兆洛（一七六九—一八四一），字申耆，晚號養一老人，陽湖（今江蘇常州）人，嘉慶十年進士，改翰林院庶吉士，授鳳臺知縣，丁父憂去職，不復出。主講江陰暨陽書院二十餘年，精輿地、考據、訓詁，學主今文，著有《養一齋集》二十卷，輯有

《駢體文鈔》《歷代地理韻編》《皇朝一統輿圖》《歷代地理沿革圖》《海國集覽》等。

是年，父士駿卒，守制，作《禮論》。阮元《江都凌君士駿傳》：「嘉慶十一年卒，年八十有四。」包世臣《凌君墓表》云：「君時方家居讀禮，以喪服爲人倫大經，後儒舛議，是非頗謬，作《禮論》百篇，引伸鄭義。」

秋，洪梧就聘揚州梅花書院山長。凌曙從其學。洪梧《四書典故覈序》：「予昨歲主講梅花，則欲與諸生爲通經之學，首令纂《公羊通禮》《周官六聯表説》及《論孟水地通釋》《儀禮十七篇節目詳考》《左傳五十凡論》《詩經通禮》，皆日有程，月有課，灑灑乎可觀矣。凌生曙執所業進。」案，洪梧（一七五〇—一八一七），字桐生，號東弧，安徽歙縣人，乾隆五十五年進士，由編修官沂州知府。夏寶晉《冬生草堂文鈔》卷一有其墓志銘。

十二月初五，朱珪去世。案，朱珪（一七三一—一八〇六），字石君，號南崖，祖籍浙江蕭山，隨父宦京師，籍大興，乾隆十二年進士，授翰林院編修，升侍講，充日講起居注官。乾隆四十五年任福建學政，五十九年任兩廣總督，卒謚文正。

嘉慶十二年（丁卯，一八〇七）　三十三歲

正月二十三日，洪梧、伊秉綬、貴徵、包世臣在揚州梅花書院設位公祭朱珪。

春，李兆洛至揚州，凌曙以《四書典故覈》呈請删正。凌曙《四書典故覈自序》云：「丁卯春，申耆先生入都，過揚州。曙以藁本呈閱，重荷獎借，以爲能卒編修之業。爲留數日，加以删正。」

夏，《四書典故覈》清稿成，就教于洪梧及貴徵。凌曙《四書典故覈自序》：「是夏，録出清本，以質于吾師洪桐生、貴仲符兩先生，咸蒙許可。」

八月，洪梧爲凌曙《四書典故覈》作序，云：「予覽其書，於《四子書》制度典物，能博採經説傳疏及古今人論議之諦當者，皆明之於心而後注之于手，與徑書經文疏義者迥辨。非通明各經及本書，安能如是之燭照而數計也？」

十月，貴徵爲凌曙《四書典故覈》作序，謂：「曉樓雖貧苦，而績學不倦如古人。其爲文，俱有經術。」

嘉慶十三年（戊辰，一八〇八） 三十四歲

正月，沈欽韓北上，過揚州，訪洪梧。《幼學堂詩稿》卷九《五君咏》序云：「歲之正月，欽韓懷牒北上，過維揚。前沂州守洪君梧邀集梅花書院，泛州東湖，賦詩而別。」

二月，凌曙作《四書典故覈自叙》。

秋，結識包世榮於揚州。包世臣《十九弟季懷學詩識小録序》云：「戊辰秋，乃携季懷至揚州。世臣出遊久，多識前輩，得讀書之要領。揚州士人常過從者，輒以所聞授之。而江都凌曙曉樓至誠篤，曉樓之甥、儀徵劉文淇孟瞻尤穎慧。時歙洪桐生先生主講梅花書院，善世臣甚。世臣所許可者，輒召入院，膳給之，使與其養子敏回、子駿，甥閔宗肅子敬共几席。世臣以曉樓熟《禮記》，遂與之言鄭氏《禮》而使治之；孟瞻好《詩》，遂使治毛、鄭氏《詩》。」案，包世榮（一七八三——一八二

六），字季懷，安徽涇縣人，包世臣從弟，道光元年舉人，隨包世臣遊揚州，與凌曙、薛傳均、劉文淇、姚配中相善。著有《毛詩禮征》十卷、《因成訓詁》八卷等。

嘉慶十四年（己巳，一八〇九）　三十五歲

九月，與包世臣等集芍園，至天寧門散後，與包世臣、鄧修誠送武進趙懷玉至便益門。趙懷玉《亦有生齋集》卷二十五有《同人至天寧門皆散，包（世臣）、凌（曙）、鄧（修誠）三君復送至便益門》詩，云：『執手城東月已高，莫言秋水不容刀。花潭只有汪倫送，李白當年無此豪。』

本年，婺源江之紀遊揚州，結識凌曙。案，江之紀，字修甫，號石生，婺源人。道光六年進士，歷任金匱、常熟知縣，欽加直隸州知州銜。著有《白圭堂詩鈔》六卷、《續鈔》六卷。

嘉慶十五年（庚午，一八一〇）　三十六歲

由明經赴舉入都，爲阮元輯《經郛》，始從事於《春秋繁露注》。洪梧《春秋繁露注序》云：「由明經赴舉京兆，從遊阮侍郎之門，佐集經籍。」包世臣《凌君墓表》：「及入都，爲雲貴總督、儀徵阮芸臺校輯《經郛》，盡見魏晉來諸家《春秋》説，深念《春秋》之義存於《公羊》，而《公羊》之學傳自董子。董子《春秋繁露》原天以尊禮，援比以貫類，旨奥詞賾，莫得其會通，乃博稽旁討，承意儀志，梳其章，櫛其句，爲注十七卷。」案，《雷塘庵主弟子記》載，阮元於嘉慶九年四月撰《經郛》，手定體例分纂，時在浙江巡撫任。後丁父憂，撰《十三經注疏校勘記》；十二年服闋入都，旋再授浙江巡撫，乃鋭意剿匪；十四年九月，因劉鳳誥監臨舞弊案革職。十五年，在京自編録《十三經經郛》。至十六年四月，編成一百餘卷，因採擇未周，艱于補遺而未刻。凌曙助輯《經郛》，即在其間，故繫之本年。

嘉慶十七年（壬申，一八一二）　三十八歲

凌曙自京歸。洪梧《春秋繁露注序》云：「三載歸，《繁露》諸篇，皆能通究本末。」秋，凌曙自録《春秋繁露注》第四過（見《春秋繁露注》稿本卷七自注），自秋徂冬，四閲月而後抄成。

嘉慶十九年（甲戌，一八一四）　四十歲

凌曙寓吴門，教讀朱珪曾孫甘霖、香霖於知足齋。《春秋繁露注》稿本有注云：「十九年秋七月，校《春秋繁露注》于朱文正之知足齋，時寓吴門。」朱文正即朱珪。

是年，顧廣圻入孫星衍幕，居揚州。顧廣圻《西園感舊圖序》云：「省甲戌、丙子際，同孫觀察伯淵先生在揚州，蹤跡彌稔。戊寅之春，山翁遂見招，料理觀察遺書殘稿。屢移所住，最後即近西園側之斗母道宫，累數晨夕。明年秋中，事竣而還。」

嘉慶二十年（乙亥，一八一五）　四十一歲

四月既望，凌曙作《春秋繁露注自序》。

五月初十日，洪梧爲凌曙作《春秋繁露注序》，稱：「乃搆求善本，重加釐正。又復采列代之舊聞，集先儒之成説，爲之注釋。及隋唐以後諸書之引《繁露》者，莫不考其異同，校其詳略。書目、姓氏，咸臚列于下方。」又謂：「至于是書之善，正誼明道，貫通天人，非予膚淺之識所能推見。登堂食胾，願以俟諸好學深思之士。」則凌氏注不以疏通義理爲事也。

嘉慶二十一年（丙子，一八一六）　四十二歲

本年，王豫輯《江蘇詩徵》成，請阮元審定。阮元《江蘇詩徵序》言：「丙子歲，輯成五千四百三十餘家，勒爲一百八十三卷，屬余訂之。余方馳驅豫、楚，心力不足，目力亦昏，不能如在浙時從事于此。束其稿入粤。」

嘉慶二十二年（丁丑，一八一七）　四十三歲

洪梧卒，年六十八。七月庚戌，劉文淇撰《祭洪桐生師文》，包世臣、翟慎典、凌曙、包世榮、薛傳均、劉文淇等致祭。

十月二十二日，阮元調兩廣總督，到任接印。

本年，李天澂卒，年六十八，葬揚州東門外英山。《光緒江都續志》卷二十五：「李天澂，字公懷，號瘦仙。性幽摯，不事繩檢。精醫，工書，尤好韻語，刻邃屈强，力避時尚。與二三同志，結西林吟社，友誼敦篤，幾於古人。生平不娶，亦治生。衣敝履穿，弗恤也。著有《指鴻閣詩鈔》《瘦仙遺草》。卒年六十有八。知府伊秉綬爲之書墓碑曰『皇清處士瘦仙李公墓』。」

嘉慶二十三年（戊寅，一八一八） 四十四歲

入阮元兩廣總督幕，課其子。包世臣《凌君墓表》云：「嗣阮公出鎮，延君入粵，課公子。」案，凌曙《春秋公羊禮疏》卷末有「受業儀徵阮福校」「受業儀徵阮祜校」者，則凌曙所教授，即阮福、阮祜。

又與江藩、許珩校訂王豫輯《江蘇詩徵》。阮元《江蘇詩徵序》云：「東其稿入粵，同里江君鄭堂藩、許君楚生珩、凌君曉樓曙皆在粵館，爰屬三君子删訂校正之。」是書道光元年刻成。

嘉慶二十四年（己卯，一八一九） 四十五歲

在阮元幕府。

閏四月，凌曙於粵東節署作《春秋公羊禮疏序》。

劉文淇《句溪雜箸序》云：「近人如曲阜孔氏、武進劉氏，謹守何氏之説，詳義例而略典禮訓詁；歙金氏、程氏習鄭氏《禮》，顧其所箸書，往往自立新義，顯違鄭説。先舅氏愍然憂之，慨然發憤。其於《公羊》也，思別爲義疏，章比句櫛，以補徐氏所未逮；其於《禮》也，思舉後儒之背鄭氏者，一一駁正之。惜晚年病風，精力不逮，僅成《公羊禮疏》十一卷、《禮論》百餘篇。」

端陽日，凌曙作《公羊禮説自序》，云：「慨自李唐之世，趙匡争鳴；趙宋之朝，劉敞横議。是以禘制全乖，廟義未允。綿蕞不習，誰從稷嗣之君？芻豢未勝，孰訪膠西之相？屬辭比事，經生惡其煩苛；厭故喜新，學者趨於簡易。未析全經之旨，已誇獨得之奇。檢式蕩然，藩籬决矣。」「於是考群儒之説，綜列史之文，學尋墜緒，業守顓門，撰《公羊禮説》一卷，屈彼空言，伸兹孔見。議必徵諸古人，論不離於師法，要使禮歸至當，不越三百、三千。如或義有未安，寧憚十詰、十難？匪攄豪以逞辭，懼違經而惑衆。」

夏，《春秋公羊禮疏》十一卷、《春秋公羊問答》二卷同時付梓。

秋八月暨望，凌曙於粤東節署撰《春秋公羊问答序》，别作《春秋公羊禮疏序》。

嘉慶二十五年（庚辰，一八二〇） 四十六歲

六月二十八日，李兆洛在粤，爲凌曙《壞室讀書圖》題詩，且謂：「丙寅歲，始識曉樓於維揚。閲十五年，乃復於粤東相遇，而咫尺不得奉面，以圖見示，并自述叙。率詩爲復，兼廣所懷。」案，嘉慶十一年，凌曙隨包世臣拜訪李兆洛於家中，此謂於維揚者，疑爲李兆洛誤記。

本月，吴育作《壞室讀書圖序》。案，吴育（生卒年待考），字山子，江蘇吴江人。能文，擅篆書，與包世臣、李兆洛相友善。

冬，凌曙自阮元幕府返回揚州，陳立從其學。劉文淇《句溪雜箸序》：「先舅氏凌曉樓先生自粤中返里，家居授徒。卓人年甫舞勺，受業於門。天資疑悟，已具成人之概。」案，陳立（一八〇九—一八六九），字卓人，號默齋，江蘇句容人。道光十四年舉人，二十一年進士，官刑部主事、江

西司郎中、曲靖府知府。著有《公羊義疏》七十六卷、《白虎通疏證》十二卷、《句溪雜箸》五卷等。

包世臣《十九弟季懷學詩識小録序》云：「曉樓由都下入粤，倦遊而歸，遷治鄭氏者治何氏《公羊》，成《公羊禮》《公羊補疏》《禮書》數十卷，雖未能精善，然工力不可誣也。」

道光元年（辛巳，一八二一）　四十七歲

二月，劉文淇爲凌曙《春秋公羊問答》作序。此序與《蜚雲閣叢書》卷首之序同，《青谿舊屋文集》卷五題作《凌氏叢書序》。

十二月八日，凌曙作《儀禮禮服通釋序》，謂徐乾學《讀禮通考》「持論稍偏，不能慎選，往往取後世之臆説，而駁先儒之傳注」，乃「就喪期二十九卷，删爲六卷，仍以禮服爲經，而傳記、群説爲緯，其有合于經傳者存之，并不拘以時代」。

冬至後一日，顧廣圻爲凌曙《壞室讀書圖》作序，云：「凌君曉樓自粤歸，出《壞室讀書圖》相示。」原圖卷末有云：「時道光元年，歲在辛巳，立冬後一日，元和顧千里跋于邗上旅次。」江之紀爲凌曙題《壞室讀書圖》，見《白圭堂詩續鈔》卷四。

道光二年（壬午，一八二二）　四十八歲

二月十七日，周濟爲凌曙題《壞室讀書圖》，自注云：「客臘爲曉樓題照未畢，而京口債主適至，遂不能續。今年將續成之，而筆墨、時令皆非其宜，不若留本來面目之爲愈也。曉樓達者，宜不爲怪。壬午二月十七日，介存周濟。」案，周濟（一七八一—一八三九），字保緒，又字介存，號未齋，荆溪（今江蘇宜興）人，嘉慶十年進士，官淮安府學教授，精詞學。著有《周氏止庵詞辨》二卷、《介存齋論詞雜箸》一卷、《介存齋詩》六卷、《味雋齋詞》一卷、《周止庵遺稿》四卷等。

四月三日，凌曙作《禮論序》。

八月二日，姊卒，年六十六。甥劉文淇作《先母凌孺人行略》。

本年，妾嚴氏生子鏞。

本年，曾燠以巡撫銜巡視兩淮鹽政，至六年卸任。

道光三年（癸未，一八二三）　四十九歲

秋，黄承吉作《題凌曉樓（曙）壤室讀書圖即贈》詩。案，黄承吉（一七七一—一八四二年），字謙牧，號春谷，江蘇江都（今揚州）人。嘉慶十年進士，曾官廣西興安、岑溪等縣知縣，與焦循、江藩等友善，擅詩，精小學，著有《字詁義府合按》《夢陔堂文説》等。此詩載黄氏《夢陔堂詩集》卷二十三，其上有《秋齋憶海禪歸蘭山久無消息》及《秋老》詩，其下有《除夕感懷》及《甲申元日》詩，故繫本年。

道光四年（甲申，一八二四）　五十歲

劉文淇《句溪雜箸序》：「先舅氏客授他氏，卓人遂學於梅君藴生，受詩文之法，學日進。」案，梅植之（一七九四—一八四三），字藴生，號嵇庵，江蘇江都（今揚州）人。道光十九年舉人，著有

《嵇庵詩集》十卷、《文集》二卷。

道光五年(乙酉,一八二五) 五十一歲

春,凌曙回揚州,瘁於纂書。陳立復從之學。劉文淇《句溪雜箸序》:「乙酉春,先舅氏復家居,閉户箸述,精《公羊春秋》,兼通鄭氏禮。卓人復從受經,飫聞緒論,斐然有著述之志。」

毛嶽生再遊閩還,至揚州。七月八日,爲凌曙題《壤室讀書圖》,又作《書凌子昇論程氏喪服足徵殤服文後》,見所著《休復居文集》卷二。

十二月二十九日,凌曙病重。凌曙《禮論略鈔後序》云:「以風淫末疾,人事不省,數日乃定。」乃以《禮論》未刻,子育兒尚幼爲念,托付儀徵阮亨梅叔、江都陳逢衡。乃將《禮論》「原稿八卷寄呈上宫保尚書兩廣制軍阮公誨正。後得回書,宫保俯念微忱,已將原稿删改,刻入《大清經解》中。」案,陳逢衡(一七七四—一八五五),字履長,號穆堂,江蘇江都人,諸生,長於考據,著有《竹書紀年集證》五十卷、《逸周書補注》二十四卷、《穆天子傳注補正》六卷、《讀騷樓詩集》二卷、《文集》二卷。

是年,陳均、毛嶽生以凌氏所著《禮論》呈請曾燠(賓谷)作序,并薦入其幕。曾燠先後薦其入泰州鹽分司柴、陳二人幕中。案,陳均(一七七九—一八二八),原名大均,字受笙,海昌(今浙江海寧)人。阮元門生,工詩,善書畫。著有《松籟閣集》。嘉慶二十四年,與凌曙相識于阮元兩廣總督府。後入巡撫銜巡視兩淮鹽政曾燠幕。毛嶽生(一七九一—一八四一),字生甫(又作申甫),一字蘭生,號休復,江蘇寶山(今屬上海)人,毛際盛之子,蔭襲雲騎尉,改文學生。少有詩名,周遊閩贛

十餘年，佐人撰述，從姚鼐遊，工詩古文詞。著有《休復居詩文集》十二卷。道光五年至六年，毛嶽生來揚州，入巡撫銜巡視兩淮鹽政曾燠幕，與屠倬、洪梧、貴徵、鄧顯鶴、凌曙等相往還。

道光六年（丙戌，一八二六）　五十二歲

二月廿日，凌曙《禮論》八卷，除刻入《皇清經解》者外，由毛嶽生選定一卷，凌氏作《禮記略鈔序》。

三月，陳逢衡、阮亨在揚州爲凌曙刻《禮論略鈔》。

四月二十日，毛嶽生爲凌曙《禮論略鈔》作序。

八月一日，凌曙作《禮論略鈔後序》。

九月十八日，包世榮卒，年四十三。

本年，金望欣訪凌曙、毛嶽生於董子祠，與凌曙同作詩，紀念明末揚州轉運使楊時熙。凌曙詩今未見。金望欣作《題楊節愍公畫像》，其序云：「公諱時熙，字知白，明季署揚州轉運使。城破，與其子、諸生廷棟俱殉節，事詳《明史·史公可法傳》及《揚州府志》《臨海縣志》。本朝賜謚節愍。轉運司署景賢樓，有公畫像。景賢樓舊因仰董江都相而名，後遂訛公像爲董子像。道光三年，都轉錢公恬齋遷去，張公雲巢受代，登樓瞻拜，疑衣冠皆明制，非漢硬驅儀。檢核史乘，知爲公像，屬吴江郭麐祥伯爲文以祭之。六年，余訪江都凌曙曉樓、寳山毛嶽生生甫於董子祠，得瞻公像，并讀祥伯《景賢樓畫像記》、生甫《像贊》，與曉樓同爲詩，書其後。」（《清惠堂集·詩四》）

凌曙等爲李瘦仙遷葬。王翼鳳《舍是集》卷一有《拜李瘦仙（天澂）處士墓》，題注云：「舊在城東門外英山，金近園孝廉與凌曉樓上舍爲改葬雙樹庵側。」梅植之《嵇庵詩集》卷二有《聞李瘦仙（天澂）移墓城西隆慶寺側，詩奠之》。黄承吉作《有客爲詩人李瘦仙移墓并徵詩表之》（《夢陔堂詩集》卷二十七）。

刻《禮論略鈔》於揚州汪耀南書局，歸蜚雲閣藏版。

道光七年（丁亥，一八二七）　五十三歲

本年，凌曙卧病董子祠，命弟子陳立改從劉文淇學。劉文淇《句溪雜箸序》云：『洎先舅氏卧病董子祠中，令卓人問字於余。』

陳逢衡作《歲暮柬凌曉樓（曙）董子祠》詩。

道光八年（戊子，一八二八）　五十四歲

五月，黄承吉作《凌曉樓養痾董子祠内，不相見者三四年矣。昨藴生述及見懷，乃予亦正以是日與友人談念，因賦四律簡之》，又作《過董子祠晤曉樓，劇談。翼日，更賦簡之》詩。

道光九年（己丑，一八二九）　五十五歲

春，陳逢衡爲凌曙題《壤室讀書圖》。

五月二十六日，凌曙卒，年五十五。八月八日，劉文淇葬凌曙于凌氏雙墩祖塋，以表墓之文屬之包世臣。包世臣《凌君墓表》云：「君繼患風痺，養痾於董子祠之南偏道院，遂以道光九年五月二十六日卒於寓廬，年五十有五。鏞雖始齔，哀慕如成人。劉君卜以是年八月八日祔君於雙墩北原之祖墓，與范合封；又圖所以不朽君者，以屬予。予謂：汪君雖博鑒强記，而特工文辭，鉅公推挽者多。晚以饒裕，然勤學亦稍殺减矣。君獨尚樸學，南北奔走，皆以校書授讀爲事，未嘗與斯世通羔雁。脩脯而外，未嘗入可以無取之財。予每過從，君必危坐據案，左手繙卷册，右手持筆，客至前而不見。蓋自締交以來，廿餘年如一日。君得於天者後汪君，而人力堅緻，終始不渝，則殆於過之。」

王翼鳳《舍是集》卷三《奉挽凌曉樓（曙）先生》云：「躡潮學海舊升堂，歸卧邱園足弗良。修廢議争祠董相，依經禮遂守公羊。文章自出原堪付，頭角孤獨且異常。身世不須悲寂寞，秪餘臣質哭今亡。」（自注：重修董子祠，是先生創議，力請於當事者。）

包世臣《清故文學薛君之碑》云：「予弱冠展側江淮間，常自病盗虚聲，無根柢。物色樸學，得陽湖黄乙生小仲，通鄭氏《禮》，行不違其言；武進劉逢禄申受，通何氏《春秋》、虞氏《易》，雖涉事迂疏，而好學出自天性；江都凌曙曉樓，治何氏《春秋》、鄭氏《禮》，困學而不厭；同邑胡世琦玉樵，墨守鄭氏，有綴殘補缺之勤；嘉定潘鴻誥望之，能錯綜許鄭，以適大義；丹徒柳興宗賓叔，治《詩》《禮》《史》《漢》，能依雅訓以捍俗説；楚楨之上貢，故崇漢學，能不墜其家法；儀徵汪穀小城，覃精許鄭，尤長於輿地；黟俞正燮理初，通鄭氏《禮》、杜氏《春秋》；烏程凌堃厚堂，綜漢義，説

《易》《禮》《春秋》數十萬言，與理初并長，推步算術。蓋吴越英儁，略備於斯已。然必守許氏以推原賈、馬、鄭、服詁訓者，卒莫如子韻之善。」

劉文淇携凌曙子、表弟凌鏞歸，仍延方申（端齋）課讀。劉文淇《文學方君傳》：「余舅氏凌曉樓先生重其爲人，命其子鏞師事之。道光己丑，舅氏卒。時鏞方八歲，余携之歸，而仍延君課鏞讀。」劉寶楠《清故優貢生候選儒學訓導劉君墓表》亦云：「凌君極貧，遺孤毓瑞，君收育之，延同里方申爲師，并補諸生。申通《虞氏易》，毓瑞通《公羊春秋》，皆君教也。」道光十年，劉文淇又作《與沈小宛先生書》，爲凌曙《公羊禮疏》請序，云：「先舅氏曉樓先生所著書最精者，莫如《公羊禮疏》，誠如來教所云。但此書博引舊説，無所引申，恐後人有襲取之者。極知先生不喜《公羊》，然先舅氏一生勤學，非先生孰表章之？倘能賜序一篇，幸甚。」而沈欽韓則於道光十一年十二月二十日卒。

道光二十一年，凌鏞入江都學。劉文淇《文學方君傳》云：「辛丑，凌鏞亦以經解受知於督學毛公，入江都學。」《光緒江都續志》卷二十四下：「子鏞，後名毓瑞，諸生，能承其學。」案，凌鏞卒年未詳，知其輯《關聖帝君覺世真經集證》二卷，有光緒六年（一八八〇）蜚雲閣刻本。

二、生平傳記

清故國子監生凌君墓表

包世臣（《藝舟雙輯》卷四）

江都有生於孤露，不假師資，自力學以成名者二人：曰拔貢生汪中容甫，國子生凌曙曉樓。予以嘉慶六年遊揚州，則汪君前卒。及十年再至，乃識凌君。君生貧而居市，十歲就塾。年餘，讀《四子書》未畢，即去香作雜傭保，然停作，輒默誦所已讀書，苦不明詁解。鄰之富人爲子弟延經義師，君乘夜狙其軒外聽講論。數月，其師覺之，乃閉外户，不納君。君憤甚，求得已離句之舊籍於市，私讀之達旦，而日中傭作如故。年二十，乃棄舊業，集童子，爲塾師，稍稍近士人。然或僿陋，不足當君意，故君學爲世俗制舉，文無尺度，同人亦莫肯爲言者。而童子嘗從君遊，則書必熟，作字正楷，以故信從衆，脩脯入稍多，益市書。君有甥，儀徵優貢生劉文淇，少貧如君。君愛其穎悟，不忍棄之逐末，自課之，且教且學。劉君齒未壯，即以淹通經史，知名江淮間，而其學實自君出。君初識予，問所當治業。予曰：「治經必守家法。專治一家，以立其基，則諸家可漸通。然心之爲用，苦則機窒，樂則慧生。機窒者，常不卒其業。凡讀書不熟，則心以爲苦。君自取熟者治之，可也。」以君熟於禮，遂勸君治鄭氏；又以古注義皆激射回互，非深通文法，則蒼黄不能得情事，因勸君先誦嘉隆經義三十首，每首以三百過爲度。君既習之，得體勢，乃出故編修、武進張惠言所輯

《四子書》漢説數十事，及予與庶常、陽湖李兆洛增綴未就之稿授君，以爲治經式。君既明古人文法隱顯疾徐之故，益樂益憤。歲餘，稽典禮，考故訓，補其不備，爲《四書典故覈》六卷，以見知於故梅花山長、沂州知府、歙洪梧。君既治鄭氏得要領，又從今寧國訓導、吴沈欽韓問疑義，益貫串精審。嗣聞今儀制、武進劉逢禄論何氏《春秋》而好之。及入都，爲雲貴總督、儀徵阮芸臺校輯《經郛》，盡見魏晉來諸家《春秋》説，深念《春秋》之義存於《公羊》，而《公羊》之學傳自董子。董子《春秋繁露》原天以尊禮，援比以貫類，旨奥詞賾，莫得其會通，乃博稽旁討，承意儀志，梳其章，櫛其句，爲注十七卷。又别爲《公羊禮疏》十一卷、《公羊禮説》一卷、《公羊問答》二卷。嗣阮公出鎮，延君入粤，課公子。君時方家居讀禮，以喪服爲人倫大經，後儒舛議，是非頗謬，作《禮論》百篇，引伸鄭義。洎至粤，與阮公商榷，删合爲三十九篇，爲一卷。凡君所著書，三十八卷，五十餘萬言，皆有顯證，遠雷同附會之陋，足爲來學先路。君娶同邑范，無出。别宅嚴，舉子鏞，而范尋殁。君繼患風痺，養痾於董子祠之南偏道院，遂以道光九年五月廿六日卒於寓廬，年五十有五。鏞雖始齓，哀慕如成人。劉君卜以是年八月八日祔君於雙墩北原之祖墓，與范合封；又圖所以不朽君者，以屬予。予謂：汪君雖博覽强記，而特工文辭，鉅公推挽者多。晚以饒裕，然勤學亦稍殺減矣。君獨尚樸學，南北奔走，皆以校書授讀爲事，未嘗與斯世通羔鴈。脩脯而外，未嘗入可以無取之財。予每過從，君必危坐據案，左手繙卷册，右手持筆，客至前而不見。蓋自締交以來，廿餘年如一日。君得於天者後汪君，而人力堅緻，終始不渝，則殆於過之，是不可以不銘。銘曰：

凌氏之先，泰州著籍。儒歷僉憲，明史稱直。曾祖曰襄，武長千夫。祖鸞、父鶩，乃寄江都。

君窶且魯，好學根性。自知讀書，不隰而正。古有都養，抑聞牧豬。十五年所，其精不遹。吁嗟凌君，遠與爲儕，名則既振，福迺不皆。抉經之心，以一何鄭。排斥詖辭，章明先訓。粵有慶允，泣抱遺書，修德必報，成此藐諸。

清史稿・凌曙傳

（《清史稿》卷四百八十二）

凌曙，字曉樓，江都人，國子監生。曙好學根性，家貧，讀《四子書》未畢，即去鄉，雜作傭保，而績學不倦。年二十，爲童子師，問所當治業於涇包世臣，世臣曰：「治經必守家法。專法一家，以立其基，則諸家漸通。」乃示以武進張惠言所輯《四子書》漢説數十事。曙乃稽典禮，故古訓，爲《四書典故覈》六卷，歙洪梧甚稱之。既治鄭氏學，得要領，又從吳沈欽韓問疑義，益貫穿精審。後聞武進劉逢禄論何氏《公羊春秋》而好之。及入都，爲儀徵阮元校輯《經郛》，盡見魏晉以來諸家《春秋》説，深念《春秋》之義存於《公羊》，而《公羊》之學傳自董子，董子《春秋繁露》識禮義之宗，達經權之用，行仁爲本，正名爲先，測陰陽五行之變，明制禮作樂之原，體大思精，推見至隱，可謂善發微言大義者，然旨奥詞賾，未易得其會通。淺嘗之夫，横生訾議。經心聖符，不絶如綫，乃博稽旁討，承意儀志，梳其章，櫛其句，爲注十七卷。又病宋元以來，學者空言無補，惟實事求是，庶幾近之，而事之切實，無過於禮，著《公羊禮疏》十一卷、《公羊禮説》一卷、《公羊問答》二卷。家居讀禮，以喪服爲人倫大經，後儒舛議，是非頗謬，作《禮論》百篇，引申鄭義。阮元延曙入粵，課諸子。曙書與元商榷，乃删合爲三十九篇，爲一卷。道光九年卒，年五十五。曙有甥儀徵劉文淇，貧而穎悟，愛而課之，遂知名，其學實自曙出云。（《光緒江都縣續志》卷二十四下）

凌曙傳

凌曙，字曉樓，監生。父士駛，以力養母，性和易，里閈稱長者。曙生貧而居市，十歲就塾，未畢《四子書》，即去，入香作，雜傭保。中停作，輒默誦所已讀書。鄰之富人爲子弟延經義師。曙夜狙其軒外，聽講論。年二十，乃棄舊業，集童子爲塾師，脩脯入稍多，益市書。涇包世臣以曙熟於《禮》，勸治鄭氏學。曙又從吴縣沈欽韓、武進劉逢禄問疑義，益貫串精審，博聞緒論，研究經訓，成《公羊禮疏》十卷、《公羊禮説》一卷、《公羊問答》二卷。大旨謂：治經自三《禮》始。三《禮》書，剛直不阿。鄭發明其義，推人情所安，以求當於古。故《禮》者，治人之律，而《春秋》則其例。《春秋》之旨，僅存於《公羊》。得何氏闡其説，然後知禮之不可頃刻離於吾身。故不通鄭氏書者，不知何氏之平允；不通何氏書者，不知鄭氏之精當。何氏《解詁》，言禮甚詳；徐氏之疏，乃詳於例而略於禮，未能如孔、賈之該洽。乃取徐氏之《疏》而補疏，義若隱略，則更表明。自鄭氏三《禮》注，晉、宋諸《志》，《通典》，《唐·志》，苟有合於何義者，罔不甄綜[二]焉。又著《禮論》一卷，專發明《儀禮·喪服》之義，其宗旨備於《自序》。大略謂：自鄭康成《禮》注既行，後之治《禮》者，以鄭氏爲大宗。唯王肅好與鄭争異，晉武爲王肅外孫，故多與王説，以致廟制用王肅之議，而終晉之世，太祖不得正東鄉之位。其時儒者，或仲鄭以難王，或據王以攻鄭，然從鄭學者多。唐人作《禮》疏，亦專宗鄭説。唐代典禮，多違古義。延及宋、元，敖氏、郝氏，臆説談經。近儒知崇漢學，然尚不免改鄭君之舊轍，助敖、郝之狂瀾，故辨正諸儒之説，而受裁於鄭氏云。又以《公羊》之學，漢儒惟董仲舒獨得其精義，識《春秋》之得失頗詳。仲舒名明於《春秋》，其傳公羊氏也。今所存者，唯《春秋繁露》十有七卷。乃采列代舊聞，集先儒成説，爲《春秋繁露注》十有七卷。又以《四子書》列於學官，與五經并重，固當發明聖賢意旨，然典章名物，聖人所以治天下之具。但言義理而忽於名物，於聖賢心性，究極精微，然如紫陽爲直接孔孟之人，其《集注》則顯與列經相背。山節藻棁，若不知有《明堂位》諸篇。後之學者，不可不知。讀《四子書》者，亦當以經解經，徵引訓詁，庶義理、典章，兩無遺缺，著《四書典故覈》五卷。凡著書五十萬餘言，皆有顯證，遠雷同附會之陋。早年見知於沂州知府洪梧，又從阮文達公元入都，校輯《經郛》，删定《江蘇詩徵》；同入粤，南北奔走，皆以校書授讀爲事。脩脯而外，未嘗入可以無取之財。曙有甥儀徵劉文淇，少貧甚。曙愛其穎悟，自課之，且教且學。文淇齒未壯，即以淹通經史，知名江淮間，由曙教也。子鏞，後名毓瑞，諸生，能承其學。（《揅經室集》暨《安吴四種》）

凌曙傳

支偉成（《清代樸學大師列傳·皖派經學家列傳第六》）

凌曙，字曉樓，江蘇江都人，國子生。少甚貧，十歲甫就塾，讀《四子書》。年餘，未畢，即去香作雜傭保，然得間輒默誦所已讀書，苦〔二〕不通解。鄰有富人爲子弟延師者，乃乘夜隱軒外聽講論；數月，師始覺而斥之。憤甚，於市求已句點之舊籍，讀之達旦，日中仍傭作如故。年二十，集童子爲塾師，制舉文雖無尺度，而童子嘗從之遊，則書必熟，字必正楷，以故信從漸衆，脩脯入稍多，益市書。初識包世臣，問所當治業，語以「治經必守家法。專治一家，以立其基，即諸家可漸通」。以其熟於禮，遂勸攻鄭氏，并授以張惠言所輯《四書漢説》數十事，及世臣與李兆洛等增綴未就之稿，用爲治經式。感勉孟晉，歲餘，稽典禮，考故訓，補其不備，爲《四書典故覈》六卷，見知於梅花山長洪梧。既治鄭氏得要領，嗣聞劉逢禄論何氏《春秋》而好之。及入都，主阮元所，得盡睹魏晉來諸家《春秋》説。深念《春秋》之義存於《公羊》，而《公羊》之學傳自董子。《繁露》一書，原天以尊禮，援比以貫類，旨奥詞賾，莫得其會通；乃旁討博能，承意儀志，梳其章，櫛其句，爲注十七卷。又别爲《公羊禮疏》十一卷，《公羊禮説》一卷，《公羊問答》二卷。阮元督粵，延課其子。時方家居讀禮，以喪服爲人倫大經，後儒舛議，是非頗謬，作《禮論》百篇，引伸鄭義。逮至粵，與阮商榷，删合爲三十九篇爲一卷，凡所著書三十八卷，五十餘萬言，事有顯證，遠雷同附會之陋。卒年五十有五。

校勘記

〔一〕「綜」，原本作「粽」。

〔二〕「苦」，原本作「若」。

三、題跋提要

蜚雲閣叢書序代阮文達公作

劉毓崧（《通義堂文集》卷四）

近儒治何氏《公羊》者，莫著於孔檢討廣森；治鄭氏《儀禮》者，莫著於張編修惠言。孔氏之治《公羊》，以《春秋繁露》爲根本；檢討《公羊通義自序》，凡三引董生《繁露》。張氏之治《儀禮》，以《四書》古注爲階梯。編修嘗辨《四子書》中漢説之當從者數十事，手書成帙。其授受各有師承，皆專門名家之學也。江都凌君曉樓曙，經術湛深，力學不倦。推廣張氏之意，著《四書典故覈》六卷；又引申孔氏之例，著《繁露注》十七卷。既而由《四書》以通《三禮》，著《禮論》一卷，而鄭氏之《儀禮》遂得其指歸；復由《繁露》以通《春秋》，著《公羊禮疏》十一卷、《公羊禮説》一卷、《公羊問答》二卷，而何氏之《公羊》亦探其奥賾。書凡六種，統名爲《蜚雲閣叢書》，洵可謂任城、高密之功臣，儀鄭、茗柯之同志矣。余昔官兩廣時，延君至節署，授諸子以經，并録其書之最精者，刻入《學海堂經解》。及余予告還里，而君已久歸道山。其子東笙鏞奉遺書乞余作序，因述其説經之淵源，爲學之次第，俾後之讀其書者知所從事焉。

春秋繁露注叙録

趙騶賢(《畿輔叢書》本卷首)

《春秋繁露》十七卷,董子仲舒著,目見阮氏《七録》。今本元出宋潘景憲,其裒綴端委,前哲論之綦詳,然多目爲佚書,故箋疏罕見。我朝盧抱經先生耽(一)精是書,間爲解釋,讀者已略識理緒。江都凌氏曙,治《公羊》家説,繼盧氏注釋加詳,原序謂:其於諸篇,皆能通究本末,復肆於先秦、兩漢之書,及諸經義疏,字句皆櫛梳而理解之,不但貫徹何、徐,而正誼明道、天人之本原,靡不洞於心而抉於手。阮文達公亦稱其卓然成一家言,自有《繁露》以來,有功是書者,此其最。李申耆、孫淵如諸名宿,亦莫不忘分推之,或驚嘆所注,以爲奇士。蓋其書引經,一本《公羊》,爲例甚嚴。餘亦繁徵博討,力求駭洽,於學者不爲無裨。然卷首解題,以《古今注》作《博物志》;《度制篇》注,標《坊記》爲《孔子閑居》,犖犖之訛,殊失檢稽焉。馬、陶陰羨、脱舛馳處,尤難僂舉。王君文泉彙刻《畿輔遺書》,《繁露》兼用凌注,以所注頗詳,爲從來所未有。惟恐轉訛承謬,滋惑來學,俾重加讎核,鈎考曩册,凡有歧異,間爲校正,以備參觀。不敢變淆原文,別簡臚列,附諸當卷之末。褫駁疏漏,仍復不免;補遺訂誤,實有厚幸焉。趙州張騶賢

春秋繁露注十七卷 蜚雲閣刊本

周中孚（《鄭堂讀書記》卷十一）

國朝凌曙撰。（曙字曉樓，江都人。）曉樓以《繁露》一書，流傳已久，魚魯雜揉，篇第褫落，致難卒讀，因以聚珍版本爲主，而輔以張皋文讀本、盧抱經刻本重加釐正，又復采列代之舊聞，集先儒之成説，爲之注釋。及隋唐以後諸書之引《繁露》者，莫不考其異同，校其詳略，書目、姓氏，咸臚列于下方。洪桐生（梧）序之，稱其于是書諸篇，皆能通究本末，復肆力于先秦兩漢之書及諸經義疏，凡《繁露》篇欠字句，皆櫛疏而理解之，不但貫徹何、徐，而董氏三年下帷根柢之藴，正誼明道、天人之本原，靡不洞于心而抉于手，而後知仲舒以《公羊》之學，爲王佐之才，信不虛也。所謂「何、徐」，即指何休之注、徐彦之疏也。卷首冠以《史記》本傳及宋慶厤丁亥七年樓子文（郁）序，亦各爲之注。又有嘉慶乙亥自序，末附題跋八首，即盧刻本所有者也。

春秋繁露注十七卷 凌氏叢書本

（中國科學院圖書館影印本《續修四庫全書提要》；臺灣商務印書館《續修四庫全書提要》鉛印本，署楊鍾義撰）

國朝凌曙撰。《春秋》之義，存於《公羊》，而《公羊》之學，傳自董子。董子《春秋繁露》，原天以尊禮，援比以貫類，博極閎深，旨奥詞賾〔一〕。不熟《公羊》者，則不能讀《繁露》，而妄臆爲贋作。考其潛心大業，非禮不行。謂王者舉事，宜求其端於天；又謂正朝廷以正百官，正百官以正萬民，洞天人之本原。謂天積衆精以自剛，常置陰空處，稍取之以爲助。其言陰陽五行，皆明此義。三策言：天之仁愛人君，天道之大者在陰陽，陽爲德，陰爲刑，故王者任德而不任刑。今皆在其書中。所言喜怒哀樂中和諸説，皆可爲《中庸》義疏。《公羊》家言存三統，明三代聖王皆奉天以出治，正朔三而改，文質再而復。特聖王受命承天之一事，《繁露·楚莊王篇》：「王者徙居處，更稱號，易服色者，無他焉，不敢不順天意而明自顯也。若夫大綱人倫道理政治教化習俗文義盡如故，亦何改哉？」何嘗如歐陽文忠所謂「惑於改正朔」？而云王者大一元者，牽於師説，不能高論，以明聖王之道。惟樓攻媿謂漢儒以經學專門者，獨仲舒以純儒稱。《仁人之對》曰：「仁人者，正其誼不謀其利，明其道不計其功。」又有言曰：「不由其道而勝，不如由其道而敗。」此類非一，是皆真得吾夫子之心法，蓋深於《春秋》者也。曙卒業《公羊》，并讀《繁露》，以其書行仁爲本，正名爲先，體大思精，推見至隱。流傳既久，魚魯雜糅，篇第褫落，致難卒讀。因以聚珍本爲主，而輔以張皋文讀本、盧抱經刻本，缺文錯簡，重加釐正。又復採列代之舊聞，集先儒之成説，博稽旁討，通究本末。篇義章句，皆櫛梳而理解之。隋唐以後諸書之引《繁露》者，莫不考其異同，校其詳略。書目姓氏，臚列下方，爲注十七卷。阮文達書稱其閎深肅括，卓然成一家言。自有《繁露》以來二千餘年，有功此書者，此其最也。卷首冠以《史記》本傳及宋慶歷丁亥七年樓子文序，亦各爲之注。刻於嘉慶乙亥。

春秋公羊禮疏十一卷公羊禮説一卷公羊問答二卷凌氏叢書本

（中國科學院圖書館影印本《續修四庫全書提要》；臺灣商務印書館《續修四庫全書提要》鉛印本，署楊鍾義撰）

國朝凌曙撰。曙字曉樓，江都人，國子生。六經之義同歸，禮樂之用爲亟。《左傳》發凡，杜預謂皆周公禮典；韓起見《易象》《春秋》，亦謂「周禮在魯」。孔子因魯史而制《春秋》，於祠祭喪祭、朝覲師旅、昏姻〔三〕不以禮者，皆在所貶。陳奂嘗言：《公羊》善於禮。不熟《三禮》，勿治，治亦勿善。曙初治鄭氏，熟於典禮。聞劉逢禄論何氏《春秋》之學而好之，爲阮元校輯《經郛》，盡見魏晉來諸家《春秋》説。以《解詁》言禮亦詳，《公羊》舊疏，不著撰人，言例雖詳，於禮則略。注中雜引四代之禮，不盡周制，疏概以爲時王之禮，殊欠明晰。乃取而補疏之，成《公羊禮疏》十一卷。自言：「言若隱略，則更表明。如有不同，更徵他議。自鄭氏《三禮》注、晉宋諸志、《通典》、《唐·志》，罔不甄綜。」如郊禘六宗、明堂祥禫之制，異論紛如，但取合於何義者，引一二説以證之。疏不破注，向例如此。有未安者，引先儒之説以正之。復撰《禮論》三十篇，都爲一卷。「復九世之讎」一條，引朱子《戊午讜議》曰：「有天下者，承萬世無疆之統，必有萬世必報之讎，何止百世哉？」以破顧氏棟高之説。所謂議必徵諸古人，論不離乎師法，要使禮歸至當而已。又有緒論，未著於篇，而不盡涉乎禮者，作《公羊問答》二卷。《禮疏序》云：「説者謂《春秋》爲漢帝制法，故其制度文爲多所采擇。」案，《公羊》家之説，以爲周道既微，明王不作。夫子知漢將興，因損益百王之法，作《春秋》

以貽來世。乃立學之初，諸儒亟欲興其學，竄附緯説，以冀歆動時君，故論者以《公羊》爲漢廷儒臣通經致用、干禄之書，爲漢作制，以緯汩經，以《春秋》爲漢興而作，非《春秋》意。曉樓何亦用其説？但其書實事求是，所引皆序而不斷，未嘗上下其議論而穿鑿之，不至如後來説經者蔓衍支離之甚也。

群書答問 木犀軒叢書本

（中國科學院圖書館影印本《續修四庫全書提要》）

《群書答問》二卷，附補遺一卷，清江都凌曙撰。凌曙字曉樓，國子生。少甚貧，十歲甫就塾，讀《四子書》，年餘未畢，即去香作雜傭保，然得閑輒默誦所已讀書。初識包世臣，問所當治業，語以「治經必守家法。專治一家，以立其基，即諸家可漸通」。以其熟于禮，遂勸攻鄭氏。所著有《四書典故覈》《春秋繁露注》《公羊禮疏》《公羊禮説》《公羊問答》諸書，已并著録。是書爲答諸生問業之語。凡諸經史，皆有考論。如訓《呂氏春秋·不屈篇》「人有娶新婦者，婦至宜安矜煙視媚行」，「煙視」即「燕視」，「燕」有煙音，古字通用。《説文》：「睇，小視也。」《夏小正》「燕乃歸」。燕視曰睇。煙視即燕睇。後世新婦入門閉目，即小視之遺也。釋《夏書》「修五禮」，從鄭義，謂五禮非吉凶軍賓嘉之禮，乃公侯伯子男之禮。何以言之？其上文「輯五瑞」者，馬季長以爲五瑞，伯子男所執以爲瑞也。堯將禪舜，使群牧斂之，使舜親往班之，然則五禮之後，即繼以五玉、五器云云，故知此節爲班諸侯之瑞而言也。又考《後漢書·儒林傳》「張元兼説嚴氏、宣氏」，「宣氏」當是「冥氏」之誤。《周禮・冥氏》注：鄭司農云：「『冥』讀爲《冥氏春秋》之冥。」按《儒林傳》：冥都傳《嚴氏春秋》，故先鄭云：「自《冥氏春秋》，皆能訂舊本之失。」至其發明《白虎通義》及，《禮經》之義尤夥。曙之學，故長于禮。嘗作《禮論》百篇，引伸鄭義，欲正後儒舛議，故能于諸生之問，隨處引伸，以相發明云。

四書典故覈 不分卷

（中國科學院圖書館影印本《續修四庫全書提要》；臺灣商務印書館《續修四庫全書提要》鉛印本，署倫明撰）

清凌曙撰。曙字曉樓，江蘇江都人，布衣。按曙少習賈[四]，後改習儒，爲童子師。比及壯，識包慎伯，始知治三禮。既又識李申耆，承其指授，以爲《四子書》言制度文物，胥與禮有關，乃先成是書。是書論禮者居大半。先是，張皋文嘗辨《四子書》中漢説之當從者數十事，慎伯舉以授曙。曙更爲之推廣，攟摭經傳，極其繁博，而意主審慎，不欲多所辨難。不及人物，以有陳禹謨《四書人物概》也；不及輿地，以有閻若璩《四書釋地》也。書中如「菉竹」，據《韓詩》、毛傳、漢石經、《説文》、《水經注》以訂朱子改毛傳[五]之非。「切磋[六]琢磨」，據《爾雅》注，以[七]鵠鷽、散剫、雕爲治樸之名，鏤刻、切磋、琢磨爲治器之名，則切磋、琢磨皆物已成而後治之也，以駁朱注既砌復磋、既琢復磨之無據。其解「日月星辰繫焉」「北辰天之高也」「星辰之遠也」「千歲之日至」諸條，備采各家之説，于西法尤精，并[八]言星謂五緯、辰謂二十八宿，此語千古未發。《左傳》「日月所會，是謂辰」，而日月所會，必以宿度爲紀，「宿」亦名「舍」，日所舍也。言辰者，二十八宿分十二辰也。十二辰即十二日，亦曰十二宫，亦曰十二次〔九〕，日所次也。日之次舍，空虚而無所紀，故以經星紀之，因謂之辰，因謂之宿。前人乃云無星處爲辰（此乃邵子之説），無星之處，何煩考測，而《虞書》乃云「歷象日月星辰」乎？《中庸》曰：「日月星辰繫焉。」若無星之處即是天也，何所爲繫？又據《周禮》致日兼冬夏，《虞典》命羲和詳二分，詳古法與今法之合。又據《逸周書·周月解》〔一〇〕，證李光地「古專主夏至，漢後專論冬至」之謬。封地〔一一〕之制，《孟子》與《周禮》不合。折衷諸家，語簡而當。惟解「三以天下讓」，泥定「三」字，不知「三」爲虚數，猶言三仕、三黜之例，三讓者，極言其善讓。泰伯止讓國，歸本爲言，文、武卒有天下，由泰伯之讓開之耳〔一二〕。書刊於嘉慶戊辰，前有洪梧、貴徵二序及自序。（稿本册一五，第三七二頁）

儀禮禮服通釋六卷 光緒刊本

（中國科學院圖書館影印本《續修四庫全書提要》）

清凌曙撰。江蘇江都縣人，監生。博覽載籍，兼工文詞。治經傳，不爲俗學。有《四書典故覈》六卷、《公羊禮疏》十一卷、《公羊禮説》一卷、《禮論》百篇。嘗從阮元入都，校輯《經郛》。後隨入粵，以校書授讀爲事。子鏞，諸生，見《續纂揚州府志·文苑》。不言有是書。《皇清經解》刻《公羊禮疏》三書，《清史稿·藝文志》有是書，并曰六卷。書首有凌曙序，略言：徐氏乾學《讀禮通考》，綜覈數千年之言，彙爲一百二十卷，制度典章，燦然大備，使讀者瞭然于沿革之際。獨持論稍偏，不能慎選，往往取後世之禮説，而駁先儒之傳注，所短在是。今就其喪期二十九卷，删爲六卷，仍以禮服爲經，而傳説、群説爲緯。其有合于經傳者存之，使治禮之士，庶有所依據，而不惑于新奇可喜之議云云。末題道光元年十有二月八日，江都凌曙撰。兹爲釐覈，是書卷一，自「斬衰」章「子爲父斬衰三年」章，至「齊衰三年」章「母爲長子齊衰三年」；卷二自「齊衰期」章「父在爲母齊衰杖期」，至「公妾以及士」章「爲其父母齊衰不杖期」；卷三自「齊衰三月」章「寄公爲所寓齊衰三月」，至「正大功」章「君爲姑姊妹女子子嫁于國君者大功九月」；卷四自「繐衰」章「諸侯之大夫爲天子繐衰裳牡麻經既葬除之者」，至「正小功」章「君子子爲庶母慈己者三月」；卷五自「緦麻」章「族曾祖父母」一節，至「從父昆弟之子之長殤」一節；卷六自「記公子爲其母練冠麻麻衣縓緣」一節，至「改葬緦」，皆載《讀禮通考》所引《喪服》傳記群説，而經以禮服所删者，皆凌氏謂不合于經傳者。胡氏《正義》引凌曙駁「緦麻」章。趙氏言「長殤、中殤」四句爲經之脱文，及程氏瑶田亦以此四句爲經之説，而是書無之，但于經「爲人後者爲其父母齊衰不杖期報」下，引歐陽修《濮議》，而不引漢師丹《定陶共王議》，魏明帝不得私親。似此，是當歐議爲是。如云：「本之於至仁，則不可絶其天性。絶人道而滅天性，此不仁者之或不爲。」據歐議，兹數語，即爲明世宗尊崇通獻之本。乾隆《濮議辨》雖亦采歐議，不没父母之名，而限制皆嚴，足挽後漢考妣稱皇稱后之弊。是書於所存及所删者，皆無去取，斷語未免過簡。或詳載于氏著《禮論》中，否則殊滋人疑論也。

春秋公羊禮疏

李慈銘(《越縵堂讀書記》,同治辛未六月十七日)

乾嘉間諸儒多尚《公羊》之學,以西漢特重《公羊》,首立學官博士,而何氏作注,又在東漢,遂謂《公羊》最存古義,何注又最有師法。自武進莊氏方耕、曲阜孔氏顨軒皆專精其業,著有成書,凌氏與武進劉申甫起而和之。蓋自兩漢以來,言《公羊》者莫之先也。此書皆取其注之有關禮學者,條分件繫,博引群書以證之,俱詳贍而不蕪,名通而不滯,可謂必傳之作。凌氏字子昇,以諸生貢太學,著有《四書典故覈》六卷、《春秋繁露注》十七卷、《禮論》一卷、《公羊禮説》一卷、《公羊問答》二卷及《禮疏》十一卷,總爲《蜚英閣叢書》,皆精確,得漢儒家法。先生食貧力學,阮儀徵督兩廣時,曾延教其子,并刻其《禮論》等入《皇清經解》。先生有自撰《禮論》前後序,述其貧悴之況,令人酸鼻。三旬九食,忍餓著書,真有不愧古人者。同時若戴東原氏,嘗一月斷炊,注《離騷》成始得食。郝蘭皋氏官京師,日惟一食,力疾作《爾雅義疏》,爲户部主事二十年不遷,皆貧而樂道者矣。

梁啓超論春秋繁露注

梁啓超(《清代學術概論·清代學者整理舊學之總成績(二)》)

董子《春秋繁露》爲西漢儒家言第一要籍,不獨《公羊》學之寶典而已。其書宋時已有四刻,多寡不同。樓鑰校正,始爲定本。然明代所翻樓本,又訛脱百出。乾隆開四庫館,乃取《永樂大典》

中樓本詳校(補一千一百餘字,删一百十餘字,改字一千八百二十餘字),《提要》所謂:「海内不見完本三四百年……神明焕然,頓還舊笈。雖曰習見之書,實則絶無僅有之本也。」(三十八年校定進)越十二年,盧抱經依聚珍板所刻四庫本重校,間下案釋,是爲抱經堂本。(浙刻《二十二子》采此本。)《繁露》正文,此爲最善本了。原書向無專注,嘉慶間(二十年),凌曉樓(曙)創爲《春秋繁露注》十七卷。曉樓傳莊、劉之學,諳熟《公羊》家法,故所注獨出冠時,與段氏《説文》同功矣。(《畿輔叢書》所刻凌注本,每卷有張駒賢校正,所校將二百條,亦凌氏功臣也。)

蜚雲閣金石録跋

王欣夫(復旦大學圖書館藏學禮齋校録本)

右《蜚雲閣金石録》一卷,清凌曙撰。案,曙字曉樓,江都人,國子監生。居貧力學,治鄭氏《禮》《公羊春秋》,謹守家法,巍然爲江淮名儒。著有《春秋繁露注》《公羊禮疏》《禮説》《公羊答問》《四書典故覈》等,合爲《蜚雲閣叢書》。是編起石鼓文,迄隋智永《二體千字文》,共若干種,或附以考釋,或僅列目録,似未成之書。多采錢竹汀、王石臞、畢秋帆、朱銓甫之説,而考證精密處,如《漢三公山碑》引《詩》「或耘或芋」,據《漢書·食貨志》謂武帝習《魯詩》;《白石神君碑》引《詩》「敬恭明祀」,今《文選·東京賦》「爰恭敬於明神」,臧氏玉林遂謂平子所據《詩》作「明神」。曉樓爲據《西嶽華山碑》等,以證《詩》之本作「明祀」。《漢射陽石門畫象碑陰》,據《儀禮·鄉射記》、聶氏《三禮圖》,以明豐器之制。《隋美人董氏墓志銘》謂「委迤」即《詩》「委佗」之變文,「委委佗佗」蓋就「委佗」二字而長言咏嘆之，皆有關經義。他若文字之通叚，書法之遞變，尤多所發明。蓋曉樓以治經之餘，爲金石之學，故悉有依據，無穿鑿憑臆之言。其稿藏上元宗君禮白處。今從叚得付印，以廣其傳。丙子仲春，吴縣王大隆跋

校勘記

〔一〕「耽」，畿輔本作「眈」，據文意改。

〔二〕「賾」，臺灣商務本作「頤」。

〔三〕「昏姻」，臺灣商務本作「婚姻」。

〔四〕「習賈」，臺灣商務本作「業賈」。

〔五〕「朱子改毛傳」，臺灣商務本作「朱注竹箭之竹」。

〔六〕「切磋」，臺灣商務本上有「又如」二字。

〔七〕「以」，臺灣商務本無。

〔八〕「并」，臺灣商務本作「其」。

〔九〕「亦曰十二宫，亦曰十二次」，臺灣商務本無。

〔一〇〕「逸周書周月解」，臺灣商務本作「逸周月解」。

〔一一〕「封地」，臺灣商務本上有「至於」二字。

〔一二〕「之耳」下，臺灣商務本有「非泰伯真以天下讓也」十一字。

四、函札題贈

與凌曉樓論諸侯越竟親迎書

包慎言（《廣英堂遺稿》）

曉樓先生閣下：昨至尊館拜謁，蒙賜大箸《公羊問答》《公羊禮説》二部，反歸，鍵户讀之，不勝佩服。《禮説》中，如「紀侯來朝」「復九世之讎」「師及齊師圍成」等論，破前人之謬説，申劭公之大義，洵可爲《公羊》功臣也。惟卷首論「親迎」一條，慎言竊不能無疑焉。

夫《春秋》之作，聖人所以撥亂世而反之正也。反正莫先乎倫常，倫常莫先乎夫婦。親迎者，夫婦交接之始，故先王謹之。隱之二年經書「紀履繻來逆女」，傳曰：「譏不親迎也。」外逆女不書，而此獨書者，是蓋《春秋》之特筆，所以明人道之始，而端王化之原。莊之二十四年「公如齊逆女」，傳曰：「何以書？親迎，禮也。」一以爲譏，一以爲禮，則親迎之禮達于諸侯無疑。閣下引《詩》與《禮》以申明之，是矣。其莊之二十七年，「莒慶來逆叔姬」，《傳》曰：「何以書？譏。何譏爾？大夫越竟逆女，非禮也。」似與前傳相反者，此明大夫外娶之非禮，故傳加「越竟」二字，非譏其親迎也。何氏注云：「大夫任重，爲越竟逆女，于政事有所損曠，故竟内乃得親迎，所以屈私赴公也。」劭公之意蓋謂：昏禮必親迎，而大夫不得以私事出疆。外娶，則廢親迎之禮。是亦言外娶之非，謂外娶而親迎，當不出竟也。古者大夫之禮與諸侯異。諸侯國内皆臣，故外娶以防姻婭柄政之禍。宋殺其大夫不名，所以正内娶之失也。諸侯外娶，故有越竟親迎之禮；大夫無公事，不出竟，故内娶以防交政中國之漸。莒慶來逆叔姬，示譏，所以正外娶之失也；大夫不外娶，故無越竟迎女之禮，傳之分別自明。閣下乃據莒慶傳注，謂諸侯重于大夫，更無有越竟之事，毋乃思之未審乎！

原閣下之所以爲此説，蓋以何氏于莊二十四年《傳》注云：「諱淫故。若使以得禮，書也。」劭公之意，似以《傳》之所言非實。顧考之于《經》，公之如齊在夏，而姜氏之入在秋八月丁丑，凡淹留齊者數月，其非爲親迎可知。《經》諱其外淫之罪，而書云「如齊迎女」，從親迎爲文，故《傳》亦順《經》而云「禮也」。而閣下乃泥注中「諱淫」二字，謂二十四年之《傳》爲變例，舉二十七年之《傳》以正之，抑何拘哉！程子謂：「親迎者，迎于其館。豈有委宗廟社稷，遠適他國以逆婦者？」此迂疏之見，豈閣下亦爲所誤乎？審如其説，則何注引《書》傳云「夏后迎于庭，殷人迎于堂，周人迎于户」者，其館乎？其非館乎？慎言則謂，《詩·韓奕》云：「韓侯迎止，于蹶之里。」此諸侯越竟親迎之明證。且諸侯如果不越竟，則《經》但書「紀履緰來逆女」，《傳》又何從知紀侯之必不親迎于館而譏之也？

疏陋之見，未知果有當否？幸閣下明教之。

包慎言（《廣英堂遺稿》）

與凌曉樓論禘祫從先君數徐彦疏之誤書

曉樓先生閣下：大箸《公羊禮説》「禘祫從先君數」一條，謂徐彦疏其間三五參差，禘亦有同年之說，與何氏相背，而更引徐邈說以申之。愼言竊惑焉。嘗取何注細繹之，注云：「禮：禘祫從先君數。三年喪畢，遭禘則禘，遭祫則祫。」所謂「從先君數」者，謂從先君禘祫之年，數至新君喪畢之日耳。文二年：「大事于大廟。大事者何？大祫也。」注云：「從僖公八年禘數之，知爲大祫也。」以此證彼，互相推勘，其義益明。徐氏乃謂「從先君數」爲從先君死之日月。如其言，則喪畢定爲祫祭，「遭禘」二語爲不可通矣。此蓋惑于康成《禘祫志》之說。不知禘祫年數，二家互異，不可强合也。徐氏牽鄭入何，誠屬孟浪。以此詰之，彼固無辭。若禘祫同年，則徐氏由僖八年禘遞數之，至二十三年禘祫俱并在一年，故爲此論，與何注初不相背。閣下乃謂從僖八年禘數之，十年祫，十二年禘。如此，則五年之須而有三殷祭矣，不顯與《傳》文違乎？

閣下又謂：開元六年，睿宗三年喪畢而祫，明年而禘，不相通數。以至七祫、五禘，至二十七年，禘、祫并在一歲，皆由鄭說誤之。不知鄭氏云「三年喪畢，祫祭；明年春，禘；自後五年而再殷祭。」孔沖遠《周頌》疏申之，謂：「三年一祫，五年一禘。每于五年之内，爲此二禮，據其年端數之，故言『三年』『五年』耳。」其實禘祫自相距各五年，則準鄭氏說，無禘祫同在一年之理。考《王制》疏引鄭氏《禘祫志》云：「昭公十三年，終夫人齊歸喪，以平丘之會，不及祫。十四年春歸，乃祫。十五年春，乃禘。至十八年祫，二十年禘，二十三年祫。」由此推之，則所云「三年」者，祫距禘之三年；「五年」者，禘距祫之五年。唐之禮官不深考鄭說，而禘祫各自爲數，故遂至并在一年，乃歸咎于鄭氏，鄭氏豈任受哉？

閣下謂當時鄭學盛行，言禘祫者皆本《禘祫志》。徐主其說，而不自知其背于何氏也。毋亦未考之過乎？徐邈説特嫌禘、祫同年，而爲此變通。究之，于何注無關也。閣下以之申何，則文二年注之所云「從僖八年數之，知爲大祫」者，又何説乎？語曰：「洪鐘以擊而後鳴。」願閣下爲洪鐘，而慎言請擊之，慎毋以其狂而忽之也。

與凌曉樓論兄弟異昭穆書

包慎言（《廣英堂遺稿》）

曉樓先生閣下：大箸《公羊禮説》「躋僖公」條謂：「兄弟相繼同昭穆。」此自漢以來，先儒相傳如此，衆口一辭。閣下墨守劭公注，宜其無異議也。然質之于《三傳》，則似不然。《公羊傳》曰：「君臣于父子而異其昭穆。」《公羊傳》曰：「臣子，一例也。」注：「謂臣之繼君，猶子之繼父，其服皆斬衰。」豈有生既爲之服斬衰之服，而死後入廟乃敢與之相齒乎？晉魏諸儒之議此，後世權變之論，究不可以之誣《三傳》也。《記》曰：「善問者如攻堅木。」慎言此論，非敢以相規，冀附攻堅之義，願閣下詳之。

書凌子昇論程氏喪服足徵殤服文後

毛嶽生（《休復居文集》卷二）

禮服中，有殤者，其服無受爲略，而悲哀惻怛，且有重於功服者，是故小功末可冠娶妻，而下殤之小功則不可，蓋傷之也。然而不能無降殺矣，因其年與服長幼、重輕，而等爲上、中、下，差爲功與緦、小功，則成人已輕，其誼復疏，故服至長殤而止。此男子與婦人同也。而服殤異者，婦人惟正與報服不降，從服則無不降，則於殤也猶是矣。是故親者上附，其服正、報服之殤，則固同男子，中從上；至服從服大功殤，則見於經者中從下，與男子服正服大功殤中從上者異。康成釋「殤小功緦麻」章兩傳，皆謂「服其成人」，而説前傳主丈夫服殤，後傳主妻爲夫之親服。以前傳曰「大功之殤中從上」，凡殤必由本服推，傳既屬「殤小功」章，又言「不見大功中殤」，故推爲然。後傳曰「大功之殤中從下」，男子不中從下焉，故知其屬婦人也。其説經可謂至精約，不聞輒有非者。明郝敬始疑前傳，云「謂殤服」；而後金輔之亦疑後傳，云：「服殤不屬婦人。」瑶田程氏主此説，駁之尤密，輒改後傳文爲經，論其爲「兩殤」章發例，而推大、小功兩殤章其制主齊衰殤，又辨服殤男子與婦人不殊，則「小功」章有大功之長殤。其説已自盭窒不可通，固曲解爲相因制者。然「緦麻」章又有小功之長殤，與婦人大功中、下之殤，則何説也？且婦人服殤果不異，何以夫服從父昆弟，長殤小功，下殤緦麻，而妻服夫之叔父中、下緦也？由此言之，前傳文非衰齊殤服，而後傳云云則爲婦人服殤，明矣。江都凌君子昇病其乖離糾紛，益滋經晦，用著論三篇。凡殤由期、功降者，皆列其人；婦人與男子異者，亦表其數。又引馬融、杜佑之説，以明降殺之由，而傳卒不可改爲經，説尤辨。雖未能舉廢其言，然術正而識邃，理繁而旨簡。程氏他論禮，偶舛者既多著，即疏殤服，康成亦無毛髮失，則子昇通慎，不可謂非馬昭、賈公彦儔也。當乾隆間，程氏嘗官嘉定教諭，嘉定人至今傳其廉謹惠愛、惇學好士。教諭禄入微，頗用周士乏。遇事率毅然，偶失禮上官，即引疾去，其行己爲不負所學。而先府君昔亦與雅故，是以余家多藏其書。余少時恒樂觀之，歎其繁富，而苦其説事禮，數立異，詆康成。夫康成嘗疑傳，又釋經頗棄師説。苟乖違意，非不可舍，抑何易度越哉？故余雅慕程氏學行，而於説喪服，不樂强附，與子昇同焉。又嘗録子昇諸説入是書《集解》，以爲世苟言服術，當宗尚其書，而輒非笑之，何也？豈余與子昇説固非歟？則又不能無惑。觀此論，復姑識之如此，俾後賢者擇焉。道光五年七月日。

與凌子昇書

毛嶽生（《休復居文集》卷三）

某白：往見所作《禮論》，以學士大夫都不講此，足下獨博考古書傳記、先儒論述，穿并爲書，固已心奇其才。後數聚談，見足下詞氣質直高朗，意思沖下，又欽爲學古有德人也。僕才識不逮中人，又數奔走雜擾，學益曠墜。近雖讀書，義達文失，既滯鈍復，不耐堅苦，其訖無成，決矣。朋輩中，才傑之士相爲雕琢詞賦，論斷高下，猶不足次比於末，至於推先王服術之意，得古賢用心之深，正其舛錯，解後蒙惑，其不足議，此不待足下知也。然足下必過輿而問者，非以禮經幽奥，習之者鮮。苟有論説，不宜人廢故耶？若然，則既以重足下道之廣，又以慨足下行增謗毁，如僕窮也。然苟舍是，豈遽盡獲厚實，而呰議其果息歟？則何如從所好，勤撰述以自樂其道耶！前云：説經之文，務使精簡，無或煩曲。足下既納其言矣。至於鉤貫記注隱顯，參覈史傳，識其變通，此固足下之長，則僕終何以益足下也？夫學有盛衰。君子但當救其弊，不當甚其説。爲漢儒之説者，其衰也穿鑿而拘；爲宋儒之説者，其衰也果於自信，簡漏而疏。前欲盡棄其説，固大不可。近又欲舉廢漢説,用致重宋賢,僕亦未敢決謂然焉。竊意,凡説經義,名物訓詁,義理精微,必兼綜其尤粹博者乃可。此惟通儒少留意耳。往疑《喪服》記夫之所爲兄弟服,妻降一等,與傳言無服殊異。子夏作傳,誠後於記,然《士冠禮記》猶稱孔子,則時亦後先,度不宜繆誤若此。反復考校,乃得其通,是曰「兄弟」,猶曰小功,則傳言無服,益信。足下亦深喜爲然,用故次序爲文,顯白其旨。未幾,見太原閻百詩已有此説,雖未博辨明著使達然,亦精識矣。學問之道,惟求其是。鄙陋幸合前賢,又何必論自己出始快耳?足下索此文久,以有寒疾,又濕氣下達,苦腰痛不能書,今以覲幸教篇末云云,即見閻氏説而增者,意不欲掠美故也。端陽後,當出相見。風雨不時,晦明殊寒,炎氣不勝,易生疾苦。貧窶中尤宜加意,千萬珍重。某再拜。

《壞室讀書圖》題跋

此圖今由揚州收藏家偉寶先生收藏,承其厚意,得觀原件,今照録如下。

(一)

君知讀書樂,不知讀書苦。一燈茅屋栖[一]風雨,家徒壁立厨無炊,兀坐依然適環堵。憶我初識君,君方業孔氏[二],下帷益不懈。三十注董子,四十習《公羊》、《問答》暢厥旨。五十成《禮論》[三],先生已病矣。此病之根君自貽,厥咎在書夫何辭!川流日洩河必竭,石骨頻鑿山必隳。君身氣血得有幾,朝煎暮爍心力疲。譬如大厦久傾側,欲恃一木焉能支?只今煢煢一老叟,貧病交加雜[四]塵垢。卒歲無衣爐不紅,還教壞室都無有。道家托足依先儒,扶墻不得東西走[五]。雖然君莫哀，天意良獨厚。古來賢達有真詮，困頓方能見操守。窃笑世人空大言，别開面目殊覺醜。聲聞過情溝壑流，學無原本難悠久〔六〕。外强中幹居不疑，的然仍箴囂囂口。論心惟我知君深，九轉丹成不釋手。鼠肝蟲背任造物，死生晝夜何庸剖。豈惟萬物盡糠粃，即此微軀亦土朽。此中〔七〕要有元精存，已在巾箱盈一畝。百千年後真黄金，超超歷劫爲君壽。

戊子春仲，曉樓仁兄先生寓居董子祠，出《壞室讀書圖》屬題，即請誨政。穆堂弟陳逢衡拜稿

（二）

丙寅歲，始識曉樓于維揚。閲十五年，乃復於粤東相遇，而咫尺不得奉面，以圖見示，并自述叙。率詩爲復，兼廣所懷。

久别顔都忘，披圖記亦難。相逢轉成憶，垂老各無歡。果有蓬茆室，能容書卷寬。勸君早歸去，未礙學袁安。我亦幽憂疾，聊憑曠蕩天。好遊輕萬里，狂想短千年。客授由來慣，朋從各自緣。因君歸興急，翻令意懸懸。

嘉慶庚辰六月廿有八日題於勤志館，申耆弟李兆洛屬藁

（三）

余十五六年前，曾一見凌君子昇於江寧，後余入閩，伏處於瘴霧嶺嶠中十餘歲，惟姚先生惜翁子壽、甘亭子問昆弟間一寓書，他相知率不知余客遊所，日益闊疏。去夏歸，客揚州，復見子昇，時皆不相識，通語始知。人世利禄厚實、名聲焜燿，余與子昇别後，皆略無得，而困苦顛躓〔八〕，毁謗之積，兩人所處，殆〔九〕不甚相遠。然子昇雖貧，至饔飧〔一〇〕不繼，而殫思慮，著書不止〔一一〕。所著《公

羊禮疏》，解説董子《繁露》，皆研求經術，精審可傳〔一二〕。又達禮經，體履邃曲，《禮論》諸篇，明粹深〔一三〕博，雖庾蔚之、賈公彦二君子爲之，亦無以過是。子昇雖不遇於今，而必尸祝於後，以視余困無所成〔一四〕，不可道里計矣。夫人學術巨細成敗，有不盡由境遇〔一五〕豐約者，是貧窶中又有才、不才也。余惡能不一愧悔哉！子昇以其《壤室讀書圖》册子〔一六〕屬題，余居憂，不作詩，因書數語，既用自强，并道仰合無已云〔一七〕。道光五年七月七夕後一日〔一八〕，揚州使院，寶山毛嶽生識

（四）

漢儒學在知，宋儒學在行。知行體用合，聖學乃兼并。六國事戰攻，異學争自鳴。九流數百家，與儒相抗衡。不有漢儒出，何以闢榛荆？新莽亂典章，直欲愚群氓。周公踐帝位，六代無王正。不有宋儒出，何以弄聾盲？善讀古人書，取重略其輕。漢人重訓詁，大學略正誠。宋人重身心，未詳物與名。德行與文學，一體分綱紘。聖門原殊科，後世何譏評？先生著《禮論》，名義實恢宏。《公羊》及廣川，疏證爲分明。揭來貧病兼，風雨對長檠。終日手一編，南面擁百城。生平宗許鄭，不薄朱與程。乃知毛太史，霸氣徒縱横。

曉樓先生屬題，即請呈正，念樓劉寶楠

（五）

圖中凌處士，鬢短漸成翁。著作千秋在，齏鹽四壁空。依人邗上月，送客嶺南風。

客臈爲曉樓題照未畢，而京口債主適至，遂不能續。今年將續成之，而筆墨時令皆非其宜，不若留本來面目之爲愈也。曉樓達者，宜不爲怪。壬午二月十七日，介存周濟

（六）

讀書原遺興，涉筆偶成圖。却怪披圖日，翻來講學儒。頭巾分漢宋，衣鉢論精粗。我已抛書久，題圖一字無。

一粟道人又題

（七）

往年，董晉卿自揚州貽余《春秋緐露注》一編，曰：「此曉樓凌先生所著也。」余聞聲久矣，亟欲一見，而毗陵至維揚三百許里，頗有舟船之費。貧居卒不易辦，遂不果。今年，余商所往于晉卿，晉卿曰：「無已，且之粤，爲有依歸，而曉樓亦在焉。方之千里命駕，不既兩得乎？」即爲書介紹。及余過嶺而來，當暑曦亦可畏，各絶人事，投書而已，復不果見。而先生先以著述見示，再以斯圖屬題。余讀其記而歎曰：夫人之生也，與憂俱生。而余之憂，有非夫人之憂者。凡世之所謂欣戚者，不足以關我之慮。至事之所感，境之所遇，適然而來逆我心志，敗我精氣，昏然變惑，不知所爲，而長其形軀。向之所爲欲見先生者，翼以著述導我之憂。不知先生方以君山自喻，欲歸卧一室，縱心三古以上，放志書詩之裏，樂以窮年，吾安知夫將爲尺蠖之屈耶，抑龍蛇之蟄耶？吾懼夫食于十漿而五漿先饋也。它日者，終當與晉卿訪之于邗江之上，一發所疑焉。嘉慶庚辰六月，吴育

（八）

凌君曉樓自粤歸，出《壤室讀書圖》相示。夫曉樓，爲漢學者也，亦聞漢學、宋學與俗學之所以

異乎？予嘗反覆尋求，閱歷數十年而始〔一九〕得，請以三言蔽之，曰：「漢學者，正心誠意而讀書者是也；宋學者，正心誠意而往往不讀書者是也；俗學者，不正心誠意而尚讀書者是也。」是故漢人未嘗無俗學，宋人未嘗無漢學也。論學之分，不出斯三塗而已矣。今曉樓既以讀書揭其圖，又方爲漢學，則其讀書也，殆必有當於吾所謂正心誠意者矣。壤室雖小，其將志大宇宙哉！至於今日俗學，則歧之中又有歧焉：本不正心誠意，且不讀書，徒盜讀書之虚聲，詺漢學之借號，以作投時之捷徑。蓋因一二有力無識者提喝於前，遂致千百嵬瑣闒茸者邪許於後，侏張誕漫，莫可窮詰，其實不過西域幻人，黎邱奇鬼，并無所謂學，又焉有漢？吾知曉樓遊行天下，多遇此輩者，其唾而弃之也久矣，弗足爲曉樓陳，猶牽連著及，欲使後世觀圖，將恍然邈然曰：「壤室中若人，乃真爲漢學者也。」時道光元年歲在辛巳，立冬後一日，元和顧千里跋于邗上旅次〔二〇〕

（九）

讀書不治經，萬卷皆糟魄。讀書不識字，如瞽道黑白。凌侯抱古心，汲古不遺力。擿華斥雕蟲，括帖嗤擿埴。《繁露》闡微言，曲臺富新獲。魚豕辨訛謬，分篆窮點畫。三間破屋中，甑空榻塵積。惟有古儒先，往來神不隔。廣陵聲華地，名流恒椄跡。而君守樸學，垂老少人識。我初得交君，歲星在張翼。星行又一周，頭顱各如昔。君雖老繩樞，著書已盈尺。繄我獨奚爲，披圖禁太息。

即請曉樓先生二兄教正，石生弟江之紀〔二一〕

（十）

嘉慶甲子冬，予僑寓揚州天心墩，曉樓始得相識。時曉樓與予年俱三十，而予顧謬負待問之名，曉樓請所宜業。予曰：「吾子熟於何經，則治之。爲學之道，非心樂，不能深入。熟則心樂，樂則不倦。吾子本未通宋學，莫如即治漢人説。吾子誠篤，宜能治漢學也。」嗣後，往返彌數，知曉樓於文義頗疏，因告之曰：「不善文法，則不能通典籍諷諭論議之妙。欲通文法，唯制義爲最近，非必爲取科第也。」曉樓習聞之，乃然其説，業之三月，漸嗜其術，而能不爲所溺。是後，於經籍知措心於微言大義矣。如是二十年，曉樓殆無日不讀書也。予友生中，以讀書爲樂，亦實能樂其樂者，推沈君小宛，其次則李君申耆。申耆入仕十年，稍遜于昔。然二君皆以絶人之資，童而習之，以克有成，而曉樓質性駑鈍，又壯而後學，而其所就，幾能亞於二君。非真有樂於此，詎能卓然自樹如是邪？曉樓平日所與游，資性十于曉樓者，無不瞠乎其後。無論予之嬰物務而甘自（下闕）

（十一）

邇來學者少，談經無幾人。美哉得凌子，學海平生親。專家治《公羊》，廣川時問津。於董爲絶業，於何爲功臣。頃者手一編，下逮相諮詢。子奚足論難，虎觀高嶙峋。知君實志士，努力袪風塵。環堵樂匡坐，披圖識其真。所居曰壞室，厥義會未伸〔二三〕。得無慕槁壤，廉介飭此身。得無嘆皋壤，摇落傷兹辰。土壤山不讓，吾學乃日新。息壤水可塞，異學乃力堙。願君勉著述，長作擊壤民。不朽在天壤，何論賤與貧。世俗執隅見，但詡頭上巾。君非庠序人，聞者多笑嚬。博士彼弟子，搢紳言雅馴。三嘆贈君句，誰能匹紛綸。

奉題曉樓先生《壤室讀書圖》即以奉贈，春谷弟黄承吉[一三]

（十二）

華屋少書聲，讀書乃壤室。屋隘腹自寬，萬卷勤紹述。高卧不干人，遠游時載筆。抗志厲清風，栖心皎白日。磨錬冰雪胸，湛深富經術。著書尺寸計，次第刊成帙。精力已告疲，屯邅復嬰疾。人事日以艱，天道不可詰。君意殊坦然，神全忘形質。昨者訪幽居，枯坐尚佔畢。積卷久等身，安榻僅容膝。示我《壤室圖》，清况楮毫溢。何陋君子居，苦節慕高逸。

曉樓先生正題，小鶴王城

（十三）

萬并青山數仞墻，畫圖中即鄭公鄉。秋風落葉開吟社，古巘寒梅憶講堂。青眼嗣宗躭酒樂，白頭元晏著書忙。半年不見貧兼病，環堵蕭然味自長。

自客維揚，兩與曉樓先生飲酒。今年秋，因訪生甫，始識先生之室，得讀先生之書，出此圖見示，謹題數句，以志仰止之意云。嵎谷未定艸

（十四）

頃承賜閲老伯大人《壤室讀書圖》，拜觀之下，并讀諸名公題跋，具徵老伯大人學有根柢，品真純正，景仰曷勝！語云：「潛德垂不藏之光。」宜乎吾兄大人暨文郎輩克繼書香，而德門有慶也。敬服敬服！愚弟際昌頓覆。

歲暮柬凌曉樓(曙)董子祠

陳逢衡(《讀騷樓詩初集》卷四)

此生休説誤儒巾，落落殘年且寄身。伴爾擁爐惟一子，代君温酒是何人。安期上藥難延命，劉向黄金不救貧。只有《玉杯》書一卷，空虚不用悟前因。

凌曉樓養疴董子祠内，不相見者三四年矣。昨蘊生述及見懷，乃予亦正以是日與友人談念，因賦四律簡之

黄承吉(《夢陔堂詩集》卷二十九)

壯爲《繁露》學，老宿廣川祠。百代精靈感，三年痞寐期。多君懷我日，是我憶君時。更取《公羊説》，開函試一披。(君著有《公羊禮説》等書)

君溯平生事，艱難慨一衿。膠庠遍天下，經術幾人深。莫羡桓榮達，無妨孟喜沈。七齡今有後，不望滿籯金。

誰是後來秀，劉君君外甥(謂孟瞻)。真同日下對，不獨渭陽情。前夕過蓬舍，臨風倒玉觥。賦來詩句好，不礙五經名。

君病竟何賴，傳聞痱不堪。一身愁似海，終日坐如龕。生死關鄉化，低昂任客談。還希起《廢疾》，一與劭公探。

過董子祠，晤曉樓劇談。翼日，更賦簡之

黄承吉（《夢陔堂詩集》卷二十九）

昨君謂我搜才盡，又道門墻劇森峻。語如矛盾却相融，我自纔交幾英儁。數人已極網中收，此豈堪從時俗求？紛紛燕石競磨錯，焉知别有珊瑚鈎？從來樸學無多侶，却掃浮游許千古。回頭憶我少年時，同輩寥寥僅三五。即今風流幸不絶，猶有横經事穿穴。更攀揚馬挹曹劉，一二都難況成列？嗟予自愧非龍門，喜從壁上觀雲屯。後世驚推我鄉里，一時儒雅何其尊！君辭與我心相應，莫遺瑶華外人贈。老駘十駕曷敢誇，努力群賢更超乘。

所思四君子歌

黄承吉（《夢陔堂詩集》卷三十九）

藴生來館予舍，夜話之頃，因憶及曩日座上汪三舟、江虚竹、汪飲泉、凌曉樓諸君，慨然不置。藴生稱之曰「四君子」。三舟、虚竹行誼犖犖，有古賢士風；飲泉詞出入兩宋，敻然成家；曉樓邃於經，著述宏富，乃皆以及艾而没，傷哉！是夕，予入就寢，已四鼓，率寫而歌之。翼日藴生見之，當如見四君子也。

我思兮曉樓，貌樸遬兮心夷猶。擁經兮一室，甘瘻坐兮校讐。抱膝兮昂頭，謂名不傳兮可羞。長貧兮不知愁，與我兮偕遊。館之榭兮湖之舟，而今兮渺矣，君有書兮千秋。

題凌曉樓曙明經草堂圖

金望欣（《清惠堂集·詩四》）

萬疊雲山半畝塘，畫圖中有鄭公鄉。秋風落葉開吟社，古嶺寒梅憶講堂。青眼嗣宗耽酒樂，白頭元晏著書忙。半年不見貧兼病，環堵蕭然味自長。

追懷故人詩九首各有序（其七）

金望欣（《清惠堂集·詩五》）

凌曉樓明經曙，棄估而儒，江都人。治《公羊春秋》，著書最富。晚病風痺，卒於董子祠。一嫗撫遺孤隨之，親友爲殯葬。嗚呼！

少年貧賤溷屠沽，憤志《春秋》老作儒。生許執經何諫議，死堪配食董江都。窮交争奠三升酒，老嫗親扶六尺孤。白蠟明經誰解敬，尚欠流俗説麻胡。（揚人多呼爲凌麻子。）

苦雨簡凌子昇

毛嶽生（《休復居詩集》卷四）

端居服術費鑽研，衰老誰憂水患年。飯裹每思勤問疾，麥漂應不廢陳編。馬昭獨抱群儒懼，庾蔚能教絕學傳。衹惜江湖流土梗，空懷風雨醉鐙前。

奉挽凌曉樓（曙）先生

王翼鳳（《舍是集》卷三）

躡潮學海舊升堂，歸卧邱園足弗良。修廢議争祠董相，依經禮遂守公羊。文章自出原堪付，頭角孤獨且異常。身世不須悲寂寞，秖餘臣質哭今亡。（重修董子祠，是先生創議力請於當事者。）

凌曉樓先生遺像贊并序

劉師培（《國粹學報》第十五期，文録，一九〇六年四月十三日）

曉樓先生壯罹艱阨，學無師承。通鄭氏《禮》、董子《春秋》，作《公羊禮疏》《公羊禮説》《公羊答問》，并作《禮論》百篇，兼爲《繁露》作注。家舊藏有先生遺像，文以贊之。

邗水精英，名儒蔚生。疏通知遠，今文孔明。高密禮書，劭公經術。弦誦兩階，書琴一室。功在麟經，比事屬辭。論參虎觀，訂禮質疑。載酒車停，緇衣館知。董子下簾，戴憑奪席。天不假年，暉韜德星。典型云淪，帶草長青。

校勘記

〔一〕「栖」，《讀騷樓詩初集》卷四《壤室讀書圖爲凌曉樓題》作「棲」。

〔二〕「孔氏」，《壤室讀書圖爲凌曉樓題》下有自注：「君著有《四書典故覈》。」

〔三〕「禮論」，《壤室讀書圖爲凌曉樓題》作「禮説」。

〔四〕「雜」，《壤室讀書圖爲凌曉樓題》作「辱」。

〔五〕「東西走」，《壤室讀書圖爲凌曉樓題》下有自注：「曉樓時寓董子祠。」

〔六〕「聲聞過情溝壑流，學無原本難悠久」，《壤室讀書圖爲凌曉樓題》無。

〔七〕「此中」，《壤室讀書圖爲凌曉樓題》作「此身」。

〔八〕「躓」，《休復居文集》卷二《題凌子昇壤室讀書圖後》作「厄」。

〔九〕「殆」，《題凌子昇壤室讀書圖後》上有「數年來」三字。

〔一〇〕「飧」，《題凌子昇壤室讀書圖後》作「飱」。

〔一一〕「止」，《題凌子昇壤室讀書圖後》作「已」。

〔一二〕「研求經術精審可傳」，《題凌子昇壤室讀書圖後》作「精研經術可傳」。

〔一三〕「深」，《題凌子昇壤室讀書圖後》作「通」。

〔一四〕「所成」，《題凌子昇壤室讀書圖後》作「所成者」。

〔一五〕「境遇」，《題凌子昇壤室讀書圖後》作「所遇」。

〔一六〕「册子」，《題凌子昇壤室讀書圖後》無。

〔一七〕「既用自强，并道仰合無已云」，《題凌子昇壤室讀書圖後》作「質子昇，并以自强云。」

〔一八〕「七夕後一日」，《題凌子昇壤室讀書圖後》作「八日」，無下「揚州使院賓山毛嶽生識」十字。

〔一九〕「始」，《思適齋集》卷十三《壤室讀書圖序》作「後」。

〔二〇〕「時道光元年歲在辛巳，立冬後一日，元和顧千里跋于邗上旅次」，《壤室讀書圖序》無。

〔二一〕「即請曉樓先生二兄教正，石生江之紀」，《白圭堂詩續鈔》卷四《凌曉樓壤室讀書圖》無。

〔二二〕「披圖」至「未伸」，《夢陔堂詩集》卷二十三《題凌曉樓（曙）壤室讀書圖即贈》作「編蓬肆披陳」。

〔二三〕「奉題」至「黄承吉」，《題凌曉樓（曙）壤室讀書圖即贈》無。

五、校勘引書版本舉要

《白虎通德論》二卷，〔漢〕班固撰，〔明〕程榮校，《漢魏叢書》本

《白虎通義》四卷，〔漢〕班固撰，〔清〕盧弨弓校，《抱經堂叢書》本

《白孔六帖》一百卷，〔唐〕白居易，〔宋〕孔傳撰，《欽定四庫全書》本

《抱朴子》七十卷，〔晉〕葛洪撰，《四部叢刊初編》景江南圖書館藏明嘉靖乙丑魯藩刊本

《抱朴子内外篇》七十卷，〔晉〕葛洪撰，《平津館叢書》本

《博物志》十卷，〔晉〕張華撰，《古今逸史》景明刻本

《册府元龜》一千卷，〔宋〕王欽若等編，周勛初等校訂，鳳凰出版社，二〇〇六年

《曾子注釋》四卷，〔清〕阮元撰，《文選樓叢書》本

《陳氏春秋後傳》十二卷，〔宋〕陳傅良撰，《摛藻堂四庫全書薈要》本

《赤雅》三卷，〔明〕鄺露撰，《知不足齋叢書》本

《楚庭稗珠録》六卷，〔清〕檀萃撰，乾隆間刻本

《春秋大全》三十七卷，〔明〕胡廣撰，《欽定四庫全書》本

《春秋大事表》五十卷，〔清〕顧棟高撰，《欽定四庫全書》本

《春秋繁露》十七卷，〔漢〕董仲舒撰，武英殿聚珍本；盧氏《抱經堂叢書》本；《中華再造善本》影印計臺本

《春秋胡傳附録纂疏》三十卷，〔元〕汪克寬撰，《欽定四庫全書》本

《春秋集傳辨疑》十卷，〔唐〕陸淳撰，《欽定四庫全書》本

《春秋輯傳》十三卷，〔明〕王樵撰，萬曆十七年刻本，又《欽定四庫全書》本

《春秋權衡》十七卷，〔宋〕劉敞撰，《欽定四庫全書》本

《慈溪黄氏日抄分類》九十七卷，〔宋〕黄震撰，元後至元三年刻本，又《欽定四庫全書》本

《大戴禮記》十三卷，〔漢〕戴德撰，〔北周〕盧辯注，《四部叢刊初編》景無錫孫氏藏明袁氏嘉趣堂刊本

《大廣益會玉篇》三十卷，〔梁〕顧野王撰，《四部叢刊初編》景印建德周氏藏元刊本

《丹鉛總録》二十七卷，(明)楊慎撰，《欽定四庫全書》本

《東坡書傳》二十卷，〔宋〕蘇軾撰，嘉慶十一年刻本，《學津討原》本

《讀禮通考》一百二十卷，〔清〕徐乾學撰，康熙三十五年冠山堂刻本

《讀書解義》一卷，〔清〕朱毓楷撰，同治刻《春雨樓叢書》本

《鈍翁前後類藁》六十二卷，《鈍翁續藁》五十六卷，〔清〕汪琬撰，《清代詩文集彙編》影印康熙間刻本

《爾雅正義》二十卷，〔清〕邵晉涵注，《續修四庫全書》影印南京圖書館藏乾隆五十三年邵氏面水層軒刻本

《法苑珠林》一百二十卷，〔唐〕釋道世撰，《四部叢刊初編》景上海涵芬樓藏明萬曆刊本

《風俗通義》十卷，〔漢〕應劭撰，《四部叢刊初編》景常熟瞿氏鐵琴銅劍樓藏元刊本
《傅子》三卷，〔晉〕傅玄撰，〔清〕錢熙祚輯校，《指海》本
《宫室考》一卷，〔清〕任啓運撰，嘉慶九年初刻本，又《聚學軒叢書》本
《古今律曆考》七十二卷，〔明〕邢雲路撰，《四庫全書》本，《畿輔叢書》本
《古今注》三卷，附校記一卷，〔晉〕崔豹撰，《四部叢刊三編》景上海涵芬樓影宋刊本
《古史考》一卷，〔蜀〕譙周撰，〔清〕章宗源輯，《訓纂堂叢書》本
《管子》二十四卷，〔戰國〕管仲撰，〔唐〕房玄齡注，《四部叢刊初編》景常熟瞿氏鐵琴銅劍樓藏宋刊本
《管子義證》八卷，〔清〕洪頤煊撰，嘉慶十七年自序本
《廣雅疏證》十卷，〔清〕王念孫撰，江蘇古籍出版社《高郵王氏四種》影印嘉慶間刻本
《宋本廣韻》五卷，〔宋〕陳彭年撰，北京市中國書店影印張氏澤存堂本，一九八二年
《汗簡》四卷，〔宋〕郭忠恕撰，中華書局影印《四部叢刊》景馮舒本
《韓詩外傳》，《四部叢刊初編》本
《鶡冠子》三卷，〔宋〕陸佃解，《四庫全書》本
《淮南鴻烈解》二十一卷，〔漢〕劉安撰，〔漢〕許慎注，《四部叢刊初編》景上海涵芬樓藏景鈔北宋本
《淮南子》二十一卷，〔漢〕許慎撰，〔漢〕高誘注，〔清〕莊逵吉校，光緒間浙江書局彙刻《二十二

子》本
《黄帝金匱玉衡經》，〔清〕孫星衍校，《平津館叢書》本
《晦庵先生朱文公文集》一百卷，〔宋〕朱熹撰，《四部叢刊初編》景明嘉靖本
《賈誼新書》十卷，〔漢〕賈誼撰，《漢魏叢書》本，又《抱經堂叢書》本
《荆川稗編》一百二十卷，〔明〕唐順之撰，《欽定四庫全書》本
《經典釋文》三十卷，〔唐〕陸德明撰，黄焯斷句，中華書局影印《通志堂叢書》本
《經義述聞》三十二卷，〔清〕王引之撰，江蘇古籍出版社《高郵王氏四種》影印嘉慶間刻本
《九經古義》十六卷，〔清〕惠棟撰，《欽定四庫全書》本
《舊唐書》二百卷，〔後晉〕劉昫等撰武英殿聚珍版二十四史本
《看篆樓鑑藏古銅印譜》不分卷，〔清〕潘有爲輯，嘉慶間刻本
《考工記圖》二卷，〔清〕戴震撰，《戴氏遺書》本
《孔叢子》三卷，〔漢〕孔鮒撰，《漢魏叢書》本
《困學紀聞》二十卷，〔宋〕王應麟撰，《四部叢刊三編》影印江安傅氏雙鑑樓藏元刊本
《老子道德經》，〔漢〕河上公章句，《四部叢刊初編》景常熟瞿氏鐵琴銅劍樓藏宋刊本
《老子道德經》，〔晉〕王弼注，《四部備要》本
《禮箋》三卷，〔清〕金榜撰，乾隆五十九年游文齋初刻本
《禮經宫室答問》二卷，〔清〕洪頤煊撰，《傳經堂叢書》本

《禮經會元》四卷，〔宋〕葉時撰，《欽定四庫全書》本

《禮書》一百五十卷，〔宋〕陳道祥撰，嘉慶九年郭氏刻本

《禮説》十四卷，〔清〕惠士奇撰，嘉慶丁巳蘭陔書屋本

《禮統》一卷，〔南朝梁〕賀述撰，〔清〕王謨輯，《漢魏遺書鈔》本；又，〔清〕馬國翰輯，廣陵書社影印《玉函山房輯佚書》本

《留青日札》三十九卷，〔清〕田藝蘅撰，上海古籍出版社《瓜蒂庵藏明清掌故叢刊》影印本

《劉賓客文集》三十卷，外集十卷，〔唐〕劉禹錫撰，《摛藻堂四庫全書薈要》本

《六家詩名物疏》五十五卷，〔明〕馮復京撰，萬曆三十三年刻本，又《欽定四庫全書》本

《六經奥論》六卷，〔宋〕鄭樵撰，《欽定四庫全書》本

《六書故》三十卷，〔宋〕戴侗撰，《温州文獻叢書》影印明影抄元刊本，上海社會科學出版社，二〇〇六

《六書精藴》六卷，〔明〕魏校撰，明嘉靖十九刻本

《路史》四十七卷，〔宋〕羅泌撰，《欽定四庫全書》本

《論語筆解》二卷，〔唐〕韓愈撰，《墨海金壺》本

《論語後録》五卷，〔清〕錢坫撰，《續修四庫全書》影印嘉慶七年擁萬堂刻本

《論語集解義疏》十卷，〔漢〕何晏集解，〔梁〕皇侃義疏，《知不足齋叢書》本

《吕氏春秋》二十六卷，〔漢〕吕不韋撰，〔漢〕高誘注，《四部叢刊初編》景上海涵芬樓藏明刊本

《吕氏春秋新校正》二十六卷，附考一卷，〔秦〕吕不韋撰，〔漢〕高誘注，〔清〕畢沅校，乾隆五十三年靈巖山館刻本

《律吕新書箋義》二卷，附《八音考》一卷，〔宋〕蔡元定撰，〔清〕羅登選箋義，乾隆間刻本

《毛詩集解》四十二卷，〔宋〕李樗、〔宋〕黄櫄撰，通志堂本，又《四庫全書》本

《毛詩異同評》一卷，〔晉〕孫毓撰，〔清〕王謨輯，嘉慶《漢魏遺書鈔》本

《毛鄭詩考正》四卷，〔清〕戴震撰，《戴氏遺書》本

《孟子説》七卷，〔宋〕張栻撰，康熙間華希閔重刻本

《穆天子傳注補正》六卷，〔清〕陳逢衡撰，《江都陳氏叢書》本

《埤雅》二十卷，〔宋〕陸佃撰，光緒十三年藝林山房《益雅堂叢書》本

《平津館文稿》二卷，〔清〕孫星衍撰，《槐廬叢書》本

《七經義綱》一卷，〔北周〕樊深撰，〔清〕王謨輯，《漢魏遺書鈔》本

《潛邱札記》六卷，〔清〕閻若璩撰，《清代詩文集彙編》影印乾隆九年眷西堂刻本

《全唐文》一千卷，〔清〕董誥、阮元、徐松等輯，中華書局影印嘉慶十九年揚州全唐文局刻本

《群經音辨》七卷，〔宋〕賈昌朝撰，《粤雅堂叢書》本

《群書疑辨》十二卷，〔清〕萬斯同撰，嘉慶二十一年供石亭刻本

《日知録集釋》三十八卷，〔清〕顧炎武撰，〔清〕黄汝成集釋，同治壬申湖北崇文書局刻本

《三輔黄圖》六卷，佚名撰，《四部叢刊三編》景元刊本

《三禮圖集注》二十卷，〔宋〕聶崇義撰，《四庫全書》本
《三禮義宗》，〔梁〕崔靈恩撰，〔清〕曾焯校，金谿王氏《漢魏遺書鈔》本
《山海經》十八卷，〔晉〕郭璞注，〔明〕吴琯校《古今逸史》本
《山海經箋疏》十八卷，〔晉〕郭璞注，〔清〕郝懿行箋疏，《郝氏遺書》本
《尚書蔡傳》六卷，〔宋〕蔡沈撰，光緒七年金陵書局本
《尚書大傳》二卷，〔漢〕伏勝撰，〔清〕黄中模校，《漢魏遺書鈔》本
《尚書大傳》五卷，〔漢〕伏勝撰，鄭玄注，〔清〕陳壽祺輯校，《四部叢刊初編》景陳氏原刻本
《尚書集注音疏》十二卷，外編一卷，〔清〕江聲撰，《續修四庫全書》影印乾隆五十八年近市居刻本
《尚書七篇解義》二卷，〔清〕李光地撰，道光間《榕村全集》本
《尸子集本》二卷，〔清〕孫星衍輯，嘉慶丙寅《平津館叢書》刊本
《詩補傳》三十卷，〔宋〕范處義撰，《摛藻堂四庫全書薈要》本
《詩緝》三十六卷，〔宋〕嚴粲撰，《摛藻堂四庫全書薈要》本
《詩經世本古義》二十八卷，〔明〕何楷撰，《欽定四庫全書》本
《詩考》一卷，〔宋〕王應麟撰，嘉慶十一年合河康基田刻本
《詩論》一卷，程大昌撰，《學海韻編》本
《十三經注疏》，中華書局影印南昌府學刻本

《史通》二十卷，〔唐〕劉知幾撰，《四部叢刊初編》景上海涵芬樓藏明萬曆張鼎思刊本

《世本》，〔漢〕宋衷注，清光緒十三年吴縣朱氏槐廬刻本

《釋名疏證》八卷，補遺一卷，續釋名一卷，〔漢〕劉熙撰，〔清〕畢沅疏證，乾隆五十四年畢氏靈岩山館刻本

《釋名疏證補》八卷，〔漢〕劉熙撰，〔清〕畢沅疏，王先謙補，光緒二十二年王氏刻本

《說文答問疏證》六卷，〔清〕錢大昕撰，〔清〕薛傳均注，《咫進齋叢書》本

《書經集傳》六卷，〔宋〕蔡沈撰，《四庫全書》本

《說文段注訂》八卷，〔清〕鈕樹玉撰，道光三年刻本

《說文校議》十五卷，〔清〕姚文田、嚴可均撰，《四録堂類集》本

《說文通論》三卷，〔南唐〕徐鍇撰，〔清〕錢樹堂等輯，《益雅堂叢書》本

《說文解字注》，〔漢〕許慎撰，〔清〕段玉裁撰，上海古籍出版社影印經韻樓刻本

《說苑》二十卷，〔漢〕劉向撰，《漢魏叢書》本

《四書釋地》六卷，〔清〕閻若璩撰，乾隆五十三年南城吴氏聽雨齋刻本

《四書約旨》十九卷，〔清〕任啓運撰，《四庫全書》本

《肆獻祼饋食禮》三卷，〔清〕任啓運撰，《四庫全書》本；又，光緒十四年荆溪任氏家塾本

《孫子十家注》三卷，〔戰國〕孫武撰，〔漢〕曹操、〔唐〕杜牧等注，〔清〕孫星衍校，咸豐乙卯淡香齋活字本

《唐會要》一百卷，〔宋〕王溥撰，上海古籍出版社影印江蘇書局刻本
《唐開元占經》一百二十卷，〔唐〕瞿曇悉達撰，道光恒德堂刻本，《欽定四庫全書》本
《通典》二百卷，〔唐〕杜佑撰，《摛藻堂四庫全書薈要》本
《文獻通考》三百四十八卷，〔元〕馬端臨撰，《摛藻堂四庫全書薈要》本
《文心雕龍》十卷，〔梁〕劉勰撰，《欽定四庫全書》本
《五行大義》五卷，〔隋〕蕭吉撰，《知不足齋叢書》本
《五經通義》，〔漢〕劉向撰，〔清〕何儀鳳校，《漢魏遺書鈔》本
《五經文字》三卷，〔唐〕張參撰，鮑氏《知不足齋叢書初編》本
《五經析疑》一卷，〔三國魏〕邯鄲綽撰，〔清〕劉學寵輯，宛委山堂《説郛》本
《五經要義》，〔宋〕雷次宗撰，〔清〕鍾學漢校，《漢魏遺書鈔》本
《五經異義》三卷，〔漢〕許慎撰，〔清〕喻寶素校，《漢魏遺書鈔》本
《五經異義疏證》三卷，〔清〕陳壽祺撰，嘉慶十八年三山陳氏家刻本
《五禮通考》二百六十二卷，〔清〕秦蕙田撰，乾隆十八年味經窩刻本
《鄉黨圖考》十卷，〔清〕江永撰，乾隆二十一年學源堂刻本
《新刊古列女傳》八卷，〔漢〕劉向撰，《文選樓叢書》摹南宋余仁仲刻本
《新唐書》二百三十卷，〔宋〕宋祁、歐陽脩等撰，武英殿聚珍版二十四史本
《學春秋隨筆》十卷，〔清〕萬斯大撰，康熙間刻本

《荀子》二十卷，〔戰國〕荀况撰，〔唐〕楊倞注，《四部叢刊初編》景上海涵芬樓藏黎氏景宋刊本
《儀禮集説》，〔元〕敖繼公撰，同治十二年粵東書局刻《通志堂經解》本
《儀禮節解》十七卷，〔明〕郝敬撰，《續修四庫全書》影印明萬曆郝千秋郝千石刻《九經部解》本
《儀禮經傳通解》三十七卷，〔宋〕朱熹撰，《四庫全書》本
《儀禮商》二卷，〔清〕萬斯大撰，乾隆二十六年辨志堂《萬氏經學五書》本
《儀禮章句》十七卷，〔清〕吴廷華撰，乾隆五十八年金閶書業堂刻本
《儀禮鄭注句讀》十七卷，附《監本正誤》一卷、《石經正誤》一卷，〔清〕張爾岐撰，同治七年金陵書局本
《逸周書》十卷，〔晉〕孔晁注，《漢魏叢書》本
《繹史》一百六十卷，〔清〕馬驌撰，《四庫全書》本
《欽定儀象考成》三十卷，〔清〕允禄撰，《四庫全書》本
《尹文子》二卷，《墨海金壺》本
《酉陽雜俎》二十卷，《續集》十卷，〔唐〕段成式撰，《津逮秘書》本
《御製歷象考成》上編十六卷，下編十卷，〔清〕胤禄、何國宗等奉敕撰，《欽定四庫全書》本
《御製歷象考成後編》十卷，〔清〕乾隆撰，《欽定四庫全書》本
《月令章句》，〔漢〕蔡邕撰，〔清〕蔡雲校，《龍谿精舍叢書》本
《越絶書》十五卷，《四部叢刊初編》景嘉業堂藏明刊本

《樂典》三十六卷，〔明〕黄佐撰，明嘉靖二十三年自序本

《中華古今注》三卷，〔唐〕馬縞撰，《古今逸史》本，又《百川學海》本

《中西經星同異考》一卷，〔清〕梅文鼎撰，《指海》本

《周髀算經》二卷，附音義一卷，〔漢〕趙爽注，〔北周〕甄鸞重述，〔唐〕李淳風等注，《四部叢刊初編》景南陵徐氏藏明刊本

《周易本義》四卷，〔宋〕朱熹撰，《摛藻堂四全書薈要》本

《周易集解》十七卷，〔唐〕李鼎祚撰，《古經解彙函》本

《周易述》二十三卷，〔清〕惠棟撰，《四庫全書》本

《左海經辨》上下卷，〔清〕陳壽祺撰，《續修四庫全書》影印道光三年刻本